面向21世纪课程教材
全国高等学校法学专业核心课程教材

行政法与行政诉讼法

Administrative Law and Administrative Litigation Law

（第八版）

主　编　姜明安
撰稿人（以姓氏笔画为序）
于　安　王宝明　叶必丰　江必新
刘　恒　杨建顺　姜明安　章剑生
湛中乐　薛刚凌

北京大学出版社
高等教育出版社

图书在版编目(CIP)数据

行政法与行政诉讼法/姜明安主编. —8版. —北京:北京大学出版社,2024.2
面向21世纪课程教材·全国高等学校法学专业核心课程教材
ISBN 978-7-301-34896-3

Ⅰ. ①行… Ⅱ. ①姜… Ⅲ. ①行政法—中国—高等学校—教材 ②行政诉讼法—中国—高等学校—教材 Ⅳ. ①D922.1 ②D925.3

中国国家版本馆CIP数据核字(2024)第052882号

书　　名 行政法与行政诉讼法(第八版)
XINGZHENGFA YU XINGZHENG SUSONGFA (DI-BA BAN)
著作责任者 姜明安　主编
责任编辑 许心晴　王　晶
标准书号 ISBN 978-7-301-34896-3
出版发行 北京大学出版社
地　　址 北京市海淀区成府路205号　100871
网　　址 http://www.pup.cn
新浪微博 @北京大学出版社　@北大出版社法律图书
电子邮箱 编辑部 law@pup.cn　总编室 zpup@pup.cn
电　　话 邮购部 010-62752015　发行部 010-62750672　编辑部 010-62752027
印 刷 者 北京宏伟双华印刷有限公司
经 销 者 新华书店
730毫米×980毫米　16开本　46印张　901千字
1999年10月第1版　2005年1月第2版
2007年1月第3版　2011年5月第4版
2011年8月第5版　2015年5月第6版
2019年3月第7版
2024年2月第8版　2025年2月第2次印刷
定　　价 98.00元

面向21世纪课程教材

普通高等教育“十五”
国 家 级 规 划 教 材

普通高等教育“十一五”
国 家 级 规 划 教 材

北京市高等教育精品教材立项项目

总　　目

第八版说明

本书第八版修订工作是在2022年10月党的二十大闭幕时启动，于2023年9月第十四届全国人大常委会第五次会议闭幕后完成的。这次修订以党的二十大精神为指导，根据本书第七版修订以来全国人大和全国人大常委会新制定或新修订的法律、国务院新制定或新修订的行政法规、最高人民法院新发布的司法解释，以及行政法和行政诉讼法学最新的前沿理论，主要对第七版作了下述五个方面的修改。

第一，基于21世纪互联网、大数据、人工智能以及最近chatgpt等数字化、信息化高科技的迅猛发展，以及21世纪以来人类日益进入风险社会，“非典”(SARS)、“埃博拉”(Ebola virus)、“新冠肺炎”(Corona virus disease 2019)等严重威胁人类生命健康的疫情肆虐，行政法中应对各种紧急状态和突发事件的规范在整个行政法中的比例越来越大。根据党的二十大关于全面依法治国，建设中国式现代化和中国特色社会主义法治国家的发展理念，本书新增加一章(第四章)，专门阐释“数字行政法”和“应急行政法”的诸多理论和实践问题。

第二，基于2014年《行政诉讼法》的修改，行政协议诉讼和行政公益诉讼在全国各级法院全面推进，本书新增加一章(第三十二章)，专门阐释“行政协议诉讼”和“行政公益诉讼”的诸多理论和实践问题。

第三，基于2023年第十四届全国人大第一次会议对《立法法》的修改，这次改版对本书第十二章“行政立法”进行了较大修改。

第四，基于2022年第十三届全国人大第五次会议对《地方各级人民代表大会和地方各级人民政府组织法》和2018年第十三届全国人大常委会第七次会议对《公务员法》的修改，这次改版对本书第六章“行政机关”和第八章“公务员”进行了较大修改。

第五，基于2023年第十四届全国人大常委会第五次会议对《行政复议法》的修改，这次改版对本书第四编“行政复议”各章进行了全面和大幅度修改。

除上述主要修改以外，本次改版对其他各章节也都进行了或多或少的修改。

在这次修订改版工作中，北京大学法学院宪法与行政法专业博士卢森通担任主编与各位编委的联络人，帮助主编做了很多辅助性工作。另外，北京大学出版社新任本书责编许心晴女士对本版书稿进行了非常认真细致的审校，纠正了不少文字和技术规范上的错误或不当之处，为本书增色不少。在本书即将付梓之时，特对他们二位的辛勤付出表示衷心感谢。

姜明安

2023年9月1日

第七版说明

本书第六版问世以来，陆续发生了几件对本书内容有重要影响的大事，“迫使”我们不得不对本书进行全面修订，推出本书的最新版——第七版。否则，本书的内容将会落后于时代，与现实脱节，给以本书为教材的广大高校师生带来困难、困惑。近年来发生的对本学科有重要影响的大事主要有四：一是中共十九大召开，推出了新时代中国特色社会主义理论；二是第十三届全国人大第一次会议举行，通过了新的《宪法修正案》和《监察法》，对国家监察体制进行了重大改革；三是最高人民法院发布了新的《行政诉讼法司法解释》，对 2014 年和 2017 年修正的《行政诉讼法》的适用问题进行了全面、系统的解释，条文达 163 条之多；四是国务院对《行政法规制定程序条例》和《规章制定程序条例》进行了较大幅度的修改和重新发布。有鉴于此，我们于今年 4 月启动了对本书第六版的大修，使本书的内容与时俱进，以反映和体现新时代中国特色社会主义法治理论，反映和阐释近年来行政法的新法律、新法规、新司法解释，反映和阐释这些法律、法规、司法解释所确立的新规范及所构建的新制度。

这次修改再版，最高人民法院行政审判庭审判长梁凤云法官参与了本书第二十四章和第三十章审校修改的部分工作，我们对此表示衷心的感谢；另外，北大宪法与行政法专业博士研究生黄宇骁同学协助主编联系作者，查阅、核对和修正本书附录有关资料，我们一并表示感谢。对于这次修改再版，北大出版社为本书任命了一位新的责任编辑郭薇薇，她和本书前任责任编辑(第三版至第六版的责任编辑)白丽丽为提高本书出版质量做了大量技术性工作，我们对她们俩的辛勤劳动和对工作极端负责任的精神表示衷心的感谢。

姜明安

2018 年 8 月 15 日

第七版重印说明

2021 年 1 月 22 日第十三届全国人大常委会第二十五次会议对《行政处罚法》进行了较大幅度的修订。为了对广大读者负责，我们利用这次重印机会，对本书第十五章“行政处罚”一节的内容进行了相应修改。由于这次不是改版，故本书其他章节内容这次未做任何变动。待全国人大常委会修改《行政复议法》后，我们将推出本书第八版，到时我们拟对本书各章节内容进行全面修改，并补充有关行政协议诉讼和行政公益诉讼的内容。

2021 年 10 月 1 日

第六版说明

2014 年发生了两件在中国法治发展进程中有重要意义的大事,“逼迫”和“催促”我们对本教材进行全面修改,推出本教材的第六版。

第一件大事是中国共产党第十八届中央委员会专门召开会议(四中全会)研究依法治国问题,并作出和发布《关于全面推进依法治国若干重大问题的决定》。该决定对深入推进依法行政、加快建设法治政府作出了重点部署,提出了建设法治政府的新目标、新路径,并对完善行政诉讼体制机制,合理调整行政诉讼案件管辖制度,切实解决行政诉讼立案难、审理难、执行难等突出问题提出了具体要求。

第二件大事是第十二届全国人大常委会第十一次会议作出《关于修改〈中华人民共和国行政诉讼法〉的决定》,对 1989 年第七届全国人大第二次会议通过的,已实施了 24 年的《行政诉讼法》进行了“大修”:扩大了行政诉讼的受案范围;调整了行政诉讼案件的管辖,修补了导致行政审判受到横向纵向干预的诸多制度上的漏洞;完善了行政诉讼的程序;加大了行政判决、裁定的执行力度;等等。

这两件大事导致行政法和行政诉讼法的许多制度、规范、原则或这些制度、规范、原则的许多内容发生了重大和深刻的变化。为此,我们必须对本教材第五版进行全面修改,以反映这些发展、变化。本来,我们是想等《行政复议法》修改后对本教材一道进行修改的,不过,全国人大常委会虽已启动对《行政复议法》的修改进程,但这个进程似乎有点慢,完成这个进程可能尚需时日。因此,我们不能等,不能让广大高校教师、学生继续使用充斥过时内容的教材。否则,我们就要承担“误人子弟”的法律和道德责任。正是敬畏于这种责任,我们先依据四中全会决定和新修订的《行政诉讼法》修改本教材,推出第六版。待全国人大常委会完成《行政复议法》的修改进程、通过《行政复议法》的修正案后,我们再依新《行政复议法》进行相应修改,推出本教材的第七版。

上述“第六版说明”是笔者于 2015 年 2 月 10 日拟就并连同第六版书稿交付出版社编辑出版的,原计划 3 月底即见书。但是,正当出版社编辑完全部书稿拟正式排版印刷时,传来第十二届全国人大第三次会议作出《关于修改〈中华人民共和国立法法〉的决定》这一消息。于是,我们不得不将本书有关章节从出版社紧急撤回补充修改,以避免该版一出即出现内容过时的尴尬情形。这一变故也是本版没有如广大读者所愿尽快及时出版的原因,特此说明。

姜明安

2015 年 2 月 10 日

第五版说明

本书第四版刚于2011年5月推出，在这么短的时间内我们为什么又匆忙修订出第五版呢？原因有二：其一，2011年6月30日第十一届全国人大常委会第二十一次会议通过了《行政强制法》。《行政强制法》是一部涉及公民、法人和其他组织基本权利和自由的重要法律，是与《行政处罚法》《行政许可法》并列的调整最基本的行政关系，规范最主要的行政行为，确立最常见的行政执法程序的行政法基本法。为了使我们高等学校法律院系的学生能尽快掌握这部行政法新法的原理、原则和具体规范，我们自感有责任在教科书中尽快反映该法的主要内容和相关规则。正是基于此，我们在该法通过后的第二天即启动了对本书的修订。其二，2011年7月29日最高人民法院公布了《关于审理政府信息公开行政案件若干问题的规定》。该规定是保障我国政府信息公开制度有效运作，保护公民知情权，助推透明政府和服务政府建设的一项重要司法解释。其确立了政府信息公开案件诉讼作为一种特殊行政诉讼在受案范围、当事人、举证责任和审理、判决方面的诸多特殊规则。为了使高等学校法律院系的学生尽快掌握政府信息公开案件这一新型行政案件的特殊审判规则，我们亦感觉有必要尽快修订我们的第四版教科书，使之能反映该司法解释的内容。

由于本书第四版刚对全书进行了全面修改，故第五版仅对与《行政强制法》和审理政府信息公开行政案件司法解释直接相关的章节的内容，以及其他有关章节与该法和该司法解释规定明显不一致的表述进行了修订，而未对全书进行系统修订。我们拟在全国人大明后年完成《行政诉讼法》的修订，出台新的《行政诉讼法》后，再对全书各章节进行全面系统修订，推出本书第六版。

姜明安

2011年8月20日

第四版说明

本书自第一版出版后，已经11年，先后再版两次，31次印刷，在高等法学院校使用率一直较高，读者甚众。正因为如此，本书的社会关注度也就特别高。广大读者——特别是高校担任行政法与行政诉讼法课程的教员和学习该课程的大学生——经常给我们寄来信函和发来邮件。他们在肯定本书的同时，也提出了大量的、各种各样的意见和建议。这些意见和建议涉及教材的内容、体系、结构、语言、文字、注释、附录以及引用的法律、法规、案例和其他背景材料。我们每次再版时，都尽可能最大限度地吸收和采纳大家的意见和建议，甚至在非改版的重印中，也尽可能根据读者的意见和建议，对教材的某些文字和个别内容做小幅度的修改和完善。尽管如此，本书到现在仍存在很多很多的不足，很多很多令诸位读者和我们自己都不甚满意的地方。

有鉴于此，我们于2010年下半年又启动了对本书的再次改版（第四版）修订工作。这次改版修订，我们主要做了以下几项工作：

第一，根据2010年4月29日第十一届全国人大常委会第十四次会议通过的《关于修改〈中华人民共和国国家赔偿法〉的决定》，对本书第六编进行全面修改，使该编内容与《国家赔偿法》相一致；

第二，根据2007年4月5日国务院发布的《政府信息公开条例》，对本书第十七章中有关行政信息公开制度的内容进行修改和补充；

第三，清理本书中原引用的现已废止、撤销的法律、法规（如《拆迁条例》），根据新的法律、法规或即将出台的新法律草案[如《行政强制法（草案）》（三审稿）]对本书的相关内容进行修改；

第四，适当引入近年来行政法学界创新的部分前沿理论，如新行政法理论、软法理论、法治政府和服务型政府理论、公民社会与社会公权力理论、行政裁量权规制理论、行政救济机制改革理论等；

第五，适当压缩本书篇幅（这是应广大使用本书的大学生读者的强烈要求），删去本书原第四章“行政法与行政法学的历史发展”，其他各章大多亦有或多或少的删节，虽然也有某些章节因要介绍新法律、法规或阐释新理论而不得不稍增加些文字，但全书整个篇幅较第三版（96.6万字）还是减少了十余万字。

第六，本书体系结构未变，仍为六编三十八章。虽删去原第四章，但原第十二章“抽象行政行为”分为两章，即现在的第十一章“行政立法”和第十二章“行政规范性文件”。其他编章未变，但某些章以下的节、目略有改变。

另外,本书此次再版(第四版)还对引用法规、案例的目录、作者简介、参考文献等附录的内容进行了修订、更新和补充。毕洪海博士为此做了大量工作。对此,我们深表谢意。

姜明安

2011 年 2 月 15 日

第三版说明

本书第三版主要对阐释我国公务员制度的第八章和探讨我国行政处罚制度的第十五章第五节进行了较大篇幅的修改。因为2005年4月27日第十届全国人大常委会第十五次会议通过了《公务员法》,2005年8月28日第十届全国人大常委会第十七次会议通过了《治安管理处罚法》,而本书第一版、第二版中公务员制度一章是根据国务院1993年制定的《国家公务员暂行条例》撰写的,行政处罚制度则除了依现行有效的《行政处罚法》外,还依据了现已废止的全国人大常委会1986年制定、1994年修订的《治安管理处罚条例》。另外,本书第三版还对有关附录的内容进行了少量的修改。

姜明安

2007年1月10日

第二版说明

本书第一版于 1999 年 10 月问世。自那时到现在，短短 5 年时间，本书已重印 14 次之多，说明其广受读者欢迎。但是，进入新世纪以来，我国行政法治实践和行政法学理论研究较上世纪末本书第一版出版时已有了重大发展，《立法法》《行政许可法》《行政法规制定程序条例》《规章制定程序条例》等一大批新的法律、法规发布，以及最高人民法院关于行政诉讼法、行政诉讼证据、行政赔偿等一大批新的司法解释出台，使得本书第一版部分内容已经显现出某些陈旧、过时的痕迹。因此，本书编委会于 2004 年年初决定对本书第一版进行全面修订，推出反映我国行政法治最新进展和行政法学最新研究成果的《行政法与行政诉讼法》第二版。《行政法与行政诉讼法》第二版对本书第一版的体系、内容进行了部分重构，但基本原理和基本知识并无大的变化，因此，第二版与第一版具有继承性、连贯性。

姜明安

2005 年 1 月 5 日

内 容 简 介

《行政法与行政诉讼法》是根据教育部高等学校法学学科教学指导委员会的要求，为高校法学专业 14 门核心课程编写的专门教材之一。本书全面、系统、深入地阐释了行政法与行政诉讼法的基本理论和基本知识，研究的范围主要包括：行政法的一般原理、原则及行政法、行政法学的历史发展；行政法主体的一般理论及行政主体的职责、职权、管理手段与行政相对人的权利、义务；行政行为的一般理论及行政行为的性质、特征、构成要件、合法要件与各种类别行政行为的运作程序；行政救济的一般理论及行政复议、行政诉讼的性质、功能、受案范围、管辖、程序与裁判标准；行政赔偿的一般理论及行政赔偿责任构成要件、归责原则、赔偿范围、方式、标准与程序等。本书主要以我国行政法治实践和行政法学说为基本研究素材，同时吸收、借鉴了国外行政法学研究的大量成果。本书在继承、批判和扬弃国外行政法学的控权论、管理论、行政权力本位论、相对人权利本位论等各种学术流派的基础上，初步形成和建立了有中国特色的行政法学理论体系框架。

Abstract

Administrative Law and Administrative Litigation Law is one of the 14 key courses for college and university students majored in law, edited on commission of Guidance Committee on Legal Education of Higher Education of Education Ministry. The book completely, systematically and thoroughly articulates the basic theories and knowledge of administrative law and litigation law, including: (Ⅰ) the general theories and basic principles of administrative law, the development of administrative law and administrative jurisprudence; (Ⅱ) the general theories of administrative law subject, the duties, authorities and measures of administrative subject, the rights and obligations of private party; (Ⅲ) the general theories and the natures, characteristics, constitutive elements and legal requirements of administrative action, and the particular procedures of several main administrative actions; (Ⅳ) the general theories of administrative remedies, the natures, functions, scopes, jurisdictions, procedures and judgment criteria of administrative review and administrative litigation; (Ⅴ) the general theories and the constitutive elements, imputation principles, scopes, methods, standards and procedures of administrative compensation.

The book bases its studies mainly on the practices and doctrines of China's administrative law; at the meanwhile, the book assimilates and refers to a great many achievements of foreign administrative law. Inheriting, criticizing and sublating various doctrines of foreign administrative jurisprudence, such as power-control theory, regulatory theory, power standard theory and right standard theory, etc. , the book has preliminarily formulated a theoretical framework of administrative law with Chinese characteristics.

作者简介与编写分工

（以撰写章节先后为序）

姜明安　北京大学法学院教授、博士生导师，北京大学宪法与行政法研究中心名誉主任，湖南大学法学院名誉院长；中国法学会行政法学研究会学术委员会主任；北京市委法律顾问团成员，北京市人大常委会法治建设顾问，北京市、上海市人民政府行政复议委员会非常任委员。其个人学术专著有《宏观公法学导论》《行政法》（第5版）、《行政诉讼法》（第4版）、《比较行政法》《新时代中国特色法治论》《法治的求索与呐喊》（三卷本）、《法治思维与新行政法》《中国特色依宪治国和法治政府建设研究》《行政程序法研究》《监察法研究》《行政三法研究》等。

撰写本书第1—3、5—10章，负责全书的审稿、统稿。

于安　法学博士，法学教授。现任广东外语外贸大学云山工作室首席专家，广东外语外贸大学发展法学研究院院长和区域法学研究院院长，中国法学会行政法学研究会副会长。主要论文有：《我国行政法的体系建构和结构调整》《论数字行政法——比较法视角的探讨》《论国家应急基本法的结构调整——以〈突发事件应对法〉的修订为起点》《制定紧急状态法的基本问题》《发展导向型行政法初探》《论协调发展导向型行政法》《论社会行政法》《论行政廉洁原则的适用》等。

撰写第4章、第19章。

叶必丰　法学博士，上海交通大学法学院教授、博士生导师，曾任上海社会科学院法学研究所所长、上海市人大法制委员会委员，入选教育部长江学者特聘教授、上海市教学名师等，兼任中国法学会行政法学研究会副会长、上海市法学会行政法学研究会会长。主要著作有：《行政法的人文精神》《行政法与行政诉讼法》《行政行为的效力研究》《行政规范研究》（合著）、《行政行为原理》《区域合作法论》等。主要论文有：《论行政行为的公定力》《行政行为确定力研究》《我国区域经济一体化背景下的行政协议》《规则抄袭或细化的法解释学分析——部门规则规定应急征用补偿研讨》《区域经济一体化的法律治理》《最高人民法院关于无效行政行为的探索》《行政组织法功能的行为法机制》《行政机关间的事务委托和职权委托》等。

撰写本书第 11—14 章。

杨建顺 法学博士,中国人民大学法学院教授、博士生导师,《法学家》副主编,中国人民大学比较行政法研究所、日本法研究所、海关与外汇法律研究所所长,中国法学会行政法学研究会、法学期刊研究会副会长,北京市法学会行政法学研究会副会长,最高人民检察院专家咨询委员,北京市人民政府立法工作法律专家委员会委员,北京市人民政府行政复议委员会非常任委员,北京市海淀区法学会首席法律咨询专家。主要著作有:《日本行政法通论》《日本国会》(编著)、《行政规制与权利保障》《行政法总论》(主编)、《权力的规则——建顺微思录(一)》等。译著有:〔日〕盐野宏著《行政法总论》《行政救济法》和《行政组织法》、〔日〕南博方著《行政法》(第 6 版 · 中文修订版)等。主要论文有:《规制行政与行政责任》《行政裁量的运作及其监督》《论经济规制立法的正统性》《土地征收中的利益均衡论》《论土地征收的正当程序》《论食品安全风险交流与生产经营者合法规范运营》《论给付行政裁量的规制完善》《中国行政规制的合理化》《国家监察体制改革十大课题》《行政机关运行保障法的 PDCA 循环机制》《行政法典化的容许性——基于行政法学体系的视角》等。

撰写本书第 15—16 章。

章剑生 法学博士,浙江大学法学院教授、博士生导师。代表性个人专著有:《行政程序法学原理》《行政行为说明理由判解》《行政听证制度研究》《现代行政法基本理论》(上下卷)(第 2 版)、《现代行政法总论》《现代行政法专题》。代表性论文有:《公平与效率——法院如何适应市场经济的建立和发展》《有关行政诉讼受案范围的几个理论问题探析》《现代行政程序的成因和功能分析》《现代行政法基本原则之重构》《知情权及其保障——以〈政府信息公开条例〉为例》《行政诉讼履行法定职责判决论——基于〈行政诉讼法〉第 54 条第 3 项规定之展开》《“有错必纠”的界限》《判决重作具体行政行为》《论行政行为说明理由》《对违反法定程序的司法审查——以最高人民法院公布的典型案件(1985—2008)为例》等。

撰写本书第 17—18、20—23 章。

王宝明 国家行政学院教授。曾任中国应急管理学会秘书长、国家行政学院法学部和应急管理培训中心副主任、江苏省南通市副市长。主要著作有:《法治政府——中国政府法治化建设的战略选择》《行政法与行政诉讼法》《抽象行政行为的司法审查》(合著)、《行政法学论纲》《行政程序与行政诉讼》(用笔名“夏博”)。主编有:《政府应急管理教程》《公务员法简明教程》《政府管理中的重大法治问题》等。主要论文有:《我国政府应急管理制度建设与完善》《中国行政立法评述》《美国的行政机关与美国宪法实施的监督》《中国行政程序立法论纲》《中国公务员立法及公务员法律体系的建构》《新中国政府法治60年》等。

撰写本书第24、29、33—34章。

江必新 法学博士，中国法学会副会长，湖南大学教授、博士生导师。第十三届全国人大宪法和法律委员会副主任委员，曾任最高人民法院党组副书记、副院长。主要著作有：《行政诉讼问题研究》《行政诉讼法——疑难问题探讨》《国家赔偿法原理》《中国行政诉讼制度之发展——行政诉讼司法解释解读》《行政法制的基本类型》《行政诉讼法理论与实务》（上下卷）（合著）、《国家治理现代化与法治中国建设》《新时代法治国家建设——党的十九大文件法治要义的解读与展开》等。主要论文有：《论行政诉讼中的司法变更权》《国家赔偿法价值论》《司法解释对行政法学理论的发展》《先地方后中央：中国行政程序立法的一种思路——兼论〈重庆市行政程序暂行条例〉（试拟稿）的问题》《紧急状态与行政法治》《行政行为效力判断之基准与规则》《试论社会主义法治的几个新命题》《完善行政诉讼制度的若干思考》《修改行政诉讼法的基本遵循》等。

撰写本书第25、31—32章。

刘　恒 经济学博士，法学博士后，中山大学法学院教授、博士生导师，教育部教育立法研究基地（中山大学）主任。广东省法学会行政法研究会会长、中共广东省委全面依法治省委员会首届咨询专家、广东省人大常委会立法咨询专家、广东省人民政府首届法律顾问等。主要著作有：《行政救济制度研究》《外资并购行为与政府规制》《政府信息公开制度》《行政执法与政府管制》《香港信息公开制度研究》《信访立法研究》等。主要论文有：《论国家治理法治化的体系建构与路径选择》《市场监管信息不对称的法律规制》《行政不作为的行动逻辑及其治理》《论制定香港信息公开法》《论风险规制中的知情权》《中国政府信息公开制度：历史、现状与展望》《论行政立法权》《试论香港特别行政区的行政权》等。

撰写本书第26—28、30章。

湛中乐 法学博士，北京大学法学院教授、博士生导师，北京大学宪法与行政法研究中心副主任，北京大学教育法研究中心主任，中国法学会行政法学研究会副会长、中国法学会立法学研究会副会长、中国教育学会教育政策与法律研究分会副理事长，北京市法学会立法学研究会副会长，北京市法学会教育法学研究会顾问等。主要著作有：《法治国家与行政法治》《权利保障与权力制约》《现代行政过程论——法治理念、原则与制度》《行政调解、和解制度研究——和谐化解法律争议》（合著）、《公立高等学校法律问题研究》（合著）、《公民生育权与社会抚养费制度研究》(合著)、《大学法治与权益保护》《生育自由与人权保障》。主编有:《行政法学》等。主要论文有:《论行政法规、行政规章以外的其他规范性文件》《论完善我国的行政立法程序》《行政法上的比例原则及其司法运用——汇丰实业发展有限公司诉哈尔滨市规划局案的法律分析》《中国加入 WTO 与行政审批制度改革》《通过章程的现代大学治理》等。

撰写本书第 35、39—40 章。

薛刚凌 华南师范大学法学院教授、博士生导师,华南师范大学政府改革与法治建设研究院院长,中国法学会行政法学研究会副会长,兼任广东省人大常委会立法咨询专家、广东省卫生和计划生育委员会法律顾问等职务,第五届"全国十大杰出青年法学家",曾任中国政法大学法学院院长、监察部特邀监察员,曾挂职最高人民法院行政审判庭副庭长。主要著作有:《改革开放 40 年法律制度变迁·行政法卷》(合著)、《法治视野下的政府权力结构和运行机制研究——决策权、执行权、监督权的制约与协调问卷调查数据分析》(主编)、《法治国家与行政诉讼:中国行政诉讼制度基本问题研究》(合著)、《中央与地方争议的法律解决机制研究》(主编)、《行政补偿理论与实践研究》(主编)、《行政主体的理论与实践——以公共行政改革为视角》(主编)等。主要论文有:《中国特色行政法典的编纂研究——以公共行政整体型特征为视角》《行政公益诉讼类型化发展研究——以主观诉讼和客观诉讼划分为视角》《行政法法典化之基本问题研究——以行政法体系建构为视角》《论行政法制度在经济领域的拓展——以腐败治理为视角》等。

撰写本书第 36—38 章。

法律、法规、司法解释简称与全称对照表①

《共同纲领》——《中国人民政治协商会议共同纲领》(1949)

《五四宪法》——第一届全国人民代表大会第一次会议通过的《中华人民共和国宪法》(1954)

《七五宪法》——第四届全国人民代表大会第一次会议通过的《中华人民共和国宪法》(1975)

《七八宪法》——第五届全国人民代表大会第一次会议通过的《中华人民共和国宪法》(1978)

《八二宪法》——第五届全国人民代表大会第五次会议通过的《中华人民共和国宪法》(1982)及之后 1988 年、1993 年、1999 年、2004 年和 2018 年的宪法修正案

《立法法》——《中华人民共和国立法法》(2023)

《国务院组织法》——《中华人民共和国国务院组织法》(2024)

《地方组织法》——《中华人民共和国地方各级人民代表大会和地方各级人民政府组织法》(2022)

《香港基本法》——《中华人民共和国香港特别行政区基本法》(1990)

《澳门基本法》——《中华人民共和国澳门特别行政区基本法》(1993)

《行政诉讼法》——《中华人民共和国行政诉讼法》(2017)

《行政诉讼法司法解释》②——最高人民法院《关于适用〈中华人民共和国行政诉讼法〉的解释》(2018)

《行政诉讼证据司法解释》——最高人民法院《关于行政诉讼证据若干问题的规定》(2002)

《审理行政许可案件司法解释》——最高人民法院《关于审理行政许可案件若干问题的规定》(2009)

《审理行政协议案件司法解释》——最高人民法院《关于审理行政协议案件

---

① 为统一和简洁起见,本书文中法律、法规、司法解释均使用简称。本书引用法律、法规,均为现行法律、法规,如引用已修订法律、法规修订前的版本,则在法律、法规名称后面注明其制定或修订时间。例如,现行《行政诉讼法》是经 2017 年 6 月 27 日第十二届全国人大常委会第二十八次会议修正的。如引用 1989 年 4 月 4 日第七届全国人大第二次会议最初通过的和 2014 年 11 月 1 日第十二届全国人大常委会第十一次会议修正的《行政诉讼法》,则分别用"《行政诉讼法》(1989)"和"《行政诉讼法》(2014)"表述。

② 最高人民法院 2000 年发布的《关于执行〈中华人民共和国行政诉讼法〉若干问题的解释》(已失效)简称《行政诉讼法司法解释》(2000),最高人民法院 2018 年发布的《关于适用〈中华人民共和国行政诉讼法〉的解释》简称《行政诉讼法司法解释》或《行政诉讼法司法解释》(2018)。

若干问题的规定》(2019)

《审理国际贸易行政案件司法解释》——最高人民法院《关于审理国际贸易行政案件若干问题的规定》(2002)

《审理反倾销行政案件司法解释》——最高人民法院《关于审理反倾销行政案件应用法律若干问题的规定》(2002)

《审理反补贴行政案件司法解释》——最高人民法院《关于审理反补贴行政案件应用法律若干问题的规定》(2002)

《行政诉讼撤诉问题司法解释》——最高人民法院《关于行政诉讼撤诉若干问题的规定》(2008)

《行政复议法》——《中华人民共和国行政复议法》(2023)

《国家赔偿法》——《中华人民共和国国家赔偿法》(2012)

《国家赔偿法司法解释》——最高人民法院《关于人民法院执行〈中华人民共和国国家赔偿法〉几个问题的解释》(1996)

《行政赔偿司法解释》——最高人民法院《关于审理行政赔偿案件若干问题的规定》(2022)

《行政处罚法》——《中华人民共和国行政处罚法》(2021)

《行政许可法》——《中华人民共和国行政许可法》(2019)

《监察法》——《中华人民共和国监察法》(2018)

《监察法实施条例》——《中华人民共和国监察法实施条例》(2021)

《行政强制法》——《中华人民共和国行政强制法》(2011)

《行政法规制定程序条例》——《行政法规制定程序条例》(2017)

《规章制定程序条例》——《规章制定程序条例》(2017)

《政府采购法》——《中华人民共和国政府采购法》(2014)

《政府信息公开条例》——《中华人民共和国政府信息公开条例》(2019)

《政府信息公开案件审理司法解释》——最高人民法院《关于审理政府信息公开行政案件若干问题的规定》(2011)

《公益诉讼司法解释》——最高人民法院、最高人民检察院《关于检察公益诉讼案件适用法律若干问题的解释》(2020)

《安全生产法》——《中华人民共和国安全生产法》(2021)

《保守国家秘密法》——《中华人民共和国保守国家秘密法》(2010)

《保险法》——《中华人民共和国保险法》(2018)

《兵役法》——《中华人民共和国兵役法》(2021)

《房屋征收补偿条例》——《国有土地上房屋征收与补偿条例》(2011)
《产品质量法》——《中华人民共和国产品质量法》(2018)
《城市居民委员会组织法》——《中华人民共和国城市居民委员会组织法》(2018)
《城乡规划法》——《中华人民共和国城乡规划法》(2019)
《传染病防治法》——《中华人民共和国传染病防治法》(2013)
《村民委员会组织法》——《中华人民共和国村民委员会组织法》(2018)
《档案法》——《中华人民共和国档案法》(2020)
《道路交通安全法》——《中华人民共和国道路交通安全法》(2021)
《道路交通安全法实施条例》——《中华人民共和国道路交通安全法实施条例》(2017)
《反不正当竞争法》——《中华人民共和国反不正当竞争法》(2019)
《反垄断法》——《中华人民共和国反垄断法》(2022)
《房地产管理法》——《中华人民共和国城市房地产管理法》(2019)
《防震减灾法》——《中华人民共和国防震减灾法》(2008)
《公路法》——《中华人民共和国公路法》(2017)
《公民出境入境管理法》——《中华人民共和国公民出境入境管理法》(2012)
《公务员法》——《中华人民共和国公务员法》(2018)
《国家安全法》——《中华人民共和国国家安全法》(2015)
《国境卫生检疫法》——《中华人民共和国国境卫生检疫法》(2018)
《海关法》——《中华人民共和国海关法》(2021)
《环境保护法》——《中华人民共和国环境保护法》(2017)
《环境影响评价法》——《中华人民共和国环境影响评价法》(2018)
《集会游行示威法》——《中华人民共和国集会游行示威法》(2009)
《监督法》——《中华人民共和国各级人民代表大会常务委员会监督法》(2006)
《教育法》——《中华人民共和国教育法》(2021)
《戒严法》——《中华人民共和国戒严法》(1996)
《警察法》——《中华人民共和国人民警察法》(2012)
《居民身份证法》——《中华人民共和国居民身份证法》(2011)
《科技进步法》——《中华人民共和国科学技术进步法》(2021)
《矿产资源法》——《中华人民共和国矿产资源法》(2009)
《矿山安全法》——《中华人民共和国矿山安全法》(2009)
《劳动法》——《中华人民共和国劳动法》(2018)
《律师法》——《中华人民共和国律师法》(2017)

《枪支管理法》——《中华人民共和国枪支管理法》(2015)
《人口与计划生育法》——《中华人民共和国人口与计划生育法》(2021)
《社会保险法》——《中华人民共和国社会保险法》(2018)
《最低生活保障条例》——《城市居民最低生活保障条例》(1999)
《社团登记条例》——《社会团体登记管理条例》(2016)
《审计法》——《中华人民共和国审计法》(2021)
《食品安全法》——《中华人民共和国食品安全法》(2021)
《税收征收管理法》——《中华人民共和国税收征收管理法》(2015)
《个人所得税法》——《中华人民共和国个人所得税法》(2018)
《统计法》——《中华人民共和国统计法》(2009)
《突发事件应对法》——《中华人民共和国突发事件应对法》(2007)
《土地管理法》——《中华人民共和国土地管理法》(2019)
《文物保护法》——《中华人民共和国文物保护法》(2017)
《武装警察法》——《中华人民共和国人民武装警察法》(2020)
《消防法》——《中华人民共和国消防法》(2021)
《消费者权益保护法》——《中华人民共和国消费者权益保护法》(2013)
《药品管理法》——《中华人民共和国药品管理法》(2019)
《医疗事故处理条例》——《医疗事故处理条例》(2002)
《中国人民银行法》——《中华人民共和国中国人民银行法》(2003)
《银行监管法》——《中华人民共和国银行业监督管理法》(2006)
《邮政法》——《中华人民共和国邮政法》(2015)
《预算法》——《中华人民共和国预算法》(2018)
《治安管理处罚法》——《中华人民共和国治安管理处罚法》(2012)
《仲裁法》——《中华人民共和国仲裁法》(2017)
《网络安全法》——《中华人民共和国网络安全法》(2016)
《文化服务保障法》——《中华人民共和国公共文化服务保障法》(2016)
《政务处分法》——《中华人民共和国公职人员政务处分法》(2020)

简　　目

第一编　绪　　论

第二编　行政法主体

第三编　行 政 行 为

第四编 行 政 复 议

第五编 行 政 诉 讼

第六编 行 政 赔 偿

Summary of Contents

Part One　Introduction

Part Two　Administrative Law Subjects

Part Three　Administrative Action

Part Four　Administrative Review

Part Five Administrative Litigation

Part Six Administrative Compensation

细　目

第一编　绪　论

第二编　行政法主体

第三编　行政行为

第四编　行政复议

第五编　行 政 诉 讼

第六编　行 政 赔 偿

第一编　绪　　论

第一章　行政法学的基本概念

第一节　行　　政

一、行政、国家行政与公行政

《现代汉语词典》对"行政"的释义是：行使国家权力；机关、企业、团体等内部的管理工作。[①] 行政的英语表述是 administration，其相应动词形式为 administer。《新英汉词典》对该词的释义除"行政"外，还有"管理""执行""施行"等意义。[②] 行政的俄语表述是 администрация，其相应动词形式为 администрировать。《俄华大辞典》对该词的释义除"行政"外，还有"管理""执行""处理"等意义。[③]

由此可见，行政可以用"执行""管理"予以注释。行政是组织的一种职能，任何组织（包括国家）要生存和发展，都必须有相应的机构和人员行使执行、管理职能（行政职能）。"执行"和"管理"并没有截然的区分，只是相对于不同的事物而言。"执行"是相对于"决策"而言，决策是确定组织的目标、纲领和行动方案，执行则是组织实施决策确定的目标、纲领和行动方案。"管理"是相对于"运作"而言，运作是组织为生存、发展进行的各种活动，管理则是为保障运作符合决策所确定的目标、纲领、方案而对运作进行的规划、指挥、组织、协调、控制等。

马克思说："行政是国家的组织活动。"[④]这里所说的"组织活动"，实际上也就是执行和管理活动。执行和管理活动不只国家有，任何其他组织，如企事业单位、社会团体乃至私人组织，都不可能没有执行和管理。没有执行和管理，就没有组织的生存和发展。但马克思对"行政"作上述界定并非专门对行政下定义，

---

① 中国社会科学院语言研究所词典编辑室编：《现代汉语词典》（第7版），商务印书馆2016年版，第1466页。

② 高永伟主编：《英汉大辞典》，上海译文出版社2013年版，第20页。

③ 尚永清、姜晚成等编译：《俄华大辞典》（修订本），时代出版社1956年版，第11页。

④ 《马克思恩格斯全集》第1卷，人民出版社1965年版，第479页。

而是在论述资本主义国家作用的特定场合给予行政以上述解释的。因此,马克思关于"行政"的界定只是行政的一种特定含义。不过,这种特定含义在政治学、宪法学、行政学、行政法学领域中广泛适用。这些学科研究的"行政",通常限定为"国家的组织活动",即国家行政机关的执行、管理活动。[①]

行政虽然主要指国家行政,但也包括非国家行政。非国家行政主要指私行政,即私人企业、组织、团体的执行、管理活动。国家行政属于公行政,但公行政并不等于国家行政。公行政除了国家行政以外,还包括其他非国家的公共组织的行政,如工会、妇联、青联等社会团体,律师协会、医师协会、注册会计师协会等行业组织,村民委员会、居民委员会等基层群众性自治组织的行政。传统的行政法学通常只研究国家行政(国家行政机关的行政),20 世纪中期以后,各国行政法学开始将国家行政以外的公行政也纳入研究的范围。许多英美行政法学著作在讨论正当法律程序原则时引用公立学校开除学生学籍或给予其他纪律处分的案例以及律师协会拒绝给律师颁发执业执照或吊销执业律师执照的案例。[②] 德国、法国、日本等国的行政法学著作大多单设专章研究国家行政机关(包括中央和地方行政机关)以外的公法人行政。[③] 我国人民法院的行政判例自 20 世纪末也开始涉及国家行政机关以外的公行政问题。[④]

---

① 以行政法学为例,学者们对"行政"的界定几乎全都在国家行政的范围内。参见罗豪才主编:《行政法学》(新编本),北京大学出版社 1996 年版,第 1—3 页;应松年主编:《行政法学新论》,中国方正出版社 1998 年版,第 3—6 页;姜明安:《行政法学》,山西人民出版社 1985 年版,第 1—6 页。

② 例如,著名学者施瓦茨在其 20 世纪 70 年代出版的行政法专著中,即认为公立学校给予学生纪律处分的行为应作为公行政的研究范围,他指出:"根据正当程序要求,在学生因其不轨行为而被公立学校开除以前,必须给其通知并给其受审讯(即听证)的机会。最近的一些判例把受审讯的权利扩大到比高等学院低的公共教育学校中产生的有关学生纪律的案件。……法院一致确认,正当程序条款适用于公立学校作出的开除学生的决定。"〔美〕伯纳德·施瓦茨:《行政法》,徐炳译,群众出版社 1986 年版,第 218 页。英国行政法泰斗韦德在其 20 世纪 80 年代出版的《行政法》(第 6 版)中单列专章讨论公法人问题,包括政府机关法人和国有企业等。他在该书中还多次引用有关社团、协会纪律处理程序,公立学校开除学校教师、学生程序的案例。H. W. R. Wade, *Administrative Law*, Oxford: Clarendon Press, 1989, pp. 153—171, 529—554。

③ 如日本行政法学者和田英夫在所著《现代行政法》一书中单列"特殊行政组织法"一章对国家行政组织、地方行政组织之外的公法人进行研究。他指出:"同历来的国家行政组织、地方行政组织这两元分类方式相并列,由此派生、独立出来多种多样的法人(有特殊法人、政府关系法人、机关法人等各种称呼)。在结构上,特殊行政组织也处于行政组织法的体系中。特别行政组织是一种公法人(独立行政法人)组织的总称,它基于特别的法律根据,从作为行政主体的地方公共团体独立出来,是由国家赋予特殊存在目的的行政主体,在国家的特别监督下,进行与其存在目的相一致的特定公共事务。"〔日〕和田英夫:《现代行政法》,倪健民等译,中国广播电视出版社 1993 年版,第 133 页。

④ 20 世纪 90 年代以来,一些地方人民法院开始受理被高等学校拒绝录取,而原告自己认为符合高校录取条件的考生对高等学校提起的诉讼以及高校学生不服校方开除、退学处分或拒发毕业证、学位证而提起的诉讼。法院将被诉的高校作为法律、法规授权的组织而归入行政诉讼被告的范畴。例如,1998 年 10 月 5 日,北京市海淀区人民法院受理了北京科技大学毕业生田永不服其所在学校拒绝向其颁发毕业证书、学位证书以及拒绝为其办理毕业派遣手续的行为而提起的行政诉讼,并且于 1999 年 2 月 14 日判决被告北京科技大学限期向原告颁发毕业证书、对原告学位资格进行审查和为原告办理毕业派遣手续。见《人民法院报》1999 年 6 月 8 日第 4 版。

现代行政法之所以将国家行政机关以外的社会公权力组织实施的公行政也纳入其调整范围，现代行政法学之所以将国家行政机关以外的社会公权力组织实施的公行政纳入其研究范围，主要原因有三：其一，20世纪中期以后，世界各国，特别是发达国家，参与制民主日益发展，在国家政治生活中占有越来越重要的地位。随着参与制民主的发展，各种NGO(非政府组织)、NPO(非营利组织)大量出现，国家公权力呈现出部分向社会转移的趋势，作为社会公权力的公行政越来越多地影响着公民的权利和自由。其二，社会公权力组织的权力范围通常只及于相应组织成员，即内部相对人，但在很多情况下(如法律、法规授权，行政机关委托等)也可能涉及外部相对人。[①] 其三，社会公权力组织对内部相对人实施的行为通常不涉及内部相对人的基本权利，但在某些情况下，特别是在社会公权力组织滥用社会公权力的情况下，也会侵犯内部相对人的人身权、财产权，甚至威胁其生存权。[②]

行政是政治学、管理学、宪法学、行政学、行政法学共同研究的课题。行政法学研究的行政只涉及公行政而不涉及私行政，因为行政法只调整公行政而不调整私行政。公行政不仅包括国家行政——国家行政机关从事的执行、管理活动，也包括非国家的公共团体、组织的行政。不过，国家行政是行政法的基本调整对象，从而是行政法学的基本研究对象。

国家行政一般指国家行政机关从事的执行、管理活动，这是就国家职能的一般划分而言。如果不是从这个角度界定国家行政，而是具体分析各个国家机关的具体活动，那么无论是国家行政机关还是国家立法机关，抑或是国家司法机关，都有部分活动具有行政性质，如各国家机关内部的人事、财务管理和其他内部的执行、管理活动。至于国家行政机关，如对其所从事的具体活动进行分析，除了其基本职能具有行政性质以外，另外也有一部分活动具有立法和司法的性质，如国家行政机关制定行政法规和规章的活动就具有立法的性质，国家行政机关裁决部分行政争议和部分民事争议的活动就具有司法性质。现代社会，行政权愈益膨胀，国家行政机关越来越多地行使在实质上具有立法和司法性质的职能。行政法学研究的国家行政，通常指国家行政机关的整个职能活动，既包括其实质为行政性质的职能活动，也包括其实质为立法、司法性质的职能活动。这种对行政的界定方法是形式上的，即以国家机关的性质为标准。但行政学对行政的界定往往不是采取形式标准，而是采取前述的实质标准，即以某种职能活动是

---

① 法律、法规授权和行政机关委托的行为涉及外部相对人权利的情况自不必说，某些社会公权力的行使往往也产生外部性，如消费者权益保护协会处理消费者维权申诉，律师协会、医师协会处理当事人对律师、医师的投诉，等等，都可能涉及外部相对人的权利。

② 如公民从事某些职业以参加行业协会为前提条件，而该行业协会全国又仅有一家，这样，某公民如申请参加该行业协会被拒绝，或者参加后被注销登记或被开除，就有失掉“饭碗”的危险。

否具有执行、管理性质作为界定行政的依据。[①]

由此可见,行政有公行政与私行政之分,公行政又有国家行政与非国家行政之分,而国家行政又有形式行政与实质行政之分。作为行政法学研究对象的行政是公行政,主要是国家行政、形式行政,即国家行政机关进行的执行、管理活动,包括国家行政机关进行的准立法和准司法活动。

关于行政,国内外的行政法学者给出了各种各样的定义。1893 年,美国行政法学者弗兰克·古德诺说:"政府任命官吏、训令外交官、征收赋课租税、练习军队、审查犯罪事件、执行审判厅之判决,即称为行政。非为商议评量或司法的裁决,见政府在活动之中,而即谓之行政也。"(含外交行政、军事行政、司法行政、财务行政、内务行政五大分支。)[②] 1895 年,德国行政法学者奥托·迈耶说:"行政是除立法和司法之外的国家活动。"[③] 1957 年,日本行政法学者田中二郎说:"行政是依据法律,在法律的约束下,现实中为积极实现国家目的进行的,整体上具有统一性的,连续的形成性国家活动。"[④] 2004 年,法国行政法学者让·里韦罗说:"行政乃是政府当局,有时是私法机构,为满足公共利益的需求,必要时运用公权力的特权来活动。"[⑤]

对于这些定义,我们可能难以在短时间内把握其明晰的内涵和外延。但是如果列举一些生活中直观的例子,行政的概念就会在我们的脑海里变得清晰起来。例如:我们出行,在道路上开车或步行,要听从警察的指挥,如果违反交通规则,要接受警察的处罚;大学毕业后创业,想开办一个公司或一个商行,要找市场监管机关办理营业执照,找有关政府部门办理各种许可证;恋爱后想结婚成家,要去婚姻登记机关办理登记,领取结婚证;人生中偶遇运气不佳,面临失业或经营的企业破产,或遭受天灾人祸,要找社会保障部门申请失业保险、低保金或其他救济、补助;等等。政府和政府部门依职权主动进行或应相对人请求进行的所有这些活动:警察管理交通、处罚违法行为,市场监管机关颁发许可证照,婚姻登记机关进行婚姻登记,社会保障部门发放保险金、救济金、补助金等,均谓之"行政"。

当然,社会生活是非常复杂的,而且是不断发展的,无论是查阅教科书的定义还是审视我们自己的生活体验,都难以完全清晰地把握"行政"的确切疆域。

---

① 关于形式意义的行政与实质意义的行政的区分,我国研究外国行政法的著名学者王名扬先生在其专著《法国行政法》中有详细的论述。参见王名扬:《法国行政法》,中国政法大学出版社 1989 年版,第 3—10 页。

② 〔美〕弗兰克·古德诺:《比较行政法》,白作霖译,中国政法大学出版社 2006 年版,第 1—3 页。

③ 〔德〕奥托·迈耶:《德国行政法》,刘飞译,商务印书馆 2002 年版,第 8 页。

④ 〔日〕田中二郎:《行政法总论》,转引自〔日〕南博方:《日本行政法》,杨建顺、周作彩译,中国人民大学出版社 1988 年版,第 8 页。

⑤ 〔法〕让·里韦罗、让·瓦利纳:《法国行政法》(第 20 版),鲁仁译,商务印书馆 2008 年版,第 6 页。

事实上,“行政”本身也没有一个绝对的和在任何时空均普适的疆域。[①]

第一,学界对行政是否只是国家的活动即存在争论。在有国家以来的很长的历史时期中,公权力一直为国家所垄断,或者主要为国家所控制。在国家垄断或主要控制公权力的情况下,行政自然只是或基本上只是国家的活动。但是,当人类社会进入民主化、信息化、市场化、全球化的今天,公民参与权日益发展,公权力逐步并且越来越多地向社会转移,行政已经不再只是国家的活动了。法律、法规授权的组织,行政机关委托的组织,各种社会自治组织,包括各种NGO、NPO,甚至法国学者让·里韦罗所说的“私法机构”,也都可能成为行政主体。[②]当然,这些组织只有在行使公权力(国家公权力或社会公权力)中的行政权或公共职能(包括公共服务职能)时,才能成为行政主体。在一般情况下,它们只是社会组织或市场主体。

第二,根据我国第十三届全国人大第一次会议通过的《关于国务院机构改革方案的决定》和中国共产党第十九届中央委员会第三次全体会议通过的《关于深化党和国家机构改革的决定》《深化党和国家机构改革方案》,为了“建立健全党对重大工作的领导体制机制,更好发挥党的职能部门作用”,我国实行和推进“职责相近的党政机关合并设立或合署办公”的制度,例如:由中央组织部统一管理公务员工作,统一管理中央编办;由中央宣传部统一管理新闻出版工作,归口管理新组建的国家广播电视总局、中央广播电视总台;将国家宗教事务局、国务院侨务办公室并入中央统战部,统一管理宗教工作、侨务工作,并由中央统战部统一领导国家民族事务委员会;等等。这样,行政即不限于国家行政机关的行政,而包括执政党的机关实施的部分国家行政。

第三,行政是否只是消极的执行?传统行政通常被认为是消极的,是立法机关和作为立法调整对象或立法相对人的公民、法人、其他组织之间的“传送带”。[③] 行政只能是法律的执行,行政机关不能有任何自己的意志参与其间。但是,在现代社会,由于经济、社会和科技的发展,立法越来越具有原则性、纲要性、框架性,大量的具体问题都留给行政机关去制定实施细则、标准、办法,甚至将相应事项一揽子授权给行政机关去制定行政法规、行政规章。从而,“行政”不再只是执行,在很多情况下,“行政”行使的是“立法”职能和决策职能。

第四,行政是否只是行政主体对行政相对人实施的单方行为?传统行政法学理论认为,行政是行政主体对行政相对人实施的单方行为。行政机关是行政

---

① 参阅姜明安:《行政的疆域与行政法的功能》,载《求是学刊》2002年第2期。

② 〔法〕让·里韦罗、让·瓦利纳:《法国行政法》(第20版),鲁仁译,商务印书馆2008年版,第59—62、67—68页。

③ “传送带”的理论见于〔美〕理查德·B.斯图尔特:《美国行政法的重构》,沈岿译,商务印书馆2002年版,第10—11页。

法律关系的主体，相对人是客体，前者是行为的主动实施者，后者是行为的被动接受者。在现代社会，这种观念已经不符合民主、法治的理念和现实。公民的积极参与已成为现代行政的重要特色，行政不再是行政机关纯粹单方和单向的行为，而是行政主体与行政相对人双向互动的行为，行政主体与行政相对人在这种互动行政行为过程中均是行政法律关系的主体。当然，在参与行政中，行政主体仍然是行政行为的决定者，行政主体的意志仍然具有优越性。但在行政合同（行政协议）行为与行政指导行为（这两种行政行为属于广义的行政行为）中，行政主体的意志即不具有决定性的作用。行政合同的成立须基于双方的合意；行政指导的采纳和遵循须基于行政相对人的自愿。

第五，行政是否等于或相当于管理、规制？传统行政法学理论认为，行政即管理、规制。在英语的表述中，"行政"可与"管理"通用，均可以 administration 表述，"管理"可与"规制"通用，均可以 regulation 表述。但是无论在我国，还是在英语国家，行政的内涵和实质在现代社会都发生了深刻的变化，管理正在向"治理"（governance）转化。旧时管理的主要目标和任务是秩序，故特别强调对相对人的"管"，不服管则罚。而现代治理的目标和任务除了维护秩序以外，更多的是强调为相对人服务[①]，以人为本，如为相对人提供生产、生活、科研等活动的信息，提供教育、医疗、公共交通以及水、电、煤气等公共物品，提供社会保险、社会救济以及保护环境、生态，等等。当然，管理和规制，如审批、许可、规划、设定标准、确认、裁决、检查、监督等，仍然是行政的重要内容。只是"管"的目的不再只是"秩序"，还有"服务"。[②]

第六，行政是否以强制为基本特征？传统行政法学理论认为，行政行为最重要或最基本的特征是其具有强制性，与民事行为的自愿、平等、等价有偿特征迥异。事实上，这种认识是有片面性的。强制性虽然确实是行政的一个特征，但却非其本质的特征，更非其唯一特征。即使是在传统的国家管理中，行政除了德国学者毛雷尔所称的具有强制力要素的"高权"行政以外[③]，也包括法国学者狄骥所称的基本不具有强制力要素的"公共服务"行政。[④] 至于现代社会，由于民主政治的演进，行政的直接强制性要素越来越淡化，平等、协商、参与越来越成为行政的基本模式或重要特征。行政合同、行政指导、公私合作、公私共同治理等在行政行为、行政方式中占有越来越大的比例，具有越来越重要的地位。尽管现代行政仍然具有强制性的特征，许多行政行为，如行政许可、行政处理、行政处罚、

① 中共十九大报告要求政府转变职能，在"幼有所育、学有所教、劳有所得、病有所医、老有所养、住有所居、弱有所扶"上有所作为，建设服务型政府。

② 参阅姜明安：《服务型政府与行政管理体制改革》，载《行政法学研究》2008 年第 4 期。

③ 〔德〕哈特穆特·毛雷尔：《行政法学总论》，高家伟译，法律出版社 2000 年版，第 15 页（并参阅该页正文下的"译者注"）。

④ 〔法〕莱昂·狄骥：《公法的变迁·法律与国家》，郑戈、冷静译，辽海出版社、春风文艺出版社 1999 年版，第 13 页。

行政强制、行政裁决等，仍具有“高权”和强制的要素，但是，即使是这些“高权”行政行为，行政主体在作出相应行为的过程中也需要向相对人说明理由，听取相对人陈述、申辩，甚至与相对人协商，作出反映双方意志，兼顾公共利益和相对人利益的行政决定。只有在紧急情况下采取某种即时强制措施或作出某种应对突发事件的应急行政行为时，行政主体方可实施直接强制。

二、行政权与公权力

如前所述，行政是组织的执行、管理职能，作为行政法学研究对象的行政主要是指国家行政机关执行国家法律、管理国家内政外交事务的职能。那么，行政权即是指执行、管理权，主要是指国家行政机关执行国家法律、管理国家内政外交事务的权力。

公权力是人类共同体（国家、社团、国际组织等）为生产、分配和提供“公共物品”（安全、秩序、公交、通讯等）而对共同体成员进行组织、指挥、管理，对共同体事务进行决策、立法和执行、实施决策、法律的权力。公权力包括国家公权力、社会公权力以及国际公权力。在远古社会，没有国家，所以只有社会公权力，没有国家公权力和国际公权力。国家产生以后，才开始有了三种公权力。但是，在很长一个历史时期内，在三种公权力中，只有国家公权力非常强大，社会公权力和国际公权力非常弱小。只是到了现代，随着国家公权力部分向社会转移，随着社会自治组织、团体（如基层群众性自治组织、各种行业协会等）和国际组织（如联合国、安理会、世贸组织、世卫组织等）的迅速发展，社会公权力和国际公权力才逐步强大，并且越来越强大起来。尽管社会公权力和国际公权力这两种公权力在现时和今后相当长的历史时期内还不能与国家公权力相提并论，但是社会公权力和国际公权力的作用以及它们对人类社会政治、经济、文化生活的影响却呈现出与日俱增的趋势。[①]

行政权是公权力的一部分。如前所述，公权力包括国家公权力、社会公权力以及国际公权力。国家公权力包括国家立法权、国家行政权和国家司法权等。社会公权力以及国际公权力也包括一定的制定规则、执行规则、裁决争议的权力。社会团体、国际组织制定章程、规则的权力同样具有一定的立法性质；其执行章程、规则，对团体、组织成员进行管理（管理措施有审批、许可、登记、监督乃至制裁等）的权力同样具有一定的行政性质；其调解、裁决团体、组织成员间的争议、纠纷，以及团体、组织相互之间或其成员与外部相对人之间的争议、纠纷的权力同样具有一定的司法性质。

---

①　关于公权力和公权力三分法的观点，可参阅姜明安：《论公法与政治文明》（载《法商研究》2003 年第 3 期）、《公众参与与行政法治》（载《中国法学》2004 年第 2 期）。

公权力虽然包括立法权、司法权等其他重要权力，但行政权是其中最主要的部分。人们聚集在一起，建立起国家、社会组织等共同体，其主要目的在于获得安全、秩序等"公共物品"，而这些"公共物品"的生产和分配主要是靠行政权维系的。就一个国家的公民而言，对于公权力，他首先想到、看到和与之打交道的显然是与行政权有关的概念，如警察、政府、审批、办证、纳税、罚款、申领救济金、抚恤金等等，而不可能首先想到、看到议会、法院、检察院等并与之打交道。立法权虽然是公权力中最重要的权力，但却不是公权力中最主要的部分，公民最经常、最直接接触的公权力无疑是行政权而不是立法权。司法权是公民权利、自由的保障，公民为裁决纠纷、解决争议、维护自己的合法权益虽然也要较多地直接与司法机关打交道，接触司法权，但其接触的经常性、直接性显然远不及行政权。

三、行政与行政国家

行政有着与国家甚至与人类社会（就社会公权力行政而言）同样长远的历史。一旦人类形成社会共同体，行政就必然伴随而生。国家产生后，绝大部分社会行政脱离社会而形成国家行政，国家行政源于社会但却凌驾于社会之上。无论是中国还是外国的文明古国，国家行政均有着长远的发展和发达史。[①] 但是行政法却不同于行政，它远没有这么长久的历史，严格意义上的行政法只是法国行政法院建立以后的事情，其产生、发展的历史不过200年左右。作为一个独立法律部门的行政法，更只是到19世纪末20世纪初，随着"行政国家"(administrative state)的兴起而逐步形成的。

所谓"行政国家"，是指社会发展到一定阶段以后，科技的进步和生产关系的调整带来了经济的迅猛发展，而经济的发展又同时引发了大量的社会矛盾和社会问题，如垄断、恶性竞争、通货膨胀、交通堵塞、环境污染、工人失业、罢工，等等。为了解决这些不断产生并且越来越多、越来越频繁出现的社会矛盾和社会问题，国家不得不增设大量的行政机构和行政人员，对国家的经济生活和社会生活进行干预。与此相适应，政府的行政权力大为膨胀，行政职能大为增加。资本主义早期的政府职能通常限于国防、外交、治安、税收等纯行政事务，19世纪末和进入20世纪后则介入了贸易、金融、交通、运输、环境、劳资关系以及工人的失业保险、养老保险、工伤事故等领域。19世纪政府的权力限于执行、管理，20世

---

① 关于我国国家行政的发展、发达史，唐代望先生在其所著《现代行政管理学教程》一书中写道："《论语》、《史记》等书不仅叙述了公元前841年'周公行政'以后的活动，而且比较深刻地阐明了古代的行政思想。我国早在周朝就设'六官'，到隋唐演变为'六部'，即由天官、地官、春官、夏官、秋官、冬官演变为吏部、户部、礼部、兵部、刑部、工部，分别掌管百官政事、户籍财政、文化教育、军队武器、司法刑狱、工程建设。有一套比较完整的行政组织机构和官吏制度。"参见唐代望：《现代行政管理学教程》，湖南科学技术出版社1985年版，第20页。

纪后则不断侵入立法和司法的领域：政府自己制定法规和规章，行使“准立法”权；政府自己裁判自己在管理中发生的纠纷、争议和某些私人之间的争议，行使“准司法”权。对于国家行政职能和行政权的这种大扩张、大膨胀的趋势，西方国家的学者们称之为“行政国家”现象。[①]

世界各国行政职能的发展、扩张、变化和“行政国家”形成的时间及形成的原因虽有较多共性，但亦有较大区别。

英国行政法学者韦德在其巨著《行政法》一书中讲到英国行政从 19 世纪到 20 世纪的变迁时首先引述了英国历史学者泰洛的话：“直到 1914 年 8 月，除了邮局和警察以外，一名具有守法意识的英国人可以度过他的一生却几乎没有意识到政府的存在。”[②]韦德认为泰洛的话描述的是英国 19 世纪和之前的行政的疆域。而“到了 1914 年，大量的迹象表明政府的概念发生了深刻的变化。这些变化则是 20 世纪的特征。国家学校的教师、国家的保险官员、职业介绍所、卫生和工厂检查员以及他们必不可少的同事——税收员就是这些外在、可见的变化”。20 世纪英国行政的疆域已扩大到公民“从摇篮到坟墓”的整个地带：“保护他们生存的环境，在不同的时期教育他们，为他们提供就业、培训、住房、医疗机构、养老金，也就是提供衣食住行。”[③]英国行政的疆域的这种变迁，一方面是其社会经济发展的结果，另一方面也如韦德所指出的，是英国人理念情感变化的反映。“现代行政国家正在形成，纠正社会和经济的弊病是政府的职责，这种看法反映了人们的情感。”[④]

关于美国行政管理从“守夜人式国家”到“行政国家”的变迁，美国行政法学者 E. 盖尔霍恩和 R. M. 利文在两人合著的《行政法和行政程序概要》一书中写道：“在接近本世纪[⑤]之时，诸如州际商业委员会和联邦贸易委员会等机构纷纷成立，试图控制垄断集团和大公司的反竞争行为。继 20 世纪 30 年代的经济大萧条之后，出现了新政时期的机构激增。新政的目的旨在稳定经济，缓和毫无管理的市场的无节制性，在第二次世界大战时期，又设立或扩大了一些机构，以便动员人力，组织生产并施行价格控制和给养分配。从无线电广播到航空运输到核能新技术的发展又导致新的行政部门的创立。在 20 世纪 60 年代，贫穷和种族歧视的不公成为全国关注的紧迫问题，为解决这些问题而制订的各项计划进一步扩大了政府机关的规模。较近期以来，公众日益关注人类健康和安全及自

---

① Peter Leyland & Gordon Anthony, *Textbook on Administrative Law*, Oxford University Press, 2005, p. 30.

② A. J. P. Taylor, *English History, 1914—1945*, Oxford: Clarendon Press, 1965, p. 1.

③ 〔英〕威廉·韦德：《行政法》，徐炳等译，中国大百科全书出版社 1997 年版，第 1—3 页。

④ 同上书，第 1 页。

⑤ 指 20 世纪。

然环境遭受的威胁，这同样促进了新的行政机关和新的规制的创立。”①

盖尔霍恩和利文认为，美国行政的疆域在20世纪不断扩张的原因在于行政管理程序所具有的极大的灵活性，“行政机关较之法院、立法机关或选举产生的行政官员而言，拥有若干体制上的实力，能够据此处理各种复杂的问题。其中最重要的大概是拥有具有专门才能的工作人员：每个机关均有雇用它所需要的能够完成工作的人员，这些人员具有各种综合才干、技能和经验。此外，由于特定的机关负责公共政策的某一有限领域，该机关便得以通过不断地接触那一存在问题的领域而发展所需的专长。机关也可变通其管理方法和决策程序以解决手边的问题。各种机关可以通过要求取得从事具体活动的许可证来控制某一领域的发展；它们能够规定标准、裁断违法行为及决定处罚；它们能够批准拨款、补助或其他奖励；它们能够制定最高和最低费率；它们还能够通过多种多样的非正式方法影响人们的行为”。②

上述西方国家行政发展的一般轨迹，通常都经历了从19世纪行政的疆域相对狭小、行政管理职能相对有限（多只限于国防、外交、治安、税收和邮政寥寥数项），到20世纪，特别是20世纪30年代以后，行政的疆域大为扩张、行政职能大为膨胀的重大转折。尽管19世纪以前，德国等一些欧洲国家在“绝对国家”时期也曾有过广泛和积极的行政，但那时行政的范围远不能与20世纪“行政国家”时期的行政相比。20世纪以后行政的疆域之所以大为扩张，行政职能之所以大为膨胀，其重要原因之一是人们在目睹了自由市场经济创造了那么多的奇迹、给人们带来了那么多的财富和机会之后，突然面对“市场失灵”导致的大灾难而手足无措，转而过分相信政府，相信行政权，认为政府及其行政权是万能的，能够医治“市场失灵”和解决人们在社会生活中发生的种种问题，于是大肆增设政府机构，不断增加行政职能，致使行政的疆域大大扩张。

上述国家行政职能的扩张包括两种情况：一种是适应社会发展的需要，为保障社会的发展和进步所必需的，如提供社会福利和社会保险，保护知识产权，保护资源，控制环境污染和改善生活、生态环境，监控产品质量和保护消费者权益等（这些“公共物品”是否全部应由政府提供，公民自治组织等“第三部门”能否对此有所作为尚是一个可研究的课题）。

国家行政职能扩大的另一种情况则是人们对于国家作用的认识有误所致。由于被一些表面的、暂时的现象所迷惑，如西方国家在20世纪30年代经济大危机后通过政府广泛干预而使经济得以恢复并走向繁荣，苏联成立后通过全面的

---

① 〔美〕欧内斯特·盖尔霍恩、罗纳德·M.利文：《行政法和行政程序概要》，黄列译，中国社会科学出版社1996年版，第1页。

② 同上书，第1—2页。

政府计划经济使之由农业国迅速转变为工业国，以及我国在20世纪50年代前期通过政府对经济及社会生活的全面领导、干预而使国民经济迅速恢复、发展等事例，许多人因而认为，国家和政府无所不能；从而赋予政府全面干预经济、社会甚至人们私生活的种种职能，使人们“从摇篮到坟墓”都依赖国家和政府，国家和政府逐步演变成“行政国家”“全能政府”。

“行政国家”“全能政府”是人们在“市场失灵”后对“公共物品”（包括抑制垄断，防止不正当竞争，调节社会收入分配，防止贫富过分两极分化，解决工人失业、环境污染、信息不对称等“外部性”问题）需求大量增加，为满足此种需求而自觉或不自觉地制造出来的一种奇特之物。此种奇特之物一经制造出来，确实奇迹般地给人们生产和提供了各种各样所需要的“公共物品”，但同时，也魔术般地生产出各种各样人们不愿看到的副产品。而且，行政国家、全能政府的副作用随着时间的推移越来越严重。这种现象即行政国家的异化，亦称“政府失灵”，其主要表现在下述五个方面：(1) 对民主、自由和人权的威胁。在现代复杂的社会、经济生活中，人们为了保障民主、自由、人权，必须确立和维护相对稳定的秩序，而要确立和维护秩序，就必须有强有力的行政权。行政国家正是社会对这种强有力的行政权的需要的产物。然而，如果行政权过于强大，又没有同样强有力的控制机制，它必然形成对民主、自由、人权的威胁：使议会徒具形式，使法院听命于政府，使人民对行政官员心存畏惧。(2) 腐败和滥用权力。行政权本来是人们为获取“公共物品”而设置的，但是当其异化以后，就会在为公众提供“公共物品”的幌子下，大肆为掌握和行使权力的人提供“私人物品”。掌握和行使权力的人运用权力为他们自己谋取金钱、财物，乃至美色（所谓“权钱交易”“权色交易”等）。他们本来是人民的“公仆”，但却以权力把自己塑造成“主人”，将行政相对人作为自己任意驱使的对象，对相对人乱罚款、乱摊派、乱集资、乱定规章制度、乱发号施令，相对人若不服从，他们即对其予以强制或制裁，甚至实施肉体和精神折磨。行政权的滥用和腐败，有时可以达到令人发指的地步。(3) 官僚主义和效率低下。在行政国家的条件下，由于“帕金森定律”[①]的作用，行政人员增加，行政机构膨胀。按照一般规律，人多应该是好办事、多办事，但是异化的规律却是“一个和尚挑水吃，两个和尚抬水吃，三个和尚没水吃”。机构之间、办事人员之间互相推诿、互相扯皮。本来是一个衙门能办的事，相对人要找几十个衙

① 帕金森定律（Parkinson's Law）是一种官场病的别称，源于英国著名历史学家诺斯古德·帕金森出版的《帕金森定律》一书的标题。帕金森在书中阐述了机构人员膨胀的原因及后果：一个不称职的官员往往会任用两个水平比自己更低的人当助手。两个平庸的助手分担了他的工作，他自己则高高在上发号施令，平庸助手们不会对他的权力构成威胁。两个助手既然无能，便上行下效，再为自己找两个更加无能的助手。如此类推，就形成了一个机构臃肿、人浮于事、相互扯皮、效率低下的领导体系。帕金森得出结论：在行政管理中，行政机构会像金字塔一样不断增多，行政人员会不断膨胀，每个人都很忙，但组织效率越来越低下。

门,拜几十尊菩萨,盖几十个图章,更不要说这些衙门门难进、话难听、事难办了。(4) 人、财、物资源的大量浪费。行政权的行使必须有相应的成本付出,这是自然的、正常的。但是当行政国家异化现象出现以后,行政权行使的成本会成倍地增加,导致人力、财力、物力资源的大量浪费。很多优秀人才的精力、才华并非用于事业,而是用于处理机关之间、人与人之间的各种复杂关系;国家财政税收的大部分不是用于经济、社会、文化和生态环境建设,而是用于成百上千万公职人员的“皇粮”开支(所谓“吃饭财政”)。除了正常的“皇粮”开支外,一些“公仆”坐超标车、住超标房和在宾馆饭店山吃海喝造成的浪费更增加了行政成本。(5) 人的生存能力和创造能力的退化。传统社会主义行政国家往往与计划经济制度和“大锅饭”制度相联系。实践证明,计划经济和“大锅饭”制度均不利于培养和激励人的竞争精神和创新能力。在一切都有国家保障的条件下,人们会逐渐养成依赖甚至懒惰的品质,其生存能力会逐渐退化,以致经不住人生道路上的任何风浪打击。在行政国家的条件下,政府可能本是好心地为国民考虑一切,提供一切,但最终反而害了国民,最后还会使国家衰败。这是行政国家异化的另外一种表现。[①]

行政国家、全能政府的产生,既有历史必然的因素,又有人为的因素。人制造行政国家、全能政府,本来是为人的发展创造条件,但是,其在运作过程中,却一步一步演变成阻碍人的发展甚至摧残人的魔域。人类必须走出这个魔域,否则,不仅无法发展,而且有自我毁灭的危险。20 世纪中期以后,世界上越来越多的国家开始认识到这种危险。许多国家开始采取各种措施限制行政权,控制行政权,转化行政权,限制和缩减行政的“疆域”。到 20 世纪后期,大多数“行政国家”陆续逐步过渡到“有限政府”。这种过渡的一般途径是:(1) 转变和缩减政府职能,限制行政权。在“行政国家”时期,政府什么事都管,什么都干预,政府不仅进行管理,而且从事生产和经营,不仅宏观调控,而且微观管控。这样就导致了行政职能和行政权的膨胀。要走出行政国家,首先要做的自然就是转变和缩减政府职能(简政放权),让政府少管“闲事”。过去政府管的许多事情本来是政府完全没有必要介入、没有必要管的事(如企业的产、供、销、人、财、物),这些事如果让“看不见的手”去调节,会比政府管理更有效,而且可以尽量避免腐败和人力、物力、财力的大量耗费。(2) 规范行政行为,控制行政权。对行政权必须予以限制、削减,但是在相当长的一个历史时期内不可能取消、废除。因此,人们走出行政国家的另一个重要途径是规范行政权的行使,控制行政权。而规范行政权、控制行政权的一个重要方法即行政法治,包括行政实体法治和行政程序法

---

① 西方行政国家的另一面是“超福利国家”。现在世界上许多国家都在反思“超福利国家”的利弊,实践证明,政府管得过多,公民福利过多,确实不利于激发人们的进取精神,不利于社会经济的发展。

治。(3) 加强社会自治,转化行政权。在任何社会,社会公共体都是必要的,因为人们需要公共体提供"公共物品"。但是"公共体"并不等于政府。政府不是唯一的公共体。"公共物品"除了可由政府提供外,还可由其他公共体——社会自治组织(如行业协会、公共事业组织、社会团体、基层群众性自治组织等)提供。而且,非政府的社会公共体行使公共权力,即行政权力转化为社会权力,可以避免或减少行政国家异化的许多弊端,如腐败、滥用权力等。因为非政府的社会公共体更接近公民,公民可更直接地参与其运作,更直接地对其进行监督。

行政法的调整范围取决于行政的"疆域",而行政的"疆域"究竟应有多大,又取决于对"公共物品"的界定。另外,"公共物品"哪些只能由政府提供,哪些则可由政府以外的"第三部门"提供,取决于"第三部门"的成熟程度和行政改革、政治改革的进程。但是,无论如何,政府职能将进一步转变、转移,国家行政的"疆域"将逐步缩减,这是 21 世纪行政法发展的明显走向。

由此可见,20 世纪行政国家的产生,源于国家行政职能的增加和行政权的扩大,而行政职能增加和行政权扩大一方面意味着社会经济发展所必需的秩序的确立和保障,另一方面则意味着人民的自由和权利可能受到侵害的威胁增大。历史经验证明,如果不加控制和制约,政府权力越大,其滥用的可能性就越大,人民的自由和权利受到侵害的可能性就越大。因此,社会必须创立一种机制,在扩大行政权的同时扩大对行政权的控制和制约,使之能够正当行使而不致被滥用,这种控制和制约机制的重要环节就是行政法。

行政法作为一个独立的法律部门,是伴随着行政国家的产生而产生的。过去许多行政法学教科书都这样给行政法下定义:"行政法是关于行政的法"①,或"行政法是调整行政的法"②。这样界定行政法当然并没有错误,但是必须补充说明,行政法虽然是关于行政或调整行政的法,但不是有了行政就有了行政法,只有当行政发展到特定的阶段,即国家行政职能大为增加,行政权大为扩张以至于对行政权不加以控制和制约,就不能防止其滥用,就不能有效保障人民的自由和权利的"行政国家"阶段,才逐步形成作为独立法律部门的行政法。

四、行政与法治国家

行政国家的产生是行政法产生和发展的重要缘由,而行政法的产生和发展是法治国家形成的基本条件。

---

① 如日本西冈教授给行政法所下的定义是"关于行政方面种类繁多的法"。见〔日〕西冈等:《现代行政法概论》,康树华译,甘肃人民出版社 1990 年版,第 1 页。

② 如王名扬教授给行政法所下的定义是"调整行政活动的国内公法"。见王名扬:《法国行政法》,中国政法大学出版社 1988 年版,第 12 页。

关于“法治”，不同国家、不同历史时期、不同学者有不同的表述。[①] 如同人权具有普遍性和特殊性一样，各国法治也既具普遍性，又具特殊性。就其普遍性而言，政府服从法律、行政受法的支配是法治一般原则之一。就其特殊性而言，如中国特色社会主义法治强调的中国法治的五项原则——坚持中国共产党的领导、坚持人民主体地位、坚持法律面前人人平等、坚持依法治国和以德治国相结合、坚持从中国实际出发，即是中国法治的特殊性。[②]

基于法治的普遍性，政府为什么要服从法律，行政为什么要受法的支配呢？这是由民主政治制度所决定的。民主的基本含义是人民当家作主：人民选举自己的代表，组成人民代表机关（人民代表大会、议会、国会等），人民代表机关将人民的意志集中，形成法律，交由政府执行，并对政府执行的情况进行监督。政府如果可以脱离法律行政，即不以人民意志而是以自己的意志行动，其政体就不再是民主而是专制。在专制制度下，人民的权利、自由被限制、剥夺。人类曾经经历了几千年的封建专制的苦难历程，只是在近代，经过多少代人的流血斗争后，才在大多数国家建立了民主政治制度。然而，民主需要通过法治运作，也需要通过法治加以保障。

法治与民主相伴而生，民主制度一经建立，法治的进程也就同时开始了。但是，民主制度建立之初，法治并不完善，当时实行法治所依据的法，主要是宪法。刑法的无罪推定、罪刑法定原则，民法的平等、等价有偿原则，诉讼法的审判独立、不受行政干预原则等大多是由宪法直接确定或根据宪法的精神确定的。民主制度建立初期，行政法并不发达，甚至不成其为一个独立的法律部门。这是因为当时行政机关和行政人员的数量有限，行政职能有限，行政权力有限，宪法和组织法可以对之进行有效的控制和制约。而社会进入行政国以后，民主和法治就有了新的形式和内容。首先，民主由单纯的人民代表制民主转化为人民代表制民主与人民参与制民主的结合，人民直接参与立法、行政管理、监督的机制在整个民主机制中有了越来越重要的地位和作用。本来西方的政党制度是人民代表制民主的支柱，但政党的竞争又不断地蚕食民主、耗损民主。议员们往往将党派利益置于人民的利益之上，人民的意志有时不能通过代表机关得到正确和有效的反映。在这种情况下，民主必须通过其他形式加以补充。于是，各种公众参

---

① 英国宪法学家戴雪将法治归纳为三项基本内容，其中最重要的一项为“正式的法绝对优先于专横权力”；德国学者认为法治的最重要的内容是“依法行政”，并据此导出“法律保留”（对国民自由、财产的限制必须由法律规定）和“法律优先”（行政应从属于法律，不得违反法律）原则。日本学者将现代法治主义归纳为四项主要内容，其中第一、二项分别为“行政权只依宪法存在”，“行政的目标是实现法律所体现的国民意志”。见〔日〕室井力主编：《日本现代行政法》，吴微译，中国政法大学出版社 1995 年版，第 20—22 页。

② 中国法治的特色，即中国实现全面推进依法治国总目标的五项原则，是由 2014 年 10 月 23 日党的十八届四中全会通过的《关于全面推进依法治国若干重大问题的决定》概括和宣示的。

与制的直接民主形式产生了。人民通过对立法动议、草案的评议、论证、听证以及公决等形式直接参与立法；通过行政公开、政府信息公开、听证和各种行政程序制度直接参与行政管理；通过申诉、申请复议、提起行政诉讼、宪法诉讼、请愿，以及在报纸、杂志、网络等媒体上揭露、批评违法行为等形式直接参与监督。其次，法治亦由相对静态的宪法、组织法平衡、制约机制转化为以行政法的动态平衡制约机制为重要补充的新的机制。法治的这种新的机制在很大程度上是由民主的新发展所推动的：参与民主必须借助于行政法的规范和保障。行政程序法（规范政府行政行为程序的法）、阳光法（规范政府行政行为公开的法）、政务公开法（规范政府信息静态公开和政府活动动态公开的法）、行政复议法和行政诉讼法（规范对行政相对人进行救济和对政府行政行为进行监督的法）为新的民主形式提供了基本的运作规则，并使这些新的民主形式与传统的民主形式衔接起来[①]，从而构成民主的新机制。当然，法治由相对静态向相对动态的转化也是与市场经济的发展相联系的，甚至这种联系是更基本的联系。市场经济的发展需要相对强有力的行政管理为之保障秩序，而行政权的加强必须有相应的控制、制约机制的加强与之相伴随，否则，不仅不能保障市场经济秩序，还可能破坏已有的秩序，导致新的混乱，损害市场主体的权益，阻碍市场经济的发展。因此，必须创制完善的法律以规范政府的行政行为。这种规范政府行政行为的法律就是行政法。相对来说，行政权是静态的，行政行为是动态的。与传统法治着重控制静态行政权相比，新型法治更注重的是规范动态的行政行为。一个国家，当其不仅具有健全、完善的控制静态权力的法，而且具有健全、完善的规范动态行为的法时，即进入了法治国家的时代。很显然，法治国家时代的重要标志是行政法。

第二节　行　政　法

一、中外行政法的一般定义

行政法的定义是多种多样的，几乎每一本行政法教科书都要为行政法下一个定义。[②] 尽管这许许多多的定义以不同的方法、从不同的角度对行政法的内容、特征等进行了高度的概括和详尽的描述，但无论如何高度概括、如何详尽描述，它们对行政法的表述都不可能是全面的、完善的和完全精准的。因为定义只

---

① 传统的民主形式仍然是民主的基本形式，到现在为止，任何国家都还没有发明完全取代人民代表制民主的民主形式。参与民主只是代表制民主的补充，而不是代表制民主的替代。关于这一观点，请参阅姜明安：《公众参与与行政法治》，载《中国法学》2004 年第 2 期。

② 笔者在写第一本行政法教科书时，曾收集了中外学者关于行政法的许多种定义，并对之进行分类，就每一类中有代表性的定义进行过粗浅的分析研究，从中获得了不少有关行政法学研究方法和研究角度的启示。参见姜明安：《行政法学》，山西人民出版社 1985 年版，第 6—12 页。

能是一个抽象的界定,不可能涉及事物的全部内容。而且某一个定义通常只是某一学者从某一角度进行研究而得出的结论,很少能对事物作多视角的、多层面的考查。然而,作为一部行政法教科书,又不能不给行政法下一个定义,尽管定义不可能完全准确地反映行政法的全貌,而只能对其内容、实质和形式作一个大致的描述。

司法部法学教材编辑部组织专家编写和审定的第一部行政法教材《行政法概要》分别从形式、内容和地位三个方面界定行政法:从形式上讲,“行政法,是一切行政管理法规的总称。国家有关行政管理方面的法规种类繁多,具体名称不一,但就其内容来说,凡属于国家行政管理范畴的,在部门法的分类上统称为行政法”。从内容上讲,“行政法是规定国家行政机关的组织、职责权限、活动原则、管理制度和工作程序的,用以调整各种国家行政机关之间,国家行政机关同其他国家机关之间,以及国家行政机关与企业事业单位、社会团体和公民之间行政法律关系的各种法律规范的总和”。从法的地位上讲,“行政法是一个独立的法律部门,是国家法律体系中的重要组成部分”。[①]

之后,司法部法学教材编辑部组织专家编写和审定的第二部行政法教材《行政法学》对上述界定作了某些修正,其中较重要的一项修正是不再将行政法在形式上归为“行政管理法规”,即认为行政法主要不是行政管理法,而是调整行政关系,规范行政管理的法。该教材对行政法的界定是:“行政法是国家重要部门法之一,它是调整行政关系的法律规范的总称,或者说是调整国家行政机关在行使其职权过程中发生的各种社会关系的法律规范的总称。这个定义说明行政法是国家一类法律规范的总称;说明这类法律规范调整的对象是行政关系,而不是别的社会关系。所谓调整行政关系,从本质上说,就是规定行政关系各方当事人之间的权利义务关系。”[②]

美国行政法学者伯纳德·施瓦茨亦曾这样给行政法下定义:“行政法是调整政府行政活动的部门法。它规定行政机关可以行使的权力,确定行使这些权力的原则,对受到行政行为损害的人给予法律救济。”“这个定义把行政法分为三部分:其一,行政机关所具有的权力;其二,行使这些权力的法定要件;其三,对不法行政行为的救济。”“行政法更多的是关于程序和救济的法,而不是实体法。由各个不同行政机关制定的实体法不属于行政法的对象,只有当它可以用来阐明程序法和救济法时才是例外。我们所说的行政法是规制行政机关的法,而不是由行政机关制定的法。”“美国行政法的概念比法国等大陆法系国家的行政法概念狭窄。在美国,公法和私法之间没有严格的区别,同一个法院系统受理这两种法

---

① 参见王珉灿主编:《行政法概要》,法律出版社1983年版,第1页。

② 参见罗豪才主编:《行政法学》,中国政法大学出版社1989年版,第3页。

律案件。但在大陆法系的实践中，公法和私法有严格的区别，受理公法案件的法院系统和受理私法案件的法院系统是分立的。"[①]

德国行政法学者哈特穆特·毛雷尔则主要从行政法调整的内容和表现形式的角度界定行政法，认为"行政法是指以特有的方式调整行政——行政行为、行政程序和行政组织——的（成文或者不成文）法律规范的总称，是为行政所特有的法。但是，这并不意味着行政法只是行政组织及其活动的标准。更准确地说，行政法是，并且正是调整行政与公民之间的关系，确立公民权利和义务的规范，只是其范围限于行政上的关系而已"。毛雷尔认为行政法有一般行政法与特别行政法、外部行政法与内部行政法之分。"一般行政法是指原则上适用于所有行政法领域的规则、原则、概念和法律制度，应当涵盖行政法领域的普遍的、典型的横向问题"，"特别行政法是指调整特定行政领域的法律，如建设法、道路法、职业法、经济法、社会法、教育法、高等教育法等"；外部行政法调整"进行行政管理活动的国家为一方与公民或法人为另一方的法律关系"，内部行政法调整"被视为法人的行政主体内部，行政机关与公务员之间，行政机关、公务员分别与所属行政主体之间的关系"。[②]

英国行政法学者威廉·韦德则是从行政法的目的、功能与内容、形式两个不同角度给行政法下定义的。从目的和功能的角度，他把行政法界定为"控制政府权力的法"；从内容和形式的角度，他把行政法界定为"调整公共当局行使权力和履行职责的一般原则的总称"。[③] 韦德为什么把行政法界定为"控制政府权力的法"呢？因为他认为，行政法是"行政国家"的产物，在行政国家的条件下，政府由自由资本主义时代的"少管事""无为而治"的消极政府转变成了无所不管、处处干预的积极政府。公民从摇篮到坟墓，事事都由政府管着，这样，日益强大并且不断膨胀着的政府权力构成了对公民权利的严重威胁。因此，人们必须设计一种机制，防止政府权力的滥用，以保护公民权利不受政府滥用权力的侵害。这种防止政府权力滥用和保护公民权益不受政府违法行为侵犯的机制的重要环节即是行政法。韦德为什么把行政法界定为"调整公共当局行使权力和履行职责的一般原则的总称"呢？因为他认为：第一，行政法不像民法、刑法等其他法律部门，它没有一部统一的成文法典，而只是各种规范行政权行使和行政职责履行的一般原则的集合体。这些一般原则大多并非见之于议会的制定法，而是法官根据法律的原则、精神和社会公正意识，通过无数具体案件的判决而逐渐形成的，尽管其中有些原则后来已通过议会制定法确立。第二，行政法主要是调整公共当局行使权力和履行职责的法，而非主要是调整行政机关的组织和公务员与国

① B. Schwarts, *Administrative Law*, Little Brown, 1976, pp. 1—2.

② 〔德〕哈特穆特·毛雷尔：《行政法学总论》，高家伟译，法律出版社 2000 年版，第 33—35 页。

③ H. W. R. Wade, *Administrative Law*, Clarendon Press, 1989, pp. 4—5.

家关系的法，即主要是调整外部关系而非内部关系。

法国行政法学者莫里斯·奥里乌则是从公私法和主客观法划分的角度定义行政法的。首先，他认为："从某种程度上说，行政法是公法（规定国家及其法律关系的存在方式的法）的一支，它以国家行政体制为立法对象。"其次，他指出："行政法无疑同时具有客观法和主观法两种因素。绝大多数法国行政法专著都以客观角度为主导，对他们来说，行政法主要存在于行政机构的组织和公务组织；法人和主观责任所占的分量很小，仅限于行政部门私有领域的管理，未及使用特权的公务管理的领域，作为公共权力的国家与作为法人的国家相对立，即特权与主观责任相对立。""然而，在对行政法的研究中，以主观角度为主导的方法逐步建立了起来，这种方法的倡导者是一批密切关注着行政法院的判例法发展的专家。在行政诉讼中存在两种主要类别，一类只限于撤销行政机关的行为，并不向其索要赔偿，这是纯客观的，另一类要对方负全额责任，因而是主观行为。这表明行政法以不可逆转的方式向追究主观责任的方向发展，即使在公务执行和公共权力的行动中亦是如此。""我认为无论在宪法还是在关于国家的一般理论中，客观法都应占据主导地位；而在行政法中则相反，在以公共行政机关及其权力的组织为目标的行政法中，一切涉及行政组织的法都是客观法，而一切涉及公共行政机关行使权力的法，在产生公务管理的法律关系中，都是主观法。"[①]从以上论述可见，法国行政法学者研究行政法实际经历了从侧重行政组织法（客观法）到侧重行政行为、行政责任和行政救济法（主观法）的发展和转变。

日本现代行政法学者盐野宏认为日本行政法的权威的和有代表性的定义是美浓部达吉的定义和田中二郎的定义。美浓部达吉认为："行政法，如果要用一句话给予其定义的话，可以说是关于行政的国内公法。形成这一观念的要素有三：其一是关于行政的法；其二是国内；其三是公法。"这是明治宪法下行政法的典型定义。田中二郎的定义则是《日本国宪法》下行政法的典型定义。田中二郎认为，行政法"是指有关行政的组织、作用及其统治的国内公法"。对于田中氏的定义，盐野宏作了下述五点阐释：其一，在行政主体参与的行政法律关系中，既存在行政主体相互间的行政组织法上的关系，也存在行政主体与私人之间的行政作用法上的关系；其二，无论在行政组织法关系中，还是在行政作用法关系中，都存在受公法支配的公法关系和受私法支配的私法关系；其三，行政作用法上的关系分为支配关系和非支配关系，前者只适用公法，后者除有法律明确规定或存在公共利益特殊需要的情况外，适用私法；其四，即使在支配关系中，也存在适用民法一般原则和技术性规范的情形，如诚实信用原则、关于期间计算的规范等；其

① 〔法〕莫里斯·奥里乌：《行政法与公法精要》（上册），龚觅等译，辽海出版社、春风文艺出版社1999年版，第143—148页。

五，行政法关系中适用的特别法有的仅仅是民法的特别法，如国有财产法等。[①]关于行政法关系中适用公私法的不同情形，日本学界有不完全相同的观点。日本另一现代行政法学者南博方认为，"由于法律关系的一方当事人是行政权的担当者（行政主体），支配行政法关系的法理、法原则与适用于私人间的私法（民商法）总是有所区别的。行政法领域中，有些地方需完全排除私法，有些地方则私法不能完全适用，但可以修改（变通）适用"。他指出："有人认为，行政法不过是私法的特别法，只要没有明文的公法规定，便应该适用私法。但是，问题在于我国的私法并不具有英美普通法那样的一般法地位，我们必须注意严格区分公法与私法。诚然，强调公法的特殊性，有可能超越实定法，承认行政的特权。但是，我们也得承认，当行政主体成为法律关系的一方当事人时，基于目的的公共性，即使是私营经济活动，私法也不能完全适用，而需修改（变通）适用。"[②]

上述国内外学者关于行政法的定义，分别从行政法的目的、性质、内容、形式和行政法在整个法体系中的地位对行政法予以界定。因为在不同历史时期、不同国度，行政法的目的、性质、内容、形式并不完全相同，故各个学者关于行政法的定义亦各不相同。

二、行政法是调整行政关系的法

本书根据各国行政法的共性和我国现阶段行政法的特性，给行政法下一个描述性的定义。所谓行政法，是指调整行政关系的、规范和控制行政权的法律规范系统。应该说这个定义基本揭示了行政法的内容、本质和形式。

关于行政法的内容，本书认为行政法是调整行政关系的法。所谓"行政关系"，是指行政主体行使行政职能和接受行政法制监督而与行政相对人、行政法制监督主体所发生的各种关系以及行政主体内部发生的各种关系。关于行政法的实质，本书认为行政法是控制和规范行政权的法。所谓"行政权"，是指宪法和行政组织法授予行政主体执行国家法律、政策，管理国家内政外交事务的国家权力。关于行政法的形式，本书指出，行政法没有而且难于制定一部如同刑法、民法一样的统一法典，其法律规范通常散见于各种不同种类、不同位阶的法律规范文件之中。[③]

本书先从行政法的内容层面对行政法的概念进行探讨，然后再分别从行政法的实质和形式层面进行研究。

---

① 〔日〕盐野宏：《行政法》，杨建顺译，法律出版社 1999 年版，第 22—23 页。

② 〔日〕南博方：《日本行政法》，杨建顺、周作彩译，中国人民大学出版社 1988 年版，第 5—6 页。

③ 到目前为止，世界各国，除荷兰于 1994 制定了统一行政法典《荷兰行政法通则》，韩国于 2021 年制定了《韩国行政基本法典（框架）》以外，尚无一国制定并实施了统一的行政法典。大多数国家行政法法典化的表现形式只是制定统一的行政程序法。

行政法的内容是由行政法的调整对象决定的。行政法的调整对象是行政关系。行政关系主要包括四类:第一类是行政管理关系;第二类是行政法制监督关系;第三类是行政救济关系;第四类是内部行政关系。

(一) 行政管理关系

行政管理关系是行政主体在行使行政职权过程中与行政相对人发生的各种关系。所谓"行政主体"[①],是指能以自己名义行使国家行政职权或社会公权力,作出影响公民、法人和其他组织权利、义务的行政行为,并能由其本身对外承担行政法律责任,在行政诉讼中通常能作为被告应诉的行政机关和法律、法规授权的组织以及其他有关社会公权力组织。[②] 所谓"行政相对人"[③],是指行政主体行政行为所涉及的对象,即其权利、义务受到行政主体行政行为影响的公民、法人和其他组织(包括在中国境内的外国人、无国籍人)。

在行政管理关系中,作为关系一方当事人的行政主体具有下述特征:其一,能依法行使行政职权(包括社会公权力组织行使的公行政职权)。一般私权利组织、政党、团体、企事业单位不能行使行政职权,从而不能成为行政主体,立法机关、司法机关不享有行政权,也不能成为行政主体。其二,能以自己的名义行使行政职权。受行政机关委托的组织虽然能行使行政职权,但只能以委托机关的名义而不能以自己的名义行使行政职权,从而不能作为行政主体。其三,由其本身对外就自己行使职权的行为承担法律责任。行政机关的内部机构及其公务员虽然能对外行使职权,但他们行使职权的行为不是由他们本身而是由所属行政机关对外承担法律责任,因此,他们也不能成为行政主体。根据上述特征,在我国,只有国家行政机关和法律、法规授权的组织以及其他有关社会公权力组织才能成为行政主体。

在行政管理关系中,作为关系另一方当事人的行政相对人具有下述特征:其

---

① 本书使用的"行政主体"概念与日本等国家所使用的"行政主体"概念有所区别。他们所使用的"行政主体",通常仅限于政府——中央政府和地方政府,或者还包括非国家的公法人,如公共组合、公团、公库、公共会社等,而不包括作为政府部门的行政机关。见〔日〕室井力主编:《日本现代行政法》,吴微译,中国政法大学出版社 1995 年版,第 271—274 页;〔日〕西冈等:《现代行政法概论》,康树华译,甘肃人民出版社 1990 年版,第 25 页。

② 法律、法规授权的组织既可以是社会公权力组织,也可以是私权利组织,社会公权力组织既可以因法律、法规授权行使国家行政职权而成为行政主体,也可以依组织章程行使社会公权力而成为行政主体。

③ "行政相对人"和"行政主体"一样,是行政法学上的一个概念,而不是一个法律术语。在有些行政法学著作中,又称"行政管理相对人"或"行政相对方",或者简称"相对人""相对方"。参见罗豪才主编:《行政法学》(新编本),北京大学出版社 1996 年版,第 99—104 页;王周户主编:《行政法学》,陕西人民教育出版社 1992 年版,第 141—157 页。在我国台湾地区和日本的一些行政法学著作中,有些学者将"行政相对人"称为"行政客体"。参见管欧:《行政法概要》,三民书局 1980 年版,第 22 页;〔日〕西冈等:《现代行政法概论》,康树华译,甘肃人民出版社 1990 年版,第 21 页。这种称呼似与现代民主精神有悖,行政相对人现在不只是被动地接受管理,而且应积极地参与管理。在行政法律关系中,行政主体与行政相对人都是既享有权利又承担义务的法律关系主体。

一，行政相对人是行政管理的对象。行使行政管理职能的行政机关、公务员、法律法规授权行使行政职权的组织以及其他有关社会公权力组织、行政机关委托行使行政职权的组织均不能作为行政相对人；但行政机关、公务员、被授权组织以及其他有关社会公权力组织或被委托的组织不处在行使行政职权的地位而处在被其他行政主体管理的地位时，可以成为行政相对人。其二，行政相对人的权利、义务受到行政主体行政行为的影响。任何个人、组织，只有其权利、义务受到行政行为影响时，才能成为行政相对人，如果某一个人、组织虽处在被管理地位，但其权利、义务未受到行政行为实质影响，那么该个人、组织还不能具有行政相对人的地位。当然，影响可能是直接的，也可能是间接的①，但无论影响是直接的还是间接的，只要其权益受到了实质影响，该组织或个人就具有了行政相对人的地位。其三，行政相对人作为行政主体的相对一方，既可以是个人，包括中国公民、外国人、无国籍人以及处于被管理地位的公务员等，也可以是组织，包括法人、非法人组织，还包括处于被管理地位的国家行政机关和其他国家机关等②。

行政管理关系，即行政主体与行政相对人的关系是行政关系中最主要的一部分。行政主体实施的大量的行政行为，如行政许可、行政征收、行政给付、行政裁决、行政处罚、行政强制等，几乎都是以行政相对人为对象实施的，从而要与行政相对人发生关系。在一个实行法治的国度里，这些关系必须受法的调整、规范。很显然，调整和规范此种关系的法是行政法。

行政管理关系与其他行政关系相比，有两个重要特点：其一，关系的双方只能是行政主体和行政相对人；其二，行政主体在关系中占主导地位。

（二）行政法制监督关系

行政法制监督关系是行政法制监督主体在对行政主体、国家公务员和其他行政执法组织、人员进行监督时发生的各种关系。所谓“行政法制监督主体”，是指根据宪法和法律授权，依法定方式和程序对行政职权行使者及其所实施的行政行为进行法制监督的国家机关，包括国家权力机关、国家监察机关、国家司法机关等。行政法制监督关系的另一方当事人是行政法制监督的对象，包括行政主体、国家公务员、其他行政执法组织和其他行政执法人员。所谓“其他行政执法组织”，主要指行政机关委托其行使某种特定行政职权的组织；所谓“其他行政执法人员”，指不具有国家公务员身份的依法律、法规授权或行政机关委托行使某种特定行政职权的人员。

---

①　行政行为直接影响相对人权益的情况是大量的，如行政主体对相对人实施行政处罚，采取行政强制措施等。有时行政行为对相对人权益的影响也可能是间接的，如行政主体批准公民甲建房，影响其邻居公民乙的采光或侵占了公民乙的部分宅基地等。

②　例如：市场监管机关从国外进口某种检测设备，在接受海关的检查监督时，成为海关的行政相对人；人民法院扩建法庭，向土地管理机关申请划拨土地和报请城市规划部门核准时，即成为土地和规划管理部门的行政相对人；公务员以公民身份进行活动时，更是可以成为各种行政机关的行政相对人。

在行政管理关系中，作为一方当事人的行政主体只能是行政机关和法律、法规授权的组织及其他有关社会公权力组织。国家公务员、受行政机关委托的组织虽然直接行使行政职权，作出影响行政相对人权利、义务的行为，但他们不是以自己名义行使职权和由其本身对外承担法律责任，从而不构成一方主体，主体仍是行政机关和法律、法规授权的组织。但在行政法制监督关系中，国家公务员、受行政机关委托的组织、被授权组织和受委托组织的行政执法人员与行政主体一道，共同构成另一方当事人，同属于监督对象，因为他们要对自己的行为承担某些法律责任（如接受行政处分和承担某些经济责任等）。

行政法制监督关系是作为行政法制监督主体的国家权力机关、国家监察机关、国家司法机关等与作为监督对象的行政主体、国家公务员和其他行政执法组织、人员因前者实施法制监督而发生的关系。如果不是双方主体因前者实施法制监督而发生的关系即不属于此种关系。例如，国务院向全国人大或全国人大常委会提交法案或其他议案请求其审议而发生的关系就不是行政法制监督关系，人民法院审理公务员与其他公民之间的民事侵权争议或财产纠纷案件而发生的关系也不是行政法制监督关系。这些关系均不由行政法调整，不是行政法学的研究范畴。

行政法制监督关系因监督主体不同，其关系的内容也存在较大的差别。国家权力机关作为行政法制监督主体时，主要是与行政主体发生关系，并且主要是对行政机关的抽象行政行为进行监督。当然，国家权力机关也可以通过罢免方式对担任领导职务的国家公务员进行监督，但这不是二者关系的主要内容。人民法院作为行政法制监督主体时，也主要是与行政主体发生关系，它主要是通过行政诉讼的方式对行政主体的行政行为进行监督。当然，人民法院在行政诉讼中，也可以通过司法建议的方式对国家公务员、其他行政执法组织、人员进行监督，但这显然不是此种监督关系的主要内容。国家监察机关作为行政法制监督主体时，主要是和国家公务员发生关系，它主要通过追究政纪责任（政务处分）的方式对国家公务员依法履职、秉公用权、廉洁从政以及道德操守的情况进行监督。当然，国家监察机关也可以监督其他国家机关、社会组织、团体人员的遵纪守法行为，但这不属于行政法制监督关系的内容，不属于行政法学的研究对象。

行政法制监督关系在行政关系中占有非常重要的地位，调整行政法制监督关系的行政法的法源主要包括宪法、人大常委会监督法、监察法、行政诉讼法等。

行政法制监督关系与其他行政关系相比，有三个重要特点：其一，双方主体具有多元性[①];其二,关系的内容因具体参与主体不同而具有较大的差别性;其三,行政法制监督主体在关系中占主导地位。

(三) 行政救济关系

行政救济关系是行政相对人认为其权益受到行政主体行政行为的侵犯,向行政救济主体申请救济,行政救济主体应行政相对人的请求,对其申请救济事项予以审查,作出向相对人提供救济或不予提供救济的决定而发生的各种关系。所谓行政救济主体,是指法律授权其受理行政相对人申诉、控告、检举的国家机关、受理行政复议的行政复议机关、受理行政赔偿申请的行政赔偿义务机关以及受理行政诉讼和行政赔偿诉讼的人民法院等。

受理申诉、控告、检举的国家机关包括各级人民政府、政府的有关工作部门以及国家权力机关、人民法院和人民检察院。它们通常设立信访机构受理和处理申诉、控告、检举事项。信访机构受理和处理相对人信访案件而发生的关系有一部分属于行政救济关系,但也有相当一部分不属于此种关系。例如信访机构受理相对人对政府工作的批评、建议以及相对人不服人民法院民事、刑事裁判的申诉而发生的关系即不属于行政救济关系。行政救济关系,应是行政相对人不服行政主体行政行为,认为行政行为侵犯其合法权益而申请救济而发生的关系。

行政复议机关只设于行政机关内部,通常是作出被相对人申请复议的行政行为的行政主体所从属的人民政府或上一级主管部门。[②] 而行政诉讼的受理机关则在行政机关外部,只有人民法院才能受理行政诉讼案件,并对之进行审理和裁判。

行政救济关系同样是一种非常重要的行政关系,这种关系与行政法制监督关系有时是重合的。如行政诉讼关系,从人民法院对行政主体行为的审查、监督的角度看,是一种行政法制监督关系,从行政相对人受到行政主体行为侵犯后向人民法院请求救济的角度看,是一种行政救济关系。调整行政救济关系的行政法法源主要有申诉法、行政复议法、行政诉讼法、国家赔偿法以及集会游行示威法、请愿法等。[③]

与其他行政关系相比,行政救济关系的特点是:其一,存在三方主体:行政相

---

① 监督主体包括权力机关、监察机关、司法机关等,监督对象包括行政主体、国家公务员和其他行政执法组织人员。

② 根据《行政复议法》的规定,对县级以上地方各级人民政府工作部门的具体行政行为不服的,由申请人选择,可以向该部门的本级人民政府申请行政复议,也可以向上一级主管部门申请行政复议。对海关、金融、国税、外汇管理等实行垂直领导的行政机关和国家安全机关的具体行政行为不服的,向上一级主管部门申请行政复议。第十三届全国人大常委会第三十七次会议审议的《行政复议法(修订草案)》取消了地方人民政府工作部门的行政复议职责,规定由县级以上地方人民政府统一行使,同时保留实行垂直领导的行政机关、税务和国家安全机关的特殊情形,并相应调整国务院部门和行政复议管辖权限。

③ 我国目前已制定了专门的《行政复议法》《行政诉讼法》《国家赔偿法》《集会游行示威法》和《信访条例》(已失效),但尚未制定专门的申诉法和请愿法。

对人、行政主体、行政救济机关;其二,行政救济主体在关系中占主导地位;其三,部分行政救济关系与行政法制监督关系重合。

(四) 内部行政关系

内部行政关系是行政主体内部发生的各种关系,包括上下级行政机关之间的关系,平行行政机关之间的关系,行政机关与所属机构、派出机构之间的关系,行政机关与国家公务员之间的关系,行政机关与其委托行使某种特定行政职权的组织之间的关系,行政机关与法律、法规授权组织之间的关系,等等。

在内部行政关系中,上下级行政关系以及行政机关与国家公务员的关系是最重要的关系。行政机关的上下级关系具有各种形式,主要包括:(1) 领导与监督关系(如国务院与各部委、省、自治区、直辖市人民政府的关系);(2) 直属关系(如国务院与国家市场监督管理总局、国家税务总局、国家统计局、国家体育总局等直属机构的关系);(3) 垂直领导关系(如海关、金融、国税、外汇管理系统的上下级关系);(4) 双重领导关系(如公安、民政、交通运输、教育等大多数行政机关与上级主管部门、同级人民政府的关系);(5) 指导关系(如物价、统计等行政机关系统的上下级关系)。

国家公务员与行政机关的关系同样是各种各样的,就其内容而言,主要有下述关系:(1) 特殊劳动关系,如公务员因录用、退休、辞退、工资、福利、休假等与行政机关发生的关系;(2) 职务关系,如公务员因考核、晋升、降职、调动、奖励、处分等与行政机关发生的关系;(3) 工作关系,如公务员因工作岗位的分配,工作时间、地点的安排,工作条件的确定,工作请示、报告等与所属行政机关发生的关系等。

内部行政关系相对于外部行政关系——行政管理关系、行政法制监督关系、行政救济关系,虽然处于从属的地位,但也是构成行政关系的不可缺少的部分,同样是行政法的调整对象之一。[①] 调整内部行政关系的行政法法源,主要有行政组织法、行政编制法、公务员法以及内部行政程序规则等。

内部行政关系的主要特点是:其一,关系的主体是多元的,关系的类别是多种多样的;其二,部分内部关系(如平行行政机关之间的关系)的双方主体处于平等地位,不存在一方起主导作用的情形;其三,关系受法律调整的范围和程度小

---

① 对于内部行政关系是否属于行政关系,是否属于行政法的调整对象,有的学者持否定的态度。他们认为,“行政法调整的关系应该是两个不同的主体,且是行政主体和其他社会组织之间的关系,只有这种关系才能称之为行政关系。而内部关系是一个主体内部的关系,它们之间的关系是命令服从的关系,而非法律所能调整。其次,行政关系并不是与行政有关或凡是行政所涉及的关系都是行政关系,它必须确实是‘行政’中所形成的关系。所谓行政即行政机关对公共事务的管理,只有在这种活动中所发生的关系才是行政关系”。见张尚鷟主编:《走出低谷的中国行政法学——中国行政法学综述与评价》,中国政法大学出版社 1991 年版,第 21 页。

于外部行政关系。[①]

在上述四种行政关系中,行政管理关系是最基本的行政关系,其他三种关系都是由行政管理关系导致和引起的。因为国家建立行政系统是为了管理和服务,而不是为了接受监督和提供救济。但行政系统一经建立,就必须协调其系统内部的关系,确定系统内部的程序,以保证有效地对外部实施管理和服务,为外部社会提供秩序和福祉。而行政主体在实施管理的过程中,因各种主观和客观的原因,可能产生这样、那样的违法、侵权现象,为减少和克服违法、侵权,保证管理、服务的正确、有效,就必须建立法制监督和救济制度。因此,很显然,在整个行政关系架构中,行政主体与行政相对人的行政管理关系是基干,行政法制监督关系和行政救济关系是行政管理关系派生的关系,而内部行政关系则是行政管理关系的一种从属关系,是行政管理关系中一方当事人——行政主体单方面内部的关系。

虽然各种行政关系在整个行政关系中所占分量不同,所处地位不同,但它们都是行政法的调整对象。各种行政关系要保持一定的秩序状态,均必须通过行政法为其关系双方确定适当的权利、义务,并通过相应的制度保证这种权利、义务的实际实现。

三、行政法是控制与规范行政权的法

行政法就其实质而言,可以界定为控制和规范行政权的法。美国行政法学者盖尔霍恩和博耶提出:“行政法是(主要通过程序)控制和限制政府机关权力的法律制约机制。”[②]英国行政法权威韦德教授也认为:“行政法是控制政府权力的法。”[③]“政府机关权力”“政府权力”均是指行政权。所谓“行政权”,从现代意义上讲,即是指国家行政机关执行国家法律、政策,管理国家内政外交事务的权力。[④]

行政权从其权力内容考察,包括国防权、外交权、治安权、经济管理权、社会文化管理权、生态环境管理权等;从其权力形式考察,包括行政立法权(制定行政法规、规章等)、行政命令权(发布命令、禁令,制订计划、规划等)、行政处理权(行

---

① 内部行政关系较多地受政策和行政机关的内部规则调整,而且行政首长在调节内部行政关系中有较大的自由裁量权。

② E. Gellhorn, B. B. Boyer, *Administrative Law and Process*, West Publishing Co., 1981, p. 3.

③ H. W. R. Wade, *Administrative Law*, Clarendon Press, 1989, p. 4.

④ 关于“行政权”的含义,学者们的阐释略有差别。有的认为行政权即“国家管理行政事务的权力”(见皮纯协等主编:《简明政治学辞典》,河南人民出版社 1986 年版,第 26 页);有的提出,行政权“即为执行一般行政之国家统治权的权能之谓”(见谢瑞智编著:《宪法辞典》,文笙书局 1979 年版,第 125 页);还有人认为,行政权“是指国家行政机关执行法律规范、实施行政管理活动的权力”(见罗豪才主编:《行政法学》,中国政法大学出版社 1996 年版,第 3 页)。

政许可、行政征收、行政给付等)、行政司法权(裁决有关行政、民事争议等)、行政监督权(行政检查、调查、审查、统计等)、行政强制权(限制人身自由、查封、扣押、冻结财产等)、行政处罚权(拘留、罚款、没收、吊扣证照等)、行政指导权(提出建议、劝告、警示、发布信息资料)等。

行政权是公权力的组成部分,是社会秩序的保障。人们结成社会,共同生活,就不能没有公权力;人们建立国家,进入政治生活,更不能没有公权力,特别不能没有行政权,这是人们的常识所了解的。那么,为什么要对行政权加以控制和规范呢?这是因为:第一,行政权同其他公权力一样,其作用具有两重性。一方面,它可以为人们提供秩序,使人们能在一个有序的环境里生产、生活,它还可以起积极的组织、协调、指导和服务的作用,促进社会经济的发展;但另一方面,公权力也可以被滥用,这不仅会给人民的生命、自由、财产带来严重的威胁,还会阻碍乃至破坏社会经济的发展。而对公权力不加控制和制约,就必然导致滥用,这是人类几千年的历史已经反复证明了的一条经验。① 第二,行政权与其他国家公权力不完全相同,它与公民个人、组织有着更经常、更广泛、更直接的联系。很多人可以一辈子不与法院、议会等直接打交道,但他们却必须从生到死与行政机关打交道。公民在人生过程中的任何一个阶段,甚至每年、每月、每日都要与行政机关打交道,如出行要接受交警监督,工作获得收入要向行政机关申报纳税,结婚要去行政机关领结婚证,办企业要向行政机关申领营业执照,盖房要向自然资源、规划、建设等行政机关申领各种相应行政许可,出国要向行政机关申请办理护照,等等。行政权对行政相对人权益的影响是最直接的,无论是行政处罚、行政强制,还是行政许可、行政征收,或是行政给付、行政裁决,都会直接影响相对人的权益。立法权虽也会影响相对人权益,但法律对相对人的影响大多是间接的(需经过执法或司法)。司法权对相对人权益的影响虽然表面上看是直接的,但实际上,司法是一种裁判,一种救济。司法通常不是直接赋予权益或剥夺权益,而是在相对人权益发生争议或受到侵犯时,法院对之予以裁判和救济。由于与立法权、司法权等其他国家权力相比,行政权最经常、最广泛、最直接涉及行政相对人的权益,且行政权实施的程序远不及立法权、司法权行使的程序严格、公开,因而行政权最容易导致滥用和腐败(在一些地方,一些时候,人们常常给行政机关及其公务员行贿,却很少有人给立法机关及其人民代表行贿;人们虽然也给法院的法官行贿,但法院的法官却不可以任意决定对相应案件不公开开庭审理和作出判决,不可以任意决定一审判决不经过二审程序发生法律效力),故行政权最需要予以控制和制约。第三,在现代社会,行政权相对于立法权和司法

---

① 关于这一点,可参见:〔英〕洛克:《政府论》(下篇),第18章"论专制";〔法〕卢梭:《社会契约论》(第三卷),第17章"关于政府的创制",第18章"关于防止政府篡权的手段"。转引自州长治主编:《西方四大政治名著》,天津人民出版社1998年版,第429—434、547—550页。

权,有膨胀和扩张的趋势,现代行政权已不再是纯粹的执行管理权,而是包含了越来越多的准立法权和准司法权:行政机关自己制定规范,自己执行规范,自己裁决因执行规范而发生的争议、纠纷。在这种将数种权力集中在一个机关手中的情况下,如果没有控制和制约机制,权力的滥用将是不可避免的。[①] 正是由于以上原因,建立和完善对行政权的控制、制约、规范机制是必要的、必需的,而控制规范行政权机制的最重要的环节就是行政法。

那么,行政法怎样控制和规范行政权呢?从整体上考察和分析行政法的规范可知,行政法主要从三个方面控制和规范行政权:其一,通过行政组织法,控制行政权的权源。行政组织法的基本功能是规定各个不同行政机关的职权,行政机关只能在行政组织法规定的职权范围内实施行政行为,越权无效,而且要承担法律责任。这样,就可以防止行政机关的总权力和各个具体行政机关的分权力无限膨胀,使之限定在执行国家法律、政策,管理国家内政外交事务的必要范围内,即限定在生产和提供"公共物品"的范围内。其二,通过行政行为法和行政程序法规范行政权行使的手段、方式。行政权对行政相对人权益的影响不仅在于其权限的范围,而且在于权力行使的手段、方式,甚至更重要的是权力行使的手段、方式。一个行政机关,权力即使再大(例如可以限制公民的人身自由),如果其行使手段、方式有严格的规范,遵守一整套公开、公正、公平的程序规则,它对相对人权益的威胁并不会很大;相反,即使其权力很小(例如仅可对公民进行罚款),但如果其行使手段、方式没有制约,可以任意行为,它对相对人权益亦可造成重大威胁。因此,行政行为法和行政程序法是行政法的重要组成部分,它是保证行政权正确、公正、有效行使的最重要的途径。其三,通过行政法制监督法、行政责任法、行政救济法制约行政权滥用。行政组织法和行政程序法是在事前、事中控制行政权的范围和规范行政权行使的方式,防止其越权和滥用;行政法制监督法、行政责任法、行政救济法则在事后对行政权进行制约。监督法为行政权行使是否遵守法定权限、法定程序提供监督机制;责任法为滥用行政权的行为提供法律责任追究机制;救济法为受到滥用行政权行为侵犯的行政相对人提供法律救济机制。

行政法即是通过事前的行政组织法、事中的行政行为法和行政程序法、事后的行政法制监督法、行政责任法和行政救济法这三种途径对行政权进行控制、制约和规范,调整行政权的这三类法律规范即构成行政法的三大组成部分。

---

① 洛克指出:"如果由一些人同时掌握行政和执行权,就会对人性的弱点——攫取权利构成巨大的挑战;他们会利用手中的立法和行政权使自己不受他们制定的法律的约束,并在立法和执法时,以他们自己的私人利益为依据。"参见州长治主编:《西方四大政治名著》,天津人民出版社 1998 年版,第 405 页。孟德斯鸠在论述三权分立的必要性时,认为权力集中于一个人或一个机关之手,就必然发生专制、产生奴役。参见〔法〕孟德斯鸠:《论法的精神》(上册),张雁深译,商务印书馆 1997 年版,第 154 页。

四、行政法是难于制定和编纂统一法典的法

行政法在形式上不同于民法和刑法,民法和刑法都有一部集基本规范为一体的统一法典,而行政法一般不存在这样的法典,它的法律规范广泛地散见于各种法律规范文件之中。[①]

行政法之所以难于制定和编纂统一的法典,原因有三:第一,行政法的调整对象——行政关系过于广泛,且多种多样,各种不同的行政关系又存在较大差别,很难以完全统一的规范加以调整;第二,部分行政关系的稳定性低、变动性大,有必要留给法律位阶较低的法规和规章调整,而不宜由统一法典进行规范;第三,行政法作为一个独立的法律部门产生较晚,规范各种行政关系的最一般基本原则尚未完全形成,有些基本原则虽已形成,但尚不完全成熟,从而难于在短时间内将之编纂成统一法典。

行政法难于制定和编纂统一的法典,并不意味着行政法没有法典。在行政法的许多领域,无论是外国还是我国,都已经形成了不少局部性的单行法典。例如行政程序法、行政组织法、公务员法、行政处罚法、行政许可法、行政强制法、行政复议法(诉愿法)、行政诉讼法、行政赔偿法,等等。[②]

行政法难于制定和编纂统一的法典,但这也并不意味着行政法将永远不能制定和编纂统一的法典。随着行政法的日益发展,随着行政法各领域局部法典的日益完善,调整行政关系的一般原则逐步形成,将来制定统一的法典也是可能的。行政关系虽然各种各样,每种不同的行政关系虽然存在着这样那样的差别,但它们既然同属行政关系,也就必然存在着共性,从而存在着为一般原则(从各领域具体规则中抽象出的原则)统一调整的可能性。现在世界上已有国家制定或编纂了统一行政法典。例如,荷兰即在20世纪90年代制定了《荷兰行政法通则》;韩国在2021年制定了《韩国行政基本法典(框架)》;德国普鲁士邦和威敦比克邦亦曾在19世纪80年代和20世纪20年代分别制定过《普鲁士邦行政法通则》和《威敦比克邦行政法典》;另外,乌克兰也曾在20世纪上半叶制定过行政法典。[③] 当然,统一的行政法典只是将一国行政法的一般原则和基本规范编纂在

---

① 本书第二章“行政法的法源”详细介绍和阐释了作为行政法法源的各种法律规范文件,如法律、行政法规、地方性法规、自治条例、单行条例、国务院部门规章、地方政府规章等。

② 例如,应松年主编的《外国行政程序法汇编》(中国法制出版社2004年版)收集了13个国家和地区的行政程序法。行政立法研究组编译的《外国国家赔偿、行政程序、行政诉讼法规汇编》(中国政法大学出版社1994年版)收集了10个国家和地区的国家赔偿法、行政程序法和行政诉讼法。

③ 德国两个邦制定的行政法典均只是草案,尚未得到立法机关通过;乌克兰制定的行政法典虽为立法机关通过,但未能得到实际施行。这些行政法典在世界上影响不大,很少或几乎没有为其他国家仿效,从而未能在欧洲和世界上形成行政法法典化的趋势。《荷兰行政法通则》的情况则不同,它不仅已为立法机关通过,并已付诸实施,而且在欧洲和世界其他地区已产生了较大影响。目前欧亚许多国家和地区的行政程序法(如德国、葡萄牙、日本、韩国的行政程序法和《韩国行政基本法典(框架)》以及我国澳门地区、台湾地区的行政程序法)已纳入了不少行政实体法的内容,出现了行政法法典化的趋势或萌芽。

一起，形成一个统一的、有内在逻辑联系的法律规范体系，而并非将一国所有的具体行政法规范汇集成一部行政法大全（这样的法律规范大全并非法典，而是法规汇编）。在统一的行政法典下，各具体领域的局部行政法典以及其他单行行政法律、法规仍有存在的余地。将行政法制定成一部包揽所有行政法规范的统一法典恐怕是永远不可能做到的，不仅行政法做不到，就是民法和刑法，在统一法典之外也存在着某些单行法，只是民法、刑法的单行法比行政法要少得多。

在我国，行政法还处在不很发达的阶段，目前不仅没有统一的行政法总则或通则，也没有统一的行政程序法，就是在许多具体领域（如行政征收征用、行政给付、行政收费、行政确认、行政裁决等领域）也缺乏局部性的法典或有关单行法律。因此，行政法的立法任务仍是很艰巨的。有的学者提出以“两条腿走路”的方式加快我国行政法的立法：一方面抓紧制定和完善各具体领域的单行行政法典，另一方面同时开始研究和草拟统一的行政程序法（《中华人民共和国行政程序法》）和编纂统一的行政基本法典，以此建立我国完善的行政法体系架构。①

五、“新行政法”的主要内容

随着新世纪社会经济的发展，信息化时代的到来和风险社会（如“非典”、新冠疫情等）等各种因素的影响，各国社会转型深度展开，一种脱胎于传统行政法，但其内涵和外延均有别于传统行政法的“新行政法”正在世界许多法治发达国家形成。② 这种“新行政法”，相较于传统行政法，甚至相较于20世纪中后期的行政法，从内容到形式，都发生了并且还在发生着深刻的变化。

新行政法的“新”主要表现在下述十个方面：

（一）新行政法全面推进数字法治政府建设

我国行政法在这方面的新发展在中共中央和国务院发布的《法治政府建设实施纲要（2021—2025年）》（以下简称《纲要》）中表现得最为突出。《纲要》专设

---

① 行政程序法的研究和草拟工作已经在进行中。2002年，北京大学宪法与行政法研究中心曾草拟出《中华人民共和国行政程序法（试拟稿）》，共106条，并召开了有全国行政法学者、专家及实际部门法律工作者60多人参加的研讨会进行了初步的研讨。该法律试拟稿和研讨会会议纪要载罗豪才主编：《行政法论丛》（第6卷），法律出版社2003年版，第464—514页。2015年，北京大学宪法与行政法研究中心又草拟出《中华人民共和国行政程序法（专家建议稿）》，共224条，并公开发表于姜明安教授主持的“行政程序法典化研究”的课题研究报告中（该报告已由法律出版社2016年出版）。另外，罗豪才教授和应松年教授领导的行政立法研究组也曾正式起草《中华人民共和国行政程序法（试拟稿）》并提交国家立法机关。2021年，国家立法机关曾召集部分行政法学者，研究编纂《中华人民共和国行政基本法典》的可能性问题。

② 1994年，笔者在澳大利亚悉尼大学做访问学者时，曾与澳行政法学者交流，他们在那时即提出了“新行政法”的概念。当然，20世纪八九十年代澳大利亚“新行政法”与我们今天信息化、数字化、智能化时代的“新行政法”有着重大的区别，尽管我们今天的“新行政法”起始于20世纪八九十年代，是在那时的基础上发展而来的。参见姜明安：《澳大利亚“新行政法”的产生及其主要内容》，载《中外法学》1995年第2期。

一章“健全法治政府建设科技保障体系，全面建设数字法治政府”[①]，要求各级政府“坚持运用互联网、大数据、人工智能等技术手段促进依法行政，着力实现政府治理信息化与法治化深度融合，优化革新政府治理流程和方式，大力提升法治政府建设数字化水平”。《纲要》为此规定了三项具体措施：其一，加快推进信息化平台建设。要求各省（自治区、直辖市）统筹建成本地区各级互联、协同联动的政务服务平台，实现从省（自治区、直辖市）到村（社区）网上政务全覆盖。加快推进政务服务向移动端延伸，实现更多政务服务事项“掌上办”。并要求建设法规规章行政规范性文件统一公开查询平台，实现现行有效的行政法规、地方性法规、规章、行政规范性文件统一公开查询。其二，加快推进政务数据有序共享。建立健全政务数据共享协调机制，明确政务数据提供、使用、管理等各相关方的权利和责任，推动数据共享和业务协同，形成高效运行的工作机制，构建全国一体化政务大数据体系，加强政务信息系统优化整合。加快推进身份认证、电子印章、电子证照等统一认定使用，优化政务服务流程。加强对大数据的分析、挖掘、处理和应用，善于运用大数据辅助行政决策、行政立法、行政执法工作。建立健全运用互联网、大数据、人工智能等技术手段进行行政管理的制度规则。在依法保护国家安全、商业秘密、自然人隐私和个人信息的同时，推进政府和公共服务机构数据开放共享，优先推动民生保障、公共服务、市场监管等领域政府数据向社会有序开放。其三，深入推进“互联网＋”监管执法。加强国家“互联网＋监管”系统建设，实现各方面监管平台数据的联通汇聚。积极推进智慧执法，加强信息化技术、装备的配置和应用。推行行政执法 APP 掌上执法。探索推行以远程监管、移动监管、预警防控为特征的非现场监管，解决人少事多的难题。加快建设全国行政执法综合管理监督信息系统，将执法基础数据、执法程序流转、执法信息公开等汇聚一体，建立全国行政执法数据库。

（二）新行政法特别注重健全适应风险社会的应急法制体系

进入 21 世纪，人类面临越来越多的各种自然风险和社会风险，如“非典”、新冠疫情、地震、海啸、雾霾、沙尘暴等各种自然灾害以及三股势力（暴力恐怖势力、民族分裂势力、宗教极端势力）的侵害，等等。为此，应急行政法大为发展，以规范和调整行政主体应对突发事件的应急行为，防止行政不作为和乱作为以及滥用行政应急权力，保护公民生命财产安全，保护国家和社会公共利益。《纲要》要求各级行政机关“坚持运用法治思维和法治方式应对突发事件，着力实现越是工作重要、事情紧急越要坚持依法行政，严格依法实施应急举措，在处置重大突发事件中推进法治政府建设”。并据此提出三项具体措施[②]：其一，完善突发事件

① 参见《法治政府建设实施纲要（2021—2025 年）》第 9 节第 29—31 项。
② 参见《法治政府建设实施纲要（2021—2025 年）》第 6 节第 17—19 项。

应对制度。通过修改突发事件应对法，系统梳理和修改应急管理相关法律法规，提高突发事件应对法治化规范化水平。健全国家应急预案体系，完善国家突发公共事件总体和专项应急预案，以及与之相衔接配套的各级各类突发事件应急预案。加强突发事件监测预警、信息报告、应急响应、恢复重建、调查评估等机制建设。健全突发事件应对征收、征用、救助、补偿制度，规范相关审批、实施程序和救济途径。完善特大城市风险治理机制，增强风险管控能力。健全规范应急处置收集、使用个人信息机制制度，切实保护公民个人信息。加快推进突发事件行政手段应用的制度化规范化，规范行政权力边界。其二，提高突发事件依法处置能力。要强化各地区各部门防范化解本地区本领域重大风险责任。推进应急管理综合行政执法改革，强化执法能力建设。强化突发事件依法分级分类施策，增强应急处置的针对性实效性。按照平战结合原则，完善各类突发事件应急响应处置程序和协调联动机制。定期开展应急演练，注重提升依法预防突发事件、先期处置和快速反应能力。加强突发事件信息公开和危机沟通，完善公共舆情应对机制。依法严厉打击利用突发事件哄抬物价、囤积居奇、造谣滋事、制假售假等扰乱社会秩序行为。其三，引导、规范基层组织和社会力量参与突发事件应对。各地应完善乡镇（街道）、村（社区）应急处置组织体系，推动村（社区）依法参与预防、应对突发事件。明确社会组织、慈善组织、社会工作者、志愿者等参与突发事件应对的法律地位及其权利义务，完善激励保障措施。健全社会应急力量备案登记、调用补偿、保险保障等方面制度。

（三）新行政法不仅调整人与人的关系，而且越来越多地调整人与自然、人与环境的关系

我国自 20 世纪末期和 21 世纪初期以来，调整生态环境保护方面的行政法（如《环境保护法》《森林法》《水法》《防洪法》《大气污染防治法》《环境噪声污染防治法》《环境影响评价法》《野生动物保护法》《动物防疫法》《气象法》等）在整个行政法的体系中占有越来越大的比重。这些法律均为公权力设置了诸多相应的义务和职责。公权力不仅要更多地关注和保障人权，而且要更多地关注和保障环境、生态和动物福利（亦可称动物“特别权利”）。[①]

（四）新行政法有限度地进入“特别权力关系”领域

对于公务员与所在行政机关的关系，高等学校学生、老师与学校的关系，传统行政法都将之完全划入自治领域，法律，特别是司法，一般都不得介入。但是新行政法将“最低限度的正当法律程序”引入“特别权力关系领域”，对于行政机

① 我国于 1989 年制定《环境保护法》，2002 年制定《环境影响评价法》，2004 年修正《野生动物保护法》，至今，我国已制定有关自然资源、环境保护的法律 24 部。参见《中华人民共和国现行法律法规及司法解释大全》第七卷，中国方正出版社 2009 年版。

关、高等学校等特别权力主体违反“最低限度正当法律程序”的行为，公务员、大学学生或教员可诉诸司法审查，请求法院裁决“内部行政争议”。[1]

（五）新行政法注重调整因社会公权力行使产生的社会关系

为实现公民自治和建立“有限政府”，国家公权力逐步向社会转移，社会团体、基层自治组织等各种 NGO、NPO 纷纷建立，由社会越来越多、越来越广泛地提供过去由政府提供的“公共物品”。但社会公权力在缺乏必要的法律调控时，也可能对社会共同体成员的权利和自由构成侵犯。为了防止社会公权力滥用、腐败和对社会共同体成员权利的侵犯，新行政法开始为社会公权力行使设定界限、程序和责任，调整社会公权力和社会共同体成员的关系。[2]

（六）新行政法有限度地进入执政党执政行为领域

中共十六大到二十大都提出了中国共产党要“依法执政”的口号，从而使规范国家公权力行为的某些法律，如调整有关公职人员监察、政务处分、政务信息公开、官员财产申报、行政决策程序等的法律法规，也同时适用于中国共产党的机关和组织。当然，中国共产党自己也通过制定党内法规（如党务公开条例、重大决策程序条例、问责条例等）规范其执政行为。中国共产党的机关和组织之所以要在适用党内法规的同时有限度地适用国家法律，是因为我国宪法确立了中国共产党在我国国家生活中的领导地位，它能够在宪法和法律范围内直接行使一定的国家公权力（如党管军队、党管干部、党管意识形态等）。[3] 党在行使国家公权力时，就必须遵循国家规范相应公权力行使的法律。

（七）新行政法调整行政管理注重引入公众参与程序

传统行政行为的重要特征之一是其单方性：行政主体无须与行政相对人协商，无须听取行政相对人的意见和取得行政相对人的同意，即可单方面作出影响行政相对人权利义务的行为。而根据新行政法，行政主体实施行政行为，无论是抽象行政行为，如行政立法、行政决策等，还是具体行政行为，如行政许可、行政处罚，都应通过一定途径、一定方式充分听取行政相对人的意见，在吸收行政相对人参与的前提下作出。虽然相对人的同意不是行政行为作出的必要条件，但

---

① 参见湛中乐、李凤英：《刘燕文诉北京大学案——兼论我国高等教育学位制度之完善》，载《中国教育法制评论》，教育科学出版社 2022 年版；沈岿：《扩张之中的行政法适用空间及其界限问题——田永诉北京科技大学案引发的初步思考》，载湛中乐主编：《高等教育与行政诉讼》，北京大学出版社 2003 年版，第 31—58、173—186 页。

② 参见黎军：《行业组织的行政法问题研究》，北京大学出版社 2002 年版；沈岿编：《谁还在行使权力——准政府组织个案研究》，清华大学出版社 2003 年版。

③ 笔者曾在一篇探讨正当法律程序的论文中指出：要在中国创建权利制约权力机制，首先应该在中国共产党的执政过程中推行正当法律程序，以正当法律程序规范中国共产党的执政行为。参见姜明安：《正当法律程序：扼制腐败的屏障》，载《中国法学》2008 年第 3 期。

与相对人协商却是行政行为作出的一般程序。[①]

（八）新行政法调整行政管理注重限制行政权的范围，建设有限政府

传统行政管理，特别是计划经济条件下的行政管理，政府对企业、事业、社会组织的管理往往及于其内部事务的运作（如企业内部的产、供、销、人、财、物等），对之进行全方位的干预。而根据新行政法，政府不得干预行政相对人的内部运作，凡是公民、法人和其他组织能够自主决定的，市场竞争机制能够有效调节的，行业组织或者中介机构能够自律管理的，行政机关一般都不得涉足。政府对社会、经济事务的管理职能通常只限于进行宏观调控。[②]

（九）新行政法注重行政协议等非单方行为在行政管理中的作用

传统行政管理，行政单方行为是其基本方式。而现代社会，政府与行政相对人的关系越来越具有伙伴关系的性质，政府对于许多公共工程的建设、公共服务的运营，大多通过行政协议、行政合同的形式由作为行政相对人的企业或组织承包、运作。[③] PPP、BOT 等行政协议在行政管理中得到越来越广泛的运用。与此相适应，行政法中调整行政主体与行政相对人平等协商关系的法律规范的比重越来越大。此外，行政主体更多地综合运用行政法、民法、商法、经济法、社会法乃至各种软法的手段解决公共治理中的各种复杂问题。多元化成为新行政法调整方式的重要特色之一。[④]

（十）新行政法注重行政指导等非强制性行政手段在行政管理中的作用

强制性是传统行政的重要特征，行政命令是传统行政的重要手段。而在新行政法机制下，行政的强制性越来越淡化，行政指导在具体行政行为的实施中得到广泛的应用。行政机关通过建议、劝告、鼓励、激励、引导等诸多柔性方式管理，较传统行政强制手段能更有效地实现行政的预定目标和任务。[⑤] 另外，公私互动、公私合作、公法私法化在行政管理中也越来越成为发展的趋势。例如，公共工程建设中外包、特许经营等形式的广泛运用，行政处罚、行政赔偿中的和解

---

① 美国、德国、日本、韩国等许多国家的行政程序法均规定了行政行为的公众参与程序（参见应松年主编：《外国行政程序法汇编》，中国法制出版社 2004 年版）。我国 21 世纪以来制定的有关法律、法规，如《立法法》《行政法规制定程序条例》《规章制定程序条例》，特别是国务院 2004 年发布的《全面推进依法行政实施纲要》，也规定了行政立法、行政决策和行政处理行为的公众参与程序。

② 国务院《全面推进依法行政实施纲要》指出，建设法治政府的目标之一即是政企分开、政事分开，政府的基本职能是经济调节、市场监管、社会管理和公共服务。《行政许可法》第 13 条规定，对于公民、法人或者其他组织能够自主决定的事项、市场竞争机制能够有效调节的事项、行业组织或者中介组织能够自律管理的事项，以及行政机关采用事后监督等其他行政管理方式能够解决的事项，国家可以不设行政许可，行政机关在这些事项上放松规制。

③ 参见石佑启：《论公共行政与行政法学范式转换》，北京大学出版社 2003 年版。

④ 参见罗豪才：《公共治理的崛起呼唤软法之治》中"一元多样混合法模式"一节，载《新华文摘》2009 年第 7 期，第 12—13 页。

⑤ 参见莫于川等：《法治视野中的行政指导》，中国人民大学出版社 2005 年版。

程序以及环境管理中的碳排放指标交易方式(取代罚款和征收碳排放费的传统方式)的推行均是这种趋势的明显例子。[①]

第三节 行政法学

一、行政法学是法学的分支学科

行政法学是研究行政法的科学。

具体而言,行政法学是法学的一门分支学科,它的研究对象的是法现象中的一种特定现象——行政法现象。行政法学研究行政法产生和发展的规律,研究行政法的形式、内容和本质,研究行政法与其他法律部门、其他社会现象的关系,研究行政法对社会的影响和作用,研究人类利用行政法的方式、效果和价值等。

行政法学是法学的一门分支学科,因而法学的一般基本原理、原则也适用于行政法学。行政法学虽然与法学其他分支学科有着不完全相同的理论基础和历史发展背景[②],但既然同为法学的分支学科,亦有着一定的共同理论基础。法理学、法史学是行政法学和法学其他分支学科的共同的基础课程。

行政法学与其他法学分支学科的关系是平行的部门法关系。但是行政法学与宪法学的关系比较特殊:二者的研究对象有着密不可分的联系。有人认为,行政法是宪法的一部分,是动态的宪法[③];有人认为,宪法是行政法的母法,行政法是宪法原则的具体化,是执行宪法的部门法。[④] 可见两者关系的密切。虽然民法、刑法、诉讼法等部门法都可认为是执行宪法的部门法,都与宪法有密切的联系,但行政法与宪法的联系更为密切,因为宪法、行政法二者均属狭义的公法范畴。民法属于私法范畴,刑法、诉讼法虽属公法但属广义的公法范畴。此外,行政法的许多规范直接源于宪法,如有关国家行政机关的基本组织、主要职权、主要活动原则、主要管理制度等都是由宪法直接规定的。行政法的许多其他法源,如行政诉讼法、国家赔偿法、行政复议法等也直接以宪法为根据。[⑤] 行政法与宪

① 参阅姜明安:《新行政法:公中有私,私中有公》,载罗豪才等:《软法与协商民主》,北京大学出版社2007年版,第235—239页。

② 与民法学、刑法学、诉讼法学等法学分支学科相比,行政法学与政治学的关系更密切一些。行政法学由于研究公权力之一——行政权与公民的关系以及与其他国家公权力、社会公权力的关系,具有一定的政治内涵,从而,其理论基础具有一定的政治学渊源。至于发展历史,行政法学比民法学等法学分支学科要晚得多。作为一个独立的法学分支学科,行政法学的产生只是19世纪末到20世纪初的事。

③ 龚祥瑞教授在其《比较宪法与行政法》一书中提出:“宪法是行政法的基础,而行政法则是宪法的实施。行政法是宪法的一部分,并且是宪法的动态部分。没有行政法,宪法每每是一些空洞、僵死的纲领和一般原则,而至少不能全部地付诸实践。反之,没有宪法作为基础,则行政法无从产生,或至多不过是一大堆零乱的细则,而缺乏指导思想。”见龚祥瑞:《比较宪法与行政法》,法律出版社1985年版,第5页。

④ 参见应松年、朱维究编著:《行政法学总论》,工人出版社1985年版,第58页。

⑤ 参见《宪法》第5条、第41条等。

法的这种密切关系，决定了以之为研究对象的两个法律学科的特殊密切关系：宪法学在广泛的领域为行政法学提供理论根据，行政法学也在广泛的领域为宪法学提供实证研究的素材。

行政法学与行政诉讼法学的关系在法学界是一个有争议的问题。主要有两种不同观点：有人认为，行政诉讼法学是一门独立于刑事诉讼法学、民事诉讼法学的法学学科[①]，从而属于三大诉讼法学之一。由于刑事诉讼法学、民事诉讼法学是与行政法学并列的法学学科，因此，行政诉讼法学与行政法学亦是平行的法学学科。有人不同意这种观点，认为行政诉讼法与行政法的关系不完全同于刑事诉讼法与刑法、民事诉讼法与民法的关系。刑事诉讼法与刑法、民事诉讼法与民法都是并列的法律部门，但行政诉讼法却不是与行政法并列的法律部门。行政诉讼法在实质上应认为是行政法的一个组成部分，因而行政诉讼法学在实质上也只应作为行政法学的一个组成部分。[②] 本书同意并采用第二种观点，即主张行政诉讼法学是行政法学的分支学科[③]，而不是与行政法学并行的法学分支学科。从总体上说，应认为行政诉讼法学是行政法学的一部分。广义的行政法学包括行政法学总论、行政法学分论、行政诉讼法学、比较行政法学等。狭义的行政法学仅指行政法学总论，但总论中通常也包含行政诉讼法学的内容。[④]

行政诉讼法与行政法是不可分的，它们之间的关系不完全同于民事诉讼法与民法、刑事诉讼法与刑法的关系。首先，行政法调整行政主体与行政相对人的行政关系，规范行政权的行使，行政诉讼法则调整行政相对人因不服行政主体的行政行为而向人民法院提起诉讼的行政诉讼关系，规范监督行政权的行为。而规范监督行政权行为的法律是规范行政权行使的法律的实施保障。其次，行政诉讼法调整的行政诉讼制度与行政法调整的行政复议、行政裁判制度是紧密相连的，行政诉讼往往以行政复议、行政裁判为前置程序。行政复议和行政裁判程序与行政诉讼程序通常是解决一个行政案件的前后两个阶段，二者紧密衔接和相互联系。再次，行政诉讼既是解决行政争议、处理行政纠纷的一种手段、一个途径，同时又是对行政行为实施司法监督和对行政相对人实施法律救济的一种手段、一个途径。对行政行为的司法监督与对行政行为的监察监督、审计监督等同为对行政权的监督机制，统称“行政法制监督”；通过司法程序提供的司法救济与行政复议、申诉、控告等提供的救济，同为对行政相对人的法律救济机制，统称“行政法律救济”。最后，作为行政实体法的法律文件，同时载有行政诉讼法的规

① 皮纯协、胡建淼主编：《中外行政诉讼词典》，东方出版社 1989 年版，第 562—566 页。

② 杨海坤：《中国行政法基本理论》，南京大学出版社 1992 年版，第 562—566 页。

③ 行政法学属于二级学科，行政诉讼法学应属于三级学科。

④ 本书的内容即为狭义的行政法学的内容。

范,如规定相对人不服某种行政行为可提起行政诉讼的诉权、起诉条件、起诉时限的规范等。作为行政诉讼法的法律文件亦往往同时载有行政实体法的规范,如《行政诉讼法》第12条、第13条规定对行政行为司法审查范围的规范,第56条规定行政行为停止执行条件的规范,第70条规定行政行为合法性标准的规范等都应认为同时是行政实体法的内容。

行政诉讼法与行政法有着密不可分的关系,行政诉讼法实质上是行政法的一部分,但相对于行政法的其他部分来说,行政诉讼法确实也有着相对的独立性:行政诉讼关系与行政实体关系在主体、客体、内容等各个方面均有较大的差异。特别是《行政诉讼法》作为一部独立的法律文件颁布,行政诉讼制度作为一项独立法律制度在我国运作,使得行政诉讼法更具有了独立的外在形式。为了专门研究行政法这一相对独立部门的法律规范及其适用过程中发生的大量的理论问题和实践问题,以保证行政诉讼的顺利进行,进一步发展和完善我国行政诉讼制度,将行政诉讼法作为行政法的独立分支部门研究,建立独立的行政诉讼法学分支学科(三级学科)也是有必要的。当然,行政诉讼法学对于行政法学的独立性只是相对的。无论如何,它仍然从属于行政法学,属于行政法学的分支学科,其普遍原理、基本原则均源于行政法学。

二、行政法学是研究行政法现象的法学学科

行政法学总的研究对象是行政法现象,具体包括下述内容:

(一) 行政法的产生、发展及其规律

行政法不是自古就有的社会现象,也不是在任何历史条件下都能够生存和发展的事物。在奴隶制和封建专制制度下,几乎没有行政法的存在;在法西斯制度下,行政法被废除,或形式上存在,实质上被废除;在计划经济体制下,行政法处于被冷落、被遗忘的境地,其作用基本上为政策和行政命令所取代。只有在较为健全、完善的市场经济法治和民主政治制度下,行政法才能发展、兴盛。这是什么原因?有什么规律可循?行政法为什么在某种历史条件下不能产生、发展,而在另外的历史条件下却发展、兴盛?这些问题自然应是行政法学研究的课题。行政法学通过研究、认识和找寻行政法产生、存在和发展的经济、政治、文化诸条件,认识行政法发展所需要的社会环境。

(二) 行政法的价值与功能

行政法作为一种法社会现象,不同于自然现象,具有人为的因素。人类创造这种社会现象,有其目的和动机。人们欲通过创建行政法这一法律部门解决什么社会问题,营造什么样的社会秩序和生存环境,行政法本身具有何种功能,能否解决人们所欲解决的问题,达成人们所欲达到的目的,这种主观性要素和客观性要素的统一即构成其价值。

价值是与时间、空间相联系的，它是一种相对的事物而非绝对的事物。在不同的历史时期、不同的国度，同一种法律制度可能具有不同的价值。在同一历史时期、同一国度，不同的人们对同一法律制度的价值也会有不同的看法。因此，行政法学对行政法价值、功能的分析应与具体的时空条件联系起来，并且要对不同的价值观进行比较、鉴别，探寻比较实际的结论。

（三）行政法的内容与形式

行政法主要包括三大类规范和制度：第一类为行政组织法的规范和制度；第二类为行政行为、行政程序法的规范和制度；第三类为行政法制监督、行政责任、行政救济法的规范和制度。

行政组织法的规范和制度又包括四小类：(1) 调整行政组织和职能的狭义行政组织法；(2) 调整行政机构和编制的行政编制法；(3) 调整行政工作人员任用和管理的公务员法；(4) 调整行政设施、国有资产等公物的公物法。

行政行为、行政程序法的规范和制度在理论上可分为行政实体法和行政程序法两大类，但在实践上，实体规范与程序规范往往紧密结合，很难划分。因此，这部分规范和制度通常根据另外两种标准进行分类研究：第一种分类标准是相应规范制度所调整的行政行为的种类，根据此种标准将行政行为、行政程序法分为行政立法法、行政许可法、行政征收法、行政裁决法、行政给付法、行政强制法、行政处罚法等；第二种分类标准是相应规范、制度所调整的管理领域，根据此种标准，将行政行为、行政程序法分为公安管理行政法、民政管理行政法、国防外交管理行政法、经济管理行政法、科教文卫管理行政法，等等。

行政法制监督、行政责任、行政救济法的规范和制度主要包括五小类：(1) 行政诉讼法；(2) 行政复议法；(3) 行政赔偿和行政补偿法；(4) 行政申诉、控告、检举法；(5) 行政法制监督法。

行政法的形式主要指行政法的法源形式，如法律、行政法规、规章、行政判例、行政法理等，同时也指行政法的结构形式，如编、章、节、条、款、项等。

行政法的内容是行政法学重要的研究对象。

（四）行政法律关系

行政法的调整对象是行政关系，行政关系被行政法调整时即为行政法律关系。行政法学的基本研究对象是行政法，而行政法的基本任务之一即在于确立和维护一定的行政法律关系，离开了行政法律关系，行政法规范及其制度就失去了存在的意义。因此，行政法学研究行政法，必须同时研究行政法所确立和维护的行政法律关系，包括：行政法律关系的主体、客体；行政法律关系的内容，即双方当事人的权利、义务及所构成的法律地位；行政法律关系的发生、变更和消灭等。

（五）行政法的理论基础

行政法学虽然属于应用法学，但应用法学同样有其理论基础。这种理论基础包括三大类别：第一类为行政法学与其他应用法学共同的基本原理，这些共同的基本原理通常由法理学、法史学研究；第二类为行政法学不同于其他应用法学的特有基本原理，这一类基本原理通常在行政法学的绪论部分研究，同时在宪法学、政治学和其他有关学科中也可以发掘出相应的行政法学基本原理；第三类为行政法学的具体制度原理，这一类原理通常在行政法学各编、章研究具体规范、制度的同时研究。

行政法的规范、制度是客观存在的，但是人们说明、解释、论述这些规范、制度的理论却具有主观的因素，因而不同的学者有不同的行政法理论。因此，行政法学研究行政法的理论基础应研究各个国家、各种学术流派的各种不同学说，对各种不同学说加以比较、鉴别，去伪存真，以获得较为正确的理论。

三、行政法学是一门正在发展中的法学学科

行政法学无论在中国还是在外国，都是一门发展中的学科。这里所谓“发展中”，有三层意思：其一，它的历史很短，即使是在最早建立这门学科的国家，其历史也不过一百二十多年。[①] 我国在人民政权建立后，只是在 20 世纪 70 年代末中共十一届三中全会以后才建立起这门学科，其历史不过四十多年。[②] 其二，它很不发达，到目前尚未建立起完善的学科体系，其内容还不完全成熟，其理论范畴、基本概念甚至学术名词、术语都还有一些尚未固定，各国用法不尽统一。其三，它很有发展前途，行政法与民主、法治紧密相连，而民主、法治则是当今整个世界的发展潮流。自 20 世纪以来，行政法一直呈现蓬勃发展的趋势，而行政法的发展必然导致和推动行政法学的发展。第二次世界大战后，世界各国研究行政法的学者越来越多，行政法教科书和专著大量出版，大学生、政府官员、法官、律师中越来越多的人对行政法感兴趣，许多学者、研究人员选择行政法为自己主攻或专攻的方向。这些事实展示着行政法学的发展前景，预示着行政法学充满希望的未来。

作为一门发展中的学科，行政法学的体系和内容目前在世界各国还很不统一。在行政法学发展较早的欧洲大陆国家，行政法学通常研究行政组织、行政行为、行政救济三大内容，其教科书体系除导论或绪论外，通常分行政组织、行政行

---

① 奥托·迈耶于 1895 年出版《德国行政法》第一版，这可以认为是行政法学学科最早建立和形成的时间。

② 中华人民共和国自 1983 年出版由王珉灿主编的第一部行政法学统编教材《行政法概要》后，才正式建立起行政法学学科。不过，在国民政府时期，一些大学法律院系曾经开设过行政法学课程，也有学者出版过若干行政法学著作。

为、行政救济三编。[①] 而英美普通法国家的行政法学通常主要研究行政程序，包括委任立法和制定规章的程序，调查、听证、裁决的程序，司法审查的程序，其教科书体系通常包括委任立法、制定规章、行政调查、行政听证、行政裁决、司法审查以及立法控制、司法控制等若干编章。[②] 苏联、东欧国家的行政法学通常主要研究行政管理，结合行政管理研究行政法，内容包括行政管理机关、行政管理人员、行政管理法规、行政管理活动以及保障行政管理中的法制等，其教科书体系分总则、分则两大部分，总则部分除阐述行政法一般原理的编章外，通常分行政管理机关、公职人员、行政管理法规、行政管理活动、保障行政管理中的法制(有时还含行政责任、行政赔偿、行政诉讼的内容)等编章。[③]

我国行政法学的体系虽已经过四十余年的探索，但目前也尚未完全定型。第一部行政法学统编教材《行政法概要》[④]分三编十五章：第一编，绪论，包括行政法的概念、调整对象、历史发展及行政法学的概念、研究对象、历史发展等章节；第二编，总论，包括管理原则、管理机关、管理人员、管理行为、法律监督等章节；第三编，分论，包括军事、外交、民政、公安、司法行政、国民经济、科教文卫的管理等章节。我国第二部行政法学统编教材《行政法学》[⑤]分十二章(不分编)，分别为行政法基本概念、基本原则、行政法律关系主体、行政立法、行政执法、行政司法、行政监督、行政合同、行政程序法、行政责任与行政赔偿、监督行政行为、行政诉讼。本书的体系在前两部教材的基础上作了较大修改，最后确定为六编四十章。第一编，绪论，设行政法学的基本概念、行政法的法源、行政法的基本原则、数字行政法和应急行政法四章；第二编，行政法主体，设行政法主体概述、行政机关、其他行政主体、公务员、行政相对人、行政法制监督主体六章；第三编，行政行为，设行政行为概述、行政立法、行政规范性文件、具体行政行为、行政处理(分依申请行政行为和依职权行政行为两章)、行政机关实施的其他行为、行政程序八章；第四编，行政复议，设行政救济概述、行政复议概述、行政复议范围、行政复议法律关系主体、行政复议的程序五章；第五编，行政诉讼，设行政诉讼概述，行政诉讼受案范围，行政诉讼的管辖，行政诉讼的参加人，行政诉讼证据，行政诉讼程序，行政诉讼的法律适用，行政诉讼的判决、裁定与决定，行政协议诉讼与行

---

① 可参阅〔法〕莫里斯·奥里乌：《行政法与公法精要》，龚觅等译，辽海出版社、春风文艺出版社1999年版；〔德〕哈特穆特·毛雷尔：《行政法学总论》，高家伟译，法律出版社2000年版。

② 可参阅〔美〕伯纳德·施瓦茨：《行政法》，徐炳译，群众出版社1986年版；〔英〕威廉·韦德：《行政法》，徐炳等译，中国大百科全书出版社1997年版。

③ 可参阅〔苏联〕П. Т. 瓦西林科夫主编：《苏维埃行政法总论》，姜明安、武树臣译，北京大学出版社1985年版；〔苏联〕В. М. 马诺辛等：《苏维埃行政法》，黄道秀译，群众出版社1983年版。

④ 我国第一部行政法学统编教材《行政法概要》由王珉灿主编，张尚鷟副主编，法学教材编辑部审定，法律出版社1983年出版。

⑤ 我国第二部行政法学统编教材《行政法学》由罗豪才主编，应松年副主编，法学教材编辑部审定，中国政法大学出版社1989年出版。之后1996年修改再版，增加“行政指导”一章。

政公益诉讼，涉外行政诉讼，行政诉讼一并解决民事争议十一章；第六编，行政赔偿，设行政赔偿与国家赔偿、行政赔偿范围、行政赔偿请求人和赔偿义务机关、行政赔偿方式和计算标准、行政赔偿程序、行政补偿等六章。[①]

四、学习和研究行政法学的意义

法科学生学习和研究行政法学的意义可从两个方面审视：一是了解和掌握行政法知识对于学生本身的重要性；二是行政法对于国家和社会的重要性。学习和研究行政法学对于法科学生之重要性，大致可从以下三个方面阐释：

其一，行政法知识是法科学生必须掌握的基本知识。传统观点认为，一国法之体系通常由“六法”构成。“六法”旧说指宪法、民法、民事诉讼法、刑法、刑事诉讼法、行政法（含行政诉讼法）[②]；新说则指宪法与国家法、行政法、经济法（商法）、民法、刑法、程序法（含民事诉讼法、刑事诉讼法、行政诉讼法）。[③] 但现在也有许多法学者认为“六法”难以概括现代法之体系，而倡“八法”说，即在六法之外另加社会法和国际法。全国人大常委会法制工作委员会审定的《中华人民共和国法库》即将我国法律以下述“八法”汇编：宪法、民法、商法、行政法、社会法、刑法、程序法、国际法。[④] 然而，不管对一国法之体系如何分类，采“六法”旧说也好，采“六法”新说也好，或者采“八法”说，行政法均是一国法体系的必然组成部分。从而，行政法是法科学生不可不学、不可不掌握的基本知识。正是基于此，我国教育部高等学校法学学科教学指导委员会确定行政法为全国高等学校法学专业14门核心课程之一（课程全名是“行政法与行政诉讼法”）。[⑤]

其二，学习和掌握行政法知识对于法科学生未来就业和工作极为重要。法科学生的就业方向是较为广阔的：可以做律师、法官、检察官，也可从政，任公务员，亦可担任企业或政府的法律顾问，还可从事法学教学研究工作。无论其对自己的未来作何种设计，选择何种职业作为未来的人生道路，行政法知识对于其职

---

① 本书（第八版）的体系较第七版略有修改。第七版设6编38章，本版在第一编增加了“数字行政法和应急行政法”一章，在第五编增加了“行政协议诉讼与行政公益诉讼”一章，共40章。

② 参见陶百川编：《最新六法全书》（增修版），三民书局1981年版。该书在“编辑例言”中说：“‘六法’内容，近有两说：一以商事法为六法之一，另一则将商事法规分别纳入民法或行政法规之内，而以行政法规作为六法之一。兹采通说，采用后说，即行政法（包括行政法与行政诉讼法）为六法之一，是当时学界和实务界的通行观点。《最新六法全书》的体系为：（一）宪法及关系法规；（二）民法及关系法规；（三）民事诉讼法及关系法规；（四）刑法及关系法规；（五）刑事诉讼法及关系法规；（六）行政法规。”

③ 参见最高人民检察院法律政策研究室编：《中华人民共和国现行法律法规及司法解释大全》（第13版），中国方正出版社2009年版。

④ 参见肖扬总主编，全国人大常委会法制工作委员会审定：《中华人民共和国法库》，人民法院出版社2002年版。

⑤ 教育部高等学校法学学科教学指导委员会1998年确定的全国高等学校法学专业14门核心课程分别是：宪法、行政法与行政诉讼法、民法、民事诉讼法、刑法、刑事诉讼法、商法、经济法、国际法、国际私法、国际经济法、知识产权法、法理学、中国法制史。

业生涯都是非常重要的。如果你做律师和法官，你将遇到的纯粹行政性案件的数量也许会大大少于民刑事案件，但许多民刑事案件却同时涉及这样或那样的行政法问题，实质上是民行混合、刑行混合，或民刑行混合的复合性案件。如果没有行政法的基本知识，大量的这类案件将无法处理。如果你从政，做公务员，那么你需要的行政法知识要远远多于民刑法知识，因为依法行政的"法"主要是行政法。如果你从事法学教学研究，不论你选择在哪个专业领域做学问，都必须掌握最基本的行政法知识(如同必须掌握最基本的民法和刑法知识一样)，否则，将不可能成为真正知识渊博、功底深厚的法学学者。

其三，从维权角度而言，学习和掌握行政法知识将使学习者自己终身受益。在现代社会，一个人从摇篮到坟墓，都必须与政府打交道。因此，任何一个人的权益，都可能受到政府行政行为的侵犯。如你大学毕业后报考公务员，行政机关可能因性别歧视、家庭出身歧视等而拒绝录取你；你开办企业申请许可证或证照，行政机关可能故意刁难你而拒绝给你颁发证照；你创业过程中可能得罪某位官员而被行政机关找茬罚款或吊销执照；等等。在这些情况发生时，如果你多少掌握了一些行政法知识，就可以与那些侵权者讲法论理，通过法定程序申请行政复议、提起行政诉讼，请求行政赔偿，维护自己的权益。否则，你要么只能忍气吞声，任自己的合法权益被人侵犯；要么以恶报恶，以违法对违法，最后有理变成无理，维权变成违法，反而要受到法律制裁。

至于行政法对于国家和社会之重要性，大致可从以下五个方面见其端倪：

其一，行政法是最基本的人权保障法。现代法治国家最重要的特征是国民的人权有切实的法律保障，而保障国民人权的最基本的法律部门是行政法。与行政法相比，刑法、民法也保障人权，但其保障人权的作用不及行政法显著。因为民法、刑法主要调整的是自然人、法人之间以及国家与自然人、法人之间的关系，而行政法调整的主要是掌控行政权的行政机关、组织与公民、法人或者其他组织之间的关系。掌控行政权的行政机关、组织因为是以国家机器、国家公权力为后盾，故其违法、滥权对国民人权的侵犯要比一般自然人、法人违法甚至犯罪都要严重得多。因此，要保障国民的人权，就特别需要法律限制、控制和规范作为公权力的行政权，如限制行政权的行政组织法，规范行政权行使的行政程序法，控制行政权和对行政侵权进行救济的行政复议法、行政诉讼法和行政赔偿法等。行政法与宪法相比较而言，宪法是保障人权的根本法，但宪法对人权的保障大多需要行政法予以落实，如宪法规定公民的人身自由、人格尊严和住宅不受侵犯，公民的言论自由、通信自由和宗教信仰自由不受侵犯[1]，但如果没有行政法对行政权加以控制，对行政行为加以规范，公民的人身自由、人格尊严、住宅安

① 参见《宪法》第35—40条。

宁、言论自由、通信自由和宗教信仰自由能得到保障吗？显然不能。若行政权不受法律制约，公民人权随时可能受到侵犯，这是历史一再证明了的。由此可见，行政法作为人权保障基本法的作用是毋庸置疑的。

其二，行政法是最直接的治官制权法。中国传统法制强调法的功能主要是治民，法主要是治老百姓而不是治官的工具。韩非子有言，“法以治民，术以治官”[①]，“故治民无常，唯治为法”[②]。所以中国古代法以刑法为主，民法很不发达，治官制权的行政法则极为罕见。近现代以来，刑法仍然是统治者最重视的统治和专政的工具，随着商品经济和市场交易的发展，调整自然人、法人之间财产关系和人身关系的民法也开始受到重视，但行政法在很长时期内仍被冷落，几乎为立法机关遗忘。我国直到1989年才制定《行政诉讼法》，1994年才制定《国家赔偿法》，1999年才制定《行政复议法》，2003年才制定《行政许可法》，2005年才制定《公务员法》，2011年才制定《行政强制法》，至今尚未制定统一的国家行政程序法[③]、政务信息公开法[④]和新闻、出版、结社自由保障法。为什么我国长期以来重视刑法，对民法也有所关注、容其发展[⑤]，却唯独不重视行政法，不发展行政法呢？就因为刑法、民法的主要功能是治民，行政法的主要功能是治官制权。统治者、管理者当然乐于以法治民，而不愿意以法来限制和制约自己的权力。行政法之所以最终得以发展，不是因为统治者、管理者突然变得开明起来，而是现代市场经济、民主政治的推进，人民越来越名副其实地当家作主，他们为了维护自己的权利、自由、财产，必然要通过自己的代表机关制定法律来治官制权，通过治官制权法来防止、限制和制约政府机关及其公职人员滥用权力和侵犯自己的权益。当然，治官制权法不仅指行政法，宪法也是，而且可能是更重要的治官制权法。但是宪法的治官制权功能往往要通过其他法律实现，在很多情况下不是直接实现的，行政法无疑是最直接的治官制权法。

其三，行政法是最实际的现代民主政治推进法。推进现代民主政治需要多管齐下，综合治理，但重要措施之一无疑是健全、完善有关公众参与行政决策和行政行为的行政法制以及有关行政决策和行政行为接受公众监督和人民代表机关监督制约的行政法制。行政法对现代民主不仅具有保障作用，而且具有促进作用。

其四，行政法是最基础的公平正义社会秩序维护法。罗尔斯认为，公平正

---

① 转引自盛振为先生为马君硕所著《中国行政法总论》(台北商务印书馆1984年版)一书撰写的序言。

② 转引自张国华主编：《中国法律思想史》，法律出版社1982年版，第121页。

③ 1996年制定的《行政处罚法》和2003年制定的《行政许可法》规定了部分行政行为的程序，可以认为是两个单行的行政程序法。

④ 国务院于2007年发布了《政府信息公开条例》，但全国人大的正式立法尚未启动。

⑤ 我国古代法家重视法制，主要是重视刑法，对民法很少关注。我国历朝历代的法典，如秦律、汉律、唐律，直至明、清法律，其基本内容都是刑法。至于唐六典和明、清会典等，虽有不少规范官吏行为的规范，这些规范可被认为具有行政法的某些特征，但与治官制权的现代行政法仍相去甚远。

义社会秩序取决于社会财富和基本权利义务的公平分配(分配正义)和对社会弱势群体的利益补偿(矫正正义)。"一个社会体系的正义,本质上依赖于如何分配基本的权利义务,依赖于在社会的不同阶层中存在着的经济机会和社会条件","社会和经济的不平等(例如财富和权力的不平等)只要其结果能给每一个人,尤其是那些最少受惠的社会成员带来补偿利益,它们就是正义的"。[①]作为国家,特别是像我国这样的社会主义国家,政府掌握着最广泛和最重要的资源,如土地、矿藏、森林等,政府如何分配这些资源,如何利用这些资源产生的财富对社会弱势群体予以适当的补偿救济,是建立公平正义社会秩序的关键,而要保障政府对资源的公平分配和矫正社会财富第一次分配后可能形成的非正义,就必须完善行政法制,如行政审批、许可法制,行政税费征收法制,政府采购法制和行政给付法制等。没有这些法制的保障,公平正义的社会秩序就不可能建立。

其五,行政法是最重要的科学发展促进法。邓小平同志说,发展是硬道理。[②] 根据科学发展理论,发展不仅指经济发展,而且应该包括社会发展,发展不仅指 GDP 的增长,而且应该包括自然生态的改善和人的生存环境的改进。[③]但是,我们在很长的一个时期内,将发展片面理解为经济发展,以 GDP 作为发展的唯一指标,结果导致发展失衡,一些地区生态环境恶化、污染事件频发,地区差别、城乡差别、贫富差别增大,社会问题增多,甚至引发了部分群体性事件,给社会带来诸多不稳定因素。如何解决这些问题,保障经济社会的科学和可持续发展?对策和途径之一即是推行行政法治,用行政法治保障政府决策的民主化、科学化(如以行政法规定重大发展决策必须经过利害关系人听证和专家论证),用行政法治保障科学发展决策的执行和监督(如以行政法规定科教文卫的发展指标,社会保障的发展要求,环境和生态治理的目标、途径,以及规定对于因追求形象工程、政绩工程而破坏科学发展的行为的法律责任)。总之,科学发展必须依靠法治,特别是行政法治。罗豪才教授说,现代行政法实质上是平衡法。[④] 平衡、统筹、兼顾、协调、可持续均是科学发展的基本要素。没有平衡,就没有科学发展,而没有行政法,就不可能保障平衡。

正是行政法对于国家和社会的上述重要性,决定了我们学习和研究行政法学的意义。

---

① 〔美〕约翰·罗尔斯:《正义论》,何怀宏、何包钢、廖申白译,中国社会科学出版社 1988 年版,第 5、12 页。

② 《邓小平文选》,人民出版社 1993 年版,第 377 页。

③ 2018 年 3 月 11 日第十三届全国人大第一次会议通过的《中华人民共和国宪法修正案》将我国的发展目标在原来三大文明(物质文明、政治文明、精神文明)的基础上增加了两大文明:社会文明和生态文明,发展为五大文明,反映和体现了我们对科学发展的新的认识高度。

④ 罗豪才主编:《现代行政法的平衡理论》,北京大学出版社 1997 年版,第 16 页。

第二章　行政法的法源

第一节　行政法法源概述

一、行政法法源的含义

关于法源，学术界有各种不同的解释。[①] 其主要观点有：其一，法存在形式说。此说认为法源为法的存在形式。任何部门的法律规范，都必须以一定的法的形式存在，这些法的形式可能是成文法律，也可能是习惯、法理或判例。成文法又有国家法、联邦法、地方法之分，国家法、联邦法又有宪法、法律、法规、规章之别。此外，法的形式还包括国际条约、协定等。其二，法原动力说。此说认为法源为产生法的原动力。至于原动力为何，则有各种不同说法。有的认为法的原动力为统治者的意志，有的认为是人民的意志，有的认为是社会的需求，还有的认为是上帝或神，等等。其三，法原因说。此说认为法源为产生法的原因。一国的法律源于一国的历史文化、民族精神、社会意识、时代思想、政治制度、典章规范、风俗习惯、经济基础等。这些社会的、文化的、经济的、政治的环境决定着法律的形成和变迁。其四，法制定机关说。此说认为法源为法的制定机关。法的主要制定机关为代议机关，故其为主要法源。除代议机关外，法的制定机关还包括行政机关（制定授权立法和行政法规、规章等）、法院（形成和确立判例）等。其五，法前规范说。此说认为法源为法制定前调整相应事项的原有规范，这些规范可能是某种习惯做法，可能是某种内部规则，也可能是判例或行政规章。立法机关在立法时，必须考虑这些规范，从这些规范出发，创制作为法规范的新的规范，故导致法规范产生的前规范为法源。其六，法事实说。此说认为法源为导致法规范产生的各种事实，包括经济事实、社会事实、政治、哲学、伦理、道德观念以及各种社会科学和自然科学的研究成果，等等。

以上关于法源的各种学说均有其道理，有其存在的根据。实际上各说之间亦有一定的相互联系，有些则有相互补充的作用，而非绝对相互排斥、非此即彼的关系。

本书主要采法存在形式说，即将法源界定为各法律部门法的表现形式，亦即

---

① 参见管欧：《中国行政法总论》（第 19 版修订本），蓝星打字排版公司 1981 年版，第 39—40 页；王名扬：《法国行政法》，中国政法大学出版社 1989 年版，第 14—16 页；杨建顺：《日本行政法通论》，中国法制出版社 1998 年版，第 150—158 页。

各法律部门法律规范的来源、出处，行政法法源即指行政法的表现形式，亦即行政法法律规范的来源、出处。

二、国外行政法法源简介

各国法律制度和法律传统不同，行政法的法源亦存在差别。在大陆法系国家，法源主要限于制定法；在英美法系国家，非制定法（判例、习惯、法理等）在法源中占有重要地位。同一法系的不同历史传统和不同经济、政治制度的国家，其法源也不相同。例如，德国和法国同属大陆法系国家，英国和美国同属英美法系国家，其法源却有着不小的差别。在法国，行政法院的判例是行政法的重要法源，法国行政法的许多重要原则都是通过行政法院判例形成的。而德国却有更多的行政法制定法法源，如德国《行政程序法》是德国行政法的基本法。至于英美行政法法源的差别，则更为明显，美国非制定法法源的比重大大低于英国。在英国，连宪法在总体上都是不成文的，行政法的自然正义原则等也是通过法理、判例等不成文法形式确定的。而美国不仅有成文宪法，行政法也有大量的制定法文件，如行政程序法、阳光下的政府法、情报自由法、隐私权法，等等。①

下面我们分别介绍法国、德国、美国、日本等几个国家的行政法法源。

1. 法国

我国研究外国行政法的著名学者王名扬教授将法国行政法的形式渊源分为成文法渊源与不成文法渊源两类：前者包括宪法、法律、条约、行政法规和行政规章；后者包括法的一般原则、判例和习惯法。作为行政法渊源的宪法主要是指宪法中有关总统和政府的规定；法律主要是指议会制定的有关行政机关的组织和活动的法律；行政法规是指总统和总理制定的行政规范性文件；行政规章是指部长和地方政府制定的行政规范性文件；法的一般原则是指“某些传统思想，以及某些事项的立法精神，社会生活的需要，公平正义感觉的一种表现”；判例主要是指行政法院的判例，行政法上的很多原则，在法律没有规定的情况下，由判例产生，即使在成文法有规定的时候，成文法的适用也由判例决定。习惯法较少作为法国行政法的形式渊源，过去法国行政法中曾有公产不能转让的习惯规则，之后

---

①　法国和美国行政法法源的反一般规律现象是值得人们注意的。法国是成文法国家，但“行政法的重要原则，几乎全由行政法院的判例产生。例如行政行为无效的理由、行政赔偿责任的条件、公产制度、行政合同制度、公务员的法律地位等极为重要的法律原则都由判例产生。判例中的原则有的后来已为成文法所接受，有的至今仍然处于判例状态。一位法国行政法学家用生动的语言说，如果我们设想立法者大笔一挥，取消全部民法条文，法国将无民法存在，……但是如果他们取消全部行政法条文，法国的行政法仍然存在，因为行政法的重要原则不在成文法中，而存在于判例之中。”参见王名扬：《法国行政法》，中国政法大学出版社 1989 年版，第 19—20 页。美国是普通法国家，但美国国会却制定了许多成文的行政法律，在行政规章、行政裁判、行政许可、行政赔偿、司法审查等领域都有成文法法源，甚至美国行政法的重要原则——正当法律程序原则——的法源也是成文法。参见《美国宪法修正案》第 5 条、第 14 条。

被制定法吸收。“习惯作为法律渊源的最大缺点是这种规则的存在和范围不确定,必须由法院认定,而且行政关系变更迅速,很少能够形成习惯规则。”①

2. 德国

德国行政法学者毛雷尔将德国行政法法源分为六类:(1) 宪法、正式法律、法规命令和规章。宪法由专门的制宪会议制定,既包括联邦基本法,也包括各州宪法。“宪法不是严格意义上的行政法规范,而是行政和行政法的基础和标准,其中包含了许多对行政具有直接或间接意义的规则。”正式法律是指由宪法规定的立法机关按照宪法规定的立法程序制定的法律规范,包括联邦议会制定的法律和州议会制定的法律。法规命令是指行政机关(政府、部长和行政机关)颁布的规范性文件,其对公民和其他相对人的影响与正式法律相同,它“位于立法和行政的交界地带,既是法律的执行,又是立法”。规章是指公法人(主要指乡镇、县,另外还包括大学、工业和商业协会、医师协会、社会保险机构、广播电视机构等)为了管理自己的事务而制定的规范性文件。制定规章的主体具有独立性、自治性,其制定规章无须法律特别授权(而颁布法规命令必须有法律特别授权)。(2) 习惯法。习惯法产生于长期的、同样的做法,且当事人确信这种习惯应成为法律。“习惯法填补漏洞的作用主要适用于成文法缺位或者规定不全面的情况;习惯法不仅可以在法律之外实行,而且可以通过法律实行,尽管这在实践中少见。”(3) 行政法的一般原则。行政法的一般原则主要是通过司法判决和学理形成和发展起来的。具体包括四种途径:其一,由实践中被长期遵守的习惯形成;其二,从宪法的规定和原则中引申出来,这些一般原则被称为“具体化了的宪法”;其三,通过对法律材料(法律、法规、判例等)进行系统、抽象、典型的整理而获得,“在浩如烟海的有关各行业的特别行政法规范,特别是联邦行政法院的判决之中,总是存在着适用于其他行业的而不是被限于被处理案件的规则”;其四,从所谓的法律原则中引申出来,“根据学理上一种代表性的观点,从正义原则中可以得出一些因其普遍性而适用于任何人的法律原则(基本法律规范),这种法律原则因其一般性而不能适用于具体案件,但它们可以构成有效的实在法律条款的法律基础,即成为一般行政法原则”。(4) 法官法。“法官法”从法官适用法律的过程中产生,“法官在依法裁判案件时,总是要查明:法律规定是否缺位,现有的法律规范是否存在着漏洞、不确定、多义甚至相互矛盾等,有的法律规范表面上科学而实际上并不切合本案实际情况。在所有的案件中,适用法律都不是单纯的涵摄过程,而是要求法官自行发现标准,并且在此范围内以法律创造者的方式活动”。法官以这种方式形成的一般原则被称为“法官法”。法官法主要服务于法律的解释、对法律的具体化和发展,它必须以现行法律为出发点。只有在

① 参见王名扬:《法国行政法》,中国政法大学出版社 1989 年版,第 15—16 页。

现行法律出现漏洞和歧义的情况下，法官才能对法予以补充和具体化。(5) 行政规则和特别命令。行政规则是指上级行政机关向下级行政机关、领导对下属行政工作人员，针对行政机关内部秩序或针对业务性的行政活动，发布的一般、抽象的命令。对于行政规则是否为行政法的渊源，学界存在争议。一般来说，认为法律渊源包括所有外部和内部规范的学者对此持肯定的态度，而认为法律渊源仅包括外部规范者则对行政规则作为行政法法源持否定态度。至于“特别命令”，则是学理上的一个创造，指行政机关为了调整特别法律关系(特别权力关系)而制定的规范。不过，根据德国现行宪法，特别命令必须符合基本法关于法规命令的范围和条件，否则，即不具有适法性。因此，现在的“特别命令”即可归入“法规命令”，没有作为独立法源的必要。(6) 国际法和欧共体法。在德国，相较于其他国际条约和协定(国际法)，欧共体法是更重要的行政法渊源。欧共体法分为原始共同体法和派生共同体法两类，原始欧共体法主要指成立条约，它也包括后来的修改和扩展，特别是《马斯特里赫特条约》和《阿姆斯特丹条约》，这些条约相当于欧共体的宪法，欧洲法院在司法过程中发展的欧共体一般原则则是原始共同体法的补充。派生共同体法是指欧共体机关根据成立条约发布的法令，法令必须符合条约，否则无效。[①]

3. 美国

王名扬教授将美国行政法分为下述五类：(1) 宪法。宪法包括联邦宪法和州宪法，美国联邦宪法条文不多，但却是美国行政法的重要渊源，美国法院在司法审查中经常加以引用，如宪法确立的分权原则、正当法律程序原则、言论自由和信仰自由原则、禁止非法搜查和禁止强迫公民自证其罪的原则都是行政机关活动必须遵守的基本原则。(2) 立法。立法是指联邦国会的立法和州议会的立法。作为行政法的法源，联邦行政程序法在整个法律体系中具有最重要的地位。(3) 总统的行政命令。美国总统根据宪法赋予和国会授予的权力，可以发布行政命令，规定行政机关的组织、权力和活动程序。总统的行政命令大部分是内部行政法，但也有涉及外部行政行为的。(4) 行政规章。行政机关根据国会的授权，可以制定规章，补充或解释国会的立法，规定行政机关和私人之间的关系。行政规章是美国行政法的重要渊源。(5) 判例法。判例法是美国高级法院判决案件时所产生和适用的原则。法院在判案时，有时宪法、法律的条文意义不明确，法院的判决即要对宪法、法律的条文进行解释，确定它的意义和适用范围；有

① 〔德〕哈特穆特·毛雷尔：《行政法学总论》，高家伟译，法律出版社 2000 年版，第 55—81 页。需要说明的是，现在的欧盟法是在欧共体法的基础上发展而来的。它除了包括原来的欧共体法以外，还包括后来《阿姆斯特丹条约》《尼斯条约》的修改。而《里斯本条约》则把《欧共体条约》改称为欧盟的工作方式条约。如果说以前的欧共体法具有国际条约的性质，那么，欧盟法则具有超国家法的性质。在欧盟法中，行政法具有特别重要的地位。

时法院判案时还可能找不到明确的宪法和法律依据，这时，则需由法官发挥创造性，通过判决创制原则和依据。判例法包括两种情况，既包括解释性原则，也包括创制性规则，以创制性规则为主。法院通过判例形成的这些原则、规则是普通法的基本构成，是英美法的重要渊源。[1]

4. 日本

日本行政法学者盐野宏教授将日本行政法法源分为成文法源和不成文法源两种。他认为成文法源具有更重要的地位，“这是因为，行政，特别是其行使侵害性作用时，要求由法律（包括条例）明确规定其要件，即使在除此以外的领域，从我国民主统治构造来看，国会（地方议会）所制定的法广泛约束行政的组织及其作用也是适当的”。“但是从另一方面看，关于行政法，没有制定出像民法典、商法典、刑法典那样的一般法、通则性的法典。关于所谓的行政法通则，不成文的法占据重要的地位。此外，即使在成文法存在的领域，由于各种情形使人们不可能期待完全予以规范，因而不成文法也有发挥作用的余地。”盐野宏教授将成文法源概括为六种，将不成文法源概括为三种。成文法源分别是：（1）宪法。宪法主要是规定行政组织、作用等法律的基准，但有时也具有直接作为行政作用（如行政程序）的法源的功能。（2）条约。条约中关于国内行政的部分，具有作为行政法法源的作用。条约中有预定要制定国内法的，只有国内法作出相应规定，才能成为拘束私人的规范；而有自动执行力的条约，则没有特别国内法的制定，亦具有国内拘束效力。（3）法律。法律是行政法最为重要的法源形式。行政法律通常是针对个别具体事项制定的，但在有关领域也制定了通则性的法律，如行政组织领域的《内阁法》《国家行政组织法》《地方自治法》《国家公务员法》；行政作用领域的《行政程序法》《行政代执行法》《国税征收法》《土地征用法》《个人信息保护法》；行政救济领域的《行政不服审查法》《行政案件诉讼法》《国家赔偿法》等。（4）命令。命令是由行政主体制定的法规，其形式有政令、省令、规则等。（5）条例与规则。条例是由地方公共团体的议会制定的，规则是由地方公共团体的首长制定的。条例限定在法律的范围之内，其效力具有地域的界限。（6）行政法解释。行政法的最终解释权在法院，但行政机关具有最初的解释和适用权。行政的解释虽然不能拘束法院，但在法的实际实施过程中有着极为重要的作用。日本行政法的不成文法源分别有：（1）习惯法。作为行政法上的习惯，主要有公物利用权的习惯、政令和以官方公报公布的习惯等，后一习惯曾得到最高法院判决的确认。（2）判例法。日本行政法虽然采取成文法主义，但判例亦发挥着重要的作用。特别是在尚未制定成文法的领域，法院的判决即形成法，具有法的拘束力。（3）行政法的一般原则。日本行政法的一般原则既源于

① 参见王名扬：《美国行政法》，中国法制出版社1995年版，第46—47页。

行政法的法理(如法治国家原理),也源于民法的一般法原则,主要包括依法行政原则、平等对待原则、比例原则、禁反言原则、程序正义原则、信赖保护原则等。20 世纪 90 年代以后,日本制定《行政程序法》,将行政法的许多一般原则加以明确规定,从而使之同时具有了成文法源和不成文法源的双重身份。当然,即使如此,日本现在仍然存在着未被制定法吸收的行政法一般原则,它们仍然是行政法的不成文法源。①

第二节　行政法的制定法法源②

作为行政法法源的制定法通常包括宪法、法律、地方性法规、行政立法等。宪法通常是成文的。英国宪法在总体上虽然是不成文的,但其中也有不少制定法文件,如《大宪章》《权利请愿书》《权利法案》《王位继承法》《议会法》等。宪法作为行政法的法源,主要确立行政法的基本原则和规定行政权的范围及行政权行使的一般要求等重大问题。法律是行政法(也是其他部门法)的最重要渊源。法律通常由国家最高立法机关制定,在联邦制国家,法律除由联邦立法机关制定外,联邦组成单位的立法机关亦可制定法律。地方性法规是从属于法律的规范性文件,通常由地方议会制定。行政立法作为法源,亦从属于法律,它通常由中央政府及其组成部门和地方政府制定。

制定法在行政法法源中所占地位虽然各国情况不同,但其作为法源之一是没有例外的。世界上没有哪一个国家的行政法完全没有制定法法源。

我国是成文法国家,行政法法源一般限于制定法。③ 我国行政法的制定法法源大体包括下述四类:

一、宪法与法律

我国《宪法》规定,宪法是"国家的根本法,具有最高的法律效力","一切法律、行政法规和地方性法规都不得同宪法相抵触。一切国家机关和武装力量、各政党和各社会团体、各企业事业组织都必须遵守宪法和法律。一切违反宪法和法律的行为,必须予以追究。任何组织或者个人都不得有超越宪法和法律的特

---

① 〔日〕盐野宏:《行政法》,杨建顺译,法律出版社 1999 年版,第 39—46 页。

② 本书将行政法的法源分为制定法法源和非制定法法源两部分论述。从"新行政法"的角度,我们也可以将行政法的法源分为硬法法源和软法法源两部分讨论。这两种分类法互有交叉:制定法主要是硬法规范,但也包含一定的软法规范;非制定法主要是软法规范,但也包括一定的硬法规范。为控制篇幅,本书对第二种分类没有展开,留待教师上课时补充讲授或学生自己研究。

③ 从我国人民法院法律文书和其他国家机关的正式法律文书作为法的依据所引用的法条分析,我国法源以制定法为限,在实际的司法和行政执法实践中,法理和判例有着重要的作用。法官和行政执法者在适用法律时,往往以法理为指导,以判例为参照,权威法学家的著作和经最高人民法院审判委员会审查、在《中华人民共和国最高人民法院公报》上发布的判例具有准法源的作用。

权”。由此可见,宪法是我国最高位阶的法源。但是在我国国家机关的法律适用中,很少直接适用宪法,人民法院在判决中一般不引用宪法,因而宪法在我国法源中尚未充分发挥应有的实际作用。随着我国建设社会主义法治国家进程的发展和深入,这种情形将会得到改变。笔者曾多次撰文提出应逐步推进人民法院在审判案件中适用宪法规范的主张:“我们的国民和公职人员在过去之所以一直不把宪法视为法,其中一个最重要的原因就是我们的各级法院在审理、裁判各种案件中不适用宪法。法院办案不适用宪法,宪法在人们心目中就没有真正的权威,在国家政治生活中就没有真正的地位。宪法的最高效力和根本法地位就只能停留在书面文本上,而不能在实践中落实。在实践中它的真实地位就有可能还不如一般法律法规。有人可能担心法院在审判案件中适用宪法可能侵越全国人大常委会的监督宪法实施和违宪审查权。其实,这种担心是完全不必要的。因为法院只是在个案中适用宪法,这种适用要受全国人大常委会宪法解释的制约。法院在适用某一宪法条文时,法院本身或案件当事人如果对该条文的涵义有疑义或有争议,可以和应该报请全国人大常委会予以解释,法院必须以全国人大常委会的相应宪法解释作为裁决案件的根据。在绝大多数情况下,宪法条文的涵义是明确和不存在疑义的,法院办案应该直接适用。不适用只会损害宪法的权威,不利于宪法的实施。”①

我国宪法作为行政法法源,包含的行政法规范主要有:

(1) 关于行政管理活动基本原则的规范。如关于依法治国、建设法治国家的原则,人民参与国家管理的原则,保障人权和保障公民权利、自由的原则,法制统一的原则,工作责任制原则,民族平等原则,行政首长负责制原则,行政机关工作人员接受人民监督的原则等基本原则规范。②

(2) 关于国家行政机关组织、基本工作制度和职权的规范。如关于国务院的组织、基本工作制度和职权的规范,关于国务院各部委和审计机关的基本职权规范,关于地方各级人民政府的组织、基本工作制度和基本职权的规范,关于民族自治地方人民政府的组织、基本工作制度和基本职权的规范等。③

(3) 关于国家行政区域划分和设立特别行政区的规范。④

(4) 关于公民基本权利和义务的规范。如关于公民批评权,建议权,申诉权,私有财产权,获得赔偿、补偿权,言论、出版、集会、结社、游行、示威自由权,非经法定程序不受逮捕、拘留权,劳动权,受教育权,社会保障权以及服兵役的义

---

① 参见姜明安:《为国家宪法日和宪法宣誓制度点赞》,载《人民法院报》2014 年 12 月 4 日,第 4 版。

② 参见《宪法》第 2—5 条、第 13、27、33、41 条。

③ 参见《宪法》第 85—92 条、第 105—110 条、第 112—122 条。

④ 参见《宪法》第 30、31 条。

务，纳税的义务，遵守法律、公共秩序、尊重社会公德的义务的规范。[①]

(5) 关于保护外国人合法权益和关于外国人义务的规范。[②]

(6) 关于国有经济组织、集体经济组织、外资或合资经济组织以及个体劳动者在行政法律关系中的权利、义务的规范。如关于国有企业在法律规定的范围内享有自主经营权的规范，关于集体经济组织在遵守有关法律的前提下享有独立进行经济活动自主权的规范，关于国家保护个体经济、私营经济等非公有制经济合法权益，对非公有制经济予以鼓励、支持和引导，并依法实行监督和管理的规范等。[③]

(7) 关于国家发展教育、科学、医疗卫生、体育、文学艺术、新闻广播、出版发行等事业方针政策的规范；关于发挥知识分子作用、建设社会主义精神文明、推行计划生育、保护环境、防止污染和其他公害的规范；关于加强国防、保卫国家安全和维护社会秩序的规范等。[④]

法律作为行政法的渊源，包括由全国人大制定的基本法律，如《国务院组织法》《地方组织法》《兵役法》《行政诉讼法》《行政处罚法》等，也包括由全国人大常委会制定的非基本法，如《国家赔偿法》《行政许可法》《食品安全法》《药品管理法》《公务员法》《居民身份证法》《统计法》等。[⑤]

法律既是行政法的渊源，自然也是刑法、民法和其他部门法的渊源。但单个的法律有些仅包含行政法规范，如《国务院组织法》《治安管理处罚法》《行政许可法》《行政处罚法》；有些则不包含行政法规范，如《刑法》《刑事诉讼法》等；有些既包含行政法规范，又包含其他法律部门的法律规范。主要作为行政法渊源的法律不仅包含行政法规范，同时还可能或多或少地包含某些其他法律部门的法律规范，如许多行政法律中就包含有关刑法规范（行政法律中规定的刑罚又称“行政刑罚”[⑥]）。此外，主要作为其他法律部门渊源的法律也可能或多或少地同时包含行政法规范，成为行政法的渊源。如《监察法》主要是宪法性法律，但其中关于对行政机关公职人员监察的规范无疑属于行政法的渊源。又如，《民法典》中关于不动产物权登记的规范，关于土地、房屋和其他不动产、动产征收及其补偿

---

① 参见《宪法》第 10 条、第 13 条、第 33—56 条。

② 参见《宪法》第 32 条。

③ 参见《宪法》第 6—18 条。

④ 参见《宪法》第 19—29 条。

⑤ 在我国，基本法律与非基本法律只是从制定机关角度所作的形式上的区分，但在内容上，全国人大常委会制定的法律的重要性不一定低于全国人大制定的法律，如《国家赔偿法》《公务员法》《行政许可法》等法律的重要性并不低于《统计法》和《兵役法》。基本法律与非基本法律的这种区分很多情况下是名不副实的。这是因为全国人大一年只开一次会议，许多重要的法律不可能都等待全国人大来通过。

⑥ 关于行政刑法，参见张明楷：《行政刑法辨析》，载《中国社会科学》1995 年第 3 期；卢建平：《论行政刑法的性质》，载杨敦先、曹子丹主编：《改革开放与刑法发展》，中国检察出版社 1993 年版；〔日〕福田平：《行政刑法》（新版），日本有斐阁 1978 年版。

的规范,关于严格限制农用地转建设用地、控制建设用地总量的规范等亦属于行政法规范,是行政法的渊源。①

二、地方性法规与自治条例、单行条例

这些法源的法律效力并不完全相同,并不完全处在同一位阶上。但是要严格区分它们的法律效力差别又很困难。一般来说,省、自治区、直辖市的地方性法规的效力要高于其他地方性法规和其他自治条例、单行条例。② 但自治条例、单行条例适应民族自治地区的特殊情况,可以依法对法律、行政法规、地方性法规作变通规定(限在本地区适用)。③ 经济特区法规经授权,也可对法律、行政法规、地方性法规作变通规定(限在本地区适用)。④

地方性法规在行政法法源中占有重要地位。根据《宪法》的规定,省、自治区、直辖市的人民代表大会和它们的常务委员会,在不同宪法、法律、行政法规相抵触的前提下,可以制定地方性法规,报全国人民代表大会常务委员会备案。⑤根据《立法法》的规定,"设区的市"和自治州⑥的人民代表大会及其常务委员会根据本市的具体情况和实际需要,在不同宪法、法律、行政法规和本省、自治区地方性法规相抵触的前提下,可以制定地方性法规,报省、自治区人大常委会批准后施行,报全国人大常委会和国务院备案。⑦

地方性法规调整着广泛的行政社会关系,是我国行政法的重要渊源之一,自1982年现行《宪法》颁布以后,我国各省、自治区、直辖市的人大常委会开始行使制定地方性法规的权限,陆续制定了一大批涉及地方行政管理事务的地方性法规。例如,北京市第十四届人大常委会在五年时间内即制定地方性法规18部、修订8部、集中修改29部、废止22部。除常委会外,北京市人大(尽管市人大一年只开一次会)也开始直接行使制定地方性法规的权力,如2017年北京市第十四届人大第五次会议即制定了《北京市全民健身条例》,修订了《北京市制定地方性法规条例》。

自治条例、单行条例作为行政法法源,只限于民族自治地方适用。根据《宪法》规定,民族自治地方的人民代表大会有权依照当地民族的政治、经济和文化的特点,制定自治条例和单行条例。自治区的自治条例和单行条例,报全国人民

---

① 参见《民法典》第209—223条、第243—245条。

② 参见《立法法》第5章。

③ 参见《立法法》第85条第2款、《民族区域自治法》第3章"自治机关的自治权"。

④ 参见《立法法》第101条和全国人大常委会分别于1992年、1994年、1996年作出的关于授权深圳、厦门、珠海、汕头等经济特区制定地方性法规、规章的规定。

⑤ 参见《宪法》第100、115条。

⑥ 根据2023年修订的《立法法》第81条的规定,"设区的市"的人大和人大常委会可以制定地方性法规,但需报省级人大常委会批准。

⑦ 参见《立法法》第81条、《地方组织法》第7条和第43条。

代表大会常务委员会批准后生效。自治州、自治县的自治条例和单行条例，报省或者自治区的人民代表大会常务委员会批准后生效，并报全国人民代表大会常务委员会备案。[①] 自治条例和单行条例不同于地方性法规。首先，地方性法规必须"不同宪法、法律、行政法规相抵触"，而自治条例、单行条例则可依照当地民族的政治、经济和文化特点制定，对某些法律和行政法规的规定作某些变通。其次，地方性法规只有省、自治区、直辖市人大及人大常委会、设区的市和自治州的人大及人大常委会有权制定，而自治条例、单行条例则可由省一级的自治区、省辖市一级的自治州及县一级的自治县的人民代表大会制定。最后，地方性法规报全国人大常委会备案，而自治区的自治条例和单行条例须报全国人大常委会批准，自治州、自治县的自治条例和单行条例须报省或自治区人大常委会批准，并报全国人大常委会备案。

自治条例和单行条例作为行政法的渊源，既可以规定民族自治地方的自治机关的组织和工作，也可规定地方行政管理事务，如一些自治地区人大制定的集市贸易管理条例、食品安全管理条例、保护农村专业户合法权益的规定等。

三、行政立法

在现代社会，无论是东方国家还是西方国家，大陆法系国家还是英美法系国家，行政立法的数量都大大超过议会立法的数量，行政立法在整个法律体系中都占有举足轻重的地位。在我国，行政立法的数量同样超过人民代表机关立法的数量，行政法规和规章的数量远超法律和地方性法规的数量。因此，我们在研究行政法的法源时，不能不对行政立法予以特别的重视。

英国行政法学者韦德指出："行政立法是一种具有立法特征的行政活动。仅就数量而言，大量的立法是由行政机关而非立法机关制定的。除少数英王仍保留原有特权的情形外，所有由部长、行政部门和其他机构发布的命令、规章和条例，其权力均源于议会。议会不得不将涉及各种具体事务的广泛立法权授予行政机关，而其自身仅限于提供一个或多或少具有永久性的法律框架。"[②]美国行政法学者施瓦茨指出："在 20 世纪，行政机关拥有立法权已经司空见惯了"。"行政机关的独特性在于，它有权通过制定规章或裁决决定私人权利和义务。当代行政机关既有立法权，又有司法权。其立法权就是颁布具有法律效力的规章……没有这样的权力，这些机关就不能有效地完成它们所担负的各种任务"。"从质上说，规章具有与法律相同的效力。它们的规定具有法律效力。它们有和法律同样的制裁措施做后盾。特别是它们具有用以强制服从法律的刑事制裁措

---

① 参见《宪法》第 116 条。

② H. W. R. Wade, *Administrative Law*, Clarendon Press, 1989, p. 847.

施。行政立法也许仅仅是准立法或从属立法，因为它的条文必须服从立法机关的立法，但这并不能改变行政立法的效用与法律本身相同的事实。”[①]日本行政法学者盐野宏指出：“行政机关有时以法条的形式来设置某种规定。日本行政法学过去将此分为两大类型。其分类基准是：相应规定是具有外部效果还是具有内部效果。具有外部效果的规定，即拘束相对人私人和行政主体双方，二者发生纠纷时，由法院予以适用的规定；除此以外的规定，即特别拘束行政机关相互关系，而对于私人无拘束力的，只有内部效果的规定。前者是法规命令，后者是行政规则。有人将此两者归纳为行政立法。但行政规则不具有外部效果，在这种意义上，不是法规的制定……此外，地方公共团体的议会制定的条例，也不是国家的立法权所制定的，因而有人将其作为行政立法来说明。但是，除了基于法律的委任而制定的外，原则上，条例不是基于法律的委任，而是独立地具有宪法上的根据的法形式。所以，作为行政立法来把握是不妥帖的。”[②]德国行政法学者毛雷尔指出，行政机关的法规命令既是法律规范，同时也是一种行政手段。“法规命令不仅在法律渊源方面与其他法律规范，而且与其他行政措施均不同：它与处理具体事件的行政行为的不同之处在于‘抽象——一般’的特征，与只具有内部行政效果的行政规则的不同之处在于外部效果。”[③]

就我国的情况而言，行政立法一般是指特定国家行政机关依准立法程序制定行政法规和规章的活动。根据《立法法》的规定，国务院可以就下列事项制定行政法规：(1) 为执行法律的规定需要制定行政法规的事项；(2)《宪法》第 89 条规定的国务院行政管理职权的事项。[④] 国务院部门（包括部、委员会、中国人民银行、审计署和具有行政管理职能的直属机构）可以根据法律和国务院的行政法规、决定、命令，在本部门的权限范围内，制定规章。部门规章规定的事项限于有关执行法律和国务院的行政法规、决定、命令的事项。如相应事项涉及两个以上国务院部门的职权范围，应提请国务院制定行政法规或由国务院有关部门联合制定规章。省、自治区、直辖市人民政府和设区的市、自治州的人民政府，可以根据法律、行政法规和本省、自治区、直辖市的地方性法规，制定规章。地方政府规章可以就下列事项作出规定：(1) 为执行法律、行政法规、地方性法规的规定需要制定规章的事项；(2) 属于本行政区域的具体行政管理事项。设区的市、自治州的人民政府制定地方政府规章，限于城乡建设与管理、生态文明建设、历史文化保护等方面的事项。[⑤]

---

① 〔美〕伯纳德·施瓦茨：《行政法》，徐炳译，群众出版社 1986 年版，第 29、31、138 页。

② 〔日〕盐野宏：《行政法》，杨建顺译，法律出版社 1999 年版，第 67—68 页。

③ 〔德〕哈特穆特·毛雷尔：《行政法学总论》，高家伟译，法律出版社 2000 年版，第 333—334 页。

④ 参见《立法法》第 72 条。

⑤ 参见《立法法》第 93 条。

行政法规、部门规章和地方政府规章在法律效力上处于不同的位阶，行政法规的效力高于部门规章和地方政府规章；部门规章和地方政府规章的效力通常取决于制定主体的行政级别。[①] 行政级别高的行政主体制定的规章的效力通常高于行政级别低的行政主体制定的规章的效力。行政立法是国家整个立法的一部分，故其效力位阶与整个立法的效力位阶是紧密联系在一起的。要明确我国行政立法在整个法律体系中的地位，必须考察我国整个立法的位阶系列：(1) 宪法具有最高的法律效力，一切法律、行政法规、地方性法规、自治条例和单行条例、规章都不得同宪法相抵触；(2) 法律的效力高于行政法规、地方性法规、规章，行政法规的效力高于地方性法规、规章；(3) 地方性法规的效力高于本级和下级地方政府规章，省、自治区人民政府的规章的效力高于设区的市、自治州的政府规章；(4) 自治条例和单行条例依法对法律、行政法规、地方性法规作变通规定的，在本自治地方适用自治条例和单行条例的规定；(5) 经济特区法规根据授权对法律、行政法规、地方性法规作变通规定的，在本经济特区适用经济特区法规的规定；(6) 各部门规章之间、部门规章与地方政府规章之间具有同等效力，其调整范围与相应规章制定主体的权限范围一致。同一位阶或位阶不明确的法律规范如发生冲突，法律适用遵循下述规则：(1) 同一机关制定的法律、行政法规、地方性法规、自治条例和单行条例、规章，特别规定与一般规定不一致的，适用特别规定；新的规定与旧的规定不一致的，适用新的规定。(2) 法律之间对同一事项的新的一般规定与旧的特别规定不一致，不能确定如何适用时，由全国人大常委会裁决；行政法规之间对同一事项的新的一般规定与旧的特别规定不一致，不能确定如何适用时，由国务院裁决。(3) 地方性法规、规章之间不一致时，其处理规则是：同一机关制定的新的一般规定与旧的特别规定不一致时，由制定机关裁决；地方性法规与部门规章之间对同一事项的规定不一致，不能确定如何适用时，由国务院提出意见，国务院认为应当适用地方性法规的，应当适用地方性法规的规定；认为应当适用部门规章的，应当提请全国人大常委会裁决；部门规章之间，部门规章与地方政府规章之间对同一事项的规定不一致时，由国务院裁决；根据授权制定的法规与法律规定不一致，不能确定如何适用时，由全国人大常委会裁决。[②]

四、条约与协定

条约与协定既是国际法的渊源，同样也是行政法的渊源。[③] 因为有的条约、

---

① 部门规章和省、自治区、直辖市政府规章具有同等效力；省级政府规章的效力高于省会市和国务院批准的较大的市政府规章的效力。

② 参见《立法法》第98—106条。

③ 至于条约与协定的效力，它们在国内如何实施，是直接适用还是需要通过国内立法再行适用，学者有不同观点，各国实践亦有不同做法。对此，可参阅邵津主编：《国际法》，北京大学出版社、高等教育出版社2000年版，第22—28页。

协定涉及国内行政管理，成为调整国家行政机关与公民、法人或外国人之间行政关系的行为准则。例如，我国于 2001 年 11 月 1 日签署的《中华人民共和国加入世界贸易组织议定书》及其附件即规定了许多有关行政审批、许可以及反倾销、反补贴等行政行为的准则。又如，我国和世界上很多国家签订的领事条约，其中关于领事馆的设立、馆长的任命、承认、领事的职权、护照和签证的颁发、同派遣国国民的联系、公证和认证、监护托管等规定都涉及国家行政管理，调整着一定领域的行政关系。此外，我国和一些国家签订的引渡外逃腐败官员及追缴他们财产的条约和有关刑事、民事、商事等司法协助协定，其中很多规定涉及国家行政管理，调整一定领域的行政关系。很多其他条约、协定，也或多或少与国家行政管理有一定关系，如《万国邮政公约》《承认及执行外国仲裁裁决公约》《国际劳工公约》《核事故或辐射紧急援助公约》《国际热带木材协定》《邮政包裹协定》等。

五、执政党的党内法规

2018 年，我国对党和国家机构进行了重大改革，将职能相近的党政机构统筹设置、实行合并设立或合署办公，从而执政党的党内法规亦成为这些机构行使职权、履行职责的重要依据。故此，执政党的党内法规也就成为我国行政法的一个新的重要法源。这是我国新时代中国特色社会主义法治新形成的“特色”之一。[①]

第三节 行政法的非制定法法源

行政法的非制定法法源主要包括法律解释[②]、行政判例、行政习惯和惯例、行政法理以及行政法的基本原则。由于行政法的基本原则在行政法中占有极为重要的地位，需要详加阐述，故在后面设专章研究，本节只探讨法律解释、行政判例、行政习惯和惯例及行政法理四项非制定法法源。

这里需要说明的是，我国是成文法国家，无论是行政法还是其他法律部门，其正式法源一般都为制定法，在非制定法法源中，只承认法律解释的法律效力。其他非制定法法源虽然在司法、执法实践中有重要影响，但不能在法律文书中直接作为依据引用。

---

① 参见姜明安：《党内法规制度建设与依法执政、依法治国、依规治党关系的理论阐释》，载《党内法规研究》2022 年第 1 期。

② 国内外许多学者将法律解释作为制定法法源论述，这虽然有一定道理，但笔者认为将法律解释作为非制定法法源对待更为合适。因为法律解释可以是成文的，也可以是不成文的。特别是司法解释，它与判例没有大的区别。即使是成文的法律解释，其解释程序和形式与法律、法规也是很不相同的。当然，这对法源分类并不太重要，重要的是对其适用效力的阐释。

一、法律解释

作为行政法法源的法律解释，主要指行政执法机关和司法机关在执法、司法活动中对法律、法规、规章所作的解释。法律解释除了行政解释和司法解释以外，还存在立法解释和学理解释。但是这两种解释在法源中不占有重要地位。因为立法解释是由立法机关作出的，而立法机关的根本任务是立法而不是解释。它在立法过程中应该尽可能把法律调整的事项规定明确，而不应有意留下模糊空间给自己今后去解释。法律解释的需要往往是在执法、司法过程中适用法律解决具体的实际问题而产生的。执法、司法机关适用法律、解释法律解决具体实际问题正是其职能所在。立法机关不参与执法、司法，不可能发现这些问题。如果执法、司法机关将其在执法、司法过程中遇到的法律解释问题都提交立法机关解释，立法机关再扩大十倍百倍也不可能胜任。即使能胜任，行政和司法也将无效率可言。因此，国外的法律解释中很少有立法解释。至于学理解释，虽然它对行政解释和司法解释有重要影响，行政机关和司法机关在执法和司法活动中解释法律时往往采纳学理解释，但学理解释本身并没有法律效力，而且不同学者因研究问题的角度不同和学术观点不同，对法律往往有不同的解释，从而在执法、司法实践中也无法直接适用。

在我国，作为行政法渊源的法律解释包括最高国家权力机关的解释、国家司法机关的解释、中央国家行政机关的解释、地方国家权力机关和行政机关的解释。1981 年 6 月 10 日第五届全国人大常委会第十九次会议通过的《关于加强法律解释工作的决议》对法律解释作出了如下决定：(1) 凡关于法律、法令条文本身需要进一步明确界限或作补充规定的，由全国人大常委会进行解释或用法令加以规定。(2) 凡属于法院审判工作中具体应用法律、法令的问题，由最高人民法院进行解释。凡属于检察院检察工作中具体应用法律、法令的问题，由最高人民检察院进行解释。两院解释如果有原则性的分歧，报请全国人大常委会解释或决定。(3) 不属于审判和检察工作中的其他法律、法令如何具体应用的问题，由国务院及主管部门进行解释。(4) 凡属于地方性法规条文中本身需要进一步明确界限或作补充规定的，由制定法规的省、自治区、直辖市人大常委会进行解释或作出规定。凡属于地方性法规如何具体应用的问题，由省、自治区、直辖市人民政府主管部门进行解释。在上述四种法律解释中，最高人民法院的司法解释具有特别重要的地位。因为在法律解释实践中，最高国家权力机关对法律很少作出立法解释，很多法律都是在司法实践中由最高人民法院进行司法解释。行政解释和地方解释虽然也具有重要意义，但是这些解释是否符合法律原意，人民法院在审理具体案件时往往要附带对之进行适当的司法审查。人民法院认为相应解释不符合法律原意，虽然不能撤销和宣布其无效，但可不予适用，或者以司法解释取而代之。

关于司法解释,最高人民法院 1997 年 6 月 23 日曾发布《关于司法解释工作的若干规定》,2007 年 4 月 1 日又发布《关于司法解释工作的规定》(法发〔2007〕12 号)取代上述规定,明确最高人民法院发布司法解释,须经审判委员会讨论通过,司法解释具有法律效力。其形式分为"解释""规定""批复"和"决定"四种。司法解释经审判委员会讨论通过后,以最高人民法院公告的形式在《人民法院报》上公开发布,并下发各高级人民法院或地方各级人民法院、专门人民法院。司法解释在颁布了新的法律,或者在原法律修改、废止,或者制定了新的司法解释后,不再具有法律效力。司法解释与有关法律规定一并作为人民法院判决或者裁定的依据时,应当在司法文书中援引。援引司法解释作为判决或者裁定的依据,应当先引用适用的法律条款,再引用适用的司法解释条款。最高人民法院的司法解释通常针对特定法律或特定法律的具体条文,非常具体,具有很强的操作性,例如,2018 年最高人民法院公布的对《行政诉讼法》的解释包括 13 个部分共 163 条,2002 年最高人民法院还曾专门就行政诉讼证据问题进行解释,包括 6 个部分共 80 条,二者合计共 243 条①,而《行政诉讼法》本身仅有 103 条。可见,司法解释在法律渊源中具有重要地位。

当然,司法解释从广义上讲,不仅应包括最高人民法院的解释,还应包括地方各级人民法院和专门人民法院的解释;不仅应包括法院以专门解释性文件(如"解释""规定""批复"等)对法律作出的普遍性解释,还应包括法官在审判具体案件中对法律作出的具体的个案解释。这种解释虽不具有判例法效力(因为我国不实行判例法制度),但对以后同类案件的处理不能不具有一定拘束力。否则,法院适用法律将失去连续性、稳定性,损害法院的公正和权威。

行政解释也如同司法解释一样,除了国务院和国务院部委所作的一般的普遍性解释(如"法律、法规实施细则""解释""批复"等)外,各级各类行政机关在实施具体行政行为时,也经常会对法律、法规、规章作出具体的个案解释。这种具体的个案解释对以后的行政管理并无明定的法律效力,但是根据行政法上的信赖保护原则,行政机关在以后处理同类事务时应受以前解释的一定拘束,否则即构成反复无常式的滥用职权。

英美法学家特别强调法律解释中具体个案解释的重要意义。美国行政法学者施瓦茨指出:"企图把解释法律与适用法律分开的人采用的是诡辩的区分法。一个法律术语只有在它适用于特定案件中的事实时才有意义。意义在适用中获得生命,意义很容易在适用中受到歪曲。抽象地确定法律术语的意义就是在学

① 参见最高人民法院《关于适用〈中华人民共和国行政诉讼法〉的解释》(2017 年 11 月 13 日最高人民法院审判委员会第 1726 次会议通过)、最高人民法院《关于行政诉讼证据若干问题的规定》(2002 年 6 月 4 日最高人民法院审判委员会第 1224 次会议通过)。

究活动中绕圈子。只有我们把如此确定的意义适用于手头的案件时，法律才真正得到了解释。"[①]因此，我们在研究法律渊源时，虽然不能把司法机关和行政执法机关的具体个案解释作为法源，但绝不能忽视它对法律适用的重要影响和对法源的实际补充作用。

行政法学对法律解释的法律效力研究，一般涉及以下三个问题：一是法律解释有无法律效力；二是法律解释如有法律效力，它有无前提条件，如有，其前提条件是什么；三是法律解释有无位阶，如有，怎么确定其位阶。

关于行政法的法律解释及其效力，日本行政法学者盐野宏指出：其一，行政法解释是必要的，它构成行政法的法源之一，作为行政法的法源，自然具有法律效力。"行政法的成文法源，是以具体条文的形式写出来的。在这种情况下，如果其语言是单义性的，法的适用就可以机械地进行。但是，在多数情况下法律的条文未必具有单义性，因此就有必要加以解释。"其二，法律解释发生法律效力是有条件的。首先，法律的"各个条文并不是孤立地存在着，个别条文形成了实现各个法律之目的的手段的一部分"。因此，法律解释"必须充分理解该法律整体的结构，作为该结构的一部分来解释该条文"。其次，"个别行政法律的结构，仅仅靠条文相互的技术性操作还不能充分理解，还必须注意与该法律所服务的目的乃至价值之间的关系。此时，当然应该考虑宪法的价值"。最后，法律解释有文理解释、逻辑解释和目的论解释之分。无论采取何种解释方法，"应该首先明确该法律所服务的价值和目的，在此基础上，考虑关于具体条文采取什么样的解释方法才是适当的，以明确其结构。当解释方法的选择基准仅仅依存于解释者的主观意识时，其解释的普遍适用力便非常微弱"。其三，司法解释优于行政解释。"关于行政法的解释，其最终解释权也在法院。但是，对于行政法，行政机关具有首次性法的解释和适用权的情况较多。进而，先于个别事例的解释适用，行政机关对法规的解释以通知的形式进行的情况较多，以至从更加一般地表示政府的统一解释的观点出发，有时由内阁法制局作出解释意见。必须注意的是，这些所谓政府的公定解释，并不能拘束法院，但是，在实际的法实现过程中，它有着极其重要的作用。"[②]

美国行政法学者施瓦茨虽然认为行政机关的法律解释（解释性规章）不具有法律效力，但基于英美法系行政法上的禁反言原则（大陆法系行政法上的信赖保护原则），仍认为解释性规章对行政机关具有约束力。他指出："解释性规章不具有法律效力，它们只代表行政机关对法律的认识，它们自己并不影响任何人的法律权利和义务。但这并不是说，行政机关可以如同对待一堆废话那样对待它

① 〔美〕伯纳德·施瓦茨：《行政法》，徐炳译，群众出版社1986年版，第605页。

② 〔日〕盐野宏：《行政法》，杨建顺译，法律出版社1999年版，第43—44页。

的解释性规章。行政机关可以不受在回答个人咨询请求时所作的解释性意见的约束，但是，由行政机关主持制定的正式颁布的解释性规章就不同了，行政机关应遵守它在没有法律授权的情形下制定的程序性规则，这同样适用于解释性规章。"对行政机关来说，此种解释性规章"没有法律授权仍可具有法律效力"。[①]至于解释性规章对于法院的效力，施瓦茨认为，法院审理案件不受行政机关解释性规章的约束，完全可以以自己的解释取代行政机关的解释，但法院对行政机关的解释要予以充分的尊重。他指出："解释性规章是对现行法律的说明和解释，而不是对它们作实质性修改。解释性规章说明行政机关对一部法律或一部规章的看法，它们是用来告诉公众，行政机关对其所执行的法律所作的理解。""正如首席大法官伯格所说，解释性规章也许具有实用的价值。行政机关把解释性规章作为它对法律所作的恰当解释加以公布。与此有关的人通常都遵照执行，因为此规章提供了一个实际指南，表明了代表公众利益执法的机关应用法律的方法。在实践中，法院对这种规章的敬重也有助于扩大它的影响。……虽然就它的权威性说对法院没有约束力，但是这种解释是经验和实际判断的产物，法院和诉讼当事人可以适当地用它作指南，法院没有重要原因绝不会找行政解释规章的麻烦。"[②]

就我国的情况而言，法律解释，无论是立法解释还是司法解释或行政解释，作为行政法的渊源之一，都应该是有法律效力的。当然，其法律效力也有前提条件的限制。首先，法律解释不应超出法律本身的范围，不能就法律本身没有规范的事项进行规范，不能设立法律本身没有设立的权利、义务；其次，法律解释的机关应享有解释的权限，没有宪法、组织法或具体法律的授权，任何机关所作的解释都不具有法律效力；最后，法律解释亦应遵守法定程序，如经过一定的会议讨论、审议，或经过一定机关批准、备案等。至于法律解释的效力位阶，一般来说，立法解释优于司法解释和行政解释，司法解释优于行政解释。行政机关在行政执法中适用法律需要对法律加以解释时，它所作的解释对行政相对人和行政机关本身均有拘束力；法院在审判中适用法律时对行政解释亦应予以足够的重视和尊重，但可不受之拘束，法院可以以自己的解释代替行政解释。法院的司法解释不仅对法院本身有拘束力，对行政机关实施行政行为亦应有拘束力。但是，立法机关认为法院的司法解释违反立法原意或法律的原则、精神时，完全可以自己作出解释，以立法解释取代司法解释。法院和行政机关都必须服从立法解释。

---

① 〔美〕伯纳德·施瓦茨：《行政法》，徐炳译，群众出版社 1986 年版，第 148 页。

② 同上书，第 143—144 页。

二、判例

判例是指“可作为先例据以决案的法院判决”。[①] 作为判例的法院判决所确立的一般规则不仅拘束法院本身(本法院和下级法院),而且也拘束行政机关。行政机关在实施行政行为时,也必须遵循法院相关判例所确定的原则,否则,其行为在行政诉讼中就有被法院撤销的危险。由于法院判决对行政行为发生拘束力和执行力,故其成为行政法的法源之一。

判例不仅在英美法系国家普遍是行政法的法源,在部分大陆法系国家,例如法国等,亦是行政法的重要法源。

在我国,判例不具有法的效力,但经最高人民法院审判委员会讨论决定,在《最高人民法院公报》和《人民法院报》上公开发布的指导性案例或典型案例对审判实践有重要的指导作用,各级法院在审判类似案件时应予参照。

2010 年,最高人民法院曾发布《关于案例指导工作的规定》,共 10 条。主要内容有六:一是明确了指导性案例发布的主体。对于全国法院审判、执行工作具有指导作用的指导性案例,由最高人民法院确定并统一发布。二是列举了指导性案例的选择范围,即裁判已经发生法律效力,并符合以下条件之一的案例:其一,社会广泛关注的;其二,法律规定比较原则的;其三,具有典型性的;其四,疑难复杂或者新类型的;其五,其他具有指导作用的案例。三是明确了指导性案例的工作机构。为了做好案例指导工作,最高人民法院专门设立了案例指导工作办公室,具体负责指导性案例的遴选、审查、报审工作。四是明确了案例指导工作的程序,包括推荐程序、审查程序、报审程序、讨论程序和发布程序等。五是明确了指导性案例的效力问题。对于最高人民法院发布的指导性案例,各级人民法院在审理类似案件时应当参照。六是明确了人民法院此前发布的指导性案例的清理和公布问题,即对于最高人民法院此前发布的指导性案例,符合《关于案例指导工作的规定》所规定的指导性案例条件的,应当重新公布,没有在重新公布之列的,不再视为指导性案例。此后(至 2022 年 12 月),最高人民法院相继发布了 35 批指导性案例。

三、习惯和惯例

习惯和惯例的词义本身并无大的区别,但在作为法源形式使用时,则指两种不同的法源形式。作为行政法法源的习惯主要指某种社会习惯,而惯例则指行政主体实施行政行为的某种习惯。习惯主要是调整私法关系的法源,它作为行政法法源则通常只作为实质渊源而不作为形式渊源。例如,在日本,公民长期持

① 参见《中国大百科全书·法学》,中国大百科全书出版社 1984 年版,第 449 页。

续使用某种公物即形成某种习惯性权利。如在公共河流里取水、漂木材，在公共原野上放牧等，一旦长期固定地使用，行政机关实施有关行政行为即应受之约束。惯例则主要为行政法的渊源（而较少作为私法渊源）。在英美法系国家，特别是英国，行政惯例在行政法渊源中占有较重要的地位；而在法国、日本等，行政惯例作为法源的情况较少，且在行政惯例相对固定后，往往以判例或制定法取而代之。例如，法国在19世纪，公产不能转让曾为一行政惯例，后为判例代之，而日本关于法令应以官方公报发布的惯例则沿用至今。[①]

四、行政法理

在许多西方国家（无论是英美法系国家，还是大陆法系国家），行政法不仅以制定法、判例和习惯、惯例为法源，而且以权威法学著作、学说确立的行政法基本原理、原则为法源。行政法学著作、学说确立的原理、原则经常为西方国家法院司法审查适用，甚至直接在其行政判决书中引用。当然，这些原则在为法院适用后，往往转换成判例法规范，有的国家甚至通过制定法加以固定。行政法理在转换成判例法规范或制定法规范以后，就构成了判例法法源或制定法法源。而且，行政法理是不断发展的，原有的法理转换成判例法规范或制定法规范以后，还会产生新的法理。新的法理被人们广泛认同、接受后，即转化成行政法的法源。

行政法的法源多种多样，非常广泛。它们之间的相互关系和各自的法律效力是一个较为复杂的问题，而且各国的法律制度不同，这种相互关系和效力位阶不存在一个统一的规则。一般来说，制定法法源优于判例法法源；判例法法源优于习惯、惯例和法理等形式的法源。而在制定法中，宪法具有最高的法律地位，法律的位阶次之，法规、规章的位阶又次之。但是法源效力的位阶不是绝对的，虽然制定法在位阶上优于非制定法，但制定法在立法时，往往以法理和法的基本原则为根据；制定法在适用时，也必须考虑法理和法的基本原则。

---

① 见王名扬：《法国行政法》，中国政法大学出版社1989年版，第322页；杨建顺：《日本行政法通论》，中国法制出版社1998年版，第156页。

第三章　行政法的基本原则

第一节　行政法基本原则概述

一、行政法基本原则的含义

法的规范依其对社会关系调整的确定性程度和细密程度，可分为规则、原则、基本原则三类。规则对社会关系的调整最为确定，规范最为具体；原则对社会关系的调整弹性相对较大，规范较抽象；基本原则对社会关系调整的弹性则更大些，规范更抽象。从调整范围来说，规则调整的范围较窄，通常只涉及某种具体的事务；原则调整的范围较广，可适用于较广范围的事务；基本原则调整的范围最广，可适用于一定领域的整个社会关系。从规范的对象来说，规则直接规范社会关系，而规则本身受原则规范，原则又受基本原则规范；基本原则首先通过原则、再通过规则规范社会关系。

法的基本原则是法的灵魂，任何国家的法，任何国家的行政法都不可能没有灵魂，从而不可能没有基本原则。但是基本原则不同于法的具体规则、原则，法的具体规则、原则是由成文法的具体条文加以确立和宣示的，基本原则则通常首先以一种观念、一种法理思想存在于各国立法者和国民的法律意识中，然后由本国的学者、法官加以概括、归纳，在其学术著作或法律裁判文书中予以表述和阐释。行政法基本原则是指导和规范行政法的立法、执法以及指导、规范行政行为的实施和行政争议的处理的基础性规范。它贯穿于行政法具体规范之中，同时又高于行政法具体规范，体现行政法的基本价值观念。行政法基本原则是在行政法调控行政权的历史长时期中形成的，由行政法学者高度概括出的调整行政关系的普遍性规范。

二、行政法基本原则的性质和功能

第一，行政法基本原则是一种“基础性规范”，是产生其他具体规则和原则的规范。行政法的具体规则和原则以行政法基本原则为指导，反映和体现行政法基本原则，而不能违反行政法基本原则或与之相抵触。

第二，行政法基本原则是一种高度抽象并体现行政法的基本价值观念的规范。行政法的具体规范贯彻行政法基本原则的精神，该精神浸透着相应的基本价值观念。

第三，行政法基本原则是一种普遍性规范，它对行政关系进行整体的宏观的调整、规范。行政法执法者在适用行政法具体规范调整特定行政关系时，必须受行政法基本原则的指导，必须将基本原则的精神与具体规范所确立的具体行为结合起来。行政法通过这种法意与法则的适用结合使法的整体功能和目标得以实现。

第四，行政法的基本原则不仅指导、调整整个行政执法行为，而且指导和调整行政法的整个立法行为。国家权力机关制定行政法律，国家行政机关制定行政法规和规章，都须受行政法基本原则的指导，行政法律、行政法规和规章都要体现和贯彻行政法的基本原则。行政法基本原则对立法的指导和调整是其在执法中得以实现的保证。

第五，行政法基本原则不仅对行政法的立法、执法起宏观指导作用，而且在一定的场合也直接规范行政行为的实施和行政争议的处理。一般来说，行政法基本原则不直接调整和规范行政行为的实施和行政争议的处理。但是在某些情况下，相应问题缺少行政法具体规则的调整，或者法律给行政主体或行政争议处理机关留下较广泛的自由裁量余地时，行政行为的实施或行政争议的处理就要直接受行政法基本原则的拘束，即直接根据行政法基本原则作出相应行为和裁决相应争议。

三、行政法基本原则的形成和确定

行政法基本原则是在行政法调控行政权的历史长时期中形成，并由行政法学者概括归纳的。虽然有的行政法基本原则现在已在一些国家的宪法或行政法基本法中得以确立，但从整体上讲，行政法基本原则并非由某一个或某几个具体法律、法规所特别规定的。人类自从结成社会以后，就需要公权力，特别是需要行政权，因为这是维持社会安全和秩序所必不可少的。然而公权力，特别是行政权，又有产生腐败和被滥用的趋势，从而导致对人民权利和自由的威胁。为此，人类一直在探索建立一种机制，使之既能有效地发挥行政权的积极作用，又能尽可能地防止和抑制其消极作用，避免它对人民权利、自由的危害。若干世纪以来，人类进行了很多种尝试和试验，确立过很多规范和制度，包括行政法的规范和制度。这些尝试、试验、规范、制度，有的是成功的，有的是失败的，有的是成败得失均有的。学者们总结这些成功的和失败的经验，从中抽象出一些较普遍适用的规则，以指导新的探索和实践。在行政法领域，这些较普遍适用的规则就是行政法的基本原则，它们是中外行政法学者通过长期的研究，总结、概括出来的。当然，不同学者因其概括、归纳方法不同，对基本原则的表述并不相同。[①] 而且由于各国行政法本身的差别很大(这种差别远大于各国民法、刑法的差别),因此,要从各国行政法基本原则中抽象归纳出若干共同的一般原则是非常困难的。本书下面所阐述的行政法基本原则并非各国普遍共有和为所有行政法学者普遍认同的原则,而只是选择各国行政法基本原则中形成历史较长久、适用较普遍、较为人们广泛认同的若干原则,并将之分成两大类别:一类主要是调整行政实体关系的,称为"行政法的实体性基本原则";一类主要是调整行政程序关系的,称为"行政法的程序性基本原则"。[②]

第二节 行政法的实体性基本原则

一、依法行政原则

依法行政原则[③]是法治国家、法治政府的基本要求。法治(rule of law)要求政府在法律范围内活动,依法办事,政府和政府工作人员如果违反法律,超越法律活动,即要承担法律责任。法治的实质是人民高于政府,政府服从人民。因为法治的"法"反映和体现的是人民的意志和利益。

法治不等于"用法来治"(rule by law)。"用法来治"是把法单纯作为工具和手段,政府运用"法"这一工具和手段来治理国家,治理老百姓。单纯"用法来治"

---

① 有的行政法学者对基本原则高度抽象概括,将行政法基本原则归纳和表述为一项原则:依法行政原则。参见陈新民:《行政法学总论》,三民书局 1995 年版,第 53—64 页。有的归纳为两项原则:合法性原则与合理性原则。参见罗豪才主编:《行政法学》,中国政法大学出版社 1996 年版,第 53—65 页。有的学者则稍加具体化,将行政法基本原则概括和表述为数项,如英国的韦德教授将英国行政法的基本原则概括为法治、议会主权、政府服从法律、越权无效四项。韦德在其名著《行政法》第二章中论述英国法院权力的宪法基础时既将这些原则视为行政法的宪法基础,同时又将之作为行政法基本原则阐释,如他称越权原则为行政法的"核心原则"(central principle)。参见 H. W. R. Wade, *Administrative Law*, Clarendon Press, 1989, pp. 23—50。美国的盖尔霍恩和博耶将美国行政法的基本原则概括为:公正性、准确性、效率、可接受性四项。盖尔霍恩和博耶在其《行政法和行政程序》一书中讲到行政程序法要体现四种公共价值(public values),这些公共价值亦可以理解为立法要考虑的法的基本原则。参见 E. Gellhorn, B. B. Boyer, *Administrative Law and Process*, West Publishing Company, 1981, pp. 5—6。胡建淼将南斯拉夫行政法基本原则归纳为四项:法制原则、独立原则、公开原则、效率原则。参见胡建淼:《十国行政法——比较研究》,中国政法大学出版社 1993 年版,第 427—429 页。杨海坤将我国行政法基本原则归纳为两类十二项。第一类为社会政治原则,包括社会主义、党的领导、民主集中制、保障人民权利、社会主义法治、民族平等六项;第二类为行政法专门原则,包括行政法治、监督行政、行政公正、行政公开、行政合理、行政效能六项。参见杨海坤:《中国行政法基本理论》,南京大学出版社 1992 年版,第 145—155 页。

② 这种分类并不是很严格的:"行政法的实体性基本原则"主要调整行政实体关系,但并非完全不调整行政程序关系。如依法行政原则既要求实体依法,也要求程序依法。同样,"行政法的程序性基本原则"主要调整行政程序关系,但也并非完全不调整行政实体关系。这种分类只是突出相应原则调整的重点领域。

③ 这里论述的依法行政原则是广义的,相当于笔者在其他著作中使用的行政法治原则。狭义的依法行政原则仅指依法律的规定行政,只是行政法治原则的要求之一。

的实质是政府高于人民，人民服从政府，因为政府以治者居，人民被视为消极的被治者。

依法行政的基本含义是指政府的一切行政行为应依法而为，受法之拘束。德国行政法学者认为依法行政原则包括三项内容：(1) 法律创制，指法律对行政权的运作产生绝对有效的拘束力，行政权不可逾越法律而行为。(2) 法律优越，指法律位阶高于行政法规、行政规章和行政命令，一切行政法规、行政规章和行政命令皆不得与法律相抵触。(3) 法律保留，指宪法中关于人民基本权利限制等专属立法事项，必须由立法机关通过法律规定，行政机关不得代为规定，行政机关实施任何行政行为皆必须有法律授权，否则，其合法性将受到质疑。①

日本学者认为，依法行政在具体制度形式上体现为三项要求：(1) 建立议院内阁制、议会制的民主主义，通过国会对行政进行政治限制；(2) 在这一前提下，行政立法、行政处分和行政程序中，存在着立法优先的要求或者立法的统制问题；(3) 通过法院对行政进行司法方面的事后救济，而不限于行政监察之类的行政内部监督。②

在我国，依法行政原则主要包括下述要求：

首先，依法行政的“法”，包括宪法、法律、法规、规章。但在所有这些法的形式中，宪法的效力最高，法律的效力高于法规，法规的效力高于规章。在下位阶法的原则、内容与上位阶法发生冲突时，执法机关应适用上位阶法而不应适用与上位阶法相抵触的下位阶法。依法行政首先要求依宪法、法律行政，法规和规章只有符合宪法、法律的规定时，才能作为行政行为的依据。

其次，依法行政要求政府依法的明文规定行政。政府不严格按法律规定办事，不严格依法律规定行政，就不是法治政府。但是，依法行政不仅仅要求政府依法的明文规定行政，还要求政府依法的原理、原则行政。这是因为：其一，法律的具体规定是有限的，而法律调整的社会关系和社会事务是无限的。特别是现代社会，需要法律调整的社会关系和社会事务越来越广泛、越来越复杂，法律不可能对每一项社会关系和社会事务都作出明确、具体的规定。从而，法律不能不给政府的行政留下大量的自由裁量空间。对于自由裁量行为，依法行政对政府的要求是依据和遵守法的原理、原则，如公开、公正、公平、诚信、信赖保护、考虑

① 此观点出自德国行政法学者奥托·迈耶所著《德国行政法》一书，转引自陈新民：《行政法学总论》，三民书局1995年版，第54页。

② 〔日〕和田英夫：《现代行政法》，倪健民、潘世圣译，中国广播电视出版社1993年版，第27—28页。

相关因素和不考虑不相关因素等。[1] 其二，法律规定是受法的原理、原则支配的，法的原理、原则不仅指导立法，即指导法律的制定，而且也指导执法、司法，即指导法律的执行和法律争议的裁决。因此，政府实施行政行为，包括行政立法、行政执法、行政司法，都不仅要依据法的规定，而且要依据法的原理、原则。否则，如果行政只拘泥于法的文字，拘泥于法的具体规定，机械依法，其行为就可能背离法的目的，产生负面的社会效果。其三，法律规定适用于社会事实是需要解释的。在很多情况下，具体法律规定的含义并不是十分明确的和唯一的。在法律规定的含义不十分明确、人们对之存在多种理解的情况下，执法者如何确定相应法律规定在具体情境中的含义呢？这就必须依据法的原理、原则。否则，政府如果可以脱离法的原理、原则而随心所欲地解释法律，它就不再是法治政府而是专制政府了。

再次，依法行政要求政府依法律规定行政，而依法律规定行政又首先要求依行政管理法的规定行政。政府不严格按照行政管理法规定的范围、条件、标准和限度办事，自然谈不上依法行政。但是，依法行政不仅仅要求政府依行政管理法的规定行政，还要求政府依行政组织法和行政程序法的规定行政。行政组织法规定政府的职责、职权。政府违反行政组织法的规定就会越位(即政府内部越权)、错位(即政府外部越权)、缺位(即政府不作为)。行政程序法规定政府行为的方式、过程、步骤。政府违反行政组织法和行政程序法的规定就会导致专断和滥用权力。可见，依法行政既要求政府依法定行为规则行政，还要求依法定职权和依法定程序行政。

最后，依法行政要求政府对行政相对人依法实施管理和依法提供服务。因为“行政”的基本含义就是管理和服务，没有依法管理和依法服务自然谈不上依法行政。但是，依法行政不仅仅要求政府对行政相对人依法管理和服务，还要求政府自身守法，要求政府依法提供服务和依法接受监督。政府守法是法治政府的基本要求，因为法治首先是“依法治官”，依法规范政府和政府公职人员的行为，而不首先或仅仅是“依法治民”，只规范行政相对人的行为。至于政府依法提

[1] 第二次世界大战以前，人们讲“法治”，讲“依法行政”，其含义只是或基本上是指依法律规定行政，依法律规定办事，但第二次世界大战以后，各国均在法治和依法行政原则的内涵中增加了控制滥用自由裁量权的内容。因为第二次世界大战以后，随着社会经济的发展，国家行政事务日益繁多和复杂，一国法律无论如何完备、严密，均不可能对所有政府行为的范围、幅度、方式等都作出规定，法律为大量的政府行为留下了自由裁量的余地。此外，政府行为不同于司法行为，政府需要每日每时处理不断出现和发生的许多新情况、新问题，为了保障政府具有适应新情况和灵活作出反应的能力，法律亦需要赋予政府在行使其职权时较广泛的自由裁量权。由此可见，在现代社会，政府行为中自由裁量比重增加不仅有其必然性，而且有其必要性，但是自由裁量权也最易于滥用，导致对国家、社会利益和公民、法人、组织合法权益的损害。因此，对自由裁量权必须加以控制。那么，怎么控制行政自由裁量权呢？根据许多法治国家的经验，对政府行政自由裁量权控制的主要途径有二：一是法的目的、原则、精神，特别是法的基本原则；二是法律程序，特别是体现公开、公平、公正要求的正当法律程序。

供服务和依法接受监督，乃是政府依法行政的题中应有之义，因为行政意味着管理，而管理在法治社会则意味着服务；依法行政意味着依人民的意志和利益执行公务，而依人民的意志和利益执行公务则意味着接受人民通过各种方式和途径实施的监督。政府脱离人民的监督，其权力就必然被滥用，人民的意志就必然被践踏，人民的利益就必然被侵犯。

二、尊重和保障人权原则

尊重和保障人权原则既是宪法的基本原则，也是行政法的基本原则。作为法治政府，自然应该尊重和保障人权，切实维护行政相对人的合法权益，使之不受侵犯，而不能以自己的行为侵犯公民的人权，损害行政相对人的合法权益。

美国学者认为，人权并非政府赐予公民的礼物，人权先于政府而存在，政府有义务保护公民这些先在的权利。人权不受所有机关和所有政治权威的侵犯，不仅不受政府官员的侵犯，甚至也不受多数人、不受民选代表的侵犯，即使他们出于为公共谋福利的善良愿望亦如此。即使在战争期间，人权虽然可以受到限制，但也不能取消，法院仍保护人权。①

德国学者认为，基本权利保护原则是法治国家的最重要的原则，是其他宪法原则（保护公民尊严原则、民主原则、社会国家原则）的基础。这一原则要求全面保护公民的自由和财产。公民的基本权利以人的尊严为中心，主要包括自由权和平等权。自由权的主要内容有：人身自由、良心和信仰自由、婚姻和家庭自由、住宅不受侵犯、通信自由、集会自由、结社自由、科学研究自由、职业选择自由、经营自由、财产自由以及选举权、被选举权、担任公职权、受教育权、诉权等。平等权的主要内容有：禁止歧视，确保男女平等、担任公职机会均等、选举平等。②

我国《宪法》第 33 条确立了尊重和保障人权原则。在行政法领域，这一原则要求：

第一，行政主体及其工作人员在实施行政行为时，应充分尊重行政相对人的人格。这不仅要求行政主体及其工作人员遵守法的明文规定，不对相对人实施法律明文禁止的行为（如殴打、虐待或唆使、放纵他人实施殴打、虐待等侵害相对人身体的暴力行为），不对相对人实施精神折磨或其他侮辱人格的行为（如游街、示众、罚跪、罚站、辱骂、公布其隐私等），还要求行政主体及其工作人员在实施行政行为时文明和有礼貌地对待相对人，无论是依行政职权行为，还是应相对人申请为相对人办事，都不得让相对人“门难进、脸难看、话难听、事难办”。

---

① 参见〔美〕路易斯·亨金、阿尔伯特·J. 罗森塔尔编：《宪政与权利》，郑戈、赵晓力、强世功译，生活·读书·新知三联书店 1996 年版，第 3—12 页。

② 参见〔德〕哈特穆特·毛雷尔：《行政法学总论》，高家伟译，法律出版社 2000 年版，第 105—107 页。

第二，行政机关应积极履行职权，切实保障公民的各项基本自由，包括人身自由、言论自由、信仰自由以及出版、集会、结社、游行、示威等自由。非出于国家和社会公共利益的特别需要，不得限制公民的自由。即使国家和社会公共利益特别需要，其限制也不能超过“必要”的限度。

第三，行政主体及其工作人员在实施行政行为时不得侵犯公民的各项政治权利，包括选举权、被选举权、担任国家公职权、参与国家管理权，对国家机关及其工作人员的监督权、申诉权、控告权、检举权等。行政主体及其工作人员不仅不得自己侵犯公民的政治权利，在公民政治权利受到其他方面的侵犯时，还应依法采取措施予以排除。

第四，行政主体及其工作人员应注重保护行政相对人的财产权，包括财产的所有权、使用权和继承权。这种保护包括四方面的内容：其一，积极采取保护措施，防止行政相对人财产被侵犯。其二，自身在行使职权时，特别是在实施征收、征用等行政行为时，不得侵犯相对人的财产权。其三，如果其行政行为违法越权，侵犯了公民、法人或其他组织的财产权益，应依法承担赔偿责任。政府对其违法行为是否承担法律责任，是区别法治政府和专制政府的一个重要标志。专制政府是不受法律约束的政府，它需要法，只是用法来治理老百姓，它本身并不需要（或者说并不必须）遵守法，其行为违法越权，损害相对人权益，亦不需要承担法律责任。相对人的权益受到政府行为的侵害，得不到任何赔偿。法治政府则不同，政府是人民代表机关的执行机关，由人民代表机关产生并受其监督，因此，它必须遵守人民代表机关制定的法律，如其行为违法，侵犯了相对人的合法权益，就必须承担相应的法律责任，赔偿相对人的损失。其四，政府的合法行为，如政府依法实施的征收、征用行为，造成了相对人的财产损失，应对相对人的损失依法予以补偿。

三、越权无效原则

越权无效原则在行政法基本原则中有着非常重要的地位，英国行政法学权威韦德教授对之有很高的评价，他认为该原则是行政法的“核心原则”（central principle）。[①]

越权无效原则的基本含义是行政机关必须在法定权限范围内行为，一切超越法定权限的行为无效，不具有公定力、确定力、拘束力和执行力。各国行政法虽然都承认越权无效原则，但各国对“越权”的具体解释和具体适用范围却有广有窄：有的国家将越权仅解释为违反法律明确规定的职权。例如，在比利时，越权仅指行政机关的下述两种违法情形：(1) 行政机关作出某一种行政行为，侵越

① 参见 H. W. R. Wade, *Administrative Law*, Clarendon Press, 1989, p. 39。

了另一机关的事权范围;(2) 行政机关基于在时间上不再有或还没有的权力作出行政行为。前一种情形为事务越权,后一种情形为时间上越权。至于地域越权,即行政机关在自己管辖的地域范围以外实施行政行为,在比利时不称“越权”,而称“无管辖权”。[①]

日本行政法对越权的解释和适用越权无效原则的范围较宽。日本行政机关的权限存在下述四种限度,超出其一即为越权:(1) 事项上的限度(实质的限度),行政机关系统内上、下、左、右均不能越权,行使属于其他行政机关权限的事项;(2) 地域上的限度,行政机关不得超越其管辖地域范围行使职权;(3) 对人的限度,行政机关行使职权不能超出其权限涉及人的范围;(4) 形式上的限度,行政机关行使职权不能超出规定的行为的形式。[②]

英国行政法对越权的解释更广泛,适用范围更宽,几乎包括了所有的违法情形。英国学者认为,违法即越权,因为法律只授予了行政机关依法行使职权的权限,而没有授予其违法行事的权限。英国法院将行政机关行为的下述八种情形均列入越权的范畴:(1) 违反管辖条件(breach of jurisdictional conditions);(2) 违反明确的法定程序(failure to follow expressly prescribed procedure);(3) 不正当的委托(irregular delegation);(4) 不合理(unreasonableness);(5) 不相关的考虑(irrelevant consideration);(6) 不适当的动机(improper motive);(7) 违反自然正义(breach of natural justice);(8) 案卷表面错误(error on the face of the record)。第八种情形过去不包括在越权范围之内,但现在有逐渐为“越权”所涵盖的趋势。[③]

我国行政法对越权的解释较窄。《行政诉讼法》第 70 条规定了行政行为的六种违法情形,越权只是其中之一。行政行为的六种违法情形包括:(1) 主要证据不足;(2) 适用法律、法规错误;(3) 违反法定程序;(4) 超越职权;(5) 滥用职权;(6) 明显不当。其中,越权(超越职权)包括下述四种情形:

其一,无权限,即行政机关办理了应由行政相对人自行解决的,或者应由市场调节解决的,或者应由社会团体、组织自律解决的事项。此种情形称行政“错位”。

其二,级别越权,即下级行政机关行使了应由上级行政机关行使的职权,或者行政机关的内部机构行使了应由行政机关本身行使的职权,或者行政机关的工作人员行使了应由行政机关负责人行使的职权。此种情形称行政“越位”。

其三,事务越权,即主管甲事务的行政机关行使了主管乙事务的行政机关的职权,如公安机关行使了市场监管机关的职权,或者行政机关行使了立法机关、

---

① 参见胡建淼:《十国行政法——比较研究》,中国政法大学出版社 1993 年版,第 311 页。

② 〔日〕室井力主编:《日本现代行政法》,吴微译,中国政法大学出版社 1995 年版,第 279—280 页。

③ 参见姜明安主编:《外国行政法教程》,法律出版社 1993 年版,第 158—160 页。

司法机关的职权,如政府制定行政法规、规章规定了应由法律规定的事项,政府裁决了应由法院裁决的争议、纠纷。此种情形中前者可称行政“越位”,后者可称行政“错位”。

其四,地域越权,即甲地域的行政机关行使了乙地域的行政机关的职权,如北京市市场监督管理局处理了应由河北省市场监督管理局处理的相对人的行政违法行为。此种情形亦属“越位”。

根据越权无效原则,行政机关所有的越权行为都是无效的。但是,这种无效是广义的“无效”,包括狭义的无效和可撤销的行政行为。[①] 狭义的无效只适用于重大和明显的违法。[②]

四、信赖保护原则

随着现代法治文明的发展,信赖保护原则和比例原则在行政法基本原则中有了越来越重要的地位,其重要性甚至超过了越权无效原则。民法学家认为,民法上的诚信原则是民法中的“帝王条款”,是“君临全法域之基本原则”。[③] 那么,在行政法领域,信赖保护原则和比例原则似乎也越来越有成为本领域“帝王条款”和“君临全法域之基本原则”的趋势。

信赖保护原则[④]的基本含义是政府对自己作出的行为(主要指对行政相对人的授益行为)或承诺应守信用,不得随意变更,不得反复无常。德国学者认为,信赖保护原则部分源自在法治国家原则中得到确认的法律安定性,部分源自诚实信用原则,学理上还源自社会国家原则。其中最具有说服力的当属法的安定性,它是行政行为法律效果不受瑕疵影响而保持存续力的根据。他们认为,信赖保护原则在实践中可能与依法行政原则发生冲突。在二者发生冲突时,应优先

---

① 关于狭义的无效和可撤销的区别,可参阅本书第十四章“具体行政行为”。

② 《行政诉讼法》第75条规定,行政行为有实施主体不具有行政主体资格或者没有依据等重大且明显违法情形,原告申请确认行政行为无效的,人民法院判决确认无效。

③ 参见史尚宽:《民法总论》,正大印书馆1980年版,第300页。

④ 在英美普通法国家,信赖保护原则的另一种表述是“禁止反言”(estoppel,也译为“不准翻供”)。estoppel的基本含义是,一个人提出或陈述了某种事实或意见后,别人以他提出或陈述的事实或意见为依据作出了某种对他不利的行为,他不能再否认或收回原已提出或陈述的事实或意见,即使这种事实或意见有误或不真实。estoppel过去在普通法上是一项刑诉法原则,适用于被告对其犯罪事实的陈述。后来行政法引入这一原则并赋予其这样的含义:行政机关一经作出某种行为,特别是赋予相对人一定权益的行为,其后不得任意变更,即使这种行为违法和对行政机关造成了某种不利。当然,estoppel的适用不是绝对的,行政机关对于自己完全无权限或严重违法、越权作出的行为,对于严重损害社会公共利益的行为,事后是可以和应该撤销或变更的,但对这种撤销或变更给无过错的相对人造成的损失应给予赔偿或补偿。另外,行政机关因法律和政策的变化(法律和政策一般不溯及既往,但国家、社会公共利益特别需要时可例外)也可以撤销或变更原已作出的行为,同样,它应给因此对特定相对人造成的特别损失给予补偿。

适用哪一原则，须进行利益衡量，具体情况具体对待。①

信赖保护原则的要求主要有四：

其一，行政行为（主要指对行政相对人的授益行为）一经作出，非有法定事由和经法定程序不得随意撤销、废止或改变，此源于行政行为的确定力和公定力。

其二，行政机关对行政相对人作出授益行政行为后，即使事后发现有违法情形，只要这种违法情形不是因相对人过错（行贿或提供虚假资料、信息等）造成的，行政机关亦不得轻易撤销或改变，除非不撤销或改变此种违法行政行为会严重损害国家、社会公共利益。

其三，行政行为作出后，如事后据以作出该行政行为的法律、法规、规章修改或废止，或者据以作出该行政行为的客观情况发生重大变化，为了公共利益的需要，行政机关可以撤回、废止或改变已经作出的行政行为。但是行政机关在作出撤回、废止或改变已经作出的行政行为的决定前，应进行利益衡量。只有通过利益衡量，认定撤回、废止或改变已经作出的行政行为所获得的利益确实大于行政相对人将因此损失的利益时，才能撤回、废止或改变相应行政行为。

其四，行政机关撤销或改变其违法作出的行政行为，如这种违法情形不是因相对人过错造成的，要对相对人因此受到的损失予以赔偿。行政机关因公共利益的需要撤回、废止或改变其合法作出的行政行为，如这种撤回、废止或改变导致相对人损失，则要对相对人的损失予以补偿。

五、比例原则

比例原则的基本含义是行政机关实施行政行为应兼顾行政目标的实现和保护相对人的权益，如为实现行政目标可能对相对人权益造成某种不利影响时，应将这种不利影响限制在尽可能小的范围和限度内，保持二者处于适当的比例。有些国家将此基本原则以法律明定。例如，《荷兰行政法通则》第 3 章第 4 条规定："某个（行政）命令对一个或更多的利害关系人产生不利后果，这不利后果须与命令的目的相当。"《葡萄牙行政程序法典》第 5 条规定："行政当局的决定与私人权利或受法律保护的利益有冲突时，仅可在对拟达至的目标系属适当及适度的情况下，才能损害这些权利或利益。"②

比例原则有广义和狭义之分。广义比例原则主要有三项要求，即包括三项次级原则：

其一，适当性原则。行政机关拟实施行政行为，特别是实施对行政相对人权

---

① 参见〔德〕哈特穆特·毛雷尔：《行政法学总论》，高家伟译，法律出版社 2000 年版，第 277—278 页。

② 参见应松年主编：《外国行政程序法汇编》，中国法制出版社 1999 年版，第 383、331 页。

益不利的行政行为时，只有认定该行为有助于达到相应行政目的或目标时，才能实施。如果该行为无助于相应行政目的或目标的实现，行政机关则应终止相应行政行为的实施或选择另外的行政行为方案。

其二，必要性原则。行政机关拟实施行政行为，必须在多种方案、多种手段中进行选择，择其对行政相对人权益损害最小的方案、手段实施。这种对行政相对人权益最小的损害对于相应行政目的或目标的实现是必要的，故称“必要性原则”，或称“最小损害原则”。

其三，均衡性原则。行政机关拟实施行政行为，必须先进行利益衡量，只有通过利益衡量，确认实施该行政行为不仅对于实现相应行政目的、目标是适当和必要的，而且可能取得的利益大于可能损害的利益，收益大于成本，才应实施。

狭义的比例原则即均衡性原则。行政机关实施行政行为，其目的和手段必须对称和相适应，即合乎比例的方式和手段。行政机关不得采取超过目的需要的过度的措施，不能“杀鸡用牛刀”“高射炮打蚊子”，应尽可能使行政相对人的损失减少到最低限度。[①]

第三节　行政法的程序性基本原则

一、正当法律程序原则

正当法律程序（简称“正当程序”）原则也有广义和狭义之分。广义的正当程序原则指整个行政法的程序性基本原则，包括本节后面要阐述的行政公正、公开、公平原则，也包括本书第十八章专门研究行政程序制度时所要阐释的行政程序具体原则（非基本原则）；狭义的正当程序原则仅相当于英国行政法中的“自然正义”（natural justice）[②]和美国行政法中的“正当法律程序”（due process of law）[③]原则。

在西方国家，对行政行为特别要求程序公正，因此，正当程序原则是它们的行政法的重要基本原则。正当程序原则的基本含义是行政机关作出影响行政相对人权益的行政行为，必须遵循正当法律程序，包括事先告知相对人，向相对人

---

① 关于比例原则，可参阅〔德〕哈特穆特·毛雷尔：《行政法学总论》，高家伟译，法律出版社2000年版，第106—107页；陈新民：《行政法学总论》，三民书局2000年版，第80—85页。

② 关于natural justice，王名扬教授在其所著《英国行政法》一书中有详尽的阐释，可参阅王名扬：《英国行政法》，中国政法大学出版社1987年版，第151—160页。

③ “正当法律程序”（due process of law）原则为美国宪法第五修正案和第十四修正案所规定。关于due process of law，王名扬教授在其所著《美国行政法》一书中有详尽的阐释，可参阅王名扬：《美国行政法》，中国法制出版社1995年版，第382—414页。

说明行为的根据、理由,听取相对人的陈述、申辩,事后为相对人提供相应的救济途径等。正当程序原则起源于英国古老的自然正义原则,该原则已存在三个世纪,它包含两条基本规则:(1) 任何人不应成为自己案件的法官。根据这一规则,行政机关实施任何行政行为,参与行为的官员如果与该行为有利害关系,或被认为有成见或偏见,即应回避,否则,该行为无效。(2) 任何人在受到惩罚或其他不利处分前,应为之提供公正的听证或其他听取其意见的机会。根据正当程序规则,公民在财产被征用、申请许可证照被拒绝,或受到吊销证照、罚款、开除公职等处罚或纪律制裁等不利处分前,行政机关均应事前给予其通知,告知处分根据、理由,听取其申辩意见。否则该处分将被司法审查确认无效。正当程序原则后来在美国宪法修正案中以成文法确定:任何人未经正当法律程序不得剥夺其生命、自由或财产。开始,这一宪法条款适用范围较窄,之后,特别是自20世纪以来,随着对生命、自由、财产的宽泛解释,这一条款适用的范围越来越广泛,甚至包括公民领取抚恤金、救济金和政府大量的福利行为,这些抚恤、救济等福利行为也被认为与公民的生命、自由、财产有关,因此政府拒绝提供或取消继续提供福利行为亦要适用正当法律程序,如通知、说明理由、听取意见或举行听证等。

20世纪中期以后,随着各国行政程序立法的发展,正当程序原则在世界许多国家得到确立和广泛适用。许多欧洲大陆法系国家(如德国、葡萄牙、西班牙、荷兰等),许多亚洲国家和地区(如日本、韩国以及我国台湾地区、澳门地区等)都纷纷进行行政程序立法,通过立法确立正当程序原则为行政法的基本原则。

本节所阐述的"正当法律程序原则"为狭义的正当程序原则,其要求主要有下述三项:

其一,自己不做自己的法官。所谓"自己不做自己的法官",就是行政机关及其工作人员处理涉及与自己有利害关系的事务或裁决与自己有利害关系的争议时,应主动回避或应当事人的申请回避。在西方国家,"自己不做自己的法官"是正当程序原则的首要要求,根据这一要求,不仅行政官员在处理有关事务或裁决有关纠纷时,如涉及其本身或亲属利益要予以回避,而且行政机关还应设置相对独立的机构(如行政裁判所、行政法官等)裁决涉及行政管理的有关争议。行政机关处理行政相对人的违法行为,进行调查和提出指控的机构不能直接作出处理裁决,而要提请与之有相对独立性的机构裁决。否则,亦构成行政违法,违反"自己不做自己的法官"的公正原则。我国《公务员法》明确规定了回避原则。[①]虽然没有"自己不做自己法官"的表述,但其精神和要求是相同的。另外,《行政

① 参见《公务员法》第74—76条。

处罚法》规定，行政处罚的听证由行政机关指定的非本案调查人员主持，行政复议和行政诉讼更是由实施相应行政行为以外的机关处理行政争议，避免行为机关“自己做自己的法官”，所体现的即是正当法律程序原则。

其二，说明理由。行政机关作出任何行政行为，特别是作出对行政相对人不利的行政行为，除非有法定保密的要求，都必须说明理由。对于抽象行政行为，如行政法规和规章，应通过政府公报或其他公开出版的刊物说明理由；对于具体行政行为，应通过法律文书(或口头)直接向行政行为的相对人说明理由。我国《行政处罚法》《行政许可法》等法律、法规均明确规定了行政行为说明理由的要求。[①]

其三，听取陈述和申辩。行政机关作出任何行政行为，特别是作出对行政相对人不利的行政行为，必须听取相对人的陈述和申辩。行政机关作出严重影响行政相对人合法权益的行政行为，还应依相对人的申请或依法主动举行听证，通过相对人与执法人员当庭质证、辩论，审查行政机关据以作出行政行为的事实、证据的真实性、相关性与合法性。我国《行政处罚法》《行政许可法》等法律、法规均明确规定了行政机关作出相应行政行为应听取相对人陈述和申辩以及听证的要求。[②]

二、行政公开原则

行政公开原则是20世纪中叶以后迅速发展和推广开的一项行政法基本原则。它的基本含义是：政府行为除依法应保密的以外，应一律公开进行；行政法规、规章、行政政策以及行政机关作出影响行政相对人权利、义务的行为的标准、条件、程序应依法公布，让相对人依法查阅、复制；有关行政会议、会议决议、决定以及行政机关及其工作人员的活动情况应允许新闻媒体依法采访、报道和评论。

第二次世界大战以后，人类从法西斯统治的教训中认识到社会公众、新闻媒体等对政府行为监督的极端重要性，提出了“政府公开”“行政公开”“情报自由”“政府在阳光下”“提高政府行为透明度”等口号，并陆续制定了各种相应的法律、法规，如行政程序法、政府信息公开法、新闻自由法、政府会议公开法、行政规章公布法、信息自由法、电子数据法、电子信息自由法、阳光下的政府法，等等。

中华人民共和国成立以来，我们的党和政府一直比较重视让人民群众知政、参政和监督政府机关及其工作人员，历部宪法都规定政府要经常保持同人民群众的联系，倾听人民群众的意见，接受人民群众的监督。但是由于长期以来没有建立具体、完善的行政公开制度和对政府行为的广泛舆论监督制度，因此，即便

---

① 参见《行政处罚法》第44条、《行政许可法》第38条。

② 参见《行政处罚法》第45条、第63—65条；《行政许可法》第36条、第46—48条。

我们有很好的国体和政体，也难以有效地防止政府权力滥用和政府官员的腐败现象。

为了促进政府机关及其工作人员的勤政、廉政，防止政府权力的滥用，保护行政相对人的合法权益，在我国行政管理领域认真落实行政公开原则是非常必要的。行政公开原则的要求主要有下述四项：

其一，行政立法和行政政策公开。这一要求主要包括两个方面的内容：第一，制定行政法规、规章、政策的活动应公开。法规、规章、政策制定之前应广泛征求和充分听取相对人的意见，重要法规、规章、政策的草案应在正式制定之前予以全文公布（或公布要点），允许相对人提出异议，必要时还应举行有利害关系人参加的听证会，行政机关对有关问题的背景情况应予以说明、解释，答复相对人提出的询问、质疑等。第二，行政法规、规章应一律在政府公报或其他公开刊物上公布，行政政策除依法应予以保密的内容外，也应通过一定的形式予以公布。除此之外，对于特别涉及行政相对人权益的有关行政法规、规章、政策，政府还应印制成单行本，供公众购买。[①]

其二，行政执法行为公开。这一要求主要包括三个方面的内容：第一，执法行为的标准、条件公开。行政机关实施涉及行政相对人权益的行为（如批准、许可、征收、发放、免除等），对行为的标准、条件应一律公开（如张贴于办公地点），让所有公众知晓。第二，执法行为的程序、手续公开。行政机关实施行政执法行为，其执法程序、手续（如申请、审批、鉴定、报送有关材料等）均应通过公开文件发布或在办公场所张贴等，使相对人事前了解。第三，某些涉及相对人重大权益的行政执法行为（如涉及人身权或重大财产权的行政处罚），应采取公开形式（如举行听证会）进行，允许一般公众旁听，甚至允许新闻记者采访、报道。[②]

其三，行政裁决和行政复议行为公开。行政裁决是指行政机关裁决作为行政相对人的个人、组织相互之间所发生的特定民事争议，如土地、森林、矿产资源等所有权、使用权的权属争议，有关民事赔偿争议、知识产权争议等。行政复议是指行政复议机关审查、裁决作为行政相对人的个人、组织不服作为行政主体的行政机关或法律、法规授权组织具体行政行为的行政争议，如有关行政处罚、行政强制措施、发放许可证照等的争议。行政机关无论是实施行政裁决行为还是行政复议行为，其裁决、复议的依据、标准、程序应予以公开，让当事人事先知晓。至于裁决、复议的形式，依法可书面进行；必要时亦可举行正式听证会，公开进行。对于作为裁决、复议结果的裁决书、复议决定书，除了应送达当事人双方、让其知晓外，其他个人、组织亦应允许其依法查阅，并可在保证个人隐私和商业秘

---

① 这些要求已经在我国《立法法》《行政法规制定程序条例》《规章制定程序条例》中规定。

② 这些要求已经在我国《行政处罚法》《行政许可法》中规定。

密得到保护的前提下在网上公开。[①]

其四,行政信息公开。行政公开原则除了上述三项要求外,另外一项重要要求就是新闻媒体和网络依法对有关行政信息的公开发布。行政机关制定的法规、规章、政策,作出的行政决议、决定,发布的行政命令、指示,实施的行政执法、行政裁决行为,除法律、法规明确规定应予保密的以外,均应允许新闻媒体和网络予以发布。另外,对于行政机关及其工作人员遵纪守法、廉政、勤政的情况,也应允许新闻媒体在真实、准确的前提下予以公开报道。许多外国的经验和我国自己的经验都表明,新闻舆论和网络监督对于保障政府机关及其工作人员依法行政、防止滥用权力和腐败是非常有效的武器。[②]

三、行政公正原则

行政公正原则是行政法的另一基本原则。它的基本精神是要求行政主体及其工作人员办事公道,不徇私情,平等对待不同身份、民族、性别和不同宗教信仰的行政相对人。而实现这种要求的重要保障则是公正的行政程序。

行政主体及其工作人员是人民的公仆,其行政权力是人民赋予的。因此,他们必须运用这种权力为人民服务,而不能利用此种权力为自身或与之有某种关系的个人、组织牟取私利。行政公正原则包括实体公正和程序公正两个方面的要求,因此,该原则既是行政法的程序性基本原则,也是行政法的实体性基本原则。这一原则对实体公正的要求主要包括:依法办事,不偏私;合理考虑相关因素,不专断。对程序公正的要求主要包括:自己不做自己的法官;不单方接触;不在事先未通知和听取相对人陈述、申辩意见的情况下作出对相对人不利的行政行为。自己不做自己的法官、听取相对人陈述、申辩,既是行政公正原则的要求,也是前述正当程序原则的要求。

其一,依法办事,不偏私。严格遵守法律规定、依法办事虽然是依法行政原则的要求,但同时也是行政公正原则的要求。因为法律不是确定某一个人的特殊利益,不是针对某一个人或某几个人的,而是针对人们整体,确定人们整体利益的。法律是一视同仁的,行政机关如果离开法律办事,就可能因感情或其他因素而不一视同仁,就可能同样情况不同对待,不同情况相同对待,从而出现不公正。

不公正可以表现为明显的违法,但很多情况下则可能为形式合法的外衣所包裹。例如,行政机关实施行政许可行为,申请许可且符合法定许可条件的相对

---

① 这些要求已经在我国《行政复议法》等法律、法规中规定。

② 国务院于2007年1月17日第165次常务会议通过《政府信息公开条例》(该条例已于2019年修订),此前,广州市、上海市等地方政府已经制定了地方性的政府信息公开办法,全国人大常委会也已将《政务信息公开法》列入了五年立法规划。

人有多个，而可许可的限额仅有一个或较少。行政机关无论给予其中哪一位或哪几位申请人许可，均是合法的。在这种情况下，行政机关如果办事公道，则应根据许可申请人的有关情况（如技术、资金、人员素质、申请先后顺序[①]等）和对政策、社会公共利益的考虑等因素（这些具体标准和考虑因素应事先公布）来决定批准许可的人选。如果不是这样，行政机关工作人员凭申请人与自己的关系或申请人是否给予自己某种好处或给予好处的多少来决定许可人选，这种许可行为在表面上虽然是合法的，但实质上却是不公正的。

其二，合理考虑相关因素，不专断。行政公正原则首先要求不偏私，即行政主体实施行政行为不考虑不相关的因素。其次，行政公正原则还要求行政主体实施行政行为合理考虑相关因素，不专断。所谓“相关因素”，包括法律、法规规定的条件、政策的要求、社会公正的准则、相对人的个人情况、行为可能产生的正面或负面效果，等等。[②] 所谓“专断”，就是不考虑应考虑的相关因素，凭自己的主观认识、推理、判断，任意地、武断地作出决定和实施行政行为。例如，行政机关对一起殴打他人致轻微伤害的违反治安管理行为进行处罚，首先要考虑当事人的行为是否符合治安管理处罚规定的条件——是否为一方“殴打”另一方，是否造成了另一方的“轻微伤害”；其次要考虑殴打行为发生的原因，造成轻微伤害的程度；再次还要适当考虑双方当事人的平时表现（如打人者是否为屡教不改的流氓，被打者是否为老实守法的公民，或者被打者是否为民愤很大的地痞，打人者是否为屡受其侵犯的公民）等；最后才能公正地决定对实施了殴打行为的人给予何种处罚。行政机关依法对行为人给予法定范围内的任何处罚都是合法的，但是却不一定公正。行政机关只有在合理地考虑了各种相关因素（行为时间、地点、目的、动机、后果等）的基础上确定处罚种类和处罚幅度，才可能是公正的。

其三，自己不做自己的法官。这一要求已在前面的“正当法律程序原则”部分予以阐释，这里不再赘述。

其四，不单方接触。这一要求是指行政机关就某一行政事项同时对两个或两个以上相对人作出行政决定或行政裁决，不能在一方当事人不在场的情况下单独与另一方当事人接触（包括接受一方当事人的宴请，在家接待一方当事人的求见等）和听取其陈述，接受其证据。为保证公正，有些行政行为必须通过招标、拍卖等完全公开、各方当事人均在场的程序实施。[③] 不单方接触也包括行政处罚裁决机构或听证主持人在就相对人违法行为作出处罚决定的过程中，不能在被处罚人不在场的情况下，单独与调查违法行为和提出指控的行政机构或工作

① 参见《行政许可法》第57条。

② 参见《行政处罚法》第54—62条。

③ 参见《行政许可法》第53、54条。

人员私下商量、交换意见和讨论处罚内容。不单方接触制度有利于防止行政腐败和偏见,防止行政机关对一方当事人偏听偏信而损害另一方当事人的权益。很显然,不单方接触对于保障行政公正原则的实现是非常重要的。

其五,不在事先未通知和听取相对人陈述、申辩意见的情况下作出对相对人不利的行政行为。这一要求与前述正当法律程序原则中的说明理由和听取陈述、申辩的要求是基本相同的,它是实现行政公正的重要保障。行政主体在作出对相对人不利的行政行为(如行政处罚,要求相对人履行某种特别义务等)前,必须事先通知相对人,听取相对人对有关事实、理由的陈述、解释或申辩(紧急情况下和法律规定的有关特殊情况除外)。行政主体之所以在行为前要通知相对人,是为了使相对人对相应行为有所了解、认识和理解,以为自觉履行相应行为为之确定的义务进行必要的准备。如行政主体责令相对人拆迁房屋,必须使相对人事先对拆迁的理由(如国家某项公共建设的需要,或该房屋属违章建筑,应予拆除等)有所了解,并认识到拆迁的必要性,从而自觉做好相应的拆迁准备工作。否则,当即通知当即强行拆迁,就会造成很多不必要的损害,导致对相对人的不公正。行政主体之所以在行为前要听取相对人的陈述、解释、申辩,主要是为了防止和克服行政行为的片面性和可能的差错,尽量避免冤假错案。

四、行政公平原则

行政公平原则与行政公正原则既有联系,也有区别。没有公平,就没有公正;实现了公正,就必然能保障公平。这是二者的联系所在。但是,公平主要是指平等对待,是相对于歧视而言,而公正主要是指公道正派,是相对于偏私而言,这是二者的区别所在。

行政公平是民主国家的要求。民主国家意味着国家是全体人民的,因此,全体人民在自己的国家内应享有同等的权利和同等的机会,行政主体应平等地对待任何相对人,不能厚此薄彼,不能凭某种关系或自己的好恶赋予某些人以特别的权利,课予某些人以特别的义务。因此,行政公平原则的基本要求就是平等对待相对人,不歧视。

平等对待相对人、不歧视是公民在"法律面前一律平等"的宪法原则[①]在行政法领域的具体体现。行政机关实施行政行为,无论是抽象行为还是具体行为,无论是授予权益行为还是要求履行义务行为,无论是赋予某种资格的行为还是科处某种处罚的行为,都必须依法平等地对待任何相对人,不能因相对人的身份、民族、性别、宗教信仰等的不同而给予其不平等的待遇。[②] 例如,行政机关通

① 参见《宪法》第 33 条。

② 《行政许可法》第 5 条规定,符合法定条件、标准的,申请人有依法取得行政许可的平等权利,行政机关不得歧视任何人。该法第 4 章又规定了一系列程序保证这一原则的切实执行和实现。

过考试、考核录用公务员,应以统一考试、考核成绩决定对考生的取舍,而不应对非农民出身的考生和农民出身的考生、汉族出身的考生和少数民族出身的考生、男性考生和女性考生、不信仰宗教的考生和信仰宗教的考生规定不同的录取线或其他录取条件。行政机关在实施行政行为时因身份、民族、性别、宗教信仰等而歧视对待社会上一部分处于弱势或处于少数地位或处于某种不利情形的相对人是与公正原则相违背的。根据公正原则,对少数民族、女性或社会上处于弱势地位的人(如残疾人等)不仅不应予以歧视,还应根据实际与可能,适当地对他(她)们予以优待和照顾。

当然,平等不是绝对的,行政行为也不可能绝对地、无条件地对相对人一律平等。就公职录用行为来说,有些职位必须对录用对象的性别、身高、视力等规定特别的条件,这些特别条件只要是相应职位工作的需要,就并不构成歧视。歧视是设定与相应职位工作需要无关的不合理的条件。

行政法的各项基本原则在总体上是一致的,但在具体场合、具体问题上,有时也会发生冲突和矛盾,例如,依法行政原则与信赖保护原则,比例原则与公正、公平原则,尊重、保障人权(如隐私权)原则与公开原则,等等,在具体场合、具体问题上,都可能会发生某些冲突和矛盾。因此,我们在运用行政法的基本原则处理具体问题时,一定要把行政法的所有基本原则当作一个整体来考虑,对各种目标和利益进行权衡、协调,以求得一个合理的和适当的平衡点。当然,对于不同的目标和利益,要分清哪些是根本性的、目的性的,哪些是非根本性的和非目的性的。例如,保障公民权益、增进人民的幸福与提高行政效率相比,前者具有根本性、目的性,后者则具有手段性——提高行政效率是为了更好地实现人民的权益和增进人民的幸福,如果忘记了人民的权益和幸福,把行政管理效率当作目的,为提高效率而提高效率,那么就有可能效率越高,对人民权益的损害越大。当然,我们也不能只讲公民局部的、暂时的权益保护而不讲依法行政。没有依法行政,经济不能发展,国家不能富强,人民的权利、自由和幸福也就无法实现。因此,我们对于行政法的各项基本原则,一定要全面加以适用,行政主体在实施各种行政行为时,要善于合理地、适当地协调不同的目标和利益,使各种行政关系得到最佳调整,使国家、社会的公益和个人、组织的私益得到较好的兼顾。

五、智能、高效、便民原则

这一原则是基于现代信息化社会需要而形成的一项最新的行政法基本原则。它由智能、高效、便民三项互相联系、内容互有交叉的子原则构成。

其一,智能原则。该原则要求行政机关在行政管理和提供公共服务的过程中,推进电子政务,通过互联网、大数据、人工智能等手段提高行政行为的质量和效率。

其二，高效原则。 该原则要求行政机关推进简政放权，办事应遵守法定时限，减少不必要的手续和环节，并运用信息化、数字化、智能化的手段提高办事效率。

其三，便民原则。 该原则要求行政机关及其工作人员实施一切行政行为以人民为中心，以方便群众为宗旨，建立诸如“一个窗口对外”“让数据多跑路，让群众少跑腿”“最多跑一次”等各种便民制度，减少行政机关的相互推诿和相互扯皮，增加人民群众的获得感。

第四章　数字行政法和应急行政法

21世纪,人类日益进入信息化时代,随着互联网、大数据和人工智能等高科技的迅猛发展,行政法越来越呈现数字化的趋势。21世纪,人类日益进入风险社会,随着"非典"(重症急性呼吸综合征,英语缩写为SARS)、"埃博拉"(Ebola virus)、"新冠肺炎"(Corona virus disease 2019)等严重威胁人类生命健康的疫情肆虐,以及地震、海啸、雾霾、沙尘暴和严重旱涝灾害日益多发、频发,行政法中应对各种紧急状态和突发事件的规范在整个行政法中的比例越来越大。据此,本书从第八版起新增加一章,专门阐释"数字行政法"和"应急行政法"的诸多理论和实践问题。

第一节　数字行政法

一、数字行政法概述[①]

现代数字技术的广泛应用,使社会关系的形成方式和法律的信息基础及其时空单位发生着前所未有的重大改变,行政法也处于这一变革过程之中。数字行政法,是指把现代数字技术在公共行政中应用所产生的社会关系或者社会事实,作为设立或者改变行政法上权利义务主要依据的制度体系。现代数字技术的应用影响行政法权利义务的方式有两种。第一是对既有权利义务利益内涵的扩展和延伸,包括提高既有权利行使的便利性,使公众因降低权利行使的成本而获益。例如企业可以全时在智能政务服务中获得电子营业证照副本,不再受发放证照的实体行政机构办公地点和办公时间的限制。第二是形成新的权利义务。其具体方式既可以是对相关算法及其应用规则的事前准许,也可以是对在数字技术应用过程中出现的新型权利的制度化处理。

数字行政法是在特定条件下逐步达至体系化进程的。第一,数字技术的应

---

① 中共中央和国务院在《法治政府建设实施纲要(2021—2025年)》(2021年)中首次正式提出全面建设数字法治政府。国务院在《关于加强数字政府建设的指导意见》(2022年)中对全面建设数字法治政府的任务和内容进行了拓展和深化,提出"推动形成国家法律和党内法规相辅相成的格局,全面建设数字法治政府,依法依规推进技术应用、流程优化和制度创新,消除技术歧视,保障个人隐私,维护市场主体和人民群众利益"。中共中央、国务院在《数字中国建设整体布局规划》(2023年)中提出了"数字政务"的概念,并要求推进数字技术与经济、政治、文化、社会、生态文明建设的深度融合。上述文件为数字行政法的发展提供了重要依据,也是本节设置行政法学知识点和进行理论阐释的基础。

用产生了新的公共行政价值并足以支撑若干法律权利的设立，而不限于提高公共行政组织履职的效能；第二，数字技术的应用对既有行政法的影响程度达到足以产生领域性、系统性或者关键性规范革新的水平，而不限于对行政效能的法律保障；第三，数字社会、数字经济和数字政务的发展达到一定的充分水平，如果数字经济、数字社会和数字政务的发展程度低下，就不可能对数字行政法产生系统性的需求。

数字行政规则大多是在数字技术和数据资源与行政职能业务的融合中形成的，因此数字行政法规范的产生与数字政府的建设往往并体进行。我国数字政府体系框架的主要内容是政府履职能力、安全保障、制度规则、数据资源、平台支撑等方面。数字技术的融合对象是法治化、廉洁性和服务型的政府及其法定职能。我国数字政府的建设目标是赋予政府以整体协同、敏捷高效、智能精准、开放透明和公平普惠的数字化新属性。

根据数字技术迭代迅速和应用多样的特点，数字行政法的形成将是一个回应型和渐进式的制度构建和成长过程。在与现行法律的关系上，公共部门对数字技术的利用应当在符合现行法律法规的前提下进行。按照依法行政的原则，在引入数字技术的政府组织和政府活动领域，应当实行法律优先于技术效能的原则。同时，根据技术创新和制度创新一体推进的双轮驱动原则，数字法治将在数字技术的应用过程中形成。这就是说，现行法律保护的合法权益不得因公共部门的数字化受到减损或者消灭；对于增加或者提高公共价值和权利水平的数字化措施，应当进行法律上的权利创设和制度创新，并设立制度解决数字鸿沟和数字歧视带来的数字不公正问题。

数字行政法规范具有下述结构性特征：第一，它是人的社会行为规范与数字技术规范的结合。融合于公共行政业务的数字技术标准具有极大的规范作用，在这一意义上代码也被认为具有规范的功能。第二，它是硬法规范与软法规范的共存。硬法将在数字行政法中继续保持规范作用，尤其是在维护行政秩序、保护公民权利和行政程序方面。同时软法的作用也将日益突显，尤其是反映数字技术应用场景的技术工作指南、行政工作手册或者政策指导文件都有规范属性。这一点反映了当代行政法的重要特征，即大量的行为规则是以行政规则或者政策文件的形式出现，传统法律的作用越来越集中于向行政授权的政治过程和对行政规则应用过程的法律评价，在数字行政法中这一特征将更加明显。

二、数字行政主体

数字行政主体是数字行政法的基本制度，主要内容是政府的数字行政能力和数字法律能力。数字行政能力方面的建构，主要是根据数字政府建设的各项规则，统筹进行政务、技术和数据的“三融合”；数字法律能力的形成，主要是进行整体化行政组织的制度建设。

整体化是数字行政主体的基本法律特征，协同原则是整体化过程中处理行政组织跨界关系的基本准则。“整体化行政”是指在政府履职运行中，以跨层级、跨地域、跨系统、跨部门、跨业务的整体方式，通过数字虚拟行政过程向社会公众提供统一的数字化政务管理和公共服务的组织方式。根据整体协同原则，行政组织的整体化履职通过行政组织之间的协同合作方式实现。

整体化的制度构建在三个方面进行，即根据协同原则确定相关行政组织之间的行政协助义务和工作程序，依据工作量和财务能力提供财务保障并进行补偿平衡，协作履职的争议解决和法律责任。在整体化行政组织的初期构建过程中，既有行政组织尚不需要进行体系性的大幅度增减，更多的是进行某些工作业务内容的调整和运用协作方式履行法定职能。

数字化的整体型政府是数字技术与行政业务融合的结果，该政府的组织也是技术组织与行政组织的融合。这种新型政府组织的法律形式，不仅是政府运行的技术工作平台，而且也是整体型政府正确决策的条件和确定其法律责任的重要依据。尽管在工作实践中出现了多样化的组织形式，政企协议、国有企业、事业单位等成为选项，但是在法律上均坚持非营利性为基本取向。

三、数字行政过程

行政过程是指行政机构履职的决策、执行、监督过程。

在行政决策方面，目前对应用数字技术实行辅助决策原则，数字化处理不能直接发生法律效果，不能直接形成、变更或者消灭行政法上的权利义务。这种辅助性决策的运用是有条件的。在当事人同意授权、放弃权利以及其他法定条件下，基于数字技术的智能化决策可以产生直接法律效果及数字行政法律责任。数字技术可以应用于行政决策过程中的多个方面，包括动态监测、统计分析、趋势研判、效果评估、风险防控以及其他场景。数字技术的可应用能力与法律上允许的应用场景并不一定总是一致的。数字技术在行政决策场景中的应用应当以符合法律和社会伦理的要求为前提条件，尤其是在实施对人的行为的监测及其孪生项目方面必须严格执行有关禁止性和许可性规定。

对行政决策的执行及对执行的监督方面，如果数字技术的应用符合相关法律规定和技术标准，应用场景合规并排除违规的干预与操作，那么数字技术的应用措施就具有合法有效性。行政执行的常见场景，包括基于信息支持和智能化处理措施的事实认定、执行条件、执行对象、执行效果等；行政监督的常见场景包括信息公开、事实复原和实证性评价等。利用现代数字技术提高行政执行和行政监督能力的措施，不得损害现行法律所保护的合法权益。在应用数字技术实施行政执行的过程中，如果因利用数字技术产生了新的正向公共价值并可能形成新的权利，应当通过立法程序进行确认或者进行其他的制度化处理。

四、数据行政资源

数据不但是一种重要的行政资源，而且其作为行政法治要素的客观需求和必要性正在增长。数据是数字政府及其实现智能化的基础资源，是政府进行决策、执行和监督的客观依据，也是行政法律正义的信息基础。行政法上权利义务分配的正当性，在很大程度上取决于数据的支撑能力。为激活和保障数据资源的价值和作用，应当在公共数据的取得、流通和利用等方面提供充分的法治保障。作为行政资源的数据统称为公共数据，包括政务数据和其他公共数据，其他公共数据大多产生于公共服务部门运行的过程中。

为适应整体化数字政府履职需求，我国实行政务数据的一体化和对政务数据、公共数据和社会数据的统筹管理，将建立全国标准统一、动态管理的政务数据目录，实现数据资源清单化管理。政务大数据的全国一体化实行协同管理的原则，这为公共数据的数据权属和管理职责提供了前提，数据的管理责任包括数据的归集、共享、开放、应用、安全、存储、归档等方面。在数据管理中政府具有数据处理者等多方面的行为主体责任。

公共数据包括政府机构和公共服务单位履职过程中收集和产生的数据。数据的取得，应当遵守法定的权限和使用合法的方式。取得数据后应当妥善保管。对于涉及公民权利的敏感数据或者法律规定的数据，应当依法定条件适时予以销毁。为挖掘利用大数据的多重价值，公共数据的持有机构应当按照标准分级分类，并对数据进行全生命周期质量管理。

公共数据的流通，包括数据的开放、共享、交换或者交易等方式和过程。为提高政府工作的透明度和决策的科学性，满足公众的知情权，分类分级开放公共数据，我国将编制公共数据开放目录及相关责任清单，构建统一规范、互联互通、安全可控的国家公共数据开放平台。数据作为国家治理要素，应当在各类国家机构和行政机关以及它们相互之间流动和共享。没有列入开放目录的公共数据，可以通过市场交易进入社会利用的领域，但是应当有明确的交易范围和交易输出的目的。

建立公共数据、企业数据、个人数据的分类分级确权授权制度，依法保护数据生产、流通、使用过程中各参与方的合法权益。构建数据资源持有权、数据加工使用权、数据产品经营权等分置的产权运行机制。企业登记、交通运输、气象等公共数据应当依照制度进行开放和数据资源有效流动。[①]

数据的利用，包括履职过程中的运用以及与各类行政业务的融合。数据利用的立法及其实施，基本目的不仅在于提高行政效能，而且在于释放数据的价值并创造新的公共价值。数据利用的法律关注点首先是数据资源的需求和供给结合的途径，其次是数据利用形成的成果性质或者产品权属，最后是利用成果的收益分配和失利的风险分配。对于公共数据在履职公共领域的应用，根据数字政府建设的要求，行政机关有义务确定和拓展利用数据资源的行政场景和行政空间，建立和完善数据跨地区、跨部门、跨层级共享共用规则。利用数据资源进行的政策创新和绩效提高，应当纳入对行政机关履职的业绩考核。公共数据在商业和其他领域的应用，可以进行公共数据、社会数据融合应用，应当依需要确定商业或者其他属性的应用场景和应用空间并进行供需交易。利用公共数据的产品应当进行成本和商业收益计算，依照约定的事项分配收益或者分担风险。

五、数据和信息安全

保护公共信息和个人信息安全制度，是数字政府的建设和安全运行的基本保障，在数字行政法中具有基础性地位。随着数字经济发展和跨境数字流动需求的增长，数据和信息安全的国家主权和国家安全的属性不断提高。我国已经分别制定了《数据安全法》《个人信息保护法》和《网络安全法》。网络是数据和信息的传输交换设施，网络安全也是数据和信息安全的重要方面。我国在数字政府建设中实行安全可控和开放创新并重的方针，制度、管理和技术的结合是建立数字政府安全防护体系的基本方面。

在数字政府安全技术保障体系下，运用主动监测、智能感知、威胁预测等安全技术，对公共数据安全提供技术保障。公共数据安全保障是主体性自我保护，需要依托保障技术上的自主可控，政府的重要职责是对公共数据安全的技术开发和技术创新进行支持。在信息基础设施安全保护和网络安全保护制度下，实行网络安全、保密监测预警和密码应用安全的检查和管理，对公共数据安全进行保护。

在公共数据安全的管理体制和运行方面，在跨地区、跨部门、跨层级协同的基础上，实行全方位、多层级和一体化的安全防护体系。对参与政府信息化建设、运营的企业，实行有效的信息安全规范管理。在公共数据的全生命周期安全管理方面，实行数据分类分级保护、风险评估、检测认证及其法定责任的制度。

---

① 《中华人民共和国国民经济和社会发展第十四个五年规划和2035年远景目标纲要》提出开展政府数据授权运营试点，鼓励第三方深化对公共数据的挖掘利用。2022年12月印发的《中共中央、国务院关于构建数据基础制度更好发挥数据要素作用的意见》明确了数据的新型生产要素地位，提出加快培育数据要素市场。

对涉及秘密和隐私的公共数据，依照有关国家秘密、工作秘密、商业秘密、个人隐私和个人信息的法律规定进行保护。有关行政机关依照《个人信息保护法》及相关法律，积极履行行政机关对个人信息安全的保护职责。

第二节　应急行政法

一、应急行政法概述[①]

法律秩序可以分为常态秩序与非常态秩序。近现代的国家决策体制和社会成员的自由权利体系多是基于法律秩序的常态规定的，一旦进入法定的非常态或者紧急状态，这类国家决策制度和个人权利将合法地受到限制或者中止。因此，近现代国家的宪法或者法律大多会对法律秩序的两种形态分别作出规定，一般会涉及两类秩序的转换制度、非常态下运用国家紧急权力的基本规则以及非常状态的暂时性等。在传统的法学观念上，非常态或者紧急状态的制度首先或者主要以宪法为主，行政机关在紧急状态下已经不再是常态下的执行性国家机构。上述两种秩序状态的划分，在科技进步、经济发展和不断变迁的现代社会中已经日益模糊，传统的应急制度正在经历着重大的变革或者修正。

由于风险社会的形成，经济和社会运行中的不确定因素不断增加并日益呈现经常化，克服和消除不确定因素对社会带来的风险、威胁和危害，不但成为现代行政机关的经常性的工作内容，在法律上也已经成为常态行政法的重要内容。现代政府组织体系的一个重要特点，就是设立或者扩大常态下管理各类风险和处理其危害的经常性行政应急管理机构。我国曾长期设立和运行着管理煤矿安全生产和防范核工业事故等处理常见突发事件的行政机构。2018 年机构改革以来，在中央到县级以上地方政府中设立了作为政府组成部门的专门应急管理机关。我国已经将每年的 5 月 12 日设为全国防灾减灾日，这是反映防灾减灾工作经常化并进行社会提示的重要安排。但是这些演进和变化并没有完全改变或者取消常态与非常态二元法律秩序结构。

在法律上，根据突发事件的社会危害程度对法律事态进行划分。对突然发生并可以造成或者可能造成严重社会危害的突发事件，纳入国家运用紧急权力和采取应急处置措施予以应对的范围。对于没有达到这一危害程度的突发事件或者风险事项则列入常态化的应急行政管理之中。2007 年公布的《中华人民共和国突发事件应对法》将该法适用的突发事件分为自然灾害、事故灾难、公共卫

① 本节阐述行政应急法的基础和依据，包括《中华人民共和国突发事件应对法》(2007 年)、《中华人民共和国突发事件应对管理法(草案)》(2021 年向社会公开征求意见稿)，国务院印发的《“十四五”国家应急体系规划》(2021 年)和国务院办公厅印发的《突发事件应急预案管理办法》(2013 年)等。

生事件和社会安全事件四类，但是该法规定的多数制度则主要适用于前三类突发事件。这些规定反映了在我国发生的突发事件及其社会危害严重性的实际情况。《中华人民共和国突发事件应对法》是我国应对突发事件的综合性法律和基础性立法。除了综合性基础性立法以外，我国还有许多专门性应急立法，涉及水灾、地震等自然灾害、传染病等公共卫生事件、核事故等工业事故灾难。这些立法的大多数规范都属于行政应急法的范畴。在我国的应急制度中，还有战争、动员、戒严和紧急状态等方面的内容，这些内容更多地涉及宪法性的应急规范。

预防与应急、目的与手段两对基本关系，对公共安全和应急工作具有系统性的规范作用。调整这两对关系的基本准则，分别是预防为主、预防与应急相结合的全过程原则和目的与手段相平衡的比例原则。

应急管理的全过程原则高度强调预防的重要性和优先性，防止将应急工作狭隘地限于对危害性灾难的应对和消除。预防包括防止突发事件发生和防止突发事件危害两个方面。对不能防止、难以防止、可以防止却没能防止发生的突发事件，则必须致力于避免、降低和减少危害的发生。防止危害发生的预防措施有信息管理和预防措施两个工作侧面，其中信息管理是第一位的。法律规范的重点是对瞒报、谎报与造谣、传谣进行区分，对于正确的信息和虽然不完备但是有灾难识别价值的信息及其发现者、提出者给予法律保护。坚持安全第一、预防为主的原则将增加经济和社会发展的初期开支和过程成本，但这将有效地防范和降低重大风险，极大增强可持续发展的能力和韧性。

政府的应急权力应当正当合理地行使并受到法律的约束。由于应急工作面对的是可预见性和稳定性都很低下的破坏性突发事件，给予政府的应急权限多是裁量性或框架性的授权。为了使政府及其有关部门采取的突发事件应对管理措施与突发事件可能造成的社会危害的性质、程度和范围相适应，就必须从目的与手段的平衡关系上确定法律评价的准则。这一适应性原则反对应急工作中的激进过度和消极不作为两种现象。政府采取的应对措施应当根据突发事件的发展变化情况及时调整；在有多种措施可供选择时，应当选择有利于最大程度地保护公民、法人和其他组织权益，且对生态环境影响较小的措施，这些是比例原则适用于行政应急管理的基本要求。

处理突发事件不但将改变政府的决策方式，而且将对社会成员的正常权利和义务产生重要影响。行政机关可以根据法律的规定，在应急时期采取在常态下不能采取的措施。对于社会成员来说，既负有接受限制权利的应急措施的义务，也享有在危害发生时受到保护的权利；既负有配合政府应急措施的积极作为义务，也享有对因配合政府应急措施对其权利受到限制而产生的特别损害在事后获得救济的权利。在应急发生期国家向社会成员提供普遍性保护时，未成年人、老年人、残疾人、孕期和哺乳期的妇女等群体享有特殊优先保护的权利。在国家运用应急期社会动员机制，对企业事业单位、社会组织、志愿者等各方力量参与突发事件应对工作进行组织动员时，社会成员负有积极配合和履行法定职责的义务。在应急处置阶段行政机关采取限制公民权利的应急响应措施，也称为对公民权利的“克减”。对于权利克减问题，法律上高度关注克减的最高限度。最高限度是指任何情形下均不得使用的应急措施，例如不得对任何人使用酷刑。

应急期间对应急物资的取得方式，有紧急采购、产业动员、接受社会捐赠、动用国家储备、获得军用物资支持以及对个人财产的征收、征用等。征收、征用是应急制度中比较突出的法律事项。在法律制度上，政府因为应急需要可以对公民的财产进行征收、征用，但是对于该征收征用的物资或者财物在征用后遭到毁损或者灭失的，应当给予公平、合理的补偿。在法律适用上，比较突出的问题有三个方面：第一是征收和征用的范围和形态，例如政府为进行应急处置清除地上的建筑物和其他附着物对当事人造成的损失是否属于征收或准征收；第二是征收征用的条件和程序，即由于处于特殊急迫或者法律上难以预料的场景下，难以直接规定征收征用的条件和程序，不当或者过度征收征用的法律风险应当如何分配和确定；第三是征收或者征用后的补偿及其确定方式，尤其是当事人通常不可能像在常态下那样与政府征收征用人进行协商确定补偿的方式和数额，在事后如何获得法律救济。

应急需要的技术应用以及对药品、设备和其他产品的使用，存在由于技术或产品的不成熟带来的使用风险问题。为了提高应急能力，在理论上允许政府在确有必要时进行风险性应用。对于应急处置需求的急迫性与技术和产品的风险性之间的关系，法律上应当规定风险性技术和产品的应用条件、决策程序和风险责任，包括政府决策的风险责任。

应急期间政府取得和使用社会成员个人信息的权限，是我国应急立法过程中的重要议题。在此问题上，首先应当强调遵守宪法有关公民通信自由和通信秘密的规定，依法保护公民的隐私权；其次应当明确政府取得和使用公民个人信息的法定条件，包括目的和用途、时间长度及其延长或者缩短的程序、严格保管的责任和用后销毁的义务等。

应急期间取得提供应急服务的社会人力资源的方式，可以对社会志愿人员、在公共事业单位供职的专业技术人员、社会专业技术人员和提供普通劳务的社会人员等进行动员和组织。根据我国法律，各类提供应急服务的组织和人员都应当接受和服从处置突发事件的政府的调配和指挥，有序参与应急救援活动。在突发事件应对管理工作中作出突出贡献的单位和个人，可以根据国家有关规定获得表彰或奖励。

在国际合作和交流方面，我国政府将与外国政府和国际组织在突发事件的预防与应急准备、监测与预警、应急处置与救援、事后恢复与重建等应急管理的全过程进行合作与交流。这种合作和交流可以是双向的交互,也可以是单向的输出。国际合作和交流是取得应急物资和应急服务的重要渠道。法律的依据可以是多边的国际协定,也可以是双边的国家间协议。在经济全球化发生转型以后,全球供应链的贸易自由度收缩,致使应急供给中的市场作用下降,一些国家开始构建国内的供应链体系或者提高对既有供应链安全的控制水准,国际合作的问题正在变得复杂多样。对此,应急行政法必须予以相应应对。

二、应急行政组织

应急期间国家行政组织因为享有应急权力而具有特殊性。应急法律对于政府采取应急措施的授权总是带有极大的裁量性,但是对于应急期间的国家组织形式和结构,则通常作出明确的规定。在我国,中央和县级以上地方人民政府是管理突发事件工作的行政领导机关。人民政府因处理应急工作需要设立应急指挥机构,该机构的组成方式及其职能与常态下的人民政府有所不同。

根据我国的法律,特别重大突发事件的应对管理工作,由中央人民政府负责,在总理领导下研究、决定和部署。中央人民政府根据实际需要设立国家突发事件应急指挥机构,负责突发事件应对管理工作;必要时,中央人民政府可以派出工作组指导有关工作。县级以上地方人民政府处理突发事件应对工作,设立突发事件应急指挥机构,统一领导、协调本级人民政府各有关部门和下级人民政府开展突发事件应对管理工作。突发事件应急指挥机构由本级人民政府主要负责人、相关部门负责人、驻当地的中国人民解放军、中国人民武装警察部队和国家综合性消防救援队伍有关负责人组成;地方人民政府根据实际需要设立相关类别突发事件应急指挥机构,组织、协调、指挥突发事件应对管理工作。

行政机关的应急指挥机构,在开展突发事件应对管理工作的过程中,可以依法发布有关突发事件应对管理的决定、命令、措施等。应急指挥机构解散后,其发布的有关突发事件应对管理的决定、命令、措施等产生的法律后果由本级人民政府承担。县级以上人民政府作出有关突发事件应对管理的决定、命令,应当报本级人民代表大会常务委员会备案。

在应对突发事件的过程中,应急行政机关应当依法处理与其他国家机关的关系。突发事件应急处置工作结束后,负责应急工作的人民政府应当向本级人民代表大会常务委员会作出专项工作报告。因人民政府采取突发事件应对管理措施,诉讼、行政复议、仲裁、国家赔偿等活动不能正常进行的,除法律另有规定外,应当适用有关时效中止和程序中止的规定。中国人民解放军、中国人民武装警察部队和民兵组织依照法律、行政法规、军事法规的规定以及国务院、中央军事委员会的命令,参加突发事件的应急救援和处置工作。

三、应急行政过程

根据《中华人民共和国突发事件应对法》，我国已经形成了预防和应急准备、监测和预警、应急处置和救援、事后恢复和重建的基本应急制度框架。这一框架的构成逻辑是行政机关的应急工作过程，它的主要意义在于系统地明确行政机关的应急工作职责。传统的应急法制与此不同，它以行政机关的紧急权力为中心进行应急制度的体系化构建，重点关注行政应急活动对公民的法律权利和国家正常活动的影响。这里将把两种方法结合起来，在四阶段制度的框架内重点阐述行使应急权力的应急处置制度。

预防和应急准备制度，主要包括应急预案和应急规划的制定实施、人力和物力的准备、对风险的控制等内容。2013 年国务院办公厅印发了《突发事件应急预案管理办法》，2021 年国务院印发了《"十四五"国家应急体系规划》，都是行政机关实施《中华人民共和国突发事件应对法》相关要求的重要举措。监测和预警制度，监测部分的主要内容是监测项目设置、风险信息管理和风险评估处理，预警部分的框架包括预警的构成和适用、预警的开始和结束、阶段性预警措施和普遍性预警措施。应急处置和救援制度，主要包括应急响应程序、对非社会安全事件的措施、对社会安全事件的措施以及经济秩序控制和保障措施等。事后恢复和重建制度，主要内容包括恢复正常秩序、处理灾后矛盾、事件调查评估、拟订重建计划、审计和档案管理等事后行政事务以及善后性救助、补偿、抚慰、抚恤、安置等事后社会管理事务。由于应急处置直接行使了国家紧急权力，对此需要作进一步的阐述。

应急处置是应急过程的中心环节，政府应急机构可以为消除突发事件带来的危害采取必要的应对措施。这些措施不限于在预警环节中采取的防范性和保护性措施。处置措施也可以是一个单独的阶段，在这一阶段中政府应急机构可以直接对没有经过其他环节的突发事件进行处置，因为不是所有的突发事件都是可以预测、测量和进行预警的。

应急处置也可以称为应急响应制度，以区别于在应急过程中的其他环节中应对突发事件的制度。应急响应实行分级和分区的制度，是实行比例原则的基本保障。分级和分区的主要依据应当是突发事件的性质、特点、危害程度和影响范围。分级是指应急响应可以设立若干等级，根据等级采取轻重有别的应对措施，划分的具体标准可以由法律法规或者中央行政机关规定、修订和公布。分区是确定实行应急处置的特定响应区域，应急响应超出已经确定的应急响应区域应当无效。应急响应区域是根据突发事件的危害范围确定的区域，可以是一个政务行政区，也可以是跨越政务行政区的。分区是确定应急主管机构的层级及其权限范围的基本依据。

应急响应实行法定的开始和终止制度，这是坚持国家应急权暂时属性的主要保障。在突发事件对社会带来严重危害，不行使应急权力不足以抵御和消除这种危害时，国家应急机关必须积极地启动和行使应急权力；同样地，在突发事件的危害性业已降低或者消除，不再需要进行应急响应时，任何国家机关或者社会组织均不得再采取或者继续运用任何应急措施。为了建立普遍性的社会应急秩序并防止对应急权力的不当运用或者滥用，应急响应制度必须具有高度的程序性并贯彻程序优先的原则。应急响应程序的主要内容，包括应急响应的开始、提前结束和延长以及最后结束的程序。程序优先的意义在于，程序是决定应急响应措施具备合法性的前提条件。没有经过响应程序径直采取的应急措施，只具有适用于特殊场景的临时性质，必须在法定或者必要的短暂时间内完成响应程序或者即行终止。对于突发事件出现反复造成常态与非常态的交替或者融合，难以判断结束响应的条件或者难以确定再行开始程序的必要性的情形，在法律上应当设置必要的制度进行规范。法律上的处理大致有两种办法：一是对于存在明显间隔期的，应当分别设置应急响应期并履行响应程序；二是对于没有明显间隔期或者经常反复的，应当依照应急管理的基本原则和实际需要交叉采用常态管理或者应急措施。

政府应急机构采取的响应措施在法律上可以分为三类：综合性法律规定的基础性应急措施、专门应急立法规定的领域应急措施、法律授权由应急机构根据需要采取的场景应急措施。相比于后两者的应急响应措施的特定性，基础性应急措施的普遍性比较高。但是在法律适用上，应当优先适用领域法律的规定和授权的规定。

第二编　行政法主体

第五章　行政法主体概述

第一节　行政法主体的概念

一、行政法主体的含义

行政法主体指行政法调整的各种行政关系的参加人——组织和个人。作为行政法主体的组织首先指国家行政机关。除了国家行政机关以外，也包括作为行政法制监督主体的其他国家机关，可与行政机关同样作为行政主体的法律法规授权的组织和其他社会公权力组织（如行业协会、社团、基层群众性自治组织等），作为行政行为实施者但非行政主体的受行政机关委托行使职权的组织，以及作为行政相对人的企事业组织和其他组织。作为行政法主体的个人包括在行政机关和其他公权力组织中行使行政职权的国家公务员、其他行使公权力的公职人员以及作为行政相对人的公民、外国人、无国籍人等。①

行政法主体是行政法律关系的参加人（行政法律关系主体）。不是行政法律关系参加人的个人、组织不能成为行政法主体。无论是公民、企事业组织，还是公务员、行政机关，只有参加到实际的、具体的行政法律关系中，作为相应行政法律关系的实际参加人，才具有相应行政法主体的实际资格。当然，这里讲的“参加”，不一定是相应个人、组织主动参加。有时，个人、组织的权利、义务被动地受到某种行政关系的影响，此种影响也能使其具有行政法主体资格。当然，从理论上讲，行政关系的参加人还不等于行政法主体，行政关系只有被行政法调整时，其参加人才是行政法主体。因为行政关系被行政法调整时方为行政法律关系，

---

①　关于行政法主体，学界存在不同的认识。许崇德、皮纯协主编的《新中国行政法学研究综述（1949—1990）》给行政法主体下的定义是：行政法主体，也即行政法律关系主体，包括国家行政机关、国家公务员、被授权人、被委托人，以及其他国家机关、社会团体、企事业单位和公民个人。在我国境内，依照我国法律规定享有行政权利、承担行政义务的外国组织和公民、无国籍人也是我国行政法的主体（见该书第 133 页）。同时，该书对学界关于行政法主体的争论意见，从概念、种类到各类主体的资格，进行了综合性和概括性的介绍。参见许崇德、皮纯协主编：《新中国行政法学研究综述（1949—1990）》，法律出版社 1991 年版，第 63—67 页。

行政法律关系的参加人方为行政法主体。因此,行政法主体等于行政法律关系主体,而不等于行政关系主体,尽管行政法律关系主体均源于行政关系主体。

广义的行政法主体包括两种情形:其一,行政法就一定范围、一定领域、处于一定情形下的组织、个人的行为予以规范,赋予其相应的权利(权力),加予其相应的义务(职责)时,作为行政法调整对象的相应组织、个人成为该行政法的主体;其二,某一(些)组织、个人实施某种行为,与其他组织、个人发生实际行政关系,在相应关系中,双方分别行使行政法赋予的权利(权力),履行行政法加予的义务(职责),这时,关系双方均成为相应行政法的主体。第一种情形的行政法主体是一种静态的主体、潜在的主体;第二种情形的行政法主体是动态的主体、现实的主体。人们通常研究的行政法主体和本书论述的行政法主体,一般指第二种情形的行政法主体,即处在实际行政法律关系中的主体。在实际行政法律关系中,双方主体既可以是组织,亦可以是个人。有时,某一方的主体可以同时包括组织和个人。例如,在行政处罚法律关系中,行政机关对实施了某种违法行为的组织予以行政处罚,同时对该组织的负责人和直接责任人亦予以相应处罚。这时,该组织和该组织的负责人、直接责任人均为相应法律关系中的主体。[①]

行政法主体是指在行政法律关系中权利义务的承受者,不包括所有行政法律关系的参与人。例如,在行政管理关系中,公务员代表行政机关实施各种行政行为,但公务员不是行政管理关系的行政法主体,只有行政机关才是主体。又如,法人申请行政许可,代表法人履行申请手续的人不是行政法主体,主体只是法人。当然,上述法律关系中的公务员、代理人,只是不构成相应行政法律关系的主体,但他们并非不能转化成另一种法律关系的主体。例如,公务员在实施行政管理行为的过程中违法,行政机关在事后追究该公务员的行政责任,这时,公务员即成为行政处分关系中的主体。同样,法人的代理人在实施代理行为的过程中违法,侵犯被代理法人的权益或国家社会利益,可能被追究民事责任或行政责任(受到行政处罚)。这时,他即成为民事关系的法律主体或行政处罚关系的行政法主体。

行政法主体是行政法关系的第一要素。要解决任何行政法问题,首先要弄清其所涉及的行政法律关系主体,否则只能使问题陷入混乱而不能把握问题的脉络和发展线索,以求得解决的方案。例如,在行政诉讼关系中,不弄清原告是谁、被告是谁,行政审判即无从进行。因此,研究行政法律关系,首先应从研究行政法主体入手。

① 参见我国《民办教育促进法》《农业法》等法律中关于法律责任的规定。

二、行政法主体与行政主体

人们往往容易混淆行政法主体与行政主体的概念。实际上,这是两个相互联系但又有重要区别的概念。

行政主体是行政法主体的一种。行政主体可能在各种行政法律关系中存在,但在各种行政法律关系中,它只是关系的一方当事人(一方主体),与另一方当事人(对方主体)共同构成相应关系的双方。例如,在行政管理关系中,行政主体与行政相对人构成关系双方主体;在行政法制监督关系中,行政主体与行政法制监督主体构成关系双方主体;在内部行政关系中,它与国家公务员等构成关系双方主体。严格地说,行政主体只有在行政管理法律关系中,才具有真正的行政主体地位。在行政法制监督关系中,行政主体处于监督对象地位;在内部行政关系中,它们有时与对方主体处于平等协商的地位(如在两个平行行政机关之间发生的关系)等。之所以在各种行政法律关系中均称为“行政主体”,是因为它们是同一当事人,并且它们在其他法律关系中的不同法律地位均是因为其在行政管理法律关系中的法律地位而产生的,有“行政主体”的因素在其中起作用。

行政主体虽然只是行政法主体的一种,但它是行政法主体中最重要的一种。首先,行政主体在行政管理关系中占有主导地位,而行政管理关系在整个行政关系中又占有主导地位,其他行政关系均是因行政管理关系的发生、存在而发生和存在的。其次,行政主体在各种行政法律关系中均可构成一方主体,而其他行政法主体只可能在一种或两种行政法律关系中出现,不可能在所有行政法律关系中出现。例如,行政相对人一般只在行政管理关系中作为行政法主体,公务员一般只在内部行政关系中作为行政法主体。当然,行政相对人和公务员有时会在行政法制监督关系中作为主体(监督主体和监督对象),但行政相对人不可能在内部行政关系中作为主体,公务员不可能在行政管理关系中作为主体(除非有法律的特别规定)。此外,行政主体,特别是行政机关,作为行政法主体具有相对恒定性。尽管行政机关有时也会以民事主体的身份参与民事关系,但在绝大多数时候和场合,行政机关均是以行政法主体的身份参与行政法律关系。而其他行政法主体,如公民、法人和其他组织等,则常常以民法主体的身份参与民事关系,或以其他身份参与其他社会关系和其他法律关系。正是因为上述原因,行政法学研究行政法主体,往往将行政主体的研究置于最重要的位置。

三、行政主体与行政机关

行政主体与行政机关两个概念的关系极为密切。行政机关是行政主体的一种,也是行政主体中最重要的一种。在行政主体中,法律、法规授权的组织和其他社会公权力组织只占较小的比重,国家基本的主要行政职权都是由行政机关行使的，以至于在很多情况下，人们将“行政机关”作为行政主体的代名词。[①]

但是行政机关与行政主体仍然是有重要区别的。首先，行政主体是行政法律关系一方当事人的总称。在行政管理法律关系中，它与行政相对人相对，是行政相对人的对称；在行政法制监督关系中，它与行政法制监督主体相对，是监督主体的对称。而行政机关只是行政法律关系具体当事人的称谓，与法律、法规授权的组织和其他社会公权力组织，以及作为法律关系对方当事人的公民、法人和其他组织等并列。其次，行政主体主要是一种行政法学的概念，它是行政法学为研究行政法律关系而对关系参加人进行抽象而创制的概念；而行政机关主要是一个具体法律概念，用以指称享有某种法律地位，具有某种权利（权力）、义务（职责）的法律组织。此外，行政主体与行政机关具有包容关系，前者包含后者。尽管行政机关在行政主体中占有极大的比重，但毕竟不是行政主体的全部。行政主体除了行政机关外，还包括法律、法规授权的组织和其他社会公权力组织。

有些行政法学教科书或专著不使用“行政主体”而只使用“行政机关”。但它们在使用“行政机关”这一概念时，其含义有时包括法律、法规授权的组织和其他社会公权力组织，有时又不包括。这样一来，由于概念上的不统一，往往导致逻辑思维和学术理论上的混乱。因此，在行政法学中引入行政主体的概念，使之与行政机关的概念加以区分是必要的和有益的。

我国行政法学使用的行政主体概念，与一些国家的行政法学者使用的行政主体概念有一定区别。他们使用的行政主体概念，往往指整个政府或分别指中央政府、有自治权的地方政府（地方公共团体）以及其他公法人。它必须具有以自己的名义行使权利（职权）和承担义务（责任）的能力，通常应具有独立的法人地位（独立的财政地位）。[②] 我国行政法学使用的行政主体概念则通常有两种用法：其一，指行政机关和法律、法规授权的组织及其他社会公权力组织；其二，具体指能独立以自己名义对外行使行政职权和承担法律责任的某一行政机关或法律、法规授权的组织及其他社会公权力组织。这里的“行政机关”不仅可以是具有独立财政地位的各级人民政府，也可以是各级人民政府所属的工作部门，如公安、市场监管、海关、税务等部门行政机关。这些部门行政机关虽不具有独立的财政地位，如其实施了行政侵权行为而承担赔偿责任时，其赔偿金不是由其本身，而是由各级政府财政支付，但部门行政机关是以其本身的名义对外行使职权和承担责任，就承担赔偿责任来说，它们在名义上仍是承担责任的主体（赔偿义务机关）。[③] 行政相对人的权益受到部门行政机关侵犯后，不是直接向政府，而

---

① 例如，我国的《行政诉讼法》《行政许可法》《行政复议法》等法律所使用的“行政机关”，均相当于行政主体，实际包括法律、法规授权行使行政职权的组织。

② 参见〔日〕室井力主编：《日本现代行政法》，吴微译，中国政法大学出版社 1995 年版，第 27 页。

③ 参见《国家赔偿法》第二章第二节（第 6—8 条）。

是向侵权机关求偿，与行政侵权机关发生行政赔偿法律关系。所以，我国行政法学研究行政主体，其范围不仅包括各级人民政府，而且包括以自己的名义实际行使行政职权的各级政府的工作部门。

有学者对我国现行行政主体理论提出了批评，认为行政机关不是行政主体。行政机关是代表国家行为，国家才是行政主体。作为主体，应该是有独立意志、可以独立行动并独立承担责任的人。① 这种观点应该说是有一定道理的。在行政法律关系中，国家当然是公权力的最终主体，或者说是真正的行政主体。但是，在实际的行政法律关系中，行政相对人与之直接打交道的只能是行政机关而不是国家，行政机关是行政相对人直接面对的看得见、摸得着的对方当事人。因此，我国学者研究行政法学，一般都是将行政机关作为行政主体，至少是作为拟制的行政主体，而不是直接将国家作为行政主体。

第二节　行政法主体与行政组织法

一、行政法主体与行政组织

在大陆法系，传统的行政法学著作通常都设“行政组织”或“行政组织法”编(章)②，专门研究行政机关的性质、地位、职权、职责及组织体系问题。有的学者在“行政组织”或“行政组织法”编(章)中还同时研究公务员制度，包括公务员的性质、地位、任务，公务员的权利、义务和责任等③。而英美法系的行政法著作，通常都不设“行政组织”或“行政组织法”的专门编(章)，而只在有关编(章)中附带研究行政机关的问题。美国学者认为，行政组织问题(行政机关和公务员的有关问题)属于“公共行政”(行政学)而不属于行政法的范畴。行政法学的研究对象应限于行政权力和对行政侵权的救济。④

我国行政法学研究主要受大陆法系的影响，学者通常在其教科书中单设“行政组织”或“行政组织法”编，该编一般在全书中占有重要位置和较大篇幅(行政法学体系结构除绪论外，通常由行政组织、行政行为、行政救济三编组成)。⑤ 进入 20 世纪 90 年代，在我国行政法学的体系和内容中，行政组织(法)的比重逐渐减小，并且往往不再以“行政组织(法)”设编，而对其内容加以修改删减，改设“行

---

① 参见应松年、薛刚凌：《行政组织法研究》，法律出版社 2002 年版，第 106—131 页。

② 参见〔日〕室井力主编：《日本现代行政法》，吴微译，中国政法大学出版社 1995 年版，第四编“行政组织法”；〔日〕南博方：《日本行政法》，杨建顺、周作彩译，中国人民大学出版社 1988 年版，第二章“行政组织”；林纪东：《行政法》，三民书局 1976 年版，第三章“行政组织法”。

③ 参见陈新民：《行政法学总论》，三民书局 1991 年版，第三章“行政组织法”(第十节“公务员法”)。

④ 〔美〕伯纳德·施瓦茨：《行政法》，徐炳译，群众出版社 1986 年版，第 2 页。

⑤ 如应松年主编的《行政法学教程》(中国政法大学出版社 1988 年版)，共设 4 编，其中第二编为“组织编”；罗豪才主编的《行政法论》(光明日报出版社 1988 年版)，共设 5 编，其中第二编为“行政组织编”。

政法律关系主体”(或“行政法主体”)编(章),有的行政法学著作则进一步缩小范围,以“行政主体”设编。[①]

本书设行政法主体编。行政法主体的概念、范围与行政法律关系主体的概念、范围是一致的[②],但与行政组织、行政主体的概念、范围有着重要区别,后者不包括行政相对人,不包括行政法制监督主体,甚至也不包括公务员。在现代行政法学中,不专门研究行政相对人和行政法制监督主体的地位和他们的权利、义务,难以体现现代行政法的民主化趋势和现代行政法的参与、制约、监督原则。而不集中研究公务员的权利、义务和责任,则难以明确行政主体的地位,难以说明行政主体与行政相对人的关系。当然,本书使用行政主体而不使用行政组织的概念还有另外的理由:从法学的角度看,研究行政机关主要应研究其在法律关系中的地位,研究其权利(职权)、义务(职责)和责任,而不应过多地研究其组织问题,组织问题主要应放到行政学(公共行政)中去研究。在这个意义上,英美行政法学者的观点是有一定道理的。但行政法学不研究行政组织问题,应指不研究行政组织的技术问题,而不应将行政组织的法律问题也都摒弃于外。行政法学既然要研究行政权的运作,就不能不研究行政权的运作主体——行政机关,不能不研究行政机关的法律地位及其职权、职责等,而行政机关的法律地位、职权、职责等均是由行政组织法规定的。因此,行政法学在研究行政法主体的过程中,仍应以适当的篇幅研究行政组织法问题。

二、行政组织法的主要内容

行政组织法有广义、狭义之分。广义的行政组织法包括行政机关组织法、行政编制法和公务员法,狭义的行政组织法仅指行政机关组织法。我们这里研究的行政组织法为狭义的行政组织法。狭义的行政组织法通常包括下述内容:

(一)国家行政机关的性质和法律地位

国家设立一个行政机关,首先应确定它的性质和法律地位,确定它与上、下、左、右其他各种国家机关的关系,这是行政组织法首先要解决的任务。例如《地方组织法》对地方人民政府的性质和地位作出了下述规定:“地方各级人民政府是地方各级人民代表大会的执行机关,是地方各级国家行政机关。”[③]“地方各级人民政府对本级人民代表大会和上一级国家行政机关负责并报告工作。县级以

① 如罗豪才主编的行政法学教科书《行政法学》(中国政法大学出版社 1989 年版),共 12 章,其中第三章为“行政法律关系主体”;熊文钊著《行政法通论》(中国人事出版社 1995 年版),共 5 编,其中第二编为“行政法主体”;王连昌主编的教科书《行政法学》(四川人民出版社 1993 年版),共 4 编,其中第二编为“行政主体”。

② 本书之所以使用“行政法主体”而没有使用“行政法律关系主体”,只是因为前者更简洁一些,更理论化一些。

③ 参见《地方组织法》第 2 条第 3 款。

上的地方各级人民政府在本级人民代表大会闭会期间，对本级人民代表大会常务委员会负责并报告工作。全国地方各级人民政府都是国务院统一领导下的国家行政机关，都服从国务院。地方各级人民政府实行重大事项请示报告制度。”[①]《地方组织法》的这两项规定中的第一项规定即明确了地方各级人民政府的性质——是地方各级人大的执行机关和国家行政机关；第二项规定确定了地方各级人民政府与本级人大、本级人大常委会的关系，与国务院的关系以及上下级国家行政机关相互之间的关系——分别为向其负责和报告工作的关系、接受统一领导的关系以及领导与被领导、下级向上级负责并报告工作的关系。

（二）国家行政机关的组成及结构

行政组织法的第二项功能即确定国家行政机关的组成及结构。例如，《国务院组织法》[②]第 5 条第 1 款规定：“国务院由总理、副总理、国务委员、各部部长、各委员会主任、中国人民银行行长、审计长、秘书长组成。”第 11 条和第 13 条规定，国务院的基本工作部门为各组成部门，同时根据工作需要和精简的原则，设立直属机构及其下属司（局）、处等。此即为国务院的组织结构。

（三）国家行政机关的职权

规定国家行政机关的职权是行政组织法最重要的功能，行政机关权限法定是行政法治原则的最基本要求。因此，任何一部行政组织法，最主要的内容就是规定行政机关的职权。例如，《地方组织法》以第 73 条、第 74 条和第 76 条分别规定了县级以上地方人民政府的职权（共 11 项），省、自治区、直辖市政府、设区的市的政府的制定规章权和乡镇人民政府的职权（共 7 项）。

（四）国家行政机关设立、变更、撤销的程序

行政组织法主要是实体法，但也规定有关程序问题，如行政机关会议程序，行政职权委托或代理程序以及行政机关设立、变更、撤销程序等。其中最重要的程序为行政机关设立、变更、撤销的程序。例如，《国务院组织法》第 11 条规定：“国务院组成部门的设立、撤销或者合并，经总理提出，由全国人民代表大会决定；在全国人民代表大会闭会期间，由全国人民代表大会常务委员会决定。”《地方组织法》第 79 条第 3 款规定：“省、自治区、直辖市的人民政府的厅、局、委员会等工作部门和自治州、县、自治县、市、市辖区的人民政府的局、科等工作部门的设立、增加、减少或者合并，按照规定程序报请批准，并报本级人民代表大会常务委员会备案。”

（五）国家行政机关的基本活动原则和制度

行政组织法除了规定上述基本内容外，通常还规定行政机关的基本活动原

---

① 参见《地方组织法》第 69 条。

② 《中华人民共和国国务院组织法》于 1982 年 12 月 10 日第五届全国人民代表大会第五次会议通过，并于 2024 年 3 月 11 日由第十四届全国人民大表大会第二次会议修订。

则和制度，如民主集中制原则，首长负责制原则，工作责任制原则，全体会议制度，常务会议制度，委托、代理制度，文件签署、批准、备案制度，工作的请示、报告、批复制度等。

行政组织法有繁有简，但行政机关的性质、地位、组织、职权是其必备的内容。

三、行政组织法的体系

一国的行政组织法体系与一国的行政机关体系应是一致的。因此，就整体而言，行政组织法体系应包括中央行政组织法和地方行政组织法两大部分。中央行政组织法又包括中央人民政府（国务院）组织法和中央人民政府工作部门（部、委、直属机构、办公机构等）组织法（或组织条例）。地方人民政府组织法则包括省、自治区、直辖市、设区的市、自治州、县级市、县、自治县、乡、民族乡、镇等各级人民政府的组织法。

根据民主和法治的原则，任何行政机关的存在和运作，都必须有组织法的根据，有人民代表机关的授权。即使不是常设的和实体性的机关，如协调性的委员会[①]、联合执法机构等，只要行使行政职权，均应有相应的组织法律、法规规范其组织职权和基本活动方式。

至于组织法的形式，大多单独制定，但也有组织法和行政机关的行为法、管理法一并制定、两法一体的。例如，《海关法》既是中华人民共和国海关总署和各级海关的行为法、管理法，同时也是海关的组织法；《审计法》既是中华人民共和国审计署和各级审计机关的行为法、管理法，同时也是审计机关的组织法。

目前，我国行政组织法体系还很不健全，中央行政组织法只有一个《国务院组织法》，该法总共仅有20条，国务院的组成部门、直属机构均无独立的组织条例；地方行政组织法只有一个共同规范地方各级人民代表大会和地方各级人民政府组织的统一的《地方组织法》，省、市、县、乡、镇等均无单独的行政组织法。这种情况必须改进。为了建设法治政府和高效政府，必须加强和完善我国各层级的行政组织法。

---

① 国务院和地方政府均设有多种协调性的委员会、办公室，如主管防灾、绿化、科教、编制、精神文明建设以及打击各种违法行为（黄、非、毒、私等）的协调性机构。

第六章　行 政 机 关

第一节　行政机关概述

一、行政机关的含义

行政机关是指依宪法或行政组织法的规定而设置的行使国家行政职能的国家机关。

首先，行政机关是国家机关，是由国家设置，代表国家行使国家职能的机关。这一点使它与政党、社会组织、团体相区别。政党，特别是执政党，虽然能对国家政治、经济的发展起重要的甚至是决定性的影响作用，但它不是国家机关。[①] 社会组织、团体虽然经法律、法规授权，也可以行使一定的国家行政职能，但它们不是由国家设置的专门代表国家行使国家行政职能的主体，从而也不属于国家行政机关。

其次，行政机关是行使国家行政职能的国家机关。这一点使它与立法机关、司法机关相区别。立法机关、司法机关虽然也都是国家机关，但立法机关行使的是国家立法职能，司法机关行使的是国家司法职能（国家审判职能和检察职能）。而行政机关行使的是国家行政职能，即执行法律、管理国家内政外交事务的职能。

最后，行政机关是依宪法或行政组织法的规定而设置的行使国家行政职能的国家机关。这一点使它与法律、法规授权的组织和其他社会公权力组织区别开来。法律、法规授权的组织和其他社会公权力组织不是依宪法或行政组织法设置的，它们行使一定的行政职能是基于具体法律、法规的授权或社会自治原则。因此，行政机关是固定的、基本的行政主体，而法律、法规授权的组织和其他社会公权力组织只有在行使相应行政职权时才具有行政主体的地位。

二、行政机关的性质和特征

行政机关具有双重性质，相对于国家权力机关——人民代表大会，它是执行机关；相对于行政相对人，它是行政主体。

行政机关首先是执行机关，其基本职能是执行最高国家权力机关制定的法

---

① 我国在2018年党和国家机构改革后，部分职能相近的党政机构合并设置或者合署办公，这些机构应视为准国家机关。

律和各级国家权力机关作出的决议、决定。法律是全国人民意志和利益的体现，权力机关的决议、决定是相应地域范围内人民意志和利益的体现。行政机关是由人民代表机关产生的为人民服务的机关，它必须完全服从和全面执行体现人民意志、利益的法律以及人民代表机关的其他决议、决定。行政机关作为权力机关的执行机关的性质是由国家的民主性质决定的。在专制国家，行政机关就不是人民代表机关的执行机关，而是专制统治者——皇帝、国王及其专制统治集团——的执行机关，它的使命是听命于专制统治者，为专制统治者统治人民服务。[①]

当然，无论是民主国家，还是专制国家，行政机关都是执行机关，必须服从于决策机关的意志，并忠实地执行决策机关的意志。区别在于：在民主国家，决策机关是人民代表机关；在专制国家，决策机关是专制统治者。

行政机关相对于权力机关、决策机关，是执行机关；相对于行政相对人，行政机关是行政主体。它代表国家行使行政权，管理国家内政外交事务，它有权向相对人发布行政命令，实施行政行为，在必要时，它还可以对行政相对人采取行政强制措施、科处行政处罚。行政相对人必须服从行政机关的管理。行政相对人对行政机关的管理不服，只能通过法定途径寻求救济，一般不能直接加以抵制。[②] 行政机关作为行政主体对于行政相对人的优越权是由行政权作为国家权力的性质决定的。国家权力和秩序是以国民的相对服从为前提的，没有国民对国家权力的一定服从，就没有秩序，没有秩序就没有权利和自由可言。

行政机关在行政管理关系中是行政主体，在其他法律关系、其他社会关系中则具有其他法律地位，如在民事关系中可作为民事主体[③]，在诉讼关系中可作为诉讼当事人，等等。但是行政机关的基本角色是执行机关和行政主体。

行政机关相对于其他国家机关，一般具有下述特征：

(1) 行使国家行政职权，管理国家行政事务。行使国家行政职权、管理国家行政事务是行政机关区别于其他国家机关的实质特征。根据宪法，人民代表机关行使立法权和对其他国家机关的监督权；监察机关行使国家监察权；人民法院行使国家审判权；人民检察院行使国家检察权；行政机关则行使行政权。国家权力机关立法，行政机关执法，二者的区别是显然的。行政机关执法，司法机关也

---

① 专制国家通常不存在人民代表机关。即使某些专制国家有形式上的议会、国会一类机构，它也不可能真正由人民选举产生，不可能真正代表民意，而只能是专制统治者用以欺骗人民以维护其统治的工具。

② 根据行政法原理，行政相对人对于行政机关明显、重大的违法行为，可以抵制，如拒绝完全没有法律根据的和严重违反法定程序的收费和罚款。但在大多数情况下，行政相对人对于行政机关的行政行为，即使认为其违法、不当，也应先予执行，然后再寻求救济，或边执行边寻求救济。

③ 《民法典》第96条规定的“特别法人”即包括作为民事主体的“机关法人”。《民法典》第97条规定，“有独立经费的机关和承担行政职能的法定机构从成立之日起，具有机关法人资格，可以从事为履行职能所需要的民事活动”。

执法(司法也属于执法范畴),二者似乎难于区分,但实际上,二者的执法仍存在着重要区别:行政机关的执法是通过对国家内政外交事务进行管理实现的,包括对未来的规划、计划和对现行事务的处理,而司法机关的执法是通过裁决法律争议和进行法律监督实现的,通常是对过去已发生的事项、纠纷的处理。

(2) 行政机关在组织体系上实行领导—从属制。行政机关由于行使的是行政管理职能,特别要求速度和效率,故在组织体系上一般实行领导—从属制,即上级行政机关领导下级行政机关,下级行政机关从属于上级行政机关,向上级行政机关负责和报告工作。这一特征是国家权力机关和国家审判机关均不具备的。上级国家权力机关不对下级国家权力机关实施领导,不能对下级国家权力机关发号施令。上级国家权力机关对于下级国家权力机关制定的同宪法、法律、行政法规相抵触的地方性法规和决议,只能通过法律程序予以撤销。上级人民法院亦不对下级人民法院实施领导,不能对下级人民法院发号施令。上级人民法院对于下级人民法院作出的错误的判决、裁定,只能通过审判监督程序予以纠正。

(3) 行政机关在决策体制上一般实行首长负责制。行政机关由于代表国家直接对公民、法人和其他组织实施管理,特别要求权限清楚、责任明确,故在决策体制上一般实行首长负责制。而国家权力机关和国家审判机关行使职能通常都采取合议制的形式。因为国家权力机关行使的是国家立法权和国家基本政策的决定权,人民法院行使的是国家审判权。前者是为人们确定行为规范,涉及全体国民权利义务,后者是为人们判别是非曲直,惩罚犯罪和解决争议,涉及的是对过去事件的评价,且此种评价将直接影响到国民的生命、自由、财产及其他权益,故均必须特别慎重。且立法和司法不具有行政那样的急迫性,可以有较多的时间进行集体讨论和作出决定,而行政机关则不同,对许多问题,特别是对某些紧急的问题,往往要在短时间内,有时甚至要在几小时、几分钟内作出决定,不可能都有时间进行从容的集体讨论后再作出决定。当然,行政机关中的行政立法、行政决策、行政裁决机关,也有采行合议制,决定问题实行票决制的,如以色列的内阁和美国的部分独立规制机构即实行合议制。

(4) 行政机关行使职能通常是主动的、经常的和不间断的。行政机关由于行使的是公共管理和公共服务职能,包括保障国家安全、维护社会秩序、发展社会经济和福利等,故其职能行使必须连续而不间断,主动行使而不必待人请求。虽然行政机关有些职能的行使是应请求进行的,如颁发证照等,但这只是行政职能中的一部分。这一点不同于法院,法院行使审判职能是不告不理,当事人不起诉,法院不主动立案;也不同于立法机关,立法机关行使职能虽然是主动的,但却不是经常的和不间断的。立法机关通常是定期召开会议,通过有限期的会议行使职能。

(5) 行政机关最经常、最直接、最广泛地与个人、组织打交道。行政机关行使的各项职能由于与个人、组织有着最密切的联系,无论是征集兵役、收税、维持社会秩序、颁发证照、管理商标和广告,还是规定产品质量标准、确定利率、进行环境监测,都直接涉及个人、组织的权益。行政机关为了实施管理,必须与个人、组织发生广泛的联系。司法机关在行使职能的过程中虽然也直接与个人、组织打交道,但其联系主要只限于诉讼过程中,远不及行政机关与相对人的联系经常、广泛。立法机关与个人、组织的联系则既不及行政机关与相对人的联系经常、广泛,也不及其直接。法律对个人、组织行为的调整往往要通过行政执法或司法的途径实现。①

第二节 行政机关的职责与职权

本节所论述的行政机关的职责与职权,是指行政机关乃至行政主体的一般职责、职权,而不是指某一具体单个的行政机关的职责、职权。例如,非行政机关的法律、法规授权组织同样可以行使行政机关享有的某些职权,履行为行政机关履行的某些职责。正因为如此,一些行政法学教科书不单独设立章节研究行政机关的职责、职权,而是统一研究行政主体的"行政职权"和"行政职责"②,或统一研究行政法上的国家的"公权力"及"公义务"③。

本书考虑到行政职权和行政职责主要由行政机关所具有,法律、法规授权的组织和其他社会公权力组织只能部分(而不能全部)地行使行政职权和履行行政职责,行政机关与其他行政主体的职责存在较大区别,故对二者分别加以探讨。本节只研究行政机关的职权、职责,法律、法规授权组织和其他社会公权力组织

① 当然,现代立法机关立法,也要通过听证会等形式直接听取公民、法人和其他组织的意见。尽管如此,其经常性、广泛性和直接性也远不如行政机关。

② 罗豪才教授主编的《行政法学》对行政主体的行政职权和行政职责进行统一研究。该书将行政职权归为七类:(1) 制定行政规范权;(2) 行政命令权;(3) 行政处置权;(4) 行政决定权;(5) 行政强制执行权;(6) 行政救济权;(7) 行政司法权。该书将行政职责归为五类:(1) 履行职务,不失职;(2) 遵守权限,不越权;(3) 符合法定目的,不滥用职权;(4) 遵循程序,避免瑕疵;(5) 行政合理,避免失当。参见罗豪才主编:《行政法学》,中国政法大学出版社 1996 年版,第 72、75 页。

③ 林纪东所著《行政法》对行政法关系上的国家公权及公义务进行了统一研究。该书将行政关系上国家的公权归为四类:(1) 下命权;(2) 强制权;(3) 形成权;(4) 公法上的物权。至于公义务,该书认为其相对于个人的公权而存在,个人有哪些公权,国家即有相应的公义务,以满足和实现这些权利。见林纪东:《行政法》,三民书局 1980 年版,第 108、116 页。管欧在《中国行政法总论》中将国家行政法上之公权归为六类:(1) 命令权;(2) 制裁权;(3) 形成权;(4) 公法上的债权;(5) 公法上之物权(又分所有权、地上权、担保物权三项);(6) 公法上的经营权。至于国家的公义务,该书将之归为三类:(1) 概括之义务(一般的、广泛的、不特定的义务,如维持公共秩序的义务);(2) 对待之义务(对人民享有权利而产生的义务,如对人民征税权而产生的依法、依程序征税之义务);(3) 特定之义务(对于特定事项的义务,如对人民申请的受理义务等)。参见管欧:《中国行政法总论》(第 19 版修订本),蓝星打字排版公司 1981 年版,第 83—87、94—95 页。

的公权力和职责将在后面的章节讨论。

此外,职权、职责是两个既相互联系又相互区别的概念,许多教科书在研究职权、职责时,通常先研究职权,后研究职责。[①] 本书将职责置前,职权置后。这样似乎更符合逻辑:职权因职责而产生。法律首先赋予了行政机关各种职责,为保证这些职责的完成,方授予行政机关以相应的职权和各种管理手段。离开了职责,职权和管理手段就失去了存在的根据。

一、行政机关的一般职责

宪法和行政组织法规定了不同层级、不同种类、不同管理领域的各种行政机关的不同具体职责。将行政机关的所有这些具体职责加以归纳、抽象,可以概括为下述一般职责:

(一)维护社会秩序

维护社会秩序是行政机关的传统职责。为了履行这一职责,行政机关设有专门的公安和安全机构,建立警察队伍。在平时,行政机关运用这些机构、设施,防止和打击违法、犯罪行为,保障人们生产、生活的正常秩序,使人民过上安宁的生活;在发生动乱、骚乱或暴乱时,行政机关运用这些机构、设施,甚至动用武装力量,镇压骚乱、暴乱,以恢复和重建秩序。

(二)保障国家安全

保障国家安全同样是行政机关的传统职责。人们设立政府,以缴纳税费和限制自己一定的自由为代价,所追求的重要目标之一即是国家安全与和平生活。因此,任何政府均要将加强和巩固国防、防止外敌入侵作为自己的重要职责之一。在发生外敌入侵时,政府即应组织和指挥国家的武装力量进行有效的抵抗和反击,打败侵略者,以恢复人民的和平生活。

(三)保障和促进经济发展

保障和促进经济发展是现代社会行政机关的职责。在19世纪以前,政府对经济通常不积极干预,直至自由资本主义时代,政府还只是主要起“看门犬”(维护国家安全和社会秩序)的作用,人们的社会经济活动主要靠“看不见的手”(价值规律)进行调节。但是人们进入现代社会以后,由于各种社会关系、社会矛盾的复杂化,人们不能再单纯依赖“看不见的手”发挥作用,市场的各种缺陷必须以“看得见的手”予以弥补,故适当发挥政府对市场的宏观调控作用。否则,整个社会经济可能因无序和恶性竞争而陷入瘫痪和崩溃。

然而,政府对经济的干预只是对市场机制缺陷的补充,政府干预绝不可过

---

① 参见管欧:《中国行政法总论》(第19版修订本),蓝星打字排版公司1981年版,第83—87、94—95页。

头，否则，就可能扼杀市场的活力，妨碍甚至破坏经济的发展。在这方面，法律对行政机关的此种职责一定要确定适当的度，保证市场在资源配置中起决定性的作用，绝不可以“看得见的手”取代“看不见的手”。

（四）保障和促进文化进步

行政机关对文化建设的职责如同对经济建设的职责一样，是现代社会的要求。现代政府不能只是消极地保障国家安全和社会秩序，为人民提供和平与秩序，而且要积极地保障和促进物质文明、精神文明的发展，增进人民的福祉。当然，这种“积极”亦不能过度，应在尊重公民个人、组织的自由和自主权的前提下有所作为。

这里“保障和促进文化进步”职责中的“文化”是广义的文化，包括教、科、文、卫、体等精神文明建设的内容。行政机关对于“文化”的职责相对地重于对经济的职责，因为经济应更多地借助于市场机制的作用，更多地发挥市场经济主体自主权的作用。

（五）健全和发展社会保障与社会福利

行政机关的这一职责是随着其管理、干预经济的职责的发展而发展起来的。这一职责有着多方面的意义：首先，它对于解决现代经济的发展所带来的各种社会问题（如失业、环境污染、各种生产事故及工业化导致的其他损害等）是必要的；其次，它对于防止社会动荡、保持社会稳定是必要的；最后，它对于保障社会公正，消除社会过分的两极分化，救济因灾、因病、因年老无助等而失去生活来源的人们也是不可缺少的制度。目前，许多发达国家的政府运用国家财政和其他经费来源，举办各种社会救济和社会福利事业，如失业补助、养老金、退伍军人优抚、残疾人救助、流浪乞讨人员收容安置、灾民难民救济，以及举办各种社会公益和服务事业，如幼儿园、托儿所、养老院、文化馆、体育馆、博物馆、图书馆以及公共交通和其他公用事业等。

我国在进入新时代以后，特别重视社会公共服务，将“坚持在发展中保障和改善民生”作为我们各级政府的重要使命，要求各级政府“在幼有所育、学有所教、劳有所得、病有所医、老有所养、住有所居、弱有所扶上不断取得新进展”，不断促进社会公平正义。[①]

在现代社会，行政机关对社会保障和社会福利必须予以足够的重视，但是对此也不能热心过度，过多、过分的救济和福利不利于激发人们工作的积极性和创造精神，而且因此增加财政税收负担，可能打击企业家的竞争和进取精神，妨碍经济的发展。在这方面，一些西方“福利国家”（welfare state）实行过高的福利待

---

① 参见习近平：《高举中国特色社会主义伟大旗帜，为全面建设社会主义现代化国家而团结奋斗——在中国共产党第二十次全国代表大会上的报告》第九部分“增进民生福祉，提高人民生活品质”。

遇已经得到教训，开始调整它们的政策，使社会保障和社会福利的水平和经济的发展相适应，并有利于（而不是不利于）经济的发展。

（六）保护和改善人类生活与生态环境

保护和改善人类生活与生态环境的职责，相对于以上其他职责，行政机关对其认识得最晚，履行得最不力，从而效果不尽如人意。然而行政机关的这一职责意义极为重要。环境关系到经济、社会和人类本身的可持续发展。环境破坏了，水、大气、土地都污染了，动植物不能生存，人类本身也无存身之地。然而，环境不同于经济，不易于为企业、组织、个人所重视、关注。对于经济，即使行政机关不过问，企业、组织、个人为自己的生计，也会努力去发展，但是对于环境，行政机关如果不干预，企业、组织、个人往往有“搭便车”的心理，听之任之，很少会有人花钱去治理污染、改善自己和他人共享的环境。此外，治理和改善环境有时需要多方面的合作和大量的财政支出，个别企业、组织、个人往往难以胜任，必须由行政机关加以组织、协调或由行政机关直接出资进行相关工程建设。

2018 年，我国第十三届全国人民代表大会第一次会议通过的《宪法修正案》第一次将生态文明、社会文明与物质文明、政治文明、精神文明一道，并列为我国国家发展的基本目标和根本任务。《宪法》第 26 条第 1 款规定：“国家保护和改善生活环境和生态环境，防治污染和其他公害。”所谓“生活环境”，是指与人类生活密切相关的各种自然条件和社会条件，包括自然环境和社会环境中的生活环境。所谓“生态环境”，是指影响生态系统发展的各种生态因素，即环境条件（包括气候条件、土壤条件、生物条件、地理条件等）的总体。生态环境也包括自然环境和社会环境，如作为自然环境的森林生态环境、海洋生态环境等，作为社会环境的城市生态环境、农村生态环境等。生活环境与生态环境有着极为密切的关系，二者都是人类存在和发展的基本条件。

过去由于环境意识差，人们为了发展经济而掠夺性、破坏性地开发资源，导致了严重的污染和其他公害（如雾霾、沙尘暴、泥石流等），给人类的生活环境和生态环境造成了极大损害。20 世纪中叶以来，一些国家开始意识到环境问题的严重性，开始进行治理，但是，目前地球整个环境恶化的势头尚没有被完全遏制住。因此，保护和改善环境今后应作为世界各国行政机关共同的重要职责。我国是社会主义国家，是发展中国家，也是环境污染较严重的国家，我国行政机关更应该把保护、改善环境的职责放在最重要的位置，至少是最重要的位置之一。

行政机关的职责涉及政府与公民、政府与市场、政府与社会的关系。正确界定行政机关的职责对于正确处理上述三种关系是至关重要的。自 20 世纪 80 年代改革开放以来，我国政界和学界都一直在探讨政府的正确定位和行政机关职能的适当范围。直到 21 世纪初，各方初步达成共识，将行政机关的主要职能归纳为四项：经济调节、市场监管、社会管理和公共服务。中共十八大和其后的十八届三中全会、四中全会又强调经济调节主要限于宏观调控，社会管理改为社会治理。随后，中共中央、国务院又相继发布《法治政府建设实施纲要(2015—2020年)》和《法治政府建设实施纲要(2021—2025年)》，将政府的主要职能增加为五项：宏观调控、市场监管、社会治理、公共服务和环境保护，并将环境保护放在政府五项职能中非常重要的位置。中共十九大报告要求要“像对待生命一样对待生态环境，统筹山水林田湖草系统治理，实行最严格的生态环境保护制度，形成绿色发展方式和生活方式，坚定走生产发展、生活富裕、生态良好的文明发展道路，建设美丽中国，为人民创造良好生产生活环境，为全球生态安全作出贡献”。[①] 中共二十大报告进一步指出：“大自然是人类赖以生存发展的基本条件。尊重自然、顺应自然、保护自然，是全面建设社会主义现代化的内在要求。必须牢固树立和践行绿水青山就是金山银山的理念，站在人与自然和谐共生的高度谋划发展。我们要推进美丽中国建设，坚持山水林田湖草沙一体化保护和系统治理，统筹产业结构调整、污染治理、生态保护、应对气候变化，协同推进降碳、减污、扩绿、增长，推进生态优先、节约集约、绿色低碳发展。”[②]

二、行政机关的主要职权

行政机关为履行其职责，必须具有相应的职权。职权是职责的保障。根据宪法和组织法的有关规定，行政机关的主要职权一般有下述七项[③]：

(一) 行政立法权

行政立法权是指行政机关制定行政法规和规章的权力。立法权本来是国家立法机关的权力，行政机关只享有执行权而无立法权。但在现代社会，行政机关因具有广泛的职责，单靠立法机关的立法远远满足不了行政机关履行其职责对法的需要。于是，法律便赋予行政机关以准立法权，即允许行政机关根据法律的原则、精神和法律的有关规定，制定相应的实施规范、解释性规范或创制性与补充性规范，用以调整各种行政关系，规范行政相对人的行为。行政机关的行政立法权为准立法权，它必须根据法律行使，其内容不能与宪法、法律相抵触。[④]

(二) 行政命令权

行政命令权是指行政机关向行政相对人发布命令，要求行政相对人作出某

---

① 参见习近平：《决胜全面建成小康社会，夺取新时代中国特色社会主义伟大胜利——在中国共产党第十九次全国代表大会上的报告》第三部分“新时代中国特色社会主义思想和基本方略”。

② 参见习近平：《高举中国特色社会主义伟大旗帜，为全面建设社会主义现代化国家而团结奋斗——在中国共产党第二十次全国代表大会上的报告》第十部分“推动绿色发展，促进人与自然和谐共生”。

③ 这些职权是对整个行政机关职权的概括，不是每个具体行政机关都享有所有这些职权。各个具体行政机关通常只享有其中的若干项，如县级以下行政机关即不享有行政立法权。

④ 参见《立法法》第二至四章。

种行为或不作出某种行为的权力。行政命令的形式是各种各样的,如通告、通令、布告、规定、通知、决定、命令和对特定相对人发出的各种"责令"等。针对不特定相对人的行政命令与行政立法相似,往往以规范性文件发布。行政命令与行政立法的区别主要在于发布主体:行政立法(行政法规、规章)的发布主体是法律授权的特定行政机关,行政命令的发布主体是一般行政机关。[①]

(三) 行政处理权

行政处理权是指行政机关实施行政管理,对涉及特定行政相对人权利、义务的事项作出处理的权力。[②] 行政处理的范围很广泛,包括行政许可、行政征收、征用、行政给付等。行政机关大量职责的履行,是通过行政处理实现的。因此,行政处理权是行政机关实施行政管理、履行行政职责中最经常、最广泛使用的一种行政权力。

(四) 行政监督权

行政监督权是行政机关为保证行政管理目标的实现而对行政相对人遵守法律、法规,履行义务的情况进行检查监督的权力。行政监督的形式多种多样,主要有检查、审查、统计、审计、检验、查验,以及要求相对人提交报告、报表等。行政监督权既是一种独立的权力,同时又是行政立法权、行政命令权、行政处理权实现的保障。

(五) 行政裁决权

行政裁决权(亦称行政司法权)是指行政机关裁决争议、处理纠纷的权力。裁决争议、处理纠纷本来是法院的固有权力,但在现代社会,由于社会经济的发展和科技的进步,行政管理涉及的问题越来越专门化,越来越具有专业技术性的因素。这样,普通法院在处理与此有关的争议和纠纷方面越来越困难且越来越感到不适应。而行政机关因为长期管理这方面的事务,具有处理这类争议、纠纷的专门知识、专门经验和专门技能,于是,法律赋予行政机关以准司法权,即允许行政机关在行政管理过程中裁决和处理与其管理有关的民事、行政争议和纠纷,如有关商标、专利、医疗事故、交通事故、运输、劳动就业以及资源权属等方面的争议和纠纷。行政机关在行政管理中,直接裁决和处理与此有关的争议、纠纷,显然有利于相应行政管理目标的实现。当然,为了保障公正和法治,行政机关的行政裁决行为通常不是终局性的,如当事人不服,还可请求司法审查的监督。

(六) 行政强制权

行政强制权是指行政机关在实施行政管理的过程中,对不依法履行行政义

---

① 行政立法主体通常同时具有发布行政命令权,但具有发布行政命令权的主体大多不具有行政立法权。

② "行政处理"一词相当于德国、日本等国行政法中的"行政处分"。由于我国"行政处分"特指行政机关对公务员的纪律处分,故对行政机关处理特定相对人权利义务事项的行为称"行政处理"。广义的"行政处理"包括行政裁决、行政强制、行政处罚。这里的行政处理权指狭义的"行政处理"。

务的行政相对人采取人身的或财产的强制措施，迫使其履行相应义务的权力。[①]行政机关是国家机关，为了保证行政管理目标的实现，制止违法行为和维护社会、经济秩序，法律赋予其行政强制权是必要的。但是，由于行政强制权涉及行政相对人的人身和财产权利，法律必须对之加以严格限制和规范，行政机关行使时也必须非常慎重，不是在必要时不行使，必须行使时亦应限制在必要的限度之内。否则，将导致行政专制和对相对人权益的侵犯。

（七）行政处罚权

行政处罚权是指行政机关在实施行政管理的过程中，为了维护公共利益和社会秩序，保护公民、法人和其他组织的合法权益，对违反行政管理秩序的行政相对人依法给予制裁的权力。行政处罚权与行政强制权一样，是行政机关必须拥有的权力，但同时又是必须严格加以限制、规范和慎重行使的权力。行政处罚权和行政强制权的主要区别在于二者的目的和形式不同：行政处罚权的目的主要在于制裁违反行政管理秩序者，行政强制权的目的主要在于迫使不履行行政义务的人履行义务；行政处罚的形式主要是罚款、拘留、没收、吊扣证照等，行政强制的形式主要为查封、扣押、冻结、划拨及对人身的强制措施，如扣留、约束等。[②]

第三节 我国现行行政机关的体系

一、中央行政机关

我国中央行政机关由国务院和国务院的工作部门（部、委、行、署、局、办等）组成。

国务院即中央人民政府，是最高国家权力机关的执行机关，是最高国家行政机关。国务院由全国人民代表大会产生，对全国人民代表大会负责，受全国人民代表大会及其常务委员会监督。国务院由总理、副总理、国务委员、各部部长、各委员会主任、中国人民银行行长、审计长、秘书长组成，实行总理负责制。国务院设有全体会议和常务会议两种会议。国务院全体会议由国务院全体成员组成，国务院常务会议由总理、副总理、国务委员、秘书长组成。总理召集和主持国务院全体会议和国务院常务会议。国务院工作中的重大问题，必须经国务院常务会议或国务院全体会议讨论决定。国务院发布的决定、命令和行政法规，向全国人大或全国人大常

① 行政强制包括预防性强制和制止性强制（如直接的人身强制和财产强制），这两种强制多是即时性的；也包括执行性强制（如强制拆迁、强制划拨等），这种强制多由行政机关作出决定，申请人民法院执行。对此，可参阅《行政强制法》和本书第十六章第六节关于“行政强制”的论述。

② 关于行政处罚，后面有专门章节论述。

委会提出的议案,任免人员,由总理签署。[①]

国务院各部委(含行、署,下同)是国务院的工作部门,部委的设立经总理提出,由全国人民代表大会决定,在全国人民代表大会闭会期间,由全国人民代表大会常务委员会决定。部、委实行部长(主任、行长、审计长)负责制,部长(主任、行长、审计长)领导本部门的工作,召集、主持部务(委务、行务、署务)会议。国务院组成部门工作中的方针、政策、计划和重大行政措施,应向国务院请示、报告,由国务院决定。部、委上报国务院的重要请示、报告和下达的命令、指示,由部长(主任、行长、审计长)签署。[②] 根据第十四届全国人大第一次会议审议批准的《关于国务院机构改革方案的决定》,国务院除办公厅外,设组成部门 26 个。

国务院 26 个组成部门分别是:外交部、国防部、国家发展和改革委员会、教育部、科学技术部、工业和信息化部、国家民族事务委员会、公安部、国家安全部、民政部、司法部、财政部、人力资源和社会保障部、自然资源部、生态环境部、住房和城乡建设部、交通运输部、水利部、农业农村部、商务部、文化和旅游部、国家卫生健康委员会、退役军人事务部、应急管理部、中国人民银行、审计署。另外,教育部对外保留国家语言文字工作委员会牌子;工业和信息化部对外保留国家航天局、国家原子能机构牌子;人力资源和社会保障部加挂国家外国专家局牌子;自然资源部对外保留国家海洋局牌子;生态环境部对外保留国家核安全局牌子;农业农村部加挂国家乡村振兴局牌子。[③]

国务院除设立部、委作为其正式工作部门外,还设有 1 个直属特设机构:国务院国有资产监督管理委员会;14 个直属机构:中华人民共和国海关总署、国家市场监督管理总局、中国证券监督管理委员会、国家体育总局、国家统计局、国家国际发展合作署、国务院参事室、国家税务总局、国家金融监督管理总局、国家广播电视总局、国家信访局、国家知识产权局、国家医疗保障局、国家机关事务管理局。另外,国家市场监督管理总局对外保留国家反垄断局、国家认证认可监督管理委员会、国家标准化管理委员会牌子;国家新闻出版署(国家版权局)在中央宣传部加挂牌子,由中央宣传部承担相关职责;国家宗教事务局在中央统战部加挂牌子,由中央统战部承担相关职责。国务院直属特设机构和直属机构是国务院主管各项专门业务的机构,由国务院根据工作需要和精简的原则设立,无需全国人大或全国人大常委会批准。[④]

---

① 参见《国务院组织法》第 5、7、9 条。

② 参见《国务院组织法》第 11、12、14 条。

③ 参见《国务院机构改革方案》。

④ 根据第十四届全国人大第一次会议通过的《国务院机构改革方案》,国务院设置国家市场监督管理总局、国家金融监督管理总局、中国证券监督管理委员会、国家信访局、国家知识产权局、国家数据局、国家乡村振兴局等国务院组成部门以外的国务院所属机构。这些机构的调整和设置,由新一届国务院审查批准。

国务院还设有5个办事机构和8个直属事业单位。5个办事机构分别是：国务院研究室、国务院侨务办公室（在中央统战部加挂牌子，由中央统战部承担相关职责）、国务院港澳事务办公室（在中共中央港澳工作办公室加挂牌子，由中共中央港澳工作办公室承担相关职责）、国务院台湾事务办公室（与中共中央台湾办公室、国家互联网信息办公室与中央网络安全和信息化委员会办公室一个机构两块牌子，列入中共中央直属机构序列）、国务院新闻办公室（在中央宣传部加挂牌子，由中央宣传部承担相关职责）。8个直属事业单位分别是：新华通讯社、中国科学院、中国社会科学院、中国工程院、国务院发展研究中心、中央广播电视总台、中国气象局、国家行政学院（与中央党校一个机构两块牌子，作为党中央直属事业单位）。

除上述机构外，国务院还设17个由部委管理的国家局：国家粮食和物资储备局（由国家发展和改革委员会管理）、国家数据局（由国家发展和改革委员会管理）、国家烟草专卖局（由工业和信息化部管理）、国家林业和草原局（由自然资源部管理）、中国民用航空局（由交通运输部管理）、国家文物局（由文化和旅游部管理）、国家疾病预防控制局（由国家卫生健康委员会管理）、国家消防救援局（由应急管理部管理）、国家药品监督管理局（由国家市场监督管理总局管理）、国家能源局（由国家发展和改革委员会管理）、国家国防科技工业局（由工业和信息化部管理）、国家移民管理局（由公安部管理）、国家铁路局（由交通运输部管理）、国家邮政局（由交通运输部管理）、国家中医药管理局（由国家卫生健康委员会管理）、国家矿山安全监察局（由应急管理部管理）、国家外汇管理局（由中国人民银行管理）。国家移民管理局加挂中华人民共和国出入境管理局牌子，国家林业和草原局加挂国家公园管理局牌子。另外，国家公务员局在中央组织部加挂牌子，由中央组织部承担相关职责。国家档案局与中央档案馆、国家保密局与中央保密委员会办公室、国家密码管理局与中央密码工作领导小组办公室一个机构两块牌子，列入中共中央直属机关的下属机构序列。

二、一般地方行政机关

一般地方行政机关包括地方各级人民政府及其工作部门。一般地方行政机关通常分为三级：省、直辖市人民政府，县、县级市及市（指下设区、县的市）辖区人民政府，乡、镇人民政府。在某些地方，省级地方行政机关与县级地方行政机关之间还设有一级人民政府，即市（指下设区、县的市）人民政府，这些地方的行政机关是四级而不是三级。至于在省级人民政府之下设立的地区行署，在县级人民政府之下设立的区公所，在市、市辖区人民政府之下设立的街道办事处，则均不是一级地方行政机关，而只是相应地方人民政府的派出机关。

地方各级人民政府是地方各级人民代表大会的执行机关，同时是地方各级国家行政机关。地方各级人民政府实行双重从属制:既从属于本级人民代表大会,对本级人民代表大会负责和报告工作,同时又从属于上一级国家行政机关,对上一级国家行政机关负责和报告工作,并且接受国务院的统一领导和服从国务院。[①]

地方各级人民政府由正副职政府首长和各政府工作部门负责人组成。省、市级人民政府组成人员还包括秘书长,乡镇人民政府则只设乡长、副乡长、镇长、副镇长,而不再设专门工作部门。地方各级人民政府均实行首长负责制。县级以上地方人民政府同时也设全体会议和常务会议两种会议。全体会议由本级人民政府全体成员组成,常务会议由正副职政府首长组成,省、市级政府常务会议的组成人员还包括秘书长。政府正职行政首长主持本级人民政府的全体会议和常务会议。政府工作中的重大问题,必须经政府常务会议或全体会议讨论决定。[②]

地方人民政府工作部门的设立由本级人民政府决定,报上一级人民政府批准。地方人民政府各工作部门通常既受本级人民政府统一领导,同时又受上一级人民政府主管部门的业务指导或者领导。[③]

三、民族自治地方行政机关

民族自治地方行政机关是指自治区、自治州、自治县、民族乡的人民政府及其工作部门(民族乡不设专门工作部门)。民族自治地方的人民政府既是民族自治地方人民代表大会的执行机关,也是民族自治地方的行政机关。同时,自治区、自治州、自治县的人民政府与人民代表大会同为民族自治地方的自治机关。[④]

民族自治地方行政机关的组织同于一般地方行政机关的组织,只是自治区、自治州、自治县人民政府的正职行政首长必须由实行民族区域自治的民族的公民担任。民族自治地方的行政机关除行使宪法和法律规定的一般地方行政机关的职权外,同时依照宪法、民族区域自治法和其他有关法律的规范行使自治权,根据本地方实际情况贯彻执行国家的法律、政策。[⑤]

四、特别行政区行政机关

我国《宪法》第 31 条规定:“国家在必要时得设立特别行政区。在特别行政

---

① 参见《地方组织法》第 69 条。
② 参见《地方组织法》第 78 条。
③ 参见《地方组织法》第 83 条。
④ 参见《民族区域自治法》第 2、12、15 条。
⑤ 参见《民族区域自治法》第 4、15、17 条。

区内实行的制度按照具体情况由全国人民代表大会以法律规定。”根据宪法的上述规定，我国已于 1997 年 7 月 1 日设立香港特别行政区，1999 年 12 月 20 日设立澳门特别行政区，全国人民代表大会先后为此专门制定了《香港特别行政区基本法》(于 1990 年 4 月 4 日由第七届全国人民代表大会第三次会议通过)和《澳门特别行政区基本法》(于 1993 年 3 月 31 日由第八届全国人民代表大会第一次会议通过)。

根据《香港特别行政区基本法》的规定，香港特别行政区的政府是香港特别行政区行政机关。特别行政区政府的首长是特别行政区行政长官。特别行政区政府对特别行政区立法会负责，执行立法会通过并已生效的法律，定期向立法会作施政报告，答复立法会议员的质询。特别行政区征税和公共开支须经立法会批准。特别行政区政府设政务司、财政司、律政司和若干局、处、署作为其工作部门。特别行政区的主要官员由在香港通常居住连续满 15 年并在外国无居留权的香港特别行政区永久性居民中的中国公民担任。

根据《澳门特别行政区基本法》的规定，澳门特别行政区政府是澳门特别行政区的行政机关。特别行政区的首长是特别行政区的行政长官。特别行政区政府对特别行政区立法会负责，执行立法会通过并已生效的法律，定期向立法会作施政报告，答复立法会议员的质询。特别行政区政府设若干司、局、厅、处作为其工作部门。特别行政区政府主要官员由在澳门通常居住连续满 15 年的澳门特别行政区永久性居民中的中国公民担任。

第七章　其他行政主体

第一节　其他行政主体概述

一、其他行政主体的含义

所谓“其他行政主体”，是指除行政机关以外的行使一定行政职能的法律、法规授权的组织和其他社会公权力组织。

在传统的“国家—臣民”或“国家—公民”的二元化社会里，公权力通常由国家垄断，行政权一般只能由国家行政机关行使，从而行政主体只有国家行政机关。但在现代社会，在国家和公民之间，生长出大量的从事或参与公共治理(public governance)的非政府、非营利组织(NGO、NPO)，社会形成多元化结构(除国家、公民外，还有各种社会组织、团体，以及各种由主权国家组成的国际组织、地区组织和非主权国家组织组成的国际民间团体等)，国家公权力越来越多地向社会公权力组织和国际公权力组织转移。虽然在很长的一个历史时期内，国家仍然会是公权力的主要享有者，但公权力不可能再为国家所垄断。相应的，国家行政机关虽然是行政职能的主要行使者，但它也不可能再作为行使行政权的唯一主体。在现代社会，行政主体除了国家行政机关以外，各国法律、法规不断授权非行政机关的组织(主要是公法人，有时也授权私法人)行使一定行政职能，使之成为行政主体。另外，有些社会公权力组织，虽然没有法律、法规的明确授权，但根据社会自治原则及相应组织的章程(即依相应组织成员的授权)，也对其组织成员甚至对组织外相对人行使一定公权力，作出影响内外行政相对人一定权益的行政行为，成为一定领域、一定事项的行政主体。

二、其他行政主体的种类

如前所述，其他行政主体主要有两大类别：一类为法律、法规授权的组织；另一类为其他社会公权力组织。

法律、法规授权的组织又包括几种不同情形：其一是法律、法规授权的社会公权力组织，如行业协会、基层群众性自治组织、工青妇一类社会团体等；其二是法律、法规授权的国有企事业单位，随着经济体制改革的深化，法律、法规授权企业行使公权力的情况越来越少，一般仅授权管理公共事务的公益事业组织行使某些行政职能；其三是民办非法人组织、民间社团组织等；其四是行政机关的内设机构、派出机构等。

其他社会公权力组织则是指法律、法规未具体和明确授权的情况行使一定行政职能的社会公权力组织。其他社会公权力组织包括行业协会、基层群众性自治组织、工青妇一类社会团体等。这些组织在有法律、法规授权的情况下则为“法律、法规授权的组织”，在没有法律、法规授权而依组织章程行使某些行政性职能的情况下则为“其他社会公权力组织”。例如，村民委员会根据《村民委员会组织法》第 4 条的授权协助“协助乡、民族乡、镇的人民政府开展工作”，这时，它的法律地位就是“法律、法规授权的组织”；而村民委员会根据村民会议制定的村民自治章程或村规民约管理村集体经济、处理村民承包经营事项、办理村建道路等公益事业时，它的法律地位就是“其他社会公权力组织”而非“法律、法规授权的组织”。因为村民委员会依村民自治章程或村规民约实施其内部管理行为属于基层自治的范畴，不需要有具体法律法规的授权，只要其行为不违反法律法规即可。

第二节 法律、法规授权的组织

一、法律、法规授权的组织的含义

法律、法规授权的组织是指依具体法律、法规授权而行使特定行政职能[①]的非国家行政机关组织。

首先，法律、法规授权的组织是指非国家行政机关的组织。它们不同于国家行政机关，不具有国家机关的地位。它们只有在行使法律、法规所授行政职能时，才享有国家行政权力和承担行政法律责任，在非行使法律、法规授予的行政职能时，它们只是一般的社会公权力组织或一般的民事主体，仅享有一般社会公权力或仅享有一般民事权利和承担一般民事义务。

其次，法律、法规授权的组织行使的是特定行政职能而非一般行政职能。所谓“特定职能”，即限于相应法律、法规明确规定的某项具体职能或某种具体事项，其范围通常是很窄的、有限的。国家行政机关则行使国家的一般行政职能，不限于某一具体领域或某种具体事项。

最后，法律、法规授权的组织行使的职能为具体法律、法规所授，而非行政组

① “职能”有作用和功能的含义，职能决定职责、职权和管理手段。某一机关或组织一旦被赋予了某种行政职能，法律、法规就必然会同时赋予其相应的行政职责、职权和管理手段，否则，它被赋予的行政职能就无法实现。有时，“职能”与“职权”“职责”通用，如“授权”既指授予“职能”，也指授予“职权”“职责”。

织法所授，且具体法律、法规对相应组织的授权通常是有期限的，通常限于办理某一具体行政事务，该行政事务完成，相应授权即告结束。而行政组织法对国家行政机关的授权则具有相对稳定性，只要该行政机关存在，它就一直行使所授职能。

在现代社会，法律、法规授权国家行政机关以外的组织行使职能有其必然性和重要意义：首先，根据民主发展的趋势，国家职能将不断向社会转移。因为，国家只是一定历史发展阶段的产物，它将随着民主的发展而逐步消亡①，在国家消亡以前，国家的职能将通过法律、法规不断转移给社会。其次，社会进入“行政国家”阶段以后，行政职能大量增加，这些职能如果都由国家行政机关集中行使，势必助长官僚主义、腐败和权力的滥用。② 因此，国家应尽可能将一部分可能社会化的行政职能社会化。再次，有些行政职能由社会组织行使比行政机关行使更适合。因为社会组织更接近行政相对人，对相应领域行政相对人的情况更熟悉，其管理行为更易于为相对人所接受。邓小平同志曾经指出，过去“我们的各级领导机关，都管了很多不该管、管不好、管不了的事，这些事只要有一定的规章，放在下面，放在企业、事业、社会单位，让他们真正按民主集中制自行处理，本来可以很好办”③。最后，某些公共事业单位和其他社会组织所行使的职能，除了其本身的职能和社会事务、社会活动的性质以外，同时又具有一定的公行政性质。如公立学校向社会招生，开除学生学籍，律师协会、医生协会颁发或吊销其协会成员的执业执照等行为④，均具有公行政性质，这些具有公行政性质的职能因与相应公共事业单位、社会组织的其他职能紧密联系，故法律、法规通常将这些职能授予相应公共事业单位或社会组织行使，或者法律、法规在调整公共事业单位、社会组织的其他行为时一并调整这些公行政行为。

二、被授权组织的条件和范围

目前法律、法规没有明确规定被授权组织的条件。根据行政法的基本原则和一般法理，相应组织应具备下述条件，法律、法规才能授权其行使一定的行政职能：其一，相应组织应与所授权行使的行政职能无利害关系。例如，法律、法规不能授权参与市场竞争的企业管理与市场竞争有关的行政事务，否则，即违反行

---

①　关于国家消亡，马克思曾经多次论述过其必然性。在《法兰西内战》中，马克思指出：“实际上，国家无非是一个阶级镇压另一个阶级的机器，而且在这一点上民主共和国并不亚于君主国。国家再好也不过是在争取阶级斗争中获胜的无产阶级所继承下来的一个祸害；胜利了的无产阶级也将同公社一样，不得不立即尽量除去这个祸害的最坏方面，直到在新的自由的社会条件下成长起来的一代有能力把这全部国家废物抛掉”。参见《马克思恩格斯选集》第 3 卷，人民出版社 1995 年版，第 13 页。

②　邓小平同志曾经指出，党政机关什么都管，“这可以说是目前我们所特有的官僚主义的一个总病根”。参见《邓小平文选》第 2 卷，人民出版社 1994 年版，第 328 页。

③　同上。

④　颁发和吊销相对人执业执照的职能目前在我国和其他一些国家大多或部分仍由行政机关行使。

政法的公正原则。其二，相应组织应具有了解和掌握与所行使行政职能有关的法律、法规和有关技术知识的工作人员。其三，相应组织应具备所授行政职能行使所需要的基本设备和条件。其四，对于某些特别行政职能，被授权组织还应具备某些特别的条件，如保密、安全、技术、经验以及工作人员的特殊素质要求等。

至于被授权组织的范围，在实践中是相当广泛的。根据我国现行法律、法规授权的情况，可大致归纳为下述几类：

(一) 基层群众性自治组织

基层群众性自治组织是指城市和农村按居民居住的地区设立的居民委员会和村民委员会。基层群众性自治组织与国家基层政权有着极密切的联系。基层群众性自治组织的工作受基层人民政府或其派出机构指导：城市居民委员会受市、市辖区的人民政府或它的派出机关——街道办事处的指导[①]，村民委员会受乡、民族乡、镇的人民政府的指导。居民委员会、村民委员会根据相应组织法的授权行使多种行政职能。例如，《村民委员会组织法》授权村民委员会办理本村的公共事务和公益事业，调解民间纠纷，协助维护社会治安，协助乡、民族乡、镇的人民政府开展工作[②]，维护村民的合法权益等[③]。《城市居民委员会组织法》授权居民委员会办理本居住地区的公共事务和公益事业，调解民间纠纷，协助维护社会治安，协助人民政府或它的派出机关做好与居民利益有关的公共卫生、计划生育、优抚救济、青少年教育等项工作等。[④]

(二) 行业组织

行业组织是现代社会发展最快、最广泛的社会公权力组织。这些组织既可以根据组织章程行使各种相应的社会公权力，同时亦可接受法律、法规授权行使特定职能。例如，《注册会计师法》授权注册会计师协会制定和组织实施注册会计师统一考试办法；受理和办理注册会计师的注册；对具有法定情形的申请人不予注册，对具有法定情形的持证人撤销注册，收回注册会计师证书等。[⑤]《律师法》授予律协多项行政性职能，包括保障律师依法执业，维护律师合法权益；制定行业规范和惩戒规则；组织律师业务培训和职业道德、执业纪律教育，对律师的执业活动进行考核；对律师、律师事务所实施奖励和惩戒；调解律师执业活动中

---

① 参见《城市居民委员会组织法》第 2 条。

② 根据 2000 年 4 月 29 日第九届全国人大常委会第十五次会议通过的《全国人民代表大会常务委员会关于〈中华人民共和国刑法〉第九十三条第二款的解释》，村民委员会可协助政府从事下述七项行政管理工作：(1) 救灾、抢险、防汛、优抚、扶贫、移民、救济款物的管理；(2) 社会捐助公益事业款物的管理；(3) 国有土地的经营和管理；(4) 土地征收、征用补偿费用的管理；(5) 代征、代缴税款；(6) 有关计划生育、户籍、征兵工作；(7) 其他行政管理工作。

③ 参见《村民委员会组织法》第 2—5 条。

④ 参见《城市居民委员会组织法》第 3、4 条。

⑤ 参见《注册会计师法》第 7—13 条。

发生的纠纷；等等。[①]

（三）工青妇等社会团体

法律、法规授权工青妇等社会团体行使某种行政职能，办理一定行政事务的情况是大量的、常见的。如《工会法》授权工会保障职工合法权益，对企事业单位、机关侵犯职工合法权益的问题可以派出代表进行调查；对职工伤亡事故和其他严重危害职工健康的问题，亦有权参加调查，向有关部门提出处理意见。[②]《企业劳动争议处理条例》（已失效）授权企业职工代表大会和工会参与劳动争议的处理，企业劳动争议调解委员会由职工代表大会推举的职工代表、企业行政代表、工会委员会代表三方组成，且在职工代表大会领导下工作，其办事机构设在工会委员会。劳动争议仲裁委员会的组成必须包括同级工会的代表。[③] 此外，中华人民共和国成立初期，政务院于 1951 年 2 月 26 日发布的《劳动保险条例》还授权工会主管劳动保险事业。现行法律则授权工会协助行政管理。[④]《妇女权益保障法》授权各级妇联维护各族各界妇女的利益，做好保障妇女权益的工作，在妇女权益受到侵害时，接受被侵害人的求助，有权要求并协助有关部门或单位查处。[⑤]

（四）事业与企业组织

法律、法规授权事业组织行使特定行政职能的情况是较多的。例如，《教育法》授权公立学校及其他公立教育机构招收学生或者其他受教育者，对受教育者进行处分（包括开除学籍的处分），对受教育者颁发学业证书，聘任教师、职工以及对之实施处分等。[⑥] 很显然，这些职能大多具有行政性。又如，国务院颁发的《城市生活无着的流浪乞讨人员救助管理办法》授权作为事业单位的救助站负责对城市生活无着的流浪乞讨人员的救助管理工作。[⑦]

相对于事业组织来说，法律、法规较少授权企业组织行使行政职权。因为企业组织主要以营利为目的，因而往往与一定的行政职能行使具有利害关系。但这种情况也不是绝对的，对某些企业可能不适于授权行使某类行政职能，但并非不能授权行使其他行政职能。我国在体制转轨时期，对于一些由过去的专业主管行政机关转制而建立的大型全国性专业公司或行业集团，法律、法规往往授权其行使原行政机关行使的某种管理性行政职能。这在一定时期、一定阶段是不可避免的。例如，《烟草专卖法》曾授权全国烟草总公司和省级烟草公司行使下

① 参见《律师法》第 46 条。
② 参见《工会法》第 20—35 条。
③ 参见《企业劳动争议处理条例》第 7—36 条。
④ 参见《工会法》第 31 条。
⑤ 参见《妇女权益保障法》第 6、73 条。
⑥ 参见《教育法》第 29 条。
⑦ 参见《城市生活无着的流浪乞讨人员救助管理办法》第 2 条、第 6—15 条。

达卷烟产量指标的行政职能，全国烟草总公司根据国务院计划部门下达的年度总产量计划向省级烟草公司下达分等级、分种类的卷烟产量指标。省级烟草公司根据全国烟草总公司下达的分等级、分种类的卷烟产量指标，结合市场销售情况，向烟草制品生产企业下达分等级、分种类的卷烟产量指标。[①] 又如，我国盐业管理也存在这种情况，许多省级盐业公司被授权行使盐业管理的某些行政职能。国务院 1982 年 3 月 16 日发布的《关于全国性专业公司管理体制的暂行规定》（已失效）指出，全国性专业公司是企业的一种组织形式，是生产经营的经济实体，但有些实际上带有相当程度的行政性质，一套机构两块牌子，经营开支由政府和企业分摊。1989 年 8 月 27 日，国务院批转发布的《关于国务院有关部门与国家专业投资公司职责划分的意见》（已失效）更是明确授权投资公司行使多种行政性职能。[②] 由此可见，在我国体制转轨时期，法律、法规授权企业（行政性公司）行使一定行政职能的情况是不可避免地存在的。

（五）行政机关的内设机构和派出机构

根据行政组织法的一般原理，行政机关的内设机构和派出机构不能以自己的名义独立对外作出行政行为和承担法律责任，从而不能成为独立的行政主体。但是，在某些特殊情况下，为行使行政职能的方便，法律、法规也会授权行政机关的内设机构或派出机构独立作出某种特定行政行为，并赋予其行政主体的资格。例如，《税收征收管理法》第 14 条规定，本法所称税务机关是指各级税务局、税务分局、税务所和按照国务院规定设立的并向社会公告的税务机构。这里的“税务所”，即是税务局、税务分局的派出机构，这里的“按照国务院规定设立的并向社会公告的税务机构”可以是税务局、税务分局的内设机构（如税务稽查分局）。这些派出机构和内设机构如果经法律、法规专门授权，可能独立实施税务行政行为，成为税务行政主体。又如，公安派出所是公安局的派出机构，《治安管理处罚法》第 91 条授权其直接行使一定的行政处罚权（警告和 500 元以下的罚款）。这样，公安派出所在此有限的范围内即取得了行政主体的地位。

三、被授权组织的法律地位

被授权组织的法律地位体现在下述三个方面：

（一）被授权组织在行使法律、法规所授行政职能时，是行政主体，具有与行政机关基本相同的法律地位

被授权组织与行政机关同属行政主体，在行使被授职能时，具有与行政机关

---

① 参见《烟草专卖法》第 14 条。

② 这些职能包括：(1) 各投资公司根据国家计委分配的分行业投资，就其资金运用编制中长期和年度投资计划；(2) 国家林业投资公司管理森工的经营性投资；(3) 港口建设费中纳入国家经营性固定资产投资规模的部分，归投资公司管理；(4) 投资公司参照托管银行和国家控股公司的做法，对建设项目的工程质量、工程进度、资金使用及合同执行等情况进行监督；(5) 投资公司对限额以上的技术改造项目参照基本建设管理办法管理。

基本相同的地位，可以依授权发布行政命令，采取行政措施，实施行政行为，对违法不履行其义务或违反行政管理秩序的相对人依法采取行政强制措施或实施行政处罚。当然，被授权组织与行政机关的地位仍有一定区别：行政机关是一般行政主体，被授权组织只有在行使被授职能时，才成为行政主体；行政机关享有的某些职权和管理手段是被授权组织不能享有的，如行政立法权，行政处罚权中的行政拘留权，行政复议受理、裁决权等。

（二）被授权组织以自己名义行使法律、法规所授职能，并由其本身就行使所授职能的行为对外承担法律责任

被授权组织是独立的行政主体，它行使行政职能直接以授权法为根据，故其行为以自己名义作出。正因为被授权组织是以自己名义作出行政行为，从而对其行为的责任也只能由其本身承担。此外，被授权组织通常是具有法人地位的社会团体或公共事业组织，其本身也具有对外承担法律责任的能力。

（三）被授权组织在非行使行政职能的场合，不享有行政权，不具有行政主体的地位

被授权组织的基本性质是法人或非法人组织，它只有在行使行政职能时才具有行政主体的地位。在执行它作为社会团体、公共事业单位等本身的职能时，它与其他法人或其他组织一样，享有民事主体或行政相对人的地位，而不具有行政主体的地位。

第三节　其他社会公权力组织

一、其他社会公权力组织的含义

其他社会公权力组织是指非依法律、法规授权而依社会自治原则和组织章程行使社会公权力的社会公共组织（公法人）。

社会公权力组织不仅可以因法律、法规授权（即作为法律、法规授权的组织）而成为行政主体，而且可以因依社会自治原则和依组织章程行使某些公共职能而成为行政主体。本节探讨的“其他社会公权力组织”即属于后一种情况，即法律、法规对之没有具体明确授权，但它却可以根据自己组织的章程，对内对外行使一定的社会公权力，取得行政主体的资格。

二、其他社会公权力组织的行政主体资格

社会公权力组织对内行使行政职权，取得内部行政主体资格的法理根据是比较容易予以证明的。因为社会公权力组织是社会一定范围的人们为生产和获取某种“公共物品”而自愿进行组合的共同体。当这些人——该共同体成员——

组合在一起时，他们即自愿让渡了自己的某些权利和自由，而使相应组织形成和具有了一定的社会公权力。在此社会公权力范围内，该组织的领导机构和负责人可对组织成员“发号施令”①，甚至奖励、处罚。没有这种内部公权力，相应组织就不可能存在，即使存在，它也不可能为其成员生产和提供任何“公共物品”，从而失去其存在的意义。

但是，社会公权力组织（公法人）为什么能对外行使一定公共职权，其公权力为什么能及于外部相对人？这在法理上就很难证明。如果有法律、法规的授权，这自然不成问题，法律、法规可以认为是全体人民意志的体现。如果没有法律、法规的授权，社会公共组织（公法人）能否对外行使公权力呢？一般情况下应该是不行的，是不能取得“合法性”根据的。然而，在某些特定情况下，在内部关系与外部关系相互交织，内部相对人与外部相对人相互联系或者存在某种特定公共利益的情况下，社会公共组织的权力行使是可以及于外部相对人的。例如，律师协会处理代理律师和被代理人的争议、纠纷，消费者权益保护协会受理消费者的投诉，处理消费者和商品销售者、生产者的争议、纠纷，环境保护组织、野生动物保护协会制止社会一般公众破坏环境、捕杀野生动物的行为，等等。社会公权力组织这种对外权力的权源在哪里？形式上是其组织章程，但其实质是现代公法法理，即国家权力向社会转移，二元化社会向多元化社会过渡。一方面社会公共组织（公法人）可以依本组织章程对外部相对人行使某些公权力，另一方面这种公权力的行使又要受到国家公权力的制约，即社会公共组织的章程要报国家行政机关备案审查，社会公共组织对外行使公权力的行为要接受相应国家机关的审查监督（包括司法监督）。

三、其他社会公权力组织的范围

在“法律、法规授权的组织”一节里，我们已经介绍了社会公权力组织的范围。这里的“其他社会公权力组织”的范围即相当于前述范围，因为从理论上说，社会公共组织（公法人）都可以被法律、法规授权行使行政职能，成为法律、法规授权的组织。当然，在实践中，社会公共组织（公法人）被法律、法规授权的情况并不是普遍的和经常的。有些社会公共组织可能会被法律、法规授权行使国家行政职能，有的可能没有被授权行使国家行政职能；被授权行使国家行政职能的社会公共组织，有的可能被授权行使某种较长期性的职能，有的可能仅被授权行使某种临时性或一次性的职能，即今天是法律、法规授权的组织，明天就回到了“其他社会公权力组织”的行列中。因此，就实际情况而言，“其他社会公权力组织”的范围要大于被法律、法规授权的社会公权力组织的范围。

---

① 这种“发号施令”不具有法律上的强制力，但具有一定的约束力。

至于“其他社会公权力组织”的种类、形式，与被法律、法规授权的社会公权力组织的种类、形式是相同的。因为任何社会公共组织都可能被法律、法规授权，因此，其种类、形式同样包括基层群众性自治组织、行业协会、工青妇一类社会团体等。

当然，其他社会公权力组织作为行政主体，其条件和领域都是有很大限制的。在一般情况下，它只能作为其组织内部公行政的主体，对于外部相对人，其行为只限于相应组织内外关系交织的范畴，以及行为为社会公共利益所特别需要，且相应组织章程对之有明确规定的情形。否则，受相应行为影响的外部相对人可请求法院确认其行为无效。

第四节　行政委托情形下的行政主体

一、行政委托概述

本节研究的“行政委托”，不是行政机关的相互委托——上级行政机关委托下级行政机关，或甲地行政机关委托乙地行政机关，或甲部门行政机关委托乙部门行政机关行使某种职能，而是指行政机关委托行政机关系统以外的社会公权力组织或私权利组织行使某种行政职能、办理某种行政事务。

行政机关为什么要委托非行政机关的社会组织行使行政职能、办理行政事务？这是因为：

首先，在现代社会，由于经济和社会的发展，行政事务增加，行政职能扩张，行政机关由于受编制、经费等的限制，依靠本身的力量有时难以完成既定行政任务和实现预定行政目标，从而使行政委托成为必要。

其次，行政不同于立法和司法，预期性弱，变动性强，实践中随时可能有新的、不可预料的情况和突发事件出现（如2003年突发“非典”、2008年突发汶川地震、2019年末突发新冠疫情，等等），从而有时会增加许多临时性的任务。对于新的、临时性的任务，行政不可能，也没有必要新设机构、新增编制。对此，行政委托更符合节约和效益原则。

最后，行政有时会遇到某些技术性很强的事务要处理。这些事务由于不是经常性的，行政机关没有必要设置专门的机构和人员来从事相应业务。对于这种情况，行政委托显然也是必要的。

行政委托不同于法律、法规授权。就法律、法规授权而言，被授权组织是以自己的名义行使职权，并由自己对行使被授权行为负责，从而自己就是行政主体；而对于行政委托来说，受委托组织是以委托行政机关的名义行使职权，并由委托行政机关对受委托组织的行为负责，受委托组织不是行政主体，行政主体是委托行政机关。

二、受委托组织的含义

受委托组织是指受行政机关委托行使一定行政职能的非国家行政机关的组织。

首先,受委托的组织不是行政机关,也不是其他国家机关。它们的基本职能不是行使行政职能或其他国家职能,而是从事其他非国家职能性质的活动。它们经常性的工作不是执行国家公务,而是从事非国家公务的其他工作。

其次,受委托的组织仅能根据委托行使一定的行政职能,而不能行使一般的行政职能。所谓"一定的行政职能",是指委托行政机关委托其行使的,并且依据法理是行政机关可以委托其他组织行使的某种行政职能。有些行政职能及其职权,依据法理只能由行政机关自己行使而不得委托他人行使,如行政立法权,对行政相对人实施涉及其人身自由的行政处罚或行政强制措施权,颁发或撤销、吊销许可证照权等。

再次,受委托的组织行使一定的行政职能是基于行政机关的委托,而非基于法律、法规的授权。因此,它行使职能是以委托行政机关的名义,而不是以受委托组织自己的名义进行。其行为对外的法律责任也不是由其本身承担,而是由委托行政机关承担。

最后,受委托组织与委托行政机关的关系不同于行政机关内部的委托、代理关系。行政机关内部的委托有平行行政机关之间的相互委托,也有上下级行政机关之间的委托,通常是上级行政机关委托下级行政机关履行某种职责。在这种委托关系中,委托者和受委托者均是行政机关,受委托者本身即具有行政主体的地位。只是受委托者实施被委托的职能不是以自己的名义,而是以委托主体的名义进行,并且其责任亦归属于委托主体。至于行政机关内部的代理,通常是指国家公务员相互之间一定行政职务的代理,如某行政机关正职首长出国或因病不能行使职务,由副职首长代理;或某职位暂缺,一时尚不能任命适当人选正式担任此职,行政首长可指定某一公务员临时代理该职。在这种代理关系中,代理者是以自己的名义行为,并由其本身对其代理行为负责。

三、受委托组织的条件和范围

在现行法律、法规中,《行政处罚法》第一次明确规定了受委托(行使行政处罚职权的)组织的下述条件[①]:

(1) 受委托组织应是依法成立并具有管理公共事务职能的组织。这一条件

① 参见《行政处罚法》第 21 条。

意味着：其一，受委托组织只能是依法成立的组织而不能是无法律、法规根据而自行建立的组织；其二，受委托组织只能是具有管理公共事务职能的组织，而不能是以从事经营性或其他经济、社会活动为基本职能的组织，也不能是行政机关临时组建的组织。

(2) 受委托组织有熟悉有关法律、法规、规章和业务并取得行政执法资格的工作人员。这一条件意味着：其一，受委托组织必须有了解和掌握与受托行使的行政职能有关的法律知识和业务知识的工作人员。其二，"有关"是指与相应行政职能有关，而不是指与委托机关所在的整个管理领域职能有关，更不是与整个行政职能有关。因为受委托机关的工作人员与行政机关的工作人员——国家公务员毕竟有所区别，法律不可能要求前者完全达到后者的标准。其三，受委托组织内应有取得相应行政执法资格的工作人员，这是法定条件。至于这些人员在整个受委托组织工作人员中应占多大比例，则应以满足履行相应职能的需要为原则。

(3) 受委托组织履行受委托职能需要进行技术检查或者技术鉴定的，应当有条件组织进行相应的技术检查或者技术鉴定。这一条件与前一条件（关于"人"的要求）相比，是关于"物"的要求，包括技术、设备和其他有关物质条件。

上述条件只是法律对受委托行使行政处罚职权的组织的要求。对于受委托行使其他行政职能及其职权的组织，法律尚未规定统一的条件。从法理上分析，上述条件的后两项一般也适用于其他受委托组织。但第一项条件，即受委托组织必须是"依法成立并具有管理公共事务职能"的组织，则不完全适用于其他受委托组织，这个条件实际上涉及受委托组织的范围。行政处罚因可能对相对人权益造成严重不利影响，故对委托行使此种职权的对象要予以严格限制，而其他行政职能的委托就没有必要加以如此严格的限制，否则，就会使行政机关选择委托对象的范围过于狭小，从而不利于行政机关借助于必要的外部资源履行行政职能和有效实现行政管理目标。事实上，其他法律、法规对受委托组织的条件并没有予以如同《行政处罚法》那样严格的限制。例如，《税收征收管理法实施细则》对税收委托对象就没有限定严格的范围，其第44条规定："税务机关根据有利于税收控管和方便纳税的原则，可以按照国家有关规定委托有关单位和人员代征零星分散和异地缴纳的税收，并发给委托代征证书。受托单位和人员按照代征证书的要求，以税务机关的名义依法征收税款……。"

从现行法律、法规的规定和行政管理实践来看，受委托组织的范围大致同于本章第二节所阐述的法律、法规授权组织的范围，至于具体行政事务可委托的对象，亦如同具体行政事务可授权的对象一样，取决于具体法律、法规的规定。如具体法律、法规没有规定时，则由行政机关根据行政法的一般原理自行确定。

四、受委托组织的法律地位

受委托组织不是行政主体,它行使一定的行政职能必须以委托行政机关的名义,且由委托行政机关对其行为向外部承担法律责任。

受委托组织在内部行政法律关系上,是与委托行政机关相对的独立一方当事人,即内部行政法律关系主体,它享有相应的法定权利和负有相应的法定义务。

受委托组织的主要权利有:(1) 取得履行职责所应有的权力、管理手段和工作条件;(2) 依法行使被委托的职权和办理被委托的事项;(3) 取得履行职责所需要的经费和报酬;(4) 请求有关行政机关协助排除其在履行职责中所遇到的障碍;(5) 向委托行政机关提出变更委托范围和改进相应领域行政管理的建议。

受委托组织的主要义务有:(1) 在委托行政机关委托的范围内行使职权,不超越委托权限;(2) 依法办事,不徇私舞弊、以权谋私;(3) 接受委托行政机关的监督、指导,向委托行政机关请示、汇报和报告工作;(4) 认真履行被委托的职责,热情为行政相对人服务,听取相对人的意见,接受相对人的监督。

第八章　公　务　员

第一节　公务员概述

一、公务员的概念

公务员一般是指国家依法定方式任用的，在中央和地方各级国家机关中工作的，依法行使国家行政权、执行国家公务的人员。

我国是中国共产党执政，各民主党派参政的社会主义国家，公务员的概念和范围与一般西方国家有所不同。我国《公务员法》规定，"本法所称公务员，是指依法履行公职、纳入国家行政编制、由国家财政负担工资福利的工作人员"。[①]

下面我们分别对一般公务员的概念和我国现行《公务员法》确定的我国公务员的概念予以阐述。关于一般公务员的概念，我们可以从三个方面阐述其内涵和外延：

其一，公务员是经法定方式和程序任用的人员。所谓"法定方式"，是指宪法、组织法、公务员法和其他有关法律规定的方式。我国现行法律规定公务员任用的主要方式有选任、考任、聘任、调任四种方式。[②] 所谓"法定程序"，是指宪法、组织法、公务员法和其他有关公务员任用的法律、法规规定的程序。例如，考试任用公务员的程序包括公告、报名、资格审查、笔试、面试、身体检查、确定正式录用对象和送达录用通知书等步骤。考任公务员的任用必须经过上述法定方式和法定程序。否则，就不能取得公务员资格。用人单位未经法定方式和程序任用公务员是非法的，所授予的公务员资格是无效的。

其二，公务员是在中央和地方各级国家机关中工作的人员。这一点意味着，公务员一般不包括国有企事业组织的负责人，不包括社会团体的工作人员，也不包括议会议员和法院法官等。[③]

其三，公务员是指在国家机关中依法行使国家行政权、执行国家公务的人

---

① 国务院1993年发布的《国家公务员暂行条例》适用的是一般公务员的概念，其第3条规定，"本条例适用于各级国家行政机关中除工勤人员以外的工作人员。"2005年第十届全国人大常委会第十五次会议通过，2018年12月29日第十三届全国人大常委会第七次会议修订的《公务员法》第2条确定了目前我国公务员的概念和范围。

② 目前在实践中还有一种任用公务员的方式，即通过签订雇用合同的方式建立公职关系，通过此种方式产生的公职人员叫"政府雇员"。此种方式目前在我国只适用于政府高科技人才的任用，范围很小。现行《公务员法》已将此种公务员任用方式归入聘任制的范围，在该法第十六章中予以专门规定。

③ 但不少国家的公务员包括议会和法院中行使行政职能的人员。

员。公务员虽然是在国家机关中工作的人员，但在国家机关中工作的人员不都是公务员。只有在国家机关中依法行使国家行政权、执行国家公务的人员才是公务员。公务员不包括国家机关中的工勤人员。[①]

关于我国现行《公务员法》确定的我国公务员的概念，我们同样可以从三个方面予以阐述：

其一，我国公务员是指依法履行公职的人员。所谓“公职”，是指提供公共管理、公共服务等公共物品，以实现公共利益的职务，这种职务是通过法定方式设立，并须通过法定程序取得的。

其二，我国公务员是指纳入国家行政编制、由国家财政负担工资福利的人员。这意味着我国公务员不包括国有企业和一般事业单位的职工。[②] 但是，法律、法规授权的具有公共事务管理职能的事业单位中的工作人员，经批准可参照《公务员法》进行管理。[③]

其三，我国公务员包括执政党和参政党机关以及公共社会团体中履行公职、纳入国家行政编制、由国家财政负担工资福利的人员。这一点是由我国社会主义国家性质决定的。过去，《国家公务员暂行条例》没有将这一部分人员纳入公务员的范围，但在实践中亦是将他们作为公务员对待，并参照适用《国家公务员暂行条例》的。

需要特别说明的是，《公务员法》关于“公务员”的概念和范围不同于《监察法》和《公职人员政务处分法》规定的“公职人员”的概念和范围。公职人员指行使国家公权力和社会公权力的所有履行公职的人员，包括不纳入国家行政编制，非由国家财政负担工资福利的社会公职人员，其范围包括六大类别：(1) 中国共产党机关、人民代表大会及其常务委员会机关、人民政府、监察委员会、人民法院、人民检察院、中国人民政治协商会议各级委员会机关、民主党派机关和工商业联合会机关的公务员，以及参照《公务员法》管理的人员；(2) 法律、法规授权或者受国家机关依法委托管理公共事务的组织中从事公务的人员；(3) 国有企业管理人员；(4) 公办的教育、科研、文化、医疗卫生、体育等单位中从事管理的人员；(5) 基层群众性自治组织中从事管理的人员；(6) 其他依法履行公职的人员。[④]

二、公务员的分类

在西方国家，公务员通常分为政务类公务员和业务类公务员两大类。政务

---

① 参见原《国家公务员暂行条例》第3条和现行《公务员法》第112条。

② 在国外，有的国家将国有企业职工和公立学校的教师纳入公务员管理的范围。当然，这些国家的国有企业和公立学校的数量较少，在整个社会中占的比例很小。

③ 参见《公务员法》第106条。

④ 参见《监察法》第15条。

类公务员通常是指通过选举或任命产生，与相应政党共进退的政府组成人员以及其他政治性较强的职位的行政人员；业务类公务员通常是指通过竞争考试任职，政治上保持中立，无重大过错即在政府中长期任职，并受一般公务员法规调整的公职人员。

我国不实行政党轮流执政的多党制度，故公务员亦没有政务类和业务类的划分。根据《公务员法》的规定，我国公务员分为一般职公务员和特别职公务员。一般职公务员指除特别职公务员以外的所有公务员。特别职公务员则指公务员中的领导成员[①]以及法官、检察官等。《公务员法》第3条规定，法律对公务员中的领导成员的产生、任免、监督以及法官、检察官等的义务、权利和管理另有规定的，从其规定。这就是说，此类公务员除适用《公务员法》外，还要适用特别法（如《法官法》《检察官法》）的规定，而且特别法的适用优于普通法即《公务员法》的适用。

此外，根据公务员职位的性质、特点和管理需要，《公务员法》将我国公务员划分为综合管理类、专业技术类和行政执法类三个类别。综合管理类公务员中的领导职务层次[②]分为国家级正职、国家级副职、省部级正职、省部级副职、厅局级正职、厅局级副职、县处级正职、县处级副职、乡科级正职、乡科级副职。综合管理类公务员中的非领导职务层次在厅局级以下设置，分为一级巡视员、二级巡视员、一级调研员、二级调研员、三级调研员、四级调研员、一级主任科员、二级主任科员、三级主任科员、四级主任科员、一级科员、二级科员。

《公务员法》对专业技术类和行政执法类公务员的职务系列未作出规定，而确定根据该法由国家另行规定。对于除综合管理类、专业技术类和行政执法类以外的具有特殊性的职位，需要单独管理的，《公务员法》授权国务院可增设其他职位类别。[③]

三、公务员的法律地位

公务员的法律地位在不同的法律关系中是不一样的。下面仅阐述国家行政

---

① 公务员中的领导成员主要指各级人民政府组成人员和县级以上人民政府工作部门的正副职负责人。各级人民政府组成人员根据宪法和组织法由各级国家权力机关选举或决定产生，其任期与相应政府每届的任期相同。政府换届后，上一届政府组成人员可在下一届政府中留任，如其不留任下届政府组成人员，可转任一般职公务员（如由部委负责人改任直属机构、办公机构的负责人）。一般职公务员则根据《公务员法》通过考任、调任、聘任、委任等方式产生，其任职不受政府换届的影响。一般职公务员通过法定程序也可转任政府组成人员。在我国，此两类公务员没有西方国家政务类公务员与业务类公务员的严格界限。

② 根据《公务员法》第三章，公务员职务分为领导职务和非领导职务，实际上，这主要适用于综合管理类公务员，也适用于部门行政执法类公务员。专业技术类公务员（如工程师、会计师等）是没有领导职务和非领导职务之分的。

③ 参见《公务员法》第16—20条。

机关的公务员在各种行政法律关系中的不同地位。

在外部行政管理法律关系中，公务员代表行政机关，以所在行政机关的名义行使国家行政权，其行为的结果归属于相应行政机关。外部行政管理法律关系是作为行政主体的行政机关或法律、法规授权的组织与作为行政相对人的个人、组织发生的关系，而不是公务员与相对人发生的关系。公务员在行政管理法律关系中并非作为一方当事人出现，不具有一方当事人（行政主体）的资格。

在行政诉讼法律关系中，公务员既不能做原告，也不能做被告，不具有诉讼当事人的地位。根据《行政诉讼法》的规定，只有公民、法人或者其他组织认为行政机关的行政行为侵犯其合法权益时，才能提起行政诉讼，取得行政诉讼的原告资格。只有作出相应行政行为的行政机关和行政复议机关才能被诉和取得行政诉讼被告的资格。①

当然，公务员在非处于公务员地位（即为公民身份）时，可以成为行政相对人，作为外部行政法律关系一方主体与行政机关发生关系，对行政机关的行政行为不服，可以提起行政诉讼，成为行政诉讼的原告。

在内部行政法律关系中，公务员则可以以公务员的名义作为一方当事人与行政机关发生法律关系。例如，行政机关对公务员进行考核、奖惩、晋升、确定工资福利待遇；公务员要求改善工作条件、工资待遇，对考核、奖惩、晋升结果不服，向行政机关提出申诉等，这些行为所引起的行政法律关系都是以公务员为一方当事人、以国家行政机关为另一方当事人的内部行政法律关系。对于因内部行政法律关系发生的争议，一般由行政机关本系统处理，不能提起行政诉讼。②

在行政法制监督法律关系中，公务员可以作为监督对象与监督主体发生关系，成为关系的一方当事人。例如，国家监察机关可以对所有公务员进行监督；国家权力机关可以通过质询、特别调查、罢免等形式对作为政府组成人员的公务员进行监督；人民法院在对行政行为进行司法审查的过程中，亦可通过司法建议等形式间接对公务员进行监督。

公务员在内外行政法律关系中的法律地位主要由其法定权利和法定义务决定。

根据《公务员法》第 15 条的规定，公务员享有下列权利：(1) 执行职务权：公务员有权依法执行职务，获得履行职责所应当具有的工作条件；(2) 职位保障权：公务员非因法定事由和非经法定程序不得被免职、降职、辞退或处分；(3) 工资福利权：公务员有权获得工资报酬和享受福利、保险待遇；(4) 参加培训权：公务员有权参加业务知识和技能的培训；(5) 批评建议权：公务员有权对机关工

① 参见《行政诉讼法》第 2、25、26 条。

② 参见《行政诉讼法》第 13 条。

作和领导人员提出批评和建议；(6) 申诉、控告权：公务员合法权益被侵犯或受到不公平待遇，有权向有关机关提出申诉或控告；(7) 辞职权：公务员有权根据法定条件和法定程序申请辞职；(8) 法律规定的公务员的其他权利。

根据《公务员法》第 14 条的规定，公务员应当履行下列义务：(1) 守法和接受党的领导的义务：公务员应当忠于宪法，模范遵守、自觉维护宪法和法律，自觉接受中国共产党领导；(2) 忠于国家的义务：公务员应当忠于国家，维护国家的安全、荣誉和利益；(3) 为人民服务和接受人民监督的义务：公务员应当忠于人民，全心全意为人民服务，接受人民监督；(4)忠于职守，勤勉尽责的义务：公务员应当忠于职守，勤勉尽责，服从和执行上级依法作出的决定和命令[①]，按照规定的权限和程序履行职责，努力提高工作质量和效率；(5) 保守秘密的义务：公务员应当保守国家秘密和工作秘密；(6) 遵守纪律和恪守道德的义务：公务员应当带头践行社会主义核心价值观，坚守法治，遵守纪律，恪守职业道德，模范遵守社会公德、家庭美德；(7) 廉洁奉公的义务：公务员应当清正廉洁，公道正派；(8) 法律规定的公务员的其他义务。

第二节　公 职 关 系

一、公职关系的概念

公职关系是指公务员因担任公职、执行公务而与作为公权力主体的机关或组织发生的法律关系。

公职关系属于内部行政法律关系，是内部行政法律关系的一种。内部行政法律关系除了公职关系以外，还有机关、组织相互之间的关系，机关、组织与内部机构或委托的组织之间的关系等。

公职关系从属于外部行政关系，是因外部行政关系而产生的关系。然而外部行政关系也离不开公职关系，二者密不可分。行政机关对外行使职权，履行职责，一般都要通过公务员，直接与外部相对人打交道的是公务员。因此，公务员如何产生，如何代表行政机关行使职权，履行职责，以及行政机关怎样管理他们，怎样激励他们积极执行公务，控制他们滥用职权就是行政机关实现对外管理目标首先要解决的问题，解决此种问题形成的关系亦是公职关系。

公职关系的双方主体从理论上讲分别是公务员和国家。但国家的主体地位

---

① 公务员执行上级命令的义务不是绝对的。《公务员法》第 60 条规定，公务员执行公务时，认为上级的命令或者决定有错误的，可以向上级提出改正或者撤销该决定或者命令的意见；上级不改变该决定或者命令，或者要求立即执行的，公务员应当执行该决定或者命令，执行的后果由上级负责，公务员不承担责任；但是，公务员执行明显违法的决定或者命令的，应当依法承担相应的责任。这一规定实际意味着，公务员对上级明显违法的决定或者命令有抵制的权利和义务。

是由公务员所在的行政机关、组织所代表的，因此，与公务员直接发生关系，作为公职关系的一方直接主体的是公务员所在的行政机关、组织，而不是国家本身。从形式上分析，公职关系是公务员与其所任职的机关、组织之间的关系。

在某种意义上，公职关系也可视为一种特殊的劳动关系。担任公职、执行公务也是一种“劳动”。公务员通过此种劳动，从其所任职的机关、组织处领取工资报酬，享受各种保险、福利待遇，使其本身和家人能获得维系生活的物质条件。当然，公职关系不是一般的劳动关系，公务员不是一般的工人和农民，仅为某一企业、组织劳动，公务员是全体人民的公仆，其职责是为全体人民服务。因此，公职关系的发生、变更、消灭以及公职关系的内容都不完全同于一般的劳动关系，这种特殊性我们将在后面详细阐述。

二、公职关系的发生

公职关系自公民被任用为公务员，担任公职，履行公务员职责时发生。

根据《公务员法》的规定和人事管理实践中的做法，我国公务员任用目前主要有四种方式，从而公职关系主要通过此四种途径发生。

（一）考任

考任指国家通过竞争考试的方式录用公务员。《公务员法》第23条规定，“录用担任一级主任科员以下及其他相当职级层次的公务员，采取公开考试、严格考察、平等竞争、择优录取的办法”。[①]

竞争考试是法治国家录用公务员的最基本的方式。这种方式有利于国家选择优秀人才担任公职，防止平庸无能之辈进入国家公职系统；有利于国家在用人上的公正与公平，防止吏治腐败；有利于激励国人重视知识和引导青年一代刻苦学习；树立“凭知识，凭德才从政”，而不是“凭关系，凭权钱做官”的意识。我国目前实行的考试、考察任用公务员的制度既是我们对过去长期以来（从民主革命的根据地时期到改革开放的20世纪80年代）实行的干部制度经验教训的总结、反思和改革的产物，也是我们借鉴西方国家的文官制度和我国古代科举考试制度的积极、合理要素的产物。[②] 考任现在已成为我国公职关系发生的最主要途径。

（二）选任

选任指国家通过选举（包括公民直接选举和通过人民代表大会间接选举）的方式产生公务员。这种方式在我国目前只适用于对作为各级政府组成人员的领导职公务员的任用，在国外，一般也只适用于政务类公务员的任用。选任是一种传统的公职任用方式（可追溯到人类社会的原始时期），具有广泛的和高度的民

---

① 《公务员法》第23条同时也规定，民族自治地方录用上述公务员时，可依照法律和有关规定对少数民族报考者予以适当照顾。

② 对此，可参阅龚祥瑞：《文官制度》，人民出版社1985年版。

主性。这种公职任用制度相对于封建专制的恩赐制任官方式是重大的进步。在西方资产阶级民主国家建立之初,公职的产生在很大范围和很大程度上采用选任制,但由于政党制度的演进和政党私利的影响,选任制及与之结合适用的委任制在后来逐步演变成"政党分赃制",导致了严重的腐败,使国家公职系统素质大为下降,行政效率低下,以致使国家机器接近难于运转的程度,最后不得不进行改革:最大限度地限制政党分赃制,对公职系统的绝大部分公职任用实行考任制。选任只适用于部分政务类公务员①,即国家和各级政府决策层的公务员。对这部分公务员实行选任制是必要的,因为它是民主制度的必然要求。

(三) 聘任

聘任指行政机关通过与拟任公务员的公民签订聘任合同的方式任用公务员。行政机关以聘任合同方式任用公务员通常要事前对合同对方当事人进行审查、考试(非竞争考试)或考核,如认为其符合条件,才与之签订合同。聘用方式只适用于公务员任用的较小范围,我国《公务员法》第100条至第105条对任用公务员的聘任方式进行了规定:(1) 机关根据工作需要,经省级以上公务员主管部门批准,可以对专业性较强的职位和辅助性职位实行聘任制。但涉及国家秘密的职位除外。(2) 聘任可参照公务员考试录用的程序进行公开招聘,也可以从符合条件的人员中直接选聘。机关聘任公务员应当在规定的编制限额和工资经费限额内进行。(3) 聘任公务员合同应当按照平等自愿、协商一致的原则,签订书面合同,确定双方的权利、义务,聘任合同经双方协商一致可变更或解除。聘任合同的签订、变更或解除应当报同级公务员主管部门备案。(4) 聘任合同应当具备合同期限,职位及其职责要求,工资、福利、保险待遇、违约责任等条款。聘任合同期限为1—5年,聘任合同可以约定试用期,试用期为1—12个月。(5) 聘任制公务员实行协议工资制。

(四) 调任

调任指行政机关将行政系统外部(如国有企业事业单位、人民团体和群众团体等)的人员直接调入行政机关任职。根据《公务员法》第70条的规定,国有企业、高等院校和科研院所以及其他不参照《公务员法》管理的事业单位中从事公务的人员,可以调入机关担任领导职务或者四级调研员以上及其他相当层次的职级。调任人选应当具备《公务员法》第13条规定的条件和拟任职位所要求的资格条件,并不得有《公务员法》第26条规定的情形。调任机关应当根据《公务员法》的规定,对调任人选进行严格考察,并按照管理权限审批,必要时可以对调任人选进行考试。

---

① 西方国家还有一小部分公务员实行委任制,即由总统、首相和其他通过选举产生的政务类公务员直接任命,具有分赃制的遗迹。但这部分公务员在整个公职系统中比例很小,并且呈逐步减少的趋势。

三、公职关系的内容

公职关系的范围非常广泛，大致可以分为两个方面：其一是行政机关对公务员管理而产生的关系，即人事管理关系；其二是公务员从行政机关获取工资福利待遇而产生的关系，即具有一定特殊性的劳动关系。

（一）人事管理关系

公务员主管部门对公务员的管理主要有下述五项制度①：

1. 考核。考核是公务员主管部门对公务员品行、才能和实际表现进行考查、审核，以确定其是否胜任现职和决定是否对其任用以及确定相关待遇等。根据《公务员法》，我国对公务员的考核制度包括下述内容：（1）考核分平时考核、专项考核和定期考核等方式，定期考核以平时考核和专项考核为基础。（2）考核的内容包括德、能、勤、绩、廉五个方面，重点考核政治素质和工作实绩。考核指标根据不同职位类别、不同层级机关分别设置。（3）考核结果分为优秀、称职、基本称职和不称职四个等次，并以此作为调整公务员职位、职务、职级、级别、工资以及公务员奖励、培训、辞退的依据。②

2. 奖励。奖励是公务员主管部门对工作表现突出、有显著成绩和贡献，或者有其他突出事迹的公务员或者公务员集体予以奖励的制度。我国公务员奖励制度主要包括下述内容：（1）奖励的原则：坚持定期奖励及时奖励相结合，精神奖励与物质奖励相结合、以精神奖励为主的原则。（2）奖励适用的条件（具备条件之一者可予奖励）共有十项：① 忠于职守，积极工作，勇于担当，工作实绩显著的；② 遵纪守法，廉洁奉公，作风正派，办事公道，模范作用突出的；③ 在工作中有发明创造或者提出合理化建议，取得了显著经济效益或者社会效益的；④ 为增进民族团结、维护社会稳定做出突出贡献的；⑤ 爱护公共财产，节约国家资财有突出成绩的；⑥ 防止或者消除事故有功，使国家和人民群众利益免受或减少损失的；⑦ 在抢险、救灾等特定环境中做出突出贡献的；⑧ 同违纪违法行为作斗争有功绩的；⑨ 在对外交往中为国家争得荣誉和利益的；⑩ 有其他突出功绩的。（3）奖励的种类：奖励分为嘉奖、记三等功、记二等功、记一等功，授予称号。对受奖励的公务员或者公务员集体予以表彰，并对受奖励的给予一次性奖金或者其他待遇。按照国家规定，可以向参与特定时期、特定领域重大工作的公务员颁发纪念证书或者纪念章。（4）给予公务员或者公务员集体奖励，按照规定的权限和程序决定或者审批。③

---

① 公务员管理制度除文中所述五项制度外，其他制度还有职位分类、职务任免、培训、交流、申诉控告等（参见《公务员法》相应章节）。

② 参见《公务员法》第35—39条。

③ 参见《公务员法》第51—56条。

3. 惩戒。惩戒是公务员主管部门对违反纪律的公务员通过给予处分以示警诫的制度。我国公务员惩戒制度主要包括下述内容：(1) 惩戒处分适用的条件（有条件之一者可予以惩戒处分）为：① 散布有损宪法权威、中国共产党和国家声誉的言论，组织或者参加旨在反对宪法、中国共产党领导和国家的集会、游行、示威等活动；② 组织或者参加非法组织，组织或者参加罢工；③ 挑拨、破坏民族关系，参加民族分裂活动或者组织、利用宗教活动破坏民族团结和社会稳定；④ 不担当，不作为，玩忽职守，贻误工作；⑤ 拒绝执行上级依法作出的决定和命令；⑥ 对批评、申诉、控告、检举进行压制或者打击报复；⑦ 弄虚作假，误导、欺骗领导和公众；⑧ 贪污贿赂，利用职务之便为自己或他人谋取私利；⑨ 违反财经纪律，浪费国家资财；⑩ 滥用职权，侵害公民、法人或其他组织的合法权益；⑪ 泄露国家秘密或者工作秘密；⑫ 在对外交往中损害国家荣誉和利益；⑬ 参与或者支持色情、吸毒、赌博、迷信等活动；⑭ 违反职业道德、社会公德和家庭美德；⑮ 违反有关规定参与禁止的网络传播行为或者网络活动；⑯ 违反有关规定从事或者参与营利性活动，在企业或其他营利性组织中兼任职务；⑰ 旷工或者因公外出、请假期满无正当理由逾期不归；⑱ 违纪违法的其他行为。(2) 惩戒处分的种类：惩戒处分分为警告、记过、记大过、降级、撤职、开除。公务员受处分期间不得晋升职务、职级和级别，其中受记过、记大过、降级、撤职处分的，不得晋升工资档次，受撤职处分的，同时按照规定降低级别。(3) 公务员受处分的期间：警告，6 个月；记过，12 个月；记大过，18 个月；降级、撤职，24 个月。公务员受开除以外的行政处分，在受处分期间有悔改表现，并且没有再发生违纪违法行为的，处分期满后自动解除。解除处分后，晋升工资档次、级别和职务、职级不再受原处分的影响。但是，解除降级、撤职处分的，不视为恢复原级别、原职务、原职级。[①]

4. 职务、职级升降。公务员职务、职级升降指公务员主管部门依一定原则和条件晋升公务员领导职务和对公务员职级进行调整（或升或降）的制度。公务员职务晋升适用于领导职公务员；公务员职级升降则适用于所有公务员。我国公务员职务、职级升降制度主要包括下述内容：(1) 公务员晋升领导职务，应当具备拟任职务所要求的政治素质、工作能力、文化程度和任职经历等方面的条件和资格。(2) 公务员领导职务应当逐级晋升。特别优秀的或者工作特殊需要的，可以按照规定破格或者越级晋升。(3) 公务员晋升领导职务，按照规定程序办理。公务员晋升领导职务的，应当按照有关规定实行任职前公示制度和任职试用期制度。厅局级正职以下领导职务出现空缺且本机关没有合适人选的，可以通过适当方式面向社会选拔任职人选。(4) 公务员职级应当逐级晋升，根据

① 参见《公务员法》第 59—65 条。

个人德才表现、工作实绩和任职资历，参考民主推荐或者民主测评结果确定人选，经公示后，按照管理权限审批。(5) 公务员的职务、职级实行能上能下。对不适宜或者不胜任现任职务、职级的，应当进行调整。公务员在年度考核中被确定为不称职的，按照规定程序降低一个职务或者职级层次任职。[①]

5. 回避。回避是公务员主管部门为保障公务员公正执行公务和树立机关的公正形象而对具有某种法定情形的公务员进行特殊任职安排，使其避开某种地区、某种岗位任职或避开参与某种公务处理的制度。我国公务员回避制度主要包括下述内容：(1) 公务员之间有夫妻关系、直系血亲关系、三代以内旁系血亲以及近姻亲关系的，不得在同一机关双方直接隶属于同一领导人员的职位或者有直接上下级领导关系的职位工作，也不得在其中一方担任领导职务的机关从事组织、人事、纪检、监察、审计和财务工作。(2) 公务员不得在其配偶、子女及其配偶经营的企业、营利性组织的行业监管或者主管部门担任领导成员。因地域或者工作性质特殊，需要变通执行任职回避的，由省级以上公务员主管部门规定。(3) 公务员担任乡级机关、县级机关、设区的市级机关及其有关部门主要领导职务的，应当按照有关规定实行地域回避。(4) 公务员执行公务时，涉及本人利害关系或涉及与本人有夫妻关系、直系血亲关系、三代以内旁系血亲以及近姻亲关系的亲属的利害关系的，或者其他可能影响公正执行公务的，应当实行公务回避。[②]

(二) 特别劳动关系

公务员在所在机关任职也是一种“劳动”，公务员以此劳动获取报酬和其他有关待遇，作为本人和家庭的基本物质生活来源。公务员与所在机关的特别劳动关系主要体现为下述三项制度：

1. 工资。公务员工资是公务员的基本劳动报酬。我国公务员的工资制度主要包括下述内容：(1) 实行国家统一规定的工资制度。(2) 贯彻按劳分配的原则，体现工作职责、工作能力、工作实绩、资历等因素，保持不同领导职务、职级、级别之间的合理工资差距。(3) 公务员工资由基本工资、津贴、补贴和奖金四个部分组成。公务员按照国家规定享受地区附加津贴、艰苦边远地区津贴、岗位津贴等津贴；按照国家规定享受住房、医疗等补贴、补助。在定期考核中被确定为优秀、称职的，按照国家规定享受年终奖金。(4) 国家建立公务员工资的正常增长机制。(5) 公务员工资水平与国民经济发展相协调、与社会进步相适应。国家实行工资调查制度，定期进行公务员和企业相当人员工资水平的调查比较，

---

① 参见《公务员法》第45—50条。

② 回避制度的上述内容参见《公务员法》第74—76条。这些具体制度在学理上分别称职务回避(或任职回避)、公务回避、地区回避。参见皮纯协等：《国家公务员暂行条例讲座》，东方出版社1993年版，第248—255页。

并将工资调查比较结果作为调整公务员工资水平的依据。(6) 任何机关不得违反国家规定自行更改公务员的工资、福利、保险政策,擅自提高或者降低公务员的工资、福利、保险待遇。任何机关不得扣减或者拖欠公务员的工资。①

2. 福利。公务员的福利因各国的国情不同而有很大的不同,一般包括所在机关为其提供的住房、交通、子女入托入学等便利条件或补助以及各种带薪休假和培训进修等。我国在公务员住房、交通、子女入托入学方面,计划经济时代都由政府全包下来,直接向公务员提供,现在则已经改革或正在改革,由政府"全包"改为政府仅提供补助(并相应地增加工资,改变过去的"低工资"政策),由公务员自己出钱购房、乘车和供子女入托入学。在休假方面,公务员除享受各种节假(如春节、端午节、中秋节、元旦、国庆节、劳动节等假日)外,还根据职务和任职年限,享受一定的年休假。在培训进修方面,行政机关通常为公务员提供各种脱产和不脱产、定期和不定期的带薪学习机会。现行《公务员法》规定,公务员按照国家规定享受福利待遇。国家根据经济社会发展水平提高公务员的福利待遇。公务员执行国家规定的工时制度,按照国家规定享受休假。公务员在法定工作日之外加班的,应当给予相应的补休,不能补休的按照国家规定给予补助。②

3. 保险。公务员的保险主要包括退休养老保险、疾病医疗保险、伤残死亡保险、失业保险、女公务员的生育保险以及因行政机关压缩编制、裁减工作人员而失去工作和工作报酬的保险等。在《公务员法》修订(2018 年)以前,我国公务员实行不同于企事业单位的保险制度,现行《公务员法》规定,公务员实行国家统一的社会保险制度。公务员依法参加社会保险,按照国家规定享受保险待遇。公务员因公牺牲或者病故的,其亲属享受国家规定的抚恤和优待。③

四、公职关系的消灭

公职关系依一定的法律事实发生而消灭。导致公职关系消灭的法律事实主要有下述五项:

(一) 公务员退休

公务员达到国家规定的退休年龄或完全丧失工作能力的,应当退休。退休即导致公务员和所在机关的公职关系消灭。

根据《公务员法》的规定,公务员符合下列条件之一的,本人自愿提出申请,经任免机关批准,可以提前退休:(1) 工作年限满 30 年的;(2) 距国家规定的退休年龄不足 5 年,且工作年限满 20 年的;(3) 符合国家规定的可以提前退休的

① 参见《公务员法》第 79—81 条。
② 参见《公务员法》第 82 条。
③ 参见《公务员法》第 83 条。

其他情形的。

公务员退休后,可享受国家规定的养老金和其他待遇,国家为其生活和健康提供必要的服务和帮助,鼓励发挥个人专长,参与社会发展。[①]

(二) 公务员辞职

公务员辞职也是导致公职关系消灭的法律事实之一。[②] 根据《公务员法》的规定,我国公务员享有辞职权,公务员辞去公职,应当向任免机关提出书面申请,任免机关应自接到申请之日起 30 日内予以审批,其中对领导成员辞去公职的申请,应自接到申请之日起 90 日内予以审批。但公务员辞职因涉及国家社会公益,从而不同于企事业职员或社会团体工作人员的辞职,法律、法规对之有若干限制。公务员有下列情形之一的,不得辞去公职:(1) 未满国家规定的最低服务年限的;(2) 在涉及国家秘密等特殊职位任职或者离开上述职位不满国家规定的脱密期限的;(3) 重要公务尚未处理完毕,且须由本人继续处理的;(4) 正在接受审计、纪律审查、监察调查,或者涉嫌犯罪,司法程序尚未终结的;(5) 法律、行政法规规定的其他不得辞去公职的情形。[③]

需要说明的是,担任领导职务的公务员因工作变动或因个人或者其他原因辞去领导职务但仍保留公务员身份的,不属公职关系消灭而属公职关系变更的情形。至于领导成员因工作严重失误、失职造成重大损失或者恶劣社会影响的,或者对重大事故负有领导责任而引咎辞职的,则可能(但不必然)同时导致公职关系消灭。《公务员法》规定,领导成员应当引咎辞职或者因其他原因不再适合担任现任领导职务,本人不提出辞职的,应当责令其辞去领导职务。[④]

(三) 公务员辞退

公务员具有某种法定情形,所在机关可予以辞退,单方面终止公职关系。我国公务员辞退的法定情形包括:(1) 公务员在年度考核中,连续 2 年被确定为"不称职"的;(2) 不胜任现职工作,又不接受其他安排的;(3) 因所在机关调整、撤销、合并或缩减编制员额需要调整其工作,本人拒绝对其合理安排的;(4) 不履行公务员义务,不遵守法律和公务员纪律,经教育仍无转变,不适合继续在机关工作,又不宜给予开除处分的;(5) 旷工或因公外出、请假期满无正当理由逾期不归连续超过 15 天,或者 1 年内累计超过 30 天的。

机关辞退公务员,按照管理权限决定。辞退决定应当以书面形式通知被辞退的公务员。被辞退的公务员,可以领取辞退费或者根据国家有关规定享受失

---

① 参见《公务员法》第 92—94 条。

② 这里的"辞职"是指公务员辞去公职,终止与行政机关的公职关系,而不包括担任一定领导职务的公务员辞去领导职务,但仍留在公职系统内,担任其他公职。后一种"辞职"并不终结公职关系。

③ 参见《公务员法》第 85—86 条。

④ 参见《公务员法》第 87 条。

业保险。公务员辞职或者被辞退,离职前应当办理公务交接手续,必要时按照规定接受审计。

此外,现行《公务员法》还规定了机关不得辞退公务员的若干情形:(1) 因公致残,被确认丧失或部分丧失工作能力的;(2) 患病或者负伤,在规定的医疗期内的;(3) 女性公务员在孕期、产假、哺乳期内的;(4) 法律、行政法规规定的其他不得辞退的情形。[①]

(四) 公务员死亡

公务员死亡自然导致其与行政机关的公职关系的终结。公务员死亡后,其亲属可享受国家规定的抚恤和优待。[②]

(五) 开除

公务员因违纪违法受到开除处分意味着所在机关强制其退出公职系统,自然终止其公职关系。至于机关开除公务员的条件,即为前述惩戒制度中的惩戒条件,公务员严重违纪违法,丧失了作为公务员的基本资格,机关即可给予其开除处分。机关给予公务员开除处分的具体程序和要求,适用国务院 2007 年 4 月 22 日发布的《行政机关公务员处分条例》和第十三届全国人大常委会第十九次会议于 2020 年 6 月 20 日通过的《公职人员政务处分法》。

① 参见《公务员法》第 88—91 条。

② 参见《公务员法》第 83 条。

第九章　行政相对人

第一节　行政相对人概述

一、行政相对人的概念

行政相对人是指行政管理法律关系中与行政主体相对应的另一方当事人，即行政主体行政行为影响其权益的个人、组织。[①]

首先，行政相对人是指处在行政管理法律关系中的个人、组织。任何个人、组织如果不处在行政管理法律关系中而处在其他法律关系中，就不具有行政相对人的地位，不能赋予其“行政相对人”的称谓。行政管理法律关系包括整体行政管理法律关系和单个具体的行政管理法律关系。在整体行政管理法律关系中，所有处于国家行政管理之下的个人、组织均为行政相对人。[②] 而在单个的具体行政管理法律关系中，只有其权益受到行政主体相应行政行为影响的个人、组织，才在该行政管理法律关系中具有行政相对人的地位。

其次，行政相对人是指行政管理法律关系中作为与行政主体相对应的另一方当事人的个人、组织。行政管理法律关系不同于民事法律关系，双方当事人的法律地位是不平等的：一方享有国家行政权，能依法对对方当事人实施管理，作出影响对方当事人权益的行政行为；而另一方当事人则有义务服从管理、依法履行相应行政行为确定的义务。有权实施行政管理行为的一方当事人在行政法学中谓之“行政主体”，而接受行政主体行政管理的一方当事人在行政法学中则谓之“行政相对人”。作为行政主体的一方当事人是行政机关、法律法规授权的组织或其他社会公权力组织，作为行政相对人的一方当事人是个人、组织。行政机关、法律法规授权的组织和其他社会公权力组织在整体行政管理法律关系中虽然恒定地作为行政主体，但在具体的法律关系中，有时也会处于被其他行政主体

---

① “行政相对人”与“行政主体”一样，是行政法学上的概念，而非制定法上的概念。在制定法上，“行政相对人”一般称“公民、法人和其他组织”，“行政主体”一般称“行政机关”“法律、法规授权的组织”“其他社会公权力组织”等。但是，2017 年第十二届全国人大常委会第二十八次会议通过修正的《行政诉讼法》第一次将“行政相对人”的概念引入制定法，使之成为我国制定法上的概念。见该法第 25 条关于“行政行为的相对人”的表述。

② 这只是一种抽象的或潜在的“行政相对人”。

管理的地位，成为行政相对人。①

最后，行政相对人是指在行政管理法律关系中，其权益受到行政主体行政行为影响的个人、组织。行政主体行政行为对相对人权益的影响有时是直接的，如行政处罚、行政强制措施、行政许可、行政征收等；有时则可能是间接的，如行政主体批准公民甲在依法由公民乙经营的土地上盖房，该批准行为对公民甲权益的影响是直接的，而对公民乙权益的影响是间接的。作为个人、组织，无论其权益受到行政主体行政行为的直接影响还是间接影响，都是行政相对人。那种把行政相对人仅仅界定为行政主体行政行为的直接对象的观点是不适当的，不利于行政法保护公民个人、组织合法权益的目的的最佳实现。②

二、行政相对人的分类

依据不同的标准，可以对行政相对人进行不同的分类。

（一）个人相对人与组织相对人

行政相对人以其是否有一定的组织体为标准，可以分为个人相对人和组织相对人。个人相对人不一定是单个的个人，在一定的具体行政法律关系中，行政主体的行为可能涉及多个个人。只要这些个人不构成一定的组织体，相互之间无组织上的联系，即使这些个人数量再多，他们也仍为个人相对人，而非组织相对人。

作为行政相对人的个人主要指公民。在绝大多数行政管理领域，与行政主体发生法律关系的对方当事人都可能是公民，如行政许可、行政征收、行政给付、行政强制、行政处罚、行政裁决，公民都可以成为这些行政行为的直接或间接对象，从而成为行政管理法律关系的行政相对人。

公务员在执行国家公务时是行政主体的代表，不具有行政相对人的地位。但在非执行公务时则具有公民的身份，同样要接受各种有关的行政管理，成为行政管理法律关系的行政相对人。

非中国公民的外国人和无国籍人处在中国境内时，必须服从中国的法律，接受中国的行政管理，从而要与作为行政主体的行政机关和法律、法规授权的组织发生各种行政法律关系，成为行政管理法律关系中的行政相对人。③

作为行政相对人的组织主要是指各种具有法人地位的企业组织、事业组织

① 法律、法规授权的组织和其他社会公权力组织作为行政相对人的情形是比较常见的。因为这些组织只有在行使行政职权时才具有行政主体的地位，而它们在大多数时候并非行使行政职权，而是执行一般社会组织（甚至是营利组织）的职能。在这种情况下，它们要接受行政机关的行政管理，从而具有行政相对人的地位。

② 在20世纪和21世纪初的行政诉讼中，一些法官往往将合法权益受到行政行为间接侵害的公民、法人和其他组织拒之于法院门外，其理由就是他们不是行政相对人。

③ 享有外交豁免权的外国人在一般情况下不具有行政相对人的地位。

和社会团体，包括在我国取得法人资格的外国企事业组织。行政主体对社会、经济、文化等各项事业进行管理，其主要对象是各种法人组织。行政主体为实现行政管理目标，经常要对各种法人组织实施各种行政行为，如批准、许可、授予、免除、征收、给付、裁决、处罚等。在这些行政行为所引起的行政管理法律关系中，法人组织都处于行政相对人的地位。

除了法人外，非法人组织也可成为行政管理法律关系中的行政相对人。所谓"非法人组织"，是指经有关主管部门认可，准许其成立和进行某种业务活动，但不具备法人条件，没有取得法人资格的社会团体或经济组织。这些组织主要包括：经国家有关部门认可的从事一定生产或经营活动的经济实体（如合伙组织、联营组织等）；经一定主管机关认可的，处于筹备阶段的企业、事业组织或群众团体；经国家有关部门批准，在我国设立经营一定业务或从事一定社会活动但未取得我国法人资格的外国组织（如外国公司设立于我国的产品修理服务机构、商务代办处等）。这些组织虽然不具有法人资格，但同样必须接受国家行政管理，行政主体同样可以对它们实施各种行政管理行为，包括对它们发布行政命令、采取行政措施、科处行政处罚等。因此，非法人组织与法人组织一样，在行政管理法律关系中也处于行政相对人的地位。

国家机关（包括国家行政机关）在行使相应国家职权时，是国家职权行为的主体，不能成为行政相对人。但国家机关实施非职权行为或处在非行使职权的场合、领域，如处在治安、交通、卫生、环境、规划、文化、体育等领域，则同样要接受相应行政主体的管理，相应行政主体同样可以依法对之实施有关的行政行为。[①] 在这种场合，国家机关处于与一般法人或非法人组织基本相同的地位，是作为行政相对人而不是作为相应国家职权行为主体与行政主体打交道。

组织作为行政相对人与行政主体打交道时，应由其法定代表人代表。组织的其他成员未取得组织法定代表人的授权，不能以组织的名义与行政主体发生行政法律关系。

（二）直接相对人与间接相对人

行政相对人以与行政主体行政行为的关系为标准，可以分为直接相对人和间接相对人。直接相对人是行政主体行政行为的直接对象，其权益受到行政行为的直接影响，如行政许可、行政给付的申请人，行政征收、征用的被征收、被征用人，行政处罚的被处罚人，等等；间接相对人是行政主体行政行为的间接对象，其权益受到行政行为的间接影响，如治安处罚关系中受到被处罚人行为侵害的人，行政许可关系中其权益可能受到许可行为不利影响的与申请人有利害关系

---

① 如文化、教育行政机关盖办公楼，要经过规划、土地、环境等部门的相应审批、许可，而规划、土地、环境等部门在社会治安方面，需接受公安机关的管理。任何一个行政机关都不能只管理别人而不受别人管理，从而任何一个行政机关都不能只做绝对的行政主体，而无成为行政相对人的可能。

的人(公平竞争人或相邻人),行政给付关系中依靠给付对象抚养或扶养的直系亲属,等等。直接相对人和间接相对人都是行政相对人,其权益受到行政行为侵害后可以依法申请行政救济,但法律规定的救济途径、方式可能会有所区别。例如,同一个行政行为(如对销售假药劣药的行政处罚行为),直接相对人(被处罚人)不服,可以直接依行政诉讼法提起行政诉讼;而间接相对人有的(如行政许可行为涉及的竞争人、相邻人、某些行政处罚行为涉及的受到被处罚人侵害的被害人等),有的(某些行政处罚行为涉及的受到被处罚人侵害的被害人众多,如购买假冒伪劣食品药品的人对行政处罚不服,认为行政机关对假冒伪劣食品药品制售人处罚太轻)则需要有特别法(规定相应集团诉讼条件、程序的法律)的规定才能提起行政诉讼。

(三) 作为行为的相对人与不作为行为的相对人

行政相对人以影响其权益的行政行为的方式为标准,可分为作为行为的相对人与不作为行为的相对人。行政相对人权益受到行政行为作为方式影响的称为“作为行为的相对人”,如行政征收、行政强制、行政裁决、行政许可、行政处罚的相对人均为作为行为的相对人。行政相对人的权益受到行政行为不作为方式影响的称为“不作为行为的相对人”,如行政机关不履行法定职责,导致其人身权或财产权被侵害的相对人,行政机关不依法发给其抚恤金或者对其申请许可证照的请求不予答复的相对人,等等。作为行为的相对人的对方行政主体容易识别和确认,其权益受到侵犯较易于获得行政救济;不作为行为的相对人的对方行政主体有时较难识别和确认,某种法定职责究竟应归属于哪一行政主体,相对人可能一时难以了解,从而可能将请求履行职责的主体弄错。在这种情况下,被错误申请履行职责的行政机关应告知相对人相应职责归属于哪个行政机关,该行政机关如果拒绝告知,其也构成一种不作为。与直接相对人和间接相对人一样,法律对其权益受到行政行为侵害的作为行为的相对人与不作为行为的相对人规定的救济途径、方式有所区别。作为行为的相对人对行政行为不服,可以直接依行政诉讼法提起行政诉讼;而不作为行为的相对人对行政不作为不服,则通常需要其先向具有相应职责的行政机关提出申请,请求其依法履行法定职责,该行政机关明确拒绝履行,或者超过法定期限不予答复,其才能向法院提起行政诉讼。

(四) 抽象相对人与具体相对人

行政相对人以行政主体行政行为影响其权益是否产生实际效果为标准,可以分为抽象相对人与具体相对人。行政行为对其权益尚未产生实际影响而仅仅具有潜在影响的相对人是抽象相对人,行政行为对其权益已产生实际影响的相对人是具体相对人。一般来说,抽象行政行为的相对人是抽象相对人,具体行政行为的相对人是具体相对人。但某些抽象行政行为不经过具体行政行为也会对相对人权益产生实际影响,如行政机关规定某种产品质量标准或包装标准的行为是抽象行政行为，这种行为将直接影响相对人的市场销售，从而对其权益产生实际影响。因此，某些抽象行政行为也可能产生和形成具体相对人。

（五）授益相对人与侵益相对人

行政相对人以行政主体行政行为对其权益影响的性质为标准，可以分为授益相对人与侵益相对人。行政行为对其权益产生有利影响，即通过行政行为获取某种权益的相对人为授益相对人；行政行为对其权益产生不利影响，即因为行政行为而失去某种利益或使其利益受到损害的相对人，为侵益相对人。一般来说，行政许可、行政给付行为的相对人为授益相对人；行政处罚、行政强制的相对人为侵益相对人。但是行政许可、行政给付对于某些间接相对人来说，有时并非授益而是侵益；行政处罚、行政强制对于某些间接相对人来说，对其权益并非产生不利影响，而是产生有利影响。因此，区分授益相对人与侵益相对人不能只看行政主体行政行为的种类，而主要应看行政行为对相对人权益影响的性质，即取决于行政行为对具体当事人的实际影响是有利还是不利。

第二节 行政相对人的法律地位与权利、义务

一、行政相对人的法律地位

行政相对人的法律地位主要表现在下述三个方面：首先，行政相对人是行政主体行政管理的对象。行政相对人必须服从行政主体的管理，履行行政主体的行政行为为之确定的义务，遵守行政管理秩序。否则，行政主体可以依法对之实施行政强制或行政制裁。其次，行政相对人也是行政管理的参与人。在现代社会，行政相对人不只是被动的管理对象，同时也要通过各种途径、各种形式，积极地参与行政管理，如通过批评、建议、信访、听证会、意见征求会等形式参与行政立法和其他各种行政规范性文件的制定；通过陈述意见、提出申辩、提供证据、参加听证、辩论等行政程序参与具体行政行为的实施。行政相对人对行政管理的参与是现代民主的重要体现。最后，行政相对人在行政救济法律关系和行政法制监督关系中可以转化为救济对象和监督主体。行政相对人在其合法权益受到行政主体侵犯后，可以依法申请法律救济，成为行政救济法律关系的一方主体。同时，作为行政相对人的个人、组织，绝大多数在国家政治关系中具有国家主人的地位，在宪法关系中是国家权力的归属者，从而可以对行政主体行使国家行政权的行为实施监督，成为行政法制监督的主体。①

① 关于行政相对人的这三种地位，本书将在后面有关行政行为、行政程序、行政救济和行政法制监督的相应编章中详加论述。

二、行政相对人的权利

行政相对人的法律地位具体体现为相对人的权利、义务。根据我国有关法律、法规的规定和行政法理，行政相对人在行政法律关系中主要享有下述权利：

（一）申请权

行政相对人有权依法向行政主体提出实现其法定权利的各种申请，如申请办理许可证照，申请取得抚恤金、补助金、救济金，在合法权益受到侵犯时，申请获得法律保护，等等。[①]

（二）参与权

行政相对人有权依法参与行政管理，如通过信函、电子邮件、网上讨论以及座谈会、听证会、论证会等形式和途径参与行政法规、规章及行政政策的制定，参与国民经济和社会发展计划的讨论和提供建议、意见，参与与自身有利害关系的具体行政行为的决定的形成和作出等。[②]

（三）知情权

行政相对人有权依法了解和获取行政主体的各种行政信息，包括各种规范性法律文件、会议决议、决定、制度、标准、程序规则以及与行政相对人本人有关的各种档案材料。除法律、法规规定应予保密的以外，相对人均有权查阅、复制和要求行政主体主动提供相应信息。[③]

（四）正当程序权

行政相对人在行政主体作出与其自身权益有关、特别是不利的行为时，有权要求行政主体告知行为的根据，说明理由；有权陈述自己的意见、看法，提供有关证据材料，进行说明和申辩，必要时可要求为之举行听证。[④]

（五）批评、建议权

行政相对人对行政主体及其工作人员实施的违法、不当的行政行为有权提出批评，并有权就如何改善行政主体的工作和提高行政管理质量提出建议、意见。[⑤]

（六）申诉、控告、检举权

行政相对人对行政主体及其工作人员作出的对自己不公正的行政行为有权

---

① 参见我国《宪法》第41条和《行政许可法》等有关法律。

② 参见我国《宪法》第2条和《立法法》《行政法规制定程序条例》《规章制定程序条例》等法律、法规。

③ 为保障公民的知情权，国务院已于2007年制定《政府信息公开条例》，2019年国务院又对该条例进行了全面修订。广州、上海等则在21世纪初即已出台了地方的政府信息公开办法。

④ 参见《行政处罚法》第7、44、45、63—65条和《行政许可法》第7、36、46—48条。

⑤ 参见我国《宪法》第41条。

申诉,对行政主体及其工作人员的违法、失职的行为有权控告或检举。[①]

(七) 申请复议权

行政相对人对行政主体作出的行政行为及其所依据的有关规定不服,认为侵犯其合法权益时,有权依法申请复议。[②]

(八) 提起行政诉讼权

行政相对人对行政主体作出的行政行为不服,认为侵犯其合法权益时,有权依法提起行政诉讼。[③]

(九) 请求国家赔偿、补偿权

行政相对人在其合法权益被国家机关及其工作人员行使职权行为侵犯并造成损失时,有权依法请求国家赔偿。行政相对人财产因公共利益需要而被国家征收、征用,或其合法权益因国家机关及其工作人员合法行使职权行为而受到损害、损失时,有权依法请求补偿。[④]

(十) 抵制违法行政行为权

行政相对人对于行政主体实施的明显违法或重大违法的行政行为有权依法予以抵制,如抵制没有法律根据的摊派、罚款和收费等。[⑤]

三、行政相对人的义务

根据我国有关法律、法规的规定和行政法理,行政相对人在行政关系中主要应履行下述义务:

(一) 服从行政管理的义务

在行政管理法律关系中,行政相对人的首要义务是服从行政管理,如遵守行政机关发布的行政法规、规章和其他规范性文件;执行行政命令、行政决定;履行行政法上的各项义务。[⑥]

(二) 协助公务的义务

行政相对人对行政主体及其工作人员执行公务的行为,有主动予以协助的义务,如配合公安机关维持社会秩序,协助人民警察追捕违法犯罪分子或抢救交通事故致伤人员,必要时为公务人员提供交通工具或执行公务所需的其他设施,

---

① 参见我国《宪法》第 41 条。

② 参见《行政复议法》第 2、7、11 条。

③ 参见《行政诉讼法》第 2、12 条。

④ 参见我国《宪法》第 41、10、13 条,《国家赔偿法》第 2 条,《行政许可法》第 8 条。

⑤ 如《行政处罚法》第 70 条规定,行政机关及其执法人员当场收缴罚款的,必须向当事人出具国务院财政部门或者省、自治区、直辖市财政部门统一制发的专用票据;不出具财政部门统一制发的专用票据的,当事人有权拒绝缴纳罚款。

⑥ 参见《宪法》第 53 条、《行政许可法》第 66—67 条、《行政处罚法》第 66 条。

如防洪、灭火器材等。[①]

（三）维护公益的义务

行政相对人有义务维护国家和社会公共利益。在国家和社会公共利益正受到或可能受到损害或威胁时，行政相对人应采取措施，尽可能防止或减少损害的发生。行政相对人因维护公益致使本人财产或人身受到损失或伤害的，事后可请求国家予以适当补偿。[②]

（四）接受行政监督的义务

行政相对人在行政管理法律关系中，要接受行政主体依法实施的监督，包括检查、审查、检验、鉴定、登记、统计、审计，依法向行政主体提供情况、说明和报表、账册等有关材料。[③]

（五）提供真实信息的义务

行政相对人在向行政主体申请提供行政服务（如申请许可证照）或接受行政主体监督时，向行政主体提供的各种信息资料应真实、准确。如其故意提供虚假信息，要为之承担相应的法律责任。[④]

（六）遵守法定程序的义务

行政相对人无论是请求行政主体实施某种行政行为（如申请办理各种证照、申请行政复议等），还是应行政主体要求作出某种行为（如缴纳税款、交付被征收征用财产等），均应遵守法律、法规规定的程序、手续、时限。否则可能导致自己提出的相应请求不能实现，甚至要为之承担相应的法律责任，如不按时纳税，可能要被科处滞纳金或受到其他形式的行政处罚。[⑤]

---

① 如《人民警察法》第34条规定，人民警察依法执行职务，公民和组织应当给予支持和协助……公民和组织因协助人民警察执行职务，造成人身伤亡或者财产损失的，应当按照国家有关规定给予抚恤或者补偿。《消防法》第5条规定，任何单位和个人都有维护消防安全、保护消防设施、预防火灾、报告火警的义务，任何单位和成年人都有参加有组织的灭火工作的义务。

② 如《防洪法》第6条规定，任何单位和个人都有保护防洪工程设施和依法参加防汛抗洪的义务。《传染病防治法》第31条规定，任何单位和个人发现传染病病人或者疑似传染病病人时，应当及时向附近的疾病预防控制机构或者医疗机构报告。

③ 参见《行政许可法》第61、62条。

④ 如《行政许可法》第31条规定，申请人申请行政许可，应当如实向行政机关提交有关材料和反映真实情况，并对其申请材料实质内容的真实性负责。第78条规定，行政许可申请人隐瞒有关情况或者提供虚假材料申请行政许可的，行政机关不予受理或者不予行政许可，并给予警告；行政许可申请属于直接关系公共安全、人身健康、生命财产安全事项的，申请人在1年内不得再次申请该行政许可。第79条规定，被许可人以欺骗、贿赂等不正当手段取得行政许可的，行政机关应当依法给予行政处罚；取得的行政许可属于直接关系公共安全、人身健康、生命财产安全事项的，申请人在3年内不得再次申请该行政许可；构成犯罪的，依法追究刑事责任。

⑤ 参见《税收征收管理法》第15—27、60—62条。

第十章　行政法制监督主体

第一节　行政法制监督概述

一、行政法制监督的概念

行政法制监督是指国家权力机关、国家监察机关、国家司法机关、专门行政监督机关及国家机关系统外部的个人、组织依法对行政主体及其公务员、其他行政执法组织和执法人员行使行政职权行为和遵纪守法行为的监督。①

行政法制监督的主体是国家权力机关、国家监察机关、国家司法机关、专门行政监督机关以及国家机关系统外部的个人、组织(即行政管理法律关系中的行政相对人)。国家权力机关、国家监察机关、国家司法机关、专门行政监督机关作为行政法制监督主体,能对监督对象采取直接产生法律效力的监督措施,如撤销行政行为、处罚违法违纪的公务员等。国家机关系统外部的个人、组织作为行政法制监督主体,不能对监督对象作出直接产生法律效力的监督行为,而只能通过批评、建议或申诉、控告、检举等方式向有权国家机关反映,或通过媒体揭露、曝光,引起有权国家机关注意,使之采取能产生法律效力的措施,以实现对监督对象的监督。

行政法制监督的对象是行政主体及其公务员、其他行使有关公权力的组织和人员。在行政法制监督法律关系中,一方是监督主体,一方是监督对象。监督对象首先是行政主体,即行政机关、法律法规授权的组织和其他社会公权力组织,其次是公务员,再次是其他行使有关公权力的组织的人员。"其他行使有关公权力的组织的人员"是指行政机关委托的组织,法律、法规授权的组织和其他社会公权力组织中行使被授予、被委托的一定公权力的人员。公务员在行政管理法律关系中只是行政主体的代表,在行政管理中代表行政主体行使行政职权,但在行政法制监督法律关系中,却可与行政主体并列,成为独立的监督对象,特别是在监察法律关系中,公务员(在公职人员中占最大比例)是主要的监督对象。行政机关委托的组织在行政管理法律关系中不是行政主体,但在行政法制监督

---

① 行政法制监督是行政法学上使用的一个概念,不是制定法上的概念。其含义是指行政法制监督主体对行政的监督,而非行政主体对行政相对人的监督,后者行政法学上称为"行政监督"。但学者们对这两种监督所使用的具体术语并不一致。例如,罗豪才教授对前一种监督使用的概念是"对行政的监督"。参见罗豪才主编:《行政法论》,光明日报出版社 1988 年版。应松年教授对后一种监督使用的概念是"行政监督检查"。参见应松年主编:《行政法学教程》,中国政法大学出版社 1988 年版。

法律关系中，却可与行政主体并列，成为独立的监督对象。法律、法规授权的组织和其他社会公权力组织以及行政机关委托的组织中行使被授予、被委托的一定公权力的人员在行政法制监督法律关系中同样是独立的监督对象，行政法制监督主体对其行使相应公权力的行为同样可实施监督。

行政法制监督的主要内容是行政主体行使行政职权的行为和公务员遵纪守法的行为。对行政主体依法行使职权行为的监督主要是对行政行为合法性的监督，合理性监督和效率监督不是行政法制监督的主要任务。对公务员的监督包括"纪"和"法"两个方面，在现代社会，公务员的"纪"通常也都由公务员法加以明确规定。因此，对公务员的监督也可以归结为对其守法的监督；整个行政法制监督则可归结为对行政主体及其公务员依法、守法的监督。[①]

二、行政法制监督与行政监督的区别和联系

（一）行政法制监督与行政监督的区别

（1）监督对象不同。行政法制监督与行政监督最重要的区别是二者监督的对象不同，前者监督的对象是行政主体及其公务员，法律、法规授权的组织和其他社会公权力组织以及行政机关委托的组织中行使被授予、被委托的一定公权力的人员；后者监督的对象是行政相对人。

（2）监督主体不同。行政法制监督的主体是国家权力机关、国家监察机关、国家司法机关、专门行政监督机关以及国家机关系统外部的个人、组织；而行政监督的主体则正是作为行政法制监督对象的行政主体。

（3）监督内容不同。行政法制监督主要是对行政主体行为合法性的监督和对公务员遵纪守法的监督；而行政监督主要是对行政相对人遵守法律和履行行政法上义务的监督。

（4）监督方式不同。行政法制监督主要采取权力机关审查、调查、质询，监察机关监督、调查、处置，司法机关审查、裁判，以及行政审计、舆论监督等方式[②]；而行政监督主要采取检查、检验、登记、统计、查验、鉴定等方式[③]。

（二）行政法制监督与行政监督的联系

（1）两种监督的总目标相同。无论是行政法制监督还是行政监督，其监督的出发点都是为了维护和保障行政法治，维护和保障人权，维护和保障行政管理秩序，以在行政领域实现民主、公正和提高效率的总目标。

---

① 关于行政法制监督的具体内容，可参阅《宪法》《监督法》《监察法》《行政诉讼法》及《公务员法》的有关条款。

② 关于行政法制监督的方式，可参阅《监督法》《监察法》《行政诉讼法》及《行政复议法》的有关条款。

③ 关于行政监督的方式，可参阅《行政许可法》《统计法》《海关法》及《治安管理处罚法》的有关条款。

(2) 两种监督主体有部分交叉。行政法制的监督主体包括专门行政监督机关(如审计机关)和职能行政机关中的督察机构(如公安督察、环保督察等)。而这些行政机关同时也是行政监督的主体。特别是审计监督,它同时对国务院各部门和地方各级政府的财政收支以及国有金融机构和企事业组织的财务收支进行监督,前者为行政法制监督,后者为行政监督。[①]

(3) 两种监督有时相互结合进行。行政法制监督和行政监督是两种性质不同的监督,但这两种监督有时相互结合进行。例如,有关国家机关联合进行的执法大检查,既检查相对人遵守法律和履行行政义务的情况,也同时检查行政主体及其工作人员执法和廉政、勤政的情况。个别国家机关进行的单项法律检查,有时也同时包括对行政主体执法情况和对行政相对人守法情况的检查。行政法制监督和行政监督在一定条件下同时进行更有利于提高监督效率。

第二节 行政法制监督主体的种类及监督内容

一、国家权力机关的监督

各级国家权力机关,特别是全国人民代表大会和全国人民代表大会常务委员会,是行政法制监督的最重要的主体。

国家权力机关对行政的监督主要涉及下述范围,并主要采取下述方式:

(一) 对行政立法的监督

1. 全国人民代表大会常务委员会对行政立法的监督

全国人民代表大会常务委员会主要通过下述方式和途径对行政立法进行监督:

(1) 备案。行政法规发布后,应在30日内向全国人民代表大会常务委员会备案。[②]

(2) 裁决。地方性法规与部门规章之间对同一事项规定不一致,执法或司法机关不能确定如何适用时,报国务院提出意见。国务院认为应适用地方性法规的,即适用地方性法规;国务院认为应适用部门规章的,应提请全国人民代表大会常务委员会裁决。[③]

(3) 审查和撤销。中央军委、最高人民法院、最高人民检察院及省、自治区、直辖市人大常委会认为行政法规同宪法和法律相抵触的,可以要求全国人民代表大会常务委员会进行审查;其他国家机关、社会团体、企事业组织以及公民认

① 参见《宪法》第91条和《审计法》的相应条款。
② 参见《立法法》第109条。
③ 参见《立法法》第106条。

为行政法规同宪法和法律相抵触的，可以建议全国人民代表大会常务委员会进行审查。全国人民代表大会常务委员会经审查，如认为行政法规同宪法和法律确实相抵触，有权予以撤销。[①]

2. 省、自治区、直辖市人民代表大会常务委员会对地方政府规章的监督

根据《宪法》《立法法》和《地方组织法》的规定，省、自治区、直辖市人民代表大会常务委员会可以通过备案和审查的方式对地方政府规章进行监督。[②] 省、自治区、直辖市人民代表大会常务委员会对本级人民政府发布的决定、命令，经审查，认为有下列不适当的情形之一的，有权予以撤销：其一，超越法定权限，限制或者剥夺公民、法人和其他组织的合法权利，或者增加公民、法人和其他组织的义务的；其二，同法律、法规规定相抵触的；其三，有其他不适当的情形，应当予以撤销的。

（二）对各级人民政府规范性文件的监督

国家权力机关对各级人民政府规范性文件的监督既可以通过备案制度进行，也可以应其他监督主体的请求进行。[③] 各级人大常委会负责审查、撤销本级人民政府发布的不适当的决定、命令，各级人大常委会对本级人民政府发布的决定、命令，经审查，认为有下列不适当的情形之一的，有权予以撤销：其一，超越法定权限，限制或者剥夺公民、法人和其他组织的合法权利，或者增加公民、法人和其他组织的义务的；其二，同法律、法规规定相抵触的；其三，有其他不适当的情形，应当予以撤销的。[④]

（三）对行政政策的监督

国家权力机关对行政政策的监督主要采用下述形式：

1. 听取和审查人民政府的工作报告(包括专项工作报告)

《宪法》第 92 条和第 110 条规定，国务院要向全国人民代表大会和它的常务委员会报告工作，地方各级人民政府要向同级人民代表大会和它的常务委员会报告工作。人民代表机关通过听取政府的工作报告，并进行认真、深入的讨论和审议，对政府的政策予以评价和提出改进建议，对政府工作的成绩予以肯定，对问题提出批评和改进意见，从而保证政府工作正确和有效地进行。

各级人大常委会听取和审议本级人民政府的专项工作报告是各级人大常委会监督的主要方式。《监督法》第二章用专章详细规定了这种监督方式的内容和程序。

---

① 参见《宪法》第 67 条和《立法法》第 108、110 条。

② 参见《宪法》第 104 条、《立法法》第 98、99 条、《地方组织法》第 11、50 条。

③ 参见《宪法》第 104 条、《地方组织法》第 50 条。

④ 参见《监督法》第 28—30 条。

2. 向人民政府及所属各工作部门提出质询和询问

《宪法》第 73 条规定:“全国人民代表大会代表在全国人民代表大会开会期间,全国人民代表大会常务委员会组成人员在常务委员会开会期间,有权依照法律规定的程序提出对国务院或者国务院各部、各委员会的质询案。受质询的机关必须负责答复。”《地方组织法》第 24 条规定:“地方各级人民代表大会举行会议的时候,代表十人以上联名可以书面提出对本级人民政府和它所属各工作部门……的质询案。……质询案由主席团交由受质询机关在主席团会议、大会全体会议或者有关的专门委员会会议上口头答复,或者由受质询机关书面答复。”

关于各级人民代表大会及其常务委员会询问和质询,《监督法》第六章作了较详细具体的规定。

3. 审查和批准国家和地方的国民经济和社会发展计划、国家和地方预算

《宪法》第 62 条和第 67 条规定,国家的国民经济发展计划和计划执行情况的报告,国家预算和预算执行情况的报告应经全国人民代表大会审查和批准,在全国人民代表大会闭会期间,由全国人大常委会审查和批准国民经济和社会发展计划、国家预算在执行过程中所必须作的部分调整方案。《地方组织法》第 11 条规定,县级以上地方各级人民代表大会审查和批准本行政区域内的国民经济和社会发展计划,预算以及它们执行情况的报告。审查和批准国家和地方的国民经济和社会发展计划以及预算,是国家权力机关对行政机关行政政策进行监督的一种重要方式。

(四) 对行政行为的监督

国家权力机关对行政机关行政行为的监督主要采取下述形式:

1. 视察和检查政府工作

人民代表视察和检查政府工作,是国家权力机关对行政机关行政行为监督的一种重要形式。人民代表通过视察和检查,了解政府工作情况,收集人民群众对政府工作的反映,从中发现问题,针对所发现的问题向政府提出意见或建议,督促政府各部门改进工作。人民代表视察和检查工作,可以是全面性的,也可以是专题性的;可以采取召开汇报会、座谈会、个别交谈的形式,也可以采取文件审查和现场视察相结合的方式。

2. 组织执法检查

关于执法检查,《监督法》第四章对之作了较详细具体的规定:(1) 各级人大常委会每年选择若干关系改革发展稳定大局和群众切身利益、社会普遍关注的重大问题,有计划地对有关法律、法规实施情况组织执法检查。(2) 人大常委会年度执法检查计划,经委员长会议或者主任会议通过,印发常委会组成人员并向社会公布。常委会执法检查工作由本级人大有关专门委员会或者常委会有关工作机构具体组织实施。(3) 人大常委会根据年度执法检查计划,按照精干、效能

的原则，组织执法检查组。执法检查组的组成人员，从本级人大常委会组成人员以及本级人大有关专门委员会组成人员中确定，并可以邀请本级人大代表参加。(4) 全国人大常委会和省、自治区、直辖市的人大常委会根据需要，可以委托下一级人大常委会对有关法律、法规在本行政区域内的实施情况进行检查。受委托的人大常委会应当将检查情况书面报送上一级人大常委会。(5) 执法检查结束后，执法检查组应当及时提出执法检查报告，由委员长会议或者主任会议决定提请常务委员会审议。(6) 常委会组成人员对执法检查报告的审议意见连同执法检查报告，一并交由本级"一府一委两院"研究处理。①

3. 组织对特定问题的调查

《宪法》第 71 条规定："全国人民代表大会和全国人民代表大会常务委员会认为必要的时候，可以组织关于特定问题的调查委员会，并且根据调查委员会的报告，作出相应的决议。"为了使调查委员会的工作能够顺利地开展，实现调查的目的，《宪法》第 71 条还规定："调查委员会进行调查的时候，一切有关的国家机关、社会团体和公民都有义务向它提供必要的材料。"

4. 接待和处理公民的来信来访

各级人民代表大会常务委员会一般都设有信访机构或专门负责信访工作的专职干部，受理公民对于国家公职人员违法、失职、侵权行为的申诉、控告和检举。人民代表机关通过受理公民的申诉、控告和检举，发现国家行政机关及其公职人员的问题，督促有关机关采取措施(包括惩处有过错的公务员，恢复公民被侵犯了的合法权益等)，纠正错误，解决问题。

(五) 对政府组成人员的监督

《宪法》第 63 条规定，全国人民代表大会有权罢免国务院总理、副总理、国务委员、各部部长、各委员会主任、审计长、秘书长。《地方组织法》第 31 条规定，地方各级人民代表大会有权罢免本级人民政府的组成人员。人民代表机关行使的对政府组成人员的罢免权是对行政最有力的监督形式之一，同时也是其他监督形式能否有效和最终实现的保证。

二、国家监察机关的监督

国家监察机关作为行政法制监督主体，主要是对公务员和其他公职人员依法履职、秉公用权、廉洁从政从业以及道德操守情况实施监督。②

(一) 国家监察对象

根据《监察法》的规定，国家监察机关对所有行使公权力的公职人员进行监

① 参见《监督法》第 22—27 条。

② 参见《监察法》第 11 条。

督，即实现国家监察全面覆盖。[①] 故此，国家监察对象不仅包括行政机关的公职人员，而且包括其他国家机关和非国家机关的公职人员。整个监察对象包括下述六类：其一，中国共产党机关、人民代表大会及其常务委员会机关、人民政府、监察委员会、人民法院、人民检察院、中国人民政治协商会议各级委员会机关、民主党派机关和工商业联合会机关的公务员，以及参照《公务员法》管理的人员；其二，法律、法规授权或者受国家机关依法委托管理公共事务的组织中从事公务的人员；其三，国有企业管理人员；其四，公办的教育、科研、文化、医疗卫生、体育等单位中从事管理的人员；其五，基层群众性自治组织中从事管理的人员；其六，其他依法履行公职的人员。[②]

（二）国家监察机关的职责

国家监察机关的职责包括下述三类：其一，对公职人员开展廉政教育，对其依法履职、秉公用权、廉洁从政从业以及道德操守情况进行监督检查。其二，对涉嫌贪污贿赂、滥用职权、玩忽职守、权力寻租、利益输送、徇私舞弊以及浪费国家资财等职务违法和职务犯罪进行调查。其三，对违法的公职人员依法作出政务处分决定；对履行职责不力、失职失责的领导人员进行问责；对涉嫌职务犯罪的，将调查结果移送人民检察院依法审查、提起公诉；向监察对象所在单位提出监察建议。[③]

（三）国家监察机关的权限

《监察法》赋予监察机关十五种权限[④]：

（1）谈话。对可能发生职务违法的监察对象，监察机关按照管理权限，可以直接或者委托有关机关、人员进行谈话或者要求说明情况。

（2）讯问。对涉嫌贪污贿赂、失职渎职等职务犯罪的被调查人，监察机关可以进行讯问，要求其如实供述涉嫌犯罪的情况。

（3）询问。调查过程中，监察机关可询问证人等人员。

（4）留置。留置只适用于涉嫌贪污贿赂、失职渎职等严重职务违法或者职务犯罪，监察机关已经掌握其部分违法犯罪事实及证据，仍有重要问题需要进一步调查，并有下列情形之一的被调查人：一是涉及案情重大、复杂的；二是可能逃跑、自杀的；三是可能串供或者伪造、隐匿、毁灭证据的；四是可能有其他妨碍调查行为的。另外，对涉嫌行贿犯罪或者共同职务犯罪的涉案人员，监察机关也可以依法采取留置措施。留置须经监察机关依法审批，留置场所的设置、管理和监督依照国家有关规定执行。

---

① 参见《监察法》第 1 条。
② 参见《监察法》第 15 条。
③ 参见《监察法》第 11 条。
④ 参见《监察法》第 18—30 条。

(5) 查询。监察机关调查涉嫌贪污贿赂、失职渎职等严重职务违法或者职务犯罪,根据工作需要,可以依照规定查询涉案单位和个人的存款、汇款、债券、股票、基金份额等财产。有关单位和个人应当配合。

(6) 冻结。监察机关调查涉嫌贪污贿赂、失职渎职等严重职务违法或者职务犯罪,根据工作需要,可以依照规定冻结涉案单位和个人的存款、汇款、债券、股票、基金份额等财产。有关单位和个人应当配合。冻结的财产经查明与案件无关的,应当在查明后3日内解除冻结,予以退还。

(7) 搜查。监察机关可以对涉嫌职务犯罪的被调查人以及可能隐藏被调查人或者犯罪证据的人的身体、物品、住处和其他有关地方进行搜查。在搜查时,应当出示搜查证,并有被搜查人或者其家属等见证人在场。搜查女性的身体,应当由女工作人员进行。

(8) 调取。监察机关在调查过程中,可以调取用以证明被调查人涉嫌违法犯罪的财物、文件和电子数据等信息。调取应当收集原物原件,会同持有人或者保管人、见证人,当面逐一拍照、登记、编号,开列清单,由在场人员当场核对签名,并将清单副本交财物、文件的持有人或者保管人。

(9)—(10) 查封、扣押。监察机关在调查过程中,可以查封、扣押用以证明被调查人涉嫌违法犯罪的财物、文件和电子数据等信息。查封扣押应当收集原物原件,会同持有人或者保管人、见证人当面逐一拍照、登记、编号,开列清单,由在场人员当场核对签名,并将清单副本交财物、文件的持有人或保管人。对查封扣押的财物、文件,监察机关应设立专用账户、专门场所,确定专门人员妥善保管,严格履行交接、调取手续,定期对账核实,不得毁损或者用于其他目的。对价值不明物品应当及时鉴定,专门封存保管。查封、扣押的财物、文件经查明与案件无关的,应当在查明后三日内解除查封、扣押,予以退还。

(11) 勘验检查。监察机关在调查过程中,可以直接或者指派、聘请具有专门知识、资格的人员在调查人员主持下进行勘验检查。勘验检查情况应当制作笔录,由参加勘验检查的人员和见证人签名或者盖章。

(12) 鉴定。监察机关在调查过程中,对于案件中的专门性问题,可以指派、聘请有专门知识的人进行鉴定。鉴定人进行鉴定后,应当出具鉴定意见,并且签名。

(13) 技术调查。监察机关调查涉嫌重大贪污贿赂等职务犯罪,根据需要,经过严格的批准手续,可以采取技术调查措施,按照规定交有关机关执行。批准决定自签发之日起3个月以内有效(经批准可延长,每次不得超过3个月)。对于不需要继续采取技术调查措施的,应当及时解除。

(14) 通缉。依法应当留置的被调查人如果在逃,监察机关可以决定在本行政区域内通缉,由公安机关发布通缉令追捕归案。通缉范围超出本行政区域的,应当报请有权决定的上级监察机关决定。

(15) 限制出境。监察机关为防止被调查人及相关人员逃匿境外，经省级以上监察机关批准，可以对被调查人及相关人员采取限制出境措施，由公安机关依法执行。对于不需要继续采取限制出境措施的，应当及时解除。

三、国家司法机关的监督

国家司法机关的监督包括人民法院的监督和人民检察院的监督。

（一）人民法院的监督

人民法院作为行政法制监督主体，其主要监督方式是通过行政诉讼对行政主体行政行为的合法性进行审查，撤销违法或明显不当的行政行为（在不宜撤销时，确认其违法），变更明显不当的行政处罚或确有错误的涉及款额确定的其他行政行为，确认具有重大明显违法的行政行为无效，判决不履行法定职责的行政主体限期履行法定职责，以实现其监督职能。除此以外，人民法院还可以通过司法建议的方式，建议行政机关纠正不属于人民法院撤销范围的违法行政行为和建议处分在违法行政行为中有过错的国家公务员。[①]

除了行政审判监督以外，人民法院在刑事审判、民事审判和其他专门审判中也能实现对行政机关及其公务员的一定的法制监督。

人民法院通过审理刑事案件，追究违法、失职、侵犯公民权利的犯罪的公务员的责任，保障法律为任何机关、组织和个人所遵守，使任何机关、组织和个人都不能有超越宪法和法律的特权。同时，也鞭策和督促所有的机关、组织和个人自觉地把自己置于宪法和法律之下，自觉地遵守宪法和法律。

人民法院通过审理民事案件，追究在民事活动中违法、侵权的国家行政机关和公务员的民事责任，督促这些机关及其公务员正确地行使民事权利，履行民事义务，自觉地把自己置于与普通公民完全平等的地位，杜绝在民事交往中的任何特权。

人民法院的审判监督可以涉及行政机关具体行政行为的合法性，但是我国审判机关不具有全面的司法审查职能，它不受理对行政法规、规章和行政规范性文件确认效力的案件，不能宣布行政法规、规章和行政规范性文件违宪、违法、无效，从而撤销和废除它们。审查和确定政府法律性文件违宪、违法，撤销这些文件，通常属于各级人大常委会的权限（上级行政机关亦可撤销或改变下级行政机关的法律性文件）。人民法院对于行政规范性文件的合法性可以进行审查和评价。这种审查和评价必须结合具体案件进行，必须是在解决具体案件时进行的附带审查。人民法院不能直接撤销或改变行政机关不合法或不适当的行政规范

---

① 参见《行政诉讼法》第66、70—78条。

性文件，但人民法院在审理相对人不服行政机关具体行政行为的行政案件中，可以应行政相对人的申请，在审查行政行为时一并审查行政行为所依据的规范性文件的合法性，经审查认为规范性文件不合法的，可不作为认定行政行为合法的依据，并向相应规范性文件的制定机关提出处理建议。[①]

（二）人民检察院的监督

人民检察院作为行政法制监督的主体，目前主要限于对严重违法乱纪，可能构成犯罪的公务员和其他公职人员的监督。人民检察院特别通过对犯有渎职罪、贪污罪、贿赂罪的公务员进行侦查和提起公诉，实现其行政法制监督职能。此外，人民检察院还具体对监狱、看守所、拘留所及其管教人员实施日常监督，通过处理这些场所中的违法行为，保障这一特定行政管理领域的行政法治。[②]

检察机关对行政违法行为监督的方式主要有四：(1) 通过向行政机关提出检察建议，督促行政机关依法履行法定职责，纠正违法行政行为或违法不作为。(2) 通过向违法作为或不作为机关的上级行政机关或行政监察机关提出检察建议，要求其依法对违法作为或不作为机关启动监督程序，依法对监督对象作出行政处分或行政处理。(3) 支持作为行政行为相对人的公民、法人或其他组织对违法行政行为或违法不作为申请行政复议或提起行政诉讼。(4) 依法向人民法院提起行政公益诉讼。[③]

人民检察院通过提起行政公益诉讼的方式进行行政法制监督的制度对于监督行政机关依法行政、维护社会公共利益具有重大意义。《行政诉讼法》第 25 条第 4 款规定，人民检察院在履行职责中发现生态环境和资源保护、食品药品安全、国有财产保护、国有土地使用权出让等领域负有监督管理职责的行政机关违法行使职权或者不作为，致使国家利益或者社会公共利益受到侵害的，应当向行政机关提出检察建议，督促其依法履行职责。行政机关不依法履行职责的，人民检察院依法向人民法院提起诉讼。

检察机关监督行政违法行为的程序一般遵循下述要求：(1) 立案审查。检察机关经审查认为相应事项符合监督条件的，应报请检察长批准决定立案；(2) 调查核实。检察机关在履行职责中或通过其他途径发现有属于其监督范围的违法行政行为或违法不作为的情形，需要调查核实的，应采取相应方式调查核实。如调阅、复制行政执法卷宗材料；询问行政机关相关人员和行政相对人、利害关系人、证人；收集书证、物证、视听资料等证据；咨询专业人员、相关部门或者行业协会等对专门问题的意见；委托鉴定、评估、审计；勘验物证、现场等。(3) 督促纠正。检察机关经调查核实认为行政机关确实存在违法行政行为或违

① 参见《行政诉讼法》第 53、64 条。

② 参见《人民检察院组织法》第 5、6、19 条。

③ 参见《人民检察院组织法》第 20—21 条、《行政诉讼法》第 25 条。

法不作为的，应先通过检察建议，督促行政机关纠正。行政机关拒绝纠正的，再启动其他监督方式，如提起行政公益诉讼等。

四、专门行政监督机关的监督

专门行政监督主要是指国家审计机关的监督。[①] 其既是行政系统内部监督机制的环节，同时也是国家行政法制监督机制的环节。

国家审计机关作为行政法制监督的主体，主要是对国务院各部门和地方各级政府及其工作部门的财政收支行为进行监督。审计机关通过审计监督，发现监督对象违法或违反国家有关规定的财政收支行为，依法予以处理、处罚，或提请有权处理的机关依法予以处理、处罚，以保障财政领域的行政法治。审计机关对行政机关以外的金融机构、企事业组织的财务收支进行审计监督不属于行政法制监督，而属于行政监督的范围。[②]

（一）审计机关的职责

根据《审计法》，审计机关具有下述12项职责[③]：(1) 审计机关对本级各部门（含直属单位）和下级政府预算的执行情况和决算以及其他财政收支情况，进行审计监督。(2) 审计署在国务院总理领导下，对中央预算执行情况、决算草案以及其他财政收支情况进行审计监督，向国务院总理提出审计结果报告。地方各级审计机关分别在省长、自治区主席、市长、州长、县长、区长和上一级审计机关的领导下，对本级预算执行情况、决算草案以及其他财政收支情况进行审计监督，向本级人民政府和上一级审计机关提出审计结果报告。(3) 审计署对中央银行的财务收支，进行审计监督。(4) 审计机关对国家的事业组织和使用财政资金的其他事业组织的财务收支，进行审计监督。(5) 审计机关对国有企业、国有金融机构和国有资本占控股地位或者主导地位的企业、金融机构的资产、负债、损益以及其他财务收支情况，进行审计监督。遇有涉及国家财政金融重大利益的情形，为维护国家经济安全，经国务院批准，审计署可以对前款规定以外的金融机构进行专项审计调查或者审计。(6) 审计机关对政府投资和以政府投资为主的建设项目的预算执行情况和决算，对其他关系国家利益和公共利益的重大公共工程项目的资金管理使用和建设运营情况，进行审计监督。(7) 审计机关对国有资源、国有资产，进行审计监督。审计机关对政府部门管理的和其他单位受政府委托管理的社会保险基金、全国社会保障基金、社会捐赠资金以及其他

---

① 在国家监察体制改革以前，专门行政监督包括行政监察监督和国家审计监督两种主要形式。国家监察体制改革以后，行政监察机关撤销，行政监察归入国家监察的统一系统，专门行政监督就仅指国家审计监督。

② 参见《审计法》第17—36条。

③ 参见《审计法》第18—27、29—30条。

公共资金的财务收支，进行审计监督。(8) 审计机关对国际组织和外国政府援助、贷款项目的财务收支，进行审计监督。(9) 根据经批准的审计项目计划安排，审计机关可以对被审计单位贯彻落实国家重大经济社会政策措施情况进行审计监督。(10) 除《审计法》规定的审计事项外，审计机关对其他法律、行政法规规定应当由审计机关进行审计的事项，依照《审计法》和有关法律、行政法规的规定进行审计监督。(11) 审计机关有权对与国家财政收支有关的特定事项，向有关地方、部门、单位进行专项审计调查，并向本级人民政府和上一级审计机关报告审计调查结果。(12) 审计机关履行审计监督职责，发现经济社会运行中存在风险隐患的，应当及时向本级人民政府报告或者向有关主管机关、单位通报。

(二) 审计机关的权限

根据《审计法》，审计机关享有下述 8 项权限[①]：(1) 有权要求被审计单位按照审计机关的规定提供财务、会计资料以及与财政收支、财务收支有关的业务、管理等资料，包括电子数据和有关文档。(2) 国家政务信息系统和数据共享平台应当按照规定向审计机关开放。(3) 审计机关进行审计时，有权检查被审计单位的财务、会计资料以及与财政收支、财务收支有关的业务、管理等资料和资产，有权检查被审计单位信息系统的安全性、可靠性、经济性，被审计单位不得拒绝。(4) 审计机关进行审计时，有权就审计事项的有关问题向有关单位和个人进行调查，并取得有关证明材料。审计机关经县级以上人民政府审计机关负责人批准，有权查询被审计单位在金融机构的账户。审计机关有证据证明被审计单位违反国家规定将公款转入其他单位、个人在金融机构账户的，经县级以上人民政府审计机关主要负责人批准，有权查询有关单位、个人在金融机构与审计事项相关的存款。(5) 审计机关进行审计时，对被审计单位转移、隐匿、篡改、毁弃财务、会计资料以及与财政收支、财务收支有关的业务、管理等资料，以及转移、隐匿、故意毁损所持有的违反国家规定取得的资产的行为，有权予以制止；必要时，经县级以上人民政府审计机关负责人批准，有权封存有关资料和违反国家规定取得的资产；对其中在金融机构的有关存款需要予以冻结的，应当向人民法院提出申请。审计机关对被审计单位正在进行的违反国家规定的财政收支、财务收支行为，有权予以制止；制止无效的，经县级以上人民政府审计机关负责人批准，通知财政部门和有关主管机关、单位暂停拨付与违反国家规定的财政收支、财务收支行为直接有关的款项，已经拨付的，暂停使用(但审计机关采取上述规定的措施不得影响被审计单位合法的业务活动和生产经营活动)。(6) 审计机关认为被审计单位所执行的上级主管机关、单位有关财政收支、财务收支的规定与法律、行政法规相抵触的，应当建议有关主管机关、单位纠正；有关主管机关、

① 参见《审计法》第 34—41 条。

单位不予纠正的，审计机关应当提请有权处理的机关、单位依法处理。(7) 审计机关可以向政府有关部门通报或者向社会公布审计结果。(8) 审计机关履行审计监督职责，可以提请公安、财政、自然资源、生态环境、海关、税务、市场监督管理等机关予以协助。

(三) 审计机关履行职责的规则

审计机关履行上述职责，应遵循下述 5 项规则[①]:(1) 审计机关可以对被审计单位依法应当接受审计的事项进行全面审计，也可以对其中的特定事项进行专项审计。(2) 审计机关根据被审计单位的财政、财务隶属关系或者国有资源、国有资产监督管理关系，确定审计管辖范围。(3) 审计机关之间对审计管辖范围有争议的，由其共同的上级审计机关确定。上级审计机关对其审计管辖范围内的审计事项，可以授权下级审计机关进行审计(但《审计法》第 18 条至第 20 条规定的审计事项不得进行授权)；上级审计机关对下级审计机关审计管辖范围内的重大审计事项，可以直接进行审计，但是应当防止不必要的重复审计。(4) 被审计单位应当加强对内部审计工作的领导，按照国家有关规定建立健全内部审计制度。审计机关应当对被审计单位的内部审计工作进行业务指导和监督。(5) 社会审计机构审计的单位依法属于被审计单位的，审计机关按照国务院的规定，有权对该社会审计机构出具的相关审计报告进行核查。

五、国家机关系统外部的个人、组织的监督

国家机关系统外部的个人、组织在行政管理法律关系中是管理对象，是行政相对人，而在行政法制监督关系中，则是监督主体，有权对行政主体行使职权的行为和公务员遵纪守法的情况实施监督。当然，个人、组织作为行政法制监督主体，不能直接对监督对象采取有法律效力的监督措施或监督行为，个人、组织的监督是通过向有权国家机关提出批评、建议、申诉、控告、检举、起诉或通过报刊、电台、网络、电视等舆论工具对违法行政行为予以揭露、曝光，为有权国家机关的监督提供信息，使之采取有法律效力的监督措施、监督行为，实现行政法制监督的目的。由此可见，国家机关系统外部的个人、组织的监督，是其他法制监督启动的动力，是行政法制监督的基础。[②]

---

① 参见《审计法》第 28、31—33 条。

② 参见《宪法》第 27、41 条。

第三编　行　政　行　为

第十一章　行政行为概述

第一节　行政行为的概念和分类

一、行政行为的概念

（一）对行政行为的界定

对于什么是行政行为，在理论上存在着不同的学说。

(1) 行为主体说。该说认为，行政行为是指行政机关的一切行为。也就是说，凡是行政机关的行为，包括行政机关运用行政权所作的事实行为和没有运用行政权所作的私法行为，都属于行政行为。该说流行于 19 世纪初期行政法学的产生阶段。[①] 行为主体说是以对国家机关的划分，即把国家机关分为立法机关、行政机关和司法机关为前提的，因此又称为行政行为的形式界定说。在当时，三权分立的实行比较严格，行政法学正经历着与其他学科的分离过程，对行政行为各要素尚未作出精确和透彻的分析。随着行政法学的成熟，尤其是 19 世纪末以来分权体制的发展变化，该说在行政法学上已经没有多少支持者了。但个别大陆法系学者却认为，把统一的行政机关分裂为两种不同性质的公法主体和私法主体存在着诸多缺陷，行政机关的私法行为应作为行政私法行为纳入行政行为范畴，并由行政法来规范[②]；行政机关的事实行为也应由行政法来规范。第二次世界大战以来，随着行为科学的兴起，行为主体说在行政学上成了一种具有广泛支持者的学说。

(2) 行政权说。该说认为，只有机关、组织行使行政权的行为，即运用行政权所作的行为才是行政行为。也就是说，行政行为包括行政法律行为、行政事实行为和准法律行为三类，而不包括行政机关没有运用行政权所作的私法行为。行政权说是以对国家权力的划分及对行政权的界定为前提的，因此又称为行政

---

① 参见王名扬：《法国行政法》，中国政法大学出版社 1988 年版，第 131 页；杨建顺：《日本行政法通论》，中国法制出版社 1998 年版，第 361 页。

② 参见许宗力：《法与国家权力》，月旦出版有限公司 1993 年版，第 13 页以下。

行为的实质界定说。持该说的多数学者认为行政权的享有者是行政机关,行政行为是行政机关运用行政权的行为;但也有学者认为行政机关以外的国家机关或组织也享有部分行政权,它们行使行政权的行为也是行政行为。行政权说主要流行于行政学界。尽管行政法学上也讨论行政事实行为,但认为并非所有行政事实行为都属于行政行为,只有当行政事实行为侵害了行政相对人合法权益时才属于行政行为。

(3) 公法行为说。该说认为,行政行为是具有行政法(公法)意义或效果的行为。公法行为说一致认为应将私法行为和事实行为排除在行政行为范围之外,但在外延上却存在不同的观点。第一,全部公法行为说。该说认为,行政行为包括全部有公法意义的行为。也就是说,行政行为既包括抽象行政行为,也包括具体行政行为。抽象行政行为是为不特定行政相对人设定行政法上权利义务的行为,具体行政行为是为特定行政相对人设定行政法上权利义务的行为。全部公法行为说是法国和我国行政法学界的通说[①],在德国和日本早期的行政法学界也颇为盛行。第二,立法行为除外说。该说认为,行政行为包括除行政立法行为以外的全部有行政法意义的行为。也就是说,抽象行政行为中的行政立法行为不属于行政行为,但制定规范性文件的行为属于行政行为。行政行为包括制定规范性文件的行为和具体行政行为。[②] 第三,具体行为说。该说认为,行政行为是行政主体就具体事件所作的公法行为,行政主体对不特定人或事所作的抽象行为不属于行政行为。此外,该说中的多数学者还认为行政主体对内部行政相对人所作的内部行为及行政契约亦不属于行政行为。具体行为说是当今德、日行政法学上的通说,在法国行政法学上也有一定的支持者。我国也有学者持具体行为说,理由是对行政行为的界定必须从行政诉讼的现实需要出发,并且与国际上的主流学说相一致。[③] 另外,我国少数学者曾认为,行政行为应当是行政主体所作的一种合法行为。[④]

(二) 本书的行政行为定义及特征

在行政法学上,行政行为一词最早出现于法国,但作为一个精密、特定的理论概念,却是由德国行政法学鼻祖奥托·迈耶运用概念法学的方法首先提炼、概括出来的。[⑤] 此后,它超越了国界和法系,并经过许多法学家不断锤炼而成为各

① 参见王名扬:《法国行政法》,中国政法大学出版社 1988 年版,第 132 页;应松年主编:《行政法与行政诉讼法学》,高等教育出版社 2018 年版,第 122 页。

② 参见姜明安:《行政法与行政诉讼》,中国卓越出版公司 1990 年版,第 237 页。

③ 参见杨建顺:《关于行政行为理论与问题的研究》,载《行政法学研究》1995 年第 3 期。

④ 参见刘勉义:《论行政行为与行政机关事实行为的界分》,载刘莘、马怀德、杨惠基主编:《中国行政法学新理念》,中国方正出版社 1997 年版,第 118 页;王军旺、王美群、崔华:《对"行政法律行为"概念探讨》,载《行政法学研究》1997 年第 2 期。

⑤ 参见〔德〕奥托·迈耶:《德国行政法》,刘飞译,商务印书馆 2002 年版,第 97 页。

国行政法学的一个核心范畴和概念性工具。本书结合我国《行政诉讼法》的规定，综合采用行政权说和法律行为说，即认为行政行为是指行政主体运用职权而作出的具有行政法意义的法律行为。

1. 行政行为的时代特征

(1) 行政行为的服务性。19世纪的价值观念强调斗争，是以人性恶为基本价值取向的。基于这样一种价值选择，19世纪的行政法学认为，行政主体与行政相对人的关系在状态上是一种利益冲突关系，在行为上是一种斗争关系，在观念上是一种互不信任的关系。因此，行政行为被认为是一种主权者的命令。20世纪以来的人文精神强调社会的和谐、持续发展，是以人性善为基本的价值取向的。基于这样一种人文精神，20世纪以来的行政法学认为，行政主体与行政相对人的关系在状态上是一种利益一致关系，在行为上是服务与合作的关系，在观念上是一种相互信任的关系。因此，行政行为被认为是行政主体在行政相对人的合作下所作的公共服务行为即公务行为。行政行为的这一时代特征向行政主体和行政相对人双方同时提出了新的要求。它要求行政主体改变高高在上，像专制统治者对待臣民那样的态度，要求弱化行政行为的强制性而增强行政行为的可接受性，尊重人权。它也要求行政相对人增强对社会的责任感，积极配合和参与行政行为的实施，改变消极观望甚至抵制的态度。

(2) 行政行为的从属法律性。19世纪的行政法学认为，行政相对人的公法权利来源于法律，但行政主体的行政权却并不来源于法律或立法机关，而与立法机关的立法权和司法机关的司法权一样均来源于国家或人民。因此，行政权并不需要从属于立法权或司法权，行政主体行使行政权的行为并不一定都要接受法律的约束，法律优位原则并不具有彻底性。20世纪以来的行政法学认为，行政主体的行政权与行政相对人的权利一样来源于法律，行政主体行使行政权的行为必须全面、全程接受法律的监控，而不能凌驾于法律之上或站在法律之外，如果实施的行政行为违法，就必须承担相应的法律责任，从而实现行政法治。我国《宪法》也体现了这一现代行政法治精神，规定行政权的来源是《宪法》和法律，行政机关的性质是执行机关即执法机关，行政机关的执法行为即行使行政权的行为必须从属于《宪法》和法律。

2. 行政行为的法律特征

(1) 行政行为的单方性。法律行为是法律主体的一种意思表示。民事法律行为是各方主体的一致意思表示。然而，行政行为是行政主体运用行政权设定、变更、消灭或确认相对人权利义务的一种单方面意思表示。也就是说，行政相对人是否应当承担某种公共负担，能否利用某种自然资源和公共设施，所作行为是否应受到制裁，都取决于行政主体的意志而不取决于行政相对人的意志。随着行政民主化的发展，现代社会的行政相对人已能广泛地参与行政程序或行政行为的实施,即参与意思表示,但这仍然需要行政主体的接受和采纳。并且,行政相对人的意志一旦为行政主体所接受或采纳,所形成的最终意志仍然被视为行政主体的意志。因此,行政行为不同于民事法律行为,行政相对人的参与并没有改变行政行为的单方性。

(2) 行政行为的强制性。民事法律行为是以意思自治为原则的,即是以对方主体自愿接受为前提的,是各方主体自愿约定权利义务的一种意思表示。然而,行政行为是法律的一种实施,是法律在相应领域或事项上的表现,于是法律的强制性就必然体现为行政行为的强制性。就行政主体而言,这种强制性表现为行政主体作出意思表示的法定性,而不以意思自治为原则。就行政相对人而言,这种强制性表现为19世纪行政法学上所说的服从和遵守,以及20世纪以来行政法学上所说的配合或参与。如果行政相对人不予以配合,就会导致强制措施的采取。行政行为对行政相对人的强制性也是行政行为单方性的保障。没有行政行为的强制性,作为行政主体单方意志的行政行为就难以作出和实现。尽管现代行政法学不必再强调行政行为实施的强制性,而强调行政行为的可接受性和行政相对人的自愿接受,但强制仍然是行政行为的后盾。

(3) 行政行为的无偿性。民事法律行为是以等价交易、有偿服务为原则的。行政行为尽管也是一种服务,但却是一种通过运用行政权、实施法律来实现的公共服务,是无偿的。这是因为,行政主体的权力是一种职责或义务,而职责或义务的履行应是无偿的。行政主体实施法律所需的经费只能由国家财政来负担。当然,行政行为的无偿性是有例外的。当特定行政相对人承担了比其他行政相对人更多的公共负担(如财产征用等)时,或者分享了比其他行政相对人更多的资源或利益(如获得许可而采矿、取用地下水等)时,就应当是有偿的。行政行为的无偿性是原则,有偿是例外。

(4) 行政行为的规制性。民事法律行为的目的在于实现自治基础上的法秩序,是自由交易的保障。司法裁判是以诉辩为基础的纠纷解决机制,是法秩序的保障。行政行为无论基于何种法理念,客观上都以实现对社会的规制为目的。行政主体通过依法制定具有确定性和可预见性的规则或者个体化的征收、征用、许可、给付、奖励、处罚、裁决和强制等,为相对人设定权利义务,目的都在于构建或形成所期待的公法秩序,实现行政目标。当然,在法治国家里,这种规制不再是人治的手段和表现,不再是专横和任意的。它是依法行政的法律机制,即国家按法律治理社会,实现公众权利的法律机制,因而需要通过相应的制度加以保障。

现在,行政协议已被纳入《行政诉讼法》所使用的行政行为范畴之中,从而构成了行政行为上述法律特征的例外。

二、行政行为的分类

结合行政权说和法律行为说及《行政诉讼法》的规定，对行政行为可以作各种各样的分类。

（一）行政行为的分类体系

行政行为以是否具有法律效果为标准，可以分为行政法律行为和行政事实行为。行政法律行为，是指行政主体为规制行政关系，运用行政权设定、变更、消灭或者确认特定或不特定相对人权利义务的行政作用，包括行政立法行为、制定行政规范性文件行为、具体行政行为和双方行政行为。行政事实行为，是指行政主体运用行政权实现行政规制，并未产生相应法律效果的行政作用。但是，根据《行政诉讼法》的规定，影响或侵害相对人合法权益的行政事实行为，也属于可诉行政行为。[①]

行政行为以单方意志还是双方意志为标准，可以分为单方行政行为和双方行政行为。单方行政行为，是指行政主体为实现行政规制，单方面运用行政权所作的行政法律行为，包括行政立法行为、制定行政规范性文件行为、行政事实行为和具体行政行为。双方行政行为即行政契约行为，是指行政主体为实现公共利益或者行政管理目标，在法定职责范围内，与对方当事人协商一致订立具有行政法上权利义务内容的协议或合同的行为。行政契约可以分为两类：其一，行政主体与公民、法人或社会组织的行政契约[②]，在我国《行政诉讼法》及其司法解释上称为行政协议。我们可以将其称为外部行政协议。其二，行政主体相互间订立的行政契约，如《行政区域边界争议处理条例》规定的区域边界协议和《长江三峡工程建设移民条例》规定的省际政府间的移民协议等。我们可以将其称为内部行政协议。

行政行为以所针对相对人是否特定为标准，可以分为抽象行政行为和具体行政行为。抽象行政行为是指行政主体运用行政权，针对不特定相对人制定规制规则的行为，包括行政立法和制定行政规范性文件行为。具体行政行为是指行政主体运用行政权，针对特定相对人设定权利义务，实现行政规制目的的行为。抽象行政行为和具体行政行为的分类具有特别重要的意义，将在后文作专门说明。

行政行为的体系见下页图。

---

① 参见科环工贸有限责任公司诉芜湖市弋江区人民政府案，最高人民法院（2019）最高法行申13287号行政裁定书。

② 参见萍乡市亚鹏房地产开发有限公司诉萍乡市国土资源局案，最高人民法院指导案例76号。

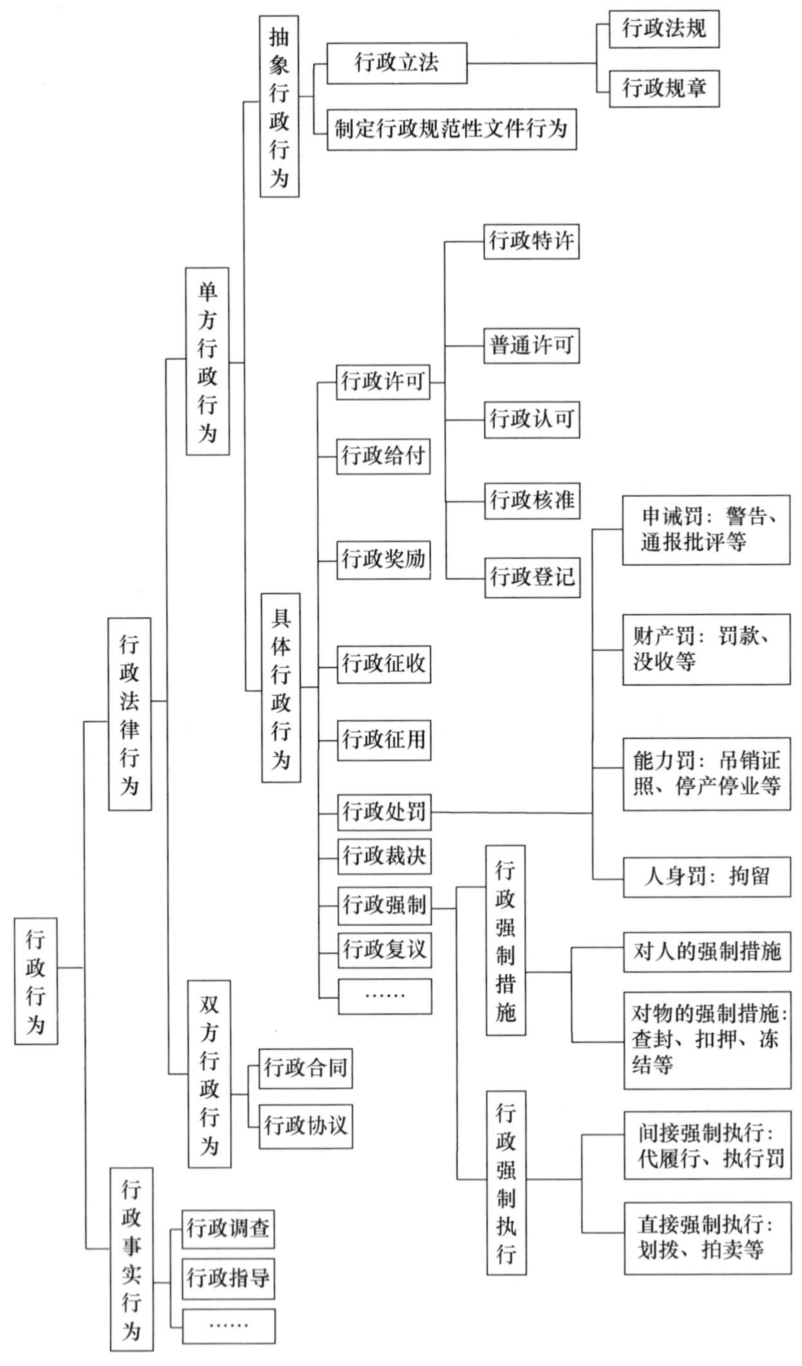
行政行为
行政法律行为
单方行政行为
抽象行政行为
行政立法
行政法规
行政规章
制定行政规范性文件行为
具体行政行为
行政许可
行政特许
普通许可
行政认可
行政核准
行政登记
行政给付
行政奖励
行政征收
行政征用
行政处罚
申诫罚：警告、通报批评等
财产罚：罚款、没收等
能力罚：吊销证照、停产停业等
人身罚：拘留
行政裁决
行政强制
行政强制措施
对人的强制措施
对物的强制措施：查封、扣押、冻结等
行政强制执行
间接强制执行：代履行、执行罚
直接强制执行：划拨、拍卖等
行政复议
……
双方行政行为
行政合同
行政协议
行政事实行为
行政调查
行政指导
……

行政行为的体系

（二）抽象行政行为与具体行政行为的区分

对抽象行政行为和具体行政行为的区分，应以相对人是否特定为标准。然而，相对人是否特定本身有时需要界定。

（1）以拘束内容为标准确定。一般来说，行政行为的形式和内容是统一的。但有时两者并不统一，在形式上是一个行政规范性文件即抽象行政行为，而在内容上却全部或部分拘束特定相对人。在这种情况下，就应该按照内容而不是形式来确定。如果该内容全部拘束特定相对人，则该行为仍属于具体行政行为；如果仅部分拘束特定相对人，则该部分属于具体行政行为。代表最高人民法院态度的湖南泰和案裁判要旨指出："土地管理部门出让国有建设用地使用权之前的拍卖行为以及与之相关的拍卖公告等属于行政行为，具有可诉性。"[①]该拍卖公告形式上看没有针对任何特定人，似乎属于抽象行政行为，但它在内容上却涉及该拍卖土地的权利人，是特定的，因而属于具体行政行为。同样，行政行为形式上因特定相对人而作出，但内容上却拘束不特定相对人的行为，则属于抽象行政行为。2002年国务院法制办的解释指出："对《土地管理法》和《城市房屋拆迁管理条例》适用问题的答复，并不是针对行政相对人、就特定的具体事项、作出的有关行政相对人权利义务的单方行政行为，因此不属于具体行政行为。"[②]

（2）以行为对象数量是否可统计为标准确定。当行为所针对的是数个或众多的对象时，该行为是抽象行政行为还是具体行政行为的区分标准是：凡相对人的人数具有可统计性，都属于具体行政行为，否则属于抽象行政行为。这也就是说，特定与不特定，"个别与一般的区别不能仅根据数量确认，如果具体的处理行为针对的不是一个人，而是特定的或者可以确定的人群时，个别性仍然成立"[③]，仍属于具体行政行为。对是否可统计，则又需依以下标准认定：

其一，行政行为标的物的特定性。如果与行政行为的特定标的物有法律上利害关系的相对人具有可统计性，则属于具体行政行为，否则属于抽象行政行为。在易泽广诉株洲县人民政府案中，被诉拆迁补偿标准文件的标的物系500KV送电线路征地工程，是特定的。与上述特定标的物有法律上利害关系的相对人具有可统计性，因而代表最高人民法院态度的裁判要旨指出："县级人民政府为辖区内特定工程出台的房屋拆迁补偿标准文件，关涉人数固定、范围确定

---

① 湖南泰和集团诉岳阳市人民政府等案，载中华人民共和国最高人民法院行政审判庭编：《中国行政审判案例》（第2卷），中国法制出版社2011年版，第27页。案名有简化，多次引用同一案例的仅在第一次出现时加以详细注释，其他案例亦如此。

② 国务院法制办《关于对建设部办公厅〈关于对房屋拆迁政策法规的答复是否属于具体行政行为的请示〉的复函》，2002年8月27日国法秘函〔2002〕148号。

③ 黄绍花诉辉县人民政府案，最高人民法院（2017）最高法行申7073号行政裁定书。

的征地拆迁补偿安置相对人的合法权益，是可诉的具体行政行为。”①

其二，行政行为的时间封闭性。这是指行政行为设定仅适用于特定时间点以前的相对人，而不适用于该时间点以后的相对人。最高人民法院在王明三等案终审裁定中认为重庆市司法局“文件中有关‘对年满70岁的律师不再注册’的规定，均是具有普遍效力的规范性文件，属于抽象行政行为”。② 该案被诉行为的规定在时间上并没有封闭，是针对该行为生效以后年满70岁的律师而不是仅针对特定时间点以前年满70岁律师的。这样，相对人的范围是开放的，而不是封闭的，因而是不可统计的，属于具体行政行为。

(3) 针对特定物的行为和交通信号。行政主体对特定物公法性质或法律状态的确定，如《国务院关于核定并公布第六批全国重点文物保护单位的通知》，并没有直接针对特定相对人。同时，交通标志和指挥信号也普遍存在。在学说上，对特定物的行政行为和交通信号、标志都属于具体行政行为而不属于抽象行政行为。在我国的司法实践中，也开始采纳上述学说，认定交通信号为具体行政行为。③

第二节 行政行为的模式

一、行政行为模式的概念

行政行为的模式，即行政行为的形态、模型、形式或类型，在行政法学上表现为行政行为的概念或范畴，指在理论或实务上对行政行为的内容和程序都已形成固定、共同构成要件的行为体系。

行政行为的模式，在行政法学上就是行政行为的概念或范畴，如行政处罚、行政处分、行政许可、行政奖励、行政裁决、行政征收、行政给付、行政确认、行政强制等。这些概念或范畴都是经过长期的、许多人的观察、分析、概括、锤炼、加工和运用以及实践的检验、沉淀和认同而形成的，是对行政法进行理性思维的表现和记载。例如，单方具体行政行为，在中华人民共和国成立以前的行政法学上被概括为“行政处分”④，在中华人民共和国成立后的第一部行政法学著作中则

① 参见易泽广诉株洲县人民政府案，载中华人民共和国最高人民法院行政审判庭编：《中国行政审判案例》(第2卷)，中国法制出版社2011年版，第22页。

② 王明三等诉重庆市司法局案，最高人民法院(2000)行终字第1号行政裁定书。

③ 参见徐某等诉南通市通州区交通运输局案，江苏省南通市中级人民法院(2020)苏06行终139号行政裁定书。

④ 参见范扬：《行政法总论》，商务印书馆1935年版，第四章第五节。

是用"行政措施"来概括的[①],此后又曾以"行政执法"来界定[②],到目前的"具体行政行为"这一为学说和实务所普遍接受的理论范畴,而在有的论著中又用"行政决定"予以取代[③]。总之,行政行为范畴与其他法学范畴一样,"既是人类以往认识成果的结晶,又是认识进一步向前推移的支点。任何一门科学,从理论形态上说,都是由范畴建构起来的理论大厦。没有范畴,就意味着没有理性思维,没有理论活动和理论表现"[④]。

行政行为的模式,是某类行政行为典型特征的理论化、固定化和要件化。一个特定的行政行为,是行政主体的一种特殊的意思表示。行政主体的意志在通过一定的形式表现于外部以前,是无法为外人所认知的。但是,为了规范这种意思表示,人们就从以往的实践中总结出了同类意思表示在内容和程序上的典型特征或法律要件,从而使其客观化和固定化。例如,责令停产停业、罚款和拘留等具体行政行为,在内容上的法律要件就是剥夺或限制违反行政法规范但尚未构成犯罪的相对人的权利,或为其设定一定义务,在程序上的法律要件就是调查、审理、听证、决定及执行。同时,这类具体行政行为在法律要件上区别于颁发营业执照、征收税款和发放抚恤金等具体行政行为。因此,它们被固定化、客观化为一个共同的模式即行政处罚。行政行为模式或范畴与其他法学范畴一样,"作为思维的产品和结构单位在形式上是主观的,但范畴的内容即范畴所反映的属性和联系是客观的,是客体本身所具有的"[⑤]。

行政行为的模式是行政行为的体系化。一个行政行为模式意味着许多行政行为的组合,并意味着属于更大范围内更多行政行为的组成部分,是整个行政行为的"网上纽结"。也就是说,一方面它本身就是一个行为体系或系统,另一方面它又是大系统中的子系统。例如,行政处罚这一行为模式本身就包含了罚款、行政拘留、责令停产停业和吊销证照等众多行为模式,同时又隶属于具体行政行为这一行为模式,是具体行政行为网络中的一个特定"纽结"。具有相应模式的行政行为可以称为模式化行政行为。模式化行政行为是指概念所指代的行为在内容和程序上的共同要件以及在行政行为体系中的地位已广受实务和学说讨论、重视、了解和熟悉的行政行为。尚不具有相应模式的行政行为,则称为未模式化或未型式化行政行为。[⑥] 例如,行政主体对公务员的警告属于行政处分,具有相

① 参见王珉灿主编:《行政法概要》,法律出版社1983年版,第112页。

② 参见应松年主编:《行政法学教程》,中国政法大学出版社1988年版,第247页。

③ 参见叶必丰:《行政法学》,武汉大学出版社2003年版,第170页;章剑生:《现代行政法基本理论》(第二版),法律出版社2014年版,第264页。

④ 参见张文显:《法学基本范畴研究》,中国政法大学出版社1993年版,第1页。

⑤ 同上书,第2页。

⑥ 参见林明锵:《论型式化之具体行政行为与未型式化之具体行政行为》,载《当代公法理论》,月旦出版公司1993年版,第341页。

应的固定模式,是模式化行政行为;行政主体责令公务员承担部分赔偿费用的行为,目前却还不具有固定的模式,因而是一种非模式化行政行为。

二、行政行为的模式化

随着行政法调整对象的发展变化,新的行政行为现象不断出现。行政行为模式缺乏灵活性,从而使其无法包容某些新出现的行政行为现象。现有行政行为模式无法包容的新行政行为,是非模式化的行政行为。为了便于沟通、推理、定位和规范,就有必要对这些非模式化行政行为予以模式化。同时,原有的行政行为模式也需要随社会的发展而予以再加工、锤炼和重新概括。

根据萨维尼习惯法、学术法和法典法的理论,行政行为的模式化一般都要经历三个阶段。首先,同类行政行为现象在行政法实务中大量、反复出现,并累积到了一定程度,为人们的观察和认识提供了足够的素材。其次,对非模式化行政行为运用法学方法进行逻辑处理。这里所说的法学方法,也就是要把握行政行为的法律意义,而不是像行政学那样关注行政行为的效率,也不是采用政治学或社会学等的研究方法。这里的逻辑处理,主要是在理论上观察、分析、比较各种行政行为现象的法律特征,寻找它们的共同法律要件和相同法律要件,将具有相同法律要件的行政行为现象予以归类、概括和界定,然后用一个相应的名称予以命名,并通过不断的锤炼和加工使同类行政行为的法律要件固定化和稳定化,从而也为行政行为的法典化和法典注释提供了一种通用的标准性工具和前提。最后,对这种法律要件已经固定化和稳定化的行政行为现象,通过立法和判例予以确认和制度化、模式化。行政行为理论范畴的抽象和概括只能解决行政行为现象的沟通、推理和定位,并不能解决对行政行为的规范。同时,行政行为模式理论中的不同意见也会给行政法实务中的沟通、推理和定位带来困难。行政行为的法典化则有利于行政行为形式学说中不同意见的暂时统一、行政行为模式的最终确立和对行政行为的严格规范。因此,以法律上的逻辑处理为前提,通过立法和判例来确认行政行为的相同法律要件,也是行政行为模式化的重要组成部分。由此可见,行政行为的模式化,既不能等同于概念化也不能等同于制度化,而是两者的统一。

行政行为模式化的主要任务,就是分析和概括行政行为现象的共同或相同法律要件。这种共同或相同法律要件,主要应当从行政主体的意思表示内容中去概括。但是,服务与合作理念在行政行为形式学说中的贯彻,意味着不能将行政行为看成纯粹的行政主体意志,而要求将它作为相对人参与意思表示后形成的行政主体意志。这就要求在行政行为模式化的过程中,不能仅仅分析和概括行政主体的意思表示,还应分析和概括影响行政主体意志的相对人意思表示或为行政主体采纳的相对人意思表示。这是现代行政行为形式学说区别于传统行政行为形式学说的基本点。相对人参与意思表示只能在行政主体的意思表示作出之前,并通过相应的程序来实现。这样,行政程序不再仅仅是行政主体意思表示过程的客观化和固定化,而且是相对人的参与机制,是行政主体与相对人之间的沟通机制。因此,对相对人意思表示的分析和概括也就可以通过行政程序来进行,行政程序的相同要件也是建立行政行为模式的重要标准。

三、行政行为的模式定位

某类行政行为尽管已经模式化,但在行政法实务中违法的行政行为往往并没有按现有模式来操作,要么缺乏现有模式所要求的某一内容或形式要件,要么缺乏现有模式所要求的某一程序要件。同时,行政行为的模式化是以以往行政行为现象为对象所进行的概括,此后新出现的行政行为是否属于某一行政行为模式,也会发生认识上的困难。在上述两种情况下,就需要对行政行为现象进行模式定位。由于上述现象在当前具有普遍性,因而就有必要对行政行为的模式定位方法作专门的讨论。

行政行为的模式定位应当以内容要件为基本标准。内容要件,即对权利义务的设定、变更或消灭,是任何行政行为所必须具备的,否则就不能构成一个现实的行政行为,或行政行为不能成立,因而也不存在行政行为的模式定位。同时,从行政行为的模式化看,行政行为模式的建立主要是以内容要件为标准的。意思表示形式的缺乏和程序的违反并不影响具体行政行为的成立,也并不是建立行政行为模式的决定性标准。因此,一个行政行为的模式定位,要看该行为的内容是否具备某一行政行为模式的共同要件。

行政行为的模式定位还需要借助于行政行为的解释理论。由于语言环境和语言习惯、当事人的表示力和领受力、当时环境和后来环境等因素的影响,行政主体的表示行为与其内心意思可能并不一致,即表示行为并不完全符合法律的要求,或者表示意思与真实意思不一致,或者所表示的意思与相对人所理解的意思不一致。为了对行政行为进行模式定位,就必须排除这种矛盾,探明行政主体的真实意思,因而就有予以解释的必要。对法律上意思表示的解释有主观主义和客观主义两种解释理论。在当代,各国所奉行的主流学说是客观主义兼主观主义的原则,在表示与意思不一致时一般应以外部表示为准;对于有相对人的意思表示之解释应当以相对人足以合理客观了解的表示内容为准,以保护相对人的信赖利益。也就是说,在进行解释时,不是看行为主体心里是怎么想的,而是要看其说过什么、写过什么、做过什么。[①] 在行政行为的模式定位中,对行政主

① 参见董安生:《民事法律行为——合同、遗嘱和婚姻行为的一般规律》,中国人民大学出版社 1994 年版,第 234 页以下;〔葡〕安娜·维列纳:《法律行为解释中的意思与含义》,载《澳门法律学刊》总第 5 期;〔英〕丹宁勋爵:《法律的训诫》,杨百揆、刘康安、丁健译,群众出版社 1985 年版,第 21 页以下。

体目的意思和效果意思的解释和认定,也应按这个原则来进行。例如,对行政主体处理民事纠纷的行为是否属于行政裁决,就要看这种行为在实际上或客观上是否具有"强制性",即是否具有公定力、确定力、拘束力和执行力,而不能只看行政主体的内心想法如何。如果在行政法上采用主观主义的解释理论,则行政主体就可能作有利于自己的解释来规避法律。此外,还应当注意的是,这种解释只是为了探明行政主体的真实意思,与意思表示是否合法无关。通过解释所认定的意思表示可能是合法的,也可能是违法的。

总之,对行政行为的模式定位,应当以内容要件为标准,对行政主体意思表示的认定应当采用客观主义兼主观主义的原则来进行。

第十二章 行政立法

第一节 行政立法概述

一、行政立法的概念

“行政立法”在法学上往往被赋予不同的含义。有的学者曾从所制定的法律规范的性质角度界定，认为凡是制定行政法规范的行为，不论制定主体的性质如何，都属于行政立法。[①] 有的学者认为，行政立法既应当从机关性质，又应当从所制定法律规范的性质来界定，即只有行政机关制定行政法规范的活动才是行政立法。这也是自 20 世纪 80 年代末以来我国行政法学的通说。本书采此通说，界定行政立法为法定组织根据法定权限并按法定程序制定和发布行政法规和行政规章的活动。

行政立法的主体一般是国家行政机关，而不是国家权力机关、国家司法机关或政党、社团组织。国家权力机关是立法机关，当然可以制定调整行政关系的法律和法规，但此种立法不是本书所说的行政立法。行政立法是一种立法活动，因而并非任何行政机关都可以成为行政立法的主体，同时非行政机关组织经法律授权也可以成为行政立法主体。根据《宪法》第 90 条、《国务院组织法》第 14 条、《地方组织法》第 74 条和《立法法》第 91 条、第 93 条的规定，只有下列行政机关和法定机构才能进行行政立法：国务院及其行政主管部门，省、自治区、直辖市、设区的市和自治州的人民政府。其中，国务院行政主管部门包括国务院的各部、委员会、中国人民银行、审计署等国务院组成部门，以及国务院具有行政管理职能的直属机构以及法律规定的机构。国务院的直属机构包括国务院的直属行政机构和直属事业单位。国务院的直属行政机构大多具有行政管理职能，如海关总署和国家市场监管总局等，依法属于行政立法主体。但有的国务院直属行政机构不具有行政管理职能，即不能对相对人行使行政职权，如国务院参事室和国家机关事务管理局。不具有行政管理职能的国务院直属行政机构并非行政立法主体。国务院的直属事业单位大多不具有行政管理职能，并非行政立法主体。但经法律授权，国务院的直属事业单位取得行政管理职能，可以成为行政立法主体。如基于《气象法》第 5 条、《银行业监督管理法》第 2 条和《证券法》第 7 条的

---

① 参见应松年、朱维究编著：《行政法学总论》，工人出版社 1985 年版，第 266 页以下。

授权,作为国务院直属事业单位的中国气象局、中国银监会(已撤销)和中国证监会都成了行政立法主体。

行政立法是依法进行的。首先,行政立法的主体是法定的。对此,已在上文说明。其次,行政立法主体的权限是法定的。立法权属于国家权力机关是一般原则,由行政机关及授权组织来行使则是一种例外和补充。因此,行政机关进行行政立法必须具有明确、具体的法律依据和授权依据。对此,我国《宪法》和《立法法》及有关法律已作了相应的规定。其中,职权立法的立法权来源于《宪法》和有关组织法的规定,这种立法权的范围在《立法法》中已作规定。单行法律和行政法规对行政机关及特定事业单位的立法授权,及通过授权决议对行政机关及特定事业单位的立法授权一般都应有较明确的权限范围和授权目的。最后,行政立法的程序也是法定的。行政立法的程序与一般立法程序基本相同。目前,我国的行政立法程序是由《立法法》和有关行政法规规定的。总之,只有按上述要求进行的立法才是行政立法。没有立法权的行政机关及组织或者非按立法程序进行的相应规范性文件制定活动,不是行政立法。

行政立法是一种立法活动。行政立法从程序上说,包括立项、起草、审查、决定、公布、解释;从最终结果来说,表现为适用于不特定公民、法人或其他社会组织的普遍性规则,即行政法规和规章。行政法规是我国法的渊源之一。行政规章在我国能否作为法的渊源还有争论。这种争论体现在立法上,就是《行政诉讼法》第63条第3款的规定,即在行政诉讼中,规章只能作为参照而不能作为依据。这一规定尽管是针对行政诉讼所作的规定,但其影响和作用远远超出了行政诉讼领域,而及于行政行为实施的所有领域。我们认为,解决这一争论的出路是既承认规章作为法的渊源之一和具有法的效力,又要将规章纳入司法审查的范围。作为法的渊源,行政法规和规章具有普遍性法律效力,是实施行政行为的依据,而不是指导行政行为实施的行政政策,更不同于影响特定人权利义务的具体行政行为。从这一意义上说,制定行政法规和规章的活动是一种立法活动,而不是一种具体行政规制和行政执法活动。相反,行政机关非制定行政法规和规章的活动,如制定行政规范性文件的活动,并不是行政立法活动。尽管从立法学上说,行政机关所进行的法律解释和法律、地方性法规草案的起草也是一种立法性活动,但本书所称的行政立法并不包括此类活动。行政立法尽管是一种立法活动,却是一种从属性立法,即行政机关及特定事业单位从属于权力机关,行政立法权从属于权力机关的立法权,行政法规和规章从属于法律。

二、行政立法的分类

(一)职权立法和授权立法

根据行政立法权的取得方式,可以将行政立法分为职权立法和授权立法。

职权立法是指行政机关根据《宪法》《立法法》和组织法所赋予的行政立法权所进行的立法活动。根据《宪法》和组织法的规定，国务院及其主管部门(除直属事业单位)，省、自治区、直辖市、设区的市和自治州人民政府可以进行职权立法。行政机关通过职权立法所制定的行政法规和规章一般不能变通法律和法规的规定。

授权立法是指行政机关及特定事业单位根据单行法律或授权决定所授予的立法权而进行的立法。第一，授权立法的根据。授权立法的根据有两类，即《宪法》和组织法以外的单行法律和最高国家权力机关专门的授权决定。根据单行法律所进行的授权立法一般称为普通授权立法，根据最高国家权力机关专门的授权决定所进行的授权立法称为特别授权立法。其中，授权决定应当明确授权的目的、事项、范围、期限以及被授权机关实施授权决定应当遵循的原则等。授权决定所确定的授权期限原则上不得超过五年。被授权机关应当在授权期限届满的六个月以前，向授权机关报告授权决定实施的情况，并提出是否需要制定有关法律、法规的意见；需要继续授权的，可以提出相关意见，由授权机关决定。第二，授权的内容。授权的内容可以分为授予权利能力和授予行为能力两类。单行法授予国务院直属事业单位行政立法主体资格，即属于授予权利能力。单行法或者决议授予行政立法主体原有权限范围外的立法事项，如法律授权国务院将本应由法律规定的事项制定为行政法规，则属于授予行为能力。但是，行为能力的授予是有边界的，即不得授予《立法法》规定的法律绝对保留事项，如有关犯罪和刑罚、对公民政治权利的剥夺和限制人身自由的强制措施和处罚、司法制度等事项。第三，不得再授权原则。被授权机关应当严格按照授权行使被授予的权力，不得将被授予的权力转授给其他机关。

(二) 执行性立法和创制性立法

根据行政立法的功能，可以将行政立法分为执行性立法和创制性立法。执行性立法是指行政机关为了执行或实现特定法律和法规或者上级行政规范性文件的规定而进行的立法。执行性立法可以依职权也可以依授权而进行，但不得任意增加或减少所要执行的法律、法规或上级行政规范性文件的内容。通过执行性立法制定的行政法规和规章，一般称为“实施条例”“实施细则”或“实施办法”，在所执行的法律、法规或上级行政规范性文件失效后也不能独立存在。但是，所执行的法律、法规或上级行政规范性文件经修正后继续有效的，基于执行性立法所制定的原行政法规范只要不存在抵触，则仍然有效。[①]

创制性立法是指行政机关为了填补法律和法规的空白或者变通法律和法规

---

① 博坦公司诉厦门海关案裁判摘要指出：“行政机关为实施法律而根据法律制定的实施细则、条例等行政法规，在相关法律修改后，只要没有被法律、行政法规或者制定机关明令废止，并且不与修改后的法律相抵触，就仍然可以适用。”(载《最高人民法院公报》2006年第6期)。

的规定以实现行政职能而进行的立法。其中,为了填补法律和法规的空白而进行的创制性立法,即在还没有相应法律和法规规定的前提下行政主体运用《宪法》和组织法所赋予的立法权所进行的立法,称为自主性立法。我国的行政立法大多是自主性立法。为了变通行政法规范的规定而进行的创制性立法,称为补充性立法。补充性立法应以法律、法规或法律决定的授权为根据,所制定的行政法规和规章并不因授权法律、法规或法律决定的消灭而当然消灭,只要不与新的法律、法规或法律决定相抵触就具有法律效力。我国的改革大多需要经过试点,基于“重大改革于法有据”原则,补充性立法在我国屡见不鲜。

(三) 中央行政立法和地方行政立法

根据行政立法的主体不同,可以将行政立法分为中央行政立法和地方行政立法。

中央行政立法是指中央行政机关依法制定和发布行政法规和规章的活动。国务院及其主管部门所进行的行政立法,都是中央行政立法。中央行政立法所制定的行政法规和规章,在全国范围内具有法律效力。中央行政立法有助于行政法治在全国范围内的统一,但其中的部门立法又可能导致权力部门化、执法脱节和多头执法现象。

地方行政立法是指地方行政机关依法制定和发布规章的活动。省、自治区、直辖市、设区的市和自治州人民政府所进行的行政立法,都是地方行政立法。地方行政立法所制定的规章,只能在本行政区域内发生法律效力。当前,我国的央地事权分工改革已取得了明显成效,地方自主权得到进一步扩大,地方行政立法的需求更加强烈,地方行政立法的实践更加活跃。地方行政立法有助于因地制宜地推进本地方经济和社会发展,但也可能导致行政壁垒,损害法治的统一,妨碍市场的统一,因而既需要与法律、行政法规保持一致,又需要根据国家区域发展战略共同建立跨行政区划的行政立法协同工作机制。

三、关于行政立法不作为

我国曾经发生两起行政立法不作为的案件,即杨春庭诉南京市江宁区政府行政立法不作为案[①]和桂亚宁诉中国民航总局行政立法不作为案。在这两起案件中,被告都是以行政立法属于抽象行政行为,不属于行政诉讼受案范围为抗辩理由的,且均为法院所支持,前者被驳回,后者未被受理。[②] 我们认为,如果旨在

① 在该案中,原告指控被告在上位法《南京市城市房屋拆迁管理办法》已被废止的情况下,却仍然在实施根据该上位法制定的《江宁县城镇房屋拆迁管理暂行办法》,而没有根据新的上位法制定新的规定,导致其合法权益的严重损失。其实,这不是一个行政立法问题,最多是一个行政规范性文件问题。

② 参见郁进东:《全国首例行政立法不作为案一审被驳回》,载《中国青年报》2003 年 6 月 13 日;廖卫华:《中国民航总局被诉行政立法不作为》,载 http://www.ceocoo.net/news/show.aspx? id=165&cid=60,2005 年 5 月 19 日访问。

实现自己的利益，则案件当事人只能根据现行法律来寻求救济；当然，如果是为了推动法制的改革，即旨在将抽象行政行为纳入行政诉讼受案范围，则当事人的努力值得嘉许。其实，行政立法是一项权力或职责，但并不是对公众的一项义务。行政立法主体完全可以裁量行使。[①] 对于行政立法主体未履行此项职责而导致特定相对人权益受损害是否应予赔偿的问题，应按行政赔偿的构成要件去认定，无需借助于行政立法不作为这一概念工具。

第二节 行政立法的原则和程序

一、行政立法的原则

（一）坚持党的领导的原则

根据《立法法》第 3 条、第 8 条和《行政法规制定程序条例》《规章制定程序条例》的有关规定，行政立法应坚持党的领导的原则。这一原则要求：行政立法应当贯彻落实党的路线方针政策和决策部署，倡导和弘扬社会主义核心价值观，推动社会主义精神文明建设。具体包括：第一，制定政治方面法律的配套行政法规、规章，应当按照有关规定及时报告党中央或者同级党委（党组）。制定其他方面重大体制和重大政策调整的重要行政法规，应当将行政法规草案或者行政法规草案涉及的重大问题按照有关规定及时报告党中央。制定重大经济社会方面的规章，应当按照有关规定及时报告同级党委（党组）。第二，有关部门报送的行政法规或规章立项申请，应当说明立法项目所依据的党的路线方针政策和决策部署。列入年度行政立法工作计划的项目应当贯彻落实党的路线方针政策和决策部署，所拟订的年度行政立法工作计划应履行报党中央或同级党委（党组）的批准程序，才能按程序向社会公布。第三，政府法制机构对行政法规或规章的送审稿，应审查其是否严格贯彻落实党的路线方针政策和决策部署。

（二）坚持改革的原则

根据《立法法》第 7 条和《行政法规制定程序条例》《规章制定程序条例》的有关规定，行政立法应坚持改革的原则。改革原则要求，行政立法应当适应改革需要，坚持在法治下推进改革和在改革中完善法治相统一，引导、推动、规范、保障相关改革，发挥法治在国家治理体系和治理能力现代化中的重要作用。具体包括：列入年度行政立法工作计划的项目应当适应改革的需要，有关改革的实践经验已基本成熟；起草行政法规、规章应当体现全面深化改革精神，科学规范行政行为，促进政府职能向宏观调控、市场监管、社会管理、公共服务、环境保护等

① 参见〔英〕边沁：《政府片论》，沈叔平等译，商务印书馆 1995 年版，第 326—337 页。

方面转变;国务院可以根据全面深化改革、经济和社会发展的需要,就行政管理等领域的特定事项,决定在一定期限内在部分地方暂时调整或者暂时停止适用行政法规的部分规定。改革原则要求,对拟设计的制度应当为改革预留空间,可以运用专门条款、不确定法律概念或但书条款等立法技术为设定的制度增加弹性。改革原则还要求,有关机关应当根据全面深化改革、经济和社会发展的需要,及时组织开展行政法规、规章的清理工作,及时修改或者废止不适应全面深化改革和经济、社会发展要求的行政法规、规章。

(三) 民主法治原则

根据《立法法》第3—6条和《行政法规制定程序条例》《规章制定程序条例》的有关规定,行政立法应坚持民主法治的原则。民主原则要求法律由民意机关制定,通过民主程序体现人民意志,保障人权,促进社会公正。行政立法的主体是由民意机关产生并对民意机关负责的行政机关,更需要贯彻民主原则,更需要强调民主程序。民主原则要求行政立法应当充分发扬社会主义民主,坚持立法公开,保障人民通过多种途径参与立法活动。它要求行政立法的项目来源于公众和社会,立法规划的编制和行政法规、规章的起草听取公众的意见,从而确保行政法规和规章体现民意,尊重人权,促进社会公正。法治原则要求行政立法应当遵循宪法的规定、原则和精神,依照法定的权限和程序,从国家整体利益出发,维护社会主义法制的统一、尊严、权威;应当科学、合理地规定公民的权利与义务、行政机关的权力与责任,在规定公民履行义务的同时应当规定其相应的权利和保障权利实现的途径;所制定的规范应当明确、具体,具有针对性和可执行性。正是基于法治原则,我国建立了对行政法规和规章的适用、备案审查和清理制度。

二、行政立法的程序

(一) 立项

(1) 行政立法项目。行政立法项目的来源有两种:第一,行政立法主体所属部门的申请。该申请应当说明立法项目的必要性、所要解决的主要问题、依据的党的路线方针政策和决策部署,以及拟确立的主要制度。第二,行政立法主体向社会公开征集,经确定的项目。

(2) 行政立法计划。行政立法主体的法制机构应当根据国家总体工作部署,对行政法规、规章的立项申请和公开征集的项目建议进行评估论证,突出重点,统筹兼顾,拟订年度立法工作计划,报本行政立法主体批准后向社会公布。列入年度立法工作计划的项目应当符合行政立法原则的要求。年度立法工作计划应当明确行政法规、规章的名称、起草单位、完成时间等。

(3) 项目落实。对列入年度立法工作计划的项目,承担起草任务的部门应当抓紧实施，按照要求上报行政立法主体；上报前，应当与行政立法主体的法制机构沟通。行政立法主体的法制机构应当及时跟踪了解有关各部门落实年度立法工作计划的情况，加强组织协调和督促指导。年度立法工作计划在执行中可以根据实际情况予以调整。

（二）起草

（1）起草组织。行政立法主体负责行政法规、规章起草的组织工作。它可以交由所属部门的一个或几个部门具体承担起草工作，也可以交由所属的法制机构组织起草工作。起草组织根据具体情况，可以委托有关专家、教学科研单位、社会组织起草。起草组织应当就起草工作进行调查研究。

（2）起草要求。起草行政法规、规章应当坚持行政立法的各项原则，弘扬社会主义核心价值观；符合精简、统一、效能的要求，相同或者相近的职能规定由一个行政机关承担，简化行政管理手续；体现行政机关的职权与责任相统一，在赋予有关行政机关必要的职权的同时，应当规定其行使职权的条件、程序和应承担的责任。

（3）听取意见。起草行政法规、规章，应当广泛听取有关组织、人大代表和公民的意见。涉及社会公众普遍关注的热点、难点问题和经济、社会发展遇到的突出矛盾，减损公民、法人和其他组织权利或者增加其义务，对社会公众有重要影响等重大利益调整事项的，应当进行论证咨询。听取意见可以采取召开座谈会、论证会、听证会等多种形式。其中，根据《规章制定程序条例》，起草的规章涉及重大利益调整或者存在重大意见分歧，对公民、法人或者其他组织的权利义务有较大影响，人民群众普遍关注，需要进行听证的，起草单位应当举行听证会听取意见。

听证会依照下列程序组织：第一，听证会公开举行，起草单位应当在举行听证会的 30 日前公布听证会的时间、地点和内容。第二，参加听证会的有关机关、组织和公民对起草的规章，有权提问和发表意见。第三，听证会应当制作笔录，如实记录发言人的主要观点和理由。第四，起草单位应当认真研究听证会反映的各种意见，起草的规章在报送审查时，应当说明对听证会意见的处理情况及其理由。

起草部门应当将行政法规、规章草案及其说明等向社会公布，征求意见，但是经行政立法主体决定不公布的除外。向社会公布征求意见的期限一般不少于 30 日。

（4）与有关部门协商。起草部门应当就涉及其他部门的职责或者与其他部门关系紧密的规定，与有关部门充分协商。涉及部门职责分工、行政许可、财政支持、税收优惠政策的，应当征得机构编制、财政、税务等相关部门同意。经过充分协商不能取得一致意见的，起草单位应当在上报草案送审稿时说明情况和理由。起草部门应当对涉及有关管理体制、方针政策等需要行政立法主体决策的重大问题提出解决方案,报送决定。

(5) 草案送审。起草部门向行政立法主体法制机构报送的草案送审稿,应当由起草部门主要负责人签署。涉及几个部门共同职责而共同起草的,达成一致意见后联合报送行政法规送审稿。几个部门共同起草的送审稿,应当由该几个部门主要负责人共同签署。

起草部门将送审稿报送审查时,应当一并报送送审稿的说明和有关材料。送审稿的说明应当对立法的必要性、主要思路、确立的主要制度,征求有关机关、组织和公民意见的情况,各方面对送审稿主要问题的不同意见及其协调处理情况,行政法规送审稿拟设定、取消或者调整行政许可、行政强制的情况等作出说明。有关材料主要包括所规范领域的实际情况和相关数据、实践中存在的主要问题、国内外的有关立法资料、调研报告、考察报告等。当前,起草说明都过于简单,不利于行政法规和规章的解释和实施,今后应当尽可能把有关材料的重要内容纳入起草说明。

(三) 审查

(1) 审查的主要内容。行政立法主体法制机构进行审查的主要内容包括:该项行政立法是否符合行政立法的原则,是否符合前述起草要求和程序,行政法规送审稿是否与有关行政法规协调、衔接,规章送审稿是否与有关规章协调、衔接,是否符合立法技术要求,以及需要审查的其他内容。

(2) 缓办或退回。送审稿有下列情形之一的,法制机构可以缓办或者退回起草单位:第一,制定行政法规或规章的基本条件尚不成熟或者发生重大变化的。第二,有关机构或者部门对送审稿规定的主要制度存在较大争议,行政法规草案起草部门未征得机构编制、财政、税务等相关部门同意的,规章草案起草单位未与有关机构或者部门充分协商的。第三,未按规定公开征求意见的。第四,上报送审稿所涉重大问题未经行政立法主体决定的。第五,送审稿未经起草部门主要负责人签署的。第六,送审稿欠缺说明和材料的。

(3) 听取意见和协调一致。行政立法主体的法制机构应当就送审稿涉及的主要问题,深入基层进行实地调查研究,听取基层有关机关、组织、人大代表和公民的意见。送审稿涉及重大利益调整的,法制机构应当进行论证咨询,广泛听取有关方面的意见。论证咨询可以采取座谈会、论证会、听证会、委托研究等多种形式。送审稿涉及重大利益调整或者存在重大意见分歧,对公民、法人或者其他组织的权利义务有较大影响,人民群众普遍关注的,法制机构可以举行听证会听取有关意见。

有关部门对送审稿涉及的主要制度、方针政策、管理体制、权限分工等有不同意见的,法制机构应当进行协调,力求达成一致意见。对有较大争议的重要立法事项，法制机构可以委托有关专家、教学科研单位、社会组织进行评估。经过充分协调不能达成一致意见的，行政立法主体的法制机构、起草部门应当将争议的主要问题、有关部门的意见以及法制机构的意见及时报行政立法主体领导协调，或者报行政立法主体决定。

(4) 报送审议。行政立法主体的法制机构应当认真研究各方面的意见，与起草部门协商后，对送审稿进行修改，形成行政法规、规章正式草案和对草案的说明。草案和说明由法制机构主要负责人签署，提出提请本行政立法主体有关会议审议的建议。

(四) 决定和公布

行政法规草案由国务院常务会议审议，或者由国务院审批。规章应当经规章制定主体会议审议、决定。行政立法主体的会议审议草案时，由法制机构或者起草部门作说明。法制机构应当根据对草案的审议意见，对草案进行修改，形成草案修改稿，报请行政立法主体首长签署命令公布施行。签署的公布令应载明制定机关、序号、名称、通过日期、施行日期、行政立法主体署名以及公布日期。

行政法规、规章签署公布后，应及时在行政立法主体的公报和政府法制信息网以及在其辖区范围内发行的报纸上刊载。其中，在公报上刊登的文本为标准文本。行政法规、规章应当自公布之日起 30 日后施行；但是，涉及国家安全、外汇汇率、货币政策的确定以及公布后不立即施行将有碍行政法规、规章施行的，可以自公布之日起施行。

(五) 修改和废止

行政法规、规章应根据全面深化改革、经济社会发展需要，以及因上位法规定的变化，进行修改或者废止。行政法规、规章的修改和废止，也是一种行政立法活动，应按照行政法规、规章制定的有关程序进行。

行政法规、规章的修改由其制定主体进行，包括依法对现行行政法规、规章的某些部分加以删除或者弥补、充实。除非获得许可、授权，这种修改不得同被修改的行政法规、规章的基本原则相抵触。否则，就不是修改而是应先撤销或废止再重新制定。

行政法规、规章的废止是指依法消灭行政法规、规章的全部或部分条款的法律效力的活动，包括直接废止和间接废止。直接废止是指明文规定或宣告废止行政法规、规章的全部或部分内容的活动。间接废止是指按新法优于旧法、上位法优于下位法等原则，废止行政法规、规章的全部或部分内容的活动。行政法规、规章的废止主体不限于其制定主体，还可以是上位法的制定主体。

(六) 解释

行政法规、规章有下列情形之一的，需要解释：第一，行政法规、规章的规定需要进一步明确具体含义的；第二，行政法规、规章制定后出现新的情况，需要明确适用依据的。

行政法规、规章由其制定主体解释。制定主体的直接下级机关,可以提出解释要求。制定主体的法制机构研究拟订解释草案,报制定主体同意后,由制定主体公布或者由制定主体授权有关部门公布。所公布的解释与被解释的行政法规、规章具有同等效力。

对属于行政工作中具体应用行政法规、规章的问题,制定主体直接下级机关的法制机构请求解释的,制定主体的法制机构可以研究答复;其中涉及重大问题的,制定主体的法制机构提出意见后,应报制定主体同意后答复。

第三节 对行政立法的监督

一、行政立法的合法性要件

《立法法》第107条规定:"法律、行政法规、地方性法规、自治条例和单行条例、规章有下列情形之一的,由有关机关依照本法第一百零八条规定的权限予以改变或者撤销:(一)超越权限的;(二)下位法违反上位法规定的;(三)规章之间对同一事项的规定不一致,经裁决应当改变或者撤销一方的规定的;(四)规章的规定被认为不适当,应当予以改变或者撤销的;(五)违背法定程序的。"《立法法》相关条文强调了立法的合宪性要求。根据这些规定,可以把行政立法的合法性要件概括为以下三个:

(一)权限要件

行政立法的权限要件,是指行政立法有没有超越权限。权限既包括组织法上的权限,又包括行为法上的权限。组织法上的权限合法,要求行政机关制定行政法规或规章必须具备主体资格,即必须属于《宪法》、组织法、《立法法》、单行法或法律决定所规定、授权的行政法规、规章的制定主体。否则,构成超越职权。[①]行为法上的权限合法,是指有关行政立法主体应遵循《立法法》、有关单行法或法律决定的规定,在立法主体的权限范围内立法。未经授权,不得制定属于其他国家机关职权范围的行政法规、规章。否则,构成超越职权。[②]

(二)内容要件

(1)"下位法"不得违反"上位法"。下位法不符合上位法的常见情形有:行

① 丰祥公司诉上海市盐务局行政强制措施案终审判决认为,《盐业管理条例》依法由轻工业部解释。国家轻工业局内设机构盐业管理办公室无权解释,所制定的文件不具有法律解释的效力(载《最高人民法院公报》2003年第1期)。

② 泰丰大酒店有限公司诉大同市土地管理局案终审判决认为,《城镇国有土地使用权出让和转让暂行条例》第53条规定:"本条例由国家土地管理局负责解释。"《山西省城镇国有土地使用权出让和转让实施办法》第11条关于"定金及出让金不予退还"的规定,"既未经行政法规授权,又与行政法规抵触,是无效的"(载《最高人民法院公报》2000年第4期)。

政法规或规章不符合宪法的规定、原则和精神;下位法缩小上位法规定的权利主体范围,或者违反上位法立法目的、扩大上位法规定的权利主体范围;下位法限制或者剥夺上位法规定的权利,或者违反上位法立法目的、扩大上位法规定的权利范围;下位法扩大行政主体或其职权范围;下位法延长上位法规定的履行法定职责期限;下位法以参照、准用等方式扩大或者限缩上位法规定的义务或者义务主体的范围、性质或者条件;下位法增设或者限缩上位法规定的适用条件;下位法扩大或者限缩上位法规定的给予行政处罚的行为、种类和幅度的范围;下位法改变上位法已规定的违法行为的性质;下位法超出上位法规定的强制措施的适用范围、种类和方式,以及增设或者限缩其适用条件;法规、规章或者其他规范文件设定不符合《行政许可法》规定的行政许可,或者增设违反上位法的行政许可条件等。[①]

(2) 内容适当。行政立法内容不适当的情形主要有:第一,制定目的不适当,即行政主体制定行政法规、规章不符合宪法的规定、原则和精神,或者不符合公共利益和授权目的。第二,制定依据不适当。例如,已被废止的《城市流浪乞讨人员收容遣送办法》没有明确指出制定依据,属于缺乏制定依据。第三,调整对象不适当。例如,城市房屋"拆迁",既是一种行政征收关系,又是一种行政强制执行关系。已被废止的《城市房屋拆迁管理条例》却混淆了这两种调整对象,甚至以强制执行关系掩盖了行政征收关系,属于调整对象的严重不当。行政法规、规章的调整对象是否适当,原则上应该按照法律规范的规定来判断,有时还应该按照有关政策来判断。

(三) 程序和形式要件

行政立法应符合法定程序。从实践来看,违背法定程序主要有以下情形:未给予公众和有关机关参与机会,未经法定组织集体审议、批准,未对外公布等。行政法规、规章必须具有书面形式,并应符合名称要求和规定格式。其中,行政法规的名称一般称"条例",也可以称"规定""办法"等。规章的名称一般称"规定""办法",但不得称"条例"。另外,行政法规、规章还应符合法定的体例结构。

二、对行政立法的监督机制

对行政立法的监督包括事前监督和事后监督。事前监督主要通过行政立法的原则、合法性要件和程序来实现。本节主要介绍我国行政立法的事后监督

---

① 参见最高人民法院《关于审理行政案件适用法律规范问题的座谈会纪要》,2004年5月18日法〔2004〕96号。最高人民法院指导案例5号鲁潍(福建)盐业进出口有限公司苏州分公司诉苏州市盐务管理局案裁判要点指出:"1.盐业管理的法律、行政法规没有设定工业盐准运证的行政许可,地方性法规或者地方政府规章不能设定工业盐准运证这一新的行政许可。2.盐业管理的法律、行政法规对盐业公司之外的其他企业经营盐的批发业务没有设定行政处罚,地方政府规章不能对该行为设定行政处罚。3.地方政府规章违反法律规定设定许可、处罚的,人民法院在行政审判中不予适用。"

机制。

（一）裁决

《立法法》规定了行政立法裁决制度，目的是解决法律、法规和规章的冲突，实现法制的统一。第一，全国人大常委会的裁决。根据《立法法》的规定，地方性法规与部门规章之间对同一事项的规定不一致，不能确定如何适用时，由国务院提出意见，国务院认为应当适用地方性法规的，应当决定在该地方适用地方性法规的规定；认为应当适用部门规章的，应当提请全国人大常委会裁决。根据授权制定的行政法规与法律规定不一致，不能确定如何适用时，由全国人大常委会裁决。第二，国务院的裁决。根据《立法法》的规定，行政法规之间对同一事项的新的一般规定与旧的特别规定不一致，不能确定如何适用时，由国务院裁决；部门规章之间、部门规章与地方政府规章之间对同一事项规定不一致时，由国务院裁决。[①] 第三，规章制定主体的裁决。同一机关制定的新的规章与旧的规章所作特别规定不一致时，由制定机关裁决。

（二）备案审查

（1）备案机关。根据《立法法》第109条的规定，行政法规和规章的具体备案机关分别为：其一，行政法规报全国人大常委会备案。其二，部门规章和地方政府规章报国务院备案；地方政府规章应当同时报本级人大常委会备案；设区的市和自治州人民政府制定的规章应当同时报省、自治区的人大常委会和人民政府备案。第三，根据授权制定的法规和规章应当报授权决定规定的机关备案。

（2）报送备案。行政法规和规章制定机关应当于公布之日起30日内将行政法规和规章报送法定备案机关指定的机构。报送材料包括：备案报告，公布令或公告，有关修改、废止或批准的决定，须备案的行政法规和规章文本、说明、修改情况汇报及审议结果报告等有关文件。报送备案时还应附送须备案的行政法规和规章的电子文本。对于应报送备案而不报送或者不按时报送规章备案的，法定备案机关指定的机构应通知制定机关，限期报送；逾期仍不报送的，给予通报，并责令限期改正。

（3）备案登记。法定备案机关指定的机构，在收到报送后，对所报送的行政法规和规章予以接收、登记、存档。规章备案机构对所报送的规章是否属于《立法法》等所规定的规章应进行审查，从而决定予以或不予备案登记；属于规章，但报送材料不齐全的，暂缓办理备案登记。

（4）备案审查。《立法法》规定了行政法规的备案审查制度。

第一，审查的要求和建议。国务院、中央军事委员会、国家监察委员会、最高

① 参见国务院法制办《对湖南省人民政府法制办公室“关于申请对交纳航标设置和维护费的法律适用问题进行裁决的请示”的复函》，2002年6月17日国法秘函〔2002〕101号。

人民法院、最高人民检察院和各省、自治区、直辖市的人大常委会认为行政法规不符合合法性要件的，可以向全国人大常委会书面提出进行审查的要求；其他国家机关和社会团体、企业事业组织以及公民认为行政法规不符合合法性要件的，可以向全国人大常委会书面提出进行审查的建议。

第二，开始审查。全国人大专门委员会、常委会工作机构受理有关要求或建议，对行政法规进行审查，也可以对报送备案的行政法规依职权进行审查。它们在审查中认为行政法规不符合合法性要件的，可以向国务院提出书面审查意见；也可以由宪法和法律委员会与有关的专门委员会、常委会工作机构召开联合审查会议，要求国务院到会说明情况，再向国务院提出书面审查意见。

第三，自行纠正。国务院应当在两个月内研究提出是否修改的意见，并向全国人大宪法和法律委员会、有关的专门委员会或者常委会工作机构反馈。

第四，审查终止或提出撤销议案。国务院按照所提意见对行政法规进行修改或者废止的，审查终止。否则，全国人大宪法和法律委员会、有关的专门委员会、常委会工作机构应当向委员长会议提出予以撤销的议案，由委员长会议决定提请常委会会议审议决定。

第五，反馈和公开。全国人大有关的专门委员会、常委会工作机构应当按照规定要求，将审查情况向提出审查建议的国家机关、社会团体、企业事业组织以及公民反馈，并可以向社会公开。

根据《立法法》第 110、114、115 条，《规章制定程序条例》第 35 条以及有关地方性法规的规定，规章的备案审查制度与行政法规的备案审查制度相类似。其中，经审查，备案审查机构认为需要依法裁决的，报法定裁决机关裁决。部门规章之间、部门规章与地方政府规章之间对同一事项的规定不一致的，由国务院法制机构进行协调；经协调不能取得一致意见的，由国务院法制机构提出处理意见报国务院决定，并通知制定机关。对不具备合法性要件的无效规章，不予备案，并通知制定机关。规章在制定技术上存在问题的，法制机构可以向制定机关提出处理意见，由制定机关自行处理。备案审查机关应当建立健全备案审查衔接联动机制，对应当由其他机关处理的审查要求或者审查建议，及时移送有关机关处理。

（三）司法监督

在法律上，法院并不具有改变或者撤销行政法规和规章的权力。根据行政法原则和《行政诉讼法》关于“参照规章”的规定，以及根据《人民法院组织法》关于最高人民法院司法解释权和各级法院审判权的规定，司法对行政立法的监督是通过法律解释来实现的。

(1) 司法解释对行政立法的监督功能。最高人民法院通过司法解释，可以实现对行政立法的监督。如《行政诉讼法司法解释》第 2 条第 4 款规定：“行政诉讼法第十三条第四项规定的‘法律规定由行政机关最终裁决的行政行为’中的‘法律’,是指全国人民代表大会及其常务委员会制定、通过的规范性文件。”这样,如果行政法规、规章规定“最终裁决”,一旦进入诉讼,就无法得到法院的支持。

(2) 个案中的法律解释对行政立法的监督功能。法院在个案中对法律的适用,也包含着法律解释。这种法律解释主要表现为释明不确定法律概念的含义、限缩或扩大解释、释明行政法规和规章的效力等。个案中的法律解释不仅仅是法院单方面的解释,而且是在充分贯彻辩论原则等诉讼基本原则下的解释。对于行政法规和规章是否合法,与诉讼中的其他事实问题和法律问题一样,都应展开充分辩论,然后由法院来作出判断、解释,并支持其中的一方。基于此,法院在个案中行使法律解释权,具有合法性和正当性。

法院在个案中通过法律解释,认为行政法规、规章不符合合法性要件的,则不予以适用,并可建议法定机关改变或撤销,从而实现对行政立法的监督。法院的这种监督,已经积累了较丰富的经验。[①] 它无需中止案件的审理等待有关机关对行政法规、规章的合法性审查结论。但在结案前,一方当事人或者案外的国家机关、社会团体、企事业组织或者公民已经向法定机关请求审查并已被受理的情况下,尤其是在合宪性审查程序得以启动后,法院不应自行作出判断,而应当中止案件的审理,待有审查结论后恢复案件的审理。

通过个案中的法律解释监控行政立法,不仅可以通过行政诉讼而且可以通过民事诉讼和刑事诉讼来实现。如泰丰大酒店案审理法院就是在民事诉讼中,通过对争议条款的法律解释,认定山西省政府规章《山西省城镇国有土地使用权出让和转让实施办法》第 11 条与行政法规抵触而不予适用。

---

① 参见任建国不服劳动教养复查决定案,载《最高人民法院公报》1993 年第 3 期;丰祥公司诉上海市盐务局案(载《最高人民法院公报》2003 年第 1 期);鲁潍(福建)盐业进出口有限公司苏州分公司诉苏州市盐务管理局案(见最高人民法院指导案例 5 号)。

第十三章　行政规范性文件

第一节　行政规范性文件的种类和地位

行政规范性文件，是指行政主体为实施法律和执行政策，在法定权限内制定的除行政立法以外的决定、命令等普遍性行为规则的总称[①]，俗称“红头文件”。它在法律文件中表现为“行政措施”“决定”“命令”“公告”“通告”“会议纪要”“通知”等。它在理论上有多种阐释或命名。[②]

一、行政规范性文件的种类

（一）行政创制性文件

行政创制性文件，是指行政主体未启动行政立法程序而为不特定相对人创设权利义务的行政规范性文件。从行政创制性文件的根据上来看，它可以分为两类，即依职权制定的创制性文件和依授权制定的创制性文件。

依职权的创制性文件，是指行政主体为了行政管理的实际需要，根据宪法和有关组织法规定的固有职权而为不特定相对人设定权利义务的行政规范性文件。在依职权的授益创制性文件中，有的不需要以相对人的作为或不作为为条件，如国务院《关于调整企业离退休人员离退休金的通知》（国发〔1994〕9号）从1993年10月起增加了企业离退休人员的离退休金。有的需要以相对人的作为或不作为为条件，实践中又被称为行政允诺，如黄银友等案涉及大冶市委、大冶市政府发布的《大冶市关于鼓励外商投资的优惠办法》，它规定对引资成功者给予相应奖励。判决认为，大冶市政府的这一规定“是为了充分调动和发挥社会各方面参与招商引资积极性，实现政府职能和公共利益为目的的向不特定相对人发出承诺，在相对人实施了某一特定行为后由自己或由自己所属的职能部门给予该相对人物质利益或其他利益的单方意思表示行为”。[③]

依授权的创制性文件是指行政主体为了补充或变通行政法规范或上级行政规范性文件的规定，依据宪法和组织法以外的法律、法规、规章或上级行政规范

---

① 参见王秀云诉阜新市太平区人民政府案，最高人民法院(2015)行监字第960行政裁定书。

② 参见叶必丰、周佑勇编著：《行政规范研究》，法律出版社2002年版，第27—33页；朱芒：《论行政规定的性质——从行政规范体系角度的定位》，载《中国法学》2003年第1期。

③ 黄银友等诉大冶市人民政府等案，载中华人民共和国最高人民法院行政审判庭编：《中国行政审判指导案例》（第1卷），中国法制出版社2010年版，第108页。

性文件的专门授权而制定的，为不特定相对人设定权利义务的行政规范性文件。例如，《水土保持法实施条例》第6条第1款规定："水土流失重点防治区按国家、省、县三级划分，具体范围由县级以上人民政府水行政主管部门提出，报同级人民政府批准并公告。"据此授权，县级以上人民政府就可以制定创制性文件，如《宝鸡市人民政府关于划分水土流失重点防治区的公告》(宝政发〔2022〕8号)。有的立法或行政规范性文件还授权行政主体结合本地本部门的具体情况作出变通规定，但需经法定行政机关批准才能发生法律效力。国务院法制办《关于对国家经贸委〈关于审理行政复议案件中有关法律适用问题的请示〉的复函》(国法函〔2002〕260号)甚至认为，经国务院授权的国务院部门行政规范性文件，效力高于地方政府规章。

(二) 行政解释性文件

所谓行政解释性文件，就是指行政主体为了实施法律、法规和规章，统一各行政主体及其公务员对法律、法规和规章的理解及执行活动，对法律、法规和规章进行解释而形成的规范性文件。它可再分为行政法定解释性文件和行政自主解释性文件两类。行政法定解释性文件，是指具有法定解释权的行政主体对法律规范进行解释而形成的具有普遍性强制拘束力的行政规范性文件。本书将此类行政规范性文件纳入行政立法的范畴，不再赘述。行政自主解释性文件，是不具有法定解释权的行政主体为了统一所属行政主体及其公务员对法律、法规和规章及特定行政规范性文件的认识，对法律、法规和规章及特定行政规范性文件进行解释而形成的行政规范性文件。顾荣双案一审判决指出，上海市商业委员会和上海市工商局所制定的沪商委〔2001〕第63号规范性文件，是出于本市行政管理和相关行业发展的需要，对《个人独资企业法》第8条规定的设立个人独资企业应当具备之"必要的生产经营条件"的解释。[①]

(三) 行政指导性文件

所谓行政指导性文件，就是行政主体对不特定相对人事先实施书面行政指导时所形成的一种行政规范性文件。行政指导所针对的对象可以是特定的也可以是不特定的，其形式可以是书面的也可以是口头的。当行政主体对不特定相对人以书面形式进行行政指导并予以公布时，所形成的文件即为我们所说的行政规范性文件。区分行政指导性文件和非行政指导性文件的标准在于，其内容上是否设定相对人的权利义务，是否属于对法律规范的解释，而不完全取决于名称上是否有"指导"二字，也不完全取决于文字上是否具体明确。只要设定相对人权利义务，即使拘束力不明确，该行政规范性文件也会被赋予法律效力。赵秀

① 顾荣双诉上海市工商行政管理局普陀分局案，上海市第二中级人民法院(2003)沪二中行终字第308号行政判决书。

斌案所涉原国家体改委《关于发展城市股份合作制企业的指导意见》(体改生〔1997〕96号)第5条规定:“职工离开企业时其股份不能带走,必须在企业内部转让,其他职工有优先受让权。”这是一条义务性规定,该行政规范性文件被法院在司法裁判中引用,具有强制效力。[①] 因此,它并非行政指导性文件,而属于行政创制性文件。洪雪英等案慈溪市国土资源局对外公布的《国有出让土地使用转让办事须知》虽然涉及相对人权利义务,但并非其创设,而是对法律、法规和规章规定权利义务的指引,属于行政指导性文件。[②]

二、行政规范性文件的地位

合法有效的行政规范性文件,不仅可以作为行政主体实施具体行政行为的依据,而且还将得到司法的尊重,即在司法裁判中予以引用。国务院的行政规范性文件,甚至还可成为各部委制定规章的依据。具体说,行政规范性文件的地位有以下几个方面:

(一) 内部地位

行政规范性文件是行政主体对所属行政主体进行领导的一种形式,抬头往往是所属各行政主体。行政自主解释性文件尽管并非有权解释,对法官不具有拘束力,行政指导性文件尽管对相对人不具有拘束力,但基于组织法上上下级行政主体间的领导与被领导关系,它们对发布者所属行政主体和公务员都构成一种命令或指示,拘束所属行政主体和公务员。具体表现在:

(1) 保障统一行动。行政主体各种各样,公务员的法律素质各有高低,各行政主体及公务员所处的环境条件差异极大,因而往往导致对法律规范的理解不一致,对法律规范的执行不统一。这就有必要进一步阐明和确定法律规范的含义,统一认识、协调行动,对法律规范和行政规范性文件进行解释;有必要指导所属行政主体和公务员对法律规范的适用和对事实的判断,统一裁量基准、协调行动,避免各级、各类行政主体或公务员在操作上各行其是。

(2) 明确法律文件效力。行政系统是一个科层制严格的系统。当一个法律、法规或规章生效时,下级行政主体及其公务员往往并不会积极主动地去实施,而总是等待上级行政主体对实施该法律、法规或规章的安排或指示。只有在上级行政主体作出一个贯彻实施某某法律、法规或规章的通知后,下级行政主体及其公务员才会行动起来。例如,《行政处罚法》颁布后,国务院发布了实施通知,接着财政部也发出了《关于贯彻〈中华人民共和国行政处罚法〉的通知》(财法

---

① 参见赵秀斌诉大庆市工商局萨尔图分局案,载中华人民共和国最高人民法院行政审判庭编:《中国行政审判指导案例》(第1卷),中国法制出版社2010年版,第48页。

② 参见洪雪英等诉慈溪市人民政府案,载中华人民共和国最高人民法院行政审判庭编:《中国行政审判指导案例》(第1卷),中国法制出版社2010年版,第10页。

字〔1996〕15号），然后财政部条法司又列出了《〈行政处罚法〉中与财政相关的规定》（1996年4月22日），再由各省级财政厅发出实施通知，最后各基层财政部门才行动起来。因此，从法律上说，行政规范性文件起到了说明和强调特定法律、法规或规章在本地方本部门具有约束力，并要求所属各行政主体予以执行和自觉接受约束的作用。

（二）外部地位

《行政诉讼法司法解释》第100条第2款规定："人民法院审理行政案件，可以在裁判文书中引用合法有效的规章及其他规范性文件。"最高人民法院《关于审理行政案件适用法律规范问题的座谈会纪要》进一步解释指出：行政规范性文件"不是正式的法律渊源，对人民法院不具有法律规范意义上的约束力。但是，人民法院经审查认为被诉具体行政行为依据的具体应用解释和其他规范性文件合法、有效并合理、适当的，在认定被诉具体行政行为合法性时应承认其效力"。具体说来，行政规范性文件的外部地位体现在以下四个方面：

（1）作为被援用的规则。法律、法规和规章中存在大量的准用性法律规范，行政规范性文件往往成为被援用的规则。准用性法律规范因其内容的不确定性，拘束力并不完整。行政规范性文件本身也没有独立的普遍性强制拘束力。只有两者的结合，才共同构成了普遍性强制拘束力。依授权行政创制性文件当然就成了这类法律规范的被援用规则。莱芜发电总厂案终审判决认为，《国务院办公厅关于征收水资源费有关问题的通知》（国办发〔1995〕27号）"是经国务院同意，以国务院办公厅名义下发的；根据《水法》的授权，国务院有权对征收水资源费的问题作出规定；国办发〔1995〕27号《通知》应当作为行政机关执法和人民法院审理有关行政案件的依据"。[①] 但被援用规则不限于依授权行政创制性文件，也可以是其他行政规范性文件。顾荣双案被告针对不确定法律概念"必要的生产经营条件"，制定了行政自主解释性文件沪商委〔2001〕第63号。该案一审判决认为，"所制定的沪商委〔2001〕第63号规范性文件具有行政法律效力，该文发布之日起即对不特定人具有约束力。被告适用沪商委〔2001〕第63号文的规定对原告提出的设立个人独资企业登记申请进行审核，与法律法规不相抵触，并无不当。"[②]设定义务的行政规范性文件如果没有准用性法律规范，则不得作为具体行政行为的依据。[③]

（2）作为授益行政的依据。我国的民生政策日益强化，给付行政逐渐得以发展，依职权授益性的创制性文件也越来越多。这些依职权的创制性文件不一

---

① 莱芜发电总厂诉莱芜市莱城区水利水产局案，最高人民法院（1998）行再字第1号行政判决书。

② 顾荣双诉上海市工商行政管理局普陀分局案，上海市第二中级人民法院（2003）沪二中行终字第308号行政判决书。

③ 参见上海市闵行区人民检察院诉卞飞非法经营案，载《最高人民法院公报》2022年第11期。

定有直接的法律依据，但符合正当目的，增进了公众的福祉，应该得到尊重和维护。最高人民法院认为，依职权的创制性文件可以作为授益行政的依据，但应具备下列两个条件：第一，不与法律规范相抵触。为最高人民法院认可的黄银友等案裁判要旨指出，“行政机关为促进辖区内经济社会发展而制定的奖励文件，如所含允诺性内容与法律法规不相抵触，应视为合法有效。当引资人按照文件规定，通过发挥中介作用客观上促成本地招商引资时，行政允诺关系成立，引资人依法要求兑现相关奖励的权利受法律保护”。第二，缺乏法律规范的规定。最高人民法院对白三家子案的裁定认为，“为失地农民办理社会保险，目前没有法律、行政法规的统一规定，地方政府制定的有效规范性文件可以作为判断政府相关行政行为合法性的根据”。[①]

(3) 创制标准和规则。行政规范性文件有很多属于技术标准和专业规则，可以成为相对人的行为标准和规则，甚至可以成为民事主体的行为标准和规则。为最高人民法院认可的乙公司工程款案判决指出，“(1994)建 1 号文在这里是作为工程款结算的一种价格标准存在的，对双方当事人当然具有约束力”。裁判要旨的理由进一步指出：“市建委制定的(1994)建 1 号文件为计划经济向市场经济转轨时期的一份过渡性文件，属于政府规范性文件，在一定区域内具有普遍适用效力，文件内容也并不违法，不是特别针对本案制定的文件。当事人将此份文件部分内容转化为本案施工合同约定的工程款结算标准之一，并未违反法律、行政法规的强制性规定。”[②]

(4) 作为裁判理由和论据。无论是具体行政行为还是司法裁判，之所以适用这个法律的这一条款而不适用另一法律的另一条款，之所以对事实作这样的认定而不作那样的认定，以及之所以作这样的裁量而不作那样的裁量，都必须说明理由、有相应的论据予以释明。理由和论据要有说服力。具有说服力的理由和论据，不应该是具体行政行为和司法裁判作出者的个人见解，而应该是客观的必然。行政规范性文件就可以作为这种理由和论据，其常常出现在裁判文书的事实认定部分。为最高人民法院认可的宜昌妇幼案二审判决认为，卫生部等《关于城镇医疗机构分类管理的实施意见》(卫医发〔2000〕233 号)与其他证据一样，“取得程序和收集方式合法，可以作为认定本案事实的根据”。[③] 同样为最高人民法院认可的邵仲国案判决认为，上海市劳动局《关于贯彻〈企业职工伤亡事故报告和处理规定〉的意见》“具有上位法依据，是合法有效的规范性文件”。根据

---

① 白三家子村民委员会诉灯塔市人民政府案，最高人民法院(2016)最高法行申 1525 号行政裁定书。

② 乙公司诉甲公司建设工程施工合同纠纷案，载最高人民法院民事审判第一庭编：《最高人民法院民事案件解析(建筑工程卷)》，法律出版社 2010 年版，第 538、539 页。

③ 宜昌市妇幼保健院不服宜昌市工商行政管理局行政处罚决定案，载《最高人民法院公报》2001 年第 4 期。

该意见第5条规定的重伤标准，被告认定第三人的伤情为重伤，裁量并无不当。①

第二节 对行政规范性文件的监督

一、行政规范性文件的合法要件

对于行政规范性文件的合法要件，除了《宪法》的原则性规定和有关单行法的特别规定外，《监督法》第30条确定了以下一般性规则："县级以上地方各级人民代表大会常务委员会对下一级人民代表大会及其常务委员会作出的决议、决定和本级人民政府发布的决定、命令，经审查，认为有下列不适当的情形之一的，有权予以撤销：（一）超越法定权限，限制或者剥夺公民、法人和其他组织的合法权利，或者增加公民、法人和其他组织的义务的；（二）同法律、法规规定相抵触的；（三）有其他不适当的情形，应当予以撤销的。"同时，许多地方也作了各种各样的规定。根据这些规定，行政规范性文件的合法性要件有权限要件、内容要件和程序要件。

（一）权限要件

（1）组织法上的权限。组织法上对行政规范性文件的制定主体，要求并不是很严格。也就是说，行政主体在组织法上都有行政规范性文件的制定权。有些行政机关，如国务院参事室和国务院机关事务管理局，根据其"三定规定"并不具有对外进行行政管理的职权，并非行政主体。有些行政机构，如行政主体的内设机构，根据司法解释和实践，也并非行政主体。② 行政主体的内部机构，当然不具有组织法上的行政规范性文件制定权。

（2）行为法上的权限。一般说来，行政主体的行政规范性文件制定权与它的事务管辖权相同，由法律、法规和规章规定。这不仅是不同部门行政主体间的权限分工，而且也是政府与所属职能部门间的权限分工。最高人民法院在陈玉案再审裁定中指出，"政府与其职能部门是不同的行政主体，依法享有各自不同的行政职权，独立承担相应的法律责任，不能相互替代、混同"③。最高人民法院在宋保龙案再审裁定中认为，"作为地方一级人民政府，并不能代替其所属工作部门对该部门职权范围内事项直接作出行政决定或命令"。④ 但是，单行法或上级行政规范性文件没有授权规定的事项，行政主体即使具有事务管辖权，也不得

① 参见邵仲国诉上海市黄浦区安监局案，载《最高人民法院公报》2006年第8期。

② 参见陈炯杰诉浙江省教育考试院案，载中华人民共和国最高人民法院行政审判庭编：《中国行政审判指导案例》（第1卷），中国法制出版社2010年版，第105页；马清华等诉河北省人民政府案，最高人民法院（2020）最高法行再37号行政判决书。

③ 陈玉诉永州市人民政府案，最高人民法院（2018）最高法行申10844号行政裁定书。

④ 宋保龙诉长治县人民政府案，最高人民法院（2018）最高法行申4077号行政裁定书。

制定行政规范性文件。第一，立法就特定事项有明文禁止的，行政主体无权对该事项创制或变通创制行政规范性文件。如《立法法》禁止对专属立法权的事项制定行政规范性文件，《行政处罚法》第16条、《行政许可法》第17条和《行政强制法》第10条第4款均明文禁止行政规范性文件设定行政处罚、行政许可和行政强制。第二，立法明确规定了规则制定的特定主体的，其他行政主体无权制定行政规范性文件。莱芜发电总厂案涉及当时有效的《水法》第34条第3款："水费和水资源费的征收办法，由国务院规定。"最高人民法院由此认定，除国务院外"其他部门无权规定"。[①] 但最高人民法院对规则的法定制定主体，采用了从宽解释的态度，即制定包括"批准""授权制定"，经法定行政主体批准或授权制定的行政规范性文件视为法定行政主体制定。[②] 第三，行政规范性文件明令禁止的事项，行政主体无权对该事项创制或变通创制行政规范性文件。国务院及其主管部门发布的很多行政规范性文件，都有地方不得变通执行的规定，需要得到贯彻。如国务院明令各地方不得擅自发布税收优惠政策，即地方行政主体无权制定税收优惠的行政规范性文件[③]，并对擅自制定变通规则的行为进行了纠正。[④]

（二）内容要件

(1) 不与法律、法规、规章和上级行政规范性文件相抵触。 洋浦大源案终审判决认为，琼府办(1992)41号《海南省木材市场管理暂行办法》是省政府办公厅发布的规范性文件，在与地方性法规《海南法人登记条例》的规定不一致时，应适用该地方性法规的规定[⑤]。当然，行政规范性文件是否抵触应以制定时有效的法律、法规、规章和上级行政规范性文件为认定标准。乙公司工程款案判决认为，地方政府建委下发的文件"是当时当地建筑市场内对外资企业工程结算普遍适用的规范性文件，对此，应当尊重历史、实事求是"。该文件"在这里是作为工程结算的一种价格标准存在的，对双方当事人当然具有约束力"。[⑥] 行政规范性文件在制定后，如果与新的法律、法规、规章和上级行政规范性文件相抵触的，则可以废止。

(2) 内容适当。 行政规范性文件存在以下情形，构成内容上的不适当：

---

① 莱芜发电总厂诉莱芜市莱城区水利水产局案，最高人民法院(1998)行再字第1号行政判决书。

② 参见石跃中等诉武汉市客运出租汽车管理处案，最高人民法院最(1999)行终字第16号行政判决书；念泗居民诉扬州市规划局案，载《最高人民法院公报》2004年第11期。

③ 参见国务院《关于纠正地方自行制定税收先征后返政策的通知》，2000年1月11日国发〔2000〕2号；国务院办公厅《关于再次重申发布全国性对外经贸法规、政策有关规定的通知》，1993年9月23日国办发〔1993〕63号。

④ 参见国家税务总局《关于浙江省兰溪市财税局擅自变通税收政策造成严重后果的通报》，1997年4月27日国税发〔1997〕45号。

⑤ 参见洋浦大源实业有限公司诉海南省林业局案，最高人民法院最(2003)行终字第2号行政判决书。

⑥ 参见乙公司诉甲公司建设工程施工合同纠纷案，载最高人民法院民事审判第一庭编：《最高人民法院民事案件解析(建筑工程卷)》，法律出版社2010年版，第538、539页。

第一,制定目的不适当,即行政主体制定的行政规范性文件,不符合公共利益和授权目的,或滥用权力。安岳稻种案双方签订合同约定,种子公司按议价或兑换的办法收购稻种。但在稻种收购前,安岳县政府却发布通知强制性规定了稻种收购的较低价格。该通知系由种子公司代为起草,其实是恶意串通、为种子公司谋取不当利益,属制定目的不当。法院遂以该通知违反当时有效的《经济合同法》第17条第3项和上级行政规范性文件的规定为由,不予认可。[①] 还有的行政规范性文件制定目的在于限制竞争、牟取垄断利益[②],甚至通过罚款牟利而构成犯罪。[③]

第二,制定依据不适当。例如,某省公安厅在《关于做好2000年春运道路交通安全管理工作的通知》中规定:"凡客车超员20%以上的,对驾驶员一律治安拘留15天、罚款200元(适用《治安管理处罚条例》[④]第19条第3项)。"本来,对超载行为的处罚应当适用当时有效的《治安管理处罚条例》第28条第1项。上述《通知》是为了遏制超载现象而推出的加大处罚力度的举措。它既属于滥用权力,又属于依据错误。这里所说的制定依据,是指法律上的依据而不包括政策依据。政策依据应当纳入调整对象是否适当的范畴。

第三,调整对象不适当。行政规范性文件的调整对象,是指相应的社会关系,是一种事实状态。对这种事实状态的社会关系的科学认识,不仅需要以调查研究为基础,而且需要以法治观念为指导。例如,根据《突发事件应对法》第52条的规定,中央及地方各级政府的职能部门没有征用权。根据该法制定的《上海市公共信息系统突发事件处置办法》(沪经信法〔2010〕493号)第22条规定了征用规则,依法就缺乏相应的调整对象。调整对象是否适当,原则上应该按照法律规范的规定来判断。但党和政府的政策也是判断调整对象是否正确的依据。我国很多行政规范性文件是依据政策制定的。根据最高人民法院《关于审理行政案件适用法律规范问题的座谈会纪要》,行政规范性文件不仅要合法,而且还必须合理,合理则涉及政策问题。

(三)程序合法

合法的行政规范性文件不得有违背法定程序的情形。广义的法定程序,不仅包括法律、法规、规章和行政规范性文件规定的程序,还包括正当程序。从实践来看,违背法定程序主要有以下情形:

(1)未给社会公众和有关机关提供参与机会。行政规范性文件数量众多,

---

① 参见安岳稻种经营户诉安岳县种子公司案,载《最高人民法院公报》1986年第3期。

② 参见南市防治站诉平湖市建设局案,载中华人民共和国最高人民法院行政审判庭编:《中国行政审判案例》(第2卷),中国法制出版社2011年版,第119页。

③ 参见刘起山等走私、行贿、受贿案,载《最高人民法院公报》1994年第2期。

④ 《治安管理处罚条例》现已为《治安管理处罚法》所取代。

但给予社会公众参与机会的却很少，未给有关机关参与机会的也存在。2006年，人称"中国高考移民诉讼第一案"的12名河南籍高三学生状告西安教育部门的行政诉讼案中，涉及西安市有关"买房入户"的行政规范性文件与教育部门有关考生报名的行政规范性文件相冲突。这一冲突的根源，就在于事先未经听证，未征求教育行政主管部门的意见。

（2）未经上级机关批准。行政规范性文件在依法须报经上级机关批准才能生效的情况下，未经上级机关批准的，属于违背法定程序。最高人民法院在汇丰实业公司案终审判决中认为，1996年《哈尔滨市城市总体规划》未经国务院批准，根据当时有效的《城市规划法》第21条第3款有关省政府所在地城市的总体规划应"报国务院审批"的规定，不具有法律效力。[①] 在司法实践中，法院关注的是行政规范性文件是否履行了批准程序，而并不苛求批准的形式。念泗居民案中的《念泗二村地段控制性详细规划》依法应当由扬州市人民政府批准，但扬州市人民政府却授权其规划委员会审批。法院判决认为，法律、法规没有规定审批的形式，没有禁止授权审批，因而经扬州市规划委员会以会议纪要形式批准的系争详细规划合法有效。[②] 石跃中等案中最高人民法院终审判决认为，当地有效的地方性法规规定"具体办法由市人民政府另行规定"。在武汉市人民政府尚未制定具体办法的情况下，市公用局拟订的行政规范性文件"经报请武汉市人民政府审查批准，作为此次出租汽车经营权有偿出让的实施依据是可行的。经核实，市公用局请示的日期与武汉市人民政府领导签字批准的日期同为1998年4月28日，尽管武汉市人民政府对市公用局请示的批复没有文号，但并不因此影响该批复的有效性"。[③]

（3）未对外发布。行政规范性文件分为内部行政规范性文件和外部行政规范性文件。内部行政规范性文件很多不对外发布。但实践中，行政主体对某些涉及公民权利义务的行政规范性文件，也有意或无意地作为内部行政规范性文件，不对外公布，而在实施具体行政行为时又将其作为依据。这种违背法定程序的现象并不少见，必须予以遏制。丰祥公司案判决认为，中盐政〔2000〕109号行政规范性文件"未对外公布，故对外不具有法律效力"。[④]

二、对行政规范性文件的监督机制

（一）国家权力机关的监督

根据《宪法》和地方组织法的规定，国家权力机关可以通过人事任免政府组

① 参见汇丰实业公司诉哈尔滨市规划局案，最高人民法院(1999)行终字第20号行政判决书。
② 参见念泗居民诉扬州市规划局案，载《最高人民法院公报》2004年第11期。
③ 石跃中等诉武汉市客运出租汽车管理处案，最高人民法院最(1999)行终字第16号行政判决书。
④ 丰祥公司诉上海市盐务局案，载《最高人民法院公报》2003年第1期。

成人员，审查、批准经济发展计划和财政预决算，审议政府工作报告，以及质询和罢免政府官员等对行政规范性文件的制定进行间接监督。并且，国家权力机关还可以对行政规范性文件的制定进行直接监督。《宪法》第67条第7项规定，全国人大常委会有权撤销国务院制定的同宪法、法律相抵触的决定和命令。根据《地方组织法》第11、12、50条的规定，地方各级人大及县级以上地方各级人大常委会有权撤销本级政府的不适当的决定和命令。这里的决定和命令，包括行政规范性文件。《监督法》对上述规定作了进一步的细化规定。

（二）行政机关的监督

根据《宪法》和《地方组织法》的规定，上级行政机关可以撤销或改变下级行政机关的行政规范性文件。为了实施上述规定，各地建立了行政规范性文件的备案审查制度。行政机关内部的上述监控无论是否得以有效运行，公众都没有太多的感受。近年来媒体的开放尤其是网络媒体的发展，为公众参与监督提供了途径。同时，政府信息公开制度为公众参与权的实现提供了便利。公众在媒体上对行政规范性文件的评论，申请政府信息公开的不断实践，弥补了行政机关监督的不足，使得上述制度得以有效启动。

在制度设计上具有重要地位的行政机关监督制度是行政复议。根据《行政复议法》第7条第1款的规定，公民、法人或者其他组织认为国务院各部门，县级以上地方各级政府及其工作部门，乡、镇政府的行政规范性文件不合法的，可以与有争议具体行政行为一并向行政复议机关提出审查申请。该法第26条规定："申请人在申请行政复议时，一并提出对本法第七条所列有关规定的审查申请的，行政复议机关对该规定有权处理的，应当在三十日内依法处理；无权处理的，应当在七日内按照法定程序转送有权处理的行政机关依法处理，有权处理的行政机关应当在六十日内依法处理。处理期间，中止对具体行政行为的审查。"在孔祥仁案等复议案中，这一制度得到了实践，推动浙江省环保局改变了行政规范性文件，也促使国务院法制办作出"有关规章或者规范性文件与《建设项目环境保护管理条例》规定不一致的，应当依照《建设项目环境保护管理条例》的规定执行"的解释。[①]

（三）司法机关的监督

对行政规范性文件的另一种很重要的监督机制是司法监督。在法律上，法院并不具有改变或者撤销行政规范性文件的权力。但是，法院在民事、刑事诉讼中却可以依法通过对证据的审查和对违约行为或犯罪行为的认定，以及司法解释，否定行政规范性文件的效力。前述安岳稻种案、乙公司工程款案和刘起山案判决，对此都有良好的实践。

---

① 国家环保局《孔祥仁等82人的行政复议决定书》，环法〔2006〕38号。

在行政诉讼中，法院可以审查作为行政行为证据的行政规范性文件。行政诉讼双方当事人在诉讼中可以将行政规范性文件作为论证相应行政行为合法性的证据。这样，法院即可以组织对作为证据的行政规范性文件的质证，从而有权审查其真实性、关联性和合法性，并决定是否采信。洪雪英等案判决对被告提供的慈溪市国土资源局《国有出让土地使用转让办事须知》，未予采信[①]；戴文锋案判决对原告提供的中国证监会、公安部《关于在查处证券期货违法犯罪案件中加强协调配合的通知》的真实性，组织了质证和审查并予采信。[②] 最高人民法院在杨彩珍案再审裁定中指出，尽管规范性文件在严格意义上并非证据，但法院依法应当审查规范性文件是否真实、是否与案件存在关联等，并参照适用《行政诉讼法》及司法解释有关证据审查的规定。[③]

在行政诉讼中，法院可以审查作为具体行政行为依据的行政规范性文件。法院之所以有权开展此类审查，以往是基于《行政诉讼法司法解释》(2000)第 62 条第 2 款的规定，"人民法院审理行政案件，可以在裁判文书中引用合法有效的规章及其他规范性文件"。现在，法院开展此类审查则已有《行政诉讼法》的明文规定。该法第 53 条第 1 款规定，公民、法人或者其他组织认为行政行为所依据的规范性文件不合法，"在对行政行为提起诉讼时，可以一并请求对该规范性文件进行审查"。第 64 条规定，"人民法院在审理行政案件中，经审查认为本法第五十三条规定的规范性文件不合法的，不作为认定行政行为合法的依据，并向制定机关提出处理建议"。

关于法院在行政诉讼中对行政规范性文件的审查方式，《行政诉讼法司法解释》(2018)第 145—151 条作了详细规定，在此不作赘述。需要强调的是，法院对行政规范性文件的监督，并非对其作出判决，而是在裁判理由中对其是否合法、有效、合理或适当进行评述，对不合法的不予适用。法院的这种监督系利害关系人启动，具有交涉性和独立性，因而成为重要的监督机制环节。在这种监督实践中，法院对有关行政权限、行政自律、基于授权、上位法缺位和专业技术方面的行政规范性文件，一般给予充分尊重；而对涉及行政相对人义务的行政规范性文件，则给予较严格的审查，以维护法治。

① 参见洪雪英等诉慈溪市人民政府案，载中华人民共和国最高人民法院行政审判庭编：《中国行政审判指导案例》(第 1 卷)，中国法制出版社 2010 年版，第 10 页。

② 参见戴文锋诉长沙市公安局案，最高人民法院最(2000)行终字第 9 号行政判决书。

③ 参见杨彩珍诉石嘴山市人民政府案，最高人民法院(2019)最高法行申 8329 号行政裁定书。

第十四章　具体行政行为

《行政诉讼法》虽然把“具体行政行为”替换为“行政行为”，“但不能认为，‘具体行政行为’的概念就从此寿终正寝。事实上，除去涉及行政不作为、行政事实行为、双方行政行为的场合，在撤销之诉中，‘行政行为’的概念仍然应当理解为原来意义上的‘具体行政行为’”。[①] 基于此，有必要作专章讨论。

第一节　具体行政行为的成立要件

具体行政行为是指具有行政权能的组织为实现行政规制而运用行政权，针对特定相对人设定、变更、消灭或确认权利义务关系所作的单方行政行为。一个行为要构成具体行政行为，必须具备行政权能的存在、行政权的实际运用、法律效果的存在和意思表示行为的存在四个条件。这些必须具备的条件是从性质上区别具体行政行为与其他行为的标准，行政法学上称为具体行政行为的成立要件或构成要件。

一、行政权能的存在

权能不同于权限。权能指的是权力(利)能力或资格，往往与组织的成立同时产生。权限则是指行为能力，既可以随组织的成立而产生，也可以在组织成立后赋予。权能只能说明权力(利)的性质，如是国家权力还是公民权利，是行政权还是立法权或司法权；权限说明权力(利)的限度或范围。

行政权能是实施法律、作出具体行政行为的一种资格。它可以由法律赋予行政机关和社会组织，也可以由行政主体分解、确定给作为行政机关组成单位的行政机构。只有具备行政权能的组织才能实施法律、作出具体行政行为，也只有具备行政权能的组织所作的行为才有可能是具体行政行为，不具备行政权能的组织或个人所作的行为就不是具体行政行为。[②] 溆浦县中医院诉溆浦县邮电局案一审法院认为，被告是企业单位，不具有通讯管理的行政职能即行政权能，没

---

① 参见金实等诉北京市海淀区人民政府案，最高人民法院(2016)最高法行申 2856 号行政裁定书。

② 李福太诉山西省人民检察院案裁判要旨指出：“行政诉讼的被告只能是行政主体，也就是行政机关以及根据法律、法规、规章授权作出行政行为的组织。人民检察院是国家的法律监督机关，并非行政机关，其所实施的法律监督行为也非行政行为，因此不能成为行政诉讼的被告”，最高人民法院(2017)最高法行申 5813 号行政裁定书。

有给原告县中医院开通“120”急救电话的法定义务，因而拒绝开通不构成行政不作为。二审法院认为，被告尽管是企业但却具有行政权能，其拒绝行为构成行政不作为。[①] 本案中，一、二审法院尽管对被告有没有行政权能或者被告的职责是不是行政权能有不同认识，但却都坚持了具体行政行为的构成应当以行为主体具有行政权能为要件。

一个行为主体是否具有行政权能，一般比较清楚，但有时也会存在争议，需要认定。在对此进行认定时，首先要看该行为主体是否为行政机关或行政机构。如果它是行政机关或行政机构则具有行政权能，如果不是行政机关或行政机构就需要看是否有法律、法规或规章的授权。[②] 如果具有法律、法规或规章的授权则具有行政权能，如果没有法律、法规或规章的授权则需要看是否具有溆浦中医院案所称的事实上的行政权能。如果没有事实上的行政权能，那么还要看是否具有行政委托。只有在连行政委托都不存在的情况下，该行为主体才没有行政权能，所作行为才不属于具体行政行为。

行政权能与行政主体并不完全等同，具备行政权能的组织（如行政机构）如果并不具备行政主体的其他资格，则不是行政主体，但其所作的行为却可以构成一个具体行政行为。这样的具体行政行为，为了确定其法律上的主体或责任的承担者，可以视为或推定为该行政机构所在行政主体或组建该行政机构行政主体的行为。正因为如此，一般我们在法律上仍然可以说具体行政行为是行政主体所作的行为。但只有在一个行为按行政权能要件可以认定为具体行政行为或职务行为的条件下才能作这样的推定。因此，作为具体行政行为的主体性成立要件，只能表述为“行政权能的存在”，而不能表述为“实施行为的主体是行政主体”。否则，在实践中就有可能导致把属于具体行政行为范畴的行为排除在具体行政行为之外的结果；在理论上就会导致目前某些学说中用具体行政行为来界定行政主体、又用行政主体来界定具体行政行为的循环论证的逻辑错误。

二、行政权的实际运用

具体行政行为必须是行使行政权的行为，即运用行政权所作的行为。运用行政权是以享有行政权能为前提的。享有行政权能并实际上运用行政权所作出的行为就可能构成具体行政行为；而没有运用行政权所作出的行为，即使实施者是享有行政权的组织，也不能构成具体行政行为。《行政诉讼法司法解释》第 1 条第 2 款第 1 项和第 7 项规定：“公安、国家安全等机关依照刑事诉讼法的明确

---

① 参见溆浦县中医院诉溆浦县邮电局案，载《最高人民法院公报》2000 年第 1 期。

② 在以前，授权组织仅指“法律、法规授权的组织”，规章授权被视为委托。《行政诉讼法司法解释》(2000)第 20 条将授权组织扩大为“法律、法规、规章授权的组织”，并为《行政诉讼法司法解释》(2018)第 20 条所坚持。

授权实施的行为”,“行政机关根据人民法院的生效裁判、协助执行通知书作出的执行行为”,都不属于可诉行为。但行政主体运用行政权扩大执行范围或者采取违法方式实施的,可构成具体行政行为。对此,司法实践中已经积累了较丰富的经验。[①] 行政权的实际运用可以称为具体行政行为成立的权力要件。

系争行为是否为运用行政权的结果,有时也需要认定。华源无锡公司诉江阴进出口商检局案被告认为系争行为即其基于生产商的申请所签发的检验合格凭证,实为接受生产商的委托所实施的民事法律行为,并非行使职权的行为。主审法官认为,《进出口商品检验法》及其实施条例规定进出口商品的检验有三种,即法定强制检验、抽查和依申请检验,被告对生产商依申请而进行检验,所发生的是行政法律关系,不可能也不应该是民事法律关系,最高人民法院的司法解释也排除了商检局成为民事诉讼当事人的可能性,被告的抗辩实属将“申请”偷换为“委托”,被告的行为属于行使职权的行为。[②] 对于本案中被告的行为是否运用了行政权,我们还可以通过反推予以证明:经法定强制检验和抽查所签发的凭证具有拘束力和公定力等法律效力,海关依法将据此验放进出口商品,这是商检局的职权行为;被告应生产商申请而签发的凭证具有同等的法律效力,具有此类法律效力的行为只能是职权行为,因而系争行为是被告运用职权所作的行为。除了法院在个案中的解释以外,还可以通过有权解释来明确行政权的实际运用。

行政权的实际运用是通过公务员的行为来实现的。公务员的行为是否属行使权力的行为或公务行为,有时并不明确,需要根据工作时间、职责权限、实施行为的名义、行为所体现的意志和行为所追求的利益等标准来加以认定。一般说来,公务员在工作时间和职责权限内、以所在行政主体的名义、体现所在行政主体的意志及追求公共利益的行为,是公务行为。但在认定时,具体情况应具体分析。在赵某诉某地区公安处案中,治安联防队队员赵某等在巡逻时用手铐铐住了有赌博嫌疑的周某,被县公安局认定为使用械具非法限制公民人身自由而处以拘留 15 天。在审理中,法院内部有三种不同意见:第一种意见认为,赵某当天没有巡逻任务,因而赵某的行为不是公务行为;第二种意见认为,赵某当天本来没有巡逻任务,但由领导安排上勤巡逻,从而所实施的行为属于公务行为,但因违法使用警械限制公民人身自由而应受行政处罚;第三种意见赞同第二种意见关于赵某的行为属于公务行为的观点,但认为公务行为即使违法也只能给予行政处分而不受行政处罚。终审法院按第三种意见作出了撤销处罚决定的判

① 参见张晓华诉磐安县公安局案、振华建材物资总公司诉黄石市公安局案、鲁瑞庚诉东港市公安局案,载《最高人民法院公报》1994 年第 4 期、1996 年第 1 期、2003 年第 1 期;金焕鹏诉郑州高新技术产业开发区管委会案,最高人民法院(2020)最高法行再 237 号行政裁定书。

② 参见华源无锡公司诉江阴进出口商检局案,载最高人民法院中国应用法学研究所编:《人民法院案例选》(国家赔偿卷),中国法制出版社 2000 年版,第 333 页。

决。[①] 但在孙洪飞诉古蔺县双沙镇人民政府案中，对被告所属工作人员在执行职务过程中，因向原告问路发生争执而殴打原告的行为，法院认为并非职务行为。[②]

当事人在行政主体主持下达成的调解协议，属于双方相互间的民事合同，具有法律效力[③]，而行政主体的居间调解行为本身并不是行政权的实际运用，根据《行政诉讼法司法解释》第 1 条第 2 款第 2 项的规定并非具体行政行为。但是，行政主体在调解时对当事人一方或双方的违法行为作出认定的，或者强制、强迫双方达成协议的，则是行政权的运用，可构成具体行政行为。

三、法律效果的存在

（一）法律效果

具体行政行为必须是一种法律行为，即具有法律效果的行为。法律效果或法律意义，是指主体通过其意志所设定、变更、消灭或确认的某种权利义务关系，及所期望取得的法律保护。主体的行为都是一种意思表示。但是，只有当这种意思表示具备了为相对人设定、变更、消灭或确认某种权利义务关系的内容，并期望得到法律保护时，才具有法律意义。如果一个行为没有针对相对人，或者没有设定、变更或消灭某种权利义务，或者尚未形成或完成对某种权利义务的设定、变更、消灭或确认，或无法获得法律保护，则该行为不具有法律意义、不是具体行政行为。这是众多司法判例所发展出的，最新司法解释所明确的规则。《行政诉讼法司法解释》第 1 条第 10 项规定，“对公民、法人或者其他组织权利义务不产生实际影响的行为”不属于可诉行政行为。

需要说明的有：第一，具体行政行为“所期望获得的法律保护”即法律效力。为此，《行政诉讼法司法解释》第 1 条第 5 项规定，“行政机关作出的不产生外部法律效力的行为”，不属于可诉行为。具体行政行为的法律效力在外观上最容易判别的，系强制执行力即强制行为。因此，司法实践中有时就会通过是否存在强制行为来判别具体行政行为之法律效果要件的构成[④]，甚至把属于行政事实行为的侵权行为纳入行政强制措施的范畴，从而纳入可诉行为。[⑤] 现行《行政诉讼

---

① 参见姜明安主编：《行政诉讼案例评析》，中国民主法制出版社 1994 年版，第 102 页。

② 参见孙洪飞诉古蔺县双沙镇人民政府案，载最高人民法院中国应用法学研究所编：《人民法院案例选》（国家赔偿卷），中国法制出版社 2000 年版，第 395 页。

③ 参见罗边槽村一社诉重庆市人民政府案，载《最高人民法院公报》2000 年第 6 期。

④ 董永华等诉重庆市人民政府案终审判决指出：“该规定不仅为相对人设定了义务，而且规定一旦相对人未履行义务，将直接承担被强制拆除的法律后果。”（载中华人民共和国最高人民法院行政审判庭编：《中国行政审判指导案例》（第 1 卷），中国法制出版社 2010 年版，第 16 页）。

⑤ 参见李翠凤诉广饶县李鹊镇人民政府案，山东省东营市中级人民法院（2003）东行终字第 33 号行政判决书。

法》已经通过行政行为概念将行政事实行为纳入可诉行为,没有必要再对法律效果概念作扩大解释,以保持逻辑的一致性。另外,期望获得法律保护又与请求权紧密相关。行政不作为拟制为法律行为的基础就是请求权。第二,事后得到追认的行政事实行为属于法律行为,构成具体行政行为。在陈莉案中,被告强行扣押了原告的物品,事后制作了扣押清单。法院对被告的扣押未认定为行政事实行为,而认定为具体行政行为。[1]

(二)直接法律效果

直接法律效果,是指行政行为针对特定相对人,无需借助其他法律行为而本身具有的法律效果。以下几类行政行为对直接法律效果的认定特别值得关注:

(1)行政确认行为。行政确认往往表现为行政主体对已有法律事实或权利义务关系的检验、检测、认定或登记等,并没有导致权利义务新的得失,在有的国家还包括解决争议的行政裁决。[2] 在我国民事诉讼实践中,行政确认又称为形式性行政行为或程序性行政行为,以区别于设定、变更或消灭权利义务的实质性行政行为。[3] 但是,哪些行政确认行为是具有直接法律效果的具体行政行为,取决于立法、法律解释和司法经验。为最高人民法院认可的李治芳诉龙岩市公安局交通警察支队案判决将交通事故责任认定行为纳入了可诉行为[4],罗伦富诉泸州市公安局交通警察支队三大队案判决进一步阐明了该类行为的法律效果,即该类行为将成为其他法律行为(如确定法律责任)的依据。[5] 但这表明对相对人发生法律效果还需要借助其他法律行为,因而被《道路交通安全法》第73条以及全国人大常委会法工委2005年1月5日对该条的答复所否定。但与此项类似的工伤认定仍被视为具有直接法律效果,而许多检验、检测和检疫也被认为属于行政许可。夏善荣诉徐州市建设局案判例摘要指出:"建设行政主管部门对在集体土地上建造的住宅小区组织竣工综合验收并颁发验收合格证"[6],属于具体行政行为。

(2)行政预备行为。这是为设定、变更、消灭或确认权利义务作准备的行为,在行政审判实践中又称程序性行政行为,不属于具体行政行为。《行政诉讼法司法解释》第1条第2款第6、9项规定:"行政机关为作出行政行为而实施的准备、论证、研究、层报、咨询等过程性行为","行政机关针对信访事项作出的登

① 参见陈莉诉徐州市泉山区城市管理局案,载《最高人民法院公报》2003年第1期。

② 参见〔德〕汉斯·J.沃尔夫等:《行政法》(第二卷),高家伟译,商务印书馆2002年版,第42—43页。

③ 参见香港绿谷投资公司诉加拿大绿谷(国际)投资公司等股权纠纷案,载《最高人民法院公报》2004年第7期。

④ 参见李治芳诉龙岩市公安局交通警察支队案,载《最高人民法院公报》2001年第5期。

⑤ 参见罗伦富诉泸州市公安局交通警察支队三大队案,载《最高人民法院公报》2002年第5期。

⑥ 夏善荣诉徐州市建设局案,载《最高人民法院公报》2006年第9期。

记、受理、交办、转送、复查、复核意见等行为”,都属于不可诉行为。《审理行政许可案件司法解释》第3条规定:“公民、法人或者其他组织仅就行政许可过程中的告知补正申请材料、听证等通知行为提起行政诉讼的,人民法院不予受理。”但根据司法实践,下列三种情况需要注意:第一,行政调查中的查封、扣押等行政强制措施是独立的具体行政行为而非行政预备行为。[①] 第二,行政预备行为导致行政程序终结,影响相对人权利义务的,可构成行政侵权,属于可诉行为。[②] 第三,行政程序因行政预备行为而终结,影响相对人权利义务的,根据《审理行政许可案件司法解释》和司法判例可构成行政不作为。[③]

(3) 重复处置行为。这也称第二次行为,是指同一行政主体在前一次具体行政行为作出后,在法律和事实状态不变的条件下,对同一相对人重复所作的内容相同的决定。在内容上,重复处置行为,没有新的法律效果,只是对前一次具体行政行为的重申、告知或指示,不属于具体行政行为。《行政诉讼法司法解释》第1条第2款第4项规定,“驳回当事人对行政行为提起申诉的重复处理行为”属于不可诉行为。但根据焦志刚诉和平公安分局案判决,如果第二次行为改变了前一次具体行政行为或与前一次具体行政行为有不同的内容,具有新的法律效果,则构成一个新的具体行政行为,不属于重复处置行为。[④] 在主体上,重复处置行为必须是同一行政主体、同一相对人。罗边槽村一社诉重庆市人民政府案一审判决认为,丰都县林业局、高家镇政府、高家镇林业站等已就争议进行调解并达成了协议,丰都县政府再就该争议作出处理决定系重复处置行为。但二审判决却不认为丰都县政府的处理决定属于重复处置行为,而属于具体行政行为,只不过存在超越职权的情形。[⑤] 二审之所以这样判决,就是因为被诉行为与调解协议的当事人以及主持调解协议的主体并非同一个主体。

(4) 多阶段行为。当一个行政主体的具体行政行为需要另一行政主体合作或补充时,就形成了多阶段行为。它与预备行为的主要区别在于,多阶段行为是两个以上的行政主体所作的行为,而预备行为则是由最后作出具体行政行为的行政主体作出的。多阶段行为有三类:第一,多个行政主体分别针对相对人所作的多个有联系的行为。多阶段行为中的各个行为是独立的,它们是否构成具体行政行为需要按照行政主体的行为有没有设定、变更、消灭或确认权利义务来认

---

① 参见伊尔库公司诉无锡市工商局案,载《最高人民法院公报》2006年第3期。

② 参见王明德诉乐山市人力资源和社会保障局案,最高人民法院指导案例69号;罗镕荣诉吉安市物价局案,最高人民法院指导案例77号。

③ 参见李国飞等诉宁波市镇海区农业局案、潘冬明等诉浙江省人民政府案,载中华人民共和国最高人民法院行政审判庭编:《中国行政审判指导案例》(第2卷),中国法制出版社2011年版,第17、78页。

④ 参见焦志刚诉和平公安分局案,载《最高人民法院公报》2006第10期。

⑤ 参见罗边槽村一社诉重庆市人民政府案,载《最高人民法院公报》2000年第6期。

定。[1] 各阶段行为之间的逻辑联系是否符合法律规范的要求，尽管会影响具体行政行为的合法性，但并不影响具体行政行为的成立。[2] 第二，某一行政主体对特定相对人实施具体行政行为，其他行政主体为此对该行政主体所作的行为。这主要有备案行为，上级的指示、解释或批准、检查、督促、同级机关提供的意见等参与行为。根据《行政诉讼法司法解释》第1条第2款第8项及司法判例，这些参与行为本身并没有直接针对相对人设定、变更、消灭或者确认权利义务，不构成一个具体行政行为。[3] 上级的解释即使被直接作为依据，也并没有直接产生法律效果，并非具体行政行为。[4] 但是，当上级的指示或批准被直接实施时，根据《行政诉讼法司法解释》第19条的规定和判例[5]，构成直接法律效果，属于具体行政行为。第三，下级行政主体受理或初审的行为。这类行为不具有直接法律效果，不构成具体行政行为。上级行政主体的决定才具有最终意义，才是具体行政行为。[6] 但是，下级行政主体不签署意见或签署意见后不予报送的行为，导致了行政程序的终结，权利义务最终确定，构成行政不作为。

(5) 行政指导行为。它是一种行政事实行为，将在本书后续章节作专门讨论。在此需要强调的是，行政主体如果以行政指导为名，实际上却设定、变更、消灭或确认相对人权利义务的，则构成具体行政行为。吉德仁等诉盐城市人民政府案判决认为，被诉会议纪要设定了公交总公司在特定范围内免交规费的利益，且是必须强制执行的。“所谓行政指导行为，是指行政机关在进行行政管理的过程中，所作出的具有咨询、建议、训导等性质的行为，不具有行政强制执行力。……因此，盐城市人民政府认为该行为属行政指导行为没有法律依据。”[7] 在点头隆胜石材厂诉福鼎市人民政府案中，被告没有将原告作为扶优扶强企业，虽然表面上没有影响原告的权利义务，但却规定将总量有限的资源只供应给列为扶优扶强的企业，就不属于行政指导而属于具体行政行为。[8]

---

① 参见范元运等诉山东省邹平县建设局案，载中华人民共和国最高人民法院行政审判庭编：《中国行政审判指导案例》(第1卷)，中国法制出版社2010年版，第151页。

② 参见成和平等诉兰州市规划土地管理局案，最高人民法院(1998)行终字第3号行政裁定书。

③ 参见电子联合康乐公司诉贵阳市城市规划局案，载《最高人民法院公报》1994年第3期；深圳沃达丰诉怀化市鹤城区人民政府案，最高人民法院(2016)最高法行申4762号行政裁定书；练文雄等诉柳州市人民政府等案，最高人民法院(2018)最高法行申5860号行政裁定书。

④ 参见李传镒诉青海省残疾人联合会等案，最高人民法院(2004)行终字第1号行政裁定书。

⑤ 参见魏永高等诉来安县人民政府案，最高人民法院指导案例22号；延安宏盛公司诉延安市安监局案，载中华人民共和国最高人民法院行政审判庭编：《中国行政审判指导案例》(第1卷)，中国法制出版社2010年版，第1页。

⑥ 参见王大庆诉大连市人民政府案，最高人民法院(2015)行监字第730号行政裁定书。

⑦ 吉德仁等诉盐城市人民政府案，载《最高人民法院公报》2003年第4期。

⑧ 参见点头隆胜石材厂诉福鼎市人民政府案，载《最高人民法院公报》2001年第6期。

四、意思表示行为的存在

具体行政行为是行政主体的一种意志，但却应当是一种表现于外部的、客观化了的意志，即意思表示。行政主体只有将自己的意志通过语言、文字、符号或行动等行为形式表示出来，并告知相对人后，才能成为一个具体行政行为。最高人民法院在赖恒安诉重庆市人民政府案判决中指出："重庆市教育委员会重教函(1999)21号报告从形式上看属于行政机关内部公文，但在抄送赖恒安本人后，即已具有具体行政行为的性质。"①如果行政主体意志的全部或部分还没有表现出来，或者提供不真实的行为文本，就无法被外界所识别，就应视为全部或部分具体行政行为不存在，也不可诉。《行政诉讼法司法解释》第1条第2款第5项规定，"行政机关作出的不产生外部法律效力的行为"不属于可诉行为。表示于外部要求告知相对人，让相对人知道，在实务中表现为送达等方式。南充源艺广告部诉南充市顺庆区安监局案裁判要旨指出："送达是行政执法活动的重要组成部分，如果处罚告知书未送达行政相对人，则行政处罚决定不能成立。"②如果相对人后来才知道侵犯其合法权益的行政行为，该行为仍然可诉，诉讼时效从知道之日起计算。表示行为的存在，可以称为具体行政行为成立的形式要件。

对一种具有第三方效果的具体行政行为，作为构成要件的表示于外部并非要求告知第三方，只要告知具体行政行为的领受人即能构成。张忠等诉深圳市人民政府案二审判决认为，"上诉人上诉认为被诉决定的形式属于函件，指向对象为市房产管理公司，是内部行文，不构成具体行政行为。该理由亦不成立。被诉决定发文对象是深圳市房产管理公司，但是，该决定对外发生法律效力，对被上诉人及原审第三人的权利义务产生实际影响，且亦送达原审第三人，因此，属于具体行政行为。"③

行政主体的意思尚未表示于外部，与内部行政行为不能等同。内部行政行为，可以是行政机关或行政机构相互间实施的行为，也可以是行政预备行为(参见本章第二节)。内外部行政行为的区分，所要解决的是该行为是否可诉。行政主体的意思是否表示于外部，所解决的是具体行政行为是否构成。行政主体的意思尚未表示于外部与表示不合法也应区别。最高人民法院认可的上海金港经贸总公司诉新疆维吾尔自治区工商局案裁判摘要指出，行政处罚决定书应当依法载明必要内容。"如果行政机关没有作出正式的行政处罚决定书，而是仅仅向

---

① 赖恒安诉重庆市人民政府案，最高人民法院(1998)行终字第10号行政判决书。

② 南充源艺广告部诉南充市顺庆区安监局案，载中华人民共和国最高人民法院行政审判庭编：《中国行政审判指导案例》(第2卷)，中国法制出版社2011年版，第204页。

③ 参见张忠等诉深圳市人民政府案，广东省高级人民法院(2003)粤高法行终字第14号行政判决书。

当事人出具罚款证明，且未向当事人告知前述必要内容，致使当事人无从判断"[①]，属于违法，而并非意思没有表示于外部。

总之，具体行政行为的成立必须同时具备资格要件、权力要件、法律要件和形式要件。缺乏上述要件之一的，具体行政行为不成立或不能构成具体行政行为，但可称为假行政行为（成假象行政行为）。假行政行为是指不完全具备具体行政行为的构成要件，但与具体行政行为相像的行为。

第二节 具体行政行为的分类

对具体行政行为进行相应的分类不仅是理论研究的需要，也是认识具体行政行为的总体状况，了解各类具体行政行为的具体特征，分析具体行政行为是否合法、有效，确定行政救济机制的现实需要。因此，对具体行政行为进行科学分类，历来为行政法学所重视。

一、羁束行政行为与裁量行政行为

羁束行政行为是指行政主体对行政法规范的适用没有或仅有很少的灵活处理空间的具体行政行为，裁量行政行为则是指行政主体对行政法规范的适用具有较大灵活处理空间的具体行政行为。其中，裁量行政行为又以法律效果或者事实认定为标准，在学说上分为效果裁量和要件裁量。效果裁量说认为，裁量行政行为是指行政主体在法律效果上具有选择权的行政行为。要件裁量说认为，裁量行政行为包括行政主体在法律效果上具有选择权的行政行为，以及可以按法律要件斟酌认定法律事实所作的行政行为。[②] 行政法规范之所以作这样的区分，是因为对某些法律要素能够在立法上作出统一的规定，而对某些法律要素无法在立法上作出统一的规定，需要由行政主体根据相应法律事实的具体因素决定法律的适用。羁束行政行为和裁量行政行为的分类，对分析和认定具体行政行为的合法性和公正性具有意义。在法律适用上，羁束行政行为只存在合法性问题，而裁量行政行为不仅存在合法性问题还存在合理性问题。对没有违法也没有严重不合理的裁量行政行为，司法上一般予以尊重。[③]

---

① 参见上海金港经贸总公司诉新疆维吾尔自治区工商局案，载《最高人民法院公报》2006 年第 4 期。

② 参见王贵松：《行政裁量的构造与审查》，中国人民大学出版社 2016 年版，第 42 页；于凌云：《行政自由裁量论》，中国人民公安大学出版社 2009 年版，第 39 页。

③ 参见王丽萍诉中牟县交通局案，载《最高人民法院公报》2003 年第 3 期；黄绍花诉辉县市人民政府案，最高人民法院（2017）最高法行申 7073 号行政裁定书；陆煜章诉上海市工商局案，上海市第一中级人民法院（2003）沪一中行终字第 194 号行政判决书。

二、依职权行政行为和应申请行政行为

以具体行政行为是否可由行政主体主动实施为标准,可以将具体行政行为分为依职权行政行为和应申请行政行为。依职权行政行为是指行政主体根据其职权而无需行政相对人申请就能主动实施的具体行政行为,也称主动行政行为和积极行政行为。应申请行政行为是指行政主体只有在行政相对人提出申请后才能实施而不能主动采取的行政行为,又称为被动行政行为或消极行政行为。具体行政行为的这一分类有利于分析具体行政行为的实施条件。依职权行政行为不需要行政相对人的申请就能实施,应申请的行政行为只有具备行政相对人的申请这一条件后才能实施。应当指出的是,行政相对人的申请尽管也是一种意思表示,但最终决定权在行政主体。同时,应申请行政行为不仅具有行政相对人的意思表示,有时还需要行政相对人缴纳一定费用,对此,不应与民事法律行为相混淆。[①] 申请也不同于申报和举报。申请以相对人的请求权为基础;申报以相对人的义务为基础;举报则既可以基于相对人的请求权,也可以基于对公共事务的监督权。行政主体对相对人申报的处理构成职权行政行为。行政主体对相对人基于请求权的举报,所作的行为构成应申请行政行为。行政主体对相对人基于公益监督权的举报,可以裁量是否作出相应行政行为,没有作出相应行政行为的并不构成行政不作为,裁量作出行政行为的属于职权行政行为。[②]

三、附款行政行为和无附款行政行为

以具体行政行为是否有附款为标准,可以将具体行政行为分为附款行政行为和无附款行政行为。附款行政行为是指除行政法规范明确规定的条件外,行政主体根据实际需要附加条件的具体行政行为,又称条件行政行为。无附款行政行为是指具体行政行为没有附加条件的行为,又称单纯行政行为。这里的附款就是附条件,指行政主体规定(而不是行政法规范规定)的、其成就与否决定相应法律行为是否生效或生效后的行政行为效力是否消灭的、某种将来的事实或行为。[③] 具体行政行为的这一分类源于民事法律行为的分类,可参见民事法律行为的相应原理。划分附款行政行为和无附款行政行为,对分析具体行政行为法律效力的产生、变更和消灭具有意义。

---

① 参见华源无锡公司诉江阴进出口商检局案,载最高人民法院中国应用法学研究所编:《人民法院案例选》(国家赔偿卷),中国法制出版社 2000 年版,第 333 页。

② 参见罗镕荣诉吉安市物价局案,最高人民法院指导案例 77 号;贾文学诉国家认证认可监督管理委员会等案、曾令奇诉中国证券监督管理委员会案,最高人民法院(2017)最高法行申 2705 号、(2020)最高法行申 1259 号行政裁定书。

③ 参见杨建顺:《日本行政法通论》,中国法制出版社 1998 年版,第 372 页。

四、授益行政行为和负担行政行为

以具体行政行为的内容对行政相对人是否有利为标准,可以将具体行政行为分为授益行政行为和负担行政行为。授益行政行为是指行政主体为行政相对人设定权益或免除其义务的行政行为。负担行政行为是指行政主体为行政相对人设定义务或剥夺、限制其权益的行政行为,又称不利行政行为。但是,当一个具体行政行为既设定了行政相对人的权利又设定了行政相对人的义务时,其既是授益行政行为又是负担行政行为。当一个具体行政行为有两个行政相对人时(如行政裁决),对一个行政相对人可能构成授益行政行为,对另一个行政相对人则可能构成负担行政行为。当一个具体行政行为是为了维护公共利益时(如确定某树为名木古树),则构成对不特定行政相对人的负担行政行为。具体行政行为的这一分类,有利于分析具体行政行为的内容。

五、要式行政行为和非要式行政行为

以具体行政行为是否必须具备法定形式为标准,可以将具体行政行为分为要式行政行为和非要式行政行为。具体行政行为的形式包括书面文字、特定意义的符号、口头语言和实际动作。书面文字,指各种格式的文书和证件。书面文字和特定意义的符号有利于准确地载明行政主体的意思表示,体现具体行政行为的严肃性,分清责任,促进依法行政。因此,行政法规范一般规定书面文字或特定意义的符号为具体行政行为的必要形式。要式行政行为是指必须具备某种书面文字或具有特定意义符号的行政行为,非要式行政行为则是指行政法规范没有要求必须具备书面文字或特定意义符号的行政行为。具体行政行为的这一分类,有利于从严要求具体行政行为的实施,并认定口头和行动等具有隐蔽形式的具体行政行为的存在。

六、行政作为和行政不作为

以具体行政行为是否改变现有法律状态(权利义务关系)为标准,可以将具体行政行为分为行政作为和行政不作为。行政作为是指行政主体积极改变现有法律状态的具体行政行为,如行政征收和颁发许可证等。行政不作为是指行政主体维持现有法律状态,或不改变现有法律状态的具体行政行为。行政不作为的构成要件包括:第一,职责要件,即行政主体必须具有从事相应外部行政管理的职责。如果行政主体不具有被要求履行的法定职责,或者仅具有从事内部领

导或监督的法定职责，则无法构成行政不作为。[①] 法定职责的依据，原则上是法律、法规或规章的规定，但也可以是行政规范性文件或政府的依法确定以及司法裁判。[②] 第二，状态要件，即维持或不改变现有法律状态。它往往表现为不予答复，即既没有作出某种行为也没有改变现有的权利义务状态。[③] 它也可以表现为怠于履行法定职责，即职责的履行在内容上不充分、不全面，或者在时间上超过法定期限。[④] 它还可以表现为拒绝履行法定职责。[⑤] 但也有学者认为，作为与不作为的区分，应以行政主体的义务是作为义务还是不作为义务，对义务的态度是积极还是消极为标准。行政主体积极履行作为或不作为义务的行为是行政作为，行政主体消极对待作为义务的行为是行政不作为。[⑥] 还需要说明的是，行政不作为与诉判并不完全对应。对行政不作为既可以提起履行之诉并由法院作出履行判决，也可以依法提出给付、赔偿、确认违法或撤销之诉并由法院依法裁判。[⑦]

七、独立行政行为和需补充行政行为

以具体行政行为是否需要其他行为作为补充为标准，可以将具体行政行为分为独立行政行为和需补充行政行为。独立行政行为是指不需要其他行为的补充就能够生效的具体行政行为，需补充行政行为是指必须具备补充行为才能生效的具体行政行为。这个补充行为往往就是上级机关的审批或备案行为。当该补充行为由行政法规范规定时，需补充行政行为是一个无附款行政行为；当该补充行为并非基于行政法规范的规定，而是由行政主体自行设定或要求时，需补充行政行为是一个附款行政行为。需补充行政行为是一种多阶段行政行为，补充行为是一种内部行政行为。[⑧] 它们如果违法而需要承担的责任，应分别认定。[⑨]

---

① 参见曹开华诉蚌埠市蚌山区人民政府案，最高人民法院（2017）最高法行申 8354 号行政裁定书；熊小琴诉成都市成华区人民政府案，最高人民法院（2018）最高法行申 485 号行政裁定书；王幼华诉武汉市洪山区人民政府案，最高人民法院（2018）最高法行申 5484 号行政裁定书；李清林诉安阳市人民政府案，最高人民法院（2016）最高法行申 2496 号行政裁定书。

② 参见王振江等诉沈阳市人民政府案，最高人民法院（2018）最高法行申 1589 号行政裁定书；金海半岛公司诉国家市场监督管理总局案，最高人民法院（2019）最高法行申 7682 号行政裁定书。

③ 参见溆浦县中医院诉溆浦县邮电局案，载《最高人民法院公报》2000 年第 1 期。

④ 参见尹琛琰诉卢氏县公安局案，载《最高人民法院公报》2003 年第 2 期；剑川县人民检察院诉剑川县森林公安局案，最高人民法院指导案例 137 号。

⑤ 参见王运生诉西安市灞桥区人民政府案，最高人民法院（2020）最高法行申 14294 号行政裁定书；罗元昌诉彭水苗族土家族自治县地方海事处案，最高人民法院指导案例 101 号。

⑥ 参见周佑勇：《论行政作为与行政不作为的区别》，载《法商研究》1996 年第 5 期。

⑦ 参见张艳君诉北京市人民政府案，最高人民法院（2016）最高法行申 2496 号行政裁定书。

⑧ 参见九象商贸公司诉国家工商局商标局案，最高人民法院（2013）行提字第 2 号行政裁定书。

⑨ 参见叶必丰：《行政行为原理》，商务印书馆 2022 年版，第 301 页。

八、外部行政行为和内部行政行为

以是否发生外部法律效果为标准，具体行政行为可以分为外部行政行为和内部行政行为。外部行政行为是指行政主体针对行政组织系统以外的公民、法人或其他组织设定、变更、消灭或确认权利义务的具体行政行为。内部行政行为是指行政主体针对行政组织系统内部的机构或公务员设定、变更、消灭或确认权利义务的具体行政行为，如机构设置行为、公务员任免行为等。但实践中对内部行政行为作了更广义的理解，没有行政主体资格和法律效果的要求，即行政机关或行政机构针对内部相对人的行为以及行政预备行为。其中，针对内部相对人的内部行政行为往往与外部行政行为的多阶段行为相联结。由此涉及外部相对人权利义务，尽管在形式上没有通过送达等表现于外部，但通过具体实施实质上作用于外部相对人的，应当以实质作用为标准认定为外部行政行为[①]，至于它是否合法则另当别论。[②] 行政行为导致公务员身份变化的，属于外部行政行为，如录用公务员或开除公务员等。[③] 作为内部行政行为的行政预备行为，即行政主体尚未形成最后结论的内部意向或决议，如会议纪要等，即使涉及外部相对人的权利义务，即使表现于外部，也属于未成熟的具体行政行为。[④] 但是，会议纪要等内部行政行为如果对外部行政相对人权利义务直接产生实质影响（内部行为外部化），则构成可诉具体行政行为。

第三节 具体行政行为的错误和瑕疵

具体行政行为的成立不等于具体行政行为的合法。具体行政行为的合法，必须具备行政主体合法、行为权限合法、行为内容合法、行为程序合法和行为形式合法五个条件。这些条件对行政主体的自律有一定意义。但行政法学中往往运用反向思维，不是看是否合法，而是看是否违法。没有违法，也就可以视为合法。因此，本节不介绍具体行政行为的合法，只介绍具体行政行为的错误和瑕疵的各种情形。

---

① 参见建明食品公司诉泗洪县政府案，载《最高人民法院公报》2006 第 1 期；延安宏盛公司诉延安市安监局案，载中华人民共和国最高人民法院行政审判庭编：《中国行政审判指导案例》（第 1 卷），中国法制出版社 2010 年版，第 1 页。

② 参见于栖楚诉贵阳市住房和城乡建设局案，载《最高人民法院公报》2013 年第 10 期。

③ 参见张先著诉芜湖市人事局案，安徽省芜湖市新芜区人民法院（2003）新行初 11 号行政判决书。

④ 参见华丰王府井商业街开发公司诉北京市人民政府案，最高人民法院（2019）最高法行申 5463 号行政裁定书。

一、具体行政行为的错误

（一）具体行政行为公开错误的范围

具体行政行为的错误，是指行政主体在具体行政行为中所作的意思表示或者所为外界理解的意思表示，与其真实意思存在明显的矛盾，又称为具体行政行为的公开错误。这有以下几种情形：第一，误写。这是一种书面错误，包括错别字、笔误、漏字、多字等。宜昌市妇幼保健院诉宜昌市工商局案被告所发的《检查通知书》将原告名称写为“宜昌市妇幼保健医院”，多了一个“医”字，引发了相对人是否正确的争议。[①] 第二，误算。误算既有书面错误又有事实错误和法律错误。作为书面错误的误算，主要表现为成数、倍数以及单项合计等方面所发生的错误。只有这类因疏忽大意而发生的误算，才属于公开错误。非因疏忽大意而发生的错误，即事实错误和法律错误就不能认定为公开错误。第三，表述不明。表述不明主要有概念不明确、用语不当等。太平广明贸易服务部诉新津县工商局案被告向原告颁发的营业执照中核定：“主营：五金交电（不含国家专控商品）”。[②] 被告在这里所表示意思的本意是指五金交电不包括“国家专营的重要生产资料”，使用“国家专控商品”实属使用概念错误。第四，设备故障。机械故障也属于意思表示上的公开错误。例如，交通指示灯在应发出停止行驶的红灯信号时，却发出了通行的绿灯信号。在信息化、电子化和数据化时代，设备故障更为普遍，争议更为多发。如在张宁诉淄博市公安局淄川分局案中，被告因网络故障生成了两张《延长办案期限审批表》，一张经审批、另一张未经审批，引发了是否超期办案的争议。[③]

（二）具体行政行为公开错误的消除

具体行政行为的公开错误不属于瑕疵，因而对这种错误的消除既可以由行政主体自行更正，也可以由复议机关或法院认定所表达的真实意思。这种更正或认定是为了使行政主体所表示的意思与真实意思相一致，而不是为了对违法意思表示予以法律补救。

(1) 行政主体自行更正。具体行政行为的更正机关应当是作出该行为的行政主体。行政主体可以依职权或者应相对人、第三人的申请，对具体行政行为中的公开错误随时进行更正。除法律有特别规定外，行政主体对要式行政行为的更正应当采用法律对该行为所规定的方式。如果需更正的是非要式行政行为，

---

① 参见宜昌市妇幼保健院诉宜昌市工商局案，载《最高人民法院公报》2001 年第 4 期。

② 参见太平广明贸易服务部诉新津县工商局案，载最高人民法院中国应用法学研究所编：《人民法院案例选（国家赔偿卷）》，中国法制出版社 2000 年版，第 205 页。

③ 参见张宁诉淄博市公安局淄川分局案，山东省淄博市中级人民法院（2017）鲁 03 行终 142 号行政裁定书。

或者尽管需更正的是要式行政行为但在作出该行为时所采用的方式比法定方式更为严格的,则更正的方式应当与需更正行为作出时所采用的方式相同。也就是说,除法定方式的更正外,需更正行为原系书面方式的,应当以书面方式更正;需更正行为原系口头方式的,则可以口头方式更正。但是,以口头方式作出的行政行为,法律上并不禁止行政主体以书面方式加以更正。如果原系书面行政行为的,则在该行为的文书上以附记即附录的方式进行更正;如果系不能以附录方式更正的具体行政行为,如口头方式的行政行为、书面行政行为已引起争议并已进入行政救济途径等,则应当制作专门的更正书。行政主体不能在原行政文书的错误处直接修改。具体行政行为经更正后,行政主体应按告知程序通知相对人及利害关系人。具体行政行为更正的直接效果,就是消除了所存在的表示错误,权利义务按经更正的具体行政行为确定,有关争议按经更正的具体行政行为审查和解决。就更正行为本身而言,它只是对原具体行政行为中所体现的真实行政意志的确定和阐明,并没有新的、独立的法律效果,并不是一个新的具体行政行为,属于第二次行为。更正行为所确定的意思具有溯及既往的法律效力,即并非自更正之日起发生法律效力,而是自原具体行政行为生效之日起发生法律效力。但是,这种溯及既往的效力不得损害当事人正当的信赖利益。

(2) 复议机关和法院的认定。行政主体对具体行政行为的更正,限于行政救济程序被启动以前。具体行政行为在已经进入行政救济程序以后,已经置于救济机关的控制之下,就不能由作出机关自行纠正,而只能由救济机关认定了。宜昌市妇幼保健院诉宜昌市工商局案一审判决就对笔误作出了认定:“被告工商局出具的《检查通知书》上开列的被检单位是‘宜昌市妇幼保健医院’,与原告保健院的单位名称相差一个字。工商局要调查和处罚的事实,确实发生在保健院。对工商局调查并处罚的事实,保健院除在没有证据的情况下主张已经给安琪生物制药公司经营部退还7864.39元外,并不否认其他事实与自己有关。因此,不存在调查对象错误的问题。《检查通知书》上开列的被检单位名称,实属笔误。”如果被告行政机关为规避责任而故意辩称公开错误,却又无证据证明,则法院应当以客观表明的意思加以认定。北方矿业有限公司诉山西省经济贸易委员会案二审判决则认为:“上诉人省经贸委虽然提出晋经贸能字(1998)90号《批复》第二条中‘吊销’二字是用词不规范,不是对北方公司的行政处罚,但其作出该批复后一直未予纠正,一审审理中,法庭允许省经贸委对其‘用词不规范’的行为予以纠正,而省经贸委却未予纠正,故该辩解理由不能成立。”①

① 北方矿业有限公司诉山西省经济贸易委员会案,最高人民法院(1999)行终字第11号行政判决书。

二、具体行政行为的瑕疵

具体行政行为不符合应具备的合法要件的,即为具体行政行为的违法或瑕疵。对此,我国《行政复议法》第 28 条和《行政诉讼法》第 74 条等作了规定。按瑕疵的程度,具体行政行为的瑕疵可以分为明显轻微的瑕疵、一般瑕疵和重大而明显的瑕疵三类。一般瑕疵是除明显轻微的瑕疵和重大而明显的瑕疵以外的瑕疵。对具有明显轻微瑕疵的具体行政行为可予补正,对具有一般瑕疵的具体行政行为可予撤销,具有重大而明显瑕疵的具体行政行为则属于无效行政行为。在此,我们仅就明显轻微的瑕疵和重大而明显的瑕疵予以讨论。

(一)明显轻微的瑕疵

(1)明显轻微瑕疵的标准。从学说上看,判断明显轻微瑕疵的标准有三个:第一,明显轻微的程序和形式瑕疵。如果该瑕疵是具体行政行为实体内容上的瑕疵,则不属于明显轻微的瑕疵。第二,该程序和形式瑕疵的存在,并没有损害当事人的实体上的合法权益。一般认为,瑕疵的明显轻微不能以所侵害的权益小为判断标准,而只能以不侵害当事人的合法实体权益为判断标准。如程序和形式上瑕疵的存在,影响到当事人实体上的合法权益,则无论该权益的大小如何,该瑕疵都不属于明显轻微的瑕疵。第三,同一行为的反复,即具体行政行为因程序瑕疵而被撤销或确认无效后将由行政主体按法定程序重新作出同一内容的行政行为,被认为不合理即有损行政效率。

在司法实践中,具体行政行为的明显轻微的瑕疵与公开错误往往难以区别。梅令湾社诉达拉特旗人民政府案被告所作行政行为文书中的"下天义昌社"实为"下天义昌东社"和"下天义昌西社"两社,当地习惯将两社称为"下天义昌社",属于表述不明。但最高人民法院判决认定其为明显轻微的瑕疵:被诉行为"虽有瑕疵,但并不影响下天义昌东、西两社的实体权益"。[①] 同时,对明显轻微瑕疵与一般瑕疵往往也难以把握。张会修诉白城市公安局案终审判决认为,"两份告知金红军复议权利的笔录时间发生重叠,属于程序违法"。[②] 其实,这里的记录时间重叠并没有剥夺金红军的复议申请权,但也没有被认定为明显轻微的瑕疵,原因也许是因为该瑕疵已经构成本案的争议焦点。也就是说,瑕疵是否明显轻微与它在整个案件中所占的比重具有重要关系。

(2)明显轻微瑕疵的主要形式。第一,行政文书不规范,如临时许可证未标

---

① 梅令湾社诉达拉特旗人民政府案,最高人民法院(1999)行再字第 1 号行政判决书。
② 张会修诉白城市公安局案,最高人民法院(2001)行提字第 2 号行政判决书。

注“临时”字样,具体行政行为中没有载明证据名称、没有批复文号和未加盖公章[1],等等。但也有判例认为未加盖公章及填写作出日期,属严重程序违法,该具体行政行为无效。[2] 第二,告知不规范。张友谊案终审判决认为:“被上诉人鉴于受送达人不在场,而其在场的成年家属又未能在送达回证上签收的情况进行留置送达,并有居委会干部对送达情况进行见证,并无违法。其在送达回证上记载‘被送达人拒收’的内容,存在瑕疵,但并未影响上诉人行使复议及诉讼的权利。”[3]还有的具体行政行为未告知相对人复议申请权利和提起诉讼的权利,具体行政行为的网上公告时间早于登记日等。[4]

(3) 明显轻微瑕疵的补正和认定。对具有明显轻微瑕疵的具体行政行为,在进入行政救济程序之前,行政主体可以依职权或应申请予以补正。有关法律法规对此也有所规定,往往使用“重新办理”“补办手续”和“改正”等表述。经补正后,该具体行政行为的瑕疵即被补正,与合法具体行政行为一样具有法律效力,即其法律效力不受影响。但具有明显轻微瑕疵的具体行政行为一旦进入司法程序,则由法院予以认定。有判例表明即使行政复议机关曾作认定,法院也仍有权重新认定。[5]

(二) 重大而明显的瑕疵

重大而明显的瑕疵,是指瑕疵在客观、形式上非常明显,极易辨认,并且该瑕疵非常严重。也就是说,这种瑕疵同时具备明显性和严重性两个特征。

根据我国《行政诉讼法》第 75 条、《行政强制法》第 58 条第 1 款、《审理行政许可案件司法解释》第 7 条、最高人民法院《关于办理申请人民法院强制执行国有土地上房屋征收补偿决定案件若干问题的规定》第 6 条第 1 款和《行政诉讼法司法解释》第 161 条的规定,瑕疵的情形包括:实施主体不具有行政主体资格、缺乏事实根据、缺乏法律依据、不符合公平补偿原则而严重损害合法权益、违反行政目的而严重损害公共利益、严重违反法定程序或正当程序、超越职权以及其他

---

① 参见陈燕翼诉武汉市城市规划管理局案,最高人民法院(1999)行终字第 17 号行政判决书;前引石跃中等武汉市客运出租汽车管理处案;宜昌市妇幼保健院诉宜昌市工商局案,载《最高人民法院公报》,2001 年第 4 期;朱文和诉上海市社保基金结算管理中心案,上海市第二中级人民法院(2005)沪二中行终字第 183 号行政判决书。

② 参见孟为珍等诉滨海县人民政府,江苏省高级人民法院(2015)苏行终字第 00047 号行政判决书;郜卫中诉兰考县公安交通警察大队等案,河南省开封市中级人民法院(2020)豫 02 行终 177 号行政判决书。

③ 张友谊诉上海市普陀区房屋土地管理局案,上海市第二中级人民法院(2004)沪二中行终字 292 号行政判决书。

④ 参见龙豪娱乐有限公司诉武汉市城规划管理局案,最高人民法院(1998)行终字第 4 号行政判决书;悦美气动升降椅厂诉上海市房屋土地资源管理局案,上海市第二中级人民法院(2005)沪二中行终字第 172 号行政判决书。

⑤ 参见苏玉英诉国家知识产权局案,北京市第一中级人民法院(2001)一中行初字第 86 号行政判决书。

明显违法并损害被执行人合法权益的情形。

根据上述规定，实施主体不具有行政主体资格、缺乏事实根据、缺乏法律依据、超越职权和严重违反法定程序或正当程序属于不需要取决于其他标准的重大明显瑕疵，其他瑕疵则只有足够明显或重大才能构成重大明显瑕疵。法律和司法解释并未对"重大""明显"的标准加以界定，最高人民法院运用学理在个案中作出了阐释："'重大'一般是指行政行为的实施将给公民、法人或者其他组织的合法权益带来重大影响；而'明显'一般是指行政行为的违法性已经明显到任何有理智的人都能够作出判断的程度。"[①]依学说，瑕疵的明显性标准可以具体化为：第一，这种明显性不是从行政主体内部角度来观察的，而是从社会外部可以观察的。第二，这种明显性既不取决于关系人即行政主体和相对人的认识能力，也不取决于专家的认识能力，而是一般公民的认识能力可辨认的。第三，这种明显性需要达到毫无争议的明显。第四，这种明显性不局限于文书上的明显，还包括综合全案可以认定的明显。

重大而明显的瑕疵构成具体行政行为的无效，无效具体行政行为的救济不受起诉期限诉讼时效的限制，以及无效具体行政行为对法院没有拘束力。这在我国早些时候还只是从国外借鉴而来的学理，但现在已经成为司法实践中普遍的经验[②]，为我国构建完整的无效具体行政行为制度奠定了坚实的基础。

第四节　具体行政行为的效力

一、具体行政行为的效力内容

具体行政行为的效力内容包括公定力、确定力、拘束力和执行力四个方面。

（一）公定力

公定力是指具体行政行为一经行政主体作出，不论是否合法或存在瑕疵，即被推定为合法有效，并要求所有国家机关、社会组织或个人尊重的一种法律效力。[③] 公定力是法律安定性的必然要求，是对权利义务关系的法律保护。如果

---

① 华隆燃气有限公司诉濮阳市城市管理局等案，最高人民法院（2020）最高法行再509号行政判决书。

② 参见俞国华诉莆田市荔城区建设局案，载最高人民法院行政审判庭编：《中国行政审判案例》（第2卷），中国法制出版社2011年版，第62页；张起诉赤峰市松山区人民政府案，最高人民法院（2018）最高法行申2496号行政裁定书；魏修娥诉利川市政府等案，最高人民法院（2018）最高法行申4773号行政裁定书；王淑荣诉长春市绿园区人民政府案，最高人民法院（2020）最高法行再341号行政裁定书；郭尔罗斯农村商业银行诉吴忠市利通区人民政府案，最高人民法院（2020）最高法行申8309号行政裁定书。

③ 参见湖南泰和集团诉岳阳市人民政府等案，载中华人民共和国最高人民法院行政审判庭编：《中国行政审判案例》（第2卷），中国法制出版社2011年版，第27页；张召久等诉台前县人民政府等案，最高人民法院（2017）最高法行申363号行政裁定书。

具体行政行为系授益行为,公定力对相对人来说构成信赖利益保护。[①]

公定力所要求的尊重,是指具体行政行为的结论应作为其他法律行为的前提,而不能任意否定。对此,我国目前还没有法律予以明确、统一的规定,但有不少这方面的立法例[②]和司法判例。最高人民法院认可的罗伦富案判决认为,对道路交通事故进行责任认定属于一种行政确认行为。这虽然已被立法所否定,但该判决对公定力的表述却比较清晰,即“该行为直接关系到发生道路交通事故后,当事人是否构成犯罪以及应否被追究刑事责任、是否违法以及应否被行政处罚、是否承担民事赔偿责任或者能否得到民事赔偿的问题”。[③] 不过公定力的这种尊重,并不是对法律上具有监督权的国家机关的要求。有监督权的国家机关,可以对具体行政行为进行实质审查,并依法予以否定。

公定力并不以具体行政行为的合法为前提。即使具体行政行为存在瑕疵,在被依法撤销或确认前,也同样应得到尊重。即使具体行政行为具有重大而明显的瑕疵,原则上也应按法定程序予以确认,如通过行政复议和行政诉讼确认,通过司法建议由行政主体确认,有监督权的国家机关予以确认等,才能解除其公定力。最高人民法院在裁判中指出:“为避免出现当事人滥用确认无效诉讼请求以规避起诉期限制度的情况,原告一方应当对被诉行政行为属于无效情形举证,被告一方亦可提出证据否定对方主张。人民法院应当对行政行为是否属于无效情形进行审查,认为行政行为属于无效情形的,则不受起诉期限限制;认为行政行为不属于无效情形的,人民法院应当向原告予以释明。经释明,原告变更请求撤销行政行为的,人民法院应当继续审理并审查是否符合撤销之诉的起诉期限规定,超过法定起诉期限的,裁定驳回起诉;原告拒绝变更诉讼请求的,判决驳回其诉讼请求。”[④]

但已有的实践表明,对具有重大而明显瑕疵的具体行政行为,法院可以在并非该行为的争议中直接予以否定。[⑤]《审理行政许可案件司法解释》第 7 条指出,具有重大而明显瑕疵的具体行政行为对法院没有拘束力,法院不予认可。同时,《行政强制法》第 58 条第 1 款、《行政诉讼法司法解释》第 161 条和最高人民法院《关于办理申请人民法院强制执行国有土地上房屋征收补偿决定案件若干

---

① 参见中科电站诉广东省林业厅案,最高人民法院(2016)最高法行再 104 号行政判决书;洋浦大源实业公司诉海南省林业局案,最高人民法院(2003)行终字第 2 号行政判决书;东方天涯驿站诉东方市自然资源和规划局案,最高人民法院(2019)最高法行申 9071 号行政裁定书;王文明种植养殖专业合作社诉德惠市人民政府案,最高人民法院(2020)最高法行赔申 628 号行政赔偿裁定书。

② 如《行政许可法》第 41 条和国务院法制办《对〈关于提请解释《中华人民共和国行政许可法》有关适用问题的函〉的复函》,2004 年 8 月 2 日国法函〔2004〕293 号。

③ 罗伦富诉泸州市公安局交通警察支队三大队案,载《最高人民法院公报》2002 年第 5 期。

④ 王淑荣诉长春市绿园区人民政府案,最高人民法院(2020)最高法行再 341 号行政裁定书。

⑤ 最高人民法院《关于企业开办的企业被撤销或者歇业后民事责任承担问题的批复》,1994 年 3 月 30 日,法复〔1994〕4 号,已失效。

问题的规定》第6条第1款都规定，法院对具有重大而明显瑕疵的具体行政行为，可以裁定不予执行。也就是说，对具有重大而明显瑕疵的具体行政行为，法院不作为其判决和裁定的前提。

（二）确定力

确定力是指已生效具体行政行为对作出该行为的行政主体和相对人所具有的不受任意改变的法律效力。[①] 这里的改变，既包括撤销、重作，也包括废止和变更等。[②] 它既包括对事实认定和法律适用的改变，也包括对权利义务的改变，但一般不包括对告知的改变和对具体行政行为的解释。这一效力来源于法律安定性原则。确定力又分形式确定力和实质确定力。

(1) 形式确定力。形式确定力即不可争力，是具体行政行为对相对人的一种法律效力，指在复议或诉讼期限届满后相对人不能再申请复议或起诉，要求改变具体行政行为。行政复议机关或法院对逾期的复议申请或起诉不应受理。即使被错误受理，也应维持已具完全形式确定力的具体行政行为。[③] 形式确定力并不能阻却相对人通过复议和诉讼以外的途径再要求改变具体行政行为。相对人根据《宪法》第41条第1款的规定，以及现行各种行政监督制度的安排，仍可以要求有关行政机关予以改变。但是，这种要求不同于申请复议和起诉，不能启动一个类似于复议或诉讼那样的法律程序，不一定能带来一种预期的法律效果，多数情况下只能得到行政主体的一个解释性答复。

(2) 实质确定力。实质确定力即"一事不再理"，是指行政主体不得任意改变自己所作的具体行政行为，否则应承担相应的法律责任。焦志刚诉天津市公安局和平分局案裁判摘要指出："依法作出的行政处罚决定一旦生效，其法律效力不仅及于行政相对人，也及于行政机关，不能随意被撤销。已经生效的行政处罚决定如果随意被撤销，不利于社会秩序的恢复和稳定。""错误的治安管理行政处罚决定只能依照法定程序纠正。"[④]实质确定力不仅是对行政主体直接改变所作具体行政行为的限制，也是对行政主体通过实施另一具体行政行为间接改变已作具体行政行为的限制。[⑤]

具体行政行为的实质确定力，并不具有绝对意义，法律安定性原则需要与行

---

① 参见湖南泰和集团诉岳阳市人民政府等案，载中华人民共和国最高人民法院行政审判庭编：《中国行政审判案例》(第2卷)，中国法制出版社2011年版，第27页；兰青综合商店诉兰考县人民政府案，最高人民法院(2019)最高法行申6691号行政裁定书。

② 参见中科电站诉广东省林业厅案，最高人民法院(2016)最高法行再104号行政判决书。

③ 参见碧云食品厂诉益阳市赫山区人民政府案、青明山林场诉河池市人民政府案，最高人民法院(2018)最高法行申4561号、(2019)最高法行申10323号行政裁定书；前引俞国华诉莆田市荔城区建设局案。

④ 焦志刚诉天津市公安局和平分局案，载《最高人民法院公报》2006年第10期。

⑤ 参见万和热电有限公司诉青岛市李沧区人民政府案，载中华人民共和国最高人民法院行政审判庭编：《中国行政审判指导案例》(第1卷)，中国法制出版社2010年版，第158页。

政合法性原则平衡。第一,具体行政行为确实存在应予撤销的违法情形,并且撤销该行为并不影响公共利益和他人合法权益的。《行政诉讼法》第62条和《行政诉讼法司法解释》第81条都允许行政主体改变违法具体行政行为。第二,法律规范或具体行政行为明文规定可予以改变的。法律规范明文规定的改变,不以具体行政行为违法为前提,如吊销、暂扣证照,以及撤销或撤回具体行政行为等。具体行政行为明文规定的改变,则是指该行为以附款明文规定在特定情形出现时可予以改变的情形。[①] 第三,法律或客观情况发生重大变化的。《行政许可法》第8条第2款规定:"行政许可所依据的法律、法规、规章修改或者废止,或者准予行政许可所依据的客观情况发生重大变化的,为了公共利益的需要,行政机关可以依法变更或者撤回已经生效的行政许可。"对上述改变,行政主体具有裁量权。

具体行政行为系授益行为的,则实质确定力构成信赖保护。最高人民法院在兰青综合商店诉兰考县人民政府案裁定指出:"行政行为应当具有确定力。行政相对人或者其他主体基于对行政行为的信赖和有预期的判断,作出一定的行为,从而获得的利益值得保护。因此,行政行为所创设的权利义务关系在有行政相对人信赖的前提下,原则上应当保持该行政行为的相对稳定性,以实现行政秩序的稳定。"[②]如果确因法定的情势变更,行政主体改变所作具体行政行为的,则基于信赖保护原则,应当给予补偿。[③]

(三) 拘束力

拘束力是指已生效具体行政行为所具有的约束和限制行政主体和相对人行为的法律效力。[④] 拘束力是对行政主体和相对人双方而言的,对他人不具有拘束力。拘束力是一种约束力、限制力,即要求遵守的法律效力。发生拘束力的是具体行政行为所设定的权利义务,并且这种权利义务本身又是实施其他行为的一种规则,必须得到遵守。拘束力所直接指向的是行为,是对有关行为的一种强制规范。如果有关行为违反了这种规则,则行为人应承担相应的法律责任。这也是具体行政行为的规范和调整功能。

拘束力与确定力不同。确定力所保护的是具体行政行为本身不受任意改

---

① 如《湖北省物价局关于利川市茅槽风电场上网电价的函》(1999年4月29日鄂价重函字〔1999〕58号)规定:"该电场上网电价为每千瓦时0.74元(含税)。等工程完工确定上网后,我们再按国家电价政策确定其正式上网电价。"

② 兰青综合商店诉兰考县人民政府案,最高人民法院(2019)最高法行申6691号行政判决书。

③ 参见万和热电有限公司诉青岛市李沧区人民政府案,载中华人民共和国最高人民法院行政审判庭编:《中国行政审判指导案例》(第1卷),中国法制出版社2010年版,第158页;王文明种植养殖专业合作社诉德惠市人民政府案,最高人民法院(2020)最高法行赔申628号行政赔偿裁定书。

④ 参见湖南泰和集团诉岳阳市人民政府等案,载中华人民共和国最高人民法院行政审判庭编:《中国行政审判案例》(第2卷),中国法制出版社2011年版,第27页。

变，拘束力所要求的是行为人的行为应当与具体行政行为相一致。[①] 在法律后果上，相对人违反形式确定力的申请或起诉将不被受理，相对人违反拘束力的行为将受行政处罚。因此，拘束力有独立存在的必要。

具体行政行为是行政主体运用行政权，执行公务或法律的活动。与司法判决一样，具体行政行为对于受影响的人说来，往往就是关于该事件的法律的最后表现。具体行政行为的拘束力就来源于法的拘束力。

（四）执行力

执行力是指已生效的具体行政行为要求行政主体和相对人对其内容予以实现的法律效力。[②] 它与其他法律效力一样，是一种潜在于具体行政行为内部的法律效力，而不仅仅是根据这种执行力而采取的、表现于具体行政行为外部的执行行为或强制措施。执行力是对行政主体和相对人双方主体的一种法律效力。双方主体对具体行政行为所设定的内容都具有实现的权利义务。当该行为为相对人设定义务时，行政主体具有要求相对人履行义务的权利，相对人负有履行义务的义务。当该行为为相对人设定权利时，相对人具有要求行政主体履行义务的权利，行政主体负有履行义务的义务。

执行力是实现具体行政行为内容即权利义务的效力。这里的实现方式有两种，即自行履行和强制履行。其中，对相对人的强制履行，包括行政强制执行和司法强制执行；对行政主体的强制履行包括行政诉讼及有关监督。行政诉讼的目的之一在于消灭具体行政行为的强制执行力，否则也就没有行政诉讼的必要。[③] 因此，执行力可以分为自行履行力和强制实现力。但是，根据《行政强制法》第 58 条第 1 款、《行政诉讼法司法解释》第 161 条和最高人民法院《关于办理申请人民法院强制执行国有土地上房屋征收补偿决定案件若干问题的规定》第 6 条第 1 款的规定，具有重大而明显瑕疵的具体行政行为，不具有司法强制执行的效力。

二、具体行政行为的效力时间

具体行政行为的效力时间所要分析的是具体行政行为从何时起发生法律效力，持续到何时止不再具有法律效力的问题，也称具体行政行为的时间效力。它包括生效时间、效力的中止和延续、失效时间、效力的中止。

---

① 参见国务院法制办《对宁夏回族自治区政府法制办〈关于对《中华人民共和国药品管理法》第四十八条有关法律适用问题的请示〉的复函》，2003 年 3 月 6 日国法函〔2003〕20 号；国务院法制办《对〈关于提请解释《中华人民共和国行政许可法》有关适用问题的函〉的复函》，2004 年 8 月 2 日国法函〔2004〕293 号。

② 参见湖南泰和集团诉岳阳市人民政府等案，载中华人民共和国最高人民法院行政审判庭编：《中国行政审判案例》（第 2 卷），中国法制出版社 2011 年版，第 27 页。

③ 参见葛益三等诉肥西县人民政府案，最高人民法院（2019）最高法行申 13732 号行政裁定书。

(一) 生效时间

1. 生效制度

具体行政行为的生效时间一般为告知之时或附款规定之时。

(1) 告知之时。具体行政行为效力的发生时间,一般为告知之时。告知之时,并不是指告诉之时,而是指受告知人即相对人知悉、知道之时,在我国法律中的表述一般为"收到通知之日"。但是,收到通知之时,必须是相对人或相对人所委托的人收到通知之时。否则,不能视为已经告知。告知之时生效,意味着具体行政行为只有在告知相对人后才能发生法律效力,只能对所告知的人发生法律效力,只能以告知的内容为限度发生法律效力。并且,在没有告知时,具体行政行为自相对人真正知道之时起生效。基于告知的重要性,要求告知遵循正当程序。① 同时,告知应当以具体行政行为的成熟为前提,否则就没有可告知的确定内容,最多是对非正式允诺或预测。②

(2) 附款规定之时。具体行政行为以告知之时生效是一般原则,但在有附款规定时则按附款的规定生效。附款规定之时,即为具体行政行为附款中所定法律事实发生之时。

2. 执行力的追溯

与法律一样,具体行政行为原则上不具有追溯力。但是,在能够保证法律秩序的安定性,具体行政行为具有可预见性并有利于相对人的条件下,也可以具有追溯力。具体行政行为的可预见性,只能表现在相对人有事前参与的具体行政行为中,尤其表现在程序由相对人发动的应申请行政行为之中。并且,能同时具备有利于相对人这一条件的具体行政行为,也主要是应申请行政行为。在实务中,具体行政行为的追溯力往往是由附款规定的。行政主体在附款中所作的规定,又往往是相对人所请求的。也就是说,生效时间的追溯,实际上是相对人自己提出的,行政主体只不过是没有作不同认定而已。对相对人来说,具体行政行为的确定内容虽尚未得到告知,但却具有可预见性。

追溯执行力仅限于以下几种情形:第一,具体行政行为作出前,权利义务关系已经存在,并且权利和义务已经得到全部或部分实现,所作具体行政行为只是这种权利义务关系的确认。在这种情况下,具体行政行为的执行力可以追溯到权利义务发生之时。第二,为执行法院判决或复议决定而重新作出的具体行政行为。第三,当授益行政行为无害于第三人时,它的执行力也可以追溯到具体行政行为作出之前。第四,在情况紧急,先予执行的场合,事后所作的具体行政行为可以被赋予追溯执行力。

---

① 参见陈炯杰诉浙江省教育考试院案,载中华人民共和国最高人民法院行政审判庭编:《中国行政审判指导案例》(第 1 卷),中国法制出版社 2010 年版,第 105 页。

② 参见赖恒安诉重庆市人民政府案,最高人民法院 1998 行终字第 10 号行政判决书。

3. 生效的延迟

具体行政行为生效的延迟主要有以下几种情况：第一，时效告知错误。具体行政行为效力可因救济时效告知错误而延迟。告知错误主要有两种，即所告知的救济时效不符合法律的规定，以及没有告知救济时效。在告知错误的情况下，需要依法更正或者依法认定，事实上会出现救济时效长于法定救济时效的情况。第二，附款规定。附款规定之时，在多数情况下并不是公定力和确定力的发生时间，而是执行力的发生时间。附款之所以规定执行力的延迟，是为了适应不同具体行政行为的需要：有时是为了尊重相对人的利益，有时是为了让相对人做好准备，有时则是为了公共利益的需要，有时却是具体行政行为所预定的法律事实到了一定的时候才会发生，有的则是基于相对人的请求而行政主体在具体行政行为中并未作不同认定，还有的则是为了财政年度、经费结算制度等运作上的方便性需要。第三，不可抗力。这也可以导致生效时间的延迟。生效的延迟不同于效力的延长。

(二) 效力的中止和延续

中止，意味着具体行政行为在一定时段内不具有法律效力。具体行政行为被中止的普遍情形是，具体行政行为被行政主体非法撤销、废止或确认无效，通过行政救济程序又得到了恢复。对这种非法中止所采取的补救方法之一是续展。但是，续展应当以有必要为前提，即以充分保障相对人合法权益为前提。在续展没有必要的情况下，一般应当以恢复效力作为补救方法。对具体行政行为的效力也可以依法予以中止，包括用对相对人更为有利的附期限具体行政行为取代原具体行政行为的某一时段，以及许可证照的合法暂扣、吊扣。第一种合法中止的条件，不仅需要相对人的申请，而且还不得不利于特定第三人。第二种合法中止即合法的暂扣、吊扣条件，则是许可证、执照持有人违法行为或违法嫌疑的存在。对具体行政行为的合法中止，不存在期限的续展问题。

效力的缩短实为废止，属于效力的消灭。但效力的延续却具有独立的意义。《行政许可法》第 50 条第 1 款规定："被许可人需要延续依法取得的行政许可的有效期的，应当在该行政许可有效期届满三十日前向作出行政许可决定的行政机关提出申请。但是，法律、法规、规章另有规定的，依照其规定。"第 2 款规定："行政机关应当根据被许可人的申请，在该行政许可有效期届满前作出是否准予延续的决定；逾期未作决定的，视为准予延续。"根据夏鸣案的裁判摘要，效力延续通知是一个独立的具体行政行为。[①]

(三) 失效时间

具体行政行为自生效之时起，具有持续的法律效力，至相应法律事实的发生

① 参见夏鸣诉上海市杨浦区住房保障和房屋管理局案，载中华人民共和国最高人民法院行政审判庭编：《中国行政审判案例》(第 2 卷)，中国法制出版社 2011 年版，第 11 页。

而消灭。失效时间确定的具体情形包括:

(1) 内容已实现。这是指具体行政行为所设定的义务已得到履行或强制履行,权利已经得到实现,因而效力消灭。需要特别说明的是,处理民事关系双方当事人的具体行政行为,如果当事人之间达成和解协议的,则不应当视为民事法律行为对具体行政行为的消灭,而属于具体行政行为内容的实现。[①] 同理,具体行政行为的行政主体和相对人的和解,也属于内容已实现。

(2) 期限届满。附期限的具体行政行为在期限届满时失效。[②] 期限届满,并不意味着具体行政行为的内容已经得到实现,而只是行政主体在具体行政行为中所设定的一个效力条件。如果期限届满,权利主体因自己的过错而没有行使具体行政行为所设定的权利,那么随着具体行政行为的失效将失去该权利。如果期限届满,义务人因自己的过错没有履行义务,并构成违法行为的,那么将受到处罚,如仍有必要履行该义务则还应该予以履行。

(3) 无效。具体行政行为的无效,是指其成立时具有重大而明显的瑕疵,而被视为自始不具有法律效力。[③] 经确认为无效后,对确认前已经发生的法律效果,应当依法作出处理:相对人已取得的利益应被收回,所负有的负担应予解除;如果无效的原因属于相对人的欺诈、贿赂等恶意,那么即使该行为的实施造成了某种损失,也不予赔偿;如果基于公共利益和私人利益,依法确有必要重新设定该无效行政行为设定的权利义务关系,那么应当用另一个具体行政行为来转换。"转换"在我国司法裁判中往往称为"采取相应补救措施"。[④]

(4) 撤销。具体行政行为可因被撤销而丧失效力。撤销有两种情形:第一,基于具体行政行为违法的撤销。对在成立时具有违法情形或瑕疵的具体行政行为,可予以撤销。被撤销的具体行政行为视为自始不具有法律效力,权利义务关系被恢复到该具体行政行为作出以前的状态。对撤销前已发生的法律效果,也应作出相应的处理。处理的原则,与无效具体行政行为法律效果的处理原则基本相同。如有必要,对可撤销具体行政行为也可以确定自撤销之日起丧失法律效力,而不予追溯。但是,授益行政行为的撤销受信赖保护原则的限制。已生效的授益行政行为获相对人信任的,不受任意撤销。相对人对其通过欺骗、贿赂等不正当手段取得的授益行政行为不得主张信任,法定机关对确有其他违法情形的授益行政行为可依法撤销。除恶意串通、欺骗、贿赂等违法情形外,授益行政行为的撤销导致受益相对人实际损失的,应予赔偿。对此,《行政许可法》第69

---

① 参见万金德诉上海市黄浦区房屋土地管理局案,上海市第二中级人民法院(2008)沪二中行终字第226号行政判决书。

② 参见张道文等诉简阳市人民政府案,最高人民法院指导案例88号。

③ 参见源艺装饰广告部诉南充市顺庆区安监局案,载中华人民共和国最高人民法院行政审判庭编:《中国行政审判案例》(第2卷),中国法制出版社2011年版,第204页。

④ 参见益民公司诉周口市政府等案,载《最高人民法院公报》2005年第8期。

条作了明文规定，司法实践中也积累了丰富的经验。[①] 第二，作为行政处罚的撤销。在我国立法和实务中，撤销也常常被用作一种行政处罚的形式，如《注册会计师法》第 39 条第 1 款、《宗教活动场所管理条例》第 14 条等规定的撤销。它既有对组织的撤销，也有对一个具体行政行为的撤销。对具体行政行为的撤销，并非因为其存在违法情形，而是违反具体行政行为的拘束力。作为一种行政处罚的撤销，只能使原具体行政行为从撤销之日起丧失法律效力。

(5) 废止。具体行政行为可因相对人违法或公共利益需要而被废止(含撤回，下同)。被废止的具体行政行为自废止决定所确定的时间起丧失法律效力，废止之前的法律效力不受废止行为的影响。废止适用于合法具体行政行为。基于公共利益需要而进行的废止，如《行政许可法》第 8 条第 2 款规定的撤回，是基于行政许可依据的法律、法规、规章被修改或者废止，或者行政许可依据的客观情况发生重大变化。[②] 但是，因公共利益的需要而废止授益行政行为的，受信赖保护原则的限制，应对相对人给予补偿。

(6) 其他失效情形。具体行政行为的效力还可因义务的无法履行、标的物的灭失或相对人的死亡以及司法裁判而消灭。

如果被消灭的系负担行政行为，则有裁定认为消灭本身不具有法律效果，消灭行为本身并非具体行政行为。[③] 但是，如行政许可等授益行政行为消灭或延续，就意味着相对人的权利义务的消灭或延续。这样，撤销、废止、中止或延续就都属于具体行政行为。不仅如此，对授益行政行为的其他效力消灭，也要求规范明确。为此，《行政许可法》专门规定了注销制度，即有下列情形之一的，行政主体应当依法办理有关行政许可的注销手续：其一，行政许可有效期届满未延续的；其二，赋予公民特定资格的行政许可，该公民死亡或者丧失行为能力的；其三，法人或者其他组织依法终止的；其四，行政许可依法被撤销、撤回，或者行政许可证件依法被吊销的；其五，因不可抗力导致行政许可事项无法实施的；其六，法律、法规规定的应当注销行政许可的其他情形。

---

① 参见范元运等诉山东省邹平县建设局案，载中华人民共和国最高人民法院行政审判庭编：《中国行政审判指导案例》(第 1 卷)，中国法制出版社 2010 年版，第 151 页；饭垄堆矿业有限公司诉国土资源部案，最高人民法院(2018)最高法行再 6 号行政判决书。

② 参见国务院法制办《对〈关于在行政许可法实施前行政机关是否有权撤回行政许可的请示〉的复函》，2004 年 8 月 24 日国法秘函〔2004〕226 号。

③ 参见王生芳诉上海市公安局杨浦分局案，上海市第二中级人民法院(2009)沪二中受终字第 11 号行政裁定书。

第十五章　行政处理(一)——依申请行政行为

第一节　行政处理与依申请行政行为概述

一、行政处理概述

(一) 行政处理的概念

关于"行政处理"这一概念,学界曾有争议,关于行政处理和行政处理决定的论述也略有不同。[①] 现在,这一概念基本得到学界的普遍认同,人们的理解也逐步趋向于统一。中国行政法学者所论述的"行政处理"或者"行政处理决定",也就是以前人们通常所说的"具体行政行为"[②],实质上是《行政诉讼法》(2014)所采用的狭义行政行为的代名词。

行政处理,是指行政主体为实现相应法律、法规、规章等所确定的行政管理目标和任务,而依行政相对人申请或者依职权依法处理涉及特定相对人某种权利义务事项的行政行为。其实定法上的表现形式多种多样,一般为"处理决定"[③]或者"行政决定"[④],而在各个不同领域则有不同表述,如"行政许可决定"[⑤]"行政处罚决定"[⑥]"强制执行决定"[⑦]等。

(二) 行政处理的效力

行政处理所处理的是涉及特定相对人权利义务事项的行政行为,故而具有行政行为的法律效力,即相应行为一经作出即具有公定力、确定力、拘束力和执行力。[⑧] 某些裁断性行政处理行为还具有不可变更力(实质性确定力),超过一定期限的行政处理行为具有不可争力,即一旦超过了复议或者诉讼期限,便不可

---

① 参见罗豪才主编:《行政法学》,中国政法大学出版社 1996 年版,第 190 页以下;姜明安主编:《行政法与行政诉讼法》,高等教育出版社 1997 年版,第 129、132 页;熊文钊:《行政法通论》,中国人事出版社 1995 年版,第 215、218 页。

② 参见姜明安主编:《行政法与行政诉讼法》,北京大学出版社、高等教育出版社 2007 年版,第 251 页注①。

③ 例如,《行政处罚法》第 56 条,《行政强制法》第 27 条、第 28 条第 1 款第 3 项、第 32 条第 1 款、第 33 条第 1 款第 3 项等。

④ 例如,《行政强制法》第 2 条第 3 款、第 13 条、第 24 条、第 34 条、第 53 条等。

⑤ 例如,《行政许可法》第 26 条第 1 款、第 34 条第 2 款、第 37 条等。

⑥ 例如,《行政处罚法》第 37 条、第 44 条、第 48 条、第 51—53 条等。

⑦ 例如,《行政强制法》第 35 条、第 37 条、第 38 条等。

⑧ 参见本书第十四章第四节。

对该行政处理行为进行争议。[①] 虽然许多法律、法规和规章规定,在行政处理作出后,相对人有一个申请行政复议或者提起行政诉讼的期限,但是,相对人申请复议或者提起诉讼的行为并不影响相应行政处理的法律效力,相对人仍须受该处理行为的拘束。如违反了该处理行为所确定的义务,在法定期限内既不申请复议、提起诉讼又不履行的,法律通常规定行政主体可通过申请法院或者自行依法强制其执行。[②]

行政处理只有在有权国家机关宣布无效、撤销或者废止后才失去法律效力。被宣布无效的行政处理自始无效,即行为向前向后均失去法律效力。被撤销或者废止的行政处理,一般自撤销或者废止之日起终止其效力。行政处理的撤销,在某些情况下(特别是对相对人不利的行政行为),其效力可溯及其作出之时,即行为自始无效。

(三)行政处理的分类

行政处理的分类也是多种多样的。根据行政管理领域划分,行政处理可分为公安处理、民政处理、财政处理、税务处理、金融处理、审计处理、海关处理、环境保护处理、工商管理处理、劳动与社会保障处理等。但是,在学术研究中一般不采取这种单纯的领域区分法,而是根据需要从不同的角度进一步加以区分。既有权利性行政处理和义务性行政处理之分[③],又有羁束性行政处理和裁量性行政处理之别;既可分为要式行政处理和不要式行政处理,又可分为授益性行政处理和侵益性行政处理;等等。关于行政处理的分类,基本上可以比照本书前面关于具体行政行为的分类来理解。[④]

自本书1999年版采用了依申请行政行为和依职权行政行为这种分类论述的方法论以来,学界著述对此多直接或者间接肯定,甚至可以说这种两分法的方法论堪称目前行政处理分类领域中最具权威性的分类方法。下面依然沿用依申请和依职权的两分法来论述和分析各种行政处理行为。

---

① 与本书第十四章第四节将行政行为的效力表述为"公定力、确定力、拘束力和执行力"不同,日本行政法学上曾经将其表述为"拘束力、公定力、执行力、不可争讼力和不可变更力"(参见杨建顺:《日本行政法通论》,中国法制出版社1998年版,第375—380页);而近来则趋向于放弃"拘束力",将其表述为"规范力、公定力、不可争力、执行力和不可变更力、实质性确定力"(参见〔日〕盐野宏:《行政法总论》,杨建顺译,北京大学出版社2008年版,第90页以下)或者"公定力、不可争力、不可变更力和执行力"(参见〔日〕南博方:《行政法》(第6版),杨建顺译,中国人民大学出版社2009年版,第50—52页)。

② 参见我国《行政诉讼法》第97条,《行政强制法》第34、53条,行政复议法(修订)(征求意见稿)第87条。

③ 值得注意的是,有关"权利性"和"义务性"的理解,学术界存在不同观点,在行政法学上,一般更倾向于以相对人为基点,从授益性和侵益性的角度来划分。

④ 关于行政行为的各种分类列举,可参见杨建顺:《关于行政行为理论与问题的研究》,载《行政法学研究》1995年第3期;叶必丰:《行政法学》,武汉大学出版社1996年版,第104—109页;罗豪才主编:《行政法学》,北京大学出版社1998年版,第114—124页。

二、依申请行政行为概述

（一）依申请行政行为的概念

依申请行政行为，或者称被动性行政行为，是指行政主体只有在相对人申请的条件下方能作出，没有相对人的申请，行政主体便不能主动作出相应行为。这个概念可以从如下五个方面来把握和理解[①]：

第一，依申请行政行为是以行政相对人的申请为前提的。顾名思义，依申请行政行为只能依据行政相对人的申请作出。一般说来，行政主体不能主动采取相应行为。例如，行政许可只有在相对人提出申请后，有关部门才能作出是否予以许可的决定。不过，依申请行政行为也包括一些并不很强调相对人申请的行为。例如，行政奖励，在许多情况下就是先有予以奖励的动议，然后根据该动议，有关人员或者单位方履行申请程序。尽管在该过程中行政主体表现出较强的主动性，但并不能因此否定多数行政奖励仍属于依申请行政行为的性质。

第二，依申请行政行为是授益性行政行为。正是由于其具有明显的授益性，行政相对人才会主动而积极地提出申请。由于其具有明显的授益性，且现代社会中的每一种资源往往都具有有限性，决定了行政主体在作出是否予以批准、许可、同意、认可等决定时，必须严格按照法定条件和法定程序进行，并采取法定形式。

第三，依申请行政行为的目的在于避免公益上的危险，抑制影响公共利益的因素。现代国家肩负着非常广泛而重大的社会、经济任务，为完成这些任务，就必须采取一系列手段。无论是事前预防手段还是事后抑制手段，凡需要相对人申请才能从事的活动或者行为，都必须有明确的行政目的。综观依申请行政行为，其主要目的不外乎避免公益上的危险，抑制影响公共利益的因素。所以，为了机关或单位创收等而随意设置依申请行政行为的做法，是必须坚决予以禁止的。

第四，依申请行政行为必须依法作出。依申请行政行为都是授益性行政行为，若按照传统的行政法学理论，只有侵益性行政行为才需要有严格的法律依据。但是，如前所述，现代社会中的每一种资源往往都具有有限性，因而决定了依申请行政行为具有双重性质，即对该行为的直接相对人是授益性的，而对于其他人来说，则可能表现为侵益性。因此，无论从保护相对人的合法权益的角度，还是从保护公共利益或其他利害关系人的角度来看，也都应该有法律依据。不过，值得注意的是，给付行政领域中对法律保留原则的理解，在很大程度上有别

---

① 行政许可是最为典型的依申请行政行为，所以，关于依申请行政行为的特征，可参见后述行政许可的特征，在这里就不一一展开详细论述了。

于规制行政领域。[①]

第五,依申请行政行为是要式行政行为。依申请行政行为一般要求相对人以法定的形式,遵循法定程序提出申请,更要求行政主体在法定期限内,以法定方式、方法和步骤作出是否予以批准的准许、认可、确定等决定,必要时还会要求进行权利告知或者理由说明等。

(二) 依申请行政行为的种类

依申请行政行为具有多种多样的形式,最为典型的例子就是行政许可。除了行政许可以外,我国学者论述较多的还有行政给付、行政奖励、行政确认、行政裁决等。[②] 当然,依申请行政行为并不限于上述形态,还有一些新型的行政管理手段也是需要行政相对人申请的。例如,助成性行政指导[③]、某些行政合同的缔结[④]、行政仲裁[⑤]等,都可以归类为依申请行政行为。

(三) 依申请行政行为的程序

依申请行政行为,是指行政主体基于行政相对人的申请而作出的行政行为,其程序主要表现为受理、审核、批准(或者拒绝批准)三个阶段。但是,从依申请行政行为的性质来看,行政相对人的申请以及对依申请行政行为的救济程序也是不可忽视的。依申请行政行为的程序可以归纳为如下几点:

(1) 提出申请。依申请行政行为,是以行政相对人的申请为前提的,所以,要求当事人必须以书面形式向行政主体提出申请,在申请书中应列明所申请的内容、理由、有关证明,如行政许可中的技术人员资格证明以及所需场地或者场所、设备、资金及卫生环境等证明,行政给付中的伤残等级鉴定、伤残性质证明等。[⑥]

---

① 参见杨建顺主编:《比较行政法——给付行政的法原理及实证性研究》,中国人民大学出版社2007年版,第14—16页;杨建顺:《论给付行政裁量的规制完善》,载《哈尔滨工业大学学报(社会科学版)》2014年第5期。

② 关于这些行为,本书将在后面分别设节展开论述。

③ 参见杨建顺:《日本行政法通论》,中国法制出版社1998年版,第537页。

④ 关于行政指导和行政合同是否属于行政行为的问题,目前学术界尚未达成一致意见。本书将其和行政事实行为一起单列为"行政机构实施的其他行为"来论述。参见本书第十七章。

⑤ 行政仲裁,是指行政机关设立的特定行政仲裁机构,依法按照仲裁程序对双方当事人之间的特定的民事或者经济纠纷作出公断的制度。实施行政仲裁的前提是当事人提出仲裁申请,因而是一种依申请行政行为。但是,1994年制定、1995年实施《仲裁法》以后,许多既存的行政仲裁机构被撤、并、转,法律上的行政仲裁只剩下劳动争议仲裁和农业集体经济组织内部的农业承包合同纠纷的仲裁(《仲裁法》第77条,《劳动争议调解仲裁法》)。此后的行政法学著述中便很少见到有关行政仲裁的论述。然而,行政仲裁并不因此而完全失去了其学术研究价值,例如近年来引起学界普遍关注的英国行政裁判所制度,我国《公务员法》第105条也确立了人事争议仲裁制度,等等。由于篇幅等方面的限制,本书对此不予展开。但是,作为行政法学研究的课题之一,行政仲裁应该成为我国行政法学研究的重大课题。我们应该在借鉴外国经验的基础上,结合我国现实,进一步加深对行政仲裁的研究。

⑥ 值得注意的是,有的申请是基于行政主体方面的有关动议进行的。例如,行政奖励,往往是行政主体方面表现出更强的主动性;又如,行政给付中的救灾物资的发放,往往也欠缺正式的申请。但是,从依法行政的原则出发,基于资源的有限性考虑,要求完善有关申请程序具有重要意义。

(2) 申请的要件审查与受理。接受申请的行政主体，对申请人所提供的申请及附加材料必须认真地进行要件审查。对申请所需文件不全的，应要求其予以补充；对申请书的内容表达不完备的，应指导其加以补正；当审查确认了申请人提交的申请及附加材料全部齐备、符合法定要件后，予以正式受理。若申请人拒绝补充或补正，则不予受理。①

行政主体应在法定期限内进行要件审查，并及时作出受理与否的决定，不得无故拖延，损害申请人的权益，否则，应视为失职行为，申请人有权根据《行政复议法》或者《行政诉讼法》的规定申请行政复议或者提起行政诉讼。

(3) 审核，即审查、核实申请是否符合有关法定条件。对申请的要件审查，仅是对书面文件进行的形式审查，或者称初步审查，以决定是否予以正式受理；而审核则是实质审查，是指在正式受理的基础上，对书面文件所列的有关资格、能力、场所设备、卫生环境等所作的调查、核实工作，主要考核其实际情况是否与书面文件所列情况相一致，审查行政相对人所申请的内容是否合法、合理，其理由是否充分、适当。

(4) 批准(或者拒绝批准)。基于审查、核实的结果，对符合法定条件的申请，行政主体应予以批准，向申请人颁发证照或者申请钱物(如行政奖励、行政给付)。基于行政主体发放的证照，申请人就获得了从事某项活动的权利或者享受某种待遇的资格。

基于审查、核实的结果，对不符合法定条件的申请，行政主体应予拒绝，并签发不予批准的通知，说明不予批准的理由。如果在受理申请后的法定期限内未作出任何表示，可视为不予批准。②

(5) 对不予批准的救济程序。申请人认为符合法定的行政许可条件而提出申请，行政主体拒绝行政许可或者不予答复的；申请人申请行政机关履行保护人身权、财产权、受教育权的法定职责，而行政机关拒绝履行或者不予答复的；认为行政机关没有依法发给抚恤金、社会保险金或者最低生活保障费的；等等，申请人都可以向行政复议机关申请行政复议，或者向人民法院提起行政诉讼。③

---

① 对救灾物资的发放等行政给付申请的要件审查，根据有关法律、法规、规章及政策的具体规定，可灵活操作。

② 有学者认为，行政主体违反时限规定，应视为行政主体默许；申请人违反时限规定，应视为放弃申请。这种观点最终没有被我国立法机关采纳，但其对行政许可立法产生了一定的影响。例如，《行政许可法》第 32 条第 1 款第 4 项规定："……逾期不告知的，自收到申请材料之日起即为受理。"

③ 参见《行政复议法(修订)(征求意见稿)》第 11 条第 3、4、9、10、13 项和《行政诉讼法》第 12 条第 3、6、10 项。

第二节　行政许可

一、行政许可的概念

2003年8月27日第十届全国人大常委会第四次会议通过的《行政许可法》,在规范内容上表现出较为明显的广泛性,并且对核准、认可、登记等形式作出了相应的规定,而其对行政许可的概念把握基本上采纳了学界的研究成果,进行了狭义的概念界定。该法第2条规定:"本法所称行政许可,是指行政机关根据公民、法人或者其他组织的申请,经依法审查,准予其从事特定活动的行为。"该法第3条第2款进一步规定:"有关行政机关对其他机关或者对其直接管理的事业单位的人事、财务、外事等事项的审批,不适用本法。"

根据《行政许可法》的上述规定,结合我国行政法学界近年来的研究成果,我们可以对行政许可的概念作如下界定:行政许可,是指在法律规范一般禁止的情况下,行政主体根据行政相对人的申请,经依法审查,通过颁发许可证照等形式,依法作出准予或者不准予特定行政相对人从事特定活动的行政行为。① 基于这一定义,我们可以从如下四个方面来理解行政许可的概念:

第一,行政许可是一种行政行为。行政行为是行政主体通过其工作人员依法代表国家,基于行政职权而作出的能够直接引起法律效果的行为。《行政许可法》第2条将"行政许可"界定为"行政机关的行为"。当然,行政机关的行为不都是行政行为,作出行政许可行为的主体也不一定都限于行政机关。"行政许可"特指行政机关依法对相对人的申请进行审查,准予或者不准予相对人从事特定活动的职权行为。这里的"行政机关"并不限于严格意义的"行政机关",而是包括法律、法规授权的具有管理公共事务职能的组织。②

第二,行政许可是有限设禁和解禁的行政行为。从实定法的角度来分析,我们可以说《行政许可法》第二章所规定的"行政许可的设定"解决的是该不该设禁、由谁设禁、如何设禁以及设什么禁的问题,而其他章节所规定的就是该不该解禁、由谁解禁和如何解禁的问题。正如经典行政法学所论述的那样,行政许可

---

① 值得注意的是,《行政许可法》第2条所作的定义仅仅着眼于"准予",却忽略了许多申请将得不到行政许可机关支持的现实。在过去的教材中,有关行政许可的概念界定往往也忽略了这一点。本书在这里如此进行概念界定,所要强调的是,行政许可机关所作出的"准予"决定是行政许可决定,"不准予"决定亦是行政许可决定。只有这样理解,才能够与我国《行政复议法》及《行政诉讼法》等有关规定相一致,有利于实现法制的统一。

② 参见《行政许可法》第23条。

存在的前提是法律规范的一般禁止。[1] 行政许可的设定就是法律规范的一般禁止,而行政许可的实施就是对是否可以解除一般禁止依法作出判断的过程,其目的是对符合条件和具备资格的特定对象解禁。这里所说的"一般禁止",或者称有限禁止、相对禁止,是指不经过个案批准、认可、核准或者资质确认等便不能从事的活动,这是和"绝对禁止"相对应的概念。如我国目前法律体系中,卖淫嫖娼是绝对禁止的事项,尽管人们对性的观念有所改变,但也不存在解禁的问题,因而便不会有许可制度存在;而在一些西方国家,由于性观念的不同,便存在性服务营业许可的问题,这就是"一般禁止"和"禁止的解除"。行政许可领域的"一般禁止",多是基于行政管理、公益维护以及社会秩序维护或者财政上的理由而暂且设定的禁止。而且,这种"禁"是有严格限制的,即仅限于相对人从事的"特定活动"。[2] 对"特定活动"以外的事项,立法机关和行政机关均不得随意设禁。换言之,行政许可的内容是国家一般禁止的活动,为适应社会生活和生产的需要,对符合一定条件者解除禁止,允许其从事某项特定活动,享有特定权利和资格。许可是对禁止的解除,没有法律规范的一般禁止,便不存在行政许可。例如,制作、运输、销售爆破物品是国家一般禁止的行为,但是,国家为了国防安全、社会治安和社会建设的需要,对符合特定条件的组织或者个人准许其实施这类行为。正是有了前面的禁止,才会产生随后的许可。又如,驾驶机动车,本来是人人都可以从事的活动,但是,为了该领域的管理和安全等,国家设定了一整套驾驶执照管理制度,只有依法取得驾驶执照并履行了相应手续者,才有资格驾驶机动车。行政许可是行政主体管理国家事务和社会公共事务的重要手段之一。

第三,行政许可是授益性行政行为。行政许可引起的法律后果是行政机关准予行政相对人从事某种特定的行为,该行为存在的前提是法律的一般禁止,而解禁无疑意味着相对人获得了某种"特权"。所以行政许可不同于对相对人科以义务或者处以惩罚的行政处罚和行政强制措施行为,而是赋予行政相对人某种

---

① 传统行政法学所用的概念是"法律的一般禁止"。鉴于行政许可的设定并不一定限于狭义的法律形式,这里将其改为"法律规范的一般禁止"。有人质疑"法律的一般禁止"这一行政许可存在的前提,认为有许多实行许可的领域并不存在一般禁止。不仅不存在禁止,国家还制定一系列政策予以鼓励,例如,经济特区鼓励外商投资而不是禁止外商投资。其实,这种观点是忽视了如下事实的结果:"法律规范的一般禁止",表现为明确禁止和不明确禁止两种形式。如《进出境动植物检疫法》第5条第1款规定"国家禁止下列各物进境"属明确禁止,同条第3款规定了对具备一定条件者解除禁止的情形,并且规定"必须事先提出申请,经国家动植物检疫机关批准"。而《国境卫生检疫法》第4条规定:"入境、出境的人员、交通工具、运输设备以及可能传播检疫传染病的行李、货物、邮包等物品,都应当接受检疫,经国境卫生检疫机关许可,方准入境或者出境……"在这里,法律并未明确禁止,但规定必须经国家许可才能从事某项活动。经济特区鼓励外商投资也是一样,对投资者应有一定的条件要求,只有符合条件者才能获得投资者的资格,享受投资者的权利。实质上,这属于不明确禁止的情形之一。如果某地在招徕投资者时不讲求任何条件,这只能说明那里的许可制度尚不够健全和完善。

② 参见《行政许可法》第12条。

权利和资格的行为。从这个意义上讲,与行政处罚和行政征收等基于法律对行政相对人的权益减损限缩不同,行政许可是赋予行政相对人某种权利和资格的授益性行政行为。

第四,行政许可是要式行政行为。所谓要式行政行为是指必须遵循一定的法定程序并具备某种书面形式的行政行为。行政许可应遵循一定的法定程序,并应以正规的文书、格式、日期、印章等形式予以批准、认可或证明,必要时还应附加相应的辅助性文件。[①] 这种明示的书面许可是行政许可在形式上的特点。

二、行政许可的种类

无论在学理上,还是在实务中,对行政许可都存在诸多不同的分类。本书主要介绍学理上的行政许可分类方法和实定法上的行政许可类型。

(一)学理上的行政许可分类

(1) 一般许可[②]和特别许可。一般许可,是指只要申请人依法向主管行政主体提出申请,经有权主体审查核实,符合法定条件的,该申请人就能够获得从事某项活动的权利或者资格,对申请人并无特殊限制的许可。一般许可的背景条件是有关许可事项本来属于社会或者私人自由的范畴,只是基于行政上的目的而受到一定的制约或者限制。从自由的恢复这个角度来把握行政许可性质的见解也正是着眼于这一类许可的结果。在此类许可的整个过程中,行政主体的职责只是对申请人的条件进行审查核实,一旦确证其符合法定条件,就有义务发给许可证或者执照,而不得施加任何特殊限制。如驾驶许可、营业许可等大多数许可皆属于一般许可。

特别许可,简称特许,是指除必须符合一般条件外,还对申请人予以特别限制的许可。如持枪许可、烟草专卖许可[③]等。

一般许可和特别许可的相同点在于二者都基于行政相对人的申请而作出,其不同点在于,一般许可仅是对法律规范一般禁止的解除,而特别许可是赋予相对人可以与第三人抗衡的新的法律效力的行为,是为特定人设定新的权利和资

---

① 如《行政许可法》第39条规定:行政机关作出准予行政许可的决定,需要颁发行政许可证件的,应当向申请人颁发加盖本行政机关印章的行政许可证件。

② 也称"警察许可"。参见〔日〕南博方:《行政法》(第6版),杨建顺译,商务印书馆2020年版,第32页;杨建顺:《日本行政法通论》,中国法制出版社1998年版,第427—429页。

③ 根据2021年《烟草专卖法实施条例》第6条规定,烟草专卖许可证分为:烟草专卖生产企业许可证、烟草专卖批发企业许可证和烟草专卖零售许可证。其中的烟草专卖零售许可证,从其取得条件来看(参见《烟草专卖法实施条例》第9条),除了"符合烟草制品零售点合理布局的要求"具有一定排他性外,其他条件要求跟一般行政许可别无二致。所以,属于特别许可的主要是烟草专卖生产企业许可和烟草专卖批发企业许可。

格的行为。①

(2) 排他性许可和非排他性许可。排他性许可，是指某个人或者组织获得该项许可以后，其他任何人或者组织都不能再申请获得的许可。如专利许可、商标许可、烟草专卖许可②等。

非排他性许可，是指可以为所有具备法定条件者申请、获得的许可。如驾驶执照、营业执照等。一般说来，一般许可都是非排他性许可。但是，当某一领域中的许可存在数量方面的限制时，一定条件下的一般许可也会转化为排他性许可。③

(3) 独立证书许可和附文件许可。独立证书许可，是指单独的许可证便已表明持有人被许可的活动范围、方式、时间等，无需其他文件加以补充说明的行政许可，如入境检疫证、持枪证、特种工具购买证、驾驶执照、护照等。

附文件许可，是指必须附加文件予以说明被许可的活动内容、范围、方式、时间等的行政许可。如专利许可、商标许可、建设许可、对动植物及其产品入境的海关许可等。附加文件是该类行政许可中一个不可或缺的组成部分。

(4) 权利性行政许可和附义务的行政许可。④ 权利性行政许可，是指行政许可获得者可以根据自己的意志来决定是否行使该许可所赋予的权利和资格的行政许可形式。如持枪证、护照、驾驶证、工商企业营业执照等。

附义务的行政许可，是指行政许可获得者必须同时承担一定时期内从事该

---

① 如2015年《烟草专卖法》第3条规定："国家对烟草专卖品的生产、销售、进出口依法实行专卖管理，并实行烟草专卖许可证制度。"2021年《烟草专卖法实施条例》第2条进一步明确规定："烟草专卖是指国家对烟草专卖品的生产、销售和进出口业务实行垄断经营、统一管理的制度。"不过，随着经济的发展和社会的进步，一般许可和特别许可的区别越来越相对化了。如前所述，我国烟草专卖零售许可证更接近于一般许可所具有的"对一般禁止的解除"之属性。具体可参见杨建顺：《日本行政法通论》，中国法制出版社1998年版，第413—414页。

② 与专利许可和商标许可的排他性不具有争议性相比，对于烟草专卖许可的排他性则存在不同观点。如果仅着眼于《烟草专卖法实施条例》第8条第3项"符合烟草专卖批发企业合理布局的要求"以及第9条第3项"符合烟草制品零售点合理布局的要求"，很难得出其排他性的特点。这里将其列入"排他性许可"，需要结合其他规定来理解。《烟草专卖法》第3条规定："国家对烟草专卖品的生产、销售、进出口依法实行专卖管理，并实行烟草专卖许可证制度。"《烟草专卖法实施条例》第2条规定："烟草专卖是指国家对烟草专卖品的生产、销售和进出口业务实行垄断经营、统一管理的制度。""垄断经营、统一管理"的属性，揭示了其较强的排他性。

③ 如北京市限制出租汽车总量，一旦达到既定总量，即使某行政相对人符合进行出租汽车营业的各种条件，亦不能再从事该方面的营业。此时，出租车运营证的发放便由非排他性许可转为排他性许可。根据《北京市小客车数量调控暂行规定》(2010年12月23日起施行。2020年修订，自2021年1月1日起施行)，小客车配置指标按照公开、公平、公正和促进公共资源均衡配置的原则无偿分配。机关、企业事业单位、社会团体以及其他组织，家庭和个人需要取得本市小客车配置指标的，应当依照该暂行规定向指标调控管理机构办理申请登记。单位和个人新能源小客车配置指标通过轮候方式取得，家庭新能源小客车配置指标通过积分排序方式取得，新能源以外的普通小客车配置指标通过摇号方式取得。但是，这不是由一般许可向排他性许可的转换，而是为购买小客车这种私人行为设置了一项新的"指标"资格。

④ 如前所述，行政许可都是授益性行政行为。这里所谓权利性行政许可和附义务的行政许可，只是着眼于其权利性的程度不同进行的分类。

项活动的义务,否则要承担一定法律责任的行政许可形式,如专利许可、建设用地许可、商标许可等。

学理上对行政许可除采用以上分类方法外,还采用一些其他分类方法:(1)按照许可目的,将行政许可分为下述种类:保障公共安全的许可;保证人民健康的许可;维护社会良好风尚的许可;维护交通安全的许可;保护重要资源和生态环境的许可;调控进出口贸易的许可;加强城市管理的许可;保护当事人合法权益的许可;发展国民经济的许可等。[①] (2)根据行政管理的内容,将行政许可分为下述种类:公安行政许可;工商行政许可;卫生行政许可;环保行政许可;农业行政许可;资源行政许可;交通行政许可;文化行政许可;城建行政许可等。[②]

(二)实定法上的行政许可类型

《行政许可法》实际上是将行政许可分为一般(普通)许可、特许、认可、核准、登记五类,并针对不同许可的特点规定了不同的特别程序。在提交全国人大常委会审议的法律草案稿及以前起草的几个版本中曾经出现过这种分类。尽管最终通过的法律删除了以上分类内容,但该法对有关特别程序的规定无疑印证了前述分类体系的存在。

(1)一般许可。如前所述,一般许可是指只要申请人依法向主管行政主体提出申请,经有权主体审查核实其符合法定的条件,该申请人就能够获得从事某项活动的权利或者资格,对申请人并无特殊限制的许可。如驾驶许可、营业许可等。

根据《行政许可法》第12条第1项规定,对"直接涉及国家安全、公共安全、经济宏观调控、生态环境保护以及直接关系人身健康、生命财产安全等特定活动,需要按照法定条件予以批准的事项"所设定的许可,都可归为一般许可的范畴。对于一般许可,申请人的申请符合法定条件、标准的,行政机关应当依法作出准予行政许可的书面决定。行政机关依法作出不予行政许可的书面决定的,应当说明理由,并告知申请人享有依法申请行政复议或者提起行政诉讼的权利。[③]

(2)特许。特许是指直接为相对人设定权利能力、行为能力、特定的权利或者总括性法律关系的行为,又称为设权行为。也就是说,特许是基于行政、社会或者经济上的需要,将本来属于国家或者某行政主体的某种权利(力)赋予私人

① 参见罗豪才主编:《行政法学》,中国政法大学出版社1989年版,第169—170页。

② 参见王重高、贾金香编著:《行政法总论》,中国政法大学出版社1992年版,第185—186页;张尚鷟主编:《走出低谷的中国行政法学——中国行政法学综述与评价》,中国政法大学出版社1991年版,第196页。

③ 参见《行政许可法》第38条。

的行政行为。值得注意的是,这里的特许不同于中国行政法学界普遍采用的“特殊许可”或者“特别许可”的概念。《行政许可法》上的特许,是由行政机关代表国家向被许可人授予某种特定的权利,主要适用于有限自然资源的开发利用、有限公共资源的配置、直接关系公共利益的垄断性企业的市场准入等事项。[①] 特许的主要功能是分配稀缺资源,一般有数量控制。特许事项,行政机关应当通过招标、拍卖等公平竞争的方式实施特许。[②]

(3) 认可。[③] 认可是由行政机关对申请人是否具备特定技能的认定,主要适用于为公众提供服务、直接关系公共利益并且要求具备特殊信誉、特殊条件或者特殊技能的资格、资质的事项。[④] 认可的主要功能是提高从业水平或者某种技能、信誉,没有数量限制。对于认可事项,行政机关一般应当通过考试、考核方式决定是否予以认可。具体说来,赋予公民特定资格,依法应当举行国家考试的,行政机关根据考试成绩和其他法定条件作出行政许可决定;赋予法人或者其他组织特定的资格、资质的,行政机关根据申请人的专业人员构成、技术条件、经营业绩和管理水平等的考核结果作出行政许可决定。[⑤]

(4) 核准。核准是行政机关对某些事项是否达到特定技术标准、经济技术规范的判断和确定,这主要适用于直接关系公共安全、人身健康、生命财产安全的重要设施的设计、建造、安装和使用,直接关系人身健康、生命财产安全的特定产品、物品的检验、检疫事项。[⑥] 核准的主要功能是为了防止社会危险、保障安全,没有数量限制。核准事项,行政机关一般要实地按照技术标准、技术规范依法进行检验、检测、检疫,并根据检验、检测、检疫的结果作出行政许可决定。[⑦]

(5) 登记。登记是由行政机关确立个人、企业或者其他组织的特定主体资格。[⑧] 登记的功能是确立申请人的市场主体资格。登记事项没有数量限制,行政机关一般只对申请登记的材料进行形式审查,申请人对申请材料的真实性负

---

① 参见《行政许可法》第 12 条第 2 项。

② 参见《行政许可法》第 53 条。

③ 行政认可,在日本行政法上,是指在某些特定的领域,补充第三人的行为,使其法律效力得以完成的行政行为。也就是说,行政认可是法律行为的效力要件,未得到认可的行为,原则上是无效的。行政许可和行政认可的区别在于:许可制是对一定行为的事实上的抑制,而认可制是对行为进行法律上的抑制。换言之,成为许可制对象的行为,既可能是事实行为,也可能是法律行为,即使是法律行为,许可制也只是对其进行事实上的抑制,而不是进行法律上的抑制。因此,违反许可制而实施的行为,虽然应该适用罚则,但是,该行为本身并非无效。与此相对,因为认可制是对一定的法律行为进行法律上的抑制,所以,违反认可制的行为无效。参见杨建顺:《日本行政法通论》,中国法制出版社 1998 年版,第 411—412 页。

④ 参见《行政许可法》第 12 条第 3 项。

⑤ 参见《行政许可法》第 54 条。

⑥ 参见《行政许可法》第 12 条第 4 项。

⑦ 参见《行政许可法》第 55 条。

⑧ 参见《行政许可法》第 12 条第 5 项。

责。[①] 申请人提交的申请材料齐全、符合法定形式的,行政机关应当当场予以登记。[②]

从广义上讲,登记和备案都可以作为行政许可的一种类型。但是,从前述行政许可的根本特点来看,登记和备案都不具有法律的一般禁止这个前提。尽管登记、备案时也要进行审查,但是,此时的审查皆(应)是形式审查,只要符合形式要件,有关行为便告完成,并不存在解禁与否的问题。因此,应该将登记和备案制度与狭义上的行政许可区分开来。

许可制和登记(备案)制的区别,在于许可制以事前审查为重点,而登记(备案)制更侧重事后监督检查。因此,实行登记(备案)制的一个前提条件是相应的事后监管体制的完善。在市场经济条件下,伴随着政府职能的转变和私人权利意识的确立,许多领域的事前审查制转为事后监管制,已是形势发展的必然。实践中将备案、登记等作为行政许可来对待,结果当然是使得本来简单的事情复杂化,对私人权利形成不当限制。这种做法是不科学、不合理的。因此,在进行行政许可立法的过程中,有必要对宜于实行登记(备案)制的事项进行全面梳理,将备案、登记等事项分离出来,撤销该领域的关卡,真正还权于民。

除了前述 5 种类型外,法律、行政法规还可设定其他行政许可。[③]

三、行政许可的作用

行政许可作为一种制度,是国家行政管理的主要手段之一,由于其具有将所有危及社会公共安全、经济秩序及公民权益的活动纳入国家统一管理体系的特点,故行政许可成为现代国家宏观调控的重要形式。行政机关利用这种管理手段,既能使国家处于超然的地位,进行宏观调控,又能发挥被管理者的主观能动性,因此其被认为是一种刚柔相济、行之有效的行政权行使方式。然而,行政许可在现代国家中的作用并不限于积极方面,也有某些消极方面的作用。[④]

(一)行政许可制度的积极作用

(1)有利于加强国家对社会经济活动的宏观管理,实现从直接管理到间接管理的过渡,协调行政主体和行政相对人之间的关系。作为生产或者经营主体的市场经济组织,为了自身利益需要根据市场变化情况来组织生产和销售,市场的自我调节功能也会对企业的数量、产量、从业人数、产品种类等产生影响。特别是在市场发育还不完善的国家,市场经济规律对经济活动的调控作用还不能

---

① 参见《行政许可法》第 31 条。

② 参见《行政许可法》第 56 条。

③ 参见《行政许可法》第 12 条第 6 项。

④ 有学者认为,许可制度的作用主要体现在社会管理活动过程中,具体可分为三个方面:保护性作用、促进性作用、抑制性作用。参见应松年主编:《行政行为法》,人民出版社 1993 年版,第 423—424 页。

完全发挥,由此会引起产业结构不合理、劳动力分布不平衡等失控现象。通过行政许可这一法律手段,有利于实现从计划经济向市场经济的过渡,引导经济沿着正确的轨道发展。

(2) 有利于保护广大消费者及人民群众的权益,制止不法经营,维护社会经济秩序和生活秩序。通过行政许可,行政主体对许可申请人生产、经营的资质、能力、条件等进行审查,能有效地防止不具备该项生产、经营条件的经济组织去从事相应的经营活动,有效地保护广大消费者及人民群众的合法权益不受侵害。同时,通过行政许可手段,可以促进具备法定条件的生产者、经营者在同等条件下展开公平竞争,防止违法活动和不正当竞争。

(3) 有利于保护并合理分配和利用有限的社会、经济资源,搞好生态平衡,避免资源、财力及人力的浪费。行政许可作为一种有效的行政管理手段,能有效地管理社会生产和经营,使生产和经营符合国家和社会公共利益。比如,法律规定的矿山开采、水资源利用、土地使用、森林砍伐、渔业捕捞、草原利用等方面的许可制度,可以促使人们合理、经济地利用有限的国力资源,优化资源配置。特别是在现代工业化社会中,行政许可制度还能控制环境污染,对有可能造成环境污染、影响人民生活和生态平衡的活动予以控制,从而避免因环境污染造成的资源浪费和生态环境的破坏。

(4) 有利于规范进出口贸易,保障和推进对外开放,同时发展民族经济,保持国内市场的稳定。在当今世界,国家之间的经济实力和国力有着明显的差别。因而,行政许可制度成为各国加强经济宏观调控,维护国际经济贸易正常秩序,既反对保护主义,又保障国家主权和经济利益的重要手段。各国通过在进出口产品方面实施许可制度,对一些关系国计民生和民族产业发展的产品实行许可制,保持国内市场的稳定。

(5) 有利于消除危害社会公共安全的因素,保障社会经济活动有一个良好的环境。国家行政主体通过运用行政许可制度,对武器、爆破物和其他危险物品的生产、运输、保管、持有、销售等进行有效控制,对药品、食品的生产、运输、销售等进行有效控制,只允许符合条件者从事这些特殊行业的活动,从而保证公共安全,为社会经济建设提供一个良好的治安环境。

(二) 行政许可制度可能的某些消极作用

行政许可制度虽然有上述种种积极作用,但如果不对这一制度加以严密的规范和控制,也可能会产生某些消极作用,如导致权力设租寻租的腐败现象。

在现代国家,随着行政权力的拓展,行政官员利用行政管理权,特别是利用行政许可权设租受贿的现象日益增多。因此,我们在充分运用行政许可制度的同时,必须对行政许可行为进行规范,并根据社会的发展和需要,调整行政许可的范围,一方面取消不必要的许可制度,防止行政许可重叠交叉,提高行政效率,另一方面强化社会必需的许可制度，从而使行政许可制度依法建立、健全和完善。

此外，行政许可是建立在法律规范一般禁止的基础上的制度。被许可人一旦取得从事某项活动的资格和能力，有了法律的特殊保护，其也可能失去积极的竞争或者进取精神，使其停滞不前，没有危机感。而没有获得许可的那部分人，即使之后不断进取，达到了许可的标准条件，也会因数额的客观限制等，无法再获得许可，与被许可人竞争。这种消极作用在商业竞争和职业资格许可方面尤为突出。另外，如果行政许可制度运用过滥、范围过宽，还会窒息社会成员的活力，不利于调动各方面的积极性。另外，行政许可范围设置过宽，必然会出现许可制度在各部门之间相互矛盾、重复的现象，导致申请人无所适从，降低行政效率，为腐败行为提供可乘之机。[①]

正是由于行政许可有上述正负两方面的效应，我们要通过对行政许可制度存在的客观社会条件进行认真、切实的分析，以更好地发挥其积极作用，减少、避免或者消除其负面效应。因此，减少甚至废止不必要的行政许可，加强、完善和健全行政许可制度，提高许可制度的透明度，明确许可机关的责权分配，将申请许可条件及许可程序公之于众，使行政相对人一目了然，建立完备的监督制度，对于确保行政相对人的合法权益，维护公共利益和社会秩序，反腐倡廉，保障和监督行政机关有效实施行政管理，均具有极其重大和深远的意义。

《行政许可法》通过对行政许可设定权的严格规定，明确“有限政府”的基本内容，有利于扭转设定权主体不明确、设定事项不规范、随意设定许可的混乱局面；通过对行政许可的实施机关和实施程序乃至费用、监督检查等制度和措施的全方位规定，尤其是对实施程序分门别类地予以架构，为行政主体依法、合理地行使行政许可权提供程序保障和制度基础。《行政许可法》所体现的行政管理理念创新，为政府进一步转变职能提供了坚实的法律和制度保障。

四、《行政许可法》所确立的基本制度和原则

《行政许可法》所确立的基本制度和原则，包括在该法总则中予以明确规定的和体现在具体条文中的，归纳起来，主要有以下七项：

(一) 依法设定和实施行政许可，建设“有限政府”

行政许可制度的建立须有法律依据，其运行过程不得违背法律，应当按照法

---

① 有人对一个时期以来我国行政许可制度中存在的诸多问题进行了归纳，大致包括如下几点：(1)“恩赐”意识在许多公务员头脑中占据主导地位，导致其态度冷漠、生硬，不负责任，甚至随心所欲，故意刁难现象普遍存在；(2) 责权不明，导致以“研究研究”为借口，长期搁置，拖延不办，损害相对人利益的失职行为大量发生；(3) 密室许可，权钱交易，行贿、受贿、索贿现象禁而不绝，且有愈演愈烈之势；(4) 关卡繁多、程序混乱，导致行政管理效率低下，无法适应社会经济迅猛发展的形势。参见罗豪才主编：《行政法学》，中国政法大学出版社 1989 年版，第 172—173 页。

律规定的权限、范围、条件和程序进行，纠纷的解决同样必须依照法律进行。所有行政机关都必须依据行政法律规范行使许可权，并以行政法律规范所确定的内容和程序实施对行政事务和社会公共事务的管理。同时，行政相对人也必须遵守行政法律规范，服从行政机关的管理。无论是行政许可机关还是行政相对人，只要存在违法行为，一律都要受到法律制裁。这一原则通常称为行政许可法定原则。

《行政许可法》确立了行政许可法定原则，要求行政机关依照法定的权限、范围、条件和程序来设定和实施行政许可。[①] 许可权限、范围、条件和程序的法定性，是行政合法性原则的具体化，为行政管理理念创新提供了广泛的制度基础。这一原则不仅在行政许可领域，而且在政府工作的其他领域也都是必须贯彻的根本性原则。[②]

《行政许可法》对行政许可的范围作出了明确界定，在列举可以设定行政许可的6类事项的基础上[③]，确立了行政许可限缩原则，即对通过其他途径能够实现行政管理目的的，也可以不设行政许可：(1) 公民、法人或者其他组织能够自主决定的；(2) 市场竞争机制能够有效调节的；(3) 行业组织或者中介机构能够自律管理的；(4) 行政机关采用事后监督等其他行政管理方式能够解决的。[④]《行政许可法》的这一规定，揭示了行政管理的实质和政府职能转变的方向，提出了改进管理机制、管理方式和工作方法的具体要求。

转变政府职能，关键在于切实把政府经济管理职能转到主要为市场主体服务和创造良好发展环境上来。法治政府的第一要义是保障人民的自由，而要保障人民的自由，就必须约束和规范政府的权力，明确政府规制的范围，建设“有限政府”。这就要求政府必须做到不缺位（该政府管的一定要管好），不越位（不该政府管的一定不要管），不扰民（该政府管的，一定要通过最为科学合理且简便易行的方法和方式来进行管理）。

《行政许可法》对不同层级的法律规范规定了可以设定行政许可的范围和相关限制，对行政许可的规定权亦进行了严格界定[⑤]，进而对行政许可的实施机关作出了限定性规定。行政许可的实施机关包括三种类型：其一是具有行政许可权的行政机关；其二是法律、法规授权的具有管理公共事务职能的组织；其三是受委托的其他行政机关。行政机关以外的其他组织和个人不能成为实施行政许

① 参见《行政许可法》第4条。

② 参见2004年国务院《全面推进依法行政实施纲要》和2010年国务院《关于加强法治政府建设的意见》。

③ 参见《行政许可法》第12条。

④ 参见《行政许可法》第13条。

⑤ 参见《行政许可法》第二章。行政许可的设定和规定属于抽象层面的行政许可范畴，超出了本章所界定的具体层面的行政许可范畴，加之篇幅的限制，在此不展开论述。

可的被委托人。这就要求转换和转移政府职能,规范行政权力的行使主体,依法规范政府对事业单位的授权行为,致力于"完善市场主体和中介组织法律制度,使各类市场主体真正具有完全的行为能力和责任能力"。同时,该法还规定了相对集中行使行政许可权制度,以及统一受理、统一办理、联合办理、集中办理和统一送达等一系列原则和制度。这些原则的贯彻和制度的建设,都是行政机关的职责。

(二)信息公开、公平合理、一视同仁

公开、公平、公正的原则,是现代行政程序法的重要原则,它要求有关行政管理的所有信息,除涉及国家秘密、商业秘密和个人隐私外,都应当公开,行政管理的过程必须充分反映公共利益和个体利益以及个体利益之间的均衡,实现公平、公正的目的价值。

行政许可机关首先应当公开办事程序和制度要求,以便当事人了解和掌握,防止密室许可、暗箱操作。除了法律规定不得公开的事项外,行政许可机关对诸如许可事项的名称、内容、地点、期限、审核程序、资格条件等有关许可的所有信息都应该公开,并允许所有符合条件者申请。公开的方式可以是提供咨询,即当法律规定公民有权了解行政许可行为的有关情况时,只要申请人提出请求,行政机关就应该给予答复,允许其查阅有关文件。公开的方式也可以是公告,即将许可的有关事项广而告之,使申请人、利害关系人乃至一般民众都能够了解。许可决定作出之后,一般都应该公之于众,并说明作出行政许可决定的事实根据和法律依据以及其他理由,特别是作出不予许可的决定时更应该说明理由。此外,还应允许其他利害关系人提出异议。

行政许可的有关法律规范一般只规定许可的内容、原则和范围,具体的许可标准和条件则由行政机关自主制定,审查、颁发、中止、吊销许可证等事项亦由行政机关依法裁量决定。正是由于行政许可权的这种广泛裁量性,决定了行政机关必须遵循合理裁量的原则[①],公平、公正地对待每个申请人,避免出现程序上的偏私。合理裁量的原则要求行政许可机关实施许可行为时听取对方意见,允许利害关系人提出异议,同时严格坚持回避制度,这些都是保障许可公正性的重要条件。

行政许可机关在实施与行政相对人的权利义务直接相关的行政许可行为时,要通过一定制度或者方式,让当事人或者其他利害关系人了解有关情况。行政许可的公开原则是公民参政议政的具体体现和可靠保证,贯彻实施这一原则,有利于提高公民对行政机关的信任度,有利于公民监督行政机关依法行使许可

① 参见马怀德:《行政许可》,中国政法大学出版社 1994 年版,第 97—99 页;应松年主编:《行政行为法》,人民出版社 1993 年版,第 444 页。

权，有利于行政机关克服官僚主义，促进公务员的反腐倡廉，切实保障相对人的合法权益。

《行政许可法》明确规定了公开、公平、公正的原则[①]，并确立了相应的制度。有关行政许可的事项、条件、标准和程序要求的规定应当公布；未经公布的，不得作为实施行政许可的依据。并且，行政许可的实施程序和结果应当公开，接受相对人和社会公众的普遍监督。行政机关实施行政许可，根据其性质，有的必须经过公开招标、拍卖等公平竞争程序，有的必须以经过统一考试为前提，有的必须事先依技术标准和技术规范进行检验、检测、检疫，凡未经过这些法定程序的，所实施的行政许可行为将被有权机关撤销或者确认为无效。行政许可特别要求平等性。行政许可的实施必须一视同仁，特别是对于一般许可来说，必须平等地对待所有许可申请人。符合法定条件、标准的，申请人有依法取得行政许可的平等权利，行政机关不得予以歧视。这里的平等原则，意味着机会平等，不同情况不同对待，相同情况相同处理。行政许可涉及申请人或者利害关系人重大利益的，应相对人申请，行政机关要为之举行听证。

（三）便民、高效、优质服务

法治政府应是便民、高效，提供优质服务的政府。《行政许可法》将便民、高效和优质服务规定为基本原则，并为此确立了一系列相应的规则和制度。

(1) 贯彻“精简、统一、效能”原则，相对集中行使行政许可权。《行政许可法》规定，经国务院批准，省、自治区、直辖市人民政府根据精简、统一、效能的原则，可以决定一个行政机关行使有关行政机关的行政许可权。行政许可需要行政机关内设的多个机构办理的，该行政机关应当确定一个机构统一受理行政许可申请，统一送达行政许可决定(简称“一个窗口对外”)。行政许可依法应由地方人民政府两个以上部门分别实施的，本级人民政府可以确定由一个部门受理许可申请，并转告有关部门分别提出意见统一办理(简称“一站式服务”)；对有些行政许可，当地人民政府可以组织有关部门联合办理、集中办理(俗称“政府超市”)。

贯彻这些规定，要求行政主体准确把握有关“原则”和“需要”的关系。在贯彻“精简、统一、效能”原则时，要充分认识到，在现有条件下整合资源，不是简单地建一个办事大厅，成立一个服务中心，关键在于落实便民原则，实现执政为民的理念。此外，要科学地分析各个领域的执法任务和组织建设状况，完善行政组织法，避免因相对统一行使行政许可权而导致权限冲突。

(2) 提供优质服务，遵守时限，申请处理程序化。由于行政许可不仅直接影响申请人的合法权益，而且还关系到国家行政管理能否顺利、高效地实施，表现

① 《行政许可法》第5条。

为较强的期限性,所以,行政许可必须贯彻效率原则,严格遵守法定期限。首先,行政机关必须及时受理行政许可申请。当行政许可机关收到许可申请后,应当及时进行要件审查和及时作出是否受理的决定。其次,行政许可机关应该及时进行实质审查。在充分考虑各当事人或者利害关系人的程序权利保障的同时,尽快作出决定。再次,对决定许可的,行政机关应当及时颁发许可证或者执照;对决定不予许可的,应告知相对人拟不予许可的事宜及其理由。最后,行政机关应及时对有关行政许可的纠纷作出处理决定。

为了消除行政机关相互推诿、拖拉、办事效率低下的现象,建设高效政府,真正做到执政为民,《行政许可法》确立了时限制度,对许可申请的处理程序作出了详细规定:申请事项依法不需要取得行政许可的,应当即时告知申请人无需申请许可;申请事项依法不属于本行政机关职权范围的,应当即时作出不予受理的决定,并告知申请人向有关行政机关申请;申请事项属于本行政机关职权范围,申请材料齐全、符合法定形式,应当受理行政许可申请。若申请人所提供的申请材料存在可以当场更正的错误,行政机关应允许申请人当场更正;如果申请人提交的申请材料齐全,符合法定形式,行政机关能够当场作出决定的,应当当场作出决定;如不能当场作出决定,则应在法定期限内(一般为 20 日)作出决定,法定期限内不能作出决定的,经本行政机关负责人批准,可依法延长期限(一般只能延长 10 日),并应当将延长期限的理由告知申请人。

(3) 实行灵活多样的申请方式,规范有序的经费制度。《行政许可法》规定,申请人除了亲自向行政机关提出行政许可申请外,也可以委托代理人提出行政许可申请;还可以通过信函、电报、传真、电子数据交换和电子邮件等方式提出行政许可申请。这就要求各级政府进一步扩展和完善相关办公设施和现代化办公设备、电子办公系统,发展电子政务,对现有的网络资源进行整合,对相关人员加强培训,谋求资源的合理利用和最优配置,建立便民、优质的服务机制。

行政机关实施行政许可和对行政许可事项进行监督检查,不得收取任何费用。法律、行政法规另有规定的,依照其规定。行政机关提供行政许可申请书格式文本,不得收费。行政机关实施行政许可所需经费应当列入本行政机关的预算,由本级财政予以保障,按照批准的预算予以核拨。

(四) 保障相对人的陈述权、申辩权和救济权

公民、法人或者其他组织对行政机关实施行政许可享有陈述权、申辩权;有权依法要求听证;有权依法申请行政复议或者提起行政诉讼;其合法权益因行政机关违法实施行政许可受到损害的,有权依法请求赔偿。

行政机关对行政许可申请进行审查时,发现行政许可事项直接关系他人重大利益的,应当告知该利害关系人。行政机关应当听取申请人、利害关系人的意见。行政许可直接涉及申请人与他人之间重大利益关系的,行政机关在作出行

政许可决定前，应当告知申请人、利害关系人享有要求听证的权利。行政机关依法作出不予行政许可的书面决定的，应当说明理由，并告知申请人享有依法申请复议或者提起诉讼的权利。

（五）保护行政许可相对人的信赖利益

公民、法人或者其他组织依法取得的行政许可受法律保护，行政机关不得随意变更、撤销已经生效的行政许可。只有行政许可所依据的法律、法规、规章修改或者废止，或者准予行政许可所依据的客观情况发生重大变化时，为了公共利益的需要，行政机关方可以依法变更或者撤回已经生效的行政许可。但对因此给公民、法人或者其他组织造成的损失，行政机关应当依法给予补偿。

《行政许可法》确立的这一信赖保护原则，对行政机关依法行政和建设诚信政府、责任政府提出了具体的要求。各级政府应当在两个方面下功夫：其一，加强行政许可设定和实施的合法性、合理性，建立完善的机制，推进行政许可程序的科学化、民主化和规范化，强化行政许可行为的稳定性，避免随意变更或者废止行政许可。行政许可的设定、实施、变更和废止，都必须坚持参与型行政的理念，广泛听取人民群众尤其是利害相关人的意见，听取专家学者的咨询、建议，保证公共利益与私人利益的兼顾。其二，建立和完善相应的补偿制度，确立具有可操作性的补偿标准，确保政府不失信于民，充分补偿因公共利益需要变更或者废止行政许可给公民、法人和其他组织带来的损失。

（六）规范和约束行政许可设定权，保障法制统一

合理划分中央和地方各级权力机关、各级政府和政府职能部门的行政许可设定权、规定权，是新时期体制改革和政府职能转变过程中不能不认真面对的一个重大课题。对行政许可的设定和实施，法律应赋予地方和部门以相应的权力。但是，为了克服“地方保护主义”和“部门本位主义”的弊端，《行政许可法》对行政许可设定权和规定权作出了严格规定。《行政许可法》没有赋予国务院部门行政许可设定权；对地方政府的许可设定权亦严格加以限制。尚未制定法律、行政法规的，地方性法规方可以设定行政许可；省、自治区、直辖市政府只能在尚未制定法律、行政法规和地方性法规的情况下，因行政管理急需而设定不超过一年期限的临时性行政许可。下位法规范只能在上位法规范设定行政许可的范围内作出具体规定（行政许可规定权）。

（七）加强监督检查，实行民主制约

为保证《行政许可法》全面、正确地贯彻实施，各级政府必须建立和完善必要的监督检查制度以及责任制度。行政机关必须认真履行监督检查的职责，对有关行政许可的实施状况进行定期或者不定期、正式或者非正式的检查。县级以上人民政府应当建立健全对行政机关实施行政许可的监督制度，加强对行政机关实施行政许可的监督检查。同时，应当建立健全对被许可人的监督检查制度，

对公民、法人或者其他组织从事行政许可事项的活动实施有效监督。这两项制度都应该体现民主制约的精神,推进权力与责任挂钩、权力与利益脱钩的执法体制,防止和纠正地方保护主义和部门本位主义,贯彻专门机关监督检查和公民监督相结合的方针,在制约与均衡上下功夫。对此,应加大行政审批、许可制度改革的力度,最大限度地减少事前许可和更多地实行事后监管。

第三节　行 政 给 付

一、行政给付的概念①

行政给付的概念有广义和狭义之分。行政给付在广义上亦称给付行政,包括供给行政、社会保障行政和资助行政。② 其中社会保障行政是指行政主体为保障人民生活达到一定水准而进行的给付活动,包括公共扶助、社会保险、公共卫生和社会福祉。③ 中国行政法学界对行政给付的研究一般都是从狭义上展开的,往往仅限于行政物质帮助。

获得物质帮助是我国公民的一项重要的宪法上的权利。我国《宪法》第45条规定,公民在年老、疾病或者丧失劳动能力的情况下,有从国家和社会获得物质帮助的权利。国家发展公民享受这些权利所需要的社会保险、社会救济和医疗卫生事业。国家和社会保障残废军人的生活,抚恤烈士家属,优待军人家属。国家和社会帮助安排盲、聋、哑和其他有残疾的公民的劳动、生活和教育。根据《宪法》的这一规定,结合近年来中国给付行政逐渐展开的现实,可以对行政给付的概念作一个比较全面的界定。所谓行政给付,是指行政主体在公民年老、疾病或者丧失劳动能力等情况下,以及在公民下岗、失业、低经济收入或者遭受天灾、人祸等特殊情况下,根据申请人的申请,依照有关法律、法规、规章或者政策的规定,赋予其一定的物质权益或者与物质有关的权益的行政行为。④

行政给付是一种授益性行政行为,是行政主体向行政相对人给付金钱或者实物的行为。行政给付法律关系是通过行政主体的行政行为等单方面形成的,给付主体与受领人之间是一种金钱或者实物的给付关系,这种关系的实现是给付主体的职责和受领人的权利。相对于税收是行政主体取之于民,行政给付则

---

① 参见姜明安主编:《行政法学》(全国律师资格考试指定用书),法律出版社1998年版,第114—117页。

② 参见〔日〕南博方:《行政法》(第6版),杨建顺译,中国人民大学出版社2009年版,第32—33页;杨建顺:《日本行政法通论》,中国法制出版社1998年版,第329—331页。

③ 参见〔日〕南博方:《行政法》(第6版),杨建顺译,中国人民大学出版社2009年版,第33页。

④ 这是给狭义的行政给付以尽量宽广的概念界定。当我们这样进行了概念拓宽的努力以后,就不难发现这样一种事实,狭义的行政给付即所谓行政物质帮助,基本上与广义上的行政给付中的一部分即社会保障行政相对应。

是用之于民，是典型的授益性行政行为。行政给付的对象是特定的行政相对人。与行政许可等依申请行政行为的申请人具有较强的广泛性和平等性相比较，行政给付的对象具有较强的限定性，只有特定的相对人才能申请行政给付。当然，在符合特定对象要求的前提下，行政给付的对象依然具有相应的广泛性和多样性，既可以是个人，也可以是组织。例如，抚恤金发放的对象是因战、因公伤残的人员，救灾物资及款项发放给灾民，社会福利金发放给社会福利机构或者直接发给残疾人、鳏寡孤独的老人和孤儿，而对有特殊贡献专家的津贴、城市居民最低生活保障金等均是分别发给相应的特定对象。从理论上说，行政给付的对象不仅包括本国公民和组织，而且也包括在中国境内的外国人、外国组织以及无国籍人。国家从人权保障的角度建立相应的行政给付制度。

目前，我国有关行政给付形式的法律、法规主要有：《残疾人保障法》《城市居民最低生活保障条例》《农村五保供养工作条例》《失业保险条例》《残疾人就业条例》《军人抚恤优待条例》《退役士兵安置条例》《烈士褒扬条例》《法律援助条例》等。值得注意的是，这些领域的许多法律、法规都是20世纪90年代末期才逐步制定并付诸实施的，在此之前均是依据政策性文件运作。例如，在最低生活保障领域，1999年10月1日起方施行《城市居民最低生活保障条例》。此前，国务院于1997年9月下发《关于在全国城市建立居民最低生活保障制度的通知》，要求各级地方政府高度重视这项工作，采取有力措施，尽快在全国城市中建立起最低生活保障制度。1999年2月，民政部发布《关于全面普及城市居民最低生活保障制度的通知》。这些政策性文件在该领域行政给付活动的有序展开方面曾经发挥了重要作用。目前，《城市居民最低生活保障条例》为该领域行政给付制度的建立和完善提供了明确的依据和规范，同时，也为农村地区生活保障制度的建立提供了重要的参考和借鉴。

尤其值得关注的是，涉及养老、医疗、工伤、失业和生育等险种，关乎每个公民共享发展成果、社会和谐稳定和小康社会建设的《社会保险法》，经过全国人大常委会4次审议之后，于2010年10月28日通过，2011年7月1日起施行(2018年修正)。这是我国社会保险制度方面的首部法律，它标志着我国在维护公民参加和享受社会保险待遇的合法权益方面，已经建立起“广覆盖、保基本、多层次、可持续”的法律安全网络，意味着我国给付行政拉开了依法律推进的序幕。[①]

行政给付必须按照法律、法规、规章和政策所规定的内容、遵循法定的程序实施。为了保护行政相对人的权利，行政机关在实施行政给付的时候，应当告知相对人相应的救济途径。

---

① 参见杨建顺：《〈社会保险法〉促建社会安全网络》，载《观察与思考》2010年第12期。

二、行政给付的种类

行政给付的内容是行政机关通过行政给付行为赋予给付对象一定的物质上的权益或者与物质相关的权益。

物质上的权益表现为给付相对人一定数量的金钱或者实物。与物质相关权益的表现形式很多,如给予相对人免费入学待遇、给予相对人公费医疗待遇等。

综合现有法律、法规和政策的规定,目前我国行政给付主要有以下四种:

(一) 抚恤金

这是最为常见的行政给付形式,一般包括如下四种情形:

(1) 牺牲、病故人员抚恤金。此类抚恤金的发放对象是:烈士和病故的军人、人民警察、参战民兵和民工以及党政机关、民主党派、人民团体工作人员的遗属。①

(2) 残疾抚恤金。② 此类抚恤金包括革命残疾人员抚恤金③、在乡革命残疾人员的副食品价格补贴、回乡安置的特等残疾军人的护理费④,革命残疾人员的伤口复发治疗费、装修假肢和辅助器械等按规定应报销的费用,在乡三等革命残疾人员疾病医疗减免的费用等。

(3) 烈军属、复员退伍军人生活补助费。此项补贴费包括在乡退伍红军老

---

① 例如,2019年修订的《军人抚恤优待条例》第13条规定:"现役军人死亡,根据其死亡性质和死亡时的月工资标准,由县级人民政府退役军人事务部门发给其遗属一次性抚恤金,标准是:烈士和因公牺牲的,为上一年度全国城镇居民人均可支配收入的20倍加本人40个月的工资;病故的,为上一年度全国城镇居民人均可支配收入的2倍加本人40个月的工资。月工资或者津贴低于排职少尉军官工资标准的,按照排职少尉军官工资标准计算。""获得荣誉称号或者立功的烈士、因公牺牲军人、病故军人,其遗属在应当享受的一次性抚恤金的基础上,由县级人民政府退役军人事务部门按照下列比例增发一次性抚恤金……"该条例第51条规定:"本条例适用于中国人民武装警察部队。"第52条规定:"军队离休、退休干部和退休士官的抚恤优待,依照本条例有关现役军人抚恤优待的规定执行。""因参战伤亡的民兵、民工的抚恤,因参加军事演习、军事训练和执行军事勤务伤亡的预备役人员、民兵、民工以及其他人员的抚恤,参照本条例的有关规定办理。"2021年修订的《兵役法》第49条第3款规定:"军人牺牲、病故,国家按照规定发给其遗属抚恤金。"

② 长期以来人们习惯使用并且成为诸多法律规范中常见术语的是"残废抚恤金"(例如,2011年修正前的《兵役法》第53条和1983年民政部《关于海关工作人员牺牲、病故、残废抚恤金应由民政部门发给的通知》)、"残废军人"(例如,现行《宪法》第45条第2款)、"革命残废军人"(例如,2011年修正前的《兵役法》第51—53条、1958年《农业税条例》第20条)、"革命残废人员"(例如,1956年国务院《关于国家机关工作人员退休和工作年限计算等几个问题的补充通知》第1条第2项,1984年民政部、财政部《关于调整革命残废人员抚恤标准的通知》)等。但是,中国残疾人事业的长足发展,促成了人们的思想观念和社会风尚的深刻变化,沿袭千百年的"残废人"等称呼必然由"残疾人"等平等、文明的称呼所取代。故这里避免使用"残废"一词,而分别称为"残疾抚恤金""残疾军人"和"革命残疾人员"。例如,2004年施行的《军人抚恤优待条例》以及2011年修正的《兵役法》均已改为"残疾""残疾军人""残疾等级"和"残疾抚恤"等。

③ 例如2021年修订的《兵役法》第49条第2款规定:"军人因战、因公、因病致残的,按照国家规定评定残疾等级,发给残疾军人证,享受国家规定的待遇、优待和残疾抚恤金。因工作需要继续服现役的残疾军人,由所在部队按照规定发给残疾抚恤金。"

④ 2019年修订的《军人抚恤优待条例》第30条第2款规定:"退出现役的残疾军人的护理费,由县级以上地方人民政府退役军人事务部门发给;未退出现役的残疾军人的护理费,经军队军级以上单位批准,由所在部队发给。"只有前者属于行政给付。

战士生活补助费、副食品价格补贴和护理费，符合规定条件的烈属、在乡复退军人定期定量补助费和烈军属、在乡复退军人临时补助费等。

(4) 退伍军人安置费。此项安置费，是发给无住房或者严重缺房而自力解决确有困难的当年回乡义务兵的一次性建房补助费。

(二) 特定人员离退休金

此项行政给付主要包括如下三种情形：

(1) 由退役军人事务部门管理的军队离休干部的离休金、生活补助费、副食品价格补贴以及取暖补贴、护理费，丧葬费、遗属生活困难补助等。

(2) 由退役军人事务部门管理的军队退休干部、无军籍退休职工和由退役军人事务部门发放退休金的地方退休人员的退休金、副食品价格补贴以及取暖补贴、护理费、丧葬费、遗属生活困难补助费等。

(3) 由退役军人事务部门发放退职金的退职人员生活费、副食品价格补贴。

(三) 社会救济、福利金

此项行政给付主要包括如下四种情形：

(1) 农村社会救济，即用于农村五保户、贫困户等的救济。老年、残疾或者未满16周岁的村民，无劳动能力、无生活来源又无法定赡养、抚养、扶养义务人，或者其法定赡养、抚养、扶养义务人无赡养、抚养、扶养能力的，享受农村五保供养待遇。[①]

(2) 城镇社会救济，即用于城镇居民中无依无靠无生活来源的孤老残幼和贫困户等的救济。在这方面，除了基于《城市居民最低生活保障条例》而建立起来的一整套生活保障资金的发放制度外，还有中低收入者购买经济适用房，特困者暂时租住解困房(或者称廉租房)，介于廉租房和经济适用房以及经济适用房和商品房之间的公共租赁房、“两限房”等多样化的救济方式。不过，值得注意的是，后者尚处于政策调控阶段，还没有统一的法律、法规和规章依据。住房和城乡建设部等部门曾经致力于推动制定《住房保障法》，可以为此类救济提供全面系统的法律依据。但是，《住房保障法》于2008年11月被列入第十一届全国人大常委会五年立法规划后，迄今未能审议通过。为尽快建立和健全以中低收入者为对象、具有社会保障性质的经济适用房和以特困者为对象的廉租房供应体系，加快和完善相关领域的法制建设无疑是一个重大课题。

(3) 失业保险待遇，即为了保障城镇企业事业单位失业人员失业期间的基本生活，促进其再就业，依照《失业保险条例》的规定，国家建立失业保险基金，用于支付失业人员按照失业前所在单位和本人缴纳保险费后应享受的失业保险待遇。城镇企业包括国有企业、城镇集体企业、外商投资企业、城镇私营企业以及

① 参见《农村五保供养工作条例》第6条。

其他城镇企业。失业保险待遇包括：失业保险金；领取失业保险金期间的医疗补助金；领取失业保险金期间死亡的失业人员的丧葬补助金和其供养的配偶、直系亲属的抚恤金；领取失业保险金期间接受职业培训、职业介绍的补贴；国务院规定或者批准的与失业保险有关的其他费用。失业人员在领取失业保险金期间，按照规定同时享受其他失业保险待遇。失业保险待遇由失业保险基金支撑。失业保险基金由下列各项构成：城镇企业事业单位、城镇企业事业单位职工缴纳的失业保险费，失业保险基金的利息，财政补贴，依法纳入失业保险基金的其他资金。与其他社会救济相比，失业保险金的行政给付关系有其特殊性，即失业保险待遇的享受，以失业人员失业前所在单位和本人缴纳失业保险费为前提。城镇企业事业单位按照本单位工资总额的2%缴纳失业保险费。城镇企业事业单位职工按照本人工资的1%缴纳失业保险费。①

(4) 社会福利金，即用于社会福利院、敬老院、儿童福利院等社会福利机构、流浪乞讨人员收容救助、安置②以及社会残疾人团体及其福利生产单位、科研机构(假肢科研机构等)的经费资助。

(四) 自然灾害救济金及救济物资

此项行政给付主要包括两种情形：

(1) 生活救济费和救济物资，即用于解决灾民吃、穿、住及治病等困难，适当扶持灾民生产自救的经费和物资。

(2) 安置抢救转移费及物资援助，即用于发生特大自然灾害、紧急情况下临时安置、抢救、转移灾民的费用支出及物资援助。

三、行政给付的作用

行政给付的作用主要表现在赋予特定行政相对人一定的物质权益或者与物质权益有关的权益。这具有极其重大的意义。如城市居民最低生活保障制度是与养老、失业保险制度以及国有企业下岗职工基本生活保障制度紧密衔接的一项社会保障制度，对于维护社会稳定、保证各项改革顺利进行而言，其重要性不言而喻。③ 许多国家的实践经验证明，所谓“市场经济条件下没有人同情弱者”的理论是行不通的，它早已成为历史的陈迹。诚然，市场经济条件下必须鼓励、保护和促进竞争，但同时也必须注意对弱者的救济，特别是在人权观念不断普及和发展的现代各国，行政给付对于确保贫困公民过上享有尊严和人格的生活，具

---

① 参见《失业保险条例》第1条、第2条、第4条、第5条、第6条、第10条。

② 《城市生活无着的流浪乞讨人员救助管理办法》第3条第1款规定：“县级以上城市人民政府应当采取积极措施及时救助流浪乞讨人员，并应当将救助工作所需经费列入财政预算，予以保障。”

③ 参见《民政部发出通知要求全面普及城市居民最低生活保障制度》，载《人民日报》1999年2月3日第3版。

有极其重要和深远的意义。行政给付是否很好地展开，直接关系到行政法所保护和追求的国家和社会公共利益能否实现，关系到广大民众能否很好地享受人权，关系到国家政治和经济能否稳定发展的大局，所以，世界各国一般都通过国家制定有关法律、法规及政策来实施行政给付，以确保行政给付真正发挥其应有的作用。

四、行政给付的原则

（一）公平、公正、平等的原则

行政给付，其目的在于赋予特定行政相对人一定的物质权益或者与物质权益有关的权益，应坚持公平、公正的原则，对符合条件的公民一律平等地实施，不应有差别对待。对于相对人依法提出的行政给付申请，行政机关没有正当理由不得拒绝给付。

一般说来，为了确保公平、公正和平等，最为有效的途径就是建立健全公开制度。然而，行政给付领域的公开原则和制度有其独特的属性，因为牵涉到申请人的经济窘况等不愿让他人知晓的隐私，牵涉到受领人心理承受能力等精神方面的因素，故不宜像其他领域那样全面公开申请人的有关情况。因此，在该领域的公开制度应当致力于规范、标准和程序的透明性，而对实体性的内容包括最后的给付数量额度，不宜全面公开。

（二）信赖保护与持续给付的原则

除了一次性或者临时性发放的行政给付外，大多数行政给付是定期性的，应当进行连续的、稳定的供给。有时因情况发生了变化，需要改变有关基准时，应以法律或者行政法规的形式予以规定，对行政方面的改变权应设置适当的限制。当然，当有关行政给付是依据政策文件展开时，其基准的改变亦应允许以相应级别的政策文件的形式发布。

信赖保护和持续给付是以领受人所提供的相关信息真实、全面为基础的。申请人应当如实向行政给付主体提交有关材料和反映真实情况，并对其申请材料实质内容的真实性负责。领受人的相关情况发生变化的，应当及时向给付主体反映。给付主体应当建立完善的领受人信息数据库，并根据变化了的情况随时作出适宜的调整。

（三）行政给付与助成性行政指导相结合的原则

狭义的行政给付只是金钱或者实物的支付活动，对于确保人们的生活达到一定水准具有立竿见影的效果。但是，从长远来看，从整个社会协调发展的角度来看，为了达到标本兼治的目的，必须坚持行政给付与助成性行政指导相结合的原则。

(四) 程序规范、透明的原则

行政给付作为行政机关的一种法律行为,须按照一定程序实施。目前我国不同的法律、法规、规章中对不同形式的行政给付程序只是作了一些简单规定,需要进一步加以完善和规范,提高行政给付活动程序的透明度。鉴于我国目前在行政给付方面尚无统一的法律规定,学界尚没有形成共识,我们对行政给付程序的理解,需要注意目前各个领域的差异性。根据实践中的做法,可以从下述三个方面理解和把握行政给付的程序:

(1) 定期性发放的行政给付,如伤残抚恤金、离退休金、烈军属生活困难补助等,通常应当由给付对象本人或者所在组织、单位提出申请,主管行政机关依法对其进行审查、评定等级,在某些情况下,还需要通过技术专家或者专门部门的鉴定,以确定标准,然后再定期(按月或者按年)发给。

(2) 一次性发放的行政给付,如因公牺牲或者病故人员的丧葬费、退伍军人安置费、烈士遗属抚恤金等,通常由给付对象提出申请,主管行政机关予以审查核实,然后按照法律、法规或者规章所确定的标准一次性发给。

(3) 临时性发放的行政给付,如自然灾害救济、公民突发性困难紧急救济等,有的由给付对象提出申请,有的则由有关基层组织确定给付对象,或者经有关基层组织发给给付对象。

各种行政给付的具体程序应由有关法律、法规或者规章规定,至少应由统一的政策规定。有些行政给付还需要履行评议、公告等程序,如《农村五保供养工作条例》规定,经村民委员会民主评议,对符合条件的,在本村范围内公告;无重大异议的,由村民委员会将评议意见和有关材料报送乡、民族乡、镇人民政府审核。不同形式的行政给付程序也存在一些共同的程序规则,主要包括申请程序、评议程序、审查程序、批准程序与实施程序。这些程序一般都要求采用书面形式。由于行政给付的标的多为一定的财物,所以,在具体的给付程序中,法律、法规和规章还应规定一定的财务、物品登记和交接程序。在给付行政领域,需要根据每个领受者的具体情形展开具有针对性的灵活应对,这种特点决定了行政给付存在广泛的裁量空间,尤其需要基层工作人员对给付对象状况的了解和判断。[①] 对此,需要建立完善的相应程序规则予以规范,以防止裁量权滥用。

第四节　行政奖励

一、行政奖励的概念

行政奖励,是指行政主体为了表彰先进、激励后进,充分调动和激发人们的

① 参见杨建顺:《论给付行政裁量的规制完善》,载《哈尔滨工业大学学报(社会科学版)》2014年第9期。

积极性和创造性，依照法定条件和程序，对为国家、人民和社会作出突出贡献或者模范地遵纪守法的行政相对人，给予物质的或者精神的奖励的行政行为。[①]我国实践中乃至实定法上多表述为“表彰奖励”[②]或者“奖励”[③]等。

实施行政奖励的主体是行政主体。行政奖励和行政制裁都是国家行政管理的重要方式。国家行政机关是行政奖励的当然主体，各级人民政府、各级行政主管部门，在实施国家行政管理的过程中，有权对符合条件的对象给予行政奖励，成为行政奖励主体[④]；法律、法规授权的组织，在授权范围内有权对符合条件的对象给予奖励，亦可成为行政奖励主体。[⑤] 未经授权的个体企业、外资企业或者一般的社会组织等非行政主体实施的奖励行为，不是行政奖励。[⑥] 行政奖励的对象是贡献突出或者模范遵纪守法的组织或者个人。行政奖励的目的在于表彰先进，激励和推动后进，调动和激发广大人民群众的积极性和创造性。行政奖励具有很强的行政指导属性，其所肯定、张扬的，不仅对受表彰奖励者，而且对整个社会都会产生引导或者指导的作用。因此，其对象的选定具有较强的严肃性和限定性。行政奖励的对象是对国家、人民和社会作出突出贡献或者模范遵纪守法的个人或者组织。行政奖励的范围相当广泛，国家行政机关及其工作人员、普通公民、企事业单位、社会团体等，都可以成为其对象。外国组织或者个人在中国作出了显著贡献者，同样可以成为行政奖励的对象。

二、行政奖励的种类与形式

行政奖励行为的广泛性，决定了其表现形式的多样性。行政奖励既包括给予相对人物质方面的权益，如发给受奖者一定数额的奖金或者奖品，也包括赋予

---

① 例如，2021 年修订的《科学技术进步法》第 18 条第 2 款规定：“国家建立和完善科学技术奖励制度，设立国家最高科学技术奖等奖项，对在科学技术进步活动中做出重要贡献的组织和个人给予奖励。具体办法由国务院规定。”

② 例如，2001 年北京市人事局《关于进一步规范表彰奖励工作的通知》；教育部《关于 1998 年表彰奖励“两基”“普初”工作先进县（市、区）的决定》等。

③ 例如，1994 年国务院颁布的《教学成果奖励条例》，1987 年国家物价局颁布的《检举揭发价格违法案件奖励办法》（已失效），2020 年修订的《国家科学技术奖励条例》和 2021 年修订的《科学技术进步法》，等等。

④ 例如，《上海市社会治安综合治理条例》第 7 条第 5 项规定：市和区综治委履行“总结推广社会治安综合治理的经验和做法，根据有关规定表彰先进单位和个人”的职责。该条例第 37 条规定：“市和区综治委对社会治安综合治理和平安建设工作作出突出贡献的单位和个人，进行表彰和奖励。”

⑤ 例如，2001 年 8 月 2 日国务院发布的《石油天然气管道保护条例》（已失效）第 9 条规定：“国家有关部门以及管道企业对维护管道设施安全做出突出贡献的单位和个人，给予奖励。”根据该规定，国家有关部门和管道企业都是行政奖励主体。而 2010 年 10 月 1 日起施行的《石油天然气管道保护法》第 24 条规定：“管道企业应当……对在管道保护中做出突出贡献的单位和个人给予奖励。”该规定使管道企业取得了在该领域行使行政奖励权的主体资格，而“国家有关部门”不再是奖励主体。

⑥ 例如，2021 年修订的《科学技术进步法》第 18 条第 3 款规定：“国家鼓励国内外的组织或者个人设立科学技术奖项，对科学技术进步活动中做出贡献的组织和个人给予奖励。”这里的奖励可能是多种多样的，其要成为行政奖励，则须获得法定的授权。

相对人精神方面的权益,如授予受奖者某种法定的荣誉等。一定的行政奖励形式,是行政奖励内容的反映。行政奖励的内容,是指行政主体通过行政奖励行为赋予被奖励人的权益。根据不同的法律、法规和规章的规定,行政奖励主要有以下三种表现形式:

(1) 精神方面的权益,即给予受奖人某种荣誉,如授予"劳动模范"等荣誉称号、通报表扬、通令嘉奖、记功,发给奖状、荣誉证书、奖章等。

(2) 物质方面的权益,即给予资金资助、税收、服务等政策优惠支持①,发给奖金或者各种奖品等。②

(3) 职权方面的权益,即予以晋级或者晋职。当然,这种奖励的对象具有更进一步的限定性,并且,由于牵涉到职务的委任,往往要求有组织法上的根据。

这三种奖励形式,既可单独进行,也可合并实施。由于这三种奖励在激励、调动积极性方面各有特色,实践中有时可能三者或者二者并用。

三、行政奖励的作用

行政奖励作为一种行政管理手段,历来受到人们的重视。激励性政策和惩戒性政策(carrot and stick)相辅相成,共同成为影响相对人行为的有效手段。在现代国家中,行政奖励行为作为重要的行政手段之一,其目的在于表彰先进、鞭策后进,充分调动和激发人们的积极性与创造性,最终实现国家和社会治理的目标。因此,行政奖励手段的合理运用,无疑能够激励人们更多地做出有益于社会、有益于国家、有益于人民的事情。不过,为确保行政奖励发挥其应有的作用,就必须保证其合法性、合理性、公正性,因而需要建立一系列必要的原则和制约机制,使行政奖励实现制度化、法治化、科学化。

四、行政奖励的原则

(一) 依法奖励、实事求是的原则

行政奖励是一种法定行为,任何行政奖励都必须坚持法定的标准和条件,实事求是地进行。因为行政奖励的目的在于表彰先进,激励和推动后进,若脱离法定标准和条件,由领导者个人的意志任意决定,势必影响行政奖励行为目的的实

---

① 例如,《科学技术进步法》第21条第1款规定:"国家设立自然科学基金,资助基础研究,支持人才培养和团队建设。"该法第43条规定:从事高新技术产品研究开发、生产的企业,科技型中小企业,投资初创科技型企业的创业投资企业,以及法律、行政法规规定的与科学技术进步有关的其他企业,按照国家有关规定享受税收优惠。该法第44条规定:"国家对公共研究开发平台和科学技术中介、创新创业服务机构的建设和运营给予支持。""公共研究开发平台和科学技术中介、创新创业服务机构应当为中小企业的技术创新提供服务。"

② 例如,《教学成果奖励条例》第6条规定:"国家级教学成果奖分为特等奖、一等奖、二等奖三个等级,授予相应的证书、奖章和奖金。"

现,甚至产生负效应。[①] 因此,为了确保达到行政奖励的本来目的,对于违反这一原则者,要按情节轻重分别采取给予批评、撤销奖励、给予行政处分等惩处措施。[②]

(二)奖励力度与受奖行为相当的原则

这一原则实质上是前一原则的延伸,是实事求是原则的具体化。在实施奖励时,奖励的内容和形式必须与被奖励的行为相适应,奖励的等级与贡献的大小相适应,做到论功行赏,合理适度。

(三)精神奖励和物质奖励相结合的原则

如前所述,精神奖励和物质奖励可以分别独立实施,也可以合并实施。我国行政奖励制度一贯坚持精神奖励和物质奖励相结合的原则,而且强调以精神奖励为主,以物质奖励为辅的方针。至于前述职权方面的权益赋予,则应当严格按照有关组织法的规定进行。

(四)公正、合理、民主、平等的原则

表彰奖励工作涉及面广、政策性强,因而,只有强调公正、合理、民主、平等的原则,要求行政奖励必须以实际功绩和贡献为评奖的唯一依据,才能确保奖励目的的实现。为此,必须有一套体现民主、公正和平等的评奖机制。首先要求做到机会均等,按照法定的程序[③]实施奖励,凡符合法定条件者,人人都有平等受奖的权利。公正、平等的原则还要求论功行赏,对成绩突出、贡献巨大的,应予以重奖,这也是奖励和受奖行为相当原则的要求。此外,公正、平等的原则还要求行政奖励的程序民主、公开,以确保对行政奖励的有效监督,保证行政奖励的公正、平等,最大限度地发挥行政奖励行为表彰先进、鞭策后进的作用。

(五)及时性、时效性和稳定性原则

行政奖励既然以调动受奖者积极性和创造性为目的,就必须及时地对符合法定条件者给予奖励,以表明国家对其表彰和鼓励。行政管理活动的特点,决定了行政行为必须对应行政需要及时地作出反映。所以,在行政奖励中强调和贯彻及时性原则也是国家管理活动的特点所决定的。

由于传统习惯和僵化观念的影响,过去奖励制度存在着不成文的“终身制”。

---

① 如果出现乱奖滥奖的现象,往往会导致应受奖者没得奖,不应受奖者却得了奖的结果,甚至使人们形成“得奖者未必先进”的心理。参见应松年主编:《行政行为法》,人民出版社1993年版,第395页。

② 例如《科学技术进步法》第114条规定:“违反本法规定,骗取国家科学技术奖励的,由主管部门依法撤销奖励,追回奖章、证书和奖金等,并依法给予处分。”“违反本法规定,提名单位或者个人提供虚假数据、材料,协助他人骗取国家科学技术奖励的,由主管部门给予通报批评;情节严重的,暂停或者取消其提名资格,并依法给予处分。”

③ 目前我国尚无统一的行政奖励程序法,有关行政奖励的程序很不统一。有的法律、法规规定了具体的奖励程序,如《教学成果奖励条例》《自然科学奖励条例》;有的法律、法规将奖励程序授权授奖机关确定,由授奖机关裁量,如《森林防火条例》《草原防火条例》等;有的法律、法规只规定了奖励条件,对奖励程序未作规定,如《消防法》《文物保护法》《价格法》《税收征收管理法》等。

这样不利于充分达到行政奖励的目的。某一时期受到行政奖励，只能表明受奖者在那个时期的功绩和贡献，而不能表明其后的功绩和贡献。所以，只有贯彻时效性的原则，才能够激发受奖者奋发向上、不断进取的热情，从而更好地鞭策后进。当然，对贡献特别卓著者设置“终身制”的奖励，其本身是一种重要的价值宣示，无论对于受奖者本人还是对于其他人，都会具有极强的褒奖和导引作用，故而应当予以肯定，将其作为具有时效性的一般行政奖励制度的补充，依法设置和运行。

同样，对于法定的行政奖励，应予以制度化，坚持奖励制度的稳定性原则。这对于发挥奖励制度所应有的作用，具有极其重大的意义。

第五节　行 政 确 认

一、行政确认的概念

行政确认，是指行政主体依法对行政相对人的法律地位、法律关系或者有关法律事实进行甄别，给予确定、认可、证明(或者否定)并予以宣告的行政行为。首先，行政确认行为是行政主体的行政行为[①]，直接源于国家行政管理权，由相关法律法规予以规范。其次，行政确认行为是行政主体所为的具有强制力的行政行为，有关当事人必须服从。

在行政确认行为中，除土地所有权确认等直接规定行政相对人的法律地位或者权利义务的行为外，还有些行政确认行为属于技术鉴定，其本身并不直接规定相对人的权利义务，但是，鉴定的结论却是决定相对人权利义务的先决条件。也就是说，技术鉴定间接确定相对人的权利义务。在许多情况下，行政主体一般是首先有行政确认行为，然后才能据以作出有关处理决定。因此，行政机关所进行的技术鉴定也是一种准行政行为——前置性行政行为。

行政确认行为是行政行为，并不意味着其一定要直接规定行政相对人的法律地位或者权利义务。行政确认行为的直接对象是那些与相对人的法律地位或者权利义务紧密相关的特定法律事实或者法律关系。[②] 通过对这些事实、关系进行审核、鉴别，以确定行政相对人是否具备某种法律地位，是否享有某种权利，是否应承担某种义务。[③] 可以说，对相对人的法律地位、权利义务的确认或者否

---

① 当然，行政确认与直接设定相对人权利、义务的行政行为也有所区别，故许多学者将之归类为“准行政行为”。传统行政法学将确认、公证、通知和受理称为“准法律行为的行政行为”。参见杨建顺：《日本行政法通论》，中国法制出版社 1998 年版，第 362 页注⑦。

② 例如，土地所有权确认的对象是土地；非法出版物的确认对象是书、期刊、报纸、音像制品；伤残等级的确认对象是伤残人的身体状况；产品质量的确认对象是工业产品等。

③ 例如，对烈士遗属的确认是法律地位的确认；对土地所有权、商标权的确认是权利义务的确认。

定,是行政确认的目的和内容。

行政确认是羁束性行政行为。行政确认是对特定法律事实或者法律关系是否存在的宣告,而某种法律事实或者法律关系是否存在,是由客观事实和法律规定决定的。因此,行政主体的确认行为,很少有自由裁量的余地,一般应严格按照法律规定和技术鉴定规范进行。[①]

二、行政确认的主要形式与基本分类

(一)行政确认的主要形式

根据法律规范和行政活动的实际情况,行政确认主要有如下五种具体形式:确定、认定(认证)、证明、登记、鉴证等。[②]

(1)确定。确定是指对个人或者组织法律地位与权利义务的确定,如颁发土地使用证、宅基地使用证与房屋产权证书,以确定相对人的财产所有权。

(2)认定(认证)。指对个人或者组织已有的法律地位、权利义务以及确认事项是否符合法律要求的承认和肯定。例如,对解除合同效力的确认,对交通事故责任的认定,对企业性质的判定和产品质量是否合格的认证等。[③]

(3)证明。证明是指行政主体向其他人明确肯定被证明对象的法律地位、权利义务或者某种情况。如各种学历、学位证明、居民身份、货物原产地证明等。我国在公证制度改革前,公证是指国家公证机关根据当事人的申请,依法证明法律行为、有法律意义的文书和事实的真实性、合法性的行为[④],即公证行为是通过国家公证机关来确认并宣告相对人的法律地位或者权利义务是否存在的活

---

① 在行政诉讼实践中,往往出现法院重构一个与行政机关所建立的证据体系完全相反的体系的情况,这严重影响了有关技术鉴定的权威性,甚至影响了国家机关的权威性。可见,技术鉴定规范的规范化、法制化是极其重要的。

② 有学者认为行政确认主要有确定、认可(认证)、证明、登记、批准、鉴证和行政鉴定等形式(参见罗豪才主编:《行政法学》,北京大学出版社 1996 年版,第 188—189 页;姜明安主编:《行政法学》,法律出版社 1998 年版,第 103 页)。其中,批准是指行政主体经对行政相对人申请事项或某种法律行为的审查,对其中符合法定条件者予以认可或者同意的行为。如《民法典》第 502 条规定:"依法成立的合同,自成立时生效,但是法律另有规定或者当事人另有约定的除外。""依照法律、行政法规的规定,合同应当办理批准等手续的,依照其规定。未办理批准等手续影响合同生效的,不影响合同中履行报批等义务条款以及相关条款的效力。应当办理申请批准等手续的当事人未履行义务的,对方可以请求其承担违反该义务的责任。"这种意义上的"批准"的确具有行政确认的属性。但是,在许多情况下,批准的属性更接近于行政许可。其中的行政鉴定,是指行政主体或者行政主体指定或委托的具有专门技术和专门经验的组织对特定法律事实或客体的性质、状态或质量等所进行的客观评价,如计量鉴定、交通事故责任鉴定、抚恤性质和等级的鉴定(包括伤残等级鉴定,因公、参战、作战牺牲的性质鉴定等)、医疗事故鉴定、审计鉴定、专利技术鉴定、标准化鉴定、商标鉴定、产品质量鉴定、环保监测鉴定等。这种纯粹的技术鉴定,可列为事实行为。故本书不将批准和事实行为层面的鉴定作为行政确认的形式来探讨。

③ 《认证认可条例》所规定的认证,是指由认证机构证明产品、服务、管理体系符合相关技术规范、相关技术规范的强制性要求或者标准的合格评定活动。鉴于这里的认证机构相对于行政主体的独立性,该条例所规定的"认证"不属于这里所讨论的"认证"范畴。

④ 参见 1982 年国务院发布的《公证暂行条例》第 1 条。

动,故而是行政确认的重要形式之一。但是,自 2006 年 3 月 1 日《公证法》将公证机关改为公证机构起,“公证”失去了行政确认的属性。因为公证机构是依法设立,不以营利为目的,依法独立行使公证职能、承担民事责任的证明机构。作为行政主体的司法行政部门的职能只是依法对公证机构、公证员和公证协会进行监督、指导。所以,公证机构依照《公证法》所进行的公证活动不属于本章所探讨的行政行为范畴。

(4) 登记。登记是指行政主体应申请人申请,在政府有关登记簿册中记载相对人的某种情况或者事实,并依法予以正式确认的行为。例如,工商业登记、房屋产权登记和户口登记等。《行政许可法》规定,“企业或者其他组织的设立等,需要确定主体资格的事项”可以设定行政许可。只要申请人提交的申请材料齐全、符合法定形式,行政机关就应当当场予以登记。需要对申请材料的实质内容进行核实的,行政机关应当指派两名以上工作人员进行核查。[①] 实定法将登记作为行政许可的一种类型加以规定,实际上印证了登记等行政确认行为的规制属性。

(5) 鉴证。鉴证是指行政主体对某种法律关系的合法性予以审查后,确认或者证明其效力的行为。如原工商行政管理机关对经济合同的鉴证,有关部门对选举是否合法的确认、对文化制品是否合法的确认等。[②]

(二) 行政确认的内容

以上各种形式的行政确认,其所确认的内容可分为两个方面,即法律事实和法律关系。

(1) 法律事实。行政确认中的法律事实,除具有一般法律事实的性质外,着重强调其确定行政相对人特定法律地位和权利义务的属性。即这些法律事实都与能否确认相对人的法律地位或者权利义务紧密相关,是一种特定的法律事实。对特定法律事实的确认,是行政确认中数量较多的部分,涉及的范围也较广,内容较复杂。

(2) 法律关系。行政确认所确认的法律关系是特定的,是确定行政相对人的法律地位或者权利义务的根据。行政确认行为所引起的法律关系和行政确认行为所要予以确认的法律关系,是两个不同的概念。前者是行政主体在行政确认行为中引起的,并由行政法律规范予以规范;后者则是行政确认行为所要确认的对象。这些作为确认对象的法律关系,可以是行政法律关系,也可以是民事法

---

① 参见《行政许可法》第 56 条、第 12 条第 5 项、第 34 条第 3 款。

② 这里所说的鉴证,实质上属于与行政许可相并列的行政认可,即对第三者的行为予以补充,使其完成法律上的效力的行为。参见〔日〕南博方:《行政法》(第 6 版),杨建顺译,商务印书馆 2020 年版,第 44 页。我国《认证认可条例》所规定的认可,是指由认可机构对认证机构、检查机构、实验室以及从事评审、审核等认证活动人员的能力和执业资格予以承认的合格评定活动。认可机构的相对独立性,决定了这种合格评定活动不属于这里所探讨的“鉴证”或者“认可”的范畴。

律关系或者其他法律关系。

目前我国法律、法规规定的有关特定法律关系的行政确认大致有如下类别：

（1）不动产所有权的确认。包括城镇私有房屋所有权、土地所有权等。[①]

（2）不动产使用权的确认。包括自然资源使用权、土地使用权等。[②]

（3）合同效力的确认。包括劳动争议仲裁委员会对无效劳动合同的确认[③]，以及对解除合同效力的确认[④]等。

（4）专利权的确认。授予专利权是行政机关的专属权力，国务院专利行政部门负责管理全国的专利工作；统一受理和审查专利申请，依法授予专利权。[⑤]授予专利权需要对专利权进行确认，包括是否职务发明[⑥]的专利权确认等。

（三）行政确认的基本分类

（1）依申请的确认和依职权的确认。根据行政机关是否主动进行确认，可分为依申请的确认（如对所有权、使用权的确认）和依职权的确认（如饮食行业，经行政机关监督检查，合格者给予合格证，即卫生合格证明）。[⑦] 实际上，依职权实施行政确认的情形较少，行政确认绝大多数是基于行政相对人的申请而得以实施的。

（2）对身份的确认、对能力的确认和对事实的确认。根据行政确认的内容，还可以分为对身份的确认（如居民身份证、结婚证等）、对能力的确认（如各种技

---

① 例如，《土地管理法》第12规定："土地的所有权和使用权的登记，依照有关不动产登记的法律、行政法规执行。""依法登记的土地的所有权和使用权受法律保护，任何单位和个人不得侵犯。"

② 例如，《土地管理法》第12条。

③ 2018年第二次修正的《劳动法》第18条第3款规定："劳动合同的无效，由劳动争议仲裁委员会或者人民法院确认。"根据该条第1款，无论是法院确认，还是劳动争议仲裁委员会确认，其所确认的都是归于无效的两种劳动合同：违反法律、行政法规的劳动合同；采取欺诈、威胁等手段订立的劳动合同。人民法院确认，肯定不是行政确认。劳动争议仲裁委员会确认，关于其属性存在争议。《劳动法》第81条规定："劳动争议仲裁委员会由劳动行政部门代表、同级工会代表、用人单位方面的代表组成。劳动争议仲裁委员会主任由劳动行政部门代表担任。"根据该规定，可以判断劳动争议仲裁委员会具有复合属性，其中行政色彩较为强烈。工会代表使其具有了劳动者自治的色彩；用人单位方面的代表使其增添了私主体间协治的成分；而劳动行政部门代表参与，且由劳动行政部门代表担任劳动争议仲裁委员会主任，则使该"确认"具有了较强的行政属性。各地劳动和社会保障局与人事局合并成立人力资源和社会保障局后，劳动争议仲裁委员会与人事仲裁委员会也进行了合并，其办事机构称为劳动人事争议仲裁院。劳动人事争议仲裁院尚没有明确法律依据，但其在实践中负责劳动、人事争议调解仲裁工作的综合管理，受理并承办劳动人事争议案件的调解仲裁工作，有效保护劳动者的合法权益，维护社会和谐稳定，体现了较为鲜明的积极能动行政色彩。

④ 1981年12月31日《经济合同法》第7条第3款曾规定："无效经济合同的确认权，归合同管理机关和人民法院。"1993年9月2日《关于修改〈中华人民共和国经济合同法〉的决定》规定，"经济合同的无效，由人民法院或者仲裁机构确认"，取消了合同管理机关确认无效经济合同的制度。而1999年3月15日《合同法》第96条第1款规定了人民法院或者仲裁机构确认解除合同效力的制度，该条第2款有关批准、登记的规定，实质上是对行政确认的肯定。参见《民法典》第502条第2款、第3款。

⑤ 参见2022年10月17日第四次修正的《专利法》第3条。

⑥ 参见2010年2月1日起施行的《专利法实施细则》第12条。

⑦ 参见罗豪才主编：《行政法学》，中国政法大学出版社1996年版，第232页。

术职称)和对事实的确认(如专利权、商标权、土地所有权的确认等)。[①]

(3) 各专业领域的行政确认。行政确认还可以根据行政领域区分为如下种类及范围:第一,公安行政确认,主要有对交通事故等级的确认;对当事人交通事故责任的认定;对行政案件的原告中自然人、受治安行政拘留的人员、受审人员的精神病司法鉴定等。第二,民政行政确认,主要有对现役军人死亡性质、伤残性质的确认;对烈士纪念建筑物等级的确认;对结婚、离婚条件的确认等。第三,劳动行政确认,主要有对工人职员伤亡事故责任的确认;对锅炉压力容器事故责任的确认;对特别重大事故的认定;对无效的劳动合同的确认等。第四,卫生行政确认,主要有对食品卫生的确认;对新药及进口药品的认定;对医疗事故等级的确定等。第五,经济行政确认,主要有对产品标准化的行政认证和计量器具检定、产品质量认证;对商标和专利权的审定;对著作权属的确认;对动植物检疫的确认;对自然资源的所有权和使用权的确认;对解除合同效力的确认等。第六,司法行政确认。法律职业资格考试资格认证、对考试成绩合格者的认定以及对《法律职业资格证书》申请者的资格确认等,可以归为司法行政确认的范畴。[②]

三、行政确认的作用[③]

(1) 行政确认是国家行政管理的一种重要手段,并能为法院审判活动提供准确、客观的事实依据。现代行政管理几乎离不开行政确认,无论是对合法行为的肯定,还是处理行政违法行为,都需要首先确定其行为的性质和状态,并且,随着行政审判工作的展开和深入发展,事实审和法律审将逐步呈现职能分离的趋势,法院的审判活动将越来越依赖于行政机关对事实的认定。因此可以说,行政确认能为法院审判活动提供准确、客观的事实依据,对于迅速、有效、准确地展开行政审判,具有极其重要的意义。

(2) 行政确认有利于行政机关进行科学管理,有利于保护个人、组织的合法权益。行政确认的本质在于使个人、组织的法律地位和权利义务取得法律上的承认。在这种法律承认的基础上,个人、组织才能申请各种需要取得但尚未取得的权利,才能保护各种以往存在或者已取得的权利,并且通过证明等手段使其权利和地位为他人所公认。行政确认可以是事先对既有法律关系的确认,也可以是对权利义务的确定,两者都和个人、组织的合法权益有关。行政确认,将使个人、组织的权益受到法律的承认,任何人不得侵犯。例如,对合同的确认是一种

---

① 参见罗豪才主编:《行政法学》,中国政法大学出版社 1996 年版,第 232 页。

② 参见司法部于 2018 年 4 月 28 日公布的《国家统一法律职业资格考试实施办法》(司法部令第 140 号)。

③ 参见罗豪才主编:《行政法学》,北京大学出版社 1996 年版,第 191—192 页;罗豪才主编:《行政法学》,中国政法大学出版社 1996 年版,第 231—232 页。

事先保护;在权利之争中,行政机关依法确定权利的归属,如对土地所有权的确认,则是一种事后对个人、组织合法权益的保护。

(3)行政确认有利于预防和解决各种纠纷。行政确认可以使当事人的法律地位和权利义务都得以明确,不致因含糊不清而发生争议。同样,一旦发生纠纷,运用行政确认的方式,有利于纠纷的正确解决。例如,行政机关对土地权属的确认,有利于土地侵权赔偿争议的解决。

四、行政确认的原则

(一)依法确认的原则

行政确认的目的在于维护公共利益,保护公民、法人和其他组织的合法权益。因此,行政确认必须严格按照法律、法规和规章的规定进行,遵循法定程序,确保法律所保护的公益和行政相对人权益得以实现。

(二)客观、公正的原则

行政确认,是对法律事实和法律关系的证明或者明确,因而必须始终贯彻客观、公正的原则,不允许有任何偏私。为此,需要建立一系列监督、制约机制,还须完善程序公开、权利告知等有关公正程序。[①]

(三)保守秘密的原则

行政确认往往较多地涉及商业秘密和个人隐私,尽管其确认程序要求公开、公正,但同时必须坚决贯彻保守秘密的原则,并且,行政确认的结果不得随意用于行政管理行为以外的信息提供。

第六节 行政裁决

一、行政裁决的概念

行政裁决是行政机关广泛应用的一种处理争议、纠纷的行政行为。在各种行政法律文献和行政法学者的著述中,行政裁决有时用于行政机关依职权对所管辖事务纠纷进行的裁决,有时指行政处罚裁决,有时特指专门的行政裁决。这里所说的行政裁决即狭义的专门行政裁决。在这层意义上,可以对行政裁决的概念作如下界定:所谓行政裁决,是指行政机关依照法律规范的授权,对当事人之间发生的、与行政管理活动密切相关的、与合同无关的民事纠纷进行审查,并作出裁决的行政行为。

行政裁决以当事人之间发生了与行政管理活动密切相关的民事纠纷为前

---

① 权利告知程序在20世纪80年代初期已首先在行政确认领域得以确立,参见原《公证暂行条例》第25条。有关告知程序,参见《行政处罚法》《行政许可法》和《行政强制法》的有关规定。

提。随着社会经济的发展和政府职能的扩大,行政机关的活动范围打破了以前民事纠纷只能由法院裁断、行政机关只行使行政权而不裁决处理民事纠纷的传统,获得了对民事纠纷的裁决权。但是,行政机关对民事纠纷的裁决,并非涉及所有民事领域,只有在特定情况下,即在民事纠纷与行政管理密切相关的情况下,行政机关才对该民事纠纷予以裁决,以实现行政管理的目的。所以,成为行政裁决对象的只能是与行政管理活动密切相关的民事纠纷。例如,因土地、草原、森林等资源的所有权和使用权引起的争议,因医疗事故、环境污染、产品质量等引起的赔偿争议,都是与履行合同无关的民事争议,是行政裁决的适用对象。

行政裁决的主体是法律规范授权的行政机关。在我国,专门行政裁决机构仅限于商标、专利等知识产权领域,管辖作为行政相对人的个人、组织不服商标局、专利局等有关主管机关作出的相应决定、裁决的行政争议案件,以及商标、专利争议当事人之间的民事争议案件。这种制度被称为“专门行政裁判制度”。[①]目前我国法律、法规在授予行政机关行政裁决权时,大多没有对行政裁决机构作专门规定,有些虽有规定,但也很简单、原则。我国的《土地管理法》《森林法》《草原法》《食品卫生法》[②]《专利法》《治安管理处罚法》《药品管理法》《医疗事故处理条例》等法律、法规或者规章等,对侵权赔偿争议和权属争议作出规定,授权有关行政机关对这些争议予以裁决。各个单行法律有关行政裁决的规定,构成了我国的行政裁决制度。没有专门法律的授权,行政机关便不能成为行政裁决的主体。

行政裁决是行政机关行使行政裁决权的活动,具有法律效力。行政裁决权的行使,具有行使一般行政权的特征,民事纠纷当事人是否同意或者是否承认,都不会影响行政裁决的成立和其所具有的法律效力,对行政裁决不服,只能向法院提起诉讼。[③] 所以,行政裁决不包括行政机关单纯以调解方式处理而其调解处理协议并不发生强制性法律效力的行为。

二、行政裁决的种类

(一)权属纠纷的裁决

权属纠纷,是指双方当事人因某一财产的所有权或者使用权的归属产生争议,包括草原、土地、水、滩涂及矿产等自然资源的权属争议,双方当事人可依法

---

① 关于该制度,参见罗豪才主编:《行政法学》,中国政法大学出版社 1996 年版,第 261—265 页。

② 《食品卫生法》已失效,而其后的《食品安全法》并未承继授权行政机关裁决民事赔偿争议的相关规定。

③ 例如,《土地管理法》第 14 条第 1 款规定:“土地所有权和使用权争议,由当事人协商解决;协商不成的,由人民政府处理。”第 2 款规定:“单位之间的争议,由县级以上人民政府处理;个人之间、个人与单位之间的争议,由乡级人民政府或者县级以上人民政府处理。”第 3 款规定:“当事人对有关人民政府的处理决定不服的,可以自接到处理决定通知之日起三十日内,向人民法院起诉。”

向有关行政机关请求确认，并作出裁决。例如，关于土地的所有权、使用权的权属产生的争议，依法请求土地管理机关给予裁处。[①] 此外，权属争议或者纠纷也可能产生于房产等非自然资源方面。依据法律规定，对于这方面的纠纷，有关行政机关亦可以依法作出裁决。[②] 权属纠纷的裁决结果使权属关系得以确定。

（二）侵权纠纷的裁决

侵权纠纷是由于一方当事人的合法权益受到他方的侵犯而产生的纠纷。产生侵权纠纷时，当事人可以请求行政机关予以裁决。例如，对商标权、专利权的侵犯引起的纠纷，由知识产权管理机关进行裁决。我国《专利法》规定，对未经专利权人许可而实施其专利的侵权行为，专利权人或者利害关系人可以请求管理专利工作的部门处理。[③] 裁决侵权纠纷的目的在于制止侵权行为，保障当事人的合法权益。

（三）损害赔偿纠纷的裁决

损害赔偿纠纷是一方当事人的权益受到侵害后，要求侵害者给予损害赔偿所引起的纠纷。这种纠纷广泛存在于治安管理、食品卫生、药品管理、环境保护、医疗卫生、产品质量、社会福利等许多方面。产生损害赔偿纠纷时，权益受到损害者可以依法要求有关行政机关作出裁决，确认赔偿责任和赔偿金额，使其受到侵害的权益得到恢复或者赔偿。

权属纠纷、侵权纠纷和损害赔偿纠纷及其裁决之间具有内在的联系，它们表现为：首先，权属关系的确定是侵权事实得以确定的基础，侵权事实的确定又为损害赔偿请求提供了依据。环环相连，不可分割。其次，三种纠纷各自的着眼点不同，分别强调了一个连续过程的不同阶段。由于各自的争议标的不同，行政裁决的目的便不完全相同，但在保护当事人的合法权益并服务于行政管理这一点上，三种行政裁决的目的则是一致的。

三、行政裁决的作用

民事争议在传统上一律由司法机关管辖。但是，20 世纪以后，由于社会经济关系的急剧发展，国家不能不对社会经济生活积极干预，行政机关也处理某些传统上由法院处理的民事争议（如民事侵权争议、土地所有权和使用权的权属争议、房租争议等）以及随着社会经济发展而出现的大量新型的民事争议（如商标、专利等知识产权争议、环境污染争议、工伤事故或者医疗事故赔偿争议、交通运

---

① 《土地管理法》第 14 条第 1、2 款规定："土地所有权和使用权争议，由当事人协商解决；协商不成的，由人民政府处理。""单位之间的争议，由县级以上人民政府处理；个人之间、个人与单位之间的争议，由乡级人民政府或者县级以上人民政府处理。"

② 《国有土地上房屋征收与补偿条例》第 24 条第 2 款规定："市、县级人民政府作出房屋征收决定前，应当组织有关部门依法对征收范围内未经登记的建筑进行调查、认定和处理……"

③ 参见《专利法》第 65 条。

输争议、产品质量争议等)。这些争议的及时解决,对于稳定既存的法律关系,纠正不法侵权行为,建立和维护良好的社会秩序,都是极其重要的。而现代司法审判的程序繁杂,费时费钱,无法完全适应日新月异的社会经济发展,无法及时处理上述一系列争议。而行政裁决适应了社会需要和时代需要,充分发挥了行政主体的特长,在坚持公平、平等原则的同时,及时、迅捷地处理有关争议,成为现代国家中行政部门重要职能的一个组成部分。

四、行政裁决的原则

(一) 公正、平等的原则

行政机关运用行政裁决权,必须坚持和贯彻公正、平等的原则。首先,裁决机关必须在法律上处于独立的第三人地位。[①] 其次,裁决者应当实行严格的回避制度。[②] 再次,裁决机关必须客观而全面地认定事实,正确地适用法律,并实行裁决程序公开。行政机关行使行政裁决权,必须按照法律规定,在程序上为双方当事人提供平等的机会,以确保纠纷的双方当事人得到平等对待。

(二) 简便、迅捷的原则

行政机关行使行政裁决权,必须在程序上考虑行政效率和有效实现行政职能,在确保纠纷得以公正解决的前提下,尽可能地采取简单、迅速、灵活的裁决程序。

(三) 客观、准确的原则

行政裁决必须客观而全面地认定事实,根据案情的需要,有时需要组织有关调查、勘验或者鉴定,例如在交通事故争议、医疗事故争议、环境污染争议、产品质量争议等技术性争议案件中,必须坚决贯彻客观、准确的原则,尊重科学,尊重事实。

---

① 例如,《土地权属争议调查处理办法》第 5 条规定:“个人之间、个人与单位之间、单位与单位之间发生的争议案件,由争议土地所在地的县级国土资源行政主管部门调查处理。”“前款规定的个人之间、个人与单位之间发生的争议案件,可以根据当事人的申请,由乡级人民政府受理和处理。”

② 例如,《土地权属争议调查处理办法》第 16 条规定:“承办人与争议案件有利害关系的,应当申请回避;当事人认为承办人与争议案件有利害关系的,有权请求该承办人回避。承办人是否回避,由受理案件的国土资源行政主管部门决定。”

第十六章　行政处理(二)——依职权行政行为

第一节　依职权行政行为概述

一、依职权行政行为的概念和特征

依职权行政行为，亦称主动行政行为、积极行政行为，是指行政主体依据其所具有的法定行政职权即可直接作出，而不需要行政相对人的申请作为启动前提条件的行政行为。[①] 依职权行政行为是与依申请行政行为相对应的概念。

依职权行政行为相较于依申请行政行为，具有下述特征：

(1) 法定性。依法行政是行政法的基本原则，无论是依申请行政行为，还是依职权行政行为，都必须符合这一原则的要求。将法定性作为依职权行政行为的特征来把握，并不意味着其他行政行为不具有此特征。在这里需要强调的是，在现代法治国家，对于依职权行政行为的法定性要求更加严格。首先，行政主体的职权必须由宪法和组织法予以严格设定。其次，依职权行政行为必须在职权范围内，并严格按照法定的程序进行。最后，依职权行政行为的行使必须严格遵守相应行为法规范。

(2) 强制性。法治是适用于整个法律制度的原则，其要义是政府守法，同时也要求政府必须具有足够的权威，真正做到令行禁止。行政法的强制性，在依职权行政行为上得以充分体现。无论是行政征收，还是行政处罚，更不用说行政强制，都是以国家强制力为保障的。与依申请行政行为相比较，依职权行政行为的强制性更加突出。这也是由行政主体肩负的公法上的义务或者职责所决定的。

(3) 主动性。行政主体肩负着实现公共利益的重任，必须及时且积极主动地适应行政需要，履行体现人民意志的法律所赋予的职责。现代法治行政的原则，不仅要求行政行为合法，还要求行政主体积极地采取措施，保证法律规范的实施，保证公共利益的实现，保障人民的合法权益。与依申请行政行为相比，依职权行政行为更具有充分重视发挥行政主体之主观能动性的特征。

(4) 效率性。正是由于行政主体肩负着不同于行政相对人的特别职责，行政法赋予行政主体以主观能动性，决定了依职权行政行为的及时、迅捷和效率性。尽管行政规划等依职权行政行为的策划和制定一般需要较长时期的酝酿，

---

① 胡锦光、杨建顺、李元起：《行政法专题研究》，中国人民大学出版社 1998 年版，第 53 页；叶必丰：《行政法学》，武汉大学出版社 1996 年版，第 107 页。

但是,从现代社会瞬息万变的发展趋势来看,及时地捕捉新的行政信息,快速地作出决策,迅捷地采取有效措施,是现代国家行政法所追求的目标之一,也应当成为依职权行政行为的基本特色之一。

二、依职权行政行为的种类

在民主政治理念得以普及的现代法治国家,随着社会经济和科学技术的飞速发展,行政主体的职权呈现出不断扩展的趋势,因而,依职权行政行为也不断增多。

依职权行政行为的种类主要包括行政规划、行政命令、行政征收、行政征用、行政处罚、行政强制等。如前所述,某些行政奖励和行政给付中也呈现出较强的依职权行政行为的特征,至于规制性行政指导[①]、政府采购合同的缔结等,更具有浓厚的依职权性。当然,由于篇幅的限制,也出于本书体系的完整性和统一性的考虑,本章仅对行政规划、行政命令、行政征收、行政处罚和行政强制行为进行探讨。

第二节　行政规划[②]

一、行政规划的概念

所谓行政规划,也称行政计划,是指行政主体在实施公共事业及其他活动之前,首先综合地提示有关行政目标,事前制定出规划蓝图,以作为具体的行政目标,并进一步制定为实现该综合性目标所必需的各项政策性大纲的活动。[③]

日本学者认为,行政计划以及基于行政计划而展开的计划行政共同构成了现代行政的重要特色之一。[④] 所谓计划行政,是指依计划而展开行政活动,各种计划交错重叠而构成各种行政活动的依据,各种行政活动有序展开而成为相应新计划的手段、措施和条件保障,通过政策(决定)的形成(计划)→实施(执行)→评价→改善的不断循环过程,最大限度地实现人民满意行政的一般法构造。[⑤]

---

① 参见杨建顺:《日本行政法通论》,中国法制出版社 1998 年版,第 537—540 页。

② 同上书,第 562—574 页。

③ 参见〔日〕原田尚彦:《行政法要论》(全订第 7 版[补订版]),日本学阳书房 2011 年版,第 119 页;〔日〕盐野宏:《行政法Ⅰ》,日本有斐阁 1997 年版,第 176 页;〔日〕盐野宏:《行政法总论》,杨建顺译,北京大学出版社 2008 年版,第 142 页。

④ 参见〔日〕室井力编著:《行政法 100 讲》,日本学阳书房 1990 年版,第 120 页。

⑤ 杨建顺:《权力的规则——建顺微思录(一)》,北京大学出版社 2017 年版,第 138 页。参见杨建顺:《计划行政的本质特征与政府职能定位》,载《中国人民大学学报》2007 年第 3 期,第 121—124 页。关于 PDCA(Plan,Do,Check,Action)的循环过程,参见杨建顺:《行政规制与权利保障》,中国人民大学出版社 2007 年版,第 177—178 页;杨建顺:《行政机关运行保障法的 PDCA 循环机制》,载《荆楚法学》2021 年第 2 期,第 20—33 页。

于是，行政计划乃至计划行政便成为现代行政法学研究中的一个非常重要的分支领域。

在以往的中国行政法学研究中，“行政计划”和“行政规划”并未被严格地区分开来，人们往往根据实践或者一般语感来选择使用这一组同义词，而实务中多表述为“计划”[①]“规划”[②]等。其实，计划和规划，无论在汉语里还是在日语里，都是存在一定差异的，即使在英语中，programming/scheme/planning 等的含义也是有所不同的。在中国，实务中一般把短期的、比较具体的策划安排称为“计划”，把中长期的、纲要性的方略策划称为“规划”，但中长期规划也有称为“计划”的，如五年计划、十年计划等。[③] 这里可着眼于其展示未来性和政策大纲性而等同视之，为了方便叙述，以下除了直接引用以及专用于特指外一律使用“规划”一词。

行政规划具有与行政立法及准立法共通的一面，即作为统一行政上的各项政策并付诸实施的基本标准而发挥其作用。但是，行政规划与行政立法不同，行政立法是一般性假设命题（条件大纲）式的规定，即具备了什么样的要件便采取什么样的行为，而行政规划是设定具体行政目标（目标大纲）的活动，即其必须以具体的现实情况为基础，并且对现状要有正确认识，考虑到可以动员、利用的行政及财政上的能力，描绘出于一定目标年限经过努力可以达到的具体目标。

行政规划的策划和决定，与其说是法的行为，倒不如说是具有强烈政策性的行为。因此，许多日本行政法学者强烈倡导，要全面、客观、正确地把握行政规划的性质，必须首先充分认识行政规划的这一特点，改变过去那种将行政过程中的各个行为切割开来，分别论述的研究方法，而应该从行政过程论的角度来把握行政规划。

一般认为，当规划具有规制私人行为那样的外部效果时，需要有法律的根据。反过来说，正是因为具有法律根据，行政规划才具有对外部的规制效果。[④] 值得注意的是，这里所说的法律根据特指作用法上的根据，而不是组织法范畴的根据。从组织法的角度来看，无论是行政规划还是行政主体的其他职能，都必须有相应的根据。行政规划中，有的在组织法律上具有一定的根据，而不具有作用

① 如《面向21世纪教育振兴行动计划》《土地利用年度计划管理办法》、“国家计划委员会”（已改为“国家发展和改革委员会”）等。

② 如《城乡规划法》《“十二五”工作规划》《汽车维修行业发展规划》《国家中长期教育改革和发展规划纲要（2010—2020年）》《北京市城市总体规划（2004—2020）》《社会主义核心价值观融入法治建设立法修法规划》等。

③ 参见杨伟民主编：《规划体制改革的理论探索》，中国物价出版社2003年版，第406—407页。不过，这种辨析只是相对性的，如《北京市城市总体规划（2004—2020）》，虽是中长期的规划工作成果，但因其是纲要性的方略策划，故而依然称“规划”而不称“计划”。

④ 参见〔日〕盐野宏：《行政法总论》，杨建顺译，北京大学出版社2008年版，第143页。

法上根据的行政规划也大量存在，任何法律几乎都不存在明确规定规划具体内容的情形。根据传统的法律保留论[①]，难以要求非拘束性行政规划必须有作用法范畴的法律根据，但是，从行政规划在现实中所具有的重大功能看，规划是不应该完全脱离法律规制的。一般认为，为防止行政主体任意地制定行政规划，制约行政主体的规划裁量权，行政规划最起码要有组织法上的根据，关于规划的具体内容，应该依照各个行政规划的内容和功能，尽量在作用法上设置有关规定。[②] 要对行政规划实行法的规制，创立能够反映民意的规划制定机制，就显得非常重要。特别是制定具有具体内容，对人民生活有直接影响的规划时，这个问题就成为现实且重要的法律问题。

因为行政规划是根据具体情况架构和作为行政目标的发展蓝图，所以，由实体法对行政规划内容加以完全的制约是不可能的。即使想事前用法律条文对规划内容加以实体法上的制约，也不过是提示抽象的方向性或者判断要素等，对行政提示裁量准则而已。换言之，对规划制定权加以实体法的制约是有一定限度的。因此，在现代各国，一般通过法律、法规，确立发布公告、公开信息[③]、提出意见书、举行听证会、专家咨询论证会等程序制度。[④] 当法律要求履行这些程序时，非有正当理由，不允许不经过这些程序而制定行政规划。

即使有根据规范和规制规范，依然应承认规划的策划制定者具有广泛的裁量权，这是行政规划的重大特征。一般情况下，法律只规定总体目标或者策划制定时应该考虑的要素及应当履行的程序，而将具体内容的形成委任给规划的策划制定者。这样，行政规划的重点被置于效果裁量中的形成裁量[⑤]，为了实现行政规划内容的公正化，对行政规划的程序进行规制便具有重要的意义。[⑥]

---

① 即权力保留论和侵益保留论。参见杨建顺:《行政规制与权利保障》，中国人民大学出版社 2007 年版，第 103—113 页。

② 参见〔日〕室井力编著:《行政法 100 讲》，日本学阳书房 1990 年版，第 121 页。

③ 例如，《城乡规划法》第 8 条规定:“城乡规划组织编制机关应当及时公布经依法批准的城乡规划。但是，法律、行政法规规定不得公开的内容除外。”该法第 54 条规定:“监督检查情况和处理结果应当依法公开，供公众查阅和监督。”

④ 例如，《城乡规划法》第 26 条规定:“城乡规划报送审批前，组织编制机关应当依法将城乡规划草案予以公告，并采取论证会、听证会或者其他方式征求专家和公众的意见。公告的时间不得少于三十日。”“组织编制机关应当充分考虑专家和公众的意见，并在报送审批的材料中附具意见采纳情况及理由。”

⑤ 所谓效果裁量，是与要件裁量(对法律规范所规定的要件进行认定的裁量)相对应的概念，是指对适用法律规范的效果(包括是否作出行政行为，如果要作出的话，应该何时作出、选择哪种类型以及何种程度的行政行为等)进行判断的裁量。效果裁量包括(行为的)选择裁量以及(内容的)形成裁量、决定裁量。关于行政行为与裁量的详细内容，参见〔日〕盐野宏:《行政法总论》，杨建顺译，北京大学出版社 2008 年版，第 80—90 页。

⑥ 参见同上书，第 144 页。

二、行政规划的种类

行政规划的领域非常广泛，其内容和形式多种多样。例如，《城乡规划法》所规定的城乡规划，包括城镇体系规划、城市规划、镇规划、乡规划和村庄规划。城市规划、镇规划又分为总体规划和详细规划，详细规划又可再分为控制性详细规划和修建性详细规划[①]，此外还涉及国民经济和社会发展规划以及土地利用总体规划等。[②]《土地管理法》则规定了土地利用总体规划，城市总体规划，村庄和集镇规划，江河、湖泊综合治理和开发利用规划，等等。行政规划不仅形式繁多，而且分类也是多种多样的。

(1) 行政规划根据行政层级，可以分为国家规划、省（自治区、直辖市）级规划、市（设区的市、自治区）级规划、县（县级市、自治县）级规划和乡（镇）级规划。[③]

(2) 行政规划根据规划对象的范围，可以分为综合规划（或者称总体规划）和特定规划（或者称专项规划、详细规划、行业规划）。[④]

(3) 行政规划根据规划的区域范围，可以分为全国规划、地方规划和区域规划。[⑤]

(4) 行政规划根据规划的时间长短，可以分为长期规划（或者长远规划、远景规划）[⑥]、中期规划[⑦]、短期规划（包括年度规划）。

(5) 行政规划根据规划内容的具体性，可以分为目标规划（如基本规划、规划纲要）和实施规划（如事业规划、管理规划、处分规划等）。

---

① 参见《城乡规划法》第 2 条第 2 款。

② 《城乡规划法》第 5 条规定："城市总体规划、镇总体规划以及乡规划和村庄规划的编制，应当依据国民经济和社会发展规划，并与土地利用总体规划相衔接。"

③ 例如，《土地管理法》第 15 条第 1 款规定："各级人民政府应当依据国民经济和社会发展规划、国土整治和资源环境保护的要求、土地供给能力以及各项建设对土地的需求，组织编制土地利用总体规划。" 2017 年 5 月 8 日公布施行的《土地利用总体规划管理办法》第 5 条第 1 款规定："土地利用总体规划分为国家、省、市、县和乡（镇）五级。"

④ 参见《城乡规划法》第 2 条第 2 款、《土地利用总体规划管理办法》第 34 条。

⑤ 在我国，有人将区域规划和地区规划相并列，前者指以跨省（自治区、直辖市）的经济区域为规划范围，针对区域内需要统一规划、联合建设、分工协作的领域编制的规划。后者指由县级以上地方人民政府编制的所辖行政区国民经济和社会发展的各类规划。具体名称有待于进一步规范化。近年来，国家的区域发展战略布局已经是"全面开花"，中国区域经济已呈现多极发展、齐头并进的态势。中国新一轮的区域改革试验也由此进入到一个深化的阶段。有关规划的体系框架尚处于立法审议阶段，有关其名称乃至体系框架的研究具有重要的理论意义和实践价值。

⑥ 例如，《1956—1967 年科学技术发展远景规划》《国民经济和社会发展第十个五年计划及 2015 年长期规划》等。从名称上也可以看出，实践中存在着对长期规划用"规划"，对中、短期规划用"计划"来表述的倾向。但是，从"十一五"(2006—2010 年)开始，"五年计划"变成了"五年规划"，于是便有了中期规划用"规划"的重要事例。短期规划用"计划"来表述已成共识，如年度立法计划、土地利用年度计划等。

⑦ 例如，我国从 1953 年开始实施第一个发展国民经济的五年计划，已经编制和实施了 14 个五年计划。

(6) 行政规划根据有无法律上的根据,可以分为法制上的规划和事实上的规划。

(7) 行政规划根据是否具有法律上的拘束力,可以分为非拘束性规划(或者指导性规划)和拘束性规划(或者政府组织落实的规划)。前者仅为行政机关指示判断准则,后者对行政机关的判断及行为具有拘束力,有的甚至对行政组织外部的利害关系人也具有拘束力。

(8) 行政规划根据对象事项,还可以分为城乡规划、城市规划、城镇规划、乡村规划、发展规划(科技发展规划、教育发展规划、农业发展规划等)、经济规划、产业规划、社会规划、开发规划、土地规划、资源保护规划、城市体系规划、国防工业规划、生态建设规划、防灾规划、扶贫规划、事业规划、财政规划、人事规划等。

三、行政规划的作用①

经济社会是否严格依计划发展,曾被视为社会主义制度区别于资本主义制度的重要特征之一。传统社会主义国家坚持严格的计划经济,完全否定市场的作用。而传统资本主义国家则只重视市场而轻视计划。但是,在自由资本主义阶段以后,资本主义各国纷纷认识到计划的重要性。特别是第二次世界大战期间到战后,行政的使命急速扩大,增进国民福利、改善国民生活以及积极地影响和调节社会,成为各国政府的责任和义务。针对复杂的、流动性的行政需要,政府必须积极地干预国民的生产和生活,而实施这些积极的行政活动,都应具有一定的目标,必须从尽量多的角度考虑问题,针对具体情况,明确提示对未来的构想,并有计划地、综合地推进为实现相应目标所必需的各种行政政策及公共事业,同时,在指导国民生活方面起到导向的作用。作为行政手段之一,行政规划具有极其重要的地位。作为富有现代色彩的现象,行政规划当然地成为行政法上的重要研究课题之一。②

中华人民共和国成立七十多年来,我国的行政规划经历了一个逐步发展、完善的演变过程:由单纯的经济计划演变为国民经济和社会发展计划;由单纯的五年中期规划演变为五年规划和十年规划、十五年远景规划相结合,注重中长期规划的连续性、动态衔接和滚动实施,强调中长期规划的宏观性、战略性和政策性,以及规划指标的指导性和预测性;由全国统一的中长期规划演变为中央与地方

---

① 参见〔日〕原田尚彦:《行政法要论》(全订第7版[补订版]),日本学阳书房2011年版,第121—122页。〔日〕室井力编著:《行政法100讲》,日本学阳书房1990年版,第120页。

② 参见杨建顺:《计划行政的本质特征与政府职能定位》,载《中国人民大学学报》2007年第3期。关于行政的计划化,参见〔日〕远藤博也:《计划行政法》,日本学阳书房1976年版;〔日〕西谷刚:《计划行政的课题与展望》,日本第一法规出版1971年版;日本行政学会:《计划行政的理论与实际》,日本劲草书房1972年版。

分层次决策，综合性规划纲要与行业规划、专项规划并存，地方规划、行业规划等的相对独立性和自主性明显增大；中长期规划的编制过程从封闭式走向公开、透明和社会参与式。《中华人民共和国国民经济和社会发展第十四个五年规划和2035年远景目标纲要》(简称《"十四五"规划和远景纲要》)和《国家中长期教育改革和发展规划纲要(2010—2020年)》等中长期发展规划的编制实施，对于深入贯彻落实科学发展观，实现全面建成小康社会宏伟目标，向第二个百年奋斗目标迈进，发挥着重要的作用。为此，推动行政规划的规范化、制度化、法治化、民主化和科学化是非常必要的。

在现代国家，规划手段不仅被运用于国家和社会公共事务管理中，而且在经济、社会、产业、文化等各个领域得以广泛展开，规划手段运用于几乎全部行政领域。行政规划不仅引导、规制其他所有行政作用，而且，在某种特定场合和某种意义上，可以说行政规划被置于法律的前导地位，具有法律引导功能。行政规划是行政主体履行其对经济、社会、政治、文化等管理和服务职责的重要依据；在一定的范围和领域内，行政规划还具有约束社会组织和个人行为的功能。

行政规划千姿百态，要对其所起的作用及法律性质作出统一的论断，是极其困难的。但是，总括起来，可以认为，行政规划具有如下功能：

(1) 保障科学、合理实施行政的功能。行政规划必须设定综合的、科学的、合理的行政目标。但为保障行政效益，仅仅靠确立总目标是不够的，还必须在准确把握社会的现状和行政需要动向的基础上，合理地分配可以利用的一切人力、物力资源，科学地选择并设定在一定的时间内能够实现的、最接近理想的状态，以此作为行政为之努力的具体目标。这是行政规划的第一功能。

(2) 调整、综合和协调功能。国家行政跨越各个领域，若任行政分散、独立和割据，则行政政策呈现出各种各样的姿态，相互之间不协调的现象便会在所难免。而行政规划的目的正在于设定相关各个行政机关共通的目标，调整、综合和协调各个行政政策，以达到协调一致。制定规划时，为取得有关各机关对其内容的同意，有时法律上要求与其他相关部门协商，取得有关机关同意，以使有关行政机关遵循统一的准则。

(3) 指导和诱导的功能。无论在法律上是否直接拘束人民，行政规划是对行政机关的基本方针的明确提示，实际上作为指导社会生活的大纲发挥着重要作用。具有"统制规划"性质的只是例外情形，大部分行政规划是"目标规划"，虽然没有拘束力，但是，其对于行政主体和行政相对人都具有相应的指导和引导作用。人们只要注意到行政规划这种指导、引导功能，就不会仅仅将行政规划看作内部规范性行政手段，而应将其看作与行政立法及行政行为相并列的，对于行政相对人来说具有重要意义的行政手段。

为了确保行政规划能够发挥其应有的作用，应当贯彻科学、民主、法治的理念,做到行政规划科学化、民主化和法治化[①],致力于架构更为多样化且有实效性的行政规划确定程序。[②]

第三节 行政命令

一、行政命令的概念

在中国,行政命令这一概念有通俗用法和行政法上的专门用法(专门术语)之区别。按照通俗用法来理解,行政命令泛指政府的一切决定或者措施;而行政法上的“行政命令”,是指行政主体依法要求行政相对人为或者不为一定行为(作为或者不作为)的意思表示,是行政行为的一种形式[③],但不是唯一形式。其中要求行政相对人为一定行为的意思表示,称为令,即狭义上的命令;要求行政相对人不为一定行为的意思表示,称为禁令。[④] 行政命令常用于带有强制性的行政决定。[⑤]

这里所说的行政命令,应当从实质意义上来理解。一项行政行为是否属于行政命令,不取决于其名称、形式,而取决于其是否具备设定义务的内容。行政命令的本质是为相对人设定义务,是行政处理决定的一种特殊形式。[⑥]

行政命令是一种意思表示行为。行政命令虽然属于行政主体的一种行政行为,但它表现为通过指令相对人履行一定的作为或者不作为的义务而实现行政目的,而不是由自己进行一定的作为或者不作为。在这一点上,它与行政强制相区别。较之其他行政处理决定,它更强调意思表示,以意思表示为基本成立要件。因此,行政命令可以通过书面形式、口头形式和动作形式作出。这不同于其他行政处理决定行为。

---

① 参见高帆主编:《行政权力与市场经济——政府对市场运行的法律调控》,中国法制出版社 1995 年版,第 222—234 页。

② 参见杨建顺:《从“争路运动”谈行政规划确定程序的完善》,载《检察日报》2015 年 1 月 28 日第 7 版。

③ 有人认为,行政命令是指各级行政机关在职权范围内对外发布的具有普遍效力的非立法性规范。它是对外抽象行政行为中排除行政立法的那一部分(朱新力:《行政法基本原理》,浙江大学出版社 1995 年版,第 145 页)。这种意义上的行政命令,实质上是我们通常所说的“其他规范性文件”,不属于本节所要讨论的范围。

④ 日语中称狭义的命令为“下命”,与之相对应的概念为“禁止”。参见杨建顺:《日本行政法通论》,中国法制出版社 1998 年版,第 368—369 页。

⑤ 有人主张“命令常用于重大的带有强制性的行政决定”(如魏赛娟编著:《行政法与行政诉讼法》,中山大学出版社 1996 年版,第 134 页)。其实,这里的行政命令和宪法上所规定的“命令”并不完全一一对应,没有任何必要来强调其“重大”性。例如,命令某外国人限期离境,命令某企业停业整顿等重大的行政决定是行政命令,禁止某段公路通行、禁止随地吐痰等较一般或细小的行政决定也是行政命令。

⑥ 有人强调“把行政命令看成是行政主体的一种强制性行为,而不是行为形式”,进而又说行政命令“是行政权限行为的一种形式”(胡建淼:《行政法学》,法律出版社 1998 年版,第 319 页)。这种表述方法前后矛盾,容易引起混乱,是不可取的。

行政命令虽然能够设定行政相对人的义务，但不能直接处分该义务。这一点使行政命令和其他行政处理决定区别开来。行政命令的实质是为相对人设定行为规则，但这种规则属于具体规则，表现为在特定时间内对特定事项或者特定人所作的特定规范。在这一点上它与行政立法等规范制定（德国等西方国家称为“法规命令”）行为相区别。

行政命令以行政处罚或者行政强制执行为保障。行政命令意味着必须令行禁止，相对人必须遵守和履行。相对人违反行政命令，行政主体可依法对其进行制裁，有时还可采取行政强制执行。[①] 由此可见，行政命令的作出往往会成为行政制裁或者行政强制执行的原因或者根据，而行政制裁或者行政强制执行往往只是行政命令的形成效力得以最终实现的后续保障。

二、行政命令的种类

（一）形式意义上的行政命令与实质意义上的行政命令

如前所述，行政命令首先有形式意义上的行政命令和实质意义上的行政命令之分。前者是指一切使用“令”作为形式或者名称的命令，如授权令、执行令、禁止令、任免令、公告令、委任令等。后者则是指行政主体依法要求行政相对人为或者不为一定行为的意思表示。这种意义上的行政命令，不拘泥于其形式和名称，既可以是书面形式[②]，也可以是口头方式，还可以是动作方式[③]；其名称通常冠之以“命令”（如“某某政府命令”），但在实践中也可能并不用“命令”名称，而冠之以“布告”“指示”或者“通知”等名称。

实质意义上的行政命令，其内容只涉及相对人的义务，而不涉及相对人的权利。行政命令所规定的义务内容，就其性质而言，包括作为义务和不作为义务。前者表现为相对人必须进行某种行为，如命令纳税，命令服兵役，命令限期出境（外国人）；后者则表现为相对人的某些行为受到限制或者禁止，如因建设施工而禁止特定路段通行，禁止携带危险品的旅客上车，禁止狩猎等。因此，实质意义上的行政命令又可分为作为命令和不作为命令。《行政处罚法》规定的责令当事人改正或者限期改正违法行为，正是作为命令的典型。

（二）责令当事人改正或者限期改正违法行为

我国现行法律、法规有关行政处罚的规定，大多设有“责令改正或者限期改正”的规定。例如，《行政处罚法》第 28 条规定：“行政机关实施行政处罚时，应当

---

① 有人认为，行政相对人违反行政命令，可以引起行政主体对其进行制裁，而不是直接引起行政执行。这正好与行政决定相区别（参见胡建淼：《行政法学》，法律出版社 1998 年版，第 320 页）。其实，这种理解是不正确的。无论是行政命令，还是行政决定，只要行政相对人不履行，就既能引起行政主体对其的制裁，又可以引起行政执行。当然，正如论者所言，赋予权益的处理决定除外。

② 行政主体在公共场所设置的命令标志（如禁止通行标志）也属于行政命令的一种书面形式。

③ 最常见的是交通警察在交通指挥中的各种动作手势。

责令当事人改正或者限期改正违法行为。”

改正违法行为,包括停止违法行为,积极主动地协助行政处罚实施机关调查取证,消除违法行为所造成的不良后果,造成损害的,则要依法承担民事责任,依法予以赔偿。有些违法行为可以在受到处罚后立即改正,而有些违法行为的改正则需要一定的时间,如拆除违法建筑物、治理已被污染的环境、补种毁坏的树木等,故应责令限期改正。

责令改正或者限期改正与行政处罚不同,主要表现为:(1) 概念有别。行政处罚是行政主体对违反行政管理秩序的行为,依法定程序所给予的法律制裁;而责令改正或者限期改正违法行为,是行政机关实施行政处罚的过程中作出的一种命令性行政处理行为。(2) 性质及内容不同。行政处罚是法律制裁,是对违法行为人的人身自由、财产权利的限制或者剥夺,是对违法行为人精神和声誉造成损害的惩戒;而责令改正或者限期改正违法行为,其本身并不是制裁,只是要求违法行为人履行法定义务,停止违法行为,消除其不良后果,恢复原状。(3) 形式不同。行政处罚有警告、罚款、没收、责令停产停业、暂扣或者吊销许可证、执照和拘留等;而责令改正或者限期改正违法行为,因各种具体违法行为不同而分别表现为停止违法行为、责令退还、责令赔偿、责令改正、限期拆除、限期治理等形式。(4) 角度不同。行政处罚是从惩戒的角度,科处新的义务,以告诫违法行为人不得再违法,否则将受罚;而责令改正或者限期改正则是命令违法行为人履行既有的法定义务,纠正违法,恢复原状。

当然,责令改正或者限期改正与行政处罚亦有密切联系,这表现在:(1) 起因相同。二者均是由相对人的违法行为引起的。(2) 目的一致。二者的根本目的均是维护行政管理秩序,保护公民和组织的合法权益,维护公共利益。(3) 同步进行。在实施行政处罚时,往往同时责令违法行为人改正或者限期改正违法行为。只予以行政处罚,不足以恢复正常的行政管理秩序;仅责令改正或者限期改正,不足以惩戒违法者。只有二者同步进行,才能够最终达到行政目的。

三、行政命令的作用

与19世纪末以前自由资本主义国家所奉行的机械法治主义原理不同,在现代法治国家,基于福利国家和社会国家等理念,政府不得不积极地干预市场,其在社会经济生活中的管理职能不断增加。可以说,作为行政权的一种表现形式,具有较强的赋课义务之特征的行政命令,对于行政主体及时、有效地处理不断增加的行政管理事务,适应瞬息万变的社会发展,具有极其重要的意义。

但是,行政命令也具有一定的局限性。众所周知,行政命令一经作出,便为相对人设定了义务,无论该行政命令是否合法或者适当,相对人都必须依行政命令为一定的行为或者不为一定的行为,否则将引起行政处罚或者行政强制执行的后果。这样，若行政命令违法或者不当，将导致对行政相对人合法权益的侵害。因此，为了确保最大限度地发挥行政命令的积极作用，抑制其负面效应，应建立和完善对于行政命令的监督、制约机制，通过立法确立实施行政命令行为的一系列程序和原则。

第四节　行政征收

一、行政征收的概念和特征

《宪法》第13条第3款规定了一般征收和征用制度："国家为了公共利益的需要，可以依照法律规定对公民的私有财产实行征收或者征用并给予补偿。"《宪法》第10条第3款明确规定了对土地的征收和征用制度："国家为了公共利益的需要，可以依照法律规定对土地实行征收或者征用并给予补偿。"这里提出"可以依照法律规定对土地实行征收或者征用"，意味着对原土地征用制度进行分类，一种是所有权的转移，一种是仅取得使用权。《土地管理法》第2条第4款规定："国家为了公共利益的需要，可以依法对土地实行征收或者征用并给予补偿"，现行《土地管理法》依然使用了"征收"和"征用"两个概念，并没有创设以限制使用权为内容的新的"土地征用制度"。

《国有土地上房屋征收与补偿条例》为行政征收与补偿制度的全面确立提供了重要的参考和借鉴，但其适用范围仅限于"征收国有土地上单位、个人的房屋"，并未涉及农村集体所有土地上的房屋征收，更未涉及"土地"（农村集体土地所有权、城市土地使用权）征收。[①] 本章研究对象主要限定在传统的"行政征收"（税、费征收）上。

传统的行政征收，是指行政主体凭借国家行政权，根据国家和社会公共利益的需要，依法向行政相对人强制地、无偿地征收税、费或者实物的行政行为。

这种行政征收具有下述特征：

（1）强制性。行政征收机关实施行政征收行为，实质上是履行国家赋予的征收权，这种权力具有强制他人服从的效力。因此，实施行政征收行为，不需征得相对人的同意，甚至可以在违背相对人意志的情况下进行。征收的对象、数额及具体征收的程序，完全由行政机关依法确定，无需与相对人协商一致。行政相对人必须服从行政征收命令，否则应承担一定的法律后果。

（2）无偿性。国家为了完成其职能，维护社会秩序，必须耗用一定的物质资财，而作为凌驾于社会生产之上的管理机构的国家行政机关，其本身并不直接从

---

① 参见杨建顺：《土地征收中的利益均衡论》，载《浙江社会科学》2013年第9期。有关补偿的问题，宜于在"行政补偿"部分展开探讨。参见本书第四十章。

事物质生产、创造财富。因而，只能凭借国家行政权力，通过行政征收来取得所需物质资财。行政相对人的财产一经国家征收，其所有权就转移为国家所有，成为国家财产的一部分，由国家负责分配和使用，以保证国家财政开支的需要。行政征收必须是无偿的，是财产的单向流转，无需向被征收主体偿付任何报酬。[①]

(3) 法定性。行政征收直接指向的是行政相对人的经济利益，由于其强制性和无偿性，决定了其对相对人的权益始终都具有侵益性。因此，为了确保相对人合法权益不受违法行政征收行为的侵害，必须确立行政征收法定的原则。我国《宪法》第 56 条明确规定，公民有依照法律纳税的义务。这里规定了严格的税收法定主义，强调了必须有狭义上的法律根据。将行政征收的整个过程纳入法律调整的范围，使具体的行政征收行为受相对稳定的法律支配，使行政征收项目、行政征收金额、行政征收机关、行政征收相对人、行政征收程序都有法律上的明确依据，这是现代行政、特别是侵益行政行为所必须遵循的原则。没有法律根据，任何擅自决定征收的行为，都是侵害相对人的合法权益的侵权行为，都是违反行政法治原则的。

二、行政征收的种类

我国行政法学在传统上将行政征收和行政征用作了较为明确的领域划分，前者主要指向税收和各种费用的征收，而后者主要指向财产，即各种实物。尽管我国目前的实定法确立了“土地征收”和“国有土地上房屋征收”等重要的行政征收制度，但是，鉴于其所伴随的补偿性，本章在这里没有将其作为行政征收的主要研究对象。不过，需要强调的是，从广义上来理解我国行政征收制度的话，土地征收制度和房屋征收制度自然是行政征收的重要类型。如果将税和费的征收称为无偿性行政征收的话，那么，对土地、房屋的征收以及根据《宪法》第 13 条对公民的私有财产实行的征收等，则可归类为有偿性行政征收。基于这种分类方法对行政征收的不同领域展开深入研究，具有重要意义。

在中国，除了 2004 年《宪法修正案》宣示的土地征收制度和 2011 年《国有土地上房屋征收与补偿条例》所规范的房屋征收制度外，行政征收体制主要由税和费组成。[②]

(一) 税

税，亦称税收，是国家税务机关凭借其行政权力，依法强制地、无偿地取得财

① 需要强调的是，《宪法》所规定的“征收或者征用并给予补偿”意义上的“征收”具有补偿性，而这里的无偿性仅是针对征收税和费等最狭义上的行政征收而言的。

② 此外，还有农村义务工、劳动积累工的形式。参见 2009 年修正的《防洪法》第 52 条的规定。该条规定：“有防洪任务的地方各级人民政府应当根据国务院的有关规定，安排一定比例的农村义务工和劳动积累工，用于防洪工程设施的建设、维护。”不过，2016 年修正的《防洪法》删除了这部分内容，并且，从严格的概念区分来看，这种形式宜于归为行政征调的范畴。

政收入的一种手段。按照征税对象的不同,可分为流转税、资源税、收益(所得)税、财产税和行为税。按照税收支配权的不同,可分为中央税、地方税和中央地方共享税。国家通过对各种税的征收,达到调节资源分配和收入分配、各行各业协调发展的目的。通过对中央税、地方税和中央地方共享税的合理分配,兼顾中央和地方的利益,有利于市场经济条件下宏观调控的实施。

税收只能由国家特定的行政机关——税务机关及海关负责征收。税收一经征收入库,就为国家所有,不管是什么税种,都处于国家整体支配之中,通过国家预算支出,统一用于社会各方面的需要,在整个国家活动中体现出"取之于民,用之于民"的宗旨。

(二)费

费,即行政机关在税收之外依法向行政相对人收取的相应款项,是行政机关为行政相对人提供一定的公益服务,或者授予行政相对人以国家资源和资产的使用权而收取的一定代价。目前,我国各种行政收费主要有国有土地有偿使用费、公路运输管理费、车辆购置附加费、公路养路费、车辆通行费、港口建设费、排污费、河道工程修建维护管理费和教育费附加等。

无论征收何种社会费用,都必须严格依法进行,不得自立名目,擅自订立征收标准。各种社会公益收费,由从事相应服务的行政机关负责征收,遵循专款专用、列收列支、收支平衡的原则,以收取部门提供一定的专门公益服务为前提而用于其自身开支,或者将此项收费专门用于特定的社会公益事业,以直接为被征收人提供更好的公益服务。

三、行政征收的作用

行政征收,是国家凭借其权力参与国民收入分配和再分配的一种有效方式,其基本目的在于满足国家为实现其职能而对物质的需要。首先,行政征收有利于国家进行宏观调控,具有管理经济并促进经济发展的功能。其次,行政征收属于经济利益的再分配,有利于缩小贫富差别,公平负担,协调各种利益团体和各阶层的利益。最后,行政征收是国家实现其管理职能,满足其财政支出需要的保障。行政相对人的财产一经国家征收,其所有权就转移为国家所有,成为国家财产的一部分,由国家负责分配和使用,以保证国家财政开支的需要。换言之,行政征收是财产的单向流转,一经征收,不再返还相对人,也不再给予其他补偿(当然,收费具有一定的服务代偿),否则便不能实现其本来的目的。显而易见,任何时代、任何国家的维持和发展,都离不开行政征收。但是,行政征收具有浓厚的侵益性,如果运用不当,其负面效应亦是不可小视的。因此,在充分强调行政征收的法定性原则的同时,还必须十分重视行政征收的科学性,注意在综合考虑经济、政治、财政、社会乃至文化因素的基础上建立科学、合理的行政征收制度。

第五节　行 政 处 罚

一、行政处罚的概念

行政处罚，是指行政主体为达到对违法者予以惩戒，促使其以后不再犯，有效实施行政管理，维护公共利益和社会秩序，保护公民、法人或者其他组织的合法权益的目的，依法对违反行政管理秩序的公民、法人或者其他组织，以减损权益或者增加义务的方式予以惩戒的行政行为。[①]

第一，行政处罚的主体是行政主体，实施行政处罚必须依据法定权限。除非法律另有规定，行政处罚权只能由行政主体行使。行政主体是否享有行政处罚权以及享有何种行政处罚权、在多大范围内享有行政处罚权，必须基于行政法律规范的规定而定。[②] 行政主体必须严格依据法定权限行使行政处罚权，超越法定权限的处罚无效。

第二，行政处罚是针对违反行政管理秩序的公民、法人或者其他组织的制裁。行政处罚是对违反行政管理秩序的公民、法人或者其他组织的人身自由、财产、名誉或者其他权益的减损，或者对其增加义务，体现了强烈的制裁性或者惩戒性。

第三，行政处罚的目的注重对违法者予以惩戒和教育。行政处罚的最终目的是有效实施行政管理，维护公共利益和社会秩序，保护公民、法人和其他组织的合法权益。这一点是行政处罚和其他行政行为所共有的目的。行政处罚的直接目的是对违法者予以惩戒和教育，使其以后不再犯。这一特征使得行政处罚区别于其他行政行为。

第四，行政处罚是一种惩戒性质的行政行为。如前所述，行政处罚是针对违反行政管理秩序的公民、法人或者其他组织的制裁，是对于违反行政管理秩序尚未构成犯罪的行政相对人的制裁。[③]

二、行政处罚的种类

(一) 人身罚

人身罚，亦称自由罚，是限制或者剥夺违法者人身自由的行政处罚。人身权

① 参见《行政处罚法》第 2 条。
② 参见《行政处罚法》第 17—21 条、《治安管理处罚法》第 2 条。
③ 参见《行政处罚法》第 8 条第 2 款、第 27 条第 1 款，《治安管理处罚法》第 2 条。

是宪法规定的公民各种权利得以存在的基础,人身权受到限制或者剥夺,意味着其他任何权利都将难以行使。因此,"限制人身自由的行政处罚,只能由法律设定"。[①] 并且人身罚的行使仅限于公安机关,以防止人身罚的滥用而影响公民的最基本权利。人身罚包括行政拘留及驱逐出境、禁止入境或者出境、限期出境等形式。[②]

(1) 行政拘留。行政拘留又称治安拘留,是公安机关依法对违反行政管理秩序(特别是治安管理秩序)的人,在短期内限制其人身自由的一种处罚。根据《治安管理处罚法》《出境入境管理法》等法律规范的规定,行政拘留的期限为1日以上15日以下。有两种以上违反治安管理行为的,分别决定,合并执行。行政拘留处罚合并执行的,最长不超过20日。[③] 除县级以上的公安机关和法律规定的其他机关外,其他任何行政机关都没有决定行政拘留的权力。[④] 行政拘留一般适用于严重违反治安管理秩序的行为人,并且只有在使用警告、罚款处罚不足以惩戒违法者时才适用。并且,对于特定的违反治安管理的行为人不执行行政拘留处罚。[⑤] 决定给予行政拘留处罚的,应当及时通知被处罚人的家属。[⑥]

(2) 驱逐出境、禁止入境或者出境、限期出境。[⑦] 这是指公安、边防、安全机关对违反我国行政管理秩序的外国人、无国籍人采取的强令其离开或者禁止进入中国国境的处罚形式。《出境入境管理法》《国家安全法》《边防检查条例》分别对此作出了规定。《治安管理处罚法》第10条第2款明确规定:"对违反治安管理的外国人,可以附加适用限期出境或者驱逐出境。"

驱逐出境、禁止入境或者出境、限期出境的处罚形式,在《行政处罚法》中未被明确列入处罚种类,可以归为第9条第6项"法律、行政法规规定的其他行政处罚"一类。

(二) 财产罚

财产罚,是特定行政机关或者法律法规授权的组织强迫违法者交纳一定数

---

① 参见《行政处罚法》第10条第2款、《立法法》第11条。

② 此外,虽然对其性质的理解存在争议,但是,劳动教养曾经也被作为行政处罚的一种形式来把握。劳动教养是对有轻微犯罪行为,但尚不够刑事处罚条件且有劳动能力的人实行强制性教育改造的处罚措施,其法规范依据是国务院《关于劳动教养问题的决定》和《关于劳动教养的补充规定》以及公安部《劳动教养试行办法》。劳动教养的期限为1年至3年,必要时可延长1年。现实中的劳动教养曾被严重滥用,于是,作为完善人权司法保障制度的一环,2013年12月28日第十二届全国人大常委会第六次会议通过了废止劳动教养制度的决定。至此,劳动教养制度成为历史。关于劳动教养的目的与责任论,参见杨建顺:《行政规制与权利保障》,中国人民大学出版社2007年版,第456—486页。

③ 参见《治安管理处罚法》第16条。

④ 参见《治安管理处罚法》第91条,《行政处罚法》第18条第3款。

⑤ 参见《治安管理处罚法》第21条,《行政处罚法》第30、31、33条。

⑥ 参见《治安管理处罚法》第97条。

⑦ 这几种情形往往表现为行政命令,但其本质属性是对相对人的惩戒,以促使其以后不再犯,故属于行政处罚,有必要作为行政处罚的一种来把握。

额的金钱或者一定数量的物品,或者限制、剥夺其某种财产权的处罚。财产罚主要包括以下形式:

(1)罚款。罚款是指有行政处罚权的行政主体依法强制违反行政管理秩序的行为人在一定期限内向国家缴纳一定数额的金钱的处罚方式。罚款的数额应由具体的行政法律规范规定,可以是规定一定的绝对数额,或者规定一定的最高额和最低额,也可以是规定违法者违法所得的一定倍数。行政处罚机关只能在法定幅度内决定罚款数额,不能超越。作出罚款决定的行政机关应当与收缴罚款的机构分离。除法定当场收缴的情形外,作出行政处罚决定的行政机关及其执法人员不得自行收缴罚款。依法当场收缴罚款的,必须向当事人出具国务院财政部门或者省、自治区、直辖市人民政府财政部门统一制发的专用票据;不出具财政部门统一制发的专用票据的,当事人有权拒绝缴纳罚款。罚款必须全部上缴国库。[①]《行政处罚法》对较大数额罚款的行政处罚、《治安管理处罚法》对2000元以上罚款的治安管理处罚,分别规定了听证程序。[②]

(2)没收。没收是指有处罚权的行政主体依法将违法行为人的违法所得和非法财物收归国有的处罚形式。《行政处罚法》规定了没收违法所得和没收非法财物两种没收类型。违法所得是指违法行为人从事非法经营等获得的利益。非法财物,是指违法者用于从事违法活动的违法工具、物品和违禁品等。办理治安案件所查获的毒品、淫秽物品等违禁品,赌具、赌资,吸食、注射毒品的用具以及直接用于实施违反治安管理行为的本人所有的工具,应当收缴。[③]

没收非法财物,必须按照国家规定公开拍卖或者按照国家有关规定处理,处罚机关不得私分、截留、随意毁损,通过非法途径低价处理,或者随意使用。没收违法所得或者没收非法财物拍卖的款项,必须全部上缴国库,任何机关或者个人不得以任何形式截留、私分或者变相私分。[④] 行政机关拟作出没收较大数额违法所得、没收较大价值非法财物的行政处罚决定,应当告知当事人有要求听证的权利,当事人要求听证的,行政机关应当组织听证。[⑤]

(三)行为罚

行为罚,亦称能力罚,是限制或者剥夺行政违法者某些特定行为能力和资格的处罚。行为罚主要包括以下形式:

(1)限制开展生产经营活动、责令停产停业、责令关闭、限制从业。这是对违反行政管理秩序的工商企业和工商个体户限制开展生产经营活动,责令其停

---

① 参见《行政处罚法》第67、68、69、70条。

② 参见《行政处罚法》第44、63条,《治安管理处罚法》第98条。

③ 参见《治安管理处罚法》第11条第1款。

④ 参见《行政处罚法》第74条第2款、第79条,《治安管理处罚法》第11条第2款。

⑤ 参见《行政处罚法》第63条第2项。

止生产、停止营业,责令其关闭,限制从业的一类处罚形式。限制开展生产经营活动和限制从业,是对开展某种生产经营活动或者从事某种业态的限制。而责令停产停业和责令关闭,是责令停止正在运营的生产和营业,关闭厂房等生产经营场所。此类行政处罚一般不是直接限制或者剥夺违法者的财产权,而是责令违法者暂时停止其所从事的生产经营活动,或者暂时不得从事某些生产经营活动,一旦违法者在一定期限内及时纠正了违法行为,按期履行了法定义务,仍可继续从事曾被停止或者限制的生产经营活动或者业态,无须重新申请领取有关许可证件。其中的责令关闭有所不同,其可以直接剥夺违法者生产和经营的权益,且要再取得相关权益,须另行申请领取有关许可证件。为了防止行政机关的恣意性,《行政处罚法》对责令停产停业、责令关闭、限制从业规定了听证程序[①],以保护相对人合法权益。

(2) 暂扣许可证件、降低资质等级、吊销许可证件。这是限制或者剥夺违法者从事某项活动的权利或者资格的处罚形式。暂扣许可证件的特点在于暂时中止持证人从事某种活动的资格,待其改正违法行为后或者经过一定期限和一定努力,再发还证件,恢复其资格,允许其重新享有该权利和资格。吊销许可证、执照的特点在于撤销相对人的凭证,终止其继续从事该凭证所允许活动的资格。降低资质等级的特点在于将违法者的现有资质等级降低相应级别,从而剥夺其从事现有资质等级被允许从事活动的资格。《行政处罚法》对降低资质等级、吊销许可证件,《治安管理处罚法》对吊销许可证,分别规定了听证程序[②],以确保慎重适用该处罚形式,保护相对人合法权益。

(四) 申诫罚

申诫罚,亦称精神罚或者影响声誉罚,是行政机关向违法者发出警戒,申明其有违法行为,通过对其名誉、荣誉、信誉等施加影响,引起其精神上的警惕,使其不再违法的处罚形式。申诫罚主要包括以下形式:

(1) 警告。警告是行政主体对较轻的违法行为人予以谴责和告诫的处罚形式。警告的目的在于通过对违法行为人予以精神上的惩戒,申明其有违法行为,以使其不再违法。根据《治安管理处罚法》的规定,警告的治安管理处罚决定既可以由县级以上公安机关作出,也可以由派出所作出。[③] 公安机关作出治安管理处罚决定的,应当制作治安管理处罚决定书。[④] 公安机关应当向被处罚人宣告治安管理处罚决定书,并当场交付被处罚人;无法当场向被处罚人宣告的,应当在 2 日内送达被处罚人。有被侵害人的,公安机关应当将决定书副本抄送被

---

① 参见《行政处罚法》第 63 条第 4 项。

② 参见《行政处罚法》第 63 条第 3 项、《治安管理处罚法》第 98 条。

③ 参见《治安管理处罚法》第 91 条。

④ 参见《治安管理处罚法》第 96 条。

侵害人。[1]

(2) 通报批评。通报批评是行政机关将对违法者的批评以书面形式公布于众，指出其违法行为，予以公开谴责和告诫，以避免其再犯的处罚形式。通报批评既有对违法者的惩戒和教育作用，也有一般社会预防作用。

警告和通报批评既可以对公民个人适用，也可以适用于法人或者其他组织；既可单处，也可与其他行政处罚同时适用。关于通报批评，原《行政处罚法》没有作出明确规定。然而，在被称为信息社会的今天，通报批评有时会具有比其他处罚形式更重的处罚效果，因而必须严格依法实施[2]，以确保舆论监督和法治建设的统一性和合理性。鉴于此，2021年修订的《行政处罚法》将通报批评和警告并列规定为行政处罚的一种类型。[3]

三、行政处罚的作用[4]

行政处罚是行政管理秩序得以遵守，社会、经济和生活秩序得以维护的重要且必要的手段。我们强调教育在维护秩序方面的作用，但教育不是万能的。对于不遵守行政管理秩序，偷税漏税、不正当竞争、追逐暴利等行为，行政处罚具有较强的制裁和惩处作用，有利于良好市场秩序和社会生活秩序的建立。行政处罚的实施，还可以寓教育于惩戒之中，具有教育功能、预防违法的功能，是一种有效的维护行政管理秩序的手段。

但是，行政处罚只是维护行政管理秩序的一种手段，它无法替代其他法律手段，更无法替代道德、教育等其他手段在维持秩序方面的作用，具有其自身的局限性。[5] 尤其值得注意的是，行政处罚是典型的侵益性行政行为，潜存着侵害相对人合法权益的危险性。因此，为了充分发挥行政处罚的积极作用，抑制其消极因素，必须为行政处罚设立一系列的制约机制。

---

① 参见《治安管理处罚法》第97条。

② 例如，目前对通报批评以明文作出规定的法律有：《行政监察法》第45条，《义务教育法》第53、56条，《科学技术进步法》第71条，《传染病防治法》第65—71条、第74条，《人口与计划生育法》第40条，《城乡规划法》第58—61条，《农业技术推广法》第35条，《动物防疫法》第69—72条，《审计法》第43条，《价格法》第45条，《职业病防治法》第75条等；明文规定了通报批评的行政法规有《企业债券管理条例》《地方各级人民政府机构设置和编制管理条例》《传染病防治法实施办法》《流动人口计划生育工作条例》等数十部。

③ 参见《行政处罚法》第9条第1项。

④ 参见应松年、马怀德主编：《中华人民共和国行政处罚法学习辅导》，人民出版社1996年版，第24—26页。

⑤ 详细内容参见同上书，第25页。

四、行政处罚的原则

(一) 处罚法定原则

行政处罚是典型的侵益行为,其实施必然导致对特定的行政相对人某种权利或者权益的限制或剥夺。因此,行政处罚行为自始至终都应该严格贯彻处罚法定的原则。这一原则主要包括下述内容:

(1) 处罚设定权法定。法律可以设定各种行政处罚,行政法规可以设定除限制人身自由以外的行政处罚,地方性法规可以设定除限制人身自由、吊销企业营业执照以外的行政处罚,规章可以在法律、法规规定的给予行政处罚的行为、种类和幅度的范围内作出具体规定,其他规范性文件不得设定行政处罚。①

(2) 处罚主体及其职权法定。除法律、法规、规章规定有处罚权的行政机关以及法律法规授权的组织外,其他任何机关、组织和个人均不得行使行政处罚权。此外,具备了主体资格的机关和组织在行使行政处罚权时,还必须遵守法定的职权范围,不得越权和滥用权力。②

(3) 被处罚行为法定。行政处罚的实施必须有法律、法规或者规章为依据。对于行政相对人来说,法无明文规定不受罚。凡法律、法规或者规章未规定予以行政处罚的行为,不应受到行政处罚。

(4) 处罚的种类、内容和程序法定。对于法定应予处罚的行为,必须对之科以法定种类和内容的处罚。实施行政处罚,不仅要求实体合法,而且还必须程序合法。以非法手段收集的证据不得作为处罚的根据。③ 行政处罚没有依据或者实施主体不具有行政主体资格,或者违反法定程序构成重大且明显违法的,行政处罚无效。④

(二) 处罚公正、公开的原则

处罚公正的原则,亦称合理处罚的原则,是处罚法定原则的必要补充。这一原则要求,行政处罚必须公平、公正,没有偏私,设定和实施行政处罚必须以事实为依据,与违法行为的事实、性质、情节以及社会危害程度相当。⑤

为了确保处罚公平和公正,较为有效的方法就是坚持和贯彻处罚公开的原则:对违法行为给予行政处罚的规定必须公布;未经公布的,不得作为行政处罚的依据⑥;处罚程序必须公开。

---

① 参见《行政处罚法》第 10—16 条。

② 参见《行政处罚法》第 17—21 条。

③ 参见《治安管理处罚法》第 79 条第 2 款。

④ 参见《行政处罚法》第 4 条、第 38 条。

⑤ 参见《行政处罚法》第 5 条第 1、2 款和《治安管理处罚法》第 5 条第 1、2 款。

⑥ 参见《行政处罚法》第 5 条第 3 款。

（三）处罚与教育相结合的原则

实施行政处罚，纠正违法行为，应当坚持处罚与教育相结合，教育公民、法人或者其他组织自觉守法。[①]

教育必须以处罚为后盾，教育也不能代替处罚。为了达到制止并预防违法的目的，对受处罚的违法行为人，应在给予处罚时给予教育，处罚与教育二者不可偏废。对当事人的违法行为依法不予行政处罚的，行政机关应当对当事人进行教育。[②]

此外，《行政处罚法》对青少年的特别规定（第 30 条），对从轻或者减轻行政处罚以及不予行政处罚等的规定（第 30 条，第 31 条，第 33 条第 1、2 款），以及《治安管理处罚法》对调解处理因民间纠纷引起的打架斗殴或者损毁他人财物等违反治安管理行为的规定（第 9 条）、对青少年处罚的特别规定（第 12 条）、对从轻或者减轻处罚以及不予处罚等规定（第 19 条）等，无一不体现了处罚与教育相结合的原则。

（四）保障相对人权利的原则

《行政处罚法》不仅在总则中确立了保障相对人权利的原则，而且其有关行政处罚的设定、实施及程序的规定，亦体现着这一指导思想。《治安管理处罚法》亦明确规定，实施治安管理处罚，应当尊重和保障人权，保护公民的人格尊严。[③]

保障相对人权利的原则实质上是由保障相对人陈述权、申辩权的原则和无救济便无处罚的原则构成的。相对人对行政机关所给予的行政处罚，享有陈述权、申辩权；对行政处罚不服的，有权依法申请行政复议或者提起行政诉讼；因违法行政处罚受到损害的，有权提出赔偿要求。[④] 无救济便无处罚的原则包括两层内容：其一，在立法阶段，不设立救济途径，即不得设立行政处罚；其二，在执行阶段，不提供救济途径，即不得实施行政处罚，并且实施行政处罚之前或者实施行政处罚过程中，必须告知相对人有关权利救济的途径。[⑤] 此外，当事人有证据足以证明没有主观过错的，不予行政处罚，这也可以理解为对当事人权利的尊重和保障。[⑥]

（五）职能分离的原则

这一原则包括下述内容：(1) 行政处罚的设定机关和实施机关相分离。(2) 行政处罚的调查、检查人员和行政处罚的决定人员相分离。(3) 作出罚款决定的机关和收缴罚款的机构相分离。除依法当场收缴的罚款外，作出行政处

---

① 参见《行政处罚法》第 6 条、《治安管理处罚法》第 5 条第 3 款。
② 参见《行政处罚法》第 33 条第 3 款。
③ 参见《治安管理处罚法》第 5 条第 2 款。
④ 参见《行政处罚法》第 7 条。
⑤ 参见《行政处罚法》第 43 条第 3 款、第 44 条、第 63 条、第 64 条。
⑥ 参见《行政处罚法》第 33 条第 2 款。

罚决定的行政机关及其执法人员不得自行收缴罚款。应告知当事人到指定的银行缴纳罚款。银行应当收受罚款，并将罚款直接上缴国库。[①]（4）由非本案调查人员担任听证主持人。

（六）一事不再罚的原则

行政处罚以惩戒违法行为人，使其以后不再犯为目的，而不是以某种义务的履行为目的。所以，一次处罚即可达到目的。一事不再罚的原则包括如下三层意思：（1）对当事人的同一个违法行为，不得给予两次以上罚款的行政处罚。同一个违法行为违反多个法律规范应当给予罚款处罚的，按照罚款数额高的规定处罚。[②] 对决定给予行政拘留处罚的人，在处罚前已经采取强制措施限制人身自由的时间，应当折抵。[③]（2）违法行为涉嫌犯罪的，行政机关应当及时将案件移送司法机关，依法追究刑事责任。对依法不需要追究刑事责任或者免予刑事处罚，但应当给予行政处罚的，司法机关应当及时将案件移送有关行政机关。[④]（3）违法行为构成犯罪，人民法院判处拘役或者有期徒刑时，行政机关已经给予当事人行政拘留的，应当依法折抵相应刑期；人民法院判处罚金时，行政机关已经给予当事人罚款处罚的，应当折抵相应罚金。[⑤]

五、行政处罚的程序[⑥]

行政处罚的程序由行政处罚决定程序和行政处罚执行程序两部分组成。[⑦]

（一）行政处罚的决定程序

行政处罚的决定程序，是整个行政处罚程序的关键环节，是保障正确实施行政处罚的前提条件。其包括一般规定、简易程序（又称当场处罚程序）、普通程序（又称为一般程序）和听证程序。

1. 一般规定

一般规定，是指简易程序、普通程序和听证程序都需要遵循的通则性规定，包括行政处罚的实施机关、立案依据、实施程序和救济渠道等应当公示的信息。[⑧] 行政处罚程序还包括下述一般规则：行政处罚须以查明事实为基础，违法

---

① 分别参见《行政处罚法》第67条第1、2、3款。

② 参见《行政处罚法》第29条。

③ 参见《治安管理处罚法》第92条。

④ 参见《行政处罚法》第27条第1款、第57条第1款第4项，《治安管理处罚法》第77条、第95条第3项。

⑤ 分别参见《行政处罚法》第35条第1款、第2款。

⑥ 本部分基本上是对姜明安主编：《行政法学》（法律出版社1998年版）第170页以下第六节内容的引用。引用时略作了修改。

⑦ 广义上的行政处罚程序还应包括行政处罚的设定。由于篇幅限制，这里不予以展开，可参见《行政处罚法》第10—16条的规定，并可参见姜明安主编：《行政法学》（全国律师资格考试指定用书，法律出版社1998年版），第158—162页。

⑧ 参见《行政处罚法》第39条。

事实不清、证据不足的,不得给予行政处罚[①];电子技术监控设备记录违法事实应当真实、清晰、完整、准确[②],不得限制或者变相限制当事人享有的陈述权、申辩权[③];行政处罚应当由具有行政执法资格的执法人员实施,执法人员不得少于两人[④],执法人员应当依法回避[⑤];在作出行政处罚决定之前,应当告知当事人拟作出行政处罚的内容及事实、理由、依据,并告知当事人依法享有的陈述、申辩、要求听证等权利[⑥];当事人有权进行陈述和申辩,行政机关必须充分听取当事人的意见,不得因当事人陈述、申辩而给予更重的处罚[⑦];证据必须经查证属实,方可作为认定案件事实的根据;以非法手段取得的证据,不得作为认定案件事实的根据[⑧];行政处罚实行全过程记录和归档保存的制度[⑨];具有一定社会影响的行政处罚决定应当依法公开,公开的行政处罚决定被依法变更、撤销、确认违法或者确认无效的,行政机关应当在3日内撤回行政处罚决定信息并公开说明理由[⑩];行政机关对违反突发事件应对措施的行为,应依法快速、从重处罚[⑪]。

2. 简易程序

简易程序,也称当场处罚程序,是指国家行政机关或者法律、法规授权的组织对符合法定条件的行政处罚事项,当场作出行政处罚决定的处罚程序。

适用简易程序必须符合一定的条件:(1) 违法事实确凿;(2) 有法定依据;(3) 较小数额罚款或者警告的行政处罚。[⑫] 所谓较小数额的罚款,按照《行政处罚法》的规定,是指对公民处以200元以下、对法人或者其他组织处以3000元以下罚款;按照《治安管理处罚法》第100条和《道路交通安全法》第107条的规定,是指200元以下罚款。执法人员在行政执法过程中发现相对人实施的行政违法行为后,如认定相应行为符合上述法定条件,即不必适用调查取证程序,也不必更换时间和地点,可以立即当场予以处罚。与《行政处罚法》和《治安管理处罚法》所规定的普通程序和听证程序相比较,这一程序省略了相关步骤,有利于迅速、及时地处理较轻微的行政违法行为。

简易程序的步骤如下:

---

① 参见《行政处罚法》第40条。
② 参见《行政处罚法》第41条第2款。
③ 参见《行政处罚法》第41条第3款。
④ 参见《行政处罚法》第42条第1款。
⑤ 参见《行政处罚法》第43条。
⑥ 参见《行政处罚法》第44条。
⑦ 参见《行政处罚法》第45条第1款、第2款。
⑧ 参见《行政处罚法》第46条第2款、第3款;《治安管理处罚法》第79条第2款。
⑨ 参见《行政处罚法》第47条。
⑩ 参见《行政处罚法》第48条第1款、第2款。
⑪ 参见《行政处罚法》第49条。
⑫ 参见《行政处罚法》第51条。

(1) 表明身份,即执法人员当场作出行政处罚决定的,应当向当事人出示执法身份证件。[①] 这里的证件,既可以是工作证,也可以是特定的执法证,有时二者皆需出示,有时还要求附带出示执勤证章等其他标志。

(2) 确认违法事实,说明处罚理由和依据。执法人员当场发现或者有人当场指认某人违法的,如果违法事实清楚、情节简单,当事人对违法事实无异议,执法人员即可当场处罚,并说明处罚的事实根据和法律依据。有时虽然违法行为的危害后果轻微,但违法者拒不承认,或者由于某种客观原因,执法人员的"发现"或者第三人的"指认"存在事实上的偏差或者错误。在这种情况下,执法人员应当尽量取得其他证据,以确认违法事实。要求说明处罚理由和依据,体现了保障相对人权利的原则,有利于违法者了解法律的有关规定,教育其严格遵守法律。给予当事人以提出异议或者申辩的机会,也有利于监督执法人员认真执行处罚法规,公正地实施处罚。

(3) 制作行政处罚决定书,这是对行政处罚决定的书面形式要求,其目的在于为行政处罚接受监督和审查提供证据。执法人员当场作出行政处罚决定的,应当填写预定格式、编有号码的行政处罚决定书。行政处罚决定书应当载明法定事项并由执法人员签名或者盖章。[②]

(4) 行政处罚决定书的交付。执法人员按照法定的格式要求填写行政处罚决定书,应当当场交付当事人;有被侵害人的,并将决定书副本抄送被侵害人。[③]

(5) 备案。执法人员当场作出的行政处罚决定,必须报所属行政机关备案。当事人对当场处罚决定不服的,可以依法申请行政复议或者提起行政诉讼。[④]

3. 普通程序

普通程序,又称一般程序,是指除法律特别规定应当适用简易程序和听证程序的以外,行政处罚通常应适用的程序。

普通程序适用的范围广。除法律有特别规定的以外,一律适用普通程序。所谓法律有特别规定的情形,是指《行政处罚法》《治安管理处罚法》和《道路交通安全法》等法律规范规定的应当适用简易程序和听证程序的两种情形。

普通程序包括下述步骤:

(1) 立案。行政机关对属于本机关管辖范围并在追究时效内的行政违法行

---

① 参见《行政处罚法》第 52 条前半部分、《治安管理处罚法》第 101 条第 1 款前半部分。

② 参见《行政处罚法》第 52 条第 1 款中间部分、第 2 款;《治安管理处罚法》第 101 条第 1 款中间部分、第 2 款。

③ 参见《行政处罚法》第 52 条第 1 款后半部分;《治安管理处罚法》第 101 条第 1 款后半部分。

④ 分别参见《行政处罚法》第 52 条第 3 款、第 35 条;《治安管理处罚法》第 101 条第 3 款、第 102 条。

为或者重大违法嫌疑情况,认为有调查处理必要的,应当正式立案。[①]《行政处罚法》和《治安管理处罚法》均未对立案作出统一的明确规定,但立案是行政处罚程序的开始,执法实践中大多数案件需要经过立案程序,立案的目的是对违法行为进行追究,通过调查取证工作证明违法嫌疑人是否实施了违法行为,对违法者实施处罚。

(2) 调查。行政机关在立案后,应当对案件进行全面调查,对主要事实、情节和证据进行查对核实,取得必要证据,并查证有关应依据的行政法律规范。先取证、后处罚,是行政处罚程序最基本的准则。没有调查就没有充分的证据,没有充分的证据就不可能作出正确的处罚决定。因此,在没有取得足以证明应予处罚的违法事实存在的充分而确凿的证据以前,不能实施处罚。《行政处罚法》第54条对调查程序仅作了原则性的规定,该规定确立了依法调查、全面调查、客观调查、公正处罚原则,并且确立了检查法定的原则。执法人员在调查或者进行检查时,应当主动向当事人或者有关人员出示执法证件。[②] 调查终结,行政机关负责人应当对调查结果进行审查,根据不同情况,分别作出决定。[③] 以非法手段取得的证据,不得作为认定案件事实的根据。[④]《治安管理处罚法》第四章第一节用了14条,专门对调查作出了较为详细的规定,特别是明确要求"以非法手段收集的证据不得作为处罚的根据"(第79条第2款),凸显了对依法调查的重视。

(3) 决定。行政机关在案件调查终结后,应当由承办人员填写《案件处理意见申报表》,向有裁决权的行政机关汇报案件情况和有关处理意见,送行政机关负责人审批。行政机关负责人应当及时对调查结果进行审查,根据不同情况,分别作出不同的处理决定[⑤]:第一,对情节复杂或者重大违法行为给予较重的行政处罚,行政机关的负责人应当集体讨论决定;第二,对其他应受行政处罚的违法行为的,根据情节轻重及具体情况,由行政机关作出适当的行政处罚决定;第三,对违法行为轻微[⑥],依法可以不予行政处罚的,不予行政处罚;第四,对经调查认

---

① 立案的条件是:第一,行政机关经过对立案材料的审查认为有违法行为发生;第二,违法行为是应受行政处罚的行为;第三,属于本部门职权范围且归本机关管辖;第四,不属于适用简易程序的案件。符合立案条件的,主管执法人员应该填写立案审批表或者立案决定书,由行政机关负责人批准,并指派专人承办。行政机关对违法行为予以立案时,应遵守有关时效的规定,即除法律另有规定的外,对于在2年内未发现的行政违法行为,不予立案。涉及公民生命健康安全、金融安全且有危害后果的,上述期限延长至5年。(参见《行政处罚法》第54条第2款)。违反治安管理行为在6个月内没有被公安机关发现的,不再处罚(参见《治安管理处罚法》第22条第1款)。

② 参见《行政处罚法》第55条第1款。

③ 参见《行政处罚法》第57条。

④ 参见《行政处罚法》第46条第3款。

⑤ 参见《行政处罚法》第57条、《治安管理处罚法》第95条。

⑥ 违法行为是否属轻微,一般由行政机关依照法律赋予的裁量权认定。如果单行法律、法规有比较明确的限制性规定,则必须严格按该规定执行。

定，违法事实不能成立的，不得给予行政处罚。[①]

(4) 法制审核。在行政机关负责人作出行政处罚的决定之前，对于法定事项，应当由从事行政处罚决定法制审核的人员进行法制审核；未经法制审核或者审核未通过的，不得作出决定。这里的法定事项包括如下情形：涉及重大公共利益的；直接关系当事人或者第三人重大权益，经过听证程序的；案件情况疑难复杂、涉及多个法律关系的；法律、法规规定应当进行法制审核的其他情形。[②]

(5) 制作拟处罚决定书。行政机关负责人经过对调查结果的审查，作出给予行政处罚的决定的，应拟制盖有作出行政处罚决定的行政机关印章的拟行政处罚决定书。拟行政处罚决定书应当载明法定的事项。[③]

(6) 说明理由并告知权利。[④] 行政机关在作出行政处罚决定之前，应当向当事人告知拟作出的行政处罚内容及事实、理由、依据，并告知当事人依法享有的权利。[⑤] 说明理由和告知权利的主要意义在于给当事人以针对处罚理由和根据进行申辩的机会以及保证当事人在处罚过程后及时请求救济，防止错过救济时效。

(7) 当事人陈述和申辩。当事人或者被处罚人的陈述、申辩权，是行政处罚程序中最主要、最基本的权利，是保护当事人不受行政机关非法侵害的权利，也是制约行政机关滥用处罚权的主要机制之一。行政机关有提出事实和证据说明当事人违法的权力，当事人也有陈述事实、提出证据说明自己并无违法行为或违法行为轻微的权利。如果当事人提出有力的证据证明自己无违法行为，或者有证据足以证明没有主观过错的，行政机关就不能也无权实施行政处罚。行政机关及其执法人员在作出行政处罚决定之前，未听取当事人的陈述、申辩，不得作出行政处罚决定；当事人明确放弃陈述或者申辩权利的除外。[⑥] 公安机关查处

---

① 违法事实不能成立，大致包括两种情形：其一，经过调查，有充分的证据证明违法行为不成立或者不存在；其二，尽管进行了立案、调查取证，但无法掌握充分的证据，只能视为违法行为不成立。为了防止损害无辜，防止行政机关滥用处罚权，证据不足的疑案，应按无违法事实不予处罚的原则处理。如果行政机关对案件的调查对违法行为嫌疑人造成了不良影响而最后确认违法事实并不成立，行政机关应该通过适当方式为当事人消除影响。

② 参见《行政处罚法》第 58 条第 1 款。

③ 参见《行政处罚法》第 59 条，《治安管理处罚法》第 96 条。

④ 说明理由的内容包括作出行政处罚决定的事实根据、法律依据以及将法律适用于事实的道理。这样，当事人可以有针对性地提出反驳意见，提出有关证据。如果当事人不能马上提出证据而需要合理的准备时间，行政机关应当允许，否则，当事人的申辩权无法有效行使。说明理由是行政机关在实施行政处罚过程中必须履行的程序性义务，不履行这一义务，行政处罚决定不能成立(参见《行政处罚法》第 62 条)。告知权利的内容包括告知申请回避权、申辩权，陈述事实、提出证据权，申请行政复议、提起行政诉讼权等。

⑤ 参见《行政处罚法》第 62 条、《治安管理处罚法》第 94 条第 1 款。

⑥ 参见《行政处罚法》第 62 条。

治安案件,对没有本人陈述,但其他证据能够证明案件事实的,可以作出治安管理处罚决定。但是,只有本人陈述,没有其他证据证明的,不能作出治安管理处罚决定。[①] 行政机关必须充分听取当事人的意见,对当事人提出的事实、理由和证据,应当进行复核;当事人提出的事实、理由和证据成立的,行政机关应当采纳,不得因当事人陈述、申辩而给予更重的处罚。[②]

(8) 正式裁决。实质上,调查终结后行政机关负责人经审查所作出的处理决定即裁决。不过,当事人的陈述和申辩可能在行政处罚决定书拟制之前进行,也可能在此之后进行。当陈述和申辩在行政处罚决定书拟制之后进行时,经过陈述和申辩,在该决定书正式送达当事人之前,行政机关还必须再次作出维持、变更或者取消前述决定的裁断,并正式制作行政处罚决定书。

(9) 行政处罚决定书的送达。行政机关依照法定的程序和方式,将行政处罚决定书送交当事人的行为,称为行政处罚决定书的送达。行政处罚决定书一经送达,便产生相应的法律效果。当事人提起行政复议或者行政诉讼的期限,从送达之日起计算。行政处罚决定书一般应在宣告后当场交付当事人;当事人不在场的,行政机关应当在 7 日内依照《民事诉讼法》的有关规定,将行政处罚决定书送达当事人。当事人同意并签订确认书的,行政机关可以采用传真、电子邮件等方式,将行政处罚决定书等送达当事人。[③] 行政处罚决定书的送达方式有以下三种:直接送达、留置送达和邮寄送达。

4. 听证程序

行政处罚听证,是指行政机关为了合理、公正地作出和实施较重大的行政处罚,公开举行听证会。听证的目的在于广泛听取当事人、利害关系人的意见,通过公开、合理的程序形式,将行政处罚建立在合法适当的基础上,避免违法或者不当的行政处罚给当事人带来不利或者不公正的影响。根据我国《行政处罚法》第 63 条的规定,在行政处罚程序中,行政机关为了查明案件事实、公正合理地实施行政处罚,在作出较大数额罚款,没收较大数额违法所得、没收较大价值非法财物,降低资质等级、吊销许可证件,责令停产停业、责令关闭、限制从业等行政处罚决定之前,应当事人要求,须公开举行有当事人和利害关系人参加的听证会,在质证和辩论的基础上作出处罚决定。2021 年修改后的《行政处罚法》拓展了听证程序的适用范围,但仍未将行政拘留纳入其中。当事人对限制人身自由

---

① 参见《治安管理处罚法》第 93 条。

② 参见《行政处罚法》第 45 条、《治安管理处罚法》第 94 条第 2 款和第 3 款。

③ 参见《行政处罚法》第 61 条。公安机关无法当场向被处罚人宣告并当场交付治安管理处罚决定书的,应当在 2 日内送达被处罚人。决定给予行政拘留处罚的,应当及时通知被处罚人的家属。有被侵害人的,公安机关应当将决定书副本抄送被侵害人。参见《治安管理处罚法》第 97 条。

的行政处罚有异议的，依照《治安管理处罚法》的有关规定执行。[①]

听证是由行政机关主持的并由有关利害关系人参加的程序。听证程序在形式上类似于司法审判程序，但二者在实质上存在着根本性区别。行政机关在听证程序中既是调查、主持者，又是行使处罚裁决权或者决定权的主体（尽管调查人员与处罚决定人员通常分离）；而司法审判中的人民法院只能是案件的裁判者，不能同时调查取证和充当追诉人。因此，在独立超脱性上，听证程序依然无法与审判程序相比。

听证公开进行。听证程序不仅有行政机关和利害关系人参加，而且社会公众可以旁听。质证和辩论程序的公开，有利于控制权力滥用。

根据《行政处罚法》第 64 条的规定，行政处罚听证依照以下程序和要求进行：

(1) 听证的申请与决定。当事人对于符合法定听证种类的行政处罚案件，有权向行政机关提出听证的申请。当事人要求听证的，应当在行政机关告知后 5 日内提出。行政机关接到当事人的申请后，应决定举行听证的时间和地点，并根据案件是否涉及国家秘密、商业秘密或者个人隐私，决定听证是否公开举行。

(2) 听证通知。行政机关作出有关组织听证的决定后，应当在听证的 7 日前，通知当事人及有关人员举行听证的时间、地点和其他有关事项。

(3) 听证形式。除涉及国家秘密、商业秘密或者个人隐私依法予以保密外，听证公开举行。

(4) 听证的主持与参与。行政机关工作人员不得参与与自己有利害关系的案件，承担调查取证任务的执法人员不能主持听证，听证由行政机关指定的非本案调查人员主持。当事人认为主持人与本案有直接利害关系的，有权申请回避。

当事人可亲自参加听证，也可委托 1 至 2 人代理。举行听证时，首先由主持人宣布听证会开始、听证事项及其他有关事项，然后由调查人员提出当事人违法的事实、证据和行政处罚建议。针对指控的事实及相关问题，当事人进行申辩和质证。经过调查取证人员与当事人相互辩论，由主持人宣布辩论结束后，当事人有最后陈述的权利。最后由主持人宣布听证会结束。

(5) 听证笔录。对在听证会中出示的材料、当事人的陈述以及辩论等，应当制作笔录，交付当事人、证人等有关参加人阅读或者向他们宣读，有遗漏或者差错的应予补正或者改正，确认没有错误后，由主持人、书记员和当事人及其他参加人分别签字或者盖章后，作为处罚的依据封卷上交机关负责人。当事人或者

① 根据《治安管理处罚法》第 107 条的规定，被处罚人不服行政拘留处罚决定，申请行政复议、提起行政诉讼的，可以向公安机关提出暂缓执行行政拘留的申请。公安机关认为暂缓执行行政拘留不致发生社会危险的，由被处罚人或者其近亲属提出符合法定条件的担保人，或者按每日行政拘留 200 元的标准交纳保证金，行政拘留的处罚决定暂缓执行。

其代理人拒绝签字或者盖章的,由听证主持人在笔录中注明。

(6) 作出行政处罚决定。听证程序只是普通程序中的一种特殊的调查处理程序,并不包含行政处罚程序的全过程。与普通程序中的调查取证程序相比较,只是对比较重大的处罚案件适用特殊方式的调查取证程序而已。听证程序完毕以后,只是完成了调查取证,仍应按照普通程序的有关规定作出处罚决定。听证结束后,行政机关应当根据听证笔录,依照有关普通程序的规定作出处理决定。① 也就是说,适用听证程序的案件的最后决定权在行政机关而不在主持听证的工作人员。

(二) 行政处罚的执行程序

行政处罚的执行程序,是指有关国家机关保证行政处罚决定所确定的当事人的义务得以履行的程序。没有行政处罚的执行,行政处罚决定就没有意义,只有确保行政处罚决定的内容得以实现,才能够确保整个国家社会生活有序发展。

1. 行政处罚执行程序的原则

(1) 申诉不停止执行的原则。行政处罚决定依法作出后,当事人应当在行政处罚决定的期限内,予以履行。② 当事人对行政处罚决定不服申请行政复议或者提起行政诉讼的,除法律另有规定外③,行政处罚不停止执行。④

(2) 作出罚款决定的机关和收缴罚款的机构分离的原则。为了限制滥设处罚、乱施处罚等行政专横和滥用职权的现象,以保护行政相对人的合法权益,防止执行处罚人员乱施处罚,将罚没款据为己有,损害国家利益,损害政府及其公务员的声誉,《行政处罚法》在规定行政处罚设定权法定的原则的同时,确立了作出罚款决定的机关和收缴罚款的机构分离的原则,除依法当场收缴的罚款外,作出行政处罚决定的行政机关及其执法人员不得自行收缴罚款。⑤ 行政机关可以指定银行作为收受罚款的专门机构,当事人到指定的银行或者通过电子支付系统缴纳罚款,银行应当收受罚款,并将罚款直接上缴国库。⑥ 罚款的行政处罚决定由法定的享有行政处罚权的行政机关作出,而罚款的收缴则由法定的专门机构负责。

2. 行政处罚执行程序的类别

(1) 专门机构收缴罚款

专门机构收缴罚款有一定的范围限制。以下两种情况属于该原则的例外:

---

① 参见《行政处罚法》第 65 条。

② 参见《行政处罚法》第 66 条第 1 款。

③ 例如,《行政处罚法》第 73 条第 2 款规定,可以向作出决定的机关提出暂缓执行申请。符合法律规定情形的,应当暂缓执行。《治安管理处罚法》第 107 条规定了行政拘留的处罚决定暂缓执行制度。

④ 参见《行政处罚法》第 73 条。

⑤ 参见《行政处罚法》第 67 条第 1、2 款和《治安管理处罚法》第 115 条前半部分、第 104 条。

⑥ 参见《行政处罚法》第 67 条第 3 款、《治安管理处罚法》第 115 条后半部分。

其一，依照《行政处罚法》第68、69条的规定当场收缴罚款的[①]；其二，依法采取执行措施收缴的罚款。当事人逾期不履行行政处罚决定的，作出行政处罚决定的行政机关可以根据法律规定，将查封、扣押的财物拍卖或者将冻结的存款划拨抵缴罚款。[②] 除依法应当予以销毁的物品外，依法没收的非法财物必须按照国家规定公开拍卖或者按照国家有关规定处理。罚款、没收违法所得或者没收非法财物拍卖的款项，必须全部上缴国库。[③]

《行政处罚法》并未对专门机构收缴罚款的具体程序作出规定。根据该法第67条第3款的规定以及实际情况，专门机构收缴罚款应遵循如下程序：第一，通知送达。送达行政处罚决定书，是行政处罚决定的最后一项程序，同时又是当事人缴纳罚款的第一项程序。行政机关应在行政处罚决定书中注明指定银行。当事人应当自收到行政处罚决定书之日起15日内，到指定的银行或者通过电子支付系统缴纳罚款。第二，催缴。专门机构根据处罚决定书限定的当事人自动缴纳罚款的时间，在期限届满之前，可以也应当向当事人发出催缴通知书，以提醒和督促当事人按期主动履行缴纳罚款义务。第三，收受罚款。当事人向专门机构缴纳罚款的，专门机构应向缴纳人开具统一的罚款收据。第四，上缴国库。银行收受罚款后，应将罚款直接上缴国库。

(2) 当场收缴罚款

当场收缴罚款适用的情形有三：其一，依法给予100元以下罚款的[④]；其二，不当场收缴事后难以执行的；其三，边远、水上、交通不便地区，当事人向指定银行或者通过电子支付系统缴纳罚款确有困难，经当事人提出的。[⑤] 此外，《道路交通安全法》第108条第2款规定，对行人、乘车人和非机动车驾驶人的罚款，当事人无异议的，可以当场予以收缴罚款。

当场收缴罚款的程序是：首先，出具罚款收据。行政机关及其执法人员当场收缴罚款的，必须向当事人出具国务院财政部门或者省、自治区、直辖市人民政府财政部门统一制发的专用票据；不出具财政部门统一制发的专用票据的，当事人有权拒绝缴纳罚款。[⑥] 其次，罚款的缴付。执法人员当场收缴的罚款，应当自收缴罚款之日起2日内，交至行政机关；在水上当场收缴的罚款，应当自抵岸之日起2日内交至行政机关；行政机关应当在2日内将罚款缴付指定的银行。[⑦]

---

① 《治安管理处罚法》第104条基本与该规定相同，只是其所适用的罚款数额不是“一百元以下罚款”，而是“五十元以下罚款”。

② 参见《行政处罚法》第72条第1款第2项。

③ 参见《行政处罚法》第74条。

④ 《治安管理处罚法》第104条规定为50元以下罚款的。

⑤ 参见《行政处罚法》第68条、第69条。

⑥ 参见《行政处罚法》第70条、《治安管理处罚法》第106条。

⑦ 参见《行政处罚法》第71条、《治安管理处罚法》第105条。

(3) 强制执行

《行政处罚法》第 72 条第 1 款规定了 4 种执行措施:其一,到期不缴纳罚款的,每日按罚款数额的 3%加处罚款,加处罚款的数额不得超出罚款的数额。这种措施属间接强制执行即执行罚,其目的在于迫使当事人迅速而及时地履行行政处罚决定。只要当事人履行了处罚决定所确定的义务,执行罚便当然停止。其二,根据法律规定,将查封、扣押的财物拍卖或者将冻结的存款、汇款划拨抵缴罚款。采取这种措施必须根据法律规定;拍卖查封、扣押的财物必须按国家规定公开进行或者按照国家有关规定处理;拍卖财物折抵的罚款应当全部立即上交国库。其三,根据法律规定,采取其他行政强制执行方式。其四,依照《行政强制法》的规定申请人民法院强制执行。

如果当事人并非故意不履行,而是客观上不能履行,应当依法不予强制执行。当事人确有经济困难,需要延期或者分期缴纳罚款的,经当事人申请和行政机关批准,可以暂缓或者分期缴纳。[①] 行政机关批准延期、分期缴纳罚款的,申请人民法院强制执行的期限,自暂缓或者分期缴纳罚款期限结束之日起计算。[②]

第六节　行 政 强 制

一、行政强制的概念

行政强制,是指行政主体在行政过程中出现行政相对人违反义务或者不履行义务的情况,为了确保行政的实效性,维护和实现公共利益,由行政主体或者行政主体申请人民法院,对相对人的财产以及人身、自由等予以强制而采取的措施。[③]

第一,行政强制的实施主体是行政主体和人民法院,实施行政强制必须依据法定权限。行政强制实施主体具有独特性,大多数行政强制实施主体是行政主体,也有一些特殊的行政强制(某些行政强制执行)的实施主体是人民法院。行政主体和人民法院根据法律、法规的规定实施行政强制。例如,有的行政强制对授权要求趋向严格,只有法律、行政法规才能授权具有管理公共事务职能的组织成为实施主体[④];有的行政强制主体只限于法律规定的行政机关,其他行政机关

---

① 参见《行政处罚法》第 66 条第 2 款。

② 参见《行政处罚法》第 71 条第 2 款。

③ 参见〔日〕南博方:《行政法》(第 6 版),杨建顺译,商务印书馆 2020 年版,第 124 页;《行政强制法》第 1、2 条。

④ 参见《行政强制法》第 70 条。

或者组织不能成为该类行政强制的主体[①];有的行政强制的实施不得委托。[②] 无论是行政主体还是人民法院,行政强制权均必须严格依据法定权限行使。

第二,行政强制是针对行政过程中行政相对人有违反义务或者不履行义务的情况实施的。行政强制注重对违法行为的制止,在证据可能被损毁、危害可能发生或者危险可能扩大的情况下,采取临时性的措施予以限制或者控制,在法定义务不履行的情况下,采取相应的强制措施,以实现义务的履行。

第三,行政强制的目的在于确保行政的实效性,维护和实现公共利益。行政强制权是国家行政权的重要组成部分,是实现公共利益的重要保障手段。以实现公共利益为目的,是包括行政强制在内的一切行政活动正当性的判断基准。所以,一旦实现了相关目的,行政强制应当立即终结。[③]

第四,行政强制是典型的侵益性行政行为,是对公民、法人或者其他组织的财产以及人身和人身自由等实施的强制,故而尤其强调"依法律行政"原则,一般要求有明确而具体的法律授权。[④] 行政强制是为执行法律,实现公共利益等行政目的,保护私人合法权益而实施的,故而行政强制的实施要求有较为严格的法律依据,需要有法律、法规的具体规定。[⑤]

第五,行政强制是一个复合性概念,作为确保行政实效性的制度[⑥]或者确保私人方面履行义务的制度[⑦],各种不同的行政强制,既有作为行政强制的共性,又分别具有各自的独特性,所以,不仅需要对其理论上的异同进行审慎的梳理和高度的概括,而且必须对其在实定法上的诸多形态予以缜密的分析,对每一种具体的制度进行深入的探究。

二、行政强制的种类

关于行政强制的分类,存在诸多不同的观点。笔者一直主张,不应将行政强制执行和行政强制措施这两个概念并列,因为行政强制措施是一个上位概念,行政强制措施即行政强制,它可分为行政强制执行、即时强制及行政监督检查强制(强制性行政调查)三类。[⑧] 这种三分法也是日本行政法上的经典架构。[⑨] 鉴于

---

① 参见《行政强制法》第 29 条第 1 款、第 30 条第 3 款、第 47 条。

② 参见《行政强制法》第 17 条第 1 款。

③ 参见《行政强制法》第 27、28、33 条。

④ 参见《行政强制法》第 10、13 条。

⑤ 参见《行政强制法》第 17 条第 1 款、第 22 条。

⑥ 参见〔日〕南博方:《行政法》(第 6 版),杨建顺译,商务印书馆 2020 年版,第 124 页以下。

⑦ 参见〔日〕盐野宏:《行政法总论》,杨建顺译,北京大学出版社 2008 年版,第 147 页以下。

⑧ 参见杨建顺:《日本行政法通论》,中国法制出版社 1998 年版,第 479 页以下。

⑨ 不过,近年来日本学界对传统的三分法进行了若干修正,比如,将行政上的强制执行置于行政上确保义务履行的制度之中,使其与即时强制和行政调查相并列的三分法,参见〔日〕盐野宏:《行政法总论》,杨建顺译,北京大学出版社 2008 年版,第 148、150 页以下、第 166 页以下、第 170 页以下;又如,将行政调查置于行政上的即时强制之中,将行政罚、行政上的强制执行和行政上的即时强制进行并列架构的三分法,参见〔日〕南博方:《行政法》(第 6 版),杨建顺译,商务印书馆 2020 年版,第 124—134 页。

行政强制是为了确保行政的实效性而对行政过程中的违反义务和义务不履行所采取的强制,故而可以将其分为对违反义务的强制和对义务不履行的强制两部分。[①]《行政强制法》第 2 条第 1 款采用了将行政强制分为行政强制措施和行政强制执行的两分法。这种分类方法虽然不能与行政强制的两部分功能完全对应,但是,作为该领域的实定法规定,对于我们理解行政强制这一概念范畴在实定法上所呈现出的复合性,或者说理解行政强制法典的适用范围,无疑亦具有重要作用。故本节仍按照这种分类方法对行政强制的类型展开探讨。

此外,《行政强制法》第 3 条第 2 款和第 3 款规定“依照有关法律、行政法规执行”的排除事项,亦属于行政强制的范畴,它们作为适用特别法规范的行政强制或者不适用《行政强制法》的行政强制,与适用《行政强制法》的行政强制一起构成一种重要的分类方法,故而,在讨论行政强制的种类时,亦需要对这些适用特别法规范的行政强制形态进行研究。

(一) 行政强制措施

行政强制措施,是指行政机关在行政管理过程中,为制止违法行为、防止证据损毁、避免危害发生、控制危险扩大等情形,依法对公民人身自由实施暂时性限制,或者对公民、法人或者其他组织的财产实施暂时性控制的行为。[②]

基于这一定义,行政强制措施可分为对公民人身自由的行政强制措施和对公民、法人或者其他组织财产的行政强制措施。但《行政强制法》并未进行这样的分类,而是在第 9 条规定了行政强制措施的种类,列举了 5 种类型:限制公民人身自由,查封场所、设施或者财物,扣押财物,冻结存款、汇款,以及“其他行政强制措施”。

从上述定义和类型列举可以看出,《行政强制法》并未将全部行政强制措施纳入其调整范围。行政强制措施的目的是“制止违法行为、防止证据损毁、避免危害发生、控制危险扩大等”,除了《行政强制法》所列举的行政强制措施的类型外,还有行政上的即时强制及行政调查中的强制,都可以归类于这里的行政强制措施的范畴。

行政上的即时强制,是指行政主体根据目前的紧迫情况没有余暇发布命令,或者虽然有发布命令的余暇,但若发布命令便难以达到预期行政目的时,为了创造出行政上所必要的状态,行政主体不必以相对人不履行义务为前提,便可对相对人的人身、自由和财产予以强制的活动或者制度。[③]

根据强制的标的不同,行政上的即时强制可分为如下三种:(1) 对人身及人

---

① 参见〔日〕南博方:《行政法》(第 6 版),杨建顺译,商务印书馆 2020 年版,第 124 页。

② 《行政强制法》第 2 条第 2 款。

③ 参见〔日〕原田尚彦:《行政法要论》(全订第 7 版[补订版]),日本学阳书房 2011 年版,第 239 页以下。

身自由的强制。如《国境卫生检疫法》《急性传染病管理条例》(已失效)和《艾滋病监测管理的若干规定》(已失效)中的强制隔离、强制治疗,以及《人民警察法》第 9 条的盘问、检查、留置,第 14 条的保护性约束措施,第 15 条的交通管制,第 17 条的现场管制和强行驱散等。(2) 对住宅、工作场所等进行的强制。如为制止严重违法犯罪行为,保护公民的生命安全,执法人员直接进入住宅或者商店进行检查、搜查以及审计部门进行的监督和检查等。(3) 对财产的强制。如当场查封、扣押、冻结等。

行政调查中的强制,是指为了实现行政目的,由行政主体依据其职权,对一定范围内的行政相对人进行的,能够影响相对人权益的检查、问询等信息收集活动。① 例如,要求纳税人到税务机关进行税务登记、强制要求相对人提交有关资料、进入现场检查、实地检查、盘问检查、对标本物品的无偿收集等,均有行政强制因素。在行政调查中,申报、批准程序,有关证件的出示及必要和可能情况下的听证、公开听证会等,作为信息收集活动的一环,具有保障法治的积极意义。②

根据不同的标准,行政调查可分为诸多种类:任意调查是指在取得相对方配合和协助的基础上进行的调查,不存在强制;强制调查是指排除相对方的抵抗而进行的调查,同时属于即时强制;间接强制任意调查则是指以罚则或者行政强制措施为背景的调查。

(二) 行政强制执行

行政强制执行,是指在行政法律关系中,作为义务主体的行政相对人不履行其应履行的义务时,行政机关或者行政机关申请人民法院,依法强制其履行义务的行为。③

第一,适用行政强制执行的前提条件是行政相对人不履行应履行的法定义务。行政强制执行是针对不履行法律规范直接规定的或者由行政行为确立的义务的行政相对人,采取强制手段迫使其履行该义务,以达到行政目的的行政执行权能。只有在构成了义务不履行的条件下,法律规范明确规定可以实施时,才能实施行政强制执行。对于不构成义务不履行的,如对未到限定期限的义务,就不能实施行政强制执行。

第二,行政强制执行的主体是行政机关或者人民法院。④ 行政强制执行由

① 参见〔日〕室井力编著:《行政法 100 讲》,日本学阳书房 1990 年版,第 144 页。王连昌主编:《行政法学》,中国政法大学出版社 1994 年版,第 184 页。中国学者习惯于称“行政检查”或“行政监督检查”。但是,基于现代行政中收集信息活动的广泛性,借用日本学界通用的“行政调查”为宜。

② 关于行政调查中强制应遵循的程序规制,参见〔日〕阿部泰隆:《行政的法体系》(上册),日本有斐阁 1992 年版,第 312—317 页;王连昌主编:《行政法学》,第 201—204 页;姜明安主编:《行政法与行政诉讼法学》(第 3 版),北京大学出版社、高等教育出版社 2007 年版,第 335 页。

③ 参见《行政强制法》第 2 条第 3 款。

④ 参见《行政诉讼法》第 97 条,《行政强制法》第 2 条第 3 款,第 13 条第 2 款。

谁实施的问题,必须依据法律的规定。[①] 人民法院只有根据行政机关的申请,并按照法律的明确规定和一定程序,才能实施行政强制执行。行政机关申请人民法院强制执行的案件称为非诉行政执行案件。人民法院所进行的行政强制执行,实质上是行政权中执行权能的体现,是行政机关强制执行权的延伸和继续。因此,在司法权和行政权的关系方面,人民法院的行政强制执行尚存在诸多问题,需要从理论上进一步展开探讨。[②] 一般情况下,对于紧急的、应及时采取行政强制执行的行政行为,都由行政机关自己执行,而对于经过一段时间不会影响行政行为效果的行政强制执行,出于对行政相对人权益的保护,则可由行政机关申请人民法院执行。[③]

第三,行政强制执行的目的是实现义务的履行。无论行政强制执行的主体是谁,其目的都是实现法律规范直接规定或者行政行为所确立义务的履行。人民法院接受行政机关的行政强制执行申请,应当对相应行政义务的合法性进行审查,如合法,就应按照行政行为的内容予以强制执行,如不合法,则应当裁定不予执行。

第四,行政强制执行的对象具有广泛性和法定性。行政强制执行可以针对一切妨碍行政行为执行的对象进行。行政强制执行内在的侵益性决定了其具体实施方式必须由法律、法规明确规定,执行机关必须严格按照法定形式实施,不得任意创新或者更改。行政强制执行只能由法律设定[④],但是,其具体实施方式,包括裁执分离模式等,则通过法规、司法解释等作出具体安排。[⑤]

第五,行政强制执行一般不宜进行执行和解。行政强制执行是有关机关依照法律规范规定,在履行了催告等法定程序,相对人逾期仍不履行的情况下,依

---

① 《行政强制法》制定之前,"法律、法规"具有行政强制执行的设定权。参见《行政诉讼法司法解释》(2000)第87条。但是,《行政强制法》第13条规定,只有法律享有设定权。故而,《行政诉讼法司法解释》(2018)没有沿用之前的规定。这样,关于"法规"能否设定行政强制执行的问题,在我国实定法上已有了明确规定,但作为理论问题依然有待展开深入讨论。

② 参见杨建顺、关保英、戚建刚:《行政强制执行法的模式探讨——2000年青岛行政法学年会综述》,载《法学家》第63期;杨建顺:《日本行政执行制度研究》,载《法学家》2002年第4期;杨建顺:《关于行政执行权力配置的思考》,载《人民法院报》2002年8月12日。

③ 例如,基于《国有土地上房屋征收与补偿条例》第28条第1款规定的所谓"司法强拆"取代"行政强拆和司法强拆"并行架构的权力配置是值得商榷的。从规范权力运行和保障权利救济的制度架构来看,在强调将行政强制执行作为行政机关法定职责,由行政机关负责强制执行的具体实施的同时,强调一定程度的司法对行政统制的必要性,确立"裁执分离"模式,则是值得提倡的。参见姜明安:《行政强制法立法若干争议问题之我见》,载《法学家》2010年第3期;杨建顺:《"司法强拆"悖论的探析》,载《中国审判》2011年第1期。

④ 参见《行政强制法》第13条。

⑤ 参见《行政诉讼法司法解释》(2000)第87条,《行政诉讼法司法解释》(2018)第155条。尤其是最高人民法院《关于办理申请人民法院强制执行国有土地上房屋征收补偿决定案件若干问题的规定》(法释〔2012〕4号)明确了裁执分离模式,其第9条规定:"人民法院裁定准予执行的,一般由作出征收补偿决定的市、县级人民政府组织实施,也可以由人民法院执行。"另外,《行政诉讼法司法解释》(2018)第152条还设置了对裁判文书等的强制执行。

法对相对人作出的、保障行政行为得以执行的特别措施。[①] 传统行政法学认为,对于义务主体行政相对人来说,只有一个选择,即履行其应履行的义务。行政强制执行过程中不可能出现免除或者变更义务的情况。对于行政权力行使者来说,行使行政权力既是权利又是义务,必须依法行使,不得放弃或者自由处置。因此,在行政强制执行过程中一般不允许进行执行和解,但如果出现法定情形,行政主体可决定执行中止或者执行终结。值得注意的是,不得和解的原则并不完全排斥在个别行政行为领域中根据具体情况进行一定程度和解的例外情形。鉴于法律规范所难免的滞后性和不确定概念的存在,以及法律规范适用过程中诸多裁量余地的存在,现代行政法学认为,整个行政过程中的每个阶段乃至行政诉讼阶段都存在和解的必要性和可行性,承认并研究和解的法理和制度,与坚持不得和解的原则同样重要。[②] 作为行政强制执行不得进行执行和解这一原则的例外,《行政强制法》对执行协议(即执行和解)作出明确规定,具有重要的法治保障意义。在不损害公共利益和他人合法权益的情况下,执行机关可以与当事人达成执行协议。执行协议可以约定分阶段履行;当事人采取补救措施的,可以减免加处的罚款或者滞纳金。执行协议应当履行。当事人不履行执行协议的,执行机关应当恢复强制执行。

行政强制执行的分类有诸多方法。

根据执行机关的不同,行政强制执行分为行政机关强制执行(行政性执行)和行政机关申请人民法院强制执行(司法性执行)两类。[③]

根据执行的方式,行政强制执行分为以下种类:执行罚,即加处罚款或者滞纳金;强制划拨,即划拨存款、汇款;拍卖、查封和扣押,即对场所、设施或者财物的拍卖或者依法查封、扣押;代履行(代执行)[④];排除妨碍、恢复原状等;其他强制执行,即前述类型化的强制之外,为实现行政的实效性而由法律设定的、尚未被类型化的强制。[⑤]

根据执行的对象,行政强制执行分为对物(财产)、行为和人身自由的强制三

---

① 参见《行政强制法》第35—37条。

② 参见杨建顺:《行政强制中的和解——三环家具城案的启示》,载《南通师范学院学报(哲学社会科学版)》2002年第1期;〔日〕南博方:《行政诉讼中和解的法理》(上)(下),杨建顺译,载《环球法律评论》2001年春季号、冬季号;刘伟光:《试论我国行政审判中调解制度的适用范围》,http://www.fjfxh.com.cn/news.asp? id=141,2001年7月3日访问。

③ 参见〔日〕盐野宏:《行政法总论》,杨建顺译,北京大学出版社2008年版,第147—148页;我国《行政诉讼法》第97条;《行政强制法》第2条第3款,第四章、第五章。

④ "代履行"又称"代执行"。从相对方角度讲,是"代履行";从执行者角度讲,是"代执行"。其他国家或地区法律一般用"代执行",如日本有《行政代执行法》。我国台湾地区用的是"代履行"。虽然我们认为用"代执行"更确切,但是,鉴于我国《行政强制法》用的是"代履行",故而本章以下除了直接引用的情形外皆统一用"代履行"。

⑤ 参见《行政强制法》第12条、第13条第1款。

种。(1) 对物(财产)的强制执行，是指义务主体逾期不履行义务时，行政机关对义务主体的财产实施强制的执行方式，包括强制划拨[①]、强制抵缴[②]、强制扣缴[③]、强制收兑(回兑)[④]、强制拆除[⑤]、强制搬迁[⑥]、责令退还[⑦]等。(2) 对行为的强制执行，是指义务主体逾期不履行某些作为义务，行政机关依强制执行程序迫使其履行作为义务而采取的方式，包括专利实施的强制许可(强制转让专利权)[⑧]、注册商标专用权处理决定的强制执行[⑨]、强制登记[⑩]、强制检定[⑪]、滞纳金[⑫]、滞报金[⑬]等。(3) 对人身及人身自由的强制执行，是指义务主体不履行法定的人身义务或者拒不接受公安机关的人身自由处罚时，执行机关依强制执行程序对其采取的强制执行方式，包括强制传唤[⑭]、强制拘留[⑮]、强制履行[⑯]、遣送出境[⑰]、强制隔离治疗[⑱]、强制戒除毒瘾[⑲]、强行带离现场[⑳]等。

根据强制手段相对于被强制义务人的形态，行政强制执行一般分为间接强制和直接强制两种。

其一，间接强制。间接强制是指行政机关通过间接手段迫使义务人履行其应当履行的义务的强制执行。对于相对人应履行而又不能为他人代履行的作为义务和不作为义务，只能采取间接强制。而对于相对人应履行但可为他人代履行的作为义务，则既可采取间接强制，又可采取直接强制。间接强制又分为代履行[㉑]和执行罚两种。

代履行，是指行政机关(一般委托第三人)代替履行法律规范直接规定的或

① 如《税收征收管理法》第 38、40 条；《行政强制法》第 12 条第 1 项，第 47 条。

② 如《海关法》第 60、61 条和《税收征收管理法》第 37、38、40 条；《行政强制法》第 12 条第 3 项，第 46 条第 3 款。

③ 如《税收征收管理法》第 38、40 条。

④ 如《外汇管理条例》第 40、41 条。

⑤ 如《城乡规划法》第 65 条、第 68 条；《行政强制法》第 44 条。

⑥ 如《国有土地上房屋征收与补偿条例》第 28 条。

⑦ 如《土地管理法》第 77、78 条。

⑧ 如《专利法》第六章。

⑨ 如《商标法》第 60 条。

⑩ 如《兵役法》第 57 条。

⑪ 如《计量法》第 9、20、25 条。

⑫ 如《行政处罚法》第 72 条(加处罚款)以及《税收征收管理法》第 32、40、44、52、53、63—65、67、88 条；《行政强制法》第 12 条第 1 项，第 45、46 条。

⑬ 如《海关法》第 24 条。

⑭ 如《治安管理处罚法》第 82 条第 2 款。

⑮ 如原《治安管理处罚条例》(已失效)第 35 条。拘留本是一种行政处罚，对抗拒在限定的时间内到指定的拘留所接受处罚的，强制执行，则属于对行为的强制执行的范畴。

⑯ 如《兵役法》第 57 条。

⑰ 如《出境入境管理法》第 21、58、62、63、64 条。

⑱ 如《传染病防治法》第 39 条第 2 款。

⑲ 如全国人民代表大会常务委员会《关于禁毒的决定》第 8 条第 2 款。

⑳ 如《人民警察法》第 8、17 条。

㉑ 参见《行政强制法》第 12 条第 5 项、第 50—52 条。

者行政行为所确立的相对人的作为义务，并向义务人征收必要费用的强制执行。代履行避免了执行机关直接凭借国家强制力迫使义务人履行义务，从而缓解了义务主体对执行的抗拒心理，只要义务人在代履行过程中不妨碍执行的实施，就可达到执行的目的。因此，代履行在强制执行中应用范围较广，具有很大的实用价值。代履行的实施前提是，相对人有法定义务存在而不履行其应该履行的法定义务。代履行的主体是强制执行机关，但代履行的具体实施一般委托给第三人承担。强制执行机关自身代履行，是完成其所承担任务的一种有效途径，这也是法律所允许的。由第三人来代履行，需要第三人接受执行机关的委托，并且，要求其与所委托实施的代履行之间没有利害关系。换言之，执行机关成为代履行主体，并不意味着该机关及其公务员必须具体实施代履行行为，只要在其主持和指挥下进行即可。

执行罚，亦称强制金、滞纳金，是执行机关对拒不履行不作为义务或者不可为他人代履行的作为义务的义务主体，课以新的金钱给付义务，以迫使其履行的强制执行。执行罚与行政处罚中的罚款有相似之处：都以行政违法为前提，都是对相对人课以一定的金钱给付义务。但是，执行罚与罚款在性质和功能上有着原则的区别。首先，执行罚的目的不是对义务主体进行金钱处罚，而是通过罚缴一定数额的金钱，促使义务主体履行其应履行却尚未履行的义务；而罚款则是对已经发生的行政违法行为给予金钱制裁。其次，执行罚可以针对同一事项反复适用，而罚款则必须遵循“一事不再罚”的原则。执行罚一般只应用于不作为义务和不可为他人代履行的作为义务，在我国税务、海关、环保、审计等部门中被广泛运用，最为典型的是滞纳金。执行罚的数额必须由法律、法规明文规定，从义务主体应履行义务之日起，按天数计算，并可反复适用。凡法律、法规明确规定了数额的，执行机关应当依法实施，如税法等规定的滞纳金。如果法律、法规只规定了一定幅度，执行机关就可以在法定幅度内进行裁量，其标准是以能够促使义务主体自动履行义务为限。一旦义务主体履行了义务，执行罚则不应再实施。鉴于现实中曾频繁出现“天价滞纳金”等尴尬局面，从立法层面对执行罚的数额进行相应的限制是非常重要和必要的。[①]

其二，直接强制。直接强制是指行政强制执行机关对拒不履行其应履行的义务的相对人的人身或者财产施以强制，以达到与义务主体履行义务相同状态的行政强制。直接强制可分为人身强制和财产强制两种。前者如强制传唤、遣送出境等；后者如强制划拨、强制抵缴以及根据《食品安全法》的规定对被污染的食品及其原料实行强制销毁等。直接强制如适用不当，极易造成对义务主体的合法权利和利益的侵害。因此，法律对直接强制的适用条件和程序作了非常严

---

① 例如，《行政强制法》第45条第2款。

格的规定,特别强调适当和比例原则。一般认为,只有在无法采用代履行、执行罚的情况下,或者虽采用了代履行或者执行罚,仍难以达到执行目的时,才能适用直接强制。也就是说,应遵循从轻至重按顺序选择的原则来选择适用强制手段。

三、行政强制的作用

(一)保证行政法律规范的实施

任何一部法律、法规的社会价值都是通过对其贯彻实施体现出来的。对于那些应当知道法律规定的义务而拒不履行的义务人,需要施以相应的强制,迫使其遵守法律,执行法律,履行义务,从而保证法律法规的顺利实施,维护法律、法规的尊严。行政强制是确保行政实效性的手段,是实施行政法律规范的有力保障。

(二)保障行政主体法定职权的行使

行政强制是行政主体依法行使职权的有力保障。行政主体在行政管理过程中,对相对人课以一定的义务,并使这种义务得以履行,是行政职权完整行使的保障。在现实生活中,往往有相对人不履行行政义务的情况发生,而行政强制的实施,有利于预防、制止或者避免这类现象的发生,维护和提高行政职权的尊严,确保其合法和有效运行。行政强制是行政命令得以贯彻实施的重要保障之一。

(三)维护社会公共秩序,促进市场经济发展

行政强制是维护社会公共秩序,促进市场经济发展的必要手段。行政管理的根本目的是维护社会公共秩序,为市场经济的发展创造良好的社会环境,而行政强制则是实现这一目标的有效手段之一。行政主体作为社会秩序的维护者,在制止、预防违法行为,敦促相对人履行义务的过程中,对相对人进行说服教育是必要的,但只靠说服、劝导的手段是不够的,往往还要对拒不履行义务的相对人采取一些必要的强制手段或者制裁手段,才能阻止其拒不履行义务的行为继续下去,防止其发展成为违法犯罪行为。另外,市场经济的发展,要求有一个公开、平等、竞争的社会经济秩序,行政主体在对作为“看不见的手”的市场予以充分尊重的基础上,依法对市场秩序、交易环境等进行规制,排除阻碍和扰乱市场经济发展的因素,可促使人们的经济活动在法治化的轨道上运行。

(四)促使公民增强法治观念,自觉履行法定义务

行政强制也是使公民增强法治观念,自觉履行法定义务的有效方法。行政强制虽然是通过实施一系列强制手段来维持社会秩序、经济秩序及公民、法人和其他组织的合法权益的,但其宣传法治以及教育、警戒的作用也十分明显。行政机关在实施行政强制的过程中,同时着眼于教育义务人。在对相对人的人身、自由及财产实施强制的同时,也必然会触动其轻视法治的观念,教育其自觉履行法

定义务。因而,说服教育与强制相结合,强制与预防相结合的原则,成为行政强制机关在实施行政强制中必须遵循的行为准则。

四、行政强制的原则

(一)行政强制的基本原则

行政强制的基本原则,是指导和规范行政强制的立法、执法(设定和实施)的基础性原则,是贯穿于行政强制的具体规范,又高于具体规范,体现其基本价值观的准则。经过《行政强制法》立法过程中的诸多讨论,理论界和实务界对行政强制基本原则的认识基本上达成一致,最终体现为《行政强制法》确立的下述五项原则[①]:

1. 行政强制法定原则

《行政强制法》第 4 条规定:"行政强制的设定和实施,应当依照法定的权限、范围、条件和程序。"这一原则主要包括两项内容:

其一,依法设定行政强制。行政强制的设定应当依照法定的权限、范围、条件和程序[②],由法律设定。[③] 尚未制定法律,且属于国务院行政管理职权事项的,行政法规可以设定除限制公民人身自由,冻结存款、汇款和应当由法律规定的行政强制措施以外的其他行政强制措施[④];尚未制定法律、行政法规,且属于地方性事务的,地方性法规可以设定查封、扣押的行政强制措施。[⑤] 法律对行政强制措施的对象、条件、种类作了规定的,行政法规、地方性法规不得作出扩大规定。法律中未设定行政强制措施的,行政法规、地方性法规不得设定行政强制措施。但是,法律规定特定事项由行政法规规定具体管理措施的,行政法规可以设定除限制公民人身自由和冻结存款、汇款以及应当由法律规定的行政强制措施以外的其他行政强制措施。[⑥] 法律没有规定行政主体强制执行的,作出行政决定的行政主体应当申请人民法院强制执行。[⑦] 并且,设定行政强制必须遵循必要的程序法规定。例如,起草法律草案、法规草案,拟设定行政强制的,起草单位应当采取听证会、论证会等形式听取意见,并向制定机关说明设定该行政强制的必要性、可能产生的影响以及听取和采纳意见的情况。[⑧]

其二,依法实施行政强制。行政强制必须严格依照法律规范的规定进行。

① 参见杨建顺:《行政强制法 18 讲》,中国法制出版社 2011 年版,第 56—58 页。
② 参见《行政强制法》第 4 条。
③ 参见《行政强制法》第 10 条第 1 款、第 13 条第 1 款。
④ 参见《行政强制法》第 10 条第 2 款。
⑤ 参见《行政强制法》第 10 条第 3 款。
⑥ 参见《行政强制法》第 11 条。
⑦ 参见《行政强制法》第 13 条第 2 款。
⑧ 参见《行政强制法》第 14 条。

首先,实施行政强制的机关必须合法,无行政强制权的机关和组织均不得实施行政强制。其次,行政强制必须有行为法依据,没有行为法依据便不能强制。再次,行政强制必须依照法定程序、在法定职权范围内实施。最后,行政强制权的授予和委托均需要依照法律规范的规定进行。[①]

2. 行政强制适当和比例原则

《行政强制法》第5条规定:"行政强制的设定和实施,应当适当。采用非强制手段可以达到行政管理目的的,不得设定和实施行政强制。"该条款规定了行政强制适当和比例原则,同时,也对理论界长期争议的比例原则和适当原则的关系,从实定法上予以明确的层次处理。

行政强制适当和比例原则,要求行政强制的设定和实施两个层面都必须对手段和目的进行衡量,准确地把握行政管理目的,充分了解实现该目的所必要的手段以及既有的手段,在确保达到行政管理目的的基础上,尽量做到选择非强制手段,选择较轻的强制手段,所选择的行政强制手段与所要达到行政管理目的的需求程度相当。

3. 说服教育和强制相结合的原则

《行政强制法》第6条规定:"实施行政强制,应当坚持教育与强制相结合。"该条款确立了说服教育和强制相结合的原则。说服教育和强制相结合的原则,亦是对前述行政强制适当原则的具体诠释,强调应当致力于教育相对人自觉守法,减少他们对行政活动的抵触情绪,自觉履行法定义务;在经合理的时间、采取适当的方法进行说服教育仍达不到行政管理目标的情况下,则须依法实施强制。行政强制尤其是行政强制执行应该是在穷尽教育手段(催告等)仍然不能实现行政目的时不得已而为之的手段。

值得注意的是,对于行政上的即时强制等行政强制措施来说,其内在的规律性决定了难以在实施前进行说服教育工作。也就是说,在事态紧急、时间紧迫的情况下,可以不经过教育、告诫程序,直接实施行政强制。

4. 行政强制不得滥用的原则

《行政强制法》第7条规定:"行政机关及其工作人员不得利用行政强制权为单位或者个人谋取利益。"该条款确立了行政强制不得滥用的原则。行政强制不得滥用的原则,与以行政强制"目的适当、手段必要、价值取向均衡"为内容的适当原则、比例原则、均衡性原则和相称性原则等具有交叉和互为促进、补充的关系,强调的是必要性、最小侵害和禁止过度。不过,这里所说的行政强制不得滥用的原则,不是从"方式手段选择"角度来评价行政强制的,而是从目的和价值取向的角度来阐述其核心内容——不得利用行政强制权为单位或者个人谋取利

---

① 参见《行政强制法》第17、18、22、29、30、34、35、45、46、50、53、59条等。

益。这也是行政强制法定原则、适当原则以及权利保障和救济原则的内在要求。

5. 加强当事人合法权益保护的原则

从强制相对人的角度看，行政强制是典型的侵益性行政行为之一，这种属性决定了行政强制权的行使必须受到更多的监督制约。所以，在行政强制的相关法规范中，全面而深入地贯彻保护当事人合法权益的原则就显得尤为重要和必要。《行政强制法》将“保护公民、法人和其他组织的合法权益”列为立法目的之一，并围绕这一立法目的，在具体条款中使之充分体现。例如，采用非强制手段可以达到行政管理目的的，不得设定和实施行政强制①；行政机关作出强制执行决定前，应当事先催告当事人履行义务②；行政机关不得对居民生活采取停止供水、供电、供热、供燃气等方式迫使当事人履行相关行政决定③；加处罚款或者滞纳金的数额不得超出金钱给付义务的数额④；公民、法人或者其他组织对行政机关实施行政强制，享有陈述权、申辩权；有权依法申请行政复议或者提起行政诉讼；因行政机关违法行政强制受到损害和因人民法院在强制执行中有违法行为或者扩大强制执行范围受到损害的相对人，有权依法要求赔偿。⑤

（二）其他相关原则

行政强制，除了应遵循《行政强制法》规定的一般原则外，还应遵循其他法律或法理确定的相关原则：

1. 及时准确、手段正当原则

在法律、法规规定了时限时，行政强制必须在法定期限内进行，不得逾期；当法律、法规没有就时限作出规定时，行政强制机关应该在不使相对人隐藏、转移、变卖、毁损强制标的或者不使其拒不履行的行为发展成为违法犯罪行为的适当期限内，实施行政强制。强制的标的既可以是物和行为，又可以是被强制人的人身自由。行政强制稍有差错，就会导致对相对人权益的严重侵害。所以，强制行为必须准确，证据确凿，执行手段合理、公平、适当，以取得最佳社会效果。

2. 强制标的有限原则

对财产和金钱给付义务的行政强制，应该有一定的范围和限度：不得超出相对人应当履行义务的范围；应当保留相对人及其所扶养家属的生活必需费用和生活必需品，以不影响相对人及其所扶养家属的最低生活标准为限。例如，实施查封、扣押，限于涉案的场所、设施或者财物，不得查封、扣押与违法行为无关的场所、设施或者财物；不得查封、扣押公民个人及其所扶养家属的生活必需品。

---

① 参见《行政强制法》第5条。
② 参见《行政强制法》第35条。
③ 参见《行政强制法》第43条第2款。
④ 参见《行政强制法》第45条第2款。
⑤ 参见《行政强制法》第8条。

当事人的相应场所、设施或者财物已被其他国家机关依法查封的，不得重复查封。[①] 在某些复杂的情况下，实施行政强制时难以准确判断所涉及财产的价值，行政强制实施后才发现已超出相对人应当履行义务的范围时，应当将多余部分退还相对人。

3. 强制与预防相结合的原则

通过行政强制，可以避免拒不履行法定义务的状态持续下去，可以制止违法行为，保护国家和社会公共利益。但是，一旦实施行政强制，又难免造成行政强制主体和行政相对人之间某种程度上的对立、抵触，不利于社会稳定发展。因此，在日常的行政活动中，应加强调查研究，分析预测，杜绝或者减少拒不履行法定义务的行为。例如，我国《消防法》《水污染防治法》等法律中都规定了这样的原则。贯彻行政强制与预防相结合的原则，应当确立行政过程论的视角，做好相应的监督检查和督促指导工作。

4. 协助强制的原则

在行政强制中，若强制标的不由相对人占有或者持有，而由案外的有关单位或者个人占有、持有或者保存时，行政机关应当通知有关单位或者个人协助强制，有关单位或者个人有义务协助强制。如果有义务协助强制的有关单位或者个人，在接到协助强制通知书后，无故推脱、拒绝或者妨碍强制，行政机关可以依法追究其责任。例如，《行政强制法》第 23 条第 2 款规定："当事人的场所、设施或者财物已被其他国家机关依法查封的，不得重复查封。"这也体现了公务协助的理念，既是对其他国家机关的尊重，也是对私人权益的尊重和保障。当然，构建和拓展该类协助机制，则需要一系列配套法规范予以支撑。

5. 行政强制的和解[②]

《行政强制法》第 42 条规定："实施行政强制执行，行政机关可以在不损害公共利益和他人合法权益的情况下，与当事人达成执行协议。执行协议可以约定分阶段履行；当事人采取补救措施的，可以减免加处的罚款或者滞纳金。""执行协议应当履行。当事人不履行执行协议的，行政机关应当恢复强制执行。"该条规定确立了行政强制执行协议制度，或曰行政强制执行和解制度。

《行政强制法》没有在总则中规定和解制度，而是将相关内容后移至行政强制执行的"一般程序"中予以规定，并且，将曾在草案阶段使用过的"执行和解"替换成"执行协议"，这说明，"和解"是必要的，但是，在"行政强制"层面，它只能是"例外"的途径或者手段选择，而不能也不应当将其确立为"原则"。

---

① 参见《行政强制法》第 23 条。

② 此项可不认为是原则，而只是规则。

五、行政强制的实施程序

为了确保相对人的合法权益不受违法和不当的行政强制的侵害，真正实现行政法治目的，世界上许多国家的有关立法都比较重视从程序上对行政强制加以制约，构筑了一系列的规制程序。根据行政强制的不同种类，对行政强制进行制约或者规制的实施程序亦有诸多不同形态。《行政强制法》对行政强制措施实施程序和行政强制执行程序分别作出规定，设置了一般规定，并对重要事项个别地设置了相应程序。

（一）行政强制措施的实施程序

1. 行政强制措施实施程序的一般规定

（1）依法判断采取行政强制措施的必要性，在法定职权和法定授权范围内实施行政强制措施。行政强制措施权不得委托。行政主体在履行行政管理职责过程中，可以依照相关法律规范的规定实施行政强制措施。根据对相关情况的把握，确认违法行为情节显著轻微或者没有明显社会危害的，可以不采取行政强制措施。①

（2）由行政主体具备相应资格的执法人员按照法定的程序实施行政强制措施。实施行政强制措施前须向行政机关负责人报告并经批准；由两名以上行政执法人员实施；出示执法身份证件；通知当事人到场；当场告知当事人采取行政强制措施的理由、依据以及当事人依法享有的权利和救济途径；听取当事人的陈述和申辩；制作现场笔录；现场笔录由当事人和行政执法人员签名或者盖章，当事人拒绝的，在笔录中予以注明；当事人不到场的，邀请见证人到场，由见证人和行政执法人员在现场笔录上签名或者盖章。此外，还须遵守法律、法规规定的其他程序。②

（3）遵守时限规定，履行报告和告知义务。情况紧急，需要当场实施行政强制措施的，行政执法人员应当在24小时内向行政机关负责人报告，并补办批准手续；当场实施行政强制措施的，在返回行政机关后，立即向行政机关负责人报告，并补办批准手续。③ 实施限制公民人身自由的行政强制措施，还须当场告知或者实施行政强制措施后立即通知当事人家属实施行政强制措施的行政机关、地点和期限，并履行法律规定的其他程序，不得超过法定期限。实施限制人身自由的行政强制措施的目的已经达到或者条件已经消失，应当立即解除。④

（4）依法移送司法机关。违法行为涉嫌犯罪应当移送司法机关的，行政机

① 参见《行政强制法》第16、17条。

② 参见《行政强制法》第17条第3款、第18条。

③ 参见《行政强制法》第19条、第20条第1款第2项。

④ 参见《行政强制法》第20条第1款第1项、第3项，第2款。

关应当将查封、扣押、冻结的财产一并移送,并书面告知当事人。[①]

2. 查封、扣押的实施程序

(1) 依法判断查封、扣押的标的,严格遵守标的有限原则。法律、法规规定的行政机关在实施查封、扣押时,须认真确认涉案的场所、设施或者财物,查封、扣押仅限于涉案的场所、设施或者财物,不得查封、扣押与违法行为无关的场所、设施或者财物,且不得查封、扣押公民个人及其所扶养家属的生活必需品,不得重复查封已被其他国家机关依法查封的当事人的场所、设施或者财物。[②]

(2) 查封、扣押决定书和清单的制作与交付。行政机关实施查封、扣押的,应当履行行政强制措施实施程序的一般规定,还应当制作并当场交付查封、扣押决定书和清单。查封、扣押决定书应当载明下列事项:当事人姓名或者名称、地址;查封、扣押的理由、依据和期限;查封、扣押场所、设施或者财物的名称、数量等;申请行政复议或者提起行政诉讼的途径和期限;行政机关的名称、印章和日期。查封、扣押清单一式二份,由当事人和行政机关分别保存。[③]

(3) 遵守法定时限,履行延期批准和告知义务。查封、扣押的期限不得超过法定期限;情况复杂的,经行政机关负责人批准,可以延长。但是,法律、行政法规另有规定的除外。延长查封、扣押的决定应当及时书面告知当事人,并说明理由。对物品需要进行检测、检验、检疫或者技术鉴定的,查封、扣押的期间不包括检测、检验、检疫或者技术鉴定的期间。检测、检验、检疫或者技术鉴定的期间应当明确,并书面告知当事人。检测、检验、检疫或者技术鉴定的费用由行政机关承担。[④]

(4) 履行妥善保管义务,承担损毁赔偿责任。对查封、扣押的场所、设施或者财物,行政机关应当妥善保管,不得使用或者损毁;造成损失的,应当承担赔偿责任。对查封的场所、设施或者财物,行政机关可以委托第三人保管,受委托的第三人负有妥善保管义务,不得损毁或者擅自转移、处置。因第三人的原因造成的损失,由行政机关先行赔付后,有权向第三人追偿。因查封、扣押发生的保管费用由行政机关承担。[⑤]

(5) 依法作出处理决定。行政机关采取查封、扣押措施后,应当及时查清事实,在法定期间内依法作出处理决定。对违法事实清楚,依法应当没收的非法财物予以没收;法律、行政法规规定应当销毁的,依法销毁。对于当事人没有违法行为,查封、扣押的场所、设施或者财物与违法行为无关,行政机关对违法行为已

---

① 参见《行政强制法》第21条。
② 参见《行政强制法》第22、23条。
③ 参见《行政强制法》第24条。
④ 参见《行政强制法》第25条。
⑤ 参见《行政强制法》第26条。

经作出处理决定，不再需要查封、扣押，查封、扣押期限已经届满，以及其他不再需要采取查封、扣押措施的情形，行政机关应当及时作出解除查封、扣押决定。解除查封、扣押应当立即退还财物；已将鲜活物品或者其他不易保管的财物拍卖或者变卖的，退还拍卖或者变卖所得款项。变卖价格明显低于市场价格，给当事人造成损失的，应当给予补偿。[①]

3. 冻结的实施程序

(1) 依法判断冻结标的，严格遵守标的有限原则。法律规定的行政机关实施冻结存款、汇款，冻结存款、汇款的数额应当与违法行为涉及的金额相当；已被其他国家机关依法冻结的，不得重复冻结。[②]

(2) 履行报告和批准程序。法律规定的行政机关实施冻结存款、汇款前须向行政机关负责人报告并经批准。[③]

(3) 表明身份，制作现场笔录。法律规定的行政机关实施冻结存款、汇款，须由两名以上行政执法人员实施，并出示执法身份证件，制作现场笔录。[④]

(4) 冻结机关的通知义务和金融机构的保密义务。行政机关依照法律规定决定实施冻结存款、汇款的，应当向金融机构交付冻结通知书。金融机构接到行政机关依法作出的冻结通知书后，应当立即予以冻结，不得拖延，不得在冻结前向当事人泄露信息。法律规定以外的行政机关或者组织要求冻结当事人存款、汇款的，金融机构应当拒绝。[⑤]

(5) 冻结决定书的交付。依照法律规定冻结存款、汇款的，作出决定的行政机关应当在法定期限内向当事人交付冻结决定书。冻结决定书应当载明下列事项：当事人的姓名或者名称、地址；冻结的理由、依据和期限；冻结的账号和数额；申请行政复议或者提起行政诉讼的途径和期限；行政机关的名称、印章和日期。[⑥]

(6) 在法定期限内作出处理决定。行政机关应当在法定期限内作出处理决定或者作出解除冻结决定；情况复杂的，经行政机关负责人批准，可以延长，法律另有规定的除外。延长冻结的决定应当及时书面告知当事人，并说明理由。[⑦]

(7) 解除冻结决定的情形及其执行。对于当事人没有违法行为，冻结的存款、汇款与违法行为无关，行政机关对违法行为已经作出处理决定，不再需要冻结，冻结期限已经届满，以及其他不再需要采取冻结措施的情形，行政机关应当

① 参见《行政强制法》第27、28条。
② 参见《行政强制法》第29条。
③ 参见《行政强制法》第30条、第18条第1项。
④ 参见《行政强制法》第30条、第18条第2项、第3项、第7项。
⑤ 参见《行政强制法》第30条。
⑥ 参见《行政强制法》第31条。
⑦ 参见《行政强制法》第32条。

及时作出解除冻结决定。行政机关作出解除冻结决定的,应当及时通知金融机构和当事人。金融机构接到通知后,应当立即解除冻结。行政机关逾期未作出处理决定或者解除冻结决定的,金融机构应当自冻结期满之日起解除冻结。①

（二）行政机关强制执行程序

1. 一般规定

（1）义务不履行的确认和履行义务的催告。行政相对人不履行应履行的法定义务,是适用行政强制执行的前提条件。行政机关实施行政强制执行,应当对该前提条件存在的事实予以确认,并事先催告当事人履行义务。经催告,当事人履行行政决定的,不再实施强制执行;经催告,当事人逾期仍不履行,且无正当理由的,行政机关可以作出强制执行决定;在催告期间,对有证据证明有转移或者隐匿违法资金迹象的,行政机关可以立即作出强制执行决定。催告应当以书面形式作出,并载明下列事项:当事人履行义务的期限;履行义务的方式;涉及金钱给付的,应当有明确的金额和给付方式;当事人依法享有的陈述权和申辩权。②

（2）听取当事人陈述和申辩,依法、合理应对具体情形。当事人收到催告书后有权进行陈述和申辩。行政机关应当充分听取当事人的意见,对当事人提出的事实、理由和证据,应当进行记录、复核;当事人提出的事实、理由或者证据成立的,行政机关应当采纳。③ 对采用非强制手段可以达到行政目的的,不得实施行政强制④;根据当事人的具体情况,在不损害公共利益和他人合法权益的情况下,可以与当事人达成执行协议,约定分阶段履行,当事人采取补救措施的,可以减免加处的罚款或者滞纳金⑤;对当事人逾期不履行行政决定且无正当理由的,以及当事人不履行执行协议的,行政机关应当实施强制执行。⑥

（3）强制执行决定书的制作与交付。强制执行决定应当以书面形式作出,并载明下列事项:当事人的姓名或者名称、地址;强制执行的理由和依据;强制执行的方式和时间;申请行政复议或者提起行政诉讼的途径和期限;行政机关的名称、印章和日期。⑦ 行政强制执行决定书应当直接送达当事人;当事人拒绝接收或者无法直接送达当事人的,应当依照《民事诉讼法》的有关规定送达。⑧

（4）行政强制执行的中止执行和终结执行。中止执行的情形有:当事人履行行政决定确有困难或者暂无履行能力的;第三人对执行标的主张权利,确有理

---

① 参见《行政强制法》第33条。
② 参见《行政强制法》第34、35条、第37条第1、3款。
③ 参见《行政强制法》第8条第1款、第36条。
④ 参见《行政强制法》第5条。
⑤ 参见《行政强制法》第42条第1款。
⑥ 参见《行政强制法》第37条第1款、第42条第2款。
⑦ 参见《行政强制法》第37条第2款。
⑧ 参见《行政强制法》第38条。

由的；执行可能造成难以弥补的损失，且中止执行不损害公共利益的；行政机关认为需要中止执行的其他情形。中止执行的情形消失后，行政机关应当恢复执行。对没有明显社会危害，当事人确无能力履行，中止执行满3年未恢复执行的，行政机关不再执行。[①] 终结执行的情形有：公民死亡，无遗产可供执行，又无义务承受人的；法人或者其他组织终止，无财产可供执行，又无义务承受人的；执行标的灭失的；据以执行的行政决定被撤销的；行政机关认为需要终结执行的其他情形。[②]

(5) 遵守时段、时间限制，采用正当的强制执行方式。除有紧急情况外，行政机关不得在夜间或者节假日实施行政强制执行。不得对居民生活采取停止供水、供电、供热、供燃气等方式迫使当事人履行行政决定。[③]

(6) 承担相应责任。强制执行中或者强制执行完毕后，据以执行的行政决定被撤销、变更，或者执行错误的，应当恢复原状或者退还财物；不能恢复原状或者退还原物的，依法给予赔偿。[④]

2. 金钱给付义务的执行

(1) 确认义务不履行，作出执行罚决定。行政机关依法作出金钱给付义务的行政决定，当事人逾期不履行的，行政主体可以依法按日加处罚款或者滞纳金。加处罚款或者滞纳金的标准应当告知当事人。加处罚款或者滞纳金的数额不得超出金钱给付义务的数额。[⑤]

(2) 执行罚的强制执行。行政机关依法实施执行罚超过法定期限，当事人仍不履行的，具有行政强制执行权的行政机关可以强制执行。实施强制执行前，需要采取查封、扣押、冻结措施的，依照查封、扣押、冻结的规定办理。没有行政强制执行权的行政机关应当申请人民法院强制执行。但是，当事人在法定期限内不申请行政复议或者提起行政诉讼，经催告仍不履行的，在实施行政管理过程中已经采取查封、扣押措施的行政机关，可以将查封、扣押的财物依法拍卖抵缴罚款。[⑥]

(3) 法律规定的行政机关决定划拨存款、汇款的，应当书面通知金融机构。金融机构在接到行政机关划拨存款、汇款的决定后，应当立即划拨。[⑦]

(4) 依法拍卖财物，由行政机关委托拍卖机构依照《拍卖法》的规定办理。[⑧]

---

① 参见《行政强制法》第39条。
② 参见《行政强制法》第40条。
③ 参见《行政强制法》第43条。
④ 参见《行政强制法》第41条。
⑤ 参见《行政处罚法》第51条第1项，《行政强制法》第45条。
⑥ 参见《行政强制法》第46条。
⑦ 参见《行政强制法》第47条第1款。
⑧ 参见《行政强制法》第48条。

(5) 划拨存款、汇款及拍卖和依法处理所得的款项,应当上缴国库或者划入财政专户。任何行政机关或者个人不得以任何形式截留、私分或者变相私分。[①]

3. 作为义务的执行

作为义务的执行,应当首先履行催告(告诫)程序,在催告后仍未履行的,才实施代履行。催告应在事先以书面形式进行。在催告设定的履行期限内,义务人未履行,并且确有不履行义务的故意而不是实际上不能履行时,才可以实施代履行。只有在特殊情况下,由于形势紧迫,来不及催告时,才可以不经事先催告和不待期限届满,立即代为履行[②],这种情况称为即时代履行。代履行以向义务人征收费用为终结。

(1) 作为义务不履行的确认与催告。行政机关依法作出要求当事人排除妨碍、恢复原状等的行政决定,当事人逾期不履行的,行政机关应当对相关作为义务不履行的事实予以确认,向当事人发出催告。经催告,当事人仍不履行,其后果已经或者将危害交通安全、造成环境污染或者破坏自然资源的,行政机关应当作出代履行的决定。[③]

(2) 代履行决定书的送达与再次催告。行政机关作出代履行决定,应当制作代履行决定书,并在代履行前送达决定书。代履行决定书应当载明当事人的姓名或者名称、地址,代履行的理由和依据、方式和时间、标的、费用预算以及代履行人等。在代履行3日前再次催告,当事人履行的,停止代履行;经催告,当事人仍然不履行的,实施代履行。[④]

(3) 代履行的实施与监督。行政机关实施代履行,可以亲自代履行,也可以委托没有利害关系的第三人代履行。委托实施代履行的,作出决定的行政机关应当派员到场监督。[⑤]

(4) 代履行的执行文书与费用负担。代履行完毕,行政机关到场监督的工作人员、代履行人和当事人或者见证人应当在执行文书上签名或者盖章。代履行的费用按照成本合理确定,由当事人承担。但是,法律另有规定的除外。[⑥]

(5) 即时代履行。需要立即清除道路、河道、航道或者公共场所的遗洒物、障碍物或者污染物,当事人不能清除的,行政机关可以决定立即实施代履行。立即实施代履行时当事人不在场的,行政机关应当在事后立即通知当事人,并依法

---

① 参见《行政处罚法》第53条,《行政强制法》第49条。
② 参见《行政强制法》第52条。
③ 参见《行政强制法》第50条。
④ 参见《行政强制法》第51条第1款第1项、第2项。
⑤ 参见《行政强制法》第50条、第51条第1款第3项。
⑥ 参见《行政强制法》第51条第1款第4项、第2款。

作出处理。[①]

(6) 公告后强制拆除。对违法的建筑物、构筑物、设施等需要强制拆除的，应当由行政机关予以公告，限期当事人自行拆除。当事人在法定期限内不申请行政复议或者提起行政诉讼，又不拆除的，行政机关可以依法强制拆除。[②]

（三）申请人民法院强制执行程序

(1) 申请人民法院强制执行的实体要件。当事人在法定期限内不申请行政复议或者提起行政诉讼，又不履行行政决定的，没有行政强制执行权的行政机关可以在法定期限内依法申请人民法院强制执行。[③]

(2) 申请人民法院强制执行前的程序要件。行政机关申请人民法院强制执行前，应当催告当事人履行义务。催告书送达后法定期限内当事人仍未履行义务的，行政机关可以向所在地有管辖权的人民法院申请强制执行；执行标的是不动产的，向不动产所在地有管辖权的人民法院申请强制执行。[④]

(3) 申请人民法院强制执行的材料提供。行政机关向人民法院申请强制执行，应当提供下列材料：强制执行申请书；行政决定书及作出决定的事实、理由和依据；当事人的意见及行政机关催告情况；申请强制执行标的情况；法律、行政法规规定的其他材料。强制执行申请书应当由行政机关负责人签名，加盖行政机关的印章，并注明日期。[⑤]

(4) 申请人民法院强制执行的受理与异议裁定。人民法院接到行政机关强制执行的申请，应当在法定期限内受理；不属于本院管辖的，不予受理。行政机关对人民法院不予受理有异议的，可以在法定期限内向上一级人民法院申请复议，上一级人民法院应当在法定期限内作出是否受理的裁定。[⑥]

(5) 申请人民法院强制执行的审查与裁定。人民法院应当在法定期限内对行政机关强制执行的申请进行书面审查，对符合相关法规范的规定，且行政决定具备法定执行效力的，应当在法定期限内作出执行裁定。[⑦] 裁定不予执行的，应当说明理由，并在法定期限内将不予执行的裁定送达行政机关。行政机关对人

---

① 参见《行政强制法》第 52 条。

② 参见《行政强制法》第 44 条。

③ 参见《行政诉讼法》第 97 条，《行政诉讼法司法解释》第 155 条，《国有土地上房屋征收与补偿条例》第 28 条，《行政强制法》第 53 条。另外，《行政诉讼法》第 95 条和《行政诉讼法司法解释》(2018)第 154 条还专门设置了“拒绝履行判决、裁定、调解书的”强制执行制度及“发生法律效力的行政判决书、行政裁定书、行政赔偿判决书和行政调解书”的执行制度。

④ 参见《行政强制法》第 54 条，《行政诉讼法司法解释》第 157 条。

⑤ 参见《行政强制法》第 55 条。《行政诉讼法司法解释》(2000)第 91 条曾作出相应规定，而《行政诉讼法司法解释》(2018)第 155 条的规定，则采取了“应当提交行政强制法第五十五条规定的相关材料”的援引方式。

⑥ 参见《行政强制法》第 56 条。

⑦ 参见《行政诉讼法司法解释》(2018)第 155 条，《行政强制法》第 57 条。

民法院不予执行的裁定有异议的,可以依法向上一级人民法院申请复议,上一级人民法院应当在法定期限内作出是否执行的裁定。[①]

(6) 人民法院应当裁定不准予执行的情形。人民法院应当裁定不准予执行的情形有:实施主体不具有行政主体资格的;明显缺乏事实根据的;明显缺乏法律、法规依据的;其他明显违法并损害被执行人合法权益的。[②] 对诸如此类"明显"违法情形作出不予执行的裁定,本是理所当然的事情。但实定法上仍规定了在作出裁定前可以听取被执行人和行政机关双方当事人的意见[③],以避免在某些个别特殊情况下法院对"明显"认识的错误。当然,为确保不准予执行裁定的公正性,法律还设置了相应的事后救济程序。[④]

(7) 紧急情况下的简易程序。因情况紧急,为保障公共安全,行政机关可以申请人民法院立即执行。经人民法院院长批准,人民法院应当在法定期限内予以执行。[⑤] 行政机关或者行政行为确定的权利人申请人民法院强制执行前,有充分理由认为被执行人可能逃避执行的,可以申请人民法院采取财产保全措施。后者申请强制执行的,应当提供相应的财产担保。[⑥]

(8) 人民法院强制执行裁定的执行。《行政强制法》并未对强制执行裁定的执行制度作出明确规定。该法只是确立了司法裁判、行政执行、裁执分离模式,即人民法院裁定执行的,由行政机关或者由行政机关委托没有利害关系的其他组织负责其具体实施。[⑦] 而依法拍卖财物,由人民法院委托拍卖机构依照《拍卖法》的规定办理。划拨存款、汇款及拍卖和依法处理所得的款项应当上缴国库或者划入财政专户,不得以任何形式截留、私分或者变相私分。[⑧]

(9) 申请人民法院强制执行的费用承担。行政机关申请人民法院强制执行,不缴纳申请费。强制执行的费用由被执行人承担。人民法院以划拨、拍卖方式强制执行的,可以在划拨、拍卖后将执行费用扣除。[⑨]

---

① 参见《行政强制法》第58条第2、3款。

② 参见《行政诉讼法司法解释》(2018)第161条。

③ 参见《行政强制法》第58条第1款。

④ 参见《行政诉讼法司法解释》第161条第2款规定:"行政机关对不准予执行的裁定有异议,在十五日内向上一级人民法院申请复议的,上一级人民法院应当在收到复议申请之日起三十日内作出裁定。"

⑤ 参见《行政强制法》第59条。

⑥ 参见《行政诉讼法司法解释》第159条。

⑦ 参见杨建顺:《司法裁判、裁执分离与征收补偿》,载《法律适用》2011年第6期,2011年6月8日。

⑧ 参见《行政强制法》第60条第3、4款。

⑨ 参见《行政强制法》第60条第1、2款。

第十七章　行政机关实施的其他行为

第一节　行政指导行为

一、行政指导的概念

行政指导是行政机关基于国家的法律、政策的规定而作出的，旨在引导相对人自愿采取一定的作为或者不作为，以实现行政管理目的的一种非职权行为。行政指导既是现代行政法中合作、协商的民主精神发展的结果，也是现代市场经济发展过程中对市场调节失灵和政府干预双重缺陷的一种补救方法。在现代行政法中，行政指导具有行政决定无法替代的法律地位。行政指导具有以下三个特征：

(1) 行政性。行政指导行为行政性这一法律特征表明，行政指导行为作为一种行政行为属于行政法学研究的范围。行政指导行为的行政性可以作如下几个方面的理解：其一，行政指导行为是发生在行政领域中的一种法律现象。尽管它不是一种行政职权行为(法律行为)，但却是基于行政职能作出的一种行政行为。其二，行政指导行为的目的是通过一种非行政职权性的行为，达到与实施行政职权行为殊途同归的目的，一方面相对人可能更容易接受，另一方面也可以降低行政成本。其三，行政指导行为是以调整行政关系为基本内容的一种与行政法律行为相关的行为。行政性决定了行政指导是一种行政领域中的现象，是行政法学应予研究的对象。

(2) 多样性。行政指导行为的多样性是指它在具体活动方法上因法律没有作出明确的羁束性规定，故由行政机关根据实际情况裁量决定。这一特征既反映了行政机关在行政指导行为中拥有很大的行政裁量空间，也说明了它在具体实施中的复杂性以及在法律上防止行政机关滥用行政指导行为的重要性。常见的行政指导行为方式有引导、劝告、建议、协商、示范、制定导向性政策、发布官方信息等。“为了使行政指导相对人的权利自由不受行政官僚主义及便宜主义的侵害，保证裁量判断、决策过程的公开及其他公正程序的统制，是极其重要的。”[①]对于行政指导的行为，当行政实体法在控制其滥用方面无能为力的情况下，行政程序法的控制就是一种更好的选择。

---

① 〔日〕室井力主编：《日本现代行政法》，吴微译，中国政法大学出版社1995年版，第157页。

（3）自愿性。行政指导行为自愿性的确立与行政指导行为的非强制性是紧密相连的。行政指导的本质是非行政职权性行为，承受行政指导行为的相对人是否接受指导取决于其自由意志。相对人对行政指导行为不具有必须服从的义务，行政指导行为也不具有法律上的可救济性。相对人接受行政指导行为产生一定的法律后果，相对人在接受行政指导行为之前是有心理准备的，因此事后法律也没有为其提供正式的法律救济途径。

行政指导行为的产生和发展与市场经济具有密不可分的关系。市场经济的发展促使经济理论不断更新，这无疑会使得政府管理经济的具体手段发生变化。行政机关通过行政决定式命令对经济、社会发展发号施令是计划经济体制的一个重要特征。作为生产和经营的主体只要遵守政府发出的各种命令，顺从政府对经济、社会发展的各种安排，就能获得生存的空间。在生产和经营主体没有任何自主权的情况下，作为非权力性的行政指导行为也不具有存在的事实基础。当时的一些法律、政策中虽然也有“指导”等字样，但在行政管理实践中往往变成了相对人不可违抗的行政命令。市场经济体制的确立与发展，因单一的行政管理模式不能适应市场经济多元主体发展的需要，客观上要求政府必须转变职能。除保留部分必要的指令性计划外，大量的指导性计划应运而生，因指导性计划产生的行政指导行为在经济、社会发展中产生了巨大的作用。“在诸如经济行政和科技行政领域，有关经济情况的变化、技术革新的实态却需要弹性的控制，完全由法律作出硬性规定存在困难。另外，即使某些事项可以由法律作出规制，但在立法完成之后，也可能会出现立法当初所没有预想到的新情况，法律应对会出现困难。在此情况下，政府如果以没有法律根据为由袖手旁观，就违背了其承担的公共行政职责，并辜负了国民对公共行政的期待与信赖。基于此，现代政府的管理除采用前述正式的规制手段之外，还需要有行政指导作为补充。”①在我国，行政指导行为既有法律、政策依据②，也有大量行政实践经验积累③，但实践中存在的问题还是比较多的，在行政法学研究方面对行政指导理论的提炼和探讨还是比较欠缺的。行政指导作为一个非本土化的概念，我们对它的理解应当说还是比较肤浅的。虽然已有几部关于行政指导的专题著作④，但基本上处于理论论述和介绍外国行政指导的层面（当然这种研究工作也是非常重要的），对中国行政指导的应然性和实然性研究不够。我国市场经济的建立和发展客观上要求我

① 闫尔宝：《日本的行政指导：理论、规范与救济》，载《清华法学》2011年第2期。

② 如《国务院全面推进依法行政实施纲要》（2004）中提出“充分发挥行政规划、行政指导、行政合同等方式的作用”。

③ 如国家工商总局《关于工商行政管理机关全面推进行政指导工作的意见》（工商法字〔2009〕230号）。

④ 如莫于川的《行政指导论纲：非权力行政方式及其法治问题研究》（重庆大学出版社1999年版）和郭润生等的《论行政指导》（中国政法大学出版社1999年版）等。

们对行政指导行为进一步理论系统化、实践法律化。

二、行政指导的原则

行政指导的原则是实施行政指导行为所必须遵循的基本准则。它的作用一方面是统摄行政指导行为的行为全过程不偏离法定目的，另一方面是为了弥补行政指导行为实施过程中可能出现的法律漏洞。根据行政法理论和现行有关国家行政程序法的规定，行政指导原则可归纳为下述三项：

（1）正当性原则。正当性原则是指行政指导行为必须最大限度保障行政相对人对指导的可接受性。从利己这一人性本能出发，相对人面对可选择的行政指导行为，必然会将自己的利益在限定的范围内实现最大化。如果相对人认为行政指导对其可能产生不利结果，他就不会接受行政机关的指导。我们之所以将正当性作这样的界定，是因为行政指导行为是以相对人接受其所产生的预期效果为前提的。

这一原则可从以下几方面理解：其一，行政指导行为的正当性必须以其合法性为前提，没有行政指导行为的合法性，行政指导行为的正当性也就失去了存在的基础。这里合法性之中的“法”主要是指成文的法律规范。当然，与法律一致的规范性文件、政策也可以成为行政指导的依据。但法律、规范性文件、政策也难以覆盖所有的行政管理领域，行政管理实践中还存在着既没有法律依据，也没有规范性文件、政策依据的行政指导。对于这类行政指导应当用法律精神去作“合法性”评价，只要是符合现行法律精神的行政指导，我们就应当承认其有合法地位。[①] 其二，正当性体现了行政指导行为是一种以理服人的“柔性”行政活动，它的过程本身也应当是一个说理释疑的过程。行政指导的正当性正是通过这一说理释疑的过程，期望相对人尽可能接受行政指导行为。在现代社会中，行政机关作为服务于公益的国家机关，其存在的基础在于以法以理服人。民主、宪制的发达使民众不再是行政权力可以任意支配的客体，而是成了行政机关去存的决定力量。因此，行政机关与公民之间的关系只能通过说理明法的沟通才能维持。作为一种非权力性行为，行政机关必须对行政指导给出充分的理由，才能说服相对人自愿接受。其三，正当性可以约束和避免行政机关实施行政指导行为的过程中滥用裁量权。由于行政机关实施行政指导有时仅需要管辖权的依据，因此，行政指导行为具有很大的裁量权。我们知道，对于现代市场经济来说，行政指导是一种必不可少的维持经济秩序的重要力量，因此，通过行政机关实施行政指导实现社会秩序的正常化是必须首先关注的一个价值目标。但是，行政指导毕竟

① 日本学者南方博教授认为：“行政指导，有些是基于法律的根据而进行的，但是，大多数是在没有法律的具体根据的情况下进行的。”〔日〕南博方：《行政法》（第6版），杨建顺译，中国人民大学出版社2010年版，第83页。

有滥用的可能性，通过强调行政指导的正当性有助于防止和制约行政机关滥用行政指导。

（2）自愿性原则。自愿性原则是指行政指导应为相对人自愿接受。行政指导行为不是一种行政机关以行政职权实施的，以期产生法律效果的行政行为，对相对人不具有法律上的约束力。相对人不愿意接受行政指导行为，行政机关不能借助国家强制力迫使相对人接受，否则，行政机关的行政指导行为就质变为具有强制力的行政行为了。

这一原则可以从以下几个方面理解：其一，自愿性意味着相对人接受行政指导行为完全是出于其自己的真实意思表示，而不能是在他人意志的支配下作出的"接受"。这是自愿性原则的本质要求，不能离开这一点来理解自愿性原则。正是这一原则，在行政指导行为与行政决定之间划出了一条分界线。其二，自愿性意味着相对人对是否接受行政指导行为具有选择权。行政指导行为实质是为相对人作决策提供一个可选择的方案，它对相对人如何决策没有约束力，只有说服力。必须指出的是，虽然这种选择权是完全赋予相对人的，但是，如果相对人没有作出行政机关所希望的那种选择，那么行政机关也不能区别对待该相对人与作了符合行政机关意愿选择的相对人。其三，自愿性还意味着相对人对接受行政指导行为产生的不利后果，只能自己承担而不能归咎于作出行政指导行为的行政机关。[①] 当然，这并不是说行政机关可以不计后果任意作出行政指导，本着责任政府的原则，它应当加强行政指导的科学性、准确性，否则将会严重影响政府的信誉。

（3）必要性原则。如果行政机关进行行政指导比起实施行政法律行为可能产生更好的客观效果，那么行政机关应当优先选择行政指导。此为必要性原则之内容。行政机关行使行政职权的基本目的在于维持正常的社会秩序，促进社会的全面进步。如果通过行政指导能达到这一目标，并且可以降低行政成本，行政机关完全可以选择采用行政指导而非实施强制性行政行为实现行政目标。

这一原则可以从以下几个方面理解：其一，"必要性"是一种客观状态在人们主观上的反映，因此，指导人们去认识这种客观状态的方法是否正确，直接影响到人们能否认识必要性这种客观状态。我们不能为了推行行政指导而过分夸大行政指导行为的功能，也不能因行政指导没有强制性而否定行政指导行为在现代市场经济中的作用。正确地把握行政指导的功能是行政指导必要性原则的核心内容。其二，"必要性"作为一种客观状态也是在不断变化的，这种变化可直接

---

① 如农民在接受政府的行政指导后种植水果，但来年因市场水果太多而无法销售，不能由政府来承担因此造成的损失。这是因为政府关于种植水果的行政指导是根据当年水果市场的状况而作出的一种预测，这种预测只不过是一种建议、劝告，相对人具有完全的行为能力，对于政府的预测应具有判断能力。

决定行政机关是否采用行政指导作为管理社会的一种手段。如果不能认识到这一点，必然会降低行政机关运用此种手段管理社会的有效性。其三，必要性是行政机关实施行政指导行为的一种客观依据，它不依人的主观意志而发生变化。因此，行政机关必须在正确的方法论指导下认识客观情况的变化。

三、行政指导的主要方式

行政指导行为本身具有较大的裁量性，其实施的具体方式也因为行政事务的复杂性而多种多样。有的学者将日本行政法上的行政指导方式提炼为“说服、教育、示范、劝告、建议、协商、政策指导、提供经费帮助、提供知识、技术帮助等”。[①] 也有学者从行政法理论上将行政指导方法归纳为“指导、引导、辅导、帮助、通知、提示、提醒、提议、劝告、规劝、说服、劝诫、劝阻、建议、提供意见、主张、商讨、协商、沟通、赞同、表彰、提倡、宣传、推荐、示范、推广、激励、勉励、奖励、斡旋、调解、调和协调、指导性计划（规划）、导向性行政政策、纲要行政和发布官方信息、公布实情”。[②] 应当说，上述学者对行政指导方式的归纳是很有意义的，为我们进一步认识行政指导提供了较好的理论基础。本书在此选择几种具有代表性的行政指导方式分述如下：

（一）说服

说服是行政机关通过陈述情理希望相对人接受行政指导的一种活动。说服以行政机关说理为前提。由于行政指导没有国家强制力作为后盾，因此，要使相对人接受行政指导，行政机关就应当以理服人。行政实务中行政机关说理的障碍是行政机关工作人员内心深处的等级、特权思想观念。虽然我们也提倡在行政管理中要做“说服”工作，但说服经常与“教育”联系在一起。说服如为教育所取代，便成了行政机关单方面的训导、灌输。因此，如要使行政指导成为行政管理的一种方式，行政机关必须平等地对待相对人，学会讲道理，不能以教育者自居。

（二）建议

建议是行政机关根据行政管理目标的需要，将自己对实现行政管理目标的方法、途径等形成的意见告诉相对人，希望相对人响应其建议，从而帮助行政机关达成行政管理的目标。建议一般有具体的内容，相对人接受后具有可操作性。如果相对人在接受建议后需要行政机关帮助，行政机关应当给予满足。如某台商拟在大陆某市投资修建大型娱乐场，负责审批的行政机关在接到其申请后，从保证地方产业投资平衡、台胞投资可靠回报等角度考虑，在审批该申请前主动向

---

① 杨建顺：《日本行政法通论》，中国法制出版社 1998 年版，第 536—537 页。

② 参见莫于川：《行政指导论纲：非权力行政方式及其法治问题研究》，重庆大学出版社 1999 年版，第 140—147 页。

该申请者详细说明目前该市产业政策调整方向和特殊资源优势所在，分析说明目前在该市投入巨资建造娱乐城的利弊得失，劝告其对拟投资项目再作认真考虑，并建议其投资转向当地政策重点扶持的产业和行业。后来该台商听从政府官员的劝告和建议，自愿转变投资方向，办起了生物药材农工商一体化企业。该企业建成后颇见成效，因此该台商非常感激当地政府有关部门此前的善意指导。[①] 可见，行政机关正确运用行政指导的方式，客观上可以产生良好的社会效果，对提升政府的"善治"形象具有重要的促进功能。

（三）协商

协商是行政机关为了取得相对人对其实现某一行政管理目标的支持，与相对人就某一行政管理事项进行商讨，增进互相了解与沟通，谋求与相对人达成共识。当行政机关为了某一行政管理目标进行活动时，必然会影响部分相对人的既有利益，如城市道路拓宽、建造城市污水处理设施等。如果行政机关事先就此问题与受不利影响的相对人进行协商，听取其意见，顾及其所受到的利益损失，那么，相对人是能够在理解的基础上支持行政机关的行政管理活动的。

（四）奖励

奖励是行政机关通过给予相对人一定的物质和精神鼓励，引导相对人从事有助于行政机关达成行政管理目标的行为。物质奖励是行政机关给予相对人一定数量的奖金或者奖品。精神奖励是行政机关给予相对人一定的名誉。行政指导中的奖励方式是基于人从事社会活动具有的获取利益的倾向，通过物质或者精神的刺激满足人的需要，引导个人、组织从事某种特定的活动。如《教育法》第13条规定："国家对发展教育事业做出突出贡献的组织和个人，给予奖励。"行政指导奖励方式的效果有时远远超过行政机关行政命令式的行政管理活动。在确定行政指导奖励方式时，应当注意奖励的种类、数量是否符合比例原则的要求。因为对相对人的奖励太少，起不到应有的作用，而奖励太多又会产生副作用。同时，行政机关还应当注意奖励的及时性，从而使行政指导的效果最大化。

（五）帮助

帮助是行政机关通过为相对人提供某种便利的条件，引导相对人实施有利于行政机关达成行政管理目标的活动。在现代社会中，行政机关因其所处的优越地位使其掌握许多政治、经济和文化发展的信息，而相对人因处于被管理的地位，具有天然的被动性。如果行政机关在相对人从事政治、经济和文化活动时给予必要的帮助，必然可以引导相对人的行为朝着行政机关确定的管理目标方向

---

① 参见莫于川：《行政指导论纲：非权力行政方式及其法治问题研究》，重庆大学出版社1999年版，第259—260页。

发展。[1] 因此,行政机关恰当运用行政指导的帮助方式,能够有效促进行政管理,达成良好的行政管理目标。

四、行政指导的实施

(一) 行政指导行为的实施依据

行政机关实施行政指导行为需要有一定的依据,以使行政指导行为获得合法性、正当性。行政指导是否需要依据以及需要什么样的依据,在行政法理论上一直是有争议的。有人认为,所有行政指导都需要有法律上的依据,没有法律依据,任何行政指导行为都不得实施。也有人认为,至少行政指导中实质上规制相对人权利和自由的规制性行政指导,需要有法律依据。换言之,规制性行政指导的实质形态是权力作用,因此,要实行这种权力作用,仅有组织法上的权限规范还不够,还需要有行为法上的规范作为基础。[2] 也有学者认为,应"明确行政指导属于政府行政机关享有的法定行政职权。但其通常可得以依据法律对某行政机关或者某管理事项的原则性授权而为之。毋需直接依照法律、法规等的具体条文规定"。[3] 我们认为,没有任何法律依据的行政指导行为与法治原则不符,若如此,行政机关很可能也很容易借用行政指导之名实施违法行政,但要求所有行政指导都必须有具体的行为法根据也是不可能的。所以,关于行政指导行为是否需要依据以及需要什么样的依据,我们认为宜采职权依据说,即"行政机关或者其他行政主体依据职权,在其所管辖事务的范围内,可以向相对人实施行政指导"[4]。从学理上讲,行政指导行为的依据可分为规范性依据和非规范性依据:

(1) 规范性依据。规范性依据是指具有明确行政指导行为内容的法律规范或者规范性文件或政策规定。如《教师法》第 18 条规定:"各级人民政府和有关部门应当办好师范教育,并采取措施,鼓励优秀青年进入各级师范学校学习。"行政指导行为规范性的依据明确、直接,可以为行政机关实施行政指导行为提供直接的依据。因这类行政指导行为有明确的规范性依据,其合法性比较容易作出判断。随着国家立法技术的提高,立法机关应当尽可能为行政机关提供明确的行政指导的依据。目前我国立法为行政机关实施行政指导行为提供的基本上是

---

① 如乡镇人民政府积极主动地帮助村民进行村民委员会选举,必然有助于乡镇人民政府在村民中开展工作。再如对于农民卖水果难的问题,政府通过自己的优势地位了解市场信息,提供给农民作参考。浙江省义乌市人民政府针对外商来义乌从事商品贸易活动的增加,利用义乌商贸学院在晚上免费为市民培训外语,取得了良好的社会效果。

② 杨建顺:《日本行政法通论》,中国法制出版社 1998 年版,第 556 页。

③ 崔卓兰:《论行政指导及其法制化》,载《中国法学》1997 年第 1 期。

④ 姜明安:《中华人民共和国行政程序法(试拟稿)》,载姜明安主编:《行政执法研究》,北京大学出版社 2004 年版,第 350 页。

实体依据，对于实施行政指导行为的程序则一般留给行政机关自由裁量决定。

(2) 非规范性依据。非规范性依据是指行政指导行为所基于的法律原理、原则和行政机关对客观情况和社会发展需要的考量等。行政机关对行政指导行为的非规范性依据具有解释权。非规范性依据虽然必要，但也可能导致行政机关出于不正当的动机，滥施行政指导，或者致使行政机关怠于实施行政指导行为，因此，应当适当减少非规范性依据的适用。当然，这并不否定行政机关在法外实施行政指导。“即使是法外的行政指导，只要其内容不违反法律，并且不是采取实质上等于强制的不正当手段，就应该充分承认行政指导。”[①]必须指出的是，这里的“法外的行政指导”不能理解为没有任何依据的行政指导。行政机关实施法外的行政指导，如果损害国家利益、公共利益和行政相对人利益，应当依法承担行政法律责任。

(二) 行政指导行为的实施规则

尽管行政指导行为不是行政决定，对相对人的合法权益不产生直接的影响，但它毕竟是行政机关基于公务而实施的一种行为，有侵犯相对人合法权益的可能性。因此，行政机关在实施行政指导行为时，必须遵守如下规则：

(1) 行政机关对行政指导行为所涉及的事务应有法定管辖权。行政指导行为不是行政决定，但它与行政机关职权之间的法律关系仍然存在，即行政指导行为是行政机关基于职权实施但不产生法律效果的行为。正是基于这种法律关系才将行政指导行为限定在行政机关的法定管辖权之内。行政机关超越法定管辖权实施的行政指导行为应当承担行政法律责任。

(2) 行政指导行为不以相对人同意为实施前提条件。行政指导行为是行政机关实施的一种主动行为，它不取决于相对人是否同意接受，这一点与依职权行政行为相同。其原理是行政指导行为仍是与行政机关职权有关的行为。但行政机关不能借助于行政强制力实施行政指导，不能迫使相对人接受行政指导行为。有时行政机关在行政指导行为中指明相对人如不接受行政指导行为，可能会产生某种不利的后果，这仍然是指导性的，不能视为该行政指导行为具有强制性。

(3) 行政机关实施行政指导行为应当明示依据，并受之约束。既然行政指导行为是一种与行政机关职权有关的行为，那么应当向相对人明示行政指导的依据(规范性依据或非规范性依据)。这既是行政职权行使有据的基本要求，也是提高行政指导说服力的正当需要。

---

① 胡建淼：《行政法学》(第3版)，法律出版社2010年版，第374页。

五、行政指导的程序

（一）国外的一般做法

行政指导程序是行政机关实施行政指导行为时所应当遵循的方式、步骤等所构成的一个连续过程。如前所述，行政机关实施行政指导具有相当大的裁量空间，如果我们不设法加以规范，那么行政机关滥用行政指导将无法避免。同时，由于行政实体法不可能为行政机关的行政指导行为提供详尽的依据，规范行政机关行政指导行为的重任必然要由行政程序法来承担。因此，通过行政程序来规范行政指导行为是完善行政指导制度的重要途径。

行政指导方式的多样化决定了行政指导程序统一设置的困难性，但这并没有阻止法治国家作这方面的努力。日本是在这方面作了探索并获得成功的国家之一。日本是行政指导制度的发源地，它对行政指导程序所作的建构不容忽视。[①] 从实际效果看，日本行政程序法中关于行政指导的程序的规定不仅影响了韩国等国的行政程序法内容，而且对于我们制定行政程序法同样具有相当的借鉴意义：

（1）行政指导的程序原则。有关行政指导的程序原则主要有：第一，不越管辖权原则，即行政机关应当在其管辖权限内实施行政指导。这一原则保证了行政机关之间实施行政指导上的明确分工，避免发生行政指导上的冲突。第二，相对人自愿协助原则，即只有在相对人自愿接受指导时，行政机关才能实施行政指导，以达成行政管理的目标。第三，不得强制原则。行政机关不得因为相对人不听从其行政指导而对其作出不利决定。

（2）行政指导的程序类型。行政程序立法选择了两种比较典型的行政指导行为，分别作出不同的规定：第一，与申请有关的行政指导。对于要求撤回申请或者变更其内容而作的行政指导，申请人如果明确表示不服从该行政指导，行政机关不得继续实施行政指导妨碍该申请人行使权利。这是终止行政指导程序的特别规定。第二，有关许可、认可等权限的行政指导。具有许可、认可等权限或者基于许可、认可有作出行政处分权限的行政机关，在不能行使该权限或者无行使该权限意思而实施行政指导时，不得向相对人表示其有这方面的权限和命令相对人服从其行政指导。

（3）行政指导的方式。行政机关应当明确告知相对人实施行政指导的目标、内容及其承办的机关工作人员。这是行政明确性原则的基本要求。“明确告知”有助于相对人全面了解行政指导行为，从而考虑是否服从行政指导的决定。

---

① 参见朱芒：《行政指导的行政程序》，载张兴祥等：《外国行政程序法研究》，中国法律出版社2010版，第162页以下。

"明确告知"可以通过口头方式实施,但相对人请求行政机关给予书面的行政指导的,除在行政上有特别困难的情况之外,实施行政指导的行政机关应当满足相对人的要求。但书面告知不适用于:要求相对人当场实施服从行为的情形;要求的内容与已通过书面形式告知相对人的事项内容相同的情形。

(4) 以多数人为行政指导的对象。为了实现同一行政目标而对符合一定条件的多数人实施行政指导时,行政机关应当事先根据事务的性质确定这一行政指导的共同内容,除行政上有特别困难的情况之外,该行政指导应当公布。

(二) 我国行政指导程序立法的设计

我国制定行政程序法势在必行,在行政程序法中行政指导也应有其地位。结合行政程序法的理论和日本等国的立法经验,我国行政指导程序应规范以下几个方面的事项:

(1) 告知。行政机关实施行政指导行为,应当将行政指导行为内容通过告知程序使相对人知晓。告知原则上应当以书面形式进行,除非法律有特别规定。对于需要相对人事先作相应准备的行政指导行为,行政机关应当提前告知相对人,并给予相对人合理的准备时间。

(2) 听证。对于重大的或者对多数人实施的行政指导行为,在实施前可根据听证程序举行听证会,听取相对人的意见和建议。这既可以完善行政指导行为的内容,也可以为相对人服从行政指导行为提供心理基础。在行政指导程序中适用听证主要是为了提高行政机关行政透明度。行政机关的指导行为如果没有必要的透明度,必然会增加相对人的不安全感,从而影响正常的社会秩序。

(3) 行政指导程序终止。在行政机关实施行政指导的过程中,相对人如明确表示出不服从行政指导,行政机关应当终止行政指导程序,不得强行要求相对人服从。如果行政机关强行实施行政指导,那么这种"行政指导行为"就已经质变为行政决定,对此,相对人可以通过法定程序申请复议或者提起行政诉讼寻求救济。

(4) 备案。重大的行政指导行为,行政机关应当事后向本级政府备案,并接受其监督检查。本级政府经审查认为该行政指导行为违法,可以依照职权撤销或者改变该行政指导行为。

六、行政指导的救济

行政指导行为是一种非职权行为,对相对人没有约束力。但行政指导行为毕竟是行政机关作出的一种行为,相对人基于对行政机关的信赖而接受行政指导行为,如果产生了不利后果,行政机关是否应当承担法律责任呢?有学者认为不应承担责任,因为行政指导行为是相对人自愿接受的,其本身并无法律上的约束力。但也有学者认为应当承担一定的责任,理由是"这可以提升行政指导的质量,防止滥用行政指导,完善行政法制,保护相对方的合法权益"。[①] 我们认为,行政机关实施行政指导行为给相对人造成合法权益损失的,应当承担相应的法律责任:

(1) 行政指导行为的权利救济问题。行政指导行为本身不具有可诉性,这是学理上的通说。但是,"解决与行政指导相关联的纠纷的通常方法,不是直接指控行政指导,而是采取请求填补采用行政指导这种行为形式的行政过程中的私人损害,或者排除不利状态的方法"[②]。所以,本着保护相对人合法权益的目的,从行政赔偿或者补偿角度切入加以制度上的完善是相当必要的。

(2) 行政机关对错误的行政指导行为承担法律责任的形式,可以是赔礼道歉、支付赔偿金等。赔偿金额的确定、支付的方式等问题可以依照《国家赔偿法》的有关规定实施。如果是由行政机关合法行政指导行为所引起的补偿,其补偿金的计算等问题,可以参照有关行政补偿的相关规定执行。

(3) 追究法律责任的程序一般应是行政程序先行,即先由相对人向行政机关提出要求其承担行政指导行为法律责任的请求,行政机关进行审查后作出是否承担法律责任的决定。如相对人对行政机关作出的承担法律责任的决定不服,可依法申请行政复议或提起行政诉讼。

第二节 行政协议行为

一、行政协议的概念

行政机关为了实现行政管理或者公共服务目标,与公民、法人或者其他组织协商订立的具有行政法上权利义务内容的协议,属于《行政诉讼法》第 12 条第 1 款第 11 项规定的行政协议。[③] 行政协议(又称行政合同)是现代行政法中合意、协商等行政民主精神的具体体现。尽管行政协议在行政法中的地位仍有争议,但现代行政管理需要行政协议。在一定场合或者条件下,行政机关借助于行政协议实现行政管理的目标,已成为行政机关常用的行政方式。[④] 行政协议具有如下法律特征:

---

① 皮纯协、胡锦光:《行政法与行政诉讼法教程》,中央广播电视大学出版社 1996 年版,第 166—167 页。

② 〔日〕盐野宏:《行政法》,杨建顺译,法律出版社 1999 年版,第 149 页。

③ 《审理行政协议案件司法解释》第 1 条。

④ 在山东省烟台市国土资源局与烟台长城科工贸(集团)公司、烟台龙睛建设开发公司行政处罚决定一案中,最高人民法院认为:"根据《中华人民共和国城镇国有土地使用权出让和转让暂行条例》的有关规定,土地管理部门与土地使用者签订土地使用权出让合同的行为,属于土地管理的一种方式。土地使用者认为土地管理部门违反合同的约定并请求赔偿,符合《中华人民共和国行政诉讼法》的有关规定。"最高人民法院行政判决书(2001)行终字第 10 号。

（1）行政性。行政协议的行政性是指行政机关借助于与相对方协商的形式实现其行使行政职权的目标，因此，它不同于行政机关以民事法人身份与他人就民事权益订立的私法合同。合同原本属于私法范畴，福利行政、给付行政和积极行政的出现，使行政机关有了通过合同形式实现行政管理目标的客观条件。“在这种背景下，行政契约（即行政协议、行政合同）作为一种替代以命令强制为特征的行政高权性行为的更加柔和、富有弹性的行政手段孕育而生了。”[①]虽然行政机关将合同形式作为行政管理的一种手段，但它仍然具有行政特性。

行政协议的行政性表现在：其一，行政协议必有一方是行政机关，即具有法定行政职权的行政机关或者法律、法规授予其行政职权的组织。这里的“行政机关”是为了实现行政管理或者公共服务目标而与相对人订立协议的主体，如果是行政机关为其他目的而与他人订立的协议则不是行政协议。其二，行政协议内容是行政管理的公共事务，具有公益性。在市场经济体制下，根据意思自治原则，市场主体为了谋求利益从事其认为最为经济的活动。但是，这种个别化的活动给社会正常发展带来了许多问题，如环境污染、违法犯罪、道路拥挤等。个人解决这些问题无利可图，因而只能由行政机关来完成。这些公共事务构成了行政机关行政管理的内容。凡是协议涉及这些公共事务的，该协议的内容就具有公益性。其三，行政机关在行政协议变更、解除方面有行政优益权。行政优益权意味着行政机关与相对人在行政协议中具有不完全平等的法律地位。行政机关在行政协议中拥有这种权力的基础是公共利益的优越性。在行政协议的履行过程中，因社会政治、经济和文化等客观情况发生变化，导致行政协议继续履行可能会损害公共利益时，行政机关有权单方变更或者解除协议。行政机关单方变更或者解除行政协议给相对方造成合法权益损失的，依法应当承担相应的补偿责任。

（2）合意性。行政协议合意性区别于行政决定的单方性，它是指行政协议的订立必须以行政机关与相对人协商一致为前提。这一特征决定了行政协议仍然属于合同的范畴，并受合同的一般原理指导。虽然行政协议从民事合同中分离出来并成为行政法上的一个独立制度，但民事合同的基本原理仍然如影随形。也就是说，行政协议中契约自由仍然是重要的法律原理，尽管它因行政协议的特性在适用范围等方面受到限制。

行政协议的合意性体现在：其一，相对人对是否订立行政协议、行政协议的内容等有一定的选择权。这种选择权是契约自由原理的体现，行政协议在一定程度上也有这一特点。虽然相对人有时会响应政府号召做一些公益事业，但相

① 余凌云：《行政契约论》，载罗豪才主编：《行政法论丛》（第1卷），法律出版社1998年版，第186页。

对人不可能，且政府也不需要其常态地无偿为行政机关实现行政管理的目标提供服务。其与行政机关订立行政协议的主要原因是有利可取，因此，应当给予相对人在订立行政协议时一定的选择权。但是，无论相对人有多大的选择权，行政协议的另一方主体即行政机关是不能选择的。这是由行政事务管辖权法定所决定的。其二，行政协议的内容具有可妥协性。这种可妥协性表现为相对人有权提出修正协议内容的建议，行政机关可以根据具体情况对相对人的要求作出适当让步。订立行政协议的第一步骤是协商，协商意味着协议的双方可以就协议内容讨价还价，直至双方都认为协议的相应条款是可以接受的。当然，妥协性不是无原则地迁就对方，更不能以牺牲公共利益或者第三者的利益作为达成订立协议的条件。

(3) 法定性。行政协议的法定性是指行政协议订立、履行、变更和解除都必须遵守法律规范，行政机关不得法外实施行政协议行为。行政机关订立协议的内容必须与其行政管辖事务有关。行政管辖制度要求行政机关必须各司其职，不得超越行政管辖权限实施行政活动。同时，作为行使国家行政权的行政机关，依法行政原则要求它行使行政职权必须有法的依据。

行政协议的法定性可以从以下几个方面作进一步理解：其一，行政协议是行政机关运用行政协议来处理不适于以行政决定方式处理的行政事务。何种行政事务可以通过行政协议来处理，一般应当有法律依据。如《反垄断法》第53条规定："对反垄断执法机构调查的涉嫌垄断行为，被调查的经营者承诺在反垄断执法机构认可的期限内采取具体措施消除该行为后果的，反垄断执法机构可以决定中止调查。中止调查的决定应当载明被调查的经营者承诺的具体内容。反垄断执法机构决定中止调查的，应当对经营者履行承诺的情况进行监督。经营者履行承诺的，反垄断执法机构可以决定终止调查。"这即是行政协议中的和解协议。其二，行政机关应依法行使行政协议中的行政优益权。依法行政原则同样适用于行政协议。行政机关在行政协议上的行政优益权是行政机关基于其作为行政事务的管理者而产生的一种支配权，它意味着行政机关在行政协议中具有与相对人不对等的权利和义务。但是，行政机关在行使行政协议中的优益权时，同样也应当有法律依据。其三，当法律规定不明确时，行政机关基于裁量权订立的行政协议必须是为了实现行政管理目的，符合公共利益的要求，不违背法律规定。如果行政机关为了私益或者为了转移行政责任而与相对人订立行政协议，则该行政协议无效。

我国目前没有专门规定行政协议的法律，但这并不意味着我们没有事实上的行政协议。在传统的计划经济体制下，政府通过指令性的行政计划管理国家和社会的政治、经济和文化事务。作为相对人的公民、法人和其他组织在与政府的关系上只有服从权力支配的义务，而没有任何可以与政府通过协商建立合作关系的余地。自改革开放以来,政府与相对人的关系因政府职能转变而获得了重构,通过协议实现行政管理目的的新型行政管理方式在部分行政领域出现。20世纪80年代初在农村实行的家庭联产承包责任制表明了政府对农业的管理从原有的行政命令向行政协议方式转变。20世纪80年代末90年代初政府实施的全民所有制企业承包经营责任制以及城镇国有土地出让和转让合同,更是使行政协议凸显于行政管理领域。目前,行政协议在我国行政领域中可以说是一种比较普遍的法律现象,虽然各种责任书、社会服务承诺制的泛滥使人们对行政协议的功能产生了种种顾虑,但是,否定行政协议和行政协议作用的人并不多。人们大多希望通过确立行政协议制度推进政府职能的转变,建构服务型政府,以适应我国市场经济体制的建立和完善。

二、行政协议的原则

行政协议的原则是行政协议在订立、履行、变更和解除过程中所应当遵循的准则,也是解释行政协议条款以及解决行政协议争议时所应当考虑的依据,同时,行政协议的原则还可以起到弥补行政协议法律规定不完善的作用。因行政协议与民事合同在原理上具有某些共性,因此民事合同的原则在一定条件下仍然可以运用到行政协议上来,如合同自由原则、诚实信用原则、等价有偿原则都是支撑行政协议的重要原则。如果没有了合同自由,行政机关就可以强制相对人与其订立协议,那么,这种“行政协议”就会成为具有强制性的行政行为;如果没有诚实信用原则,行政机关就可以不信守协议的条款,随意变更或者拒绝履行协议,那么相对人的合法权益就没有保障;如果没有等价有偿原则,行政机关就可以通过协议无偿要求相对人提供财产或者服务,那么相对人协助行政机关实现行政管理目的就不会有积极性。根据行政法原理,行政协议的主要原则是:

(一)公开竞争原则

公开竞争原则是指行政协议应当在公开竞争的基础上订立。[①] 这既是行政公开原则在行政协议订立过程中的体现,也是民事合同原理在行政协议订立过程中的反映。“公开”要求行政机关将整个行政协议的订立过程向相对人、社会公开,除非其内容涉及国家秘密、商业秘密和个人隐私。公开可以防止行政机关在行政协议的订立过程中封锁对相对人有利的信息,有利于相对人充分行使行政协议的选择权,也有利于社会对行政机关订立行政协议行为的监督。“竞争”即公平竞争,要求行政机关根据“优胜劣汰”的竞争条件选择协议对方当事人,防止行政腐败。这一原则要求行政机关不得差别对待相对人,只要没有与法律相反的规定,国内国外、外地本地、国有、集体或民营企业,都应当适用同一条件参

---

① 《湖南省行政程序规定》第94条规定:“订立行政合同应当遵循竞争原则和公开原则。”

与有关公共项目、工程建设的竞争和与行政机关签订行政协议。公开竞争原则是行政机关通过行政协议有效地实现行政职权的基本保障,也是相对人维护其行政法上的合法权益的重要原则。

对于这一原则我们可以从以下两个方面来理解:其一,行政协议的公开要求行政机关事先公开可以通过协议来完成的行政事务,如行政机关欲订立国有土地出让协议,应当事先将可以出让的国有土地的位置、面积、用途、使用年限等向相对人公开,让相对人有一个全面的了解。如果相对人需要有关的书面材料,向行政机关提出索取要求,只要不涉及国家机密、个人隐私和商业秘密,行政机关应当满足相对人的要求。而且,行政机关应当公开行政协议的订立过程,如公共设施建造招投标过程应当允许社会公众旁听,允许新闻记者采访与报道。事后应当公开行政协议订立的结果,即行政协议的主体、内容等,以使社会公众可以对行政协议履行过程进行监督。其二,行政协议的竞争要求行政机关在平等对待相对方的基础上,让参与的各相对方提出各自的方案,说明各自的优势与实力,最终选择最有能力协助行政机关实现行政管理事务的相对人作为行政协议的另一方主体。行政协议的竞争有助于行政机关发现通过行政协议实现行政管理事务的最优方案,减少行政成本,提高行政效益,也有利于防止行政腐败。

(二) 全面履行原则

全面履行原则是指行政协议依法成立后,行政机关和相对人必须根据行政协议规定的权利和义务不折不扣地履行协议的所有条款。行政协议涉及公共利益,如果协议双方主体不全面履行协议,必然影响到公共利益的有效维护。因此,全面履行是行政协议依法成立的必然要求,是行政协议法律效力的核心内容。

理解行政协议的全面履行原则,应当注意以下几个问题:其一,全面履行原则的道德基础是诚实信用,如果缺乏诚实信用的道德基础,全面履行原则将无法落实。诚实信用是人类长期共同生活形成的一种道德观。“它首先表现为一定的社会关系中人们相互之间关系的善意真诚、守信不欺和公平合理的主观心理和客观行为状态。”[①]正是由于人类社会有了诚实信用作为道德基础,人们互相交往才有了可能性。行政协议构建了行政机关与相对人之间的一种法律关系,这种法律关系既不同于通过民事合同建立起来的民事法律关系,也不同于通过行政决定建立起来的行政法律关系。在行政协议关系中,作为一方的行政机关虽然与另一方相对人具有平等的法律地位,但这并没有改变行政机关和相对人在行政决定中的不平等地位。行政机关这种双重地位在行政管理中很容易导致其通过行政决定改变行政协议的内容,或者以“公共利益”为名不履行协议。因

① 郑强:《合同法诚实信用原则研究——帝王条款的法理阐释》,法律出版社2000年版,第110页。

此，强调行政协议中的全面履行原则有助于确保行政机关遵守行政协议，履行其协议义务。其二，因情势变更导致行政协议订立基础丧失时，如强制继续履行协议，可能造成显失公正，或者损害社会公共利益，则全面履行原则将不再发生法律效力。在这种情况下，行政机关可以根据法定程序解除行政协议。情势变更作为阻却行政协议全面履行的事由，意味着行政协议全面履行不是一个绝对的原则，在一定条件下存在若干例外情形。情势变更是指行政协议订立时所依据的客观事实在协议履行过程中发生了变化，导致行政协议履行不可能、不必要时，允许协议终止履行。如政府出让的土地被洪水冲刷，使相对人不能按原来的规划安排生产，相对人如仍按原协议条款履行协议会导致重大不公平。在某些情况下，为了公共利益的需要，即使情势变更，相对人仍要履行协议，但行政机关应给予相对人必要的补偿。如我国台湾地区“行政程序法”第 147 条规定：“行政契约缔结后，因有情事重大变更，非当时所得预料，而依原约定显失公平者，当事人一方得请求他方适当调整合同内容。如不能调整，得终止契约。前项情形，行政契约当事人之一方为人民时，行政机关为维护公益，得于补偿相对人之损失后，命其继续履行原约定之义务。”这一规定较好地处理了全面履行与情事变更之间的关系，对大陆地区完善行政协议制度具有借鉴意义。

（三）公益优先原则

公益优先原则是指在行政协议履行过程中，如果私人利益与公共利益发生冲突，那么行政机关为了维护公共利益，可以依据行政优益权变更、解除行政协议。法律变迁史显示，在法律活动中公益优先源于 20 世纪初形成的社会本位思想。这一法律思想直接导致了民法三大原则的修正[①]，也直接影响到确立协议履行应当优先考虑公共利益的原则。行政协议以实现行政管理目的为基础，在行政协议履行过程中更应关注公共利益的实现。

公共利益优先原则在行政协议履行过程中主要表现为：其一，行政机关认为行政协议的继续履行将产生不利于公共利益的后果时，行政机关有权变更、解除行政协议。对于“行政协议的继续履行将产生不利于公共利益的后果”认定所依据的事实，行政机关应当提出相应的证据予以证实，并向相对人说明变更、解除协议的理由。通过要求行政机关给出变更、解除行政协议的理由，可以限制行政

---

① 民法三大原则修正的内容是：(1) 所有权社会化：新的时代趋势修改了所有权绝对主义。当时的法律思潮主张，所有权的行使应以社会全体利益为主，法律应限制财产权的行使和实现。(2) 契约自由之限制：经过时代变迁和社会教训，契约自由主义受到强烈抨击和修正，契约自由的实现，必须以人人经济立于平等的地位为基础。法律对于契约和契约自由，应加以限制或禁止之。(3) 无过失责任制度之确立：基于公共利益目的，法律得规定于一定条件下，对于纵无过失者，也使其负起全部或一部的损害赔偿责任。参见李清潭：《资本主义下现代契约法的变迁：法社会学对于契约自由的辩论》，尚书坊出版社 1999 年版，第 3 页。

机关滥用行政协议变更、解除权。[①] 从行为性质上说，行政机关变更或者解除行政协议的行为是一种行政决定，应当遵守依法行政的基本原则。其二，行政机关对相对人的行政协议的履行有监督权，必要时有权对相对人采取强制或者制裁措施。也就是说，在行政协议履行过程中，行政机关有权对不履行、不适当履行协议义务的相对人进行制裁，促使其按照协议规定的义务尽快履行协议。这种制裁可以在协议履行的任何阶段实施，实施制裁以后并不解除或减轻受制裁者履行协议的责任。[②] 其三，作为变更、解除行政协议理由的"公共利益"内涵的最终确定权不在行政机关，而在于法院。公益优先原则的法律价值在于，在行政协议争议过程中，其可为行政机关和法院正确处理公益与私益的矛盾提供一个基本准则。

三、行政协议的缔结方式

（一）招标

招标是指由行政机关事先设定行政协议的标底，相对人根据预定的程序进行竞投，行政机关对竞投标书进行比较之后，选择最优者订立行政协议的一种方式。在行政协议相对发达的法国，招标是最常用的订立行政协议的方式。根据法国法律规定，金额在一定数目以上的协议，除少数情况对当事人有特别要求或者有紧急需要以外，必须采取招标缔约方式。招标可以是公开的或者是有限制的。公开招标时，对协议标的有兴趣的企业都可以参加投标，但有的招标可以限定只有本国企业才能参加投标。由于破产、行政处分或者其他原因而暂时被剥夺营业权利的企业或个人不能参加投标，招标办公处认为不够资格的企业也不能参加投标。有限制的招标是指投标人限于行政机关所限定条件或范围的企业，只有这些企业才能投标。为了使行政机关不过分受拘束，行政机关对于中标的企业不满时，可以不批准当次招标而举行第二次招标。缔约当事人以第二次中标人为限。[③] 葡萄牙《行政程序法》第 182 条规定的招标形式有：(1) 公开招标；(2) 事先筛选的限制性招标；(3) 免送候选人名单的限制性招标；(4) 预先公告招标或无需公告的谈判。我国政府在公共工程建设过程中，也经常采用招标方式订立行政协议。《行政许可法》规定"招标"是行政许可作出决定的方式之一。[④] 这种行政许可决定确定了有行政协议订立资格的相对人。以招标方式确

---

① 《中华人民共和国行政程序法(试拟)》第 88 条规定："行政合同在履行过程中，如出现影响国家或者社会公共利益的重大情形，要求变更或者解除行政合同，行政机关有权单方面变更或解除行政合同。但行政机关单方变更或者解除行政合同，必须给因受到损失的合同对方当事人以适当的补偿。"载姜明安主编：《行政执法研究》，北京大学出版社 2004 年版，第 350 页。

② 参见罗豪才主编：《行政法学》，中国政法大学出版社 1989 年版，第 233 页。

③ 参见王名扬：《法国行政法》，中国政法大学出版社 1989 年版，第 183—184 页。

④ 参见《行政许可法》第 53 条。另还可以参见《湖南省行政程序规定》第 94 条第 2 款。

定的行政协议的缔约人只能是中标人，不能是中标人之外的其他相对人。

（二）拍卖

拍卖是指由行政机关通过预设的拍卖程序，由竞拍人参与竞拍，最后与出价最高者订立行政协议的一种方式。它与招标形式不同，但其性质基本一致，因此，有学者在谈到国有土地出让协议时认为拍卖不构成一种独立的订立行政协议的方式，并非没有道理。拍卖就其性质而言，是转让财产所有权或使用权的一种方式，招标和拍卖之间并无本质的区别，不能构成独立的缔约方式。[①] 从我国的行政协议实施情况看，招标与拍卖适用的法律程序是不同的，选择订立行政协议的相对人是有差别的。《行政许可法》第 53 条将拍卖与招标并列为公平竞争的两种方式。

（三）协议缔约

协议缔约是指行政机关根据行政协议的内容，与事先选择好的相对人就协议的内容进行协商一致后订立行政协议的一种方式。它与法国行政协议订立方式之一的直接磋商相似。根据法国 1964 年及以后补充的合同法的规定，直接磋商方式主要适用于下列事项：研究、试验和实验合同，招标和邀请发价没有取得结果的合同，情况紧急的合同，需要保密的合同，只能在某一地方履行的合同，需要利用专利权或者其他专有权利的合同，需要利用特殊的和高度专门技术的合同。从上述规定中可以看出直接磋商虽然受到限制，但其应用范围仍然非常广泛。这种缔约方式实际上是最常用的方式。法律还规定行政机关在采取直接磋商这种缔约方式时，也要尽量加予竞争元素。[②] 协议缔约适用于行政协议内容具有较强的专业性的情形，其公开性程度也较低。为了确保行政协议订立的公正性，应当设置一些具体制度加以规范，如他人对行政机关选择缔结行政协议的对象提出异议时，行政机关负有说明理由的义务。

四、行政协议的程序

行政协议程序是行政机关与相对人因缔结、变更和解除行政协议所应当遵循的方式、步骤等构成的一个连续过程。行政协议程序如何确定，不同国家因立法不同而有差异。有的国家通过行政程序法规定了行政协议的程序，但有的国家行政程序法没有规定行政协议制度，而是通过私法来调整行政协议的法律关系。在行政协议程序建构问题上，德国是最具有代表性的。德国《联邦行政程序法》以专章共 9 条内容规定了行政协议制度，并对行政协议的程序作了较具体的规定，如行政协议适用范围、书面缔结行政协议、涉及第三人时行政协议生效的

① 参见张树义：《行政合同》，中国政法大学出版社 1994 年版，第 111 页。

② 参见王名扬：《法国行政法》，中国政法大学出版社 1989 年版，第 184 页。

程序、情势变更条件下行政协议变更、解除的程序以及即时履行协议的有关规定等。行政协议的程序主要包括以下步骤：

(一) 告知

告知是要求行政机关将要以行政协议形式处理的行政事务通过法定形式告知符合签订行政协议条件的相对人，如果没有特定的行政协议相对人，行政机关应当以公告的形式向社会公开告知。告知一方面是基于行政公开原则的要求，将可以公开的行政事务告知社会公众，以保障社会公众的知情权；另一方面也是给符合行政协议缔约人条件的公民、法人或者其他组织一个参与行政管理事务的平等机会，这也是市场经济体制下机会均等和公平原则的具体要求。

关于告知程序，涉及如下几个问题：(1) 告知的对象如果是特定的相对人，行政机关应当以书面形式送达该相对人的住所地；如果是不特定的相对人，行政机关可以选择在当地发行量较大的、社会民众能够比较便利查阅到的报纸或者官方网站上进行公告。目前我国地方政府订立国有土地使用权有偿出让协议时经常采用这种方式。(2) 行政机关告知订立行政协议的行政事务，应当给相对人留有合理的准备时间。这个“合理的准备时间”由行政机关根据涉及的行政事务裁量确定。

(二) 协商

协商是行政机关与符合缔约人条件的组织或者个人就行政协议的内容进行商议的程序。“协商的实质就是自由合意，是保证行政契约这种行政法上的行为方式从本质上符合契约根本属性的重要制度与措施。而且，取得相对一方对行政机关所欲推行的政策的理解和支持，以及协调可能发生冲突的公共利益和其他程序参加者的利益之间的关系，获得各方都满意的均衡方案，这一切活动都是通过协商制度来完成的。”[①]同时，协商也可以起到行政机关与缔约人沟通的作用，从而形成一个双方都可以接受的行政协议条款。

协商程序的主要内容是：(1) 确定符合订立行政协议条件的缔约人。行政机关根据相对人的申请，确定行政协议的缔约人，这是协商程序的前置程序。(2) 如果符合行政协议条件的缔约人为一人以上时，一般应通过招标、拍卖方式确定协议的缔约人。(3) 如果行政协议的内容涉及第三人利益的，应当取得第三人的书面意见，作为行政协议内容的一部分。(4) 协商过程应当以书面形式形成笔录，由双方代表签字存档，作为今后行政协议在执行时解释条款的依据之一。

---

① 余凌云：《行政契约论》(第3版)，中国人民大学出版社2022年版，第106页。

（三）听证

听证是行政协议订立过程中，行政机关听取利害关系人和有关人员意见的重要形式。听证参加人员一般为：(1) 符合行政协议缔约人的条件，但没有被确定为行政协议缔约人的组织或者个人；(2) 行政协议内容涉及的第三人。行政协议程序中的听证可以不采用正式听证形式，只要给予上述两类人员以表达意见的机会，即已满足了听证的要求。我国台湾地区"行政程序法"第138条规定："行政契约当事人之一方为人民，依法应以甄选或其他竞争方式决定该当事人时，行政机关应事先公告应具之资格及决定之程序。决定前，并应予参与竞争者表示意见之机会。"听证的目的无非是加强行政机关与行政协议相关人员的沟通，减少因行政协议订立、履行而发生的争议，从而提高行政效益。

（四）签订

行政协议应当以书面形式订立，除非行政协议即时履行。书面形式的行政协议可以减轻相对人参与行政协议的顾虑，也可以约束行政机关在行政协议履行过程中的恣意。如果因协议的履行而产生纠纷，裁决机关也有明确、客观的裁决依据。德国《联邦行政程序法》专门规定行政协议应当以书面形式缔结，足见其对行政协议签订形式的高度重视。行政协议经过签订程序后，除附款条件未成就之外，在法律上即具有了行政协议成立的效力。

五、行政协议的法律救济

行政协议的法律救济涉及对行政协议双方权利保护的问题。由于每个国家的具体法律制度、法律传统等不同，有关行政协议的法律救济制度也有差异。在法国，"不论合同内容是否规定当事人有执行公务的义务，有时合同本身就是执行公务的一种方式，签订合同的行为就是执行公务的行为，这种合同也是直接执行公务的合同"。[①] 根据法国行政法上的公务理论，只有行政机关的公务活动才能划入行政诉讼的受案范围。既然行政协议是行政机关执行公务的行为，那么行政协议引起的争议即可通过行政诉讼解决。在德国，行政机关没有权力通过行政权确认或者强制实现其协议请求权。如果行政协议的当事人不履行协议设定的义务，只能向行政法院提起行政诉讼。根据德国《行政法院法》第40条的规定，行政诉讼法律途径不仅适用于协议履行请求权，而且适用于违约的赔偿请求权。但是，德国联邦最高法院对《行政法院法》第40条第2款有关公法合同的规定进行了严格解释，并且肯定公法合同的争议也可通过民事法律途

① 参见王名扬：《法国行政法》，中国政法大学出版社1989年版，第181页。

径获得解决。[①] 在英美法系国家，因不存在公法与私法的划分，与行政协议有关的一切纠纷都由普通法院受理。“英国的法律和法国及其他国家的法律不同，它没有管辖公共机构合同的专门规则。……中央政府各部门通常以自己的名义并作为王室的代理人签订合同，因此也以同样的法律管辖这类合同的贯彻执行。其他的政府机构如地方当局则服从普通合同法律，这个法律像适用于个人及公司一样适用于这个地方当局。”[②]这说明在行政协议的法律救济途径上，英国采用了与法国等不同的方式。

我国长期以来不承认行政协议独立的法律地位，有关行政协议的救济程序适用民事诉讼程序。如 1984 年最高人民法院发布的《关于人民法院经济审判庭收案范围的初步意见》中，明确规定农村承包合同纠纷案件和经济行政案件由人民法院经济庭受理。在计划经济体制没有完全被改变的情况下作出这样的司法解释，是完全可以理解的。但是，在市场经济体制逐步建立和完善的今天，如果我们仍然固守陈旧的观念，就不可能彻底地解决行政协议所存在的全部问题。因此，最高人民法院 1997 年在审理大连市华运产业房地产开发公司诉大连市房地产开发管理领导小组办公室废止中标通知案中，首次运用了行政协议原理。[③]此案在一定程度上可以被视为 20 世纪末最高人民法院态度转向的标志。

根据我国目前解决行政争议的体制，行政协议纠纷可以有两种行政救济途径：(1) 根据《行政复议法》的规定提起行政复议；(2) 根据《行政诉讼法》的规定提起行政诉讼。[④] 行政协议如涉及行政赔偿，还可以根据《国家赔偿法》提起行政赔偿诉讼。无论是行政复议机关还是人民法院，在审理行政协议纠纷时，都应当根据行政协议的特点注意以下几个法律问题：

(1) 行政协议纠纷属于行政纠纷，应通过行政救济途径解决。对于行政协议应通过何种途径获得救济的问题，有学者认为：“从根本上说，行政契约是行政机关在公共管理作用的领域为推行行政政策、实现行政目的而采取的行政手段，在契约中双方当事人形成的主要是行政法上的权利义务关系，对这种关系的调整必须适用行政法，对由此产生的争议也应循行政救济途径解决。而且，更为重要的是，如果不存在解决行政契约纠纷的公法救济途径，将会助长‘公法遁入私法’的趋势，造成行政法意义上的行政契约理论窒息和萎缩。”[⑤]我们认为这个观

---

① 参见〔德〕哈特穆特·毛雷尔：《行政法学总论》，高家伟译，法律出版社 2000 年版，第 382 页。另德国《行政法院法》第 40 条规定：“因维护公共利益遭受损害或因公法性寄托保管引起的财产要求权，或基于非公法合同并因公法义务的违反产生的损害赔偿权应付诸普通法院。公务员法的特定规定以及因违法具体行政行为的撤回进行财产补偿时的有关诉讼特别规定不受影响。”

② 〔英〕威廉·韦德：《行政法》，徐炳译，中国大百科全书出版社 1997 年版，第 487—488 页。

③ 最高人民法院行政判决书，(1997)行终字第 17 号。

④ 《行政诉讼法》(2014)第 12 条第 1 款第 11 项。

⑤ 余凌云：《行政契约论》(第 3 版)，中国人民大学出版社 2022 年版，第 117—118 页。

点是适当的。2014年修正的《行政诉讼法》已将行政协议争议纳入了行政诉讼受案范围。[①] 虽然《行政复议法》规定，行政机关变更或者解除农业承包合同的，相对人可以提起行政复议，但这并不是对行政协议纠纷的法律救济，而是对行政机关就行政协议进行行政管理过程中实施的“具体行政行为”提供的行政救济，它不同于我们这里所说的行政协议纠纷。因此，要将行政协议纠纷纳入行政复议范围，还需要进一步修改《行政复议法》。

（2）行政协议纠纷可以适用调解。[②] 这是因为，行政协议是基于当事人意思表示一致而成立的，这种合意成了对行政协议纠纷进行调解的法律基础。但是，对行政协议纠纷进行调解时，应当注意如下几个问题：第一，调解必须充分尊重行政协议双方当事人，尤其是相对人的意思，防止行政机关利用优越地位强迫相对人接受不利条件；第二，调解不能违反现行法律规定，不得以牺牲国家利益、公共利益和他人的合法权益作为达成妥协的条件；第三，调解可以由主持纠纷解决的机关提议，也可以由行政协议双方当事人提出；第四，调解不成的，主持行政协议纠纷解决的机关应当及时作出裁决，以满足行政管理的实际需要。

（3）违反行政协议行为承担的责任形式有继续履行、承担违约金、赔偿对方损失等。在处理行政协议纠纷确定赔偿责任时，可以适用民事法律的有关规定；如果涉及强制履行协议等法律责任，应当适用行政法律的有关规定。鉴于行政协议纠纷解决过程中法律适用的复杂性，立法机关有必要通过立法对之作出特别规定。[③]

第三节 行政事实行为

一、行政事实行为的概念

行政事实行为是指行政机关不以产生法律约束力，而以影响或改变事实状态为目的实施的一种行政行为。在现代行政法中，行政事实行为作为行政机关

---

① 在《行政诉讼法》修改之前，也有法院直接受理行政合同案件的。如山东省东营市国土资源局开发区分局诉山东华林纸业有限责任公司土地行政合同一案中，法院认为：“国有土地使用权出让是由行政机关通过行政权来实现的，是土地所有者处置土地的一种方式，合同双方是管理与被管理的关系，本案中，上诉人与被上诉人签订的19号出让合同确立的是一种行政法律关系，不是民事法律关系，该合同属于行政合同。本案是由于上诉人作出的19号解除合同而引起的行政争议，根据《中华人民共和国行政诉讼法》第十一条的规定，行政合同争议应作为行政案件受理。”山东省东营市中级人民法院行政判决书，〔2005〕东行终字第6号。

② 参见《行政诉讼法》第60条。

③ 《政府采购法》规定相应纠纷解决适用民法规则。

的一种行为形式已是各国行政管理中的普遍现象[①]，但我国行政法学对此研究不多，许多基础性概念有待厘清。虽然行政事实行为不具有法律上的约束力，但它对相对人的影响却是客观存在的。因此，在法律上应为受到行政事实行为侵害的相对人提供救济途径，以保护其合法权益。行政事实行为主要具有如下特征：

（1）行政性。行政事实行为的行政性是指尽管此种行为不属于行政决定的范畴，不具备行政决定的构成要件，但它仍然是行政机关借助行政职权实施的一种特殊行政行为形式。因此，行政事实行为仍然要受到行政法的规范和约束。这种规范和约束主要体现在：其一，行政机关实施行政事实行为必须在自己的管辖权范围之内。其二，行政机关实施行政事实行为必须具有法定依据；即使没有明确的法定依据，也必须符合行政法学的一般原理。任何法外的行政事实行为均在法律禁止之列。其三，行政事实行为对相对人合法权益产生不利影响时，应当提供必要的法律救济途径，并通过对行政事实行为后果的法律救济，对行政机关行使行政职权予以法律制约。

（2）可致相对人权益受损性。行政事实行为虽然不具有法律上的约束力，但是它对相对人的合法权益仍然可能产生损害。行政事实行为的可致相对人权益受损性可从以下几个方面作进一步分析：其一，行政事实行为本质上仍是行政机关基于行政职权实施的行为。行政事实行为最早源于德国行政法上的“单纯高权行政”之学说，也可以佐证这一点。[②] 行政事实行为对相对人权益的损害既可能是明显的，也可能是潜在的，前者如执行性行为，后者如建议性行为。其二，行政机关实施行政事实行为的目的，仍然是维持社会正常发展的必要秩序，有时不对相对人合法权益产生影响，不足以达到此目的。因此，行政事实行为显然有别于行政机关以民事法人的身份实施的私法行为。其三，行政事实行为对相对人权益的影响，决定了相对人对之有服从的潜在压力，不服从行政事实行为的相对人，有时可能会受到法律制裁或者承担某种不利的法律后果。

（3）多样性。对于行政事实行为多样性这一特征，可以作如下释义：其一，行政事实行为绝大多数是行政机关依据行政法的一般原则，针对各种不同的具体情况基于行政职权实施的行为，所以行政事实行为的具体模式难以确定，多种多样。其二，行政事实行为在功能上是行政行为达成目的的一种补充性行为，因此，只要有助于实现行政行为的目的，只要不侵犯公民基本人权和不损害公序良俗，行政法可以容许行政机关采取各种式样的行政事实行为。其三，行政事实行

---

① 《重大动物疫情应急条例》第29条规定：“对疫点应当采取下列措施：（一）扑杀并销毁染疫动物和易感染的动物及其产品；（二）对病死的动物、动物排泄物、被污染饲料、垫料、污水进行无害化处理；（三）对被污染的物品、用具、动物圈舍、场地进行严格消毒。”上述措施性质上均为行政事实行为。

② 参见陈新民：《行政法学总论》（修订8版），三民书局2005年版，第473页。

为的多样性导致为其设置统一的程序十分困难，以至于许多国家的行政程序法或无法将其纳入调控的范围，或仅对之作原则性的规定，如强制执行分散于单行法的规定或者在统一的“行政执行法”中作附带性的规范。

二、行政事实行为的法律特征

（一）行政机关实施的行为

行政事实行为不是行政决定，但它仍然是行政机关实施的特殊行政行为。行政机关是指具有独立行政职权的机关和组织（法律、法规授权的组织）。不具有独立行政职权的机关和组织不是行政机关，不能实施行政事实行为。这与行政行为的主体要件原理相同。这一主体要件将非行政机关实施的行为排除在行政事实行为之外。

（二）行政机关基于行政职权实施的行为

行政事实行为是行政机关实施的特殊性行政行为。行政机关实施的行政行为只有一部分是行政事实行为。行政行为可以划分为行政决定、行政事实行为和民事法律行为。前两者都是行政机关基于行政职权实施的行为，后者则是行政机关非基于行政职权实施的行为。这一行为标准将行政机关通过非行政职权实施的行为排除在行政决定、行政事实行为之外。

（三）不具备法律约束力的行为

行政机关基于行政职权可以实施行政决定和行政事实行为。这两种行为的界限是行政机关基于行政职权实施的行为是否产生法律上的约束力。前者的行为结果可以产生、变更和消灭行政法律关系，如行政机关实施一个限制人身自由的行政处罚决定；后者则不具备这种效果，如行政机关根据《测绘法》竖立一个测绘标志，它不对特定人产生法律上的约束力。

三、行政事实行为的种类

（一）补充性行政事实行为

补充性行政事实行为又可称为执行性行为。它是行政机关为了实现一个已经作出的行政决定的内容而实施的行为。补充性行政事实行为不具有独立的法律地位，它是辅助执行一个行政行为的行为。例如，市场监管机关销毁收缴的假冒伪劣产品，以震慑假冒伪劣产品的生产者和销售者。从本质上说，这种销毁行为本身不具有法律上的约束力，它只是落实没收假冒伪劣产品行政决定的手段。

（二）即时性行政事实行为

即时性行政事实行为是指行政机关在执行公务的过程中，为确保正常的社会秩序或者公务活动的顺利实现而采取的一种行为。例如，拖走抛锚的车辆，清理横倒在公路上的树木以保证公路交通顺畅。即时性行政事实行为具有临时性、紧急性之特征，因此，它的行为式样由行政机关根据实际情况裁量决定，在如何采用以及实施何种行政事实行为之选择上，行政机关具有较大的裁量空间。

（三）建议性行政事实行为[①]

建议性行政事实行为是指行政机关为避免相对人的合法权益遭受不必要的损失，根据自己所掌握的信息资料作出判断，向相对人提出可以实施或不要实施某种行为的忠告、建议等，如优质产品的推荐、某种商品的价格预测、境外旅游的风险预警等。建议性行政事实行为对相对人的支配性最弱，即使有支配性也往往是潜在的。但是，在信息不对称的情况下，相对人的合法权益也可能因此受到损害。

（四）服务性行政事实行为

服务性行政事实行为是行政机关基于服务行政的法律精神，基于行政职权为社会或者特定的相对人提供服务的行为。例如，为了交通安全，交通警察在道路岔口安装交通标志，市场监管机关为律师提供企业登记档案资料等。服务性行政事实行为的结果是为相对人提供各种便利。在服务型政府形成过程中，这类行政事实行为的重要性日益显著。

四、行政事实行为的救济

尽管行政事实行为没有法律上的约束力，但它毕竟是一种基于行政职权的行为，因此同样可能产生侵犯相对人合法权益的情形（如补充性行政事实行为伤及无辜）。因此，行政机关对行政事实行为损害结果应当承担法律责任。对行政事实行为的救济途径包括行政复议、行政诉讼和行政赔偿。

《行政复议法》和《行政诉讼法》（1989）均没有为相对人对行政事实行为提起法律救济设置相关的制度性保障。[②] 1997 年最高人民法院《关于审理行政赔偿案件若干问题的规定》（已失效）第 3 条规定："赔偿请求人认为行政机关及其工作人员实施了国家赔偿法第三条第（三）、（四）、（五）项和第四条第（四）项规定的非具体行政行为的行为侵犯其人身权、财产权并造成损失，赔偿义务机关拒不确认致害行为违法，赔偿请求人可直接向人民法院提起行政赔偿诉讼。"这一规定补充了《行政复议法》和《行政诉讼法》（1989）、《国家赔偿法》（1994）规定的不足，是当时相对人对行政事实行为提起法律救济的一个较为具体的司法解释依据。2010 年修正的《国家赔偿法》第 9 条规定，"赔偿义务机关有本法第三条、第四条规定情形之一的，应当给予赔偿"，明确规定了行政事实行为属于行政赔偿救济的范围。2014 年修正《行政诉讼法》用"行政行为"替代了"具体行政行为"，为相对人对行政事实行为提起法律救济提供了完整的制度性保障。

---

① 建议性行政事实行为与行政指导行为在性质和范围上均有交叉。

② 因《行政复议法》和《行政诉讼法》（1989）的受案范围是以"具体行政行为"为确定标准，具体行政行为为行政法律行为，不包括行政事实行为。

第十八章 行政程序

第一节 行政程序概述

一、行政程序的概念

行政程序是行政机关实施行政行为时所应当遵循的方式、步骤、时限和顺序所构成的一个连续过程。行为方式构成了行政行为的空间表现形式，行为的步骤、时限、顺序构成了行政行为的时间表现形式。所以，行政程序本质上是行政行为空间和时间表现形式的有机结合。有时行政机关实施行政行为离不开相对人的参与，因此，相对人参与行政行为程序也是行政程序不可缺少的内容。行政程序作为规范行政权、体现法治形式合理性的行为过程，是实现法治行政的重要前提；而行政程序发达与否，则是衡量一个国家法治行政程度的重要标志。

行政程序具有法定性，用于规范行政行为的程序一般应通过预设的立法程序法律化，使其具有可控制行政行为合法、正当运作的强制力量。对行政程序的法定性可作以下阐释：其一，尽管任何行政行为都由实体和程序两部分构成，但并不是所有行政行为的程序都有必要法定化，如某些行政机关内部程序并非必须法定化。只有那些对行政行为产生控制功能的程序，才有必要法定化。其二，行政程序的法定性意味着无论是行政机关还是相对人都必须遵守预定的行政程序。任何违反法定行政程序的行为，都将产生不利于行为人的法律后果。对于行政机关来说，遵守法定行政程序更具有法治意义，且行政程序本身就是为行政机关依法公正行为而设计的。其三，相对人参与行政行为所应当遵守的法定程序，本质上是相对人通过参与程序，监控行政机关依法实施行政行为，从而达到保护其合法权益的目的。

行政行为性质上的差异导致行政机关所遵守的行政程序呈现出多样性。行政程序的多样性至少有以下几个方面内容值得注意：其一，行政程序的多样性增加了行政程序法典化的难度。要将多种不同性质的行政程序集中规定在一部法典中，不仅需要较深厚的行政法学理论作指导，而且要有相当娴熟的立法技术相配合。其二，尽管行政程序存在着多样性的特点，但是在不同性质的行政行为之间，客观上仍存在着若干基本相同的行政程序，如行政处罚、行政许可等过程中的听证程序。从法理上深入研究和分析这部分行政程序，可以为制定统一的行政程序法典提供法理基础。其三，行政程序的多样性要求我们既要关注各种行政行为共同遵守的行政程序，也要关注每种行政行为所特有的特别行政程序，必要时，也可以在统一的行政程序法典中加以特别规定，在适用时应当遵循特别行政程序优于普通行政程序的规则。例如，《湖南省行政程序规定》第五章专门规定了特别行为程序和应急程序。

行政程序一般分散规定于为数众多的、具有不同效力等级的法律文件之中。对于这一特征，我们可以从以下几个方面作进一步分析：其一，许多国家在统一的行政程序法典之外还制定有单行的行政程序法律文件。例如，美国除了《联邦行政程序法》外，还有《阳光下的政府法》《信息自由法》和《隐私权法》等单行法律文件（这些单行法律文件在制定后又先后编纂入《联邦行政程序法》之中）。其二，在某些行政实体法中规定了若干行政程序规范。如我国《国家赔偿法》中规定的行政赔偿处理程序，《公务员法》中规定的公务员申诉控告程序。其三，在尚未制定统一的行政程序法典前，针对不同性质的行政行为制定各种单一的行政程序法律文件，如我国的《行政处罚法》《行政许可法》《行政强制法》《政府信息公开条例》和《行政法规制定程序条例》等，英国的《行政法规法》，法国的《行政和公众关系法》《行政行为说明理由法》等。

二、行政程序的分类

（一）主要程序与次要程序

行政程序以其对相对人合法权益是否产生实质影响为标准，划分为主要程序和次要程序。这种划分的学理基础是行政效率对行政权的必要性和程序权利与实体权利的关系，而其法律意义则是为司法审查提供一个更为合理的、可操作的规则。我国没有法律明确规定主要程序与次要程序的划分标准。在行政执法和司法审查中，具有可操作性的标准是行政程序对相对人的合法权益是否产生实质影响。

(1) 主要程序。主要程序是指行政机关若不遵守将可能对相对人合法权益产生实质影响的行政程序，如行政处罚中的告知程序、表明身份程序和听证程序等。主要程序的欠缺，将直接影响行政行为的合法性。因此，对违反主要程序的行政行为，有权机关应当予以撤销或者确认无效、违法。

(2) 次要程序。次要程序是指行政机关不遵守并不会对相对人合法权益产生实质影响的行政程序。例如，行政机关超过法定期限颁发出国护照，但并不一定影响相对人预定行程（如影响相对人预定行程则非次要程序）。对于次要程序的欠缺，有时只需要相对人向行政机关指出或由监督机关责令其予以补正即可，并不一定撤销该行政行为，或责令行政机关重做。当然，有权监督机关也可以追究违反程序的责任人相应的法律责任。[1]

（二）强制性程序与任意性程序

行政程序以行政机关遵守行政程序是否具有一定的裁量权为标准，可以划分为强制性程序和任意性程序。这种划分的学理基础是行政裁量权理论，而它的法律意义是：其一，是否遵循强制性程序产生合法与否的问题，而是否遵循任意性程序则可能产生合理性问题。其二，违反强制性程序在司法审查中将导致行政行为被撤销或确认违法、无效，而违反任意性程序只有在超出法定选择范围或选择极不合理的情况下，才会导致相应行政行为被撤销或被确认违法、无效。

(1) 强制性程序。强制性程序是指行政机关在实施行政行为时没有裁量余地，必须严格遵守，不得增加或者减少行政行为的步骤、方法、时限，也不得颠倒顺序。无裁量性是强制性程序的最大特征。例如，责令停产停业的行政处罚，行政机关必须告知当事人听证权利之后才能作出，否则，该行政处罚决定无效。

(2) 任意性程序。任意性程序是指行政机关在实施行政行为时，法律为其规定了裁量空间，由其根据具体情况酌情决定适用何种程序，并受比例原则约束。例如，《行政许可法》第 34 条第 3 款规定："根据法定条件和程序，需要对申请材料的实质内容进行核实的，行政机关应当指派两名以上工作人员进行核查。"这里的核查程序就是由行政机关依据"需要"而确定的任意性程序。

（三）内部程序与外部程序

行政程序以其规范行政行为所涉及的对象和范围为标准，可以划分为内部程序和外部程序。这种划分的学理基础是行政机关和相对人所具有的、互相之间无法替代的双重身份，其法律意义是明确行政程序法的调整重心，确立"交叉适用无效"和"分别救济"两大原则。

(1) 内部程序。内部程序是指行政机关对内部事务实施行为时所应当遵循的程序。"一个行政行为的作出可以没有相对人的参与，但不可能没有内部的运作。即使是那些被奉为现代程序核心要素的外部程序，也需要通过内部程序的纽带才能运转，其有效实施在很大程度上取决于内部程序的建构。"[2]比如，作为行政法极其重要内容的某些行政监督程序即是内部程序。内部程序是适用于行政机关系统内的一种程序，法律化程度较低，甚至没有法律化，由行政机关内部发文规定。许多程序基本上是由行政机关自己设置，而且行政机关不遵守内部

---

① 如在宜昌市妇幼保健院不服宜昌市工商行政管理局行政处罚决定一案中，法院认为："被上诉人工商局作为专门的监督检查部门，在对上诉人保健院作出处罚前，进行了立案、调查取证，并送达了处罚告知书，交待了陈述和申辩权，其处罚程序符合法律规定。工商局作出的处罚决定中没有具体载明据以认定保健院违法行为存在的证据名称，使其处罚决定书的内容不完备，是行政行为的轻微瑕疵。工商局的这一行政瑕疵没有达到侵害行政管理相对人合法权益的程度，不影响其处罚决定的有效成立，因此不能认定工商局的行政行为程序违法。"载《最高人民法院公报》2001 年第 4 期。

② 何海波：《内部行政程序的法律规制》（上），载《交大法学》2012 年第 1 期。

程序往往只能通过行政机关系统内部来解决。

(2)外部程序。外部程序是行政机关对外部事务实施行政行为时所应当遵守的程序。外部程序是行政程序的核心部分,也是最引人关注的问题。研究行政程序主要是研究外部程序。行政机关行使行政职权产生影响相对人的合法权益的后果,主要是通过行政行为,因此,它是行政程序规范的重点。

三、行政程序的价值

(一)扩大公民参政权行使的途径

首先,传统的公民参政权在20世纪之后国家与社会发展的过程中已显露出无法弥补的缺陷。这种缺陷表现在公民监督行政机关行使权力的间接性,即公民只能通过自己在议会中的代表,在议会中行使对行政机关的监督,而且这种监督基本上是事后监督,对防止行政机关滥用职权不能起到有效制约的作用。其次,从监督行政机关依法行使职权的最佳方案选择看,事先、事中监督显然优于事后监督,预防性监督显然优于追惩性监督。这种法治理想的落实最终因为民主理论的发达而有了更为可行的现实条件。最后,行政程序可以让公民越过自己的代表直接介入行政权的行使过程。在这个过程中,公民权利可以成为约束行政权合法、正当行使的一种外在规范力量,并随时可以对行政权的行使是否合法、正当,在法律范围内提出质疑、抗辩,为行政机关行使职权提供一个反思的机制。如果行政机关发现其行政行为有不合法或欠缺正当性的情况,即可以自己纠正。这也是符合现代行政法的法治精神所要求的合作与协商原则的。

(二)保护相对人的权利

首先,相对人的法律程序权利是一种被法律实用主义所长期掩饰而不为人们所重视的法律权利。轻视法律程序权利的结果往往是行政机关以国家神化为理由剥夺公民实体法上的权利。一个不言而喻的命题是,如果没有相应的法律程序权利予以保障,则立法赋予再多的法律实体权利也是没有任何意义的。其次,在行政法律关系中,相对人的法律程序权利只能通过相应的行政程序来保障。过去,可能所有开始走向法治国家的初始阶段都是这样,在立法过程中,只注意规定相对人的法律实体权利,如我国《宪法》第41条有关国家赔偿的规定,这些法律实体权利直到1995年实施《国家赔偿法》才落实下来。最后,我们可以看到,当行政实体法发展到一定程度时,行政程序也必然会逐步发展起来。这是一个规律性的现象,因为对于任何一个国家来说,行政机关首先必须要有足够的力量控制社会秩序,只有当相对人对其行政行为提出异议并诉诸法院时,不会影响行政机关对社会秩序的有效控制的情况下,国家才可能通过立法制定行政程序，让相对人介入行政行为的过程，以维护其合法权益。[①]

（三）提高行政效率

行政效率是行政权的生命。行政权运行机制的设定，在许多情况下都受制于行政效率。比如，诉讼过程中不停止执行，某些行政行为的争议排除司法审查，由行政机关自己作最终决定等。我们可以把这些程序视为法治的代价。此外，通过行政程序让相对人介入行政过程，虽然可能会使相对人对即使合法正确的行政行为也说三道四，一些人还可能利用行政程序阻挠行政机关行使行政权，从而导致行政效率受到损害，但是，行政程序对于行政效率在总体上是弊小利大，其促进行政效率的功能更大。它有时会以暂时的行政过程中的低效率换来执行行政行为结果的高效率，使相对人通过行政程序对行政行为产生认同感，从而自觉履行。即让相对人的"怒"发泄在行政行为起始期，而不是在行政决定作出之后，从而保证行政行为能获得及时执行。

（四）监督行政机关依法行使职权

首先，行政程序本身所具有的可控制行政行为的功能，决定了行政程序具有监督行政机关依法行使职权的作用。行政程序要求行政机关给予相对人同等、充分的机会来陈述理由和要求，明确告知其程序权利以及程序结束后产生的法律后果。同时，行政机关不得基于不正当的动机来解释有关行政程序的模糊概念，从而达到偏袒一方当事人或者自身的利益的目的。因此，许多国家都把听证、告知、回避等法律程序制度列为行政程序法不可缺少的内容，其目的在于监督行政机关依法公正行使行政职权。其次，行政程序可以对行政裁量权实施可行性的监控。行政实体法规定的对行政裁量权的监督难以起到制约作用，而行政程序法却可以较有效地起到这方面的作用。最后，行政程序可以对行政权趋于正当、合理产生一种引导作用，引领行政权行使的正确方向。

第二节　行政程序的基本原则

一、公开原则

行政公开是指行政机关在行使行政职权时，除涉及国家秘密、个人隐私和商业秘密外，必须向相对人及社会公开与行政职权有关的事项。相对人可以通过参与行政程序维护自己的合法权益，社会民众可以通过公开的行政程序监督行政机关依法行使行政权力。我国正式确立行政公开原则的法律是1996年的《行

① 1999年第4期的《最高人民法院公报》公布了田永诉北京科技大学拒绝颁发毕业证、学位证行政诉讼案，可以看作"正当程序革命"的始点。参见何海波：《司法判决中的正当程序原则》，载《法学研究》2009年第1期。

政处罚法》和 2003 年的《行政许可法》，两部法律均将行政公开原则列为处罚、许可的基本原则。这对于推动我国的行政公开化，提高行政透明度，减少行政腐败现象具有重要的促进作用。2008 年实施的《政府信息公开条例》更是全面贯彻行政公开原则，以期建立一个公开、透明政府。

公开是现代民主政治的要求。我们知道，传统的民主制度中并不缺少参与机制，但这种参与机制只限于通过选举议会组成人员和选举国家元首来实现其民主参与的目的，从而完成民主的社会实践。这种民主实践在议会主权强盛的年代里被认为是一种最好的民主政治。但是，20 世纪以后，许多国家普遍出现了议会大权旁落和行政权扩张的社会变迁结果，国家权力重心也由议会转到了政府。在民主国家中，人们普遍认为，通过原有的民主政治，人民尚可以控制议会，但已无法通过议会有效地控制政府，有时议会反而被政府所控制。人们普遍感到传统的民主政治已产生了危机。于是，以扩大民主政治中的参与机制作为摆脱民主制度困境的方略，为许多国家所采纳。

在行政程序法中确立程序公开原则，是现代民主政治发展的基本要求。这一原则的法治意义是将行政权运作的基本过程公开于社会，接受社会的监督，防止行政权被滥用。公开原则应当包括如下主要内容：

(1) 行使行政权的依据必须公开。这里的"依据"有两方面的内容：其一，如果行使行政权的依据是抽象的，必须事先以法定形式向社会公布。如美国 1946 年《联邦行政程序法》规定："不得以任何方式强迫任何人服从应当公布但没有公布于《联邦登记》上的任何文件，也不应使其受到此种文件的不利影响。"其二，如果行使行政权的依据是具体的，行政机关必须在作出决定以前将该依据以法定形式告知相关的相对人。我国《行政处罚法》第 44 条规定："行政机关在作出行政处罚决定之前，应当告知当事人拟作出的行政处罚内容及事实、理由、依据，并告知当事人依法享有的陈述、申辩、要求听证等权利。"

(2) 政府信息公开。相对人了解、掌握政府信息，是其参与行政程序、维护自身合法权益的重要前提。因此，行政机关根据相对人的申请，应当及时、迅速地提供其所需要的政府信息，除非法律有不得公开的禁止性规定。如西班牙 1958 年《行政程序法》第 62 条规定："行政案件中利害关系人有权在任何时候通过有关办公室得到适当的信息，了解审理情况。"我国《政府信息公开条例》已对我国的政府信息公开作出了具体和可操作的规定。

(3) 设立听证制度。听证是在行政机关作出影响相对人合法权益的决定前，由相对人表达意见、提供证据的程序以及行政机关听取意见、接受证据的程序所构成的一种法律制度。它是行政程序法的核心。不同国家的行政程序法尽管内容上存在着差异性，但基本上都确立了听证制度。我国《行政处罚法》《行政许可法》《价格法》《行政法规制定程序条例》等都已经确立了听证制度。听证已成为行政程序的核心内容之一。

(4) 行政决定公开。行政机关对相对人的合法权益作出有影响的决定，必须向相对人公开，从而使相对人不服决定时能及时行使行政救济权。应当向相对人公开的行政决定不公开，则该行政决定不能产生法律效力，不具有行政执行力。行政机关将已经发生法律效力的行政决定向社会公开的，必须遵守《政府信息公开条例》的相关规定。

二、公正、公平原则

行政程序的公正、公平原则是指行政机关行使行政权应当公正、公平，尤其是公正、公平地行使行政裁量权。对行政机关来说，行政机关公正、公平地行使行政权力是获得行政权威的重要条件；对于相对人和社会来说，行政机关公正、公平地行使行政权是他们信任、服从行政权的基础。这里的"公"要求行政机关行使行政权以无偏私为要旨，天下为公，没有私利，它是确立行政程序法上行政公正、公平原则的法理基础。但是，由于行政公正、公平这种状态往往是由人的主观判断获得的结论，具有较强的主观性，所以，行政公正、公平是一项主观性原则。相对而言，行政公开要求的是行政权公开的一种客观状态，是一项客观性原则。这里的"正""平"要求行政机关行使行政权时对所有相对人一视同仁，不偏不倚，它是宪法上的平等原则向行政法扩展的通道。公正、公平原则主要包括如下内容：

(1) 行政程序立法应当赋予相对人应有的行政程序权利。由于相对人在行政实体法律关系中处于劣势的法律地位，要确保相对人能够依法维护自身的合法权益，监督行政机关依法行使行政权，在行政程序法律关系中就必须为相对人确立相应的程序权利，同时为行政机关设置相应的行政程序义务，以确保程序公正、公平原则在行政程序立法时得以体现。如《湖南省行政程序规定》第 28 条规定："行政程序参与人在行政程序中，依法享有知情权、参与权、表达权、监督权。"

(2) 行政机关所选择的行政程序必须符合客观情况，具有可行性。当法律规定行政机关具有行政程序裁量权时，行政机关必须充分考虑所选择的行政程序是否具有可行性。缺乏可行性的行政程序，既不能确保行政机关公正、公平地行使行政权力，也不能使相对人维护自身的合法权益。如要求行政许可申请人在 1 天时间内往返 100 多公里路程补充申请材料，就有滥用行政裁量权的嫌疑。

(3) 行政机关所选择的行政程序必须符合规律或者常识，具有科学性。客观规律和常识体现了人们对客观事物的认同性。在行政程序的选择上，如果行政机关违背这种认同性，不仅难以达到行使行政权力的目的，而且可能引发社会的不满情绪，增加行政机关管理社会事务的难度。如行政机关不尊重经济发展的规律随意变更城市规划,已经成为引发民众上访的主要原因。行政机关受到程序公正、公平原则约束,其所作出的行政行为才会为社会接受,从而获得社会力量的支持,达到行使行政权的目的。

(4) 行政机关所选择的行政程序必须符合社会公共道德,具有合理性。社会公共道德不具有与法律一样的强制性,但它是一个社会正常发展的基本条件。人们的许多行为在接受法律规范的同时,也要受社会公共道德的约束。行政机关的行政行为必须充分体现社会公共道德所蕴含的公平内容,尽可能体现社会绝大部分人的利益和要求。

(5) 行政机关所选择的行政程序必须符合社会一般公正心态,具有正当性。自古以来,公正始终是法律内涵的基本价值之一。英国普通法中"自然公正原则"的法律精神已为许多国家法律所接受,在程序法律中影响尤其明显。正当性要求行政机关必须在公正、公平的心态支配下行使行政权。不考虑相关的因素或者考虑了不相关的因素,都是缺乏行政公正、公平性的表现。这样的行政行为也不可能为相对人和社会民众所接受。

三、参与原则

参与原则是指行政机关在作出行政行为过程中,除法律有特别规定外,应当尽可能为相对人提供参与行政行为过程的条件和机会,从而确保相对人实现行政程序权益,也可以使行政行为更加符合社会公共利益。"公众参与的核心在于其有效性,通常表现为参与者的心理上的'成就感'和参与者对政策的实际影响。"[①]这一原则的法律价值是使相对人一方在行政程序中成为具有独立人格的主体,而不是行政权随意支配的、附属的客体。参与原则的内容集中体现为相对人的行政程序上的权利,这些权利主要有:

(一) 获得通知权

获得通知权是指相对人在符合参与行政程序的法定条件下,有要求行政机关通知其何时、以何种方式参与行政程序的权利。获得通知是相对人的一项程序权利,相应地,通知便是行政机关应当履行的义务。获得通知权是相对人重要的程序权利之一,如《行政处罚法》第 64 条第 1 款第 2 项规定,"行政机关应当在举行听证的七日前,通知当事人及有关人员听证的时间、地点"。基于行政实践的复杂性,行政机关通知的时间应根据不同的情况分别作出不同的规定,以适应行政实践的需要。《行政处罚法》对行政处罚听证程序中的通知采用何种形式没有作出特别规定。从行政处罚实务中反映出的情况看,法律对行政处罚听证程

① 王锡锌:《公众参与和行政过程——一个理念和制度分析的框架》,中国民主法制出版社 2007 年版,第 69 页。

序中的通知没有规定具体形式，导致实践中行政机关履行通知义务的随意性比较明显；而行政处罚决定的通知方式采用《民事诉讼法》规定的司法文书的送达方式，又因程序过于严格而影响行政效率。将来我国的行政程序立法对此问题应当作出统一规定。

（二）陈述权

陈述权是相对人就行政案件所涉及的事实向行政机关作陈述的权利。相对人是行政案件的当事人，亲身经历了行政案件事实的发生、发展，因此，确认相对人的陈述权有利于行政机关全面了解行政案件的事实真相，正确地处理行政案件。同时，确认相对人陈述权，也是相对人为维护自身合法权益而向行政机关说明行政案件事实真相的需要。虽然相对人在陈述行政案件事实时有可能会缩小、隐瞒对其不利的事实，夸大、编造对其有利的事实，但行政机关只要把握相对人陈述的这个特点，是可以去伪存真的。

相对人行使陈述权是行政案件证据来源途径之一。从证据形成的时间上看，它不同于物证、书证和视听资料。它是在行政案件发生之后在行政机关调查过程中形成的，且相对人本身就是案件处理结果的利害关系人，而物证、书证和视听资料在行政案件发生过程中就已客观存在。因此，相对人陈述内容所形成的证据——当事人陈述——证明效力不如物证、书证和视听资料。相对人行使陈述权在时间上应当限于行政程序之中，在行政程序未开始或者行政程序已经结束时，相对人就丧失了行使陈述权的机会。如果相对人在行政程序中因客观事由不能行使陈述权的，应当由其代理人代为行使。如果相对人没有代理人，且查明行政案件确实需要听取相对人陈述的，行政机关应当中止行政程序，待阻碍相对人行使陈述权的客观事由消失后，再恢复行政程序，听取相对人的陈述。

（三）抗辩权

抗辩权是相对人针对行政机关提出的不利指控，依据其掌握的事实和法律向行政机关提出反驳，旨在法律上消灭或者减轻行政机关对其提出的不利指控的权利。确认相对人的抗辩权的法理基础是：当行政机关运用行政权限制、剥夺相对人的自由权、财产权等法律权利时，应当给予相对人抗辩的权利。这是行政程序正当性的要素之一。若相对人未行使抗辩权，行政机关即作出限制、剥夺其合法权益的决定，则该决定应属无效。①

抗辩权是以获得通知权利为前提的。获得通知权利的实现可以使相对人了解行政机关对其作出不利决定的依据，从而使相对人可以找到反驳的目标。如果行政机关不将作出不利决定的依据通知给相对人，相对人的抗辩权就会因此而丧失抗辩对象。抗辩权从本质上说是一种防卫权，从宪法的角度可以视它为

① 《行政处罚法》第 38 条规定："违反法定程序构成重大且明显违法的，行政处罚无效。"

一种基本权利。抗辩权作为一种防卫权是为防御国家行政权的侵犯。国家行政权的存在是否具有正当性,不能由其自身内容来决定,而是很大程度上取决于国家是否承认相对人对行政权具有抗辩权。因为,只有确认了相对人拥有抗辩权,相对人在行政程序上才具有独立的人格,才具有自主性。

(四) 申请权

申请权是相对人请求行政机关启动行政程序的权利。申请权是一项程序权利,相对人行使申请权的目的是希望通过行政程序来维护其自身的合法权益,是相对人获得行政程序主体资格的重要条件。行政程序之所以在现代法治社会被如此重视,是因为行政程序将相对人从行政权可任意支配的客体变为可以约束行政机关的外在力量。相对人拥有了申请权,意味着相对人获得了可以影响行政机关行使与否以及如何行使行政权的机会,从而减少行政机关恣意行使行政权的可能性。

申请权在行政程序中可以分解为以下权利:(1) 听证请求权。听证是相对人通过表达自己的意愿,维护自身合法权益的一种权利,因此,当行政机关向其告知了将要作出的决定所依据的事实和法律规定时,其可以决定是否要求行政机关在听取其意见之后再作出决定。将听证请求权赋予相对人,并由其自主决定是否行使,有利于相对人自愿接受不利的行政决定。(2) 回避请求权。行政官员回避裁决与自己有利害关系的争议是程序公正的基本要求。在行政程序中,相对人如认为主持程序并裁决自己与行政机关争议的行政官员具有法定回避情形,有权请求其回避。这项申请权的法律意义在于,通过相对人的判定将可能不公正主持程序和裁决的行政官员排除在行政程序之外,从而消除相对人对程序结果不公正的怀疑。对于相对人的回避请求权,行政机关如果予以驳回,应当说明理由。(3) 卷宗阅览请求权。卷宗阅览请求权是相对人要求行政机关将卷宗交给其查阅的权利。由于卷宗材料可以成为行政决定的依据,相对人事先应当有了解、辩明的权利,从而利用卷宗材料主张权利、抗辩不利指控。《行政复议法》第 23 条第 2 款规定:“申请人、第三人可以查阅被申请人提出的书面答复、作出行政行为的证据、依据和其他有关材料,除涉及国家秘密、商业秘密或者个人隐私外,行政复议机关不得拒绝。”实务中的问题是,有的行政机关无限地扩大解释国家秘密、商业秘密或者个人隐私的范围,从而变相地剥夺相对人的卷宗阅览权。(4) 复议请求权。复议请求权是相对人不服行政机关作出的行政行为,请求复议机关审查的权利。复议程序是行政系统内部的一种层级监督制度,也是行政系统自我纠错的机制。为了保证下一级行政机关行使行政职权的主动性、积极性,复议机关不能主动介入下一级行政机关的执法活动。是否启动行政复议程序应交给相对人来决定,因为,只有相对人才最了解自己的合法权益是否被侵害,是否需要通过复议程序来救济。此项权利由《行政复议法》加以规定并保障。

四、效率原则

效率原则是指行政程序中的各种行为方式、步骤、时限、顺序的设置都必须有助于确保基本的行政效率，并在不损害相对人合法权益的前提下适当提高行政效率。行政效率是行政权的生命，没有基本的行政效率，就不可能实现行政权维护社会所需要的基本秩序的功能。但是，过分地强调行政效率，又会损及相对人的合法权益。行政程序法的效率原则具有如下限制因素：其一，提高行政效率不得损害相对人的合法权益。其二，提高行政效率不得违反公平原则。效率原则主要通过以下行政程序制度来体现：

（一）时效

时效是指行政程序法律关系的主体，在法定期限内不作为，待法定期限届满后即产生相应不利的法律后果。行政机关在法定期限内如不行使职权，在法定期限届满后可能不得再行使，同时应承担相应的行政责任。相对人在法定期限内如不行使权利，也可能丧失相应的权利，并承担相应的法律后果。如《行政许可法》第 50 条规定："被许可人需要延续依法取得的行政许可的有效期的，应当在该行政许可有效期届满三十日前向作出行政许可决定的行政机关提出申请。但是，法律、法规、规章另有规定的，依照其规定。行政机关应当根据被许可人的申请，在该行政许可有效期届满前作出是否准予延续的决定；逾期未作决定的，视为准予延续。"

（二）代理

代理是指行政程序法律关系主体不履行或无法履行法定义务时，依法由他人代为履行的制度。代理发生的前提是这种法定义务具有可替代性，否则，代理不得适用。目前，我国行政程序中还没有建立规范化的代理制度，这成为影响我国行政效率的一个重要因素。实务中有的行政机关在一些岗位上设有 A、B 岗，具有代理制度的意义，只是它没有形成一个稳定的法律制度。

（三）不停止执行

不停止执行是指相对人因不服行政行为而提起复议或诉讼后，除非有法律的特别规定，被质疑的行政行为不停止执行。不停止执行的意义是，在确保行政行为被撤销后，相对人可以恢复其权利的前提下，使行政行为获得迅速执行，从而提高行政效率。但是，从实效性保护相对人合法权益的角度看，除"法律的特别规定"必须被充分执行外。在某些特殊情况下，即使没有法律的特别规定，法律救济机关也应自行决定或裁定停止执行。[①]

---

① 在张先著诉芜湖市人事局公务员录用行政争议一案，虽然张先著胜诉了，但是他仍然失去了被录取为国家公务员的资格。被告录取公务员的程序并没有因为张先著的诉讼而暂停，张先著拿到的那份胜诉判决书并没有使他的合法权益获得保障。参见安徽省芜湖市新芜区人民法院行政判决书(2003)新行初字 11 号。

第三节 行政程序的基本制度

一、行政回避制度

行政回避是指在行政机关工作人员行使职权的过程中,因其与所处理的事务有利害关系,为保证实体处理结果和程序进展的公正性,根据当事人的申请或行政机关工作人员的请求,有权机关依法停止其职务的行使并由他人行使的一种法律制度。

(一)行政回避的缘由

回避缘由是指行政机关工作人员与相对人之间因何种理由,导致相对人认为其不能公正处理行政事务的心理倾向。从许多国家行政程序法的规定看,回避缘由的内容在表述上不尽一致,如"个人偏见""招致不公正事由""偏袒嫌疑"和"利害关系"等。回避缘由既有相对人的主观判断,如"偏见",也有人无法改变的客观事实,如"利害关系"。现分述如下:

偏见即偏于一方面的见解。[①] 在法律上,这种个人的"偏于一方面的见解"因行政机关工作人员未了解全部案情形成,或者因行政机关工作人员由于民族、种族、性别等非人为因素对某些事情产生看法而形成。对于有偏见的行政机关工作人员来说,全面、客观地了解案件真实情况已并不重要,因为他对案件的处理在内心早已有了结论,法律程序作为形成行政决定的过程已经变成了"过场"。

利害关系指案件处理的结果影响到负责处理案件的行政机关工作人员的金钱、名誉、友情、亲情等利益的增加或减损。人在作为一个社会人时,始终处于各种利害关系中,离开了这些利害关系,人是无法生存的。因此,人所处的社会关系本质上就是利害关系。行政机关工作人员虽然是经过比较严格的法律程序选拔出来的,但这种选拔程序并没有隔绝其与社会其他成员的关系。基于人与生俱来的趋利避害的本性,行政机关工作人员在行使职权时有时可能会屈从于与其有利害关系成员的无理要求,如子女说情,亲朋好友劝告等,都可能会导致行政机关工作人员失去公正性而徇私枉法。利害关系构成了法律上回避的另一个缘由。

然而,利害关系本身的内涵极其复杂,如果将所有的利害关系都纳入回避缘由,可能导致行政机关中没有工作人员来行使相应事务的处理职权。因此,下列利害关系可以不列入"回避缘由":(1) 罚没款与行政机关工作人员的收入关系。在美国 1927 年的塔迈诉俄亥俄州案中,市镇法官的报酬来自市法院所判决的罚

① 中国社会科学院语言研究所词典编辑室编:《现代汉语小词典》,商务印书馆 1980 年版,第 420 页。

金,最高法院认为在这种情况下,法官对于判决的结果,有直接的金钱利害关系,不符合正当的法律程序,因此撤销了这个判决。另一个案件中,市镇长官负责市政的财政收入。最高法院认为由市镇长官主持的市法院裁决违反交通规则的罚款,而非由大公无私的裁判官主持,不符合正当的法律程序。[①] 从我国的实际情况看,美国的这种做法显然是行不通的。尽管我国《行政处罚法》创设了罚没款收支两条线[②],但是,财政部门返回罚没款额与行政机关上交罚没款额之间仍然存在着事实上的比例关系。(2) 师生关系、同学关系、老乡关系以及曾经为同事、上下级关系等。这些关系在行政管理领域中经常可以构成行政法律关系的双方主体。如果这种关系成为回避缘由,可能会导致行政机关工作人员动辄得"避",尤其是在县、乡(镇)两级行政机关中,以此作为回避缘由可能导致大多数公职人员无法正常履职。就像费孝通先生所说的,人与他人的关系如同向河中扔一块砖头,引起的波纹由近及远,直至消失。回避缘由的利害关系究竟划定于何处,应当考虑特定传统文化下人们对这种利害关系的认识程度。

(二) 行政回避的范围

回避范围是指行政机关工作人员执行公务,在哪些有利害关系的人作为相应事务当事人时,其应当回避。

(1) 当事人中有其亲属的。这里的亲属究竟包括哪些人,不同国家的法律规定并不一致。[③] 不同国家的规定不同至少说明了在这个问题上,不必强求统一;国情不同,会导致即使是同等亲属,他们之间关系的密切度也是不同的。

(2) 与当事人的代理人有亲属关系的。当事人参与行政程序,有时聘用代理人为其提供法律帮助,以便更好地维护自己的合法权益。如处理相应事务的行政机关工作人员与该代理人之间有亲属关系,实际上无异于与当事人的亲属关系。

(3) 在与本案有关的程序中担任过证人、鉴定人的。在相应事务的调查程序中,行政机关工作人员作为证人向调查人员提供了证言,或者以专家的身份就相应事务的专门问题作出鉴定结论,他们提供的证言、鉴定结论就成为行政机关处理相应事务的证据之一。如果相应事务进入听证程序时,他们又成为相应事务的听证主持人,则应当回避,否则"先入为主"足以使当事人的听证流于形式,也会使当事人怀疑他们作为听证主持人能否公正行事。

---

① 王名扬:《美国行政法》(上),中国法制出版社 1995 年版,第 459 页。

② 参见《行政处罚法》第 67 条。

③ 如奥地利《行政程序法》将"配偶、血亲、姻亲之尊卑亲属、侄(甥),或其他更近之血亲或同等之姻亲"列为亲属。瑞士《行政程序法》规定为"当事人之直系血亲或三亲等内之旁系血亲或与当事人有婚姻、婚约或收养关系者"。葡萄牙《行政程序法》规定"其配偶、任一直系血亲或姻亲、二等亲内之旁系血亲或姻亲"为亲属。我国台湾地区"行政程序法"把下列人员列为亲属:"配偶、前配偶、四亲等内之血亲或三亲等内之姻亲"。

（4）与当事人之间有监护关系的。监护是指对未成年人和精神病患者的人身、财产以及其他一切合法权益的监督和保护。这种职责的承担者在法律上称为监护人。监护人可以是近亲属，但在没有亲属的情况下，法院可以为其指定监护人。如行政机关工作人员被法院指定为监护人，而被监护人又为相应事务的当事人，该行政机关工作人员在法律上就是相应事务当事人的法定代理人，具有与当事人同等的法律地位。

（5）当事人为社团法人，行政机关工作人员作为其成员之一的。现代社会公民有结社的自由。行政机关工作人员具有的公务员身份不影响其参加社团组织，如集邮协会、书法协会等。当这些社团组织成为相应事务一方当事人时，作为成员的行政机关工作人员因与该社团之间的关系，失去处理相应事务的资格。

（6）与当事人有公开敌意或者亲密友谊的。公开敌意是指行政机关工作人员曾公开向相应事务的当事人或者在当事人不在场的其他公开场合表示过对其的憎恨，或者发表过极不友好的言语。同样，与当事人之间的亲密友谊也可能会影响相应事务的公正处理。这种亲密友谊可能是恋人关系，或者是有救命之恩，也可能是生死之交等。这种关系的存在足以使行政机关工作人员在处理相应事务时内生偏心，不能公正行事。

（7）其他有充分证据可以证明行政机关工作人员不能公正处理相应事务的。这是一个兜底说明。除上述情形外，如一方当事人有充分证据证明行政机关工作人员可能有偏私的情况，行政机关工作人员即丧失处理相应事务的资格。

（三）行政回避的程序

（1）自行回避。自行回避是指行政机关工作人员认为自己与相应事务有法律规定的回避情形时，向本机关的负责人主动提出要求回避处理相应事务的请求，本机关负责人对行政机关工作人员的申请依法进行审查并作出是否准许的决定。自行回避程序的内容有：第一，请求。行政机关工作人员可以在对相应事务作出决定之前的任何时候，如认为自己与相应事务有法律规定的回避情形时，提出回避请求。如德国《联邦行政程序法》第21条规定："有适当理由认为自己执行公务足以产生偏袒嫌疑或某一参与人认为存在此理由时，代表行政机关参与程序的有关人员应通知行政机关首长或其指定的委托人，并根据其指令放弃参与程序行为。涉嫌行政机关首长时，由监督机关作出指令，但行政机关首长放弃参与程序行为时除外。"行政机关工作人员提出回避请求，应当以书面形式，并附具回避的理由。第二，审查。行政机关负责人在收到行政机关工作人员回避请求后，应当尽快给予审查。回避审查以书面形式为主，必要时也可以当面听取行政机关工作人员的陈述。行政机关负责人提出回避请求的，任命机关或者监督机关可以作为审查机关行使审查权。为了确保行政效率，审查期限一般以3天为限。由于自行回避系行政机关的内部行为，因此不需要听取双方当事人的意见。但是,行政机关负责人如认为有了解回避情形必要的,也可以听取当事人的陈述。第三,决定。回避请求经审查后,行政机关负责人如认为回避情形成立,应当立即终止该行政机关工作人员处理相应事务的职权,并任命另一行政机关工作人员接替此案的处理。应回避的行政机关工作人员在接到此决定后,应当尽快将相应事务材料移交给接替其职权的行政机关工作人员。如果行政机关负责人认为回避情形不存在,则应命令该行政机关工作人员继续处理相应事务,直至行政程序结束。

(2) 申请回避。申请回避是指当事人认为处理相应事务的行政机关工作人员有法律规定的回避情形时,在行政程序结束之前依法向有权限的行政机关提出要求该行政机关工作人员回避处理相应事务的请求,有权限的行政机关依法对此申请进行审查后作出是否准许的决定。申请回避程序大致有以下内容:第一,申请。当事人在行政程序进行过程中,如发现负责相应事务处理的行政机关工作人员有法定的回避情形,应当在程序终结之前向有权限处理的行政机关提出申请,要求该行政机关工作人员回避处理相应事务。回避申请应当以书面形式提出,并附有证明回避情形存在的证据材料,送至有权限处理的行政机关。当事人提出书面申请有困难的,也可以口头形式提出,接待当事人的行政机关工作人员应当制成笔录,与当事人书面申请具有同等的法律效力。当事人在有权限处理的行政机关作出决定之前,可以撤回申请,但这并不影响他在行政程序结束之前再次提出回避申请。第二,审查。有权的行政机关在接到当事人的回避申请后,应当尽快给予审查。审查应当以书面形式为主,必要时应当听取当事人和被申请回避的行政机关工作人员的陈述。第三,决定。经审查后,有权限的行政机关认为回避申请理由不成立的,应当决定驳回申请。对于驳回申请的决定,当事人有权申请复核一次。有权限的行政机关认为回避申请理由成立的,应当决定被申请回避的行政机关工作人员停止相应事务的处理,并及时移交给接替其职权的行政机关工作人员。如果有权限的行政机关一时不能确定接替的行政机关工作人员,应决定中止相应事务的行政程序。

二、行政听证制度

行政听证制度是在行政机关作出影响相对人合法权益的决定之前,由行政机关告知决定理由和听证权利,相对人陈述意见、提供证据以及行政机关听取意见、接纳证据并作出相应决定等程序所构成的一种法律制度。

听证并非原生于行政法的一种独特的法律制度。作为一种听取利害关系人意见的法律制度,它最早是以司法权运作的模式出现的,其源于英国普通法上自然公正原则的规则之一,即“听取另一方证词”。其基本含义是:“任何参与裁判争端或裁判某人行为的个人或机构,都不应该只听取起诉人一方的说明,而且要听取另一方的陈述;在未听取另一方陈述的情况下,不得对其施行惩罚。”①20世纪之后,许多国家通过行政程序立法确立了行政法上的听证制度。

(一)听证的范围

听证制度并不要求所有行政行为在作出之前都听取相对人的意见。界定行政听证范围应考虑下述要素:(1)行政听证的功能在于让相对人在接受不利决定之前,有发表自己意见的机会,因此,如果行政机关作出有利于相对人的决定,则不需要事先听取其意见。(2)为了确保行政行为的基本效率,有的行政行为在作出之前可以不听取相对人的意见。(3)听证要求行政机关在作出行政决定之前公开有关证据材料。如果这些证据材料的公开将损害国家利益、公共利益和个人利益,则可以将这些行政行为排除在行政听证范围之外。属于行政听证范围内的事项主要有:

(1)行政立法。行政立法虽然不针对具体的相对人,但它涉及“人”的利益重新分配,就有必要事先听取利害关系人的意见。如我国《行政法规制定程序条例》第13条规定:“起草行政法规,起草部门应当深入调查研究,总结实践经验,广泛听取有关机关、组织和公民的意见……听取意见可以采取召开座谈会、论证会、听证会等多种形式。”在行政立法程序中设置听证,听取公众的意见,可以提升行政立法的科学性、可行性。

(2)行政决定。行政决定是行政机关对行政事务所作出的一种具体处置行为。凡是对相对人产生不利影响的行政决定,均应给予其听证的机会。如我国《行政许可法》第47条规定:“行政许可直接涉及申请人与他人之间重大利益关系的,行政机关在作出行政许可决定前,应当告知申请人、利害关系人享有要求听证的权利;申请人、利害关系人在被告知听证权利之日起五日内提出听证申请的,行政机关应当在二十日内组织听证。”

(二)行政听证的形式

行政听证的形式可以分为正式听证与非正式听证。这一分类可以使行政听证适应行政实践的多种需要。正式听证形式一般都有法律的严格规定,而非正式听证法律一般仅作原则性的规定,由行政机关根据法律的原则性规定裁量决定是否启动以及如何启动。

(1)正式听证。正式听证是借助于审判式程序而发展起来的一种听证形式,其内部结构为三角型程序模式。在这种程序模式中,听证主持人居中独立,行政机关调查人员和相对人各为一方,指控与抗辩互相交涉。这种程序模式讲究方式,按部就班,可能耗费大量的人力、物力和财力,不适应行政效率的需求。

---

① 〔英〕戴维·M.沃克:《牛津法律大辞典》,北京社会与科技发展研究所组织翻译,光明日报出版1989年版,第69页。

因此,虽然正式听证更有利于保护相对人的合法权益,但正式听证在许多国家立法中只适用于法律明确规定的范围。如我国《行政处罚法》和《行政许可法》等法律规定的听证即是一种正式听证。[①]

(2) 非正式听证。非正式听证是指不采用审判式程序听取意见,且不以笔录作为裁决唯一依据的一种程序模式。在非正式听证中,行政机关对如何进行听证具有较大的裁量权,它可以根据审理程序的需要决定程序的进展,或者中止、终结程序。其不太强调听证的形式,只要使当事人得到一个表达意见的机会,就满足了给予当事人听证的要求。

(三) 行政听证的程序

行政听证程序是行政程序的核心。行政听证程序是否合理、正当决定了行政程序法的质量。正式行政听证的主要过程步骤包括:

(1) 通知。通知的基本内涵是指行政机关在举行听证之前,将有关听证的事项依法定程序通知到有关当事人的一种行政行为。这里的通知是一种要式行为,除非法律另有规定。通知的目的在于让相对人了解与听证有关的事项,为其及时、有效地行使听证权利提供保障。听证通知对于当事人来说,首先意味着听证程序已经启动。如果是行政机关发动的听证程序,那么,接到通知的当事人就有义务提出答辩书,否则,将视为承认通知中所记载的他方主张;如果是当事人一方发动的听证程序,那么接到通知的另一方当事人有权对通知内容——法律问题或者事实问题——提出异议。其次,听证通知是当事人参与听证的权利的法律依据;没有听证通知,就意味着其没有取得听证的权利。因此,听证通知也是行政机关对当事人参与听证权利的确认。

(2) 质辩。质辩是在听证主持人的主持下,由行政机关的调查人员与当事人就行政案件的事实和法律问题展开质证和辩论的过程。它是听证的核心。就功能而言,质辩乃是行政案件调查的一种延续,是将调查的事实和法律的适用问题交给当事人质疑,从而提高行政机关认定案件事实真实性和适用法律准确性的程度。听证当事人有陈述对自己有利的事实,并提交相关的证据,发表自己对法律适用问题看法的权利,以及对行政机关提出的不利指控进行抗辩。为了更好地行使陈述和抗辩的权利,当事人可以获得律师的帮助,并在律师的帮助下出席听证。

听证无论是行政机关依职权开始还是依申请进行,行政机关手中都已经有了一个拟定的行政决定。听证的主要目的是将该拟定的行政决定交给当事人并听取他的意见。因此,行政机关首先应当向当事人举出该拟定的行政决定所依据的事实和法律规定,否则,听证就不可能进行下去。当事人为了提高自己陈

---

① 参见《行政处罚法》第 5 章第 4 节,《行政许可法》第 4 章第 4 节。

述、抗辩意见的说服力，也可以提出相关的证据。但在听证中，行政机关和当事人法律地位的不对等性决定了双方不可能承担相同的举证责任。不少国家行政程序法中规定行政机关必须对自己的行政行为说明理由，表明在行政程序中行政机关应负有主要的举证责任。

（3）决定。经过质辩后，听证主持人应作出一个书面报告，对于听证所涉及的事实和法律问题表明自己的法律认识。这里涉及两个问题：第一，听证笔录。听证笔录是对质辩过程的一种书面记录。在质辩结束之后笔录交当事人阅读、补正并签名，便成为具有法律意义的文书。听证笔录就内容而言，大致与法院的庭审笔录相当[①]，但就效力而言，不同的国家有不同的规定。第二，听证决定。听证主持人作出的决定是否具有法律效力，不同国家的规定也不一致。在美国，行政法官可以作出两种决定：初步决定和建议性决定。对于行政法官作出的初步决定，如果当事人不提出上诉，行政机关也没有要求复议，则该决定成为行政机关的决定。对于行政法官作出的建议性决定，如行政机关接受，则成为行政机关的决定。两者的区别在于，前者一经作出即具有法律效力，而后者只有在为行政机关接受后才对当事人产生约束力。我国行政处罚或者行政许可的听证主持人均没有直接作出行政决定的权力，他们只能在听证后，将听证笔录提交行政机关，由行政机关根据听证笔录作出行政决定。

三、政府信息公开制度

政府信息是行政机关在行使职权过程中所形成的各种"记录"，包括笔录、书信、书籍、图片、刻印、照片、微缩影片、录音带、可以机器读出的记录与其他非具有固定形式或特征的文件资料及记录影印或复制的各种信息。政府信息公开是指行政机关根据职权或者相对人申请，将政府信息向相对人或者社会公开展示，并允许查阅、摘抄和复制。

历史上，北欧的瑞典于1766年通过《新闻自由法》承认公民有请求政府公开信息的权利。美国在1946年《联邦行政程序法》中也作出了相应的规定。但因该法规定行政机关为了"公共利益"或者有"正当理由"，可以拒绝提供政府信息，所以它受到了社会民众的强烈指责。在这样的背景下，美国于1966年制定了《信息自由法》。即便如此，"美国在行政公开方面的立法总体上比其他西方国家早，而且更为完备，在一定程度上对其他西方国家起了示范作用"[②]。至今，法

---

① 《行政许可法》第48条第2款规定："行政机关应当根据听证笔录，作出行政许可决定。"《行政处罚法》第65条规定："听证结束后，行政机关应当根据听证笔录，依照本法第五十七条的规定，作出决定。"

② 王名扬：《美国行政法》（下），中国法制出版社1995年版，第935页。

国、日本、加拿大、澳大利亚等国家均制定了有关政府信息公开的立法。[①]

行政程序法系一国(地区)行政程序的基本法,其基本任务是确立有关行政程序的基本原则和基本制度等主要内容,而这些内容往往需要通过相应的立法加以进一步落实。其结果是,一国(地区)的行政程序法总是由一部行政程序法典匹配若干单行的行政程序法构成。如美国在制定了行政程序法后,又分别制定了《信息自由法》《隐私权法》和《阳光下的政府法》。日本在1993年制定了《行政程序法》之后,也在1998年制定了《行政信息公开法》。我国台湾地区在1998年制定了"行政程序法"之后,在2000年公布了"行政资讯公开办法"。政府信息公开法是行政程序法所确立的行政公开原则和听证制度的具体化,是行政程序法典之下的重要的单行行政程序法。我国于2007年4月5日正式制定了《政府信息公开条例》[②],并于2008年5月1日正式实施。2019年国务院对《政府信息公开条例》进行了全面修改。

(一) 政府信息公开的范围

(1) 主动公开的范围。《政府信息公开条例》第19条规定:"对涉及公众利益调整、需要公众广泛知晓或者需要公众参与决策的政府信息,行政机关应当主动公开。"这是主动公开的原则性规定。该条例第20条对第19条的原则性规定进行了细化,列出了15种应当主动公开的政府信息。在第21条中,针对设区的市级、县级人民政府及其部门,乡(镇)人民政府,要求其根据各自本地方的具体情况,"主动公开涉及市政建设、公共服务、公益事业、土地征收、房屋征收、治安管理、社会救助等方面的政府信息"和"主动公开贯彻落实农业农村政策、农田水利工程建设运营、农村土地承包经营权流转、宅基地使用情况审核、土地征收、房屋征收、筹资筹劳、社会救助等方面的政府信息"。

(2) 依申请公开的范围。除了前述主动公开的范围外,公民、法人或者其他组织"还可以向地方各级人民政府、对外以自己名义履行行政管理职能的县级以上人民政府部门(含本条例第十条第二款规定的派出机构、内设机构)申请获取相关政府信息"。[③] 依申请公开的政府信息可以是已经属于法定的"主动公开的范围"但行政机关没有公开的内容,也可以是法定的"主动公开的范围"之外的内容。

(3) 特别规定公开的范围。这里涉及国家秘密、商业秘密、个人隐私相关的政府信息是否公开的问题。国家秘密是关系国家的安全和利益,依照法定程序

---

① 法国1978年制定了《行政和公众关系法》,日本1998年制定了《资讯公开法》,加拿大1982年制定了《资讯取得法》,澳大利亚1982年制定了《资讯公开法》。

② 此前,广东省广州市在2003年1月1日即实施了我国第一部有关政府信息公开的地方政府规章,即《广州市政府信息公开规定》。

③ 《政府信息公开条例》第27条。

确定，在一定时间内只限一定范围的人员知悉的事项。国家秘密之所以纳入不公开的范围，是因为这类信息公开可能对国家安全、公共利益产生无法预测的负面影响。由此可知，涉及国家秘密的政府信息是绝对不公开的范围。因此，《政府信息公开条例》第 14 条规定："依法确定为国家秘密的政府信息，法律、行政法规禁止公开的政府信息，以及公开后可能危及国家安全、公共安全、经济安全、社会稳定的政府信息，不予公开。"随着现代社会的不断发展，个人隐私（权）在个人权利谱系中显得越来越重要，诸如个人病历、身体缺陷、健康状况、生活经历、财产状况、婚恋、社会关系等等，都直接影响到公民其他权利的实现。在现代商业社会中，商业秘密是指不为公众所知悉、能为权利人带来经济利益，具有实用性并经权利人采取保密措施的设计资料、程序、产品配方、制作工艺、制作方法、管理诀窍、客户名单、货源情报、产销策略等技术信息和经营信息。商业秘密具有经济利益性，作为政府信息的商业秘密如果被公开，那么市场经济公平竞争将不复存在，通过获取他人商业秘密谋取利益的行为必将使市场丧失信用，危及市场秩序的正常发展。以上两项政府信息原则上属于不公开的范围。但是，《政府信息公开条例》第 15 条后句规定："但是，第三方同意公开或者行政机关认为不公开会对公共利益造成重大影响的，予以公开。"由此可知，涉及个人隐私、商业秘密的政府信息属于相对不公开的范围。另外，行政机关的内部事务信息，包括人事管理、后勤管理、内部工作流程等方面的信息，可以不予公开。行政机关在履行行政管理职能过程中形成的讨论记录、过程稿、磋商信函、请示报告等过程性信息以及行政执法案卷信息，可以不予公开。法律、法规、规章规定上述信息应当公开的，从其规定。[①]

（二）政府信息公开的方式

（1）依职权公开方式，即行政机关在没有任何人请求的情况下，主动将其所拥有的政府信息根据法定的方式向社会公开。《政府信息公开条例》第 19 条规定："对涉及公众利益调整、需要公众广泛知晓或者需要公众参与决策的政府信息，行政机关应当主动公开。"根据政府信息的内容不同，依职权公开有两种不同的方式：第一，将政府信息公布在某一法定的、连续公开出版的刊物上，以便让公众便利地了解、知悉。如美国《信息公开法》规定诸如机关组织、职能、工作方法以及实体规则、政策和影响公众权利的法律解释等，必须公布在《联邦登记》上。[②] 我国国务院制定的行政法规的法定公布渠道是"《国务院公报》和中国政府法制信息网以及在全国范围内发行的报纸"。[③] 国务院部门制定的部门规章的法定公布渠道是"国务院公报或者部门公报和中国政府法制信息网以及全国

① 《政府信息公开条例》第 16 条。

② 参见美国《联邦信息公开法》第 1 条第 1 项规定。

③ 《行政法规制定程序条例》第 28 条。

范围内发行的报纸”。[①] 这一类政府信息对公民参与国家和社会事务管理具有重大的影响。“公布这些文件的目的是让公众知道怎样对行政机关提出意见和请求,行政决定由谁作出,在什么地方作出,根据什么程序作出,以及行政机关一般性的政策和法规等最基本的问题。”[②]第二,以其他方式公布于社会。这种方式由行政机关以便民原则裁量确定,如公众需要了解这方面的政府信息即可便捷取得。这类政府信息对于公众的重要性不如前者(如典型案件处理的理由与结论),且数量巨大,用第一种方式公开将给政府增加一定的财政负担。因此,不少国家将该类政府信息放置于公共场所供公众查阅、复制。如上海市人民政府将政府公报放置于指定的邮政局、书店和书报亭。随着互联网技术的发展与普及,政府已普遍通过网站公开政府信息,产生了良好的社会效果。[③]

(2) 依申请公开方式,即因相对人提出申请,行政机关公开其指定的政府信息给相对人复印、摘抄、查阅等。《政府信息公开条例》第 27 条规定:“除行政机关主动公开的政府信息外,公民、法人或者其他组织可以向地方各级人民政府、对外以自己名义履行行政管理职能的县级以上人民政府部门(含本条例第十条第二款规定的派出机构、内设机构)申请获取相关政府信息。”

关于政府信息依申请公开的方式,需要进一步明确以下四个问题:(1) 因这类政府信息数量巨大,变动频繁,相对人在请求公开的申请中应当合理地说明需要的文件,使行政机关尽快知道该文件所在,并及时提供给申请人。(2) 行政机关可以收取必要的费用。《政府信息公开条例》第 42 条规定,行政机关依申请提供政府信息,不收取费用。但是,申请人申请公开政府信息的数量、频次明显超过合理范围的,行政机关可以收取信息处理费。(3) 行政机关拒绝相对人公开政府信息的申请,申请人可以请求司法救济。但有的国家的行政公开法规定,此类行政争议应通过行政申诉解决。[④](4) 依申请公开方式的程序设计,必须遵循“便民原则”,不得以“刁难”程序给相对人申请政府信息公开设置障碍。

政府信息公开制度是现代社会中公民参与国家和社会事务管理,以及监督行政机关合法、正当地行使行政职权的基本前提;没有这一制度作保障,宪法和法律赋予公民的其他权利就难以实现。

---

① 《规章制定程序条例》第 31 条。

② 王名扬:《美国行政法》(下),中国法制出版社 1995 年版,第 963 页。

③ 《广州市政府信息公开规定》第 15 条规定了以下 6 种公开办法:(1) 设立统一的政府综合门户网站;(2) 定期公开发行政府信息专刊或利用报刊、广播、电视等其他媒体发布政府信息;(3) 设立固定的政府信息公开厅、公开栏、电子屏幕、电子触摸屏等;(4) 定期召开政府新闻发布会;(5) 设立政府信息公开服务热线;(6) 其他便于公众知晓的形式。

④ 参见挪威《行政公开法》第 9 条。

四、说明理由制度[①]

行政行为说明理由制度是指行政机关在作出对相对人合法权益产生不利影响的行政行为时，除法律有特别规定外，必须向相对人说明其作出该行政行为的事实依据、法律依据以及裁量时所考虑的政策、公益等因素。行政行为说明理由制度就内容而言，可以分为合法性理由和正当性理由。前者是用于说明行政行为合法性的依据，如事实材料、法律规范；后者则是用于说明行政机关正当行使裁量权的依据，如政策形势、公共利益、惯例、公理等。

行政行为说明理由附带于一个法律上已成立的行政行为之上；没有在法律上已成立的行政行为，也就不存在行政行为说明理由之必要性。"真正的合法性并不建基于孤立的字面意义符合度之上，而是需要一系列的理由来支撑，直至总体上满足一定的充分性水平。在此，理由的角色举足轻重，无可替代。"[②]行政机关作出的行政行为是否说明理由，不影响行政行为的成立，但涉及行政行为是否有效。换言之，行政机关作出的行政行为，仅要使其在法律上成立，行政机关可以不说明理由，但要使其产生法律效力，行政机关就必须说明理由，除非法律有特殊规定，如紧急情况下作出的行政行为。因此，行政行为说明理由不是行政行为的成立要件，而是行政行为的有效要件之一。

行政行为说明理由是行政机关就作出行政行为的依据所进行的一种法理上的论证、阐述，从而充分体现现代行政法治下行政行为以理服人之特点，以提高相对人对行政行为的可接受性程度。这一特征的形成取决于如下两个客观因素：其一，现代社会中的法律大量使用"无固定内容的条款"[③]，使得法律日趋模糊，法律概念的不确定性程度普遍提高；其二，每一个案件事实之间的同一性几乎不存在。在这样的法制背景下，行政机关处理案件时法律适用的机械性就应当被法律适用的说理性所代替，即行政机关必须论证、阐述某一内容不确定的法律规范能够适用于某一具体案件的理由，并将这种理由告知相对人。行政行为说明理由的论理性可以排除或减少行政机关行使行政权的独断、专横、恣意。

行政机关就行政行为的说明理由在内容上必须确定、清楚，避免相对人对行政行为的理由在理解上产生歧义。在通常情况下，许多法律规范的内涵和外延是不确定的，行政机关依据该法律规范作出行政行为时，应当将这一模糊的法律规范向相对人阐释清楚，不能将一个模糊的法律规范交给相对人，由其自己琢磨、猜测。这是其一。其二，行政机关在对可定案证据的选择上，尤其是排除相

① 章剑生：《论行政行为说明理由》，载《法学研究》1998 年第 3 期。

② 苏宇：《走向"理由之治"——行政说明理由制度之透视》，中国法制出版社 2019 年版，第 1 页。

③ 〔美〕昂格尔：《现代社会中的法律》，吴玉章等译，中国政法大学出版社 1994 年版，第 184 页。

对人提供的证据时，必须明确地说明排除的理由，既不能言而不及，也不能言之不清。行政行为说明理由的明确性可以确保行政机关就行政行为所作的说明理由的质量，否定行政行为说明理由的形式意义。[①]

行政机关在作出行政行为的同时，必须随附作出该行政行为的理由。但这种程序性要求不包括如下两种情形：其一，行政机关为了确保相对人行使听证权的有效性，在作出行政行为之前告知相对人拟作决定的理由，但这不是本文所指的行政行为说明理由。因为此时行政机关在法律上并没有作出行政行为，行政行为的理由也就没有存在的基础。其二，在不服行政行为时，相对人启动了行政或司法救济程序后，行政机关为证明被指控的行政行为合法性而提示的事实依据和法律依据，也不是行政行为的说明理由，而是承担行政行为合法性的举证责任。因此，在行政程序上，行政机关就行政行为说明理由必须与作出行政行为同时进行，否则，任何事后说明理由都将构成行政行为的程序瑕疵，除非法律有特别规定。[②] 行政行为说明理由的程序性要求保证相对人在接到一个不利的行政行为时，同时收到作出行政行为的理由。至于行政行为说明理由的形式，可由法律作出具体规定。就行政机关而言，说明行政行为的理由的根本目的在于说服相对人，减轻其对抗情绪；就相对人而言，说明理由有助于他以同意的态度接受行政行为。[③] 如相对人不认同行政行为的理由时，他可从中寻找出提起行政救济或者司法救济的理据。

（一）行政行为说明理由的内容及其规则

1. 行政行为的合法性理由

用于支撑行政行为合法性的事实依据和法律依据，被称为行政行为的合法性理由。[④] 基于现代行政法中依法行政的基本原则，行政机关只有在获得了符合法律规定的事实依据和法律依据之后，才能作出行政行为。当这一行政行为对相对人的合法权益产生不利影响时，除法律有特别规定外，行政机关必须将这一行政行为的合法性理由告诉相对人，以接受相对人对这一行政行为合法性的评判。一个不附记合法性理由的行政行为，其内容可能是合法的，但形式却是专横的，不可接受的。现代行政法中相对人不应再是行政权的客体，而是可依法支配行政权的主体。基本人权的发达要求行政机关在行使行政权时，尽可能做到

---

① 如日本法院的判例认为："处分理由其'所记载的内容本身'必须使得相对人能够知晓，在行政厅决定究竟将理由记载到怎样的程度时，行政厅不能考虑相对人是否已经对处分理由足够清楚的问题。"〔日〕室井力等：《日本行政程序法逐条注释》，朱芒译，上海三联书店出版社 2009 年版，第 100 页。

② 日本《行政程序法》第 14 条第 1 款规定："行政厅作出不利益处分时，必须同时对相对人明示该不利益处分的理由。但是，当存在着不明示理由而应作出处分的紧急必要性时，不受此限。"

③ 如季卫东教授所说："在没有程序保障的情形下，说服极容易变质为压服，同意也就成了曲意。"季卫东：《程序比较论》，载《比较法研究》1993 年第 1 期。

④ 在日本判例上，"行政厅不能仅仅明示所根据的法条，还必须明示将处分具体化定位所依据的理由"。〔日〕室井力等：《日本行政程序法逐条注释》，朱芒译，上海三联书店出版社 2009 年版，第 97 页。

尊重与保障相对人的基本人权。“因为给予决定的理由是一个正常人的正义感所要求的。”[①]对基本人权的尊重与保障，可演绎出如下结论：行政机关依行政权实施的行政行为会对相对人的合法权益产生不利影响时，除法律有特别规定外，应当随附作出该行政行为的合法性理由。

（1）事实依据。事实依据不仅仅是指案件发生后在客观世界中留下的各种痕迹，而且还要求这些痕迹应当有行政机关通过合法程序收集的证据加以证实。由此推定，这里的“事实依据”是法律事实依据，即被合法证据所证实了的客观事实。以行政程序规范行政权的价值目标并不仅仅是为了确保行政机关通过行政权发现案件事实真相，更重要的是防止行政权不合法地行使。因此，行政机关通过不合法的行政程序收集的证据，即便其内容可以反映案件的真实情况，也不能作为定案的证据，更不能依此作出对相对人合法权益产生不利影响的行政行为。

行政机关对事实依据说明理由应遵守如下规则：第一，禁止主观臆断。禁止主观臆断规则是指，行政机关不得以主观臆断的“法律事实”作为行政行为的依据，并将这种“法律事实”强加于相对人。行政机关在行使行政权时，可以对案件事实是否存在进行“内心确认”，但这种确认必须建立在足够的证据基础上。因此，任何先入为主所获得的“法律事实”都不得列为说明理由的内容。第二，符合证明逻辑。作为说明理由内容之一的“法律事实”是行政机关通过一系列证据在遵循证明逻辑的前提下获得的。在遵循证明逻辑的前提下，法律事实能最大限度地接近客观事实的真实性，由此可以提高行政行为事实理由的说服力。第三，重点说明主要事实依据。一个行政行为的事实依据可以分为主要事实依据和次要事实依据。主要事实依据是指足以影响行政行为性质，或是否作出、改变和废除行政行为等情况的事实依据。

（2）法律依据。法律依据是指用于支撑行政行为合法性的法律规范。法律规范具有确定性、可预测性和稳定性之特点。行政机关在已经确定的法律事实基础上能否或者如何作出行政行为以及作出怎样的行政行为，都已由法律作出规定。依法行政原理要求行政机关作出的行政行为必须具有法律依据，并将所依据的法律规范作为行政行为的理由之一告知相对人，从而使相对人根据自己的经历、体验和法律认知水平来判断行政行为的合法性，继而作出是否接受相应行政行为的决定。一个确有法律依据但不展示法律依据的行政行为，是难以提高相对人对行政行为的可接受性程度的。如果相对人不知道行政行为的法律依据，就无法判定行政行为的合法性，更遑论寻求司法救济的途径。

行政机关对法律依据说明理由应遵守如下规则：第一，应全面展示行政行为的法律依据。全面展示法律依据是指，凡是用于支撑行政行为的法律规范，必须

① 〔英〕威廉·韦德：《行政法》，徐炳译，中国大百科全书出版社1997年版，第192—193页。

以不会引起相对人误解的方式,全部展示给相对人。任何保留、部分保留或者误导的展示,都是违反此规则的行为。如行政机关以“根据有关规定作出决定”之方式展示法律依据,应当列入禁止范围。第二,法律冲突择上规则。法律冲突择上规则是指,当行政机关面对两个以上且发生效力上冲突的法律规范时,必须选择法律效力位阶更高的那个法律规范作为行政行为的理由。尽管在法律上行政机关没有审查行政法律规范合法性的权力,但它应有甄别行政法律规范合法性并选择具有合法性法律规范作为行政行为理由之职责。第三,排除仅以规章以下规范性文件为依据。行政机关实施行政行为不能仅以规章以下规范性文件为依据,不得仅以规章以下的规范性文件作为行政行为说明法律依据的理由。因为规章以下规范性文件大多是由行为机关自己制定的,仅凭这些规范性文件来说明其行政行为的合法性本身缺乏正当性,不容易为相对人、社会一般人所接受。当然,这一规则并不完全排除规章以下规范性文件作为行政行为的依据,而只是排除仅以规章以下规范性文件作为行政行为的依据。

2. 行政行为的正当性理由

用于支撑行政行为自由裁量的事实依据和法律依据,被称为行政行为的正当性理由。要求行政机关就行政行为说明正当性理由的客观依据是行政裁量权的广泛存在。如果行政行为的裁量仅仅依赖于政府官员的主观判断、个人好恶与偏见,那么,裁量权很可能质变为专横的、不可捉摸的权力,从而偏离设定裁量权的法律目的。在实际生活中,这种现象尽管不具有普遍性,但确实无法避免。因为行使裁量权的政府官员是充满多重情感的个人,无论他有多么强烈的自律能力,都不能保证他在每次行使裁量权的过程中不渗入一点私心杂念,况且在任命政府官员时,我们无法将这种自律能力作为选择的确定性标准。

为了制约行政机关滥用裁量权,现代行政法发展了多元的控权机制,这种多元的控权机制表现为在法律程序上从事先、事中和事后对行政权实施全方位、立体式的监控。行政程序法上要求行政行为说明理由便是其中的一种。这一法律制度内含如下法治意义:行政机关仅说明行政行为裁量的合法性依据是不够的,必须同时说明行政行为裁量的正当性依据。实践表明,行政行为裁量的正当性理由更能有效地约束行政机关的行政裁量权。尽管目前我国法律上没有明确要求行政机关向相对人说明其行政行为的正当性理由,但《行政诉讼法》第 77 条中“行政处罚明显不当,……人民法院可以判决变更”的规定,可以解释为它已经蕴含着对于行政机关说明行政处罚的正当性理由的要求。

(1) 筛选事实。行政行为的裁量并不仅仅表现在对法律的适用权上,对事实的确定同样也存在着自由裁量权。[1] 行政机关在定案过程中经常要对在调查

---

[1] 参见薛刚凌:《对行政诉讼审查范围的几点思考》,载《行政法学研究》1997 年第 2 期。

过程中获得的事实进行筛选,将认为与案件有关的事实列入作出行政行为的事实依据,同时排除与案件无关的事实。行政机关这一筛选行为是一种主观判断,即“内心确认”。就本质而言它是一种裁量活动。如果法律不要求行政机关将支持这一内心确认的依据作为行政行为的理由向相对人说明,这种内心确认就有可能质变成一种专横的、捉摸不定的权力。对于相对人在听证中提出的事实依据,如果行政机关可以否定而不必说明理由的话,那么听证制度必将流于形式。因为,相对人无论提出多么有利的事实依据,行政机关都可以在不展示理由的前提下毫不费力地加以否定,并以自己在听证前所收集的证据和确定的法律依据作出行政行为。

行政行为筛选事实应遵守如下规则:第一,排除非法证据规则。行政机关用于定案的事实必须是被合法收集的证据所证实的,因此,凡是非法证据所证实的事实,必须从定案事实中排除,即使非法证据能够证明案件的真实情况也不能例外。确立这一规则的法理基础是证据的合法性。第二,遵循因果联系规则。行政机关应排除与案件没有任何因果联系的事实,因为这些事实对于案件恢复真相没有任何价值。第三,疑惑事实一般从无规则。疑惑事实是指根据已有的全部证据仍然不能确定,但可以推测它与案件有一定联系的事实。对于疑惑事实行政机关在一般情况下应当推定为不存在的“事实”,并从定案的事实中排除(根据公私益平衡原则,有时也可适用“优势证据”规则)。

(2) 选择法律适用。对于一个事实已经确定的行政案件,行政机关随即面临着法律适用的选择。这种法律适用的选择权本质上是一种裁量权。它主要表现在以下几个方面:其一,当行政机关所确定的案件事实在法律上存在着多种不同规则可以适用时,必须基于一定的正当性理由确定其中一种规则作为处理本案的依据。其二,不确定法律概念的界定。不确定法律概念是存在于成文法的一种必然现象,其原因是人类语言文字表达思想的有限性和客观世界中事物的复杂性之间存在矛盾。对不确定法律概念的界定,其本质是让隐藏的东西显现出来,使不清楚的东西变得清楚[①],从而将一般规则适用于具体案件。然而,行政机关在界定不确定的法律概念时,必须要有自圆其说的理由支撑,而这些理由又能为社会一般人所接受。其三,法律空白规范的弥补。当没有明确的具体法律规范可适用时,行政机关应当通过解释立法目的和基本原则探寻出可适用的法理规范。现代行政法应当承认,行政机关在无法律规范的前提下基于正当性理由而实施的行政行为仍是一种合法的行政行为,否则将有碍于行政机关维护正常的社会秩序。尽管现代行政法没有丧失控权的功能,但现代社会的发展需要行政法同时也具有确保行政权有效行使的功能。

---

① 参见张汝伦:《意义的探究——当代西文释义学》,辽宁人民出版社 1987 年版,第 3—4 页。

行政机关选择法律适用应遵守如下规则：第一，遵循惯例和公理。惯例是行政机关在以前对同类案件作出相同处理而形成的一种习惯性做法。公理是现实生活中人们所遵守的，不言自明、不言而喻、不用论证的行为规范。如不准随地吐痰，那么任何往人行道或路边树木花草上吐痰的行为自然也在禁止之列。惯例与公理具有很强的说服力，行政机关选择法律时援引惯例与公理，可以提高行政行为理由的正当性程度和相对人可接受性程度。第二，体现政策和反映客观形势要求。政策是国家或者政党为实现一定时期的路线而制定的行为准则，客观形势要求是指“一定社会所处的某种状态”对行政行为的要求。[①] 政策与客观形势要求均是支配或影响行政机关选择法律适用的重要因素，但政策与客观形势具有不稳定性，这就要求行政机关在适用法律时，应当随时注意政策与客观形势的变化。如市场监管机关对生产、销售假冒伪劣产品实施行政处罚，在假冒伪劣产品泛滥成灾时可以选择适用从重处罚的法律规范。这可以成为其行政处罚行为的正当性理由之一。第三，符合公共利益规则。“公共利益是由社会总代表所代表的、凌驾于社会之上的、形式上或实质上的社会利益。”[②]公共利益是现代社会存在和发展的物质基础，行政机关在行使权力时必须充分关切这一点。行政机关可将符合公共利益的需要作为选择法律适用的理由之一。

（二）不说明理由或错误说明理由的行政行为效力

1. 不说明理由的行政行为效力

其一，法定可以不说明理由的行政行为效力。如果法律要求行政机关作出任何行政行为都说明理由，可能严重损害行政效率。因此，不少国家的行政程序法都规定了行政行为可以不说明理由的若干情形。如德国《联邦行政程序法》第39条规定，具备下列情形之一的，可不说明理由：(1) 行政机关准许一申请或一声明，且该行政行为未侵犯他人的权利的；(2) 行政行为针对或涉及之人，已知悉行政机关对事实情况和法律状态所持的观点，或即使未书面说明理由，当事人也能立即知悉的；(3) 行政机关大量公布类似之行政行为，或借助于自动化设备公布行政行为，且根据具体情况，无说明理由之必要的；(4) 依法无须说明理由的；(5)一般命令经公告的。其他国家也有类似的规定。[③] 这些规定说明，行政机关在行使行政权时需要存在一个可以不说明行政行为理由的范围，以确保行使行政权的效率。由于行政行为不说明理由会导致行政机关滥用行政权的可能性和影响相对人行使救济权的及时性，因此，行政行为不说明理由的范围应当由法律加以明确规定。

---

① 王勇：《定罪导论》，中国人民大学出版社1990年版，第234页。

② 叶必丰：《行政法学》，武汉大学出版社1996年版，第59页。

③ 如美国《联邦行政程序法》第555条规定：“除非维持原否决性或否决理由是不言而喻的，否则，在发出的通知中，必须附上对否决理由的简要说明。”

其二，法定必须说明理由但行政机关没有说明理由的行政行为的效力。行政法理要求：(1) 对于应主动说明理由的行政行为，在行为作出时，行政机关必须随即说明行政行为的理由。(2) 对依请求说明理由的行政行为，在行为作出时，不需要说明行政行为的理由，但事后如果相对人提出请求，行政机关必须说明行政行为的理由。① 在说明理由的时序上，存在两种情形：第一，相对人提起行政诉讼之前行政机关始终没有说明行政行为的理由。如果行政机关"采纳含糊、矛盾或不充分之依据，而未能具体解释作出该行为之理由，等同于没有说明理由"。② 这种行政行为在法律上可以推定为没有理由的、不合法的行政行为。行政机关在行政复议或行政诉讼中提供证据的活动，似乎是一种行政行为的说明理由的活动，但实质上是一种举证的行为。第二，对应当主动说明理由的行政行为，在相对人提起行政复议或行政诉讼之前，行政机关通过法定形式向相对人说明了行政行为理由。对于这种行政行为的效力，日本判例认为："即使事后阐明理由，也不治愈附加理由不全的瑕疵。"③也有的国家将这种行为视为行政机关对行政行为的一种更正，因而不影响行政行为的效力。如德国《联邦行政程序法》第 45 条规定，必须说明之理由行政机关在事后已予说明的，可视为程序上和方法上对错误的更正，但这种更正必须在预审程序结束前，如未进行预审程序，则必须在向行政法院起诉之前予以补救。这也就是说，只要行政行为仍在行政程序中，那么，行政机关就可以弥补行政行为在程序上的错误。基于行政权行使的效率性、行政程序瑕疵可自愈性和法律形式正义的局限性，我们认为，行政机关事后说明行政行为理由，应当视为行政行为在程序上的一种瑕疵，这种瑕疵如果在相对人提起行政复议或行政诉讼前已经作了补救，应当不影响行政行为在程序上的合法性。

2. 错误说明理由的行政行为效力

错误说明理由是指行政机关尽管在程序上向相对人说明了行政行为的理由，但是经过行政复议或行政诉讼，复议机关或者法院认为，行政机关向相对人所说明的理由并不能支持行政行为合法性的情形。

(1) 行政机关就行政行为所作的说明理由经复议或诉讼审查是错误的，但在复议或诉讼过程中提出的证据和规范性文件能支持行政行为的合法性的，则不应影响行政行为的效力。但这些证据和规范性文件不能是在作出行政行为之

---

① 前一种情况可参见西班牙《公共行政机关及共同的行政程序法》第 54 条，后一种行政行为可参见韩国《行政程序法》第 23 条和荷兰《基本行政法典》第 4.1.4 条。

② 参见中国澳门地区《行政程序法》第 107 条。

③ 参见〔日〕室井力主编：《日本现代行政法》，中国政法大学出版社 1995 年版，第 183 页。

后收集的。[①] 在英国行政法中，我们也可以看到解决这种问题的方案。在英国，"行政机关说明的理由如果是错误的，并不一定引起行政决定无效，除非理由的错误可以表示法律的错误时，法院才可以撤销行政机关的决定"。[②] 这一结论建立在这样的法理基础之上：行政机关的行政行为实质上是具有合法性和正当性依据的，其说明理由的错误并不改变该行政行为的合法性。

（2）行政机关就行政行为所作的说明理由经复议或诉讼审查是错误的，而在诉讼过程中提出的证据和规范性文件也不能支持行政行为的合法性的，则应当认定行政行为违法或者无效。

五、行政程序的其他基本制度

（一）审裁分离制度

审裁分离是指行政机关审查案件和对案件裁决的职能，应分别由其内部不同的机构、人员来行使，以确保相对人的合法权益不受侵犯。行政程序法中审裁分离制度的法理基础是分权理论。在行政程序中，如果审查案件的人同时又具有对案件作裁决的权力，那么，相对人的合法权益就难以获得公正保障。审查案件的人参与裁决案件，必然是以他调查和审查案件时所获得的证据为基础。这种先入为主的认识妨碍了他全面听取相对人提出的不同意见，使之不可能以超然的法律地位来行使对案件的裁决权。另外，行政机关审理案件不同于法院。法院审理案件通常与案件无任何利害关系，是具有超然法律地位的第三者，但行政机关在行政案件中既是案件的调查和审查者，又是案件的裁决者，故而职能分离对于行政机关来说非常重要。通过审裁分离制度，可以在行政机关内部实现审查权与裁决权的相互分离，达到相互制约的目的。审裁分离的基本模式有两种：

1. 内部审裁分离

内部审裁分离，是指在同一行政机关内部由不同的机构、人员分别行使案件调查、审查权与裁决权的一种制度。内部审裁分离是基于审裁行政案件所需要的行政专业知识、提高行政效率这一特点而设置的。尽管从相对人的角度来看仍然存在着违背自然公正原则之嫌疑，但与原有审裁不分的做法相比，毕竟有了很大的进步，加之有司法审查制度作事后救济，相对人的合法权益应是有法律保障的。美国《联邦行政程序法》即采用内部审裁分离制度。该法第 554 条规定：

① 《行政诉讼法》第 35 条规定："在诉讼过程中，被告及其诉讼代理人不得自行向原告、第三人和证人收集证据。"这一规定是有缺陷的，它不能制约行政机关实施先裁决后取证的违法行政行为。因为根据此规定，行政机关在作出行政行为之后，在相对人起诉之前收集证据仍然是合法的。因此，这一条款应当修改为："在行政行为作出之后，被告及其诉讼代理人不得自行向原告、第三人和证人收集证据。"

② 参见王名扬：《英国行政法》，中国政法大学出版社 1987 年版，第 164 页。

"为机关履行调查或追诉的职员或代表,不得参与该案或与该案有事实上的联系的案件的裁决。对于这类案件的裁决也不得提供咨询意见,或提出建议性裁决,也不得参加机关根据本编第557条规定的复议,除非他们作为证人或律师,参加公开的程序。"我国《行政处罚法》也规定了内部审裁分离制度。该法第64条第4项规定,听证由行政机关指定的非本案调查人员主持,即听证主持人仅履行案件审理的职责,不对案件作出裁决。

2. 审裁完全分离

审裁完全分离,是指行政案件的调查、审查权与裁决权,分别交给两个完全独立的机构来行使的一种制度。审裁完全分离是一种司法色彩浓重的分权模式,它在美国联邦行政程序法制定以前作为解决审裁分离问题的一种方案被提了出来。但是,由于这种方案有悖于英美法系国家的法院传统,因此,没有为美国《联邦行政程序法》所采纳。这种模式由于过分强调行政案件中审查权与裁决权的分离,既可能会因多设机构而增加财政负担,又可能会导致行使裁决权的机构因欠缺行政专业知识而不能正确地裁决案件,所以,它很少为制定行政程序法的各国所采纳。

(二) 案卷制度

案卷是指行政机关的行政行为所依据的证据、记录和法律文书等依一定的顺序组成的书面材料,是行政行为作出过程和支持行政行为合法性的重要依据。案卷制度要求行政机关将行政行为的过程和依据均形成书面材料,以防止行政机关恣意行使行政职权。并且,这种制度有利于为行政复议机关进行行政复议和法院对行政行为进行司法审查提供事实根据和材料。

正式的行政程序都必须制作案卷,这是依法行政的基本要求之一。"行政案卷制度要求行政机关作出行政行为前,不仅要保证行政相对人陈述、申辩或听证的权利,而且对于相对人的陈述、申辩和听证内容应记录入卷,并以该行政案卷作为作出行政行为的依据。行政案卷制度对于行政相对人权利的保障和行政权恣意的约束,体现了行政程序对行政相对人的尊重以及对知情权、参与权的保护,是法治行政的必然要求。"①《湖南省行政程序规定》第79条规定:"行政机关应当建立行政执法案卷。公民、法人或者其他组织可以查阅与其相关的行政执法案卷,但是依法应当保密的除外。"《生态环境行政处罚办法》第78条规定,结案的行政处罚案件在案件材料立卷归档时,要求"一案一卷,案卷可以分正卷、副卷"。2018年国务院办公厅《关于全面推行行政执法公示制度执法全过程记录制度重大执法决定法制审核制度的指导意见》明确指出:"要完善执法案卷管理

① 邱丹、刘德敏:《行政案卷制度在行政处罚及其司法审查中的适用》,载《法律适用》2011年第3期。

制度，加强对执法台账和法律文书的制作、使用、管理，按照有关法律法规和档案管理规定归档保存执法全过程记录资料，确保所有行政执法行为有据可查。”这些规定都有助于在行政程序中确立与完善案卷制度。案卷必须符合以下要求：其一，案卷的材料必须与案件有关，凡是与案件有关的材料必须是通过合法手段获得的，对相对人不利的证据必须已在行政程序中质证过。其二，凡是在行政程序结束之后调取的证据或者其他书面材料，不得成为案卷的一部分，但不作为行政行为依据的可以例外。其三，案卷形成于行政程序结束之后，且案卷一旦形成便具有了封闭性之特点。

第四编 行 政 复 议

第十九章 行政救济概述①

第一节 行政救济导论

“行政救济”，是指通过解决行政争议的方式为合法权益受到行政活动损害的当事人提供法律救济的各类制度的总和。目前我国行政救济制度主要有行政复议、行政诉讼、行政赔偿和申诉制度等。

行政法上设立法律救济制度以宪法的规定为重要依据。根据我国《宪法》，公民合法权益受到国家机关的侵犯有权得到法律救济，对合法权益受到侵害的公民提供法律救济是国家机关的宪法义务。《宪法》第 41 条规定：“中华人民共和国公民对于任何国家机关和国家工作人员，有提出批评建议的权利；对于任何国家机关和国家工作人员的违法失职行为，有向有关国家机关提出申诉、控告或者检举的权利，但是不得捏造或者歪曲事实进行诬告陷害。”“由于国家机关和国家机关工作人员侵犯公民权利而受到损失的人，有依照法律规定取得赔偿的权利。”这些规定，不但从根本法上确认了我国公民合法权益的不可侵犯性、行政机关侵犯公民合法权益的违法性、国家承担行政侵权行为责任的不可豁免性，也为制定《行政复议法》《行政诉讼法》和《国家赔偿法》等有关行政救济的法律提供了根本法依据。②

行政救济制度对公民、法人和其他组织合法权益的保护范围和救济渠道在我国是逐步发展的，由相关的行政救济立法逐步加以确定，具有发展的阶段性。我国《行政诉讼法》提供的权利保护主要针对公民、法人和其他组织的人身权和财产权。其他合法权益是否能够在行政诉讼中得到救济，要视其他单行法律、法

---

① 行政救济的最主要法律制度包括行政复议、行政诉讼和行政赔偿。本章的任务是对行政救济作一个总的、概括性的叙述。本章之后另设四章具体阐释行政复议制度，而对于行政诉讼和行政赔偿制度则在后面分别另设专编阐释和论述。

② 见王汉斌：《关于〈中华人民共和国行政诉讼法（草案）〉的说明》（1989 年 3 月 28 日在第七届全国人民代表大会第二次会议上）和胡康生：《关于〈中华人民共和国国家赔偿法（草案）〉的说明》（1993 年 10 月 22 日在第八届全国人民代表大会常务委员会第四次会议上）。

规的规定而定。《行政复议法》规定,受到具体行政行为侵犯的各类合法权益都可以通过行政复议得到救济,不限于人身权和财产权。《行政诉讼法》规定,公民、法人和其他组织认为行政机关侵犯其人身权和财产权等合法权益的(不限于人身权和财产权),均可以提起行政诉讼,为逐步扩大法律救济范围提供了法律依据。

我国行政救济制度对公民权利和公务员权利的保护方式有所区别。法学理论上也认为公务员与国家之间形成的行政职务关系,不同于公民同国家之间的法律关系。20 世纪 80 年代后期起草《行政诉讼法》时,曾受到德国所谓“特别权力关系”理论的影响,把有关行政机关工作人员人事管理的争议排除出行政诉讼的受案范围。但是这种情形在 20 世纪 90 年代初期制定《国家赔偿法》时有所改进。参加《国家赔偿法》起草工作的有关负责人指出:行政处分也是一种具体行政行为,但是在《行政诉讼法》中,由于采用了德国“特别权力关系”理论,规定其不属于行政诉讼的范围。“特别权力关系”是指国家机关、高等学校等有关公益事业机构的内部关系,在这种关系中,有关公职人员奖惩、任免等事项的纠纷不由法院管辖,而由相应机关、机构自己管辖。但是这种做法违反现代法治原则,它保护的并不是国家机关工作人员的合法权益,而是国家机关中各级领导的行政特权。所以《国家赔偿法》不再规定对违法行政处分的损害后果不得请求国家赔偿。依照《国家赔偿法》第 4 条第 4 项的规定,对行政机关违法行使职权“造成财产损害的其他违法行为”,受害人有权取得赔偿。① 当然,我们对这些问题的理论还可以继续讨论,但是《国家赔偿法》中的有关规定有利于改进对行政机关工作人员和事业单位公职人员(特别是被违法和错误开除、辞退的人员)的合法权利的保护。除了《国家赔偿法》的相关规定以外,目前对于行政机关工作人员和公共事业单位公职人员的救济,还主要是通过国家监察机关和行政机关内部的申诉程序,包括向监察机关、人事部门和上级行政机关申诉,而不能向法院提起行政诉讼。

行政侵权争议与行政协议争议,是行政救济中的基本案件类型。在一个比较长的时间内,行政法律救济集中在行政侵权案件方面。侵权行为是行政机关及其工作人员履行职务中造成公民权利受到侵害的主要形式,因此行政侵权案件长期在行政法律救济中占据重要和突出的位置。确定行政侵权行为的违法性和消除其效力是为公民提供法律救济的前提和手段。行政侵权行为及其归责原则和构成要件,与民事侵权行为存在很大的区别。在民事侵权责任的归责原则方面,我国《侵权责任法》规定了过错原则、推定过错原则和严格责任原则。在行政侵权责任上,目前我国采用单行法分别立法的方式。根据《国家赔偿法》,行政侵

① 肖峋、孙礼海主编:《国家赔偿法手册》,中国人民公安大学出版社 1994 年版,第 147—148 页。

权赔偿实行职务行为违法和侵权结果并行的归责原则。行政侵权责任的构成,基本上以侵权行为的行政职务性、对公民权益的侵害性和违法性为基本要件。

2014 年我国行政诉讼法正式引入了行政协议制度。2014 年完成第一次修正并在 2015 年施行的《行政诉讼法》规定,公民、法人和其他组织“认为行政机关不依法履行、未按照约定履行或者违法变更、解除政府特许经营协议、土地房屋征收补偿协议等协议的”案件亦属于行政诉讼的受案范围,确立了行政协议案件在行政法律救济中的地位。这反映了多年来行政机关越来越多地通过协议方式实现其职能的现实,也是行政救济体系乃至整体行政法体系的重要变化之一,规范职权行为与协议行为的新结构已经形成。

具有与行政协议制度同样意义的另一个新变化,是公益行政诉讼制度的引入,在行政法体系中因此形成了个体救济和公益监督的新结构。根据 2014 年党的十八届四中全会的要求,2015 年全国人大常委会授权最高人民检察院就推行公益行政诉讼进行地方试点。在地方试点取得经验的基础上,2017 年 6 月 27 日第十二届全国人大常委会第二十八次会议决定修正《行政诉讼法》,正式引入公益行政诉讼制度,自 2017 年 7 月 1 日起施行。

2017 年第二次修正的《行政诉讼法》第 25 条增加一款,作为第 4 款。该款规定:“人民检察院在履行职责中发现生态环境和资源保护、食品药品安全、国有财产保护、国有土地使用权出让等领域负有监督管理职责的行政机关违法行使职权或者不作为,致使国家利益或者社会公共利益受到侵害的,应当向行政机关提出检察建议,督促其依法履行职责。行政机关不依法履行职责的,人民检察院依法向人民法院提起诉讼。”根据上述规定,可以认为公益行政诉讼具有客观诉讼的属性,应当属于对行政的法律监督的范畴。

法律上的行政救济是排斥私力救济的。行政法上对当事人权利的救济,大多需要通过法定程序审查和确定行政机关的行为的违法性或者不当性,使其丧失效力或者不能发生效力。法定程序以外的私人活动没有单独改变行政决定效力的法律权能,所以也就不可能通过私力方式进行行政法上的权利救济。当然,行政法上允许当事人拒绝接受重大或者明显的行政违法决定,属于行政法上的无效制度,而不属于私力救济的范畴。

第二节　行政救济的种类

行政法上法律救济的种类,按照法律救济程序性的严格程度,可以分为严格程式化的法律救济和灵活程式化的法律救济。前者如行政诉讼那样有严格程序限制的救济制度,后者则如申诉等基本没有程序限制或者仅有很少程序限制的救济制度。

一、申诉和信访

（一）申诉

行政法意义上的申诉，是指受到行政机关违法或者不当处理的当事人，向有关国家机关陈述事实和理由并要求给予法律补救的意愿表达行为。申诉权属于公民维护自身合法权益的意愿表达权。除非法律作出限制性或者禁止性规定，申诉人表达意愿的对象可以是任何国家机关，申诉的表达方式可以是书面或者口头，申诉的提起没有时间限制。

申诉是国家公共服务体制内部的一种权利保护方式，政府设立的公共事业单位内的公职人员或者聘用人员与所在单位之间的人事管理争议，主要的解决途径即是向上级行政主管部门申诉。如《教师法》第39条规定，教师对学校或者其他教育机构侵犯其合法权益的，或者对学校或者其他教育机构作出的处理不服的，可以向教育行政部门提出申诉，教育行政部门应当在接到申诉的30日内作出处理。这一规定代表了公共事业单位中公职人员或者聘任人员与所在单位有关人事管理方面的争议的一种通用救济方式。

以普通公民身份向国家有关机关提出的申诉，根据目前立法的规定，主要是受到国家行政机关侵权的人民群众向地方县级以上人大常委会提出的申诉。对此，《地方组织法》第50条规定，县级以上地方各级人大常委会有权“监督本级人民政府、监察委员会、人民法院和人民检察院的工作，……联系本级人民代表大会代表，受理人民群众对上述机关和国家工作人员的申诉和意见”。

公民申诉涉及的自身权益事项，大多与行政管理的具体执行性事务相关。地方人大及其常委会是地方国家权力机关，履行职能的主要方式是决定地方重大事项、进行重要人事任免、监督由它产生的地方国家机构等，人民政府负责管理具体行政事务。2006年8月27日第十届全国人大常委会第二十三次会议通过了《各级人民代表大会常务委员会监督法》（2007年1月1日起施行）。该法是地方县级以上各级人大常委会监督地方人民政府的基本法律依据。根据该法和其他现行有关法律，地方县级以上人大常委会对于公民涉及行政管理的申诉，除了按照信访程序处理以外，一般不介入具体行政个案的查证和处理，但是可以通过对行政机关的监督程序推动与申诉相关联的一般政策性问题的解决，或者当申诉涉及重大事项时启动组织专门调查。

在比较法上，瑞典的议会监察专员制度有一定独特性，20世纪六七十年代先后被许多国家引入，这是比较行政法学的内容之一。在瑞典，议会监察专员制度与行政法院等制度共同为公民提供法律救济。“如果一位公民认为他受到某权力机关的不公平待遇，通常可以向上一级法院或上一级行政法院控诉。但是，宪法同时又提供了另一种救济途径——任何公民均可直接向议会监察专员寻求救济。”[1]瑞典1809年在议会设置了一个称为“议会司法专员公署”的机构[2]，它由议会选举产生，任期4年，可以受理控告国家行政机关及其工作人员的申诉案件，有权进行调查，提出批评和作出正确处理的建议，对公务员提出纪律处分的报告和依据刑法向法院提起公诉。根据瑞典《政府组织法》第十二章的规定，议会监察专员的组织和职权属于“议会监督权”的范畴。[3]

（二）信访

狭义的信访是我国公民行使申诉权的方式之一。对公民合法权益受到损害的信访案件作出处理，是国家向申诉人提供的一种法律救济。广义的信访，还包括反映社会情况和管理现状，对国家政治和管理提出建议和意见，这是我国公民对国家的一种意愿表达行为，具有参与国家管理的广泛意义。

关于信访制度的法律规范，1995年国务院发布了《信访条例》，并于2005年对这一条例进行了重大修订；2022年中共中央和国务院又联合发布了新的《信访工作条例》（本部分以下简称《条例》），为信访制度的运作提供了重要的法规依据。

根据《条例》的规定，信访是指公民、法人或者其他组织采用信息网络、书信、电话、传真、走访等形式，向各级机关、单位反映情况，提出建议、意见或者投诉请求，由有关机关、单位依规依法处理的活动。[4]

《条例》规定，各级机关、单位应当向社会公布网络信访渠道、通信地址、咨询投诉电话、信访接待的时间和地点、查询信访事项处理进展以及结果的方式等相关事项，在其信访接待场所或者网站公布与信访工作有关的党内法规和法律、法规、规章，信访事项的处理程序，以及其他为信访人提供便利的相关事项。各级机关、单位领导干部应当阅办群众来信和网上信访、定期接待群众来访、定期下访，包案化解群众反映强烈的突出问题。市、县级党委和政府应当建立和完善联合接访工作机制，根据工作需要组织有关机关、单位联合接待，一站式解决信访问题。任何组织和个人不得打击报复信访人。

信访人一般应当采用书面形式提出信访事项，并载明其姓名（名称）、住址和请求、事实、理由。对采用口头形式提出的信访事项，有关机关、单位应当如实记录。信访人提出信访事项，应当客观真实，对其所提供材料内容的真实性负责，不得捏造、歪曲事实，不得诬告、陷害他人。信访事项已经受理或者正在办理，信

---

① 〔瑞典〕本特·维斯兰德尔：《瑞典的议会监察专员》，程洁译，清华大学出版社2001年版，第2页。

② 议会监察专员的英文表述是“Office of the Parliamentary Justice Ombudsman”，其中斯堪的纳维亚语Ombudsman是“官员”或者“专员”的意思。

③ 参见〔瑞典〕本特·维斯兰德尔：《瑞典的议会监察专员》，程洁译，清华大学出版社2001年版，第六部分“组织”，第七部分“议会监察专员的调查权”，第八部分“议会监察专员的裁决”，附录5《政府组织法》。

④ 参见《条例》第17条。

访人在规定期限内向受理、办理机关、单位的上级机关、单位又提出同一信访事项的，上级机关、单位不予受理。

信访人采用走访形式提出信访事项的，应当到有权处理的本级或者上一级机关、单位设立或者指定的接待场所提出。信访人采用走访形式提出涉及诉讼权利救济的信访事项，应当按照法律法规规定的程序向有关政法部门提出。多人采用走访形式提出共同的信访事项的，应当推选代表，代表人数不得超过 5 人。

各级党委和政府应当加强信访工作信息化、智能化建设，依规依法有序推进信访信息系统互联互通、信息共享。各级机关、单位应当及时将信访事项录入信访信息系统，使网上信访、来信、来访、来电在网上流转，方便信访人查询、评价信访事项办理情况。[①]

《条例》规定，各级党委和政府信访部门收到信访事项，应当予以登记，并区分情况，在 15 日内分别按照下列方式处理：(1) 对依照职责属于本级机关、单位或者其工作部门处理决定的，应当转送有权处理的机关、单位；情况重大、紧急的，应当及时提出建议，报请本级党委和政府决定。(2) 涉及下级机关、单位或者其工作人员的，按照"属地管理、分级负责，谁主管、谁负责"的原则，转送有权处理的机关、单位。(3) 对转送信访事项中的重要情况需要反馈办理结果的，可以交由有权处理的机关、单位办理，要求其在指定办理期限内反馈结果，提交办结报告。各级党委和政府信访部门对收到的涉法涉诉信件，应当转送同级政法部门依法处理；对走访反映涉诉问题的信访人，应当释法明理，引导其向有关政法部门反映问题。对属于纪检监察机关受理的检举控告类信访事项，应当按照管理权限转送有关纪检监察机关依规依纪依法处理。

党委和政府信访部门以外的其他机关、单位收到信访人直接提出的信访事项，应当予以登记。对属于本机关、单位职权范围的，应当告知信访人接收情况以及处理途径和程序；对属于本系统下级机关、单位职权范围的，应当转送、交办有权处理的机关、单位，并告知信访人转送、交办去向；对不属于本机关、单位或者本系统职权范围的，应当告知信访人向有权处理的机关、单位提出。对信访人直接提出的信访事项，有关机关、单位能够当场告知的，应当当场书面告知；不能当场告知的，应当自收到信访事项之日起 15 日内书面告知信访人，但信访人的姓名(名称)、住址不清的除外。

对党委和政府信访部门或者本系统上级机关、单位转送、交办的信访事项，属于本机关、单位职权范围的，有关机关、单位应当自收到之日起 15 日内书面告知信访人接收情况以及处理途径和程序；不属于本机关、单位或者本系统职权范围的，有关机关、单位应当自收到之日起 5 个工作日内提出异议，并详细说明理

---

① 参见《条例》第 18—21 条。

由，经转送、交办的信访部门或者上级机关、单位核实同意后，交还相关材料（政法部门处理涉及诉讼权利救济事项、纪检监察机关处理检举控告事项的告知按照有关规定执行）。

涉及两个或者两个以上机关、单位的信访事项，由所涉及的机关、单位协商受理；受理有争议的，由其共同的上一级机关、单位决定受理机关；受理有争议且没有共同的上一级机关、单位的，由共同的信访工作联席会议协调处理。应当对信访事项作出处理的机关、单位分立、合并、撤销的，由继续行使其职权的机关、单位受理；职责不清的，由本级党委和政府或者其指定的机关、单位受理。

各级机关、单位对可能造成社会影响的重大、紧急信访事项和信访信息，应当及时报告本级党委和政府，通报相关主管部门和本级信访工作联席会议办公室，在职责范围内依法及时采取措施，防止不良影响的产生、扩大。地方各级党委和政府信访部门接到重大、紧急信访事项和信访信息，应当向上一级信访部门报告，同时报告国家信访局。[①]

《条例》还规定，信访人在信访过程中应当遵守法律、法规，不得损害国家、社会、集体的利益和其他公民的合法权利，自觉维护社会公共秩序和信访秩序，不得有下列行为：(1) 在机关、单位办公场所周围、公共场所非法聚集，围堵、冲击机关、单位，拦截公务车辆，或者堵塞、阻断交通；(2) 携带危险物品、管制器具；(4) 侮辱、殴打、威胁机关、单位工作人员，非法限制他人人身自由，或者毁坏财物；(5)在信访接待场所滞留、滋事，或者将生活不能自理的人弃留在信访接待场所；(6)煽动、串联、胁迫、以财物诱使、幕后操纵他人信访，或者以信访为名借机敛财；(7)其他扰乱公共秩序、妨害国家和公共安全的行为。[②]

《条例》要求各级机关、单位及其工作人员办理信访事项应当做到：(1) 根据各自职责和有关规定，按照诉求合理的解决问题到位、诉求无理的思想教育到位、生活困难的帮扶救助到位、行为违法的依法处理的要求，依法按政策及时就地解决群众合法合理诉求，维护正常信访秩序。(2) 恪尽职守、秉公办事，查明事实、分清责任，加强教育疏导，及时妥善处理，不得推诿、敷衍、拖延。各级机关、单位应当按照诉讼与信访分离制度要求，将涉及民事、行政、刑事等诉讼权利救济的信访事项从普通信访体制中分离出来，由有关政法部门依法处理。(3) 与信访事项或者信访人有直接利害关系的，应当回避。(4) 对信访人反映的情况、提出的建议意见类事项，有权处理的机关、单位应当认真研究论证。对科学合理、具有现实可行性的，应当采纳或者部分采纳，并予以回复。(5) 对信访人提出的检举控告类事项，纪检监察机关或者有权处理的机关、单位应当依规

---

① 参见《条例》第 22—27 条。

② 参见《条例》第 26 条。

依纪依法接收、受理、办理和反馈。(6) 不得将信访人的检举、揭发材料以及有关情况透露或者转给被检举、揭发的人员或者单位。[①]

《条例》规定,对信访人提出的申诉求决类事项,有权处理的机关、单位应当区分情况,分别按照下列方式办理:(1) 应当通过审判机关诉讼程序或者复议程序、检察机关刑事立案程序或者法律监督程序、公安机关法律程序处理的,涉法涉诉信访事项未依法终结的,按照法律法规规定的程序处理。(2) 应当通过仲裁解决的,导入相应程序处理。(3) 可以通过党员申诉、申请复审等解决的,导入相应程序处理。(4) 可以通过行政复议、行政裁决、行政确认、行政许可、行政处罚等行政程序解决的,导入相应程序处理。(5) 属于申请查处违法行为、履行保护人身权或者财产权等合法权益职责的,依法履行或者答复。(6) 不属于以上情形的,应当听取信访人陈述事实和理由,并调查核实,出具信访处理意见书。对重大、复杂、疑难的信访事项,可以举行听证。

信访处理意见书应当载明信访人投诉请求、事实和理由、处理意见及其法律法规依据:(1) 请求事实清楚,符合法律、法规、规章或者其他有关规定的,予以支持。(2) 请求事由合理但缺乏法律依据的,应当作出解释说明。(3) 请求缺乏事实根据或者不符合法律、法规、规章或者其他有关规定的,不予支持。有权处理的机关、单位作出支持信访请求意见的,应当督促有关机关、单位执行;不予支持的,应当做好信访人的疏导教育工作。(4) 各级机关、单位应当坚持社会矛盾纠纷多元预防调处化解,人民调解、行政调解、司法调解联动,综合运用法律、政策、经济、行政等手段和教育、协商、疏导等办法,多措并举化解矛盾纠纷。在办理信访事项时,对生活确有困难的信访人,可以告知或者帮助其向有关机关或者机构依法申请社会救助。符合国家司法救助条件的,有关政法部门应当按照规定给予司法救助。

地方党委和政府以及基层党组织和基层单位对信访事项已经复查复核和涉法涉诉信访事项已经依法终结的相关信访人,应当做好疏导教育、矛盾化解、帮扶救助等工作。[②]

《条例》还规定各级机关、单位在处理申诉求决类事项过程中,可以在不违反政策法规强制性规定的情况下,在裁量权范围内,经争议双方当事人同意进行调解;可以引导争议双方当事人自愿和解。经调解、和解达成一致意见的,应当制作调解协议书或者和解协议书。

对《条例》规定的信访事项应当自受理之日起 60 日内办结;情况复杂的,经本机关、单位负责人批准,可以适当延长办理期限,但延长期限不得超过 30 日,

---

① 参见《条例》第 28—30 条。

② 参见《条例》第 28—32、37 条。

并告知信访人延期理由。信访人对信访处理意见不服的，可以自收到书面答复之日起30日内请求原办理机关、单位的上一级机关、单位复查。收到复查请求的机关、单位应当自收到复查请求之日起30日内提出复查意见，并予以书面答复。信访人对复查意见不服的，可以自收到书面答复之日起30日内向复查机关、单位的上一级机关、单位请求复核。收到复核请求的机关、单位应当自收到复核请求之日起30日内提出复核意见。复核机关、单位可以按照《条例》的规定举行听证，经过听证的复核意见可以依法向社会公示。听证所需时间不计算在前述期限内。信访人对复核意见不服，仍然以同一事实和理由提出投诉请求的，各级党委和政府信访部门和其他机关、单位不再受理。

二、行政复议和行政诉讼

比较前面所述的申诉和信访，行政复议和行政诉讼属于严格程式化的救济途径，法律对于它们的提起、审理、裁判和执行的期限和方式等事项作出了具体规定。

行政复议是指行政机关依照行政程序受理和处理行政争议案件的制度。行政复议机关根据层级监督关系或法律的规定，主要通过审查行政行为的合法性和适当性，为受到行政侵权的公民、法人和其他组织提供法律救济。《行政复议法》是目前我国进行行政复议的基本法律根据。

行政诉讼是人民法院依照司法程序受理和处理行政争议案件的制度。对合法权利受到行政行为侵害的公民、法人和其他组织提供法律救济是我国行政诉讼的基本功能之一。人民法院通过对行政行为的合法性审查，以撤销、变更、确认和其他形式的裁决，为公民、法人和其他组织提供有效的法律救济。现行《行政诉讼法》是我国进行行政诉讼的基本法律根据。

行政诉讼为公民、法人和其他组织提供的法律救济，与行政复议有密切关系。行政复议是由行政机关通过行政途径解决行政争议的制度。行政复议的突出优点，是行政复议机关有行政管理的专门经验、专门知识和专门技能，解决行政争议具有及时、有效和便利的特点，行政机关首长负责制和层级制的决策体制可以使争议迅速得到处理，公民、法人和其他组织受到侵害的合法权益能得到快捷救济。其不足是上述优点的伴生物：行政复议机关是行政机关，工作体制不同于司法机关；复议程序只是具有一定司法性的行政程序，不能提供像司法程序那样充分的公正保障。所以，通过完善裁决程序保障裁决人员依法办事，防止可能的偏袒和提高裁决的公正程度，是行政复议今后需要不断解决的问题。

从制度协调的角度说，如果司法审判的客观公正与行政复议的高效便利配置得当，就可以形成一个更为有效的法律救济机制。原则上当事人有权自由选择通过行政诉讼还是行政复议程序寻求法律救济。根据《行政诉讼法》的规定，对属于人民法院受案范围的行政案件，公民、法人或者其他组织可以先向上一级行政机关或者法律、法规规定的行政机关申请复议，对复议不服的，可再向人民法院提起诉讼，也可以直接向人民法院提起诉讼。但是法律、法规规定应当先向行政机关申请复议，对复议不服再向人民法院提起诉讼的，依照法律法规的规定。

三、行政赔偿

公民、法人和其他组织在其合法权益受到行政机关及其工作人员行使行政职权行为的侵犯造成损害时，有权依照法律请求国家承担赔偿责任以获得救济。

行政赔偿救济与前面所述各类救济有很大关系。在公民提出救济请求的时候，行政机关的行政行为对公民权益的损害状况有两种情形：一是已经造成实际损害后果，例如人身权和财产权遭到了现实的损害；二是未来将要遭受到损害，但是现实中损害尚没有发生，例如提起行政诉讼时行政行为已经作出但是没有发生法律效力。对于已经造成实际损害后果的行政行为，如果只是予以撤销、变更或者确认违法，对受到实际损害当事人的救济就是不完整的，也是不公正的。例如对于行政机关违法拆除居民住宅建筑物的侵权行为，如果只是在法律上宣布行政机关的拆除行为属于违法的行政行为，公民建筑物已经不复存在的财产损失尚不能得到恢复，这种救济就是不完整的。因此，行政赔偿是行政法上的法律救济体系中不可缺少的组成部分。

1994 年 5 月 12 日第八届全国人大常委会第七次会议通过了《国家赔偿法》，最高人民法院于 1997 年制定并公布了《关于审理行政赔偿案件若干问题的规定》。这为在我国进行行政赔偿提供了系统的制度框架。2010 年 4 月 29 日第十一届全国人大常委会第十四次会议又通过了《关于修改〈中华人民共和国国家赔偿法〉的决定》，对包括行政赔偿制度在内的国家赔偿制度进行了重大修订，该法已经自 2010 年 12 月 1 日起施行，并于 2012 年再次修改。在此之前，我国行政赔偿法制经历了长期的发展过程。1954 年《宪法》和 1982 年《宪法》都规定要实行国家赔偿制度，1982 年的《民事诉讼法(试行)》和 1986 年的《民法通则》等民事法律亦规定要向受到行政侵权损害的人提供赔偿救济，1989 年公布的《行政诉讼法》也单列了“侵权赔偿责任”一章，对行政赔偿作出了若干规定。但直至 1994 年《国家赔偿法》制定，我国才真正建立起正式的法制化的国家赔偿制度。

关于行政复议、行政诉讼和行政赔偿救济，本编下面各章和本书后面两编将展开专门深入论述。

第二十章　行政复议概述

第一节　行政复议的概念与特征

一、行政复议的概念

行政复议是指相对人认为行政机关的行政行为侵犯其合法权益，依法向行政复议机关提出复查该行政行为的申请，行政复议机关依照法定程序对被申请的行政行为进行合法性、适当性审查，并作出行政复议决定的一种法律制度。行政复议是现代法治社会解决行政争议的方法之一，与行政诉讼、行政赔偿共同构成行政救济的基本制度，是相对人保护自身合法权益的重要法律途径。

1990 年 12 月 24 日国务院发布《行政复议条例》，我国正式建立起系统的行政复议制度（1994 年国务院对该条例进行了部分修订）。1999 年 4 月 29 日第九届全国人大常委会第九次会议通过《行政复议法》，取代了《行政复议条例》。《行政复议法》是目前我国进行行政复议的基本法律根据，该法分别于 2009 年和 2017 年进行过局部修订。2023 年 9 月 1 日，第十四届全国人大常委会第五次会议正式修订《行政复议法》，自 2024 年 1 月 1 日起施行。

行政复议作为相对人行使行政救济权的一项重要法律制度，可以从以下几个方面作进一步释义：

（1）行政复议的目的是纠正行政机关作出的违法或者不当的行政行为，以保护相对人的合法权益。行政复议通过上级行政机关对下级行政机关或者本级人民政府对所属工作部门作出的行政行为依法审查，纠正相应行政行为的违法或者不当，从而实现行政机关内部行政监督的目的。《行政复议法》第 1 条规定：“为了防止和纠正违法的或者不当的行政行为，保护公民、法人和其他组织的合法权益，监督和保障行政机关依法行使职权，发挥行政复议化解行政争议的主渠道作用，推进法治政府建设，根据宪法，制定本法。”与 1999 年《行政复议法》第 1 条相比，前者更加突出了行政复议化解行政争议的“主渠道”功能。

（2）行政复议是一种依申请的行政救济行为，即行政复议是复议机关根据相对人的申请，在审查被申请的行政行为是否合法、适当的基础上，依法作出的一种行政救济行为。没有相对人的申请行为，行政复议作为监控行政权的一种法律制度就不可能发挥其内在的功能，因此，保护行政相对人的申请权，以及设置便利相对人行使申请权的法律程序具有重要的法律意义。如《行政复议法》第

22条第1款规定口头申请与书面申请具有同等的法律效果，充分体现对相对人复议申请权的保护。

(3) 行政复议的客体是行政行为。行政行为是行政机关针对特定相对人作出的行为，其特点是在该行政行为作出时，相对人已经确定，既不能增加也不能减少。对制定行政法规、规章等行政立法行为，相对人依法不能提起行政复议；如果相对人认为不具有行政立法性质的规范性文件违法，只能在它是行政行为的依据的情况下，在对行政行为申请复议时一并提出对该规范性文件的附带审查申请，或者通过申诉等其他法律监督途径解决。

二、行政复议的性质

行政复议的性质涉及的是对行政复议的定性问题。关于行政复议的性质问题，目前学术界主要有以下几种观点：第一种观点认为，行政复议是一种纯行政性活动，属于行政执法行为。其基本依据是行政复议表现为国家行政机关按照行政职权或者行政上下等级的监督关系，直接地、单方面地行使行政权力的行为。第二种观点认为，行政复议是一种行政救济。这种观点的基本出发点建立在行政复议和行政诉讼应当构成对作为相对人的公民、法人和其他组织合法权益提供救济和保障的认知的基础上。第三种观点是把行政复议视为行政司法活动。此种观点又有"偏行政"和"偏司法"两说，其中"偏行政"的观点认为，行政复议是有一定司法性的行政活动；"偏司法"的观点认为，行政复议是"准司法"活动。此两说都是从行政复议适用介于行政程序和司法程序之间的程序而引申出的结论。① 上述观点尽管都存在不足之处，但仍可以作为我们整体认识行政复议性质的基础。我们认为，行政复议的性质可以从以下三个方面来认识：

(1) 行政复议是具有司法性因素的特殊行政行为。行政复议的司法性是指具有行政复议权的行政机关借用法院审理案件的某些方式来审查行政争议，即行政复议机关作为第三人对行政机关和相对人之间的行政争议进行审查并作出裁决。行政复议就其目的而言，是为了解决行政过程中行政机关与相对人之间的争议，因此，行政复议机关是以裁判者的身份出现的。行政复议机关与作为被申请人的行政机关之间没有特别的利害关系，以保持必要的相对独立性和公正性。对此，有学者指出："行政复议既有行政性质也有司法行为的性质和特征，行政复议不同于纯粹行政，也不同于司法诉讼那样的纯粹司法制度，而是具有双重色彩的行为与程序。"②

(2) 行政复议是行政机关内部监督和纠错机制的环节。行政复议是由行政

---

① 应松年主编：《行政行为法》，人民出版社1993年版，第687页。

② 杨小君：《我国行政复议制度研究》，法律出版社2002年版，第3页。

系统内部的行政机关对下级或者人民政府对所属的行政机关作出的违法或者不当的行政行为实施的一种监督和纠错行为,它不同于法院通过行政诉讼审查行政机关行政行为合法性的司法审查制度。但是,这种监督行政的法律程序是因相对人提起申请而启动的,从而又不同于由行政机关主动发动的如行政监管等监督行政的制度。作为行政机关内部纠错机制环节的行政复议应当兼顾效率和公正,以适应行政管理的需要。

(3) 行政复议是国家行政救济机制的重要环节。为了切实保护相对人的合法权益,现代法治国家一般都设置了多元的权利救济机制,如行政诉讼、行政赔偿、行政复议和行政监督等,它们从多方面为相对人全面提供法律救济。行政复议通过行政机关体制内部的自我纠错,实现相对人的权利救济,因此,行政复议无疑亦属于行政救济机制的重要环节。同时,在法律、法规有特别规定的情形下,行政复议还是提起行政诉讼的前置程序。

三、行政复议的特征

行政复议是一种特殊行政行为,在多方面不同于一般行政行为。

(1) 行政复议所处理的争议是行政争议。这里的行政争议主要是指行政机关在行政管理过程中因实施行政行为而与相对人发生的争议,这种争议的核心是该行政行为是否合法、适当。行政复议是专门为解决行政争议而设置的一种制度,因此,其具体制度、程序等都是针对行政争议的特点与要求的;行政复议不解决民事争议[①],行政机关解决民事争议的行政行为不是行政复议,而是行政裁决(含调解)。尽管行政裁决相较于一般行政行为也有特殊性,但其与行政复议的差别较大(行政裁决不具有行政复议那样的救济性质和监督性质)。

(2) 行政复议以行政行为为审查对象,并附带审查规范性文件。行政机关作出的行政行为可以分为行政决定、事实行为、行政协议,以及制定行政法规、规章和规范性文件行为等。行政决定、行政协议和对公民、法人或者其他组织的权利和义务作出的有实际影响的事实行为都可以成为行政复议的审查对象。[②] 行政机关制定的规范性文件是行政复议机关在审查行政行为时可以附带审查的对象[③],但行政复议机关不能审查行政机关制定行政法规、规章的行为。

(3) 行政复议案件审理以以非正式听证的方式听取当事人意见为主,除非因当事人的原因不能听取意见,才可以书面审查。如果审理重大、疑难、复杂的行政复议案件,应当组织正式听证(听证会);行政复议机构认为有必要听证,或者申请人请求听证,行政复议机构也可以组织听证。这一点显然不同于司法审

① 参见《行政复议法》第 12 条第 4 项。
② 参见《行政复议法》第 11 条。
③ 参见《行政复议法》第 13 条。

查制度。“以非正式听证的方式听取当事人意见”这种审理方式，既考虑到了行政复议的效率要求，不能像行政诉讼那样，凡有案件必须开庭审理，也充分保障了申请人、第三人的陈述、申辩权。书面审查是一个例外，且因当事人有原因才能适用，如当事人放弃陈述、申辩权等。

第二节　行政复议的基本原则

行政复议的基本原则是在行政复议立法目的的指导下，根据行政复议的基本规律设定的，对行政复议具有高屋建瓴的指导意义。它上承行政复议的立法目的，下联行政复议基本制度与基本规范，从而确立了它在行政复议中不可替代的法律地位。行政复议的基本原则不仅规范行政机关的行为，同时也规范相对人参与行政复议的行为。因此，行政复议的基本原则在行政复议法理论和实践中具有极其重要的法律意义。

一、合法原则

合法原则是指在行政复议过程中，无论是作出被申请的行政行为的行政机关，还是作为申请人的相对人，或者是主持裁决的行政复议机关，都应当遵守现行的有关行政复议的法律、法规、规章以及有关行政复议的规定。但是行政复议机关依法进行行政复议活动是合法性原则的核心要求。合法性原则的主要内容体现在以下几个方面：

(1) 主体合法。行政复议程序主体合法是行政复议合法性的基本前提和基础。根据这一要求，行政复议的申请人必须是被申请的行政行为所指向的相对人，或者与被申请的行政行为有法律上利害关系的人，如治安行政案件中的加害人与受害人，行政规划许可中的申请人与受规划许可影响的第三人等。被申请人必须是作出被申请的行政行为的行政主体，它们可以是行政机关，也可以是法律、法规、规章授权的组织。受理行政复议申请的必须是法律、法规规定的行政复议机关。

(2) 依据合法。这里的“依据”，应当包括宪法、法律、法规和规章以及上级行政机关依法制定的规范性文件。当然，上级行政机关制定的规范性文件必须符合宪法、法律、法规和规章，这是它们成为行政复议依据的前提条件。

(3) 程序合法。法律程序能够在最大限度内确保法律主体的行为符合法律规定，同时在形式上提高法律主体对自己不利决定的可接受性程度。行政复议本身是一种程序性行为。为确保行政复议的顺利进行，行政复议主体必须严格遵守法定程序。为此，《行政复议法》以及其他有关法律、法规和规章都明确规定了相关的行政复议程序，以确保行政复议程序的合法性。

二、公正原则

公正原则是指行政复议机关对被申请的行政行为不仅应当审查其合法性，还应当审查其适当性。现代行政权的核心是行政裁量权，通过行政法控制行政权的关键在于控制行政裁量权不被滥用。公正原则便是设置防止行政裁量权滥用机制的根本准则之一。我们知道，由于被申请的行政行为绝大多数是行使行政裁量权的结果，如果行政复议不深入审查被申请的行政行为的适当性，就难以达到行政复议的目的。因此，在行政复议中，对被申请的行政行为的审查，不仅要考虑其合法性，还应当考虑其适当性。只有这样才能真正保障相对人的合法权益。

(1) 行政复议机关应当从合法性和适当性两个层面审查被申请的行政行为。合法性审查是指行政复议机关应当审查被申请的行政行为是否具有明确的法律依据，是否符合法律规定；适当性审查是指行政复议机关应当审查被申请的行政行为是否公正地行使了裁量权。经审查后，对不合法的行政行为应当予以撤销或者确认违法，必要时还可以责令被申请人重新作出行政行为；对事实清楚，证据确凿，适用依据正确，程序合法，但是不适当的，或者事实清楚，证据确凿，程序合法，但是未正确适用依据的，依法可以变更。

(2) 行政复议机关应当查明所有与案件有关的事实，审查被申请人用于作出被申请的行政行为的证据是否为合法取得，对事实的认定和对案件的定性是否符合证据规则；对被申请的行政行为所适用的法律条款应当作出准确的判断，如有不确定的法律概念，应当根据立法目的和立法指导思想作出公正的解释。

(3) 行政复议机关应当正当、合理地行使复议裁量权。行政复议机关的复议审查权本身也包含一定的裁量权，从而也要受到本原则的约束。行政复议机关在处理行政复议案件的过程中，如对“明显违法”行政行为的界定，即应当遵循本原则的规范。这也是保证行政复议决定公正的基础。

三、公开原则

公开原则是指行政复议机关在行政复议过程中，除涉及国家秘密、个人隐私和商业秘密外，整个过程应当向行政复议申请人和社会公开。公开原则是现代行政程序法上的一项基本原则，它对于确保行政权合法、公正地行使具有重要的意义。在行政复议中，确立公开原则是确保行政复议权合法、公正行使的基本条件，也是防止行政复议权滥用的保障。

(1) 行政复议过程公开。行政复议过程公开要求行政复议机关最大限度地为申请人、被申请人和第三人提供参与行政复议程序的条件。除法律规定的情形之外，行政复议决定都应当在当事人看得见的情况下作出。这就要求行政复议机关应当尽可能地听取申请人、被申请人和第三人的意见,让他们更多地介入行政复议程序。因此,《行政复议法》第49条规定:"适用普通程序审理的行政复议案件,行政复议机构应当当面或者通过互联网、电话等方式听取当事人的意见,并将听取的意见记录在案。因当事人原因不能听取意见的,可以书面审理。"这是行政复议过程公开的一个具体体现。

(2)行政复议信息公开。行政复议信息公开是相对人参与行政复议程序的基本前提,也是行政复议公正的重要保障。行政信息公开的程度是衡量一个国家的法治行政的重要指标。1999年《行政复议法》第23条第2款规定:"申请人、第三人可以查阅被申请人提出的书面答复、作出具体行政行为的证据、依据和其他有关材料,除涉及国家秘密、商业秘密或者个人隐私外,行政复议机关不得拒绝。"这一规定存在缺陷,仅"查阅"不足以保证相对人的知情权,进而会影响其参与行政复议程序的有效性;即使可以抄录,对于相对人来说也无疑会增加其负担。为此,2023年修订的《行政复议法》第47条规定:"行政复议期间,申请人、第三人及其委托代理人可以按照规定查阅、复制被申请人提出的书面答复、作出行政行为的证据、依据和其他有关材料,除涉及国家秘密、商业秘密、个人隐私或者可能危及国家安全、公共安全、社会稳定的情形外,行政复议机构应当同意。"

四、高效原则

高效原则是指行政复议机关应当在法律规定的期限内,尽快完成对复议案件的审查,并作出相应的决定,为相对人提供及时的法律救济。高效原则是对行政复议机关效率的要求。

(1)行政复议机关应当严格遵守法定复议时限,确保每个行政复议环节都能在法定的时限内完成。如果法律没有明确规定时限,行政复议机关则应当在合理的时间内尽快完成行政复议程序,并依法作出行政复议决定。行政复议机关在法定时限内不能作出行政复议决定的,应当依法定程序报行政复议机关负责人批准延长审理期限。行政复议机关违反法定时限,应当承担相应的法律责任。

(2)行政复议机关应当敦促行政复议当事人遵守法定时限。行政复议本身要求以较高的效率来解决行政争议,而行政复议的高效率完成,需要行政复议当事人的配合。因此,行政复议机关应当在法律规定的时限内提示行政复议的当事人尽快完成有关程序行为。

五、便民原则

便民原则是指行政复议机关在行政复议程序中应当尽可能为行政复议当事

人,尤其是为申请人提供必要的便利,从而确保当事人参加行政复议目的的实现。

(1) 有关行政复议的规定应当尽可能考虑为申请人提供复议的便利条件。比如,《行政复议法》规定实行一级复议制,并减少上一级行政机关管辖行政复议案件的规定等。实务中行政复议机关为申请人提供复印材料等的便利,也是这一原则的体现。

(2) 行政复议机关应当在法定范围内为当事人提供进行复议活动的便利条件。例如,对不能提供书面申请的相对人,允许以口头方式向行政复议机关提出复议申请,受理行政复议的机关的工作人员应当予以记录,再请申请人签名或者盖章,作为相对人正式提出申请的材料。另外,如要求申请人补充材料,应一次性告知,以免除申请人来回奔波之苦。

第二十一章　行政复议范围

第一节　可申请行政复议的行政行为的范围

行政复议范围是指相对人认为行政机关作出的行政行为侵犯其合法权益，依法可以向行政复议机关请求审查的行政行为（含不作为）的范围。根据《行政复议法》的规定，相对人对行政机关的下列行政行为不服的，可以依法申请行政复议：

（一）行政处罚

公民、法人或者其他组织对行政机关作出的行政处罚决定不服，可以申请行政复议。凡是行政机关依照《行政处罚法》的规定作出的行政处罚决定都是行政复议客体。根据行政处罚法定原则，没有法律、法规和规章的规定，行政机关不得实施行政处罚。由于行政处罚严重影响公民、法人或者其他组织的合法权益，故它被《行政复议法》列于行政复议客体之首位是合适的。从现在的行政实务看，行政处罚最常见的形式有警告、通报批评、罚款、没收、责令停产停业、限制开展生产经营活动、责令关闭、限制从业、吊扣许可证件、行政拘留等。

（二）行政强制措施、行政强制执行决定

公民、法人或者其他组织对行政机关作出的行政强制措施、行政强制执行决定不服，可以申请行政复议。根据《行政强制法》的规定，行政强制措施包括“行政机关在行政管理过程中，为制止违法行为、防止证据损毁、避免危害发生、控制危险扩大等情形，依法对公民的人身自由实施暂时性限制，或者对公民、法人或者其他组织的财物实施暂时性控制的行为”。[①] 如客运交通管理机构对无客运出租汽车准运证的车辆依法实施暂扣决定。[②]行政强制执行决定是指行政机关对不履行行政决定的公民、法人或者其他组织，依法作出的强制履行义务的决定。作出行政强制执行决定的行政机关应当具有法律、法规规定的行政强制执行权。

（三）行政许可

公民、法人或者其他组织申请行政许可，行政机关拒绝或者在法定期限内不予答复，或者对行政机关作出的有关行政许可的其他决定不服，可以申请行政复

---

① 《行政强制法》第 2 条第 2 款。

② 青锋主编：《京津沪渝行政复议案例介绍与专家评析》，上海人民出版社 2004 年版，第 63 页。

议。行政许可是指行政机关根据公民、法人或者其他组织提出的申请,经依法审查,准予其从事特定活动的行为。[①] 一种行政行为是否属于行政许可,应当依照《行政许可法》的相关规定进行判断。涉及行政复议时,包括三种行政行为:(1)行政机关拒绝相对人申请行政许可。"拒绝"是指行政机关明确告知相对人不予办理其所申请的事项,可能是口头告知,也可能是作一份书面的拒绝办理的决定书。(2)行政机关收到相对人对行政许可的申请后,在法定期限内不予答复。"不予答复"是指行政机关对是否同意相对人的申请没有作出任何意思表示。(3)行政机关作出的有关行政许可的其他决定,如行政机关在管理过程中作出变更、中止、撤销等决定。在行政许可法上,变更是指相对人的活动不符合原许可或者核准的范围和条件,应相对人申请而予以变更,或者行政机关认为相对人的活动明显超越或者不符合许可范围或者条件而予以变更或者强制变更的一种行政行为。中止是指行政机关为了制止和纠正持证人的违法行为,责令其暂时停止从事被许可活动的一种行政行为。撤销是指行政机关对所颁发的许可证和各种资质证或者资格证,因其违法或者明显不当,依法使之失去效力的一种行政行为。

(四)确认自然资源所有权或者使用权决定

公民、法人或者其他组织对行政机关作出的关于确认自然资源的所有权或者使用权的决定不服,可以申请行政复议。《宪法》第9条规定,自然资源依法属于国家或者集体所有。各级人民政府及其相关的职能部门依法行使对自然资源的管理权,公民、法人或者其他组织经依法批准获得的对自然资源的所有权或者使用权受法律保护,如与他人之间发生权属争议,则由法定的行政机关依法作出处理决定。当事人如不服行政机关作出的关于确认土地、矿藏、水流、森林、山岭、草原、荒地、滩涂、海域等自然资源的所有权或者使用权的决定,均可以针对这类行政确权行为申请行政复议。

(五)征收、征用决定和补偿决定

公民、法人或者其他组织对行政机关作出的征收征用财物决定或者相关补偿决定不服,可以申请行政复议。征收决定,即行政机关为了公共利益需要,依照法律规定将非国有财产收归国有,并给予补偿的行政行为。征用决定,即行政机关为了公共利益需要,依照法律规定使用非国有财产或者劳务,并给予补偿的行政行为。与征收本质上不同的是,征用财产不改变财产的所有权,国家使用之后,若没有损毁,即归还给财产所有权人。补偿决定,即行政机关因征收、征用致使非国有财产所有权人或者使用权人财产损失等,依法给予补偿的行政行为。征收的本质是国家强制购买非国有财产,因此,没有补偿,就没有征收。

① 参见《行政许可法》第2条。

（六）赔偿、不予赔偿决定

公民、法人或者其他组织对行政机关作出的赔偿决定或者不予赔偿决定不服，可以申请行政复议。根据《国家赔偿法》的相关规定，赔偿请求人要求赔偿，应当先向赔偿义务机关提出，也可以在申请行政复议或者提起行政诉讼时一并提出。赔偿义务机关经审查后，如果认定申请人的赔偿申请符合法律规定，可以作出赔偿决定，反之，可以作出不予赔偿决定。对此决定，申请人不服的，可以申请行政复议。

（七）不予受理工伤认定申请决定、工伤认定结论

公民、法人或者其他组织对行政机关作出的不予受理工伤认定申请的决定或者工伤认定结论不服，可以申请行政复议。根据《工伤保险条例》的规定，职工认为自己的受伤情况符合工伤法定条件的，可以在法定期限内向法定的社会保险行政部门申请工伤认定。申请人或者用人单位不服社会保险行政部门作出的不予受理工伤认定申请的决定或者工伤认定结论，可以申请行政复议。工伤认定直接关系到申请人能否享受工伤保险待遇、用人单位保险费用的支付额度，因此，有必要将其纳入行政复议范围。

（八）侵犯经营自主权或者农村土地承包经营权、农村土地经营权的行为

公民、法人或者其他组织认为行政机关侵犯其经营自主权或者农村土地承包经营权、农村土地经营权，可以申请行政复议。经营自主权是指公民、法人或者其他组织依法享有的自主调配人力、物力和财产等用于经营活动的各种权利。我国现有各类经济组织依法都享有各种经营自主权。根据企业的性质，经营自主权可以分为：(1) 全民所有制企业的经营自主权。如享有生产经营决策权，产品、劳务定价权，产品销售权，物资采购权，进出口权，投资决策权，留用资金支配权，资产处置权，联营、兼并权，劳动用工权，人事管理权，工资、奖金分配权，内部机构设置权，拒绝摊派权等权利。(2) 集体所有制企业的经营自主权。如对全部财产进行占有、使用、收益和处分的权利，拒绝任何形式的财产平调的权利，自主安排生产、经营、服务的权利，依法确定本企业工资、奖金分配方案的权利等。(3) 中外合资经营企业、中外合作经营企业和外商独资企业的经营自主权。如享有在批准经营的范围内自行制定生产经营计划、采购生产资料、销售产品、聘用职工等权利。(4) 私营企业的经营自主权。如对核准登记名称的专有权和自主经营权，决定企业机构的设置和用工的权利，决定企业的工资制度，自主订立合同的权利，申请专利、注册商标的权利等。此外，个体工商户、农村承包经营户和其他承包经营者的经营自主权也受到法律的保护。行政机关侵犯合法经营自主权是指行政机关采用违法的行政手段，限制或者剥夺公民、法人或者其他组织依法享有的经营自主权的行为，实践中常见的这类行为有：行政机关违法撤换企业法定代表人，强制企业兼并或者分立，强制企业转让知识产权等。

农村承包合同是农村集体组织与农民就承包经营集体土地、生产资料或其他财产所达成的明确相互间权利义务关系的协议，包括土地承包合同、林业承包合同、牧业承包合同、渔业承包合同、果园承包合同等。根据有关政策和法律的规定，农村承包经营户主要享有以下三个方面的民事权利：(1) 财产所有权。国家保护属于农村承包经营户所有的生产资料和法律允许的生产资料所有权。(2) 农村承包经营户对依法承包的集体所有的或者国家所有由集体使用的土地、森林、山岭、草原、荒地、滩涂、水面享有经营权。他们合法经营取得的收益，在缴纳了承包金和国家规定的税收以后，归其自己所有，任何单位和个人不得非法侵犯。(3) 农村承包经营户订立的承包合同，由于某些特殊的原因变更或者解除时，承包经营户还未取得承包收益的，承包户本人或其法定继承人，对承包户投入土地、果园林木的资金和付出的劳动及其增值和孳息等，有要求发包方或新的承包人给予合理折价补偿的权利。

侵犯农村土地承包经营权、农村土地经营权主要有两种情形：(1) 变更农业承包合同。它是指依法成立的农业承包合同在没有履行或者没有全部履行之前，当事人之间就有关内容在协商的基础上进行的修改和补充。(2) 废止农业承包合同。它是指经双方协商或者因法定事由终止合同效力的情形。行政机关对于农民的农业承包合同不得随意加以变更或者废止，而应当依法加以保护，督促合同双方履行义务，尊重双方的权利，从而促进我国的农业生产全面发展。但是，在实践中，行政机关出于自身利益的需要非法干涉农业承包合同的订立和履行的案件时有发生。如为了城镇扩建，未经法定程序征用土地，便解除农民的农业承包合同，或者在承包人有较丰厚的收益时，行政机关借口承包费太低而废除承包合同，给农民带来巨大损失。为此，《农村土地承包法》第 65 条规定："国家机关及其工作人员有利用职权干涉农村土地承包经营，变更、解除承包经营合同，干涉承包经营当事人依法享有的生产经营自主权，强迫、阻碍承包经营当事人进行土地承包经营权互换、转让或者土地经营权流转等侵害土地承包经营权、土地经营权的行为，给承包经营当事人造成损失的，应当承担损害赔偿等责任；情节严重的，由上级机关或者所在单位给予直接责任人员处分；构成犯罪的，依法追究刑事责任。"所以，相对人认为行政机关变更或者废止农业承包合同，侵犯其合法权益的，可以申请行政复议，以保护其合法权益。

(九) 滥用行政权力排除或者限制竞争

公民、法人或者其他组织认为行政机关滥用行政权力排除或者限制竞争，可以申请行政复议。公平竞争是市场经济的基本准则，经营者必须在法律框架内公平竞争。为此，作为市场经济秩序的维护者，行政机关应当采取措施，制止不正当竞争行为，为公平竞争创造良好的环境和条件。不仅如此，行政机关更不得滥用行政权力排除或者限制竞争。根据《反垄断法》第五章的规定，"滥用行政权力排除、限制竞争”主要包括指定交易行为、限制商品流通行为、排除或者限制招标投标行为、排斥或者限制投资或者设定分支机构、强制经营者从事垄断行为和制定相关排除限制规定等六种行为。

（十）违法要求履行义务

公民、法人或者其他组织认为行政机关违法集资摊派费用或者违法要求履行其他义务，可以申请行政复议。公民、法人或者其他组织必须向国家承担若干法定义务，以保证国家有足够的人力、物力和财力维护公共秩序，并为其提供相关的服务。但是，公民、法人或者其他组织向国家承担的义务必须通过法律加以明确规定，才能确保公民、法人或者其他组织的合法权益不受侵犯。行政机关在法律之外要求公民、法人或者其他组织履行义务，则构成了违法要求履行义务的行政违法行为。违法要求履行义务是指行政机关违法集资、摊派费用或者违法要求履行其他义务的行政行为。在实务中，行政机关违法要求履行义务的表现形式有以下几种：(1) 在法律、法规和规章规定之外，行政机关自行制定规范性文件或以口头形式为相对人设定某种义务，或者无任何依据要求相对人履行义务。(2) 行政机关超出法律，法规规定的种类、数量和方式要求相对人履行义务。(3) 重复要求相对人履行义务。(4) 违反法定程序要求相对人履行义务。行政机关违法要求履行的义务既可以是作为义务，也可以不作为的义务；既可以是实体法上的义务，也可以是程序法上的义务。违法要求履行义务具有如下构成要件：(1) 行政机关要求履行的义务没有法定依据。这里的“法”应当包括哪些内容？有学者认为，“所谓违法要求履行义务，是指行政机关要求公民、法人或者其他组织负担法律、法规没有规定的义务或者要求履行义务虽有法律、法规依据，但实施程序违法”[①]。显然，这种观点将“法”限定为法律、法规。规章及以下的规范性文件为相对人设定的义务，能否属于这里的“法定依据”，是一个相当具有现实意义的问题。如行政机关依据规章及规定作出要求相对人履行义务的行政行为，是否可以认为是行政机关违法要求履行义务？相对人是否可以申请行政复议？从保护相对人合法权益和维护公共利益平衡的角度看，我们认为，这里的“法”在一定情况下可以作广义上的理解，除某些必须由法律、法规设定的义务外，规章和规定也可依法设定相对人的某些义务。(2) 行政机关违法要求履行义务的行政行为对相对人在法律上产生了不利影响。这种不利影响表现在，行政行为已经以一定的形式到达相对人，如相对人不按行政行为的要求履行义务，将会导致行政机关的行政强制执行或者其他不利后果。

在实践中，一些政府部门和地方政府无视党中央、国务院的三令五申，恣意

① 参见《〈中华人民共和国行政诉讼法〉诠释》，人民法院出版社1994年版，第45页；马原主编：《中国行政诉讼法教程》(修订本)，红旗出版社1995年版，第94页等。

乱收费、乱摊派、乱罚款,特别是在农村义务教育、城市管理、交通管理等领域,这种现象尤为严重,成为影响一些地方社会稳定的重要因素。因此,《行政复议法》作出明确规定,对于行政机关违法要求履行义务的,相对人有权申请行政复议。

(十一)不履行法定职责

公民、法人或者其他组织申请行政机关履行保护人身权利、财产权利、受教育权利等合法权益的法定职责,行政机关拒绝履行、未依法履行或者不予答复,可以申请行政复议。行政机关不履行法定职责包括拒绝履行、未依法履行和不予答复。其应具备如下构成要件:(1)行政机关负有该项法定职责。这是构成不履行法定职责行政行为的前提条件。相对人所申请保护的内容必须属于被申请的行政机关的职责范围之内。如被拐卖妇女、儿童的亲属应当向公安机关请求人身权保护,虽然他们也可以向其他行政机关请求保护,但如果其他行政机关未履行保护性请求,则不能成为行政复议的被申请人。(2)必须由相对人提出请求。依法保护相对人的人身权、财产权和受教育权是行政机关的法定职责。在相对人没有提出请求的情况下,行政机关不履行法定职责,则构成行政失职行为,不能成为相对人申请行政复议之法定理由。同时,相对人的请求应当是明确的,且已到达行政机关。(3)行政机关没有正当理由不履行法定职责。行政机关如为了保护一个较大的权益而无法保护一个较小的权益,则应当视为具有正当理由而免责。(4)相对人认为危及其人身权、财产权、受教育权的不法侵害正在来临或者有征兆来临。相对人认为某种不法侵害正在来临或者有征兆来临而提出人身权、财产权保护请求时,必须基于一定的事实依据。这种事实依据必须是客观存在的,而不是主观臆想的。行政机关限于人力、物力,不可能对相对人的申请不察虚实一律有求必应。(5)相对人受侵害的合法权益是人身权、财产权、受教育权等合法权益。

(十二)没有依法给付

公民、法人或者其他组织申请行政机关依法给付抚恤金、社会保险待遇或者最低生活保障等社会保障,行政机关没有依法给付,可以申请行政复议。相对人因生活困难有依法从国家获得物质帮助的权利,这是一项宪法性权利。抚恤金是指国家机关、企事业单位、集体经济组织对死者家属或伤残职工发给的生活费用。[①] 社会保险金是指由被保险人缴纳保险费而形成的一种基金,当被保险人遇到不幸或遭到损失时,即可用此保险基金进行补偿。对于持有非农业户口的

① 根据《劳动保险条例》(已失效)的规定,工人、职员因工负伤被确定为残疾时,完全丧失劳动力不能工作退职后,饮食起居需人扶助者,发给因工残疾抚恤费,至死亡时止。完全丧失劳动能力不能工作退职后,饮食起居不需人扶助者,发给因工残疾抚恤费,至恢复劳动力或死亡时止。工人、职员因工死亡时,按其供养的直系亲属人数,每月付给供养直系亲属抚恤费,至受供养人失去受供养的条件为止。我国还规定有革命残疾军人抚恤费,革命军人牺牲、病故抚恤费,国家工作人员伤亡、病故抚恤费等。

城市居民，凡是其共同生活的家庭成员人均收入低于当地城市居民最低生活保障标准的，均有从当地人民政府获得基本生活物质帮助，即获得最低生活保障费的权利。最低生活保障费的标准按照当地维持城市居民基本生活所必需的衣、食、住费用，并适当考虑水电燃煤(燃气)费用以及未成年人的义务教育费用确定。在现代风险社会中，国家对符合上述条件的相对人履行行政给付职责，对于个人的生存、发展具有极其重要的意义，并具有稳定社会的功能。有权享受此种物质帮助权利的相对人认为行政机关没有依法发放相关费用的，有权申请行政复议。

（十三）行政协议

公民、法人或者其他组织认为行政机关不依法订立、不依法履行、未按照约定履行或者违法变更、解除政府特许经营协议、土地房屋征收补偿协议等行政协议，可以申请行政复议。行政协议，又称行政合同或者行政契约，是行政机关在法定职责范围内为实现公共利益与公民、法人或者其他组织协商一致而达成的一种合意。行政协议是一种双方行为，本质上是行政机关通过私法方式实现公法任务的一种手段。行政协议争议主要分为两类：(1) 行政机关不依法订立、不依法履行、未按照约定履行行政协议。本类行政协议争议，是法律关系中行政协议另一方对行政机关履行义务之争。如《城镇国有土地使用权出让和转让暂行条例》第 15 条规定："出让方应当按照合同规定，提供出让的土地使用权。未按合同规定提供土地使用权的，土地使用者有权解除合同，并可请求违约赔偿。"这里的"未按合同规定提供土地使用权"，即为未按照约定履行行政协议。行政机关不依法履行、未按照约定履行行政协议不是行政决定，它本应属于本章第三节的内容，但从行政协议争议完整性角度，暂且在这里一并讲述。(2) 行政机关违法变更、解除行政协议。本类行政协议之争，是行政协议另一方对行政机关变更、解除行政决定是否合法之争。如《城镇国有土地使用权出让和转让暂行条例》第 17 条第 2 款规定："未按合同规定的期限和条件开发、利用土地的，市、县人民政府土地管理部门应当予以纠正，并根据情节可以给予警告、罚款直至无偿收回土地使用权的处罚。"这里的"无偿收回土地使用权"，属于解除行政协议决定。变更行政协议，即行政机关单方面作出变更行政协议某项内容决定引起的争议。

（十四）政府信息公开

公民、法人或者其他组织认为行政机关在政府信息公开工作中侵犯其合法权益，可以申请行政复议。行政机关依职权或者依申请向公众或者特定申请人提供政府信息的行为，应当依法作出，不得损害第三人商业秘密、个人隐私等合法权益。如《政府信息公开条例》第 15 条第 1 句规定："涉及商业秘密、个人隐私等公开会对第三方合法权益造成损害的政府信息，行政机关不得公开。"为此，

《政府信息公开条例》第51条规定："公民、法人或者其他组织认为行政机关在政府信息公开工作中侵犯其合法权益的，可以向上一级行政机关或者政府信息公开工作主管部门投诉、举报，也可以依法申请行政复议或者提起行政诉讼。"

（十五）其他行政行为

除上述十四种行政行为外，公民、法人或者其他组织认为行政机关的其他行政行为侵犯其合法权益的，也可以申请行政复议。这是一项兜底性规定。这一规定表明行政复议范围并不完全限于上述十四种涉及相对人合法权益的行政行为。

第二节　可一并申请行政复议的规范性文件的范围

一、规范性文件纳入行政复议的必要性

依法行政作为宪治层面上对行政机关所提出的要求，意味着行政机关应当依法行使行政职权。在我国法律体系中，属于法的范畴的规范性文件是宪法、法律、法规、规章以及我国加入的国际条约等。规范性文件是行政机关制定的，属于行政法规、规章之外的规范性文件，学理上一般认为它不属于法的范畴。

虽然规范性文件不属于法，但是在很多情况下，规范性文件却是行政机关作出行政行为的依据。从法律制度看，对于法律、法规和规章是否合法，我们有比较完整的监督制度加以保障。如《立法法》明确规定了改变或者撤销违宪、违法的法律、行政法规、地方性法规、自治条例和单行条例、规章的权限，确立了行政法规、地方性法规、自治条例和单行条例、规章备案审查制度。[①] 尽管《立法法》的规定并不完全令人满意，但它毕竟细化了《宪法》的原则性规定，进一步完善了对包括行政立法在内的行政行为的违宪监督程序。如果我们认真地实施《立法法》，必然能够纠正更多的行政立法领域的违法行为。然而，对于规范性文件的审查制度并不完善，违法的规范性文件有时还会成为行政机关作出行政行为的依据。

由于1991年《行政复议条例》规定行政复议机关只受理相对人对行政行为提起的行政复议案件，如果行政机关依据一个违法的规范性文件作出行政行为，相对人只能申请复议该行政行为；即使该规定被行政复议机关认定违法，也只能对行政行为作出撤销决定，不能撤销、改变该规定。这种做法引起了社会的强烈不满。如果不赋予相对人对规定直接申请复议的权利，那么相对人的合法权益就不可能获得有效的保护。1999年《行政复议法》实施之后首例针对规定申请

① 《立法法》规定，行政法规、地方性法规、自治条例和单行条例、规章应当在公布后的30天内依照规定报有关机关备案，并规定了请求审查的主体和程序等。

复议附带审查的案例，是浙江省杭州市旺实计算机有限公司要求审查公安部、信息产业部、文化部和国家工商行政管理局联合发布的《关于规范“网吧”经营行为加强安全管理的通知》。实践证明，这个一并申请规范性文件的复议制度是必要的。2023年修订的《行政复议法》保留了这一制度，并对之作了适当的完善。

二、可纳入行政复议的规范性文件的范围

相对人认为行政行为所依据的下列规范性文件不合法，在对行政行为申请复议时，可以一并向行政复议机关提出对该规定的审查申请：(1) 国务院部门的规范性文件。根据我国宪法和法律的规定，国务院部门的规范性文件是指国务院的部委、直属机构根据法律、行政法规、决定、命令以及本部门的规章在其职权范围内制定和发布的规范性文件。(2) 县级以上地方各级人民政府及其工作部门的规范性文件。根据宪法和法律的规定，“县级以上地方各级人民政府及其工作部门”是指省级人民政府及其职能部门、省辖市人民政府及其职能部门以及县级人民政府(应包括市辖区、县级市)及其职能部门。上述各级人民政府及其职能部门制定和发布的规范性文件都属于复议的范围。(3) 乡、镇人民政府的规范性文件。乡、镇人民政府是我国基层人民政府，根据宪法和地方人民政府组织法的规定，乡、镇人民政府为了执行本级人民代表大会的决议或者上级人民政府的决定、命令，可以在其职权范围内制定和发布规范性文件。对乡、镇人民政府发布的规范性文件亦可以申请复议。(4) 法律、法规、规章授权组织的规范性文件。

根据《行政复议法》第13条第2款的规定，上述规范性文件不含国务院部门规章和地方人民政府规章。对规章的合法性审查依照法律、行政法规办理。另外，对于国务院制定和发布的行政法规、决定和命令不服的，应当根据《立法法》规定的程序处理，也不属于行政复议的范围。

三、申请复议规范性文件的法定条件

由于规范性文件所针对的是不特定的相对人，特定的相对人认为其违法要求申请复议的，应当符合如下法定条件：(1) 申请行政复议针对的规范性文件必须是行政机关作出某一行政行为的依据。如果规范性文件没有被行政机关作为行政行为的依据，则不能成为复议的对象。(2) 相对人在对该行政行为申请复议时应当一并提起对该规范性文件的复议请求。《行政复议法》要求一并提起对规范性文件的复议意味着相对人不得单独对规范性文件申请复议，即相对人只有在认为规范性文件是被申请复议的行政行为的依据时，才可以将规范性文件一并作为复议对象向行政复议机关提出，请求复议机关审查该规范性文件的合法性。

第三节　排除行政复议的事项

一、国防、外交等国家行为

国家行为是国家机关基于政治考虑而作出的行为，具有主权性质。主权性行为的效力由作出机关自己判断，而不宜交由复议机关或者法院判断，因为复议机关或者法院不行使国家主权，也不代表国家主权。《行政诉讼法司法解释》第2条规定，国家行为，“国务院、中央军事委员会、国防部、外交部等根据宪法和法律的授权，以国家的名义实施的有关国防和外交事务的行为，以及经宪法和法律授权的国家机关宣布紧急状态等行为。”由国务院、中央军事委员会、国防部、外交部作出的国家行为，在宪法、法律上，除中央军事委员会外，由国务院向全国人大负责，包括中央军事委员会在内的国家行为都不受法院审查。将“国防、外交等国家行为”排除在行政复议范围之外，主要理由是国家行为的“高度政治性”，涉及国家统治的根本性问题。行政复议机关不宜审查政治问题，更不能用复议审查权来判断政治问题的是非。

当然，与国防、外交有关的行为也有不属于国家行为的，如征兵行为、出入境管理行为等，它们都属于行政复议范围。

二、制定行政法规、规章和规范性文件行为

公民、法人或者其他组织对行政机关制定行政法规、规章和规范性文件行为不服，可以向有关国家机关提出，由有关国家机关依照法律、行政法规的有关规定处理。根据《立法法》的规定，全国人民代表大会常务委员会有权撤销同宪法和法律相抵触的行政法规；国务院有权改变或者撤销不适当的部门规章和地方政府规章；省、自治区、直辖市的人民代表大会有权改变或者撤销它的常务委员会制定和批准的不适当的地方性法规；地方人民代表大会常务委员会有权撤销本级人民政府制定的不适当的规章。在行政诉讼中，人民法院还可对规章进行参照性审查。相对人对规范性文件不服的，只能与行政行为一并提出行政复议，不能单独针对规范性文件申请行政复议。

三、行政机关工作人员奖惩、任免等决定

行政机关对行政机关工作人员奖惩、任免等决定，学理上认为属于“内部行为”，其救济程序不适用行政复议。行政机关工作人员对处分或处理决定不服，可以依照有关法律和行政法规的规定提出申诉。如《监察法》第49条规定：“监察对象对监察机关作出的涉及本人的处理决定不服的，可以在收到处理决定之

日起一个月内，向作出决定的监察机关申请复审，复审机关应当在一个月内作出复审决定；监察对象对复审决定仍不服的，可以在收到复审决定之日起一个月内，向上一级监察机关申请复核，复核机关应当在二个月内作出复核决定。复审、复核期间，不停止原处理决定的执行。复核机关经审查，认定处理决定有错误的，原处理机关应当及时予以纠正。”另外《公务员法》也有申诉等相关规定，为行政机关工作人员提供救济程序保障。

四、涉及民事纠纷调解行为

行政机关对公民、法人或者其他组织之间的民事纠纷作出的调解行为，其约束力有赖于双方当事人自愿接受。因此，一方当事人如不服，可以以另一方为被告向人民法院提起诉讼或者向仲裁机关申请仲裁，而不能申请行政复议。如公安机关在处理治安案件中对赔偿的调解等，如果当事人不服，可以通过民事诉讼的途径解决。①

---

① 如《治安管理处罚法》第 9 条规定：“对于因民间纠纷引起的打架斗殴或者损毁他人财物等违反治安管理行为，情节较轻的，公安机关可以调解处理。经公安机关调解，当事人达成协议的，不予处罚。经调解未达成协议或者达成协议后不履行的，公安机关应当依照本法的规定对违反治安管理行为人给予处罚，并告知当事人可以就民事争议依法向人民法院提起民事诉讼。”

第二十二章　行政复议法律关系主体

第一节　行政复议机关、复议机构与管辖

一、行政复议机关

行政复议机关，是指依照法律的规定，有权受理行政复议申请，依法对被申请的行政行为进行合法性、适当性审查并作出行政复议决定的行政机关。对这一概念，可从以下三个方面作进一步理解：其一，行政复议机关是行政机关，包括政府和政府所属的职能部门，法律、法规授权的组织不能成为行政复议机关。其二，行政复议机关是有行政复议权的行政机关。行政机关并不都有行政复议权，如乡、镇人民政府等行政机关，《行政复议法》即没有授予其行政复议权。其三，行政复议机关是能以自己的名义行使行政复议权，并对其行为后果独立承担法律责任的行政机关。

根据《行政复议法》的规定，行政复议机关主要有：

(1) 县级以上地方各级人民政府。由县级人民政府作为复议机关，既便利于复议申请人申请复议，也有利于复议机关利用人民政府的权威及时、有效地解决行政争议。

(2) 国务院部门。由国务院部门作为行政复议机关，审查本部门等作出的行政行为引起的行政复议案件。这一规定具有省时、高效的特点，但它违背了“自己不得裁决自己案件”的公正原则，容易引起复议申请人对复议公正性的怀疑，也不利于“案结事了”，因此，不宜扩大其适用的范围。

(3) 海关、金融、外汇管理等实行垂直领导的行政机关、税务和国家安全机关的上一级主管部门。由作出被申请行政行为的行政机关的上一级行政机关作为复议机关，客观上给复议申请人增加了路途等方面的不便，因此，适用范围不宜过大。但是，它可以利用上一级行政机关的领导权和监督权提高复议的权威性，减少纠错的成本。

(4) 上一级司法行政部门。由于县级以上地方各级人民政府办理行政复议案件的行政复议机构设在本级司法行政机关，因此，本级司法行政机关作出的行政行为引起的行政复议案件，由上一级司法行政部门审查，符合《行政复议法》规定的公正原则。

二、行政复议机构

行政复议机构是享有行政复议权的行政机关内部设立的一种专门负责行政复议案件受理、审查和裁决工作的办事机构。行政复议机构不是行政机关,它不能以自己的名义对外行使职权。行政复议机构依法办理行政复议机关的行政复议事项,同时组织办理行政复议机关的行政应诉事项。上级行政复议机构有权对下级行政复议机构的行政复议工作进行指导、监督。国务院行政复议机构可以发布行政复议指导性案例。

三、行政复议管辖

行政复议的管辖,是指各行政复议机关对复议案件在受理上的具体分工,即相对人提出复议申请之后,应当由哪一个复议机关来行使行政复议权。行政复议管辖如下:

(一)县级以上地方人民政府

县级以上地方人民政府管辖范围有:(1)对本级人民政府工作部门作出的行政行为不服的案件;(2)对下一级人民政府作出的行政行为不服的案件;(3)对本级人民政府依法设立的派出机关作出的行政行为不服的案件;(4)对本级人民政府或者其工作部门管理的法律、法规、规章授权的组织作出的行政行为不服的案件。(5)对本级人民政府工作部门依法设立的派出机构依照法律、法规或者规章规定,以自己的名义作出的行政行为不服的案件。除此以外,(1)省、自治区、直辖市人民政府同时管辖对本机关作出的行政行为不服的行政复议案件;(2)省、自治区人民政府依法设立的派出机关参照设区的市级人民政府的职责权限管辖相关行政复议案件。综上,《行政复议法》确立的上述以县级以上地方人民政府为中心的行政复议管辖制度,为行政复议集中管辖改革提供了法律依据。

(二)国务院部门

国务院部门管辖范围有:(1)对本部门作出的行政行为不服的案件;(2)对本部门依法设立的派出机构依照法律、行政法规或者部门规章规定,以派出机构的名义作出的行政行为不服的案件;(3)对本部门管理的法律、行政法规、部门规章授权的组织作出的行政行为不服的案件。因《行政复议法》没有将国务院确定为行政复议机关,所以,对国务院部门自己作出的行政行为引起的行政复议案件只能由其本身管辖。另外,国务院部门依法设立的派出机构和管理的授权组织作出的行政行为引起的行政复议案件,也由设立这些机构和管理这些组织的相应国务院部门管辖。

（三）特别管辖

（1）对省、自治区、直辖市人民政府和国务院部门作出的行政复议决定不服的案件，可以向人民法院提起行政诉讼，也可以向国务院申请裁决，国务院依照《行政复议法》的规定作出最终裁决。这一规定是针对不服国务院部门或者省、自治区、直辖市人民政府的行政复议决定而设立的一种救济途径。选择向国务院裁决的，国务院裁决为最终裁决，不得再向人民法院提起诉讼。

（2）对海关、金融、外汇管理等实行垂直领导的行政机关、税务和国家安全机关的行政行为不服的案件，由上一级主管部门管辖。海关、金融、税务等行政机关所管理的行政事务具有统一性、全局性和特殊性，由其上一级行政机关管辖复议案件更有利于对下一级行政机关的监督。

（3）对履行行政复议机构职责的地方人民政府司法行政部门的行政行为不服的，可以向本级人民政府申请行政复议，也可以向上一级司法行政部门申请行政复议。这是一项选择管辖的规定，由申请人自己决定。

第二节 行政复议参加人

一、申请人

申请人是指对行政机关作出的行政行为不服，依据法律、法规的规定，以自己的名义向行政复议机关申请行政复议的公民、法人或者其他组织。根据法律、法规的规定，申请人具有如下法律特征：

（1）申请人必须是相对人。只有行政行为的相对人才能成为行政复议的申请人。凡是合法权益受行政行为不利影响的人都是相对人。根据与行政行为的关系直接与否，相对人又可以分为直接相对人和间接相对人（第三人）。直接相对人是直接承受行政行为的人，如行政处罚中的受处罚人，行政许可中的申请人等。没有直接相对人，行政行为就无法成立。行政行为在对直接相对人发生效力的同时，有时也对与直接相对人的权益有联系的人产生影响，我们称这种人为间接相对人。行政机关作出行政行为并不是针对间接相对人，而是针对直接相对人，但行政行为在影响直接相对人合法权益的同时，客观上也对直接相对人以外的人的合法权益产生了影响。因此，行政机关与直接相对人之间形成了明示的行政法律关系，与间接相对人之间形成了潜在的行政法律关系。无论直接相对人还是间接相对人都具有复议申请人的资格。如实务中对地名委员会更改其所在道路名称的决定申请的复议中，承认该居民有申请人资格。①

① 青锋主编：《京津沪渝行政复议案例介绍与专家评析》，上海人民出版社2004年版，第113页以下。

相对人包括公民、法人或其他组织以及外国人、无国籍人。公民是指具有中国国籍的自然人。港澳台居民是中国公民。外国人和无国籍人在中国境内也必须遵守中华人民共和国的法律,同时其合法权益也受中华人民共和国法律的保护。在对等原则下,他们与我国公民一样有权作为申请人申请行政复议。法人是指符合法定条件而成立的一种组织,它可以分为企业法人、机关法人、事业法人和社团法人。国家机关在作为行政管理对象时,可以作为机关法人成为复议中的申请人。如环保行政机关对违反环境保护法的国土资源行政机关作出行政处罚决定,后者如不服可以申请复议。

(2) 申请人是认为行政行为侵害其合法权益的人。相对人在行政管理关系中是管理的对象,他们必须服从行政机关的管理。如行政机关对其实施了某种具体行为,相对人认为行政机关的行政行为违法侵犯其合法权益的,有权依据《行政复议法》的规定申请复议。这里的"认为"是申请人的一种主观认识,行政行为是否确实侵犯了其合法权益,必须等到复议机关审查后才能确定。只要申请人认为行政机关的行政行为侵犯了其合法权益,即可以申请复议。

在一般情况下,权益受到行政行为侵害的当事人是行政复议的申请人。但是,在特定条件下,复议申请人的资格也可能发生转移:第一,有权申请复议的公民死亡的,其近亲属可以申请复议。近亲属包括其配偶、父母、子女、兄弟姐妹,祖父母、外祖父母、孙子女、外孙子女。第二,有权申请复议的法人或者其他组织终止,承受其权利的法人或者其他组织可以申请复议。

二、被申请人

被申请人是指其行政行为被行政复议的申请人认为侵犯其合法权益,并由行政复议机关通知参加复议的行政机关或者法律、法规、规章授权的组织。被申请人具有如下法律特征:其一,被申请人必须是行政机关和授权组织。其二,被申请人必须是实施相应行政行为的行政机关或者授权组织。在行政复议中,被申请人一般是实施了行政行为的行政机关。其三,被申请人是由行政复议机关通知参加行政复议的行政机关或者授权组织。根据《行政复议法》的规定,被申请人主要有以下几种:

(1) 申请人对行政机关作出的行政行为不服,直接申请复议的,该行政机关是被申请人。

(2) 两个或两个以上行政机关以共同名义作出同一行政行为的,共同作出行政行为的行政机关是共同被申请人。构成共同被申请人的关键是基于"同一行政行为",而不是两个相同的行政行为。但是,实务中当行政机关与非行政机关共同作出一个行政行为时,非行政机关不能成为行政复议中的被申请人,如发生行政赔偿也只能作为第三人参加行政复议。

(3) 法律、法规、规章授权的组织作出的行政行为引起行政复议，该组织是被申请人。例如，根据《公共场所卫生管理条例》第10条的规定："各级卫生防疫机构，负责管辖范围内的公共场所卫生监督工作。民航、铁路、交通、厂(场)矿卫生防疫机构对管辖范围内的公共场所，施行卫生监督，并接受当地卫生防疫机构的业务指导。"法律、法规、规章授权的组织具有行政机关的法律地位，符合被申请人资格要件。

(4) 行政机关委托的组织作出的行政行为引起行政复议，委托的行政机关是被申请人。行政机关根据实际工作的需要，可将部分行政职权委托给其他组织行使。受委托组织实施的行政行为引起争议，委托的行政机关是被申请人。这是行为主体与行政机关分离的一种情况。如《行政处罚法》对委托实施行政处罚作了相当严格的规定。它不仅规定了行政机关委托行政处罚必须有法律、法规和规章的依据，而且还规定了受委托组织应当具备的法定条件。

(5) 作出行政行为的行政机关被撤销或者职权变更的，继续行使其职权的行政机关是被申请人。这里的"撤销"可以是：(1) 合并，即几个行政机关合并成一个行政机关或者一个行政机关归并到另一个行政机关之中；(2) 分立，即一个行政机关分立为两个以上的行政机关。无论上述何种情况，都可以适用这一规定。

三、第三人

行政复议第三人，是指申请人以外的同被申请行政复议的行政行为或者行政复议案件处理结果有利害关系的公民、法人或者其他组织。他们可以作为第三人申请参加行政复议，或者由行政复议机构通知其作为第三人参加行政复议。第三人在行政复议中具有独立的法律地位。第三人与申请人和被申请人不同，其参加行政复议是为了维护自己的合法权益，在复议中不依附于申请人或者被申请人，享有与申请人基本相同的复议权利。

从行政复议实践中看，复议第三人主要有：(1) 治安管理行政处罚案件中的被处罚人或者权益受被处罚人侵害的人。在复议中，如果被处罚人申请行政复议，则受害人可以作为第三人参加复议；如果受害人申请复议，则被处罚人可以作为第三人参加复议。(2) 行政处罚案件中的共同被处罚人。在有共同被处罚人的行政处罚案件中，有一部分被处罚人申请复议的，另外的被处罚人可以作为第三人参加复议。(3) 其他与被申请的行政行为有利害关系的相对人。①

---

① 张成银诉徐州市人民政府房屋登记行政复议案，载《最高人民法院公报》2005年第3期。

第二十三章　行政复议的程序

第一节　行政复议的申请与受理

一、复议申请

复议申请是指相对人不服行政机关的行政行为而向行政复议机关提出复议请求的行为。行政复议是一种依申请的行政救济行为，没有相对人的申请，不能启动复议机关受理、审查的程序。无论申请的结果如何，申请始终是复议程序中不可跳过的起点。

（一）申请复议的条件

（1）有明确的申请人和符合本法规定的被申请人。其一，申请人必须是特定的公民、法人或者其他组织。如是公民，应当在申请书中载明姓名、住址和联系方式等；如果是法人或者其他组织，应当在申请书中载明名称、法定代表人姓名、住址和联系方式等。在特殊情况下，申请人资格也会发生转移，即有权申请复议的公民死亡的，其近亲属可以申请复议；有权申请复议的法人或者其他组织终止的，承受其权利的法人或其他组织可以申请复议。其二，被申请人。申请行政复议必须指明被申请人，即认为作出侵犯申请人合法权益的行政行为的行政机关或者授权组织。没有明确的被申请人，复议机关可以拒绝受理。如果复议机关受理后认为被申请人不适格，可依法要求申请人予以更换。申请人拒绝更换的，复议机关可以拒绝受理。其三，"明确"，即申请书达到行政复议机关后，行政复议机构工作人员可以根据申请人记载的内容确定申请人和被申请人，向其通知事项或者送达法律文书。这里的"明确"，不是"正确"。

（2）申请人与被申请的行政行为有利害关系。其一，行政相对人。即行政行为直接指向的公民、法人或者其他组织，或称行政行为的"收件人"。行政相对人是申请人，无论是学理还是实务，已无争议。其二，行政相关人，即不是行政行为所直接指向的，但与行政行为有利害关系的人。如《行政许可法》第 36 条规定："行政机关对行政许可申请进行审查时，发现行政许可事项直接关系他人重大利益的，应当告知该利害关系人。申请人、利害关系人有权进行陈述和申辩。行政机关应当听取申请人、利害关系人的意见。"本条文中，许可申请人是行政相对人，直接承受行政许可决定的法效力；利害关系人是行政相关人，由于与许可决定有利害关系，行政许可决定是否作出，将影响着他既有的合法权益，所以，他也是行政复议申请人。

(3) 有具体的复议请求和事实根据。复议请求是申请人申请复议所要达到的目的。它主要有以下几种情形:其一是请求撤销违法的行政行为;其二是请求变更不适当的行政行为;其三是请求责成被申请人限期履行法定职责;其四是请求确认行政行为违法或责令被申请人赔偿损失。任何一种复议请求都必须以一定的事实根据为基础,否则,复议机关可以不予受理。

(4) 符合提出申请的法定期限。申请人应当在法定期限内提起行政复议,逾期提起行政复议的,复议机关不予受理。复议期限具有尽早稳定行政法律关系的功能。申请人知道或者应当知道行政行为,但没有在法定期限内提出复议申请,一旦超过申请复议的法定期限,申请人即不能通过行政复议质疑行政行为的合法性。

(5) 属于法律规定的行政复议范围。行政复议范围是复议机关行使行政复议权的范围,是申请人合法权益受行政复议保护的范围,是被申请人接受复议监督的范围。所以,申请人提起行政复议,必须符合法律规定的行政复议范围。

(6) 属于行政复议机关管辖范围。复议管辖范围是法定的,因此,申请人必须向有法定管辖权的复议机关申请复议。复议机关对不属于自己管辖的复议案件,应当告知申请人向有管辖权的复议机关申请。

(7) 符合"一事不再理"的救济程序规则。复议机关受理的复议申请,必须是复议机关未受理过该申请人就同一行政行为提出的行政复议申请,并且人民法院未受理过该申请人就同一行政行为提起的行政诉讼。

(二) 申请复议的期限

如上所述,申请人必须在法定期限内提出复议申请,否则,申请人的申请权不受法律保护,其申请不会产生预定的法律效果。根据《行政复议法》第 20 条的规定,公民、法人或者其他组织认为行政行为侵犯其合法权益的,可以自知道或者应当知道行政行为之日起 60 天内提出复议申请,但法律另有规定的除外。这一法定期限的计算方法是:(1) 当场作出行政行为的,自行政行为作出之日起计算。(2) 载明行政行为的法律文书直接送达的,自受送达人签收之日起计算。(3) 载明行政行为的法律文书邮寄送达的,自受送达人在邮件签收单上签收之日起计算;没有邮件签收单的,自受送达人在送达回执上签名之日起计算。(4) 行政行为依法通过公告形式告知受送达人的,自公告规定的期限届满之日起计算。(5) 因不可抗力或者其他正当理由耽误法定申请期限的,申请期限自障碍消除之日起继续计算。

为了充分保护公民、法人或者其他组织的复议申请权,《行政复议法》设置了如下两个复议申请权的最长保护期:

(1) 未告知申请复议相关事项。行政机关作出行政行为时,未告知公民、法人或者其他组织申请行政复议的权利、行政复议机关和申请期限的，申请期限自公民、法人或者其他组织知道或者应当知道申请行政复议的权利、行政复议机关和申请期限之日起计算，但是自知道或者应当知道行政行为内容之日起最长不得超过一年。

（2）因不动产提出的行政复议申请自行政行为作出之日起超过二十年，其他行政复议申请自行政行为作出之日起超过五年的，行政复议机关不予受理。

（三）复议申请书的内容与形式

申请人提出复议申请一般应采用书面形式，即向复议机关递交复议申请书。申请书应当载明如下内容：（1）申请人的基本情况，包括：公民的姓名、性别、年龄、身份证号码、工作单位、住所、邮政编码；法人或者其他组织的名称、住所、邮政编码和法定代表人或者主要负责人的姓名、职务。（2）被申请人的名称。（3）行政复议请求、申请行政复议的主要事实和理由。（4）申请人的签名或者盖章。（5）申请行政复议的日期。

复议申请应当体现便民原则。书面申请可以通过邮寄或者行政复议机关指定的互联网渠道等方式提交行政复议申请书，也可以到行政复议机关所在地当场面提交行政复议申请书。行政机关通过互联网渠道送达行政行为决定书的，应当同时提供提交行政复议申请书的互联网渠道。申请复议也可以口头申请。口头申请的，复议机构工作人员应当当场记录申请人的基本情况，复议请求，申请复议的主要事实、理由和时间。

申请人对两个以上行政行为不服的，应当分别申请行政复议。

（四）特别申请程序：异议程序

在行政机关作出的行政行为中，有的因客观原因无法采用一般证据规则认定事实，如当场作出的行政处罚决定，有的具有很强的专业性、技术性，如依据电子技术监控设备记录的违法事实作出的行政处罚决定。针对这类行政行为提起的行政复议，并非复议机构专长，因此可以在复议机构收到申请之前，给作出这类行政行为的行政机关一个重新考虑的机会。若认为申请人的“异议”成立，则可以直接“自我纠错”，及时、高效化解行政争议。若认为申请人的“异议”不成立，再转送到行政复议机关，也不影响申请人的行政救济权利。基于此种考量，《行政复议法》在行政复议申请程序中增设了“异议程序”[1]。

二、复议申请的受理

复议机关在收到复议申请后，依法应当在收到之日起5日内，对申请书进行审查并作出如下处理：

---

[1] 参见《行政复议法》第32条。

(1) 受理。对于符合申请复议条件的,依法应当决定受理。行政复议申请的审查期限届满,行政复议机关未作出不予受理决定的,审查期限届满之日起即为受理。

(2) 不予受理。对不符合法律规定的行政复议申请,行政复议机关应当在审查期限内决定不予受理并说明理由;对符合法律规定,但是不属于本机关管辖的行政复议申请,应当在不予受理决定中告知申请人向有管辖权的行政复议机关提出。

(3) 补正。行政复议申请材料不齐全或者表述不清楚,无法判断行政复议申请是否符合《行政复议法》第30条第1款规定的,行政复议机关应当自收到申请之日起5日内书面通知申请人补正。补正通知应当一次性载明需要补正的事项。申请人应当自收到补正通知之日起10日内提交补正材料。有正当理由不能按期补正的,行政复议机关可以延长合理的补正期限。无正当理由逾期不补正的,视为申请人放弃行政复议申请并记录在案。

三、行政复议受理的法律效果

(1) 复议申请经复议机关依法受理后,申请人与被申请人之间的行政争议正式进入复议解决程序,其他任何国家机关、组织都没有对本案的管辖权。申请人提出复议申请,复议机关已经依法受理的,或者法律、行政法规规定应当先向复议机关申请复议、对复议决定不服再向人民法院提起行政诉讼的,申请人在法定复议期限内不得向人民法院提起行政诉讼。

(2) 复议不停止被申请的行政行为执行。但在下列情况下,被申请的行政行为可以停止执行:第一,被申请人认为需要停止执行的。在行政职权范围内作出并执行行政行为,是行政机关的法定职责。如果作为被申请人认为自己作出的行政行为需要停止执行的,即可随时作出停止执行的决定。第二,复议机关认为需要停止执行的。复议机关认为停止执行被申请的行政行为不损害社会公共利益的,可以作出停止执行的决定。第三,经申请人申请,复议机关认为其要求合理的,如行政行为的执行会造成难以弥补的损失,且停止执行行政行为不损害社会公共利益,可以作出停止执行的决定。第四,法律、法规、规章规定停止执行的其他情形。我国有些法律、法规规定,当事人对行政行为申请复议或者提起行政诉讼后,相应行政行为应当停止执行。如《治安管理处罚法》第107条规定:"被处罚人不服行政拘留处罚决定,申请行政复议、提起行政诉讼的,可以向公安机关提出暂缓执行行政拘留的申请。公安机关认为暂缓执行行政拘留不致发生社会危险的,由被处罚人或者其近亲属提出符合本法第一百零八条规定条件的担保人,或者按每日行政拘留二百元的标准交纳保证金,行政拘留的处罚决定暂缓执行。"

(3) 复议程序正式开始。复议机关如没有法定事由,必须在法定期限内完成行政复议的全部程序并对行政争议作出决定。如果复议机关不在法定期限内作出决定,则构成行政复议不作为。

第二节　行政复议审理

一、审理程序与期限

(一) 审理程序

1. 普通程序

行政复议审理案件原则上采用听取意见的方式进行,只有因当事人原因不能听取意见的,才可以采取书面审查的方式。听取意见有两种形式:(1) 非正式听证。行政复议机构当面或者通过互联网、电话等方式听取当事人的意见,并将听取的意见记录在案。非正式听证高效、便利,并且可以满足当事人参与行政复议程序的要求。(2) 正式听证。行政复议机构审理重大、疑难、复杂的行政复议案件应当组织听证。行政复议机构认为有必要听证的,或者申请人请求听证的,行政复议机构可以组织听证。正式听证如同法院"庭审",双方当事人可以就证据进行面对面质辩,具有较强的对抗性。对查明重大、疑难、复杂的行政复议案件有较好的功效,但它效率不高,所以其适用范围往往由法律规定。听证由一名行政复议人员任主持人,两名以上行政复议人员任听证员,一名记录员制作听证笔录。

2. 简易程序

行政复议机关审理下列行政复议案件,认为事实清楚、权利义务关系明确、争议不大的,可以适用简易程序:(1) 被申请行政复议的行政行为是当场作出;(2) 被申请行政复议的行政行为是警告或者通报批评;(3) 案件涉及款额 3000 元以下;(4)属于政府信息公开案件。对于上述规定以外的行政复议案件,当事人各方同意适用简易程序的,可以适用简易程序。适用简易程序审理的行政复议案件,考虑了行政效率的需要,行政复议机构可以书面审理案件。对于适用简易程序审理的行政复议案件,行政复议机构根据案件具体情况认为不宜适用简易程序的,经行政复议机构的负责人批准,可以转为普通程序审理。

(二) 期限

1. 普通程序

适用普通程序审理的行政复议案件,行政复议机关应当自受理申请之日起 60 日内作出行政复议决定,但是法律规定的行政复议期限少于 60 日的除外。情况复杂,不能在规定期限内作出行政复议决定的,经行政复议机构的负责人批准，可以适当延长，并书面告知当事人，但是延长期限最多不得超过30日。延长期限届满之后，不得再次批准延长期限。

2. 简易程序

适用简易程序审理的行政复议案件，行政复议机关应当自受理申请之日起30日内作出行政复议决定。简易程序不适用期限延长制度。

（三）行政复议委员会

行政复议委员会是由相关政府部门、专家、学者等参与的，为行政复议机构办理行政复议案件提供咨询意见，并就行政复议工作中的重大事项和共性问题研究提出意见的组织。县级以上各级人民政府应当建立行政复议委员会。行政复议委员会可以弥补行政复议机构专业性方面的不足，提升办理行政复议案件的质量。

审理行政复议案件涉及下列情形之一的，行政复议机构应当提请行政复议委员会提出咨询意见：(1) 案情重大、疑难、复杂；(2) 专业性、技术性较强；(3)《行政复议法》第24条第2款规定的行政复议案件；(4) 行政复议机构认为有必要。行政复议委员会出具的意见是咨询性质的，供行政复议机构参考。

二、审理依据

所谓审理依据，即行政复议机关用于评判被申请复议的行政行为是否合法的法规范。根据《行政复议法》第37条的规定，审理依据分两种情形：(1) 行政复议机关依照法律、法规、规章审理行政复议案件。所谓“依照”，即行政复议机关不审查被申请行政行为适用的法律、法规、规章本身是否合法，只审查被申请的行政机关在作出被申请的行政行为时适用法律、法规、规章是否正确。(2) 行政复议机关审理民族自治地方的行政复议案件，同时依照该民族自治地方的自治条例和单行条例。也就是说，在民族自治地方审理行政复议案件，自治条例和单行条例也属于“依照”的范围。

申请人在申请行政复议时，依照《行政复议法》第13条的规定一并提出对有关规范性文件的合法性审查申请，行政复议机关依照相关法定程序审理后，若该规范性文件是合法的，也是行政复议机关审理依据。

三、证据制度

1. 举证责任

举证责任是指当事人对自己提出的主张有提供证据，以证明所主张的案件事实成立或有利于自己主张的一种责任。在行政复议中，被申请人对行政行为的合法性、适当性负有举证责任。这是行政复议举证责任分配的基本规则。基于依法行政原则，行政机关作出行政行为应当“事实清楚，证据确凿”。因此，当申请人提起行政复议时，作出该行政行为的行政机关有足够的条件和能力就行政行为的合法性、适当性承担举证责任。当然，在一定条件下，由申请人承担部分举证责任，有助于复议机关查明案件事实真相，提高行政复议效率。因此，《行政复议法》第 44 条第 2 款规定，有下列情形之一的，申请人应当提供证据：(1) 申请人认为被申请人不履行法定职责的，提供曾经要求被申请人履行法定职责的证据，但是被申请人应当依职权主动履行法定职责或者申请人因正当理由不能提供的除外；(2) 申请人提出行政赔偿请求的，提供受行政行为侵害而造成损害的证据，但是因被申请人原因导致申请人无法举证的，由被申请人承担举证责任；(3)法律、法规规定需要申请人提供证据的其他情形。

2. 调查取证

行政复议机关有权向有关单位和个人调查取证，查阅、复制、调取有关文件和资料，向有关人员进行询问。调查取证时，行政复议人员不得少于两人，并应当出示行政复议工作证件。被调查取证的单位和个人应当积极配合行政复议人员的工作，不得拒绝或者阻挠。赋予行政复议机关在行政复议过程中调查取证权，旨在满足行政复议机关作变更等复议决定的需要。但是，行政复议机关不得为补充、强化被复议的行政行为合法性调查取证。

3. 禁止自行收集证据

行政复议期间，被申请人不得自行向申请人和其他有关单位或者个人收集证据；自行收集的证据不作为认定行政行为合法性、适当性的依据。法律之所以要作这样的规定，是因为依法行政原则要求行政机关在作出行政行为时已经有足够的事实，满足了构成要件的需要。如果在行政复议期间仍可以自行收集证据，那也可以反证当时作出行政行为时“事实不清，证据不足”。当然，为了公益利益或者保护第三人利益的需要，经行政复议机构同意，可以收集这方面的证据。

4. 补充证据

行政复议期间，申请人或者第三人提出被申请行政复议的行政行为作出时没有提出的理由或者证据的，经行政复议机构同意，被申请人可以补充证据。从程序公正角度看，申请人或者第三人在行政程序中没有提出应该提出的理由或者证据，到了行政复议程序中再提出来，如果禁止被申请人补充证据，那么，对被申请人来说是不公平的。因此，《行政复议法》规定在这种情形下，经行政复议机构同意，被申请人可以补充证据。

四、行政复议调解与和解

(1) 行政复议调解，即在复议机关主持下申请人与被申请人之间达成解决争议方案的一种活动。行政复议机关可以按照自愿、合法的原则进行调解。但是,调解不得损害国家利益、社会公共利益和他人合法权益,不得违反法律、法规的强制性规定。在行政复议中引入调解制度,有助于行政复议实质性化解行政争议。行政复议案件经调解双方达成协议的,行政复议机关应当制作复议调解书。调解书应当载明行政复议请求、事实、理由和调解结果,并加盖复议机关印章。复议调解书经双方当事人签字,即具有法律效力。调解未达成协议或者调解书生效前一方反悔的,复议机关应当及时作出行政复议决定。

(2) 行政复议和解,即申请人与被申请人之间达成解决争议方案的一种活动。与调解不同的是,和解过程中没有行政复议机关在场。行政复议和解应当在行政复议决定作出前。和解内容不得损害国家利益、社会公共利益和他人合法权益,不得违反法律、法规的强制性规定。行政复议和解是否需要订立和解协议书,《行政复议法》没有明确规定。从行政复议合法性、适当性审查要求看,其程序、内容和效力等应当参照复议调解书的相关规定。当事人达成和解后,由申请人向行政复议机构撤回行政复议申请。行政复议机构准予撤回行政复议申请、行政复议机关决定终止行政复议的,申请人不得再以同一事实和理由提出行政复议申请。但是,申请人能够证明撤回行政复议申请违背其真实意愿的除外。

五、行政复议的中止与终止

(一) 行政复议的中止

行政复议的中止,是因法定事由的出现致使复议程序不能进行下去时,由复议机关决定中止复议程序,待法定事由消失之后再重启复议程序。复议期间有下列情形之一,影响复议案件审理的,复议中止:(1) 作为申请人的公民死亡,其近亲属尚未确定是否参加行政复议;(2) 作为申请人的公民丧失参加行政复议的行为能力,尚未确定法定代理人参加行政复议;(3) 作为申请人的公民下落不明;(4) 作为申请人的法人或者其他组织终止,尚未确定权利义务承受人;(5) 申请人、被申请人因不可抗力或者其他正当理由,不能参加行政复议;(6) 依照本法规定进行调解、和解,申请人和被申请人同意中止;(7) 行政复议案件涉及的法律适用问题需要有权机关作出解释或者确认;(8) 行政复议案件审理需要以其他案件的审理结果为依据,而其他案件尚未审结;(9) 有《行政复议法》第 56 条或者第 57 条规定的情形;(10) 需要中止行政复议的其他情形。行政复议中止的原因消除后,应当及时恢复复议案件的审理。复议机构中止、恢复行政复议案件的审理,应当告知有关当事人。

(二) 行政复议的终止

行政复议的终止,是因法定事由的出现致使复议程序不能进行下去时,由复议机关决定结束复议程序。复议期间有下列情形之一的,复议终止:(1) 申请人撤回行政复议申请,行政复议机构准予撤回;(2) 作为申请人的公民死亡,没有近亲属或者其近亲属放弃行政复议权利；(3) 作为申请人的法人或者其他组织终止，没有权利义务承受人或者其权利义务承受人放弃行政复议权利；(4) 申请人对行政拘留或者限制人身自由的行政强制措施不服申请行政复议后，因同一违法行为涉嫌犯罪，被采取刑事强制措施；(5) 依照《行政复议法》第 39 条第 1 款第 1 项、第 2 项、第 4 项的规定中止行政复议满 60 日，行政复议中止的原因仍未消除。

第三节　行政复议决定

一、变更决定

变更决定是指复议机关直接变更被申请行政行为内容的决定。它适用于下列几种情形：(1) 事实清楚，证据确凿，适用依据正确，程序合法，但是内容不适当；(2) 事实清楚，证据确凿，程序合法，但是未正确适用依据；(3) 事实不清，证据不足，经复议机关查清事实和证据。行政复议是申请人向复议机关提出救济的一种请求，国家应当予以鼓励、保护。因此，基于刑事诉讼中“上诉不加刑”的原则，《行政复议法》确立了“禁止不利变更原则”，即行政复议机关不得作出对申请人更为不利的变更决定，但第三人提出相反请求的除外。由复议机关直接作出变更被申请的行政行为的决定，有利于实质性化解行政争议。

二、撤销决定

撤销决定是指复议机关撤销或者部分撤销被申请人作出的行政行为，消灭其法律效力的决定。撤销决定不适用于事实行为。经审查，被申请的行政行为有下列情形之一的，复议机关决定撤销或者部分撤销该行政行为，并可以责令被申请人在一定期限内重新作出行政行为：(1) 主要事实不清、证据不足；(2) 违反法定程序；(3) 适用的依据不合法；(4) 超越职权或者滥用职权。行政复议机关责令被申请人重新作出行政行为的，被申请人不得以同一事实和理由作出与被申请复议的行政行为相同或者基本相同的行政行为，但是行政复议机关以违反法定程序为由决定撤销或者部分撤销的除外。复议机关作出复议撤销决定后责令被申请人重新作出行政行为的，被申请人应当在法律、法规、规章规定的期限内重新作出行政行为；法律、法规、规章未规定期限的，复议机关可以确定重新作出行政行为的期限。

三、确认违法决定

确认违法决定是指被申请行政行为符合撤销的法定条件，但基于法定情形不予撤销，确认违法，保留其法律效力的一种复议决定。它主要分两种情形：

(1) 行政行为有下列情形之一的，行政复议机关不撤销该行政行为，但确认该行政行为违法：第一，依法应予撤销，但是撤销会给国家利益、社会公共利益造成重大损害的；第二，程序轻微违法，但是对申请人权利不产生实际影响的。“不撤销”意味着被申请的行政行为不能撤销，必须保留其法律效力。

(2) 行政行为有下列情形之一，不需要撤销或者责令履行的，行政复议机关确认该行政行为违法：第一，行政行为违法，但是不具有可撤销内容；第二，被申请人改变原违法行政行为，申请人仍要求撤销或者确认原行政行为违法；第三，被申请人不履行或者拖延履行法定职责，责令履行没有意义。“不需要撤销”意味着撤销被申请的行政行为客观不可能或者没有必要，确认违法可以达到行政复议目的。

四、履行职责决定

履行决定是指复议机关责令被申请的行政机关在一定期限内履行法定职责的决定。它主要适用于如下两种情况：(1) 被申请的行政机关不履行法定职责。“不履行”在法律上表现为行政机关针对相对人的申请没有作出任何意思表示，即“不予答复”。如果行政机关明确表示拒绝，则是作出了一个行政行为，不属于履行决定适用的情形。如《行政许可法》第 38 条第 2 款规定：“行政机关依法作出不予行政许可的书面决定的，应当说明理由，并告知申请人享有依法申请行政复议或者提起行政诉讼的权利。”这里的“不予许可”即为“拒绝”。(2) 被申请人拖延履行法定职责。“拖延履行”是指行政机关针对相对人的申请拖而不办，或以“研究”“请示”等搪塞申请人的询问。它是不履行法定职责的特殊形态。复议机关在作履行决定时，若法律、法规和规章没有明确规定期限，应当在复议决定书中明确履行期限。

五、确认无效决定

确认无效决定是指被申请行政行为违法达到了“重大且明显”的程度而必须彻底否定其法律效力的一种复议决定。它适用的情形是，实施行政行为的主体不具有行政主体资格或者行政行为没有依据等重大且明显违法情形。“重大且明显”违法情形并不限于上述两种，如《行政处罚法》第 38 条第 2 款规定，“违反法定程序构成重大且明显违法的，行政处罚无效。”行政处罚决定违反法定程序达到重大且明显程度的，也可以在行政复议中被确认无效。

六、维持决定

维持决定是指复议机关作出维持被申请的行政行为的决定。对被申请的行政行为，复议机关经审查后认为其事实清楚，证据确凿，适用依据正确，程序合法，内容适当的，应当依法作出维持该行政行为的复议决定。维持决定是肯定行政行为合法性的决定。对于申请人来说，维持决定意味着其复议请求被复议机关否定。

七、驳回复议请求决定

驳回复议请求决定是指申请人提出的复议请求于法得不到支持，复议机关作出驳回其请求的决定。如申请人认为行政机关没有履行法定职责，可以依法申请行政复议，请求复议机关责令被申请人履行法定责任。若行政复议机关受理申请人认为被申请人不履行法定职责的行政复议申请后，发现被申请人没有相应法定职责或者在受理前已经履行法定职责的，就可以决定驳回申请人的行政复议请求。

八、行政协议决定

行政协议决定是指被申请人不依法订立、不依法履行、未按照约定履行或者违法变更、解除行政协议的，经审查行政复议机关可以作出要求被申请人承担依法订立、继续履行、采取补救措施或者赔偿损失等责任的决定。被申请人变更、解除行政协议合法，但未依法给予补偿或者补偿明显不合理的，行政复议机关可以作出要求被申请人依法给予合理补偿的决定。具体内容如下：

（1）承担依法订立责任。当申请人认为自己符合法定条件，行政机关应当与其订立行政协议但行政机关拒绝与之订立，在申请行政复议之后，经行政复议机关审查认为申请人请求成立的，应当作出要求行政机关依法订立行政协议的决定。如申请人获得采矿许可权之后，矿产资源管理部门不与其订立矿产资源有偿使用权出让协议，行政复议机关可以作出要求矿产资源管理部门依法订立相应协议的决定。

（2）承担继续履行责任。行政协议订立之后，双方应当遵循全面履行原则履行行政协议义务。如行政复议机关认定行政机关不履行行政协议，可以作出要求其继续履行的决定。行政机关不履行行政协议有两种情形：第一，单方行政行为。如行政机关以行使行政优益权为由作出变更、解除行政协议决定，实质上就是不履行行政协议。如经审查，行政复议机关认为变更、解除行政协议决定违法，不能直接或者单独作出要求其继续履行相应协议的决定。因为，变更、解除行政协议决定是单方行政行为，其一经行政机关作出即具有法效力，如果不先在法律上消灭其法效力，那么，行政复议机关作出继续履行决定是有法律障碍的。在此种情形下，行政复议机关应当作出撤销变更、解除行政协议决定，并作出要求其继续履行相应协议的决定。第二，履行行为。如果行政机关以民事行为方式不履行行政协议，那就涉及形成权是否成立的复议审查问题。如行政机关以情势变更为由解除行政协议，此时，行政复议审查的一个争点是解除权是否成立。如经审查，行政复议机关认为行政机关的解除权不成立，即应当在确认解除权不成立的基础上作出要求其继续履行相应协议的复议决定。

(3) 承担采取补救措施责任。法律责任中的补救措施具有事后补充救济的功能，一方面为事后法律关系延续提供一种合法性补充，另一方面为已发生的损害事实提供一种救济。针对行政协议的补救措施“是指在行政协议有效的前提下，行政机关采取的消除争议或者缓和矛盾的措施”。[①] 根据引起行政协议争议行为的性质不同，补救措施应当有所区别：第一，单方行政行为补救措施。从性质上讲，行政机关作出单方变更、解除行政协议决定也是一种违约行为，因此，必要时行政复议机关也可以作出承担采取补救措施责任决定。[②] 第二，履约行为的补救措施。基于行政机关违约应当承担采取补救措施责任，行政复议机关应当根据行政机关违约所产生的后果及时作出承担采取补救措施责任决定，以减少申请人的权益受损。行政复议机关确定的补救措施必须是有效的、直接的，能够达到申请人申请复议要求的，符合实效性救济原则。

(4) 承担赔偿损失责任。在行政复议中，因行政机关行为导致行政协议被确认违法、无效或者被撤销而对申请人造成损失的，行政复议机关应当作出承担赔偿损失责任决定。若致损原因是履约行为，民事赔偿中“完全赔偿原则”和“可预见规则”可以适用。但是，若致损原因是单方的变更、解除行为，需要进一步区分单方行政行为(行政优益权)和单方履约行为(变更解除)，前者当适用国家赔偿，后者则适用民事赔偿。

(5) 承担补偿损失责任。若行政机关因国家利益、社会公共利益需要依法作出的单方行为或者不履约行为合法，导致行政协议不能继续履行，或者继续履行将给申请人增加行政协议之外的负担的，行政复议机关应当作出承担补偿损失责任决定。补偿损失决定内容可以是金钱补偿、返还财物、恢复原状等。

九、行政赔偿决定

被申请行政行为违法侵犯申请人的人身权、财产权，申请人在申请行政复议时可以一并提出行政赔偿请求。经审查，复议机关在作出复议决定时，可以针对不同情形作出如下行政赔偿决定：

(1) 申请人在申请行政复议时一并提出行政赔偿请求，行政复议机关依照《国家赔偿法》的有关规定认为不应当予以赔偿的，在作出行政复议决定时，应当

---

① 梁凤云：《行政协议司法解释讲义》，人民法院出版社 2020 年版，第 199 页。
② 最高人民法院《关于审理行政协议案件若干问题的规定》第 16 条第 3 款。

同时决定驳回行政赔偿请求。

（2）申请人在申请行政复议时一并提出行政赔偿请求的，复议机关经审查后认为符合《国家赔偿法》的规定，应予赔偿的，在作出撤销、变更行政行为或者确认行政行为违法、无效的决定时，应同时作出被申请人依法给予赔偿的决定。复议机关不能直接作出行政赔偿决定。

（3）申请人在申请复议时如没有提出行政赔偿请求，复议机关在依法决定撤销或者部分撤销、变更罚款，撤销或者部分撤销违法集资、没收财物、征收财物、摊派费用以及对财产的查封、扣押、冻结等行政行为时，应当同时作出责令被申请人返还申请人财产，解除对申请人财产的查封、扣押、冻结措施，或者赔偿相应价款的决定。

第五编　行 政 诉 讼

第二十四章　行政诉讼概述

第一节　行政诉讼与行政诉讼法

一、行政诉讼的概念

行政诉讼是指行政相对人与行政主体在行政管理法律关系中发生纠纷后，相对人依法向人民法院提起诉讼，人民法院依法定程序审查行政主体行政行为的合法性[①]，并判断行政相对人的主张是否有法律法规和事实依据，然后作出裁判(包括法院相关决定)的一种活动。

行政诉讼是一种司法诉讼活动，在这个意义上它是与民事诉讼相通的。虽然行政诉讼的研究者们对行政诉讼有着不同的认识[②]，但是主流观点对行政诉讼的特征的看法基本一致：行政诉讼的发生，须有由行政行为所引发的争议；而当事人所为之请求，不仅应该以其被侵害利益为由，且应该以被诉行政行为违法为由。[③]

根据我国多数行政诉讼法学者的通说，行政诉讼应当具有如下特征：第一，行政诉讼是解决行政争议的一种诉讼活动，是行政争议的行政相对人一方，请求与纠纷双方没有利害关系的国家审判机关——人民法院，按照司法程序解决与对方当事人——行政主体一方之间行政争议的诉讼活动。第二，行政诉讼的原告只能是行政相对人，即认为行政机关的具体行为侵犯了自己合法权益的公民、法人或其他组织。行政诉讼的原告只要“认为”自己的权利受到行政行为的侵害

---

① 行政诉讼一般只审查行政行为的合法性，但对于明显不当的行政行为，法院也可判决撤销或变更。

② 参见《中华法学大辞典》，中国检察出版社1995年版，第667页；《行政法词典》，山东大学出版社1999年版，第124页。

③ 参见《中国大百科全书》(法学卷)中国大百科全书出版社1984年9月版第675页；《中华法学大辞典》中国检察出版社1995年6月版，第674页；〔日〕室井力主编：《日本现代行政法》，吴微译，中国政法大学出版社1995年版，第226页；〔法〕莱昂·狄骥：《公法的变迁·法律与国家》，郑戈、冷静译，辽海出版社、春风文艺出版社1999年版，第178页。

即可提起诉讼,至于行政行为是否实际侵害了其权益,须经人民法院审理后才能确定。第三,行政诉讼的被告只能是作出行政行为的行政机关(包括法律、法规授权的组织)。因为行政机关实施行政行为时处于行政主体的地位,拥有实现其代表的国家意志的权力,故行政主体没有必要通过作为原告提起诉讼的方式来处理与行政相对人的争议。

二、行政诉讼的性质

行政诉讼又称"对行政行为的司法审查"。对于行政主体而言,行政诉讼是司法机关对行政机关的法律监督程序;对于行政相对人而言,行政诉讼是一种法律救济程序。在国家法律制度层面上,行政诉讼与民事诉讼、刑事诉讼一起构成国家司法制度中的三大基本诉讼制度。

(一)行政诉讼是一种司法审查制度

在行政法治监督保障体系制度中,行政诉讼是一项不可缺少的对行政行为进行事后法律监督的制度,其功能主要是监督行政机关依法行使职权。人民法院通过对行政案件的审理,发现被诉行政行为违反法律、法规规定或认定事实不清,证据不足,可以运用国家司法权,撤销违法行政行为,或责令行政机关重新作出行政行为。在行政诉讼过程中,人民法院发现与被诉行政行为有关的人和事违法或者有其他制度缺陷或漏洞,可以向行政机关提出"司法建议",要求行政机关予以纠正。这种在国家制度体系中设计的国家司法权对行政权实行制约和监督的机制,目的在于保障行政机关严格执行法律法规,依法进行行政管理。

(二)行政诉讼是一种行政法律救济制度

"救济"是法律设置的一种权利保障机制。在国家行政机关已作出某种发生效力的决定后,行政相对人有权请求国家司法机关对之进行审查,以撤销违法决定,恢复或补救被违法决定侵犯的权益。除行政诉讼外,行政救济还包括"申诉""行政复议""国家赔偿"等。[①]

立法者遵循有义务就有权利,有权利就应有救济的原则,确定行政诉讼制度的宗旨在于监督行政机关依法行政、使国家法律得到正确执行的同时保护相对人的合法权益。在相对人认为其合法权益受到或可能受到行政行为侵犯时,法律为其提供权威有效的救济。

(三)行政诉讼是国家三大基本诉讼制度的组成部分

行政诉讼是解决行政主体与行政相对人行政争议的一种诉讼制度。在由人民法院解决纠纷这个意义上,行政诉讼与民事诉讼、刑事诉讼一样,是构成我国三大诉讼制度的一个组成部分。一个国家解决行政争议常常有多种方式和途径

---

① 参见姜明安:《行政诉讼法》(第4版),法律出版社2021年版,第55—60页。

可以选择,如行政调解制度、行政复议制度等——这些属于行政系统内的争议解决机制。而行政诉讼作为行政系统之外的一种司法制度,程序更严格,更具权威性。行政诉讼是解决行政争议的司法方式,与行政调解、行政复议等制度相衔接,不仅如此,行政诉讼还常常将行政复议决定作为直接审查的对象。

三、行政诉讼的功能

行政诉讼的功能,是指行政诉讼制度对维护行政法律关系可能产生的作用和影响。现代社会生活日趋复杂化的趋势,导致公民与国家行政管理活动之间的冲突增多,行政诉讼制度旨在使作为管理者的行政机关与作为被管理者的个人、组织和社会组织之间的关系达到法律所确定的状态,故需要设立相应的制度来解决和平息双方的冲突和争执。

行政诉讼的功能是多方位、多层面的。从行政法律关系的角度考察,可以将行政诉讼功能概括为平衡功能、人权保障功能和实现社会公平正义功能三种。

(一)平衡功能

我国行政法学界持"平衡论"的学者认为:行政诉讼的功能表现为,既保障公民权,又监督和维护行政权。立法虽然力图公平分配行政主体与行政相对人之间的权(力)利和义务(职责),但却不能保证行政机关的执法活动完全符合法律。因此,为了纠正行政主体在执法过程中的违法行为,平衡执法阶段与相对人一方因明显的资源、手段、资讯的不对等而可能出现的行政违法行为,保护相对一方的合法权利,设立行政诉讼制度对行政权予以监督和制约。[①]

行政诉讼的平衡功能还源于行政诉讼的司法审查实质,其通过司法审查撤销违法的行政行为,对公民、法人和其他组织的权利即是一种保障和补救。行政关系一旦进入行政诉讼,行政机关与相对人在行政管理过程中权利义务不对等的法律地位就会发生变化,行政机关在行政管理中的优越地位基本消失,它作为被告,须对原告起诉所针对的行政行为负举证责任。公民、法人和其他组织则以原告的诉讼地位成为主动的一方,他们可以行使起诉权发动行政诉讼,要求人民法院撤销违法或纠正不当的行政行为,并可要求行政机关赔偿违法行政行为造成的损失。随着国家法治建设的推进,由审判机关公正的司法裁判活动监督行政机关严格执法的制度设计,将会使行政诉讼的这种平衡公共权力与个人权利的功能更加充分地发挥出来。

(二)人权保障功能

人权的最基本内容是生存权和发展权。公民的政治权利和自由、人身权、财产权、受教育权、劳动权等均以生存权和发展权为基础。

---

① 参见罗豪才主编:《现代行政法的平衡理论》,北京大学出版社1997年版,第17、392页。

行政诉讼的人权保障功能通过司法审查的多种途径得以实现。第一，人民法院通过司法审查，可撤销侵犯人权的行政行为；第二，人民法院可变更明显不当的行政处罚和其他涉及款额多寡确定的行政行为；第三，人民法院可责令行政机关对其违法行政行为给公民、法人和其他组织造成的损害予以行政赔偿；第四，人民法院通过对公民、法人和其他组织诉讼权利的保障，保护行政相对人的其他实体权利。行政诉讼制度的功能是既要维持行政管理秩序，又要保障人权，并侧重于人权保障。行政诉讼的人权保障功能既体现了控权论的理念，又避免了控权论的不足。我国行政诉讼制度是通过对行政权的控制来实现对人权的保障的。而人民法院对行政机关合法行政行为的维护，则从另一个侧面保障了原告以外的社会群体在法律面前人人平等的各种法律权利。

（三）实现社会公平正义功能

公正是一种价值判断，也是国家核心价值观的重要内容，含有一定的精神层面的价值标准，在常规情况下，这一标准便是法律规范要达到的社会公平正义的价值目标。保障行政活动公正是国家法治的重要价值选择。当行政活动出现争议后通过公正的司法作出裁判，是保证法律公平正义价值目标的重要途径。[①]行政诉讼实现社会公平正义的功能是通过行政诉讼程序本身公正和人民法院裁判公正来实现的。这首先表现为诉讼程序的公正。人民法院通过正确地运用法定的诉讼程序，切实保障诉讼当事人的诉讼权利，让当事人自主行使诉权。人民法院在诉讼过程中应切实遵循法律面前人人平等原则，平等地对待诉讼当事人，既不因为行政机关行使的是国家权力就偏袒行政机关，也不徇私情照顾有权势和资源的原告方当事人。“公正司法是维护社会公平正义的最后一道防线。深化司法体制综合配套改革，全面准确落实司法责任制，加快建设公正高效权威的社会主义司法制度，努力让人民群众在每一个司法案件中感受到公平正义。”[②]诉讼公正必然要求人民法院裁判公正，原告向人民法院提起诉讼，其目的在于请求人民法院审查行政行为的合法性，若行政行为违法，人民法院即应该依法作出撤销、确认违法或其他相应判决。行政诉讼的结果事关国家和社会公益及公民、法人和其他组织的权利，必须体现实现社会公平正义的功能。

四、行政诉讼法

行政诉讼法是调整行政诉讼活动的法律规范系统，既包括规范人民法院和诉讼参加人在行政诉讼过程中所进行的各种诉讼行为的法律规则、制度，也包括规范和调整与行政诉讼有关的各种诉讼关系、诉讼行为的法律规则、制度。

---

① 参见《亚里士多德全集》第 8 卷，中国人民大学出版社 1992 年版，第 99—100 页。

② 习近平：《高举中国特色社会主义伟大旗帜，为全面建设社会主义现代化国家而团结奋斗——在中国共产党第二十次全国代表大会上的报告》，人民出版社 2022 年版，第 42 页。

行政诉讼关系作为一种特定社会关系，是行政诉讼法调整的对象。世界各国调整行政诉讼关系方面的法律规则构成不尽相同。无论是大陆法系有关行政法院的组织和诉讼活动的法律规范，还是英美法系民事诉讼法中适用于对政府活动进行司法审查的法律规范，或者是两大法系中均占重要地位的行政判例法，均为世界各国行政诉讼法的表现形式。行政诉讼法一般具有下述特征：

（1）行政诉讼法以行政诉讼关系为调整对象。行政诉讼关系包括行政诉讼当事人相互之间的关系，诉讼当事人与诉讼参与人之间的关系，诉讼当事人、诉讼参与人与人民法院之间的关系等。

（2）行政诉讼法是规定行政诉讼主体诉讼权利和诉讼义务的法律规范系统。行政诉讼法既规范人民法院在行政诉讼中行使审判权时的职权、职责，也规范其他诉讼主体的诉讼权利和义务。

（3）行政诉讼法是调整行政诉讼关系的所有法律规范系统。行政诉讼法的表现形式包括制定法和判例法。无论是制定法还是判例法，只要是调整行政诉讼关系的，均是行政诉讼法的表现形式。在当代主要西方国家，包括英国、美国等英美法系国家，也包括德国、法国等大陆法系国家，判例都是行政诉讼法的重要法律渊源。我国虽不实行判例法制度，但是最高人民法院不定期发布的指导性案例和通过《最高人民法院公报》发布的具有典型性的案例对行政诉讼同样具有重要指导意义。

（4）行政诉讼法是一个重要的诉讼法律部门。在德国、法国等大陆法系国家，有独立的行政诉讼法律制度。而在英国、美国等英美法系国家，因行政案件的审理并不设专门行政法院，而是由普通法院审理，行政诉讼主要适用民事诉讼法和司法审查的特别法，没有独立的行政诉讼法典。在我国，行政诉讼法与民事诉讼法和刑事诉讼法并列为国家三大诉讼基本法。

五、我国行政诉讼法的法律渊源

我国行政诉讼法包括《行政诉讼法》和其他有关行政诉讼的法律规范。《行政诉讼法》是规范和调整我国行政诉讼关系的一部基本的成文法典。此外，全国人大及其常委会制定的其他法律中调整行政诉讼关系的法律规范，以及《民事诉讼法》中可适用于行政诉讼的有关规范，共同构成我国行政诉讼法的法源。

（一）宪法、国家机关组织法和国家监察法

宪法中关于国家基本政治、司法制度，国家司法机关组织和活动原则以及公民基本权利、义务的规定，是行政诉讼制度存在的基础。如《宪法》第 5 条关于依

法治国、建设法治国家的规定，第 27 条关于国家机关工作人员必须接受人民监督的规定，第 41 条关于公民对国家机关有批评、建议、控告、检举的权利，在受到侵权时有依法取得国家赔偿的权利等规定，均是行政诉讼法的宪法渊源。除宪法外，《国务院组织法》《人民法院组织法》《人民检察院组织法》《监察法》《地方组织法》等国家机关组织法规定的有关国家机关的组织、职权、相互制约和监督关系等方面的法律规范，也是我国行政诉讼法的法律渊源。

（二）《行政诉讼法》和相关法律规范

我国行政诉讼法规范集中规定在《行政诉讼法》这部专门调整行政诉讼关系的法律之中。除此之外，行政诉讼法法源也包括《民事诉讼法》中与行政诉讼法不相抵触，《行政诉讼法》没有规定但可为行政诉讼活动所适用的诉讼规范，以及其他法律中有关调整行政诉讼活动的规范。需要特别指出的是，2014 年 11 月 1 日第十二届全国人大常委会第十一次会议和 2017 年 6 月 27 日第十二届全国人大常委会第二十八次会议两次修改后的《行政诉讼法》，总结了我国行政诉讼制度实施二十多年来的实践经验，回应推进我国法治国家建设对政府严格执法和司法机关公正司法的更高要求，对 1989 年《行政诉讼法》进了全面修改。本书研究的行政诉讼法，如果没有特别说明，均指经 2014 年和 2017 年两次修改后的现行《行政诉讼法》。

（三）有关法规中的行政诉讼法规范

国务院的行政法规和依照《宪法》《立法法》规定地方人大和人大常委会制定的地方性法规中有关调整行政诉讼关系的规范，以及民族区域自治地方权力机关制定颁布的自治条例和单行条例中调整自治地方行政诉讼关系的规范，同样是行政诉讼法的法律渊源。现行的《立法法》将地方立法权赋予所有设区的市，这些设区的市人大和人大常委会制定的地方性法规如有涉及行政诉讼的规范，亦为地方人民法院审理行政案件的法源之一。

（四）法律解释

法律和法规制定机关对其制定颁布的法律、法规进行的解释，如果涉及行政诉讼关系的调整，亦为行政诉讼法的法源。根据我国的国情和法治传统，最高人民法院针对行政诉讼实践中出现的或可能出现的问题所作出的有关司法解释更是行政诉讼法的重要渊源。最高人民法院的司法解释有的是个案性的，有的是规范性的，有的是调整案件实体关系的，有的是调整诉讼关系的。最高人民法院 2018 年发布的《行政诉讼法司法解释》是指导行政审判最主要的司法解释。该司法解释共 163 条，对行政诉讼实践具有重要的规范作用，是我国行政诉讼的重要法源。

第二节　行政诉讼法律关系

一、行政诉讼法律关系的概念

行政诉讼法律关系，是指行政诉讼法所调整的、以行政诉讼主体诉讼权利义务为内容的一种社会关系。[①] 行政诉讼法律关系反映的是诉讼行为与诉讼行为后果的关系，其实质是一种法律调整下的诉讼主体之间发生的社会关系，它依法律要求渐次进行，最后以人民法院的裁决行为并向当事人宣示，以及最后执行而终结。

（一）行政诉讼法律关系是行政诉讼法调整的行政诉讼主体之间的社会关系

行政诉讼法所调整的社会关系，既包括人民法院同行政诉讼当事人或行政诉讼参与人之间的社会关系，也包括行政诉讼当事人或行政诉讼参与人之间的社会关系。行政诉讼的当事人之间没有就实体权利和义务发生争议，或者虽然发生争议但尚未诉至人民法院，人民法院对它们之间存在的实体上的权利与义务关系是不过问的，即所谓“不告不理”。只有行政相对人认为行政机关的行为侵犯了其合法权益，依照《行政诉讼法》的规定起诉至人民法院，人民法院受理后，方以国家审判机关的名义同原告发生行政诉讼法律关系。人民法院决定立案并依法将原告的起诉状副本发送给被告后，就与被告发生了行政诉讼法律关系。在行政诉讼的过程中，人民法院除与当事人之间发生行政诉讼法律关系外，还与诉讼代理人、证人、鉴定人、勘验人、翻译人等发生一定的诉讼关系，这些关系均是由《行政诉讼法》调整的，因而都属于行政诉讼法律关系的范畴。人民法院对行政案件行使审判权，决定了人民法院在行政诉讼法律关系中始终处于主导地位。

（二）行政诉讼法律关系是以行政诉讼主体的诉讼权利、义务为内容的法律关系

行政诉讼法律关系并不是以诉讼行为与诉讼行为产生的后果为内容，而是以诉讼主体的诉讼权利和义务为内容的。无论是作为诉讼主导和指挥者的人民法院，还是诉讼当事人，进行起诉、受理、答辩、开庭、审理、裁判这些诉讼行为，以及其间各方的诉讼权利与诉讼义务的展开，均为一种诉讼程序上的权利和义务，而诉讼行为与诉讼行为导致的后果是人民法院裁判中对实体权利的确定。行政诉讼法律关系是程序演进中的社会关系，而非诉讼主体的诉讼行为与诉讼行为

① 参见姜明安主编：《行政法与行政诉讼》，中国卓越出版公司 1990 年版，第 413 页；张焕光等编：《行政法知识手册》，劳动人事出版社 1990 年版，第 421 页；于安等编：《行政诉讼法学》，法律出版社 1997 年版，第 39 页。

导致人民法院对诉讼当事人实体权利决断之间的关系。

（三）行政诉讼法律关系是双方当事人诉讼权利、义务平等的法律关系

行政诉讼双方当事人在行政管理过程中的法律地位是不平等的，但是在进入行政诉讼过程后，它们的诉讼权利和义务则是平等的。双方当事人都有权要求人民法院依法进行公正审判，保护自己在法律上的合法权益，人民法院在查明事实、适用法律方面对双方当事人而言也是平等的，不能因行政实体法上权利（权力）义务（职责）的不平等而对任何一方当事人的诉讼权利进行限制，也不允许任何一方当事人享有任何诉讼特权。

二、行政诉讼法律关系的主体

行政诉讼法律关系的主体，是行政诉讼权利和义务的承担者，也是行政诉讼法律关系的最基本的要素之一。在行政诉讼活动中，诉讼主体大致分为两方面：一方面是主持、指挥诉讼活动的人民法院，另一方面是所有参加诉讼的诉讼参与人（包括诉讼参加人和其他诉讼参与人）。人民法院和所有行政诉讼参与人均为行政诉讼法律关系的主体。行政诉讼法律关系主体与其他法律关系主体一样，必须具有权利能力和行为能力。例如，诉讼当事人提起诉讼必须享有起诉权，行使起诉权时如无行为能力，则应确定法定代理人或委托代理人代其行使等。行政诉讼法律关系的主体与行政诉讼主体是不同的。行政诉讼主体，是指人民法院和当事人、第三人、共同诉讼人，这里排除了其他诉讼参与人。行政诉讼主体除在诉讼中享有诉讼权利、承担诉讼义务外，还必须有权作出能使诉讼发生、变更或消灭的法律行为，这种权利是其他诉讼参与人所不具有的。因此，诉讼理论将诉讼参加人和其他诉讼参与人加以区别是有重要意义的。

作为行政诉讼法律关系一方主体的人民法院行使国家审判权，其在行政诉讼中拥有指挥权、审理权和裁判权，它的行为对诉讼程序的发生、变更或消灭起着决定性的作用。行政诉讼法律关系另一方主体，包括行政诉讼参加人——行政诉讼当事人，包括原告、被告、共同诉讼人、第三人和与当事人诉讼地位相同的诉讼代理人等[①]，以及行政诉讼的其他参与人，包括证人、鉴定人、勘验人和翻译人员等。

三、行政诉讼法律关系的内容

行政诉讼法律关系的内容，是指行政诉讼法律关系主体在行政诉讼过程中的权利和义务，行政诉讼法律关系主体权利和义务是行政诉讼法律关系的核心

---

① 有关行政诉讼参加人请参见本书第二十六章“行政诉讼的参加人”；郭介恒：《行政诉讼之当事人适格》，载《当代公法新论》（下），元照出版有限公司 2002 年版，第 30 页。

要素。

（一）人民法院在行政诉讼法律关系中享有的权利（力）和承担的义务

人民法院在行政诉讼法律关系中享有的权利（权力）主要有：受理权、调查取证权、审理权、裁判权、排除诉讼障碍权、执行权。其中审理权和裁判权是重心，其他权利（权力）都是围绕审理权和裁判权而展开的。人民法院应当承担的诉讼义务（责任）主要是：依法保护诉讼当事人的诉权，对行政案件依法受理、公正审理和公正作出裁判。

（二）行政诉讼当事人的诉讼权利和诉讼义务

行政诉讼当事人享有的诉讼权利主要有：起诉权、辩论权、上诉权、委托代理权、申请回避权、申请执行权、请求赔偿权等。[①] 行政诉讼当事人应承担的诉讼义务主要有：依法提供证据，不得实施妨碍行政诉讼活动的行为，执行生效的判决、裁定等。

（三）其他行政诉讼参与人的诉讼权利和诉讼义务

证人、鉴定人、勘验人、翻译人员作为行政诉讼法律关系的其他主体，参加行政诉讼活动亦享有相应的诉讼权利，但上述人员参加行政诉讼更多是基于其作为专业鉴定机构、勘验机构人员的责任或公民的义务。这些机构的人员和公民在享受国家法律保护权利的同时，自然有义务协助人民法院行使审判职能，为人民法院查明案情提供其所知悉的证据以及依法为人民法院的审判活动提供相应的帮助和便利，以确保人民法院查明案件的事实真相，作出正确的裁判。

第三节 行政诉讼基本原则

一、行政诉讼基本原则的概念

行政诉讼基本原则是指反映行政诉讼基本特点和一般规律，贯穿于行政诉讼活动整个过程或主要过程，指导行政诉讼法律关系主体诉讼行为的重要准则。行政诉讼的基本原则源于行政诉讼法的规定或者行政法学者根据司法实践和法律原理进行的理论抽象和概括。我国《行政诉讼法》总则采用列举的方式规定了行政诉讼的各项基本原则。

二、行政诉讼基本原则的内容

行政诉讼基本原则的内容包括两类：一类是与民事诉讼、刑事诉讼共有的原则，另一类是行政诉讼特有的原则。

① 不同的行政诉讼当事人享有的诉讼权利不完全相同，如原告享有起诉权，被告则不享有；原告和第三人享有请求赔偿权，被告则不享有。

（一）与民事诉讼、刑事诉讼共有的原则

1. 人民法院独立行使审判权原则

人民法院独立行使审判权，是我国民事、刑事和行政诉讼共有的重要基本原则。这项原则的贯彻实施不仅关系到国家权力的相互制约和监督功能的发挥，而且关系到国家审判机关是否能真正具有权威。因为行政诉讼的被告是行政机关，这项原则在行政诉讼中更为重要。如果法院和法官的独立性差，就很难真正公正地审理和裁判案件。如何使人民法院能够更加独立地行使审判权，是我国行政诉讼制度改革乃至政治体制改革需要着力解决的问题。

2. 以事实为根据，以法律为准绳原则

人民法院审理各类案件均应以事实为根据，以法律为准绳。为保障贯彻这一原则，人民法院在审理案件的过程中，应进一步改革证据规则，坚持对证据进行质证，坚持直接言词原则，加强对证人的法律保护，同时加强立法机关对法律的解释，加深法官对法律、法规内容以及立法目的和效力层级的理解，提高法律适用水平。

3. 合议、回避、公开审判和两审终审原则

行政诉讼实行合议原则。合议可由审判员三人以上单数组成合议庭，也可由审判员和人民陪审员组成合议庭。合议庭应是审判的主体，以少数服从多数方式决定案件的裁判结果。

作为合议原则的例外，人民法院可以以简易程序审理某些法律规定可由审判员一人独任审理的行政案件。

为保证案件的公正审理，行政诉讼同民事、刑事诉讼一样，也必须坚持回避原则。当事人认为审判人员、书记员、翻译人员、鉴定人或勘验人与本案有利害关系或有其他关系可能影响公正审判时，有权要求其回避。审判人员认为自己与本案有利害关系或其他关系，应主动申请回避。

人民法院审理行政案件，除涉及国家秘密、个人隐私和法律另有规定者外，一律公开进行。公开审判原则适用于法庭调查、法庭辩论和宣判等各个阶段。

人民法院审理行政案件实行两审终审制。

4. 当事人诉讼法律地位平等原则

当事人在行政诉讼中法律地位平等，当事人双方享有平等的诉讼权利，承担平等的诉讼义务。当然，平等并不意味着原、被告诉讼权利和义务的完全对应。

5. 使用本民族语言文字进行诉讼原则

各民族公民都有使用本民族语言、文字进行行政诉讼的权利。在少数民族聚居或者多民族共同居住的地区，人民法院应当用当地民族通用的语言、文字进行审理和发布发送法律文书。人民法院应当为不通晓当地民族通用语言、文字的诉讼参与人提供翻译。

6. 辩论原则

在行政诉讼中，当事人有权针对案件事实的有无，证据的真伪，适用法律、法规的正确与否等诸多方面的问题进行辩论。

7. 人民检察院对行政诉讼进行法律监督的原则

根据我国《宪法》和《行政诉讼法》的规定，人民检察院有权对行政诉讼实行法律监督。人民检察院对人民法院已经发生法律效力的判决、裁定，发现违反法律、法规规定或确有错误的，有权按照审判监督程序提出抗诉或提出检察建议。

（二）行政诉讼特有的原则

1. 人民法院对行政行为进行合法性审查

不同国家的行政诉讼对行政行为审查的范围有很大不同。我国行政诉讼制度的一个明显特征是人民法院对行政行为进行合法性审查，这一点也正是我国行政诉讼基本原则区别于其他诉讼基本原则的特有原则。

人民法院对行政行为进行合法性审查原则的要求，其一是行政诉讼的客体限于行政行为，主要限于具体行政行为。因为我国对行政机关抽象行政行为的监督和审查权主要由各级人大及其常委会或作出抽象行政行为的行政机关的上级行政机关行使。当然，人民法院主要审查具体行政行为的合法性，并不绝对排斥对行政机关抽象行政行为一定范围的监督。依照《行政诉讼法》的相关规定，行政诉讼原告如认为所诉行政行为依据的行政规范性文件违法，可以要求人民法院一并审查。

其二，人民法院审查行政行为限于审查行政行为的合法性，一般情形下不审查行政行为的合理性。《行政诉讼法》之所以这样规定，是因为行政权和审判权是两种国家权力，行政权的行使需广泛运用法律赋予的裁量权，行政机关因长期处理行政事务而具有专门经验，能审时度势作出恰如其分的决定，因此人民法院在审理行政案件时不应代行行政机关的裁量权。但人民法院在审查中如认为行政行为不是一般不合理而是明显不当，可依法撤销或变更相应行政行为。①

2. 行政诉权保障原则

诉权是公民向司法机关提出的权利救济请求权，是公民平等、普遍、无一例外享有的一项宪法基本权利。诉权最早起源于罗马法。在现代法治社会，诉权作为公民的一项基本权利，是一项特殊的、具有宪法权利属性的人权，是公民各种权利获得最终司法救济的前提和基础，对其理应从宪法层面给予确认和保障。对诉权予以法律保障是法治和保障人权的必然要求。诉权是公民普遍享有的基本宪法权利，包括起诉权、申请再审权、申请执行权三大方面。由于目前我国法治尚处于发展过程中，在三大诉讼中行政诉讼的诉权保障最为薄弱。在行政起

① 见《行政诉讼法》第70、77条。

诉权、申请再审权、申请执行权三个方面，起诉权保障又最为薄弱，针对这种情况，《行政诉讼法》特别规定："人民法院应当保障公民、法人和其他组织的起诉权利，对应当受理的行政案件依法受理。"党的十八届四中全会《关于全面推进依法治国若干重大问题的决定》中亦要求改变立案审查制度为登记制度。这些规定对于解决行政诉讼实践中存在的立案难（"人为不立案""人为拖延立案"）和审理难、执行难的问题发挥了重要作用。

在学界对行政诉讼原则的研究中，有人还将"特定主管""法定复议前置""不停止被诉讼行政行为执行""行政机关负举证责任""不适用调解""诉讼权利平衡""被告不可处分法定职权"等作为行政诉讼的特有原则。这些"原则"并非全面贯穿于行政诉讼的整个过程或主要过程，所以，它们只是行政诉讼的一般规则而非基本原则。

第四节　行政诉讼制度的完善与发展

《行政诉讼法》自 1989 年颁布、1990 年实施以来，对促进行政法治发挥了重要作用。但随着国家行政法治的发展，《行政诉讼法》的许多规定已不适应社会法治生活的需要，法学界和实务界提出了大量修改《行政诉讼法》的建议和意见，这些建议、意见大多在 2014 年《行政诉讼法》的修改中被采纳。2017 年，第十二届全国人大常委会第二十八次会议通过决定，在《行政诉讼法》中增加了行政公益诉讼法制度的相关内容。两次《行政诉讼法》的修改主要涉及下述内容：

一、扩大行政诉讼的受案范围

随着我国民主法治的进步，行政诉讼的范围应逐步扩大。现行法律、法规和司法解释实际上已拓展了对某些领域行政行为进行司法审查的范围。2014 年修法则对受案范围作了进一步扩大（详细内容见本书第二十五章）。

二、增加行政诉讼原告的类型

《行政诉讼法》实施以来，许多人将行政诉讼的原告限于直接相对人，2014 年修改后的《行政诉讼法》明确行政诉讼的原告包括直接相对人和其他与行政行为有利害关系的公民、法人或者其他组织，即间接相对人（详细内容见本书第二十七章）。

三、增加行政诉讼判决类型

我国原有行政诉讼的判决类型有维持、撤销、变更、履行等种类。2014 年修改后的《行政诉讼法》增加了驳回诉讼请求判决、给付判决、确认判决等类型（详细内容见本书第三十一章)。

四、完善行政诉讼审理程序

针对行政诉讼法实施以来实践中诉讼程序存在的问题,2014 年《行政诉讼法》修改增加了大量程序条款,如增加简易程序、先予执行程序、对发还重审上诉后二审裁判的约束程序,并且在审判监督程序中增加了当事人申请再审的条件等(详细内容见本书第二十九章)。

五、延长起诉期限

2014 年修改的《行政诉讼法》将原来 3 个月的起诉期限延长到 6 个月,更加有效地保障了公民、法人和其他组织的行政诉权。

六、建立行政公益诉讼制度

"强化对司法活动的制约监督,促进司法公正,加强检察机关法律监督工作"。[①] 建立行政公益诉讼制度,对那些行政行为侵害了不特定行政相对人或其他社会公共利益的行政案件,由人民检察院代表国家启动行政诉讼,这样就可以更加广泛地保护行政相对人和社会公共利益,实现行政诉讼的功能(详细内容见本书第三十二章)。随着时间的推移,在海洋自然资源、生态环境领域和其他公共领域,人民检察院介入进行公益诉讼的案件会日益增加。最高人民法院和最高人民检察院于 2022 年 5 月联合发布的《关于办理海洋自然资源与生态环境公益诉讼案件若干问题的规定》,对此进行了具体的制度设计,明确规定了检察院有权提起海洋环境行政公益诉讼。[②]

① 习近平:《高举中国特色社会主义伟大旗帜 为全面建设社会主义现代化国家而奋斗——在中国共产党第二十次全国代表大会上的报告》,人民出版社 2022 年版,第 42 页。

② 《关于办理海洋自然资源与生态环境公益诉讼案件若干问题的规定》主要确定了三方面的内容:一是规定了有权提起海洋自然资源与生态环境民事公益诉讼的主体为行使海洋环境监督管理权的部门和检察院,明确了检察院督促、协同和兜底的职能作用,确定了海事法院是海洋环境民事公益诉讼的专门管辖法院;二是规定了对破坏海洋生态、海洋水产资源、海洋保护区,涉嫌犯罪的行为,在行使海洋环境监督管理权的部门没有另行提起诉讼的情况下,检察院可以在提起刑事公诉时一并提起附带民事公益诉讼,也可以单独提起民事公益诉讼,有利于提高司法效率、节约司法资源;三是规定了检察院有权提起海洋环境行政公益诉讼,明确了海事法院的专门管辖职能。检察院通过行政公益诉讼方式,实现有效督促海洋环境监督管理部门依法履职,保护海洋自然资源和生态环境的目的。

第二十五章　行政诉讼受案范围

第一节　行政诉讼受案范围概述

一、行政诉讼的受案范围及其法律意义

行政诉讼受案范围，即人民法院受理行政诉讼案件的范围，亦是人民法院对行政行为进行监督的范围和权益受到行政主体侵害的公民、法人和其他组织诉权的范围。规定受案范围是《行政诉讼法》最为重要的内容之一，也是行政诉讼法区别于刑事诉讼法、民事诉讼法的一大特色，具有极为重要的法律意义。

首先，行政诉讼受案范围标志着法院审查行政行为的可得性。行政诉讼受案范围是法院主管一定范围内行政案件的根据，也是法院解决行政争议、办理行政诉讼案件的权限分工。如果法律规定某一类行政争议只能由行政机关解决，则人民法院无权解决这种争议，同时也无权对引起争议的行政行为进行审查。因此，行政诉讼受案范围即确定了行政终局决定权和司法审查权范围的界限。

其次，行政诉讼受案范围也意味着行政相对人就一定范围内的行政争议请求法院救济的可得性。向法院提起行政诉讼是法治国家的宪法或法律赋予行政相对人的权利，但这项权利存在一定的边界，通常要受到某种程度的限制。如果法律没有将某种争议纳入行政诉讼的范围，相对人就不能向法院提起诉讼。因此，行政诉讼受案范围的确定实际上也是对行政相对人诉权范围的界定。

再次，行政诉讼受案范围也影响着当事人资格的确定。一个自然人或一个组织，能否成为行政诉讼的合格当事人，最根本的一点是其所涉及的争议是否可以或必须经过行政诉讼途径解决。与可诉争议具有利害关系，是公民或组织成为适格当事人的必要条件。

最后，行政诉讼受案范围还制约着行政诉讼法对管辖、证据、程序以及判决等的规定。受案范围是确定行政诉讼管辖、证据、程序、判决等规则的前提和基础，受案范围的变化将使其他行政诉讼法律规范发生相应的变动。例如将行政事实行为纳入行政诉讼的受案范围，就需要在判决类型中增加确认判决。

二、制约行政诉讼受案范围的因素

制约行政诉讼受案范围的因素，是指立法者在确定行政诉讼受案范围时需要考虑的因素。与决定受案范围的变量不同，这些因素相对于行政诉讼来说具

有外在性，而决定受案范围的变量往往内置于行政诉讼中。就理想状态而言，人们希望法院提供全面的司法审查保护，给行政相对人提供有求必应的救济。但在现实生活中，面面俱到的司法审查既无可能，也无必要，各国事实上都或多或少地将一些行政争议排除在受案范围之外。一般来说，制约行政诉讼受案范围的因素主要有：

(1) 行政机关行使职权的状况及自我约束状况。如果一个国家的行政机关行使职权的状况良好或者自我监督的机制比较完善，行政诉讼就不可能成为一种普遍的社会需求；而没有普遍的社会需求，行政诉讼受案范围就相应较小。因为，完善的制度通常是以不完善的背景为前提的，问题愈严重、愈尖锐，暴露得愈充分，制度就可能变得愈完善。可见，行政诉讼的社会需求与行政诉讼的受案范围具有正相关的函数关系。

(2) 法院解决行政争议的能力。法院解决行政争议的能力通常受以下几方面的影响：法院在整个国家机构中的宪法地位；法院在公众中的权威；法院对行政机关进行有效监督的可能性；法院的人、财、物的配置状况以及人员的素质等。上述因素都直接或间接影响着法院解决行政争议的能力。法院解决行政争议的能力愈低，则行政诉讼的受案范围就会相对缩小，反之亦然。从国外的司法实践看，如果一国的行政诉讼制度仅仅旨在维护行政法律秩序，就倾向于缩小行政诉讼受案范围；如果一国的行政诉讼制度旨在维护行政法律秩序和切实解决行政争议，就倾向于扩大行政诉讼的受案范围。

(3) 公民权利意识和主体性意识的发展程度。公民权利意识和主体性意识的发展程度通常也是行政诉讼受案范围的决定因素之一。拥有行政权力的机关接受监督的意识，总是弱于其扩张权力的意识，而接受监督意识只有在存在外在压力的情况下才有可能形成。对公民权利的救济只有在公民意识到其权利应当获得救济时才有可能出现。这样，公民权利意识和自主意识的发展程度就会客观地制约行政诉讼的受案范围。

(4) 国家的权力架构及运作机制。行政诉讼不仅反映公民权利与国家权力的关系，也反映国家权力中立法权、行政权与司法权之间的关系。在行政权强势的国家，很多争议司法机关无从置喙。而在立法权强势的国家，立法机关倾向于授予司法机关更多的权力监督行政机关依法行政，以保障国家意志得以贯彻执行。可见，国家的权力架构及其运作机制也是制约行政诉讼受案范围的重要因素。

三、法律确定行政诉讼受案范围的方式

从当前各国行政诉讼立法的情况看，法律确定行政诉讼受案范围主要有三种方式：

1. 列举式

列举式是指法律(成文法或判例法,行政诉讼法或行政程序法)对行政诉讼受案范围逐项进行列举的规定模式。具体的列举方式有列举行政行为的样态、列举行政案件类型、列举行政行为的载体等形式。列举式一般适用于行政诉讼制度处于初创、起始阶段的国家。其优点是比较明确,便于操作;缺点则是分散、繁杂,往往列举不全或有遗漏,不利于保护行政相对人的权利。

2. 概括式

概括式是指法律(一般是成文法而非判例法,是行政诉讼法而非行政程序法)对行政诉讼受案范围进行抽象概括的规定模式。德国、美国都采用这种模式。其优点是立法形式简单、内容全面;缺点则是概括的范围过于原则和笼统,实践中有时难于准确把握。

3. 折中式

折中式,又称结合式、混合式,是指法律(包括成文法和判例法,行政诉讼法和行政程序法)对行政诉讼受案范围采取并用概括式和列举式的规定模式。这种方式又分为两种形式:一种是先作肯定性的概括规定,然后作否定性的具体排除;另一种则相反,先否定排除,后肯定概括(或列举概括结合)。排除的方式亦是多种多样的,例如,可以限制"行政机关"的含义,可以从案件的性质和种类上加以限制,还可以从行政行为的定义上加以限制。这种模式克服了列举式的分散和繁杂,避免了概括式的笼统和不易把握,是一种比较理想的立法模式。

当前,我国行政诉讼立法对受案范围的规定采用的是折中式。

第二节　我国行政诉讼受案范围的基本框架

一、确定我国行政诉讼受案范围的基本依据

《行政诉讼法》及相关司法解释根据我国国情和现阶段的法治发展程度,设计了符合我国现实国情的行政诉讼受案范围。这一受案范围设计的基本依据是:

(1) 正确处理社会进步需求与法治发展现状的关系。行政诉讼制度的建立,是我国政治体制改革、建设社会主义民主政治的一个重要步骤。其所确立的行政诉讼受案范围,主要是由一定时代的社会进步需求所决定的。同时,《行政诉讼法》确立的受案范围,也受制于法治发展的现状。处理好二者之间的关系,要求我们既要看到社会需求的基础性地位,也要看到法治作为上层建筑的反作用。

（2）正确处理行政权与审判权的关系。行政权和审判权是性质不同的国家权力，审判权对行政权具有外部监督的作用，但人民法院不能代替行政机关行使行政权。人民法院在行政诉讼中对于被诉行政行为遵循有限审查、适度干预的原则。有限审查，指法院只对部分而非全部行政行为进行审查；适度干预，指法院对行政行为原则上只进行合法性审查而不介入合理性问题。

（3）正确处理必要性和可行性的关系。我国 1989 年制定《行政诉讼法》以及 2014 年进行修改时，对行政诉讼受案范围都秉持立足现实、逐步扩大的思路，旨在处理好必要性与可行性的关系。就必要性而言，考虑到保护行政相对人的权益和监督行政机关依法行使职权的客观需求，应尽量扩大行政诉讼的受案范围。但是从可行性的角度而言，行政诉讼的受案范围因受制于各种因素，其扩大只能是较有限的和渐进的。处理好二者的关系，要求我们既不能不顾及现实，也不能过于强调特定的历史情境和面临的困难。在判断现实情况时，不能仅仅注意到消极因素而忽视积极因素；在注意可行性时，不能只考虑客观困难而忘却人的主观能动性；在考虑国情时，不能仅仅考虑我国法治基础薄弱的环节；在考虑行政效率时，不能忽视对行政相对人的权益保护。

二、《行政诉讼法》及司法解释关于行政诉讼受案范围的规定

我国现行《行政诉讼法》及司法解释有关行政诉讼受案范围的规定由三个部分组成：

1. 对受案范围的总体界定

《行政诉讼法》第 2 条规定："公民、法人或者其他组织认为行政机关和行政机关工作人员的行政行为侵犯其合法权益，有权依照本法向人民法院提起诉讼。前款所称行政行为，包括法律、法规、规章授权的组织作出的行政行为。"

2. 对受案范围的正面列举

《行政诉讼法》第 12 条规定：人民法院受理公民、法人和其他组织对下列行政行为不服提起的诉讼：（1）对行政拘留、暂扣或者吊销许可证和执照、责令停产停业、没收违法所得、没收非法财物、罚款、警告等行政处罚不服的；（2）对限制人身自由或者对财产的查封、扣押、冻结等行政强制措施和行政强制执行不服的；（3）申请行政许可，行政机关拒绝或者在法定期限内不予答复，或者对行政机关作出的有关行政许可的其他决定不服的；（4）对行政机关作出的关于确认土地、矿藏、水流、森林、山岭、草原、荒地、滩涂、海域等自然资源的所有权或者使用权的决定不服的；（5）对征收、征用决定及其补偿决定不服的；（6）申请行政机关履行保护人身权、财产权等合法权益的法定职责，行政机关拒绝履行或者不予答复的；（7）认为行政机关侵犯其经营自主权或者农村土地承包经营权、农村土地经营权的；（8）认为行政机关滥用行政权力排除或者限制竞争的；（9）认为

行政机关违法集资、摊派费用或者违法要求履行其他义务的;(10) 认为行政机关没有依法支付抚恤金、最低生活保障待遇或者社会保险待遇的;(11) 认为行政机关不依法履行、未按照约定履行或者违法变更、解除政府特许经营协议、土地房屋征收补偿协议等协议的;(12) 认为行政机关侵犯其他人身权、财产权等合法权益的。

除前述12项列举规定的范围外,人民法院还受理具体法律、法规规定可以提起诉讼的其他行政案件。例如根据《政府信息公开条例》及相应司法解释的规定,公民、法人或者其他组织认为下列政府信息公开工作中的行政行为侵犯其合法权益,依法提起行政诉讼的,人民法院应当受理:(1) 向行政机关申请获取政府信息,行政机关拒绝提供或者逾期不予答复的;(2) 认为行政机关提供的政府信息不符合其在申请中要求的内容或者法律、法规规定的适当形式的;(3) 认为行政机关主动公开或者依他人申请公开政府信息侵犯其商业秘密、个人隐私的;(4) 认为行政机关提供的与其自身相关的政府信息记录不准确,要求该行政机关予以更正,该行政机关拒绝更正、逾期不予答复或者不予转送有权机关处理的;(5) 认为行政机关在政府信息公开工作中的其他行政行为侵犯其合法权益的。[①]

3. 对不可诉行为的排除

《行政诉讼法》第13条规定:"人民法院不受理公民、法人或者其他组织对下列事项提起的诉讼:(一) 国防、外交等国家行为;(二) 行政法规、规章或者行政机关制定、发布的具有普遍约束力的决定、命令;(三) 行政机关对行政机关工作人员的奖惩、任免等决定;(四) 法律规定由行政机关最终决定的行政行为。"

有关司法解释对不属于人民法院行政诉讼受案范围的事项作出了具体排除,除《行政诉讼法》第13条规定的行为以外,公民、法人或者其他组织对下列行为不服提起诉讼的,亦不属于人民法院行政诉讼的受案范围:(1) 公安、国家安全等机关依照刑事诉讼法的明确授权实施的行为;(2) 调解行为以及法律规定的仲裁行为;(3) 行政指导行为;(4) 驳回当事人对行政行为提起申诉的重复处理行为;(5) 行政机关作出的不产生外部法律效力的行为;(6) 行政机关为作出行政行为而实施的准备、论证、研究、层报、咨询等过程性行为;(7) 行政机关根据人民法院的生效裁判、协助执行通知书作出的执行行为,但行政机关扩大执行范围或者采取违法方式实施的除外;(8) 上级行政机关基于内部层级监督关系对下级行政机关作出的听取报告、执法检查、督促履责等行为;(9) 行政机关针对信访事项作出的登记、受理、交办、转送、复查、复核意见等行为;(10) 对公民、

---

① 参见最高人民法院《关于审理政府信息公开行政案件若干问题的规定》第1条第1款。

法人或者其他组织权利义务不产生实际影响的行为。”①

三、我国行政诉讼受案范围的理论边界

根据《行政诉讼法》第2、12、13条以及有关司法解释的规定，我国行政诉讼受案范围事实上取决于以下三个因素：

1．行政行为的内涵和外延

关于行政行为的概念，各个国家有不同的定义，学术界亦有不同的理解和解释。我国《行政诉讼法》中的行政行为，是指拥有国家行政职权的机关、组织及其工作人员实施的与行使国家行政权力有关的，对公民、法人或其他组织的权益产生实际影响的行为。而作为行政诉讼受案范围的行政主体的行为，则不仅包括行政行为，而且包括相应的不作为。对行政主体的行为的这种理解，主要基于以下几个方面的考虑：首先，《行政诉讼法》第12条所列举的行为，不仅包括行政机关的行为，也包括法律、法规、规章授权组织的行为；不仅包括单方行为，也包括双方行为；不仅包括法律行为，也包括某些事实行为。其次，《国家赔偿法》在确定行政赔偿范围时，使用的概念是与行使行政职权有关的行为。也就是说，只要造成侵害的行为与行使行政管理职权有关，就属于国家行政赔偿的范围。最后，随着国家管理职能的扩大，行政行为方式也将逐步增加，行政行为的内容将会越来越丰富，行政行为的内涵和外延也将随之发展。②

---

① 《行政诉讼法司法解释》第1、2条对《行政诉讼法》第13条规定的不属于行政诉讼受案范围的几种情形作了严格的限定。

② 例如，《行政诉讼法司法解释》(2000)有关行政诉讼受案范围的规定，在1991年最高人民法院制定的《关于贯彻执行〈中华人民共和国行政诉讼法〉若干问题的意见》(以下简称《行政诉讼法司法解释(试行)》)的基础上予以扩大，取消了一些不必要的限制：第一，从法律行为扩大到了事实行为。法律行为和事实行为是行政法上的一对重要概念。所谓法律行为，是指行政主体以实现某种特定法律效果为目的而实施的行为，如行政处罚、行政许可、行政命令等。而事实行为是指行政机关或其工作人员在行使行政职权过程中实施的不以发生特定的法律效果为目的，而且行为作出以后对行政相对人没有法律上的拘束力的行为，比如检查、搜身、打人、损坏财物等行为。1991年最高人民法院制定的《行政诉讼法司法解释(试行)》没有将事实行为纳入行政诉讼的受案范围，1997年最高人民法院发布的《关于审理行政赔偿案件若干问题的规定》规定，行政相对人因事实行为受到损害要求赔偿的，可以先向行政机关请求确认，行政机关不予确认、不予赔偿的，行政相对人可以到法院提起赔偿诉讼。法院在审理行政赔偿案件的时候，在判决理由部分可以对事实行为的合法性进行评价，然后在判决主文中作出是否赔偿的决定。但是这种处理办法在实践中存在很多问题，不仅不便于当事人及时获得赔偿，法院在裁判理由部分确认事实行为的合法性也有些不伦不类。《行政诉讼法司法解释》(2000)基于诉讼经济原则，直接把事实行为纳入行政诉讼受案范围。第二，从单方行为扩大到双方行为。1991年最高人民法院《行政诉讼法司法解释(试行)》对具体行政行为所下的定义是，具体行政行为是行政主体单方意志的体现，这就将行政诉讼受案范围限定在单方行为的范围之内。但是，根据《行政诉讼法》的规定，双方行为并没有被排除在受案范围之外。从国外的审判实践来看，许多与行使职权有关的双方行为都被纳入公法诉讼范围。我国《行政诉讼法》在第12条所列举的事项中，也把许多双方行为列入了诉讼范围。例如，行政协议就是典型的双方行为，而行政许可行为和受领行为，也很难说就是完全的单方行为。

2. 受行政行为侵害的权益的性质

根据《行政诉讼法》第12条第1款的规定，原则上，凡是行政行为侵犯了相对人人身权和财产权等合法权益的，相对人都可以向人民法院提起行政诉讼。这里的人身权是指与人身相联系的没有直接财产内容的权利，包括生命健康权、姓名权、名称权、肖像权、名誉权、婚姻自主权，等等。财产权是指具有经济利益的权利，包括所有权、地上权、地役权、抵押权、质权、留置权、典权等物权，债权、继承权、经营自主权，等等。对于既有财产内容又与人身有关的智力成果权或知识产权，如专利权、著作权、商标使用权等，由于这些权利在性质上既包括人身权的内容，又包括财产权的内容，当它受到行政行为的侵害时，当事人自然同样可以向人民法院提起行政诉讼。人身权、财产权以外的其他合法权益包括受教育权、劳动权、知情权、文化权、社会保障权、参与权、公平竞争权、监督权等。

需要注意的是，如果行政行为侵犯了公民、法人或者其他组织的合法权益，但该行为属于《行政诉讼法》第13条和有关司法解释排除的10种情况，也不属于行政诉讼的受案范围。

3. 法律法规的特别规定

这里的特别规定包括扩张性规定和限制性规定。扩张性规定，是指即使案件不属于前两项所确定的受案范围，如法律、法规有特别规定，人民法院也可以受理。限制性规定，是指即使案件属于前两项确定的受案范围，如法律特别规定相对人不得提起行政诉讼的（此仅限于法律，法规不得作此种规定），也不属于行政诉讼受案范围。

第三节　可诉性行政行为和不作为的特征

一、可诉性行政行为的特征

根据《行政诉讼法》以及《行政诉讼法司法解释》的规定，可诉性行政行为具有如下特征：

（1）可诉性行政行为是具有国家行政职权的机关和组织及其工作人员所实施的行为。可诉性行政行为的主体，既包括机关也包括不具有机关法人资格的组织；既包括具有法定行政职权的机关，也包括法律、法规授权的组织，还包括行使行政职权的工作人员。[①] 同时，这些机关、组织或者个人能否成为可诉性行政

① 公职人员可以是行政行为的主体（行为实施者），但不是行政主体。行政主体只能是行政机关和法律法规授权的组织。

行为的主体，关键在于其是否具有国家行政职权。用“国家行政职权”来表述，是为了与私权尤其是与一般社会组织和企业内部的行政管理权相区别。因此，如果某一个组织依法不具有国家行政职权，它所实施的行为就不是行政行为，当然就不具有行政诉讼的可诉性。行政机关是当然拥有国家行政职权的组织。非行政机关的组织被法律、法规明确授予国家行政职权的，也拥有国家行政职权。[①]特定的行政主体如果行使了不属于其职权范围内的职权或者其他行政主体的职权，应本着如下精神处理：第一，如果行政主体系依法成立的行政机关，则不论其行使的职权是否在其职权范围内，当事人不服该机关作出的行政行为，均可依法提起行政诉讼。第二，如果行政主体系法律、法规授权而行使行政职权的组织，则应视其所处理的事项是否与所授职权有关，有关的应视为行政行为，无关的则不能视为行政行为。

此外，基于国家行政与非国家公共行政在特征上的相同性，即都具有管理性和公共性，有人主张应当将部分非国家公共行政纳入行政诉讼受案范围。该意见代表了行政诉讼受案范围的一个发展趋势。

（2）可诉性行政行为是与行使国家行政职权有关的行为。这是可诉性行政行为的内容特征。只要某一行为与行使国家行政职权有关，则该行为就可能是一个可诉的行政行为。根据这一特征，可以排除以下两种不可诉的行为：一是民事行为。行政机关实施的民事行为与国家行政职权无关，不属于行政诉讼受案范围。行政管理相对人的权益受到这些行为的侵犯，可以通过民事诉讼的途径获得救济。[②] 二是公职人员的个人行为。公职人员的个人行为是相对于其职务行为而言的。个人行为责任自负；职务行为的责任则应由机关承担，至少应首先由机关承担。如某一行为是实施行政管理目的的一种手段，或是行使职权过程中的一个附带的结果，又或是行使行政职权的一个必要的环节等，都应当认定为与行使行政职权有关。

---

① 《行政诉讼法司法解释》第24条规定了村民委员会、居民委员会、高等学校等事业单位以及律师协会、注册会计师协会等行业协会的被告资格。这种对于可诉行为主体的规定，一方面扩大了可诉行为的范围；另一方面排除了立法机关、检察机关、党的机关等作为行政诉讼可诉行为主体的可能性。自治组织、事业单位、行业协会等不是一级行政机关，它的行为一般情况下不能视为行政行为，但在法律、法规授权或受行政主体委托的情况下，它的行为应视为行政行为。不具有机关法人资格的行政机构，比如行政机关的内设机构、派出机构或者临时机构，原则上不具有行政主体资格，但它实施的行为应当归属于其所属的机关，视为行政行为。政党及社会团体不是拥有行政职权的主体，无权行使国家行政职权，如其违法行使国家行政职权，其行为不发生法律上的拘束力，任何公民、组织都有权拒绝，但它们实施的行为不具有行政诉讼的可诉性。个人或组织盗用行政主体的名义或冒充国家行政机关工作人员行使国家行政职权，侵犯公民、法人或其他组织的合法权益，由于冒充者不是行政主体，其行为的违法性亦不能通过行政诉讼加以确定，应当通过刑事或民事诉讼程序解决。

② 当然，如果是行政机关以民事行为的方式执行行政任务，理论上一般认为，这种情况只是适用了私法的形式，关于行政法的一些基本原则，如正当程序、信赖保护、比例原则等，仍有遵循之必要。

(3) 可诉性行政行为是对行政相对人的权利义务发生实际影响的行为。行政机关的行为只有对行政相对人权益产生实际影响时才具有可诉性。“实际影响”是从正常的法律关系来判断的。如果某个行为作出后不履行就能进入强制执行程序，一般就认为会对权利义务产生影响。①

根据这一特征，可诉性行政行为的范围可以排除以下几种行为：第一，不产生外部效力的行为，如行政机关的内部沟通、会签意见、内部报批等行为；第二，行政指导行为；第三，重复处置行为，即接受申诉的行政机关经审查，对申诉人给予维持原决定的答复行为；第四，过程性行为，即行政机关作出行政行为而实施的准备、论证、研究、层报、咨询等行为；第五，内部层级监督行为；第六，信访答复行为，即行政机关针对信访事项作出的登记、受理、交办、转送、复查、复核意见等行为；第七，其他不可诉行为，例如因政府信息公开的申请内容不明确，行政机关要求申请人作出更改、补充且对申请人权利义务不产生实际影响的告知行为，行政程序中的当事人、利害关系人以政府信息公开名义申请查阅案卷材料，行政机关告知其应当按照相关法律、法规的规定办理的行为等。②

(4) 可诉性行政行为是在现实情况下有司法审查可能性的行为。司法审查可能性包括法律上的可能性和事实上的可能性。法律上的可能性，是指被诉行政行为在法律上未被明确排除或者禁止司法审查(如《行政诉讼法》第 13 条排除四种行为接受司法审查)。事实上的可能性，是指法律上未提供实质上与行政诉讼互斥的救济途径，例如通过民事诉讼救济的劳动争议仲裁行为，通过检察机关监督和国家赔偿程序救济的刑事侦查行为，在这种情况下，事实上不具有进行行政诉讼的可能性。

(5) 可诉性行政行为是具有司法审查必要性的行为。如果某一行政行为具有司法审查的可能性，但司法审查对解决相关争议并无意义，则认为该行政行为缺少司法审查的必要性。典型的例子是行政机关根据人民法院的协助执行通知书实施的行为。基于行政权不能对抗司法权的原则，行政机关的协助执行行为是其必须履行的法定协助义务，而不是自主行政行为，对该行为进行审查并无意义。但如果行政机关在协助执行时扩大了范围或违法采取措施造成损害，则具

---

① 行政行为对权利义务产生实际影响有以下几种情况：一是行为作出以后已经完全执行了；二是基础性行为与执行性行为合二为一，比如紧急情况下的强制措施；三是行为作出以后还没有执行，但是这个行政行为已经成立，对当事人已经产生了约束力；四是具有侵害性的事实行为，比如打人、损害财物等事实行为，这些行为一经实施，损害结果就相继出现。当然，如果这种影响还没有发生或者影响还没有达到对权利义务发生实际影响的程度，那么救济就没有必要性了。

② 参见最高人民法院《关于审理政府信息公开行政案件若干问题的规定》第 2 条。

有司法审查的必要性，当事人就此提起行政诉讼的，人民法院应当受理。①

二、可诉性不作为的特征

可诉性不作为具有以下特征：

(1) 可诉性不作为是被认为违反作为义务的行为。

(2) 与可诉性不作为相对应的作为必须具有可诉性。与国家行为、抽象行政行为、内部行政行为、终局行政行为相对应的不作为不具有可诉性。

(3) 可诉性不作为须涉及公民的财产权和人身权（广义上的），涉及其他权利的不作为在现阶段如无法律、法规特别规定，不具有可诉性。

(4) 可诉性不作为是超过法定期间或者合理期间而不实施一定法定职责的行为。在没有法定期间的情况下，应当根据多方面因素，包括行政机关处理这类问题的惯用时间、事件本身的难易程度、行政机关的主客观条件、有无法定阻却事由、是否属于紧急情况等，确定一个合理时间，并以该合理时间为基准确定相应行政机关是否有不作为情形存在。

第四节 几类不可诉行为

根据《行政诉讼法》第 13 条以及有关司法解释的规定，以下几类行为属于不可诉行为。

一、国家行为

（一）国家行为的界定

国家行为是指国务院、中央军事委员会、国防部、外交部等根据宪法和法律的授权，以国家的名义实施的有关国防和外交事务的行为，以及经宪法和法律授

---

① 参见最高人民法院《关于行政机关根据法院的协助执行通知书实施的行政行为是否属于人民法院行政诉讼受案范围的批复》（已失效），最高人民法院、中国人民银行《关于人民法院查询和人民银行协助查询被执行人人民币银行结算账户开户银行名称的联合通知》第 8 条。此外，如果行政相对人对某一类行为不服，法律已经为其提供了有效的救济途径，那么司法审查就不是必要的。这类行为有以下几种：(1) 仲裁行为。经济合同和劳动争议仲裁是我国法律明文规定的解决相关争议的方式。当事人如果对仲裁不服，可以通过民事诉讼程序来救济，尽管这种救济途径目前还有很多问题，而且这里的裁决行为如涉及行政职权行使，在有些国家仍然属于行政诉讼范围，但是在《行政诉讼法》没有修改之前，在我国仍不能作为行政案件受理。不过，仲裁权必须由法律设定，除此之外以任何规范形式设定仲裁权都是无效的。(2) 刑事侦查行为。刑事侦查行为不具有司法审查必要性，是因为《刑事诉讼法》《国家赔偿法》已经为这类行为提供了救济途径。区分行政行为与刑事侦查行为应当以《刑事诉讼法》是否明确授权为标准。如果公安机关、国家安全机关所实施的行为是《刑事诉讼法》明确授权的行为，如采取逮捕、刑事拘留、取保候审、监视居住等强制措施的行为，应当认定为属刑事侦查行为。至于《刑事诉讼法》没有明确授权的，应当推定为行政行为。

权的国家机关宣布紧急状态、实施戒严和总动员等行为。根据《行政诉讼法》第13条第1项的规定，行政相对人就国防、外交等行为提起行政诉讼，人民法院不予受理。[①]

应当指出，并非所有与国防、外交有关的行为都是国家行为，国家行为也并非仅限于与国防、外交有关的行为，更不是说，行政相对人对国防、外交部门的职权行为都无权提起行政诉讼。判断一个行为是否为国家行为，主要应看这个行为是否以政治上的利益为目的，是否涉及国家主权的运用。对国家行为应从两个方面进行限定：首先，应从主体方面进行限定，国家行为只有特定机关（包括国务院、中央军事委员会、国防部、外交部以及特别情况下的省一级人民政府）才能实施。其次，应从行为的性质方面进行限定，一是涉及国防、外交等国家重大事务，二是宣布紧急状态，实施戒严、总动员等。

（二）国家行为不受司法审查的理由

从各国的实践看，国家行为通常由议会加以控制或纳入违宪审查的范围，而不纳入行政诉讼的范围。例如，法国早在1822年就确立了行政法院不监督政治行为的原则；美国1946年的《联邦行政程序法》也明文排除了对这种行为的司法审查。这种行为之所以不宜纳入行政诉讼范围，主要是基于以下理由：

第一，国家行为具有主权性。国家行为体现了国家作为国际主体的尊严，不仅应获得外国司法机关的豁免，也意味着不受本国司法机关的审查。

第二，国家行为具有整体性。它往往涉及国家的整体利益和人民的根本利益，关系到国家的荣誉、尊严甚至存亡，在这种情况下，不能因为利害关系人的权益受到损害，而使国家行为无效。

第三，国家行为具有政治性。这种行为通常以国家对内、对外的基本政策为依据，以国际政治斗争的形势为转移，法院很难作出合法性判断。

第四，国家行为的监督救济途径具有特殊性。国家行为的监督途径，主要体现为通过国家权力机关追究有关领导人的政治责任。国家行为的救济途径主要体现为权益受损人根据法律的特别规定获得一定的补偿。

二、行政规范性文件

（一）行政规范性文件的界定

行政规范性文件是指行政机关针对不特定对象发布的能反复适用的文件。

---

① 对于国家行为，各国一般未通过法律加以明确界定，通常是采取列举的办法规定其范围。我国学者的解释不尽一致。有的认为，国家行为是不受法院监督、只受政府管辖，以国家名义作出的主权行为。有的认为，国家行为是政治行为，通常指国家主权的运用。有的认为，国家行为是国家机关根据宪法和法律的授权，代表国家，以国家名义作出的行为。有的认为，国家行为主要是指以国家名义实施的国防、外交等方面的行为。笔者认为，所谓国家行为，是指涉及国家根本制度的维护和国家主权的运用，由国家承担法律后果的政治行为，它的内容和范围是可以不断变化的。

包括行政法规、规章或者行政机关制定、发布的具有普遍约束力的决定、命令。《行政诉讼法》规定,人民法院不受理行政相对人对行政法规、规章或者行政机关制定、发布的具有普遍约束力的决定、命令提起的诉讼。在审判实践中,往往对什么是具有普遍约束力的决定、命令难以把握。一般来说,具有普遍约束力的决定、命令,是指行政机关针对不确定的多数人发布的反复适用且不能直接进入强制执行过程的行政规范性文件。行政规范性文件具有以下特征:

第一,行政规范性文件针对的对象是不特定的。行政规范性文件和具体行政决定的区别不在于它所针对的人数的多少,而主要在于对象的确定与不确定:行政规范性文件的对象是不确定的;具体行政决定的对象是确定的,尽管有时涉及的人很多,但可以明确认定对象。不能认为涉及人数众多的行为就一定是行政规范性文件,涉及人数少的行为就一定是行政决定。

第二,行政规范性文件能够反复适用。具体行政决定原则上只对特定的对象或事件有效,其效力不及于其他对象或事件;行政规范性文件则可以反复适用,如有关某一领域事项的条例或规定,可以反复适用于该领域的相应事项。应该明确的是,这里所说的反复适用应当理解为对事项或事件的反复适用,而不应理解为对人的反复适用。

第三,行政规范性文件具有普遍约束力。在实践中,有些规范性文件中具有部分行政决定的内容,行政规范性文件的这部分内容不能认定为具有规范性文件属性。行政规范性文件区别于行政决定的另一个特点是,它不能直接进入执行程序。一个行政决定具有直接的执行力,而一个行政规范性文件不具有直接执行力,必须有一个行政决定作为中介,才能进入执行过程。

(二) 行政规范性文件不属于受案范围的理由

《行政诉讼法》第 13 条规定,人民法院不受理公民、法人或者其他组织对行政规范性文件提起的诉讼。第 53 条规定:“公民、法人或者其他组织认为行政行为所依据的国务院部门和地方人民政府及其部门制定的规范性文件不合法,在对行政行为提起诉讼时,可以一并请求对该规范性文件进行审查。前款规定的规范性文件不含规章。”这两条规定确立了对行政规范性文件处理的三条原则:第一,所有的行政规范性文件都不属于行政诉讼的受案范围,公民、法人或者其他组织不能直接提起诉讼;第二,所有的规章以上(包括规章)的行政规范性文件,既不属于行政诉讼的受案范围,也不属于附带审查范围;第三,规章以下的行政规范性文件,当事人在行政诉讼中申请附带审查的,人民法院可以进行审查。之所以允许进行附带审查,是考虑到:在实践中不少规范性文件是行政行为的依据和源头,要纠正违法和不当的行政行为,有必要正本清源,从源头开始审查和纠正。在现行制度中对规范性文件的监督机制虽然存在,但是由于作用有限,侵犯公民、法人或者其他组织合法权益的现象仍然大量存在。之所以不纳入受案范围，则主要是基于两方面的考虑：一是法院的承受能力；二是我国宪法和法律对行政规范性文件已经设有其他救济途径。

三、内部人事管理行为

（一）内部人事管理行为的界定

所谓内部人事管理行为，是指行政机关作出的涉及该行政机关公务员权利义务的决定。根据《行政诉讼法》第13条第3项的规定，行政机关对行政机关工作人员的奖惩、任免等决定属于不可诉的行为。这里的“等”字意味着不穷尽列举，从《行政诉讼法》的立法精神来看，这里排除的应该是所有行政机关的内部人事管理行为，包括工资的升降、福利待遇、住房分配等。行政法律关系按照双方当事人的相互关系分类，可分为外部关系和内部关系两种。行政机关与公民、法人和其他组织之间为管理和被管理关系的是外部行政法律关系。双方当事人为上下级从属关系的是内部行政法律关系。例如，上级行政机关与下级行政机关、行政首长与所辖机关工作人员之间发生的关系，行政监督机关与其内部监督对象之间发生的关系等。在内部行政关系中，行政机关对其工作人员实施奖惩、任免等行政行为，属于内部人事管理行为。这些行为针对的是行政机关的工作人员，如行政机关对所属机关工作人员给予的警告、记过、记大过、降级、撤职、开除等纪律处分以及停职检查或者任免决定等。行政机关工作人员对这些行为不服，应向该行政机关或者其上一级行政机关或者人事机关提出申诉，而不能向人民法院提起行政诉讼。①

（二）内部人事管理行为不受司法审查的理由

行政机关对其工作人员的奖惩、任免等行政决定同样涉及行政机关人员的权利和义务，当其权利受到损害时应当允许其寻求多种渠道的权利救济。正因为如此，有些国家将这类行为亦列入行政诉讼的范围。我国《行政诉讼法》之所以没有将这类行为纳入行政诉讼的范围，主要是基于以下考虑：其一，我国行政诉讼制度建立时间不久，经验不足，行政诉讼解决行政纠纷的重点应放在属于外部行政法律关系的争议上。此外，我国有关公务员管理的一系列制度目前还不健全，法院审查也有一定困难。其二，内部人事管理行为对政府机关外部的公

---

① 如何区别内部行政行为与外部行政行为？有一种观点认为，应看行为的相对方与实施行为的机关是否具有从属关系。具有从属关系的是内部行为，不具有从属关系的是外部行为。这种观点值得商榷。其一，许多行政机关可能对其所属的工作人员作出一个外部行为，例如，公安机关可能对违反《治安管理处罚法》的警察给予行政处罚，行政处罚显然是一个外部行为；其二，也有某些行政机关对不具有隶属关系的工作人员作出内部行为，如监察机关对其他机关工作人员给予行政处分。可见划分内部行为与外部行为不能完全看行为的相对人与作出行为的机关是否有隶属关系。笔者认为，主要应以行政行为所涉及的权利义务的不同来划分，要看该行为所涉及的是一个普通公民的权利义务还是行政机关工作人员所特有的权利义务，如果是行政机关工作人员特有的权利义务，应当认定为内部行为。

民、法人或其他组织不产生权利义务关系,属于机关自身建设问题。人民法院不宜对行政机关的组织建设事务通过审判程序来加以干预。当然,如果行政机关的内部管理行为涉及工作人员的基本权利,严重损害公务员的权益,可通过特别的专门法律、法规将之纳入行政诉讼范围。那种认为人民法院绝对不能干预行政机关内部行政行为的观点在理论上和实践上都是不符合现代法治精神的。目前,不仅像法国这种行政法院隶属于行政机关、行政复议程序与行政诉讼程序大体重合的国家,存在着法院审理有关行政机构内部组织建设的行政案件,而且像德国等行政法院隶属于司法系统的国家,以及美国那种由普通法院承担审判任务的国家也将某些内部行为纳入了司法审查的范围。

四、终局行政决定行为

(一) 终局行政决定行为的界定

终局行政决定行为是指法律规定由行政机关作出最终裁决的行政行为。根据《行政诉讼法司法解释》的规定,这里的"法律",是指全国人民代表大会及其常务委员会制定、通过的法律规范。

目前,我国只有极少数法律对行政终局决定行为作了规定。这些规定可以分为两类:(1) 相对的终局行政决定,即相对人具有选择行政途径救济和司法途径救济的权利,相对人一旦选择了行政途径救济,就无法寻求司法途径救济。比如,《行政复议法》第 14 条规定:"对国务院部门或者省、自治区、直辖市人民政府的具体行政行为不服的,向作出该具体行政行为的国务院部门或者省、自治区、直辖市人民政府申请行政复议。对行政复议决定不服的,可以向人民法院提起行政诉讼;也可以向国务院申请裁决,国务院依照本法的规定作出最终裁决。"(2) 绝对的终局行政决定,即相对人仅有请求行政途径救济而无请求司法途径救济的权利。换言之,法律赋予了行政机关对于某些行政争议的最终决定权,当事人不服,只能向作出最终决定的机关或其上级机关申诉,而不能向人民法院起诉。

(二) 设定终局行政决定行为的理由

向法院请求司法保护是行政相对人的一项重要权利。因此,如果一个行政行为涉及公民的权利和义务,而又要求保留行政终局决定权,必须有充分的正当理由。从行政诉讼的立法实践来看,理由通常限于以下几个方面:某一类行政行为涉及国家重要机密,一旦进入诉讼,将会严重危害国家利益;某一类行政行为不可能或者极少可能侵犯行政相对人的权益;某一类行政行为专业性极强而且非常复杂,以至于使法官的审查徒劳无益;某一类行政行为已有近乎司法程序的行政程序作保障,行政系统内部已有充分的能确保公正的救济手段;因不可抗力事件(如战争)行政途径救济以外的司法救济成为不可能;等等。

从世界各国的发展趋势看，行政终局决定权的范围越来越窄。在我国，主张取消终局行政决定行为的呼声占主流。我们认为，相对的终局行政决定在一定范围内仍有保留的必要，绝对的终局行政决定因与权利充分保护的理念不符而应取消。

五、刑事司法行为

（一）刑事司法行为的界定

所谓刑事司法行为，是指公安、国家安全等机关依照《刑事诉讼法》的明确授权实施的行为。在许多国家，公安、国家安全等机关实施的行为，均被认为是一般行政行为，被纳入了司法审查的范围。但是由于我国特殊的法制背景，公安、国家安全等机关实施的行为，通常被分为两类：一是刑事司法行为，由检察机关实施监督；另一类是行政行为，由法院通过司法审查进行监督。划分刑事司法行为和可诉的行政行为之间的界限，标准是看公安、国家安全等机关所实施的行为是否有《刑事诉讼法》的明确授权。这里的明确授权具有两层意思：一是《刑事诉讼法》有明确的授权规定；二是公安、国家安全等机关是否按照《刑事诉讼法》授权的目的或意图实施行为。比如扣押、查封等行为，刑事诉讼法授权的目的是收集证据，追究犯罪人的刑事责任，如果公安机关在实施上述行为时，违反《刑事诉讼法》授权的目的，为了帮一方当事人讨债，取得办案费用或者取得非法利益，那么该行为就不属于《刑事诉讼法》授权的行为。可见，这是一个以"授权"为主要标准，以"目的"为辅助标准的划分方法。

在司法实践中，刑事司法行为的实施机关包括公安机关、国家安全机关、监狱管理部门、海关的缉私部门等。刑事司法行为的情形主要有拘传、取保候审、监视居住、逮捕、先行拘留、勘验、检查、搜查、扣押、鉴定、通缉等。

（二）刑事司法行为不受司法审查的理由

第一，根据我国现行的司法体制，刑事侦查等行为被视为司法行为，在习惯上不作为一般行政行为对待。

第二，我国《刑事诉讼法》已经授权检察机关对刑事侦查行为等刑事司法行为进行监督。例如，根据我国《刑事诉讼法》的规定，人民检察院在审查批准逮捕工作中，如果发现公安机关的侦查活动有违法情况，应当通知公安机关予以纠正，公安机关应当将纠正情况通知人民检察院；人民检察院对执行机关执行刑罚的活动是否合法实行监督，如果发现有违法的情况，应当通知执行机关纠正。

第三，根据我国《国家赔偿法》的规定，因刑事侦查行为等刑事司法行为而致人损害的，受害人可以根据《国家赔偿法》的规定获得救济。

六、调解行为以及法律规定的仲裁行为

(一) 调解行为以及法律规定的仲裁行为的界定

调解行为和法律规定的仲裁行为不属于行政诉讼的受案范围。这里的“调解行为”,指的是行政机关主持的,在争议各方自愿的基础上,通过行政机关的调停、斡旋等,促使争议各方达成协议,从而解决争议的行政活动。这里的“法律规定的仲裁行为”,指的是行政机关或者法律授权的组织,根据全国人大及其常委会依照立法程序制定的法律以及法律性文件,对当事人之间的民事纠纷依照法定程序作出具有法律效力的仲裁的行为。这里需要注意两点:第一,此处的“仲裁”是严格意义上的仲裁,必须同行政裁决区别开来。第二,此处的“法律”是狭义上的法律,即由全国人民代表大会及其常务委员会制定的法律。其他规范形式规定的仲裁不能被排除在行政诉讼受案范围之外,例如通过地方性法规和部门规章规定的仲裁。①

(二) 调解行为及法律规定的仲裁行为不受司法审查的理由

法律规定的调解行为不受司法审查的理由有三:第一,行政调解虽然由行政机关主持,但以当事人双方同意为前提;第二,调解协议的内容主要是当事人的意思表示;第三,行政调解以自愿原则为基础,当事人如对调解行为持有异议,可以就原双方的争议提起民事诉讼,没有进行行政诉讼的必要。

当然,判断某个行为是行政调解还是行政裁决,不能光看外表而应看实质。如果行政机关违反当事人的意愿,假调解之名行行政裁决之实,那么这种行为就是可诉的。例如行政机关及其工作人员在调解过程中采取了不正当的手段,强迫当事人签字画押,该行为在事实上就不属于调解行为,而是违背当事人意志的行政裁决,当事人对这种行为不服,可以向人民法院提起行政诉讼。

法律规定的仲裁行为不受司法审查的理由亦有三:第一,仲裁机构具有相对于行政机关的独立性;第二,仲裁行为体现了当事人的意思自治;第三,仲裁裁决具有最终性,当事人不能就同一纠纷再申请仲裁或向人民法院起诉。

七、行政指导行为

(一) 行政指导行为的界定

行政指导行为是行政机关为实现一定行政目的,在进行行政管理过程中采取的通过示范、提供咨询意见、建议、训导等方式而实施的一种不具有强制力的

---

① 最高人民法院《对人事争议仲裁委员会的仲裁行为是否可诉问题的答复》明确:当事人认为人事仲裁委员会作出的人事争议仲裁侵犯其人身权、财产权的,可依法提起行政诉讼,但国家行政机关与其工作人员之间发生的人事争议和事业单位与其工作人员之间因辞职、辞退及履行聘用合同所发生的争议除外。

行为。有关司法解释将不具有强制力的行政指导行为排除在行政诉讼受案范围之外。需要说明的是,这里所谓"不具有强制力",并不是说除了不具有强制力的行政指导行为之外还有具有强制力的行政指导行为,加上这种限定,只是要特别强调这里所说的行政指导行为是不具有强制性的。如果名为行政指导行为,实际上却具有强制力,要求当事人必须为一定行为或不为一定行为,行政相对人不履行或不执行就要承担不利的法律后果,那么这种行为就不再是行政指导行为,当事人对这种行为不服,可以向人民法院提起行政诉讼。

(二)行政指导行为不受司法审查的理由

行政指导行为不具有当事人必须履行的法律效果,当事人可以按照行政指导去做,也可以不按照行政指导去做,违反行政指导行为不会给行政相对人带来不利的法律后果。既然行政指导行为不具有强制力,而且当事人具有自由选择的权利,其就没有必要通过行政诉讼的途径解决。需要注意的是,国外对行政指导能否提起行政诉讼的问题,有不同的做法。日本对部分行政指导行为规定了间接的司法救济程序,德国、美国等也并不完全排斥行政指导行为进入行政诉讼。我国部分学者提出,行政指导也应接受司法审查。我们认为,一般情况下,行政指导行为是一种柔性的行政活动。如果行政机关以行政指导的形式,作出了具有命令性质的意思表示或者在事实上影响了行政相对人的合法权益,就不应当固守行政指导行为不可诉的观点。

八、驳回当事人对行政行为提起申诉的重复处理行为

(一)驳回当事人对行政行为提起申诉的重复处理行为的界定

"重复处理行为"是指利害关系人对业已确定(通常为已过申请复议或者起诉期限)的行政行为提起申诉,有关行政机关维持原行政行为的行为。有关司法解释将驳回当事人对行政行为提起申诉的重复处理行为排除在行政诉讼的受案范围之外。如果当事人提出申诉以后,行政机关改变了原来的行为,则属于作出一个新的行为,而不是重复处理行为。驳回申诉的行为没有形成、变更或者消灭原有的法律关系。这种行为通常发生在以下情形中:当事人对历史遗留问题的行政行为、已过争讼期间的行政行为或行政机关具有终局决定权的行为不服,向行政机关提出申诉,行政机关经过审查,维持原有的行为,驳回当事人的申诉。

(二)驳回当事人对行政行为提起申诉的重复处理行为不受司法审查的理由

第一,重复处理行为没有对当事人的权利义务产生新的影响,没有形成新的行政法律关系。

第二,如果对这类重复处理行为可以提起行政诉讼,就在事实上取消了行政复议或者行政诉讼的时效。这意味着任何一个当事人在任何时候都可以通过申诉的方式重新将任何一个行政行为提交行政机关或者法院进行重新审查,这不

仅不利于行政法律关系的稳定，而且不利于行政相对人对行政行为的信任。①

九、对公民、法人或者其他组织的权利义务不产生实际影响的行为

（一）对公民、法人或者其他组织的权利义务不产生实际影响的行为的界定

所谓“对公民、法人或者其他组织的权利义务不产生实际影响的行为”，是指不产生法律效果的行为，也就是对行政相对人的权利义务关系不产生调整作用的行为。其主要包括尚未成立的行政行为，在行政机关内部运作（而未外部化）的行为，观念表示行为以及对行政相对人权利义务不产生实际影响的其他行为。例如信访工作机构依据《信访条例》作出的登记、受理、交办、转送、承办、协调处理、监督检查、指导信访事项等行为，对信访人不具有强制力，对信访人的实体权利义务不产生实质影响。信访人对信访工作机构依据《信访条例》处理信访事项的行为或者不履行《信访条例》规定的职责不服提起行政诉讼的，人民法院不予受理。②

（二）对公民、法人或者其他组织的权利义务不产生实际影响的行为不受司法审查的理由

《行政诉讼法司法解释》之所以将这类行为排除在行政诉讼受案范围之外，是因为行政诉讼的一个重要目的是对非法行政行为给行政相对人权利义务产生的不利影响予以救济，如果某一行为没有对行政相对人的权利、义务产生实际影响，允许对其提起行政诉讼就没有实际意义。当然，在无法判断行政行为是否对公民、法人或者其他组织的权利义务产生实际影响的情况下，法院应先予受理；受理后经审查认为对权利义务确实不产生实际影响的，再裁定驳回起诉。

第五节 几类特殊行为的可诉性鉴别

一、行政不作为

行政行为有两种存在方式：一种是积极的方式，表现为具体的作为，如采取

① 与此相关的问题是，行政机关不予答复申诉的行为是否可诉。对这个问题有两种不同意见：一种意见认为，此种情形应当纳入行政诉讼的受案范围，理由是申诉是当事人的一项权利，行政机关有相应的职责加以处理，如果不予答复，属于不履行法定职责的性质，当事人自应可以提起行政诉讼。另一种意见认为，此种情形不宜纳入行政诉讼的受案范围，因为一旦进入诉讼过程，就应判决行政机关重新处理，如果行政机关重新处理没有满足原告的要求，还得提起行政诉讼，而允许再次提起行政诉讼，同样意味着取消了《行政复议法》和《行政诉讼法》有关期限的规定，不利于行政法律关系的稳定性，不利于保护相对人对行政行为的信赖。

② 参见最高人民法院《关于不服县级以上人民政府信访行政管理部门、负责受理信访事项的行政管理机关以及镇（乡）人民政府作出的处理意见或者不再受理决定而提起的行政诉讼人民法院是否受理的批复》。

行政强制措施，作出行政处罚等；另一种是消极的方式，表现为具体的不作为，如行政主体对公民的申请不予答复，置之不理等。前者是作为的行为，后者为不作为的行为。《行政诉讼法》第 12 条规定：行政相对人申请行政许可，行政机关拒绝或者在法定期限内不予答复，或者对行政机关作出的有关行政许可的其他决定不服的；申请行政机关履行保护人身权、财产权等合法权益的法定职责，行政机关拒绝履行或者不予答复的；认为行政机关没有依法支付抚恤金、最低生活保障待遇或者社会保险待遇的；认为行政机关不依法履行、未按照约定履行或者违法变更、解除政府特许经营协议、土地房屋征收补偿协议等协议的，在这些情况下，相对人可对相应行政主体提起行政诉讼。对于《行政诉讼法》没有明确列举的行政不作为，能否提起行政诉讼，有人曾经提出质疑。笔者认为，根据《行政诉讼法》第 2 条和第 12、13 条的规定，凡是侵犯相对人人身权、财产权等合法权益的不作为，除涉及国家行为、抽象行政行为、内部行为、法律规定的终局决定行为等被排除在行政诉讼受案范围以外的有关事项外，都是可以提起行政诉讼的不作为。例如公民、法人或者其他组织向行政机关申请获取依法应由其主动公开的政府信息，行政机关逾期不予答复的，同样可以向人民法院提起诉讼。[①]

二、行政裁决行为

行政裁决是指行政机关作为中立的第三方就民事纠纷作出裁决的活动。

我国法律授权行政机关进行行政裁决的方式与权力范围、程度存在着差异，主要有以下两种情况：一是授权行政机关对当事人双方进行一般的调处，这种调处大都以当事人自愿为基础，不具有“公定力”，不产生强制执行的效力，即使当事人超过一定期间不起诉、不履行，也不产生强制执行的法律后果。这种裁决为非正式裁决。二是授权行政机关对当事人双方的争议进行强制性裁决，行政机关的裁决为必经程序，裁决结果通常以正式文件或裁决书的形式下发，当事人逾期不履行，又不起诉，即产生强制执行的后果，由主管机关依法自行执行或申请人民法院强制执行。这种裁决为正式裁决。行政机关对争议进行处理的方式不同，对公民权利义务的影响程度亦不同，在确定其诉讼性质时，应当考虑到这种差异。

关于行政裁决行为是否可诉，有不同看法。我们认为，行政裁决行为具有可诉性，理由是：(1) 行政裁决行为是一种未被法律和司法解释排除在行政诉讼受案范围之外的行政行为。(2) 行政裁决行为对相对人的权利义务有实际影响。(3) 如果在行政裁决之后允许当事人向法院提起民事诉讼，就会产生这样一种矛盾：一旦人民法院的民事判决与行政裁决内容不一致，对同一纠纷就会现实地

① 参见最高人民法院《关于审理政府信息公开行政案件若干问题的规定》第 3 条的规定。

存在两个不同的生效的法律文书。为避免出现这种尴尬局面，应将行政裁决行为纳入行政诉讼的范围。

在实践中，特定行政裁决的可诉性已被法律、法规所明确。例如，最高人民法院《关于当事人达不成拆迁补偿安置协议就补偿安置争议提起民事诉讼人民法院应否受理问题的批复》规定，拆迁人与被拆迁人或者拆迁人、被拆迁人与房屋承租人达不成拆迁补偿安置协议，就补偿安置争议向人民法院提起民事诉讼的，人民法院不予受理，并告知当事人可以按照《城市房屋拆迁管理条例》[①]第16条的规定向有关部门申请裁决。对裁决不服的，可通过行政诉讼途径解决。这里的裁决，应当被视为一种非正式的裁决。

三、准行政决定

准行政决定是行政主体通过观念表示的方式作出的间接产生行政法律效果的行为。准行政决定具备可诉行政行为的某些特征，但并不符合可诉标准的所有要求。在准行政决定对相对人的权利义务产生实际影响，并且没有其他的救济方式可用的情况下，应纳入行政诉讼的受案范围。

（一）受理行为

受理行为是行政机关就行政相对人要求准许其享有特定权利或免除特定义务，在程序上作出的接受或拒绝的观念表示。

受理行为一般是预备性的、程序性的行为，并不包含特定的发生法律效果的意思表示，在一般情况下，是不可诉的。但在特定情况下，受理行为具有可诉性：(1)否定性受理行为成为阻碍行政相对人权益实现的主要因素。(2)否定性的受理行为直接导致今后的行政行为无法作出。(3)行政受理行为可能导致行政相对人无法在法定的或者合理期限内享有权利或者减免义务。(4)行政相对人对于行政机关的管辖权提出异议。(5)行政相对人认为行政机关的受理行为可能导致其权益受到实际影响的其他行为。

（二）通告行为

通告本质上是一种告知行为。通告只是将先前已经作出的行政决定的内容再次告诉相对人，而没有设定任何新的权利义务，没有提起行政诉讼的必要。但是，如果通告或通知内容直接确立或变更了相对人的权利义务，且没有其他可诉的行为存在，这时，对该通告或通知提起行政诉讼就是必要的。典型的例子是《审理行政许可案件司法解释》第3条的规定："公民、法人或者其他组织仅就行政许可过程中的告知补正申请材料、听证等通知行为提起行政诉讼的，人民法院不予受理，但导致许可程序对上述主体事实上终止的除外。"

---

① 该条例现已被《国有土地上房屋征收与补偿条例》所取代。

（三）确认行为

确认行为是行政机关对一定的事实和法律关系进行甄别并予以确认的行为。

从范围上看，确认行为包括对权属的确认、工伤事故的确认、残疾等级的确认、火灾事故的确认、交通事故责任的确认等。

从效力上看，确认行为是对事实、关系、地位、权利等既有情况的甄别与确定（肯定与否定），并不创设新的法律关系，但它也可能影响到相对人的权利义务。因此，一般认为，确认行为属于可诉的行政行为。最高人民法院《关于行政案件案由的暂行规定》也把“行政确认”列入“行政行为的种类”中。

从实践中看，有些确认行为已经被纳入行政诉讼的受案范围，如工伤认定、权属确认等。而有些确认行为则尚未被纳入行政诉讼的受案范围，如交通事故责任认定、火灾原因认定等。

（四）证明行为

证明行为是行政机关以其公信力和权威性对客观存在的情况予以证明的行为。行政机关的证明行为虽然涉及相对人的权利义务，但不直接创设权利义务，因而属于准行政决定。

证明行为可能对相对人的权益产生实际影响的情况有：特定机关的证明是取得某项法定权利的资格或前提条件；证明是虚假的，第三人基于该证明为一定行为；应当证明却不作为的；等等。

公证行为是一种典型的证明行为。过去公证行为曾是一种可诉的准行政决定。但《公证法》颁布后，公证行为不再属于准行政决定，而是民事行为，相关争议属于民事争议，应通过民事诉讼途径解决。

行政机关出具介绍信的行为，也是一种证明行为。根据最高人民法院《关于教育行政主管部门出具介绍信的行为是否属于可诉具体行政行为请示的答复》的精神，这种证明行为，对行政相对人的权利义务产生实际影响的，属于可诉的行政行为。

第二十六章　行政诉讼管辖

第一节　行政诉讼管辖概述

一、行政诉讼管辖的概念

行政诉讼中的管辖，是指人民法院之间受理第一审行政案件的职权分工。这种职权分工带来两方面的后果：其一，对于审判机关来说，它确定同级人民法院之间受理行政案件的具体分工，以及明确上下级人民法院之间受理第一审行政案件的权限。其二，对于当事人来说，则是确定其发生行政争议后到哪一级的哪一个法院去提起诉讼的问题。

二、行政诉讼管辖的种类

根据不同的标准，行政诉讼的管辖可以分成不同的种类。以是否由法律直接规定为标准，行政诉讼的管辖可以分为法定管辖和裁定管辖。法定管辖是指法律明确规定第一审行政案件由哪一个法院行使管辖权。在法定管辖中，依据法院对行政案件的纵横管辖关系不同，又可以分为级别管辖和地域管辖。裁定管辖是由法院作出裁定或决定，以确定具体管辖的法院。依据管辖的决定方式不同，裁定管辖又可以分为指定管辖、移送管辖和管辖权的转移。

三、确定行政诉讼管辖的原则

行政诉讼法对管辖的确定，主要遵循以下几项原则：

(1) 便于公民、法人和其他组织进行诉讼。依照《行政诉讼法》的规定，绝大部分第一审案件由基层人民法院管辖，这显然便于公民、法人或者其他组织行使诉权和参加诉讼活动。

(2) 便于人民法院行使审判权和顺利执行判决。《行政诉讼法》根据各种行政案件的不同情况以及各级人民法院与不同类型诉讼的关系，合理地规定了不同的管辖，以保证人民法院有效地行使审判权，与此同时，在确定管辖时，还考虑到了判决顺利执行的问题，例如，因不动产引起的行政诉讼，由不动产所在地人民法院管辖。

(3) 便于人民法院公正审理行政案件。《行政诉讼法》在确定管辖时，为了减少和避免行政权干预审判权的现象，尽量排除某些行政干预的因素，适当地提高了某些行政案件的审级，并且对人民法院跨行政区域管辖行政案件作了规定，以保证人民法院的公正审判。

(4) 原则性和灵活性相结合。《行政诉讼法》在确定管辖时，为了适应行政案件的各种复杂情况，赋予了上级人民法院处理管辖问题的机动权。法律在规定严格法定管辖的同时，还规定了具有一定灵活性的裁定管辖。

第二节　行政诉讼的级别管辖

一、行政诉讼级别管辖的概念

级别管辖，是指上下级人民法院之间受理第一审行政案件的分工和权限。确定级别管辖是明确行政案件管辖权的前提条件。根据《宪法》和《人民法院组织法》的规定，我国人民法院的设置分为四级，即基层人民法院、中级人民法院、高级人民法院和最高人民法院。《行政诉讼法》关于级别管辖的规定，是划分各级人民法院审理第一审行政案件的分工，确定第一审行政案件具体由哪一级法院进行审理的依据。总之，级别管辖是在人民法院系统内在纵向上解决第一审行政案件应由哪一级法院审理的问题。

二、行政诉讼级别管辖的规则

依据《行政诉讼法》确定管辖的基本原则，根据行政案件的性质、复杂程度以及影响范围，我国行政诉讼法对各级人民法院管辖第一审行政案件的权限划分如下：

(一) 基层人民法院管辖的第一审行政案件

《行政诉讼法》第 14 条规定："基层人民法院管辖第一审行政案件。"这一规定表明了除法律特别规定应由中级人民法院、高级人民法院、最高人民法院管辖的案件外，其余所有第一审行政案件都由基层人民法院管辖。这首先是因为，基层人民法院是我国法院体系的基层单位，它们数量大、分布广。其次，当事人所在地、案件争议财产所在地、争议行为地一般都在基层人民法院的辖区内，由基层人民法院受理行政案件，既便于当事人诉讼，又便于法院及时审理案件。

(二) 中级人民法院管辖的第一审行政案件

根据《行政诉讼法》第 15 条的规定，中级人民法院管辖下列第一审行政案件：

(1) 对国务院部门或者县级以上地方人民政府所作的行政行为提起诉讼的案件。1989 年《行政诉讼法》在此项中仅规定了"国务院各部门或者省、自治区、直辖市人民政府"所作的行政行为,这是由于当时的立法者考虑到上述行政机关的级别较高,它们作出的行政行为的专业性和政策性较强,影响也较大,不适合于由基层人民法院进行管辖而作出的制度设计。然而,由于实践中基层法院级别较低,审理涉及其所在市、区、县级政府的案件难以摆脱地方干预,难以确保公正。为解决这类行政案件审理难的问题,避免地方政府对行政审判的干预,2014年修正的《行政诉讼法》将中级人民法院管辖的案件范围扩大到"国务院部门或者县级以上地方人民政府所作的行政行为"。①

(2) 海关处理的案件。《行政诉讼法》规定海关处理的案件由中级人民法院管辖是因为:第一,海关行政案件具有较强的专业技术性,由中级人民法院管辖,有利于保证办案质量②;第二,海关行政机关并不是普遍设置的,其设立大多与中级人民法院的管辖相吻合。③

(3) 本辖区内重大、复杂的案件。由中级人民法院管辖其辖区范围内有重大影响和一定难度的第一审行政案件的规定,体现了我国法律制度的原则性和灵活性相结合的原则。这里的"本辖区内重大、复杂的案件"主要是指:第一,社会影响重大的共同诉讼案件;第二,涉外或者涉及香港特别行政区、澳门特别行政区、台湾地区的案件;第三,其他重大、复杂案件。

(4) 其他法律规定由中级人民法院管辖的案件。

(三) 高级人民法院管辖的第一审行政案件

《行政诉讼法》第16条规定:"高级人民法院管辖本辖区内重大、复杂的第一审行政案件。"这类行政案件专指在一个省、自治区、直辖市范围内,案情重大,涉及面广并且具有重大影响的案件。④

(四) 最高人民法院管辖的第一审行政案件

《行政诉讼法》第17条规定:"最高人民法院管辖全国范围内重大、复杂的第

---

① 2021年8月20日第十三届全国人大常委会第三十次会议通过《关于授权最高人民法院组织开展四级法院审级职能定位改革试点工作的决定》,授权最高人民法院在本院和北京等12个省、直辖市的人民法院组织开展四级法院审级职能定位改革试点工作(试点时间为2年)。最高人民法院根据该决定,规定下列以县级、地市级人民政府为被告的第一审行政案件,由基层人民法院管辖:(1) 政府信息公开案件;(2) 不履行法定职责的案件;(3) 行政复议机关不予受理或者程序性驳回复议申请的案件;(4) 土地、山林等自然资源权属争议行政裁决案件。

② 参见台湾地区"光大二号"轮船长蔡增雄不服拱北海关行政处罚案,引自《最高人民法院公报》1990年第1期。

③ 1989年《行政诉讼法》除规定海关处理的第一审案件由中级人民法院管辖以外,还规定了确认发明专利权的第一审案件由中级人民法院管辖。但2014年8月31日第十二届全国人大常委会第十次会议通过的《关于在北京、上海、广州设立知识产权法院的决定》中提及,"知识产权法院管辖有关专利、植物新品种、集成电路布图设计、技术秘密等专业技术性较强的第一审知识产权民事和行政案件",确认发明专利权的第一审案件将过渡交由知识产权法院管辖,2017年修正的《行政诉讼法》与之对应删除了相应规定。

④ 如深圳市贤成大厦有限公司、泰国贤成两合公司诉深圳市工商局、深圳市招商局行政纠纷案,由于标的大(涉及金额13亿元人民币),又属于涉外行政案件,因此,第一审由广东省高级人民法院管辖。

一审行政案件。"这主要是指在全国有重大影响的行政案件、在国际上有重大影响的涉外行政案件等。

三、行政诉讼级别管辖制度的完善

1989年《行政诉讼法》所确立的级别管辖制度存在的主要问题是由基层人民法院行使行政案件的管辖权，行政案件初审管辖权级别过低。当时的立法主要的考虑是便利行政相对人提起行政诉讼和有利于法院提高审理行政案件的效率。但在行政诉讼的实践中，这种规定的效果并不理想，不利于行政诉讼立法目的的实现。

为克服级别管辖存在的问题，需要对其进行改革，为此，在《行政诉讼法》修改时，学者们提出了各种改革建议。例如，有人建议提高审级，调整部分行政案件一审法院的级别，确保审理案件法院的"行政级别"高于被告的"行政级别"。还有学者建议以国务院各部门或者省、自治区、直辖市人民政府为被告的行政案件应由高级人民法院行使一审管辖权。[①] 此外，还有人建议取消基层人民法院行政案件的管辖权，由中级人民法院行使行政案件的初审管辖权。

在综合了学者建议和实践经验的基础上，我国通过司法解释的出台和《行政诉讼法》的修改进一步完善了级别管辖制度，主要体现在以下方面：

1. 确立提级管辖制度

提级管辖是指上级人民法院审理原本属于下一级人民法院管辖的案件。2008年的《行政案件管辖司法解释》对提级管辖作出了规定，中级人民法院可以根据当事人的起诉、基层法院的报请或者依职权进行提级管辖。此外，2014年修正的《行政诉讼法》第18条第2款规定"经最高人民法院批准，高级人民法院可以根据审判工作的实际情况，确定若干人民法院跨行政区域管辖行政案件"确立的跨行政区域管辖，也为提级管辖预留了空间。

2. 扩大中级人民法院的管辖范围

《行政诉讼法》修改后扩大了中级人民法院的管辖范围，将对地方政府所作行政行为提起诉讼案件的管辖权由"国务院各部门或者省、自治区、直辖市人民政府"扩大到"县级以上地方人民政府"。这一做法有利于解决行政案件审理难的问题，有效减少地方政府对行政审判的干预。但对涉及县级政府的行政案件进行提级管辖的制度设计，一方面无法从根本上解决地方干预问题，另一方面使行政案件数量与审级分布倒挂严重，中级以上人民法院压力空前增大而基层审

① 李红枫：《行政诉讼管辖制度现状及其对策》，载《行政法学研究》2003年第1期。

判组织趋向弱化。[①] 因此，有必要推动行政诉讼管辖权向基层法院的适度回归。2021年最高人民法院印发的《关于完善四级法院审级职能定位改革试点的实施办法》作了相应调整，其第2条明确四类案件由基层人民法院审理：(1) 政府信息公开案件；(2) 不履行法定职责的案件；(3) 行政复议机关不予受理或者程序性驳回复议申请的案件；(4) 土地、山林等自然资源权属争议行政裁决案件。

第三节 行政诉讼的地域管辖

一、行政诉讼地域管辖的概念

地域管辖，又称土地管辖或区域管辖，是指在同级人民法院之间横向划分其各自辖区内受理第一审行政案件的权限。

地域管辖和级别管辖既有区别又有联系。区别表现在：级别管辖是从纵向上来确定各级人民法院对案件的管辖权限，解决的是案件应由哪一级法院管辖的问题；而地域管辖则是从横向上来确定同级人民法院之间对案件的管辖权限划分，解决的是案件应由哪个地方法院管辖的问题。二者的联系表现在：地域管辖是在级别管辖的基础上划分的，只有确定级别管辖后，才能确定地域管辖；在确定了级别管辖之后，必须借助于地域管辖进一步落实具体的受诉法院，这样才能最终确定第一审行政案件具体由哪个法院受理。

根据《行政诉讼法》的规定，地域管辖分为一般地域管辖和特殊地域管辖。特殊地域管辖还包括专属管辖和共同管辖。

二、行政诉讼一般地域管辖规则

一般地域管辖是指以最初作出行政行为的行政机关的所在地为标准来确定行政案件的管辖法院。它是相对于特殊地域管辖而言的。《行政诉讼法》第18条第1款规定："行政案件由最初作出行政行为的行政机关所在地人民法院管辖。经复议的案件，也可以由复议机关所在地人民法院管辖。"根据这一规定，凡是未经复议机关复议而直接向人民法院起诉的行政案件，都采用一般地域管辖规则，由最初作出行政行为的行政机关所在地的人民法院管辖。如果经过复议的，也可以由复议机关所在地的人民法院管辖。

---

① 参见韦冉：《行政诉讼管辖改革指导思想的实践创新》，载《中国应用法学》2021年第4期；崔胜东、田洋洋：《以县级人民政府为被告的行政案件提级管辖反思与微调——基于法院级别管辖实证样本的考察》，载《中国应用法学》2021年第4期；江必新：《法律规范体系化背景下的行政诉讼制度的完善》，载《中国法学》2022年第3期。

三、行政诉讼的特殊地域管辖规则

特殊地域管辖是对一般地域管辖的例外规定。由于某些行政案件适用一般地域管辖将不利于法院审理案件和当事人参加诉讼，为此，《行政诉讼法》第18、19、20条专门对特殊地域管辖作出了规定。依据这些规定，特殊地域管辖包括专属管辖和共同管辖两种类型。

（一）专属管辖

专属管辖是指法律以诉讼标的所在地为标准，强制规定特定的诉讼只能由特定法院进行管辖。专属管辖的显著特征是它在管辖上的排他性。

《行政诉讼法》第20条对专属管辖作了具体规定："因不动产提起的行政诉讼，由不动产所在地人民法院管辖。"①因房屋拆迁、征用土地等不动产提起的行政诉讼，规定由不动产所在地人民法院专属管辖，主要是为了便于人民法院对不动产进行调查、勘验，便于人民法院正确及时地审理案件以及之后对判决的执行。

对涉及不动产的行政诉讼是否一律作为专属管辖向来存在争议。司法实践中对"因不动产提起的行政诉讼"的管辖也存在严重分歧，导致行政诉讼不动产专属管辖制度在实践中的适用并不一致。因此有必要借鉴域外立法，对不动产作性质上的区分。最高人民法院在2004年10月26日颁布的《关于审理建设工程施工合同纠纷案件适用法律问题的解释》（已失效）中，突破了不动产专属管辖不作性质区分的界限，对合同之债涉及不动产的，规定了可不必然为专属管辖；最高人民法院《关于国有资产产权管理行政案件管辖问题的解释》也规定："产权界定行为直接针对不动产作出的，由不动产所在地人民法院管辖。产权界定行为针对包含不动产在内的整体产权作出的，由最初作出产权界定的行政机关所在地人民法院管辖"。

（二）共同管辖

共同管辖是指依照法律规定，两个以上的人民法院对同一行政案件都有管辖权而由原告选择具体管辖法院的管辖。根据《行政诉讼法》的规定，共同管辖主要有以下两种情况：第一，《行政诉讼法》第18条规定，经过行政复议的案件，可以由最初作出行政行为的行政机关所在地或者复议机关所在地的人民法院管辖。第二，《行政诉讼法》第19条规定："对限制人身自由的行政强制措施不服提起的诉讼，由被告所在地或者原告所在地人民法院管辖。"这里的"原告所在地"

---

①　不动产是相对于动产而言的，一般是指不能移动或者移动后会失去其使用价值的实物，如土地及土地上的附着物（房屋、林木等）。《行政诉讼法司法解释》第9条规定，《行政诉讼法》第20条规定的"因不动产提起的行政诉讼"是指因行政行为导致不动产物权变动而提起的诉讼。不动产已登记的，以不动产登记簿记载的所在地为不动产所在地；不动产未登记的，以不动产实际所在地为不动产所在地。

包括原告的户籍所在地、经常居住地和被限制人身自由地。

行政机关基于同一事实既对人身又对财产实施行政处罚或者采取行政强制措施的，被限制人身自由的公民、被扣押或者没收财产的公民、法人或者其他组织对上述行为均不服的，既可以向被告所在地人民法院提起诉讼，也可以向原告所在地人民法院提起诉讼，受诉人民法院可一并管辖。

共同管辖只是表明了各有关人民法院对同一行政案件都拥有管辖权，而这并不意味着几个有关的人民法院应共同审理同一行政案件，这一行政案件究竟应由哪一个具体的人民法院行使管辖权，还必须借助于选择管辖来加以解决。

所谓选择管辖，是指对于两个以上的人民法院都拥有管辖权的诉讼，原告可以选择其中任何一个法院起诉，从而确定具体法院的管辖。《行政诉讼法》第 21 条规定："两个以上人民法院都有管辖权的案件，原告可以选择其中一个人民法院提起诉讼。原告向两个以上有管辖权的人民法院提起诉讼的，由最先立案的人民法院管辖。"这一制度有利于最大限度地保护原告的诉权、节约司法资源，从而提高司法统一性。

由此可见，共同管辖和选择管辖是就同一问题分别从管辖权和当事人两个不同的角度作出的规定，共同管辖是选择管辖的前提和基础，选择管辖又是共同管辖的必要补充和具体落实。《行政诉讼法》作出这样规定的目的是避免和解决人民法院管辖权问题的争议。

四、行政诉讼地域管辖制度的完善

我国现行《行政诉讼法》规定的一般地域管辖制度存在的主要问题是，原告对管辖法院缺乏主动性和选择权，现行的管辖规则是原告就被告。这一规则有以下两个缺陷：一是它增加了原告的诉讼成本，不方便原告进行诉讼。二是由于受诉法院与被告同处一地，法院受理和审理面临着较大的困难。针对现行地域管辖存在的问题，有人建议确立由原告选择管辖的原则，亦即除不动产案件外，原被告所在地的法院都有管辖权，使原告拥有宽泛的管辖选择权。《行政诉讼法司法解释》第 8 条规定，对行政机关基于同一事实，既采取限制公民人身自由的行政强制措施，又采取其他行政强制措施或者行政处罚不服的，由被告所在地或者原告所在地的人民法院管辖。《行政诉讼法》只规定了对限制人身自由的行政强制措施不服提起的诉讼，而该司法解释在行为类别上不仅仅包括对限制人身自由的行政强制措施不服提起的诉讼，还包括对行政处罚不服提起的诉讼，在行为内容上不仅限于限制人身权的行政强制措施，还包括其他行政强制措施。只要是当事人不服的，原被告所在地的法院均有权进行管辖。司法解释如此规定的目的在于解决基于同一事实而产生的行政案件由不同的法院管辖以及产生的冲突问题，但其规定仍然不够周全，如果出现当事人不是一人而是多人的情形,当事人选择的法院不是同一个法院,一部分当事人选择甲地法院,另一部分当事人选择乙地法院或丙地法院,管辖冲突仍无法解决。[①]

在这方面,国外的立法规定值得我们借鉴,美国和法国的立法在赋予原告选择管辖法院方面有较大的灵活性。美国法律规定,对于案件有管辖权的地区法院有四种可能:(1) 被告行政机关所在地及其官员居住地;(2) 诉讼行为发生地;(3) 不动产所在地;(4) 原告居住地(公司的居住地为公司的成立地)。在这四类法院中,除不动产所在地法院是专有管辖法院以外,其余几处法院原告可以选择起诉。上诉法院的管辖也有几种选择:(1) 原告居住地,主要营业所所在地;(2) 交易进行地,所诉行为发生地;(3) 被控制事物所在地或控制行为生效地。[②] 法国行政法院原则上对其管辖区域内行政机关的决定和行政合同的诉讼有管辖权,但有许多例外,如关于行政合同的诉讼,由合同履行地法院管辖,如果合同履行地超过一个行政法院的管辖区域或不能确定时,由合同缔结地的行政法院管辖。此外,行政合同的当事人在不违反公共利益的限度内,可以在争议发生之前,约定有管辖权的法院。[③]

《行政诉讼司法解释》进一步加强了管辖规则的灵活性,其第 6 条规定在管辖的启动上赋予了当事人一定的选择权,当事人以案件重大复杂为由,认为有管辖权的基层人民法院不宜行使管辖权或者根据《行政诉讼法》第 52 条的规定,可以直接向中级人民法院起诉,但是否允许最终还是由受诉法院决定。考虑到法院指定管辖可能会给当事人带来一定程度的不便,上级法院在确定管辖法院时,应当尽可能采取就近原则。地处边远、交通不便的地方,应当考虑当事人的困难和负担,必要时可以征求当事人的意见。

第四节　行政诉讼的裁定管辖

根据人民法院的裁定而不是法律的直接规定而确定的管辖,称为裁定管辖。裁定管辖是法定管辖的必要补充,它可以帮助人民法院解决具体案件的管辖上出现的一些特殊问题,《行政诉讼法》第 22、23、24 条分别规定的移送管辖、指定管辖和管辖权的转移,均属于裁定管辖。

一、行政诉讼移送管辖

移送管辖是指人民法院对已受理的案件经审查发现不属于本法院管辖时,将案件移送给有管辖权的人民法院管辖的一种法律制度。它是无管辖权的人民

---

① 杨解君:《走向法治的缺失言说》,法律出版社 2001 年版,第 176—177 页。
② 王名扬:《美国行政法》,中国法制出版社 1999 年版,第 595 页。
③ 王名扬:《法国行政法》,中国政法大学出版社 1988 年版,第 632 页。

法院受理了不属于其管辖的案件的情况下所采取的一种补救措施，实质上是案件的移送，而不是管辖权的转移。移送管辖必须具备以下三个条件：第一，移送的案件必须是已经受理的案件；第二，移送的法院对案件没有管辖权；第三，受移送的人民法院必须有管辖权。《行政诉讼法》第22条对移送管辖作了规定："人民法院发现受理的案件不属于本院管辖的，应当移送有管辖权的人民法院，受移送的人民法院应当受理。受移送的人民法院认为受移送的案件按照规定不属于本院管辖的，应当报请上级人民法院指定管辖，不得再自行移送。"这是为了避免影响行政相对人依法行使诉权和法院对行政案件的及时审理。

二、行政诉讼指定管辖

指定管辖是指上级人民法院用裁定的方式，将某一案件交由某个下级人民法院进行管辖的法律制度。根据《行政诉讼法》第23条的规定，指定管辖有以下两种情况：一是由于特殊原因，有管辖权的人民法院不能行使管辖权。这里的"特殊原因"是指法律上的原因或者事实上的原因。法律上的原因，主要是法律规定的情形，如因回避，审判人员不够，不能组成合议庭审理案件。事实上的原因如发生了严重的自然灾害等等。二是管辖权发生争议，争议的双方协商不成。在这种情况下，应报请它们的共同上级法院指定管辖。根据最高人民法院司法解释的精神，有下列情形之一的，有管辖权的人民法院应报请上一级人民法院指定管辖：(1) 原告是受诉人民法院的工作人员、受诉人民法院所在地的党政主要负责人或者是受诉人民法院主要领导人或者行政审判人员的近亲属的；(2) 受诉人民法院参与了被诉行政行为，当事人申请回避，申请回避理由成立的；(3) 因其他特殊原因应当报请指定管辖的。

司法实践中出现的异地管辖制度，实际上是指定管辖的一种具体表现形式。[①]

三、行政诉讼管辖权的转移

管辖权的转移，是指由上级人民法院决定或者同意，把案件的管辖权由上级人民法院移交给下级人民法院，或者由下级人民法院移交给上级人民法院。根据《行政诉讼法》第24条的规定，行政诉讼管辖权的转移可以分为以下两种情况：(1) 上级人民法院有权审判下级人民法院管辖的第一审行政案件。在行政

---

① 2002年浙江省台州市对异地管辖进行了初步探索，已经建立了有限的异地管辖制度，明确了三个途径：一是由当事人启动，即当事人以案件重大复杂为由或者认为有管辖权的基层人民法院不宜行使管辖权，直接向中级人民法院起诉。二是由基层人民法院启动，即基层人民法院对其管辖的第一审行政案件，认为需要由中级人民法院审理或者指定管辖的，可以报请中级人民法院决定。三是由中级人民法院启动，即中级人民法院对基层人民法院管辖的第一审行政案件，根据案件情况，可以决定自己审理，也可以指定本辖区其他基层人民法院管辖。

审判实践中，对于下级人民法院既不受理又不作不予受理裁定的案件，上级人民法院认为符合受理条件的，可以先行受理。受理后可以指定下级人民法院审理，也可以自行审理。（2）下级人民法院对其管辖的第一审行政案件，认为需要由上级人民法院审理的，可以报请上级人民法院决定。

2014年《行政诉讼法》修改的过程中，立法机关为了切实保护当事人的上诉权，避免地方保护主义对案件公正审理的影响，删去了1989年《行政诉讼法》关于上级人民法院可以把自己管辖的第一审行政案件移交给下级人民法院审判的规定。

第五节　行政诉讼管辖异议

一、行政诉讼管辖异议的含义及意义

管辖异议或称管辖权异议，是指当事人认为受诉人民法院对已受理的案件无管辖权，提出不服该受诉法院管辖的意见。《行政诉讼法》没有规定管辖异议制度，法院在司法实践中遇到有关管辖异议的问题，一般适用《民事诉讼法》第130条有关管辖异议的规定以及《行政诉讼法司法解释》第10、11条的规定。

管辖异议规则具有以下几方面的意义和作用：其一，设立管辖异议规则有利于充分保护当事人的诉权。《行政诉讼法》的主要立法目的是保护行政相对人的合法权益。在共同管辖的情形下，同一案件可以由两个或两个以上的人民法院管辖，并且由于原告起诉时受种种因素的制约，存在管辖异议是较为普遍的现象。如果当事人对行政案件的管辖权持有异议，而在法律上又不赋予当事人管辖异议权，其实质就是对当事人诉讼权利的一种限制。其二，设立管辖异议规则有利于克服地方保护主义。现行管辖制度的设计存在着一个较为明显的缺陷，即司法管辖的区域与行政区划一般对应设置，司法辖区与行政辖区重合，地方法院在人财物等方面均受制于地方政府，法院在外部关系上难以独立，司法权地方化的现象较为普遍。此外，1994年财税体制改革后，地方政府获得了相对独立的地方利益，地方保护主义不可避免地会影响到社会生活，在司法领域也不例外，基于地方利益的驱动，不同法院之间争案件管辖的事件也时有发生，因此，在行政诉讼制度中设立管辖异议规则有利于防止和克服地方保护主义的现象。其三，设立管辖异议规则对法院和当事人均发生效力。管辖权是案件审理的前提问题，当事人提出管辖异议之后，受诉法院就应当中止对案件的实体审理，开始对案件程序问题的审理，诉讼程序就进入了程序审理阶段，在程序问题未解决之前不得进行实体审理。如果管辖异议成立，法院将裁定把案件移送到有管辖权的法院，这是裁定异议成立的直接效力，也是当事人提出管辖异议的延续效力。

二、行政诉讼管辖异议的条件

(1) 提出管辖异议的主体。《行政诉讼法司法解释》规定提出管辖异议的主体是“当事人”,即行政诉讼的原告、被告和第三人。在行政审判实践中,接到应诉通知的人一般是被告和第三人,因此,被告和第三人均有权提出管辖异议。关于原告是否有权提出管辖异议,存在着不同的意见:一种意见认为原告不能成为管辖异议的主体,理由是管辖法院是原告自己选择的,原告主动向法院起诉,应视为承认和接受受诉法院的管辖,不存在对管辖权有异议的问题,如果原告对管辖确有异议,可以撤诉。① 另一种意见认为原告可以成为管辖异议的主体,理由是根据《行政诉讼法司法解释》第60条的规定,原告撤诉后,以同一事实和理由重新起诉的,人民法院不予受理。因此,原告不行使管辖异议权,其行政诉权就难以保障。在司法实践中,原告提出管辖异议的情形主要有:第一,原告误向无管辖权的法院起诉的,法院受理后,才意识到受诉法院无管辖权;第二,在共同诉讼中,被追加进来的共同原告对受诉法院的管辖权提出异议;第三,受诉法院认为被告的异议理由成立,将案件移送,原告对移送的裁定提出异议。②

(2) 提出管辖异议的期限。当事人提出管辖异议,应当在接到人民法院应诉通知之日起15日内以书面形式提出,并且只能是向受理案件的一审法院提出,不能向二审法院提出。

(3) 提出管辖异议的形式和内容。当事人提出管辖异议,只能以书面的形式。在书面异议中,应当说明异议的内容,如当事人认为受诉法院无管辖权而应当由其他法院管辖,或者认为虽然受诉法院有管辖权,但由于特殊原因不适宜管辖而应当依法转移管辖权。

(4) 管辖异议不予审查的情形。《行政诉讼法司法解释》第11条规定,有下列情形之一的,人民法院不予审查:一是人民法院发回重审或者按第一审程序再审的案件,当事人提出管辖异议的;二是当事人在第一审程序中未按照法律规定的期限和形式提出管辖异议,在第二审程序中提出的。

三、对行政诉讼管辖异议的处理

对于当事人提出管辖异议的,人民法院应当在案件实体审理之前先行审查管辖权问题,经过审查后,作出以下处理:

(1) 当事人管辖异议成立的,裁定将案件移送有管辖权的人民法院。该处理办法参照了《民事诉讼法》关于管辖异议的规定。有人对此提出了不同的看

---

① 张树义主编:《寻求行政诉讼制度发展的良性循环》,中国政法大学出版社2000年版,第75—76页。

② 章武生:《民事案件管辖权异议初探》,载《法学研究》1993年第6期。

法，认为管辖异议成立时直接由法院依职权将案件移送有管辖权法院的处理方式不妥当。如果某一案件有两个或两个以上的法院有管辖权，应当由原告自行选择，而法院依职权移送处理的方式实际上限制或剥夺了原告对管辖法院的选择权，并且即使有管辖权的法院只有一个，原告也可能因种种原因不愿意去受移送的法院诉讼，因此，受诉法院忽视原告意愿而依职权移送的行为违背由原告发动诉讼的法律规定，不利于对原告诉权的全面保护。[①]

（2）当事人管辖异议不成立的，裁定驳回。当事人对驳回管辖异议的裁定不服的，根据《行政诉讼法司法解释》第 101 条的规定，可以上诉，上诉法院应当在法定期限内，对上诉进行审查，并作出最终裁定。当事人应当按照最终裁定所确定的管辖法院参加诉讼，否则视为自动撤诉或不应诉。

第六节　行政诉讼管辖模式的创新实践

一、行政案件集中管辖

2013 年 1 月 4 日，最高人民法院发布《关于开展行政案件相对集中管辖试点工作的通知》（以下简称《集中管辖试点通知》），开展行政案件集中管辖的试点工作。《集中管辖试点通知》规定："行政案件相对集中管辖，就是将部分基层人民法院管辖的一审行政案件，通过上级人民法院统一指定的方式，交由其他基层人民法院集中管辖的制度。各高级人民法院应当结合本地实际，确定 1—2 个中级人民法院进行试点。试点中级人民法院要根据本辖区具体情况，确定 2—3 个基层人民法院为集中管辖法院，集中管辖辖区内其他基层人民法院管辖的行政诉讼案件；集中管辖法院不宜审理的本地行政机关为被告的案件，可以将原由其管辖的部分或者全部案件交由其他集中管辖法院审理。"

"行政案件集中管辖"有狭义与广义之分。狭义的集中管辖是指《集中管辖试点通知》所规定的将基层人民法院管辖的一审案件平行交由其他基层人民法院集中管辖的形式（行政案件相对集中管辖）；广义的集中管辖除了包含上述形式外，还包括另外一种形式，即将辖区内全部或部分类型的一审行政案件集中由中级人民法院管辖。

集中管辖是对普通管辖制度的变通。集中管辖打破了《行政诉讼法》对级别管辖与地域管辖的一般规定。广义的集中管辖，提级由中级人民法院管辖的行政案件，改变了关于基层人民法院管辖一审行政案件的级别管辖规定。狭义的集中管辖，改变了关于由被告所在地法院管辖的地域管辖规定，具有异地管辖、

① 章武生：《民事案件管辖权异议初探》，载《法学研究》1993 年第 6 期。

指定管辖的性质。

司法审判区域与行政管理区域同一而导致的地方干扰问题是行政案件管辖制度始终存在的问题。在地方行政机关控制同级人民法院人、财、物的情况下，法院难以独立行使行政审判权、维护司法权威。行政案件集中管辖一定程度上实现了审判管辖区域与行政管理区域的分离，有助于改善司法环境，保障法院依法独立行使审判权；也有助于案件及时进入诉讼程序，保障当事人诉权；同时有助于统一裁判尺度，提高司法的统一性。

二、跨行政区域管辖

为深入贯彻党的十八届四中全会精神和《行政诉讼法》的相关规定，根据中央的改革部署，2014 年 10 月 16 日，最高人民法院下发《关于开展铁路法院管辖改革工作的通知》，确定北京、上海、吉林、辽宁、江苏、陕西、广东七个省(市)在全国先期开展铁路运输法院管辖改革试点。2014 年 12 月 2 日，中央全面深化改革领导小组第七次会议审议通过《设立跨行政区划人民法院、人民检察院试点方案》。随后，最高人民法院出台《关于北京、上海跨行政区划人民法院组建工作指导意见》，上海三中院、北京四中院以两地铁路运输中级人民法院为基础先后挂牌成立，成为跨行政区划的人民法院。2014 年《行政诉讼法》增加了跨行政区域管辖的规定，其第 18 条第 2 款规定，"经最高人民法院批准，高级人民法院可以根据审判工作的实际情况，确定若干人民法院跨行政区域管辖行政案件"。跨行政区域管辖可以被视为在对集中管辖实践的理解与把握的基础之上的进一步尝试，是与行政区划适当分离的司法管辖制度的探索与建设：《集中管辖试点通知》仅仅是一审行政案件在基层人民法院层次上的集中，而《行政诉讼法》第 18 条第 2 款的规定并未有"第一审""基层人民法院""集中"的字眼。亦即，受指定法院可能是基层人民法院，也可能是中级人民法院；受指定法院可能受理一审行政案件，也可能受理第二审案件；法院管辖方式可能是集中式的异地管辖或提级管辖，也可能是非集中式的异地交叉管辖。这一制度设计显然有利于解决行政案件审理难问题，减少地方政府对行政审判的干预。并且，《行政诉讼法》第 18 条第 2 款的规定为基层人民法院、中级人民法院异地管辖提供了依据，而 2014 年中共中央《关于全面推进依法治国若干重大问题的决定》关于"最高人民法院设立巡回法庭，审理跨行政区域重大行政和民商事案件"的规定则为解决高级法院异地管辖问题提供了方向。①

---

① 在 2014 年修正的《行政诉讼法》通过前夕，部分省份的法院系统也开始着手行政案件跨区域管辖的试点工作：2014 年 5 月 1 日，河南省安阳市中级人民法院出台的《第一审行政案件跨区域异地管辖实施意见》正式施行；2014 年 5 月 6 日，安阳县人民法院受理了安阳市法院系统实施第一审行政案件跨区域异地管辖工作开始以来的第一起跨区域异地管辖行政案件。

无论是集中管辖，抑或是跨行政区域管辖，行政案件管辖制度改革的目的，都在于防止和排除行政机关的干预，使人民法院能够独立公正地受理和审理行政案件。实行行政案件跨区域管辖，对减少行政审判工作的外部干扰，确保人民法院依法独立公正审理行政案件有促进作用。而要使人民法院依法独立公正审理行政案件得到更为彻底的保障，下一步的方案或许应当是设立专门的行政法院。[①]

三、专门法院管辖

专门法院是专业化审判的最高组织形式。进入新时代，我国专门人民法院建设取得重大成效，先后设立 4 个知识产权法院、3 个金融法院，增设 1 个海事法院，逐步形成制度特点和优势。

知识产权法院行使对知识产权行政案件的管辖权。根据最高人民法院《关于第一审知识产权民事、行政案件管辖的若干规定》《关于北京、上海、广州知识产权法院案件管辖的规定》以及《关于知识产权法院案件管辖等有关问题的通知》，知识产权法院管辖涉及发明专利、实用新型专利、外观设计专利、植物新品种、集成电路布图设计、技术秘密等权属、侵权纠纷第一审行政案件。

海事法院行使对海事行政案件的管辖权。根据最高人民法院《关于海事法院受理案件范围的规定》，对于中国海警局行政执法行为提起的行政诉讼，地方法院与海事法院均有管辖权。

金融法院行使对金融行政案件的管辖权。最高人民法院《关于上海金融法院案件管辖的规定》第 4 条规定，以上海证券交易所为被告或者第三人的与证券交易所监管职能相关的第一审金融民商事和涉金融行政案件，由上海金融法院管辖。第 6 条规定，上海市辖区内应由中级人民法院受理的对金融监管机构以及法律、法规、规章授权的组织因履行金融监管职责作出的行政行为不服提起诉讼的第一审涉金融行政案件，由上海金融法院管辖。

---

① 2014 年 11 月 1 日上午，全国人大常委会《关于修改〈中华人民共和国行政诉讼法〉的决定》获得通过。下午，在全国人大常委会办公厅举行的新闻发布会上，时任最高人民法院副院长江必新作了如下发言："根据三中全会和四中全会的决定，以及这次诉讼法的规定，我们要指定一些法院来审理跨区域的行政案件。具体来说，利用原来铁路法院这样一个框架，把一部分行政案件，当然除了行政案件以外，还有一部分与交通有关的刑事案件、与行政诉讼有关的民事案件。将来条件成熟的时候，还可能有其他一些案件，指定到原来的铁路中院或者是基层法院来进行管辖。现在我们也正在处在试点阶段。根据中政委的要求，在不久的将来我们要选择几个这样的法院来进行挂牌，以审理行政案件为主。"换言之，按照最高人民法院的部署，将对原先的铁路法院进行"变身"，由铁路法院承担跨行政区域管辖试点工作的担子，并且，目前暂时未有设立专门行政法院的日程表。但本书认为，行政法院的设立有其可行性，其也是行政案件管辖制度改革下一个努力的目标。

此外，从摆脱地方干预的角度出发，湖北省"直管中院"的做法值得关注。湖北省汉江中级人民法院于 1999 年 10 月成立，是经国家批准设立的省高级人民法院直管中院，管辖范围包括天门、潜江、仙桃三个省直管市的民事、刑事、行政案件。汉江中院属于湖北省高级人民法院的派出机关，无同级人大、党委、政府，其院长和审判人员由湖北省人大常委会任命。

第二十七章　行政诉讼参加人

第一节　行政诉讼参加人概述

一、行政诉讼参加人的概念

行政诉讼参加人，是指依法参加行政诉讼活动，享有诉讼权利，承担诉讼义务，并且与诉讼争议或诉讼结果有利害关系的人。行政诉讼参加人包括当事人、共同诉讼人、诉讼中的第三人和诉讼代理人。行政诉讼参加人与行政诉讼参与人不同。[①] 行政诉讼参与人的范围更为广泛，它不仅包括行政诉讼参加人，而且包括证人、勘验人、鉴定人、翻译人员等。

行政诉讼的当事人有广义和狭义之分。广义的当事人包括原告、被告、共同诉讼人和诉讼第三人。狭义的当事人，仅指原告和被告。在行政诉讼的不同阶段，当事人有不同的称谓：在第一审程序中，称为原告和被告；在第二审程序中，称为上诉人和被上诉人；在审判监督程序中，称为申诉人和被申诉人；在执行程序中，称为申请执行人和被申请执行人。在行政诉讼中，当事人的称谓，不仅仅是一个名称问题，它直接表明了当事人在行政诉讼中的诉讼地位及其所享有的诉讼权利和所承担的诉讼义务。

二、行政诉讼当事人的特征

行政诉讼当事人具有以下特征：

(1) 以自己的名义进行诉讼。凡是不能以自己的名义参加行政诉讼活动的，如诉讼代理人，不属于行政诉讼的当事人。

(2) 与行政案件有直接或间接的利害关系。在行政诉讼中，当事人是为了维护自己的合法权益而参与到行政诉讼活动之中的，案件的处理结果与当事人有直接或间接的利害关系。而当事人以外的其他诉讼参与人并不是基于自身的利益参加到诉讼中，而是为了协助他人进行诉讼，使行政诉讼活动能够顺利进行，他们与案件的结果没有直接或间接的利害关系，如证人、鉴定人、翻译人员等。

---

① 诉讼参与人是《行政诉讼法》第59条出现的概念。曾有观点认为行政诉讼参加人即行政诉讼参与人，二者并无区分。参阅许崇德、皮纯协：《新中国行政法学研究综述（1949—1990）》，法律出版社1991年版，第663页。但学界主流观点认为，行政诉讼参加人与行政诉讼参与人是两个不同概念。

（3）受人民法院裁判的拘束。由于人民法院的裁判是针对当事人之间有关行政权利和义务的争执作出的，因而其裁判的效力只是针对当事人。对于当事人以外的其他诉讼参与人，人民法院的裁判则不发生拘束力。

第二节　行政诉讼原告

一、行政诉讼原告的含义及其资格条件

行政诉讼的原告，是指认为行政主体及其工作人员的行政行为侵犯其合法权益，而向人民法院提起诉讼的个人或者组织。[①] 我国《行政诉讼法》第 2 条和第 25 条用专门的法律条文来规定行政诉讼的原告。根据《行政诉讼法》第 2 条和第 25 条的规定，享有原告主体资格的法定条件有三：（1）原告必须是个人或组织，即原告定位为行政相对人和利害关系人；（2）原告必须是认为行政行为侵犯其合法权益的行政相对人或与该行政行为有利害关系的人；（3）原告必须是向人民法院提起行政诉讼的行政相对人或利害关系人。

行政诉讼的原告，既可以是个人，也可以是组织。个人主要指公民，也包括外国人和无国籍人。所谓公民，是指具有中华人民共和国国籍的自然人。外国人、无国籍人在我国领域内进行行政诉讼，根据《行政诉讼法》第 99 条的规定，在对等的原则下，也适用行政诉讼法关于原告的规定，同我国公民享有同等的诉讼权利和义务。组织包括法人和其他非法人组织。所谓法人，是指依法独立享有民事权利能力和承担民事义务的组织；所谓其他组织，是指法人以外的团体，主要是指那些设有代表人或管理人，但不具备法人条件，没有取得法人资格的社会集合体。不具备法人资格的其他组织向人民法院提起行政诉讼，由该组织的主要负责人作为诉讼代表人。没有主要负责人时，可以由实际负责人作为诉讼代表人。

二、行政诉讼原告资格的转移

根据《行政诉讼法》第 25 条和《行政诉讼法司法解释》的有关规定，行政诉讼原告资格的转移主要有以下几种情形：

（1）有权提起诉讼的公民在诉讼中死亡，其近亲属可以提起诉讼。在这种情况下，已死亡的公民不能列为原告，提起诉讼的近亲属是以原告的身份而不是以诉讼代理人的身份提起诉讼。近亲属的范围具体包括：配偶、父母、子女、兄弟

---

① 《行政诉讼法》对行政相对人范围的界定是“公民、法人和其他组织”。这一界定不尽准确，因为公民不能涵盖外国人、无国籍人。故本书使用“个人、组织”界定行政相对人的范围。“个人”自然包括公民、外国人、无国籍人，“组织”自然包括法人和其他组织。

姐妹、祖父母、外祖父母、孙子女、外孙子女和其他具有扶养、赡养关系的亲属。

公民因被限制人身自由而不能提起诉讼的，其近亲属可以依其口头或者书面委托以该公民的名义提起诉讼。近亲属起诉时无法与被限制人身自由的公民取得联系的，近亲属可以先行起诉，并在诉讼中补充提交委托证明。

（2）有权提起诉讼的法人或其他组织在诉讼中终止，承受其权利的法人或者其他组织也可以提起诉讼。

三、行政诉讼原告资格若干问题的探讨

我国《行政诉讼法》有关原告资格共有三方面的立法规定：一是《行政诉讼法》第2条关于行政诉权的规定；二是《行政诉讼法》第25条关于原告的具体内容，即确定原告的不同情形；三是《行政诉讼法》第44—49条关于起诉受理条件的规定。

在《行政诉讼法》修改之前，由于立法规定比较原则，难以解决司法实践中原告资格的确定问题，《行政诉讼法司法解释》(2000)第12条规定了在审判实践中确立原告资格的新的标准，即与具体行政行为有法律上利害关系的公民、法人或者其他组织对该行为不服的，可以依法提起行政诉讼。

《行政诉讼法司法解释》(2000)第12条关于“与具体行政行为有法律上利害关系”的表述来源于《行政诉讼法》(1989)第27条关于第三人的立法规定，用“法律上利害关系”的标准替代了“行政相对人”的标准。[①] 但这一司法解释与《行政诉讼法》(1989)对于第三人资格的表述并不完全一致：《行政诉讼法》(1989)规定第三人是指“同提起诉讼的具体行政行为有利害关系的其他公民、法人或者其他组织”，但《行政诉讼法司法解释》(2000)的规定却用“法律上”利害关系作限定，排除了事实上的利害关系，权利保障反而不够周全。

《行政诉讼法》修改过程中在纳入相关司法解释规定的同时，删去了“法律上”利害关系的限制，表述为“行政行为的相对人以及其他与行政行为有利害关系的公民、法人或者其他组织，有权提起诉讼”。这一修改具有重要的理论和实践意义：

第一，扩大了原告资格的范围，有利于保护相对人的行政诉权。以往仅以“行政相对人”作为标准来确定原告资格的做法，使一些与行政行为有利害关系而非直接行政相对人的当事人不能以原告的身份提起诉讼，只能以第三人的身份参加诉讼，并且必须以相对人已提起诉讼为前提，致使这一类当事人的行政诉

---

① 我国行政法学界对原告资格的讨论相当热烈，涉及原告资格的含义、性质、构成要件、制约因素、法定标准以及具体情况下原告资格的确定问题等。参见应松年、杨伟东：《中国行政法学20年研究报告》，中国政法大学出版社2007年版，第668—679页。

权难以保护。[1]

第二，事实上拓宽了行政诉讼的受案范围。根据《行政诉讼法》的规定，原告只能就其人身权、财产权受到行政行为侵害提起行政诉讼，采用"利害关系"标准，原告只要主张其法律上的利益受到行政行为的侵害，都可以提起诉讼，而不仅限于人身权、财产权的范围，也不限于公法上的利益，还包括私法上的利益，不仅包括已被立法确认的法定权利类型，也包括尚未被立法确认的权利类型。

第三，符合我国行政诉讼的客观实际。从我国行政诉讼的实践来看，行政相对人在起诉阶段普遍存在的问题是不愿告、不敢告、不会告的问题，法院受理行政案件的数量尽管逐年上升，但在总体上仍无法与民商事案件相比，本没有必要对原告资格进行过多的限制。然而，由于修改后的《行政诉讼法》对原告资格的规定同样较为抽象，故《行政诉讼法司法解释》(2018)第12条对于具有原告资格的情形采用具体列举方式规定对实践就具有特别的指导意义。

1. 被诉的行政行为涉及其相邻权[2]或者公平竞争权的

相邻权是一项民事权利，它是指不动产上的相邻权，根据我国《土地管理法》《城市规划法》《草原法》《森林法》《水法》《矿产资源法》《环境保护法》《建筑法》《道路交通法》《农业法》的有关规定，相关领域的行政机关在行政管理活动中有可能侵犯或者影响到相邻权人的相邻权，相邻权人就有权提起行政诉讼。

公平竞争权是市场主体的一项基本权利，行政机关在维护市场秩序、确保市场主体的公平竞争方面负有法定的职责，并且在配置稀缺的社会资源方面应当采用市场化的方法，公平、公正、公开地配置资源。因此，行政机关在对市场行使行政管理权的过程中，其行政行为有可能侵害或影响到市场主体的公平竞争权，对此，享有公平竞争权的人有权提起行政诉讼。[3]

有学者认为，处于竞争状态的人是否具备行政诉讼的原告资格，关键取决于三个条件：一是原告是否遭受了特别的人身或财产损害；二是争议案件是否存在真正意义上的竞争，以及行政行为是否会损害合法的竞争，造成违法竞争的局面；三是看有无很强的政策和政治因素，因为对于具有很强政策性和政治性的案件，法院由于缺乏相应的法律规定，难以判断行政行为合法与否。[4]

---

[1] 这里的问题主要是实践中对"行政相对人"的理解问题：在行政诉讼实践中，很多法官和当事人均将"行政相对人"理解为直接相对人，而不包括间接相对人，即与行政行为有利害关系但并非行政行为直接对象的人。如果对行政相对人作广义的理解，就不会发生限缩原告资格范围的问题。为了避免实践中的问题，2014年《行政诉讼法》修改，对"行政相对人"用其狭义，将利害关系人与之并列，以保证后者的原告资格不被否定。

[2] 《民法典》第288条规定："不动产的相邻权利人应当按照有利生产、方便生活、团结互助、公平合理的原则，正确处理相邻关系。"

[3] 参阅广州市海龙王投资发展有限公司诉广东省广州市对外经济贸易委员会行政处理决定纠纷案，最高人民法院行政裁定书(2001)行终字第2号。

[4] 马怀德：《竞争者的原告资格》，载《人民法院报》2002年10月25日。

2. 在复议程序中被追加为第三人的

《行政诉讼法司法解释》(2018)规定了在复议程序中被追加为第三人的相对人。应当说,在复议程序中被追加为第三人的相对人只是与被诉行政复议决定有利害关系的一种情形。

3. 要求行政机关依法追究加害人法律责任的

行政相对人(受害人)要求行政机关追究加害人的法律责任,如行政机关拒绝追究,其有权提起行政诉讼。当公民的权利受到侵害时,除了少数情形下可以由公民自力救济以外,一般需要国家机关进行公力救济,通过依法追究加害人的法律责任来维护自身的权利。因此,如果行政相对人要求行政机关追究加害人的法律责任,行政机关拒绝或逾期不履行法定职责的,受害人有权提起诉讼。

4. 撤销或者变更行政行为涉及其合法权益的

行政行为是国家权力的一种表现形式,一旦正式生效之后,就其内容而言对行政主体和行政相对人产生拘束力,就其形式而言具有不可撤销性,即非经法定程序不得撤销或变更。因此,当行政相对人认为与撤销或变更行政行为有利害关系的,有权提起行政诉讼。

5. 为维护自身合法权益向行政机关投诉,具有处理投诉职责的行政机关作出或者未作出处理的

在司法实践中,投诉类行政案件和其他滋扰性案件数量激增。一些与自身合法权益没有关系或者与被投诉事项没有关联的"职业打假人""投诉专业户",利用立案登记制度降低门槛之机,反复向行政机关进行投诉。这些人为制造的诉讼,既干扰了行政机关的正常管理,也浪费了法院有限的司法资源,使得其他公民正当的投诉权利受到影响。为此,《行政诉讼法司法解释》(2018)明确规定,投诉举报者必须是为了维护自身权益提起诉讼的才能取得原告资格,与自身权益无关的职业举报人则不具有原告资格。

6. 其他与行政行为有利害关系的情形

《行政诉讼法司法解释》(2018)第13—18条还具体规定了其他情形的行政诉讼原告资格。

一是债权人的原告资格。债权人原则上没有行政诉讼原告主体资格,即债权人以行政机关对债务人所作的行政行为损害债权实现为由提起行政诉讼的,人民法院应当告知其就民事争议提起民事诉讼,但行政机关作出行政行为时依法应予保护或者应予考虑的除外。

二是非营利法人的原告主体资格,即事业单位、社会团体、基金会、社会服务机构等非营利法人的出资人、设立人认为行政行为损害法人合法权益的,可以自己的名义提起诉讼。

三是涉及业主共有利益的原告主体资格。业主委员会对于行政机关作出的

涉及业主共有利益的行政行为,可以自己的名义提起诉讼。业主委员会不起诉的,专有部分占建筑物总面积过半数或者占总户数过半数的业主可以提起诉讼。

虽然从整体看,我国行政诉讼的原告资格呈现逐渐放宽的趋向,但何为"与行政行为有利害关系"一直是司法适用和法律解释的难题,无论是学理还是实务,至今都尚未形成一套普遍确信的诠释和分析框架。最高人民法院在刘广明诉张家港市人民政府行政复议案[①]中采用域外法中的"保护规范理论"和"主观公权利"理解"利害关系"以及认定原告主体资格问题,认为"只有主观公权利,即公法领域权利和利益受到行政行为影响,存在受到损害可能性的当事人,才与行政行为具有法律上利害关系,才形成行政法上权利义务关系,才具有原告主体资格,才有资格提起行政诉讼"。在将原告资格中的"利害关系"解释为主观公权利后,最高人民法院对如何判定主观公权利的问题,吸收了"保护规范理论":"保护规范理论或者说保护规范标准,将法律规范保护的权益与请求权基础相结合,具有较强的实践指导价值。即以行政机关作出行政行为时所依据的行政实体法和所适用的行政实体法律规范体系,是否要求行政机关考虑、尊重和保护原告诉请保护的权利或法律上的利益,作为判断是否存在公法上利害关系的重要标准。"[②]这是我国行政诉讼制度在原告资格标准方面的一次重大变化。

保护规范理论主张,客观法规范在保护公共利益的同时,至少同样服务于某个特定的人或人群的私人利益,也即必须包含"私人利益保护指向",才能确认该规范会生成主观公权利。保护规范理论也因此成为区分主观公权利和反射利益的核心基准。《行政诉讼法司法解释》(2018)第 13 条规定:"债权人以行政机关对债务人所作的行政行为损害债权实现为由提起行政诉讼的,人民法院应当告知其就民事争议提起民事诉讼,但行政机关作出行政行为时依法应予保护或者应予考虑的除外。"这是最高人民法院在刘广明案之后发布的明确导入保护规范理论的一个标志性司法解释条款。

四、行政公益诉讼的提起

2017 年修正的《行政诉讼法》在第 25 条增加第 4 款,将检察机关提起行政公益诉讼入法。《公益诉讼司法解释》《人民检察院公益诉讼办案规则》等规范性文件进一步补充完善了检察机关提起行政公益诉讼的规定。

检察机关提起行政公益诉讼的基本特征有:

(1) 检察机关提起行政公益诉讼的目的是保护国家利益或者社会公共利益。

---

① 参见最高法(2017)行申 169 号《行政裁定书》。

② 同上。

(2) 检察机关提起行政公益诉讼须同时满足以下两种情形：一是对保护国家利益或者社会公共利益负有监督管理职责的行政机关可能违法行使职权或者不作为；二是国家利益或者社会公共利益受到侵害。

(3) 检察机关提起行政公益诉讼的案件范围涉及生态环境和资源保护、食品药品安全、国有财产保护、国有土地使用权出让、未成年人保护等领域。

(4) 检察机关提起行政公益诉讼须履行诉前程序。检察机关在提起行政公益诉讼前，应当向行政机关提出检察建议，督促其依法履行职责。行政机关经检察建议督促仍未依法履行职责，检察机关应当依法提起行政公益诉讼。认定行政机关未依法履行职责有多种情形，包括逾期行政机关未回复检察建议并且没有采取有效整改措施、已制定整改措施但未实质性执行、按期回复但未采取或仅部分采取整改措施等。设立诉前程序是为了提高检察监督的效力，督促行政机关主动履职，并节约司法资源。

第三节 行政诉讼被告

一、行政诉讼被告的含义及其条件

行政诉讼的被告，是指其实施的行政行为被作为原告的个人或者组织指控侵犯其合法权益，而由人民法院通知应诉的行政主体。《行政诉讼法》第 26 条专门规定了行政诉讼被告的三项条件：一是其必须是行政主体；二是其必须实施了原告认为侵犯其合法权益的行政行为；三是人民法院通知其应诉。

二、行政诉讼被告的一般情形

《行政诉讼法》第 26 条规定了确定行政诉讼被告的六种不同情形：

(1) 原告直接向人民法院提起行政诉讼的，作出被诉行政行为的行政机关是被告。《行政诉讼法》第 2 条规定："公民、法人或者其他组织认为行政机关和行政机关工作人员的行政行为侵犯其合法权益，有权依照本法向人民法院提起诉讼。前款所称行政行为，包括法律、法规、规章授权的组织作出的行政行为。"①

(2) 行政案件经复议机关复议，复议机关维持原行政行为的，作出原行政行为的行政机关和复议机关是共同被告；复议机关改变原行政行为的，复议机关是

① 《行政诉讼法》(1989)将法律、法规授权的组织作为行政诉讼的被告，现行《行政诉讼法》将规章授权的组织也纳入行政诉讼被告。这意味着财政部门可以通过提请有权机关制定规章，将政府监管的部分职权下放，或剥离至内设机构、派出机构、行业协会等社会组织，接受授权的机构可以独立行使职权并承担责任，当事人也可以就其监管行为将其作为独立被告提起诉讼。

被告。《行政诉讼法》(1989)中规定了“复议机关决定维持原具体行政行为的，作出原具体行政行为的行政机关是被告”，这导致实践中复议机关为避免成为被告，不对被申请行为认真审查而一味作出维持决定。为应对这一问题，修改后的《行政诉讼法》将作出维持决定的复议机关规定为共同被告。

(3) 复议机关在法定期限内未作出复议决定，公民、法人或者其他组织起诉原行政行为的，作出原行政行为的行政机关是被告；起诉复议机关不作为的，复议机关是被告。

(4) 两个以上行政机关作出同一行政行为的，共同作出行政行为的行政机关是共同被告。

(5) 行政机关委托的组织所作的行政行为，委托的行政机关是被告。如公安机关委托乡(镇)人民政府作出的治安行政处罚，被处罚人不服提起行政诉讼的，被告是公安机关，而不是乡(镇)人民政府。行政机关在没有法律、法规或合法有效规章规定的情况下，授权某机构或所属职能部门行使行政职权，应视为委托行为，被告是委托行政机关。

(6) 行政机关被撤销或者职权变更的，由继续行使其职权的行政机关作为被告。

比较《行政诉讼法》(1989)，《行政诉讼法》(2014)对复议机关作被告和行政机关职权变更等情形的规定作出了修改，并纳入了司法解释中对复议机关不作为时认定被告的规定，进一步明确和完善了被告制度。

除《行政诉讼法》的规定外，2011 年 8 月 13 日起开始施行的最高人民法院《政府信息公开案件审理司法解释》第 4 条和 2021 年 4 月 1 日起开始施行的最高人民法院《关于正确确定县级以上地方人民政府行政诉讼被告资格若干问题的规定》第 6 条明确规定了法院在审理政府信息公开行政案件中确定被告的几种不同情形：

(1) 公民、法人或者其他组织对国务院部门、地方各级人民政府及县级以上地方人民政府部门依申请公开政府信息行政行为不服提起诉讼的，以作出答复的机关为被告；逾期未作出答复的，以受理申请的机关为被告。

(2) 公民、法人或者其他组织对主动公开政府信息行政行为不服提起诉讼的，以公开该政府信息的机关为被告。

(3) 公民、法人或者其他组织对法律、法规授权的具有管理公共事务职能的组织公开政府信息的行为不服提起诉讼的，以该组织为被告。

(4) 公民、法人或者其他组织对涉及几个机关的政府信息公开行为不服提起诉讼的，应当以在对外发生法律效力的文书上署名的机关为被告。

(5) 县级以上地方人民政府根据《政府信息公开条例》的规定，指定具体机构负责政府信息公开日常工作，公民、法人或者其他组织对该指定机构以自己名义所作的政府信息公开行为不服提起诉讼的,以该指定机构为被告。

三、对实践中行政诉讼被告认定几种情形的探讨

除上述《行政诉讼法》和《政府信息公开案件审理司法解释》规定的几种不同的情形之外,《行政诉讼法司法解释》第 19—25 条还规定了被告的几种特别情形:

(1) 当事人不服经上级行政机关批准的行政行为,向人民法院提起诉讼的,以在对外发生法律效力的文书上署名的机关为被告。

(2) 行政机关组建并赋予行政管理职能但不具有独立承担法律责任能力的机构,以自己的名义作出行政行为,当事人不服提起诉讼的,应当以组建该机构的行政机关为被告。

(3) 行政机关的内设机构、派出机构或者其他组织在没有法律、法规或者规章授权的情况下,以自己的名义作出行政行为,当事人不服提起诉讼的,应当以该行政机关为被告。

(4) 法律、法规或者规章授权行使行政职权的行政机关内设机构、派出机构或者其他组织,超出法定授权范围实施行政行为,当事人不服提起诉讼的,应当以实施该行为的机构或者组织为被告。行政机关在没有法律、法规或者规章规定的情况下,授权其内设机构、派出机构或者其他组织行使行政职权的,应当视为委托。当事人不服提起诉讼的,应当以该行政机关为被告。

(5) 明确开发区管理机构及其职能部门的被告资格。当事人对由国务院、省级人民政府批准设立的开发区管理机构作出的行政行为不服提起诉讼的,以该开发区管理机构为被告;对由国务院、省级人民政府批准设立的开发区管理机构所属职能部门作出的行政行为不服提起诉讼的,以其职能部门为被告;对其他开发区管理机构所属职能部门作出的行政行为不服提起诉讼的,以开发区管理机构为被告;开发区管理机构没有行政主体资格的,以设立该机构的地方人民政府为被告。

在行政诉讼的实践中,确定被告主体资格时还应遵守以下规则:

第一,关于被告资格转移的问题。

《行政诉讼法》第 26 条第 6 款虽然规定了行政机关被撤销或者职权变更的,继续行使其职权的行政机关为被告,但是,在实践中,应当作为被告的行政机关被撤销或变更职权,可能发生以下两种情形:一是作出行政行为之后,在原告尚未提起诉讼时被撤销或变更职权。在这种情况下,原告应对继续行使其职权的行政机关起诉。二是在诉讼过程中,人民法院作出裁判之前被撤销或变更职权,在这种情况下,人民法院应当更换被告,通知新的被告应诉。上述这两种情形都是假定行政机关被撤销或变更职权之后,有继续行使其职权的行政机关存在,如

果行政机关被撤销或变更职权之后，没有继续行使其职权的行政机关，那么被告的主体资格应当如何确定？《行政诉讼法司法解释》第23条规定，行政机关被撤销或者职权变更，没有继续行使其职权的行政机关的，以其所属的人民政府为被告；实行垂直领导的，以垂直领导的上一级行政机关为被告。这样确定被告的主体资格有类似的立法规定可供参照，《国家赔偿法》第7条第5款规定："赔偿义务机关被撤销的，继续行使其职权的行政机关为赔偿义务机关；没有继续行使其职权的行政机关的，撤销该赔偿义务机关的行政机关为赔偿义务机关。"

第二，特殊的被告资格问题。

在行政诉讼实践中，特殊的被告资格主要有以下三种情形：

一是村（居）民委员会的被告资格问题。对于村（居）民委员会在行政诉讼中的被告资格，法律未作明确规定，目前存在着不同意见：一种意见认为，村（居）民委员会是群众性自治组织，不属于行政机关，不具备行政诉讼被告主体资格；另一种意见认为，村（居）民委员会虽然不是行政机关，但根据法律、法规的规定，享有一定的行政管理职权，可以将村（居）民委员会视为法律、法规授权组织，因而具有行政诉讼的被告资格。《行政诉讼法司法解释》第24条第1—2款规定，当事人对村民委员会或者居民委员会依据法律、法规、规章的授权履行行政管理职责的行为不服提起诉讼的，以村民委员会或者居民委员会为被告。当事人对村民委员会、居民委员会受行政机关委托作出的行为不服提起诉讼的，以委托的行政机关为被告。

二是高等学校等事业单位及行业协会的被告资格问题。[①] 在我国行政诉讼的司法实践中，事业单位及行业协会是否具有行政诉讼的被告资格有争议，持肯定观点的认为应当具有被告资格，其依据是将学校视为法律、法规授权的组织。现行法规定的被告是行政机关，司法解释和一般教科书都把"行政机关"解释为行政主体，包括行政机关和法律、法规授权组织。我国的《教育法》和《学位条例》通过法律授权的方式，明确规定了学校对学生具有的行政管理权。这样，高等学校等事业单位就属于法律、法规授权的组织。《行政诉讼法司法解释》第24条第3—4款规定，当事人对高等学校等事业单位以及律师协会、注册会计师协会等行业协会依据法律、法规、规章的授权实施的行政行为不服提起诉讼的，以该事业单位、行业协会为被告。当事人对高等学校等事业单位以及律师协会、注册会计师协会等行业协会受行政机关委托作出的行为不服提起诉讼的，以委托的行政机关为被告。

① 近20年来学生与高校之间的行政纠纷不断增加，如北京大学博士生刘燕文状告北京大学，要求颁发毕业证和学位证案；北京科技大学本科生田永状告北京科技大学，要求颁发毕业证案；财政部财政科学研究所博士生韩某状告财政科学研究所勒令退学案；2015年7月于艳茹诉北京大学撤销其学位案等。

三是县级以上地方人民政府的被告资格问题。根据最高人民法院《关于正确确定县级以上地方人民政府行政诉讼被告资格若干问题的规定》，应当结合具体情况，依法判定县级以上地方政府的被告资格：① 法律、法规、规章规定属于县级以上地方人民政府职能部门的行政职权，县级以上地方人民政府通过听取报告、召开会议、组织研究、下发文件等方式进行指导，对不服县级以上地方人民政府的指导行为提起诉讼的，以具体实施行政行为的职能部门为被告。② 县级以上地方人民政府根据《城乡规划法》的规定，责成有关职能部门对违法建筑实施强制拆除，对强制拆除行为不服提起诉讼的，以作出强制拆除决定的行政机关为被告；没有强制拆除决定书的，以具体实施强制拆除行为的职能部门为被告。③ 对集体土地征收中强制拆除房屋等行为不服提起诉讼的，除有证据证明系县级以上地方人民政府具体实施外，以作出强制拆除决定的行政机关为被告；没有强制拆除决定书的，以具体实施强制拆除等行为的行政机关为被告。县级以上地方人民政府已经作出国有土地上房屋征收与补偿决定，对具体实施房屋征收与补偿工作中的强制拆除房屋等行为不服而提起诉讼的，以作出强制拆除决定的行政机关为被告；没有强制拆除决定书的，以县级以上地方人民政府确定的房屋征收部门为被告。④ 公民、法人或者其他组织向县级以上地方人民政府申请履行法定职责或者给付义务，法律、法规、规章规定该职责或者义务属于下级人民政府或者相应职能部门的行政职权，县级以上地方人民政府已经转送下级人民政府或者相应职能部门处理并告知申请人，申请人起诉要求履行法定职责或者给付义务的，以下级人民政府或者相应职能部门为被告。⑤ 对县级以上地方人民政府确定的不动产登记机构或者其他实际履行该职责的职能部门按照《不动产登记暂行条例》的规定办理不动产登记不服而提起诉讼的，以不动产登记机构或者实际履行该职责的职能部门为被告。对《不动产登记暂行条例》实施之前由县级以上地方人民政府作出的不动产登记行为不服提起诉讼的，以继续行使其职权的不动产登记机构或者实际履行该职责的职能部门为被告。⑥ 县级以上地方人民政府根据《政府信息公开条例》的规定，指定具体机构负责政府信息公开日常工作，对该指定机构以自己名义所作的政府信息公开行为不服提起诉讼的，以该指定机构为被告。

随着政治体制改革的进一步深化和政府职能的不断转变，越来越多的政府行政职能将从政府中分离出来，交由具有社会管理职能的中介组织（社会公权力组织）等行使，这些组织很难用“法律、法规授权组织”予以涵盖，造成立法和司法上的不便。为此，可以考虑引入作为社会公权力组织的“公法人”“公务法人”“公法支配的机关”等称谓来解决行政诉讼被告的问题。

第四节　行政诉讼的共同诉讼人

一、共同诉讼人的概念

行政诉讼的当事人，在通常情况下，原被告双方都是单一的。但是，在某些行政案件中，原被告一方或者双方不是单一的，而是两个或两个以上的，这种情况称为共同诉讼。所谓共同诉讼，是指当事人一方或者双方为二人以上的诉讼。原告为二人以上的，称为共同原告。被告为二人以上的，称为共同被告。共同原告或者共同被告，又统称为共同诉讼人。

法律规定共同诉讼的目的是避免对同一行政争议作出相互矛盾的判决。同时，也是为了能够简化诉讼程序，提高办案效率。

二、行政诉讼共同诉讼的种类

根据《行政诉讼法》第 27 条的规定，行政诉讼共同诉讼可分为以下两种：

一是必要的共同诉讼。因同一行政行为发生的共同诉讼，即当事人一方或者双方为二人以上，因对同一个行政行为是否合法发生争议而提起的诉讼。例如，甲乙二人共有一间私房，城建规划部门认定该私房为违章建筑，决定依法拆除，甲乙二人不服而提起的诉讼。必要的共同诉讼因同一行政行为而发生，共同原告或者共同被告有着共同的权利和义务。因此，对于必要的共同诉讼，人民法院应当合并审理。

二是普通的共同诉讼。因同类的行政行为发生的共同诉讼，即当事人一方或者双方为二人以上，因对同类的行政行为是否合法发生争议而提起的诉讼。例如，甲乙二人分别拥有相邻的两间个体商店，因违反门前“三包”的规定而被环卫部门处罚，甲乙不服处罚而提起的诉讼。普通的共同诉讼并不必然导致法院的合并审理，必须是人民法院认为可以和有必要合并审理的，才能合并审理。值得注意的是，《行政诉讼法》(2014)将《行政诉讼法》(1989)中“同样”的表述改为“同类”，回归诉讼法理论和制度设计的初衷，表述上更为严谨合理。

三、诉讼代表人

诉讼代表人，是指为了便于诉讼，由人数众多的一方当事人推选出来，代表其利益实施诉讼行为的人。这一制度有利于简化诉讼程序、节约司法资源、保证案件判决的一致性，从而为法院审判和人数众多的当事人诉讼提供便利。

《行政诉讼法》(1989)规定了共同诉讼，但未规定诉讼代表人制度。为提高司法效率，《行政诉讼法》(2014)参照《民事诉讼法》，增加规定：当事人一方人数众多的共同诉讼，可以由当事人推选代表人进行诉讼。现行《行政诉讼法》第28条规定的“人数众多”，一般指十人以上。根据《行政诉讼法》第28条的规定，当事人一方人数众多的，由当事人推选代表人。当事人推选不出的，可以由人民法院在起诉的当事人中指定代表人。《行政诉讼法》第28条规定的代表人为二至五人。代表人可以委托一至二人作为诉讼代理人。代表人的诉讼行为对其所代表的当事人发生效力，但代表人变更、放弃诉讼请求或者承认对方当事人的诉讼请求，应当经被代表的当事人同意。

第五节 行政诉讼第三人

一、行政诉讼第三人的概念和特征

行政诉讼中的第三人，是指同提起诉讼的行政行为有利害关系，为了维护自己的合法权益而参加诉讼的个人或者组织。《行政诉讼法》第29条规定：“公民、法人或者其他组织同被诉行政行为有利害关系但没有提起诉讼，或者同案件处理结果有利害关系的，可以作为第三人申请参加诉讼，或者由人民法院通知参加诉讼。”依据这一规定，行政诉讼中的第三人有以下几个特征：

(1) 行政诉讼中的第三人是除原、被告之外的行政法律关系的主体。根据《行政诉讼法》第29条的规定，一般认为，行政诉讼第三人仅指与被诉行政行为或者案件处理结果有利害关系的其他公民、法人或者其他组织。但是，根据《行政诉讼法司法解释》第26条第2款的规定，应当追加被告而原告不同意追加的，人民法院应当通知其以第三人的身份参加诉讼，但行政复议机关作共同被告的除外。依据这一规定，行政诉讼的第三人不仅仅限于公民、法人或者其他组织，在特定情况下也包括行政主体。

(2) 行政诉讼的第三人参加诉讼，必须是在诉讼开始之后和审结之前。否则，就不发生第三人参加诉讼的问题，这是与民事诉讼第三人共同具备的特征。

(3) 行政诉讼第三人参加诉讼的方式有两种：既可以主动申请参加诉讼，也可以由人民法院依职权通知其参加诉讼。

根据《行政诉讼法司法解释》第26、30条的规定，行政诉讼第三人由法院依职权通知参加诉讼的情况有两种：(1) 应当追加被告而原告不同意追加的，人民法院应当通知其以第三人的身份参加诉讼。(2) 行政机关的同一行政行为涉及两个以上利害关系人，其中一部分利害关系人对行政行为不服提起诉讼，人民法院应当通知没有起诉的其他利害关系人作为第三人参加诉讼。

在行政诉讼中，第三人具有当事人的地位，从而享有与原被告基本相同的权利和义务，与行政案件处理结果有利害关系的第三人，可以申请参加诉讼，或者由人民法院通知其参加诉讼。人民法院判决其承担义务或者减损其权益的第三人,有权提出上诉或者申请再审。《行政诉讼法》第29条规定的第三人,因不能归责于本人的事由未参加诉讼,但有证据证明发生法律效力的判决、裁定、调解书损害其合法权益的,可以依照《行政诉讼法》第90条的规定,自知道或者应当知道其合法权益受到损害之日起6个月内,向上一级人民法院申请再审。

法律规定第三人参加诉讼,有利于人民法院查明案情,保护第三人的合法权益,同时也有利于简化诉讼程序,提高办案效率。

二、行政诉讼第三人的种类

在实践中,行政诉讼第三人大致有以下几种情形:

(1) 行政处罚案件中的受害人或被处罚人。在行政处罚案件中,如有被处罚人和受害人,如果被处罚人不服处罚决定提起行政诉讼,受害人可以作为第三人参加诉讼;如果受害人对处罚决定不服提起行政诉讼,则被处罚人可以作为第三人参加诉讼。

(2) 行政机关与非行政机关共同署名作出处理决定中的非行政机关。行政相对人对行政机关与非行政机关共同署名作出的处理决定不服,向法院提起行政诉讼,应当以行政机关为被告,非行政机关作为第三人参加诉讼。

(3) 确权案件中主张权利的人。在专利、商标行政案件中,被行政机关驳回权利申请的一方当事人不服提起行政诉讼的,被确权一方当事人及其他被驳回的申请人应当作为第三人参加诉讼。

(4) 共同利害关系人。行政机关的同一行政行为涉及两个以上利害关系人,其中一部分利害关系人对行政行为不服提起诉讼,人民法院应当通知没有起诉的其他利害关系人作为第三人参加诉讼。

(5) 两个或两个以上的行政主体如果基于同一事实,针对同一对象作出了相互关联或相互矛盾的行政行为,其中一个行为被诉,其他行政主体应当作为第三人参加诉讼。

第六节　行政诉讼代理人

一、行政诉讼代理人的概念

诉讼代理是诉讼法确立的维护当事人合法权益,保证诉讼正常进行的一种诉讼制度。代理人代理的是诉讼法律行为,产生诉讼上的法律后果,其目的是协助当事人实现诉讼权利和履行诉讼义务。所谓诉讼代理人是依法律规定,或由法院指定,或受当事人委托,以当事人的名义,在代理权限范围内为当事人进行诉讼活动，但其诉讼法律后果由当事人承受的人。代理当事人进行诉讼活动的权限，称为诉讼代理权。

二、行政诉讼代理人的种类

依据《行政诉讼法》的规定，按照代理权限产生的根据不同，可以将行政诉讼代理人分为法定代理人和委托代理人。

（一）法定代理人

法定代理人是指根据法律的规定，代替无诉讼行为能力的公民进行诉讼活动的人。行政诉讼上的法定代理，是为无诉讼行为能力的当事人设立的一种代理制度。行政诉讼中的法定代理人具有以下特征：一是代理权的产生和代理权限的范围必须是基于法律的明确规定；二是法定代理人所代理的被代理人，是没有诉讼行为能力的自然人；三是法定代理不仅是一种权利，而且是一种义务。在行政诉讼中，法定代理人只适用于代理未成年人、精神病人等无诉讼行为能力的原告或第三人的个人进行诉讼，而不适用于法人、其他组织或作为被告的行政主体。在行政诉讼中，法定代理人一般都是对被代理人负有保护和监督责任的监护人，法定代理人和被代理人之间存在着亲权或监护关系。《行政诉讼法》第30条规定："没有诉讼行为能力的公民，由其法定代理人代为诉讼。法定代理人互相推诿代理责任的，由人民法院指定其中一人代为诉讼。"被指定的法定代理人不得拒绝。但是，值得注意的是，人民法院的这种指定不属于指定代理①，被指定的人仍然是法定代理人，而不是指定代理人。

（二）委托代理人

委托代理人是受当事人或法定代理人的委托而代为进行诉讼行为的人。2014年《行政诉讼法》的修改为实现满足当事人对法律服务的需求和维护诉讼秩序的需要之间的平衡，对代理人的范围作了重新调整，从而实现了与《民事诉讼法》中代理人制度的协调一致。具体来说，取消了"经人民法院许可的其他公民"的代理资格，明确允许当事人的工作人员和基层法律工作者进行诉讼代理。修改后的《行政诉讼法》第31条规定，当事人、法定代理人，可以委托一至二人作为诉讼代理人。可以被委托为诉讼代理人的人员具体包括：(1) 律师、基层法律服务工作者；(2) 当事人的近亲属或者工作人员；(3) 当事人所在社区、单位以及有关社会团体推荐的公民。这样，即排除了一般公民的代理，以有效防止不具

---

① 指定代理只在刑事诉讼中存在，民事诉讼和行政诉讼均不存在指定代理。所谓"指定代理"，是指在无诉讼行为能力人没有法定代理人，或者虽有法定代理人但不能行使代理权时，为了保护无诉讼行为能力的当事人的合法权益，保证诉讼顺利进行而由人民法院依法指定的一种代理制度。指定代理既不同于基于法律规定的亲权或监护关系而产生的法定代理，也不同于基于委托关系而产生的委托代理，指定代理的代理权的产生，是基于特定情况下人民法院的指定。它是法定代理的必要补充。

备代理人资格的某些“黑律师”长期包揽诉讼、滥用诉讼代理权的情况，尽可能避免妨害司法和滥诉的行为。

《行政诉讼法》规定的委托代理人的范围十分广泛，为当事人、法定代理人委托诉讼代理人提供了极大的便利，同时，《行政诉讼法》还对委托的人数作出了规定，其目的是保障当事人充分行使诉讼权，以保证行政诉讼的顺利进行。在委托代理中，当事人委托诉讼代理人，应当向人民法院提交由委托人签名或者盖章的授权委托书。授权委托书应当载明委托事项和具体权限。公民在特殊情况下无法书面委托的，也可以口头委托。口头委托的，人民法院应当核实并记录在卷。被诉行政机关或者其他有义务协助的机关拒绝人民法院向被限制人身自由的公民核实的，视为委托关系成立。当事人解除或者变更委托的，应当书面报告人民法院，由人民法院通知其他当事人。《行政诉讼法司法解释》第 128 条第 2 款规定，行政机关负责人不能出庭的，应当委托行政机关相应的工作人员出庭，不得仅委托律师出庭。并且在第 132 条中明确规定了违反该规定的处理方式和后果。

此外，《行政诉讼法》对律师作为委托代理人的权限进行了扩展，在原有“依照规定查阅本案有关材料”权利的基础上增加了材料复制权。这一做法有利于解决实践中的“阅卷难、复制难”问题，以保障律师顺利履行代理职责，有效保障行政诉讼当事人的合法权益。

第二十八章　行政诉讼证据

第一节　行政诉讼证据概述

一、行政诉讼证据的概念

要明确行政诉讼证据的概念，首先应当界定什么是证据。对此，法学界众说纷纭，莫衷一是。证据是以各种材料为载体的，各种材料反映了特定的事实，被材料所反映的事实，又可以证明案件事实的存在与否。鉴于证据本身的复杂性，我们可以从多方面对证据进行认识和把握：从证据的内容上看，证据是证明案件事实的事实，也即证据本身也是案件事实[①]；从证据的形态来看，证据是证明案件事实的有关材料[②]；从证据的结果来看，证据是认定案件事实的根据。

证据具有以下特征：第一，证据必须具有客观真实性。证据所记载的情况和所反映的情况都必须是客观真实的。第二，证据必须与案件的事实具有关联性，证据所证明的事实必须是案件的事实，证据与案件事实之间存在内在的联系。第三，证据必须具有合法性。证据的来源、内容、形式以及取得证据的方式和程序都必须合法。[③]

二、行政诉讼证据的种类

根据不同的标准，行政诉讼的证据可以划分为不同的种类。

在证据理论上，可以将证据作以下分类：一是原始证据与传来证据；二是言词证据与实物证据；三是本证与反证；四是直接证据与间接证据；五是定案证据与非定案证据；六是法定证据与非法定证据；七是主要证据与次要证据。

---

① 长期以来，通行的观点认为证据是一种事实，参阅江伟：《证据法学》，法律出版社 1999 年版，第 206 页。我国《刑事诉讼法》第 50 条明确规定，可以用于证明案件事实的材料，都是证据。

② 我们认为，应当区分证据和证据证明的对象，案件事实是证据所要证明的对象，而不属于证据本身，证据应当是证明案件事实的一种手段、一种材料，材料是证据存在的一种形式。从这个意义上我们可以将行政诉讼的证据定义为能够用来证明行政案件真实情况的一切材料或手段。参阅杨寅、吴偕林：《中国行政诉讼制度研究》，人民法院出版社 2003 年版，第 187 页。

③ 在证据学理论上，证据具有客观真实性、关联性、合法性的特征，此即证据"三性说"的基本观点，我国行政法学界虽对行政诉讼证据的特征有不同论述，但主流观点仍将证据的"三性"作为行政诉讼证据的特征。也有不少观点在这"三性"之外，提出了行政诉讼证据特有的特征。参阅胡建淼：《行政法与行政诉讼法》，清华大学出版社 2008 年版，第 470—471 页；应松年、杨伟东：《中国行政法学 20 年研究报告》，中国政法大学出版社 2007 年版，第 702—705 页。近年来还有学者专门就行政诉讼证据的"合法性"进行了论述。参阅吴淞豫：《行政诉讼证据合法性研究》，法律出版社 2009 年版。

根据《行政诉讼法》第33条的规定，行政诉讼的法定证据依据证据的不同形式划分为以下八个种类：

1. 书证

书证，即作为证据的文书，是指以其内容、文字、符号、图画等来表达一定的思想并用以证明案件事实的材料。其特征是通过其所表达或反映的思想内容来证明案件的事实。在行政诉讼中，作为书证的文书主要有行政决定书、公证书、证明书、许可证、执照、通知书等。

2. 物证

物证，即作为证据的物品，是指以其存在的外形、规格、质量、特征等形式来证明案件事实的物品。其基本特征是以物品的自然状态来证明案件事实，不带有任何主观内容。作为证据的物品都是有形物，既可以为人们所观察，又可以在一定条件下进行比较。在某种情况下，同一物品能同时起到物证和书证的双重作用，如行政处罚决定书。

3. 视听资料

视听资料，是指利用录音、录像、计算机储存等手段所反映出的声响、影像或其他信息证明案件事实的资料。视听资料是随着现代科学技术的进步而发展起来的一种独立的证据种类。其特征是以其声响、影像或其他信息等内容来证明案件的事实，其内容的显示通常需要借助于一定的设备，并且它一般是以动态的内容来起证明作用的，因而它既有别于书证，又有别于物证。

4. 电子数据

电子数据，是指通过电子邮件、电子数据交换、网上聊天记录、博客、微博客、手机短信、电子签名、域名等形成或者存储在电子介质中的信息。电子数据是时代进步和实践发展的产物，于《行政诉讼法》(2014)中被确认为法定证据种类，回应了数字化证明手段对行政司法实践提出的迫切要求。它的具体形式包括：(1) 网页、博客、微博客等网络平台发布的信息；(2) 手机短信、电子邮件、即时通信、通讯群组等网络应用服务的通信信息；(3) 用户注册信息、身份认证信息、电子交易记录、通信记录、登录日志等信息；(4) 文档、图片、音频、视频、数字证书、计算机程序等电子文件；(5) 其他以数字化形式存储、处理、传输的能够证明案件事实的信息。[①]

5. 证人证言

证人证言是指了解案件情况的人以口头或书面的方式，向人民法院所作的与案件有关的事实的陈述。证人必须是自然人，凡是了解案件情况的人，都可以

① 在现行《行政诉讼法》及其司法解释未对电子数据进行解读的情形下，依据《行政诉讼法》第101条规定，可以适用《民事诉讼法》的相关规定。关于电子数据这一证据种类的表现形式，民事诉讼证据规则有相应说明。参见最高人民法院《关于民事诉讼证据的若干规定》第14条。

作为证人，但是，不能正确表达意思的人不能作为证人。证人在诉讼法上享有一定的权利和承担一定的义务。证人有权要求宣读、查阅或修改询问笔录，有权使用本民族的语言文字进行陈述，另外，还有权请求支付作证所需的相关费用。同时，证人负有出庭作证和如实作证的义务。[①]

6. 当事人的陈述

当事人的陈述，是指当事人在行政诉讼中就其所经历的案件事实，向人民法院所作的陈述。作为证据的当事人陈述只限于当事人对案件事实的陈述，它包括承认、反驳和支持叙述三方面的内容。当事人的陈述是一种应用广泛并且有较强证明力的证据形式。但是，由于当事人与案件的结果有直接的利害关系，因此，当事人的陈述可能存在一定的片面性和虚假性。

7. 鉴定意见

鉴定意见是指由鉴定部门指派具有专门知识和专门技能的人对某些专门性问题进行分析、鉴别和判断，从而得出的能够证明案件事实的结论性意见。

8. 勘验笔录、现场笔录

勘验笔录是指对物品、现场等进行察看、检验后所作的能够证明案件情况的记录。如对有争议的建筑物进行拍照，确定方位并以文字、表格、图画等形式将所得结果作出记录。

现场笔录专指行政机关及其工作人员在执行职务的过程中，在实施行政行为时，对某些事项当场所作的能够证明案件事实的记录，又称当场记录。如公安机关对违反治安管理的人进行询问所作的笔录。行政案件涉及的现场包括行政违法行为发生的场所、作出行政行为的场所以及案件事实发生的其他场所。

第二节 行政诉讼的举证责任

一、行政诉讼举证责任的性质和构成

行政诉讼的举证责任是指由法律预先规定，在行政案件的真实情况难以确定的情况下，由一方当事人提供证据予以证明，其如果提供不出证明相应事实情况的证据，则应承担败诉风险及不利后果的制度。[②]

完整的行政诉讼的举证责任由证据提出责任或推进责任（程序责任）和说服

---

① 不少学者提出我国行政诉讼法关于证人证言的规定过于粗陋，证人权利义务不对等，对证人保护力度不足，亟待改善。参阅宋随军、梁凤云：《行政诉讼证据实证分析》，法律出版社 2007 年版，第 112—114 页。

② 举证责任最早是罗马法中出现的概念，在我国尽管理论上对其早有研究，但直至 1989 年的《行政诉讼法》才在法律上明确使用“举证责任”一词，而《行政诉讼法》本身及立法机关、司法机关都未对这一概念予以界定。学界基于对举证责任性质的不同界定，对于行政诉讼举证责任的概念也是众说纷纭。

责任(实体责任)两部分构成。证据提出责任或推进责任是指当事人提供证据证明其诉讼主张构成法律争端从而值得或者应当由法院予以审判的举证责任,是一种推进程序进展的责任。说服责任是指当事人提出证据使法官确信其实体主张成立的义务,是一种决定败诉后果由谁承担的实体责任,也即在不能证明特定事实或者特定的事实真伪不明时,由负有说服责任的当事人承担举证不能的不利后果。

推进责任和说服责任这两种责任相辅相成,但说服责任是用于确定行政诉讼后果的程序规则,具有实质意义,而推进责任则是用于确定行政诉讼审理方式和方法的程序规则。①

从我国现行的立法规定来看,《民事诉讼法》《刑事诉讼法》规定的举证责任都是推进责任。这是由人民法院的调查职能决定的,法院的调查职能割断了当事人的举证责任与诉讼后果之间的必然联系。由我国行政诉讼的性质和特点所决定,行政诉讼中的举证责任不同于其他诉讼中的举证责任,具有其自身的特点,它存在着推进责任和说服责任的区分。根据《行政诉讼法》第 34 条的规定,被告对被诉行政行为的合法性承担说服责任。根据《行政诉讼法》第 49 条的规定,原告证明起诉符合法定起诉条件的举证责任属于推进责任。

二、行政诉讼举证责任的分配

在行政诉讼中,举证责任主要由被诉的行政主体一方承担。《行政诉讼法》第 34 条规定:“被告对作出的行政行为负有举证责任,应当提供作出该行政行为的证据和所依据的规范性文件。被告不提供或者无正当理由逾期提供证据,视为没有相应证据。但是,被诉行政行为涉及第三人合法权益,第三人提供证据的除外。”

行政诉讼法确定被告对被诉的行政行为负举证责任,是行政诉讼举证责任的原则和特色,在行政诉讼中具有特殊的意义,其主要理论和实践依据如下:

(1) 由被告负举证责任,有利于保护原告的诉权。行政诉讼是作为原告的行政相对人认为行政主体的行政行为侵犯其合法权益而提起的。而行政相对人难于了解行政管理的具体依据和有关的专业知识,如果要原告承担举证责任,让其证明行政行为的违法性,显然无法胜任,从而将导致原告在行政诉讼中的诉权得不到实质性保护的后果。

(2) 由被告负举证责任,有利于充分发挥行政主体的举证优势。在国家行政管理活动中,行政主体处于主导的地位,其自行依据法律法规和相应事实作出

① 高家伟:《论行政诉讼举证责任》,载《行政法论丛》第 1 卷,法律出版社 1998 年版,第 446—450 页。

行政行为，无须行政相对人同意。因此，行政主体的举证能力比原告强，在诉讼中让其负主要举证责任，有利于当事人双方的诉讼地位在事实上的平等，同时也体现了负担公平原则，更重要的是能够在案件事实难以查清的情况下，迫使行政主体提供证据，否则就要承担败诉后果，从而有利于法院尽快查清案件事实，促使行政争议的早日解决。

(3) 由被告负举证责任，有利于促进行政主体依法行政。依法行政是国家行政管理的一项基本原则，要求行政权力的运行必须正确、合法，行政主体在进入诉讼程序之前，作出行政行为之时，就应当具有事实根据和法律根据，否则其行为就是无根据的和违法的。因此，在行政诉讼中，行政主体有义务提供其作出行政行为合法的证据。

行政诉讼的举证责任在《行政诉讼法》(1989)中的规定较为简单，主要表现在对所有类型的行政诉讼都适用一个统一的举证规则，对举证责任未进行进一步区分。因而，2014年《行政诉讼法》的修改针对不同类型的行政诉讼，确立了不同的举证规则。《行政诉讼法》第38条规定，在起诉被告不履行法定职责的案件中，原告应当提供其向被告提出申请的证据；在行政赔偿、补偿的案件中，原告应当对行政行为造成的损害提供证据。此外，《行政诉讼法》第37条还赋予了原告提供证据证明行政行为违法的权利，但原告提供的证据不成立的，不免除被告的举证责任。

三、行政诉讼举证责任的范围

行政诉讼举证责任范围具有以下特点：

(1) 行政诉讼中，被告举证责任的范围包括作出行政行为的证据和所依据的规范性文件，即举证范围不限于事实根据，还包括行政主体作出行政行为的法律及行政规范依据。

《行政诉讼法》第33条中没有把规范性文件列为法定的证据种类，但是，在《行政诉讼法》第34条、《行政诉讼证据司法解释》第1条中都强调了被告应当提供作出行政行为所依据的规范性文件。由此可见，规范性文件虽然不属于行政诉讼的法定证据种类，但它是被告举证责任的必备内容，这表明在立法上回避了"规范性文件作为一种独立的证据类别"。目前理论界与实务界均肯定规范性文件属于举证范围，但对于规范性文件是否为一种独立的证据类别，是否适用证据规则，则有分歧。[①]《行政诉讼法》中强调将规范性文件作为被告举证的必备内容，是因为行政诉讼不同于民事诉讼和刑事诉讼，行政诉讼是对行政行为的合法

① 参阅应松年、杨伟东：《中国行政法学20年研究报告》，中国政法大学出版社2007年版，第707页。

性进行审查的诉讼活动，而法律依据是行政行为能否成立、合法与否的一个重要方面。

（2）被告对被诉的行政行为负有举证责任，并不意味着在行政诉讼中被告对一切事实都负举证责任，而只是在确定行政行为的合法性时，必须由被告承担举证责任。在行政诉讼的其他方面，如解决行政赔偿问题，则不一定都由被告承担举证责任。

《行政诉讼法司法解释》第 47 条明确了因被告原因导致损害的举证规则，即在行政赔偿、补偿案件中，因被告的原因导致原告无法就损害情况举证的，应当由被告就该损害情况承担举证责任。对于各方主张损失的价值无法认定的，应当由负有举证责任的一方当事人申请鉴定，但法律、法规、规章规定行政机关在作出行政行为时，依法应当评估或者鉴定的除外；负有举证责任的当事人拒绝申请鉴定的，由其承担不利的法律后果。当事人的损失因客观原因无法鉴定的，人民法院应当结合当事人的主张和在案证据，遵循法官职业道德，运用逻辑推理和生活经验、生活常识等，酌情确定赔偿数额。

（3）根据《行政诉讼法》的规定，原告对其所主张的被诉行政行为违法不负举证责任，但这并不意味着原告不负任何举证责任。《行政诉讼法》第 37 条和第 38 条、《行政诉讼证据司法解释》第 4—7 条、《行政赔偿司法解释》第 32 条、《审理反补贴行政案件司法解释》第 8 条、《审理反倾销行政案件司法解释》第 8 条和《政府信息公开案件审理司法解释》第 5 条都规定了原告的举证责任。具体来说，原告对下列事项承担举证责任：其一，公民、法人或者其他组织向人民法院起诉时，应当提供其符合起诉条件的相应的证据材料，证明起诉符合法定条件，但被告认为原告起诉超过起诉期限的，由被告承担举证责任。其二，在起诉被告不履行法定职责的案件中，原告应当提供其在行政程序中曾经提出申请的证据材料。但有下列情形的除外：一是被告应当依职权主动履行法定职责的；二是原告因正当理由不能提供证据的。其三，在行政赔偿、补偿的案件中，原告应当对被诉行政行为造成的损害提供证据。原告可以提供证明被诉行政行为违法的证据。原告提供的证据不成立的，不免除被告证明被诉行政行为合法的举证责任。其四，在政府信息公开行政案件中，被告以政府信息与申请人自身生产、生活、科研等特殊需要无关为由不予提供的，人民法院可以要求原告对特殊需要事由作出说明；原告起诉被告拒绝更正政府信息记录的，应当提供其向被告提出过更正申请以及政府信息与其自身相关且记录不准确的事实根据。其五，其他应当由原告承担举证责任的事项。

（4）第三人的举证范围，理论观点与实务做法通常是根据第三人的诉讼法律地位确定不同的举证责任。例如，处于原告地位的第三人的举证责任等同于原告。[①]

四、举证时限

在行政诉讼中，举证时限制度对于提高行政审判效率，维护行政审判的严肃性和树立法院的权威，具有重要的意义。《行政诉讼法》以及《行政诉讼证据司法解释》根据具体情况，对当事人的举证时限作出了明确的规定，确立了当事人提供证据的时间规则。

1. 被告的举证时限

根据《行政诉讼法》第 34 条和第 67 条的规定，被告对作出的行政行为负有举证责任，应当在收到起诉状副本之日起 15 日内，提供据以作出被诉行政行为的全部证据和所依据的规范性文件。被告不提供或者无正当理由逾期提供证据的，视为被诉行政行为没有相应的证据。

根据《行政诉讼法》第 36 条，被告在作出行政行为时已经收集了证据，但因不可抗力等正当事由不能提供的，经人民法院准许，可以延期提供。原告或者第三人提出了其在行政处理程序中没有提出的理由或者证据的，经人民法院准许，被告可以补充证据。

2. 原告或者第三人的举证时限

原告或者第三人应当在开庭审理前或者人民法院指定的交换证据之日提供证据。因正当事由申请延期提供证据的，经人民法院准许，可以在法庭调查中提供。逾期提供证据的，视为放弃举证权利。原告或者第三人在第一审程序中无正当事由未提供而在第二审程序中提供的证据，人民法院不予接纳。

人民法院向当事人送达受理案件通知书或者应诉通知书时，应当告知其举证范围、举证期限和逾期提供证据的法律后果，并告知因正当事由不能按期提供证据时应当提出延期提供证据的申请。

在 2014 年《行政诉讼法》修改前，理论界多主张适当延长当事人的举证时限[②]，立法者对此作出了回应，将举证时限由 10 日延长至 15 日。

---

① 通常区分为处于原告地位的第三人的举证责任、处于被告地位的第三人的举证责任、支持原告诉讼请求的第三人的举证责任、支持被告诉讼请求的第三人的举证责任、独立于本诉原告和被告诉讼请求的第三人的举证责任。参阅叶平：《行政诉讼第三人举证问题研究》，载《行政法学研究》2003 年第 3 期；宋随军、梁凤云：《行政诉讼证据实证分析》，法律出版社 2007 年版，第 274—280 页。

② 参阅胡建淼：《行政诉讼法修改研究》，浙江大学出版社 2007 年版，第 227—270 页；马怀德：《司法改革与行政诉讼制度的完善：行政诉讼法修改建议稿及理由说明书》，中国政法大学出版社 2004 年版，第 223 页。

第三节　行政诉讼的证据规则

一、提供证据的规则

（一）人民法院有权要求当事人提供或者补充证据

《行政诉讼法》第39条赋予了人民法院要求当事人提供或者补充证据的权利，但是，并没有具体规定在什么情况下行使这一权利。在司法实践中，具体区分了两种情形。其一，有下列情形之一的，人民法院有权要求当事人提供或者补充证据：(1) 被告作出行政行为时已经收集、应向人民法院提供而没有提供的证据材料和规范性文件；(2) 当事人应当提供而未提供的证据材料的原件或原物；(3) 当事人一方或双方提出了在行政程序中没有提出的待证事实；(4) 当事人提出了新的诉讼请求；(5) 其他要求提供证据或补充证据的情况。其二，有下列情形之一的，被告经人民法院准许可以补充相关的证据：(1) 被告在作出行政行为时已经收集证据，但因不可抗力等正当事由不能提供的；(2) 原告或者第三人在诉讼过程中，提出了其在被告实施行政行为过程中没有提出的反驳理由或者证据的。人民法院有权向有关行政机关以及其他组织、公民调取证据。

（二）当事人有向人民法院主动、及时提供证据的权利和义务

与人民法院依法享有的要求当事人提供或者补充证据的职权相对应，当事人也有主动、及时地向人民法院提供证据的权利和义务。作为权利，人民法院有接受的义务；作为义务，人民法院有要求其提供的权利。如果当事人拒不履行其法定的义务，应当承担相应的法律后果。为此，《行政诉讼法司法解释》第41条专门规定了执法人员出庭作证的问题，原告或者第三人要求相关行政执法人员出庭就相关情况作出说明的，有下列情形之一的，人民法院可以准许：(1) 对现场笔录的合法性或者真实性有异议的；(2) 对扣押财产的品种或者数量有异议的；(3) 对检验的物品取样或者保管有异议的；(4) 对行政执法人员身份的合法性有异议的；(5) 需要出庭说明的其他情形。

（三）各类证据的提供规则

法律或司法解释对各类证据的提供规则作出具体明确的规定，是质证和认证的基础，对于查明案件事实具有重要的意义，为此，《行政诉讼证据司法解释》对各类证据的提供规则提出了明确的要求。

1. 书证的提供规则

根据《行政诉讼证据司法解释》第10条，当事人向人民法院提供书证的，应当符合下列要求：(1) 提供书证的原件。原本、正本和副本均属于书证的原件。提供原件确有困难的，可以提供与原件核对无误的复印件、照片、节录本。

(2) 提供由有关部门保管的书证原件的复制件、影印件或者抄录件的，应当注明出处，经该部门核对无异后加盖其印章。(3) 提供报表、图纸、会计账册、专业技术资料、科技文献等书证的，应当附有说明材料。(4) 被告提供的被诉行政行为所依据的询问、陈述、谈话类笔录，应当有行政执法人员、被询问人、陈述人、谈话人签名或者盖章。法律、法规、司法解释和规章对书证的制作形式另有规定的，从其规定。

2. 物证的提供规则

根据《行政诉讼证据司法解释》第 11 条，当事人向人民法院提供物证的，应当符合下列要求：(1) 提供原物。提供原物确有困难的，可以提供与原物核对无误的复制件或者证明该物证的照片、录像等其他证据。(2) 原物为数量较多的种类物的，可提供其中的一部分。

3. 视听资料的提供规则

根据《行政诉讼证据司法解释》第 12 条，当事人向人民法院提供计算机数据或者录音、录像等视听资料的，应当符合下列要求：(1) 提供有关资料的原始载体。提供原始载体确有困难的，可以提供复制件。(2) 注明制作方法、制作时间、制作人和证明对象等。(3) 声音资料应当附有该声音内容的文字记录。

4. 证人证言的提供规则

根据《行政诉讼证据司法解释》第 13 条，当事人向人民法院提供证人证言的，应当符合下列要求：(1) 写明证人的姓名、年龄、性别、职业、住址等基本情况；(2) 有证人的签名，不能签名的，应当以盖章等方式证明；(3) 注明出具日期；(4) 附有居民身份证复印件等证明证人身份的文件。

5. 鉴定意见的提供规则

《行政诉讼法》(1989)规定的证据种类之一为"鉴定结论"而非鉴定意见，故《行政诉讼证据司法解释》第 14 条规定的是鉴定结论(鉴定意见)的提供规则：被告向人民法院提供的在行政程序中采用的鉴定结论，应当载明委托人和委托鉴定的事项、向鉴定部门提交的相关材料、鉴定的依据和使用的科学技术手段、鉴定部门和鉴定人鉴定资格的说明，并应有鉴定人的签名和鉴定部门的盖章。通过分析获得的鉴定结论，应当说明分析过程。对需要鉴定的事项负有举证责任的当事人，在举证期限内无正当理由不提出鉴定申请、不预交鉴定费用或者拒不提供相关材料，致使对案件争议的事实无法通过鉴定结论予以认定的，应当对该事实承担举证不能的法律后果。原告或者第三人有证据或者有正当理由表明被告据以认定案件事实的鉴定结论可能有错误，在举证期限内书面申请重新鉴定的，人民法院应予准许。当事人对人民法院委托的鉴定部门作出的鉴定结论有异议申请重新鉴定，提出证据证明存在下列情形之一的，人民法院应予准许：(1) 鉴定部门或者鉴定人不具有相应的鉴定资格的；(2) 鉴定程序严重违法的；

(3) 鉴定结论明显依据不足的;(4) 经过质证不能作为证据使用的其他情形。对有缺陷的鉴定结论,可以通过补充鉴定、重新质证或者补充质证等方式解决。

2012 年《刑事诉讼法》《民事诉讼法》相继将证据种类中的“鉴定结论”改为“鉴定意见”。在刑事诉讼法领域,相关司法解释规定了鉴定意见的审查与认定,但未提及提供规则。在民事诉讼法领域,鉴定体制则由职权主义转为当事人主义,根据《民事诉讼法》第 79、81 条的规定,鉴定人由双方协商确定,当事人对鉴定意见有异议的,鉴定人必须出庭作证,否则不能作为认定事实的依据。在这样的情形下,行政诉讼中鉴定意见的提供规则也有待进一步明确和完善。

6. 现场笔录的提供规则

根据《行政诉讼证据司法解释》第 15 条,被告向人民法院提供的现场笔录,应当载明时间、地点和事件等内容,并由执法人员和当事人签名。当事人拒绝签名或者不能签名的,应当注明原因。有其他人在现场的,可由其他人签名。法律、法规和规章对现场笔录的制作形式另有规定的,从其规定。

此外,2014 年《行政诉讼法》新增电子数据这一证据种类,但《行政诉讼法》及其司法解释未对电子数据明确提供规则。结合最高人民法院《关于民事诉讼证据的若干规定》《关于适用〈中华人民共和国刑事诉讼法〉的解释》,以及最高人民法院、最高人民检察院、公安部《关于办理刑事案件收集提取和审查判断电子数据若干问题的规定》,电子数据的提供规则包括但不限于以下方面:(1) 当事人应当提供原件。电子数据的制作者制作的与原件一致的副本,或者直接来源于电子数据的打印件或其他可以显示、识别的输出介质,视为电子数据的原件。(2) 当事人提供原件确有困难的,可以提供复制件,并说明其来源和制作经过。(3) 对冻结的电子数据,应当移送被冻结电子数据的清单,注明类别、文件格式、冻结主体、证据要点、相关网络应用账号,并附查看工具和方法的说明。(4) 对侵入、非法控制计算机信息系统的程序、工具以及计算机病毒等无法直接展示的电子数据,应当附电子数据属性、功能等情况的说明。(5) 远程调取境外或者异地的电子数据的,当事人应当清楚注明电子数据的规格、类别、文件格式等情况。

对于境外及港澳台证据的提供规则,《行政诉讼证据司法解释》第 16、17 条作了详细规定:当事人向人民法院提供的在我国领域外形成的证据,应当说明来源,经所在国公证机关证明,并经我国驻该国使领馆认证,或者履行我国与证据所在国订立的有关条约中规定的证明手续。当事人提供的在我国香港特别行政区、澳门特别行政区和台湾地区内形成的证据,应当具有按照有关规定办理的证明手续。当事人向人民法院提供外文书证或者外国语视听资料的,应当附有由具有翻译资质的机构翻译的或者其他翻译准确的中文译本,由翻译机构盖章或者翻译人员签名。

二、调取证据的规则

调取证据是《行政诉讼法》赋予人民法院的重要程序性权力，它既体现了行政诉讼的职权性，又是解决当事人举证困难问题的司法救济方式。

（一）人民法院调查取证规则

《行政诉讼法》第 40 条赋予了人民法院调查取证权，人民法院有权向有关行政机关以及其他组织、公民调取证据。同时，《行政诉讼法》也对法院调查取证权作出了一定的限制：第 40 条通过但书的形式规定法院不得为证明行政行为的合法性调取被告作出行政行为时未收集的证据；第 41 条规定了原告或第三人申请人民法院调取证据的三种法定情形。但是，《行政诉讼法》关于行使这一权力的法定情形和适用条件的规定均不够明确具体，所以仍然需要司法解释的进一步指引。

按照行政审判改革的要求和发展趋势，《行政诉讼证据司法解释》对法院调取证据进行了严格的限制。其第 22 条规定，只有有下列情形之一的，人民法院才有权向有关行政机关以及其他组织、公民调取证据：(1) 涉及国家利益、公共利益或者他人合法权益的事实认定的；(2) 涉及依职权追加当事人、中止诉讼、终结诉讼、回避等程序性事项的。

《行政诉讼证据司法解释》还对人民法院异地取证作出了规定。人民法院需要调取的证据在异地的，可以书面委托证据所在地人民法院调取。受托人民法院应当在收到委托书后，按照委托要求及时完成调取证据工作，送交委托人民法院。受托人民法院不能完成委托内容的，应当告知委托的人民法院并说明原因。

（二）当事人的取证规则

1. 被告的取证规则

在行政诉讼过程中，被告及其诉讼代理人不得自行向原告、第三人和证人收集证据。这是关于行政诉讼被告取证的限制性规定，这一规定的立法目的主要在于：其一，促使作为被告的行政主体在行使职权的过程中能切实做到“先取证，后裁决”，严格依法行政。其二，确保行政诉讼证据的真实性和合法性。当然，在诉讼过程中，原则上不允许被告自行向原告、第三人和证人收集证据，但是在经过法院允许或者应法院要求的情况下可以有例外。[①]

2. 原告或第三人的取证问题

从理论上讲，原告或第三人在行政诉讼中的取证活动不存在任何限制，但是，其取证活动受举证时效的限制。同时，依据《行政诉讼法》第 41 条，原告或者

---

① 《行政诉讼法》第 36 条第 2 款规定：“原告或者第三人提出了其在行政处理程序中没有提出的理由或者证据的，经人民法院准许，被告可以补充证据。”

第三人难以自行收集的与案件有关的证据，可以申请人民法院调取：(1) 由国家机关保存而须由人民法院调取的证据；(2) 涉及国家秘密、商业秘密和个人隐私的证据；(3) 确因客观原因不能自行收集的其他证据。而根据《行政诉讼法》第40条的规定，人民法院不得为证明被诉行政行为的合法性，调取被告在作出行政行为时未收集的证据。

3. 当事人取证的申请及其审查

当事人申请人民法院调取证据的，应当在举证期限内提交调取证据申请书。调取证据申请书应当写明下列内容：(1) 证据持有人的姓名或者名称、住址等基本情况；(2) 拟调取证据的内容；(3) 申请调取证据的原因及其要证明的案件事实。当事人申请调查收集证据，但该证据与待证事实无关联、对证明待证事实无意义或者其他无调查收集必要的，人民法院不予准许。人民法院对当事人调取证据的申请，经审查符合调取证据条件的，应当及时决定调取；不符合调取证据条件的，应当向当事人或者其诉讼代理人送达通知书，说明不准许调取的理由。当事人及其诉讼代理人可以在收到通知书之日起3日内向受理申请的人民法院书面申请复议一次。人民法院应当在收到复议申请之日起5日内作出答复。人民法院根据当事人申请，经调取未能取得相应证据的，应当告知申请人并说明原因。

三、作证规则

《行政诉讼证据司法解释》第41—46条规定了以下行政诉讼作证具体规则：

(1) 凡是知道案件事实的人，都有出庭作证的义务。有下列情形之一的，经人民法院准许，当事人可以提交书面证言：第一，当事人在行政程序或者庭前证据交换中对证人证言无异议的；第二，证人因年迈体弱或者行动不便无法出庭的；第三，证人因路途遥远、交通不便无法出庭的；第四，证人因自然灾害等不可抗力或者其他意外事件无法出庭的；第五，证人因其他特殊原因确实无法出庭的。《行政诉讼法司法解释》第44条明确了当事人的到庭义务，即人民法院认为有必要的，可以要求当事人本人或者行政机关执法人员到庭，就案件有关事实接受询问。在询问之前，可以要求其签署保证书。保证书应当载明据实陈述、如有虚假陈述愿意接受处罚等内容。当事人或者行政机关执法人员应当在保证书上签名或者捺印。负有举证责任的当事人拒绝到庭、拒绝接受询问或者拒绝签署保证书，待证事实又欠缺其他证据加以佐证的，人民法院对其主张的事实不予认定。

(2) 不能正确表达意志的人不能作证。根据当事人申请，人民法院可以就证人能否正确表达意志进行审查或者交由有关部门鉴定。必要时，人民法院也可以依职权交由有关部门鉴定。

（3）当事人申请证人出庭作证的，应当在举证期限届满前提出，并经人民法院许可。人民法院准许证人出庭作证的，应当在开庭审理前通知证人出庭作证。当事人在庭审过程中要求证人出庭作证的，法庭可以根据审理案件的具体情况，决定是否准许以及是否延期审理。

（4）有下列情形之一，原告或者第三人可以要求相关行政执法人员作为证人出庭作证：第一，对现场笔录的合法性或者真实性有异议的；第二，对扣押财产的品种或者数量有异议的；第三，对检验的物品取样或者保管有异议的；第四，对行政执法人员的身份的合法性有异议的；第五，需要出庭作证的其他情形。

（5）证人出庭作证时，应当出示证明其身份的证件。法庭应当告知其诚实作证的法律义务和作伪证的法律责任。出庭作证的证人不得旁听案件的审理。法庭询问证人时，其他证人不得在场，但组织证人对质的除外。

（6）证人应当陈述其亲历的具体事实。证人根据其经历所作的判断、推测或者评论，不能作为认定案件事实的依据。人民法院在证人出庭作证前应当告知其如实作证的义务以及作伪证的法律后果。

（7）证人因履行出庭作证义务而支出的交通、住宿、就餐等必要费用以及误工损失，由败诉一方当事人承担。

四、质证规则

行政诉讼的质证是指在法庭的主持和当事人的参加下，对当庭出示的证据进行相互对质辨认、质疑和核实的证明活动。《行政诉讼法》第 33 条第 2 款规定，证据经法庭审查属实，才能作为认定案件事实的根据。行政诉讼的质证规则主要有：

（1）证据应当在法庭上出示，并经庭审质证。对于未采纳的证据，应当在裁判文书中说明理由；对于当事人在庭前证据交换过程中没有争议并记录在卷的证据，经审判人员在庭审中说明后，可以作为认定案件事实的依据。

（2）经合法传唤，因被告无正当理由拒不到庭而需要依法缺席判决的，被告提供的证据不能作为认定案件事实的依据，但当事人在庭前交换证据中没有争议的证据除外。

（3）涉及国家秘密、商业秘密和个人隐私或者法律规定的其他应当保密的证据，不得在公开开庭时出示。

（4）当事人申请人民法院调取的证据，由申请调取证据的当事人在庭审中出示，并由当事人质证。人民法院依职权调取的证据，由法庭出示，并可就调取该证据的情况进行说明，听取当事人意见。

（5）当事人应当围绕证据的关联性、合法性和真实性，针对证据有无证明效力以及证明效力大小，进行质证。经法庭准许，当事人及其代理人可以就证据问题相互发问，也可以向证人、鉴定人或者勘验人发问，发问的内容应当与案件事实有关联，不得采用引诱、威胁、侮辱等语言或者方式。

（6）对书证、物证和视听资料进行质证时，当事人应当出示证据的原件或者原物。但有下列情况之一的除外：一是出示原件或者原物确有困难并经法庭准许可以出示复制件或者复制品；二是原件或者原物已不存在，可以出示证明复制件、复制品与原件、原物一致的其他证据。视听资料应当当庭播放或者显示，并由当事人进行质证。

当事人要求鉴定人出庭接受询问的，鉴定人应当出庭。鉴定人因正当事由不能出庭的，经法庭准许，可以不出庭，由当事人对其书面鉴定结论进行质证。对于出庭接受询问的鉴定人，法庭应当核实其身份、与当事人及案件的关系，并告知鉴定人如实说明鉴定情况的法律义务和故意作虚假说明的法律责任。

对被诉行政行为涉及的专门性问题，当事人可以向法庭申请由专业人员出庭进行说明，法庭也可以通知专业人员出庭说明。必要时，法庭可以组织专业人员进行对质。当事人对出庭的专业人员是否具备相应专业知识、学历、资历等专业资格等有异议的，可以进行询问，由法庭决定其是否可以作为专业人员出庭。专业人员可以对鉴定人进行询问。

（7）法庭在质证过程中，对与案件没有关联的证据材料，应予排除并说明理由。法庭在质证过程中，准许当事人补充证据的，对补充的证据仍应进行质证。法庭对经过庭审质证的证据，除确有必要外，一般不再进行质证。

（8）在第二审程序中，对当事人依法提供的新的证据，法庭应当进行质证；当事人对第一审认定的证据仍有争议的，法庭也应当进行质证。按照审判监督程序审理的案件，对当事人依法提供的新的证据，法庭应当进行质证；因原判决、裁定认定事实的证据不足而提起再审所涉及的主要证据，法庭也应当进行质证。①

（9）在法庭质证过程中，对于以非法手段取得的证据，不得作为认定案件事实的根据，应当依法予以排除。

五、认证规则

行政诉讼的认证是指在举证、质证的基础上，经过对证据的审查核实，对证据的证明效力及是否作为认定案件事实依据进行认定的诉讼活动。它主要包括对证据的审查和对证据证明效力的认定两个环节。

---

① 根据《行政诉讼证据司法解释》第 52 条，所谓“新的证据”是指以下证据：（1）在一审程序中应当准予延期提供而未获准许的证据；（2）当事人在一审程序中依法申请调取而未获准许或者未取得，人民法院在第二审程序中调取的证据；（3）原告或者第三人提供的在举证期限届满后发现的证据。

（一）审查证据

人民法院应当全面、客观地审查各种证据。人民法院对于各种证据材料，无论其来源的渠道如何，也无论其属于何种证据种类，都应当进行全面客观的审查，未经审查的证据，不能成为认定案件事实的根据。人民法院裁判行政案件，应当以证据证明的案件事实为依据。

人民法院审查证据一般包含以下五个方面的内容：其一，审查证据的来源。主要是审查证据的来源是否真实可靠，这是证据审查的起点。其二，审查证据的形式。主要是审查证据是否具备法定的形式。其三，审查证据取得的方法。主要审查证据是否通过合法的途径取得，只有通过合法的途径取得的证据，法院才能采用并且作为认定案件事实的根据。其四，审查相关证据之间的关系。主要是审查相关的证据之间是否存在矛盾，如果相关证据之间是一致的，并且能够形成一个完整的证据链条，则该证据才具有证明力。否则，该证据的证明力就存在疑问，应当进一步判断核实。其五，审查证据的内容。主要是对证据的三个基本特性进行审查，即关联性、合法性和真实性，从而确定和判断证据的证明力。对证据内容的审查是证据审查的重点，具体包括：(1) 对证据关联性的审查。法庭应当对经过庭审质证的证据和无需质证的证据进行逐一审查并对全部证据综合审查，遵循法官职业道德，运用逻辑推理和生活经验，进行全面、客观和公正的分析判断，确定证据材料与案件事实之间的证明关系，排除不具有关联性的证据材料，准确认定案件事实。(2) 对证据合法性的审查。法庭应当根据案件的具体情况，从以下方面审查证据的合法性：证据是否符合法定形式要求；证据的取得是否符合法律、法规、司法解释和规章的要求；是否有影响证据效力的其他违法情形。(3) 对证据真实性的审查。法庭应当根据案件的具体情况，从以下方面审查证据的真实性：证据形成的原因；发现证据时的客观环境；证据是否为原件、原物，复制件、复制品与原件、原物是否相符；提供证据的人或者证人与当事人是否具有利害关系；影响证据真实性的其他因素。

人民法院应当按照法定程序审查各种证据，未经法定程序审查的证据不能成为认定案件事实的根据。确立这一规则具有重要的意义，它不仅有利于当事人对人民法院实行有效的监督，而且有利于人民法院全面客观地审查和判断证据。人民法院对调取、收集来的各种证据应当在法庭上出示，并由当事人互相质证辩论，以判明证据的真实性和合法性，非经法庭出示和当事人质证的证据不能作为认定案件事实的证据采用。但是，对涉及国家秘密、商业秘密和个人隐私的证据应当保密，如果确有必要在法庭上出示的，应当实行不公开审理，不得在公开开庭时出示。

《行政诉讼法》虽然没有明确将规范性文件列为法定证据种类之一，但第 34 条规定了被告应当提供作出该具体行政行为的证据和所依据的规范性文件。而

《行政诉讼法》第53条规定“公民、法人或者其他组织认为行政行为所依据的国务院部门和地方人民政府及其部门制定的规范性文件不合法，在对行政行为提起诉讼时，可以一并请求对该规范性文件进行审查”，从而赋予了法院对规范性文件的附带司法审查权。人民法院在经过依法审查后认为相关规范性文件不合法的，不能将其作为认定行政行为合法的依据，并应当向制定机关提出处理建议。

（二）认定证据

《行政诉讼法》第43条第3款规定，以非法手段取得的证据，不能作为认定案件事实的依据。此处“非法手段取得的证据”可以列举出以下情形：(1) 严重违反法定程序收集的证据材料；(2) 以违反法律强制性规定的手段获取且侵害他人合法权益的证据材料；(3) 以利诱、欺诈、胁迫、暴力等不正当手段获取的证据材料。[①] 被告在行政程序中依照法定程序要求原告提供证据，原告依法应当提供而拒不提供，在诉讼程序中提供的证据，人民法院一般不予采纳。

下列证据不能作为认定被诉行政行为合法的依据[②]：(1) 被告及其诉讼代理人在作出行政行为后或者在诉讼程序中自行收集的证据；(2) 被告在行政程序中非法剥夺公民、法人或者其他组织依法享有的陈述、申辩或者听证权利所采用的证据；(3) 原告或者第三人在诉讼程序中提供的、被告在行政程序中未作为行政行为依据的证据。

复议机关在复议程序中收集和补充的证据，或者作出原行政行为的行政机关在复议程序中未向复议机关提交的证据，不能作为人民法院认定原行政行为合法的依据。

对被告在行政程序中采纳的鉴定意见，原告或者第三人提出证据证明有下列情形之一的，人民法院不予采纳：(1) 鉴定人不具备鉴定资格；(2) 鉴定程序严重违法；(3) 鉴定结论错误、不明确或者内容不完整。[③]

证明同一事实的数个证据，其证明效力一般可以按照下列情形分别认定：(1) 国家机关以及其他职能部门依职权制作的公文文书优于其他书证；(2) 鉴定意见、现场笔录、勘验笔录、档案材料以及经过公证或者登记的书证优于其他书证、视听资料和证人证言；(3) 原件、原物优于复制件、复制品；(4) 法定鉴定

---

① 上述(1)(2)(3)项，学界通常认为是《行政诉讼司法解释》首次规定“非法证据排除规则”在行政诉讼中的运用。“非法证据排除规则”最早源于美国刑事诉讼的证据规则，后被各国法律吸收，我国《行政诉讼法》2014年修改后在第43条中首次在法律层面确立了“非法证据排除规则”，被视为程序正义理念在我国树立的积极反映。

② 学理上通常将下述规则视为“案卷排他性规则”在行政诉讼中的体现。“案卷排他性规则”是美国行政程序中的重要规则，是指行政机关的裁决只能以案卷为根据。参阅王名扬：《美国行政法（上）》，中国法制出版社2005年版，第489页。

③ 人民法院对鉴定意见不予采纳的情形来源于《行政诉讼证据司法解释》第62条的规定，该条原本是针对鉴定结论的，但应当认为其规定的情形对鉴定意见同样适用。

部门的鉴定意见优于其他鉴定部门的鉴定意见[①];(5) 法庭主持勘验所制作的勘验笔录优于其他部门主持勘验所制作的勘验笔录;(6) 原始证据优于传来证据;(7) 其他证人证言优于与当事人有亲属关系或者其他密切关系的证人提供的对该当事人有利的证言;(8) 出庭作证的证人证言优于未出庭作证的证人证言;(9) 数个种类不同、内容一致的证据优于一个孤立的证据。

以有形载体固定或者显示的电子数据交换、电子邮件以及其他数据资料,其制作情况和真实性经对方当事人确认,或者以公证等其他有效方式予以证明的,与原件具有同等的证明效力。

在庭审中一方当事人或者其代理人在代理权限范围内对另一方当事人陈述的案件事实明确表示认可的,人民法院可以对该事实予以认定。但有相反证据足以推翻的除外。

在行政赔偿诉讼中,人民法院主持调解时当事人为达成调解协议而对案件事实的认可,不得在其后的诉讼中作为对其不利的证据。

在不受外力影响的情况下,一方当事人提供的证据,对方当事人明确表示认可的,可以认定该证据的证明效力;对方当事人予以否认,但不能提供充分的证据进行反驳的,可以综合全案情况审查认定该证据的证明效力。

下列事实法庭可以直接认定[②]:(1) 众所周知的事实;(2) 自然规律及定理;(3) 按照法律规定推定的事实;(4) 已经依法证明的事实;(5) 根据日常生活经验法则推定的事实。前述(1)(3)(4)(5)项,当事人有相反证据足以推翻的除外。

原告确有证据证明被告持有的证据对原告有利,被告无正当事由拒不提供的,可以推定原告的主张成立。

生效的人民法院裁判文书或者仲裁机构裁决文书确认的事实,可以作为认定案件事实的依据。但是如果发现裁判文书或者裁决文书认定的事实有重大问题的,应当中止诉讼,通过法定程序予以纠正后恢复诉讼。

下列证据不能单独作为认定案件事实的依据:(1) 未成年人所作的与其年龄和智力状况不相适应的证言;(2) 与一方当事人有亲属关系或者其他密切关系的证人所作的对该当事人有利的证言,或者与一方当事人有不利关系的证人所作的对该当事人不利的证言;(3) 应当出庭作证而无正当理由不出庭作证的证人证言;(4) 难以识别是否经过修改的视听资料;(5) 无法与原件、原物核对

---

① 人民法院对鉴定意见证据证明效力的认定顺序的规定来源于《行政诉讼证据司法解释》第 63 条,该条原本是针对鉴定结论的,但应当认为其规定的情形对鉴定意见同样适用。

② 学理上认为这是《行政诉讼证据司法解释》对司法认知与推定在行政诉讼中的适用所作的规定。司法认知源于西方诉讼中的古老格言"众所周知的事实,无需证明",是指法院在审理过程中以宣告的形式直接认定某一事实的真实性。推定是一种由法律预先设定两种事实之间的常态因果关系特殊的证明规则。参阅宋随军、梁凤云:《行政诉讼证据实证分析》,法律出版社 2007 年版,第 361—369 页。

的复制件或者复制品;(6) 经一方当事人或者他人改动,对方当事人不予认可的证据材料;(7) 其他不能单独作为认定案件事实依据的证据材料。

庭审中经过质证的证据,能够当庭认定的,应当当庭认定;不能当庭认定的,应当在合议庭合议时认定。人民法院应当在裁判文书中阐明证据是否采纳的理由。法庭发现当庭认定的证据有误,可以按照下列方式纠正:(1) 庭审结束前发现错误的,应当重新进行认定;(2) 庭审结束后宣判前发现错误的,在裁判文书中予以更正并说明理由,也可以再次开庭予以认定;(3) 有新的证据材料可能推翻已认定的证据的,应当再次开庭予以认定。

第四节　行政诉讼的证明标准

一、证明标准概述

证明标准是为了实现法定证明任务,法律规定在每一个案件中诉讼证明必须达到的程度。证明标准是衡量证据证明程度的标准,它既是衡量当事人举证到何种程度才能满足举证要求的标准,又是法官据以确信案件事实以及评判法官对事实认定是否妥当的尺度。

两大法系国家对民事和刑事案件的证明标准采取区别对待的态度,即采取二元制的证明标准。《英国大百科全书》(第 15 版)"证据法"条款指出:"在普通法国家,民事案件仅要求占优势的盖然性,刑事案件要求盖然性超过合理性怀疑。在大陆法系国家中,则要求排除合理怀疑的盖然性。"①

在英美法系国家,不仅对民事案件和刑事案件的证明标准采取区别对待的态度,而且在民事案件中,还根据案件的性质不同,区分普通民事案件与特殊民事案件,分别设置了不同的证明标准,从而在证明标准上呈现出多元化的现象。

长期以来,我国通说认为,在民事和刑事案件的证明标准上实行的是统一的、无差别的标准,都要求达到事实清楚,证据确实、充分,即采取一元制的证明标准。"证据的确实、充分,既是对证据质的要求,也是对证据量的要求,具体体现在:一是据以认定案件事实的证据均已查证属实。二是案件事实均有必要的证据予以证明。三是证据之间、证据与案件事实之间的矛盾得到合理排除。四是得出的结论是唯一的,排除了其他可能性。这四点必须同时具备,才能认为证据已达到确实充分的程度。对此种证明标准上的要求,民事诉讼、刑事诉讼和行政诉讼概莫能外。"②

---

①　参见《英国大百科全书》(第 15 版)中"证据法"(EVIDENCE LAW)条款。

②　参见陈一云主编:《证据学》,中国人民大学出版社 1991 年版,第 117—118 页;章剑生:《行政诉讼法基本理论》,中国人事出版社 1998 年版,第 121 页。

但从我国民事诉讼和刑事诉讼的立法来看，我国实行的仍然是二元制的证明标准。考查我国《民事诉讼法》第67、177、207条的规定，我国民事诉讼中采用的是优势证明标准。所谓优势证明标准是指争议双方当事人中的一方提供的证据证明力明显地优于对方当事人提供的证据的证明力，根据证据证明力占优势的证据认定案件事实的证明标准，即《民事诉讼法》中规定的要达到"证据客观充分，事实清楚"的证明程度。

考查我国《刑事诉讼法》第53、162、242条的规定，我国刑事诉讼中采用的是严格证明标准或称之为"排除合理怀疑"的证明标准，即要达到"证据客观充分，事实确凿"的证明程度。所谓"排除合理怀疑"的证明标准是指对被告被指控的犯罪事实必须证明到排除一切合理怀疑的程度。所谓合理怀疑，在实践中是一个难以界定和把握的概念，人们的认识差异较大，美国《加利福尼亚州刑法典》中是这样表述的："它不仅仅是一个可能的怀疑，而是指该案的状态，在经过对所有证据的总的比较和考虑之后，陪审员的心理处于这种状况，他们不能说他们感到对指控罪行的真实性得出永久的裁决已达到内心确信的程度。"①

二、行政诉讼证明标准的设定

我国《行政诉讼法》及有关司法解释中均未规定证明标准问题。② 对于在行政诉讼中应当采取何种证据标准，存在着不同的意见。如前所述，有的学者主张应当采取一元制的证明标准。也有的学者主张，行政诉讼的证明标准应当区别于其他两种诉讼。目前主流观点的思路是针对行政诉讼的具体情况，设定多元的行政诉讼证明标准。但具体如何设计行政诉讼的证明标准，学界的观点亦相当多元化。③

笔者认为，由于行政案件的特殊性和多样性，证明行政案件事实的方式也具有多样性，不可能适用单一的证明标准，而应当根据不同的案件类型，有针对性地分别适用不同的证明标准。

(1) 以明显优势证明标准为原则。除法律和《行政诉讼证据司法解释》另有规定外，法庭应当适用明显优势证明标准认定案件事实。这种证明标准充分体现了行政诉讼的特色。因为刑事诉讼通行的是排除合理怀疑标准，民事诉讼通行的是优势证明标准，而在一般行政案件中，行政行为对相对人权利的影响介于民事、刑事案件之间，其证明要求低于刑事诉讼、高于民事诉讼，因而应当适用介

---

① 转引自毕玉谦：《民事证据法及其程序功能》，法律出版社1997年版，第121页。

② 最高人民法院考虑到证明标准的弹性较大，在最后通过的《行政诉讼证据司法解释》中删去了送审稿中的"证明标准"部分，暂不作规定。现行《行政诉讼法》对此也未有规定。

③ 参阅马怀德：《司法改革与行政诉讼制度的完善：行政诉讼法修改建议稿及理由说明书》，中国政法大学出版社2004年版，第257页；胡建淼：《行政诉讼法修改研究：〈中华人民共和国行政诉讼法〉法条建议及理由》，浙江大学出版社2007年版，第268—270页。

于二者之间的明显优势证明标准。

（2）以严格证明标准和优势证明标准为补充。对于严重影响相对人权利的行政案件适用严格证明标准或排除合理怀疑标准。因为行政拘留、暂扣或者吊销许可证和执照、责令停产停业、没收违法所得、没收非法财物、罚款、警告等行政案件，对行政相对人的人身权、财产权益产生重大的影响，对行政机关应当有更高的证明要求，因而应当适用与刑事诉讼相同的证明标准。有人建议经过听证程序的案件也应当适用严格证明标准，因为该类案件在争议进入诉讼前已经过辩论、质证等准诉讼程序，其证明标准也应达到排除合理怀疑的程度。

对于下列行政案件应当适用优势证明标准：第一类是财产权或者人身权争议的行政裁决案件，因为这类案件在性质上属于经过行政机关处理的民事案件，因而应当适用通行的民事证明标准。第二类是准行政行为的案件。因为准行政行为诉讼类似于民事诉讼，诉讼标的主要是民事权益，适用民事诉讼的审理规则，因而其证明标准也应采用民事诉讼的优势证明标准，如行政赔偿诉讼案件中涉及对原告或第三人财产权或人身权侵害事实的证明以及行政处罚案件中涉及处罚显失公正的证明等。第三类是指行政机关适用简易程序作出行政行为的案件以及行政机关采取临时保全措施的案件。这类案件适用优势证明标准主要考虑的是行政效率以及对相对人权益影响不大的因素。

第五节　行政诉讼的证据保全

证据保全是指在证据可能灭失或以后难以取得的情况下，人民法院根据诉讼参加人的请求或依职权采取措施加以确定和保护的一项诉讼制度。证据保全既是保证当事人提供证据的补救方法，也是人民法院获取证据的一种手段。它对于保护当事人的合法权益，保证行政诉讼的顺利进行具有重要的意义和作用。

一、证据保全的条件

根据行政诉讼法的规定，采取证据保全措施需要具备以下几个条件：

（1）必须存在可能灭失或以后难以取得证据的情况。所谓可能灭失，是指证据或者提供证据的人以后有可能不存在。例如作为证据的物品将要腐烂、变质、变形，或者作为证人的自然人有可能死亡，等等。所谓以后难以取得，是指失去某种机会或超过一定的时间，以后就难以取得的情况，如证人将要出国留学或到国外定居等。

（2）相应证据必须与案件有一定的关联性，即该项证据能够证明该行政案件的事实，案件事实与证据之间存在着内在的联系。

（3）当事人向人民法院申请保全证据的，应当在举证期限届满前以书面形式提出。在行政诉讼中,当事人申请保全证据的期限同举证的期限是一致的,即行政诉讼当事人申请保全证据的,应当在各自的举证期限内提出。

二、证据保全的启动方式

根据《行政诉讼法》第42条的规定,行政诉讼的证据保全的启动方式有以下两种:

(1) 由诉讼参加人向人民法院申请。人民法院是否采取行政诉讼的证据保全措施,应根据具体的案情来确定,如人民法院同意证据保全的申请,应作出准许裁定并及时采取证据保全措施。如果人民法院不接受当事人的申请,则应作出不予保全的裁定并说明理由。

当事人根据《行政诉讼法》第42条的规定向人民法院申请保全证据的,应当在举证期限届满前以书面形式提出,并说明证据的名称和地点、保全的内容和范围、申请保全的理由等事项。当事人申请保全证据的,人民法院可以要求其提供相应的担保。

(2) 人民法院依职权主动采取。在行政诉讼的过程中,如果人民法院发现有关的证据可能灭失或以后难以取得,可以依职权主动采取证据保全措施。

三、证据保全的方法

根据具体情况,可以采取查封、扣押、拍照、录音、录像、复制、鉴定、勘验、制作询问笔录等保全措施。人民法院保全证据时,可以要求当事人或者其诉讼代理人到场。对不同种类的证据应采取不同的证据保全的方法。

(1) 对证人证言的保全,一般采用制作证人证言笔录或者进行录音、录像等方法。

(2) 对物证的保全,一般由人民法院进行勘验,制作勘验笔录,或者绘图、拍照、录像,也可以采取保存原物的方法。

人民法院可以依当事人申请或者依职权勘验现场。勘验现场时,勘验人必须出示人民法院的证件,并邀请当地基层组织或者当事人所在单位派人参加。当事人或其成年亲属应当到场,拒不到场的,不影响勘验的进行,但应当在勘验笔录中说明情况。审判人员应当制作勘验笔录,记载勘验的时间、地点、勘验人、在场人、勘验的经过和结果,由勘验人、当事人、在场人签名。勘验现场时绘制的现场图,应当注明绘制的时间、方位、绘制人姓名和身份等内容。当事人对勘验结论有异议的,可以在举证期限内申请重新勘验,是否准许由人民法院决定。

(3) 对书证的保全,一般可以采取拍照、复制等方法。

法院进行证据保全,应制作保全证据的笔录。被保全的证据与法院调查的其他证据具有同等的效力,经查证属实,可以作为认定案件事实的根据。

四、诉前证据保全

行政诉讼的诉前证据保全是指在行政程序中,当事人在了解相关行政证据的权利受到行政主体的限制或剥夺的情况下,可以在提起行政诉讼之前申请人民法院对该证据进行保全的活动。诉前证据保全不同于证据保全,证据保全只发生在诉讼开始之后,而不存在诉前保全,二者在申请的阶段、申请人的法律地位方面均存在着区别。我国行政诉讼立法、行政复议立法、最高人民法院的《行政诉讼法司法解释》中均未对诉前证据保全制度进行规定。《行政诉讼证据司法解释》第27条第3款规定:"法律、司法解释规定诉前保全证据的,依照其规定办理。"这是我国首次对行政诉讼诉前证据保全制度作出明确规定。目前,在我国建立诉前证据保全制度具有重要的意义,诉前证据保全不仅仅是一种证据保全措施,而且对有效地保护相对人的行政诉权具有重要的作用。因为在行政管理实践中,有的行政主体行政程序观念淡薄,一些重要的行政证据不及时全面地告知相对人,相对人的知情权得不到应有的重视,在这种情形下,即使相对人提起行政诉讼,也无法有效地保护自身的合法权益。因此,建立行政诉讼诉前证据保全制度对于完善我国行政诉讼制度具有重要的理论意义和现实的迫切性。

第二十九章　行政诉讼程序

第一节　诉 与 诉 权

一、诉的概念

行政诉讼理论中的“诉”，是指认为自己的合法权益受到行政主体行政行为侵犯的公民、法人或其他组织，请求人民法院予以司法救济的制度。行政诉讼中的“诉”具有三项要素：当事人、诉讼标的和诉讼理由。[①]

1. 当事人

当事人是因行政行为发生争议，以自己的名义参加诉讼，并受人民法院裁判拘束的主体。没有当事人或当事人不明确、不合格，诉就不会成立。与民事诉讼不同的是，行政诉讼中当事人的诉讼法律地位具有特定性。原告、被告当事人的地位不能转换。行政主体不享有起诉权和反诉权。这体现了行政诉讼作为司法审查制度的特点。

2. 诉的标的

行政诉讼标的也称诉讼客体，即行政行为。行政案件中的诉讼标的，由原告具体的请求内容决定。行政诉讼所要审查的核心是行政行为的合法与否，这直接影响到当事人所争执的行政法上的权利义务。在诉讼中，行政诉讼标的(行政行为)发生改变，如果原告或者第三人不同意改变，坚持不撤诉的，人民法院仍须以原诉讼标的为审理对象。法院经审查，认为原行政行为违法的，应当作出确认其违法的判决；认为原行政行为合法的，应当作出驳回原告诉讼请求的判决或维持原行政行为的裁定。[②]

3. 诉讼理由

诉讼理由是任何具体的诉讼都不可缺少的要件，是指原告为支持自己的诉讼请求所提出的事实。作为诉的要素，原告的诉讼理由不一定是客观存在的真实的事实。诉讼理由只有经过人民法院的审理才能判断，原告所争议的权利义务最终由人民法院予以裁决。

---

① 有关诉、诉讼标的等基本诉讼法学概念，参见《中华法学大辞典》，中国检察出版社 1995 年版，第 543 页。

② 《行政诉讼法司法解释》第 81 条规定：被告在一审期间改变被诉行政行为的，应当书面告知人民法院；原告或者第三人对改变后的行政行为不服提起诉讼的，人民法院应当就改变后的行政行为进行审理；被告改变原违法行政行为，原告仍要求确认原行政行为违法的，人民法院应当依法作出确认判决。

二、诉的种类

诉的种类是以诉的请求内容为标准进行的划分。诉不同于请求，诉是请求的形式，请求是诉的内容。诉讼请求不同决定了诉的种类不同。目前我国行政诉讼的种类有确认之诉、撤销之诉、变更之诉、赔偿之诉、履行之诉和给付义务之诉等。不同种类的诉决定不同形式的诉讼判决（关于行政诉讼诉的种类的内容和相应的诉讼判决形式将在本书第三十一章中详细阐述）。

三、诉的合并与分离

诉的合并是基于各个诉的主体或内容上的联系，人民法院依职权或经当事人申请后决定，依法将几个诉合并在一起审理的诉讼形式，是人民法院决定共同诉讼的理论依据。

当事人一方或双方为二人以上，因同一行政行为发生的行政案件，或者因同类行政行为发生的行政案件，人民法院可以合并进行审理。[①] 诉的合并，主要是基于经济原则的考虑，即有利于提高审判效率，有利于裁判的统一性和确定性，有利于节省诉讼成本。诉的合并，必须是同一性质、同为一审程序，并属于同一人民法院管辖的诉。人民法院应当在同一判决书或几份判决书中确定各个诉讼的判决结果。

诉的分离是人民法院在受案后，对原告提出的几个诉单独审理，或者对已经合并的几个诉再重新分离而单独审理的诉讼形式。诉的分离是对不恰当合并的诉讼进行调整，其目的在于避免诉讼程序的复杂化，防止案件久拖不决，减少对诉讼参加人的不利影响。

四、诉权

（一）诉权的概念

行政诉权有广义和狭义之分。广义的诉权，是指当事人参加行政诉讼依法享有的所有诉讼权利，主要包括起诉权、申请再审权、申请执行权。狭义的诉权，仅指当事人向人民法院起诉，请求人民法院以国家审判权保护其合法权益的权利。诉权最主要的就是起诉权，即诉讼请求权，当事人依此启动行政诉讼程序，要求人民法院行使审判权，保护其合法权益和提供行政法律救济。

---

① 《行政诉讼法司法解释》第 73 条：根据《行政诉讼法》第 27 条的规定，有下列情形之一的，人民法院可以合并审理：(1) 两个以上行政机关分别依据不同的法律、法规对同一事实作出行政行为，公民、法人或者其他组织不服向同一人民法院起诉的；(2) 行政机关就同一事实对若干公民、法人或者其他组织分别作出行政行为，公民、法人或者其他组织不服分别向同一人民法院起诉的；(3) 在诉讼过程中，被告对原告作出新的行政行为，原告不服向同一人民法院起诉的；(4) 人民法院认为可以合并审理的其他情形。

行政诉权包含程序上的权利和实体上的权利两部分。原告程序上的诉权表现为起诉权以及在行政诉讼中的辩论权、申请回避权、上诉权等各项权利；被告程序上的诉权表现为应诉答辩的权利以及其他诉讼权利。无论从程序还是实体上讲，原告享有的行政诉权与被告享有的行政诉权都不完全对等。行政诉权主要是原告提起行政诉讼，请求人民法院保护实体性权益的权利。根据《行政诉讼法》的规定，只有公民、法人或者其他组织才可以成为原告。[①] 对原告而言，请求人民法院保护的实体权益是行政法上的合法权益；而对被告而言，要求人民法院保护的实体权益是行政法治的实现以及行政执法所追求的维护公共利益和社会秩序目标的实现。

（二）诉权的种类

根据行政诉讼原告享有诉权范围的广狭程度，诉权可分为被害人诉权、利害关系人诉权、民众诉权三大类型。

(1) 被害人诉权，是指以原告的权利受到违法行政行为的侵害为起诉要件的一种诉讼权利，我国采取的是当事人主观权利受侵害方享有诉权的诉讼形式。该诉讼形式要求起诉者必须以自己认为其权利被违法行政行为侵害为要件。

被害人诉权为世界上大多数国家所采用。然而，该类诉权的享有以原告的权利被侵害为要件，实际上大大限制了诉权行使的范围，故又称“权利被侵害者诉讼”。随着公民权益实践的日益发展，权利与利益不易区别，为确保公民正当利益的享有，许多原采用“权利被侵害者诉讼”的国家，将诉讼权保护的对象扩张至“法律所保护的利益”，而形成了“利益被侵害者诉讼”。目前世界上多数国家认为，被侵害者诉讼是最低程度的宪法保障的诉权模式。

(2) 利害关系人诉权，是介于被害人诉讼和民众诉讼之间的诉讼形式，是指原告诉权不以公民的权利或利益被违法行政行为所侵害为要件，而只需原告对诉讼的提起具有值得保护的实质上的或理念上的、直接的或间接的、现实的或将来的及任何可以估量的利益就足够了。但这种利益必须为原告自己所享有，以此区别于民众诉讼。利害关系人诉权重点在于保障非行为当事人的第三人的利益。因此，作为行政行为的直接或间接的相对人，当其权利或利益被侵害时，均享有诉权。

(3) 民众诉权，是指对可能危害社会客观法律秩序、损害行政法治的行政行为，原告无论是否与该行政行为存在法律上的利害关系，均可以起诉的诉权。民众诉权救济的着重点不在于个人，而在于维护行政法治，保障客观行政法律秩序。我国法律目前还没有规定这种民众诉权。[②]

---

① 作为公益诉讼人的人民检察院亦为原告，但这只是例外。

② 根据《行政诉讼法司法解释》第 67 条规定，原告提供被告的名称等信息足以使被告与其他行政机关相区别的，可以认定为《行政诉讼法》第 49 条第 2 项规定的“有明确的被告”。

第二节　起诉和受理

一、起诉

《行政诉讼法》第 25 条规定：行政行为的相对人（直接相对人）以及其他与行政行为有利害关系的公民、法人或者其他组织（间接相对人），有权作为原告提起诉讼；有权提起诉讼的公民死亡，其近亲属可以提起诉讼；有权提起诉讼的法人或者其他组织终止，承受其权利的法人或者其他组织可以提起诉讼；人民检察院在履行职责中发现生态环境和资源保护、食品药品安全、国有财产保护、国有土地使用权出让等领域负有监督管理职责的行政机关违法行使职权或者不作为，致使国家利益或者社会公共利益受到侵害的，应当向行政机关提出检察建议，督促其依法履行职责。行政机关不依法履行职责的，人民检察院依法向人民法院提起诉讼。

行政诉讼（不包括行政公益诉讼）的起诉是指符合上述第 25 条规定的公民、法人或其他组织，认为行政机关的行政行为侵犯其合法权益，向人民法院提起诉讼，请求人民法院行使国家审判权、审查行政行为的合法性并向其提供法律救济，以保护其合法权益的诉讼行为。起诉是人民法院对相应案件行使审判权的前提。根据《行政诉讼法》的规定，公民、法人或其他组织向人民法院提起行政诉讼，必须具备以下条件：

(1) 原告必须是认为行政行为侵犯其合法权益的公民、法人或者其他组织。这一法定条件包括以下具体内容：第一，提起行政诉讼必须以有权行使国家行政职权的国家行政机关的行政行为存在为前提。行政行为无论是行政处理决定还是行政复议决定，均须是对相对人已经产生或必然产生法律效果的决定。如果行政行为尚未作出，或已经撤销或丧失效力，相对人对之起诉，人民法院不予受理；对于正处于过程中的行政处理行为，相对人亦不得提起行政诉讼。第二，原告可以是公民、法人，也可以是其他组织。根据《行政诉讼法》第 98 条的规定，外国人及无国籍人、外国组织（包括外国法人和外国非法人团体）也可以在中国作为原告提起诉讼。第三，原告必须是认为行政行为侵犯其合法利益的公民、法人或其他组织，即原告与案件有利害关系，不仅与案件有事实上的利害关系，而且与案件有法律上的利害关系。需要强调的是，只要公民、法人或其他组织主观上认为自己的合法权益受到行政行为侵害，同行政机关存在行政争议，就可以提起行政诉讼。这里的“认为”，只是原告单方面的主观认识，并不一定是客观上确实受到该行政行为的侵害。原告是否实际上受到该行政行为的侵犯，要经人民法院审理作出裁判后才能确定。

(2) 必须有明确的被告。被告是构成诉的重要内容。被告明确是指作为原告的公民、法人或其他组织提起行政诉讼时应指明是哪个或哪些行政主体的行政行为侵犯了其合法权益。如果没有明确具体的被告,诉讼法律关系就不能形成和无从开始,诉讼的后果将无人承担。根据现行法律的规定,被告必须是作出行政行为的行政机关或法律、法规授权的组织,原告起诉时必须指出该机关或组织的名称。被告是一个行政案件不可缺少的诉讼当事人,如果没有明确、具体、合格的被告,原告的请求就无所指向,法律事实无从证实,诉讼后果无人承担,人民法院也无从进行裁判。

《行政诉讼法司法解释》第 67 条规定,“原告提供被告的名称等信息足以使被告与其他行政机关相区别的,可以认定为《行政诉讼法》第四十九条第二项规定的‘有明确的被告’”。起诉状列写被告信息不足以认定有明确被告的,人民法院可以告知原告补正;原告补正后仍不能确定有明确的被告的,人民法院裁定不予立案。

(3) 必须有具体的诉讼请求和事实根据。诉讼请求和事实根据是诉的基本内容。具体的诉讼请求是指原告对被告提出的具体的权利主张和对人民法院作出何种判决的要求。行政诉讼的诉讼请求可以是确认行政行为违法或撤销、变更行政行为,或者要求行政主体履行法定职责等。事实根据是指原告向人民法院起诉时明确提出诉讼请求所依据的事实根据,不仅包括案件事实,还应包括诉讼请求的法律、法规依据。事实根据也就是诉讼理由。其中案情事实是指行政法律关系发生、变更、消灭的事实,原告合法权益受到侵害的事实,证据事实是指证明案情事实存在的必要根据。要求原告提供相应的事实根据,旨在防止滥诉发生,要求原告在起诉时应有一定的事实根据,并非要求原告承担举证责任。这种事实根据,只具有形式上的意义,因为没有根据的请求是无法审理的请求。这些事实根据只是起诉成立的法定条件,其是否确凿、充分,需要在人民法院进行审理后才能作出判断。另外,根据《行政诉讼法司法解释》的规定,若行政机关作出行政行为时,不制作、不送达决定书,当事人对行政行为不服,向人民法院起诉时,只要能证实行政行为存在并符合其他起诉条件,人民法院即应受理。

(4) 起诉的案件属于人民法院受理范围和受诉人民法院管辖。原告起诉的案件,必须是《行政诉讼法》规定属于人民法院受理范围的行政案件。若属于《行政诉讼法》第 13 条规定的排除事项,则当事人不能提起诉讼。另外,原告起诉,还必须符合《行政诉讼法》关于管辖(级别管辖和地域管辖等)的有关规定。

《行政诉讼法》第 51 条规定:“人民法院在接到起诉状时对符合本法规定的起诉条件的,应当登记立案。对当场不能判定是否符合本法规定的起诉条件的,应当接收起诉状,出具注明收到日期的书面凭证,并在七日内决定是否立案。不符合起诉条件的,作出不予立案的裁定。裁定书应当载明不予立案的理由。原告对裁定不服的,可以提起上诉。"《行政诉讼法》第 52 条规定:"人民法院既不立案,又不作出不予立案裁定的,当事人可以向上一级人民法院起诉。上一级人民法院认为符合起诉条件的,应当立案、审理,也可以指定其他下级人民法院立案、审理。"《行政诉讼法》第 53 条规定:"公民、法人或者其他组织认为行政行为所依据的国务院部门和地方人民政府及其部门制定的规范性文件不合法,在对行政行为提起诉讼时,可以一并请求对该规范性文件进行审查"。这里的"规范性文件"不包含规章。

《行政诉讼法司法解释》第 53 条规定,对当事人依法提起的诉讼,人民法院应当根据《行政诉讼法》第 51 条的规定接收起诉状。能够判断符合起诉条件的,应当当场登记立案;当场不能判断是否符合起诉条件的,应当在接收起诉状后 7 日内决定是否立案;7 日内仍不能作出判断的,应当先予立案。

人民法院应当在接到起诉状时当场予以登记,并出具注明日期的书面凭证。起诉状内容欠缺或者有其他错误的,应当给予指导和释明,并一次性告知当事人补正。起诉状是原告向人民法院提出诉讼请求的书面依据,也是人民法院对案件进行初步审理的书面依据。起诉状应当列明下列事项:(1) 原告和被告的基本情况;(2) 诉讼请求以及所依据的事实和理由;(3) 证据和证据来源,证人姓名和住所。

依照《行政诉讼法司法解释》和《行政诉讼法》第 49 条的规定,公民、法人或者其他组织提起诉讼时应当提交以下起诉材料:(1) 原告的身份证明材料以及有效联系方式;(2) 被诉行政行为或者不作为存在的材料;(3) 原告与被诉行政行为具有利害关系的材料;(4) 人民法院认为需要提交的其他材料。

由法定代理人或者委托代理人代为起诉的,还应当在起诉状中写明或者在口头起诉时向人民法院说明法定代理人或者委托代理人的基本情况,并提交法定代理人或者委托代理人的身份证明和代理权限证明等材料。

人民法院应当就起诉状内容和材料是否完备以及是否符合行政诉讼法规定的起诉条件进行审查。起诉状内容或者材料欠缺的,人民法院应当给予指导和释明,并一次性全面告知当事人需要补正的内容、补充的材料及期限。在指定期限内补正并符合起诉条件的,应当登记立案。当事人拒绝补正或者经补正仍不符合起诉条件的,退回起诉状并记录在册;坚持起诉的,裁定不予立案,并载明不予立案的理由。

法律、法规规定应当先申请复议,公民、法人或者其他组织未申请复议直接提起诉讼的,人民法院裁定不予立案。复议机关不受理复议申请或者在法定期限内不作出复议决定,公民、法人或者其他组织不服,依法向人民法院提起诉讼的,人民法院应当依法立案。法律、法规未规定行政复议为提起行政诉讼必经程序,公民、法人或者其他组织既提起诉讼又申请行政复议的,由先立案的机关管辖;同时立案的,由公民、法人或者其他组织选择。公民、法人或者其他组织已经申请行政复议,在法定复议期间内又向人民法院提起诉讼的,人民法院裁定不予立案。法律、法规未规定行政复议为提起行政诉讼的必经程序,公民、法人或者其他组织向复议机关申请行政复议后,又经复议机关同意撤回复议申请,在法定起诉期限内对原行政行为提起诉讼的,人民法院应当依法立案。

公民、法人或者其他组织向复议机关申请行政复议后,复议机关作出维持决定的,应当以复议机关和原行为机关为共同被告,并以复议决定送达时间确定起诉期限。

人民法院裁定准许原告撤诉后,原告以同一事实和理由重新起诉的,人民法院不予立案。①

二、人民法院对起诉的审查

人民法院对原告的起诉进行审查,通过审查,确定立案受理还是裁定不予受理。公民、法人或其他组织的起诉并非必然都能为人民法院所受理。人民法院对起诉要依法进行审查,根据情况分别作出决定。人民法院的审查主要包括以下几个方面内容:

(1)是否属于人民法院行政诉讼的受案范围和受诉人民法院管辖。

(2)是否遵循了法律关于行政复议与行政诉讼关系的规定。

(3)是否符合法律对起诉期限的规定。

行政诉讼起诉期限规定有四:其一,《行政诉讼法》第46条规定:"公民、法人或者其他组织直接向人民法院提起诉讼的,应当自知道或者应当知道作出行政行为之日起六个月内提出。法律另有规定的除外。因不动产提起诉讼的案件自行政行为作出之日起超过二十年,其他案件自行政行为作出之日起超过五年提起诉讼的,人民法院不予受理"。其二,《行政诉讼法》第45条规定:"公民、法人或者其他组织不服复议决定的,可以在收到复议决定书之日起十五日内向人民法院提起诉讼。复议机关逾期不作决定的,申请人可以在复议期满之日起十五日内向人民法院提起诉讼。法律另有规定的除外。"其三,《行政诉讼法》第47条规定:"公民、法人或者其他组织申请行政机关履行保护其人身权、财产权等合法权益的法定职责,行政机关在接到申请之日起两个月内不履行的,公民、法人或者其他组织可以向人民法院提起诉讼。法律、法规对行政机关履行职责的期限另有规定的,从其规定。公民、法人或者其他组织在紧急情况下请求行政机关履行保护其人身权、财产权等合法权益的法定职责,行政机关不履行的,起诉期限不受前款规定的限制。"其四,《行政诉讼法》第48条规定:"公民、法人或者其他

① 参见《行政诉讼法司法解释》第55—60条。

组织因不可抗力或者其他不属于当事人自身的原因超过起诉期限的，被耽误的时间不计算在起诉期限内。公民、法人或者其他组织因前款规定以外的其他特殊情况耽误起诉期限的，在障碍消除后十日内，可以申请延长期限，是否准许由人民法院决定。”

三、人民法院的受理

行政诉讼的受理，是指人民法院对原告的起诉行为进行审查后，认为起诉符合法律规定的要件，在法定期限内予以立案，或者认为起诉不符合法律规定，作出不予立案裁定的行为。

人民法院接到当事人起诉状，经审查后，应当根据当事人起诉的不同情况，分别作出以下处理：

(1) 决定立案。人民法院在接到起诉状时符合法定条件的，应当登记立案。对当场不能判定是否符合起诉条件的，应当接收起诉状，出具注明收到日期的书面凭证，并在7日内决定是否立案。

(2) 裁定不予受理。人民法院经审查，认为起诉不符合起诉条件的，作出不予立案的裁定。裁定书应当载明不予立案的理由。原告对裁定不服的，可以提起上诉。

(3) 告知原告补正。人民法院经审查，认为起诉状内容欠缺或者有其他错误的，应当给予指导和释明，并一次性告知当事人需要补正的内容。不得未经指导和释明即以起诉不符合条件为由不接受起诉状。

当事人对于人民法院不接受起诉状，接收起诉状后不出具书面凭证，以及不一次性告知需要补正的起诉状内容的，可向上级人民法院投诉，上级人民法院应责令其改正，并对直接负责的主管人员和其他直接责任人员给予处分。

人民法院对符合起诉条件的案件应当立案，依法保障当事人行使诉讼权利。根据《行政诉讼法司法解释》的规定，对当事人依法提起的诉讼，人民法院应当根据《行政诉讼法》第51条的规定接收起诉状。能够判断符合起诉条件的，应当当场登记立案；当场不能判断是否符合起诉条件的，应当在接收起诉状后7日内决定是否立案；7日内仍不能作出判断的，应当先予立案。有下列情形之一，已经立案的，应当裁定驳回起诉：(1) 不符合《行政诉讼法》第49条规定的；(2) 超过法定起诉期限且无《行政诉讼法》第48条规定情形的；(3) 错列被告且拒绝变更的；(4) 未按照法律规定由法定代理人、指定代理人、代表人为诉讼行为的；(5) 未按照法律、法规规定先向行政机关申请复议的；(6) 重复起诉的；(7) 撤回起诉后无正当理由再行起诉的；(8) 行政行为对其合法权益明显不产生实际影响的；(9) 诉讼标的已为生效裁判或者调解书所羁束的；(10) 其他不符合法定起诉条件的情形。以上所列情形可以补正或者更正的，人民法院应当指定期间责令补正或者更正;在指定期间已经补正或者更正的,应当依法审理。

人民法院经过阅卷、调查或者询问当事人,认为不需要开庭审理的,可以径行裁定驳回起诉。

起诉状副本送达被告后,原告提出新的诉讼请求的,人民法院不予准许,但有正当理由的除外。

四、起诉与受理的法律意义

起诉人的起诉行为和人民法院的受理行为两者结合使行政诉讼法律关系得以形成。人民法院决定立案,标志着行政诉讼程序的开始和对相应行政案件审理和裁判进程的展开。

1. 行政诉讼案件成立

起诉和受理意味着人民法院具有了对相应行政案件的审判权,同时意味着人民法院具有了解决相应行政纠纷的义务。起诉为人民法院受理后,人民法院与当事人之间即形成了诉讼上的法律关系,与此相应,即排斥其他人民法院对相应案件的管辖权。

2. 原、被告取得相应的诉讼地位

从人民法院决定立案开始,起诉人即取得了原告的诉讼地位,作出被诉行政行为的行政机关或组织成为该诉讼的被告。双方开始享有法定的诉讼权利和承担法定的诉讼义务。同时,其他与案件相关的证人、勘验人、鉴定人等也取得或可能取得相应的诉讼参与人的诉讼地位。

3. 行政行为的效力处于待定状态

原告起诉为人民法院所受理后,相应行政行为的效力处于待定状态,在行政诉讼中有被撤销或被变更的可能。但是在行政行为被撤销或变更以前,除因法定的特殊情况外,相应行为并不因行政诉讼程序的开始而停止执行。

4. 诉讼时效中断

原告起诉受理后,诉讼时效中断,审理期限开始计算。

第三节 行政诉讼一审普通程序

一、审理前的准备

(一) 向被告送达起诉状的副本,并告知被告在法定期限内提出答辩状

《行政诉讼法》第 67 条规定,人民法院应当在立案之日起 5 日内,将起诉状副本发送被告。被告应当在收到起诉状副本之日起 15 日内向人民法院提交作出行政行为的证据和所依据的规范性文件,并提出答辩状。人民法院应当在收

到答辩状之日起 5 日内，将答辩状副本发送原告。被告不提出答辩状的，不影响人民法院审理。

（二）审判组织

审判组织是指具体行使对相应行政案件审判职能的组织。我国行政审判的组织包括行政审判庭、合议庭和审判委员会。合议庭是行政审判的基本组织，依少数服从多数原则对案件进行审理和裁判。合议庭中由一名审判员担任审判长，审判长由人民法院院长或行政审判庭庭长指定，院长、庭长参加合议庭时由院长或庭长担任审判长。合议庭依照法律规定由 3 人以上的单数审判员，或者审判员和人民陪审员组成。人民法院审理行政案件应组成合议庭，合议庭成员应始终参加对案件的审理活动。作为例外，行政案件适用简易程序审理时实行独任审判员制。

（三）审查诉讼材料

审判人员审查诉讼材料时应作阅卷笔录，阅卷笔录中应载明案由、双方当事人及其他诉讼参与人的基本情况、行政机关行政行为的表现形式、行政处罚决定或处理决定的文号、时间及主要内容，原告的诉讼请求、事实证据、理由及答辩人答辩的事实和理由，证据的来源，作出行政行为所适用的法律、行政法规、规章的名称及条款等。

（四）调查收集证据

在审查诉讼材料的基础上，人民法院可根据需要决定是否进行调查和收集证据，对案件存疑的地方进行调查。决定是否要求当事人补充证据，是否需要对专门性问题进行鉴定，是否采取证据保全措施等。

（五）确认、更换和追加当事人

人民法院在此阶段还需确认原告、被告、第三人的资格，发现不具备当事人资格者应更换或追加新的当事人。另外，如果有共同诉讼人或第三人需参加诉讼，应通知其参加。

（六）确定开庭的地点、时间并通知当事人和其他诉讼参与人

人民法院在开庭审理 3 日前，应以传票或通知书通知当事人和其他诉讼参与人，当事人或者其他诉讼参与人在外地的，应当留有必要的在途时间。对公开审理的案件，还应公告开庭的时间、地点和案由。

二、开庭审理

（一）开庭审理的形式

行政诉讼一般应公开审理，涉及国家机密、个人隐私和法律另有规定者，则可以不公开审理。公开审理除诉讼当事人和参与人之外，应允许公众旁听，允许记者采访、报道；不公开审理则除当事人和人民法院通知的其他诉讼参与人外，

不允许其他人参加。

（二）开庭审理的程序

开庭审理，是所有诉讼参与人在人民法院合议庭主持下，依法定程序对当事人之间的行政争议案件进行审理，查明案件事实，适用相应的法律、法规，并最终作出裁判的活动。开庭审理一般须经过审理预备、法庭调查、法庭辩论、评议和宣判五个阶段。

(1) 审理预备阶段。此阶段先由书记员查明当事人和其他诉讼参与人到庭情况、宣布法庭纪律，然后由审判长宣布开庭，核对当事人，宣布案由和审判人员、书记员名单，告知当事人诉讼权利和义务。在此阶段，当事人可申请回避。当事人申请回避，应当说明理由，在案件开始审理时提出；回避事由在案件开始审理后知道的，应当在法庭辩论终结前提出。被申请回避的人员，在人民法院作出是否回避的决定前，应当暂停参与本案的审理，但案件需要采取紧急措施的除外。对当事人提出的回避申请，人民法院应当在 3 日内以口头或者书面形式作出决定。申请人对驳回回避申请决定不服的，可以向作出决定的人民法院申请复议一次。复议期间，被申请回避的人员不停止参与本案的审理。对申请人的复议申请，人民法院应当在 3 日内作出复议决定，并通知复议申请人。

根据《行政诉讼法司法解释》第 74、75 条的规定，当事人申请回避，应当说明理由，在案件开始审理时提出；回避事由在案件开始审理后知道的，应当在法庭辩论终结前提出。被申请回避的人员，在人民法院作出是否回避的决定前，应当暂停参与本案的工作，但案件需要采取紧急措施的除外。对当事人提出的回避申请，人民法院应当在 3 日内以口头或者书面形式作出决定。对当事人提出的明显不属于法定回避事由的申请，法庭可以依法当庭驳回。申请人对驳回回避申请决定不服的，可以向作出决定的人民法院申请复议一次。复议期间，被申请回避的人员不停止参与本案的工作。对申请人的复议申请，人民法院应当在 3 日内作出复议决定，并通知复议申请人。在一个审判程序中参与过本案审判工作的审判人员，不得再参与该案其他程序的审判。

(2) 法庭调查阶段。法庭调查是人民法院在诉讼当事人和诉讼参与人的参加下，核实和审查证据，查明案件真相的诉讼阶段。法庭调查的任务是审核和查实各种证据，以查明案情，认定案件的事实。法庭调查的顺序是：询问当事人和当事人陈述；告知证人的权利义务，询问证人、宣读未到庭证人的证言；询问鉴定人，宣读鉴定结论；出示书证、物证和视听资料、电子数据；就证据问题向对方或其他诉讼参与人发问。行政诉讼的法庭调查始于原告宣读起诉状，被告宣读答辩状，然后进入双方当事人陈述。原告陈述主要应说明其合法权益受到行政行为侵害的事实和过程。被告陈述则主要应论证自己所作出的行政行为的合法性，并对之予以举证，即提出相应行为的事实根据和法律、法规及其他规范性文件根据。然后传证人到庭作证，或宣读证人证言。法庭在告知证人的诉讼权利和诉讼义务后，由证人向法庭提供证言，对证人的证词，经法庭许可后双方当事人及其诉讼代理人均可提问并质证。当证人确有事由不能到庭时可以宣读证人证言，但此种证人证言同样应在法庭经由双方当事人质证。证人作证后，接着由法庭出示书证、物证和视听资料，宣读鉴定意见、勘验笔录和现场笔录，对这些证据同样应由当事人、诉讼代理人提出意见。当事人在法庭上行使发问权和申请权，参与证据的审查，也可以提出新的证据。依《行政诉讼法司法解释》的规定，作为被告的行政机关提出新的证据必须是在作出行政行为时已经收集，但因不可抗力等正当事由而在庭审前不能提供的。

（3）法庭辩论阶段。法庭辩论阶段是在审判人员的主持下，当事人及其代理人对法庭调查的事实、证据，提出和陈述自己的观点和意见。法庭辩论中当事人、第三人及其诉讼代理人可以运用证据和法律，就案件争议事实的真伪和如何正确适用法律阐明自己的观点和诉讼请求，反驳他方的观点和论据。法庭辩论在法庭调查的基础上进行。目前，人民法院审理行政诉讼案件大多在法庭调查阶段，各方当事人对证据进行质证，之后，人民法院就对相应证据是否采信作出明确的表示。这种做法有利于增加人民法院对证据运用的透明度，保障行政审判的公正性。行政诉讼的辩论原则在此阶段得到最集中的体现。诉讼当事人在辩论阶段发言的顺序一般是：原告及其诉讼代理人发言；被告及其诉讼代理人答辩；第三人及其诉讼代理人发言。第一轮辩论结束后，依以上顺序进行第二轮辩论，针对上一轮辩论中对方的观点和主张进行反驳，进一步阐明自己的主张和观点，相互辩论的时间和次数由法庭审判人员确定，既不可限制当事人的辩论权利，又不可使当事人重复自己的观点和主张。法庭辩论终结后，由审判长依照原告、被告、第三人的顺序依次征询各方最后意见。在法庭辩论中，法庭如发现新的事实或当事人提供了新的证据，确需核查，由审判长决定停止辩论，恢复法庭调查或延期审理，待事实查清后再恢复法庭辩论。

（4）评议阶段。法庭辩论结束后，由审判长宣布休庭，由合议庭组成人员进行合议。合议庭根据经过法庭审查认定的证据，确认案件事实，适用法律、法规和参照规章，最终形成人民法院对案件的裁判。合议阶段是合议庭组成人员依各自的判断形成多数一致意见的过程，合议结论坚持少数服从多数的原则，但少数人的意见应当记入合议笔录，每一位合议庭组成人员均应当在合议笔录上签名。

（5）宣判阶段。宣判阶段是开庭审理的最后步骤。经过法庭调查和法庭辩论、合议庭组织人员的评议，正确认定事实，适用法律，人民法院依法作出裁判。宣判是由合议庭代表人民法院宣告对被诉行政行为是否合法的认定，人民法院对相应行政行为的处置（撤销、维持或变更等）。人民法院宣告判决一律公开进行。宣判除当庭宣判外,还可以定期宣判;定期宣判是由法庭确定一个日期宣告判决结果。判决宣告时,须告知诉讼当事人的上诉权利、上诉期限和上诉人民法院。

人民法院在审理行政诉讼案件过程中,有下列情形之一的,可以延期开庭审理:第一,应当到庭的当事人和其他诉讼参与人有正当理由没有到庭的;第二,当事人临时提出回避申请且无法及时作出决定的;第三,需要通知新的证人到庭,调取新的证据,重新鉴定、勘验,或者需要补充调查的;第四,他应当延期的情形。

三、共同诉讼、撤诉、缺席判决、先予执行、审结期限

(一) 共同诉讼

共同诉讼是指当事人一方或各方为两人以上的诉讼。共同诉讼的条件包括主体条件和客体条件。主体条件是:当事人一方或各方为两人以上。原告两人以上,针对行政机关同一行政行为提起诉讼,这种情况为共同原告,由于各原告具有共同的利害关系,认为行政机关的同一行政行为侵犯了他们的合法权益,故提出共同的诉讼请求。在另一种情况下,则是两个以上的行政机关作出同一个行政行为而引发行政诉讼,原告以共同作出行为的所有行政机关为被告,此种情形构成共同被告。还有一种情形是原告和被告均为两人以上,即该共同诉讼既由共同原告又由共同被告构成。此外,与行政诉讼判决结果有法律上的利害关系的第三人为两人以上的,亦可构成共同诉讼。以上情形是由于诉讼主体相同而由人民法院决定合并审理的共同诉讼。共同诉讼的客体条件是:诉讼客体为同一行政行为或同样的行政行为。这里的"同样",是指两个或两个以上的行政行为性质相同,或作出行政行为的事实和理由、法律根据相同。有下列情形之一的,人民法院可以决定作为共同诉讼合并审理:(1) 两个以上行政机关分别对同一事实作出行政行为,公民、法人或者其他组织不服向同一人民法院起诉的;(2) 行政机关就同一事实对若干公民、法人或者其他组织分别作出行政行为,公民、法人或者其他组织不服分别向同一人民法院起诉的;(3) 在诉讼过程中,被告对原告作出新的行政行为,原告不服向同一人民法院起诉的;(4) 人民法院认为可以合并审理的其他情形。

(二) 撤诉

撤诉是原告表示或依其行为推定其将已经成立的起诉行为撤销,人民法院审查后予以同意的诉讼行为。撤诉基于原告的明确表示或由于其消极的诉讼不作为,同时须经人民法院审查同意。当事人申请撤诉或者依法可以按撤诉处理的案件,当事人有违反法律的行为需要依法处理的,人民法院可以不准许撤诉或者不按撤诉处理。

法庭辩论终结后原告申请撤诉,人民法院可以准许,但涉及国家利益和社会

公共利益的除外。

行政诉讼撤诉分为三种类型:(1) 原告申请撤诉。在行政诉讼过程中,当人民法院受理案件以后,法庭辩论终结后,原告请求人民法院撤回业已成立的诉讼,人民法院审查同意后,可准许其撤诉。这种撤诉的条件是:原告申请;申请在一审裁判宣告之前提出;申请应为原告的真实意思表示;申请得到人民法院的准许。(2) 被告改变自己的行政行为并且得到原告的同意,原告同意撤诉。这种撤诉亦要经人民法院审查准许。原告申请撤诉,经人民法院准许而终结诉讼,原告不得再行起诉,人民法院也不再受理。准予撤诉的裁定确有错误,原告申请再审的,人民法院应当通过审判监督程序撤销原准予撤诉的裁定,重新对案件进行审理。若原告申请撤诉,人民法院不予准许,原告仍应参加诉讼。第三人在原告撤诉行为成立后,认为被撤销的诉讼所针对的行政机关的行政行为侵犯其合法权益的,可以自己另行起诉。(3) 视为申请撤诉。在行政诉讼中,原告并没有明确表示撤诉的意思,但由于其在诉讼中消极的诉讼行为,人民法院可推定其有撤销诉讼的意思,"视为申请撤诉"。根据《行政诉讼法》第 58 条的规定,经人民法院传票传唤,原告无正当理由拒不到庭,或者未经法庭许可中途退庭的,可以按撤诉处理。

人民法院裁定准许原告撤诉后,原告以同一事实和理由重新起诉的,人民法院不予受理。原告或者上诉人未按规定的期限预交案件受理费,又不提出缓交、减交、免交申请,或者提出申请未获批准的,按自动撤诉处理。在按撤诉处理后,原告或者上诉人在法定期限内再次起诉或者上诉,并依法解决诉讼费问题的,人民法院应予受理。

原告申请撤诉或经人民法院两次合法传唤后无正当理由拒不到庭而被人民法院视为申请撤诉的,经人民法院准许者,终结诉讼。

(三) 缺席判决

缺席判决是在人民法院开庭审理时,当事人一方经人民法院合法传唤无正当理由拒不到庭,人民法院继续审理并经合议庭合议后作出裁判的诉讼活动。

缺席判决适用于下列情况:一是被告经合法传唤无正当理由拒不到庭或到庭后未经法庭准许中途退庭的;二是原告虽申请撤诉但人民法院不准许,原告拒不到庭,或者原告虽未申请撤诉,但经人民法院合法传唤,仍拒不到庭的。

缺席判决的效力同于对席判决的效力,原告、被告、第三人均可提起上诉。

(四) 先予执行

人民法院对起诉行政机关没有依法支付抚恤金、最低生活保障金和工伤、医疗社会保险金的案件,权利义务关系明确、不先予执行将严重影响原告生活的,可根据原告的申请,裁定先予执行。当事人对先予执行裁定不服的,可以申请复议一次。复议期间不停止裁定执行。

（五）审结期限

人民法院应当在立案之日起6个月内作出第一审判决。有特殊情况需要延长的，由高级人民法院批准；高级人民法院审理第一审案件需要延长的，由最高人民法院批准。

第四节 简易程序

一、简易程序的概念

简易程序是相对于普通程序而言的，是基层人民法院审理简单的行政案件所适用的一种独立的第一审诉讼程序。简易程序只适用于事实清楚，权利义务关系明确，争议不大的一审行政案件。简易程序起诉方式、受理案件的程序简便。

二、简易程序的适用范围

依据《行政诉讼法》第82条的规定，可适用简易程序审理的案件有下述四类：第一类是被诉行政行为依法当场作出的；第二类是案件涉及款额在2000元以下的；第三类是政府信息公开案件；第四类是当事人各方均同意适用简易程序的。但是，发回重审、按照审判监督程序再审的案件不适用简易程序。

三、简易程序的审理方式

适用简易程序审理行政案件，由审判员一人独任审理，并应当在立案之日起45日内审结。

人民法院在审理过程中，发现不宜适用简易程序的，裁定转为普通程序。

第五节 行政诉讼二审程序

一、二审程序的概念

行政诉讼的二审程序，又称上诉审程序，是指一审人民法院作出裁判后，诉讼当事人不服，在法定期限内提请一审人民法院的上一级人民法院重新进行审理并作出裁判的程序。

二、上诉的提起与受理

一审当事人提起上诉，经二审人民法院审查，认为符合法定条件而决定受理，标志着二审诉讼程序的开始。

（一）上诉的提起

当事人对一审人民法院的判决不服，可以自判决书送达之日起15日内向上一级人民法院提起上诉。当事人对一审人民法院的裁定不服，可以自裁定书送达之日起10日内向上一级人民法院提起上诉。第一审人民法院作出判决和裁定后，当事人均提起上诉的，上诉各方均为上诉人。一方当事人提起上诉的，该当事人为上诉人，未提起上诉的对方当事人为被上诉人。共同诉讼中的一人或一部分人提出上诉，提出上诉的人为上诉人，与上诉请求相对立的各方均为被上诉人，其他当事人依原审诉讼地位列明；与上诉请求利害关系一致，未提起上诉的其他当事人仍处于原审诉讼地位，其他当事人依原审诉讼地位列明。当事人提出上诉，应当按照其他当事人或者诉讼代表人的人数提出上诉状副本。

提起上诉的当事人应当采用书面的上诉状方式。上诉状应载明上诉人、被上诉人的基本情况、上诉的事实和理由以及上诉的诉讼请求。

（二）上诉的受理

二审人民法院收到上诉状后，经审查认为诉讼主体合格，未超过法定的上诉期限的，应当予以受理，并将上诉状副本送达被上诉人，被上诉人收到上诉状副本后应当提出答辩状。

在审判实践中，上诉人的上诉大多向一审人民法院提出，这实际上是一审人民法院受二审人民法院委托进行的诉讼活动，一审人民法院除代二审人民法院接收上诉状外，还审查上诉是否符合法定条件，将上诉状依法定期限送达被上诉人，要求被上诉人在法定期限内提交答辩状。一审人民法院在收到答辩状后，在法定期限内，应将上诉状、答辩状连同一审案卷及证据材料、代二审人民法院收缴的诉讼费一并报送二审人民法院。第一审人民法院作出实体判决后，第二审人民法院认为不应受理的，在撤销第一审人民法院判决的同时，可以发回重审，也可以径行驳回起诉。

三、二审的审理

人民法院对上诉案件，应当组成合议庭，开庭审理。人民法院审理上诉案件，应当对原审人民法院的判决、裁定和被诉行政行为进行全面审查。合议庭应当全面审查一审人民法院的判决或裁定认定的事实是否清楚，适用法律是否正确，诉讼程序是否合法，审查不受上诉人在上诉状中提出的上诉范围和上诉内容的限制。

二审主要适用于当事人对一审人民法院认定的事实有争议，或认为一审人民法院认定的事实不清、证据不足等情形。

二审的程序与一审基本相同，《行政诉讼法》第86条规定，人民法院经过阅卷、调查和询问当事人，对没有提出新的事实、证据或者理由，合议庭认为不需要开庭审理的,也可以不开庭审理。

二审人民法院受理上诉后至宣告二审裁判前,上诉人申请撤回上诉,经人民法院审查准许其撤回上诉,从而终结二审审理。人民法院审查撤回上诉请求主要审查以下几方面:(1) 有无规避法律;(2) 有无损害国家、集体、他人和社会公共利益;(3) 是否符合其他撤诉条件。经审查,人民法院认为上诉人撤回上诉没有上述情形,符合撤诉条件的,应当准许。

人民法院审理上诉案件,应当对原审人民法院的判决、裁定和被诉行政行为进行全面审查。

人民法院审理上诉案件,应在 3 个月内作出终审判决。有特殊情况需要延长的,由高级人民法院批准;高级人民法院审理上诉案件需要延长的,由最高人民法院批准。

第六节　行政诉讼审判监督程序

一、行政诉讼审判监督程序的概念

行政诉讼审判监督程序,是指人民法院根据当事人的申请、检察机关的抗诉、检察建议或者人民法院自己发现已经发生法律效力的判决、裁定确有错误,依法对案件进行再审的程序。再审是人民法院为纠正已发生法律效力的判决、裁定的错误,依法对案件再次审理的活动。再审分为上级人民法院的指令再审和本院审判委员会决定的自行再审两类。另外,在人民法院系统内,上级人民法院对下级人民法院已发生法律效力的判决、裁定认为确有错误的,可以“提审”,即由上级人民法院直接进行审理。

审判监督程序的设置,对保证案件正确裁判、保护当事人的合法权益、维护法律尊严,具有重要意义。它体现了我国审判活动的实事求是、有错必纠的原则。

二、审判监督程序的提起

(一) 当事人提起

当事人对已经发生法律效力的判决、裁定,认为确有错误的,可以向上一级人民法院申请再审,但判决、裁定不停止执行。

当事人的申请符合下列情形之一的,人民法院应当再审:(1) 不予受理或者驳回起诉确有错误的;(2) 有新的证据,足以推翻原判决、裁定的;(3) 原判决、裁定认定事实的主要证据不足、未经质证或者系伪造的;(4) 原判决、裁定适用法律、法规确有错误的;(5) 违反法律规定的诉讼程序,可能影响公正审判的;

(6) 原判决、裁定遗漏诉讼请求的;(7) 据以作出原判决、裁定的法律文书被撤销或者变更的;(8) 审判人员在审理该案件时有贪污受贿,徇私舞弊,枉法裁判行为的。当事人申请再审的,应当提交再审申请书等材料。

当事人向上一级人民法院申请再审,应当在判决、裁定或者调解书发生法律效力后 6 个月内提出。有下列情形之一的,自知道或者应当知道之日起 6 个月内提出:(1) 有新的证据,足以推翻原判决、裁定的;(2) 原判决、裁定认定事实的主要证据是伪造的;(3) 据以作出原判决、裁定的法律文书被撤销或者变更的;(4) 审判人员审理该案件时有贪污受贿、徇私舞弊、枉法裁判行为的。

人民法院认为有必要的,可以自收到再审申请书之日起 5 日内将再审申请书副本发送对方当事人。对方当事人应当自收到再审申请书副本之日起 15 日内提交书面意见。人民法院可以要求申请人和对方当事人补充有关材料,询问有关事项。人民法院应当自再审申请案件立案之日起 6 个月内审查,有特殊情况需要延长的,由本院院长批准。人民法院根据审查再审申请案件的需要决定是否询问当事人;新的证据可能推翻原判决、裁定的,人民法院应当询问当事人。

审查再审申请期间,被申请人及原审其他当事人依法提出再审申请的,人民法院应当将其列为再审申请人,对其再审事由一并审查,审查期限重新计算。经审查,其中一方再审申请人主张的再审事由成立的,应当裁定再审。各方再审申请人主张的再审事由均不成立的,一并裁定驳回再审申请。

审查再审申请期间,再审申请人申请人民法院委托鉴定、勘验的,人民法院不予准许。

(二) 人民法院本身提起

各级人民法院院长对本院已经发生法律效力的判决、裁定,发现有《行政诉讼法》第 91 条规定情形之一,或者发现调解违反自愿原则或者调解书内容违法,认为需要再审的,应当提交审判委员会讨论决定。

最高人民法院对地方各级人民法院已经发生法律效力的判决、裁定,发现有《行政诉讼法》第 91 条规定情形之一,或者发现调解违反自愿原则或者调解书内容违法,有权提审或指令下级人民法院再审。上级人民法院对下级人民法院已经发生法律效力的判决、裁定,发现有《行政诉讼法》第 91 条规定情形之一,或者发现调解违反自愿原则或者调解书内容违法,有权提审或者指令下级人民法院再审。

(三) 人民检察院抗诉

1. 当事人向人民检察院提出申请

有下列情形之一的,当事人可以向人民检察院申请抗诉或者申请提出检察建议:(1) 人民法院驳回再审申请的;(2) 人民法院逾期未对再审申请作出裁定的;(3) 再审判决、裁定有明显错误的。人民法院基于抗诉或者检察建议作出再审判决、裁定后,当事人申请再审的,人民法院不予立案。

当事人申请再审的,应当提交再审申请书等材料。人民法院认为有必要的,可以自收到再审申请书之日起 5 日内将再审申请书副本发送对方当事人。对方当事人应当自收到再审申请书副本之日起 15 日内提交书面意见。人民法院可以要求申请人和对方当事人补充有关材料,询问有关事项。人民法院应当自再审申请案件立案之日起 6 个月内审查,有特殊情况需要延长的,由本院院长批准。

2. 人民检察院自行提出

最高人民检察院对各级人民法院已经发生法律效力的判决、裁定,上级人民检察院对下级人民法院已经发生法律效力的判决、裁定,发现有《行政诉讼法》第 91 条规定情形之一,或者发现调解书损害国家利益、社会公共利益的,应当提出抗诉。

地方各级人民检察院对同级人民法院已经发生法律效力的判决、裁定,发现有《行政诉讼法》第 91 条规定情形之一,或者发现调解书损害国家利益、社会公共利益的,可以向同级人民法院提出检察建议,并报上级人民检察院备案;也可以提请上级人民检察院向同级人民法院提出抗诉。

地方各级人民检察院对审判监督程序以外的其他审判程序中审判人员的违法行为,有权向同级人民法院提出检察建议。

三、再审程序

(一) 裁定中止原裁判的执行

依照审判监督程序再审的案件,应当裁定中止原判决的执行。上级人民法院决定提审或者指令下级人民法院再审,应当作出裁定,情况紧急的,可以口头通知负责执行的人民法院或原审人民法院中止执行,并在口头通知后 10 日内发送裁定书。

(二) 再审审判程序

人民法院按照审判监督程序再审的案件,发生法律效力的判决、裁定是由第一审人民法院作出的,按照第一审程序审理,所作的判决、裁定,当事人可以上诉;发生法律效力的判决、裁定是由第二审人民法院作出的,按照第二审程序审理,所作的判决、裁定是发生法律效力的判决、裁定。但二审是错误维护一审不予受理的裁定的,再审人民法院应撤销一、二审不予受理的裁定,指令一审人民法院立案受理。依一审程序作出的判决、裁定,当事人可以上诉;依二审程序审理,所作的判决、裁定是发生法律效力的判决、裁定,当事人不可上诉。

原审是二审、上级人民法院提审、由上级人民法院指令再审的,再审均依二审程序进行。原审人民法院审理再审行政案件,无论是自行再审还是指令再审,均应另组合议庭。原合议庭人员不得参加新的合议庭审理案件。

按照审判监督程序决定再审的案件,裁定中止原判决、裁定、调解书的执行,但支付抚恤金、最低生活保障费或者社会保险待遇的案件,可以不中止执行。

人民法院根据审查再审申请案件的需要决定是否询问当事人。新的证据可能推翻原判决、裁定的,人民法院应当询问当事人。

审查再审申请期间,被申请人及原审其他当事人依法提出再审申请的,人民法院应当将其列为再审申请人,对其再审事由一并审查,审查期限重新计算。经审查,其中一方再审申请人主张的再审事由成立的,应当裁定再审。各方再审申请人主张的再审事由均不成立的,一并裁定驳回再审申请。

审查再审申请期间,再审申请人申请人民法院委托鉴定、勘验的,人民法院不予准许。

上级人民法院决定提审或者指令下级人民法院再审的,应当作出裁定,裁定应当写明中止原判决的执行;情况紧急的,可以将中止执行的裁定口头通知负责执行的人民法院或者作出生效判决、裁定的人民法院,但应当在口头通知后10日内发出裁定书。人民法院按照审判监督程序再审的案件,发生法律效力的判决、裁定是由第一审人民法院作出的,按照第一审程序审理,所作的判决、裁定,当事人可以上诉;发生法律效力的判决、裁定是由第二审人民法院作出的,按照第二审程序审理,所作的判决、裁定,是发生法律效力的判决、裁定;上级人民法院按照审判监督程序提审的,按照第二审程序审理,所作的判决、裁定是发生法律效力的判决、裁定。

人民法院审理再审案件应当围绕再审请求和被诉行政行为合法性进行。当事人的再审请求超出原审诉讼请求,符合另案诉讼条件的,告知当事人可以另行起诉。

被申请人及原审其他当事人在庭审辩论结束前提出的再审请求,符合《行政诉讼法司法解释》规定的申请期限的,人民法院应当一并审理。人民法院经再审,发现已经发生法律效力的判决、裁定损害国家利益、社会公共利益、他人合法权益的,应当一并审理。再审审理期间,有下列情形之一的,裁定终结再审程序:(1)再审申请人在再审期间撤回再审请求,人民法院准许的;(2)再审申请人经传票传唤,无正当理由拒不到庭的,或者未经法庭许可中途退庭,按撤回再审请求处理的;(3)人民检察院撤回抗诉的;(4)其他应当终结再审程序的情形。

因人民检察院提出抗诉裁定再审的案件,申请抗诉的当事人有前述情形,且不损害国家利益、社会公共利益或者他人合法权益的,人民法院裁定终结再审程序。再审程序终结后,人民法院裁定中止执行的原生效判决自动恢复执行。

人民法院审理再审案件,认为原生效判决、裁定确有错误,在撤销原生效判决或者裁定的同时,可以对生效判决、裁定的内容作出相应裁判,也可以裁定撤销生效判决或者裁定,发回作出生效判决、裁定的人民法院重新审理。

人民法院审理二审案件和再审案件,对原审人民法院立案、不予立案或者驳回起诉错误的,应当分别作如下处理:(1) 一审法院作出实体判决后,二审法院认为不应当立案的,在撤销一审法院判决的同时,可以另行驳回起诉;(2) 二审法院维持一审法院不予立案裁定错误的,再审法院应当撤销一审、二审法院裁定,指令一审法院受理;(3) 二审法院维持一审法院驳回起诉裁定错误的,再审法院应当撤销一审、二审法院裁定,指令一审法院审理。

人民检察院提出抗诉的案件,接受抗诉的人民法院应当自收到抗诉书之日起 30 日内作出再审的裁定;有《行政诉讼法》第 91 条第 2、3 项规定情形之一的,可以指令下一级人民法院再审,但经该下一级人民法院再审过的除外。人民法院在审查抗诉材料期间,当事人之间已经达成和解协议的,人民法院可以建议人民检察院撤回抗诉。人民检察院提出抗诉的案件,人民法院再审开庭时,应当在开庭 3 日前通知人民检察院派员出庭。

人民法院收到再审检察建议后,应当组成合议庭,在 3 个月内进行审查,发现原判决、裁定、调解书确有错误,需要再审的,依照《行政诉讼法》第 92 条规定裁定再审,并通知当事人;经审查,决定不予再审的,应当书面回复人民检察院。人民法院审理因人民检察院抗诉或者检察建议裁定再审的案件,不受此前已经作出的驳回当事人再审申请裁定的限制。审查再审申请期间,再审申请人撤回再审申请的,是否准许,由人民法院裁定。再审申请人经传票传唤,无正当理由拒不接受询问的,按撤回再审申请处理。人民法院准许撤回再审申请或者按撤回再审申请处理后,再审申请人再次申请再审的,不予立案,但有《行政诉讼法》第 91 条第 2、3、7、8 项规定情形的,自知道或者应当知道之日起 6 个月内提出的除外。

当事人主张的再审事由成立,且符合《行政诉讼法》和司法解释规定的申请再审条件的,人民法院应当裁定再审。当事人主张的再审事由不成立,或者当事人申请再审超过法定申请再审期限、超出法定再审事由范围等不符合《行政诉讼法》和司法解释规定的申请再审条件的,人民法院应当裁定驳回再审申请。①

第七节　诉讼中止、诉讼终结、期间、送达

根据《行政诉讼法》第 101 条的规定,人民法院审理行政案件,关于期间、送达、财产保全、开庭审理、调解、中止诉讼、终结诉讼、简易程序、执行等,以及人民检察院对行政案件受理、审理、裁判、执行的监督,《行政诉讼法》没有规定的,适

① 参见《行政诉讼法司法解释》第 111—127 条。

用《民事诉讼法》的相关规定。

一、诉讼中止

行政诉讼中止是指在行政诉讼过程中，因出现需要中断诉讼进行的情形，诉讼暂时停止，待引起诉讼中止的原因消失后诉讼再继续进行的制度。

在行政诉讼中，当以下情形出现后，人民法院应决定中止诉讼：(1) 原告死亡，须等待其近亲属表明是否参加诉讼；(2) 原告丧失诉讼行为能力，尚未明确法定代理人；(3) 作为一方当事人的行政机关、法人或其他组织终止，尚未确定权利义务承受人；(4) 一方当事人因不可抗力的事由不能参加诉讼；(5) 案件涉及法律适用问题，需送请有权机关作出解释或确认；(6) 案件的审判须以相关民事、刑事或者其他行政案件的审理结果为依据，而相关案件尚未审结；(7) 其他应当中止诉讼的情形。

中止诉讼的原因消除后，恢复诉讼。

二、诉讼终结

行政诉讼终结是指行政诉讼开始后，出现了使诉讼不可能进行或没有必要继续进行的情形，人民法院决定结束行政诉讼案件审理的制度。

行政诉讼过程中，有下列情形之一的，终结诉讼：(1) 原告死亡，没有近亲属或者近亲属放弃诉讼权利；(2) 作为原告的法人或者其他组织终止后，其权利义务的承受人放弃诉讼权利；(3) 诉讼中止的前三项情形致使诉讼中止期满 90 日仍无人继续诉讼。

三、期间与期日

行政诉讼的期间是指人民法院、诉讼当事人及其他诉讼参与人进行诉讼行为的期限和日期，是法律或人民法院对进行或完成某种诉讼行为在时间上提出的要求。

期间可分为法定期间和指定期间。法定期间是指法律规定的时间，例如，公民、法人或者其他组织直接向人民法院提起诉讼的，应当在知道作出行政行为之日起 6 个月内提出；经过复议，申请人不服复议决定的，可以在收到复议决定书之日起 15 日内向人民法院提起诉讼；一审案件人民法院应在 6 个月内审结，二审案件应在 3 个月内审结，起诉后人民法院应在 7 日内决定是否受理，人民法院决定受理后 5 日内送达起诉书给被告，被告在 10 日内提交答辩状。不服一审判决应当在 15 日内提起上诉，不服一审裁定应在 10 日内提起上诉等。指定期间是指在诉讼中当某些情形出现后人民法院为当事人或诉讼参与人指定的期间。例如，人民法院确认行政机关具有不作为情形，判决其限期履行法定职责等。

期间以时、日、月、年计算，依法律规定，期间开始的时和日不计算在内。期间届满最后一日是节假日的，以节假日后的第一日为期间届满的日期。期间不包括在途时间（如邮寄时间等），诉讼文书在期满前交邮的，视为在期限内发送。《行政诉讼法》第51条第2款规定的立案期限，因起诉状内容欠缺或者有其他错误通知原告限期补正的，从补正后递交人民法院的次日起算。由上级人民法院转交下级人民法院立案的案件，从受诉人民法院收到起诉状的次日起算。

《行政诉讼法》第81、83、88条规定的审理期限，是指从立案之日起至裁判宣告、调解书送达之日止的期间，但公告期间、鉴定期间、调解期间、中止诉讼期间、审理当事人提出的管辖异议以及处理人民法院之间的管辖争议期间不应计算在内。

再审案件按照第一审程序或者第二审程序审理的，适用《行政诉讼法》第81、88条规定的审理期限。审理期限自再审立案次日起算。诉讼当事人因不可抗力的原因耽误了法定期间的，应依法在障碍消除后10日内申请人民法院顺延期限，是否顺延由人民法院决定。

行政诉讼的期日是指人民法院、当事人和其他诉讼参与人进行行政诉讼行为的日期和时间。行政诉讼期日可分为准备程序的期日、调查证据的期日、开庭审理的期日、宣告判决的期日等。期日开始前，改变原来的日期称期日变更。人民法院变更期日应根据具体情况决定，慎重而为，以保证行政诉讼活动的顺利进行。期日变更后，人民法院应及时通知当事人或其他诉讼参与人依变更后的期日为诉讼行为。

四、送达

送达是人民法院依法定方式将诉讼文书或者法律文书送交当事人和诉讼参与人的行为。送达可能是通知一定事项，便于当事人及其他诉讼参与人行使诉讼权利，履行诉讼义务；也可能是通知诉讼日期，令当事人或其他诉讼参与人按指定的时间和地点进行某种诉讼行为；还可能是通知当事人或其他诉讼参与人在规定期间内行使某项诉讼权利，完成某种诉讼行为。

送达方式有直接送达、留置送达、委托送达、邮寄送达。人民法院可以通过国家邮政机构以人民法院专递方式进行送达，也可由受送达人所在单位转交送达和公告送达。涉外送达则采取下述特定方式：通过外交途径送达，委托我国驻外使、领馆送达，当事人所在国法律允许邮寄送达的可以邮寄送达，按照司法协议的规定送达，由当事人的诉讼代理人送达，公告送达，等等。人民法院审理行政案件需送达时，须选择采用相应送达方式进行。

人民法院可以要求当事人签署送达地址确认书，当事人确认的送达地址为人民法院法律文书的送达地址。当事人同意电子送达的，应当提供并确认传真号、电子信箱等电子送达地址。当事人送达地址发生变更,应当及时书面告知受理案件的人民法院;未及时告知的,人民法院按原地址送达,视为依法送达。

送达必须依法定方式进行。送达文书必须有送达回证,由受送达人在送达回证上记明收到日期,签名或盖章。人民法院可以在当事人住所地以外向当事人直接送达诉讼文书。当事人拒绝签署送达回证的,采用拍照、录像等方式记录送达过程即视为送达。审判人员、书记员应当在送达回证上注明送达情况并签名。送达回证对行政诉讼的当事人和其他诉讼参与人以及有关组织和公民行使诉讼权利、履行诉讼义务和计算诉讼期限等都有重要的法律意义。

第三十章 行政诉讼法律适用

第一节 行政诉讼法律适用概述

一、行政诉讼法律适用的含义与特点

（一）行政诉讼法律适用的含义

行政诉讼法律适用，是指人民法院在审理行政案件、审查行政行为合法性的过程中，具体运用法律规则作出裁判的活动。

行政诉讼法律适用有广义和狭义之分。广义的行政诉讼法律适用贯穿行政诉讼全过程，是法院依据法律规范，处理行政纠纷时所进行的各种活动的总和。它是依法审判的要求和体现，是审判权对国家现行法律的贯彻、执行以及对法律实施的监督。这个意义上的法律适用是一个动态过程，包括事实的认定、法律的选择、将特定的法律适用于特定的事实并作出裁判的全部内容。它既体现为一种活动，又构成一种制度。狭义的行政诉讼法律适用，仅指行政诉讼过程中，在进入案件审理阶段后，法院选择适用具体法律规范于特定案件事实，判断行政行为合法性的特定过程和活动。它主要是指对与行政行为有关的实体法及程序法规范的依据与参照。

行政诉讼的法律适用依据其解决的问题的不同，具体可以分为两大类：其一是解决行政诉讼程序问题的法律适用；其二是解决案件实体问题的法律适用。本章只在后一种意义上使用法律适用的概念。

（二）行政诉讼法律适用的特点

行政诉讼法律适用不同于法院在民事诉讼、刑事诉讼活动中的法律适用，也不同于行政机关在行政执法活动中的法律适用，它具有以下特点：

（1）行政诉讼法律适用的主体具有特定性。行政诉讼法律适用的主体是人民法院，这一特点使行政诉讼的法律适用与行政机关的法律适用区别开来。在行政执法活动中，行政机关是法律适用的主体；而在行政诉讼中，只有人民法院才能成为法律适用的主体，行政机关不能成为法律适用的主体。

（2）行政诉讼法律适用的性质具有监督性。行政诉讼的法律适用是人民法院对行政机关在行政行为中进行的法律适用的审查，是针对同一行政管理事项的第二次法律适用，此次法律适用是对第一次法律适用的监督。

（3）行政诉讼法律适用的范围具有广泛性。行政诉讼法律适用的范围极为

广泛,涉及我国行政法的多种法源,不仅包括法律,而且包括行政法规、地方性法规、自治条例和单行条例;不仅包括行政实体性的法律规范,而且包括行政程序性的法律规范。

(4) 行政诉讼法律适用的形式具有多样性。行政诉讼法律适用形式的多样性,具体表现在既有"依据",又有"参照"。"依据"是指根据《行政诉讼法》第62条的规定,人民法院审理行政案件,以法律、行政法规、地方性法规、自治条例和单行条例为依据;"参照"则是指根据《行政诉讼法》第63条第3款的规定,人民法院审理行政案件,参照规章。法院在行政诉讼中对规章的"参照"适用,是行政诉讼法律适用最主要的特点。

(5) 行政诉讼法律适用的效力具有终局性。行政诉讼的法律适用是对法律、法规的最终适用,具有最终的法律效力。其法律效力不仅高于行政执法机关的法律适用,而且也高于行政复议机关的法律适用。[①] 行政诉讼法律适用效力的终局性,体现了国家司法权在法律适用上的终局效力。

二、行政诉讼的法律适用与行政行为的法律适用

所谓行政行为的法律适用,是指行政主体及其工作人员,依据法定的职权和程序,针对行政管理中发生的具体案件事实,选择并引用特定的法律规范,作出具体的处理或行政决定,产生特定法律效果的行为和活动。

行政行为的法律适用与行政诉讼的法律适用,都是国家机关适用法律的活动,二者的联系主要表现在:行政诉讼中的法律适用,是行政诉讼中法院适用法律审查行政行为合法性,并作出一定裁判的司法行为。其与行政行为中的法律适用的联系表现在二者的客体即法律规范在范围上有一定的重合,如它们都包括了对法律、行政法规等的适用。另外,二者往往基于同一具体行政管理案件事实展开法律适用。行政行为法律适用是对该事实作出行政决定时进行的适法,是"第一次适用";而行政诉讼法律适用是法院针对行政主体对该具体案件的适法或其他程序上是否合法予以审查时所进行的适法,是"第二次适用"。[②]

行政诉讼法律适用与行政行为法律适用的区别在于:法律适用的主体不同;法律适用的主动性不同(前者以诉讼的发生为前提进行,具有被动性);适用的法律依据不同;适用的目的不同;适用的结果不同。行政诉讼法律适用的特征主要表现在:以法官为主体,一般是遵循诉讼程序的规定,多以违法行为的发生引起

---

① 行政复议终局除外。

② 所谓"第二次适用",就是指它是对第一次适用进行审查,判断第一次适用是否合法。第一次适用,即行政主体的适法行为,构成第二次适用所要进行处理或判断的对象,行政主体对其适法行为的合法性的证明构成行政诉讼证据的特定内容。行政法学界也有人对"第二次适用"的提法持有异议,认为行政诉讼法律适用应为"审查适用",参见刘东亮:《论行政诉讼法律适用是审查适用》,载《行政与法制》2002年第10期。

诉讼为前提;法律性更强,主体的职权范围、程序等都有法律明确规定;其结果表现为司法裁判的法律文书的作出;效力上的终局性等。行政机关适用法律具有主动性、原始性;而法院在行政诉讼中适用法律具有被动性和审查性。

三、行政诉讼法律适用的立法与实践

《行政诉讼法》颁布以前,我国行政诉讼在程序上主要依照《民事诉讼法》的规定,实体上对能判断被诉行政行为合法性的,从宪法、法律到一般规范性文件都可能适用,但从整体上说并未建立健全完善的行政诉讼法律适用制度。直到《行政诉讼法》颁布及《行政诉讼法司法解释》出台,我国的行政诉讼法律适用开始向专门化、规范化迈进。《立法法》的生效及其有关规定,在一定程度上也促进了行政诉讼法律适用的完善。而《行政诉讼法》的修改又进一步推动了行政诉讼法律适用走向成熟。其中,修改后的《行政诉讼法》第 63 条和《行政诉讼法司法解释》均对行政案件审判依据问题在法律上作了明确的处理和规定。

上述规定表明,行政案件中法院所适用的据以判断行政行为合法性的依据,其种类和范围较为广泛。而且修改后的《行政诉讼法》对规章和其他规范性文件在行政诉讼法律适用中的定性进一步明确,其中第 63 条第 3 款规定:“人民法院审理行政案件,参照规章”,第 53 条确立了规范性文件的附带审查机制。

相对而言,行政诉讼中的审判依据问题,比起一般仅以法律为审判依据的民事诉讼、刑事诉讼而言更为复杂一些。之所以如此,其原因在于:一是行政规章及一般规范性文件在性质上属准立法行为,因其层级较低,不能也不应当具有一般法律的那种在诉讼中直接适用的效力。二是行政诉讼中的审判主体与被告之间的关系反映了我国司法权与行政权之间的关系,司法机关对行政行为行使有限的司法审查权。

适用法律权是司法机关行使国家司法审判权的重要途径和形式,行政诉讼中的法律适用,由一国宪制体制中的行政权与司法权的相互关系决定,并反之影响这种关系的演变和发展。行政诉讼法律适用,与其他两大诉讼法律适用存在明显的差别。行政法律规范的冲突及其选择适用,构成行政诉讼法律适用的重要特色和主要内容。中国加入世贸组织后,世贸组织之中大量有关行政法的规则也在推进行政法领域的变革,这对行政诉讼及其法律适用的发展产生了并将继续产生深远的影响。

第二节 行政审判法律适用的规范

一、行政审判法律依据的范围

行政诉讼是对行政行为的合法性进行审查的司法活动。行政审判机关在查

明案件事实之后，必须明确应以什么样的标准和尺度来判断行政行为的合法性的问题。为此，《行政诉讼法》第63条规定："人民法院审理行政案件，以法律和行政法规、地方性法规为依据。……"依据这一规定，人民法院审理行政案件以法律、法规[①]为依据，其他任何机关制定、发布的规范性文件，都不能作为审理行政案件的依据。

1. 宪法

宪法是国家的根本大法，规定了一国基本的法律秩序及价值判断标准，其对国家权力分工、各机关基本职能等问题作出根本的规定。法院在判决中能否直接适用宪法条文，引用宪法条款保护公民基本权益，曾引发理论界关于宪法司法化的讨论。根据依宪治国和依法治国理论，我国在司法实践中无疑应承认并确认宪法于审判中作为直接法律依据，并进而予以引用的效力。

2. 法律

法律是指由全国人民代表大会及其常务委员会根据宪法，依照法定立法程序制定的规范性文件。在法律依据的规范体系中，法律的效力位阶仅次于宪法，是行政诉讼中最主要的适用依据。在其他依据中，只有不与法律相抵触的规范性文件才能适用。

3. 行政法规

行政法规是指国务院根据宪法和法律的有关规定，为管理国家各项行政工作，依照法定程序制定的规范性文件。行政法规的法律地位仅次于宪法、法律，在全国范围内具有普遍的约束力。

4. 地方性法规

地方性法规是指由省、自治区、直辖市和省、自治区人民政府所在地的市和其他设区的市以及自治州的人民代表大会及其常务委员会，根据法律、行政法规和本行政区域的具体情况和实际需要，按照法定程序制定的规范性文件。地方性法规在本行政区域内实施。

5. 自治条例、单行条例

自治条例是民族自治地方的人民代表大会根据宪法和法律的规定，结合本民族的政治、经济、文化特点而制定的，保证民族区域自治制度在本地区内得以全面实施的一种综合性条例。单行条例则是民族自治地方的人民代表大会适应当地的民族特点，为解决某一方面的专门性问题而制定的条例。自治条例和单行条例都带有明显的民族性，在本民族区域内具有普遍的约束力。

---

① 宪法也是法律，是具有最高法律效力的法律。在我国，行政法规、地方性法规、自治条例、单行条例统称"法规"。

二、行政审判中参照规章

（一）行政审判中参照规章的含义

人民法院在审理行政案件时，除了以法律、行政法规和地方性法规为依据外，还可以“参照”规章。《行政诉讼法》第 63 条第 3 款规定：“人民法院审理行政案件，参照规章”。“参照”是人民法院审理行政案件法律适用的一种“独具特色”的提法。从立法本意上看，参照就是指人民法院在审理行政案件时可以参考、依照规章的有关规定。由于行政规章和法律、法规在性质、内容、制定依据、法律地位、效力位阶等方面存在着明显的差异，为了和“依据”（法律）加以区别，行政诉讼立法时使用了“参照”这一术语，其实质是赋予了人民法院对规章一定的“选择适用权”。

规章包括地方政府规章和部门规章。地方政府规章指省、自治区、直辖市和设区的市、自治州的人民政府根据法律、行政法规和本省、自治区、直辖市的地方性法规制定的规范性文件的总称。部门规章指国务院各部、委员会、中国人民银行、审计署和具有行政管理职能的直属机构，根据法律和国务院的行政法规、决定、命令，在本部门的权限范围内，制定的规范性法律文件的总称。

我们在分析行政审判中参照规章的含义时，还应当注意到规章在行政复议和行政诉讼的法律适用中的差异性。在行政复议法律适用中，规章是复议机关审理行政复议案件的依据，而在行政诉讼适用法律中，规章只是人民法院审理行政案件的参照。在行政复议适用法律中，规章作为依据，表明行政复议机关可以直接以规章为标准，来衡量和判断某一行政行为是否合法和适当。而在行政诉讼法律适用中，规章不能作为人民法院审理行政案件的依据，而只是人民法院审理行政案件的参照。依据和参照的法律地位是不同的。规章从总体上说，对人民法院不具有拘束力，对不符合或者不完全符合法律、法规的规章，人民法院有灵活处理、拒绝适用的权力。

（二）行政审判中参照规章的规则

对于行政审判中规章的法律效力，一直存在较大争议。2004 年最高人民法院《关于审理行政案件适用法律规范问题的座谈会纪要》中，对实践工作中的这个问题作了较为明确的答复。

（1）规章在行政诉讼中的参照地位实际上是法律赋予人民法院在审理行政案件时对规章的选择适用权。在人民法院审理行政案件时，规章对人民法院不具有绝对的拘束力，对于不合法的规章，人民法院有权拒绝适用。

（2）人民法院参照规章的前提是审查规章，通过审查确定规章的合法性，从而决定参照与否和是否适用。人民法院通过审查，认定规章不合法的，可拒绝适用，但不能宣布相应规章无效和予以撤销。

（3）人民法院经审查，认定相应规章合法，该规章即与法律、法规一样具有法律效力，法院在审理行政案件时应该适用，只不过适用的形式存在一定的差别。

《行政诉讼法》没有规定规章作为审理行政案件的依据，而只是作出“参照”的规定，其主要原因有二：

其一，由行政诉讼的特点所决定。行政诉讼主要是对具体行政行为的合法性进行司法审查的制度。[①] 而规章本身属于行政机关的抽象行政行为，如果将规章作为评判具体行政行为合法性的标准，实际上就是以行政机关的抽象行政行为来判断行政机关的具体行政行为。如果这样，行政诉讼就会失去有效监督行政行为合法性的意义，《行政诉讼法》的立法目的就难以实现。

其二，由规章的特点和现状所决定。规章虽具有针对性、补充性和具体性等优点，但同时也具有制定主体多、制定程序简便、制定权限不清、效力位阶低等不足。直到现在，规章的制定还存在不少问题，如立法技术欠缺，规章之间相互矛盾，规章与上位法时常发生冲突，立法程序中带有很大的随意性，等等。在这种情况下，如果《行政诉讼法》规定规章作为审理行政案件的依据，将会产生许多消极后果，不仅不利于人民法院公正合理地审理行政案件，还可能在一定程度上损害我国法制的统一。

三、行政诉讼适用的其他规范

（一）司法解释

《人民法院组织法》第18条第1款规定：“最高人民法院可以对属于审判工作中具体应用法律的问题进行解释。”最高人民法院的司法解释是各级人民法院审理诉讼案件的法律依据。《行政诉讼法司法解释》第100条第1款规定：“人民法院审理行政案件，适用最高人民法院司法解释的，应当在裁判文书中援引。”

（二）国际条约及其他国际法规范

这主要包括我国参与制定、批准或同意、接受、承认的各种国际双边、多边条约等。国际条约一般经立法机关缔结、签订或者事先同意、事后审议通过、法律授权签订等途径达成并经公布后，具有法律效力，成为国内法的组成部分，构成一国法律规范的一个重要渊源。

一般而言，国际条约的适用应以经国内法的转化为前提，但也有不少可予以直接适用的情形。对国际条约的适用一般都发生于涉外行政诉讼案件中，《行政

---

① 1989年《行政诉讼法》规定了行政诉讼的受案范围是具体行政行为，而现行《行政诉讼法》第53条规范性文件的附带审查机制突破了“具体行政行为”这一限制，“具体行政行为”这一概念也在法律文本中被替换，但这并非否认具体行政行为与抽象行政行为这一对概念在学理上的作用。行政诉讼也仍然主要是针对具体行政行为的合法性进行司法审查。

诉讼法》第九章规定了涉外行政诉讼的有关问题。对此,本书第三十一章有较详细的论述。

（三）除法规、规章以外的其他规范性文件

这主要包括:无法律或地方性法规制定权的国家权力机关制定的规范性文件,无行政法规或规章制定权的行政机关制定的具有普遍约束力的决定、命令,军事机关、审判机关、检察机关的规范性文件,执政党的党内法规等。随着行政主体理论的不断发展,一些特殊的主体如社会团体、学校等,其组织章程或其他一些特殊的规则,也成为我国法律规范(软法)的重要组成部分。

根据《行政诉讼法》的规定,规章以下的行政规范性文件既不是行政行为合法性审查的“依据”,也不是行政行为合法性审查的“参照”,在法律适用上没有一席之地,似乎可以不加以考虑。但是,在行政审判实践中,对规章以下规范性文件完全不加考虑实际上是行不通的。分析我国目前行政管理的现实,我们不得不正视这样一个基本的事实:在国家行政管理活动中,规章以下的行政规范性文件占据十分重要的地位。由于我国行政管理的法治化建设还处于初建阶段,要使国家行政管理完全走上法治化的轨道尚需时日。在相当长的一段时期内,在国家行政管理活动中,规章以下的行政规范性文件将继续发挥重要的作用。面对这一现实,人民法院在审查行政行为的合法性时,对规章以下行政规范性文件亦要予以参照或参考,只要其不与法律、法规、规章相抵触,就应认定其合法性,对依据此种规范性文件作出的行政行为亦应予以维护。[①] 只有这样,才能正确处理行政权和审判权的相互关系,保障行政机关依法和有效地行使行政权。《行政诉讼法司法解释》第 100 条第 2 款规定:“人民法院审理行政案件,可以在裁判文书中引用合法有效的规章及其他规范性文件。”可见,我国已在立法和司法实践上承认了其他规范性文件在行政诉讼案件中得以适用的法律地位。与规章的适用一样,法院在行政诉讼中适用其他规范性文件,以对其他规范性文件的合法性判断为前提,合法有效的其他规范性文件可以予以适用,违法无效的其他规范性文件则不予适用。

第三节　审判规范之间的冲突及处理

一、行政法律规范冲突的原因及类型[②]

规范冲突,又称法律(规范)冲突,是指就同一事项,不同法律规范有不同的

---

① 参见玄某诉山东省济宁市工商行政管理局行政纠纷案。在该案中,法院对国家行政主管部门的有效行政解释予以参照适用。参见姜明安主编:《行政诉讼案例评析》,中国民主法制出版社 1993 年版,第 153—157 页。

② 笔者将“行政法律规范”定位为规范行政主体行政管理行为的各种法律规范,包括法律、法规、规章及其他规范性文件。

规定，导致在效力上的相互抵触。对于冲突的多个规范，适用法律的主体必须选择其一予以适用，以处理具体案件。产生法律规范冲突的原因主要有两个方面：一为立法主体及立法权限划分不清、相互冲突，职权交叉、职权重叠，导致法律规范内容的交叉、重叠；二为不同的法律规范，由于立法质量不高、执行性差、缺乏协调，再加上立法者不当的地方或部门利益的考虑，权利、义务分配不平衡，导致适用法律者无所适从，或者在利益驱动下进行不平等的选择和适用。规范的新旧不同、位阶不同等也会导致不同的规范在内容上的交叉和冲突。

法律规范冲突的类型主要有：

(1) 层级冲突，指发生于不同位阶的法律规范之间的冲突，又称为法律规范的纵向冲突。法律规范的位阶，也即法律规范的效力等级。处于不同位阶的各种渊源的法律规范——法律、法规、规章及一般规范性文件等，在内容上会发生抵触和矛盾，如法规、规章、一般规范性文件与法律的冲突，规章、一般规范性文件与法规之间的冲突，一般规范性文件与规章的冲突等。其表现主要是上下级规范之间的内容相左。更常见的情形是，下级规范超越上级规范的规定或与上级规范的规定相抵触，即下级规范越权，进行创设性规定或加重相对方负担的规定。此时下级规范因越权而归于无效，适用法律的主体不得选择其进行法律适用。有时法律规范的层级并不完全由其渊源决定，还可能由制定主体的地位决定。根据《立法法》第 80 条第 1 款的规定，法律渊源上虽同为地方性法规，但设区的市的人民代表大会及其常务委员会制定的，其效力等级就低于本省、自治区制定的，前者与后者相违的，前者无效。并且，根据《立法法》第 80 条第 2 款和第 106 条第 2 款的规定，规章并不必然因为与地方性法规相冲突而无效(应考虑制定主体)，法规也并不必然因为与法律相抵触而无效(应考虑有无法律可“变通”的特别授权规定)。

(2) 同级冲突，指位阶相同的法律规范之间的冲突，又可称为法律规范的横向冲突。它可分为效力等级相同的同种法律渊源之间的冲突和效力等级相同的不同渊源之间的冲突。前者如法律之间、法规之间、规章之间、规范性文件之间发生的冲突；后者如相同等级的不同部门制定的规章之间、部门规章与地方政府规章之间等的冲突。

(3) 新旧冲突与种属冲突，一般是在确定为同级冲突之后，发生在新旧规范之间、特别法规范与一般法规范之间的冲突。新旧冲突又称时际冲突，一般而言，新的规范制定并开始实施之后，旧的规范应自然归于失效，但当两个规范为不同的立法主体所制定时，这种自然失效并不必然发生。不同部门分别于不同时间制定和发布的不同规章往往在同一时空并存。种属冲突也就是一般法律规范与特别法律规范之间的冲突。

(4) 地域冲突，指不同地域范围内的法律规范之间就相关内容的规定发生的冲突，各地域的规范都有适用的可能，但各自的规定又有不同的情形。它主要指同属国内法的不同地区的法律规范之间的冲突，学界一般称之为“区际冲突”。发生区际冲突的原因主要为在一国内部，不同的地区依法实行不尽相同的法律制度，各制度的有关规定又不尽相同，特定案件中，适法主体必须先进行选择，然后才能予以适用。就我国来讲，区际冲突主要包括三种情形，即港澳台地区与祖国（大陆）、经济特区与其他地区、国内不同行政区域之间的冲突。学界一般将我国不同地区划分为四个法域，即祖国大陆、台湾、香港、澳门。这四个法域分属于三个不同的法系，即祖国大陆的独特法系，台湾、澳门的大陆法系，香港的英美法系。在这四个法域中，又实行两种根本不同的社会和法律制度，即社会主义制度和资本主义制度。[①] 另外，我国经济特区与其他地区的法律规范也存在一定的法律冲突，如深圳特区与广州市或者广东省的法律规范之间常存在一定的冲突。我国大量的地方性立法也导致国内不同行政区域之间法律规范冲突普遍存在。实践中，适用法律的主体对这类冲突规范的选择、适用也面临许多的困难和不确定性。

(5) 人际规范冲突。如对少数民族公民，在祖国大陆投资经营的港澳台同胞，外国的公民、法人或者其他组织，我国行政管理法律规范往往都有一些特别的措施和规定。这些规范与其他一般的规范也可能发生冲突。

(6) 国际法与国内法的冲突，指作为国际法规范的国际条约、协议等规定与国内法律规范的相关规定发生冲突的情形。就这一冲突而言，不同国家规定了不同的优先原则。但一国往往通过国内法律规范对相应国际法进行转化，这时国际法与国内法的冲突会转变成国内法的冲突。

发生规范冲突时，适用法律主体有选择正确的法律规范进行适用的责任与义务。

二、法院选择适用规范的规则

1. 层级冲突，上位法优先

行政法律规范较其他部门的法律规范更具多样性、复杂性，在适用或解释的时候更易发生竞合、冲突，以致无所适从。所以，研究行政法律规范有必要先明确行政法律规范之间的位阶和顺序。研究行政行为中的法律规范的适用，同样要先明确规范的位阶对法律适用的作用和影响，这样才能使行政行为的法律适用在法律规范位阶秩序井然的条件下进行和运作。法律位阶理论，主要是对成文法的位阶或等级的研究，法律规范的位阶一般由其制定或发布机关的层级决

---

① 参见谢晖：《价值重建与规范选择——中国法制现代化沉思》，山东人民出版社2000年版，第110页。

定，但有时依授权进行的立法的位阶可能会有所不同。如行政主体依宪法或全国人大授权制定法律规范，其位阶就不能单纯依行政主体的级别决定。

法律规范在效力等级上的冲突即不同位阶的法律规范发生冲突，这时以高位阶法律规范优于低位阶法律规范为原则，适用高位阶的规范。其中各种法律规范的位阶的排列顺序依《立法法》第 87、88、89 条的规定：法律的效力高于行政法规、地方性法规和规章；行政法规的效力高于地方性法规和规章；地方性法规的效力高于本级和下级的地方政府规章；省、自治区的人民政府制定的规章的效力高于本行政区域内设区的市的人民政府制定的规章。

2. 同级冲突，由有权机关决定或裁决

《立法法》第 102 条规定："部门规章之间、部门规章与地方政府规章之间具有同等效力，在各自的权限范围内施行。"第 106 条对地方性法规、规章之间的冲突，规定了由特定机关进行裁决：地方性法规与部门规章之间冲突时，向国务院提出意见，国务院认为应当适用地方性法规的，应决定适用地方性法规；国务院认为应当适用部门规章的，应提请全国人民代表大会常务委员会裁决。部门规章之间、部门规章与地方政府规章之间冲突时，由国务院裁决。根据授权制定的法规与法律规定不一致时，由全国人民代表大会常务委员会裁决。

3. 新旧冲突，新法优先

同一位阶的法律规范，其新、旧规定之间发生冲突的，应当优先适用新的规范。《立法法》第 103 条规定："新的规定与旧的规定不一致的，适用新的规定。"根据一般规则，新法制定后，旧法自然失效，但有时由于新的规范只是对旧规范中的特定部分而非全部的更新，此时旧规范仍有效，但对于新规范已作变动的规定，应自然适用新规范，旧规范相应内容自动失效。新法优于旧法是法律规范不溯及既往原则的体现，但这一原则也有例外。《立法法》第 104 条规定："法律、行政法规、地方性法规、自治条例和单行条例、规章不溯及既往，但为了更好地保护公民、法人和其他组织的权利和利益而作的特别规定除外。"这条规定，可以概括为"从新兼从优原则"。

根据《立法法》第 105 条的规定，新的一般规定与旧的特别规定的冲突，由有权机关裁决。新旧冲突中，一般的情形是新的规范制定后，旧的规范便宣告失效或者自然归于失效。但有时，当新规范只是就旧规范的个别或特定的内容作出相异规定时，旧规范不因此而失效。此时的这种新旧冲突其实类似于特别规范冲突。发生特别冲突时，一般规范仍为合法有效力之法律规范，只是不适用于特定案件而已，并且这种优先以特殊法规范与上位法的一般规范不相冲突或违背为前提。所以，这种优先与位阶冲突中的优先有所不同，只是个案适用效力上的优先，而不涉及法律规范是否合法或无效的判断。

4. 种属冲突，特别法优先

一般规定与特别规定冲突，优先适用特别规定，指调整一般社会关系的规范与调整特定社会关系的规范发生冲突时，特别规定优先于一般规定适用。《立法法》第 92 条规定："特别规定与一般规定不一致的，适用特别规定"。如根据《行政诉讼法》(1989)第 38 条第 2 款的规定，"申请人不服复议决定的，可以在收到复议决定书之日起十五日内向人民法院提起诉讼。复议机关逾期不作决定的，申请人可以在复议期满之日起十五日内向人民法院提起诉讼"。而根据《治安管理处罚条例》(已失效)第 39 条的规定，治安行政案件的起诉期限为接到上一级公安机关裁决后 5 日内。可见，《行政诉讼法》(1989)第 38 条第 2 款属于一般规定，《治安管理处罚条例》第 39 条属于特别规定，当时人民法院在审理治安行政案件时应当适用特别规定。不过，2005 年通过的《治安管理处罚法》已取消了这一特别规定。[①]

5. 地域冲突，以属地为原则

《立法法》第 90 条规定："自治条例和单行条例依法、经济特区法规依授权，对法律、行政法规、地方性法规作变通规定的，在本自治地方、本经济特区适用自治条例和单行条例、经济特区法规的规定。"人际规范冲突，以属人为原则。属地法与属人法冲突的，优先适用属地法(即行为地法)[②]，即行政关系中相对人所在地法与行为地法相冲突时，应优先适用行为地法。根据《行政诉讼法》第 63 条的规定，地方性法规适用于本行政区域内发生的行政案件。如果被诉的行政行为与受诉的人民法院不在同一地区，人民法院审理行政案件适用地方性法规，应当以作出行政行为的行政主体所在地的地方性法规为依据，而不应该适用受诉人民法院所在地的地方性法规。

6. 国际条约的位阶和适用

对于国际条约的适用，一般认为条约应具有国内法的效力；条约的效力等级介于一国宪法与基本法律之间，条约与国内法抵触时，宜优先适用条约。各国根据自身的不同情况也有作不同规定的。如法国规定，条约的效力高于法律。但美国法中则规定，条约与法律效力等级相同，后立者优先。原则上，一国政府有义务不制定与自己参加的国际条约相违背的法律规范，所以在解释上尽可能推定制定法律的机关不愿作与条约有抵触的立法。[③] 我国在某些具体的法律制度中，规定条约在一定条件下(通常是国内法与条约的规定不一致且我国未作出保留)有直接适用性，《行政诉讼法》(1989)第 72 条曾规定："中华人民共和国缔结或者参加的国际条约同本法有不同规定的，适用国际条约的规定。中华人民共

---

① 见《治安管理处罚法》第 102 条。

② 艾军：《败诉的启示——行政执法中的十个问题》，人民法院出版社 2000 年版，第 197 页。

③ 李震山：《行政法导论》，三民书局 1998 年版，第 81 页。

和国声明保留的条款除外。”但是,《行政诉讼法》(2014)删除了该条规定[①],表明在行政诉讼法领域条约将不再具有直接适用性,未来可能采取将条约规定转化为国内法以间接适用的做法。

一般情况下,只发生一种形态或类型的法律规范的冲突,这时单独依据一个优先原则就可以作出对特定法律规范的选择。如下位阶法与上位阶法冲突时,下位阶法自然无效。但有时发生的规范的冲突是多种冲突形式并存的,这时则需要多个优先规则共同作用才能决定特定法律规范的适用与否。如根据国际法转换的国内法与原国内法发生冲突,这时就要首先确定该转换规范的位阶,之后再根据新法优于旧法原则、特别法优于一般法原则来决定其适用。从总的原则上看,行政主体适用法律规范、对法律规范进行选择时,在合法的前提下,应当以充分保护行政相对人的合法权益为最根本的原则,这也是行政诉讼的任务和目的之所在。

《行政诉讼法司法解释》中对规范性文件的审查及处理作了明确规定:

一是明确规范性文件制定机关的权利,即人民法院在对规范性文件审查的过程中,发现规范性文件可能存在不合法的,应当听取规范性文件制定机关的意见。制定机关申请出庭陈述意见的,人民法院应当准许。行政机关未陈述意见或者未提供相关证明材料的,不能阻止人民法院对规范性文件进行审查。

二是明确规范性文件审查的具体方式,即人民法院对规范性文件进行一并审查时,可以从规范性文件制定机关是否超越权限或者违反法定程序、作出行政行为所依据的条款以及相关条款等方面进行。有下列情形之一的,属于《行政诉讼法》第64条规定的“规范性文件不合法”:超越制定机关的法定职权或者超越法律、法规、规章的授权范围的;与法律、法规、规章等上位法的规定相抵触的;没有法律、法规、规章依据,违法增加公民、法人和其他组织义务或者减损公民、法人和其他组织合法权益的;未履行法定批准程序、公开发布程序,严重违反制定程序的;其他违反法律、法规以及规章规定的情形。

三是明确规范性文件不合法的处理方式,即人民法院经审查认为行政行为所依据的规范性文件合法的,应当作为认定行政行为合法的依据;经审查认为规范性文件不合法的,不作为人民法院认定行政行为合法的依据,并在裁判理由中予以阐明。作出生效裁判的人民法院应当向规范性文件的制定机关提出处理建

---

① 2012年修订的《民事诉讼法》仍然保留了原民事诉讼法领域条约直接适用的规定,其第260条规定:“中华人民共和国缔结或者参加的国际条约同本法有不同规定的,适用该国际条约的规定,但中华人民共和国声明保留的条款除外。”《行政诉讼法》(2014)删除了条约直接适用的规定,而第101条规定:“人民法院审理行政案件,关于期间、送达、财产保全、开庭审理、调解、中止诉讼、终结诉讼、简易程序、执行等,以及人民检察院对行政案件受理、审理、裁判、执行的监督,本法没有规定的,适用《中华人民共和国民事诉讼法》的相关规定。”第101条的规定并未提及人民法院审理案件法律适用问题要适用《民事诉讼法》,故应当认为《行政诉讼法》在制度选择上放弃了国际条约在国内直接适用的做法。

议,并可以抄送制定机关的同级人民政府、上一级行政机关、监察机关以及规范性文件的备案机关。规范性文件不合法的,人民法院可以在裁判生效之日起三个月内,向规范性文件制定机关提出修改或者废止该规范性文件的司法建议。规范性文件由多个部门联合制定的,人民法院可以向该规范性文件的主办机关或者共同上一级行政机关发送司法建议。情况紧急的,人民法院可以建议制定机关或者其上一级行政机关立即停止执行该规范性文件。人民法院认为规范性文件不合法的,应当在裁判生效后报送上一级人民法院进行备案。涉及国务院部门、省级行政机关制定的规范性文件,司法建议还应当分别层报最高人民法院、高级人民法院进行备案。

四是明确规范性文件审查的审判监督程序,即各级人民法院院长对本院已经发生法律效力的判决、裁定,发现规范性文件合法性认定错误,认为需要再审的,应当提交审判委员会讨论。最高人民法院对地方各级人民法院已经发生法律效力的判决、裁定,上级人民法院对下级人民法院已经发生法律效力的判决、裁定,发现规范性文件合法性认定错误的,有权提审或者指令下级人民法院再审。

第三十一章　行政诉讼的判决、裁定与决定

第一节　行政诉讼判决概述

一、行政诉讼判决的概念

行政诉讼判决（简称“行政判决”），是指人民法院在审查、判定被诉行政行为的合法性的基础上，对行政争议作出的实体处理结论。这一概念的基本内涵是：第一，行政判决是行政诉讼的结论性意见，具有司法程序保障的权威性。第二，行政判决是国家意志在个案中的宣示，具有以国家机器为后盾的约束性。第三，行政判决是行政争议的实体处理结论，具有针对当事人权利义务的处置性。第四，行政判决的处理结论是通过审查、判定被诉行政行为的合法性实现的，具有不同于民事、刑事判决的特殊性。

二、行政判决的种类

根据不同的标准，对行政判决可作不同的分类：

1. 驳回原告诉讼请求判决、确认判决、撤销判决、履行判决、给付判决、变更判决、行政协议履行及补偿判决、行政诉讼一并解决民事争议的判决、行政赔偿判决

行政判决的上述分类是根据判决内容确定的。驳回原告诉讼请求判决的内容是从实体上驳回原告的诉讼请求；确认判决的内容是确认被诉行政行为违法或合法、有效或无效；撤销判决的内容是撤销被诉行政行为，终止其效力；履行判决的内容是判令被告限期履行法定职责；给付判决的内容是判令被告履行其法定给付义务；变更判决的内容是变更被诉行政行为。以上几种判决是一审行政判决的基本形式。

行政协议案件的判决是针对行政协议案件专门设定的，即被告不依法履行，未按照约定履行或者违法变更、解除《行政诉讼法》第 12 条第 1 款第 11 项规定的协议的，人民法院判决被告承担继续履行、采取补救措施或者赔偿损失等责任。被告变更、解除《行政诉讼法》第 12 条第 1 款第 11 项规定的协议合法，但未依法给予补偿的，人民法院判决给予补偿。

行政诉讼一并解决民事争议的判决和行政赔偿判决相对于上述判决有其特殊性。前者是在行政诉讼中为一并解决相关的民事争议而作出的判决；后者是

针对行政赔偿诉讼案件作出的判决。此两种判决的具体内容分别参见本书第三十四章“行政诉讼一并解决民事争议”和第三十九章第三节“行政赔偿诉讼”,本章略。

2. 全部判决与部分判决

根据解决争议的范围,行政判决可分为全部判决和部分判决。全部判决是指人民法院在整个案件审理终结后,对当事人的全部争议和请求作出最后结论的判决。部分判决是指人民法院就具有相对独立性的、案件事实已经清楚的、可先行判决的部分行政争议所作的判决。

3. 对席判决与缺席判决

根据当事人双方是否全部出庭参加诉讼,行政判决可分为对席判决与缺席判决。对席判决是在当事人都出庭参加诉讼的情况下,人民法院作出的判决。此种判决建立在双方当事人质证、辩论的基础上。缺席判决是只有一方当事人出庭参加诉讼,另一方当事人经人民法院两次合法传唤,无正当理由拒不到庭,或者未经许可中途退庭的情况下,人民法院作出的判决。①

4. 肯定判决、否定判决与部分肯定部分否定判决

根据判决对原告的诉讼请求满足与否,行政判决可分为肯定判决、否定判决、部分肯定部分否定判决三种。满足原告诉讼请求的判决,亦即原告获得胜诉的判决,为肯定判决;未满足原告诉讼请求的判决,亦即原告败诉的判决,为否定判决;满足原告部分诉讼请求,亦即原告部分胜诉、部分败诉的判决,为部分肯定部分否定判决。

5. 确定判决与未确定判决

根据判决是否已经具有确定的效力,行政判决可分为确定判决与未确定判决。② 确定判决包括:第一审人民法院作出的,当事人在法定期间未上诉或上诉后又撤诉的判决;第二审人民法院的终审判决;最高人民法院作出的所有判决。未确定判决,指的是未发生法律效力的判决,主要是指第一审人民法院作出的,当事人依法可上诉,而上诉期限尚未届满以及当事人已经上诉的判决。

6. 一审判决与二审判决

根据作出判决的法院的审级,行政判决可分为一审判决与二审判决。一审判决,是指人民法院适用第一审程序所作出的判决,也包括在审判监督程序中适用第一审程序作出的判决。二审判决,是指人民法院适用第二审程序审理案件所作出的判决,包括在审判监督程序中适用第二审程序对案件重新审理作出的

---

① 人民法院审理行政案件,应当尽可能作出对席判决,只是在出现法律规定的特定情况时才作出缺席判决。

② 学术界以“生效判决与未生效判决”取代“确定判决与未确定判决”,在逻辑上难以自圆其说——既然一审判决是未生效判决,二审判决怎能撤销或维持一审判决?故本书不采纳上述分类法。

判决。

7. 终审判决与非终审判决

根据作出判决的法院在诉讼中的地位以及当事人能否上诉，行政判决可分为终审判决和非终审判决。终审判决是一经宣告或者送达即发生法律效力，当事人对之不能提出上诉的判决。根据《行政诉讼法》和《人民法院组织法》的规定，中级人民法院、高级人民法院和最高人民法院对第二审案件所作的判决都是终审判决，最高人民法院对第一审案件所作的判决也是终审判决。非终审判决是指第一审人民法院作出的，当事人对之可以提起上诉的判决。

8. 形成判决、给付判决与确认判决

根据诉讼类型和判决效力，行政判决可分为形成判决、给付判决与确认判决。形成判决，又称为“权利变更判决”“创设判决”，是指导致某种行政法律关系发生、变更或消灭的判决。给付判决是指判令负有义务的一方当事人履行一定义务的判决。确认判决是指就某个行政行为法律上的效果或某种法律关系的有无作出确认的判决。

9. 基础判决与附随判决

根据判决的独立性，可将判决分为基础判决和附随判决。基础判决是能够独立作出的判决，附随判决是不能独立作出而只能附随基础判决作出的判决。驳回原告诉讼请求判决、确认判决、撤销判决、履行判决、给付判决、变更判决等判决能够独立作出，属于基础判决。重作判决，也就是判令被告重新作出行政行为的判决，需要附随撤销判决而作出；采取补救措施判决，也就是责令被告采取补救措施的判决，需要附随确认违法判决或者确认无效判决作出。此类判决属于附随判决。

三、行政判决的效力

行政判决的效力，是指生效的行政判决对当事人、法院及其他人所产生的法律上的羁束力。

（一）行政判决效力的内容

（1）确定力。它是生效行政判决所具有的不受任意改变和撤销的法律效力。确定力包括形式上的确定力和实质上的确定力，前者也称为不可争力，后者也称为不可变更力。

（2）拘束力。它是生效行政判决就其内容所产生的，要求当事人、法院以及其他主体对生效裁判所确定的内容加以承认和尊重的法律效力。拘束力包括自缚力和限他力，前者是针对作出生效判决的法院而言的效力，后者是针对其他主体而言的效力。拘束力要求当事人和法院不得就受生效判决所羁束的诉讼标的为不同的主张和行为。

（3）实现力。它是生效行政判决所具有的产生其内容所期待之状态的法律效力。实现力包括强制执行力和主动履行力。前者是对具有给付内容的生效判决，在义务人拒不履行义务的情况下，法院能够进行强制执行的效力；后者是生效行政判决所具有的促使当事人自行履行判决内容从而产生判决所期待结果的效力。

（二）不同类型的判决所具有的效力

1. 驳回原告诉讼请求判决的效力

驳回原告诉讼请求判决一经确定，即产生以下法律效果：原告须接受原行政决定的约束，承担败诉的法律后果，并且对被诉行政行为不得重新起诉。对业已确定的终审判决不服的，只能申请再审。

2. 撤销判决的效力

撤销判决的效力分三种情况：其一，全部撤销判决的效力。行政行为不再对相对人发生任何效力，行政行为给相对人造成损害的，相对人有权请求赔偿；被诉行政机关应承担败诉的法律后果；被诉行政机关不得基于同一事实和理由重新作出与原行政行为基本相同的行政行为，但人民法院以违反法定程序为由判决撤销被诉行政行为的除外。[①] 其二，部分撤销判决的效力。这种判决使行政行为部分内容失去效力。[②] 部分撤销的判决，根据不同情况又可分为可责令重新作出行政行为的部分撤销和不可重新作出行政行为的部分撤销。部分撤销判决对相应部分的行政行为内容来说，与全部撤销判决的效力相同。其三，责令重新作出行政行为的撤销判决的效力。[③] 人民法院判决撤销被诉行政行为并责令被诉行政机关重新作出行政行为，应根据具体情况，分别确定重新作出行政行为的条件和期限。一般说来，涉及事实不清的问题，宜作附期限的判决。这类判决生效后，行政机关虽然可以就该事项重新作出行政行为，但不得以与原被撤销的行政行为所依据的同一事实、理由和法律重新作出相同和基本相同的行为。

3. 变更判决的效力

变更判决确定后，法院已经裁决的行政行为即已确定，只能依判决执行，除具备法定条件外不容再行争执。就人民法院而言，当事人如以重新形成的行政法律关系为标的提起诉讼，应根据一事不再理的原则，不予受理或驳回起诉；其

① 重新作出的行政行为与原行政行为的结果相同，但主要事实和主要理由有改变的，不属于“同一事实和理由”。

② 部分撤销判决通常适用于行政行为部分合法、部分违法，而且行政行为具有可分性的情况。例如，行政机关在同一裁决中对两个以上相对人给予处罚，或者对同一对象适用两个不同的处罚，或者基于若干个不同的法律事实作出若干个不同的决定，在这些决定中，其内容部分违法、部分合法。对此，人民法院应当维持正确合法的部分，撤销违法的部分。

③ 责令重新作出行政行为的撤销判决，是指人民法院的撤销判决生效之后，行政机关应当根据判决的意旨和精神重新对该事项作出行政行为。这种判决通常适用于行政行为事实不清，适用法律、法规错误，违反法定程序，显失公正等情况。

他诉讼如涉及本判决所形成的行政法律关系，法院亦不得作出与该判决意旨相反的判决。人民法院的变更判决一经宣告和送达，原告不得申请撤诉，被告不得改变和撤销已经司法裁判的行政行为，原告也不得因同意这种改变而申请撤诉。作出判决的人民法院不能随意撤销、变更和废弃已经作出的判决，也不能对已作出的判决置之不理，重新审理判决终结的案件。

变更判决确定之后，一方当事人不履行义务时，他方以判决为根据，可以申请人民法院强制执行，或者由行政机关依法强制执行（如果行政机关依法拥有强制执行权的话），以国家强制力保证判决的内容实现。

4. 履行判决和给付判决的效力

履行判决和给付判决具有较强的强制执行力，一经确定，被诉行政机关必须依判决所确定的内容和履行期限履行法定职责或给付义务。否则，原告可申请人民法院依《行政诉讼法》第 96 条[①]的规定执行，或由人民法院依职权采取《行政诉讼法》第 96 条规定的措施强制执行。

第二节　行政判决的适用条件

一、一审判决的适用条件

（一）驳回原告诉讼请求判决的适用条件

驳回原告诉讼请求判决是法院对原告的诉讼请求直接予以驳回的判决。对原告诉讼请求的否定，是对被诉行政行为或不作为的不同程度的间接肯定。

驳回诉讼请求不同于驳回起诉，驳回起诉否定的是当事人程序上的请求权，而驳回诉讼请求否定的是当事人的实体请求权。换言之，驳回起诉意味着原告不符合法律规定的起诉条件，即法院认为其不能起诉；而驳回诉讼请求则意味着原告已经符合了法律规定的起诉条件，但其实体请求不能成立，法院不予支持。由于驳回起诉没有进入实体上的审理，因而只能用裁定方式结案；而驳回诉讼请求已经过了实体上的审理，因而必须用判决方式结案。

具有以下情形之一的，可适用驳回诉讼请求判决：

（1）行政行为合法，即行政行为证据确凿，适用法律、法规正确，符合法定程

---

① 该条规定："行政机关拒绝履行判决、裁定、调解书的，第一审人民法院可以采取下列措施：（一）对应当归还的罚款或者应当给付的款额，通知银行从该行政机关的账户内划拨；（二）在规定期限内不履行的，从期满之日起，对该行政机关负责人按日处五十元至一百元的罚款；（三）将行政机关拒绝履行的情况予以公告；（四）向监察机关或者该行政机关的上一级行政机关提出司法建议。接受司法建议的机关，根据有关规定进行处理，并将处理情况告知人民法院；（五）拒不履行判决、裁定、调解书，社会影响恶劣的，可以对该行政机关直接负责的主管人员和其他直接责任人员予以拘留；情节严重，构成犯罪的，依法追究刑事责任。"

序等。

(2) 原告申请被告履行法定职责理由不成立的。

(3) 原告申请被告履行给付义务理由不成立的。

(4) 被诉行政行为合法不合理,但未达到滥用职权或明显不当程度的。行政行为具有滥用职权或明显不当的情形,人民法院可以判决撤销被诉行政行为,对于未达到滥用职权或明显不当程度的,则应当判决驳回原告诉讼请求。

(5) 其他应当判决驳回诉讼请求的情形。这些情形需要法院根据实际情况作出合理裁量。[①]

需要注意的是,现行《行政诉讼法》以驳回原告诉讼请求判决取代了原《行政诉讼法》(1989)的维持判决。因为维持判决与行政行为效力理论和司法既判力理论冲突,与司法的中立性以及法院的中立地位不符。但是,以驳回原告诉讼请求判决取代维持判决,并不意味着改变我国行政诉讼的客观诉讼模式,法院审查的重点仍然是被诉行政行为的合法性,而不是原告的诉讼请求是否成立。人民法院经过审查,对于属于撤销判决、确认违法判决、确认无效判决等客观判决适用情形的,应优先适用客观判决。

(二) 确认判决的适用条件

确认判决是法院对被诉行政行为的合法性、效力以及行政法律关系之有无作出确认的判决。《行政诉讼法》明确规定了两种类型的确认判决:确认违法判决和确认无效判决。确认违法判决是从合法性角度对被诉行政行为的一种否定性评价,确认无效判决是对被诉行政行为从效力层面的一种否定性评价。

确认违法判决又分为两类:其一,行政行为有下列情形之一的,人民法院判决确认违法,但不撤销行政行为:(1) 行政行为依法应当撤销,但撤销行政行为会给国家利益、社会公共利益造成重大损害的;(2) 行政行为程序轻微违法,但对原告权利不产生实际影响的。其二,行政行为有下列情形之一,不需要撤销或者判决履行的,人民法院判决确认违法:(1) 行政行为违法,但不具有可撤销内容的;(2) 被告改变原违法行政行为,原告仍要求确认原行政行为违法的;(3) 被告不履行或者拖延履行法定职责,判决履行没有意义的。

确认无效判决适用于被诉行政行为具有重大且明显违法情形的案件。所谓

---

① 例如《政府信息公开案件审理司法解释》第 12 条规定:"有下列情形之一,被告已经履行法定告知或者说明理由义务的,人民法院应当判决驳回原告的诉讼请求:(一) 不属于政府信息、政府信息不存在、依法属于不予公开范围或者依法不属于被告公开的;(二) 申请公开的政府信息已经向公众公开,被告已经告知申请人获取该政府信息的方式和途径的;(三) 起诉被告逾期不予答复,理由不成立的;(四) 以政府信息侵犯其商业秘密、个人隐私为由反对公开,理由不成立的;(五) 要求被告更正与其自身相关的政府信息记录,理由不成立的;(六) 不能合理说明申请获取政府信息系根据自身生产、生活、科研等特殊需要,且被告据此不予提供的;(七) 无法按照申请人要求的形式提供政府信息,且被告已通过安排申请人查阅相关资料、提供复制件或者其他适当形式提供的;(八) 其他应当判决驳回诉讼请求的情形。"

重大且明显，指的是其违法情形已经重大明显到任何有理智的人均能够判断的程度，因而其没有公定力，自始不发生法律效力。《行政诉讼法》和司法解释对确认无效判决作了规定。《行政诉讼法司法解释》第 99 条规定，有下列情形之一的，属于《行政诉讼法》第 75 条规定的"重大且明显违法"：(1) 行政行为实施主体不具有行政主体资格；(2) 减损权利或者增加义务的行政行为没有法律规范依据；(3) 行政行为的内容客观上不可能实施；(4) 其他重大且明显违法的情形。

需要注意的是，《行政诉讼法司法解释》第 94 条规定了诉讼类型转换制度。该条规定，公民、法人或者其他组织起诉请求撤销行政行为，人民法院经审查认为行政行为无效的，应当作出确认无效的判决。公民、法人或者其他组织起诉请求确认行政行为无效，人民法院审查认为行政行为不属于无效情形，经释明，原告请求撤销行政行为的，应当继续审理并依法作出相应判决；原告请求撤销行政行为但超过法定起诉期限的，裁定驳回起诉；原告拒绝变更诉讼请求的，判决驳回其诉讼请求。上述规定要求对行政行为进行全面审查。对于原告拒绝变更诉讼请求的，由法院对行政行为合法性进行审查，如该行为属于可撤销的情形，但是原告要求确认无效的，因该事项属于实体事项，法院应当判决驳回原告诉讼请求。

(三) 撤销判决的适用条件

撤销判决是法院部分或全部撤销被诉行政行为，使之失去效力的判决。撤销判决意味着人民法院对被诉行政行为的否定评价，是审判机关纠正违法行政行为的最有效手段，它集中体现着人民法院对行政机关的监督和制约。撤销判决又可再分为全部撤销、部分撤销以及判决撤销同时判决重新作出行政行为三种类型。

适用撤销判决必须同时满足以下条件：(1) 被诉行政行为违法。(2) 被诉行政行为成立且有约束力。对于没有成立或者没有约束力的行政行为，法院可判决确认无效。(3) 被诉行政行为属于"作为"。撤销不能针对不作为作出。(4) 具有可撤销内容。如果违法的行政行为不具有可撤销的内容，则应当作出确认违法的判决。(5) 被诉行政行为仍然存在。如果违法的行政行为已经被变更或者撤销，则应当作出确认违法判决。(6) 撤销不会给国家利益或社会公共利益造成重大损失。

被诉行政行为违法主要包括下述六种情形：

(1) 主要证据不足。主要证据是相对于次要证据而言的，一般认为，它是证明案件基本事实所必不可少的证据。主要证据不足，从"质"的方面看，是证据不确凿；从"量"的方面看，是证据不充分。主要证据不足的行政行为，基本事实无法认定，法院应予撤销。

“主要证据不足”这一法定撤销条件的设定，一方面要求人民法院在审查行政行为所赖以成立的事实根据时，应从大处着眼，抓住主要方面，不要机械套用民事诉讼的证明标准；另一方面，又要求人民法院对决定事件真假虚实的证据材料从严审查，严格把关。因此，“主要证据不足”这一法定条件，并不意味着行政机关可以根本不考虑次要证据，在搜集证据上“偷工减料”，而是对行政机关搜集证据的工作提出了更高的要求。

(2) 适用法律、法规错误。所谓适用法律、法规错误，从总体上来说是指行政机关在作出行政行为时，适用了不应该适用的法律、法规规范，或者没有适用应当适用的法律、法规规范。从形式上说，适用法律、法规错误，是指本应适用某个法律和法规，却适用了另外的法律和法规；本应适用法律和法规中的某个条文却适用了另外的条文；本应适用有效的法律、法规，却适用了已经失效或者尚未生效的法律、法规；本应全面准确地适用法律、法规，却仅适用了其中的某一部分或者某一条款。从实质上讲，适用法律、法规错误，除了某些技术性的错误以外(这种错误也可以导致定性和处理结果上的差错)，通常表现为行政机关对事实的定性错误，对法律、法规适用范围和效力的把握错误，对法律、法规的原意、本质含义和法律精神理解、解释错误，或者有意片面适用有关法律、法规等。

适用法律、法规错误是撤销行政行为的法定情形，但适用法律、法规错误的，并非一律撤销。是否撤销还要根据具体情形而定。例如，对于有意片面适用法律法规、曲解法律法规原意的，要依法判决撤销；对于某些可以补正的技术性错误或瑕疵，则不宜予以撤销。

(3) 违反法定程序。违反法定程序，是指行政行为违反了合法有效的法律规范规定的程序。法定程序是指由法律、法规、规章及其他合法有效的规范性文件设定的行政程序。我国目前尚未制定统一的行政程序法典，有关行政程序的规定，散见于有关行政管理的法律规范之中，对于法定行政程序，行政机关必须遵守。因为它是保障相对人合法权益、防止行政机关违法行政的必要条件。在一定程度上，这种事先和事中的保障手段比事后纠正的手段更为重要。因此，《行政诉讼法》将违反法定程序行为同样纳入构成行政行为撤销的行政违法的范畴。

对违反法定程序的行政行为，并非一律撤销。一般来说，违反重要程序和强制性程序的，可以判决撤销，以维护程序本身的价值；违反可能影响正确作出行政行为的程序的，应该判决撤销，以维护行政行为实体上的正确性。如果行政行为证据确凿、适用法律法规正确，仅有轻微程序瑕疵，对原告权利不产生实际影响，可以判决确认违法，但不撤销行政行为。

(4) 超越职权。超越职权是指行政机关行使了法律、法规、规章没有赋予该机关的权力，对不属于其职权范围的人和事进行了处理，或者逾越了法律、法规、规章所设定的必要的限度等情况。行政机关的权力是人民通过权力机关制定法律授予的,行政机关应当在宪法、法律规定的范围内行使自己的职权。如果超过法律的规定,行使了法律所没有规定的职权,即构成无权限和逾越权限的违法。[①]

超越职权可分为职权僭越和逾越权限两种类型。职权僭越,是指行政机关在没有法定权限的情况下,行使了权力机关的立法权、审判机关的审判权、检察机关的检察权或者不属于本部门职权范围内的权力等情况。例如,海关行使了市场监管部门的职权等。逾越权限,是指行政机关对某类事项虽有主管权限,但超越了必要的限度。例如,下级行政机关行使了上级行政机关的权限,派出机构行使了其派出机关的权限,被委托机构行使了委托机关的权限等。

(5) 滥用职权。滥用职权是指行政机关作出的行政行为虽然在其权限范围以内,但行政机关不合目的或不正当地行使其职权的情形。与超越职权不同,滥用职权须是作出行政行为的人和组织具有行政工作人员的身份或者相应的行政职权,但是没有根据法律、法规的目的、原则和精神来执行法律,而代之以个人意志,武断专横地实施行政行为。滥用职权较多与行使自由裁量权相联系,在法律无具体、详尽规定和限制的情况下,行政机关工作人员任性、恣意而为,乱作为。

判断某一行政行为是否属滥用职权,必须深究行政机关行使权力的意图,考虑主、客观两个方面的因素或条件。主观方面必须具有违反法律规定的目的的情况存在。违反法律规定的目的通常表现在以下几个方面:一是行政机关行使权力的目的不是出于公共利益,而是出于私人利益或所属团体、组织、单位的利益。例如,某镇长决定拆除某一违章建筑,不是为了扩大耕地面积,而是要为其亲属安排宅基地。二是行政机关行使权力的目的符合公共利益,但不符合法律授予这种权力的特定目的。三是不适当的考虑,指行政机关为行政行为时,考虑了不应当考虑的因素,或者没有考虑应当考虑的因素。客观方面必须具有很不合理、显失公正等情况。这既包括行政机关所作出的决定违背一般人的理智,无正当理由违反惯例,违反平等适用和比例原则,或违反一般公平观念等,也包括行政机关严重违背"尽其最善"的原则,或者无视具体情况或对象,带有明显任性倾向的情形。例如,权力的行使受个人恶意、恶感、偏见、歧视所支配;采用极其粗暴的方式对待当事人;对当事人实施处罚拒绝说明任何理由;等等。滥用职权不仅包括实体方面的权力滥用,而且包括程序上的权力滥用。

---

① 行政权是一种由国家强制力保证其行使的支配力量,它的行使直接关系到相对人的权利和义务,涉及国家利益和公共利益。如果认可行政机关单方面超越法律、法规规定的职权,那就是承认行政机关可以违法,可以自己最后决定自己权力的范围。这样,法律对于行政机关权力范围的规定就变得毫无意义,法治将不复存在。正是由于上述原因和理由,越权无效是法治国家的基本规则,是行政法的基本原则。

(6) 明显不当。行政行为明显不当是指行政行为严重违反行政合理性原则而不合适、不妥当或者不具有合理性。明显不当与滥用职权主要都是针对行政自由裁量权而言的,区别在于角度不同。明显不当主要是从结果角度而言的,滥用职权主要是从主观角度提出的。

《行政诉讼法》之所以在滥用职权之外增加明显不当,主要是考虑由于在刑法上有所谓"滥用职权罪",人民法院判决认定行政行为滥用职权的,就存在一个追究刑事责任的问题。出于这个顾虑,司法实践中法官极少适用该项作出裁判,一定程度上抑制了行政诉讼的功能。为此,《行政诉讼法》设定了明显不当(1989年《行政诉讼法》曾使用"显失公正"的表述)的情形来解决这个矛盾。

(四) 变更判决的适用条件

变更判决是法院对被诉行政行为所确定的内容直接予以改变的判决。根据现行《行政诉讼法》的规定,变更判决适用于三种情况:第一,明显不当的行政处罚;第二,行政处罚以外的行政行为涉及对款额的确定、认定确有错误的;第三,行政赔偿诉讼,根据《国家赔偿法》的规定,行政赔偿实行依法赔偿的原则,赔偿请求人与赔偿义务机关因赔偿问题发生争议而诉至法院的,法院可以按照《国家赔偿法》规定的赔偿标准予以变更。

变更判决的适用条件有:第一,被诉行政行为具有非专属于行政机关的裁量性;第二,法律法规规定法院可以判决变更;第三,原告的权益属于主观公权利。

在我国,一般认为,《行政诉讼法》第 77 条关于"行政处罚明显不当,或者其他行政行为涉及对款额的确定、认定确有错误的,人民法院可以判决变更"的规定,是变更判决的典型形态。这里的"可以",不是说对这两种情形,人民法院可以变更,也可以判决驳回原告诉讼请求,而是说可以判决变更,也可判决撤销,由行政机关重新处罚。由于"明显不当"是撤销判决的一种情形,人民法院在撤销时,可以援引《行政诉讼法》的规定,即以"明显不当"为由加以撤销,由行政机关重新进行处罚。从变更的字面意思来看,其含义包括减轻,也包括加重,但从法律精神和司法实践的情况来看,在适用变更判决时,原则上不对原告适用加重变更,即不得加重原告的义务或者减少原告的利益。当然,这也不是绝对的。如果利害关系人有二人以上,且二者有利益冲突(如行政处罚的被处罚人和权益受到被处罚人侵犯的人),诉讼请求相反,则法院可以在变更判决中加重对一原告的处罚。之所以这样规定,主要是因为在这种情况下,作为受害人的原告与作为被处罚人的原告存在相逆的利益。比如在治安处罚案件中,加害人与受害人对于治安行政处罚均不服,加害人认为处罚太重,受害人认为处罚太轻。这时,变更不加重处罚原则所体现的价值已经不能满足法律公平的需要了,则可例外地允许加重对原告的处罚。此外,适用变更判决,不得对行政机关未予处罚的人给予行政处罚。这主要是考虑到法院与行政机关之间的职权分工。审判权与行政权是两个独立的权力，有着各自的分工和调整范围，彼此不应僭越。行政审判只能对行政机关作出行政行为是否合法进行审查，如果行政机关还没有作出行政行为，则法院无权代替行政机关作出行政行为，否则就构成权力僭越。同理，在行政机关没有对与行政案件有关的公民、法人或其他组织作出应有的行政处罚时，法院不能直接追加处罚，而只能在当事人向法院提起履行法定职责之诉时作出履行判决，或者向有关的行政机关提出司法建议。

（五）履行判决的适用条件

履行判决是法院对不履行或者拖延履行法定职责的情形作出的要求被告在一定期限内履行的判决。《行政诉讼法》第 72 条规定："人民法院经过审理，查明被告不履行法定职责的，判决被告在一定期限内履行。"《行政诉讼法司法解释》第 91 条规定，原告请求被告履行法定职责的理由成立，被告违法拒绝履行或者无正当理由逾期不予答复的，人民法院可以根据《行政诉讼法》第 72 条的规定，判决被告在一定期限内依法履行原告请求的法定职责；尚需被告调查或者裁量的，应当判决被告针对原告的请求重新作出处理。这是履行判决的法律依据。

所谓"不履行"，包括拒绝履行、实际未履行和拖延履行三种情形。"拒绝履行"指的是行政机关对相对人的申请明确拒绝的情形；"实际未履行"指的是行政机关以默示的方式否定其负有履行职责的情形；"拖延履行"指的是行政机关在法定的或合理的时间内不履行其行政义务，不对相对人的申请作出明确的答复。拖延履行有以下表现形式：在法定或合理的期限内对当事人的申请不予理睬或漠然视之；对当事人的申请持模棱两可、不置可否的态度；无理推托或推托虽持有理由，但理由不正当或不充分；附条件地处理相应事项，而该条件是相对人无法接受的或与法律相违背的；等等。①

行政不作为同时满足以下条件的，可适用履行判决：第一，被告负有特定法定职责。第二，被告应履行的职责如属依申请行政行为，相对人依法提出了申请；如属依职权行政行为，该职责具有履行的必要性和可行性。第三，被告无正当理由不履行或者拖延履行法定职责。第四，判令被告履行法定职责仍有实际意义。

需要注意的是，《行政诉讼法》第 72 条规定的"判决被告在一定期限内履行"

---

① 认定是否无理拖延需要注意以下几点：(1) 行政主体的主观状态如何不影响无理拖延的成立，即无论拖延者出于什么动机（使申请者受到损失或试图向申请者索取贿赂等）或无特别动机（如漠不关心等），也不论行政主体是直接故意还是间接故意，法律上都推定为无理拖延。(2) 原告必须证明行政主体所负的法定义务是应由其履行的义务，不是为一般公众所规定的义务，即这种义务必须是特定的。(3) 必须准确地确定行政主体履行该职责的合理时间。合理时间没有一个固定的标准，需要根据应决事项难易程度、行政主体的客观条件、处理这类事项的惯用时间、是否有意志以外的原因影响等因素，进行综合判断。还要注意一点，在确定合理时间时既要考虑国家利益、公共利益和相对人要求的迫切性，又要考虑到行政机关的履行能力和一般的效率水准，不能主观臆断。

体现在判决书主文中,要求尽可能地具体明确,直接回应原告具体的诉求,同时也要注意尊重行政机关的首次判断。

根据《政府信息公开案件审理司法解释》第9条的规定:被告对依法应当公开的政府信息拒绝或者部分拒绝公开的,人民法院应当撤销或者部分撤销被诉不予公开决定,并判决被告在一定期限内公开;尚需被告调查、裁量的,判决其在一定期限内重新答复。被告提供的政府信息不符合申请人要求的内容或者法律、法规规定的适当形式的,人民法院应当判决被告按照申请人要求的内容或者法律、法规规定的适当形式提供。人民法院经审理认为被告不予公开的政府信息内容可以作区分处理的,应当判决被告限期公开可以公开的内容。被告依法应当更正而不更正与原告相关的政府信息记录的,人民法院应当判决被告在一定期限内更正;尚需被告调查、裁量的,判决其在一定期限内重新答复;被告无权更正的,判决其转送有权更正的行政机关处理。根据该司法解释第10条的规定,对于被告逾期没有作出任何答复的情形,如果原告一并请求判决被告公开或者更正政府信息且理由成立,人民法院可以直接判决其对政府信息予以公开或者更正,而非仅判决行政机关作出答复。

(六) 给付判决的适用条件

给付判决,指的是具有公法上请求权的公民、法人或者其他组织对行政机关不履行给付义务的行为不服提起行政诉讼,人民法院判令行政机关依法承担给付义务的判决。《行政诉讼法》第73条规定:"人民法院经过审理,查明被告依法负有给付义务的,判决被告履行给付义务。"这是给付判决的法律根据。"被告依法负有给付义务"是指被告依照法律法规等负有给付相对人权益的公法义务。这里的"依法"可以是依照法律、法规等规范性文件的明确规定,也可以是依照法律法规所认可的名义,例如行政合同、行政允诺、先行行为等。"给付义务"的对象比较广泛。在属于大陆法系国家的德国,给付诉讼的标的通常是事实行为,包括信息行为、生存照顾和基础设施的给付、行政赔偿和行政补偿等金钱给付、制定规范。我国《行政诉讼法》第12条第1款第10项规定,认为行政机关没有依法支付抚恤金、最低生活保障待遇或者社会保险待遇的,人民法院可以受理。这些"抚恤金""最低生活保障待遇""社会保险待遇"既可能是金钱,也可能是物品,还可能是服务,如果法院经审理查明被告依法负有给付义务的,应当判决被告履行给付义务。需要注意的是,如果被告依法负有的给付义务属于"行政行为",则属于科以义务判决,也就是履行判决,应当适用《行政诉讼法》第72条的规定。

《行政诉讼法司法解释》第92条规定,原告申请被告依法履行支付抚恤金、最低生活保障待遇或者社会保险待遇等给付义务的理由成立,被告依法负有给付义务而拒绝或者拖延履行义务的,人民法院可以根据《行政诉讼法》第73条的规定,判决被告在一定期限内履行相应的给付义务。人民法院作出给付判决必须同时满足五个条件:(1) 被告负有给付义务。这里的给付义务不同于《行政诉讼法》第72条规定的法定职责。行政义务不仅包括法定职责,而且包括行政机关先行行为引发的义务、承诺引起的义务、合同义务、附随义务,等等。给付义务是法定职责以外的其他行政义务。(2) 被告未履行给付义务。(3) 原告有给付之请求权。如果行政机关具有某项给付义务,但原告没有相应的请求权,法院也不会作出给付判决。(4) 被告未履行给付义务没有法律所规定或认可的理由。(5) 判决被告履行给付义务对原告仍有意义。

二、二审判决的适用条件

二审判决,在我国又称终审判决。根据《行政诉讼法》的规定,二审判决包括驳回上诉、维持原判的判决和改判、撤销或者变更的判决两种情况。

(一) 驳回上诉、维持原判的判决

驳回上诉、维持原判的判决是指二审人民法院通过对上诉案件的审理,确认一审判决认定事实清楚,适用法律、法规正确,从而作出的否定和驳回上诉人的上诉,维持一审判决的判决。根据《行政诉讼法》的规定,适用维持原判的判决必须同时具备以下两个条件:一是原判决认定事实清楚;二是原判决适用法律、法规正确。

所谓原判决"认定事实清楚",是指一审判决对行政行为的合法性裁判有可靠的事实基础和确凿的证据支持。"清楚"意味着没有疑点,不存在矛盾之处或者矛盾可以合理地排除,否则就不能认定原判决认定事实清楚。需要注意的是,这里的"认定事实清楚",不同于一审驳回诉讼请求判决要求行政行为的"证据确凿",它是指一审法院作出判决所基于的事实应该是清楚的、有证据支持的,而不论行政行为本身所基于的事实是否清楚和是否有证据支持。行政行为事实不清和没有证据支持,一审法院实事求是地认定这种情况并据此作出判决即符合法定要求。

所谓原判决"适用法律、法规正确",是指一审法院审查被诉行政行为合法性以及据此作出一审判决,符合法律规范的选择适用规则,并且符合最高人民法院《关于裁判文书引用法律、法规等规范性法律文件的规定》的要求。

(二) 改判、撤销或者变更的判决

二审法院经审理认为原审判决或裁定认定事实错误或者适用法律、法规错误的,以判决、裁定方式依法改判、撤销或者变更。改判、撤销或者变更判决适用于以下几种情况:(1) 认定事实错误;(2) 适用法律、法规错误;(3) 认定基本事实不清、证据不足,二审法院能够查清事实的。[1] 在一审法院认定事实错误,且二审法院已经查明事实的情况下,二审法院可以直接改判。另外,即使是对案件

---

① 《行政诉讼法》第89条第1款第3项规定:"原判决认定基本事实不清、证据不足的,发回原审人民法院重审,或者查清事实后改判。"根据该条规定,可以发回重审,也可以改判。

处理结果有实质性影响的"基本事实"未能查清，二审法院在二审程序中如果能够查清，也可以直接改判，并非一律发回一审法院重审。作为改判根据的"适用法律、法规错误"与作为维持原判根据的"适用法律、法规正确"是相对应的。这里的法律、法规适用错误，二审决定改判应以正确的法律、法规（即应适用于该案事实的法律、法规）取代之。法律、法规适用错误通常会导致判决的错误。因此，二审人民法院在以正确的法律、法规取代原判决适用错误的法律、法规后，应同时据此对案件重新作出判决，以正确的判决取代错误的判决。在某些情况下，一审判决引用法律、法规错误，判决不一定错误（如因审判人员工作疏忽的原因所致）。如果判决没有错误，只是引用法律、法规错误，改判时只将错误引用的法律、法规改正过来即可。

根据《行政诉讼法》第 63 条第 3 款的规定，人民法院审理行政案件，参照规章。一审判决如果参照了规章，自然也有参照正确或参照错误的问题。如果参照错误，二审法院可以将其视为适用法律、法规错误而予以改判。[①]

第三节 行政诉讼的裁定

一、行政诉讼裁定的界定

行政诉讼的裁定是人民法院在行政诉讼中，为解决特定的程序问题，以裁定的形式作出的司法处理。

裁定解决的是程序问题。程序问题可分作两方面：一是法院指挥当事人和其他诉讼参与人按照法定程序进行诉讼活动所发生的问题；二是法院按照法定程序审理和执行行政案件过程中发生的问题。[②]

---

① 另外，《行政诉讼法》第 89 条第 3 款规定："人民法院审理上诉案件，需要改变原审判决的，应当同时对被诉行政行为作出判决。"根据该条规定，适用时应注意以下几点：第一，所谓改变原审判决，不仅仅指改变原审判决的结果，还包括改变原审判决的事实依据和法律依据。改变其中之一都是对原审判决的改变。第二，判决方式指《行政诉讼法》第 69—79 条、第 89 条规定的形式。第三，二审法院改变原审判决，必要时，可对被诉行政行为作出相应判决，不能只改变原审判决，而不对被诉行政行为作出明确判决。二审人民法院改变原审判决是对原审判决的否定，相应地，被诉行政行为的合法性也要重新认定。二审法院在改变原审判决的同时，对需要改变的被诉行政行为不作出相应判决，势必造成被诉行政行为是否合法处于不确定状态，没有起到二审判决应该起到的根本作用。第四，二审判决对被诉行政行为直接作变更判决时，应该注意严格执行《行政诉讼法》第 77 条的规定：其一，变更仅限于行政处罚明显不当，或者其他行政行为涉及对款额的确定、认定确有错误两种情形；其二，被处罚人上诉的，变更处罚不得加重，只能减轻；其三，行政机关未作处罚的，二审法院不能追加处罚或变更罚种。

② 这些问题，在总体上属程序问题，但有时也涉及实体问题。不过裁定所涉及的实体问题，只是人民法院为最终解决案件实体问题，在程序上所采取的暂时性的或者应急性的措施，它不决定实体问题，即不最终确定案件争议的权利义务关系。例如，在诉讼期间，经人民法院裁定停止行政行为的执行。这种裁定涉及实体问题，暂时停止行政相对人对行政义务的履行，但实际上还是一个程序问题，是为了正确处理行政案件而采取的一个步骤，而不是最终确定权利义务关系。

裁定在诉讼的任何阶段都可以作出。与判决必须在案件审理终结时作出不同，裁定的作出具有较大的灵活性和适应性。

裁定的法律依据是程序性规范。这是由裁定解决的是程序问题所决定的。

二、各类裁定的适用条件

（一）不予立案或驳回起诉裁定

《行政诉讼法》第 51 条规定："人民法院在接到起诉状时对符合本法规定的起诉条件的，应当登记立案。对当场不能判定是否符合本法规定的起诉条件的，应当接收起诉状，出具注明收到日期的书面凭证，并在七日内决定是否立案。不符合起诉条件的，作出不予立案的裁定。裁定书应当载明不予立案的理由。原告对裁定不服的，可以提起上诉。"

根据《行政诉讼法司法解释》第 69 条的规定，有下列情形之一，已经立案的，应当裁定驳回起诉：(1) 不符合《行政诉讼法》第 49 条规定的；(2) 超过法定起诉期限且无《行政诉讼法》第 48 条规定情形的；(3) 错列被告且拒绝变更的；(4) 未按照法律规定由法定代理人、指定代理人、代表人为诉讼行为的；(5) 未按照法律、法规规定先向行政机关申请复议的；(6) 重复起诉的；(7) 撤回起诉后无正当理由再行起诉的；(8) 行政行为对其合法权益明显不产生实际影响的；(9) 诉讼标的已为生效裁判或者调解书所羁束的；(10) 其他不符合法定起诉条件的情形。上述情形可以补正或者更正的，人民法院应当指定期间责令补正或者更正；在指定期间已经补正或者更正的，应当依法审理。人民法院经过阅卷、调查或者询问当事人，认为不需要开庭审理的，可以径行裁定驳回起诉。原告对不予立案或驳回起诉的裁定不服，有权在接到裁定后 10 日内提起上诉，要求上级法院撤销原裁定。

（二）管辖异议裁定

管辖异议是指被告行政机关或者第三人在接到人民法院的应诉通知书后，如果认为该法院对原告与自己的行政争议没有管辖权的，可以在法定期限内提出异议，要求人民法院进行审查。人民法院应当在实体审理之前作出本院是否有管辖权的裁定。当事人对管辖权异议裁定不服，可以向上一级人民法院提出上诉。《行政诉讼法司法解释》第 11 条规定，有下列情形之一的，人民法院不予审查：(1) 人民法院发回重审或者按第一审程序再审的案件，当事人提出管辖异议的；(2) 当事人在第一审程序中未按照法律规定的期限和形式提出管辖异议，在第二审程序中提出的。

（三）中止或终结诉讼裁定

在行政诉讼进行中，当出现一定的客观情况，使诉讼不能继续进行，待妨碍诉讼进行的事由消失后能再恢复诉讼的，法院可作出中止诉讼的裁定。《行政诉讼法》第 61 条第 2 款规定:“在行政诉讼中,人民法院认为行政案件的审理需以民事诉讼的裁判为依据的,可以裁定中止行政诉讼。”根据《行政诉讼法司法解释》第 87 条的规定,在诉讼过程中,有下列情形之一的,中止诉讼:(1) 原告死亡,须等待其近亲属表明是否参加诉讼的;(2) 原告丧失诉讼行为能力,尚未确定法定代理人的;(3) 作为一方当事人的行政机关、法人或者其他组织终止,尚未确定权利义务承受人的;(4) 一方当事人因不可抗力的事由不能参加诉讼的;(5) 案件涉及法律适用问题,需要送请有权机关作出解释或者确认的;(6) 案件的审判须以相关民事、刑事或者其他行政案件的审理结果为依据,而相关案件尚未审结的;(7) 其他应当中止诉讼的情形。中止诉讼的原因消除后,恢复诉讼。

在行政诉讼中,由于发生特殊原因,使诉讼无法继续进行,而应结束诉讼程序的,法院可作出终结诉讼的裁定。行政诉讼过程中可裁定终结诉讼的情形有:(1) 原告死亡,没有近亲属或者近亲属放弃诉讼权利的;(2) 作为原告的法人或者其他组织终止后,其权利义务的承受人放弃诉讼权利的;(3) 原告死亡,须等待其近亲属表明是否参加诉讼,除有特殊情况外,中止诉讼满 90 日仍无人继续诉讼的;(4) 原告丧失诉讼行为能力,尚未确定法定代理人的,除有特殊情况外,中止诉讼满 90 日仍无人继续诉讼的;(5) 作为一方当事人的行政机关、法人或者其他组织终止,尚未确定权利义务承受人的,除有特殊情况外,中止诉讼满 90 日仍无人继续诉讼的。

(四) 移送或指定管辖裁定

关于移送或指定管辖裁定,可参看本书第二十六章第四节“行政诉讼的裁定管辖”。

(五) 先予执行、准许或不准许撤诉的裁定

关于先予执行、准许或不准许撤诉的裁定,可参看本书第二十九章第三节中有关撤诉和先予执行的内容。

(六) 诉讼期间停止行政行为执行或者驳回停止执行的申请的裁定

《行政诉讼法》第 56 条在确定不停止执行原则的同时,规定了可停止执行的四种例外情形:其一,被告认为需要停止执行的;其二,原告或者利害关系人申请停止执行,人民法院认为该行政行为的执行会造成难以弥补的损失,并且停止执行不损害国家利益、社会公共利益的;其三,人民法院认为该行政行为的执行会给国家利益、社会公共利益造成重大损害的;其四,法律、法规规定停止执行的。对于停止执行申请,经审查符合上述四种情形之一的,应作出停止行政行为执行的裁定;经审查不符合上述四种情形的,应作出驳回停止执行申请的裁定。当事人对停止执行或者不停止执行的裁定不服的,可以申请复议一次。需要注意的

是，这里的停止是“暂时停止”[1]，最终是否执行，需要通过进一步的审判确定。

（七）补正裁判文书笔误的裁定

如果判决书有错写、误算、用词不当、遗漏判决原意、文字表达超出判决原意的范围，以及正本与原本个别地方不符等失误，实践中通常以裁定加以补正。但如果判决书遗漏部分诉讼请求、诉讼费用以及涉及当事人实体权利等内容，则应作出补充判决，不得以裁定为之。

（八）中止或者终结执行的裁定

参照我国《民事诉讼法》第263条的规定，有下列情形之一的，人民法院应当裁定中止执行：(1)申请人表示可以延期执行的；(2)案外人对执行标的提出确有理由的异议的；(3)作为一方当事人的公民死亡，需要等待继承人继承权利或者承担义务的；(4)作为一方当事人的法人或者其他组织终止，尚未确定权利义务承受人的；(5)人民法院认为应当中止执行的其他情形。

参照《民事诉讼法》第264条的规定，有下列情形之一的，人民法院应当裁定终结执行：(1)申请人撤销申请的；(2)据以执行的法律文书被撤销的；(3)作为被执行人的公民死亡，无遗产可供执行，又无义务承担人的；(4)追索赡养费、扶养费、抚养费案件的权利人死亡的；(5)作为被执行人的公民因生活困难无力偿还借款，无收入来源，又丧失劳动能力的；(6)人民法院认为应当终结执行的其他情形。

（九）提审、指令再审或者发回重审的裁定

提审和指令再审是依照审判监督程序纠正违法裁判的两种方式。《行政诉讼法》第92条第2款规定：“最高人民法院对地方各级人民法院已经发生法律效力的判决、裁定，上级人民法院对下级人民法院已经发生法律效力的判决、裁定，发现有本法第九十一条规定情形之一，或者发现调解违反自愿原则或者调解书内容违法的，有权提审或者指令下级人民法院再审。”

发回重审是上级法院审理上诉案件所适用的一种裁定。有下列情况之一的，可以适用：(1)一审判决“认定基本事实不清”。“基本事实”是指要件事实或主要事实，是对原判决、裁定的结果有直接影响，用以确定当事人主体资格、行政法律关系性质、具体权利义务和法律责任等主要内容所依据的事实。一审判决认定基本事实不清的，二审法院可以裁定发回重审。(2)一审判决“证据不足”，即缺乏必要的证据支持，对行政行为合法性的评价未建立在充分可靠的证据基础上，而是基于某些片面的事实或主观推论，或者虽有若干证据支持，但另外的

---

[1] 例如《政府信息公开案件审理司法解释》第11条第2款规定：“诉讼期间，原告申请停止公开涉及其商业秘密、个人隐私的政府信息，人民法院经审查认为公开该政府信息会造成难以弥补的损失，并且停止公开不损害公共利益的，可以依照《中华人民共和国行政诉讼法》第四十四条的规定，裁定暂时停止公开。”

事实和证据却足以推翻其所依据的证据或使其所依据的证据产生疑问。(3) 原判决遗漏当事人或者违法缺席判决等严重违反法定程序的，即在审判中发生较为严重的“违反法定程序”，可能影响到案件的最终结论，并且无法通过补正等方式弥补。需要注意的是，原审人民法院对发回重审的案件作出判决后，当事人提起上诉的，二审法院不得再次发回重审。

(十) 准许或者不准许执行行政机关行政行为的裁定

根据《行政诉讼法司法解释》第 161 条的规定，被申请执行的行政行为有下列情形之一的，人民法院应当裁定不准予执行：(1) 实施主体不具有行政主体资格的；(2) 明显缺乏事实根据的；(3) 明显缺乏法律、法规依据的；(4) 其他明显违法并损害被执行人合法权益的情形。行政机关对不准予执行的裁定有异议，在 15 日内向上一级人民法院申请复议的，上一级人民法院应当在收到复议申请之日起 30 日内作出裁定。如果不存在上述情形，应裁定准予执行。

(十一) 撤销或者变更一审裁定的裁定

人民法院所作裁定有的能够上诉，有的则不能上诉。对于可以上诉的裁定，二审法院经审查认为其认定事实错误，或者适用法律法规错误，或者认定事实错误且适用法律法规错误，可以以裁定的方式予以撤销或者变更。

(十二) 简易程序转为普通程序的裁定

《行政诉讼法》第 82 条规定，人民法院审理第一审行政案件，认为事实清楚、权利义务关系明确、争议不大的，可以适用简易程序。第 84 条规定，人民法院在审理过程中，发现案件不宜适用简易程序的，裁定转为普通程序。

三、行政裁定的效力

(一) 裁定的对人效力

一般来说，裁定只对案件参与人发生拘束力，对社会的其他人不发生拘束力。因为程序问题是在当事人进行诉讼和人民法院指挥诉讼的过程中发生的，通常不涉及案件以外的人和事，所以，对社会的其他人不发生拘束力。在特殊情况下，如果裁定涉及当事人以外的单位或个人，那么，对涉及的单位或个人亦发生相应的拘束力。例如，在诉讼中，停止执行行政行为的裁定，其内容要求银行停止划拨的，银行应停止划拨行为，不能再执行行政行为的决定，不能再从原告的账号划拨款项给被告。

(二) 裁定的时间效力

对于不准上诉的裁定，一经宣布或送达即发生法律效力。对于可以上诉的裁定，只有在法定上诉期间内当事人不上诉的，裁定才发生法律效力。对于某些可以依法申请复议的裁定(如是否停止行政行为的执行)，一经作出即发生法律效力，当事人申请复议不影响裁定的执行。

对于允许上诉的裁定，当事人不服，可以通过上诉程序救济。对于不允许上诉但可以申请复议的裁定，当事人申请复议后，人民法院认为原裁定确有错误的，可以自行撤销或变更。

裁定是解决程序问题的，一般在诉讼期间有效，随着诉讼的结束，裁定的效力自行消失。如停止行政行为执行的裁定，一旦人民法院对案件宣告判决，即失去效力。但是，有的裁定具有独立性，不依附于诉讼而持续存在，即使诉讼结束，裁定的效力也并不随之消失。例如，批准原告撤诉的裁定发生法律效力后，原告不能对同一被告、同一行政行为、基于同一事实和理由提起新的诉讼。

第四节　行政诉讼的决定

一、行政诉讼决定的概念

行政诉讼的决定是人民法院在行政案件的审理和执行过程中，为了保证诉讼的继续进行，而以决定的形式作出的旨在解决诉讼中发生的某些特殊事项的司法处理。

与判决和裁定相比，决定所解决的问题既不同于判决所解决的案件实体争议问题，也不同于裁定所解决的程序问题，而是诉讼过程中可能出现的特殊问题。

决定的功能旨在保证案件的正常审理和诉讼程序的正常进行，或者为案件审理和正常的诉讼活动创造必要的条件。

二、行政诉讼决定的种类及适用范围

（一）有关管辖的决定

下级人民法院对其管辖的第一审行政案件，认为需要由上级人民法院审理或者指定管辖的，可以报请上级人民法院决定。

（二）有关回避事项的决定

对当事人提出的回避申请，人民法院应当在3日内以口头或者书面形式作出决定。院长担任审判长时的回避，由审判委员会决定；审判人员的回避，由院长决定；其他人员的回避，由审判长决定。当事人对决定不服的，可以申请复议一次。申请人对驳回回避申请决定不服的，可以向作出决定的人民法院（而不是上一级人民法院）申请复议一次。复议期间，被申请回避的人员不停止参与本案的工作。对申请人的复议申请，人民法院应当在3日内作出复议决定，并通知复议申请人。

（三）对妨害行政诉讼行为采取强制措施的决定

诉讼参与人或者其他人有妨害行政诉讼行为的，人民法院可以根据情节轻

重，予以训诫、责令具结悔过或者处1万元以下的罚款、15日以下的拘留；构成犯罪的，依法追究刑事责任。人民法院对有妨害行政诉讼行为的单位，可以对其主要负责人或者直接责任人员予以罚款、拘留；构成犯罪的，依法追究刑事责任。予以训诫、责令具结悔过的，通常由审判长当庭作出口头决定，记入笔录即可；处罚款、拘留的，经院长批准，由合议庭作出书面决定。

（四）有关诉讼期限事项的决定

《行政诉讼法》第48条规定："公民、法人或者其他组织因不可抗力或者其他不属于其自身的原因耽误起诉期限的，被耽误的时间不计算在起诉期限内。公民、法人或者其他组织因前款规定以外的其他特殊情况耽误起诉期限的，在障碍消除后十日内，可以申请延长期限，是否准许由人民法院决定。"此外，高级人民法院和最高人民法院亦可作出关于是否延长审理期限的决定。

（五）审判委员会对已生效的行政裁判认为应当再审的决定

各级人民法院院长对本院已经发生法律效力的判决、裁定，发现存在再审事由，或者发现调解违反自愿原则或者调解书内容违法，认为需要再审的，应当提交审判委员会讨论决定。最高人民法院对地方各级人民法院已经发生法律效力的判决、裁定，上级人民法院对下级人民法院已经发生法律效力的判决、裁定，发现存在再审事由，或者发现调解违反自愿原则或者调解书内容违法的，有权提审或者指令下级人民法院再审。

（六）审判委员会对重大、疑难行政案件的处理决定

合议庭审理的重大、疑难的行政案件，经评议后，合议庭应报告院长，由院长提交审判委员会讨论决定，制作判决或裁定，向当事人宣告、送达。

（七）有关执行程序事项的决定

行政机关拒绝履行判决、裁定、调解书的，人民法院可以从期满之日起，对该行政机关负责人按日处50元至100元的罚款。拒不履行判决、裁定、调解书，社会影响恶劣的，可以对该行政机关直接负责的主管人员和其他直接责任人员予以拘留；情节严重，构成犯罪的，依法追究刑事责任。

三、行政诉讼决定的形式

行政诉讼中的决定分为口头决定和书面决定两种形式。从审判实践看，人民法院对妨害诉讼行为的人作出的罚款和拘留决定，对行政机关负责人拒绝履行判决和裁定的罚款决定，应当采用书面形式，即采用决定书的形式。但人民法院对当事人申请回避作出的决定，可以采用口头或者书面的形式，实践中一般都采用口头形式。人民法院对妨害诉讼行为的人作出的训诫、责令具结悔过的决定，审判委员会对重大和疑难行政案件的处理决定，审判委员会对已生效的行政案件的裁判认为应当再审的决定，以及其他处理内部关系的决定，实践中通常仅

制作笔录,记录在案。

四、行政诉讼决定的效力

行政诉讼决定一经作出,当即发生效力;具有执行内容的,立即付诸执行。对权益有实际影响的决定,当事人可申请复议一次,但不因此而停止决定的执行。

决定发生效力后,如果发现认定事实或者适用法律确有错误,可由作出决定的人民法院撤销和变更,但不能通过上诉程序由上一级人民法院予以纠正,也不能依审判监督程序进行再审。

第三十二章　行政协议诉讼与行政公益诉讼

第一节　行政协议诉讼

自2014年11月1日修正的《行政诉讼法》施行以后，行政协议被正式纳入我国行政诉讼的受案范围。《行政诉讼法》第12条第1款第11项规定：公民、法人或者其他组织"认为行政机关不依法履行、未按照约定履行或者违法变更、解除政府特许经营协议、土地房屋征收补偿协议等协议的"，属于人民法院受案范围。2020年1月1日《审理行政协议案件司法解释》正式施行，该司法解释进一步明确了行政协议诉讼的受案范围、诉讼主体资格、审理原则、裁判方式、法律适用等。行政协议因为事关公益，需要由特殊公法规范调整。

一、行政协议的范围

（一）行政协议的定义

2014年修正的《行政诉讼法》对行政协议没有直接下定义，而是在受案范围部分采用"列举＋兜底"方式明确政府特许经营协议，土地、房屋等征收征用补偿协议属于行政协议类型。回顾我国学者对行政协议（行政合同）[①]的研究，在界分行政协议和民事合同上着墨颇多。学界提出目的说、标的说、主体说、新主体说等学说。目的说注重协议签订的目的，认为只有为了国家行政管理目的签订的协议才是行政协议。"行政合同是指行政主体之间，或行政主体与相对人之间，为实现国家行政管理的某些目标而依法签订的协议。"[②]"行政合同是指行政主体为了实现行政目的（或为公共利益目的）而与另一方当事人就行政上的权利义务互为意思表示并达成合意的法律行为。"[③]标的说侧重观察协议所产生的法律关系是否为行政法上的法律关系。"行政契约就是指以行政主体为一方当事人的发生、变更或消灭行政法律关系的合意"。[④]"行政合同是以行政法上法律关系为契约标的，旨在发生、变更、消灭行政法上权利义务的意思表示一致的行

---

① 《行政诉讼法》(2014)实施以后，行政合同（协议）的应用更加普遍，本章视语境交替使用"行政合同"与"行政协议"，不作特别区分。

② 胡建淼：《行政法学》，法律出版社2003年版，第282页。

③ 杨解君、陈咏梅：《中国大陆行政合同的纠纷解决：现状、问题与路径选择》，载《行政法学研究》2014年第1期。

④ 余凌云：《行政契约论》，中国人民大学出版社2006年版，第40页。

为。”[①]主体说认为，认定是否为行政协议的标准是协议主体，协议有一方主体属于行政机关的，就可以视为行政协议。上述各判断标准侧重点各异，也各有其优劣。目的说在应用中存在一定难度。协议签订的目的是什么，带有一定主观性，因其容易被泛化解释，难以精准判别行政协议和民事合同的差异。标的说在理论上相当自洽，符合逻辑，构建行政法律关系的协议行为当然归属行政协议，适用行政法律规范。若进一步追问，如何确定协议所构建的法律关系是行政法上法律关系，应该适用行政法律规范来调整？判断又陷入困难。标的说具备理论上的完备性，缺乏足够的可操作性。主体说用于判断时简单易行，一方是行政机关的，就纳入行政协议。但该标准过于简单，难以获得共识。行政机关的“国库行为”，即某些情况下只以私法主体身份参与的协议行为，全部纳入行政协议范畴，目前难以形成共识。

《审理行政协议案件司法解释》第 1 条综合采用了上述标准，其对行政协议是这样界定的：“行政机关为了实现行政管理或者公共服务目标，与公民、法人或者其他组织协商订立的具有行政法上权利义务内容的协议，属于行政诉讼法第十二条第一款第十一项规定的行政协议”。据此，行政协议主要包括两类：第一类是与实现行政管理有关的协议，如环境治理协议、土地征收补偿协议等；第二类是与提供公共服务有关的协议，如公有住房租赁协议、保障房买卖协议等。

（二）行政协议接受司法审查的范围

《审理行政协议案件司法解释》第 2 条对属于人民法院行政诉讼受案范围的行政协议采取“不完全列举”方式。根据该条规定，可诉性行政协议的范围主要包括：

（1）政府特许经营协议。这是《行政诉讼法》明确规定的行政协议类型，例如，《基础设施和公用事业特许经营管理办法》第 3 条规定：“本办法所称基础设施和公用事业特许经营，是指政府采用竞争方式依法授权中华人民共和国境内外的法人或者其他组织，通过协议明确权利义务和风险分担，约定其在一定期限和范围内投资建设运营基础设施和公用事业并获得收益，提供公共产品或者公共服务。”

（2）土地、房屋等征收征用补偿协议。这也是《行政诉讼法》明确规定的行政协议类型。例如，《国有土地上房屋征收与补偿条例》第 25 条规定：“房屋征收部门与被征收人依照本条例的规定，就补偿方式、补偿金额和支付期限、用于产权调换房屋的地点和面积、搬迁费、临时安置费或者周转用房、停产停业损失、搬迁期限、过渡方式和过渡期限等事项，订立补偿协议。补偿协议订立后，一方当事人不履行补偿协议约定的义务的，另一方当事人可以依法提起诉讼。”

---

① 吴庚：《行政法之理论与实用》，中国人民大学出版社 2005 年版，第 327 页。

(3) 矿业权等国有自然资源使用权出让协议，主要包括探矿权、采矿权出让协议等。值得注意的是，关于国有土地使用权出让协议属于民事合同还是行政协议，目前还存在较大争议。

(4) 政府投资的保障性住房的租赁、买卖等协议。例如，《廉租住房保障办法》第20条规定："对轮候到位的城市低收入住房困难家庭，建设(住房保障)主管部门或者具体实施机构应当按照已确定的保障方式，与其签订租赁住房补贴协议或者廉租住房租赁合同，予以发放租赁住房补贴或者配租廉租住房。"

(5) 符合《审理行政协议案件司法解释》第1条规定的政府与社会资本合作协议。这类协议又称为PPP协议、公私合作协议，其总体上具有公法性质。从国际上看，政府与社会资本合作协议一般界定为公法协议。

(6) 其他行政协议。

《审理行政协议案件司法解释》第3条是关于行政协议接受司法审查范围排除性的规定。根据该条规定，因行政机关订立的下列协议提起诉讼的，不属于人民法院行政诉讼的受案范围：(1) 行政机关之间因公务协助等事由而订立的协议；(2) 行政机关与其工作人员订立的劳动人事协议。以上两类都属于内部行政协议。《行政诉讼法》不将行政体系内部的行政争议纳入司法审查，因此内部行政协议不能纳入行政诉讼受案范围。再如，行政协议中有些是不具有隶属关系的行政主体之间为了行政协作等目的而签订的协议，可以称为区域行政协议。"从实践来看，区域行政协议是指那些有关政府及行政主管部门为了顺应区域发展的趋势，在不同行政区域间协调行政目标、裁撤制度藩篱、缓解权力冲突等方面协商一致而签订的一系列合意性书面文件的总称。"①上述协议亦属内部行政协议，不纳入行政协议司法审查的范围。

二、行政协议诉讼的提起

对于行政协议诉讼，基于我国行政诉讼法"民告官"的法律定位，原被告法律地位是恒定的。《审理行政协议案件司法解释》第4条规定："因行政协议的订立、履行、变更、终止等发生纠纷，公民、法人或者其他组织作为原告，以行政机关为被告提起行政诉讼的，人民法院应当依法受理。因行政机关委托的组织订立的行政协议发生纠纷的，委托的行政机关是被告。"《行政诉讼法》关于行政诉讼原告的规定，确立了行政诉讼原告的基本标准——与行政行为有利害关系。根据《审理行政协议案件司法解释》第5条的规定，下列与行政协议有利害关系的公民、法人或者其他组织提起行政诉讼的，人民法院应当依法受理：(1) 参与招

① 熊文钊、郑毅：《试述区域性行政协议的理论定位及其软法性特征》，载《广西大学学报(哲学社会科学版)》2011年第4期。

标、拍卖、挂牌等竞争性活动，认为行政机关应当依法与其订立行政协议但行政机关拒绝订立，或者认为行政机关与他人订立行政协议损害其合法权益的公民、法人或者其他组织。（2）认为征收征用补偿协议损害其合法权益的被征收征用土地、房屋等不动产的用益物权人、公房承租人。（3）其他认为行政协议的订立、履行、变更、终止等行为损害其合法权益的公民、法人或者其他组织。

基于当事人地位恒定，只有行政协议相对人或者利害关系人才能提起诉讼，行政机关不能提起诉讼，只能作为被告参加诉讼。《审理行政协议案件司法解释》第6条规定："人民法院受理行政协议案件后，被告就该协议的订立、履行、变更、终止等提起反诉的，人民法院不予准许。"

三、行政协议诉讼的审理和判决

多数国家的立法例都将公法合同视为不同于民事合同的单独类别，使行政协议受到不同于私法合同的规则约束。在我国，立法机关的释义中明确"法院审理这类争议，在实体法方面，应当优先适用有关法律法规或者规章的特别规定，没有特别规定的，适用合同法"。[①] 这就是说，人民法院可以参照民事法律规范，但也要注意行政协议本身具有的公法属性，对于具有公法属性的规则应当优先适用。此种"两分法"的思路在《审理行政协议案件司法解释》中多有体现，根据该司法解释的规定，人民法院审理行政协议案件应当对行政机关订立、履行、变更、解除行政协议的行为进行合法性审查，行政机关对上述行为的合法性承担举证责任。当然，与此同时，法院审查内容也须与当事人诉讼请求紧密结合，以及"基于公平正义的要求，对原、被告的举证责任予以合理分配"[②]。把握上述原则对于理解行政协议诉讼审理的有关问题大有裨益。下文选取行政协议诉讼审理中几个比较重要的方面进行探讨。

（一）行政协议的效力审查

行政协议的效力在行政协议司法审查中至关重要。对于有效的行政协议，协议当事人需要继续履行、采取补救措施或者承担违约赔偿责任；对于无效的行政协议，协议相对人可以诉请法院确认协议无效。在形式法治主义观念之下，以往把合法性和效力作较简单的对应，认为合法即有效，违法即无效。实质上，上述观念由于过于呆板僵硬，不适应实践发展的需要，已经得到调整。合法、违法是以法律规范为参照的单一维度判断，而效力判断本质上属于一种综合判断。合法性属于效力判断过程中的一个因素，效力判断还包括合目的性、效率和价值

---

① 袁杰主编，全国人大常委会法制工作委员会行政法室编著：《中华人民共和国行政诉讼法解读》，中国法制出版社2014年版，第45页。

② 最高人民法院行政审判庭编著：《最高人民法院关于审理行政协议案件若干问题的规定理解与适用》，人民法院出版社2020年版，第156页。

判断。因此,出于效率的考虑,存在小的程序瑕疵的行为仍然可以被视为有效;合法行为由于不符合正义等价值,或极度不合理,也可以被认定无效。在实质法治观念之下,合法性和有效性之间形成密切的多维度关系。行政协议作为一种行政法律行为,其效力需要具体情况具体分析:

(1) 协议无效。民事合同违反法律、行政法规中的强制性规定者,无效。行政协议存在严重明显违反强制性规定情形时,也可以认定无效。《审理行政协议案件司法解释》第12条第1款规定,行政协议存在《行政诉讼法》第75条规定的重大且明显违法情形的,人民法院应当确认行政协议无效。

(2) 协议可撤销。行政行为一般违法导致行为被撤销是较常见的情形。行政协议也存在可撤销状态。行政协议可撤销的主要情形是意思表示不真实,对此,有学者认为对于行政合同而言,"若相对人之意思完全不存在,则合同因欠缺行政作用的有效要件,应归于无效;若相对人之意思仅具有法定瑕疵,但因有行政机关的意思表示,则此种行政行为能完全有效成立,相对人不得要求撤销,行政合同无所谓得撤销的情形"。[①]实际上,实践中存在因意思表示要素欠缺真实性,主张行政协议可撤销的诸多案例。[②]《审理行政协议案件司法解释》第14条对此予以明确:"原告认为行政协议存在胁迫、欺诈、重大误解、显失公平等情形而请求撤销,人民法院经审理认为符合法律规定可撤销情形的,可以依法判决撤销该协议。"

(3) 协议被解除。《审理行政协议案件司法解释》第17条规定,原告请求解除行政协议,人民法院认为符合约定或者法定解除情形且不损害国家利益、社会公共利益和他人合法权益的,可以判决解除该协议。法定解除情形主要包括:因不可抗力致使不能实现协议目的;在履行期限届满前,当事人一方明确表示或者以自己的行为表明不履行主要债务;行政机关迟延履行主要债务,经催告后在合理期限内仍未履行;行政机关迟延履行债务或者有其他违约行为致使不能实现协议目的;法律规定的其他情形。

(4) 协议效力不受影响。对于行政协议存在瑕疵但可补正的情形,协议效力不受影响。《审理行政协议案件司法解释》第12条第3款规定,行政协议无效的原因在一审法庭辩论终结前消除的,人民法院可以确认行政协议有效。

(二) 行政协议经批准生效的问题

有些行政协议存在"生效难题",即立法规定需要经批准后生效的协议,协议效力到底何时获得?如何认定其在未获批准时的效力状态?实际上,协议的效力可以作不同分层。与行政行为甚至判决类似,协议的效力可以包括羁束力、确

---

① 张家洋:《行政法》(增订3版),三民书局2002年版,第526页。

② 如认为拆迁补偿协议受胁迫签订,主张可撤销。详见朱安莉与明光市人民政府拆迁行政协议行政判决书案,安徽省滁州市中级人民法院(2015)滁行初字第00008号行政判决书。

定力、实现力等。协议订立后，有的效力随即产生，而有的则未必，由法律规定或者按照约定在另外的时间点产生。需要批准或备案的协议一般成立后随即产生确定力和一定的羁束力，除非事先作了保留。确定力意味着协议一方不能反悔，不能重新寻找新的签约对象。羁束力意味着双方合同条款中权利义务内容的某些部分已经生效，需要履行必要的手续，给付必要的款项，为协议的下一步履行做好准备。这些权利义务对双方是有约束力的。协议标的的最终完全实现，可以经法定或约定晚于成立时间发生，比如需要经过批准或登记后完全实现协议标的，即完全生效。上述效力分层理论能较好地解释和回应行政协议的"生效难题"，同时也符合行政行为的一般效力理论。《审理行政协议案件司法解释》第13条对行政协议须经批准同意生效的情形及有关法律后果进行了规定："法律、行政法规规定应当经过其他机关批准等程序后生效的行政协议，在一审法庭辩论终结前未获得批准的，人民法院应当确认该协议未生效。行政协议约定被告负有履行批准程序等义务而被告未履行，原告要求被告承担赔偿责任的，人民法院应予支持。"

（三）行政机关单方变更、解除行政协议的审查

《行政诉讼法》所规定的行政协议争议大致分为两类，即协议履行争议和协议单方变更、解除争议。[①] 以往学界对行政合同的研究多承认行政合同与民事合同的最大区别在于行政主体一方具有单方变更、解除合同的优益权，从《行政诉讼法》上述二分式立法来看，即承认行政主体一方具有优益权。优益权的行使需要符合特定的条件。一般而言，如下状况是优益权行使的情形：第一，协议继续履行将导致重大的公益损失。第二，情势变更，即因不可归责于双方当事人的原因发生情势变更，导致合同的基础动摇或丧失，若继续维持合同原有效力可能导致显失公平等情形。对行政协议而言，承认情势变更也是为了防止合同继续履行导致的公益损失。第三，行政协议的基础丧失。此种情形下的基础丧失和情势变更不同。比如土地征收补偿协议订立后，发现征收决定存在合法性问题，应当撤销，则征收补偿协议的基础丧失。此时可以变更或解除协议。关于人民法院如何对行政机关行使行政优益权的行政行为进行审查，《审理行政协议案件司法解释》第16条规定："在履行行政协议过程中，可能出现严重损害国家利益、社会公共利益的情形，被告作出变更、解除协议的行政行为后，原告请求撤销该行为，人民法院经审理认为该行为合法的，判决驳回原告诉讼请求；给原告造成损失的，判决被告予以补偿。被告变更、解除行政协议的行政行为存在行政诉讼法第七十条规定情形的，人民法院判决撤销或者部分撤销，并可以责令被告重新

① 《审理行政协议案件司法解释》第9条对行政协议诉讼请求的类型进行了增补，增加了确认效力之诉，缔约之诉，撤销、解除协议之诉，损害赔偿之诉等情形。

作出行政行为。被告变更、解除行政协议的行政行为违法，人民法院可以依据行政诉讼法第七十八条的规定判决被告继续履行协议、采取补救措施；给原告造成损失的，判决被告予以赔偿。"变更和解除协议可能引起行政补偿或者赔偿。行政协议变更或解除的补偿、赔偿如何确定范围？是局限于直接损失，还是应当适用"可预见规则"，即补偿、赔偿的额度是协议主体在签订合同时能够预料到的，若解除或变更协议将会产生的损失？这些问题有待进一步深入研究。

（四）行政机关违约责任

《行政诉讼法》第78条对行政协议争议的解决方式作了规定，违约方可能需要承担继续履行、采取补救措施、补偿、赔偿等责任。被告不依法履行、未按照约定履行协议的，对于可以继续履行而原告也申请继续履行的，人民法院应当判决被告继续履行；对于当前已无履行可能的情形，应当判决被告采取补救措施、赔偿损失。对此《审理行政协议案件司法解释》第19条明确规定："被告未依法履行、未按照约定履行行政协议，人民法院可以依据行政诉讼法第七十八条的规定，结合原告诉讼请求，判决被告继续履行，并明确继续履行的具体内容；被告无法履行或者继续履行无实际意义的，人民法院可以判决被告采取相应的补救措施；给原告造成损失的，判决被告予以赔偿。原告要求按照约定的违约金条款或者定金条款予以赔偿的，人民法院应予支持。"

除了上述实际违约的情形外，《审理行政协议案件司法解释》还对行政机关预期违约的司法认定作出了规定。预期违约是指在履行期限届满前，被告明确表示或者以自己的行为表明不履行协议。《审理行政协议案件司法解释》第20条规定，被告明确表示或者以自己的行为表明不履行行政协议，原告在履行期限届满之前向人民法院起诉请求其承担违约责任的，人民法院应予支持。

第二节　行政公益诉讼

建立公益诉讼制度是党的十八届四中全会提出的改革要求，是党的十九大关于建设中国特色社会主义法治体系、建设社会主义法治国家的重要制度安排。2015年7月，经全国人大常委会授权，13个省（市）开始试点检察机关提起公益诉讼。2017年6月，全国人大常委会修改《民事诉讼法》和《行政诉讼法》，正式确立了检察公益诉讼制度。为了落实《民事诉讼法》《行政诉讼法》立法修改精神，2018年3月2日，最高人民法院、最高人民检察院联合发布了《公益诉讼司法解释》（于2020年修正），行政公益诉讼制度作为行政诉讼制度的重要类型得以进一步丰富和完善。行政公益诉讼制度的确立和完善，对于加大对国家利益、社会公共利益和人民群众合法权益的司法保障力度，推进法治政府建设，提升国家治理体系和治理能力现代化水平产生了重要而深远的影响。

一、行政公益诉讼概述

随着全面依法治国理念深入人心，法治中国建设步伐加快，公民的法治意识有了极大提高。与此同时，经济交往更加频繁，社会领域的冲突和矛盾也日益增多，一些侵权行为呈现出损害扩散、受害范围广泛、受害持续时间较长和受害者众多等特点，涉及公共利益保护的各类案件数量增加。在行政管理领域，行政机关的行政行为往往不仅仅涉及行政相对人的个体权利，在很多情况下还涉及国家利益和社会公共利益。行政公益诉讼，即是指特定的国家机关、组织或者个人依照法律规定，为保障国家利益或者社会公共利益，对于行政机关违法行使职权或者不作为提起的行政诉讼。

建立行政公益诉讼制度，是社会主义法治发展的需要，也是建立和完善回应型司法的需要。其意义和价值主要表现在三个方面：一是有利于彰显社会主义民主和法治，防止国家机关怠于履行法定职责，以保护包括利益相关方在内的社会成员的合法权益，推进服务型政府的建构，推动和扩大公众参与；二是有利于维护国家利益和保护国有资产，节约资源、保护环境、改善生态；三是有利于健全和完善行政纠纷解决机制，维护社会主义市场经济秩序。

根据《公益诉讼司法解释》的规定，行政公益诉讼的主要任务包括三个层面：一是目的层面，行政公益诉讼的目的是维护宪法法律权威，维护社会公平正义，维护国家利益和社会公共利益；二是功能层面，行政公益诉讼的主要功能是促进依法行政、严格执法；三是履职层面，行政公益诉讼要充分发挥司法审判、法律监督职能作用。人民法院、人民检察院办理行政公益诉讼案件要遵守宪法法律规定，遵循诉讼制度的原则，如人民法院、人民检察院依法独立行使职权的原则。同时，人民检察院作为国家公权力机关提起公益诉讼具有一定的特殊性，办理此类案件需要遵循司法权运行的特有规律。

二、行政公益诉讼的原告

我国行政公益诉讼制度的建立意味着在一些特殊领域，行政诉讼不再局限于主观诉讼的范畴内，人民检察院作为国家司法机关，代表国家利益和社会公共利益（而非代表当事人）提起诉讼。

近几十年，世界各国行政诉讼原告资格发展的趋势是逐步放宽原告资格，尽可能给予相对人最大的保护。在诉权保护方面，西方各国经历了从“个人权益”到“个人利益”再到“公共利益”的发展过程，权益范围不断扩大，许多国家建立了公益诉讼制度。行政公益诉讼原告存在着公民、公益团体、公益代表人等不同的观点和立法例。根据一些国家的经验，检察机关可以作为公共利益的代表人提起公益诉讼。在法国、德国等国家，检察机关在民事、行政案件中，可以作为当事人参加诉讼，以防止公共利益受到损害。

根据我国《行政诉讼法》的原则性规定，行政行为的相对人以及其他与行政行为有利害关系的公民、法人或者其他组织，有权提起诉讼。一般认为，行政诉讼原告是指行政行为侵犯其合法权益并向人民法院提起诉讼的公民、法人或者其他组织，也就是说原告必须与行政行为有利害关系，行政行为侵犯了他人的合法权益，和自己没有利害关系的公民、法人或者其他组织不能作为原告。在《行政诉讼法》修改，赋予人民检察院提起行政公益诉讼的职权之前，我国司法监督的范围非常有限，人民法院只能在公民、法人或其他组织自身权益受到行政主体违法行政行为侵犯而向其提起行政诉讼时才能启动司法监督机制。[①] 2014 年 10 月 23 日党的十八届四中全会通过的《关于全面推进依法治国若干重大问题的决定》首先提出要探索建立检察机关提起公益诉讼制度。在 2014 年《行政诉讼法》修改之时，有些常委会组成人员、代表和最高人民检察院曾主张，应针对行政机关失职、渎职致使社会公共利益受到损害的情况，建立具有中国特色的行政公益诉讼制度，加强对行政机关的监督。特别是在行政相对人不确定或者行政相对人不愿意提起诉讼的情况下，可以由人民检察院提起行政公益诉讼。但这些主张在 2014 年修法时没有被采纳。直至 2017 年《行政诉讼法》再次修改时，立法机关才对该法第 25 条进行修改，增加第 4 款，作为检察机关提起公益诉讼的根据。

关于社会组织可否作为原告提起行政公益诉讼的问题，法学界和法律实务界一直存在争论。尽管将社会组织纳入提起行政公益诉讼主体范围的呼声早已有之，但是，由于各种原因，我国当下在短时间内尚不具备建立起一种完全符合客观诉讼原则的行政公益诉讼制度的条件，这就决定了只能在现行的行政诉讼制度下，先开展检察机关提起行政公益诉讼制度的探索，再逐步建立和完善其他客观诉讼的特殊规则。[②]

三、行政公益诉讼的受案范围

为了更加有效、全面地保护公共利益，需要合理设定、准确把握行政公益诉讼的受案范围。法律确定行政公益诉讼受案范围的方式有概括式、列举式等。如我国台湾地区“行政诉讼法”（2014 年 6 月 18 日公布版本）第 9 条规定，“人民为维护公益，就无关自己权利及法律上利益之事项，对于行政机关之违法行为，

① 姜明安：《推进行政公益诉讼，加强对行政违法行为和行政不作为的检察监督》，载《行政法论丛》2017 年第 2 期。

② 参见湛中乐：《推进行政公益诉讼 维护社会公共利益》，载最高人民检察院网，https://www.spp.gov.cn/spp/ztk/dfld/2017dfld/dfld98_4665/ywtt/201703/t20170330_186743.shtml。

得提起行政诉讼。但以法律有特别规定者为限”[①]，系以概括式方式确定受案范围。我国《行政诉讼法》主要采用列举式规定。现行《行政诉讼法》第 25 条第 4 款规定：“人民检察院在履行职责中发现生态环境和资源保护、食品药品安全、国有财产保护、国有土地使用权出让等领域负有监督管理职责的行政机关违法行使职权或者不作为，致使国家利益或者社会公共利益受到侵害的，应当向行政机关提出检察建议，督促其依法履行职责。行政机关不依法履行职责的，人民检察院依法向人民法院提起诉讼。”据此，行政公益诉讼的范围确定为生态环境和资源保护、食品药品安全、国有财产保护、国有土地使用权出让等四类案件。有观点认为，通过在实践中积极探索，抓紧研究相关法律问题，行政公益诉讼的案件范围可以和应该逐步拓展（事实上，近年来行政公益诉讼受案范围在实践中已有较大的扩展）。

四、人民检察院的诉讼地位和诉讼权利义务

关于人民检察院在公益诉讼中享有的诉讼权利和应履行的诉讼义务，《公益诉讼司法解释》第 4 条规定：“人民检察院以公益诉讼起诉人身份提起公益诉讼，依照民事诉讼法、行政诉讼法享有相应的诉讼权利，履行相应的诉讼义务，但法律、司法解释另有规定的除外。”这个条款包含两个方面的含义：一是人民检察院以公益诉讼起诉人的身份启动的是公益诉讼，具有区别于普通原告的特殊性，《公益诉讼案件司法解释》中对检察机关的特殊诉讼权利义务有明确规定的，应当按照该司法解释的规定执行。二是公益诉讼起诉人要“依照民事诉讼法、行政诉讼法享有相应的诉讼权利，履行相应的诉讼义务”。由于《民事诉讼法》《行政诉讼法》中没有“公益诉讼起诉人”这一主体，人民检察院提起公益诉讼所对应的诉讼主体是原告，因此，人民法院审理一审检察公益诉讼案件时应当参照《民事诉讼法》《行政诉讼法》关于原告的相关规定确定人民检察院诉讼权利行使的期间、行使权利及履行义务的方式和程序等。例如，依照《行政诉讼法》第 67 条的规定，人民法院应当在收到被告答辩状之日起 5 日内，将答辩状副本发送人民检察院等。在二审阶段则可能具有上诉人或者被上诉人的诉讼地位。

五、行政公益诉讼的起诉和受理

《行政诉讼法》及司法解释明确了人民检察院提起行政公益诉讼的程序要件。

（一）诉前程序

根据《行政诉讼法》第 25 条第 4 款的规定，检察机关提起诉讼的前提是已经向行政机关提出检察建议，行政机关仍不依法履行职责。《公益诉讼司法解释》

① 参见林莉红：《台湾地区行政公益诉讼的立法与实践——以“美丽湾案”为切入点》，载《武汉大学学报（哲学社会科学版）》2016 年第 2 期。

第21条规定，检察机关在起诉前应当向行政机关提出检察建议，行政机关应当在收到检察建议书之日起两个月内依法履行职责，并书面回复人民检察院。在出现国家利益或者社会公共利益损害继续扩大等紧急情形下，行政机关应当在15日内书面回复作出特别规定。《公益诉讼司法解释》第22条还规定，检察机关提起诉讼的，应当提交已经履行诉前程序，行政机关仍不依法履行职责或者纠正违法行为的证明材料。要注意发挥诉前程序督促行政机关履职的积极作用，人民法院需要审查行政公益诉讼起诉书中诉讼请求的内容是否与诉前程序检察建议书的建议内容一致，如不一致，应向人民检察院释明。

(二) 起诉材料

《公益诉讼司法解释》对于检察公益诉讼案件的起诉材料和诉讼文书作了专门规定。该司法解释第22条规定，人民检察院提起行政公益诉讼应当提交以下几个方面的材料：一是行政公益诉讼起诉书，并需要按照被告人数提出副本；二是被告违法行使职权或者不作为，致使国家利益或者社会公共利益受到侵害的证明材料；三是已经履行诉前程序，行政机关仍不依法履行职责或者纠正违法行为的证明材料。还需要说明的是，在立案受理阶段，对于提交了《公益诉讼司法解释》规定的起诉材料，特别是证明人民检察院已经履行诉前程序材料，符合法定起诉条件的，人民法院应当及时登记立案。

为支持检察机关积极提起公益诉讼，维护国家利益和社会公共利益，在国务院《诉讼费用交纳办法》修改前，人民法院审理人民检察院提起的公益诉讼案件，暂不向人民检察院收取诉讼费用。《人民检察院公益诉讼办案规则》对此亦作出规定，人民检察院提起公益诉讼，不需要交纳诉讼费用。

六、行政公益诉讼的审理和判决

关于行政公益诉讼案件的受理、审判、执行程序，《公益诉讼司法解释》没有明确规定的事项，适用《行政诉讼法》及其司法解释的规定。为此，既要准确把握行政诉讼基本制度对行政公益诉讼的规范，也要充分认识《公益诉讼司法解释》在《行政诉讼法》框架下对于检察公益诉讼案件具体程序所作的特别规定。

(一) 检察人员的出庭职责

《公益诉讼司法解释》第8条和第9条就检察人员的出庭职责作出规定：一是人民法院向人民检察院送达出庭通知书，即人民法院开庭审理人民检察院提起的公益诉讼案件，应当在开庭3日前向人民检察院送达出庭通知书；二是人民检察院派员出庭以及派员出庭通知书的内容，即人民检察院应当派员出庭，并应当自收到人民法院出庭通知书之日起3日内向人民法院提交派员出庭通知书，派员出庭通知书应当写明出庭人员的姓名、法律职务以及出庭履行的具体职责；三是出庭检察人员的职责范围，即出庭检察人员履行职责主要包括宣读公益诉讼起诉书，对人民检察院调查收集的证据予以出示和说明，对相关证据进行质证，参加法庭调查，进行辩论并发表意见，依法从事其他诉讼活动等。另外，对于人民检察院派员出庭通知书载明了出庭履行的具体职责的，应按照出庭通知书的内容依法确认出庭检察人员诉讼行为的法律效力。

（二）行政公益诉讼的裁判

行政公益诉讼裁判要在坚持平等原则的基础上处理好行政诉讼一般规则与行政公益诉讼特殊规则的关系，更好地发挥国家利益和社会公共利益司法保护机制的作用。

1. 行政公益诉讼中诉讼请求全部实现时的裁判方式

行政机关履职后，是否还有必要判决确认原行政行为违法这个问题，在试点期间存在较多争议。《公益诉讼司法解释》第 24 条对此予以明确，被诉行政机关纠正违法行为或者依法履行职责使人民检察院的诉讼请求全部实现，人民检察院撤回起诉的，应当裁定准许；人民检察院变更诉讼请求，请求确认原行政行为违法的，人民法院应当判决确认违法。之所以这样规定，是因为考虑到实践中确实存在部分行政机关接到检察建议后，既不回复也不依法及时履职，未能及时保护受损国家利益和社会公共利益的情形。在人民检察院依法提起公益诉讼后，即使被诉行政机关在诉讼过程中履行了法定职责，也有必要依据《行政诉讼法》的规定，围绕人民检察院的诉讼请求，判决确认原行政行为违法，以督促行政机关进一步提高依法行政意识，发挥公益诉讼示范引导作用，最大限度维护国家利益和社会公共利益。

2. 行政公益诉讼的判决

《公益诉讼司法解释》第 25 条第 1 款规定，人民法院区分下列情形作出行政公益诉讼判决：

（1）确认判决。被诉行政行为具有《行政诉讼法》第 74 条①、第 75 条②规定情形之一的，判决确认违法或者确认无效，并可以同时判决责令行政机关采取补救措施。

（2）撤销判决。被诉行政行为具有《行政诉讼法》第 70 条③规定情形之一

---

① 《行政诉讼法》第 74 条规定，行政行为有下列情形之一的，人民法院判决确认违法，但不撤销行政行为：（1）行政行为依法应当撤销，但撤销会给国家利益、社会公共利益造成重大损害的；（2）行政行为程序轻微违法，但对原告权利不产生实际影响的。行政行为有下列情形之一，不需要撤销或者判决履行的，人民法院判决确认违法：（1）行政行为违法，但不具有可撤销内容的；（2）被告改变原违法行政行为，原告仍要求确认原行政行为违法的；（3）被告不履行或者拖延履行法定职责，判决履行没有意义的。

② 《行政诉讼法》第 75 条规定，行政行为有实施主体不具有行政主体资格或者没有依据等重大且明显违法情形，原告申请确认行政行为无效的，人民法院判决确认无效。

③ 《行政诉讼法》第 70 条规定，行政行为有下列情形之一的，人民法院判决撤销或者部分撤销，并可以判决被告重新作出行政行为：（1）主要证据不足的；（2）适用法律、法规错误的；（3）违反法定程序的；（4）超越职权的；（5）滥用职权的；（6）明显不当的。

的，判决撤销或者部分撤销，并可以判决被诉行政机关重新作出行政行为。

(3) 履行判决。被诉行政机关不履行法定职责的，判决在一定期限内履行。

(4) 变更判决。被诉行政机关作出的行政处罚明显不当，或者其他行政行为涉及对款额的确定、认定确有错误的，可以判决予以变更。

(5) 驳回原告诉讼请求判决。被诉行政行为证据确凿，适用法律、法规正确，符合法定程序，未超越职权，未滥用职权，无明显不当，或者人民检察院诉请被诉行政机关履行法定职责理由不成立的，判决驳回诉讼请求。

正确适用行政公益诉讼判决形式既要遵守行政诉讼的一般裁判规则，也要注意遵循检察行政公益诉讼的特殊裁判规则，重点关注和解决履职行为的可诉性，履职主体的范围，未实质履职及滥用职权的判断标准等核心问题。在审查被诉行政机关是否按照司法建议依法履职时，应考虑行政机关接到检察建议后是否已经及时启动行政处罚的立案、调查等程序，是否存在未能在期限内履职完毕的客观障碍。对于恢复植被、修复土壤、治理污染等特殊情形，被诉行政机关主观上有整改意愿，但由于受季节气候条件、施工条件、工期等客观原因限制，无法在检察建议回复期内整改完毕的，不宜简单认定为未依法履行职责。

此外，《公益诉讼司法解释》第 25 条第 2 款规定，行政公益诉讼判决作出后，可以将判决结果告知被诉行政机关所属的人民政府或者其他相关的职能部门。这样规定的目的是通过生效裁判推动行政机关树立规则意识，同时督促被诉行政机关积极履行裁判义务，及时有效地维护国家利益和社会公共利益。

(三) 二审程序的启动方式和出庭人员

《公益诉讼司法解释》第 10 条规定了提起诉讼的人民检察院不服一审判决、裁定的，可以向上一级人民法院提起上诉。第 11 条则再次强调，人民法院审理第二审案件，由提起公益诉讼的人民检察院派员出庭，维护了诉讼主体的一致性。同时，为充分发挥上级检察机关的职能作用，该条还规定，上一级人民检察院也可以派员参加二审庭审。应当注意以下两点：一是上一级检察机关与原审公益诉讼起诉人只能作为一方当事人对待，并非两个独立的主体。上一级检察机关可以通过发表意见的方式，支持提起公益诉讼的人民检察院的诉讼主张。二是根据《人民检察院公益诉讼办案规则》的有关规定，检察机关提出上诉的，由提起诉讼的人民检察院决定，上一级人民检察院应当同步审查进行指导，上一级人民检察院认为上诉不当的，应当指令下级人民检察院撤回上诉，上一级人民检察院在上诉期限内，发现下级人民检察院应当上诉而没有提出上诉的，应当指令下级人民检察院依法提出上诉。

第三十三章　涉外行政诉讼

第一节　涉外行政诉讼概述

一、涉外行政诉讼的概念

涉外行政诉讼是指各级人民法院审理的原告或第三人为外国人、无国籍人、外国组织，依法向我国人民法院提起诉讼，人民法院依法定程序审查被诉行政行为的合法性，判断原告的主张是否合法适当，并作出裁判的活动。

外国人、无国籍人、外国组织在我国从事各项活动时，不可避免地也会和我国行政机关产生各种行政争议，解决争议的途径可以是行政复议，最终途径可以是提起行政诉讼。根据我国《行政诉讼法》的规定，外国人、无国籍人、外国组织认为我国行政机关的行政行为侵犯了其合法权益时，有权依法向有管辖权的人民法院提起诉讼。这里外国人、无国籍人、外国组织可以是单独的原告，也可以与中国公民和组织共同作为原告。涉外行政诉讼第三人的情形主要是指外国人、无国籍人、外国组织在某一行政诉讼案件审理过程中因与被诉行政行为有法律上的利害关系而主动申请或经人民法院通知参与诉讼，这种情形即使原告一方是中国公民或组织，也属于涉外行政诉讼。

需要指出的是，我国香港、澳门、台湾地区居民和组织提起或参加的行政诉讼不属于涉外行政诉讼。因为，香港、澳门均已回归祖国，两地居民均为中国公民，他们参加的诉讼自然不是涉外行政诉讼；台湾是中国领土的一部分，因此台湾居民参加的行政诉讼也不属涉外行政诉讼。但是，这三个地区制度上长期以来与内地（祖国大陆）存在着重大区别，在法律体系和渊源上也与内地（祖国大陆）存有巨大差异，因而人民法院在司法实践中审理此类案件时，可以参照适用于外国人、无国籍人、外国组织的涉外行政诉讼的规范进行审理和裁判。

二、涉外行政诉讼的特征

1. 涉外行政诉讼争议的标的是中国行政机关作出的行政行为

涉外行政诉讼争议的标的是中国行政机关作出的涉及外国人、无国籍人或外国组织权益的行政行为。

2. 涉外行政诉讼解决的行政争议发生在中华人民共和国领域内

中国行政管理权是一种域内（包括中华人民共和国驻外使领馆、我国各种飞行器、船舰、其他交通工具内的国际法公认的我国"领土")管辖权,《行政诉讼法》具有绝对的域内效力,对域外原则上不产生效力。同样,人民法院对行政案件也只拥有域内管辖权,原则上不具有对域外行政案件的管辖权。如果有关行政管理活动发生在我国领域之外,外国人、无国籍人或外国组织不能向我国人民法院提起行政诉讼。

3. 涉外行政诉讼必须依照中国法律进行

《行政诉讼法》第98条规定:"外国人、无国籍人、外国组织在中华人民共和国进行行政诉讼,适用本法。"法律另有规定的除外。涉外行政诉讼必须依照中国法律进行,这是国家主权的体现。外国人、无国籍人、外国组织提起或参加行政诉讼活动,必须以我国《行政诉讼法》或其他有关法律规范作为依据。我国人民法院审理涉外行政案件不仅要严格按照行政诉讼法所规定的程序进行,还要根据我国其他具体法律规范来审查行政行为,同时要遵守我国参加的有关国际条约的规定。

由于涉外行政诉讼主体的特殊性,在诉讼活动过程中,除了适用我国行政诉讼一般性原则和制度外,还要遵循一些原则和制度上的特殊要求,如"对等原则"以及期间、送达等方面的特殊规定等。

第二节　涉外行政诉讼的原则

涉外行政诉讼的原则是指由涉外行政诉讼本身的特殊规律所决定的,反映涉外行政诉讼特殊要求,并且人民法院在审理涉外行政诉讼案件活动中必须遵守的行为准则。除行政诉讼的一般原则应为人民法院在涉外行政诉讼中必须遵循外,人民法院还必须遵守涉外行政诉讼所特有的原则。

一、平等原则

平等原则是指在涉外行政诉讼中要求外国人、无国籍人、外国组织应享有和承担与中国公民、组织同等的诉讼权利和义务。《行政诉讼法》第99条第1款规定:"外国人、无国籍人、外国组织在中华人民共和国进行行政诉讼,同中华人民共和国公民、组织有同等的诉讼权利和义务。"这一规定是国家之间基于平等互惠关系建立起来的公认的诉讼原则,其基本思想就是在涉外行政诉讼中的外国人、外国组织应享有和承担与中国公民、组织同样内容的诉讼权利和义务。

诉讼权利平等原则是国际法上"国民待遇原则"在诉讼中的反映。"国民待遇原则"要求本国公民享有的权利,也应同等地赋予本国境内的外国人。它体现了国家之间的平等友好关系,是国际交往中的一项重要规则。

二、对等原则

涉外行政诉讼中的对等原则是指外国法院对我国公民和组织的行政诉讼权利进行限制的，我国采取相应限制。我国公民和组织在他国进行行政诉讼的权利与他国公民和组织在我国进行行政诉讼的权利应当对等。

《行政诉讼法》第 99 条第 2 款规定："外国法院对中华人民共和国公民、组织的行政诉讼权利加以限制的，人民法院对该国公民、组织的行政诉讼权利，实行对等原则。"

一般情况下，主权国家在处理相互之间的事务时应以平等互惠为基础，但由于国际关系复杂多变，常常会有一些因素影响到这种平等关系的实现，如国际格局的调整、国家经济形势的变化等。当这种平等关系遭到破坏时，便会在各个领域中表现出来，具体到行政诉讼活动中，就有可能表现为一个国家对另一个国家公民或组织的行政诉讼权利加以限制的情况。对这种情况的解决方法通常是采用"对等原则"，以限制抵制限制，从而最终仍达到平等对待的目的。

涉外行政诉讼的对等原则主要有以下三个方面的表现：(1) 对等原则通常只适用于外国对我国公民或组织的行政诉讼权利加以限制的情况，而不适用于权利的赋予。即使外国法律对我国公民、组织在国外进行行政诉讼活动规定了更多、更广泛的权利，也不能因此要求我国对该国公民、组织赋予这些同样的权利。(2) 这里诉讼权利的限制，是我国公民在该国所享有的诉讼权利低于该国公民的普遍标准的情形。这种对诉讼权利的限制，有可能是只针对我国公民、组织的，也有可能同时针对多国的公民、组织，无论哪种情况，只要对我国公民、组织的诉讼权利加以限制，我国就可以适用对等原则对该国公民和组织施以同样限制。(3) 对等原则并未赋予我国人民法院首先限制外国公民和组织诉讼权利的权力，相反，从立法原意上看，我国立法的本意是只有当外国法院对我国公民和组织的行政诉讼权利加以限制时，我国人民法院才能根据对等原则采取相应限制。

三、适用国际条约原则

国际条约是各个缔约国在国家之间有关政治、经济、文化等方面经友好协商确定相互间权利、义务的各种条约或协定。国际条约是各个缔约国都必须遵守的。《维也纳条约法公约》第 26、27 条规定，凡有效的条约对各当事国有拘束力，必须由各该国善意履行。一方当事国不得以其国内法规定为理由而不履行条约。我国人民法院在有关涉外行政诉讼受理、审理和裁判中自然应当遵循我国参加或缔结的国际条约中有关行政诉讼的规定，履行国际法义务。当然，人民法院适用国际条约的规定时，对中华人民共和国声明保留的条款除外。

四、使用中国通用语言文字的原则

涉外行政诉讼的审理活动应当使用中国的通用语言文字。依照我国《民事诉讼法》的规定，人民法院审理涉外民事案件，应当使用中华人民共和国通用的语言、文字，当事人要求提供翻译的，可以提供，费用由当事人承担。换言之，无论作为当事人的原告是哪国公民、组织或是无国籍人，在中国提起行政诉讼，人民法院均使用中国当地人民法院通用的语言文字，原告语言障碍可以通过翻译得到解决。

五、涉外行政诉讼的原告必须委托中国律师代理诉讼的原则

《行政诉讼法》第100条规定，涉外行政诉讼的原告（外国人、无国籍人、外国组织）在中华人民共和国进行行政诉讼，委托律师代理诉讼的，应当委托中华人民共和国律师机构的律师。委托本国律师代理涉外诉讼是世界上多数国家普遍的规则。

委托中国律师担任诉讼代理人的具体程序与中国公民委托律师的程序相同。但是如果该外国人、无国籍人、外国组织在中华人民共和国领域内没有住所，其委托书要通过域外寄交或托交的，应当经所在国公证机关证明，并且经我国驻外使领馆认证，或者履行我国与该国签订的有关条约中规定的证明手续后，才具有效力。如果我国在该国没有驻外使领馆，授权委托书可以先经所在国公证机关公证，再经与我国、该国均有外交关系的第三国使领馆认证，再转由中国驻第三国的使领馆认证，方具有法律效力。

涉外行政诉讼当事人也可以委托律师以外的其他人代理参加诉讼，中国法律对此给予其与中国当事人同等的权利，而无限制。诉讼当事人可以选择社会团体、外国人在国内或国外的近亲属、外国人所在单位推荐的人作为诉讼代理人；可以委托本国律师以非律师身份担任诉讼代理人，可以委托本国其他公民担任诉讼代理人；可以委托本国驻华使领馆官员以个人名义担任诉讼代理人；经我国人民法院许可后，也可委托中国公民担任诉讼代理人。

第三节　涉外行政诉讼的法律渊源

涉外行政诉讼的法律规范是由中国立法机关制定或认可的，适用于调整涉外行政诉讼关系的规范系统。这些规范包括适用于非涉外行政诉讼关系的一般法律规范，如《行政诉讼法》和《民事诉讼法》中适用于行政诉讼的内容以及其他法律的相关规范和最高人民法院、最高人民检察院的司法解释。此外，最高人民检察院所作的司法解释文件中有关涉外行政诉讼的规定，也均被学界认为是涉

外行政诉讼的法律渊源。

涉外行政诉讼除了适用一般行政诉讼的法律规范外，相较于非涉外行政诉讼，更多地适用国际条约和惯例。

国际条约是指国家和其他国际法主体之间缔结的以国际法为准则并确定相互之间权利义务关系的一种书面协议。一个国际条约如果是合法的，就对缔约国产生效力，缔约国必须认真履行。我国涉外行政诉讼活动中所应遵循的国际条约必须是我国缔结或参加的国际条约，并且这些条约的内容涉及调整涉外行政诉讼的关系与活动。如果我国对某一国际条约的部分条款声明保留，则我国政府和法院对条约的这一部分内容均不予接受。我国没有承诺条约相应的权利和义务，当然它就不对我国产生约束力。

在涉外行政诉讼活动中，遇有一些国际条约和国内法都没有规定的特殊情况时，可以参照适用某些国际惯例。国际惯例是指在国际交往中逐渐形成的不成文的规则，是国际法最原始的渊源。我国人民法院在审理行政案件过程中，可以在下列前提下参照适用有关国际惯例：(1) 情况特殊，没有国际条约和国内法可以遵循的；(2) 有相应的国际惯例存在，而且我国与涉外行政诉讼主体所属的国家也都在事实上承认和遵守这种惯例；(3) 人民法院适用这种国际惯例有利于涉外行政诉讼的顺利进行，且不会损害我国的国家主权和尊严。

第四节　涉外行政诉讼法律规范的适用

一、涉外行政诉讼法律规范适用的概念

涉外行政诉讼法律规范的适用是指在涉外行政诉讼中对法律规范的选择适用。当不同的国内法和国际法及其他法律规范发生冲突时，审理相应案件的人民法院即应当选择可适用和应适用的法律规范。

二、涉外行政诉讼法律规范适用的原则

与涉外行政诉讼活动有关的法律规范很多，发生冲突时应怎样选择适用，一般来说应遵循下列原则：

1. 直接适用与间接适用相结合的原则

我国在某些具体的法律制度中，规定国际条约在一定条件下(通常是国内法与国际条约的规定不一致且我国未作出保留的情形)有直接适用性，《行政诉讼法》(1989)第 72 条规定："中华人民共和国缔结或者参加的国际条约同本法有不同规定的，适用该国际条约的规定。中华人民共和国声明保留的条款除外。"但是，《行政诉讼法》(2014)删除了该条规定，表明在行政诉讼法领域条约将不再一

律具有直接适用性,而一般采用将条约规定转化为国内法以间接适用的做法。

2. 特别规定优先原则

如果在行政诉讼法律规范中有对涉外行政诉讼专门作了特别规定的,在涉外行政诉讼活动中即应优先适用这些特别规定。如果行政诉讼法律规范没有特别规定,则可以适用一般的行政诉讼法律规范。例如,《行政诉讼法》专门对涉外行政诉讼的期间作了不同于非涉外行政诉讼期间的特别规定,在涉外行政诉讼活动中就应适用该特别规定。除此之外,则可以适用一般行政诉讼法律规范。

第五节　涉外行政诉讼的程序

根据我国《行政诉讼法》以及相关法律、司法解释的规定,涉外行政诉讼的程序与国内行政诉讼程序基本上是统一的。只是在通常情况下当事人不服一审判决裁定的上诉期限分别是15日和10日,对方当事人收到上诉状副本,应在10日内提出答辩状。但考虑到涉外行政案件的特殊性和复杂性,在中国境内没有住所的当事人,不服一审人民法院的判决、裁定,有权在判决书、裁定书送达之日起30日内提起上诉;被上诉人收到上诉状副本后,应当在30日内提出答辩状。此外,当事人不能在法定期间提起上诉或者提出答辩状而申请延期的,由人民法院决定是否准许。[①]

第六节　涉外行政诉讼的期间、期日和送达

一、涉外行政诉讼的期间和期日

我国《行政诉讼法》规定的有关涉外行政诉讼期间期日的规则,与非涉外行政诉讼基本一致(可参阅本编第二十九章第七节的相关内容)。

二、涉外行政诉讼的送达

涉外行政诉讼的送达是指人民法院依照法定程序将诉讼文书交付涉外行政诉讼当事人或者其他诉讼参与人的行为。

人民法院对在中国境外的当事人送达法律文书,一般采取以下几种方式:

1. 按条约规定的方式送达

受送达人所在国与中国有双边或多边国际条约的情况下,可以按照条约中约定的方式送达。如果没有相应的国际条约或虽有条约但无此内容的,则不适

① 张正钊等:《行政法与行政诉讼法》,中国人民大学出版社2021年版,第208页。

用这种送达方式。

2. 通过外交途径送达

对与我国没有签订送达法律文书条约但已经建立了外交关系的，可以适用这种方法。具体操作办法是由审判案件的人民法院将有关法律文书送省、自治区、直辖市人民法院审查后，将法律文书送交外交部，再由外交部通过外交途径送达外方当事人所在国。

3. 委托使馆送达

此种方法适用于在国内没有住所的受送达人，由人民法院委托我国驻受送达人所在国使领馆代为送达。

4. 委托代理人送达

如果受送达人在诉讼中有委托代理人且委托事项中有约定，可以向该委托代理人送达法律文书。如果受送达人专门就送达事项委托了代理人，也可将法律文书送达该专门委托代理人。

5. 代表机构送达

如果受送达人在我国领域内设有代表机构，可以向代表机构送达；如果受送达人在我国领域内有分支机构或业务代办人，且这些分支机构或业务代办人有权接受送达，可向这些分支机构、业务代办人送达。

其他有关送达和送达回证的规则参见本编第二十九章第七节的相关内容。

第三十四章　行政诉讼一并解决民事争议

第一节　行政诉讼一并解决民事争议概述

一、行政诉讼一并解决民事争议的概念

行政诉讼一并解决民事争议是指人民法院在行政诉讼中，应当事人的申请，一并解决与行政争议有关的民事争议，对行政争议与相关民事争议一并审理的活动。

行政诉讼一并解决民事争议是以行政诉讼为主体，附带解决相关民事争议的诉讼活动，故也可称“行政附带民事诉讼”。因此，行政诉讼一并解决民事争议的民事诉讼成立的前提条件是行政诉讼的成立。当事人在提起行政诉讼时一并提起民事诉讼，如行政诉讼的起诉被法院裁定不予立案，则一并提起的民事诉讼也必然被法院裁定不予立案；如行政诉讼立案后在诉讼过程中被法院驳回，则一并提起的民事诉讼也必然被法院同时驳回，当事人只能对民事争议另行起诉。但是，当事人在提起行政诉讼时一并提起民事诉讼，如一并提起的民事诉讼被法院裁定不予准许，行政诉讼仍可被法院受理；如一并提起的民事诉讼在行政诉讼过程中被法院驳回，行政诉讼仍可继续进行。另外，行政诉讼原告如在宣判前申请撤诉，要由人民法院裁定是否准许。人民法院裁定准许行政诉讼原告撤诉，但原告对已经提起的一并审理相关民事争议不撤诉的，人民法院应当继续审理。

行政诉讼一并解决民事争议是人民法院在行政诉讼过程中一并解决与本案有关的民事争议的活动。所谓与“本案有关”，就是所要一并解决的民事争议与作为本案主体争议的行政争议相互联系，或者是行政争议因民事争议而发，或者是民事争议因行政争议而生，或者是行政争议中连带着民事争议，又或者是民事争议中内含着行政争议，二者你中有我，我中有你，相互交织或相互连结。如果民事争议与作为本案主体争议的行政争议没有联系，行政诉讼一并解决民事争议诉讼就不能成立。

二、行政诉讼一并解决民事争议诉讼的理论根据

行政诉讼一并解决民事争议诉讼的理论根据有五：

其一，现实社会生活中，行政法律关系与民事法律关系相互交织、相互关联的情况大量存在。这决定了行政争议与民事争议的相互联系，从而要解决相应

行政争议，必须以弄清相关联的民事争议的是非曲直为前提，相关联的民事争议的是非曲直情况是解决相应行政争议的事实根据之一；而解决相关联的民事争议更是必须以先解决相应行政争议为前提，相应行政争议解决的结果是解决相关联的民事争议的必要依据。

其二，现代社会，由于科学技术的发展，社会经济关系日益复杂化，大量的民事争议，如商标、专利、环境、医疗事故、交通、社会福利争议等，具有极强的技术性、专业性，普通法院对其处理日感困难，从而专门的行政裁判机关应运而生。[①]行政裁判机关依职权作出裁决行为是一种特别的行政行为，当事人认为其裁决违法——适用法律、法规错误、主要证据不足、滥用职权、超越职权、违反法定程序、明显不当——可提起行政诉讼，请求撤销其裁决。但是被行政裁判机关裁决的当事人之间的民事争议依然存在，而此种民事争议的解决如离开行政争议的解决就不可能进行。

其三，行政争议的一方是享有国家行政权的行政主体，其实施的行为具有确定力、拘束力、执行力，除非行政主体自身或其上级行政机关加以撤销或宣布无效，或者通过行政诉讼由人民法院确认无效加以撤销，相对人必须承认其法律效力，予以执行。因此，凡是解决与行政争议相联系的民事争议，必须以先解决行政争议为前提。否则，民事争议即使有了解决结果，如存在与此解决结果相悖的行政行为且相应行政行为仍有法律效力，民事争议的结果也无法实现。正因如此，民事争议的解决往往依附于行政争议的解决，由行政诉讼一并解决民事争议诉讼，而不是由民事诉讼附带解决行政诉讼。[②] 当然，民事法院或民事审判庭在审理民事案件、解决民事争议中，有时也会遇到相关的行政争议。即使在这种以民事争议为主体争议的情况下，行政争议的解决也应优先于民事争议的解决。按照许多大陆法系国家的通例，一般是民事法院或民事审判庭先中止民事争议的审理，将与民事争议相关的行政争议移送行政法院或行政审判庭审理，待行政争议的审理有了结果后，再进行民事争议的审理。[③]

其四，行政诉讼一并解决民事争议是诉讼经济原则的要求。在实践中，行政争议与民事争议相联系的情况是各种各样的：有时二者相互交织、密不可分；有时二者联系密切，但将二者加以区分并无太大困难；有时二者则只存在一般的联系。对于后两种情况，行、民分开审理，先行后民，并不是不可以的，即使属于第

---

① 如我国知识产权行政部门设立的解决商标争议、专利争议的行政裁判机构等。

② 对此，学界有不同的意见：有反对行政诉讼一并解决民事争议诉讼（行政诉讼附带民事诉讼），主张二者应分开、分别审理的；有主张对此类案件通过“当事人诉讼”途径解决的；还有主张民事诉讼附带行政诉讼解决的。关于这方面的争论和不同观点，可参见王贵松主编：《行政与民事争议交织的难题——焦作房产纠纷案的反思与展开》，法律出版社2005年版。

③ 英美国家的司法实行单轨制，故不存在“行政诉讼一并解决民事争议诉讼”（行政诉讼附带民事诉讼）或“民事诉讼附带行政诉讼”以及“先行后民”或“先民后行”的问题和争议。

一种情况,也不是不可以由行政审判庭先审理行政争议,待行政争议有了结果后,再由当事人向民事审判庭提起民事诉讼。当然,在这种情况下,行政庭审理行政争议的过程中,也不能不经常涉及民事争议的情况,实际同时在审理着民事争议,以民事争议的审理作为行政争议的事实审,但行政庭对民事争议不作出任何裁判,而只裁判行政争议,民事争议留待民庭去裁决。这样一种制度显然是不符合诉讼经济原则的要求的,不仅会给法院造成不必要的人力、物力的耗费,也会给当事人造成不必要的时间、金钱和精力的耗费。诉讼制度模式的选择,不能不考虑诉讼经济原则

其五,行政诉讼一并解决民事争议诉讼制度的确立是保障法院正确办案和保护当事人合法权益的需要。如前所述,对于行政争议与民事争议相互联系的案件,行、民分开审理,先行后民并不是不可以的,但是分开审理不仅不利于时间、金钱、人力、物力的节约,而且不利于法院准确办案和维护当事人合法权益。因为行、民分开审理时,行政审判庭审理行政争议时有可能忽略作为本案重要情节的民事争议的事实情况,民事审判庭审理民事争议时也有可能忽略作为民事争议裁决前提的行政争议处理结果,从而导致法院判决出现偏差、失误,以致有失公正,损害当事人的合法权益或国家社会公益。建立行政诉讼一并解决民事争议诉讼的制度,就可以尽量避免这种情况,将两种相互联系的争议统一审理,对全部案情统一考虑,这显然有利于防止片面性,保障案件处理的准确、公正。

三、行政诉讼一并解决民事争议诉讼的法律根据

行政诉讼一并解决民事争议诉讼制度在理论上是能够成立和应该成立的,在我国现行法律上也是有根据的。2014 年修订后《行政诉讼法》第 61 条明确规定,“在涉及行政许可、登记、征收、征用和行政机关对民事争议所作的裁决的行政诉讼中,当事人申请一并解决相关民事争议的,人民法院可以一并审理”。《行政诉讼法》(1989)虽然对行政诉讼一并解决民事争议诉讼制度没有作出明确规定,但许多相关具体法律、法规均规定了行政机关裁决民事争议及民事赔偿的行政裁判制度,而且法律授权当事人对行政机关的裁决不服可以提起行政诉讼,这就暗含了行政诉讼一并解决民事争议诉讼在法律上的可能性。

在我国刑事诉讼中,法律明确设立了刑事附带民事诉讼的制度。《刑事诉讼法》第 101 条规定:“被害人由于被告人的犯罪行为而遭受物质损失的,在刑事诉讼过程中,有权提起附带民事诉讼。被害人死亡或者丧失行为能力的,被害人的法定代理人、近亲属有权提起附带民事诉讼。如果是国家财产、集体财产遭受损失的,人民检察院在提起公诉的时候,可以提起附带民事诉讼。”虽然刑事诉讼与行政诉讼的性质截然不同,但既然同为诉讼,也就必然存在某些共性的东西,《刑事诉讼法》的某些规范、某些制度也就可能为行政诉讼所借鉴和参照适用。

行政诉讼一并解决民事争议诉讼制度虽然未在《行政诉讼法》(1989)中规定,但《行政诉讼法司法解释》(2000)曾对之作出规定:"被告对平等主体之间民事争议所作的裁决违法,民事争议当事人要求人民法院一并解决相关民事争议的,人民法院可以一并审理。"[①]

四、行政诉讼一并解决民事争议诉讼的特征

行政诉讼一并解决民事争议诉讼既不同于纯行政诉讼,也不同于纯民事诉讼,既具有某些与二者相同的特征,又具有某些不同于二者的特征:

其一,行政诉讼一并解决民事争议诉讼中,民事争议的解决一般以行政争议的解决为前提,行政争议的裁判结果是民事裁判的依据,这是其不同于纯民事诉讼的特征。在民事诉讼中,如遇到行政争议,通常应中止诉讼,待当事人通过行政诉讼解决行政争议后再恢复民事诉讼。

其二,行政诉讼一并解决民事争议诉讼中,民事争议的解决可以适用和解、调解,以和解、调解结案,这是其不同于纯行政诉讼的特征。纯行政诉讼的和解、调解受到很大限制。《行政诉讼法》(1989)规定,行政诉讼不适用调解。[②] 现行《行政诉讼法》规定,行政诉讼仅有限适用调解。[③]

其三,行政诉讼一并解决民事争议诉讼中,民事争议的当事人与行政争议的当事人并不完全一致。有时行政诉讼的原告在行政诉讼所附带的民事诉讼中成为被告,行政争议当事人之外的第三人成了附带民事诉讼的原告;有时行政诉讼的原告在所附带的民事诉讼中虽然仍然为原告,但所附带的民事诉讼被告却不是行政诉讼的被告,而是行政争议之外的第三人(如行政机关裁决民事争议的双方当事人中的一方对裁决结果不服,一并提起行政诉讼和附带民事诉讼,行政裁决机关为行政诉讼的被告,民事争议另一方当事人即为附带民事诉讼的被告);有时行政诉讼与所附带的民事诉讼原告被告正好交换了位置,行政诉讼的被告成为所附带的民事诉讼的原告,行政诉讼的原告成为所附带的民事诉讼的被告。[④] 这是其既不同于纯行政诉讼又不同于纯民事诉讼的特征。

其四,行政诉讼一并解决民事争议诉讼中,行政诉讼部分由被告对所作出的行为负举证责任,民事诉讼部分完全适用"谁主张,谁举证"的一般举证责任原则。

其五,行政诉讼一并解决民事争议诉讼中,行政争议与所附带的民事争议既

---

① 参见《行政诉讼法司法解释》(2000)第61条。

② 参见《行政诉讼法》(1989)第50条。

③ 参见《行政诉讼法》第60条。

④ 在我国现行行政诉讼体制下,第三种情形一般不会出现。因为在行政诉讼中,行政主体只能做被告而不能做原告。这样也就限制了行政主体在行政诉讼一并解决民事争议诉讼中由被告转化为原告的可能性。

可同时审理、同时裁判,也可先审理和裁判行政争议,先作出行政争议部分的判决,然后再由同一合议庭审理和裁判所附带的民事争议,作出民事争议部分的判决。人民法院在行政诉讼中一并审理相关民事争议的,民事争议应当单独立案,由同一审判组织审理。而审理行政机关对民事争议所作裁决的案件,一并审理民事争议的,不另行立案。[①]

第二节 行政诉讼一并解决民事争议诉讼的范围

《行政诉讼法》第 61 条规定了行政诉讼一并解决民事争议诉讼的正面肯定范围,《行政诉讼法司法解释》第 138 条规定了行政诉讼一并解决民事争议诉讼的负面否定范围。

一、行政诉讼一并解决民事争议诉讼的正面肯定范围

《行政诉讼法》第 61 条规定的行政诉讼一并解决民事争议诉讼的正面肯定范围包括两类案件:一是涉及行政许可、登记、征收、征用的案件;二是涉及行政机关对民事争议所作裁决的案件。另外,行政诉讼一并解决民事争议诉讼中,近年来还开展了人民检察院提起行政附带民事公益诉讼的探索。因此,行政附带民事公益诉讼案件可以认为是行政诉讼一并解决民事争议诉讼的第三类案件。

(一)涉及行政许可、登记、征收、征用的案件

行政许可行政案件涉及民事争议的情形是多方面的,主要的情形有三:其一,行政机关作出有关土地、矿藏、水流、森林、山岭、草原、荒地、滩涂、海域等自然资源使用权的行政许可,第三人与被许可人在相应自然资源使用权方面存在民事争议,故其在对行政许可行为提起行政诉讼的同时,一并以被许可人为被告提起民事诉讼;其二,行政机关作出有关道路、桥梁、房地产、市政建设、公共服务项目等工程建设许可,与被许可人存在竞争关系的第三人认为被许可人侵犯了其合法权益,故其在对行政许可行为提起行政诉讼的同时,一并以被许可人为被告提起民事诉讼;其三,行政机关作出有关准许被许可人从事某种特定活动的行政许可,第三人认为被许可人的相应活动将损害或已损害其合法权益,如活动的噪声、辐射、影响采风采光、妨碍通行等,故其在对行政许可行为提起行政诉讼的同时,一并以被许可人为被告提起民事诉讼。

行政登记行政案件涉及民事争议的情形亦主要有三:其一,行政机关作出有关不动产或动产登记行为,第三人认为相应不动产或动产的产权应全部或部分属于自己所有,而非属于相应财产登记人,故其在对行政登记机关提起行政诉讼

---

① 参见《行政诉讼法司法解释》第 140 条。

的同时，一并对财产登记人提起民事诉讼；其二，行政机关作出有关公司、企业登记行为，第三人认为相应公司、企业应全部或部分属于自己所有，而非属于相应公司、企业的登记人，故其在对行政登记机关提起行政诉讼的同时，一并对相应公司、企业的登记人提起民事诉讼；其三，行政机关作出有关公民户籍、身份等个人事项的登记后，发现其登记事项被第三人篡改或冒名登记，故其在对行政登记机关提起行政诉讼的同时，一并对篡改自己个人信息的人或冒名登记人提起民事侵权诉讼。

行政征收、征用行政案件涉及民事争议的情形则主要有四：其一，行政征收、征用的财产在征收、征用前存在所有权或使用权争议，行政机关在未明确相应财产所有权、使用权归属的情况下即实施行政征收、征用行为。这样，相应财产争议的双方当事人均可能既对实施行政征收、征用行为的行政机关提起行政诉讼，又相互对对方当事人提起民事诉讼。其二，行政机关在实施行政征收、征用行为时，曾协调有关单位、组织对被征收人给予补偿或实施某种补救措施，但事后这些补偿或补救措施全部或部分未兑现。这样，被征收人就可能同时对征收、征用行政机关提起行政诉讼，对有关单位、组织提起民事诉讼。其三，行政机关实施行政征收、征用，其征收、征用补偿款交付有关单位、组织（如村民委员会、居民委员会、被征收人所在单位等）发给被征收人，但有关单位、组织未按规定标准发给被征收人。在这种情况下，被征收人就可能同时对征收、征用行政机关提起行政诉讼和对有关单位、组织提起民事诉讼。其四，行政机关实施行政征收、征用行为，对被征收人进行临时住所或营业场所等的安置，第三人与被征收人在相邻关系方面发生民事争议。在这种情况下，第三人可能既对实施安置行为的行政机关提起行政诉讼，又对被征收人一并提起民事诉讼。

（二）涉及行政机关对民事争议所作裁决的案件

这类案件在行政诉讼一并解决民事争议诉讼的案件中占有很大比例。其主要类别有：

（1）行政机关裁决公民、法人或其他组织之间有关土地、矿藏、水流、森林、山岭、草原、荒地、滩涂、海域等自然资源所有权或者使用权的权属争议。对于这类行政裁决，一方当事人对裁决不服，在提起以行政机关为被告，请求法院撤销行政裁决的行政诉讼的同时，一并提起以对方当事人为被告，请求法院重新对其民事权益争议作出裁决的民事诉讼。在这类行政诉讼一并解决民事争议诉讼中，行政诉讼的原告或第三人即是相应民事诉讼的原告，但行政诉讼的被告却不是相应民事诉讼的被告，相应民事诉讼的被告是民事权属争议裁决的对方当事人。

在上述情形的案件中，如果一方当事人仅对行政裁决不服，只提起以行政机关为被告，请求法院撤销行政裁决的行政诉讼，而未请求法院裁决民事权属争议，在这种情况下，法院应通知民事争议的对方当事人作为行政诉讼的第三人参加诉讼，一并解决民事权属争议双方当事人的民事争议。

（2）行政机关裁决公民、法人或其他组织之间有关商标、专利等知识产权的争议。对于这类行政裁决，我国法律规定由专门的行政裁决机构——商标评审委员会或专利复审委员会——进行裁决。当事人对这类行政裁决不服，一般向人民法院专设的知识产权法庭或专门的知识产权法院一并提起以商标评审委员会或专利复审委员会为被告的行政诉讼和以争议对方当事人为被告的民事诉讼。知识产权法庭或专门的知识产权法院对两种争议一并审理和裁决。

（3）行政机关裁决公民、法人或其他组织之间有关损害赔偿、补偿方面的争议。当事人对这类行政裁决不服，通常在对行政机关提起行政诉讼的同时，请求人民法院一并解决民事赔偿、补偿争议。

（4）行政机关在对违法行为人科处行政处罚时，一并对违法行为人与被违法行为侵害的人的侵权赔偿进行调解，促成被处罚人与被害人之间达成侵权赔偿协议。对于这种情况，如果被处罚人或被害人对行政机关的行政处罚决定不服，提起行政诉讼，人民法院在审理行政处罚案件时，可以应当事人双方任意一方的要求，一并审理双方当事人之间的侵权赔偿争议。这种行政诉讼一并解决民事争议包括治安行政处罚赔偿案件，环境行政处罚赔偿案件，卫生行政处罚赔偿案件，知识产权行政处罚赔偿案件，等等。在这类行政诉讼一并解决民事争议案件中，如果是实施违法行为的被处罚人提起行政诉讼，相应民事诉讼的原告通常是受违法行为侵害的被害人，相应民事诉讼的被告通常是行政诉讼的原告——实施违法行为的被处罚人。如果是被害人提起行政诉讼，其就既是行政诉讼的原告，又是相应民事诉讼的原告。

行政机关在科处行政处罚的同时，有时会责令被处罚人赔偿国家或地方政府因被处罚人违法行为而受到的经济损失（如环境污染案件，相对人违反种子法、草原法、森林法、矿产资源法案件等），被处罚人既对行政处罚不服，又对损害赔偿不服，在提起行政诉讼的同时一并提起民事诉讼，要求法院既撤销或变更行政机关的行政处罚决定，又取消或减少损害赔偿。在这类行政诉讼一并解决民事争议诉讼中，行政诉讼的原告即是附带民事诉讼的原告，行政诉讼的被告亦是相应民事诉讼的被告。①

（三）行政附带民事公益诉讼案件

近年来，人民检察院展开了提起行政附带民事公益诉讼的探索。这可以认

---

① 现行法律通常仅规定对这类违法行为人科处罚款，而较少责令其承担民事赔偿责任。即使行政机关责令违法行为人承担民事赔偿责任，被处罚人也将这种责令承担民事赔偿责任视为一种行政处罚，如不服，即在提起行政诉讼请求撤销处罚时一并请求撤销这种赔偿责任。对此，法院也一并作为行政案件而非作为行政诉讼一并解决民事争议的案件审理。因此，笔者在这里阐述的此种行政诉讼一并解决民事争议诉讼只是一种理论上的类型而非我国行政审判实践中的实际诉讼类型。

为是行政诉讼一并解决民事争议诉讼案件中的第三类案件。就这类案件,这里仅举一例说明之。据《检察日报》报道,吉林省白山市中级人民法院于 2016 年 7 月 15 日对吉林省白山市人民检察院提起的白山市江源区中医院违法排放医疗污水污染环境案作出判决。这是全国人大常委会授权检察机关提起公益诉讼试点工作后,全国首例行政附带民事公益诉讼案件。该案案情如下:

白山市江源区人民检察院在履行职责中发现,白山市江源区中医院自建院以来,始终未按照《医疗机构管理条例》和《医疗机构管理条例实施细则》的规定,建设符合环保标准的医疗污水处理设施,通过渗井、渗坑排放医疗污水。江源区检察院依法进行调查后,协调江源区环境保护局,委托吉林市吉科检测技术有限公司对江源区中医院医疗污水及渗井周边土壤进行取样检测,经检测,化学需氧量、五日生化需氧量、悬浮物、总余氯等均超出国家规定的标准限值,可引起医源性细菌对地下水及生活用水的污染,存在细菌传播的隐患。

2015 年 11 月 18 日,江源区检察院向江源区卫生和计划生育局(以下简称江源区卫计局)发出检察建议,建议该局立即采取有效监管措施,制止江源区中医院继续违法排放医疗污水。江源区卫计局虽然在 2015 年 12 月 10 日作出回复并采取了相应措施,但并未依法正确履行监管职责,未能有效制止中医院违法排放医疗污水,存在造成环境污染的重大风险和隐患,公共利益处于持续受侵害状态。

2016 年 3 月 1 日,白山市人民检察院在严格落实诉前程序后,依法以公益诉讼人的身份提起行政附带民事公益诉讼。白山市中级人民法院于 5 月 11 日公开开庭审理此案,7 月 15 日作出判决,确认白山市江源区卫生和计划生育局于 2015 年 5 月 18 日对白山市江源区中医院《医疗机构执业许可证》校验合格的行政行为违法;责令白山市江源区卫生和计划生育局履行监管职责,监督白山市江源区中医院在三个月内完成医疗污水处理设施的整改;判决白山市江源区中医院立即停止违法排放医疗污水。

在办理该案过程中,白山市检察院对办案中发现的问题向市委作了专题汇报并提出治理建议,白山市在全市开展了医疗废水排放的专项整改。吉林省人民检察院结合全省检察机关在案件办理中发现的医疗垃圾和污水处理不规范等普遍性问题,与省卫计委、省环保厅召开座谈会,推动在全省开展了专项执法检查。①

二、行政诉讼一并解决民事争议诉讼的负面否定范围

对于行政诉讼一并解决民事争议诉讼的负面否定范围,《行政诉讼法司法解

① 参见《全国首例行政附带民事公益诉讼案宣判》,载《检察日报》2016 年 8 月 3 日第 1 版。

释》第139条作了专门规定，对于具有下列情形的案件，人民法院应当作出不予准许一并审理民事争议的决定，并告知当事人可以依法通过其他渠道主张权利：

1. 法律规定应当由行政机关先行处理的事项

有些民事争议事项，由于特别具有专业性、技术性或政策性，法律通常规定由行政机关先行处理，故当事人在提起行政诉讼时不得申请人民法院一并审理裁决。

2. 违反民事诉讼法专属管辖规定或者协议管辖约定的事项

根据案件的性质，有些民事争议事项，民事诉讼法已经预先规定了专属管辖，或者当事人事先已就管辖达成了协议。如果准许当事人在提起行政诉讼时申请受诉人民法院一并审理裁决此种民事争议事项，就会违反民事诉讼法专属管辖规定和当事人的协议管辖约定，也有违诚信原则。

3. 约定仲裁或者已经提起民事诉讼的事项

对于当事人约定仲裁或者已经提起民事诉讼的事项，不准许其再申请受诉人民法院一并审理，是出于维护司法和仲裁正常秩序的需要。如果准许当事人对约定仲裁或者已经提起民事诉讼的事项再申请行政审判庭审理，就可能出现不同机构就一个争议案件作出两个不同裁决的混乱局面。

4. 其他不宜一并审理民事争议的情形

这是行政诉讼一并解决民事争议诉讼负面否定范围的一个兜底条款，防止前述范围的遗漏，保证法院选择适用这一程序的必要灵活性。

第三节 行政诉讼一并解决民事争议诉讼的程序

一、行政诉讼一并解决民事争议诉讼的程序的一般规则

《行政诉讼法》规定了行政诉讼一并解决民事争议的制度，但没有专门规定行政诉讼一并解决民事争议诉讼的程序。这使得行政审判实践产生疑惑和困难：行政诉讼一并解决民事争议诉讼究竟适用什么程序？是适用行政诉讼程序，还是适用民事诉讼程序，又或者是既适用行政诉讼程序，又适用民事诉讼程序？如果是既适用行政诉讼程序，又适用民事诉讼程序，那么，在什么情况下适用行政诉讼程序，在什么情况下适用民事诉讼程序呢？

显而易见，行政诉讼一并解决民事争议诉讼的内容包括解决两种争议：行政争议和民事争议。一般来说，人民法院解决行政争议适用行政诉讼程序，解决民事争议适用民事诉讼程序。但是在行政诉讼一并解决民事争议诉讼中，人民法院往往是同时解决两种争议，对行政争议和民事争议同时审理，分别裁判。这样，实践中往往就难以完全分别适用两种不同的诉讼程序，而是混合适用两种诉

讼程序。在多数情况下，是以适用行政诉讼程序为主，在行政诉讼程序中，根据需要适用某些民事诉讼程序。

二、行政诉讼一并解决民事争议诉讼程序的特殊规则

行政诉讼一并解决民事争议诉讼程序的特殊规则主要表现在下述10个方面[①]：

(1) 行政诉讼的原告可以在提起行政诉讼的同时一并提起民事诉讼，也可以在行政诉讼的过程中再提出一并审理民事争议的诉讼请求。此外，在行政诉讼过程中，行政诉讼第三人和与行政争议有关的民事争议当事人也可以提起一并审理民事争议诉讼的请求。但是，当事人在行政诉讼过程中提起一并审理民事争议诉讼的请求的，应当在第一审开庭审理前提出；有正当理由的，也可以在法庭调查中提出。

(2) 人民法院决定在行政诉讼中一并审理相关民事争议，或者案件当事人一致同意相关民事争议在行政诉讼中一并解决，人民法院准许的，由受理行政案件的人民法院管辖。

(3) 公民、法人或者其他组织请求一并审理相关民事争议，人民法院经审查发现行政案件已经超过起诉期限，民事案件尚未立案的，告知当事人另行提起民事诉讼；民事案件已经立案的，由原审判组织继续审理。

(4) 人民法院在审理行政案件中发现民事争议为解决行政争议的基础，当事人没有请求人民法院一并审理相关民事争议的，人民法院应当告知当事人依法申请一并解决民事争议。当事人就民事争议另行提起民事诉讼并已立案的，人民法院应当中止行政诉讼的审理。民事争议处理期间不计算在行政诉讼审理期限内。

(5) 在行政诉讼一并解决民事争议诉讼中，民事争议双方当事人可以通过和解解决民事争议，从而申请撤销原要求一并审理的民事诉讼，也可由人民法院对双方当事人进行调解，由双方当事人达成调解协议，再由法院以调解书对案件的民事部分结案。当然，和解不成，调解达不成协议，法院完全可以对双方的争议作出判决，以判决结案。

(6) 人民法院一并审理相关民事争议，除法律另有规定的外，适用民事法律规范的相关规定。当事人在调解中对民事权益的处分，不能作为审查被诉行政行为合法性的根据。

(7) 在行政诉讼一并解决民事争议诉讼中，人民法院一般应对行政争议与民事争议同时审理，分别裁判。但是，对行政争议与民事争议同时审理，并不意

---

① 参见《行政诉讼法司法解释》第137—142条。

味着两项争议同时开始，同时结束。有时，案件的行政争议部分事实非常清楚，可以先结束审理和作出裁判，而案件的民事争议部分事实非常复杂，不可能在法定审判时限内结案，法庭应可申请延期继续审理，即由审理原案的同一合议庭继续审理案件的民事争议部分，继而对相应民事争议作出裁判。

(8) 在行政诉讼一并解决民事争议的诉讼中，行政机关对作出的行政行为负举证责任，民事争议的双方当事人则对各自提出的主张负举证责任。行政机关对行政行为不能完成举证责任的即要承担行政诉讼部分败诉的后果。民事诉讼双方当事人无论何方对自己的主张不能完成其举证责任的，其主张即不能成立，应承担可能的败诉后果。

(9) 人民法院对案件的行政争议部分和民事争议部分分别裁判。当事人仅对行政裁判或者民事裁判提出上诉的，未上诉的裁判在上诉期满后即发生法律效力。第一审人民法院应当将全部案卷一并移送第二审人民法院，由行政审判庭审理。第二审人民法院发现未上诉的生效裁判确有错误的，应当按照审判监督程序再审。

(10) 对于行政诉讼一并解决民事争议诉讼的判决、裁定，一方当事人如果拒绝履行其中的行政裁判部分，人民法院应另一方当事人的申请，可依《行政诉讼法》第 94—96 条的规定强制执行。对当事人中公民、法人或者其他组织不履行行政判决、裁定的，人民法院可以对之采取《民事诉讼法》第 248—262 条规定的有关强制执行措施。对行政机关不履行行政判决、裁定的，人民法院可对之采取《行政诉讼法》第 96 条规定的强制执行措施。一方当事人如果拒绝履行行政诉讼一并解决民事争议案件中的民事裁判部分，人民法院应另一方当事人的申请，依《民事诉讼法》第三编第十九至二十二章的规定强制执行。但对行政机关不履行民事部分的判决、裁定，人民法院也不宜对其用于执行公务的财产，如办公房屋、办公设备、设施、公务车辆等，采取查封、扣押、冻结、拍卖、变卖的措施，因为，这可能造成行政机关不能正常执行公务，从而给国家或社会公益带来损害。[①]

① 人民法院对行政机关拒不执行法院判决、裁定的，除可对之采取《行政诉讼法》第 96 条规定的强制执行措施外，是否可采取《民事诉讼法》规定的查封、扣押、冻结、拍卖、变卖等措施，不能一概而论。对于行政机关直接用于公务的财产，自然不能查封、扣押、冻结、拍卖、变卖等，但对于行政机关的非直接用于公务的财产，如疗养院、招待所、培训中心、非公务车辆等，应可以查封、扣押、冻结、拍卖、变卖等。否则，将难以真正有效解决对行政机关“执行难”的问题。

第六编　行 政 赔 偿

第三十五章　行政赔偿与国家赔偿

第一节　行政赔偿与国家赔偿概述

一、行政赔偿的概念和特征

行政赔偿，是指国家行政机关及其工作人员在行使职权的过程中侵犯公民、法人或其他组织的合法权益并造成损害，由国家承担赔偿责任的制度。

首先，行政赔偿中的侵权行为主体是国家行政机关及其工作人员。这种侵权行为主体的特定性，是行政赔偿区别于其他赔偿的主要根据。正是由于侵权行为主体的特定性，使得行政赔偿在赔偿构成要件、归责原则以及赔偿范围等方面区别于民事赔偿，而在赔偿请求人、赔偿义务机关以及赔偿程序等方面区别于司法赔偿等其他赔偿。

其次，行政赔偿是国家对行政过程中国家侵权行为造成的损害所给予的赔偿，也就是说，行政赔偿是行政机关及其工作人员行使行政职权的行为引起的。行政过程中的国家侵权行为形式多种多样，既包括违法行使职权所实施的法律行为、事实行为，也包括执行行政职务中因过错而实施的侵权行为，还包括与执行行政职务有关的其他侵权行为。

再次，行政赔偿的请求人是其合法权益受到侵权行为损害的公民、法人和其他组织。这里应当注意的是：行政赔偿请求人是作为行政相对人的公民、法人和其他组织，但不局限于具体行政行为所指向的对象①；行政赔偿请求人必须是受到损害的人，无损害就谈不上赔偿；此外，请求人受到损害的权益应是合法权益，违法权益不受法律保护。

---

① 《监察法》第 67 条规定，“监察机关及其工作人员行使职权，侵犯公民、法人和其他组织的合法权益造成损害的，依法给予国家赔偿”。这里的监察赔偿与行政赔偿有相同之处，但亦有区别：前者的赔偿请求人是作为公职人员的公民和受监察行为侵害的非公职人员的公民、法人或者其他组织，而后者的赔偿请求人是作为行政相对人的公民、法人或者其他组织。

最后,行政赔偿的责任主体是国家,但行政赔偿义务机关是致害的行政机关。国家作为行政赔偿的责任主体是由国家与行政机关及其工作人员的关系所决定的。行政机关及其工作人员是代表国家、以国家的名义实施行政管理的,因而其法律后果都归属于国家,其侵权行为造成的损害由国家承担赔偿责任。[①]赔偿费用由国库支出,列入各级政府财政。至于具体的赔偿事务,如收集证据,确定是否赔偿和赔偿数额,出庭应诉,决定是否与受害人和解,以及最后支付赔偿金等,都是由行政赔偿义务机关完成。

二、行政赔偿与相关概念的区别

(一)行政赔偿与民事赔偿

行政赔偿是从民事赔偿发展而来的,两者有许多相通之处,如都是对受损权益的恢复和补救等。但由于各国在国家赔偿具体制度的设计与操作上各不相同,因而行政赔偿与民事赔偿的关系比较复杂。例如在美国,行政赔偿无论在归责原则还是在诉讼程序以及赔偿范围等方面都与民事赔偿基本相同;而在法国,二者间则存在很大差别,行政赔偿是独立的法律制度,其法律原则由判例产生,不适用民事赔偿的规定。

在我国,行政赔偿是独立于民事赔偿的一种国家赔偿法律制度[②],二者的区别具体表现在:(1) 赔偿主体不同。行政赔偿的责任主体是国家,但具体的赔偿义务则由法定的赔偿义务机关履行;民事赔偿的主体是民事主体,赔偿主体与赔偿义务人在一般情况下是一致的。(2) 赔偿发生的基础不同。行政赔偿发生在行政权力的运作过程中,由国家侵权行为引起;而民事赔偿则由民事侵权行为引起,发生在民事活动中,与公共权力的运作无关。(3) 赔偿的归责原则不同。行政赔偿的归责原则主要是违法原则[③];而民事赔偿的归责原则主要是过错原则,并以无过错责任原则和公平责任原则作为补充。(4) 赔偿的程序不同。赔偿请求人在提起行政赔偿诉讼之前,除在行政诉讼和行政复议中一并提起行政赔偿请求外,如果单独提出赔偿请求,则应先向赔偿义务机关提出赔偿请求,即实行赔偿义务机关先行处理前置原则,不经该处理程序,法院不予受理。而民事赔偿中,受害人可直接向法院提出赔偿请求,无须经过任何法定前置程序。此外,二

---

① 国家赔偿责任的产生经历了"公务员个人责任""代位责任"和"国家责任"三个发展阶段。参见黄杰:《国家赔偿法释义与讲座》,中国人民公安大学出版社 1994 年版,第 94—98 页。

② 在我国《行政诉讼法》颁行乃至《国家赔偿法》颁行之前,往往适用《民法通则》第 121 条之规定。依当时的立法则是将国家赔偿责任视为民事责任的一种,但自《行政诉讼法》尤其是《国家赔偿法》实施以后,这种行政赔偿与民事赔偿的区别越来越明显,行政赔偿责任最终从民事责任中分离出来。

③ 参见《国家赔偿法》第 3、4 条。

者的证据规则亦有不同,行政赔偿一般适用"初步证明规则"[①];而民事赔偿诉讼则适用"谁主张,谁举证"的证据规则。(5) 赔偿的范围不同。行政赔偿对财产权损害的赔偿以直接损失为限,不包括间接损失[②];而民事赔偿的范围既包括直接损失,也包括间接损失。

(二) 行政赔偿与行政补偿

行政补偿,是指在行政机关及其工作人员行使职权过程中,因其合法行为给相对人造成特别的损失,国家予以补偿的制度。行政赔偿与行政补偿虽然都是对在国家行政权力运作过程中受特别损害的相对人的补救,但两者有着根本的区别,具体表现在:(1) 两者发生的基础不同。行政赔偿主要由国家行政机关及其工作人员的违法行为引起,以违法为前提;而行政补偿则由行政机关及其工作人员的合法行为引起,不以违法为前提。(2) 两者的性质不同。行政赔偿是国家对其违法行为承担的一种法律责任,其目的是恢复到合法行为所应有的状态;而行政补偿则是一种非违法行为的责任,且以法律明确规定为限,其目的是对因国家、社会或公共利益而遭受特别损失的相对人提供补救,以体现出公平负担的精神。(3) 两者发生的时间不同。行政赔偿发生在损害产生之后,行政相对人不能在损害发生之前请求赔偿,而只能就现实的、已经发生的损害请求赔偿;而行政补偿则可发生在损害产生之前,并由法律直接规定(如土地、房屋的征收补偿)。(4) 两者补救的范围不同。在我国,行政赔偿虽然不适用民事赔偿的等价原则,只赔偿直接损失,而且主要是物质损失,但仍比行政补偿范围要宽;行政补偿一般以直接规定的损失为限,而且在许多情况下,法律规定的补偿往往小于直接损失额。在我国现行有关单行法律、法规中往往只规定所谓"适当补偿",至于何为"适当",则缺乏具体规定,并非一定是足额、完全补偿。

(三) 行政赔偿与行政诉讼

行政赔偿与行政诉讼都是对相对人的法律救济,包含着对行政的监督,且二者在行政救济制度上起着相互补充的作用,不可相互取代。尽管二者存在许多联系,但毕竟属于不同的法律救济制度,其区别主要表现在:(1) 两者的标的和性质不同。行政诉讼的标的是行政行为自身,诉讼围绕着行政行为的合法性展开。从本质上说,行政诉讼是一种纠正违法行政之诉,通过确认、撤销或变更违法的行政行为,对相对人因之而遭受的合法权益之损害予以救济,它解决的是行

① 所谓"初步证明规则",是指赔偿请求人首先要证明损害已经发生,并且该损害是由国家机关及其工作人员的违法行为引起的,从而将证明责任转移给被告,被告(国家机关)要证明自己并未实施引起损害的行为或该行为并无违法情形,否则,就要承担赔偿责任。根据《行政诉讼法》第 38 条第 2 款的规定,在行政赔偿、补偿的案件中,原告应当对行政行为造成的损害提供证据。因被告的原因导致原告无法举证的,由被告承担举证责任。可参见沙明保等诉马鞍山市花山区人民政府房屋强制拆除行政赔偿案,最高人民法院指导案例 91 号。

② 参见汇兴公司诉浦江海关行政赔偿案,《最高人民法院公报》2004 年第 1 期。

政行为的效力是否存在,是否对相对人具有法律上的拘束力的问题。而行政赔偿的标的是侵权损害事实,赔偿程序围绕着侵权事实是否存在这一内容展开。从本质上说,行政赔偿是一种损害救济途径,通过支付赔偿金等方式,使受害的相对人的合法权益得到恢复。[①] (2) 两者的受案范围不同。《行政诉讼法》与《国家赔偿法》分别对二者的受案范围作了规定。总的来讲,行政赔偿的范围要宽于行政诉讼的范围,行政诉讼的范围主要限于行政行为,而行政赔偿的范围既包括行政行为,又包括事实行为。[②] (3) 两者适用的程序不同。行政赔偿虽然在总体上适用行政诉讼程序,但也存在一些例外。其一,单独提起行政赔偿诉讼要适用行政处理前置原则;其二,行政赔偿诉讼可适用"调解",行政诉讼的调解受到很大限制;其三,行政赔偿诉讼实行"初步证明规则",而行政诉讼主要由行政机关承担举证责任。

(四) 行政赔偿与司法赔偿、监察赔偿

司法赔偿和监察赔偿是指国家司法机关或监察机关及其工作人员行使职权,侵犯公民、法人或其他组织的合法权益并造成损害,由国家承担赔偿责任的制度。[③] 行政赔偿与司法赔偿、监察赔偿同属于国家赔偿的组成部分,在许多方面存在一致性,如赔偿的损害范围、赔偿的计算标准、赔偿的主体都为国家等。但三者仍存在着许多区别[④]:(1) 侵权行为主体不同。行政赔偿的侵权行为主体表现为国家行政机关及其工作人员,另外还包括法律、法规授权的组织及其工作人员,受委托的组织及其工作人员等。而在司法赔偿中,侵权行为主体表现为行使司法职能的国家审判机关、国家检察机关、国家公安机关、国家安全机关以及军队的保卫部门、看守所、监狱管理机关及在上述机关工作的人员。在监察赔偿中,侵权行为主体表现为行使监察职能的国家监察机关。(2) 发生的基础不同。行政赔偿发生在行政管理活动中,由行政机关及其工作人员行使行政职权引起。而司法赔偿和监察赔偿则发生在司法和监察活动中,由司法或监察侵权行为所引起。具体言之,司法赔偿是司法机关及其工作人员在刑事诉讼中行使审判权、检察权、侦查权、监狱管理权,以及在民事、行政审判中人民法院采取强制措施、

---

① 参见薛刚凌主编:《国家赔偿法教程》,中国政法大学出版社 1997 年版,第 136—137 页。

② 《行政赔偿司法解释》第 1 条规定,《国家赔偿法》第 3 条、第 4 条规定的"其他违法行为"包括行政机关及其工作人员在履行行政职责过程中作出的不产生法律效果,但事实上损害公民、法人或者其他组织人身权、财产权等合法权益的行为。

③ 司法赔偿不仅包括对刑事追诉审判侵权行为的赔偿,还包括对在民事审判、行政审判中因司法强制措施、保全措施、执行措施失当而造成的损害的赔偿。但刑事赔偿是司法赔偿的核心内容。我国《国家赔偿法》第三章以 3 节的篇幅专门规定了刑事赔偿的赔偿范围、赔偿请求人和赔偿义务机关、赔偿程序。另外,在第五章第 38 条又规定了人民法院在民事诉讼、行政诉讼中因司法强制措施、保全措施、执行措施失当而发生的国家赔偿范围。

④ 2018 年公布施行的《监察法》第 67 条创立了监察赔偿制度。但监察赔偿的归责原则、追偿条件和程序等尚在探索中,下文在介绍时有所略去。

保全措施或执行措施所引起的。[①] 监察赔偿是对监察机关和监察人员在履行监督、调查、处置等监察职责过程中的侵权行为所导致的损害后果的赔偿。(3) 归责原则不完全相同。行政赔偿主要采取违法归责原则,以行政机关及其工作人员的致害行为违法为前提;而司法赔偿则主要适用结果责任原则。如一审人民法院判决被告无罪,即使人民检察院对该被告的逮捕决定在实体上和程序上都不违法,国家对该被告仍应予赔偿。(4) 追偿条件不同。行政赔偿中追偿的条件是行政工作人员或者受委托的组织、个人有故意、重大过失,采用的是主观标准。而在司法赔偿中,追偿的条件是司法人员实施刑讯逼供、殴打或以其他暴力方式伤害公民身体,或违法使用武器、警械,或在审理案件中有贪污受贿、徇私舞弊、枉法裁判行为,采用的主要是客观标准。(5) 程序不同。行政赔偿与司法赔偿和监察赔偿适用完全不同的程序。行政赔偿最终可以通过诉讼途径解决;而司法赔偿和监察赔偿则是通过非诉讼途径进行的[②],这主要是由我国的公、检、法、监察四机关权力分工和相互制约的机制所决定的。

第二节　国家赔偿责任的性质

国家赔偿责任,简称国家赔偿,是指国家机关及其工作人员行使职权侵犯公民、法人或其他组织的合法权益造成损害的,国家对受害人所应承担的赔偿责任。

国家赔偿责任的性质如何,大陆法系、英美法系国家的法律规定和理论认识不尽一致。即使是同一法系的国家,由于所处的历史条件不同,受政治制度、法律制度、民族文化和意识形态诸因素的影响,也没有达成共识。所谓国家赔偿的性质,是指国家赔偿所具有的区别于其他赔偿制度的特性,它通常在两种意义上

---

① 也有学者认为,国家赔偿法明确地将法院在民事、行政审判中的误裁、误判行为排除在司法赔偿的范围之外。见胡建淼:《行政法学》(第2版),法律出版社2003年版,第475页。我们认为这种理解存在偏差。应该说,法律非但没有排除,而是很明确地将其纳入到司法赔偿中。见我国《国家赔偿法》第五章第38条之规定。

② 按照我国《国家赔偿法》第三章第三节的规定,刑事赔偿案件先由赔偿义务机关先行处理,赔偿义务机关在规定期限内未作出是否赔偿的决定,作出不予赔偿决定,或者赔偿请求人对赔偿的方式、项目、数额有异议的,可以向其上一级机关申请复议(赔偿义务机关如果是人民法院,赔偿请求人可以向其上一级人民法院赔偿委员会申请作出赔偿决定)。赔偿请求人不服复议决定的或复议机关逾期不作决定的,可以向复议机关所在地的同级人民法院赔偿委员会申请作出赔偿决定。赔偿委员会作出的赔偿决定,是发生法律效力的决定,必须执行。如赔偿请求人或者赔偿义务机关对赔偿委员会作出的决定,认为确有错误,可以向上一级人民法院赔偿委员会提出申诉。赔偿委员会如发现赔偿决定违反《国家赔偿法》规定的,经本院院长决定或者上级人民法院指令,应当在两个月内重新审查并依法作出决定,上一级人民法院赔偿委员会也可以直接审查并作出决定。最高人民检察院对各级人民法院赔偿委员会作出的决定,上级人民检察院对下级人民法院赔偿委员会作出的决定,发现违反《国家赔偿法》规定的,应当向同级人民法院赔偿委员会提出意见,同级人民法院赔偿委员会应当在两个月内重新审查并依法作出决定。由此可以看出它与行政赔偿的程序有较大差异。具体可以参见《国家赔偿法》第三章第三节之规定。

使用:其一,国家赔偿责任应归属于民事责任还是国家责任;其二,国家赔偿责任究竟应归属于代位责任还是国家履行自己的责任。[①]

从第一种意义上讲,主要有以下两种制度及相应理论:其一,将国家赔偿责任归属于民事责任。这种制度及理论在英美法系国家较为流行。在英美法系国家,之所以将国家赔偿责任归属于民事责任范畴,一方面是因为这些国家无公法、私法之分,另一方面是由于普通法的传统、观念深入人心,按照普通法,"法律面前人人平等",一切人都受同一法律支配,无论是国家机关的过错还是公民的过错,造成他人损害的,都承担相同的法律责任。其二,将国家赔偿归属于国家责任,认为国家赔偿制度的理论基础是为了保护公民、法人和其他组织的合法权益不受国家权力的非法侵害,故将此种责任归属于国家责任更有利于立法目的的实现。以法国为代表的大陆法系国家,一般都将国家赔偿视为一种独立的国家责任,由行政法院管辖,适用不同于民事责任的法律制度。

我们认为,国家赔偿是从传统的民事责任分离出来的,现已发展成为一种独立的国家责任。事实上,我国《行政诉讼法》《国家赔偿法》的颁布标志着我国已从法律上确认了国家赔偿的国家责任性质,从立法上完成了从民事赔偿责任向国家赔偿责任的过渡。国家赔偿是一种独立的法律制度,无论在实体上还是程序上都与民事责任制度不同。之所以在学理上以及在立法上确认国家赔偿是一种独立的国家责任,主要是因为:第一,国家赔偿是对国家权力运作过程中侵权行为给相对人造成的损失的赔偿,其着眼点是对国家机关侵权行为的补救,从而与民事侵权行为引起的民事责任有本质的区别;第二,国家赔偿与公共利益关系密切,因而在赔偿方式、范围和程序上都有别于对民事责任的追究;第三,国家赔偿的主体为国家,国家赔偿费用由国家财政列支并纳入各级财政预算,这与民事责任由侵权的民事主体承担是不同的。

从第二种意义上讲,国家赔偿责任的性质主要有以下几种学说:

其一,代位责任说。该说认为,国家赔偿是公务员的侵权行为造成损害,由国家代为承担赔偿责任。这就是说,国家承担的责任并不是自己本身的责任,而是代公务员承担责任。从理论上讲,公务员就其侵权行为所造成的损害应由公务员自己承担责任,但因公务员财力有限,为确保受害人能够得到实际赔偿,改由国家代替公务员对受害人承担赔偿责任。这一学说以公务员故意或过失的侵权行为存在以及所应负赔偿责任由国家代为赔偿为必要条件。日本学者田中二郎认为,国家赔偿责任实际上是代位责任,因为从形式上看,国家在实际承担了

① 也有学者认为,国家赔偿的性质涉及四个问题:(1)国家赔偿是不是一种债?(2)国家赔偿是不是一种制裁?(3)国家赔偿是不是一种制度?(4)国家赔偿是不是一种责任?参见胡建淼主编:《国家赔偿法教程》,浙江人民出版社 1994 年版,第 9 页。

赔偿责任后，即可取得对实施侵权行为公务员的求偿权。[①] 目前，代位责任说是日本占主导地位的学说。这种学说否认国家的直接赔偿责任，认为国家赔偿在许多情况下是由国家代公务员承担赔偿责任。我们认为，代位责任说强调公务员的主观过错，这在实践中不便于受害人获得赔偿，在理论上也难以自圆其说。因为公务员是代表国家进行管理，其合法行为的后果归属于国家，如果其在执行职务中的违法侵权行为引起的责任完全由其个人承担，显然是不合情理的。不过有学者指出，代位责任说在某种情况下亦有可取之处，当工作人员被国家追偿时，国家考虑其经济状况和赔偿能力，而代为赔偿。[②]

其二，自己责任说。该说认为，无论公务员有无主观过错，只要损害发生在国家权力运作过程中，由违法行为引起，国家都要负赔偿责任。该学说认为，国家授予公务员执行公务的权限，本身就包含着侵犯公民、法人或其他组织合法权益的可能。也就是说，权限本身已具有危险，所以国家自己应当对此种危险负担责任，而与工作人员个人对此加害行为有无故意或过失以及应否负责无关。这一理论承认公务员行为所产生的损害应由国家承担赔偿责任，并揭示了国家赔偿责任与公务员行为之间的关系，有一定的可取之处。但该理论亦存在以下缺陷：(1) 没有准确、详细地说明国家之所以承担责任的理由；(2) 此理论没有考虑到工作人员个人的因素，因此至少应当加以补充说明。

其三，合并责任说。该说认为，国家赔偿责任的性质不能一概而论，应视公务员是否具有公务机关的身份而定。如果公务员具有公务机关的身份，则因其侵权行为所造成的损害，国家所承担的赔偿责任属自己责任；如果公务员不具有公务机关的身份，仅具有受雇人的身份，则其侵权行为所造成的损害由国家承担的赔偿责任，系代位责任。也就是说，具有公务机关身份的公务员所为的侵权行为，可视为国家自身的行为，国家自应就其侵权行为承担自己的责任；反之，公务员若仅居于受雇人的地位而不具有公务机关的身份，则其侵权行为不能视为国家的行为，故国家所应负的赔偿责任，仅为代位责任。两者依具体情形，择一适用。[③]

其四，中间责任说。该说认为，公务员的侵权行为被认定为公务机关的侵权行为时，国家对公务员的侵权行为所造成的损害承担责任，是自己责任。如果公务员在实施侵权行为时主观上具有故意或重大过失，该行为便失去了公务机关行为的性质，仅为该公务员个人的行为。国家本不应该对这种行为所造成的损害承担责任，只是为了保护受害人的权益而承担赔偿责任，这种责任系代位责

---

① 〔日〕田中二郎：《新版行政法》(上)(全订第 2 版)，日本弘文堂 1974 年版，第 190 页。

② 江必新：《国家赔偿法原理》，中国人民公安大学出版社 1994 年版，第 10 页。

③ 〔日〕新井一：《国家的不法行为责任的本质》，载《早稻田法学杂志》第 10 号，第 75 页。

任。这种学说的根据在于,国家仅就自己机关的侵权行为所造成的损害承担赔偿责任,而对他人的侵权行为所造成的损害,不代负赔偿责任。只是国家赔偿法特别作出例外规定,国家代替不具有公务机关身份的公务员对侵权行为所造成的损害承担赔偿责任。[①] 有学者认为,这种观点将侵权赔偿责任分为国家责任和工作人员责任两种,比较全面地考虑了国家赔偿责任中所涉及的各种因素,并且恰当地对国家赔偿责任予以确认。[②]

其五,折中说。该说认为,国家赔偿责任的性质,应依下列情形而定:如果公务员执行职务时实施侵权行为造成损害,其赔偿责任应属于国家自己责任;如果从国家赔偿责任的要件考察,须公务员具有"故意或过失"始能成立,则该责任又具有代位责任的性质。[③]

从以上五种学说来看,国家赔偿责任性质的争论焦点,在于代位责任与自己责任之争。之所以如此,有人认为,其原因主要有二:一是出发点不同,代位责任说以公务员的个人过失责任原则为前提,而自己责任说则以国家活动的危险责任理论为前提。二是责任构成要件不同,代位责任以过失责任为前提,当然要强调行为人的主观过错,即行为人具有主观过错是责任的构成要件,而主观过错又与公务员个人行为紧密相连;而自己责任说更多是一种无过错责任,即从国家活动的角度判断,只要具有危险性的行为,即可以构成国家赔偿责任的违法性要件,而与行为人紧密相连的过错则无关紧要。

我国学者对国家赔偿责任的性质也存在着不同的看法,同样有代位责任说与自己责任说之争。有人主张国家赔偿责任为代位责任[④],但绝大多数学者主张国家赔偿责任为自己责任。[⑤] 尤其是我国《国家赔偿法》的颁布,更进一步确认了国家赔偿责任的性质是自己责任[⑥]。我们认为,对于国家赔偿责任的性质,不仅要从法律规定的角度来认识,更应该从法理的学术角度来认识。[⑦] 代位责任说与自己责任说之间的差异,其实质在于如何认识公务员侵权行为的性质,即公务员的侵权行为(无论其主观状态如何)是个人行为,还是国家行为。其所涉及的是公务员与国家的关系。只有正确把握这一关系,才能正确认识国家赔偿

① 〔日〕渡边宗太郎:《日本国行政法概要》(上),日本有斐阁 1956 年版,第 450 页。

② 江必新:《国家赔偿法原理》,中国人民公安大学出版社 1994 年版,第 11 页。

③ 曹竞辉:《国家赔偿法之理论与实务》,新文丰出版公司 1984 年版,第 40 页。

④ 于安:《试论我国国家赔偿制度》,载《法学研究》1987 年第 2 期。

⑤ 参见金立琪、彭万林、朱思东:《国家赔偿法原理》,中国广播电视出版社 1990 年版,第 141—142 页;薛刚凌主编:《国家赔偿法教程》,中国政法大学出版社 1997 年版,第 10 页;房绍坤等:《国家赔偿法原理与实务》,北京大学出版社 1998 年版,第 53—54 页。

⑥ 参见《国家赔偿法》第 2 条。

⑦ 参见房绍坤、丁乐超、苗生明:《国家赔偿法原理与实务》,北京大学出版社 1998 年版,第 54—56 页。该书作者从国家与国家机关工作人员的关系、国家与人民之间的关系、法律思想的演进三个方面阐明了国家赔偿责任是自己的责任。

责任的性质。

第三节　国家赔偿责任的理论基础

一般来说，任何一项重要法律制度的出现，总要有两个重要的社会历史条件：一是社会经济条件，一是社会的政治思想条件。[①] 本节主要就国家赔偿制度建立的政治思想条件——理论基础或理论依据作出介绍与分析。

一、关于国家赔偿责任理论基础的不同学说

国家赔偿法律制度的存在和发展，不仅有极为深刻的社会经济根源，也有极为深刻的政治思想根源。这一政治思想根源是国家赔偿法的生命力之所在。[②]

国家赔偿制度没有民事赔偿那样源远流长的历史，至今不过一百多年。在这一百多年之前的漫长岁月里，由于国家绝对主权观念的影响，国家赔偿制度始终未能确立起来，这种状况一直持续到19世纪中后期。为什么国家赔偿制度能够在19世纪中后期产生并发展起来呢？原因很多。其中一个非常重要的原因就是学者们对确定国家赔偿制度的必要性、合理性与紧迫性所进行的理论论证和宣传推动。学者们在国家赔偿制度发展的不同历史阶段，提出了各种不同学说，如国库理论说、国家责任说、特别牺牲说、法律拟制说、公共负担平等说、危险责任说、国家保障义务说等[③]；还有学者提出了“拟人化”理论（包括法律拟制说和国库理论说）、社会协作法学理论、社会公共负担平等理论[④]、社会保障理论、危险责任理论[⑤]，以及主权在民的思想[⑥]、法律面前人人平等的思想[⑦]、社会福利思想[⑧]等。现就其中主要学说介绍如下：

---

① 参见王德祥主编：《国家赔偿法概论》，海洋出版社1991年版，第14页。

② 同上书，第19页。

③ 王盼主编：《国家赔偿法》，中国政法大学出版社1994年版，第3—5页。

④ 马怀德：《国家赔偿法的理论与实务》，中国法制出版社1994年版，第34—35页。

⑤ 张正钊主编：《国家赔偿制度研究》，中国人民大学出版社1996年版，第15—19页。

⑥ “主权在民”是18世纪资产阶级革命家卢梭首先提出来的。他主张社会契约论，认为国家起源于人们相互间订立的契约，人类社会通过契约使人类自身从自然的社会状态进入到政治的社会状态。国家主权是社会契约的体现，是由全体公民所享有的、不可转让的权利。国家政府以及官吏不是主权的持有者，他们必须执行和遵守人民制定的法律并接受法律的制约，违法者应承担相应的法律责任。这一理论对揭开封建专制国家被“神化”的外衣，建立国家赔偿制度起到了极其重要的作用。不过这一理论本身也存在着难以克服的局限性，即“使立法赔偿的建立陷入了自相矛盾的境地”。

⑦ 根据该说，当国家执行公权力时，国家与公民之间是一种管理者与被管理者、权力与服从的关系。公民必须服从国家的管理，服从国家权力。从理论上说，这种服从就是公民个人服从公共意志和公共利益，服从作为国家意志的法律。但是，当国家公务人员在公务活动中，侵害了公民的合法权益，国家应负赔偿责任的时候，国家与公民不再是管理者与被管理者之间的权力与服从的关系，而是民事法律关系的平等主体之间的关系。这种关系就如同民法上公民同公民之间的关系一样，是完全平等的。

⑧ 王德祥主编：《国家赔偿法概论》，海洋出版社1991年版，第14—19页。

1. 法律拟制说

该说认为,国家首先是一个拟制的法人,然后才是一个民族政治实体。在侵权责任问题上,它和普通的私人一样,对其不法行为应同样承担责任,受同样的法律支配,国家赔偿在性质上与一般的民事责任没有差异。此种理论在英美法系国家较为盛行,并成为赔偿立法的依据。典型的如英国《王权诉讼法》,其第1条规定,王权与有责任能力的成年人一样承担侵权行为责任。美国《联邦侵权赔偿法》第2674条规定:"美国联邦政府,依据本法关于侵权行为求偿的规定,应以同等方式在同等程度限度内,与个人一样承担民事责任。"

2. 公共负担平等说①

该说认为,政府的活动是为公共利益而实施的,因而应由社会全体成员平等地分担费用。行政活动对公民造成的损害,实际上是受害人在一般纳税负担以外的额外负担,这种负担不应当由受害者个人承担,而应当平等地分配于全体社会成员,即由全体成员来填补损害,这才符合公平与正义原则。其分配方式就是国家以全体纳税人交纳的税金赔偿受害人蒙受的损失。公共负担平等说对法国国家赔偿制度的发展影响很大。法国国家赔偿中的无过错责任原则的确立,主要是以这种学说为基础的。

3. 国家危险责任说

该说认为,任何人由于某种行为而得到利益时,必须对该行为产生的危险负担责任,任何人均不能只获取利益而不负责任。国家因其工作人员的活动而得益,而国家工作人员的活动具有侵犯人民合法权益的客观危险,因此国家应对其工作人员的侵权行为承担无过错责任。这是法国行政法院所独创的特殊的公法理论。德国受其影响也逐步形成了自己的危险责任理论。

4. 社会保险说

该说将民间保险的原理加以引申,用以说明国家赔偿的性质。它将国家视为全社会的保险人,把社会成员向国家纳税视为向保险公司投保,把国家机关及其工作人员的公务行为所造成的侵权损害视为受害人的一种意外灾害。当这种灾害不幸发生时,受害人即可向社会保险人——国家索赔,国家应当如同保险公司向投保人支付保险金一样,向受害人支付赔偿费用。其目的在于保障和不断提高全体社会成员的物质生活待遇,以全社会的集体力量来减轻个别受害人的负担。

应当指出,上述学说或主张各有其产生与发展的土壤与合理性,有其存在的价值,它们在不同历史时期,不同的国家,以不同的程度发挥着各自的作用,各国

① "公共负担平等原则"作为资产阶级革命的胜利成果之一而被确定下来,《人权宣言》第13条明确规定了"个人公共负担平等"。

都根据各自在某一发展阶段的实际情况选择某种学说或主张作为自己的理论依据，并不断地加以修正和发展。

二、我国建立国家赔偿责任制度的理论依据

我国建立国家赔偿责任制度的理论依据主要体现在以下几个方面：

首先，从国家性质来看，我国是实行人民民主专政的社会主义国家，追求民主、富强、文明、和谐、法治的目标。民主、法治与人权保障原则是我国国家赔偿制度建立的重要理论根据。

社会主义民主是人类已有历史上最高类型的民主。人民通过人民代表大会来行使国家权力，产生政府并监督政府。人民是国家的主人，国家机关工作人员是人民的公仆。因此，在我国建立国家赔偿制度，由公民对造成其合法权益受损的国家机关的违法行为提起异议、复议或诉讼等，请求有关国家机关予以审查并决定予以赔偿，既是社会主义民主应当具备的重要内容，又是对社会主义民主的重要保障。而现代民主国家最根本的任务和目的之一，就是要尊重和保障公民的基本人权，防止和排除对公民合法权益的侵害，包括源于国家本身的侵害。尽管国家是一个抽象的实体，但国家权力的运作却是通过具体的国家机关及其工作人员来完成的，这些国家机关及其工作人员受国家的委托，以国家的名义从事各项管理活动。其行为的后果，包括职务行为的侵权后果及与职务有关的侵权后果自然都归属于国家。国家有责任排除侵害，并对权益受损者予以补救。

社会主义法治既以社会主义民主为基础，又反过来对其加以保障。我国社会主义法治的核心内容是法律面前人人平等，一切国家机关和政党都必须在宪法和法律的范围内活动。一切违反宪法和法律的行为都应受到追究，并承担相应的法律责任。国家机关也概莫能外。国家机关违法行为造成相对人损害或损失应予赔偿是法治原则的要求和体现。

社会主义人权原则同样是国家赔偿制度建立的重要理论根据。我国的《国家赔偿法》《行政复议法》《行政诉讼法》都是重要的人权立法。我国国家赔偿制度的建立，既是社会主义人权理论的成果，又是社会主义人权原则的重要保障。

其次，从公平、正义、平等的理念出发，在现代的法治与民主社会中，公民在法律面前一律平等，既平等地享有各种权利和机会，也平等地承担义务与责任。国家活动的一切费用由全体公民以纳税的方式平等负担。国家因管理给公民或其他管理相对人带来的损害意味着让受害人承担了额外的负担。这种额外的负担应由全社会分担才符合公平、正义、平等的理念，如果让特定受害人个人承担，则显失公正。从这一角度考虑，由国家给予受害人救济，赔偿其所受损害是极其必要的。

最后,从保障国家管理秩序和维护社会稳定方面看,国家赔偿也是必不可少的。一方面,国家赔偿可以及时平息因国家侵权而造成的相关纷争,化解公民与国家之间的矛盾,消除不安定隐患;另一方面,国家赔偿可以减轻受害人因损失而造成的心理与经济上的压力,增进广大公民对国家的信任,减少行政管理中的阻力。因此,国家赔偿不仅是对受害人合法权益的恢复,同时也有利于整个社会,是现代社会自我发展、自我修复的有效途径。

第四节　国家赔偿的归责原则

国家赔偿的归责原则,是指在法律上确定国家承担赔偿责任所依据的某种标准,国家只对符合此种标准的行为承担赔偿责任。当相对人某种权益受到损害后,国家是否赔偿,赔偿以什么为依据,是以行为人的过错为依据,还是以已发生的损害结果为依据,抑或以其职务行为的违法为依据,这即是所谓归责原则问题。①

归责原则的确立,为从法律价值上判断国家应承担的法律责任提供了最根本的依据和标准,它对于确定国家赔偿责任的构成及免责条件、举证责任的负担以及承担责任的程度,都具有重大意义。

实行国家赔偿制度的世界各国采用的国家赔偿的归责原则很不一致,其中具有代表性的有四种:过错归责原则、过错加违法或不法归责原则、无过错归责(或危险责任归责)原则和违法归责原则。四种归责原则各有利弊,各国根据本国的不同情况采用不同的归责原则。②

在我国的国家赔偿立法中,对于采用何种归责原则,学者们曾提出过许多主张。有人主张采用过错原则,也有人主张采用违法原则,甚至于采用无过错原则;有主张单一归责原则的,也有主张采用多元化归责原则体系的,还有人主张采用过错违法双重归责原则。③《国家赔偿法》(1994)最后采用了违法归责原则。该法第2条规定:"国家机关和国家机关工作人员违法行使职权侵犯公民、法人和其他组织的合法权益造成损害的,受害人有依照本法取得国家赔偿的权利。"

《国家赔偿法》(1994)之所以采用违法归责原则,主要是基于下述考虑:

---

① 参见薛刚凌主编:《国家赔偿法教程》,中国政法大学出版社1997年版,第41页。不过也有学者指出,确立归责原则的标准只能是行为人的主观状态而不能是其他。国家赔偿责任的归责原则也应如此,即应以国家机关及其工作人员的主观状态作为确定归责原则的标准。参见房绍坤等:《国家赔偿法原理与实务》,北京大学出版社1998年版,第63页;金立琪、彭万林、朱思东:《国家赔偿法原理》,中国广播电视出版社1990年版,第51—53页。

② 如法国采用以公务过错为主、无过错责任为辅的归责原则体系;英国、美国、日本等国采用过错责任原则,但近年来无过错原则的适用亦渐显端倪;而瑞士、奥地利等国则采用违法归责原则。

③ 参见江必新:《国家赔偿法原理》,中国人民大学出版社1994年版,第115—116页。

第一，违法归责原则与当时已制定的《行政诉讼法》(1989)的规定相协调，与法治原则、依法行政原则相一致。《行政诉讼法》(1989)第 1、2、5 条均强调国家机关和国家机关工作人员违法侵犯公民合法权益的情形，并无有关国家机关和国家机关工作人员故意或过失的规定。此外，法治原则和依法行政原则强调的也是职权法定、依程序行政。核心的内容就是强调“法”，包括实体法和程序法是否得到遵守，而不是强调当事人的故意或过失这种主观心理状态。

第二，违法归责原则简单、明了，易于接受，可操作性强。如过错加违法或不法归责原则，实际上是采用双重标准确定国家赔偿责任，不仅未能避免过错原则在主观判断方面的困难，而且意味着两个标准必须同时满足，缺一不可，否则受害人不能获得国家赔偿。这种过错加违法或不法归责原则实际上限制了受害人的求偿权，降低了受害人获得赔偿的可能性。

第三，违法归责原则避免了主观过错原则对主观方面认定的困难，便利受害人及时获得国家赔偿。对于受害人而言，只要其权益是受法律保护的，只要国家机关或国家机关工作人员执行职务的行为是法律所禁止的，一旦发生损害，受害人就可以不问行为人主观上是否存在故意或过失，更无须证明行为人的主观心理状态，即可请求国家承担赔偿责任。由此观之，这种归责原则当然更加有利于保护相对人的合法权益。

第四，违法归责原则以执行职务违法作为承担赔偿责任的前提，排除了对合法行为造成的损害给予赔偿的可能性，有效地区分了国家赔偿责任与国家补偿责任。无过错责任原则不问行为人主观上有无故意或过失，只要发生损害就要承担赔偿责任。这种只强调损害结果，不区分执行职务行为是否合法的归责原则，混淆了国家补偿与国家赔偿的责任。

尽管违法归责原则有上述诸多优点，但是随着民主法治进程的加快，这种单一的归责原则也呈现出一定的弊端，为学者们所诟病。

第一，违法归责原则与宪法的规定不符。《宪法》第 41 条第 3 款规定：“由于国家机关和国家工作人员侵犯公民权利而受到损失的人，有依照法律规定取得赔偿的权利。”根据该条款，只要公民的损失是由国家机关和国家机关工作人员侵犯其权利引起的，他就有权利取得赔偿。《宪法》并没有强调公民获得国家赔偿的前提条件必须是国家机关和国家机关工作人员违法行使职权，而《国家赔偿法》却采取单一的违法归责原则，明显不符合宪法保障人权的精神。

第二，违法归责原则不能适用于《国家赔偿法》列举的全部侵权行为，作为违法归责原则的例外，司法活动中的错误拘留、错误逮捕和错判实行的是无过错归责原则。《国家赔偿法》(1994)规定，国家对下列司法活动给公民的人身权和财产权造成的损害承担国家赔偿责任：对没有犯罪事实或者没有事实证明有犯罪重大嫌疑的人错误拘留的；对没有犯罪事实的人错误逮捕的；依照审判监督程序再审改判无罪,原判刑罚已经执行的。[①]

第三,单一的违法归责原则无法有效解决事实侵权行为、公有公共设施致害等方面的法律责任,而且在司法实践中已有案件实现对违法归责原则的突破。例如李尚英以广饶县交通局不履行法定职责为由请求行政赔偿案[②]中,法院就认为:"涉案公路上堆放的猪粪,持续时间长达十余天,已影响到了公路的安全和畅通,成为一种安全隐患,但广饶县交通局客观上未能消除该隐患,应认定广饶县交通局未尽到对该公路的管理养护职责,已构成行政不作为。"[③]反之,如果涉案公路堆放的猪粪系广饶县交通局履行巡视工作后极短的时间内被堆放的,对于广饶县交通局来说再去及时清理是很难的,此时,就不应认定堆放的猪粪构成公路管理的瑕疵。可见本案中,法院认定广饶县交通局不作为的理由并非其违反了《公路法》的有关规定,而是因为其存在过失,未尽到对该公路的管理养护职责,很明显采取的是过失归责原则。

由于单一的违法归责原则有上述不足,《国家赔偿法》(2010)对之进行了修正并沿用至今。该法第2条第1款规定:"国家机关和国家机关工作人员行使职权,有本法规定的侵犯公民、法人和其他组织合法权益的情形,造成损害的,受害人有依照本法取得国家赔偿的权利。"与《国家赔偿法》(1994)第2条相比,将"国家机关和国家机关工作人员违法行使职权"修改为"国家机关和国家机关工作人员行使职权",意味着我国国家赔偿归责原则的重大进步。可以说,修改后的《国家赔偿法》确立了包括违法归责原则和结果归责原则的多元归责原则,顺应了时代的发展,对国家赔偿制度的发展起到了极大的推动作用。

第五节 国家赔偿责任的构成要件

国家赔偿责任的构成要件,是指国家承担赔偿责任所应具备的前提条件,即国家只有在符合一定条件的前提下才承担侵权赔偿责任。国家赔偿责任的构成

---

① 参见《国家赔偿法》(1994)第15条第1—3项、第16条第2项;现行《国家赔偿法》第17条第2—3项,第18条第2项。

② 2003年12月11日,李尚英的丈夫常德明(受害人)驾驶摩托车送常康宁(受害人)上学,途中摩托车在公路上堆放的猪粪上滑倒,并被随后驶来的小型拖拉机碾压,致使受害人常康宁当场死亡,受害人常德明经抢救无效死亡。李尚英以广饶县交通局不履行法定职责为由请求行政赔偿。法院认为,依据《中华人民共和国公路法》第43条的规定,广饶县交通局负有做好公路保护工作,保障公路完好、安全和畅通的职责。涉案公路上堆放的猪粪,持续时间长达十余天,已影响到了公路的安全和畅通,成为一种安全隐患,但广饶县交通局客观上未能消除该隐患,应认定广饶县交通局未尽到对该公路的管理养护职责,已构成行政不作为。广饶县公安局交通警察大队作出的道路交通事故责任认定书,认定道路上堆放的猪粪是导致该次交通事故发生的因素之一,故广饶县交通局怠于履行职责行为与该交通事故的发生存在一定因果关系,应承担相应的行政赔偿责任。

③ 山东省东营市中级人民法院行政判决书,(2004)东行终字第53号,转引自北大法律信息网,http://www.chinalawinfo.com,访问时间:2010年5月7日。

要件与归责原则既有联系，又有区别。其联系表现在两者相辅相成，缺一不可。归责原则是责任构成要件的基础和前提，而责任构成要件是归责原则的具体体现，其目的旨在实现归责原则的功能和价值。[①] 不过二者亦存在着若干区别，归责原则是国家赔偿的核心原则，反映了国家赔偿的价值取向，具有普遍指导意义；而国家赔偿的责任构成要件则是国家赔偿责任是否成立的具体判断标准，主要作用于国家赔偿案件的审理过程，行政裁决人员或审判人员要在归责原则的指导下，运用责任构成理论对致害行为进行全面分析、评价，以最终确定国家是否应当承担赔偿责任。此外，归责原则只确立了国家承担赔偿责任的主要依据和标准，单凭此标准无法作出国家赔偿责任是否成立的判断；而国家赔偿责任的构成要件则包括了国家承担赔偿责任的全部要件，除了以归责原则为核心指导外，还包括主体要件、行为要件、结果要件、因果关系要件等。根据《国家赔偿法》第 2 条的规定，我国国家赔偿责任的构成要件包括下述四个方面。

一、侵权行为主体

侵权行为主体是构成国家赔偿责任的必要条件之一。侵权行为主体要件所解决的是谁实施的行为才可能引起国家赔偿责任的问题，即国家侵权行为的主体是谁。从民法的角度而言，公民、法人等民事主体均可成为侵权行为的主体，但在国家赔偿中，国家侵权行为的主体是有严格限制的，只有国家机关和国家机关工作人员以及其他组织、个人在法律授权或接受国家机关委托的情况下，才能成为侵权行为的主体，一般公民、法人不能成为国家侵权行为的主体。

考查国外的国家赔偿制度，作为赔偿主体的国家机关的范围，有的仅限于行政机关，有的则包括司法机关、监察机关，还有的包括立法机关。我国《国家赔偿法》规定的“国家机关”实际上不包括立法机关。需要注意的是，对这里的“国家行政机关”宜作广义理解，既包括行使行政职权的各级政府及其所属部门或机构，也包括法律、法规授权行使行政管理职能的组织。此外，受行政机关委托进行行政管理的组织和个人行使行政职权的行为后果归属于委托的行政机关。这里的“国家司法机关”，是指行使侦查、检察、审判、监狱管理职权的机关，具体包括享有刑事侦查权的各级公安机关和国家安全机关，享有侦查权和检察权的各级人民检察院和专门检察院，享有审判权的各级人民法院和专门人民法院以及看守所、执行刑罚的监狱管理机关。其中公安机关与国家安全机关具有行政和司法的双重职能，既行使治安管理权，又行使刑事侦查权。监狱管理机关虽设在行政机关内部，但负有执行刑罚的职能。作为侵权行为主体的司法机关还包括

① 参见王利明：《侵权行为法归责原则研究》，中国政法大学出版社 1992 年版，第 354 页。

行使刑事侦查权、检察权和审判权的军事司法机关。

国家机关工作人员作为侵权行为的主体是毋庸置疑的，因为侵权行为大多为国家机关工作人员直接所为。不过这里应注意的是，国家机关工作人员不同于“国家工作人员”或“公务员”。从范围上看，国家机关工作人员的范围小于国家工作人员而大于公务员，这里关键应把握住“在国家机关中担任国家职务”和“依法从事公务”这两个核心要素。根据《国家赔偿法》的规定，这里的“国家机关工作人员”的范围包括国家行政机关、国家司法机关（含具有司法职能的军事司法机关）、国家监察机关的工作人员，以及法律、法规授权的组织、受行政机关委托组织的工作人员。此外有学者提出，国家机关工作人员还应包括事实上执行公务的人员，或自愿协助公务的人员。[①] 至于在国家行政机关、司法机关和监察机关工作的工勤人员，由于其不行使公权力，一般不可能成为国家赔偿法中的侵权行为主体，他们的侵权行为通常只引起民事赔偿。

二、执行职务的行为

执行职务的行为范围有多大？确立何种标准予以认定？国外对此有两种标准：其一是盛行于英、美的主观标准，即以雇佣人的意思为判断标准，执行职务的范围也仅限于雇佣人命令受雇人办理的事项范围；其二是客观标准，即以行为人之外观为准，只要行为从外观上可认为属于执行职务的范畴即可，德国、日本等均采此标准。

我国《国家赔偿法》规定，国家机关及其工作人员行使职权的行为（行使职权也就是执行职务）可以引起赔偿，但对于行使职权的范围没有明确界定，学术界大都倾向于采用客观标准。因为，与主观标准相比，客观标准强调外观形式与执行职务的联系，从而拓宽了执行职务的范围，有利于对相对人合法权益的保护和救济。不过，采用客观标准只是从宏观上确定了执行职务行为的范围界限，对于某一具体行为是否为执行职务的行为，还须借助于具体的判断规则加以认定。学术界对区分执行职务的行为与非执行职务的行为提供了各种不同的标准。例如，有的以时间、职责权限、名义、实质意义为标准[②]，也有的以时间、地点、目的、行为方式为标准[③]，还有学者认为应当考虑执行职务的时间和地点，实施行为时的名义以及与行政职权的内在联系等因素[④]。我们认为，由于执行职务的行为

---

① 参见房绍坤等：《国家赔偿法原理与实务》，北京大学出版社 1998 年版，第 71 页；薛刚凌主编：《国家赔偿法教程》，中国政法大学出版社 1997 年版，第 60 页；皮纯协、何寿生：《比较国家赔偿法》，中国法制出版社 1998 年版，第 91 页。

② 参见张树义：《行政诉讼实务详解》，中国政法大学出版社 1991 年版，第 44—45 页。

③ 参见姜明安：《论国家侵权责任的构成》，载《国家赔偿法研究》，中国政法大学出版社 1991 年版，第 41 页。

④ 参见马怀德：《国家赔偿法的理论与实务》，中国法制出版社 1994 年版，第 92—93 页。

与非执行职务的行为常常涉及诸多因素，需要采取多元标准而非单一标准从多方面综合分析、判断，以作出正确的认定。

三、损害事实

确定国家赔偿责任的最主要目的在于对受害人进行赔偿，因此损害事实的发生是国家承担侵权赔偿责任的首要条件，没有损害的存在就谈不上赔偿。

从世界各国的国家赔偿立法及实务来看，国家侵权损害与民法上的侵权损害基本相同，指对被侵权人造成的合法权益方面的不利，包括人身损害和财产损害，物质损害和精神损害，直接损害和间接损害等。作为国家赔偿要件之一的损害，无论何种类型，一般应具备如下特征：现实性与确定性、特定性与异常性、非法性与可估量性等。[①]

从理论上讲，与民事损害相比，国家侵权造成的损害范围更广，因为在国家各项管理活动中，公民的各种权益都有可能受到侵害，除了人身权、财产权以外，还有政治权、受教育权等。但考虑到各国财力的可承受能力，一般难以对国家侵权造成的所有损害进行赔偿。正是在这个意义上，作为国家赔偿责任构成要件的“损害事实”仅限于“法定损害事实”。[②]

四、因果关系

国家赔偿责任的另一个重要构成要件，是可引起赔偿的损害必须为侵权行为主体执行职务的行为所造成，即国家侵权行为与损害事实之间存在因果关系，其中执行职务的行为是原因，损害事实是结果。

因果关系的存在与否及宽严程度，直接影响受害人合法权益的救济范围。理论上对因果关系的认定，存在着诸多不同的学说，如条件说、原因说、相当因果关系说、必然因果关系说、直接因果关系说等。在民法上，目前理论与实务上的通说是必然因果关系说，但相当因果关系说似乎更具说服力，因而越来越受到理论界和实务界的重视。[③] 在有关国家赔偿责任的构成要件的理论研究中，有主张必然因果关系说的，有主张回归“条件说”的[④]，也有主张直接因果关系说的，而且直接因果关系说逐渐成为最具代表性的学说。[⑤] 近些年来，西

---

① 参见薛刚凌主编：《国家赔偿法教程》，中国政法大学出版社 1997 年版，第 55—56 页；皮纯协、何寿生：《比较国家赔偿法》，中国法制出版社 1998 年版，第 94 页；江必新：《国家赔偿法原理》，中国人民公安大学出版社 1994 年版，第 131—140 页。

② 江必新：《国家赔偿法原理》，中国人民公安大学出版社 1994 年版，第 131 页。

③ 参见房绍坤等：《国家赔偿法原理与实务》，北京大学出版社 1998 年版，第 84—85 页。

④ 参见江必新：《国家赔偿法原理》，中国人民公安大学出版社 1994 年版，第 101—102 页。

⑤ 转引自房绍坤等：《国家赔偿法原理与实务》，北京大学出版社 1998 年版，第 85 页。直接因果关系说的案例可参见昆山城开锦亭置业有限公司诉昆山市国土资源局不动产行政登记及行政赔偿纠纷案，载《最高人民法院公报》2022 年第 8 期。

方国家在实务中也逐渐放松了对因果关系的要求，而倾向于采取直接因果关系说。[①]

我们认为，由于国家侵权行为的特殊性和复杂性，不能完全适用民法理论上的因果关系学说。因果关系本身仍是一个十分复杂的问题，很难用一个固定的理论学说加以解决，所以不妨考虑采用多元确认办法，既包括对不同领域和不同情况适用不同学说和方法，也包括在适用某一学说或方法之后，再适用其他学说和方法加以适当矫正。总之，在认定国家赔偿责任中的因果关系时，应针对不同的情况，采用不同的标准来判断执行职务的行为与损害事实之间是否存在因果关系。

在认定国家赔偿责任中的因果关系时，应特别注意以下几点：(1) 注意正确认定一因多果、多因一果、多因多果的因果关系。在国家赔偿责任中，受害人的损害结果有时是某一种违法行为造成的，有时则是多种职权行为造成的，损害结果有时是单一的，有时是多重的。我们只有正确认识复杂的因果关系现象，才能切实保护受害人的合法权益。(2) 注意正确认定国家机关工作人员的不作为与损害结果之间的因果关系。怠于执行职务的不作为可以构成违法行为。这种违法行为与损害结果之间的因果关系，必须以行为人具有特定的义务为前提。这种特定的义务是行为人在特殊情况下形成的职务上必须履行的义务。如果国家机关和国家机关工作人员负有这种特定的义务而不履行，导致了受害人的损害，二者之间便存在因果关系。

以上要件均为国家赔偿责任的构成要件，在具体的致害案件中应注意综合分析。有学者曾提出除以上要件外，还须有符合法律规定或"有法律规定"这一要件。[②] 我们认为，此点值得商榷。一方面，法律中规定的侵权行为范围和损害范围被损害事实要件和执行职务行为违法要件所吸收；另一方面，随着国家赔偿范围的拓宽，必须"有法律规定"将失去实际意义。因此，不宜将"有法律规定"作为一个独立的构成要件。[③] 而且，"有法律规定"和国家赔偿的构成要件属于完全不同的两个范畴："法律规定"限定的只能是国家承担赔偿责任的范围，指的是国家对哪些类型的侵权行为承担赔偿责任；而国家赔偿的构成要件则是指国家对某一具体的侵权行为承担赔偿责任所应具备的条件。前者是抽象的、概括的，后者则指向具体的、个别的行为。

---

① 皮纯协、何寿生：《比较国家赔偿法》，中国法制出版社1998年版，第97页。

② 参见应松年主编：《国家赔偿法研究》，法制出版社1995年版，第91页；马怀德：《国家赔偿法的理论与实务》，中国法制出版社1994年版，第112—114页。

③ 参见湛中乐：《论行政侵权赔偿责任》，载《国家赔偿法研究》，中国政法大学出版社1991年版，第143—144页，该文亦收录于湛中乐：《法治国家与行政法治》，中国政法大学出版社2002年版，第291—302页；薛刚凌主编：《国家赔偿法教程》，中国政法大学出版社1997年版，第66页。

第三十六章　行政赔偿范围

第一节　行政赔偿范围概述

一、行政赔偿范围的含义

学术界对行政赔偿范围的含义有不同理解。第一种观点认为行政赔偿的范围是指国家对行政行为造成的损害承担赔偿责任的领域。[①] 第二种观点认为行政赔偿范围包含两方面的内容:第一,国家对行政活动中哪些损害相对人的行为承担赔偿责任;第二,国家赔偿行政相对人因违法行政而受到的哪些损害。[②] 本书采用第二种观点。

从理论上说,行政机关的行为违法给公民、法人或其他组织的合法权益造成损害的,都应由国家承担赔偿责任。但事实上,各国行政赔偿的范围都有一定限制,只是限制的大小不同而已。[③] 这一方面是因为有些行政行为涉及公共利益甚至国家主权,这些行为一般追究领导人的政治责任,国家不承担赔偿责任。另一方面,行政管理的方式多种多样,且自由裁量行为在行政行为中占很大比重。对一般不合理、不适当的行政自由裁量行为致害的,国家一般不承担赔偿责任。

在行政赔偿制度中,赔偿范围的确定具有非常重要的意义。

其一,行政赔偿范围决定了一个国家承担行政赔偿责任的宽窄,确定了对公民救济程度的大小。在法治较为发达、注重公民权益保护的国度,行政赔偿的范围相对较宽;而在专制、不重视人权的国家,行政赔偿的范围较窄,甚至根本不承认行政赔偿责任。

其二,对相对人来说,行政赔偿范围决定其行政赔偿请求权的范围。对属于行政赔偿范围内的事项和损害,国家必须承担赔偿责任,行政赔偿义务机关必须履行赔偿义务。任何个人或组织不得限制和剥夺受害人的行政赔偿请求权。

其三,对法院来说,行政赔偿范围是其解决行政赔偿纠纷案件的权力界限。在行政赔偿范围内的行政赔偿纠纷,当事人可诉诸法院,法院有义务受理,并作出公正裁判,对受害人予以司法保护。超出行政赔偿范围的行政赔偿纠纷,法院即没有管辖权和审判权。

---

① 姜明安主编:《行政法学》,法律出版社 1998 年版,第 384 页。

② 马怀德:《国家赔偿法的理论与实务》,中国法制出版社 1994 年版,第 135 页。

③ 应松年主编:《国家赔偿法研究》,法律出版社 1995 年版,第 106 页。

二、行政赔偿范围的制约因素

从历史发展看,行政赔偿范围的制约因素主要有以下几个方面:

(1) 国家对公民权利的重视程度。在崇尚个人自由、重视人权的国家,公民的权利意识较强,国家注重对公民权益的保护。相应的,行政赔偿的范围较宽。而在实行专制、强调国家至上、轻视公民权益的国家,行政赔偿的范围通常很窄,甚至否定国家赔偿责任。此外,行政赔偿也与一个国家的法律文化传统、法治程度相关联。

(2) 社会对公共行政范围的界定。不同时代,对公共行政的范围界定不同。传统观点认为公共行政就是国家行政,而且只强调国家行政中的管制部分。随着第二次世界大战后西方国家高福利制度的推行,服务行政备受青睐。自 20 世纪 70 年代末西方国家开始大规模公共行政改革以来,第三部门兴起,公共行政也从传统的国家行政发展到国家行政与社会行政并存。我国改革开放以来,经济体制、社会结构发生了重大变化,国家垄断公共行政的局面也开始被打破,村民自治、社区管理、行业自律、高校自治等社会行政逐步发展,公共行政越来越开放,其范围也日益宽泛。我国《国家赔偿法》是按照传统观点界定公共行政的,因而行政赔偿的范围仅限于国家行政,而且是国家行政中的规制行政。国家行政中的服务行政,如道路、桥梁等公共基础设施设置和管理欠缺致人损害的,被排除在行政赔偿的范围之外(通过民事赔偿途径解决)。同时,社会行政过程中的损害是否赔偿、如何赔偿都没有明确规定。

(3) 政治体制的制约。政治体制涉及国家权力结构,涉及国家和公民之间的关系。政治体制及其运作的不同,对赔偿范围的界定有着重大的影响。① 在强调主权在民、强调对行政权予以监督和制约的国家,行政赔偿的范围较宽,反之较窄。另外,对行政权的理解也影响到行政赔偿的范围。如一般认为行政自由裁量权属于行政机关的固有职权,对行使自由裁量权行为不当造成的损害,国家不承担赔偿责任。

(4) 国家赔偿理论的影响。行政赔偿范围的设定通常以一定的理论为指导,并随着理论的发展而发展。有关行政赔偿性质和功能的研究、归责原则的理论等都影响到行政赔偿的范围。例如法国行政法院以社会连带主义思想与公共负担平等原则为理论基础,凭判例创立并完善了公法制度中的危险责任制度,拓宽了行政赔偿范围,从而法国行政赔偿制度为世人所瞩目。②

(5) 国家财力的影响。行政赔偿作为国家赔偿的一部分,其费用来自国库。

① 曹竞辉:《国家赔偿法之理论与实务》,新文丰出版公司 1981 年版,第 104—105 页。
② 姜明安主编:《行政法学》,法律出版社 1998 年版,第 109 页。

国家的经济承受能力直接制约着行政赔偿的范围。我国20世纪90年代最初确定行政赔偿的范围,其重要考虑因素即是国家财政的承受能力。

三、行政赔偿范围的确定方式和设定标准

(一) 行政赔偿范围的确定方式

行政赔偿范围的确定方式有三种:第一种是通过判例确定,如法国[1];第二种是通过成文法的规定设定,如韩国、日本[2];第三种是既有成文法的规定,又有判例的确认,如美国、英国。在英国,英王及其雇员的赔偿范围由《王权诉讼法》规定,而地方当局的赔偿范围由判例确认,适用民事赔偿规则。

我国行政赔偿范围的确定方式是成文法的规定。我国《国家赔偿法》对行政赔偿的范围作了明确和详尽的规定:既有一般概括,又有具体列举;既有肯定性范围,又有否定性(排除性)规定。但对于肯定和否定之间的损害能否取得赔偿,其规定则比较含糊。

(二) 行政赔偿范围的设定标准

行政赔偿范围除受归责原则限定外,还有两项标准:行为标准和损害标准。

(1) 行为标准。行为标准是指对行政机关在归责范围内的哪些行为,国家予以赔偿。《国家赔偿法》明确规定了国家负赔偿责任的行政侵权行为的范围。凡属于法律明文规定的,国家予以赔偿;在法律规定之外的,国家不予赔偿。

(2) 损害标准。损害标准是指对行政机关的行为给相对人造成的哪些损害,国家予以赔偿。我国行政赔偿主要以实际物质损害赔偿为原则,精神损害赔偿作为补充。

以下按照上述两项标准分别予以阐述。另外,考虑到《国家赔偿法》的规定比较原则,实践中对有些行为致害是否赔偿存有争议,故一并进行探讨。

第二节　行政赔偿的侵权行为范围

按照《国家赔偿法》的规定,对行政活动中侵犯人身权、财产权的行为,国家予以赔偿。2022年开始施行的《行政赔偿司法解释》明确了合法权益的内涵,强调公民、法人或者其他组织认为行政机关及其工作人员违法行使行政职权对其劳动权、相邻权等合法权益造成人身、财产损害的,亦可以依法提起行政赔偿诉讼。从行政赔偿侵权行为的性质来看,既包括法律行为,也包括事实行为。

---

① 王名扬:《法国行政法》,中国政法大学出版社1989年版,第691页。

② 马怀德:《国家赔偿法的理论与实务》,中国法制出版社1994年版,第1—9、82—83页。

一、侵犯人身权的行政赔偿范围

人身权首先是一个宪法概念，是指公民作为一个自然人为了生存而必不可少的、与公民的身体和名誉密不可分的权利。行政法上的人身权范围比较广泛，除了宪法和民法规定的人身权之外，还包括行政法律、法规规定的特殊的人身权，如公务员的身份保障权。[①] 但我国《国家赔偿法》规定的人身权范围比较狭窄，仅限于人身自由权和生命健康权。

（一）人身自由权损害赔偿

1. 违法拘留

行政拘留是公安机关依法对违反行政管理秩序的公民，在一定期限内限制其人身自由的惩罚措施。合法的行政拘留必须符合下述构成要素：(1) 有法律的明确规定；(2) 由有权作出拘留决定的公安机关所为；(3) 事实认定清楚、证据充分；(4) 适用法律、法规正确；(5) 符合法定程序和期限。行政拘留若违反上述构成要素，则构成违法拘留，造成公民人身自由损害的，国家应予赔偿。

2. 违法采取限制人身自由的强制措施

行政强制措施是行政机关依法定职责采取强制手段限制特定公民的权利或强制其履行义务的措施。《行政强制法》规定行政强制措施的种类包括“限制公民人身自由”，但没有具体列举“限制公民人身自由”行政强制措施的方式。有关单行法律、法规分散地对“限制公民人身自由”行政强制措施的方式作了规定，归纳起来主要有：(1) 强制治疗和戒毒，是针对卖淫人员和吸毒人员采取的治疗和教育措施；(2) 强制传唤，是公安机关对依法经过两次合法传唤仍不到公安机关接受讯问的公民采取的强制性措施；(3) 行政扣留，是海关采取的依法留置有走私嫌疑的财产或者物品，或限制走私嫌疑人人身自由的强制措施；(4) 其他限制人身自由的强制措施，如强制隔离、驱逐出境、强制遣送、对醉酒者的约束等。

3. 非法拘禁或者以其他方法非法剥夺公民人身自由

这类行为是指无权采取行政拘留或限制公民人身自由的行政强制措施的行政机关及其工作人员超越职权，采取拘留、扣留、禁闭、隔离、关押等方法剥夺公民人身自由的行为。[②] 它的表现形式有两种：一是无权限，即没有限制公民人身自由权的行政机关实施了剥夺公民人身自由的行为。二是超过法定期限或者条件关押，即有权行政机关在法律规定的期限和条件之外，剥夺公民人身自由。

（二）生命健康权损害赔偿

生命健康权是人的固有权利，是最基本的人权。根据《国家赔偿法》的规定，

---

① 马怀德主编：《国家赔偿法学》，中国政法大学出版社 2001 年版，第 108 页。

② 刘嗣元、石佑启：《国家赔偿法要论》，北京大学出版社 2005 年版，第 160 页。

纳入国家行政赔偿范围的生命健康权的损害有下述三项：

(1) 以殴打、虐待等行为或者唆使、放纵他人以殴打、虐待等行为造成公民身体伤害或者死亡的。对于公务员执行职务中的暴力行为，包括直接实施暴力或唆使、放纵他人实施暴力给公民造成的损害，国家应否赔偿？理论界存在争议。第一种观点认为，公务员执行职务期间所实施的暴力伤害行为属于个人过错行为，应该由公务员个人承担赔偿责任。第二种观点认为，公务员之所以能够实施暴力行为并侵害相对人的权益，是因为其公务行为为其提供了便利，同时也表明国家疏于监督，所以国家应当独立承担赔偿责任。《国家赔偿法》采纳了第二种观点，将这类行为造成的损害纳入行政赔偿的范围。只要这种暴力行为发生在行政机关及其工作人员行使职权的过程中，无论是作为行使行政职权的一种手段还是假借行使行政职权的名义实施，都应当由国家承担赔偿责任。

(2) 违法使用武器、警械造成公民身体伤害或者死亡的。武器是指有关行政机关按照法律规定装备的枪支、弹药等器械。警械是指特定行政机关工作人员依据法律规定装备的警棍、警绳、手铐等器械。有权使用武器、警械的行政机关工作人员主要有人民警察、武装部队人员等。武器、警械的使用必须具备一定条件，符合一定的程序。在执行公务的过程中违法使用武器、警械致公民身体伤害或者死亡的，国家应当承担行政赔偿责任。

(3) 造成公民身体伤害或者死亡的其他违法行政行为。根据《国家赔偿法》第 3 条第 5 项的规定，行政机关及其工作人员行使行政职权过程中造成公民身体伤害或者死亡的其他违法行为，国家承担行政赔偿责任。《行政赔偿司法解释》界定了“其他违法行为”的范围，包括以下情形：(1) 不履行法定职责行为；(2) 行政机关及其工作人员在履行行政职责过程中作出的不产生法律效果，但事实上损害公民、法人或者其他组织人身权、财产权等合法权益的行为。

二、侵犯财产权的行政赔偿范围

财产权是以财产为客体的权利。财产是人得以生存和发展的基本条件。财产权是公民的基本权利之一，受到宪法和法律的保护。根据《国家赔偿法》的规定，行政机关及其工作人员在行使职权时有下列侵犯财产权的情形之一的，国家应当承担赔偿责任。

(一) 违法实施罚款、吊销许可证和执照、责令停产停业、没收财物等行政处罚

行政处罚是国家行政机关对违反行政管理法律、法规的公民、法人和其他社会组织所给予的行政制裁，包括人身权和财产权两个方面。有关财产权的行政处罚又分为财产罚和能力罚两种。在实践中，违法实施财产罚和行为罚的表现多种多样，《国家赔偿法》作出规定的主要有：

(1) 违法罚款。罚款是国家行政机关依法责令违法行为人承担额外财产负

担的处罚形式，这是目前行政机关运用最为广泛的一种处罚手段。行政机关对行政相对人实施罚款处罚必须符合法律、法规规定的要件，不仅罚款的主体、对象、程序要合法，处罚的行为也必须严格限制在其权限范围之内，否则，就会构成违法罚款。行政机关违法罚款给相对人造成损害的，国家应当承担行政赔偿责任。

（2）违法没收财物。没收财物是指行政机关将公民、法人和其他组织的非法所得、非法持有物品或用于违法行为的工具等无偿收归国有的一种行政处罚方式。没收财物包括没收违法所得与没收非法财产，非法所得指违法者以非法手段获取的财物，非法财产指用于违法活动的财产，如走私物品、用于赌博的赌具等。关于没收的性质，学术上存有争议。有的学者认为非法财物和非法所得本就不是公民、法人或其他组织的合法财物，因此没收并不具有处罚的性质；另一些学者认为，非法财物和非法所得在被行政机关依法没收之前由公民、法人或其他社会组织控制并使用，“非法”还存在一个确认的问题，因此，没收财物具有处罚的性质，属于行政处罚的范畴。①

（3）违法吊销许可证和执照。许可证和执照是国家行政机关依行政相对人申请，经审查认为符合法定条件后，颁发给相对人的允许其从事某种活动、获得某种资格的法律凭证。吊销许可证和执照是指主管行政机关在法定情形下，将已经发给相对人的许可证件收回，使相对人失去从事某种行为的权利或丧失某种资格的处罚措施。可见，吊销许可证和执照意味着剥夺公民、法人或其他组织从事某项活动的权利，因此作出这样的行政处罚必须严格遵守法律规定的条件和程序。凡是违法吊销许可证和执照给相对人造成实际损害的，国家应当承担行政赔偿责任。

（4）违法责令停产停业。责令停产停业是指行政机关要求违法企业在一定期限内停止经营，进行治理、整顿，待达到复产复业的法定要求后再允许其恢复经营的处罚措施。对企业来说，这是一种限制其生产经营能力的比较严厉的行政处罚，对企业的经济利益会产生很大的影响，因此行政机关必须依法进行。如果违法采取责令停产停业措施给相对方造成损害，即要承担赔偿责任。

（二）违法对财产采取查封、扣押、冻结等行政强制措施

对财产采取行政强制措施②，是指国家行政机关为实现行政管理目的，依法对行政相对人采取限制其行使财产所有权、使用权或强制其履行财产方面义务的行为。其种类主要有查封、扣押、冻结等。查封是指行政机关对某些动产或者不动产实行就地封存，禁止财产所有人使用或处分的强制措施。扣押是指行政

① 马怀德主编：《国家赔偿法学》，中国政法大学出版社 2001 年版，第 114 页。

② 这里讲的“行政强制措施”包括“行政强制执行”的有关措施，如强制拆除等。

机关将有关财产置于自己的控制之下,以防当事人毁损或转移的强制措施。冻结是指行政机关要求银行、邮局等暂时拒绝相对人动用其存款、汇款的强制措施。除此之外,对财产的强制措施还包括划拨、扣缴、强制拆除、强制退还、强制销毁等。在实践中,财产强制措施违法的具体表现为实施强制措施的主体不合法,超越权限,强制措施对象错误,强制措施程序违法或不遵守法定期限,以及不按法律规定妥善保管被押财产而造成损失等。

（三）违法征收、征用财产的

征收是指国家行政机关根据公共利益的需要,在给予被征收方公平补偿后,依照法律、法规规定的条件和程序,强制性地将公民、法人或其他组织所有、占有的某项财物收归国有的行政措施。行政机关征收财物主要有三种形式:征收税款、征收规费、征收土地房屋等不动产。在实践中,违反国家规定征收财物的主要表现形式之一为乱收费。具体表现为:第一,不按照法律规定的项目和数额征收费用和劳务;第二,没有法律规定自行设立项目征收财物和费用;第三,征收的目的与相关法律规定的目的相悖。对违反国家规定征收财物的行为,相对人有权拒绝。如果已经支付了财物或费用,可以向行政机关申请行政赔偿。

征用是指行政机关为公共利益的需要,临时使用私人物品,并给予相应补偿的行政措施。合法征用要由有权主体作出,并要符合法定条件和程序。违法征用造成相对人损害的,则要依法予以行政赔偿。

（四）造成财产损害的其他违法行为

造成财产损害的其他违法行为是指除了上述三种情形以外的侵犯公民、法人和其他组织的其他财产权利的行为,此处的财产权利主要有债权、继承权、企业经营权等。凡违法行为导致有关财产权的损害,受害的公民、法人和其他组织都可以依照《国家赔偿法》的规定,请求行政赔偿。

三、国家不承担行政赔偿责任的情形

国家不承担行政赔偿责任是指在法定情形下,国家对行政管理过程中发生的某些损害不承担赔偿责任。值得注意的是,有些学者将国家不承担赔偿责任的范围等同于国家赔偿的免责范围,他们认为“在某些特殊情况下,尽管有损害,但无赔偿的必要,或给予赔偿会有失公正。在此种情况下,即免除国家的行政赔偿责任”[①]。“在某些特殊情况下,尽管有损害,但有法定的可以免除赔偿责任的事实和理由存在,可以免除国家行政赔偿责任。”[②]我们不赞成这种观点,因为国家不承担赔偿责任是指构成要件不具备,国家赔偿责任本来就不存在或者不成

① 刘嗣元、石佑启:《国家赔偿法要论》,北京大学出版社2005年版,第167页。

② 房绍坤、毕可志编著:《国家赔偿法学》,北京大学出版社2004年版,第145页。

立。而免责是指具备国家赔偿的一般构成要件,但法律却规定这些情形下国家不承担赔偿责任。[①] 两者是有重要区别的。另外,还有学者提出,“根据法治原则和平等原则,国家赔偿领域不存在所谓的‘免责’。因为不赔偿就应当给予补偿”[②],从另一个角度否定了将二者等同的观点。

关于国家不承担赔偿责任的情形,《国家赔偿法》第5条明确规定了以下几种情况:

1. 行政机关工作人员实施的与行使职权无关的个人行为

行政机关工作人员具有双重身份,既是公务员,又是普通公民,他们以不同的身份从事活动的行为,在法律上性质不同,引起的法律后果也不一样。只有对行政机关工作人员行使职权造成的损害,或者与行使职权有关的行为造成的损害,国家才承担赔偿责任。而与行使职权无关的个人行为所致的损害,则不由国家承担赔偿责任。关于职权行为与个人行为的区分标准,学术界尚存在分歧。有人主张采用时间标准,也有人主张采用职责标准、公共利益标准等。[③] 时间标准是以上班时间来确定行政机关工作人员作为代表人的身份,其缺陷是在上班时间行政机关工作人员也可能办私事,而在下班时间行政机关工作人员也可能以行政机关工作人员的身份实施公务行为。职责标准是以行政机关工作人员的行为是否在其职责范围内作为判断标准,该标准的缺陷是只明确了合法职务行为与不合法职务行为的识别要素,但难以明确职务行为区别于个人行为的性质。[④] 公共利益标准是以行政机关工作人员的行为是否涉及公共利益来判断其行为时的身份,此标准的不足在于普通公民的行为也可能涉及公共利益,且行政机关工作人员的行为是否涉及公共利益有时也很难辨认,且公共利益本身又是个不确定的法律概念。《国家赔偿法》主要采用了职责标准,因为这一标准较好地揭示了行政机关工作人员职务行为的本质,但仅用这一标准来判断行政机关工作人员的公务行为与个人行为亦存在困难。实务中还需要借助其他标准,如行为名义、所涉利益、行为时间、地点、目的等,以进行综合判断。

2. 因公民、法人和其他组织自己的行为致使损害发生的

因果关系是行政赔偿责任的构成要件之一,只有行政机关及其工作人员违法行使职权的行为是造成损害结果的直接原因时,才有可能引起行政赔偿责任。如果公民、法人和其他组织自己的行为致使损害结果发生或扩大,那么侵权行为的主体是其本人,而不是国家,不符合国家赔偿的构成要件,即不应当由国家承担赔偿责任。但是,如果损害的发生是由行政机关及其工作人员行使职权的行

① 马怀德主编:《国家赔偿法学》,中国政法大学出版社2001年版,第118页。

② 高家伟:《国家赔偿法》,商务印书馆2004年版,第137页。

③ 罗豪才主编:《行政法学》,中国政法大学出版社1996年版,第104—105页。

④ 刘嗣元、石佑启:《国家赔偿法要论》,北京大学出版社2005年版,第168页。

为与受害人自己的行为共同造成的，则应当依据各方行为与损害结果之间因果关系的密切程度以及对于损害结果的作用力大小来确定相应的赔偿责任。如果损害事实是由行政机关及其工作人员的违法行为造成的，但在损害发生以后，受害人出于故意或者过失致使损害结果蔓延或扩大，国家对于扩大部分的损失不承担赔偿责任。

3. 法律规定的其他情形

这是对国家不承担行政赔偿责任的概括规定。目前，该法律条款缺乏明确解释。有学者认为法律规定不予赔偿的情形应包含三类：一是根据国家行政赔偿责任构成要件，国家本应承担赔偿责任，但出于政治等层面的考虑，不承担赔偿责任，这种情形也称为国家责任豁免；二是致害行为本身不符合行政侵权赔偿责任的构成要件，不构成行政侵权赔偿责任，国家因此而不负赔偿责任；三是适用民法上的抗辩事由来减免国家赔偿责任的情况。[①] 也有学者主张法律规定的其他情形包括：不可抗力、邮政通信以及通过其他途径可以得到补偿的情形。[②] 还有学者认为法律规定的其他情形是指不可抗力、第三人过错和从其他途径可获得补偿等情形。[③]

四、几类行为的可赔偿性辨析

《国家赔偿法》既肯定性地规定了应赔偿的侵权行为范围，又作了排除规定。但在肯定和否定之间还存在一些行为，如国家行为、抽象行政行为、自由裁量行为等，这些行为能否引起国家赔偿，法律并没有明确规定，需要在理论上予以探讨。

1. 国家行为

国家行为，又称统治行为，主要指国务院、中央军事委员会、国防部、外交部等根据宪法和法律的授权，以国家的名义实施的有关国防和外交事务的行为，以及经宪法和法律授权的国家机关宣布紧急状态、实行戒严和总动员等行为。对国家行为不予赔偿，是各国的通例。这主要是考虑到国家行为具有高度政治性，事关国家主权和公共利益，因而有必要免除其赔偿责任。

2. 抽象行政行为

抽象行政行为是指具有法定权限的行政机关，针对不特定的对象而制定发布具有普遍约束力的能反复适用的规范性文件的行为。规范性文件包括行政法规、规章以及其他规范性文件。抽象行政行为侵权造成相对人损害的，国家应否承担赔偿责任，对此有两种不同观点：一种观点认为，对抽象行政行为不能请求

---

① 皮纯协等主编：《国家赔偿法释论》，中国法制出版社 1994 年版，第 123 页。

② 张树义主编：《国家赔偿法实用手册》，法律出版社 1994 年版，第 49—51 页。

③ 薛刚凌主编：《国家赔偿法教程》，中国政法大学出版社 1997 年版，第 162 页。

赔偿。因为抽象行政行为都是经由具体行政行为加以实现的,因而其造成的损害可转化为对具体行政行为的赔偿而实现。[①] 另一种观点认为,抽象行政行为违法并直接造成相对人损害的,也应当予以赔偿。其理由是抽象行政行为侵犯相对人权益的现象是普遍的,与具体行政行为并无多大区别。另外,并非所有抽象行政行为都必然通过具体行政行为实施。再者,我国法律并没有明确禁止对抽象行政行为提起赔偿请求。[②] 从切实保护公民权益的角度出发,第二种观点较为可取。另外,《行政诉讼法》(2014)也将“具体行政行为”概念修改为“行政行为”的概念,首次明确人民法院可以一并审查据以作出行政行为的行政规范性文件的合法性。虽然对抽象行政行为法院目前还不能直接宣布违法,但随着社会的发展,抽象行政行为与具体行政行为的划分将逐渐被淡化,抽象行政行为侵害相对人正当权益,造成损害的,也应逐步有条件地(如未经具体行政行为直接导致损害)和有限制地(如不包括行政法规)纳入国家赔偿范围。

3. 自由裁量行政行为

自由裁量行政行为是指法律仅规定了行政行为的幅度和范围,行政机关在此幅度和范围内根据具体情况选择实施的行政行为。自由裁量行政行为引起的损害分两种情况:一种是自由裁量行政行为违法造成损害。这里的违法包括形式违法,如超越自由裁量权,适用法律错误,也包括实质违法,如滥用自由裁量权,违反比例原则。另一种是由自由裁量行政行为不适当、不合理引起损害。这里的不适当、不合理是指行为未超出法定范围和幅度,也没有滥用职权的情形,但行为前后不平衡,或对不同相对人功过奖罚不平衡等。在美国,对于自由裁量行政行为造成的损害,国家不予赔偿。[③] 按照我国行政赔偿的归责原则,自由裁量行为违法致害的,国家予以赔偿,但自由裁量行政行为不适当、不合理致害的,国家不予赔偿。

4. 对公务员的管理行为

这类行为包括公务员的奖惩、考核、离退休、工资福利等。按照《行政诉讼法》的规定,对公务员的管理行为,即涉及行政机关公务奖惩任免等的决定,不得提起行政诉讼。但对公务员管理行为造成的损害能否请求行政赔偿,法律并未明确。我们认为,对公务员的管理行为违法,侵犯公务员的人身权或财产权并造成实际损害的,应属于行政赔偿的范畴。其理由是:第一,任何纠纷都有必要用特定的手段加以解决,对公务员管理行为的合法性争议可通过内部管理程序解

---

① 马怀德:《国家赔偿法的理论和实务》,中国法制出版社1994年版,第138—139页。

② 同上。

③ 《美国法典》第2680条规定了国家赔偿的例外情况,其中,很大一部分是自由裁量行政行为。参见行政立法研究组编译:《外国国家赔偿、行政程序、行政诉讼法规汇编》,中国政法大学出版社1994年版,第9—10页。

决，而公务员管理行为引起的赔偿纠纷则缺乏有效的内部解决机制，因而应适用行政赔偿制度。第二，按照行政赔偿的归责原则，凡是行政机关的管理行为，无论是外部行为还是内部行为，也无论是法律行为还是事实行为，违法侵权造成侵害的，都可请求行政赔偿。《国家赔偿法》没有排除对公务员管理行为的赔偿。

5．复议终局的行为

按照《行政诉讼法》的规定，相对人不得对法律规定由行政机关最终裁决的行政行为提起行政诉讼，但这不应排除相对人对此种行为造成的损害请求国家赔偿。行政行为致害的，无论由行政机关最终裁决还是由人民法院最后判定，都属于行政赔偿的范围。最高人民法院在《行政赔偿司法解释》中明确规定最终裁决的行政行为被确认违法，但就赔偿问题与行政机关发生争议提起赔偿诉讼的，人民法院应依法受理。

6．怠于履行职责

行政机关及其公职人员怠于履行职责包括两种情形：一是不作为，如经相对人申请，公安机关不履行保护公民生命、财产安全的职责。二是不能有效防范风险和阻止风险的扩大，如行政机关没有尽到严格验收之责，致使不合格的公共建筑物得以验收通过，后因质量问题倒塌致人死伤，又如证券管理部门和申请上市的公司串通，制作虚假材料欺骗股民，公司上市后又经营不善，导致破产，股民蒙受损失。和其他违法行为相比，怠于履行职责的特点是行政机关及其工作人员不是直接致害主体，而是间接致害主体。

怠于履行职责的行为致害是否属于国家赔偿的范围，《国家赔偿法》并没有明确规定。从《国家赔偿法》第 3 条第 5 项、第 4 条第 4 项的内容看，造成公民身体伤害或者死亡以及造成财产损害的所有行政违法行为，都应纳入国家赔偿的范围。怠于履行职责属于典型的违法行为，因此，国家应予赔偿。《行政诉讼法司法解释》对此也予以认可，并规定在确定赔偿数额时，应当考虑怠于履行职责的行为在损害发生过程和结果中所起的作用等因素。《行政赔偿司法解释》明确将“不履行法定职责行为”列入了行政赔偿范围。

理论上认为，对怠于履行职责的间接致害行为，也应予以赔偿。这是因为：第一，行政机关具有法定职责，合理正确地履行职责是行政机关应尽的义务，也是设置行政机关、建立公务员队伍的宗旨所在。怠于履行职责具有明显的违法性，而从依法行政的角度考虑，无论是何种性质的行为，行政机关都必须依法运作，违法行政给相对人带来的损害，国家应承担相应的法律责任。第二，行政机关的行为具有公定力。一旦作出，人们会对其作出合法性的假定，从而作出自己的行为预期，也就有了信赖利益。这种信赖利益无疑需要法律保护。一旦信赖利益被损害，国家要予以赔偿。第三，行政管理中的间接行为很多，从保护相对人权益的角度考虑，要确立行政机关的救济责任。当然，对怠于履行职责的间接致害行为，受害人首先应要求直接致害人赔偿。如果受害人已从直接致害人那里获得了赔偿，国家可免除责任（但相应公职人员不能免除行政处分责任）。如果受害人不能从致害人处得到赔偿或得不到全部赔偿，则国家应承担补充赔偿责任。

7. 行政协议行为

自20世纪70年代末期西方公共行政改革以来，行政协议作为一种柔性的管理手段被大量应用于行政管理。我国目前还没有完备的行政协议制度，但在实践中，行政协议的数量庞大、种类繁多，而且发展迅猛，如公共工程承包协议、行政特许经营协议、行政委托协议等。行政协议具有公权力属性，如行政协议缔结后，协议一方的行政机关有权监督行政协议的履行，确实因为公共利益的需要，行政机关还有权单方面变更和终止合同，但这并不意味着行政机关有权肆意改变协议或任意拒绝履行协议。在协议履行过程中，如果行政机关在非法定或约定情形下违约，不履行协议、强行变更或终止协议，协议相对方有权要求其继续依约实际履行。如果协议已经事实无法履行，或者在缔约或履约过程中因行政违法行为造成相对方损害，则和行政机关单方行为一样，相对人有权要求其给予行政赔偿。

8. 侵犯其他权利的行为

在实践中，行政机关及工作人员的违法行为除了影响相对人的人身权、财产权外，还可能侵害相对人的选举权和被选举权、受教育权、知情权、参与权等其他权利。这些权利的损害不完全是物质上的，甚至与物质损害无关，但严重影响个人的发展，并对受害人造成很大的精神损害，如对选举权和被选举权的违法限制。从理论上说，有损害，就应当有赔偿。2010年《国家赔偿法》修改时已经增加了对精神损害的赔偿，2022年施行的《行政赔偿司法解释》将对劳动权、相邻权等合法权益的侵犯纳入国家赔偿的范围。未来国家赔偿制度的完善应当进一步确立对侵犯行政相对人其他权利而造成的损害的赔偿。

9. 公有公共设施

公有公共设施是指由中央或地方政府设置和管理的具有经济性的物质基础设施，即在社会经济发展中起基础作用的公共工程和公共设施，包括公路、铁路、机场、港口、桥梁、通信设施、水利工程、城市供排水、供气、供电、废弃物的处理，等等。公有公共设施因设置、管理欠缺而发生损害时，究竟由谁来承担赔偿责任，《国家赔偿法》没有明确规定，实践中一般由经营管理该设施的企业、事业单位承担民事赔偿责任。这里的设置和管理欠缺是指公有公共设施设置和管理不完全、不完备的状态，即该公有公共设施缺少通常应具备的安全性。设置欠缺包括设计不良、位置不当、基础不牢、施工质量低劣等；管理欠缺主要指公共设施在设置后，存在维护不周、保护不当、疏于修缮检修等问题，使公有公共设施不具备通常应当具备的安全性。

从理论上说，公有公共设施致害与国家行政机关的职能履行不良有关，理应由国家承担赔偿责任。日本等国的国家行政赔偿范围中包含了公有公共设施的损害赔偿。我国目前将公有公共设施的损害赔偿排除在外（归入民事赔偿范畴），探究其原因，有如下几个方面：一是我国《国家赔偿法》定位于对行政权力致害的救济，而对政府公共服务的职责认识不足。随着市场经济的发展和政府职能的转变，政府要从传统的高权行政转向服务行政，提供优质而便捷的公有公共设施已成为政府的重要职责。如果政府没有尽到职责，应当承担赔偿责任。二是考虑到国家赔偿制度在我国建立时间不长，缺乏经验积累，因而《国家赔偿法》在短期内不宜把赔偿范围设置得太大，尤其是公有公共设施长期以来一直通过民事途径解决，可以沿袭惯例。三是考虑到国家财力有限，将公有公共设施致害归于民事赔偿的范畴似可减轻国家财政负担。但是，从强化政府公共服务责任意识的角度看，今后将公有公共设施纳入行政赔偿范围则是有必要的。公有公共设施无论是通过财政投资建造管理还是特许私人经营，政府都负有监管责任。因此，其运作过程中导致的对相对人人身或财产权的损害，今后应有条件有限制地（先由经营者对其违法过错行为赔偿，国家负补充责任）纳入国家赔偿的范围。

第三节　行政赔偿的侵权损害范围

在不同国家，行政赔偿所针对的损害范围不同。根据损害的性质，行政侵权损害分为物质损害和精神损害两部分。我国主要赔偿物质损害，精神损害赔偿直至 2010 年修改《国家赔偿法》时才入法。

一、物质损害

物质损害，又称财产损害，是指因侵权行为所导致的具有财产形态的价值减少或利益的丧失，如物的损害，身体健康权损害所花费的医疗费、护理费、误工费等。行政违法行为侵害相对人人身权、财产权的，都会造成物质损害。物质损害又可分为直接损害和间接损害（积极损害和消极损害）。直接损害是因侵权行为所导致的现存财产上权利和利益的数量减少和品质降低。间接损害是指侵权行为阻却了财产上的期待利益。期待利益是指在正常情况下应当获得的利益，例如利息、租金、利润、劳动报酬等。[①]

对于直接损害，各国都通过判例或法律规定赔偿。至于间接损害，多数国家原则上不予赔偿。只有在侵权行为是故意实施的或不赔偿间接损害就会严重违

① 张俊浩主编：《民法学原理》，中国政法大学出版社 1998 年版，第 826 页。

背社会正义的情况下，法院才判决国家机关赔偿间接损害。[①] 对可得利益的赔偿一般要满足以下条件：第一，该可得利益的损失是确定的、无争议的、将来必然出现的；第二，这种可得利益通常应当是财产利益，不包括非财产性的机遇等；第三，这种可得利益应是在短期内可以取得的利益，而不是久远的将来可能获得的利益。[②]

我国行政赔偿以赔偿直接损失为主，原则上不赔偿间接损失。[③] 从现代社会侵权损害救济的发展趋势看，间接损失亦将被逐步纳入赔偿范围。因为在现代行政管理中，相对人的直接损失与间接损失往往相伴随，如行政机关责令某工厂停产一个月。执行该决定导致工厂的直接损失是停产期间维持工厂运转所需的费用，间接损失为由于停产而减少的应得收益。如果仅赔偿直接损失，而不赔偿间接损失，则很难达到赔偿目的，对受害人是不公正或很不公正的。

二、精神损害

精神损害是指行政侵权行为所导致的致使受害人心理和感情遭受创伤和痛苦，无法正常进行日常活动的非财产上的损害[④]，如精神上的悲伤、失望、忧虑等。精神损害通常由侵犯人身权造成，但也不排除由侵犯财产权引起。前者如侵犯人格尊严或侵犯身体健康权引起受害人精神上的痛苦，后者如行政机关非法拆除相对人的建筑，致使受害人气愤、痛苦等。

在西方国家，精神损害赔偿最初出现于民事赔偿中，在19世纪逐步得到确认。精神损害赔偿作为行政赔偿的内容之一出现较晚，但现已被许多国家所接受。[⑤] 我国民事赔偿中也已肯定了精神损害赔偿责任。根据《民法典》的规定，公民的姓名权、肖像权、名誉权、荣誉权受到侵害的，有权要求停止侵害，恢复名誉，消除影响，赔礼道歉，并可以要求赔偿损失。法人的名称权、名誉权、荣誉权受到侵害的亦如是。2001年2月26日最高人民法院审判委员会通过了《关于确定民事侵权精神损害赔偿责任若干问题的解释》，并于2020年修改。该司法解释规定，对因人身权益或者具有人身意义的特定物受到侵害，自然人或者其近亲属向人民法院提起诉讼请求精神损害赔偿的，人民法院应当依法予以受理。

《国家赔偿法》(1994)没有专门规定精神损害赔偿[⑥]，仅规定了残疾赔偿金

---

① 应松年主编：《国家赔偿法研究》，法律出版社1995年版，第84页。

② 马怀德：《国家赔偿法的理论与实务》，中国法制出版社1994年版，第154页。

③ 参见我国《国家赔偿法》第36条。

④ 《法学研究》编辑部编著：《新中国民法学研究综述》，中国社会科学出版社1990年版，第509页。

⑤ 马怀德：《国家赔偿法的理论与实务》，中国法制出版社1994年版，第157页。

⑥ 1994年《国家赔偿法》规定，赔偿义务机关的行为违法造成受害人名誉权、荣誉权损害的，应当在侵权行为影响的范围内，为受害人消除影响，恢复名誉，赔礼道歉。从立法原意上说，这一规定排除了精神损害的物质赔偿。

和死亡赔偿金。这一方面是由我国缺乏精神损害赔偿的传统，不重视精神损害赔偿所致，另一方面是过多考虑国家经济承受能力的结果。但事实上，国家赔偿中的精神损害赔偿比民事损害赔偿更为重要，因为国家权力的暴力性质决定了其侵犯自然人人格权利的可能性更大，机会也更多。缺乏精神损害赔偿一直是《国家赔偿法》(1994)实施中的主要问题之一。2010 年修改后的《国家赔偿法》明确了精神损害赔偿内容。《国家赔偿法》第 35 条规定："有本法第三条或者第十七条规定情形之一，致人精神损害的，应当在侵权行为影响的范围内，为受害人消除影响，恢复名誉，赔礼道歉；造成严重后果的，应当支付相应的精神损害抚慰金。"2014 年 7 月，最高人民法院制定了《关于人民法院赔偿委员会审理国家赔偿案件适用精神损害赔偿若干问题的意见》，并于 2021 年 2 月制定了《关于审理国家赔偿案件确定精神损害赔偿责任适用法律若干问题的解释》，在该司法解释中进一步细化了精神损害赔偿请求的申请与受理，致人精神损害、造成严重后果的认定标准，责任方式的适用规则，精神损害抚慰金的标准与支付等内容。在 2021 年 12 月通过的《行政赔偿司法解释》中，最高人民法院再次明确了行政赔偿诉讼中精神损害赔偿的履行方式及判决方式，并规定消除影响、恢复名誉和赔礼道歉的履行方式，可以双方协商，协商不成的，人民法院应当责令被告以适当的方式履行。造成严重后果的，应当判决支付相应的精神损害抚慰金。[①]

---

① 参见《行政赔偿司法解释》第 30 条。

第三十七章　行政赔偿请求人和赔偿义务机关

第一节　行政赔偿请求人

一、行政赔偿请求人的概念

行政赔偿请求人是指受违法行政侵害，有权依法请求行政赔偿的人。由于各国或地区行政赔偿的范围不同，行政赔偿请求人的内涵与外延也不相同。许多国家和地区对行政赔偿请求人很少有特别具体的规定，多适用民法。德国把请求人分为直接受害人和间接受害人。前者是指人身财产权直接受到侵害而提出赔偿请求的人，如被没收财产的人、被违法限制人身自由的人；后者是直接受害人以外的人，如支付被害人丧葬费的人、受被害人扶养的第三人、被害人的法定继承人等。[①]

我国《国家赔偿法》第6条对行政赔偿请求人作了明确规定。该法律规定包含下述几层含义：

(1) 行政赔偿请求人恒定为相对人一方，作为行政主体的行政机关不能成为请求人。这里的相对人既包括直接相对人，也包括间接相对人。而在有的国家或地区，地方自治体也能成为行政赔偿请求人。如根据我国台湾地区有关规定，公务员行使公权力违法侵害其宪制性规定赋予地方自治团体之自治权而造成损害时，该受害之地方自治团体得请求赔偿。[②]

(2) 行政赔偿请求人是违法行政损害其合法权益并造成实际损害的人。违法行政主要包括违法的行政行为和违法的事实行为。如行政机关违法没收而带来相对人的财产损害，或对扣押的财产保管不妥造成丢失，其受害人均可成为行政赔偿请求人。

(3) 行政赔偿请求人是以自己的名义请求赔偿的人。凡是代表他人或以他人名义请求行政赔偿的，是代理人，而不是行政赔偿请求人。

二、行政赔偿请求人的范围

各国行政赔偿请求人的范围大多由法律规定或司法判例确认。一般来说，行政赔偿制度越发达，行政赔偿范围越大，行政赔偿请求人的范围也就越宽。按

---

① 马怀德：《国家赔偿法的理论与实务》，中国法制出版社1994年版，第115页。

② 翁岳生编：《行政法》，翰芦图书出版有限公司1998年版，第1177—1178页。

照我国《国家赔偿法》第 6 条的规定,我国行政赔偿请求人包括以下三类个人或组织:

（一）公民

公民是指具有中华人民共和国国籍的自然人。公民的合法权益受到行政机关及其工作人员的行政违法行为侵犯并造成损害的,有资格请求行政赔偿。公民能否亲自行使行政赔偿请求权,要视其是否具有法定行为能力而定。不具有法定行为能力者,不能有效地行使请求权,故要由其法定代理人代为行使。按照《民法典》的规定,无民事行为能力人、限制民事行为能力人的法定代理人为其监护人。

在通常情况下,行政赔偿请求人仅限于受害公民本人。但受害的公民死亡时,请求人资格可发生转移。《国家赔偿法》第 6 条第 2 款规定:“受害的公民死亡,其继承人和其他有扶养关系的亲属有权要求赔偿。”《行政赔偿司法解释》第 7 条第 1 款规定:“受害的公民死亡,其继承人和其他有扶养关系的人可以提起行政赔偿诉讼,并提供该公民死亡证明、赔偿请求人与死亡公民之间的关系证明。”继承人包括遗嘱继承人和法定继承人。继承人有多个的,按民事继承的顺序,前一顺序的人未放弃请求权,后一顺序的人就不能逾越行使请求权。如果请求人较多,可委托其中一人或数人为代表人,作为行政赔偿请求人。有扶养关系的亲属包括尊亲属、卑亲属、血亲和姻亲,也可以是近亲属和远亲属,但必须是同赔偿请求人有扶养关系的亲属。[①] 法律规定行政赔偿请求人的资格转移,是为了切实保障受害人的继承人或受扶养亲属的合法财产权益。

需要指出的是,行政赔偿请求人资格转移制度不同于行政诉讼原告资格转移制度。具有行政赔偿请求人资格的公民死亡的,请求人资格转移至受害人的继承人和其他有扶养关系的亲属,而具有行政诉讼原告资格的公民死亡的,其近亲属可以提起诉讼。两者区别的原因是行政赔偿与行政诉讼的目的不同——行政赔偿主要是给受害人以补救,而行政诉讼则是为了纠正违法。

另外,根据对等原则,外国人、无国籍人在中国境内因行政违法行为而受到实际损害的,也具有行政赔偿请求人资格,可请求行政赔偿。但外国人所属国对我国公民的行政赔偿权利予以限制或不予保护的,我国将同等对待。

（二）法人

按照《民法典》的规定,法人是具有民事权利能力和民事行为能力,依法独立享有民事权利和承担民事义务的组织。法人包括营利法人、非营利法人和机关法人、农村集体经济组织法人、城镇农村的合作经济组织法人、基层群众性自治组织法人等特别法人。法人的合法权益受国家保护,当其合法权益受到行政违

---

① 应松年主编:《国家赔偿法研究》,法律出版社 1995 年版,第 131 页。

法行为侵害时,可以请求行政赔偿。

受害的法人终止,承受其权利的主体有权要求赔偿。这里需要注意的是,法人终止后,承受其权利的主体可以是法人,也可以是其他组织,还可以是个人。《国家赔偿法》第6条第3款规定:"受害的法人或者其他组织终止的,其权利承受人有权要求赔偿。"此处的权利承受人就包括了以上三种情形。法人终止大致有以下几种:解散、被宣告破产、法律规定的其他原因等。

法人合并(含兼并)或分立时,同样发生请求人资格转移。《行政赔偿司法解释》第7条第3款规定:"有权提起行政赔偿诉讼的法人或者其他组织分立、合并、终止,承受其权利的法人或者其他组织可以依法提起行政赔偿诉讼。"

(三)其他组织

其他组织是指合法成立但不具备法人条件,没有取得法人资格的社会组织或经济组织。合法成立是指经主管机关批准成立或认可。按照《民法典》的规定,其他组织包括个人独资企业、合伙企业、不具有法人资格的专业服务机构等。其他组织同公民、法人一样,其合法权益受国家保护,因行政违法行为受到损害,可独立请求行政赔偿。

受害的其他组织终止,承受其权利的组织或个人有权要求赔偿。

三、请求人的几种特殊情况

《国家赔偿法》第6条虽然对行政赔偿请求人作了规定,但并不能解决实践中存在的一些特殊问题,对这些特别情况需要在理论上进一步探讨。

(一)第三人

在国家行政活动中,第三人现象非常普遍。在行政许可、行政处罚、行政裁决等行为中都存在大量的第三人(间接相对人),如行政许可中的相邻权人、竞争人,行政处罚中的受害人,行政裁决中主张权利的第三人等。第三人的重要特点是他们不是行政机关行为的直接对象,但可能受到行政机关行为的直接侵害,也可能受到行政机关行为的间接影响。

关于第三人受害是否具有行政赔偿请求人资格,《国家赔偿法》的规定不是十分明确。如果第三人是直接受害人,其行政赔偿请求人资格似乎没有疑问;如果是间接受害人,其是否具有行政赔偿请求人资格,则不很明确。有学者主张对行政许可第三人受害国家应予赔偿。[①] 我们对此持赞同意见,并认为应及于所有第三人。这一方面是责任政府的要求。在一个法治的社会,任何人都必须对自己的行为负责,行政机关的行为如果侵犯了第三人的合法权益,当然应当承担责任,赔偿受害者的损失。另一方面,这也是切实保护第三人的需要。第三人虽

① 黎军:《对行政许可第三人的国家赔偿问题研究》,2004年中国行政法学研究会年会论文。

然不是行政机关行为的直接对象,但属于广义的相对人。他们同样有权要求行政机关合法行政,对因违法行政而遭受的损害,有权获得赔偿。

（二）行政机关怠于履行职责的受害人

行政机关怠于履行职责的情形有不作为以及没有尽到防范危险和阻止危险扩大的职责。关于行政机关不作为的受害人请求行政赔偿的权利,最高人民法院已经在司法解释中予以充分肯定。[①] 而怠于履行防范风险责任致相对人损害的,受害人是否具有行政赔偿请求人资格,则比较模糊。

在现代社会,由于科学技术的发展,经济社会不断进步,同时生活中的危险因素也越来越多,环境、卫生、自然灾害、生物技术、核设施等都可能给人们的生活带来这样那样的危险,人们对政府的依赖加重,政府防范危险的责任必须加强,以增进人们的安全保障。如对具有高度危险性的设施进行监管,对具有高度安全要求的职业、行业严加规范。行政机关如果怠于履行职责而造成相对人损害,应承担相应的赔偿责任。从强化政府责任和保护相对人的合法权益考虑,应确立行政机关怠于履行职责的受害人的行政赔偿请求人资格。

（三）混合受害人

和第三人不同,混合受害人所受损害不是行政机关直接施加的,而是其他民事侵权主体所致,但行政机关的违法行为是损害得以发生的前提。如证券管理部门对不符合上市条件的公司准许其股票上市,后该公司因经营不善破产,导致股民遭受重大财产损害,这里的股民就是混合受害人。直接致害人是不具备上市条件的上市公司,但行政机关批准其上市的行为是损害得以发生的条件。

混合受害人是否具有行政赔偿请求人的资格,现行法律没有规定,司法解释也未予明确。[②] 实践中,许多混合受害人是基于对行政机关的信赖而遭受损失。从对信赖利益的保护角度,有必要有条件和有限制地[③]赋予混合受害人行政赔偿请求人资格。

第二节　行政赔偿义务机关

一、行政赔偿义务机关的概念

行政赔偿义务机关是指代表国家接受行政赔偿请求,参加行政赔偿诉讼,履行赔偿义务的机关。行政赔偿义务机关不同于行政赔偿责任主体,后者是国家

① 参见《行政诉讼法司法解释》第 98 条。

② 最高人民法院的批复对与公安机关有关的部分进行了一些规定,参见最高人民法院《关于公安机关不履行、拖延履行法定职责如何承担行政赔偿责任问题的答复》。

③ 这种情形的赔偿标准可低于一般的赔偿标准,因为受害人受到损失的直接原因是上市公司经营不善,只是因其破产无法赔偿受害人的损失。

赔偿责任的最终承担者。当然,受各国政治和财政体制的影响,有些国家承担国家赔偿责任和地方公共团体或自治团体承担赔偿责任是分开的。① 如日本《国家赔偿法》第1条第1款规定:“行使国家或公共团体权力之公务员,就其执行职务,因故意或过失不法加害于他人者,国家或公共团体对此应负赔偿责任。”②但各国都肯定了国家的责任。国家是一个抽象的政治实体,受害人无法直接请求抽象的国家承担具体的赔偿义务,因而在许多国家或地区,立法采取“国家责任、机关赔偿”的做法。具体又分为两种:第一种是确立单一的国家赔偿义务机关,如瑞士的国家赔偿义务机关为财政部门,韩国的赔偿义务机关为法务部设立的国家赔偿审议会和国防部设立的特殊赔偿审议会。第二种是实行多元制赔偿义务机关制度,如在法国、德国,通常由致害行政机关履行行政赔偿义务。我国采用的是第二种制度。

行政赔偿义务机关不同于行政侵权行为人。行政赔偿义务机关专指接受行政赔偿请求,履行行政赔偿义务的国家机关,行政侵权行为人则指执行职务造成他人损害的具体机关和公务员。③

关于行政赔偿义务机关与行政赔偿诉讼被告的关系,各国规定不一。有的国家两者重合,如瑞士。也有的国家两者不完全重合,如在英国,赔偿义务机关是有关的部,受害人提起赔偿诉讼以部为被告,如果不能确定适当的部为被告,则以总检察长为赔偿诉讼被告。④ 在我国,行政赔偿义务机关与行政赔偿诉讼被告完全重合,两者为行政赔偿程序中前后不同阶段的称谓。

按照我国《国家赔偿法》的规定,行政赔偿义务机关具有以下权利义务:(1) 受理行政赔偿请求,对赔偿请求作出处理。(2) 参加因赔偿问题引起的行政复议和行政赔偿诉讼,即以行政复议被申请人和行政赔偿诉讼被告的身份参加由赔偿问题引起的行政复议和行政赔偿诉讼,行使相应的权利和承担相应的义务。(3) 履行相应行政复议决定或法院判决。(4) 行使追偿权,即在赔偿受害人的损失后,有权向有故意和重大过失的公务人员及受委托的组织或个人追偿全部或部分其向受害人支付的赔偿金。

二、行政赔偿义务机关的设定原则

行政赔偿义务机关的设定需遵循一定原则,以确保公正合理,并方便对受害相对人的救济。在我国,由于行政机关设置复杂,行政机关数量众多,因而,科学

① 马怀德:《国家赔偿法的理论与实务》,中国法制出版社1994年版,第119页。

② 行政立法研究组编译:《外国国家赔偿、行政程序、行政诉讼法规汇编》,中国政法大学出版社1994年版,第82页。

③ 姜明安主编:《行政法学》,法律出版社1998年版,第120页。

④ 参见英国《王权诉讼法》第17条第3款,载行政立法研究组编译:《外国国家赔偿、行政程序、行政诉讼法规汇编》,中国政法大学出版社1994年版,第20页。

设定行政赔偿义务机关十分重要。根据《国家赔偿法》,我国行政赔偿义务机关的设定原则可概括为下述三项:

1. 职权主义原则

这一原则是指由违法行使职权的行政机关充当行政赔偿义务机关。[①] 违法行使职权的行政机关包括违法行使职权的公务员所在的行政机关。职权主义原则为许多国家所遵循。确立职权主义原则,主要是出于以下考虑:第一,便于行政赔偿争议的顺利解决。违法行使职权的行政机关最了解致害情况,由其作为行政赔偿义务机关,便于受害人行使赔偿请求权,便于调解,也便于法院的调查取证和判决。第二,符合权责一致原理。由行使职权的行政机关作为行政赔偿义务机关,可以增强行政机关的自我约束力,促使行政机关依法办事。第三,便于受害人行政赔偿请求权的实现。如果致害的行政机关不予赔偿,受害人可以该行政机关为被告提起行政赔偿诉讼。

2. 行政主体原则

该原则是指作为行政赔偿义务机关的组织必须具有行政主体资格。[②] 确立这一原则,主要是因为在行政活动中,行政主体依法享有行政职权,能以自己的名义进行管理,并能承担其行为的法律后果,因而,由行政主体作为行政赔偿义务机关较为适宜。另外,设置行政赔偿义务机关的主要目的是承担具体的赔偿义务,而不是承担赔偿责任。采用行政主体原则能较好地满足这一需要。

3. 便民原则

这一原则是指行政赔偿义务机关的设定应尽可能地方便受害人行使行政赔偿请求权,这与设定行政赔偿义务机关的目的相一致。例如,《国家赔偿法》第10条规定:"赔偿请求人可以向共同赔偿义务机关中的任何一个赔偿义务机关要求赔偿,该赔偿义务机关应当先予赔偿。"该规定就是为了方便受害人行使行政赔偿请求权。

三、行政赔偿义务机关的范围

(一) 一般情况下的赔偿义务机关

《国家赔偿法》第7条第1款规定:"行政机关及其工作人员行使行政职权侵犯公民、法人和其他组织的合法权益造成损害的,该行政机关为赔偿义务机关。"这一规定明确了在一般情况下,行政赔偿义务机关为致害的行政机关以及致害的行政机关工作人员所在的机关。工作人员所在的机关指实施侵害时,其职权所属的行政机关,而不一定是该工作人员所隶属的行政机关。这一规定是"谁致

① 应松年主编:《国家赔偿法研究》,法律出版社1995年版,第133页。

② 关于行政主体理论,详见本书第四章的说明。

害，谁为赔偿义务机关”原则的具体体现。

（二）特殊情况下的赔偿义务机关

1. 共同侵权时的赔偿义务机关

《国家赔偿法》第7条第2款规定：“两个以上行政机关共同行使行政职权时侵犯公民、法人和其他组织的合法权益造成损害的，共同行使行政职权的行政机关为共同赔偿义务机关。”这一规定有三点需要说明：第一，这里所说的两个以上行政机关，是指两个以上具有行政主体资格的行政机关，而不包括同一行政机关内部的两个以上部门，也不包括同一行政机关内部具有从属关系的两个以上行政机构和组织。第二，两名以上的工作人员分属于不同的行政机关，在其共同行使职权时侵犯公民、法人和其他组织合法权益造成损害的，究竟以哪个行政机关为赔偿义务机关，《国家赔偿法》没有明确规定。但按照该法的立法精神和行政机关工作人员职务行为的责任归属理论，可以理解为致害工作人员所在的行政机关为共同赔偿义务机关。第三，共同赔偿义务机关共同承担赔偿义务，它们之间负连带责任，受害人可以向其中的任何一个要求赔偿，该赔偿义务机关应当先予赔偿，然后要求其他有责任的行政机关负担部分赔偿费用。

《行政赔偿司法解释》进一步细化了共同侵权时行政机关的行政赔偿责任，其第21条规定：“两个以上行政机关共同实施违法行政行为，或者行政机关及其工作人员与第三人恶意串通作出的违法行政行为，造成公民、法人或者其他组织人身权、财产权等合法权益实际损害的，应当承担连带赔偿责任。一方承担连带赔偿责任后，对于超出其应当承担部分，可以向其他连带责任人追偿。”第22条规定：“两个以上行政机关分别实施违法行政行为造成同一损害，每个行政机关的违法行为都足以造成全部损害的，各个行政机关承担连带赔偿责任。两个以上行政机关分别实施违法行政行为造成同一损害的，人民法院应当根据其违法行政行为在损害发生和结果中的作用大小，确定各自承担相应的行政赔偿责任；难以确定责任大小的，平均承担责任。”

2. 授权行政侵权时的赔偿义务机关

《国家赔偿法》第7条第3款规定：“法律、法规授权的组织在行使授予的行政权力时侵犯公民、法人和其他组织的合法权益造成损害的，被授权的组织为赔偿义务机关。”这里所说的法律、法规授权，必须是法律、法规明文规定的授权，一般规范性文件的授权应视为委托，发生赔偿问题，由委托的行政机关作为赔偿义务机关。

3. 委托行政侵权时的赔偿义务机关

《国家赔偿法》第7条第4款规定：“受行政机关委托的组织或者个人在行使受委托的行政权力时侵犯公民、法人和其他组织的合法权益造成损害的，委托的行政机关为赔偿义务机关。”在委托行政中，受委托组织及其工作人员以委托行政机关的名义行使行政职能，其行为的后果归属于委托行政机关，故而以委托的行政机关为赔偿义务机关。不过，如果受委托组织或者个人在行使行政职能致害过程中有故意或者重大过失，赔偿义务机关有权在赔偿损失后，责令其承担部分或者全部赔偿费用。

4. 致害机关被撤销时的赔偿义务机关

《国家赔偿法》第 7 条第 5 款规定："赔偿义务机关被撤销的，继续行使其职权的行政机关为赔偿义务机关；没有继续行使其职权的行政机关的，撤销该赔偿义务机关的行政机关为赔偿义务机关。"毫无疑问，这是为保证受害人相应赔偿请求权实现而作出的特别规定。

5. 经复议的赔偿义务机关

《国家赔偿法》第 8 条规定："经复议机关复议的，最初造成侵权行为的行政机关为赔偿义务机关，但复议机关的复议决定加重损害的，复议机关对加重的部分履行赔偿义务。"这一规定有一前提：公民、法人或者其他组织在行政活动中所受损害经复议程序后出现加重的情况。对这种情况，由最初侵权的行政机关作为赔偿义务机关，由复议机关对加重部分履行赔偿义务，这体现了"谁致害，谁为赔偿义务机关"的原则。如果引起行政赔偿诉讼，原行政行为造成赔偿请求人损害，复议决定加重损害的，复议机关与原行政行为机关为共同被告。[①]

（三）几类特殊情况行政赔偿义务机关的确认

我国行政机关的设置和运行机制比较复杂，《国家赔偿法》也没有全面列举行政赔偿义务机关的情况，从而导致了行政赔偿义务机关的确认存在困难。实践中，需要对以下几类特殊行为主体行为致害的赔偿义务机关作进一步的确认：

1. 派出机关和派出机构

派出机关是一级政府设立的派出组织，包括行政公署、区公所和街道办事处；派出机构是政府职能部门设置的派出组织，如公安派出所、市场监管所等。一般来说，派出机关具有行政主体资格，并有独立的财政，可确认其为赔偿义务机关；而派出机构，无论有无法律的明确授权，由于其无独立的财政，故由派出机构所属的行政机关作赔偿义务机关。

2. 内部机构和临时机构

行政机关内部机构和临时机构致害时能否作为行政赔偿的义务机关，《国家赔偿法》没有明文规定。在行政诉讼中，如果有法律、法规和规章的明确授权，行政机关的内部机构和临时机构可作为行政诉讼的被告；如果没有法律、法规和规章的明确授权，则只能由其所从属的行政机关作被告。考虑到国家赔偿涉及财产责任的承担，而内部机构和临时机构一般缺乏独立的财政，另外，行政机关对

① 《行政赔偿司法解释》第 9 条。

其所属的内部机构和临时机构有监督职责，因此，无论有无法律、法规和规章的明确授权，都应由内部机构和临时机构所从属的行政机关作为赔偿义务机关。

3. 批准机关

有些致害行为经过上级行政机关的批准，在此情况下，是由下级行政机关还是由上级行政机关作为赔偿义务机关，《国家赔偿法》没有提及。在这里可以比照行政诉讼的有关规定执行。《行政诉讼法司法解释》第19条规定："当事人不服经上级行政机关批准的行政行为，向人民法院提起诉讼的，以在对外发生法律效力的文书上署名的机关为被告。"同样，经批准的行为致害，也可以在对外发生效力的文书上签名的机关为赔偿义务机关。这符合"谁行为、谁致害、谁负责"的精神。

从上述分析可知，我国现行行政赔偿义务机关的设置比较烦琐，不利于确认，也不利于对相对人的救济。今后或可用一种比较简单的方式取代，如在地方，由各级人民政府作赔偿义务机关，对其下属的所有部门或机构的致害行为负责。当然，这需要通过修改《国家赔偿法》加以规定。

第三节 行政赔偿费用

行政赔偿费用是指国家用于支付行政赔偿金和恢复原状所支出的费用。行政赔偿制度能否对受害人提供有效的救济，在很大程度上取决于行政赔偿费用有无相应保障以及行政赔偿费用支付程序是否合理。行政赔偿费用一般由国库支出，但在确定具体来源及管理方式时既受财政体制的制约，又需要考虑保证受害人能得到合理及时的救济以及防止赔偿义务机关不予赔偿或滥用赔偿等因素。[①] 国务院于1995年1月25日发布了《国家赔偿费用管理办法》，并于2010年12月29日通过修订，以《国家赔偿费用管理条例》的名称发布。

从国外的情况看，行政赔偿费用制度有如下几种：(1) 中央政府统筹编列赔偿预算，地方行政所支出的赔偿费用，由中央财政拨付。(2) 各级政府分别编列赔偿预算，对本级政府各行政机关造成的损害赔偿负责。但如果一级政府的预算费用不够支付赔偿数额，则可启动上一级政府的预备费用。(3) 国家设立专项基金，国家和机关相结合共同负担赔偿费用。如美国法律规定：2500美元以下的赔偿金由联邦政府机关自行负责，超出此限的赔偿金，则由国会拨出专款，由财政部拨付。(4) 通过保险渠道支付赔偿费用。[②]

我国行政赔偿费用制度采用的是上述第二种方式。《国家赔偿法》(2012)第

---

① 马怀德：《国家赔偿法的发展与完善》，2004年中国行政法学研究会年会论文。

② 马怀德：《国家赔偿法的理论与实务》，中国法制出版社1994年版，第262—264页。

37条规定:“赔偿费用列入各级财政预算。赔偿请求人凭生效的判决书、复议决定书、赔偿决定书或者调解书,向赔偿义务机关申请支付赔偿金。赔偿义务机关应当自收到支付赔偿金申请之日起七日内,依照预算管理权限向有关的财政部门提出支付申请。财政部门应当自收到支付申请之日起十五日内支付赔偿金。赔偿费用预算与支付管理的具体办法由国务院规定。”这一规定是对《国家赔偿法》(1994)规定的补充和完善,确保了赔偿金的支付。为此,2010年《国家赔偿费用管理条例》取消了赔偿义务机关先行支付赔偿金的做法,转为由赔偿义务机关受理,向财政部门请求,由财政部门支付,并按照《国家赔偿法》的规定,明确了国家赔偿费用的支付期限,强化了赔偿义务机关的支付义务。

至于赔偿费用制度可否打破财政支付而采用社会保险的手段,需要进一步研究。采用社会保险的手段赔偿可以减轻政府的财政压力,使损害分担社会化,也有利于对相对人的救济,但其不足之处在于可能导致行政机关的赔偿责任弱化。

第三十八章 行政赔偿方式和计算标准

第一节 行政赔偿方式

一、行政赔偿方式概述

行政赔偿方式是指国家承担行政赔偿责任的具体形式。行政赔偿是对侵权损害的救济,行政赔偿采用什么方式,依据什么标准,直接影响到救济的质量,影响到受害人权益,因而需要合理设计。

行政赔偿方式不完全等同于民事赔偿方式,这是由国家作为责任主体的特点决定的。[①] 民事赔偿多以恢复原状为原则。如我国台湾地区"民法"第 213 条规定:"负损害赔偿责任者,除法律另有规定或契约另有订定,应回复他方损害发生前之原状。"而行政赔偿涉及公权力的运作,不能因为赔偿事宜而影响公务,因此,行政赔偿以支付赔偿金为原则,以恢复原状为例外。

从国外的赔偿实践看,行政赔偿方式多为金钱赔偿与恢复原状两种,并以金钱赔偿为主。如德国《国家赔偿法》第 2 条第 1 款规定:"公权力机关必须以金钱赔偿损害……"[②]法国、英国、美国等也都以金钱赔偿为原则。

我国在国家赔偿立法中,对行政赔偿方式曾有两种不同意见:一种意见认为,国家赔偿应以金钱赔偿为原则,以恢复原状为例外,以确保行政机关正常的管理活动和行政效率。另一种意见认为国家赔偿应当是全面赔偿,其宗旨在于恢复受损害的合法权益。我国现有体制和传统决定了恢复原状比金钱赔偿更适于填补受害人损失,恢复受害人合法权益,如恢复工作、职务、工资级别、户口、住房等往往比金钱赔偿更重要。[③] 考虑到赔偿方式既要满足受害人的实际需要,又要方便赔偿义务机关承担和履行赔偿义务,立法采用了以金钱赔偿为主,以其他赔偿方式为辅的原则。《国家赔偿法》第 32 条规定:"国家赔偿以支付赔偿金为主要方式。能够返还财产或者恢复原状的,予以返还财产或者恢复原状。"具体地说,我国行政赔偿的方式有三种,即支付赔偿金、返还财产和恢复原状。

---

① 应松年主编:《国家赔偿法研究》,法律出版社 1995 年版,第 223—224 页。

② 行政立法研究组编译:《外国国家赔偿、行政程序、行政诉讼法规汇编》,中国政法大学出版社 1994 年版,第 54 页。

③ 肖峋:《关于国家赔偿法的几个问题》,载《中外法学》1991 年第 1 期。

二、支付赔偿金

支付赔偿金，又称为金钱赔偿，是指赔偿义务机关以货币形式支付赔偿金额，补偿受害人所受损失的方式。赔偿金为本国货币。将支付赔偿金作为行政赔偿的主要方式，是基于以下考虑：第一，支付赔偿金不影响行政管理的正常运行。如果大量采用其他赔偿方式，如恢复原状等，行政机关必须付出相当的时间、精力，从而会影响行政管理效率。第二，支付赔偿金具有适用性强的特点。无论是人身权损害还是财产权损害，也无论是物质损害还是精神损害，都可采用支付赔偿金的方式予以赔偿，而这是其他任何赔偿方式都无法替代的。第三，支付赔偿金操作性强，便于执行。第四，建立国家赔偿制度的国家大多以支付赔偿金为主要赔偿方式，而且效果较好，我国有必要借鉴。

根据《国家赔偿法》第 33、34、35 条的规定，支付赔偿金的范围覆盖了行政赔偿的范围：第一，损害公民人身自由权、生命健康权的，应当支付赔偿金。第二，损害财产权的，能够返还财产、恢复原状的，予以返还财产、恢复原状；不能返还财产、恢复原状的，应当支付赔偿金。第三，造成精神损害严重后果的，应当支付相应的精神损害抚慰金。《行政赔偿司法解释》明确赔偿金按照损害发生时的市场价格计算损失。市场价格无法确定，或者该价格不足以弥补公民、法人或者其他组织损失的，可以采用其他合理方式计算。针对司法实践中占比较大的违法征收征用土地、房屋导致的行政赔偿案件，人民法院判决给予被征收人的行政赔偿，不得少于被征收人依法应当获得的安置补偿权益。①

三、返还财产

返还财产，又称返还原物，是指赔偿义务机关将违法取得的财产返还受害人的赔偿方式。返还财产一般是指原物，但是原物并不仅指特定物，也包括种类物。和支付赔偿金相比，返还财产是一种辅助性的赔偿方式，只适用于财产权损害。如行政机关违法罚款、没收财物，违法征收、摊派费用等，都可适用返还财产。

适用返还财产这一方式时，还必须具备以下几个条件：第一，原财物仍然存在。如果原财物已经毁损或灭失，返还财物也就无从谈起。第二，返还财产比金钱赔偿更为便捷。返还财产是一种辅助性的赔偿方式，只有在比金钱赔偿更便捷时才适用。第三，返还财产不影响公务的实施。如果原财物已经用于公务活动，返还财产将影响到公务的实施，则不应以返还财产方式赔偿，而应予以金钱赔偿。

① 参见《行政赔偿司法解释》第 27 条。

四、恢复原状

恢复原状是指赔偿义务机关对受害人受损害的财产进行修复，使之恢复到受损害前的形状和性能的赔偿方式。恢复原状不以受害人提出请求为限，只要赔偿义务机关认为恢复原状既有可能又有必要，就可以主动采取恢复原状的赔偿方式。

恢复原状包括两方面的内容：第一，恢复财产原状。这主要作为返还财产的附加形式存在。应予返还的财产受到损害，能够恢复原状（修复）的，应恢复原状（修复）后返还。第二，恢复职位、户口、住房等。受害人的职位、户口、住房受损，难以通过其他途径救济，恢复原状是最佳赔偿方式。

采用恢复原状的赔偿方式要满足一定的条件：第一，受损害的财产或其他权利能够恢复，不能恢复的，不适用恢复原状。第二，恢复原状比支付赔偿金更为便捷。如果恢复原状难度较大，或者恢复原状没有实际意义，则可采用金钱赔偿。第三，恢复原状不妨碍公务的执行。

除上述三种行政赔偿方式外，承担行政侵权责任的方式还有停止侵害、消除影响、恢复名誉和赔礼道歉等。停止侵害是指责令侵权人立即停止正在进行的侵害行为，以避免损失后果的发生或扩大的法律措施，如解除对财产的查封、扣押、冻结等。消除影响是指赔偿义务机关承担的在特定范围内消除给受害人带来的不良影响，恢复受害人名誉和荣誉的赔偿方式。恢复名誉与消除影响通常合并适用。赔礼道歉是指赔偿义务机关通过公开的方式向受害人承认过错，表示歉意。消除影响、恢复名誉、赔礼道歉的方式主要适用于侵犯受害人的人身权并影响受害人名誉、荣誉权的侵权行为。

第二节 行政赔偿标准

一、行政赔偿标准概述

行政赔偿标准是指国家对行政侵权受害人支付赔偿金的标准。行政赔偿标准的高低直接决定了对受害人的救济程度以及行政赔偿制度的社会效益，具有重要意义。

在不同国家，由于行政赔偿制度的发达程度以及体系不同[①]，行政赔偿标准的设定也不相同。概括起来，行政赔偿标准有三种：

第一，补偿性标准，指赔偿义务机关支付的赔偿金能够填平受害人的实际损

① 在英美法系国家，行政赔偿适用民事赔偿的原则；而在大陆法系国家，行政赔偿是一种独立的赔偿制度。

失，使其合法权益恢复到受害前的状态。按照该标准，国家支付的赔偿额与受害人的损失额相当。[①] 如美国联邦政府行政赔偿采用的就是补偿性标准。[②]

第二，抚慰性标准，指赔偿义务机关支付的赔偿金不以补足受害人的实际损失，只是在一定范围内一定程度上对受害人予以赔偿。按该标准，国家支付的赔偿额一般少于受害人实际所受损失。[③]

第三，惩罚性标准，指赔偿义务机关支付的赔偿数额超出受害人实际所受损失，带有惩罚性质。如在美国的亚拉巴马州，对死亡损害规定了惩罚性赔偿。此种赔偿标准较高。[④]

一个国家采用何种赔偿计算标准，往往与该国的平等理念和权利意识以及国家财力密切相关。国民平等理念和权利意识强，就会对赔偿计算标准有较高的要求。国家经济实力雄厚，也就有能力对受害人进行更充分的救济。按照我国现行《国家赔偿法》的规定，行政赔偿计算标准原则上采取补偿性标准，但在个别情况下，则采取抚慰性标准，如《国家赔偿法》第 36 条第 6 项规定："吊销许可证和执照、责令停产停业的，赔偿停产停业期间必要的经常性费用开支"。如果要填平补齐受害人的实际损失，除了赔偿停产停业期间必要的经常性费用支出外，还需赔偿正常生产或营业的情况下可能获得的利润。后者的金额往往比"必要的经常性费用支出"大得多。在国外，行政赔偿的计算标准还有一种损益相抵原则，即受害人因同一损害从不同渠道获得赔偿，国家只支付赔偿总额中减去已获赔偿金的余下部分。如国家本应赔偿受害人家属死亡抚慰金 200 万元，但其家属已从死亡保险中获得 150 万元的保险赔偿，因此国家只赔付受害人 50 万元，日本、法国都采用这一原则。在计算标准中，稍有不同的是日本用于抵销行政赔偿费用的收益基本是国家或社会付给的，法国却连个人从事有收入的职业所获得的收益也要用来抵销国家的赔偿费用，例如公务员在非法撤职期间从事劳动的收益，也将从行政赔偿金中扣除。行政赔偿是对受害人表示抚慰，是国家对自己的过错承担责任，因此尽管我国行政赔偿的水平还不够高，但由于不采用损益相抵的赔偿标准，受害人有可能从别的渠道得到收益，并归己所有，从而保证了受害人在受到不法侵害时得到切实可靠的赔偿。

我国《国家赔偿法》(1994)实施十多年后，赔偿计算标准方面反映出的问题日渐突出，保守的行政赔偿标准已经远远不足以弥补受害人所受的损失，修正赔偿计算标准也成为修改《国家赔偿法》的必要内容。同时，从世界发达国家的经

---

① 皮纯协等主编:《国家赔偿法释论》，中国法制出版社 1994 年版，第 265 页。

② 王名扬:《美国行政法》(下)，中国法制出版社 1995 年版，第 775 页。

③ 应松年主编:《国家赔偿法研究》，法律出版社 1995 年版，第 228 页。

④ 行政立法研究组编译:《外国国家赔偿、行政程序、行政诉讼法规汇编》，中国政法大学出版社 1994 年版，第 774 页。

验来看,赔偿标准也呈现多元化的发展趋势:根据不同的行为、赔偿类型适用不同的计算标准。为切实保障受害人的权益,2012 年修正的《国家赔偿法》总体上提高了赔偿标准,并增加了精神损害的赔偿规定。

二、人身权损害赔偿的计算标准

人身权的损害包括侵犯公民人身自由权和侵犯公民生命健康权两类,下面分别介绍这两类侵权行为的损害赔偿计算标准。

(一) 人身自由权损害赔偿的计算标准

对侵犯公民人身自由权的赔偿标准,《国家赔偿法》第 33 条规定:"侵犯公民人身自由的,每日赔偿金按照国家上年度职工日平均工资计算。"即按日支付赔偿金,按照国家上年度职工日平均工资计算。被侵权人应得到的赔偿金等于国家上年度职工的日平均工资乘以其被限制人身自由的天数。

赔偿金的计算标准,是行政赔偿的重要内容之一。我国《国家赔偿法》对侵害公民人身自由权的赔偿采用变动的标准,而不是规定一个最高赔偿限额或固定的标准。这样做的好处有二:第一,我国目前正处于改革发展阶段,工资、物价在相当长的时期内会不断地发生变化。如果确定一个固定的赔偿金额,将不适应未来不断变化的情况。第二,我国幅员辽阔,不同地区之间经济发展不平衡,而且,不同的行业、岗位之间收入差别很大,假如明确规定侵犯公民人身自由一天,统一赔偿某一数额的人民币,对于贫困地区或低收入行业的受害人,或许足以弥补其受到的损失,但对于经济发达的沿海地区或高收入者来说,却无法填补其所受到的损害。但是,《国家赔偿法》若是对此不作规定,就可能出现这样的情况:同样的损害在不同地区得到不同数额的赔偿。这对受害人来说又有失公平。因此,《国家赔偿法》规定以国家上年度职工日平均工资或年平均工资的倍数来计算侵犯人身自由权的赔偿金。这符合我国的国情,既便于操作,也比较灵活,有利于在全国范围内统一实施,保证公民在人身自由权受到侵害时能得到国家的合理赔偿。

上年度国家职工平均工资以国家统计机关每年公布的数据为准。

(二) 生命健康权损害赔偿的计算标准

生命健康权是公民依宪法享有的最基本的权利。国家保护公民的生命健康,任何组织和个人都不得非法侵犯或剥夺公民的生命和健康权。《国家赔偿法》第 34 条规定,侵犯公民生命健康权的赔偿按下列标准计算:

(1) 造成身体伤害的,应当支付医疗费、护理费,以及赔偿因误工减少的收入。减少的收入每日的赔偿金按照国家上年度职工日平均工资计算,最高额为国家上年度职工年平均工资的 5 倍。

身体伤害亦称一般伤害,指尚未造成残疾的伤害。医疗费是受害人身体受到损害后为恢复健康进行治疗所支出的费用，包括医药费、住院费、化验费等。医疗费应以受害人就诊医院开具的诊断证明和医疗费用单据为凭，凡治疗与侵害无关的疾病或擅自购买与侵害无关的药品，未经医务部门批准，另找医院治疗的花费，都不予赔偿。

护理费指受害人在康复期间由于生活不能自理而花费的陪护费用。陪护要根据需要而定，并有一定的限定范围。该项费用为修订后的《国家赔偿法》所增加，主要是为了更好地补偿受害人的损失。

误工减少的收入，指受害人因受侵害后不能工作而损失的收入，误工日期的计算以医院开具的休假日期为依据，没有休假证明自己休假的，不作误工日计算。减少的收入每日赔偿金按国家上年度职工日平均工资计算，最高额为国家上年度职工年平均工资的 5 倍。

对赔偿金额规定最高限额并非始于我国，世界上其他国家已有类似的做法，这主要是考虑到国家的财力情况。

（2）造成部分或者全部丧失劳动能力的，应当支付医疗费、护理费、残疾生活辅助具费、康复费等因残疾而增加的必要支出和继续治疗所必需的费用，以及残疾赔偿金。造成全部丧失劳动能力的，对其扶养的无劳动能力的人，还应当支付生活费。

对这里的医疗费、护理费的理解同上。残疾生活辅助具费指假肢、残疾人用轮椅等辅助残疾人生活的器具。康复费指受害人用于恢复健康的康复训练所花费用。康复费亦限定在必要的范围内。

残疾赔偿金是指国家机关及其工作人员因违法行使职权侵犯公民生命健康权，致使公民部分或全部丧失劳动能力后，国家支付给受害人的赔偿金。赔偿额的多少由受害人的伤残程度确定。受害人的伤残程度应根据国家有关标准确定。这可以参考 2013 年最高人民法院、最高人民检察院、公安部、国家安全部、司法部发布的《人体损伤程度鉴定标准》。

设置残疾赔偿金，是考虑在人身不受损害的正常情况下，公民通过劳动可以获得一定的财产，也可以履行法定的扶养义务。而一旦发生人身损害，致使部分或全部劳动能力丧失，受害人原本可以得到的收入就会减少或丧失。全部丧失劳动能力的，法定的扶养义务不能履行，被扶养人的生活因此失去保障。因此，国家必须对此承担赔偿责任。对部分丧失劳动能力的受害者，要根据伤残的轻重区别对待，以决定残疾赔偿金的数额。全部丧失劳动能力给受害人带来的痛苦是巨大的，使其不但无法从事劳动、娱乐活动，甚至也丧失了生活的自理能力，不仅其自身会陷于极大的肉体和精神的痛苦，还会给其家人带来巨大的负担。因此《国家赔偿法》对全部丧失劳动能力的赔偿与死亡赔偿金一样，都是国家上年度职工年平均工资的 20 倍。

对其他无劳动能力的人支付生活费，是指国家机关及其工作人员违法侵犯公民的生命健康权，致使其部分或全部丧失劳动能力，对其所扶养的无劳动能力的人支付生活费用的情形。根据我国《民法典》的规定，公民应扶养的人包括：公民的直系亲属，即父母、配偶、未满 18 岁的子女、祖父母、外祖父母以及与公民已形成扶养关系的人。凡是被扶养人是未成年人的，生活费给付至 18 周岁；其他无劳动能力的人，生活费给付至死亡时止。发放的标准可参照当地最低生活保障标准执行。

(3) 造成死亡的，应当支付死亡赔偿金、丧葬费，总额为国家上年度职工年平均工资的 20 倍。对死者生前扶养的无劳动能力的人，还应当支付生活费。

死亡赔偿金与残疾赔偿金的不同之处在于，死亡赔偿金是给付受害人亲属的，而残疾赔偿金是给付受害人的。接受死亡赔偿金的主要是受害人的继承人及与受害人有扶养关系的亲属。因此，死亡赔偿金由国家一次性向死者家属支付。死亡赔偿金与丧葬费的总额为国家上年度职工年平均工资的 20 倍。对于受害人生前扶养的无劳动能力的人还应给付生活费。被扶养人是未成年人的，生活费给付至满 18 周岁；其他无劳动能力的人，生活费给付至被扶养人死亡为止。

造成公民死亡的侵权行为，是最严重的侵犯公民生命健康权的行为。从理论上来说，国家对死亡的赔偿应以补偿死者生命正常延续所能获得的合理利益为限。从一些国家和地区的立法情况来看，对死亡的赔偿有如下几个特点：第一，对死亡赔偿大多规定最高限额：德国不超过 75 万马克；日本为 2000 万日元以内；韩国为受害者当时月工资的 60 倍以内。第二，赔偿的范围包括：丧葬费、救治费、被扶养人的生活费、给亲属的抚慰金等。第三，确定死亡的赔偿额，一般应考虑到受害人的年龄、健康状况、收入能力及其他情况。第四，如果能证明死亡给受害人带来的财产损失，国家也负责赔偿。我国《国家赔偿法》借鉴了国外立法经验，又根据我国的实际情况，对死亡的赔偿采取限额一次性给付的规定，优点是能使赔偿义务机关迅速、准确地计算出赔偿金，及时地给付受害人亲属，使其尽快得到安慰。

(三) 精神损害赔偿的计算标准

《国家赔偿法》第 35 条规定，国家机关或其工作人员侵犯人身权，“致人精神损害的，应当在侵权行为影响的范围内，为受害人消除影响，恢复名誉，赔礼道歉；造成严重后果的，应当支付相应的精神损害抚慰金”。

最高人民法院《关于审理国家赔偿案件确定精神损害赔偿责任适用法律若干问题的解释》明确了精神损害抚慰金的标准，其第 8 条规定：“致人精神损害，造成严重后果的，精神损害抚慰金一般应当在国家赔偿法第三十三条、第三十四条规定的人身自由赔偿金、生命健康赔偿金总额的百分之五十以下(包括本数)

酌定;后果特别严重,但是确有证据证明前述标准不足以抚慰的,可以在百分之五十以上酌定。”第 9 条规定:“精神损害抚慰金的具体数额,应当在兼顾社会发展整体水平的同时,参考下列因素合理确定:(一) 精神受到损害以及造成严重后果的情况;(二) 侵权行为的目的、手段、方式等具体情节;(三) 侵权机关及其工作人员的违法、过错程度、原因等;(四) 原错判罪名、刑罚轻重、羁押时间;(五) 受害人的职业、影响范围;(六) 纠错的事由以及过程;(七) 其他应当考虑的因素。”

三、财产权损害赔偿的计算标准

《国家赔偿法》第 36 条规定了财产损害赔偿的下述计算标准:

(一) 处罚款、罚金、追缴、没收财产或者违法征收、征用财产的赔偿

对于罚款、罚金、追缴、没收财产侵犯公民、法人和其他组织财产权的,或者违法征收、征用财产的行为,对财产权的损害而言,属于物之失去控制,即受害人对物失去控制,与之相适应的最好赔偿是返还财产。这里所说的返还财产,包括金钱和其他财物。对于金钱的赔偿,《国家赔偿法》(1994)只规定返还,未规定赔偿利息,而 2010 年修正后的《国家赔偿法》开始明确规定要支付利息。对其他财产的间接损失,不在国家赔偿的范围内。

(二) 查封、扣押、冻结财产造成损失的赔偿

这三种侵权行为,造成的后果往往较为复杂,赔偿也有多种方式和标准。首先,应解除对财产的查封、扣押、冻结。其次,如果应当返还的财产损坏的,则能够恢复原状的恢复原状,不能恢复原状的,国家应承担金钱赔偿的责任,按照损害程度给付相应的赔偿金。最后,如果应当返还的财产灭失的,应当给付相应的赔偿金。所谓“灭失”,是指被查封、扣押、冻结的财产已不复存在。所谓“相应的赔偿”,是指赔偿的数额应以物的价值计算,并且是以受害人可以控制该被损害物时为估价日期。

(三) 财产已经拍卖或变卖的损害赔偿

拍卖,是指公开处置财产的一种方式,由专业拍卖机构、临时从事拍卖活动的企业或者人民法院以公平竞争的方式将财产出卖给出价最高者。变卖是指出卖财物、换取现款。与拍卖相比,变卖程序比较随意,而拍卖则须按照严格的程序进行。《国家赔偿法》规定,国家机关及其工作人员对财产采取违法强制措施后,如果已经进行了拍卖或变卖,原物已经不存在或为他人所有,恢复原状已不可能,应给付拍卖或变卖所得价款。变卖的价款明显低于财产价值的,应当支付相应的赔偿金。《国家赔偿法》(1994)仅规定了财产拍卖的赔偿,2010 年修正后的《国家赔偿法》则针对实践中的具体情况,补充规定了财产变卖的损害赔偿。

（四）吊销许可证和执照、责令停产停业的损害赔偿

吊销许可证和执照、责令停产停业是国家机关及其工作人员可能侵害公民、法人及其他组织的财产权的又一种形式。这种侵害并非直接指向财产，而是指向剥夺和限制受害人的资格或行为导致的财产损失。《国家赔偿法》规定违法吊销许可证和执照、责令停产停业造成损害的，赔偿停产停业期间必要的经常性费用开支。所谓“必要的经常性费用开支”是指企业、商店、公民等停产停业期间用于维持其生存的基本开支，如水电费、房屋租金、职工基本工资等。其中职工基本工资是按国家统一规定的劳保工资的平均数来计算的。这种“必要的经常性费用开支”的赔偿的标准是很低的——既不赔偿被侵权企业在正常情况下能获得的利润收益，也不赔偿其停产停业期间的一切其他开支，而只是赔偿其整个损失的一小部分。

（五）财产权的其他损害赔偿

《国家赔偿法》规定财产权的其他损害赔偿包括两个方面：一是返还执行的罚款或者罚金、追缴或者没收的金钱，解除冻结的存款或者汇款的，应当支付银行同期存款利息；二是对财产权造成其他损害的，按照直接损失给予赔偿。所谓“直接损失”，是指因遭受不法侵害而使现有财产直接减少或消灭。《行政赔偿司法解释》通过列举的方式明确了存款利息、贷款利息、现金利息、机动车停运期间的营运损失，以及通过行政补偿程序依法应当获得的奖励、补贴等均属于直接损失的范畴，同时在兜底条款明确对财产造成的其他实际损失均属于直接损失。

此外，在当今社会，公民的权益日益扩展，除了传统的人身权、财产权受法律保护外，公民所享有的选举权和被选举权、管理参与权（如进入公务员队伍）、受教育权、劳动权、休息权、社会保障权、知情权和听证权等也可能受到行政机关违法行为的侵害。从发展的角度看，这些权利被侵犯时，也应该得到相应赔偿。至于其他权利损害，其赔偿标准包括两部分：一部分为物质损害赔偿，凡是能转化为物质损失的，按照物质损害的赔偿标准赔偿；另一部分为精神损害赔偿，根据受害人所受损害程度和行政机关侵权责任大小予以赔偿。

第三十九章　行政赔偿程序

行政赔偿程序，是指行政赔偿请求人向行政赔偿义务机关请求行政赔偿，行政赔偿义务机关处理行政赔偿申请，以及人民法院解决行政赔偿纠纷的步骤、方式、顺序、时限的总和。从广义上讲，行政赔偿程序还包括行政赔偿义务机关对有故意或者重大过失的国家行政机关工作人员行使追偿权的程序。从各国国家赔偿法的规定来看，行政赔偿程序通常分为两个阶段：第一阶段是行政程序，即由行政机关内部处理赔偿申请的程序；第二阶段是行政赔偿诉讼程序，即由法院解决行政赔偿纠纷的程序。在我国，依《国家赔偿法》第 9 条的规定，我国的行政赔偿程序实行的是"单独提起"与"一并提起"（或称"附带提起"）两种请求程序并存的办法，前者又分为行政程序和司法程序两个阶段[①]，这是我国行政赔偿程序的突出特点。

第一节　行政赔偿请求的提出

一、提出行政赔偿请求的要件

（1）请求人必须具有行政赔偿请求权。行政赔偿请求权，是指因合法权益受到行政机关及其工作人员的职权行为侵犯并造成损害的公民、法人或其他组织，依法享有请求赔偿义务机关予以赔偿的权利。有行政赔偿请求权的公民死亡的，该请求权转移给其继承人和其他有扶养关系的亲属；有行政赔偿请求权的法人或其他组织终止的，承受其权利的法人或者其他组织有权请求赔偿。

（2）必须有明确的行政赔偿义务机关。《国家赔偿法》明确规定了不同情形下的赔偿义务机关，行政赔偿请求人必须先弄清谁为赔偿义务机关之后，方能有针对性地依法行使自己的行政赔偿请求权。

（3）必须在法定期限内提出行政赔偿请求。法律对公民、法人和其他组织的行政赔偿请求权并非无限期地永久保护，而是有一定期限限制的，若超出法定期限，该行政赔偿请求权即自然失去。根据《国家赔偿法》，赔偿请求人请求国家赔偿的时效为两年，自其知道或应当知道国家机关及其工作人员行使职权的行为侵犯其人身权、财产权之日起计算，但被羁押等限制人身自由期间不计算在

---

① 考虑到"一并提起"（"附带提起"）的程序与前面相关章节的"行政复议程序"和"行政诉讼程序"相同，因而本章予以简化。本章重点研究"单独提起"的行政程序与司法程序。

内。在申请行政复议或者提起行政诉讼时一并提出赔偿请求的,适用行政复议法、行政诉讼法有关时效的规定。赔偿请求人在赔偿请求时效的最后6个月内,因不可抗力或者其他障碍而不能行使请求权的,时效中止。从中止事由消除之日起,赔偿请求时效期间继续计算。[①]

(4) 所提出的行政赔偿请求必须是在法律规定的应该赔偿的范围内,或者说必须是在《国家赔偿法》明确规定的行政赔偿范围之内。如果受害人所受损害不在法律规定的行政赔偿范围之内,则该请求依法亦不能获得满足。

二、行政赔偿的请求方式

(一) 行政赔偿请求的书面形式

行政赔偿请求人向赔偿义务机关提出赔偿请求,应当以书面形式进行。如果赔偿请求人书写申请书确有困难的,可以委托他人代书,最后由本人签名或盖章,以示申请书的有关内容是本人的真实意思表示。

如果行政赔偿请求人委托他人代书亦有不便,也可以口头申请,由赔偿义务机关将其口头申请记入笔录,经赔偿请求人确认无误后,由赔偿请求人签字或盖章。该笔录与正式申请书的法律效力相同。

行政赔偿采用书面请求形式,可以将受害人所要求的行政赔偿的范围、内容反映得清楚明白,有利于赔偿义务机关尽快处理并履行行政赔偿义务。

(二) 申请书的内容

请求人向行政赔偿义务机关递交的申请书必须能反映受害人的基本情况和要求行政赔偿的案由。申请书应当记载下列事项[②]:

(1) 受害人的姓名、性别、年龄、工作单位和住所。如果赔偿请求人不是受害人本人的,应当说明与受害人的关系,并提供相应的证明。换言之,如果是受害人的法定继承人或与其有扶养关系的亲属或法定代理人行使或代为行使请求权,还应载明其姓名、性别、年龄、工作单位、住所以及与受害人的关系等事项。

(2) 行政赔偿请求人为法人或其他组织时,申请书应载明其名称、住所、法定代表人或主要负责人的姓名和职务。作为受害人的法人或其他组织终止的,其权利承受人应提交原法人或组织终止的有关证明材料,以及赔偿请求人与终

---

① 参见现行《国家赔偿法》第39条。原《国家赔偿法》第32条规定:"赔偿请求人请求国家赔偿的时效为两年,自国家机关及其工作人员行使职权时的行为被依法确认为违法之日起计算,但被羁押期间不计算在内。赔偿请求人在赔偿请求时效的最后六个月内,因不可抗力或者其他障碍不能行使请求权的,时效中止。从中止时效的原因消除之日起,赔偿请求时效期间继续计算。"2012年的修改将赔偿请求时效的起算时间由"国家机关及其工作人员行使职权时的行为被依法确认为违法之日"改为"自其知道或者应当知道国家机关及其工作人员行使职权时的行为侵犯其人身权、财产权之日",更加有利于对受害人的保护。这是因为受害人往往不容易知道国家机关工作人员职权行为何时被确认为违法,而自身的人身权和财产权何时受到了侵害却是容易感知的。

② 参见《国家赔偿法》第12条。

止的法人或其他组织之间的关系证明材料。

(3) 具体的行政赔偿要求。例如,要求金钱赔偿及赔偿数额,或要求恢复原状、返还财产等。请求人可以根据所受到的不同损害,同时提出数项赔偿请求。申请书中要把每一项请求都写清楚。

(4) 要求行政赔偿的理由和事实根据。申请书必须简明扼要地叙述损害行为发生的时间、地点及事实经过,若有其他证明材料的,必须一同附上。例如,人身伤害程度、性质的证明,医疗费收据及因此而受到其他损失的证明;对财产损害的,应提交修复费用的收据、购置同类财物的发票等;因死亡而要求赔偿的,应提交受害人死亡证明书或其他载明死亡原因、时间、地点等情况的证明书,以及有关死亡人生前的职业、工资收入状况,生前扶养人的姓名、年龄等情况的证明,和因死亡而开支的丧葬费收据;等等。有了这些证据,赔偿义务机关才能顺利进行审查。

(5) 赔偿义务机关。申请书必不可少的内容之一便是赔偿义务机关的名称,以明示该赔偿申请是针对哪个行政机关提出的,以便于行政赔偿案件的处理。

(6) 申请的年、月、日。写明提交申请的时间极为重要,这关系到赔偿义务机关进行处理的时限,也关系到请求人权利的行使。

三、单独提出行政赔偿请求及先行程序

按照《国家赔偿法》的规定,受害人单独提出行政赔偿请求的,应当首先向行政赔偿义务机关提出,在赔偿义务机关逾期未作出决定、不予赔偿或赔偿请求人对赔偿的方式、项目、数额有异议时,赔偿请求人才可以依法向行政复议机关申请行政复议或直接向法院提起诉讼。[①] 先行程序要求赔偿请求人在单独提出行政赔偿请求时必须首先向赔偿义务机关提出。这通常适用于下列情形:争议双方对侵权行为的违法性没有争议但就赔偿问题达不成协议;侵权行为已被确认违法或已被撤销、变更,或者被法院判决确认违法而撤销;该行为为终局裁决;该行为属事实行为;等等。[②]

---

① 参见《国家赔偿法》第14条。原《行政复议条例》(已失效)第9条所设定的行政复议范围,并未明确地表明单独请求行政赔偿的案件是否适用行政复议。《行政复议法》(2017)第29条第1款的规定也只表明一并提出赔偿请求的,可以适用行政复议,关于单独的赔偿请求是否也适用行政复议,依然没有规定。但从《国家赔偿法》第9、13、14条的规定来看,单独的行政赔偿案件显然并不适用行政复议。2023年修订的《行政复议法》第11条在规定行政复议范围时,明确包含"对行政机关作出的赔偿决定或者不予赔偿决定不服的"这一情形,可由此反推,未先行向赔偿义务机关提出申请,直接单独提起的赔偿案件不属于复议范围。

② 申请人因各种原因耽误了复议和诉讼期限,不能再申请复议和提起诉讼,如果尚未超出赔偿时效,也还可以单独申请行政赔偿。

四、一并(附带)提出行政赔偿请求

一并(附带)提出行政赔偿请求,是指赔偿请求人在申请行政复议或提起行政诉讼时一并提出赔偿请求。《国家赔偿法》第9条第2款规定:赔偿请求人要求赔偿,应当先向赔偿义务机关提出,也可以在申请行政复议和提起行政诉讼时一并提出。《行政复议法》第72条第1款规定:申请人在申请行政复议时一并提出行政赔偿请求,行政复议机关对符合《国家赔偿法》的有关规定应当给予赔偿的,在决定撤销或者部分撤销、变更行政行为或者确认行政行为违法、无效时,应当同时决定被申请人依法给予赔偿。这种一并(附带)提出行政赔偿请求的特点是:将确认行政侵权行为违法与要求行政赔偿两项请求一并提出,要求并案处理。行政复议机关或人民法院通常先对行政侵权行为的违法性进行确认,然后再决定是否应予行政赔偿。一并(附带)提出行政赔偿请求的程序,既适用于行政复议程序,也适用于行政诉讼程序。

五、申请人可以提出数项赔偿请求

《国家赔偿法》规定,赔偿请求人根据受到的不同损害,可以同时提出数项行政赔偿请求。例如,行政机关违法行使职权,造成公民身体伤害的,可以要求赔偿医疗费、因误工减少的收入,造成公民身体残疾并全部丧失劳动能力的,受害人还可以申请残疾赔偿金及由其扶养的人的生活费等。

第二节　行政赔偿义务机关的受案与处理

一、行政赔偿义务机关的受案

赔偿请求人当面递交行政赔偿申请书的,赔偿义务机关应当当场出具加盖本行政机关印章并注明收讫日期的书面凭证。申请材料不齐全的,赔偿义务机关应当当场或者在5日内告知赔偿请求人需要补正的全部内容。

行政赔偿义务机关收到行政赔偿申请书后,要进行受案前的初步审查。如果经审查认为该申请书符合行政赔偿条件,赔偿义务机关应决定受理并通知赔偿请求人,且应自收到申请书之日起2个月内依法履行赔偿义务。

赔偿义务机关对申请书的初步审查主要包括下列内容:(1) 申请是否符合行政赔偿的要件;(2) 申请书的内容和形式是否符合要求;(3) 申请人所要求赔偿的损害是否确由本行政机关及其工作人员或受本机关委托的组织或个人的侵权行为所造成;(4) 赔偿请求人所要求的行政赔偿是否属于《国家赔偿法》所规定的赔偿范围。

如经初步审查，所有这些要求均已达到，则应决定立案处理，并通知赔偿请求人。如果发现以下情况，则应另行处理：(1) 申请书的内容、形式有缺漏，应告知申请人予以补充；(2) 如果申请人不具有行政赔偿请求人资格，应告知由具有行政赔偿请求人资格的人申请；(3) 行使赔偿请求权已超过法定期限的，该请求权依法灭失，应告知赔偿请求人不予受理的原因。

二、行政赔偿义务机关的处理

行政赔偿义务机关收到申请书之后，经审查认为赔偿申请符合条件的，应通知赔偿请求人，并在收到申请书之日起 2 个月内作出处理决定，逾期不予赔偿或赔偿请求人对赔偿数额有异议的，请求人可以自期间届满之日起 3 个月内向人民法院提起行政赔偿诉讼。

（一）赔偿义务机关处理申请的期限

《国家赔偿法》规定，行政赔偿义务机关应当自收到赔偿申请之日起 2 个月内作出赔偿或不予赔偿的决定。也就是说，行政赔偿义务机关无论是否赔偿，都应在 2 个月的期限内制作处理决定书。决定书应当包括赔偿请求及其理由、赔偿义务机关认定的事实、赔偿处理决定的内容（是否予以赔偿、赔偿的形式与数额等）及赔偿请求人不服该决定的诉权等事项。

（二）赔偿义务机关处理赔偿的内容

赔偿义务机关应当依照《国家赔偿法》提出赔偿方案。赔偿方案包括：赔偿方式、赔偿数额、计算数额的依据和理由、履行期限等。

赔偿义务机关在法定期限内如出现下列情形，可成就赔偿请求人提起行政赔偿诉讼的条件：(1) 赔偿义务机关对赔偿申请置若罔闻，不予理睬，或对自己提出的赔偿方案不予实施的；(2) 赔偿请求人对赔偿义务机关的方案有异议的，包括对赔偿数额、方式、履行期限有不同意见。

赔偿请求人在上述情形下，可自期限届满之日起 3 个月内向人民法院提起行政赔偿诉讼。

（三）赔偿义务机关处理赔偿的方式

赔偿义务机关作出赔偿决定，应当充分听取赔偿请求人的意见，并可以与赔偿请求人就赔偿方式、赔偿项目和赔偿数额依照《国家赔偿法》的有关规定进行协商。赔偿义务机关决定赔偿的，应当制作赔偿决定书，并自作出决定之日起 10 日内送达赔偿请求人；赔偿义务机关作出不予赔偿决定的，应当书面通知赔偿请求人,并说明不予赔偿的理由。①

第三节 行政赔偿诉讼

行政赔偿诉讼是一种独立的特殊诉讼形式,它是人民法院根据赔偿请求人的诉讼请求,依照行政诉讼程序和国家赔偿的原则、基本制度裁判赔偿争议的活动,在起诉条件、审理形式、证据规则及适用程序诸方面都有其自身特点。

首先,从起诉条件看,在单独提起赔偿诉讼时,要以行政赔偿义务机关先行处理为前提条件。在一并提起行政赔偿请求时,通常以行政复议或行政诉讼确认行政职权行为违法为赔偿先决条件。

其次,从诉讼当事人看,行政赔偿诉讼以行政赔偿义务机关为被告,实行"国家责任,机关赔偿"的制度。致害的公务员或行政机关的工作人员不作为诉讼被告。

再次,从审理形式看,行政赔偿诉讼不同于一般的行政诉讼,在行政赔偿诉讼审理过程中,可以更多地适用调解方式。

最后,从证据规则看,行政赔偿诉讼不完全采取"被告负举证责任"的原则,而是参照民事诉讼规则,要求行政赔偿请求人对其诉讼请求和主张进行举证。②行政赔偿诉讼原则上适用《行政诉讼法》规定的程序,《行政诉讼法》没有规定的(如送达等),还可以参照适用相应的民事诉讼程序。

下面结合《国家赔偿法》《行政赔偿司法解释》和《行政诉讼法司法解释》等规定,对行政赔偿诉讼的有关问题作一阐释。

一、行政赔偿诉讼的提起

根据《国家赔偿法》第3、4条规定的行政赔偿范围,公民、法人或其他组织,可以对具体行政行为以及行政机关及其工作人员行使行政职权有关的违反行政职责的行为所造成的损害提起行政赔偿诉讼。

行政赔偿案件经赔偿义务机关先行处理后,赔偿请求人对处理不服,可以提起行政赔偿诉讼。公民、法人或其他组织在提起行政诉讼的同时也可以一并提

---

① 参见《国家赔偿法》第13条。这是2012年修正后的《国家赔偿法》增加的内容,将赔偿过程中的协商、听取意见以及说明理由等制度以法律的形式明确下来,充分表明了赔偿请求人的主体地位,是《国家赔偿法》的重要进步之处。

② 参见《行政赔偿司法解释》(1997)第32条。由于《国家赔偿法》制定之时没有规定行政赔偿诉讼的证据规则,所以法学界曾有人主张采用德国、日本通行的"初步证明规则"。后来,《行政诉讼证据司法解释》第5条明确规定:"在行政赔偿诉讼中,原告应当对被诉具体行政行为造成损害的事实提供证据。"《行政诉讼法》第38条第2款明确规定:"在行政赔偿、补偿的案件中,原告应当对行政行为造成的损害提供证据。因被告的原因导致原告无法举证的,由被告承担举证责任。"

出行政赔偿请求。原告提起行政诉讼时未一并提起行政赔偿诉讼，人民法院审查认为可能存在行政赔偿的，应当告知原告可以一并提起行政赔偿诉讼。[①] 行政行为未被确认为违法，公民、法人或者其他组织提起行政赔偿诉讼的，人民法院应当视为提起行政诉讼时一并提起行政赔偿诉讼。[②]

行政行为已被确认为违法，赔偿请求人单独提起行政赔偿诉讼，应当符合下列条件：(1) 原告具有请求资格；(2) 有明确的被告；(3) 有具体的赔偿请求（包括赔偿事项以及数额）和受损害的事实根据；(4) 赔偿义务机关已先行处理或超过法定期限不予处理；(5) 属于人民法院行政赔偿诉讼的受案范围和受诉人民法院管辖；(6) 符合法律规定的起诉期限。[③]

公民、法人或者其他组织应当自知道或者应当知道行政行为侵犯其合法权益之日起 2 年内，向赔偿义务机关申请行政赔偿。赔偿义务机关在收到赔偿申请之日起 2 个月内未作出赔偿决定的，公民、法人或者其他组织可以依照《行政诉讼法》的有关规定提起行政赔偿诉讼。公民、法人或者其他组织仅对行政复议决定中的行政赔偿部分有异议，自复议决定书送达之日起 15 日内提起行政赔偿诉讼的，人民法院应当依法受理。行政机关作出有赔偿内容的行政复议决定时，未告知公民、法人或者其他组织起诉期限的，起诉期限从公民、法人或者其他组织知道或者应当知道起诉期限之日起计算，但从知道或者应当知道行政复议决定内容之日起最长不得超过 1 年。[④]

公民、法人或其他组织在提起行政诉讼的同时一并提出行政赔偿请求的，其起诉期限按照《行政诉讼法》关于起诉期限的规定执行。此外，行政诉讼案件的原告可以在提起行政诉讼后至人民法院一审庭审结束前，提出行政赔偿请求。原告在第一审庭审终结后、宣判前提起行政赔偿诉讼的，是否准许由人民法院决定。[⑤] 受害的公民死亡，其继承人和与其有扶养关系的人提起行政赔偿诉讼，应当提供该公民死亡的证明及赔偿请求人与死亡公民之间的关系证明。受害的法人或其他组织终止的，其权利承受人[⑥]提起行政赔偿诉讼的，也应提交原法人或组织终止的有关证明材料，以及赔偿请求人与终止的法人或其他组织之间的关

① 参见《行政赔偿司法解释》第 14 条。

② 参见《行政赔偿司法解释》第 13 条。

③ 参见《行政赔偿司法解释》第 13 条、《行政诉讼法司法解释》第 68 条第 2 款。

④ 参见《行政赔偿司法解释》第 15、17 条。

⑤ 原告在第二审期间提出行政赔偿请求的，第二审人民法院可以进行调解；调解不成的，应当告知当事人另行起诉。参见《行政诉讼法司法解释》第 109 条第 6 款。原告在第二审程序或者再审程序中提出行政赔偿请求的，人民法院可以组织各方调解；调解不成的，告知其另行起诉。参见《行政赔偿司法解释》第 14 条。

⑥ 根据《国家赔偿法》第 6 条第 3 款，受害的法人或者其他组织终止的，其权利承受人有权要求赔偿。这样，赔偿请求人的范围就不再限于法人或其他组织，凡是受害法人或者其他组织的权利承受人，无论是法人、其他组织，还是自然人，都可以以受害法人或者其他组织的名义提出赔偿请求。

系证明材料。

二、行政赔偿诉讼的受理

行政行为已被确认违法，赔偿请求人单独提起的行政赔偿诉讼，必须以赔偿义务机关先行处理为前提，否则人民法院不予立案。赔偿请求人对行政机关行政赔偿决定确定的赔偿方式、项目、数额有异议，对行政机关不予赔偿决定、逾期不作出赔偿决定或其他有关行政赔偿的行为不服，所依法提起的行政赔偿诉讼，人民法院均应予受理。

法律规定由行政机关最终裁决的行政行为被确认违法后，赔偿请求人可以单独提起行政赔偿诉讼①；行政行为未被确认为违法，公民、法人或者其他组织提起行政赔偿诉讼的，人民法院应当视为提起行政诉讼时一并提起行政赔偿诉讼。②

公民、法人或者其他组织以国防、外交等国家行为或者行政机关制定、发布行政法规、规章或者具有普遍约束力的决定、命令侵犯其合法权益造成损害为由，向人民法院提起行政赔偿诉讼的，人民法院不予受理。

三、行政赔偿诉讼的管辖

公民、法人或其他组织提起行政赔偿诉讼的，按照《行政诉讼法》的规定确定管辖。管辖规则与一般行政诉讼无异。

四、行政赔偿诉讼的当事人

根据《国家赔偿法》与《行政诉讼法》的规定，行政赔偿诉讼当事人包括原告、被告和第三人。原告只能是其合法权益受到违法职权行为侵犯并造成损害的公民、法人或其他组织，或者是依法取得行政赔偿请求人资格的公民、法人或其他组织。被告只能是行政赔偿义务机关。

行政赔偿诉讼的原告即为行政赔偿请求人，行政赔偿诉讼的被告为行政赔偿义务机关。详细内容见本书第三十七章。

另外，行政机关依据《行政诉讼法》第 97 条的规定申请人民法院强制执行行政行为，由于据以强制执行的根据错误而发生行政赔偿诉讼的，应以申请强制执行的行政机关为被告。

在行政赔偿诉讼中还可能出现第三人。与行政赔偿案件的处理结果有法律上的利害关系的其他公民、法人或其他组织可能成为第三人。第三人有权向人

---

① 参见《行政赔偿司法解释》第 4 条。

② 参见《行政赔偿司法解释》第 13 条。

民法院申请参加已经开始而尚未终结的行政赔偿诉讼，人民法院也可以通知第三人参加该行政赔偿诉讼。第三人在行政赔偿诉讼中的法律地位与赔偿诉讼当事人相同，其享有相应的诉讼权利，亦承担相应的诉讼义务。

除此之外，两个以上行政机关共同实施侵权行政行为造成损害的，共同侵权行政机关为共同被告。如赔偿请求人坚持对其中一个或者几个侵权机关提起行政赔偿诉讼，未被起诉的机关追加为第三人。同理，原行政行为造成赔偿请求人损害，复议决定加重损害的，复议机关与原行政行为机关为共同被告。赔偿请求人坚持对作出一方提起行政赔偿诉讼，未被起诉的机关追加为第三人。①

五、行政赔偿诉讼的审理与判决

人民法院审理行政赔偿案件，就当事人之间的行政赔偿争议进行审理和裁判。无论是合并审理还是单独审理，其审理形式与一般的行政诉讼相同，也适用公开审理（涉及国家秘密、个人隐私和法律有特别规定的除外）、合议制度、回避原则、两审终审制度等。其特别之处在于，人民法院审理行政赔偿案件在坚持合法、自愿的前提下，可以进行调解。调解成立的，应当制作行政赔偿调解书。调解书与判决具有同等的法律效力。

在一审判决或裁定前，被告同原告达成赔偿协议，原告申请撤诉的，是否准许，由人民法院裁定。

人民法院对赔偿请求人未经确认程序而直接提起行政赔偿诉讼的案件，在判决时应当对赔偿义务机关致害行为是否违法予以确认。

在行政赔偿诉讼中，原告应当对行政行为造成的损害提供证据；因被告的原因导致原告无法举证的，由被告承担举证责任。原告主张其被限制人身自由期间受到身体伤害，被告否认相关损害事实或者否认该损害与违法行政行为存在因果关系的，其应当提供相应的证据证明。②

被告有《国家赔偿法》第 3 条规定的侵犯人身权情形之一，致人精神损害的，法院判决其在违法行政行为影响的范围内，为受害人消除影响、恢复名誉、赔礼道歉；消除影响、恢复名誉和赔礼道歉的履行方式，可以双方协商，协商不成的，人民法院应当责令被告以适当的方式履行。造成严重后果的，应当判决支付相应的精神损害抚慰金。③

法院经过审理认为被告对公民、法人或者其他组织造成财产损害的，判决被告限期返还财产、恢复原状；无法返还财产、恢复原状的，判决被告限期支付赔偿金和相应的利息损失。人民法院审理行政赔偿案件，可以对行政机关赔偿的方

---

① 参见《行政赔偿司法解释》第 8、9 条。
② 参见《行政赔偿司法解释》第 11、12 条。
③ 参见《行政赔偿司法解释》第 30 条。

式、项目、标准等予以明确,赔偿内容确定的,应当作出具有赔偿金额等给付内容的判决;行政赔偿决定对赔偿数额的确定确有错误的,人民法院判决予以变更。[①]

有下列情形之一的,法院判决驳回原告的行政赔偿请求:原告主张的损害没有事实根据的;原告主张的损害与违法行政行为没有因果关系的;原告的损失已经通过行政补偿等其他途径获得充分救济的;原告请求行政赔偿的理由不能成立的其他情形。[②]

第四节 行政追偿程序

一、行政追偿概述

行政追偿是指行政赔偿义务机关代表国家向行政赔偿请求人支付赔偿费用以后,依法责令有故意或重大过失的公务员、受委托的组织或者个人承担部分或全部赔偿费用的法律制度。[③]

《国家赔偿法》第16条规定:"赔偿义务机关赔偿损失后,应当责令有故意或者重大过失的工作人员或受委托的组织或者个人承担部分或全部赔偿费用。对有故意或者重大过失的责任人员,有关机关应当依法给予处分;构成犯罪的,应当依法追究刑事责任。"这是我国行政追偿制度的基本法律规定。行政机关的工作人员或者受委托的组织或者个人在行使行政职权时,以国家和行政机关代表的身份出现,因此,其职权行为违法侵犯公民、法人或其他组织的合法权益时,受损害者不能向行使职权的个人要求赔偿,法律明确规定由国家承担赔偿责任。但是,如果致害人在行使行政职权时,有故意或重大过失导致损害事实发生的,国家对致害人可以行使追偿权。追偿制度既可以保证受害人及时得到赔偿,避免因行政机关工作人员资金薄弱难以向受害人支付足额赔偿费用的情形,又可监督行政机关工作人员依法行使行政职权,增强其责任感,使行政机关工作人员忠于职守,尽职尽责,同时还可以减轻国家财政负担。追偿是国家基于行政机关与其工作人员之间的内部权利义务关系而对有故意或重大过失的行政机关工作人员追究其内部行政责任的行为。

---

① 参见《行政赔偿司法解释》第31条。

② 参见《行政赔偿司法解释》第32条。

③ 此为学界通说,但有个别学者对此作泛化理解,认为行政追偿"系指国家行政机关对赔偿请求人承担赔偿责任以后,有权要求负有责任的实施机关和人员承担全部或部分赔偿费用的法律制度",并将行政追偿分为以下四类:(1) 行政赔偿义务机关对工作人员的求偿;(2) 行政委托组织对受委托组织或个人的求偿;(3) 共同赔偿义务机关之间的求偿;(4) 各级人民政府对行政机关的求偿。参见胡建淼:《行政法学》,法律出版社1998年版,第546—548页。

二、行政追偿的性质和形式

(一) 追偿制度的性质

追偿制度的实质就是行政机关代表国家对有故意或重大过失的行政机关工作人员或者受委托的组织或者个人行使内部责任追究权。追偿权产生的基础是国家与被追偿者之间的特别权力关系。追偿责任依赖于国家赔偿责任而存在，是国家追究行使行政职权且主观上有故意或重大过失的行政机关工作人员或受委托的组织、个人的内部行政责任形式，在法律上不具备民事责任的性质，也不是行政处分，而是一种独立的责任。我国的《国家赔偿法》未对追偿数额规定确定的标准，可见追偿责任不具有惩罚性，而暗含有警诫性质。①

(二) 追偿的形式

传统上行政追偿的形式有两种：一是违法行使行政职权的工作人员先向受害人赔偿损失，然后请求国家折算补偿，即“公务员先赔偿，然后向国家追偿”。英国曾经采用过这种方式。不过现在这种方式已经很少使用。二是国家先向受害人赔偿，然后根据法定条件和情况责令致害的行政机关工作人员支付赔偿费用，即“国家先赔偿，然后向公务员追偿”的方式。目前，世界上大多数国家，包括我国，都采用这种追偿形式。②

三、行政追偿条件

国家行政机关行使行政追偿权必须具备两个条件：

(1) 赔偿义务机关已经向赔偿请求人，即受到损害的公民、法人或其他组织支付了赔偿金。在赔偿义务机关向受害人履行赔偿义务之前，追偿权只是拟制而存在，不是实在地享有。在赔偿义务机关根据行政赔偿协议书、决定书或人民法院依法作出的已经发生法律效力的判决、裁定或调解书履行行政赔偿义务后，行使追偿权的时机条件方才成熟。

(2) 行政机关工作人员或者受行政机关委托的组织或个人违法行使行政职权造成了受害人合法权益的损失，且其在主观上有故意或者重大过失。所谓“重大过失”，是指行政机关的工作人员或行使受委托的行政职权的个人在行使行政职权时，不但没有注意到其身份或职务上的特别要求，而且未能预见和避免普通公民即能预见或避免的事情，即没有达到法律对一个公职人员的起码要求，而致

---

① 参见皮纯协等主编：《国家赔偿法释论》，中国法制出版社 1994 年版，第 189 页。另有学者指出，追偿责任是一种有惩戒性质的行政责任。这种责任主要是通过金钱给付的方式实现的。参见房绍坤、毕可志编著：《国家赔偿法学》，北京大学出版社 2004 年版，第 145 页。

② 如日本《国家赔偿法》第 1 条第 2 项，韩国《国家赔偿法》第 2 条第 2 项，我国《国家赔偿法》第 16 条等。

使受害人的合法权益遭到侵犯并对其造成损害。

只有完全具备上述两个条件，赔偿义务机关才能实际行使行政追偿权。

四、行政追偿的范围和标准

追偿义务机关有权依法责令有故意或重大过失的工作人员或受委托的组织、个人承担部分或全部赔偿费用。但在何种条件下部分追偿，在何种情况下全部追偿，法律未作明确规定。根据行政法关于行政追偿的理论和行政赔偿案件的审判经验和实践，赔偿义务机关在行使追偿权、确定追偿金额时，一般遵循下列原则：

（1）追偿的范围，以赔偿义务机关支付的损害赔偿金额（包括赔偿金及恢复原状、返还财产所需费用）为限。在行政赔偿案件处理过程中，赔偿义务机关所支付的办案经费、诉讼费用等应从行政机关的财政经费中支付，不宜列入追偿范围；如果请求人放弃部分请求权，赔偿义务机关也相应减少给付的，减少的部分不能追偿；如果请求人放弃全部请求权，赔偿义务机关全部未给付的，不能追偿。

（2）如果赔偿义务机关因自己的过错而支付了过多的赔偿金时，超额部分无权追偿。

（3）追偿数额的大小，要与过错程度相适应，同时考虑被追偿者的薪金收入。一般来讲，过错重的多赔，过错轻的少赔，这样既合理又符合建立追偿制度的宗旨。在此原则下，追偿金的具体数额也应与被追偿者的薪金收入相适应，且应允许分期支付，酌情考虑被追偿者的家庭生活费用。而且，追偿金的执行只能涉及行政机关工作人员及接受委托的个人的薪金和津贴，不能涉及其他个人财产和其家庭财产与收入。①

（4）追偿数额确定时通常应听取被追偿者的意见。② 在行政机关作出处理决定后，如被追偿者不服申诉，行政机关认为申诉合理的，可酌情适当减少追偿额。

五、行政追偿人与被追偿人

（一）行政追偿人

按法律规定，追偿人应当是赔偿义务机关，包括以下几种情形：

（1）因行政机关的工作人员行使职权，侵犯公民、法人和其他组织的合法权益造成损害、引起赔偿的，该工作人员所在的行政机关为追偿人。

---

① 部分地方政府规章对追偿数额的确认作出了较为详细的规定，如《浙江省国家赔偿费用管理办法》第12条，《杭州市行政赔偿和追偿办法》第25—28条。

② 参见《浙江省国家赔偿费用管理办法》第13条、《宁夏回族自治区国家赔偿费用管理办法》第12条。

(2) 法律、法规授权的组织的工作人员行使职权导致侵权赔偿的，该组织是追偿人。

(3) 受行政机关委托的组织或个人行使所委托之行政职权造成侵权损害赔偿的，委托的行政机关是追偿人。

(二) 被追偿人

被追偿人是实施造成受害人合法权益损害的职权行为的行政机关工作人员或受委托的组织或个人。在认定被追偿人时，需要注意以下几点：

(1) 两个或两个以上行政机关工作人员共同实施加害行为导致国家赔偿时，相应行为人均为被追偿人。在追偿实务中，应根据各行为人在加害行为中的地位、作用以及过错的轻重，分别确定其追偿责任。

(2) 经合议的事项造成损害赔偿的，所有参加合议的人均为被追偿人，但对最终形成的决议表示反对的人除外。

(3) 法律、法规直接授权组织的工作人员实施加害行为的，该行为人是被追偿人；直接受行政机关委托行使行政职权的组织的成员实施加害行为，导致侵权损害赔偿的，该受委托的组织为被追偿人。该组织在承担了追偿责任之后，可以根据其内部的规章再追究直接责任人员的责任。

《国家赔偿法》规定，对于有故意或者重大过失的责任人员，有关机关应当依法给予行政处分，构成犯罪的，应当依法追究刑事责任。如果公务员或受委托的个人因故意或重大过失造成公民、法人和其他组织的合法权益受损，即违反了行政法律规范的要求，违法行使行政职权，是应受到法律制裁的；如果触犯了刑律，还应追究其刑事责任。行政机关对其所属公务员，根据违法程度的不同，依《监察法》和《行政机关公务员处分条例》等法律、法规给予适当的政务处分或行政处分，以示惩戒，促使公务员依法行政，尽职尽责。对于那些趁行使职权之机，实施犯罪行为的人，还应交由司法机关依法处以刑罚。这是“法律面前人人平等”原则的要求。公务员是国家法律的执行者，如果因其公务员身份而网开一面，不追究其违法失职的责任，将会使国家的整个法律制度受到破坏，这也是与现代法治原则严重背离的。

第四十章 行政补偿

第一节 行政补偿概述

行政补偿是法律设立的对行政主体合法行政行为造成行政相对人损失而对相对人实行救济的制度。行政补偿制度的产生要早于行政赔偿制度，但其发展速度和体系化程度远远不及后者。目前，许多国家都已制定了国家赔偿(行政赔偿)法典，其制度已比较完备或相当完备。而行政补偿制度则大多尚未法典化和体系化，其法律依据较为分散和凌乱。行政补偿与行政赔偿的主要区别在于引起补偿与赔偿的原因不同。引起补偿的原因是合法行为致害，而引起赔偿的原因主要是违法行为致害。两者在救济的程度上亦有所不同，补偿的范围和程度一般小于赔偿的范围和程度。补偿对当事人所受损失的救济只要达到“适当”程度即可，不一定必须充分填补当事人所受的全部损失。近年来，由于在损失补偿和损害赔偿两个领域内救济主义日渐盛行，在实际救济时越来越倾向于切实填补当事人合法权益所受的损失或损害，而不大注重引起损失或损害的原因对救济结果的影响，从而补偿与赔偿，特别是事后补偿制度与赔偿制度出现了合流的趋势，区分补偿与赔偿制度的传统理论受到很大的冲击。尽管如此，传统理论的影响仍然不可低估，我国目前在法律上仍区分赔偿制度与补偿制度[①]：国家赔偿适用统一法典，而国家补偿则适用单行法律、法规的规定。

一、行政补偿的含义与特征

行政补偿是国家对行政主体的合法行政行为给行政相对人的合法权益造成损害所进行的给付救济。对于行政补偿可以从行为和制度两个层面来界定：从行为层面上讲，行政补偿是指行政主体的合法行政行为使行政相对人的合法权益受到损失，由国家通过行政机关给予补偿救济的行为；从制度层面上说，行政补偿是指行政主体的合法行政行为使行政相对人的合法权益受到损失，由国家通过行政机关给予补偿救济的制度。

---

① 在我国制定《国家赔偿法》的过程中，曾有人主张在《国家赔偿法》中单列一章或一节，专门规定国家补偿，或者至少有一条原则规定，明确国家补偿亦可原则适用《国家赔偿法》。但这一主张最终未被采纳。

为正确把握行政补偿的概念，有必要分析其不同于其他行政救济制度的特征[①]：

（1）行政补偿的前提是国家行政主体及其工作人员依法履行职责、执行公务的行为导致特定个人、组织的合法权益受到损失，或特定个人、组织为维护和增进国家、社会公共利益而使自己的利益受到损失。如公民为防止大火蔓延到邻近的政府办公大楼而拆毁自家房屋。与行政赔偿相比，引起行政补偿的原因主要有以下几点不同：（1）引起行政补偿的行为是合法行为，而引起行政赔偿的行为是违法行为；（2）引起行政补偿的行为属于积极实现国家行政目标或一定公共利益的行为，而引起行政赔偿的行为则是违法侵犯行政相对人合法权益，本应予以避免的行为；（3）引起行政补偿的行为通常是行政主体及其工作人员执行公务的行为，既包括行使行政权力的公务行为，也包括非行使行政权力的其他公务行为，而引起行政赔偿的行为主要是行使行政权力时发生的行为；（4）引起行政补偿的行为有时可以是被补偿人的行为（此时补偿义务机关是受益人，而非侵权人），而引起行政赔偿的原因行为不可能是受害人的行为。

（2）行政补偿的主体是国家，而补偿义务机关是国家行政机关或其他行政主体，任何个人均不负有以自己的名义和财产给付行政补偿的义务，且不发生行政追偿问题。[②]

（3）行政补偿的依据具有多样性，除法律、法规、规章外，也可以是政策或规范性文件；行政赔偿则必须严格依照法律进行。

（4）行政补偿可以在实际损失发生之后进行，也可以在实际损失发生之前，依照法律规定或当事人双方的约定预先进行；而行政赔偿以及其他类型的赔偿只能在损害发生之后进行，由于损害的发生对受害人而言是始料不及的，故而也不存在当事人双方在损害发生之前达成赔偿协议并给付赔偿金的可能性。

（5）行政补偿以个人、组织所受的直接损失为限，合法权益受损的个人、组织不得根据其受损权益大小或国家、社会因之避免损失或获益大小提出超出其现实损失之外的补偿要求。

---

① 有学者将行政损失补偿的特征概括为8项，参见杨建顺：《日本行政法通论》，中国法制出版社1998年版，第592—593页；也有学者概括为9项，参见胡建淼主编：《行政法教程》，法律出版社1996年版，第332—334页；还有学者概括为3项，参见马怀德：《国家赔偿法的理论与实务》，中国法制出版社1994年版，第43—46页。

② 有学者认为，从形式意义上讲，行政补偿责任主体是行政主体。但从行政行为的目的而言，行政主体的合法行为造成行政相对人合法权益的损失，不是为了国家公共利益，就是为了第三人的利益。因此，行政补偿的实质主体应为国家或第三人。企事业单位作为该种第三人的情况较多。参见胡建淼：《行政法学》（第2版），法律出版社2003年版，第505页。但我们认为，第三人补偿的情况，更多地应归结为平等主体之间的民事行为（补偿），它们往往基于国家或地方的相关法律、法规、规章或政策规定，但更多是基于双方的自愿和约定。所以此处所讲的行政补偿，其主体仅限于行政主体，并不简单地将所有的第三人都视为行政补偿的实质主体。

(6) 行政补偿的数额标准,大多采用“公正”“相当”“适当”等规定。[①] 不过,人们对“公正”等概念的理解不尽一致。有人认为是全额补偿、足额补偿,还有人理解为适当补偿或“最低标准”补偿。在一般情况下,法律规定的补偿额可能等于或者小于直接损失额。

(7) 行政补偿费用一般不单独在国家财政中列支,也不实行集中管理,而由具体行政补偿义务机关分散管理。这一点也与行政赔偿不同。[②]

二、行政补偿的种类

依照不同的标准,可以对行政补偿作出不同的分类,研究这些不同类型的行政补偿有助于我们加深对行政补偿特点的了解和认识。

(一) 行政行为致损的补偿与相对人因公益而受损的补偿

根据行政补偿发生的原因不同,行政补偿可分为因行政机关合法行为造成损失的补偿和因相对人为公益遭受损失的补偿两大类。前者包括行政征收、征用补偿,紧急行政行为致损补偿等;后者包括协助公务受损补偿、因社会公益受损补偿,以及从事高度危险活动致损的补偿等。[③] 如 2003 年上半年在我国一些地区爆发了“非典”疫情,2019 年发生了新冠疫情,中央和一些地方政府采取了很多措施,包括对财物的征用等,给一些单位和个人造成了财产上的损失,后来,政府及政府的有关部门均予以了一定形式的补偿。在 2004 年发生“禽流感”的广西、安徽、湖南等地区,地方政府采取了对于暴发“禽流感”地区 3 公里以内的周边地区的家禽(包括没有感染上“禽流感”的鸡)进行“封杀”的措施,事后这些地方的政府按照一定的价格对饲养家禽的相对人予以适当补偿。在那段时间,有些农户纯粹是为了公共利益而响应政府号召,协助政府或主动采取“封杀”措施,后来政府都予以必要的补偿,社会反响很好。

(二) 法定补偿与裁量补偿

根据行政补偿是否依照法律规定进行,行政补偿可分为法定补偿与裁量补偿。法定补偿,是指行政机关以及其他行政主体依照法律、法规和规章的明确规定给个人、组织的补偿。法定补偿包括三种形式:一是应否补偿以及补偿的方式与数额均由法律、法规和规章作出明确规定,行政补偿义务机关没有裁量余地,只能严格依法进行;二是法律、法规或规章明确规定应予补偿,但对如何补偿未作规定,留由行政补偿义务机关自由裁量决定;三是法律、法规或规章明确规定应予补偿,并规定了补偿的界限和标准,但行政补偿义务机关在如何补偿方面有

---

① 如我国的《戒严法》第 17 条、《城市房地产管理法》第 20 条、《台湾同胞投资保护法》第 4 条等规定了“相应补偿”原则。至于什么是“相应补偿”,法律并未作解释。

② 参见《国家赔偿法》第 37 条。

③ 参见方世荣主编:《行政法与行政诉讼法》,中国政法大学出版社 1999 年版,第 190—191 页。

一定的自由裁量余地。裁量补偿,是指法律、法规和规章对合法行政行为造成的损害是否应作补偿未作规定,而由当事的行政机关或其他行政主体根据公平合理原则自由裁量作出决定。法定补偿与裁量补偿的主要区别在于法律、法规和规章是否有应予行政补偿的明确规定,而不在于行政补偿义务机关的补偿过程中是否有自由裁量因素。划分法定补偿与裁量补偿的意义在于:前者受人民法院的司法监督,后者则一般不受人民法院的司法监督(行政相对人一般不能对之提起行政诉讼)。

(三) 事前补偿与事后补偿

根据行政补偿行为发生在实际损失产生之前或之后,行政补偿可分为事前补偿与事后补偿。事前补偿是在实际损失发生之前实施的补偿,包括行政补偿决定及实施行为均发生在损失产生之前,以及行政补偿决定作出在实际损失发生之前而补偿的给付行为发生在损害过程之中或损害发生之后两种形式。事后补偿是指补偿决定及补偿的给付行为均发生在实际损失产生之后的行政补偿。事前补偿与事后补偿的主要区别有两点:一是事前补偿的受损失人对损失的发生事先已有预见,而事后补偿的受损失人对损失的发生事先不能预知。二是事前补偿依法律规定或者补偿机关单方面的裁量或当事人双方的约定进行,建立在对未来损失预估的基础上,补偿数额不一定与实际损失一致;而事后补偿则根据已实际发生的损失进行,补偿数额可与实际发生的损失较趋一致。

(四) 直接补偿与间接补偿

根据补偿手段是否具有直接填补损害的作用,可将行政补偿划分为直接补偿与间接补偿。直接补偿是以金钱或实物的方式直接填补受害人所受损失的一种行政补偿,其特点是补偿效果直接、快速,补偿义务机关的给付行为一俟完成,补偿的效果即可实现,无需借助受害人的行为。而间接补偿则是通过授予某种特殊权利或利益,如给予带薪假期、额外增加计划内物资、解决“农转非”指标[①]、优先安排就业等方式,间接填补受害人所受损害的一种行政补偿,其特点是补偿义务机关不是直接补偿受害人所受之损害,而是通过在其他方面给予受害人好处的方法间接补偿受害人所受的损害,并且受害人一般需作出享受补偿义务机关所给予之特殊利益的相应行为才能实现补偿效果。

(五) 有约定补偿与无约定补偿

所谓有约定补偿,是指行政补偿义务机关与被补偿人在损失发生之前或之后已就补偿问题达成协议的行政补偿。无约定补偿,则是指行政补偿义务机关与被补偿人之间没有补偿协议,补偿按补偿义务机关单方面的意思表示进行的

---

① 在我国,所谓“农转非”,是特指由“农业户口”身份转变为“非农业户口”身份。它与我国特定历史阶段的户籍制度相联系。不过,目前这种户籍制度正处于改革之中。有的地方已经不再区分所谓“农业户口”与“非农业户口”,而统一使用“居民户口”。

行政补偿。有约定补偿具有双方性，而无约定补偿则是一种单方行为。在有约定补偿中，被补偿人一般不得对已约定的补偿数额提出异议；而在无约定补偿中，被补偿人可对行政补偿义务机关单方面给付的补偿数额提出异议。

（六）侵害人身权的补偿与侵害财产权的补偿

根据合法行政行为所侵害的合法权益内容的不同，行政补偿又可分为侵害人身权的补偿与侵害财产权的补偿两类。这两类补偿在救济方法上有所不同。

（七）政策性补偿与非政策性补偿

政策性补偿，是指国家对因其实行公用征收、征用或其他政策而造成的特定损失的补偿；非政策性补偿，是指行政主体对其合法的具体公务行为所造成的特定损失的补偿。政策性补偿是执行国家事先已决定给予补偿的国家政策的必然结果，补偿对象一般具有一定的普遍性，如中央实行“退田还湖”“退耕还林”等政策以来，给农户们所提供的政策性补偿或补贴即属于此类。除此之外，在“非典”和新冠疫情期间，一些地方政府责令某些经营单位停止营业，因此而造成的损失，政府予以统一补偿。而非政策性补偿是由行政主体的特定行为而非国家政策本身所造成的，补偿对象一般是个别的公民或组织。

第二节 行政补偿的理论基础

在现代社会法治国家中，行政补偿是平衡私人利益与公共利益的制度设计。由于法律社会化运动，私人权利要受到社会义务和公共利益的制约，从而使得国民传统的“防御性”的自由权会受到公权力的制约。但为了使自由权不至于在“公共利益”的名义下被公权力所漠视或吞噬，为了使个人不至于因为社会福利而被完全淹没在社会共同体的汪洋大海之中，一国的宪法和法律对公权力施加于公民基本权利的限制进行了反向限制，以达到保障国民基本权利之目的。行政补偿便是对公权力进行反向限制、对国民基本权利予以保障和救济的重要的制度安排。

但从历史的角度进行考察，行政补偿的理论基础，即国家为什么要对合法的行政行为造成的损失给予补偿，其理由或理论依据何在，是行政法学界长期争论的一个重要学术问题。关于行政补偿理论的主要观点有四[①]：

（一）公共负担平等说

公共负担平等说首先由法国学者提出，其影响现已扩展到法国以外的许多国家。这一学说认为，政府的活动是为了公共利益而实施，因而其成本或费用应

① 在早期还有一些其他学说，如恩惠说。该说认为国家因公益上之必要，原可征收或征用人民之财产，唯为体恤人民起见，乃予以补偿。故行政损失补偿，乃国家恩惠、施舍之行动。此学说出现较早，反映的是主权至上理念，明显具有专制时代的思想，亦不符合时代发展潮流，现已遭淘汰。

由社会全体成员平等分担。合法的行政行为给公民、组织的合法权益造成的损失，实际上是受害人在一般纳税负担以外的额外负担，这种负担不应当由受害人个人承担，而应当平等地分配给社会全体成员，其分配方式就是国家以全体纳税人交纳的金钱补偿受害人所蒙受的损失。公共负担平等说在以法国为代表的大陆法系国家具有广泛的影响，这些国家的国家补偿制度以及国家赔偿中的无过错责任原则均以此说作为主要理论基础。

（二）结果责任说

这一学说认为，无论行政行为合法或违法，以及行为人有无故意或过失，只要行政活动导致的损害为一般社会公众所未有，国家就必须为其承担补偿责任。国家补偿的根据在于国家给私人带来无法回避的危险，所以该学说又称为危险责任说；鉴于国家承担此种责任不考虑故意或过失之类主观上的归责事由，所以又称之为无过错责任。①

这种学说是基于结果责任的国家补偿理论。因为，传统的国家赔偿是以过错责任主义为基础，赔偿违法且有过错的公务行为造成的损害的制度。依此制度，如果造成损害的行为不是违法的，致害人也没有过错，那么国家就不承担赔偿责任。很显然，这种国家赔偿制度是无法救济各种不同情形的受害人的。因为在很多情况下，国家合法、无过错的行政行为也可能造成行政相对人的利益损害，有时这种损害是极为严重的，若以过错责任为赔偿原则，就无法将这部分损害包括进去。所以为了弥补这一重大缺陷与不足，一些学者主张采用结果责任理论作为行政补偿制度的根据。

（三）特别牺牲说

该说源于德国。1793年《普鲁士基本法》第75条确定了国家承担补偿责任原则，即为了公共利益，在必要时，个人必须牺牲其权益，同时社会必须从其设立的公共资金中对个人予以补偿。德国法院在以后的诸多判例中支持并充实了这项原则，使公民求偿的范围从金钱损害扩大到非金钱损害（即准征收），从财产损害扩大到生命和健康损害。到了19世纪末，德国著名公法学者奥托·迈耶提出了特别牺牲理论。他认为，任何财产权的行使都要受到一定内在的、社会的限制，当财产的征用或限制超出这些内在限制时，即产生补偿问题。也就是说，对行使所有权的内在社会限制是所有公民都平等地承受的一定负担，不需要赔偿。然而，当这种负担落到某个个别公民头上，它即变成了一种特殊的牺牲，就必须进行补偿。② 另外，从公民和国家的关系以及宪法对公民固有权利（包括生命权、健康权、财产权、自由权）的保障义务来看，为了公共利益而采取的行为很可

① 〔日〕南博方：《日本行政法》，杨建顺、周作彩译，中国人民大学出版社1988年版，第107—109页。
② 参见周汉华、何峻：《外国国家赔偿制度比较》，警官教育出版社1992年版，第189页。

能牺牲个人的利益,但因国家行为对个人造成的损害是具有公益性质的,不应由个人来负担,而应由公众来负担。既然国家征用个人财产时个人可以得到补偿,那么,当个人的生命和健康遭受损害时,同样应得到补偿。也就是说,为了国家、社会和公共利益的需要,牺牲个人的利益是必要的,但公众受益的国家行为造成的损害不能由个人去负担,而应由公众负担。所以国家应该从公众的税收——国库中支付一定的补偿费用,以弥补个别受到侵害的个人。

(四)社会保险说

这一理论把民间保险的原理加以引申,用以说明行政补偿的理论基础。它将国家视为全社会的保险人,社会成员向国家纳税,等于向保险公司投保。由于国库收入的主要来源是税收,因此国家补偿社会成员的损失就等于社会集资填补个人的意外损害,这就是所谓的社会保险。按照社会保险理论,不管是什么原因导致其合法权益受损,社会成员均可以向国家寻求救济。国家对受损的公民、组织予以救济就如同保险公司向保险人支付保险金一样。

第三节 行政补偿的范围与方式

一、行政补偿的范围

各国行政补偿的立法表明,行政补偿范围明显小于行政赔偿的范围。行政赔偿的损失,既包括直接损失,也包括部分间接损失;既包括物质损害,也包括精神损害。[①] 行政补偿则不同,行政补偿一般以直接现实的损失为限,而且在许多情况下,法律规定的补偿额可能小于直接损失额。如果损失的发生可部分归责于第三人或受损失者本人的话,那么,行政主体也就只需承担合理范围内的适当补偿之责。

---

① 当然,在行政赔偿领域对于精神损害的赔偿,各国情况也有很大不同。有的国家较早就已通过行政法院的判决涉足了精神损害赔偿领域,如法国;有的则相对落后和保守。我国在这方面总的说来起步较晚,起点也不高。从有关法律规定和现实判决中都可以发现这一点。如在麻旦旦诉泾阳县、咸阳市公安局一案中,原告要求两被告赔偿500万元精神损失费。但一审法院则判决被告赔偿74.66元。后原告不服,继续上诉。二审法院判决确认泾阳县、咸阳市两级公安局的行政行为违法,要求赔偿麻因被限制两天人身自由导致的损失74.66元、医疗费9135元,但对麻有关精神损害赔偿的主张不予支持。这一案例十分典型地反映了我国《国家赔偿法》存在的重大缺陷,即未将精神损害赔偿纳入国家赔偿之范围。此案曾在社会上引起强烈反响。在此案中,麻旦旦被非法拘禁两天,受到威胁、恫吓、猥亵、殴打,做过两次处女检查,曾被要求承认有卖淫行为,甚至被认定为男性,有"嫖娼"行为。显而易见,麻所受的最大损害是精神方面的,然而法院判决有关公安机关除赔偿医疗费外,仅赔74.66元,而对其精神损害赔偿的主张不予支持。这样的判决结果显失公正。有关该案报道可以参见:《处女嫖娼案昨二审判决》,载《北京日报》2001年12月12日。不过值得一提的是,我国已经通过最高人民法院的司法解释,确立了民事赔偿方面的精神损害赔偿制度。2001年3月8日,最高人民法院公布了《关于确定民事侵权精神损害赔偿责任若干问题的解释》,就赔偿主体、客体、数额确定因素、抚慰金支付方式等作出了具体规定,并于2020年对该解释进行了修改。这反映出我国民事损害赔偿制度愈来愈完善。

我国目前没有法律、法规统一规定行政补偿范围，许多行政补偿活动是在法外进行的，既分散又不太规范，学术界对行政补偿的研究也才刚刚开始。因而，本节关于行政补偿范围的阐述属于对我国现有行政补偿制度和实践的初步总结，带有一定的探讨性质。

根据我国现有法律规定以及现实生活中的行政补偿实践，我国行政补偿的范围主要包括：(1) 国家对非国有企业和财产实行国有化和征收的补偿；(2) 国家征用土地和其他财产的补偿①；(3) 行政主体合法的公务行为破坏公民、组织财产以及侵犯公民人身权的补偿，如军事演习与戒严活动损坏个人、组织财产的补偿或造成个人伤亡的补偿等；(4) 个人、组织的财产与个人的人身因国有危险物发生意外损害的补偿，如核事故的补偿，因实行重点保护野生动物的政策而造成的农作物或其他损失的补偿等；(5) 对某些政策或行政措施的变动所造成的特定、异常损失的补偿，如变更和撤销行政合同而使合同对方当事人利益受损的补偿，指令性计划的变动或撤销而使个别或少数企业利益受损的补偿等；(6) 对某些使国家和社会受益但却使个人、组织自身利益受损的补偿，如国家对城市公共交通部门实行低价运输而给予的补贴即属此类。

但是，国家对于下列行为所造成的损失一般不予补偿：(1) 国家实行宏观经济调控政策所造成的损失。如政府采取了“紧缩银根”政策，使一些当事人不能按照过去的条件从银行贷款而影响了合同的履行，从而遭受损失的；或者因为国家的产业政策发生重大变化，原来已经启动的项目不得不停建或缓建而遭受损失的。(2) 行政主体合法行为所造成的损失，但受损失人可从保险或其他途径得到补救的。如为了扑火和控制火势蔓延以免造成更大损失，消防队员采取紧急措施拆除毗邻建筑物，从而使房屋主人遭受了财产损失，房主如果能从已经投保的保险公司获得赔偿的，一般也不能从行政机关那里获得补偿。(3) 个人、组织的自我损害行为虽客观上使行政主体或其他人成为受益人，但受损人主观上并无为国家和社会利益自我牺牲合法权益的目的。(4) 其他不宜给予行政补偿的行为。②

二、行政补偿的方式

行政补偿一般都采用金钱给付的方式，但也有采用支付实物或有价证券等方式的。例如根据国务院 2011 年 1 月 19 日第 141 次常务会议通过的《国有土地上房屋征收与补偿条例》第 21 条的规定，征收补偿可以实行货币补偿，也可以

---

① 征收与征用的区别在于，前者的所有权发生转移，后者的所有权不变，只是使用权转由国家或国家委托的社会组织行使。

② 例如，对造成重大污染的设备予以拆除，对患有严重传染性疾病的牲畜进行捕杀，对已经发生了火灾的消防对象物进行破坏等，就不必进行补偿。

实行产权调换。实行产权调换的,房屋征收部门应在产权调换前向被征收人支付临时安置费或者提供周转用房。我国台湾地区"实施耕者有其田条例"第15条规定:"征收耕地地价之补偿,以实物土地券七成及公营事业股票三成搭发之。"这也属于采用支付实物或有价证券的形式。

从我国行政补偿的实践看,行政补偿的方式有直接补偿与间接补偿两种。其中直接补偿的方式包括:(1) 金钱补偿;(2) 返还财产;(3) 恢复原状。与行政赔偿一样,行政主体在运用直接补偿方式时应以金钱补偿为主,但能够返还财产或恢复原状的,应予返还财产或恢复原状。

间接补偿的方式多种多样,常见的有以下几种:(1) 在人、财、物的调配上给予优惠;(2) 减免税费①;(3) 授予某种能给受损失人带来利益的特许权;(4) 给予额外的带薪休假、旅游和疗养等;(5) 在晋级晋职、增加工资、安排就业、分配住房和解决"农转非"的户口指标等问题上给予照顾等。

间接补偿方式可与直接补偿方式配合使用,如在给予部分金钱补偿的同时,优先安排受损失人就业等。间接补偿方式的存在使行政补偿具有很大的灵活性,可以为国家节约财力,但这些做法毕竟是不规范的,将来在立法时是否应予保留以及在何种范围内保留,有待进一步研究。

第四节 行政补偿的标准与程序

一、行政补偿的标准

我国目前没有关于行政补偿计算标准的统一规定,除土地管理方面的法律、法规和规章对国家建设征用土地的补偿(在这类补偿中,只有补偿费由国家支付的补偿才是行政补偿)标准有较为详细的规定外,其他有关行政补偿的法律、法规很少对补偿标准作出具体规定,最多规定补偿标准由国务院或地方政府制定。而在实践中通常都是由具体补偿部门参照损失的程度酌情予以补偿。但从理论上讲,法律本身完全不规定标准,而将补偿标准完全授权政府制定,是存在一定问题的。因为,政府或行政机关本身既是侵益者或受益者,又是补偿者,可能是未来行政补偿争议中的一方当事人,这样从程序上讲,很难保证"中立""正当"与"公正"。我们认为,法律应当对行政补偿的标准作尽可能具体的规定。

《土地管理法》第48条规定了征收土地(主要是耕地)的补偿范围、补偿标准和补偿方式。该条规定,征收土地的补偿范围包括土地补偿费、安置补助费以及

① 如2003年"非典"流行期间,一些地方政府(如北京)的有关部门,明令餐饮行业停止营业,或者明令娱乐场所暂时停业,这些企业的利润因此受到影响。后来相关政府部门对此采取了减免税费的办法,以作为对其的补偿。新冠疫情暴发之后,各个地方政府亦陆续发布减税降费政策。

农村村民住宅、其他地上附着物和青苗等的补偿费用,除此之外,政府还应安排被征地农民的社会保障费用。关于补偿标准,该条第3、4款规定,征收农用地的土地补偿费、安置补助费标准由省、自治区、直辖市通过制定公布区片综合地价确定。制定区片综合地价应当综合考虑土地原用途、土地资源条件、土地产值、土地区位、土地供求关系、人口以及经济社会发展水平等因素,并至少每三年调整或者重新公布一次。征收农用地以外的其他土地、地上附着物和青苗等的补偿标准,由省、自治区、直辖市制定。关于补偿方式,该条第4款规定,对农村村民住宅,应当按照先补偿后搬迁、居住条件有改善的原则,尊重农村村民意愿,采取重新安排宅基地建房、提供安置房或者货币补偿等方式给予公平、合理的补偿,并对因征收造成的搬迁、临时安置等费用予以补偿,保障农村村民居住的权利和合法的住房财产权益。

从上述规定可以看出,我国行政征用土地补偿的计算标准具有下述特点:(1) 2004年《土地管理法》根据被征土地的生产价值规定由中央和省两级分别制定补偿标准,地方在规定补偿标准方面有一定的自主权,2019年《土地管理法》修改后,原第47条第2款删除,土地补偿费、安置补偿费补偿标准的制定权全部交由地方;(2) 除规定对既得利益的损失补偿外,还规定了可得利益的损失补偿。(3) 规定了间接补偿的方式与适用标准。

其他无法律明确规定的行政补偿的计算标准,则根据下述原则加以确定:(1) 参照行政赔偿的标准确定行政补偿的标准。(2) 事先补偿额根据补偿方对未来损失的评估确定,或依双方合法的约定进行,不一定完全参照行政赔偿的标准,但事先补偿额明显低于实际损失时,除非法律、法规另有规定或补偿额直接依法定标准得出,否则,补偿机关事后仍应给予受损失人适当补偿。(3) 事后补偿原则上不应超出行政赔偿的水准,但事后补偿应适当计算可得利益的损失,而这一点在行政赔偿中尚不明确。(4) 具体补偿度还应考虑国家和社会是否通过个人、组织的损失而获利。如属获利的情形,则应在实际损失限度内给予较高补偿度的补偿或全额补偿;如属非获利的情形,则可给予相对较小补偿度的补偿。

二、行政补偿的程序

行政补偿的程序是指行政相对人获得补偿的步骤、方式等。从理论上讲,行政补偿的程序应当既包括行政系统的行政救济程序,又包括司法系统予以补救的司法救济程序。至于行政系统内的行政程序,还应当包括行政机关的主动补偿程序和依当事人申请而予以补偿的程序。

我国行政补偿的程序目前尚无统一的法律规定,只有个别的法律、法规作出了一些较原则的规定。[①] 根据这些规定和正当法律程序的一般原理，我们认为，行政补偿的程序可设定行政补偿的行政程序和行政补偿的司法救济程序。

（一）行政补偿的行政程序

1. 主动补偿程序

行政机关依法主动实施补偿应是行政补偿的基本方式。行政补偿的目的是使行政相对人受到损害的权益获得补救。行政补偿对相对人不具有强制性，但对行政机关具有拘束力。所以行政机关应依职责主动为之。

行政补偿如果是由行政补偿义务机关主动进行的，则应遵守下列程序：(1) 发出补偿通知，通知中应包括补偿的事由、依据、具体计算标准与补偿方式等，尤其重要的是，通知中应列明被补偿人陈述意见的权利及时限；(2) 听取被补偿人的意见，并将被补偿人的意见记录在案；(3) 向被补偿人说明补偿理由，答复被补偿人提出的意见；(4) 与被补偿人达成补偿协议，或由补偿义务机关单方面作出补偿决定。在补偿决定中应写明被补偿人提起行政复议和行政诉讼的权利及其行使这些权利的时效。具体时效期间可参照《行政复议法》和《行政诉讼法》的有关规定。

2. 应申请补偿程序

所谓应申请补偿，即依当事人的申请而进行的行政补偿。应申请补偿的申请人必须是合法权益受到损失的公民、法人或其他组织；作为申请人的公民死亡后其继承人和与死者有扶养关系的人可申请补偿；法人或其他组织终止后，承受其权利的法人或其他组织可申请补偿。

应申请补偿的基本程序如下：(1) 受损人提出补偿申请。申请应以书面方式提出，申请书中应当写明要求补偿的事实、理由以及补偿的方式和标准。(2) 补偿义务机关对申请人提出的补偿申请进行审查。(3) 补偿义务机关通知申请人审查结果，并将补偿义务机关拟作出的补偿决定告知申请人，听取申请人的意见。(4) 在听取申请人意见的基础上，就补偿的范围、方式与标准同申请人协商。(5) 达成补偿协议，或作出补偿或不予补偿的决定。在协议或决定中应告知申请人所享有的行政复议权和行政诉讼权及其时效。(6) 复议。申请补偿人对行政补偿裁决不服的，可以申请行政复议，依《行政复议法》规定的程序寻求复议救济。

---

① 2004 年修订通过的《土地管理法》在原法的基础上增加了有关补偿程序的规定。如第 46 条规定的公告、征地补偿登记；第 48 条规定的征地补偿安置方案确定后，有关地方人民政府应当公告，并听取被征地的农村集体经济组织和农民的意见等。2019 年修正对此进一步完善。其中第 47 条规定了拟征收土地现状调查和社会稳定风险评估、听证会。1998 年 12 月国务院发布的配套行政法规《土地管理法实施条例》，又进一步规定了征用土地补偿中的程序性规范，即：(1) 征地公告——补偿登记——听取意见；(2) 报政府批准后，组织实施；(3) 对补偿标准存在争议的，由政府协调，如协调不成由批准征用的人民政府裁决。2021 年修订的《土地管理法实施条例》第 26—31 条亦对征收补偿程序进行了进一步规范。

（二）行政补偿的司法救济程序

对于行政补偿是否需要司法审查救济，各国的做法并不完全一致。有的国家规定可以通过诉讼途径解决，如法国、日本等。有的国家或地区规定，除了极个别的情形可以提起诉讼外，大多数行政补偿是不能通过诉讼途径解决的。在我国，行政补偿争议过去大多是通过行政途径解决，很少通过诉讼途径解决。2004 年宪法修正案关于尊重和保障人权以及保护私有财产权的规定为进一步保障公民权益提供了宪法依据。从相关单行法律规定来看，对于合法行政行为给公民权益造成损失的，政府有予以行政补偿的义务。《行政诉讼法司法解释》(2000)规定，"公民、法人或者其他组织对具有国家行政职权的机关和组织及其工作人员的行政行为不服，依法提起诉讼的，属于人民法院行政诉讼的受案范围"，该司法解释并没有将行政补偿排除在受案范围之外。2014 年《行政诉讼法》修订，第 12 条明确，对征收、征用决定及其补偿决定不服的，可以提起行政诉讼。《行政诉讼法司法解释》(2018)第 68 条也明确，行政诉讼法规定的"有具体的诉讼请求"包括请求判决行政机关予以赔偿或者补偿。行政补偿也是一种行政行为。对于行政行为不服，理当可以寻求司法救济。所以，行政相对人认为行政机关应当给予行政补偿而不予行政补偿的，或者行政机关不按照法律规定给予行政补偿的，有权依法提起行政诉讼，人民法院对于此种案件应当受理。

（三）行政补偿的请求时效

目前，我国法律对行政补偿的请求时效未作规定，但为保障行政相对人尽快行使行政补偿请求权，避免行政法律关系长期处于不稳定状态，今后在健全行政补偿法制时应当规定行政补偿的请求时效，如果有资格申请行政补偿的个人和组织不在法定时效期内提出要求行政补偿的申请，则可能丧失行政补偿请求权。行政补偿的请求时效可参照国家赔偿请求时效确定为 2 年，从行政相对人知道或应当知道其合法权益受损害之日起开始计算。但有行政补偿请求权的人在请求时效的最后 6 个月内因不可抗力或其他障碍不能行使请求权的，时效中止，其补偿请求时效期间可从中止时效的原因消除之日起继续计算。

附　　录

附录一　最高人民法院历年发布的指导性行政案例(2011—2022年)

1. 指导案例5号:鲁潍(福建)盐业进出口有限公司苏州分公司诉江苏省苏州市盐务管理局盐业行政处罚案。

2. 指导案例6号:黄泽富、何伯琼、何熠诉四川省成都市金堂工商行政管理局行政处罚案。

3. 指导案例21号:内蒙古秋实房地产开发有限责任公司诉呼和浩特市人民防空办公室人防行政征收案。

4. 指导案例22号:魏永高、陈守志诉来安县人民政府收回土地使用权批复案。

5. 指导案例26号:李健雄诉广东省交通运输厅政府信息公开案。

6. 指导案例38号:田永诉北京科技大学拒绝颁发毕业证、学位证案。

7. 指导案例39号:何小强诉华中科技大学拒绝授予学位案。

8. 指导案例40号:孙立兴诉天津新技术产业园区劳动人事局工伤认定案。

9. 指导案例41号:宣懿成等诉浙江省衢州市国土资源局收回国有土地使用权案。

10. 指导案例42号:朱红蔚申请无罪逮捕赔偿案。

11. 指导案例43号:国泰君安证券股份有限公司海口滨海大道(天福酒店)证券营业部申请错误执行赔偿案。

12. 指导案例44号:卜新光申请刑事违法追缴赔偿案。

13. 指导案例59号:戴世华诉济南市公安消防支队消防验收纠纷案。

14. 指导案例60号:盐城市奥康食品有限公司东台分公司诉盐城市东台工商行政管理局工商行政处罚案。

15. 指导案例69号:王明德诉乐山市人力资源和社会保障局工伤认定案。

16. 指导案例76号:萍乡市亚鹏房地产开发有限公司诉萍乡市国土资源局不履行行政协议案。

17. 指导案例77号:罗镕荣诉吉安市物价局物价行政处理案。

18. 指导案例88号:张道文、陶仁等诉四川省简阳市人民政府侵犯客运人力三轮车经营权案。

19. 指导案例89号:“北雁云依”诉济南市公安局历下区分局燕山派出所公安行政登记案。

20. 指导案例90号:贝汇丰诉海宁市公安局交通警察大队道路交通管理行政处罚案。

21. 指导案例91号:沙明保等诉马鞍山市花山区人民政府房屋强制拆除行政赔偿案。

22. 指导案例94号:重庆市涪陵志大物业管理有限公司诉重庆市涪陵区人力资源和社会保障局劳动和社会保障行政确认案。

23. 指导案例101号:罗元昌诉重庆市彭水苗族土家族自治县地方海事处政府信息公开案。

24. 指导案例113号:迈克尔·杰弗里·乔丹与国家工商行政管理总局商标评审委员会、乔丹体育股份有限公司"乔丹"商标争议行政纠纷案。

25. 指导案例114号:克里斯蒂昂迪奥尔香料公司诉国家工商行政管理总局商标评审委员会商标申请驳回复审行政纠纷案。

26. 指导案例136号:吉林省白山市人民检察院诉白山市江源区卫生和计划生育局、白山市江源区中医院环境公益诉讼案。

27. 指导案例137号:云南省剑川县人民检察院诉剑川县森林公安局怠于履行法定职责环境行政公益诉讼案。

28. 指导案例138号:陈德龙诉成都市成华区环境保护局环境行政处罚案。

29. 指导案例139号:上海鑫晶山建材开发有限公司诉上海市金山区环境保护局环境行政处罚案。

30. 指导案例162号:重庆江小白酒业有限公司诉国家知识产权局、第三人重庆市江津酒厂(集团)有限公司商标权无效宣告行政纠纷案。

31. 指导案例177号:海南临高盈海船务有限公司诉三沙市渔政支队行政处罚案。

32. 指导案例178号:北海市乃志海洋科技有限公司诉北海市海洋与渔业局行政处罚案。

33. 指导案例191号:刘彩丽诉广东省英德市人民政府行政复议案。

附录二 国内行政法与行政诉讼法教科书、专著和案例评析选读书目

(一) 教科书[①]

1. 朝阳大学法律科讲义:《行政法各论》,北京:朝阳大学出版社1923年版。
2. 朝阳大学法律科讲义:《行政法总论》,北京:朝阳大学出版社1923年版。
3. 白鹏飞编:《行政法总论》,上海:中华学艺社1927年版。
4. 范扬:《行政法总论》,上海:商务印书馆1935年版。
5. 王珉灿主编:《行政法概要》,北京:法律出版社1983年版。
6. 马君硕:《中国行政法总论》(增订3版),台北:商务印书馆1984年版。
7. 林纪东:《行政法新论》,台北:三民书局1985年版。
8. 姜明安:《行政法学》,太原:山西人民出版社1985年版。
9. 应松年、朱维究:《行政法学总论》,北京:工人出版社1985年版。
10. 姜明安:《行政法概论》,北京:北京大学出版社1986年版。
11. 张尚鷟主编:《行政法教程》,北京:中国广播电视大学出版社1988年版。
12. 皮纯协主编:《中国行政法教程》,北京:中国政法大学出版社1988年版。
13. 朱维究主编:《行政诉讼法原理》,北京:中国政法大学出版社1988年版。

① 所列教科书基本按出版时间先后排序。

14. 罗豪才、应松年主编:《行政诉讼法学》,北京:中国政法大学出版社 1989 年版。
15. 张树义、方彦主编:《中国行政法学》,北京:中国政法大学出版社 1989 年版。
16. 于安主编:《行政诉讼法通论》,重庆:重庆出版社 1989 年版。
17. 胡建淼主编:《行政诉讼法教程》,杭州:杭州大学出版社 1990 年版。
18. 杨海坤:《行政诉讼法学》,北京:中国广播电视大学出版社 1994 年版。
19. 熊文钊:《行政法通论》,北京:中国人事出版社 1995 年版。
20. 陈新民:《行政法学总论》(修订 5 版),台北:三民书局 1995 年版。
21. 叶必丰:《行政法学》,武汉:武汉大学出版社 1996 年版。
22. 陈端洪:《中国行政法》,北京:法律出版社 1998 年版。
23. 罗豪才主编:《行政法学》(修订版),北京:中国政法大学出版社 1999 年版。
24. 方世荣主编:《行政法与行政诉讼法》,北京:中国政法大学出版社 1999 年版。
25. 高家伟:《国家赔偿法学》,北京:工商出版社 2000 年版。
26. 管欧:《行政法概要》(第 30 版),台北:三民书局 2000 年版。
27. 李震山:《行政法导论》(修订 4 版),台北:三民书局 2002 年版。
28. 湛中乐主编:《行政法学》(第 2 版),北京:北京大学出版社 2006 年版。
29. 王连昌、马怀德主编:《行政法学》(第 4 版),北京:中国政法大学出版社 2007 年版。
30. 马怀德主编:《行政诉讼原理》(第 2 版),北京:法律出版社 2009 年版。
31. 周佑勇主编:《行政法专论》,中国人民大学出版社 2010 年。
32. 叶必丰主编:《行政法与行政诉讼法》(第 3 版),北京:中国人民大学出版社 2011 年版。
33. 余凌云:《行政法讲义》(第 2 版),北京:清华大学出版社 2014 年版。
34. 章剑生:《现代行政法总论》,北京:法律出版社 2014 年版。
35. 章志远:《行政法学总论》,北京:北京大学出版社 2014 年版。
36. 马怀德主编:《行政法与行政诉讼法》(第 5 版),北京:中国法制出版社 2015 年版。
37. 胡建淼:《行政法学》(第 4 版),北京:法律出版社 2015 年版。
38. 罗豪才、湛中乐主编:《行政法学》(第 4 版),北京:北京大学出版社 2016 年版。
39. 杨建顺主编:《行政法总论》(第 2 版),北京:北京大学出版社 2016 年版。
40. 何海波:《行政诉讼法》(第 2 版),北京:法律出版社 2016 年版。
41. 应松年主编:《行政法与行政诉讼法学》(第 3 版),中国政法大学出版社 2017 年版。
42. 胡锦光、莫于川:《行政法与行政诉讼法概论》(第 3 版),北京:中国人民大学出版社 2017 年版。
43. 应松年主编:《行政法与行政诉讼法学》(第 2 版),北京:高等教育出版社 2018 年版。

(二) 专著[①]

1. 叶必丰:《行政法的人文精神》,北京:北京大学出版社 2005 年版。
2. 叶必丰:《行政行为的效力研究》,北京:中国人民大学出版社 2002 年版。

① 所列专著先列本书作者的著作,然后再列其他学者(排序不分先后)的著作。

3. 叶必丰:《行政规范原理》(合著),北京:法律出版社 2002 年版。

4. 叶必丰:《行政行为原理》,北京:商务印书馆 2014 年版。

5. 叶必丰:《区域合作法论》,北京:法律出版社 2022 年版。

6. 杨建顺:《行政规制与权利保障》,北京:中国人民大学出版社 2007 年版。

7. 杨建顺:《日本行政法通论》,北京:中国法制出版社 1998 年版。

8. 杨建顺:《日本国会》,北京:华夏出版社 2002 年版。

9. 杨建顺:《权力的规则》,北京:北京大学出版社 2017 年版。

10. 章剑生:《行政程序法学原理》,北京:中国政法大学出版社 1994 年版。

11. 章剑生:《行政行为说明理由判解》,武汉:武汉大学出版社 2000 年版。

12. 章剑生:《行政听证制度研究》,杭州:浙江大学出版社 2010 年版。

13. 章剑生:《现代行政法专题》,北京:清华大学出版社 2014 年版。

14. 章剑生:《现代行政法基本理论》(上下卷),北京:法律出版社 2014 年版。

15. 于安:《降低政府规制——经济全球化时代的行政法》,北京:法律出版社 2003 年版。

16. 于安:《德国行政法》,北京:清华大学出版社 1999 年版。

17. 王宝明:《政府法治建设重大问题研究》,北京:国家行政学院出版社 2012 年版。

18. 王宝明:《法治政府》,北京:研究出版社 2014 年版。

19. 王宝明:《抽象行政行为的司法审查》(合著),北京:人民法院出版社 2004 年版。

20. 江必新:《国家治理现代化与行政法治》,北京:中国法制出版社 2016 年版。

21. 江必新:《行政诉讼法疑难问题探讨》,北京:北京师范学院出版社 1991 年版。

22. 江必新:《国家赔偿法原理》,北京:中国人民公安大学出版社 1994 年版。

23. 江必新:《中国行政诉讼制度之发展》,北京:金城出版社 2001 年版。

24. 江必新:《WTO 与司法审查》,北京:人民法院出版社 2002 年版。

25. 江必新:《行政法制的基本类型:行政与法的关系发展史》,北京:北京大学出版社 2005 年版。

26. 江必新:《行政诉讼法理论与实务》(合著),北京:北京大学出版社 2016 年版。

27. 刘恒:《行政救济制度研究》,北京:法律出版社 1998 年版。

28. 刘恒:《外资并购行为与政府规制》,北京:法律出版社 2000 年版。

29. 刘恒:《政府信息公开制度》,北京:中国社会科学出版社 2004 年版。

30. 刘恒:《行政执法与政府管制》,北京:北京大学出版社 2012 年版。

31. 刘恒:《香港信息公开制度研究》,北京:社会科学文献出版社 2017 年版。

32. 刘恒:《信访立法研究》,北京:法律出版社 2017 年版。

33. 湛中乐:《法治国家与行政法治》,北京:中国政法大学出版社 2002 年版。

34. 湛中乐:《权利保障与权力制约》,北京:法律出版社 2003 年版。

35. 湛中乐:《现代行政过程论》,北京:北京大学出版社 2005 年版。

36. 湛中乐:《行政调解、和解制度研究》,北京:法律出版社 2009 年版。

37. 湛中乐:《公立高等学校法律问题研究》(合著),北京:法律出版社 2009 年版。

38. 湛中乐:《大学法治与权益保护》,北京:中国法制出版社 2011 年版。

39. 薛刚凌:《法治国家与行政诉讼:中国行政诉讼制度基本问题研究》,北京:人民出版社 2015 年版。

40. 薛刚凌:《中央与地方权限争议的法律解决机制研究》,北京:中国法制出版社 2013 年版。

41. 薛刚凌:《行政补偿理论与实践研究》,北京:中国法制出版社 2011 年版。

42. 薛刚凌:《行政主体的理论与实践》,北京:中国方正出版社 2009 年版。

43. 薛刚凌:《行政法治道路探寻》,北京:中国法制出版社 2006 年版。

44. 姜明安:《行政法与行政诉讼》,北京:中国卓越出版社公司 1990 年版。

45. 姜明安:《法治思维与新行政法》,北京:北京大学出版社 2013 年版。

46. 姜明安:《新时代中国特色法治论》,北京:法律出版社 2018 年版。

47. 姜明安:《监察工作的理论与实务》,北京:中国法制出版社 2018 年版。

48. 姜明安:《行政诉讼法》(第 4 版),北京:法律出版社 2021 年版。

49. 姜明安:《宏观公法学导论》,北京:法律出版社 2021 年版。

50. 姜明安:《行政法》(第 5 版),北京:法律出版社 2022 年版。

51. 姜明安:《比较行政法规》,北京:法律出版社 2023 年版。

52. 姜明安:《行政程序法研究》,北京:法律出版社 2022 年版。

53. 姜明安:《中国特色依宪治国和法治政府建设研究》,北京:法律出版社 2022 年版。

54. 罗豪才、宋功德:《软法亦法》,北京:法律出版社 2009 年版。

55. 罗豪才等:《软法与公共治理》,北京:北京大学出版社 2006 年版。

56. 罗豪才等:《软法与协商民主》,北京:北京大学出版社 2008 年版。

57. 罗豪才主编:《行政法论》,北京:光明日报出版社 1988 年版。

58. 罗豪才主编:《现代行政法的平衡理论》,北京:北京大学出版社 1997 年版。

59. 罗豪才主编:《现代行政法制的发展趋势》,北京:法律出版社 2004 年版。

60. 罗豪才主编:《中国司法审查制度》,北京:北京大学出版社 1993 年版。

61. 应松年:《中国走向行政法治探索》,北京:中国方正出版社 1998 年版。

62. 应松年、薛刚凌:《行政组织法研究》,北京:法律出版社 2002 年版。

63. 应松年、袁曙宏主编:《走向法治政府——依法行政理论研究与实证调查》,北京:法律出版社 2001 年版。

64. 翁岳生:《法治国家之行政与司法》,台北:月旦出版社 1995 年版。

65. 吴庚:《行政法之理论与实用》(增订 10 版),台北:三民书局 2009 年版。

66. 张晋藩、李铁:《中国行政法史》,北京:中国政法大学出版社 1991 年版。

67. 张尚鷟:《中国行政法的理论与实践》,北京:中国政法大学出版社 1989 年版。

68. 方世荣:《论行政相对人》,北京:中国政法大学出版社 2000 年版。

69. 方世荣:《论具体行政行为》,武汉:武汉大学出版社 1996 年版。

70. 郭润生、宋功德:《论行政指导》,北京:中国政法大学出版社 1999 年版。

71. 胡建淼:《行政强制法论》,北京:法律出版社 2014 年版。

72. 马怀德:《行政法制度建构与判例研究》,北京:中国政法大学出版社 2000 年版。

73. 马怀德:《行政许可》,北京:中国政法大学出版社 1994 年版。

74. 马怀德主编:《行政诉讼原理》,北京:法律出版社 2003 年版。

75. 皮纯协、张焕光:《现代公务员制度研究》,北京:中国政法大学出版社 1989 年版。

76. 胡锦光、刘飞宇:《行政处罚听证程序研究》,北京:法律出版社 2004 年版。

77. 胡锦光:《行政处罚研究》,北京:法律出版社 1998 年版。

78. 王锡锌:《公众参与和行政过程——一个理念和制度分析的框架》,北京:中国民主法制出版社 2007 年版。

79. 王锡锌:《行政程序法理念与制度研究》,北京:中国民主法制出版社 2007 年版。

80. 沈岿:《公法变迁与合法性》,北京:法律出版社 2010 年版。

81. 沈岿:《国家赔偿法:原理与案例》,北京:北京大学出版社 2011 年版。

82. 沈岿:《平衡论:一种行政法认知模式》,北京:北京大学出版社 1999 年版。

83. 沈岿:《风险规制与行政法新发展》,北京:法律出版社 2013 年版。

84. 冯军:《行政处罚法新论》,北京:中国检察出版社 2003 年版。

85. 包万超:《行政法与社会科学》,北京:商务印书馆 2011 年版。

86. 莫于川:《行政指导论纲:非权力行政方式及其法治问题研究》,重庆:重庆大学出版社 1999 年版。

87. 莫于川:《行政指导要论——以行政指导法治化为中心》,北京:人民法院出版社 2002 年版。

88. 莫于川:《法治视野中的行政指导》,北京:中国人民大学出版社 2005 年版。

89. 蔡虹:《行政诉讼证据问题研究》,武汉:武汉水利电力大学出版社 1998 年版。

90. 蔡文斌:《行政诉讼先行程序研究》,北京:中国政法大学出版社 2001 年版。

91. 蔡小雪:《行政复议与行政诉讼的衔接》,北京:中国法制出版社 2003 年版。

92. 蔡小雪:《行政审判中的合法性审查》,北京:人民法院出版社 1999 年版。

93. 蔡震荣:《行政理论与基本人权之保障》(第 2 版),台北:五南图书出版公司 1999 年版。

94. 蔡志方:《行政救济法论》(修订版),台北:月旦出版社 1995 年版。

95. 陈春生:《行政法之学理与体系——行政行为形式论》,台北:三民书局 1996 年版。

96. 陈贵民:《现代行政法的基本理念》,济南:山东人民出版社 2004 年版。

97. 陈泉生:《行政法的基本问题》,北京:中国社会科学出版社 2001 年版。

98. 陈泉生:《宪法与行政法的生态化》,北京:法律出版社 2001 年版。

99. 陈小文:《行政法的哲学基础》,北京:北京大学出版社 2009 年版。

100. 陈新民:《公法学札记》(增订新版),北京:中国政法大学出版社 2010 年版。

101. 陈新民:《中国行政法学原理》,北京:中国政法大学出版社 2002 年版。

102. 城仲模:《行政法之基础理论》,台北:三民书局 1991 年版。

103. 崔卓兰、于立深:《行政规章研究》,长春:吉林人民出版社 2002 年版。

104. 崔卓兰:《行政程序法要论》,长春:吉林大学出版社 1996 年版。

105. 董炯:《国家、公民与行政法——一个国家—社会的角度》,北京:北京大学出版社 2001 年版。

106. 董皞:《司法解释论》(修订版),北京:中国政法大学出版社 2007 年版。

107. 傅士成:《行政强制研究》,北京:法律出版社 2001 年版。

108. 沈开举、王钰：《行政责任研究》，郑州：郑州大学出版社 2004 年版。

109. 沈开举：《行政征收研究》，北京：人民出版社 2001 年版。

110. 伏创宇：《核能规制与行政法体系的变革》，北京：北京大学出版社 2017 年版。

111. 甘文：《行政诉讼证据司法解释之评论——理由、观点与问题》，北京：中国法制出版社 2003 年版。

112. 甘文：《行政与法律的一般原理》，北京：法律出版社 2002 年版。

113. 杨海坤、关保英：《行政法服务论的逻辑结构》，北京：中国政法大学出版社 2002 年版。

114. 杨海坤、黄学贤：《中国行政程序法典化——从比较法角度研究》，北京：法律出版社 1999 年版。

115. 杨海坤：《中国行政法基本理论》，南京：南京大学出版社 1992 年版。

116. 杨海坤、章志远：《中国行政法基本理论研究》，北京：北京大学出版社 2004 年版。

117. 杨解君、孙学玉：《依法行政论纲》，北京：中共中央党校出版社 1998 年版。

118. 杨解君、温晋锋：《行政救济法——基本内容及评析》，南京：南京大学出版社 1997 年版。

119. 杨解君：《行政违法论纲》，南京：东南大学出版社 1999 年版。

120. 杨解君：《中国法律体系化的探索：行政法与相关部门法的交叉衔接研究》，北京：人民出版社 2014 年版。

121. 石佑启：《论公共行政与行政法学范式转换》，北京：北京大学出版社 2003 年版。

122. 袁曙宏：《行政处罚的创设、实施和救济》，北京：中国法制出版社 1994 年版。

123. 袁曙宏：《社会变革中的行政法制》，北京：法律出版社 2001 年版。

124. 袁曙宏、宋功德：《统一公法学原论》，中国人民大学出版社 2005 年版。

125. 宋功德：《行政法哲学》，北京：法律出版社 2000 年版。

126. 宋功德：《行政法的均衡之约》，北京：北京大学出版社 2004 年版。

127. 宋功德：《聚焦行政处理》，北京：北京大学出版社 2007 年版。

128. 宋功德：《论经济行政法的制度结构——交易费用的视角》，北京：北京大学出版社 2003 年版。

129. 周佑勇：《行政裁量治理研究：一种功能主义的立场》，北京：法律出版社 2008 年版。

130. 周佑勇：《行政法原论》（修订版），北京：中国方正出版社 2000 年版。

131. 周佑勇：《行政法基本原则研究》，武汉：武汉大学出版社 2005 年版。

132. 周佑勇：《行政裁量基准研究》，北京：中国人民大学出版社 2015 年版。

133. 朱新力：《司法审查的基准：探索行政诉讼的裁判技术》，北京：法律出版社 2005 年版。

134. 高家伟：《行政诉讼证据的理论与实践》，北京：工商出版社 1998 年版。

135. 高秦伟：《行政法规范解释论》，北京：中国人民大学出版社 2008 年版。

136. 关保英：《行政法的价值定位》，北京：中国政法大学出版社 1997 年版。

137. 关保英：《行政法的私权文化与潜能》，济南：山东人民出版社 2003 年版。

138. 关保英：《行政法模式转换研究》，北京：法律出版社 2000 年版。

139. 关保英:《执法与处罚的行政权重构》,北京:法律出版社 2004 年版。

140. 耿宝建:《行政纠纷解决的路径选择》,北京:法律出版社 2013 年版。

141. 何海波:《实质法治——寻求行政判决的合法性》,北京:法律出版社 2009 年版。

142. 金自宁:《风险中的行政法》,北京:法律出版社 2014 年版。

143. 黎军:《行业组织的行政法问题研究》,北京:北京大学出版社 2002 年版。

144. 李娟:《行政法控权理论研究》,北京:北京大学出版社 2000 年版。

145. 李广宇:《政府信息公开诉讼:理念、方法与案例》,北京:法律出版社 2009 年版。

146. 李广宇:《新行政诉讼法逐条注释》,北京:法律出版社 2015 年版。

147. 李洪雷:《行政法释义学:行政法学理的更新》,北京:中国人民大学出版社 2014 年版。

148. 李霞:《行政合同研究:以公私合作为背景》,北京:社会科学文献出版社 2015 年版。

149. 刘善春:《行政诉讼价值论》,北京:法律出版社 1998 年版。

150. 刘莘:《行政立法研究》,北京:法律出版社 2003 年版。

151. 傅红伟:《行政奖励研究》,北京:北京大学出版社 2003 年版。

152. 毕雁英:《宪政权力架构中的行政立法程序》,北京:法律出版社 2010 年版。

153. 罗文燕:《行政许可制度研究》,北京:中国人民公安大学出版社 2003 年版。

154. 吕立秋:《行政诉讼举证责任》,北京:中国政法大学出版社 2001 年版。

155. 宋华琳:《药品行政法专论》,北京:清华大学出版社 2015 年版。

156. 孙笑侠:《法律对行政的控制——现代行政法的法理解释》,济南:山东人民出版社 1999 年版。

157. 王成栋:《政府责任论》,北京:中国政法大学出版社 1999 年版。

158. 王丛虎:《行政主体问题研究》,北京:北京大学出版社 2007 年版。

159. 王克稳:《经济行政法基本论》,北京:北京大学出版社 2004 年版。

160. 王克稳:《行政许可中特许权的物权属性与制度构建研究》,北京:法律出版社 2015 年版。

161. 王万华:《行政程序法研究》,北京:中国法制出版社 2000 年版。

162. 王太高:《行政许可条件研究》,北京:法律出版社 2016 年版。

163. 王旭:《行政法解释学研究》,北京:中国法制出版社 2010 年版。

164. 王贵松:《行政信赖保护论》,济南:山东人民出版社 2007 年版。

165. 王贵松:《行政裁量的构造与审查》,北京:中国人民大学出版社 2016 年版。

166. 王学辉、宋玉波等:《行政权研究》,北京:中国检察出版社 2002 年版。

167. 文正邦主编:《法治政府建构论——依法行政理论与实践研究》,北京:法律出版社 2002 年版。

168. 武步云:《政府法制论纲》,西安:陕西人民出版社 1995 年版。

169. 肖金明:《行政处罚制度研究》,济南:山东大学出版社 2004 年版。

170. 熊文钊:《现代行政法原理》,北京:法律出版社 2000 年版。

171. 杨伟东:《行政行为司法审查强度研究——行政审判权纵向范围分析》,北京:中国人民大学出版社 2003 年版。

172. 杨伟东:《权力结构中的行政诉讼》,北京:北京大学出版社 2008 年版。

173. 杨小君:《行政处罚研究》,北京:法律出版社 2002 年版。

174. 杨小君:《我国行政复议制度研究》,北京:法律出版社 2002 年版。

175. 杨小君:《我国行政诉讼受案范围理论研究》,西安:西安交通大学出版社 1998 年版。

176. 杨寅:《中国行政程序法治化——法理学与法文化的分析》,北京:中国政法大学出版社 2001 年版。

177. 杨利敏:《行政法与现代国家之构成》,北京:北京大学出版社 2016 年版。

178. 于立深:《契约方法论:以公法哲学为背景的思考》,北京:北京大学出版社 2007 年版。

179. 余凌云:《行政契约论》(第 2 版),北京:中国人民大学出版社 2006 年版。

180. 余凌云:《警察权力的规范与救济——警察行政法若干前沿性问题研究》,北京:中国人民公安大学出版社 2002 年版。

181. 余凌云:《行政自由裁量论》(第 3 版),北京:中国人民公安大学出版社 2013 年版。

182. 袁曙宏、方世荣、黎军:《行政法律关系研究》,北京:中国法制出版社 1999 年版。

183. 章志远:《行政行为效力论》,北京:中国人事出版社 2003 年版。

184. 章志远:《部门行政法专论》,北京:法律出版社 2017 年版。

185. 张树义:《变革与重构——改革背景下的中国行政法理念》,北京:中国政法大学出版社 2002 年版。

186. 张树义:《冲突与选择——行政诉讼的理论与实践》,北京:时事出版社 1989 年版。

187. 张树义:《中国社会结构变迁的法学透视——行政法学背景分析》,北京:中国政法大学出版社 2002 年版。

188. 张映南:《行政法泛论》,北平:法律出版社 1935 年版。

189. 张载宇:《行政法要论》(第 6 版),台北:汉林出版社 1977 年版。

190. 赵琛:《行政法各论》(第 7 版),上海:会文堂新记书局 1937 年版。

191. 张正钊、李元起主编:《部门行政法研究》,北京:中国人民大学出版社 2000 年版。

192. 赵宏:《法治国下的行政行为存续力》,北京:法律出版社 2007 年版。

193. 郑春燕:《现代行政中的裁量及其规制》,北京:法律出版社 2015 年版。

194. 周汉华:《政府监管与行政法》,北京:北京大学出版社 2007 年版。

195. 张正钊主编:《国家赔偿制度研究》,北京:中国人民大学出版社 1996 年版。

196. 朱鸥:《两岸行政程序法制之比较研究》,北京:中国人民大学出版社 2008 年版。

(三)法律文件、案例汇编

1.《中华人民共和国法规汇编》(1954—1963,1979—1990),北京:法律出版社。

2.《中华人民共和国法律、行政法规、规章司法解释分卷汇编》(1—53),北京:北京大学出版社 1998 年版。

3.《中华人民共和国国务院公报》,1955 年后各期。

4.《中华人民共和国全国人民代表大会常务委员会公报》,1957 年后各期。

5.《中华人民共和国新法规汇编》,北京:新华出版社/中国法制出版社,1988年后各版。

6.《中华人民共和国最高人民法院公报》,1985年后各期。

7.《中华人民共和国最高人民检察院公报》,1989年后各期。

8. 中华人民共和国最高人民法院行政审判庭编:《中国行政审判案例》,2010年后各期,北京:中国法制出版社。

9. 行政立法研究组编译:《外国国家赔偿、行政程序、行政诉讼法规汇编》,北京:中国政法大学出版社1994年版。

10. 何海波编:《中外行政诉讼法汇编》,北京:商务印书馆2018年版。

11. 胡建淼主编:《外国行政法规与案例评析》,北京:中国法制出版社1997年版。

12. 胡锦光主编:《行政法案例分析》,北京:中国人民大学出版社2000年版。

13. 姜明安、王殿全主编:《行政案例精析》,北京:中国人民公安大学出版社1990年版。

14. 姜明安主编:《行政诉讼案例评析》,北京:中国民主法制出版社1993年版。

15. 姜明安主编:《行政诉讼与行政执法的法律适用》,北京:人民法院出版社1995年版。

16. 姜明安、毕雁英主编:《行政法与行政诉讼法教学案例》,北京:北京大学出版社2006年版。

17. 姜明安主编:《人民司法——案例重述(行政卷)》,北京:法律出版社2012年版。

18. 林准主编:《行政案例选编》,北京:法律出版社1995年版。

19. 马英娟、李泠烨、韩思阳编著:《行政法典型案例评析》,北京:北京大学出版社2016年版。

20. 杨小军:《重大行政案例选编》,北京:中国政法大学出版社2005年版。

21. 叶必丰主编:《行政法与行政诉讼法案例》,中国人民大学出版社2005年版。

22. 应松年、胡建淼主编:《中外行政诉讼案例评选》,北京:中国政法大学出版社1989年版。

23. 应松年主编:《外国行政程序法汇编》,中国法制出版社1999年版。

24. 余凌云:《行政法案例分析和研究方法》,北京:中国人民大学出版社2008年版。

25. 章剑生:《行政法判例选析》,北京:法律出版社2017年版。

26. 章志远:《行政法案例分析教程》,北京:北京大学出版社2016年版。

(四)连续出版物、网站

1. 北京大学宪法与行政法研究中心主办:《行政法论丛》,北京:法律出版社,1998年后各期。

2. 中国政法大学主办:《行政法学研究》,北京:1993年后各期。

3. 中国人民大学:《中国人民大学复印报刊资料(宪法学、行政法学)》,北京,1996年后各期。

4. 最高人民法院行政审判庭编:《行政执法与行政审判》,北京:法律出版社,2000年后各期。

5. 浙江大学公法与比较法研究所编:《公法研究》,北京:商务印书馆,2002年后各期。

6. *Administrative Law Review*, Chicago: American Bar Association's Administrative

Law Section, 1949 etc.

7. *Public Law*, London: Stevens & Sons/Sweet & Maxwell, 1956 etc.

8. *Public Law Review*, North Ryde, N. S. W.: Law Book Company, 1990 etc.

9. *European Public Law*, London: Graham & Trotman/Martinus Nijhoff; Norwell, MA: Kluwer, 1995 etc.

10. 北京大学宪法与行政法研究中心:http://www.publiclaw.cn/。

11. 中国人民大学中国宪制网:http://www.calaw.cn/。

12. 浙江大学公法与比较法研究所中国公法网:http://www.chinapublaw.com/。

(五) 学科综述

1. 何海波等编著:《法治的脚步声:中国行政法大事记(1978—2014)》,北京:中国政法大学出版社2015年版。

2. 许崇德、皮纯协主编:《新中国行政法学研究综述(1949—1990)》,北京:法律出版社1991年版。

3. 杨海坤主编:《跨入21世纪的中国行政法学》,北京:中国人事出版社2000年版。

4. 杨建顺、李元起主编:《行政法与行政诉讼法教学参考书》,北京:中国人民大学出版社2003年版。

5. 张尚鷟主编:《走出低谷的中国行政法学》,北京:中国政法大学出版社1991年版。

6. 应松年、杨伟东主编:《中国行政法学20年研究报告》,北京:中国政法大学出版社2008年版。

附录三 国外学者编著的行政法著作和我国学者编著的外国行政法著作选读书目

(一) 外文原著

1. Breyer, Stephen G., Stewart, Richard B., Sunstein, Cass R. & Spitzer, Matthew, *Administrative Law and Regulatory Policy: Problems, Text, and Cases*, 4th ed., New York: Aspen Law & Business, 1999.

2. Craig, Paul P., *Administrative Law*, 6th ed., Sweet & Maxwell, 2008.

3. Harlow, Carol & Rawlings, Richard, *Law and Administration*, 3rd ed., London: Butterworths, 2009.

4. Lord Woolf, Jowell J. & Le Sueur, Andrew, *Judicial Review of Administrative Action*, 5th ed., London: Sweet & Maxwell, 1998.

5. Pierce, Richard J., Shapiro, Sidney A., & Verkuil, Paul R., *Administrative Law and Process*, 5th ed., New York: Foundation Press, 2008.

6. Pierce, Richard J., *Administrative Law Treatise*, 5th ed., New York: Aspen Law & Business, 2010.

7. Schuck, Peter H., *Foundations of Administrative Law*, 2nd ed., New York: Foundation Press, 2003.

8. Wade, William R. & Forsyth, Christopher (ed.), *Administrative Law*, 10th ed., New York: Oxford University Press, 2009.

(二) 译著

1. 〔美〕伯纳德·施瓦茨:《行政法》,徐炳译,北京:群众出版社1986年版。

2. 〔美〕戴维斯:《裁量正义》,毕洪海译,北京:商务印书馆2009年版。

3. 〔美〕肯尼思·沃伦:《政治体制中的行政法》,王丛虎等译,北京:中国人民大学出版社2005年版。

4. 〔美〕理查德·B. 斯图尔特:《美国行政法的重构》,沈岿译,北京:商务印书馆2002年版。

5. 〔英〕威廉·韦德:《行政法》,徐炳等译,北京:中国大百科全书出版社1997年版。

6. 〔英〕彼得·莱兰、戈登、安东尼:《英国行政法教科书》,杨伟东译,北京:北京大学出版社2007年版。

7. 〔英〕A. W. 布拉德利、K. D. 尤因:《宪法与行政法》(第14版),程洁等译,北京:商务印书馆2008年版。

8. 〔英〕马丁·洛克林:《公法与政治理论》,郑戈译,北京:商务印书馆2002年版。

9. 〔德〕奥托·迈耶:《德国行政法》,刘飞译,北京:商务印书馆2002年版。

10. 〔德〕哈特穆特·毛雷尔:《行政法学总论》,高家伟译,北京:法律出版社2000年版。

11. 〔德〕汉斯·J. 沃尔夫等:《行政法》(第1、2、3卷),高家伟译,北京:商务印书馆2002年版。

12. 〔德〕乌尔海希·巴迪斯选编:《德国行政法读本》,于安等译,北京:高等教育出版社2006年版。

13. 〔法〕莱昂·狄骥:《公法的变迁·法律与国家》,郑戈、冷静译,沈阳:辽海出版社、春风文艺出版社1999年版。

14. 〔法〕莫里斯·奥里乌:《行政法与公法精要》,龚觅等译,沈阳:辽海出版社、春风文艺出版社1999年版。

15. 〔法〕让·里韦罗、让·瓦利纳:《法国行政法》,鲁仁译,北京:商务印书馆2008年版。

16. 〔美〕理查德·皮尔斯:《行政法》,苏苗罕译,北京:中国人民大学出版社2016年版。

17. 〔日〕美浓部达吉:《公法与私法》,黄冯明译,周旋勘校,北京:中国政法大学出版社2003年版。

18. 〔日〕美浓部达吉:《行政法撮要》,程邻芳、陈思谦译,上海:商务印书馆1934年版。

19. 〔日〕盐野宏:《行政法总论》《行政救济法》《行政组织法》,杨建顺译,北京:北京大学出版社2008年版。

20. 〔日〕室井力主编:《日本现代行政法》,吴微译,北京:中国政法大学出版社1995年版。

21. 〔日〕南博方:《行政法》(第6版),杨建顺译,北京:中国人民大学出版社2009年版。

22. 〔韩〕金东熙:《行政法》(第 9 版),赵峰译,北京:中国人民大学出版社 2008 年版。

23. 〔德〕米歇尔·施托莱斯:《德国公法史(1800—1914):国家法学说和行政学》,雷勇译,北京:法律出版社 2007 年版。

24. 〔法〕古斯塔夫·佩泽尔:《法国行政法》,廖坤明、周洁译,北京:国家行政学院出版社 2002 年版。

25. 〔美〕杰瑞·马肖:《行政国的正当程序》,沈岿译,北京:高等教育出版社 2005 年版。

26. 〔美〕朱迪·弗里曼:《合作治理与新行政法》,毕洪海、陈标冲译,北京:商务印书馆 2010 年版。

27. 〔美〕史蒂文·卡恩:《行政法原理与案例》,张梦中等译,广州:中山大学出版社 2004 年。

28. 〔美〕凯斯·桑斯坦:《权利革命之后:重塑规制国》,钟瑞华译,北京:中国人民大学出版社 2008 年版。

29. 〔美〕史蒂芬·布雷耶:《规制及其改革》,李洪雷等译,北京:北京大学出版社 2008 年版。

30. 〔美〕杰里·马肖:《创设行政宪制:被遗忘的美国行政法百年史(1787—1887)》,宋华琳、张力译,北京:中国政法大学出版社 2016 年版。

31. 〔美〕杰弗里·吕贝尔斯:《美国规章制定导论》,江彭涛译,中国法制出版社 2016 年版。

32. 〔日〕大桥洋一:《行政法学的结构性变革》,吕艳滨译,北京:中国人民大学出版社 2008 年版。

33. 〔日〕和田英夫:《现代行政法》,倪健民、潘世圣译,北京:中国广播电视出版社 1993 年版。

34. 〔日〕铃木义男:《行政法学方法论之变迁》,陈汝德译,北京:国立北京大学法商学院 1937 年版。

35. 〔日〕米丸恒治:《私人行政——法的统制的比较研究》,洪英等译,北京:中国人民大学出版社 2010 年版。

36. 〔日〕清水澄:《行政法总论》,金泯澜译,上海:商务印书馆 1907 年版。

37. 〔日〕小早川光郎:《行政诉讼的构造分析》,王天华译,北京:中国政法大学出版社 2014 年版。

38. 〔日〕市桥克哉等:《日本现行行政法》,田林等译,北京:法律出版社 2017 年版。

39. 〔德〕弗里德赫尔穆·胡芬:《行政诉讼法》(第 5 版),莫光华译,北京:法律出版社 2003 年版。

40. 〔苏联〕B. M. 马诺辛等:《苏维埃行政法》,黄道秀译,北京:群众出版社 1983 年版。

41. 〔苏联〕C. C. 司徒节尼金:《苏维埃行政法(总则)》,中国人民大学国家法教研室译,北京:中国人民大学出版社 1954 年版。

42. 〔苏联〕C. C. 司徒节尼金:《苏维埃行政法(分则)》,袁振民、刘家辉等译,北京:中国人民大学出版社 1955 年版。

43. 〔苏联〕科托克:《苏联行政法概论》,萨大为译,北京:人民出版社 1951 年版。

44.〔苏联〕瓦西林科夫主编:《苏维埃行政法总论》,姜明安、武树臣译,北京:北京大学出版社 1985 年版。

45.〔新西兰〕迈克尔·塔格特:《行政法的范围》,金自宁译,北京:中国人民大学出版社 2006 年版。

46.〔印〕M. P. 赛夫:《德国行政法》,周伟译,济南:山东人民出版社 2006 年版。

47.〔英〕伊丽莎白·费雪:《风险规制与行政宪政主义》,沈岿译,北京:法律出版社 2012 年版。

48.〔英〕L. 赖维勒·布朗、约翰·S. 贝尔:《法国行政法》(第 5 版),高秦伟、王锴译,北京:中国人民大学出版社 2006 年版。

49.〔葡〕迪奥戈·弗雷塔斯·亚玛勒:《行政法教程(第一卷)》,黄显辉、王西安译,北京:法律出版社 2014 年版。

50.〔葡〕苏乐治:《行政法》,冯文庄译,北京:法律出版社 2014 年版。

51.〔德〕施密特·阿斯曼:《行政法总论作为秩序理念——行政法体系建构的基础与任务》,林明锵等译,台北:元照出版有限公司 2009 年版。

(三)国内作者编著

1. 龚祥瑞:《比较宪法与行政法》,北京:法律出版社 1985 年版。

2. 王名扬:《比较行政法》,北京:北京大学出版社 2006 年版。

3. 王名扬:《法国行政法》,北京:北京大学出版社 2016 年版。

4. 王名扬:《美国行政法》,北京:北京大学出版社 2016 年版。

5. 王名扬:《英国行政法》,北京:中国政法大学出版社 1987 年版。

6. 罗豪才、毕洪海编:《行政法的新视野》,北京:商务印书馆 2011 年版。

7. 应松年主编:《比较行政程序法》,北京:中国法制出版社 1999 年版。

8. 应松年主编:《英美法德日五国行政法》,北京:中国政法大学出版社 2015 年版。

9. 皮纯协、何寿生:《比较国家赔偿法》,北京:中国法制出版社 1998 年版。

10. 皮纯协主编:《行政程序法比较研究》,北京:中国人民公安大学出版社 2000 年版。

11. 胡建淼主编:《比较行政法——20 国行政法述评》,北京:法律出版社 1998 年版。

12. 姜明安主编:《外国行政法教程》,北京:法律出版社 1993 年版。

13. 刘飞:《德国公法权利救济制度》,北京:北京大学出版社 2009 年版。

14. 刘飞:《行政诉讼制度专题研究:中德比较的视角》,北京:法律出版社 2016 年版。

15. 刘兆兴、孙瑜、董礼胜:《德国行政法——与中国的比较》,北京:世界知识出版社 2000 年版。

16. 刘兆兴、孙瑜、董礼胜:《中德行政法现状——行政行为、行政监督、行政审判》,北京:社会科学文献出版社 1998 年版。

17. 王天华:《行政诉讼的构造:日本行政诉讼法研究》,北京:法律出版社 2010 年版。

18. 江利红:《日本行政诉讼法》,北京:知识产权出版社 2008 年版。

19. 江利红:《日本行政法学基础理论》,北京:知识产权出版社 2008 年版。

20. 王贵松:《日本食品安全法研究》,北京:中国民主法制出版社 2009 年版。

21. 张千帆、赵娟、黄建军:《比较行政法——体系、制度与过程》,北京:法律出版社 2008 年版。

22. 张越:《英国行政法》,北京:中国政法大学出版社 2004 年版。

23. 张正钊、韩大元主编:《比较行政法》,北京:中国人民大学出版社 1998 年版。

24. 周汉华主编:《外国政府信息公开制度比较研究》,北京:中国法制出版社 2003 年版。

25. 朱新力主编:《外国行政强制法律制度》,北京:法律出版社 2003 年版。

26. 陈新民:《德国公法学基础理论》,北京:法律出版社 2010 年版。

索　　引

（以汉语拼音为序）